浙江文化艺术发展基金资助项目
浙江省新型重点专业智库杭州国际城市学研究中心
浙江省城市治理研究中心成果

浙江智库
ZHEJIANG
THINK TANK

王国平 总主编

吴铮强 胡潮晖 编

南宋全书

第16册 南宋诏令编年（附金、夏、蒙元）（六）

南宋文献集成

浙江大学出版社·杭州
ZHEJIANG UNIVERSITY PRESS

南宋全书编纂指导委员会

主　任：王国平

副主任：马时雍　　黄书元　　包伟民　　史金波

　　　　王　巍

委　员：(以姓氏笔画为序)

　　　　王其煌　　江山舞　　杜正贤　　何　俊

　　　　何忠礼　　应雪林　　陈　波　　陈文锦

　　　　庞学铨　　娜　拉　　徐吉军　　曹家齐

　　　　曹锦炎　　龚延明　　褚超孚

南宋全书编辑委员会

《南宋全书》总序

王国平

  2007 年 12 月 22 日，举世瞩目的我国南宋商船"南海一号"在广东阳江海域打捞出水。根据探测情况估计，整船金、银、铜、铁、瓷器等文物可能达到 6 万—8 万件，据说皆为稀世珍宝。迄今为止，除了中国，全世界都未曾发现过如此巨大的千年古船。"南海一号"的发现，在世界航海史上堪称一大奇迹，也填补与复原了南宋海上"丝绸之路"历史的一些空白。[①] 不少专家认为"南海一号"的价值和影响力将不亚于西安秦始皇兵马俑。这艘沉船虽然出现在广东海域，但反映了整个南宋经济、文化的繁荣，标志着南宋社会的开放，也表明当时南宋引领着世界经济的发展。作为南宋政治、经济、文化、科技中心的都城临安（浙江杭州），则是南宋社会繁华与开放的代表。从某种意义上讲，没有以临安为代表的南宋的繁荣与开放，就会有今日"南海一号"的发现；而"南海一号"的发现，也为我们重新审视与评价南宋，带来了最好的注解、最硬的实证。

  提起南宋，往往众说纷纭，莫衷一是。长期以来，不少人把"山外青山楼外楼，西湖歌舞几时休？暖风熏得游人醉，直把杭州作汴州"[②]这首曾写在临安城一家旅店墙上的诗，当作当时南宋王朝的真实写照。虽然近现代已有海内外学者开始重新认识南宋，但相当一部分人仍认为南宋军事上妥协投降、苟且偷安，政治上腐败成风、奸相专权，经济上积贫积弱、民不聊生，生活上纸醉金迷、纵情声色，总之，把南宋王朝视为一个只图享受、不思进取的偏安小朝廷。导致这种历史误解的原因，

---

  ① 见《"南海一号"成功出水》一文，载《人民日报》2007 年 12 月 23 日。

  ② （南宋）林升：《题临安邸》，转引自田汝成：《西湖游览志余》卷二《帝王都会》，上海古籍出版社 1980 年版，第 14 页。

在很大程度上是人们对患有"恐金病"的宋高宗和权相秦桧一伙倒行逆施的义愤,这是可以理解的。但是,我们决不能坐在历史的成见之上人云亦云。只要我们以对历史负责、对时代负责、对未来负责的精神和科学求实的态度,以科学发展观为指导,对南宋进行全面、深入、系统的研究,将南宋放到当时的历史发展阶段中,放到中国社会发展的历史长河中,放到整个世界的文明进程中考察,就不难发现南宋在经济政治、思想文化、科学技术、国计民生等方面所取得的成就,就不难发现南宋对中华文明产生的巨大影响,以此对南宋做出科学、客观、公正的评价,"还原一个真实的南宋"。

宋钦宗靖康元年(1126)闰十一月,金军攻陷北宋京城开封。次年三月,金军俘徽、钦二帝北去,北宋灭亡。同年五月,宋徽宗第九子、钦宗之弟赵构,在应天府(河南商丘)即位,是为高宗,改元建炎,重建赵宋王朝。建炎三年(1129)二月,高宗来到杭州,改州治为行宫,七月升杭州为临安府。此时起,杭州实际上已成为南宋的都城。绍兴八年(1138),南宋宣布临安府为"行在所",正式定都临安。自建炎元年(1127)赵构重建宋室,至祥兴二年(1279)帝昺蹈海灭亡,历时153年,史称"南宋"。

我们认为,研究与评价南宋,不应当仅仅以王朝政权的强弱为依据,而应当坚持"以人为本"理念,以人们生存与生活状态的改善作为社会进步的根本标准。许多人评价南宋,往往把南宋朝廷作为对象,我们认为所谓"南宋",不仅仅是一个历史王朝的称谓,而主要是指一个特定的历史阶段和历史时期。在马克思主义看来,历史的进步是社会发展和人的发展相统一的过程,"人们的社会历史始终只是他们的个体发展的历史",[1]未来理想社会"以每个人的全面而自由的发展为基本原则"。[2]人是社会发展的主体,人的自由与全面发展是社会进步的最高目标。这就要坚持"以人为本"的科学发展观,将人的生存与全面发展作为评价一个历史阶段的根本依据。南宋时期,虽说尚处在中国封建社会的中期,人的自由与发展受到封建集权思想与皇权统治的严重束缚,但与宋代以前漫长的封建历史时期相比,这一时期出现的对人的生存与生活的关注度以及南宋人的生活质量和创造活力达到的高度都是前所未有的。

研究与评价南宋,不应当仅仅以军事力量的大小作为评价依据,还应当以其社会经济、文化整体状况与发展水平的高低作为重要依据。我们评判一个朝代,不仅要考察其军事力量的大小,更要看其在经济、文化、科技、社会等各方面取得

① 《马克思恩格斯选集》第4卷,人民出版社1995年版,第321页。
② 《马克思恩格斯选集》第23卷,人民出版社1995年版,第649页。

的成就。两宋立国 320 年,虽不及汉唐、明清国土辽阔,却以在封建社会中无可比拟的繁荣和社会发展的高度,跻身于中国古代最辉煌的历史时期之列。无论文化教育的普及、文学艺术的繁荣、学术思想的活跃、科学技术的进步,还是社会生活的丰富多彩,南宋都达到了前所未有的程度,在当时世界上也都处于领先地位。著名史学家邓广铭认为"宋代的文化,在中国封建社会历史时期之内,截至明清之际西学东渐的时期为止,可以说,已经达到了登峰造极的高度"。① 研究与评价南宋,不能仅仅以某些研究的成果或所谓的"历史定论"为依据,而应当以其在人类文明进步中扮演的角色,以及对后世的影响作为重要标准。宋朝是中国封建社会里国祚最长的朝代,也是封建文化发展最为辉煌的时期。南宋虽然国土面积只有北宋的 3/5 左右,却维持了长达 153 年(1127—1279)的统治。南宋不但对中国境内同时代的少数民族政权和周边国家产生了积极影响,而且对后世中华文化产生了巨大影响。正如近代著名思想家严复认为:"中国所以成于今日现象者,为善为恶,姑不具论,而为宋人所造就,什八九可断言也。"② 近代史学大师陈寅恪先生也曾经指出:"华夏民族之文化,历数千载之演进,造极于赵宋之世。"③ 因此,我们既要看到南宋王朝负面的影响,更要充分肯定南宋的历史地位与历史影响,只有这样,才能"还原一个真实的南宋"。

一、在政治上,不但要看到南宋王朝外患深重、苟且偷安的一面,更要看到爱国志士精忠报国、南宋政权注重内治的一面

南宋时期民族矛盾异常尖锐,外患严重之至,前期受到北方金朝的军事讹诈和骚扰掠夺,后期又受到蒙元的野蛮侵略。这些矛盾长期威胁着南宋政权的生存与发展。在此情形下,南宋初期朝廷中以宋高宗为首的主和派,积极议和,向女真贵族纳贡称臣。南宋王朝确实存在消极抗战、苟且偷安的一面,但也要承认南宋王朝大多君王始终怀有收复中原的愿望。南宋将杭州作为"行在所",视作"临安"而非"长安",也表现了南宋统治集团不忘收复中原的意愿。我们更应该看到南宋 153 年中,涌现了以岳飞、文天祥为代表的一大批爱国将领和数百名爱国仁人志士。这是中国古代任何一个朝代都难以比拟的。

同时,南宋政权也十分注重内治,在加强中央集权制度,推行"崇尚文治"政策,倡导科举不分门第等方面均有重大建树。其主要表现在以下几方面。

1. 从军事斗争上看,南宋是造就爱国志士、民族英雄的时代

南宋王朝长期处于外族入侵的严重威胁中,为此南宋军民进行了 100 多年

---

① 邓广铭:《宋代文化的高度发展与宋王朝的文化政策》,《历史研究》1990 年第 1 期。
② 严复:《严几道与熊纯如书札节钞》,江苏古籍出版社 1999 年影印本,载《学衡》第 13 期。
③ 《陈寅恪先生文集》第 2 卷,上海古籍出版社 1980 年版,第 245 页。

艰苦卓绝的抵抗斗争,涌现了无数气壮山河、可歌可泣的爱国事迹和民族英雄。因而,南宋是面对强敌、英勇抗争的时代。众所周知,金朝是中国历史上继匈奴、突厥、契丹以后一个十分强大的少数民族政权,并非昔日汉唐时期的匈奴、突厥与之后明清时期的蒙古可比。金军先后灭亡了辽朝和北宋,南侵之势简直锐不可当,但南宋军民浴血奋战,虽屡经挫折,终于抵挡住了南侵金军一次又一次的进攻,使南宋在外患深重的困境中站稳了脚跟。在持久的宋金战争中,南宋的军事力量不但没有削弱,反而逐渐壮大起来。南宋后期的蒙元军队则更为强大,竟然以 20 年左右的时间横扫欧亚大陆,使全世界都谈"蒙"色变。南宋的军事力量尽管相对弱小,又面对当时世界上最为强大的蒙元军队,但广大军民同仇敌忾,顽强抵抗了整整 45 年之久,这不能不说是世界抗击蒙元战争史上的一个奇迹。[1]

南宋是呼唤英雄、造就英雄的时代。在旷日持久的宋金战争中,造就了以宗泽、韩世忠、岳飞、刘锜、吴玠吴璘兄弟为代表的一批南宋爱国将领。特别是民族英雄岳飞率领的岳家军,更使金军闻风丧胆。在南宋抗击蒙元的悲壮战争中,前有孟珙、王坚等杰出爱国将领,后有文天祥、谢枋得、陆秀夫、张世杰等抗元英雄。其中民族英雄文天祥领导的抗元斗争,更是可歌可泣,彪炳史册。

南宋是激发爱国热忱、孕育仁人志士的时代。仅《宋史·忠义列传》就收录有爱国志士 277 人,其中大部分是南宋人。[2] 南宋初期,宗泽力主抗金,并屡败金兵,因不能收复北宋失地而死不瞑目,临终时连呼 3 次"过河";洪皓出使金朝,被流放冷山,历尽艰辛,终不屈服,被比作宋代的苏武;陆游"死去元知万事空,但悲不见九州同"的诗句,表达了他渴望祖国统一的遗愿;辛弃疾的词则抒发了盼望祖国统一和反对主和误国的激情。因此,我们认为,南宋不但是造就民族英雄的时代,也是孕育爱国政治家、军事家、文学家和思想家的沃土。

2. 从政治制度上看,南宋是宋代继续加强中央集权、"干强枝弱"的时期

宋朝在建国之初,鉴于前朝藩镇割据、皇权削弱的经验教训,通过采取"强干弱枝"政策,不断加强中央集权统治。这一政策在南宋时得到了进一步强化。北宋王朝在中央权力上,实行军政、民政、财政"三权分立",削弱宰相的权力与地位;在地方权力上,中央派遣知州、知县等地方官,将原节度使兼领的"支郡"收归中央直接管辖;在官僚机构上,实行官(官品)、职(头衔)、差遣(实权)三者分离制度;在财权上,设置转运使掌管各路财赋,将原藩镇把持的地方财权收归中央;在

---

① 参见何忠礼《论南宋定都杭州对当地经济文化的重大影响》,载《杭州研究》2007 年第 2 期。
② 俞兆鹏:《南宋人才之盛及其原因》,《杭州日报》2005 年 11 月 14 日。

司法权上,设置县尉等职,将方镇节度使掌握的地方司法权收归中央;在军权上,实行禁军"三衙分掌",使握兵权与调兵权分离、兵与将分离,将各州军权牢牢地控制在中央手里,从而加强了中央对政权、财权、军权等方面的全面控制。南宋继承了北宋加强中央集权的这一系列措施,为维护国家内部统一、社会稳定和经济发展提供了良好的国内环境。尽管多次出现权相政治,但皇权仍旧稳定如故。

3.从用人制度上看,南宋是所谓"皇帝与士大夫共治天下"的时代

两宋统治集团始终崇尚文治,尊重知识分子,重用文臣,提倡教育和养士,优待知识分子。与秦代"焚书坑儒"、汉代"罢黜百家"、明清"文字狱"相比,两宋时期可谓封建社会思想文化环境最为宽松的时期,客观上对经济、社会、文化发展起到了积极的促进作用。[1]

推行"崇尚文治"政策。宋王朝对文人士大夫采取了较为宽松宽容的态度,"欲以文化成天下",对士大夫待之以礼,"不得杀士大夫及上书言事人",[2]确立了"兴文教,抑武事"[3]的"崇文抑武"大政方针。两宋政权将"右文"定为国策。在这种政治氛围下,知识分子的思想十分活跃,参政议政的热情空前高涨,在一定程度上出现了"皇帝与士大夫共治天下"的局面,从而有力地推动了宋代思想、学术、文化的大发展。正由于两宋重用文士、优待文士,不杀文臣,因而南宋时常有正直大臣敢于上疏直谏,甚至批评朝政乃至皇帝的缺点,这与隋唐、明清时期动辄诛杀士大夫的政治状况大不相同。

采取"寒门入仕"政策。为了吸收不同阶层的知识分子参加政权,两宋对选才用人的科举制度进行了改革,消除了魏晋以来士族门阀造成的影响。两宋科举取士几乎面向社会各个阶层,再加上科举取士的名额不断增加,在社会各阶层中形成了"学而优则仕"之风。南宋时期,取士更不受出身门第的限制,只要不是重刑罪犯,即使工商、杂类、僧道、农民,甚至是杀猪宰牛的屠户,都可以应试授官。南宋的科举登第者多数为平民,如在宝祐四年(1256)登科的 601 名进士中,平民出身者就占了 70%。[4]

二、在经济上,不但要看到南宋连年岁贡不断、赋税沉重的状况,更要看到整个南宋生产发展、经济繁荣的一面

人们历来有一种误解,认为南宋从立国之日起,就存在着从北宋带来的"积贫积弱"老毛病。确实,南宋王朝由于长期处于前金后蒙的威胁之下,迫使其不

---

① 参见郭学信《试论两宋文化发展的历史特色》,载《江西社会科学》2003 年第 5 期。

② 陶宗仪:《说郛》卷三九上,《景印文渊阁四库全书》,台湾商务印书馆,1986 年版。

③ 李焘:《续资治通鉴长编》卷一八,"太平兴国二年正月丙寅"条,中华书局 2004 年版,第 392 页。

④ 俞兆鹏:《南宋人才之盛及其原因》,《杭州日报》2005 年 11 月 14 日。

得不以加强皇权统治作为核心利益,在对外关系上,以牺牲本国的经济利益为代价,采取称臣、割地、赔款等手段来换取王朝政权的安定。正因为庞大的兵力和连年向金朝贡,加重了南宋王朝财政负担和民众经济负担,也一定程度上影响了南宋的经济发展。但在另一方面,我们更应当看到,南宋时期,由于北方人口的大量南下,给南宋的经济发展带来了充足的劳动力、先进的生产技术和丰富的生产经验,再加上统治者出台一些积极措施,南宋在农业、手工业、商业、外贸等方面都取得了突出成就。南宋经济繁荣主要体现在:

1. 从农业生产看,南宋出现了古代中国南粮北调的新格局

由于南宋政府十分注重兴修水利,并采取鼓励垦荒的措施,加上北方人口大量南移和广大农民辛勤劳动,促进了流民复业和荒地开垦。人稠地少的两浙等平原地带,垦辟了众多的水田、圩田、梯田。曾经"几无人迹"的淮南地区也出现了"田野加辟""阡陌相望"的繁荣景象。南宋时期,农作物单位面积产量比唐代提高了两三倍,总体发展水平大大超过了唐代,有学者甚至将宋代农作物单位面积产量的大幅提高称为"农业革命"。[①]"苏湖熟,天下足"的谚语就出现在南宋。[②] 元初,江浙行省虽然只是元代 10 个行省中的一个,岁粮收入却占了全国的 37.10%,[③]江浙地区成了中国农业最为发达的地区,并出现了中国南粮北调的新格局。

2. 从手工业生产看,南宋达到了中国古代手工业发展的新高峰

南宋时期,随着北方手工业者大批南下和先进生产技术传入,南方的手工业生产迈上了一个新台阶。一是纺织业规模和技术都大大超过了同时代的金朝,南方自此成了中国丝织业最发达的地区。二是瓷器制造业中心从北方移至江南地区。景德镇生产的青白瓷造型优美,有"饶玉"之称;临安官窑所造青瓷极其精美,为此杭州现在官窑原址建立了官窑博物馆,将这些精美的青瓷展现给世人;龙泉青瓷达到了烧制技术的新高峰,并大量出口。三是造船业空前发展。漕船、商船、游船、渔船,数量庞大,打造奇巧,富有创造性;海船采用的多根桅杆,为前代所无;战船种类众多,功用齐全,在抗金和抗蒙元的战争中发挥了重要作用。

---

① 张邦炜:《瞻前顾后看宋代》,《河北学刊》2006 年第 5 期。
② (宋)范成大:《吴郡志》卷五〇《杂志》,《宋元方志丛刊》本,中华书局 1990 年版。
③ (元)脱脱:《元史》卷九三《食货一·税粮》,中华书局 2005 年版,第 2361 页。

3.从商业发展看,南宋开创了古代中国商品经济发展的新时代

虽然宋代主导性的经济仍然是自然经济,但由于两宋时期冲破了历朝统治者奉行的"重农抑商"观念的束缚,确立了"农商并重"的国策,采取了惠商、恤商政策措施,使社会各阶层纷纷从事商业经营,商品经济呈现划时代的发展变化,进入一个新的历史发展阶段。一是四通八达的商业网络。随着商品贸易发展,出现了临安、建康(江苏南京)、成都等全国性的著名商业大都市,当时临安已达16万户,人口最多时有150万—160万人,[1]同时,还出现了50多个10万户以上的商业大城市,并涌现出一大批草市、墟市等定期集市和商业集镇,形成了"中心城市—市镇集市—边境贸易—海外市场"的通达商业网络。[2] 二是"市坊合一"的商业格局。两宋时期由于城市商业繁荣,冲破了长期以来作为商业贸易区的"市"与作为居民住宅区的"坊"分离的封闭式市坊制度,出现了住宅与店肆混合的"市坊合一"商业格局,街坊商家店铺林立,酒肆茶楼面街而立。从《梦粱录》和《武林旧事》的记载来看,南宋临安城内商业繁荣,甚至出现了夜市刚刚结束,早市又告兴起的繁荣景象。三是规模庞大的商品交易。南宋商品的交易量虽难考证,但从商税收入可窥见一斑。淳熙年间(1174—1189)全国正赋收入6530万缗,占全国总收入30%以上。据此推测,南宋商品交易额在20000万缗以上。可见商品交易量之巨大。[3] 南宋商税加专卖收益超过农业税的收入,改变了宋以前历代王朝农业税赋占主要地位的局面。

4.从海外贸易看,南宋开辟了古代中国东西方交流的新纪元

两宋期间,由于陆上"丝绸之路"隔断,东南方向海路成为海上对外贸易的唯一通道,海外贸易成为中外经济文化交流的主要通道。南宋海外贸易繁荣表现在:一是对外贸易港口众多。广州、泉州、临安、明州(浙江宁波)等大型海港相继兴起,与外洋通商的港口已近20个,还兴起了一大批港口城镇,形成了北起淮南、东海,中经杭州湾和福、漳、泉金三角,南到广州湾和琼州海峡的南宋万余里海岸线上全面开放的新格局。这种盛况不仅唐代未见,就是明清亦未能再现。[4]二是贸易范围大为扩展。宋前,与我国通商的海外国家和地区约20个,主要集

---

① 杨宽先生在《中国古代都城制度史》一书中认为,南宋末年咸淳年间,临安府所属九县,按户籍,主客户共三十九万一千多户,一百二十四万多口;附郭的钱塘、仁和两县主客户共十八万六千多户,四十三万二千多口,占全府人口的三分之一。宋朝的"口"是男丁数,每户平均以五人计,约九十多万人。所驻屯的军队及其家属,估计有二十万人以上,总人口当在一百二十多万人左右,包括城外郊区十万人和乡村十万人。

② 陈杰林:《南宋商业发展:特点与成因》,《安庆师范学院学报》2003年第4期。
③ 陈杰林:《南宋商业发展:特点与成因》,《安庆师范学院学报》2003年第4期。
④ 葛金芳:《南宋:走向开放型市场的重大转折》,《杭州研究》2007年第2期。

中在中南半岛和印尼群岛,而与南宋有外贸关系的国家和地区增至 60 个以上,范围从南洋(今南海)、西洋(今印度洋)直至波斯湾、地中海和东非海岸。三是出口商品附加值高。宋代不但外贸范围扩大、出口商品数量增加,而且进口商品以原材料与初级制品为主,而出口商品则以手工业制成品为主,附加值高。用附加值高的制成品交换附加值低的初级产品,表明宋代外向型经济在发展程度上高于其外贸伙伴。[①]

三、在文化上,不但要看到封闭保守、颓废安逸的一面,更要看到南宋"百家争鸣、百花齐放"的繁荣局面

由于以宋高宗为首的妥协派大多患有"恐金病",加之南宋要想收复北方失地在军事上和经济上确实存在着许多困难,收复中原失地的战争,也几度受到挫折,因此在南宋统治集团中,往往笼罩着悲观失望、颓废偷安的情绪。一些皇亲贵族,只要不是兵荒马乱,就热衷于享受山水之乐和口腹之欲,出现了软弱不争、贪图享受、胸无大志、意志消沉的"颓唐之风"。反映在一些文人士大夫的文化生活中,就是"一勺西湖水。渡江来、百年歌舞,百年酣醉"的华丽浮靡之风。但是,这并不能掩盖两宋文化的历史地位与影响。宋代是中国古代文化最为光辉灿烂的时期之一。近代的中国文化,其实皆脱胎于两宋文化。著名史学家邓广铭认为:"宋代文化发展所能达到的高度,在从十世纪后半期到十三世纪中叶这一历史时期内,是居于全世界的领先地位的。"[②]日本学者则将宋代称为"东方的文艺复兴时代"。[③] 著名华裔学者刘子健认为:"此后中国近八百年来的文化,是以南宋文化为模式,以江浙一带为重点,形成了更加富有中国气派、中国风格的文化。"[④]

1. 南宋是古代中国学术思想的巅峰时期

王国维指出:"宋代学术,方面最多,进步亦最著","近世学术多发端于宋人"。宋学作为宋型文化的精神内核,是中国古代学术思想的巅峰。宋学流派纷呈,各臻其妙,大师迭出,群星璀璨,使南宋的思想文化呈现一派勃勃生机和前所未有的活跃局面。

理学思想形成。两宋统治者以文治国、以名利劝学的政策,对当时的思想、

---

① 葛金芳:《南宋:走向开放型市场的重大转折》,《杭州研究》2007 年第 2 期。

② 邓广铭:《国际宋史研讨会开幕词》,载《国际宋史研讨论文选集》,河北大学出版社 1992 年版,第 1 页。

③ ［日］宫崎市定:《宫崎市定论文选集》下册,商务印书馆 1963 年版。

④ 刘子健:《代序——略论南宋的重要性》,载黄宽重主编《南宋史研究集》,台湾新文丰出版公司 1985 年版。

学术及教育产生了重要影响,最明显的一个结果是新儒学——理学思想诞生。南宋是儒学各派互争雄长的时期,各学派互相论辩、互相补充,共同构筑起中国儒学发展史上一个新的阶段。作为程朱理学集大成者的朱熹,是继孔孟以来最杰出的儒家学者。理学思想倡导国家至上、百姓至上的精神,与孟子的"君轻民贵"思想是一脉相承的。同时,两宋还倡导在儒家思想主导下的"儒佛道三教同设并行",就是在"尊孔崇儒"的同时,对佛、道两教也持尊奉的态度。理学各家出入佛老;佛门也在学理上融合儒道;道教则从佛教中汲取养分,将其融入自身的养生思想,并吸纳佛教"因果轮回"思想与儒家"纲常伦理"学说。普通百姓"读儒书、拜佛祖、做斋醮"更是习以为常。两宋"三教合流"的文化策略迎合了时代需要,使宋代儒生不同于以往之"终信一家、死守一经",从而使得南宋在思想、文化领域均有重大突破与重大建树。

思想学术界学派林立。学派林立是南宋学术思想发展的突出表现,也是当时学术界新流派勃兴的标志。在儒学复兴的思潮激荡下,尤其是在鼓励直言、自由议论的政策下,先后形成了以朱熹为代表的道学,以陆九渊为代表的心学,以叶适为代表的永嘉事功之学,以吕祖谦、陈亮为代表的永康之学等主要学派,开创了浙东学派的先河。南宋时期学派间互争雄长和欣欣向荣的景象,维持了近百年之久,形成了继春秋战国之后中国历史上第二次"百家争鸣"的盛况,为推动南宋经济文化发展起到了积极作用。尤其是浙东事功学派极力推崇义利统一,强调"商藉农而立,农赖商而行",认为只有农商并重,才能富民强国,实现国家中兴统一的目的。功利主义思想反映了当时人们希望发展南宋经济和收复北方失地的强烈愿望。

2.南宋是古代中国文学艺术的鼎盛时期

近代国学大师王国维认为"天水一朝人智之活动与文化之多方面,前之汉唐、后之元明皆所不逮也"。[①] 南宋文学艺术繁荣的主要表现,一是宋词兴盛。宋代创造性地发展了"词"这一富有时代特征的文学形式。词的繁荣起始于北宋,鼎盛于南宋。南宋词不仅在内容上有所开拓,而且艺术上更趋于成熟。辛弃疾是南宋最伟大的爱国词人,豪放词派的最高代表,也是南宋词坛第一人,与北宋词人苏东坡一样,同为宋词成就最杰出的代表。李清照是婉约词派的代表人物,形成了别具一格的"易安体",对后世影响很大。陆游既是著名的爱国诗人,也是南宋词坛的巨匠。他的词充满了奔放激昂的爱国主义感情,与辛弃疾一起把宋词推向了艺术高峰。二是宋诗繁荣。宋诗在唐诗之后另辟蹊径,开拓了宋

---

① 王国维:《静庵文集续编·宋代之金石学》,载《王国维遗书》第 5 册,上海古籍出版社 1983 年版。

诗新境界,其影响直到清末民初。宋诗完全有资格在中国诗史上与唐诗双峰并峙,两水并流。三是话本兴起。南宋话本小说出现,在中国文学史上是一件极有意义的大事,标志着中国小说的发展已进入一个新阶段。宋代话本为中国小说的发展注入了新鲜活力,迎来了明清小说的繁荣局面。南宋还出现了以《沧浪诗话》为代表的具有现代审美特征的开创性的文学理论著作。四是南戏的出现。南宋初年,出现了具有很强的现实性和感染力的"戏文",统称"南戏"。南宋戏文是元代杂剧的先驱,它的出现标志着中国古代戏曲艺术的成熟,为我国戏剧发展奠定了雄厚基础。① 五是绘画的高峰。宋代是中国绘画史上的鼎盛时期,标志我国古代时期绘画高峰的出现。有研究者认为"吾国画法,至宋而始全"。② 宋代画家多达千人左右,以李唐、刘松年、马远、夏圭等人为代表的南宋著名画家,他们的作品在画坛至今仍享有崇高地位。此外,南宋的多位皇帝和后妃也都是绘画高手。南宋绘画题材多样,山水、人物、花鸟画等并盛于世,尤以山水画最为突出,对后世影响极大。南宋画家称西湖景色最奇者有十,这就是著名的"西湖十景"的由来。宋代工艺美术造型、装饰与总体效果堪称中国工艺史上的典范,为明清工艺美术争相效仿的对象。此外,南宋的书法、雕塑、音乐、歌舞等艺术门类也都有长足的发展。

　　3.南宋是古代中国文化教育的兴盛时期

　　宋代统治者大力倡导学校教育,将"崇经办学"作为立国之本,使宋代的教育体制较之汉唐更加完备和发达。南宋官私学盛,彻底打破了长期以来士族地主垄断教育的局面,使文化教育下移,教育更加大众化,适应了平民百姓对文化教育的需求,推动了文化大普及,提高了全社会的文化素质,促进了南宋社会文化事业进步和发展。在科举考试推动下,南宋的中央官学、地方官学、书院和私塾村校并存,各类学校都获得了蓬勃的发展。南宋各州县普遍设立了公立学校,其规模、条件、办学水平,较之北宋有了更大发展。由于理学家的竭力提倡和科举考试的需要,南宋地方书院得到了大发展。宋代共有书院 397 所,其中南宋占 310 所。③ 南宋私塾村校遍及全国各地,学校教育由城镇延伸到乡村,南宋教育达到前所未有的普及程度。

　　4.南宋是古代中国史学的繁荣时期

　　南宋以"尊重和提倡"的形式,鼓励知识分子重视历史,研究历史,"思考历代

---

① 参见何忠礼、徐吉军《南宋史稿》,杭州大学出版社 1999 年版,第 657 页。

② 潘天寿:《中国绘画史》,上海人民美术出版社 1983 年版,第 158 页。

③ 何忠礼:《论南宋定都杭州对当地经济文化的重大影响》,《杭州研究》2007 年第 2 期。

治乱之迹"。陈寅恪先生指出："中国史学莫盛于宋。"①南宋史学家袁枢的《通鉴纪事本末》,创立了以重大历史事件为主体,分别立目,完整记载历史事件的纪事本末体;朱熹的《资治通鉴纲目》创立了纲目体;朱熹的《伊洛渊源录》则开启了记述学术宗派史的学案体之先河。南宋在历史上第一次提出了"经世致用"的修史思想。南宋史学家不仅重视当代史的研究,而且力主把历史与现实结合起来,从历史上寻找兴衰之源,以史培养爱国、有用的人才。这些都对后代的史学家有很大的启迪和教益。

四、在科技上,既要看到整个宋代在中国古代科技史上的地位,也要看到南宋对古代中国科学技术的杰出贡献

宋代统治集团对在科学技术上有重要发明及创造、创新之人给予物质和精神奖励,为宋代科技发展与进步注入了前所未有的强大动力。宋朝是当时世界上发明创造最多的国家,也是古代中国为世界科技发展贡献最大的时期。英国学者李约瑟说:"每当人们在中国的文献中查找一种具体的科技史料时,往往会发现它的焦点在宋代,不管在应用科学方面或纯粹科学方面都是如此。"②中国历史上的重要发明,一半以上都出现在宋朝。宋代的不少科技发明不仅在中国科技史上,而且在世界科技史上也号称第一。《梦溪笔谈》的作者沈括、活字版印刷术的发明者毕昇这两位钱塘(浙江杭州)人,都是中外公认的中国古代伟大科学巨匠。南宋的科技在北宋基础上进一步得到发展,其科技成就在很多方面居于世界领先地位。

1. 南宋对中国古代"三大发明"的贡献

活字印刷术、指南针与火药三大发明,在南宋时期获得进一步的完善和发展,并开始了大规模的实际应用。指南针在航海上的应用,始见于北宋末期,南宋时的指南针已从简单的指针,发展成为比较简易的罗盘针,并被应用于航海上,是一项具有世界意义的重大发明。李约瑟指出,指南针在航海中的应用,是"航海技艺方面的巨大改革","预示计量航海时代的来临"。中国古代火药和火药武器的大规模使用和推广也始自南宋。南宋出现的管形火器,是世界兵器史上十分重要的大事,近代的枪炮就是在这种原始的管形火器基础上发展起来的。此外,南宋还广泛使用威力巨大的火炮作战,充分反映了南宋火器制造技术的巨大进步。南宋开始推广使用活字印刷术,出现了目前世界上第一部活字印本。此外,南宋的造纸技术更为发达,生产规模大为扩展,品种繁多,质量之高,近代

---

① 陈寅恪:《陈垣〈明季滇黔佛教考〉序》《陈垣〈元西域人华化考〉序》,载《金明馆丛稿二编》,上海古籍出版社1980年版,第238、240页。

② [英]李约瑟:《李约瑟文集》,辽宁科技出版社1986年版,第115页。

也多不及。

2.南宋在农业技术理论上的重大突破

南宋陈旉所著《陈旉农书》是我国现存最早的有关南方农业生产技术与经营的农学著作。他是中国农学史上第一个提出土地利用规划技术的人。陈旉在《农书》中首先提出了土壤肥力论等多种土地的利用和改造之法,并对搞好农业经营管理提出了卓越的见解。稻麦两熟制、水旱轮作制、"耕耙耖"耕作制,在南宋境内都得到了较好的推广。植物谱录在南宋也大量涌现。《橘录》是我国最早的柑橘专著;《菌谱》是世界历史上最早的菌类专著;《全芳备祖》是世界最早的植物学辞典,比欧洲要早300多年;《梅谱》是我国最早的有关梅花的专著。

3.南宋在制造技术上的高度成

就宋代冶金技术居世界最高水平,南宋对此作出了卓越贡献。在有色金属开采与冶炼方面,南宋发明了"冶银吹灰法"和"铜合金铁"冶炼法;在煤炭开发利用上,南宋开始使用焦煤炼铁(而欧洲人是在18世纪时才采用焦煤炼铁的),是我国冶金史上具有重大意义的里程碑。南宋是我国纺织技术高度发展时期,特别是蚕桑丝绸生产,已形成了一整套从栽桑到成衣的过程,生产工具丰富,为明清的丝绸生产技术奠定了基础。南宋的丝纺织品、织造和染色技术在前代的基础上达到了一个新水平。南宋瓷器无论在胎质、釉料,还是在制作技术上,都达到了新的高度。同时,南宋的造船、建筑、酿酒、地学、水利、天文历法、军器制造等方面技术水平,也都比过去有很大的进步。如南宋绍熙元年绘制、淳祐七年刻石的"宋淳祐天文图"(又称苏州石刻天文图)是世界上现存年代最早、存星最多的石刻天文图,绘于南宋绍定二年(1229)的石刻《平江图》,是我国现存最古老、最完整的城市规划图,至今仍完好地保存在苏州碑刻博物馆。

4.南宋在数学领域的巨大贡献

南宋数学不仅在中国数学史上,而且在世界数学史上取得了极为辉煌的成就。南宋杰出的数学家秦九韶撰写的《数书九章》提出的"正负开方术",与现代求数学方程正根的方法基本一致,比西方早500多年。另一位杰出的数学家杨辉,编撰有《详解九章算法》《日用算法》《乘除通变本末》《田亩比类乘除捷法》《续古摘奇算法》(《乘除通变本末》《田亩比类乘除捷法》《续古摘奇算法》三者合称为《杨辉算法》)等十余种数学著作,收录了不少我国现已失传的数学著作中的算题和算法。杨辉对二阶等差级数求和的论述,使之成为继沈括之后世界上最早研究高阶等差级数的人。杨辉发明的"九归口诀",不仅提高了运算速度和精确度,而且还对我国珠算的发明起到了重要作用。李约瑟把宋代称为"伟大的代数学家的时代"，认为"中国的代数学在宋代达到最高峰"。①

5.南宋在医药领域的重要贡献

南宋是中国法医学正式形成的时期。宋慈的《洗冤集录》是世界上第一部法医学专著，比西方早350余年。它不仅奠定了我国古代法医学的基础，而且被奉为我国古代"官司检验"的"金科玉律"，并对世界法医学产生了广泛影响。南宋是中国针灸医学的极盛时期。王执中的《针灸资生经》和闻人耆年《备急灸法》两书，皆集历代针灸学知识之大全，反映了当时针灸学的最高水平。南宋腧穴针灸铜人是针灸学上第一具教学、临床用的实物模型。陈自明著的《外科精要》一书对指导外科的临床应用具有重要意义。陈自明的《妇人大全良方》是著名的妇产科著作，直到明清时期仍被妇科医生奉为经典。朱瑞章的《卫生家宝产科方》，被称为"产科之荟萃，医家之指南"。无名氏的《小儿卫生总微论方》和刘昉的《幼幼新书》，汇集了宋以前向儿科学方面所取得的成就，是我国历史上较早的一部比较系统、全面的儿科学著作。许叔微的《普济本事方》是中国古代一部比较完备的方剂专书。

五、在社会上，不但要看到南宋一些富豪官绅生活奢华、挥霍淫乐的一面，更要看到南宋政府关注民生、注重民生保障的一面

南宋社会生活的奢侈之风，既是南宋官僚地主腐朽的集中反映，也是南宋经济文化空前繁荣的缩影。我们不但看到南宋一些富豪官绅纵情声色、恣意挥霍的社会现象，更要看到南宋政府倡导善举、关注民生、同情民苦的客观事实。②两宋社会保障制度，在中国古代救助史上占有重要地位，并为宋后社会保障制度的建立奠定了基础。有学者认为，中国古代真正意义上的社会保障事业是从两宋开始的。同时，两宋时期随着土地依附关系逐步解除和门阀制度崩溃，逐渐冲破了以前士族地主一统天下的局面。两宋社会结构开始调整重组，出现了各阶层之间经济地位升降更替、社会等级界限松动的现象，各阶层的价值取向趋近，促进社会各阶层融合，平民化、世俗化、人文化趋势明显。两宋社会平民化，不仅体现在科举面向社会各个阶层，取士不受出身门第限制，而且体现在官民身份可以相互转化，可以由贵而贱，由贱而贵；贫富之间既可以由富而贫，也可以由贫而富。③

1.南宋农民获得了更多的人身自由

两宋时期，租佃制普遍发展，这是古代专制社会中生产关系的一次重大调

① 参见《中国科学技术史》第1卷第1册，科学出版社1975年版，第273、284、287、292页。
② 邓小南：《宋代历史再认识》，《河北学刊》2006年第5期。
③ 郭学信：《宋代俗文化发展探源》，《西北师范大学学报》2005年第3期。

整。在租佃制下,地主招募客户耕种土地,客户只向地主缴纳地租,而不必承担其他义务。客户契约期满后有退佃起移的权利,且受到政府保护,人身依附关系大为减弱。按照宋朝的户籍制度,客户直接编入国家户籍,成为国家的正式编户,并承担国家某些赋役,而不再是地主的"私属",因而获得了一定的人身自由。两宋农民在法律上可以自由迁徙,这是历史的一大进步。[1] 南宋时期随着商品经济发展,农民获得了更多的自由,可以自由地离土离乡,转向城市从事手工业或商业活动。

2. 南宋商人社会地位得到了提高

宋前历朝一直奉行"重农轻商"政策,士、农、工、商,商人居"四民"之末,受到社会歧视。宋代商业已被视同农业,均为创造社会财富的源泉,"士、农、工、商,皆百姓之本业"[2]成为社会共识,使两宋商人的社会地位得到前所未有的提高。随着工商业的发展,在南宋手工业作坊中,工匠主和工匠之间形成了雇佣与被雇佣关系。南宋手工业作坊中的雇佣制度,代替了原来带有强制性的指派和差人应役招募制度,雇佣劳动与强制性的劳役比较,工匠的人身束缚大为松弛,新的经济关系推动了南宋手工业经济发展,又促进了资本主义生产关系萌芽。

3. 南宋市民阶层登上了历史舞台

"坊郭户"是城市中的非农业人口。随着工商业的日益发展,宋政府将"坊郭户"单独"列籍定等"。"坊郭户"作为法定户名在两宋时期出现,标志着城市"市民阶层"形成,市民阶层开始作为一个独立群体正式登上了历史舞台,成为不可忽视的社会力量。[3] 南宋时期,还实行了募兵制,人们服役大多出于自愿,从而有效保障了城乡劳力稳定和社会安定,与唐代苛重的兵役相比,显然是一个进步。

4. 南宋社会保障制度更为完善

南宋的社会保障体系主要表现在:一是"荒政"制度。就是由政府无偿向灾民提供钱粮和衣物,或由政府将钱粮贷给灾民,或由政府将灾民暂时迁移到丰收区,或将粮食调拨到灾区,或动员富豪平价售粮,并在各州县较普遍地设置了"义仓",以解决暂时的粮食短缺问题。同时,遇丰收之年,政府酌量提高谷价,大量收籴,以避免谷贱伤农;遇荒饥之年,政府低价将存粮大量粜出,以照顾灾民。二是"养恤"制度。在临安等城市中,南宋政府针对不同对象设立了不同的养恤机构。有赈济流落街头的老弱病残或贫穷潦倒乞丐的福田院,有收养孤寡等贫穷

---

① 郭学信、张素音:《宋代商品经济发展特征及原因析论》,《聊城大学学报》2006 年第 5 期。
② (宋)陈耆卿:《嘉定赤城志》卷三七《风土》,《宋元方志丛刊》本,中华书局 1990 年版。
③ 郭学信:《宋代俗文化发展探源》,《西北师范大学学报》2005 年第 3 期。

不能自存者的居养院,有收养并医治鳏寡孤独贫病不能自存之人的安济院,有收养社会弃子弃婴的慈幼局,等等。三是"义庄"制度。义庄主要由一些科举入仕的士大夫用其秩禄买田置办,义田一般出租,租金则用于赈养族人的生活。虽然义庄设置的最初动机在于为本宗族之私,但义庄的设置在一定范围保障了族人的经济生活,对两宋官方的社会保障起到了重要的辅助作用。南宋的社会保障政策与措施对倡导善举、缓和社会矛盾、维护社会稳定等发挥了积极作用。①

六、在历史地位上,既要看到南宋在当时国际国内的地位,又要看到南宋对后世中国和世界的影响

1. 南宋对东亚"儒学文化圈"和世界文明进程之影响

两宋的成就居于当时世界发展的顶峰,对周边国家和世界均产生了巨大影响。如南宋对东亚"儒学文化圈"的影响。南宋朱子学对东亚"儒学文化圈"各国文化产生了广泛而深刻的影响,至今仍然积淀在东亚各民族的文化心理中,对东亚现代化起着重要作用。在文化输入上,这些周边邻国对唐代文化主要是制度文化的模仿,而对两宋文化则侧重于精神文化的摄取,尤其是对南宋儒学、宗教、文学、艺术、政治制度的借鉴。南宋儒学文化传至东亚各国,与各国的学术思想和民族文化相融合,产生了朝鲜儒学、日本儒学、越南儒学等东亚儒学,形成了东亚"儒学文化圈"。这表明南宋儒学文化在东亚民族之间的文化交流和传播中,对高丽、日本、越南等国学术文化与东亚文明发展历史产生了重大影响,这可以说是东亚文明发展中的一大奇观。② 同时,南宋儒学文化中的优秀成分和合理精神,在现代东亚社会的政治经济、思想文化、社会生活、家庭关系等方面仍然发挥重要影响和作用。如南宋儒学中的"信义""忠诚""中庸""和""义利并取"等价值观念,在现代东亚经济社会中的积极作用显而易见。

南宋对世界经济发展的影响。随着南宋海外贸易发展,与我国通商的海外国家与地区从宋前的 20 余个增至 60 个以上。海外贸易范围从宋前中南半岛和印尼群岛,扩大到西洋(今印度洋至红海)、波斯湾、地中海和东非海岸,使雄踞于太平洋西岸的南宋帝国与印度洋地区北岸的阿拉伯帝国一起,构成了当时世界贸易圈的两大轴心。海上"丝绸之路"取代了陆上"丝绸之路",成为中外经济文化交流的主要通道。鉴于此,美籍学者马润潮把宋代视为"世界伟大海洋贸易史上的第一个时期"。同时,随着商品经济的发展,北宋出现了世界上最早的纸币——交子。至南宋时,纸币开始在全国普遍使用。有学者将纸币的产生与大

---

① 参见杜伟《略述两宋社会保障制度》,载《沙洋师范高等专科学校学报》2004 年第 1 期;陈国灿《南宋江南城市的公共事业与社会保障》,载《学术月刊》2002 年第 6 期。

② 葛金芳:《南宋:走向开放型市场的重大转折》,《杭州研究》2007 年第 2 期。

规模流通称为"金融革命"。① 纸币流通的意义远在金属铸币之上,表明我国在货币领域发展已走在世界前列。

两宋对世界文明进程的影响。宋代文化对世界文化的影响,主要表现在两宋的活字印刷术、火药、指南针的西传上。培根指出:"这三种发明已经在世界范围内把事物的全部面貌和情况都改变了:第一种是在学术方面,第二种是在战事方面,第三种是在航行方面;由此产生了无数的变化,这种变化是如此巨大,以至没有一个帝国,没有一个教派,没有一个赫赫有名的人物,能比得上这三种机械发明。"②马克思的评价则更高:"火药、指南针、印刷术——这是预告资产阶级到来的三大发明。火药把骑士阶层炸得粉碎,指南针打开了世界市场并建立了殖民地,而印刷术则变成了新教的工具和科学复兴的手段,变成对精神发展创造必要前提的强大杠杆。"③两宋"三大发明"对世界文明的决定性作用是毋庸赘言的。两宋科举考试制度也对法、美、英等西方国家选拔官吏的政治制度产生了直接作用和重要影响,被人誉为"中国的第五大发明"。

2. 南宋对中国古代与近代历史发展之影响

中外学者普遍认为:"这时的文化直至 20 世纪初都是中国的典型文化。其中许多东西在以后的一千年中是中国最典型的东西,至少在唐代后期开始萌芽,而在宋代开始繁荣。"④

南宋促进了中国市民阶层的形成。随着商品经济的繁荣,两宋时期不仅出现了一大批大、中、小商业城市与集镇,而且形成了杭州、开封、成都等全国著名商业大都市,第一次出现了城市平民阶层,呈现了中国古代社会前所未有的时代开放性。南宋市民阶层的出现,世俗文化与世俗经济的形成与繁荣,意味中国市民阶层已具雏形,开启了中国社会平民化进程。正由于两宋时期出现了欧洲近代前夜的一些特征,如大城市兴起、市民阶层形成、手工业发展、商业经济繁荣、对外贸易发达、流通纸币出现、文官制度成熟等现象,美国、日本学者普遍把宋代中国称为"近代初期"。⑤

南宋促成了中国经济重心南移。由于南宋商品经济空前发展,有些学者甚至断言,宋代已经产生了资本主义萌芽。西方有学者认为南宋已处在"经济革命时代"。随着宋室南下,南宋经济的发展与繁荣,使江南成为全国经济最为发达

① 参见张邦炜《瞻前顾后看宋代》,载《河北学刊》2006 年第 5 期。
② [英]培根:《新工具》,商务印书馆 1984 年版,第 103 页。
③ [德]马克思:《机械、自然力和科学应用》,人民出版社 1978 年版,第 67 页。
④ [美]费正清、赖肖尔:《中国:传统与变革》,江苏人民出版社 1995 年版,第 118—119 页。
⑤ 张晓淮:《两宋文化转型的新诠释》,《学海》2002 年第 4 期。

的地区。南宋时期,全国经济重心完成了由黄河流域向长江流域的历史性转移,我国经济形态自此逐渐从自然经济转向商品经济,从封闭经济走向开放经济,从内陆型经济转向海陆型经济。这是中国传统社会发展中具有路标性意义的重大转折。[①] 如果没有明清的海禁和极端专制的封建统治,中国的近代化社会也许会更早地到来。

南宋推进了中华民族大融合。南宋时期,中国社会出现了第三次民族大融合。宋王朝虽然先后被同时代的女真、蒙古民族征服,但无论前金还是后蒙,在其思想文化上,都被南宋代表的先进文化折服,融入中华民族大家庭之中。10—13 世纪,中原王朝与北方游牧民族时战时和、时分时合,使以农耕文化为载体的两宋文化迅速向北扩散播迁,女真、蒙古政权深受南宋代表的先进政治制度、社会经济和思想文化影响,表示出对南宋文化认同、追随、仿效与移植,自觉不自觉地接受了先进的南宋文化,使其从文字到思想、从典章制度到风俗习惯均呈现出汉化趋势。[②] 南宋文化改变了这些民族的文化构成,提高了其文化层位,加速了这些民族由落后走向进步的进程,从而在整体上提高了中国北部地区少数民族的文明程度。

南宋奠定了理学在封建正统思想中的主导地位。理学的形成与发展,是南宋文化对中国古代思想文化的重大贡献。南宋理宗朝时,理学被钦定为封建正统思想和官方哲学,确立了程朱理学的独尊地位,并一直垄断元、明、清三代的思想和学术领域长达 700 余年,其影响之深广,在古代中国没有其他思想可以与之匹敌。[③] 同时,两宋时期开创了中国古代儒、佛、道"三教合流"的文化格局。与汉武帝"罢黜百家、独尊儒术"不同,南宋在大兴儒学的前提下,加大了对佛、道两教的扶持,出现了"以佛修心,以道养生,以儒治世"的"三教合一"的格局。自宋后,古代中国社会基本延续了以儒学为主体,以佛、道为辅翼的文化格局。

两宋对中国后世王朝政权稳定的影响。两宋王朝虽然国土面积前不及汉唐,后不如元明清,却是中国封建史上立国时间最长的王朝之一。两宋王朝之所以在外患深重的威胁下保持长治局面,很大程度上取决于两宋精于内治,形成了一系列的中央集权制度和民族认同感,因此,自宋朝后,中华民族"大一统"思想深入人心,中国历史上再也没有出现过地方严重分裂割据的局面。

3.南宋对杭州城市发展之影响

正是南宋经济、文化、社会各方面的高度发展,促成京城临安极度繁荣,成为

---

① 参见葛金芳《南宋:走向开放型市场的重大转折》,载《杭州研究》2007 年第 2 期。
② 参见虞云国《略论宋代文化的时代特点与历史地位》,载《浙江社会科学》2006 年第 3 期。
③ 参见何忠礼《论南宋在中国历史上的地位和影响》,载《杭州研究》2007 年第 2 期。

12—13世纪最为繁华的世界大都会,也正是南宋带来民族文化大交流、生活方式大融合、思想观念大碰撞,形成了京城临安市民独特的生活观念、生活方式、性格特征、语言习惯。直到今天,杭州人独有的文化特质、社会习俗、生活理念,都深深地烙上了南宋社会的历史印迹。

京城临安,一座巍峨壮丽的世界级"华贵之城"。南宋朝廷立临安为行都,使杭州的城市性质与等级发生了根本性的巨大变化。从州府上升为国都,这是杭州城市发展的里程碑,杭州由此进入历史上最辉煌的时期。南宋统治者对临安城建设倾注了大量心血,并倾全国之人力、物力、财力加以精心营造。经过南宋诸帝持续的扩建和改建,南宋皇城布满了金碧辉煌、巍峨壮丽的宫殿,足可与北宋的汴京城媲美。南宋对临安府大规模地改造和扩建的杰出代表便是御街。南宋都城临安,经过100多年的精心营建,已发展成为百万以上人口的大城市,成为当时亚洲各国经济文化的交流中心,城市规模已名列12—13世纪时世界的首位。当时的杭州被意大利著名旅行家马可·波罗称赞为"世界上最美丽华贵之天城"。而12世纪时,美洲和大洋洲尚未被殖民者发现,非洲处于自生自灭状态,欧洲现有主要国家尚未完全形成,罗马内部四分五裂,北欧海盗肆虐,基辅大公国(俄罗斯)刚刚形成。[1] 到了南宋后期(即13世纪中叶)临安人口曾达到150万—160万人,此时,西方最大最繁华的城市威尼斯也只有10万人口,作为世界最著名的大都会伦敦、巴黎,直至14世纪的文艺复兴时期,其人口也不过4万—6万人。[2] 仅从城市人口规模看,800年前的杭州就已遥遥领先于世界各大城市。

京城临安,一座繁荣繁华的"地上天宫"。临安是全国最大的手工业生产中心。南宋临安工商业发达,手工业门类齐、制作精、分工细、规模大、档次高,造船、陶瓷、纺织、印刷、造纸等行业都建有大规模的手工业作坊,并有"四百一十四行"之说。临安是全国商业最为繁华的城市。临安城内城外集市与商行遍布,天街两侧商铺林立,早市夜市通宵达旦;城北运河樯橹相接,昼夜不舍,城南钱江两岸各地商贾海舶云集、桅杆林立。临安是璀璨夺目的文化名城。京城内先后集聚了李清照、朱熹、尤袤、陆游、杨万里、范成大、辛弃疾、陈起等一批南宋著名的文化人。临安雕版印刷为全国之冠,杭刻书籍为我国宋版书之精华。城内设有全国最高的学府——太学,规模最为宏阔,与武学、宗学合称"三学"。临安的教育事业空前繁荣。城内文化娱乐业发达,瓦子数量、百戏名目、艺人人数、娱乐项

---

[1] 参见何亮亮《从"南海"一号看中华复兴》,载《文汇报》2008年1月6日。

[2] 参见何忠礼《论南宋在中国历史上的地位和影响》,载《杭州研究》2007年第2期。

目和场所设施等方面,也都是其他城市无法比拟的。临安不但是全国政治中心,也是全国经济中心和文化中心。今日杭州之所以能成为"人间天堂",成为全国历史文化名城,成为我国七大古都之一,很大程度上就是得益于南宋定都临安,得益于南宋经济文化的高度繁荣。

京城临安,一座南北荟萃、精致和谐的生活城市。北方人口的优势,使南下的中原文化全面渗透到本土的吴越文化之中,形成了临安独特的社会生活习俗,并影响至今。临安的社会是本地居民与外来人员和谐相处的社会,临安的文化是南北文化交融、中外文化交流的结晶,临安的生活是中原风俗与江南民俗相互融合的产物。总之,南宋临安是一座兼容并蓄、精致和谐的生活城市。其表现为:一是南北交融的语言。经过100多年流行,北方话逐渐融合到吴越方言之中,形成了南北交融的"南宋官话"。有学者指出:"越中方言受了北方话的影响,明显地反映在今日带有'官话'色彩的杭州话里。"①二是南北荟萃的饮食。自南宋起,杭人饮食结构发生了变化,从以稻米为主,发展到米、面皆食。"南料北烹"美食佳肴,结合西湖文采,形成了具有鲜明特色的"杭帮菜系",而成为中国古代菜肴一个新高峰。丰富美味的饮食,致使临安人形成追求美食美味的饮食之风。三是精致精美的物产。南宋时期,在临安无论建筑寺观,还是园林别墅、亭台楼阁和小桥流水,无不体现了江南的精细精致,更有陶瓷、丝绸、扇子、剪刀、雨伞等工艺产品,做工讲究、小巧精致。四是休闲安逸的生活。城市的繁华与西湖的秀美,使大多临安人沉醉于歌舞升平与湖山之乐中,在辛劳之后讲究吃喝玩乐、神聊闲谈、琴棋书画、花鸟鱼虫,体现了临安人求精致、讲安逸、会休闲的生活特点,也反映了临安市民注重生活与劳作结合的城市生活特色,反映了临安文化的生活化与世俗化,并融入今日杭州人的生活观念中。

4.借鉴南宋"体恤民生"的某些仁义之举,努力将今天的杭州建设成为一个全民共享的"生活品质之城"

南宋社会关注民生、同情民苦的仁义之举,尤其是针对不同人群建立较为完备的社会保障体系,在构建社会主义和谐社会,建设覆盖城乡、全民共享的"生活品质之城"的今天,有着特别重要的现实意义。建设覆盖城乡、全民共享的"生活品质之城",既是一项长期的历史任务,又是一个重大的现实课题。要使"发展为人民、发展靠人民、发展成果由人民共享、发展成效让人民检验"理念落到实处,就必须把老百姓的小事当作党委、政府的大事,以群众呼声为第一信号,以群众利益为第一追求,以群众满意为第一标准,树立起"亲民党委""民本政府"的良好形象。要始终坚持以人为本、以民为先的理念,既要关注城市居民,又要关注农村居民;既要关注本地居民,又要关注外来创业务工人员;既要关注全体市民生活品质的整体提高,更要特别关注困难群众、弱势群体、低收入阶层生活品质的明显改善。要始终关注老百姓的衣食住行、安危冷暖、生老病死,让老百姓能就业、有保障,行得便捷、住得宽敞,买得放心、用得舒心,办得了事、办得好事,拥有安全感、安居又乐业,让全体市民共创生活品质、共享品质生活。

5.整合南宋"安逸闲适"的环境资源,推进杭州"东方休闲之都"和国际旅游休闲中心建设

杭州得天独厚的自然山水环境,经过南宋 100 多年来固江堤、疏西湖、治内河、凿新井、建宫城、造御街、设瓦子、引百戏等多方面的措施,形成都城左江(钱塘江)右湖(西湖)、内河(市区河道)外河(京杭运河)的格局,使杭州的生态环境、旅游环境、休闲环境大为改观,极大丰富了杭州的旅游资源。南宋不但为我们留下一块"南宋古都"的"金字招牌",还留下了安逸闲适的休闲环境和休闲氛围。在"三面云山一面城"的独特环境里,集中了江、河、湖、溪与西湖群山,出现了大批观光游览景点,并形成著名的"西湖十景"。沿湖、沿河、沿街的茶肆酒楼,鳞次栉比、生意兴隆;官私酒楼、大小餐馆充满"南料北烹"的杭帮菜肴和各地名肴;大街小巷布满大小馆舍旅店,是外地游客与应考士子的休息场所。同时,临安娱乐活动丰富多彩,节庆活动繁多。独特的自然山水、休闲的环境氛围,使临安人注重生活环境、讲究生活质量、追求生活乐趣。不但皇亲国戚、达官贵人纵情山水、赏花品茗,过着高贵奢华的休闲生活,而且文人士大夫交结士朋、寄情适趣,热衷高雅脱俗的休闲生活;就是普通百姓也会带妻携子泛舟游湖,享受人伦亲情及山水之乐。

今天的杭州人懂生活、会休闲,讲究生活质量,追求生活品质,都可以从南宋临安人闲情逸致的生活态度中找到印迹。今天的杭州正在推进新城建设、老城更新、环境保护、街区改善等工程,都可以从南宋临安对左江右湖、内河外河的治理和皇城街坊、园林建筑的建设中得到有益的启示。杭州要打造"东方休闲之都",共建共享"生活品质之城",建设国际旅游休闲中心,就必须重振"南宋古都"品牌,充分挖掘南宋文化遗产,珍惜杭州为数不多的地上南宋遗迹。进一步实施好西湖、西溪、运河、市区河道综合保护工程;推进"南宋御街"——中山路有机更新,以展示杭州自南宋以来的传统商业文化;加强对南宋"八卦田"景区的保护与利用,以展示南宋皇帝"与民同耕"的怀古场景;加强对南宋官窑遗址的保护与利用,以展示南宋杭州物产的精致与精美;加强对南宋皇城遗址和太庙遗址的保护与利用,以展示昔日南宋京城的繁荣与辉煌。进入 21 世纪的杭州,不但要保护

利用好南宋留下的"三面云山一面城"的"西湖时代",更要以"大气开放"的宏大气魄,努力建设好"一主三副六组团六条生态带"的大都市空间格局,形成"一江春水穿城过"的"钱塘江时代",实现具有千年古都神韵的文化名城与具有大都市风采的现代化新城同城辉映。

南宋文献集成第16册目录

光宗宁宗朝卷一　淳熙十六年(1189)

赐萧燧诏
(淳熙十六年二月二月二日后)

卿以纯明亮直,尝位三事,圣父之所改容而体貌者也。肆予冲人,顷赖羽翼。夫卿既以清节雅行从朕于潜晦之时,岂不能以忠言嘉谟助朕于纂承之始? 伫闻献告,以副虚怀。

出处:《宋宰辅编年录》卷一八。

赐范成大诏
(淳熙十六年二月二日后)

卿以文章德行师表缙绅,受知圣父,致位丞弼。均佚方面,乃心王室。于天下事讲之熟矣,其悉意以陈,以副朕倾想之意。

出处:《宋宰辅编年录》卷一八。

赐李彦颖诏
(淳熙十六年二月二日后)

卿精忠粹德,士林之冠冕;嘉谟硕画,今代之蓍蔡。膺圣父之图任,助冲人之缉熙。养浩家居,心在王室。军国之务,至熟悉也。朕不忘卿,卿其肯忘朕乎! 其悉条上,以副眷想。

1

出处:《宋宰辅编年录》卷一八。

赐钱良臣诏
(淳熙十六年二月二日后)

卿二府旧臣,宣力滋多。寿皇之所擢任,而冲人之所注想者也。嘉谟嘉猷,奚必咨问而后乐告哉。实赖箴规,以毗初政。

出处:《宋宰辅编年录》卷一八。

赐赵雄诏
(淳熙十六年二月二日后)

卿以硕德重望,受知圣皇。辅政典藩,绰有成绩。已颁召节,俾造阙庭。入告嘉猷,行尽对扬之益;星言凤驾,勿辞跋履之劳。予欲亟闻切直之规,卿其深体倾渴之意,凡军国之利害,生民之休戚,悉宜条陈,先以驿奏。自余忠益,尚冀面求。

出处:《宋宰辅编年录》卷一八。

赐施师点诏
(淳熙十六年二月二日后)

卿乃寿皇之元枢,而冲人之旧学也。处心平而持论正,更事多而虑患远。去国未久,岂能遂忘朝廷乎?凡事之有关于军国而有益于初政,其启告朕。谅卿忠荩,必体至怀。

出处:《宋宰辅编年录》卷一八。

赐王淮诏
(淳熙十六年二月二日后)

卿曩以经术羽翼朕躬,以德业股肱圣父。周旋政地,十有四年。凡国家之利害,生民之休戚,与夫政事因革损益之宜,知之详而见之熟矣。有可以裨朕者,其悉以告,朕将受而行之,庶资忠规,以副虚伫。

出处:《宋宰辅编年录》卷一八。

赐黄洽诏
(淳熙十六年二月二日后)

卿以学儒之彦,被遇圣父。图任共政,绩用章明。均佚价藩,去国未久。以卿之素蕴,有可为初政之助者,其悉以闻。此朕之所注想于卿,而卿之所输诚而乐告者也。

出处:《宋宰辅编年录》卷一八。

赐史浩诏
(淳熙十六年二月二日后)

卿被遇寿皇,亶为旧学,出入将相,宣劳二纪。当今耆艾,孰逾卿者?其悉条以上,副朕倾渴之意。

出处:《宋宰辅编年录》卷一九。

赐吴挺御札
(淳熙十六年二月二日后)

卿世□忠劳,任缺十九字卒乘,辑睦军政,边防无不修饬。凡所倚重,如古长城。它日功名之会,岂惟勋在王室,亦增前人之光,恨无官酬卿耳。

出处:《陇右金石录》宋下《世功保蜀忠德碑》。

3

光宗登极赦

（淳熙十六年二月四日）

应临安府府学大小职事并本府曾得解进士，与免解一次。已曾免解人，候登第日，与升甲。如就特奏名试，亦与升等。学生并赐束帛。内该乾道九年以前领尹日在籍之人，令本府取索学籍，开具姓名年甲，结罪保明，申礼部参酌取旨。

出处：《宋会要辑稿》选举二之二七。

应临安府本贯进士，在乾道九年领尹以前，两经秋试终场人，仰本府取索元初簿籍，开具人数县分年甲，结罪保明，令礼部审实，申尚书省。荣州、恭州系潜藩，举人理宜推恩。可令礼部照应绍兴三十二年体例，条具取旨。

出处：《宋会要辑稿》选举二之二七。

应太学、国子学、武学生见在籍人，并与免文解一次。已系免解人，候登第日，与升甲。如就特奏名试，亦与升等推恩。上舍已系免省人，特与先次释褐，赐进士出身。内愿赴将来殿试者，与堂除差遣一次。仍令礼部检照绍兴三十二年体例，开具人数，申尚书省。

出处：《宋会要辑稿》选举二之二七。

应合该特奏名人，令礼部照应绍兴三十二年推恩体例，条具取旨。应国学进士，已经绍兴三十二年六月覃恩免解，今该再免之人，许理年赴将来特奏名试。

出处：《宋会要辑稿》选举二之二七。

应宗子见入道或为僧，愿归家者听，元有官封者依旧。

出处：《宋会要辑稿》帝系七之一三。

应宗女宗妇见入道或为尼，愿归家者听，元有官封者依旧。

出处：《宋会要辑稿》帝系八之四四。

应举人除犯徒已上及真决人外，其余因事殿举及不得入科场之人，虽有不以赦降原免指挥，可并许应举。

出处：《宋会要辑稿》选举一之二〇。

请上寿成皇后尊号笺
（淳熙十六年二月六日）

臣惇言：谨帅群臣诣重华宫，恭请上皇后尊号者。伏以坤配乾而日至，乃成覆载之功；月遡日以为明，遂广照临之德。况等尊于圣父，宜并崇于显明。酌古成规，为今钜典。中谢。恭惟圣后殿下性躬仁俭，道合静专。当舜嗣尧之初，著虞嫔之懿行；以妇承姑之盛，岂挚仲之徽音。宣阴教于六宫，正表仪于万国。付托之重，虽祗禀于睿谟；拥抱之恩，实助成于神断。顾惟菲质，获奉慈颜。倘无归美之词，曷伸事亲之孝？寿祺方永，有光五福之畴；成德既彰，高掩二《南》之化。龟筮协吉，中外合谋。恭请上尊号曰寿成皇后。伏望俯谅忱辞，亟颁俞旨。顺欢心于四表，享荣奉于万年。编之诗书，宣为盛事；在于臣子，不胜下情。谨奉笺陈请以闻。

出处：《五百家播芳大全文粹》卷一上。又见《宋会要辑稿》礼四九之四五。

诣重华宫请上尊号表
（淳熙十六年二月六日）

皇帝臣上表。臣言：谨帅群臣诣重华宫，恭请上皇帝尊号者。伏以圣人得道之真，有不可形容之妙；臣子尊亲之至，欲少伸归报之诚。辄吁众言，仰干崇听。臣中谢。窃以洪荒之代，尚存卢赫之名；揖逊之朝，犹著勋华之号。虽曰事殊而世远，亦皆实副而美彰。矧在我家，具存景铄。恭惟皇帝陛下以英睿之断，整齐乾坤；以慈爱之心，涵养夷夏。积忧勤于九国，恢统绪于十朝。重熙累洽之功，掩汉、唐而不论；高世绝俗之行，有曾、闵之所难。方将毕商宗三祀之宅忧，遽乃奉长乐万年之至养。逍遥尘垢之外，与造物游；止息混元之宫，为天下父。顾惭渺质，嗣守丕图。戴大造而益深，惧鸿徽之未阐。考之经则寿实先于五福，质之传则圣首冠于群伦。参往哲之格言，合有生之公愿，恭上尊号曰至尊寿皇圣帝。虽持蠡抱管，莫窥测于毫分；而镂玉泥金，冀铺张于万一。伏望曲垂睿照，亟发俞音。上以侈宗社无疆之休，下以遂臣民归尊之志。谨奉表陈请以闻。

出处：《五百家播芳大全文粹》卷一上。又见《宋会要辑稿》礼四九之四四。

皇帝率群臣请上尊号不允诰
(淳熙十六年二月六日)

　　人之至亲,莫亲于父子,为天子父,尊之至也。虚言无实之名,予何取焉?孔子曰:若圣与仁,则吾岂敢?华封之祝曰:使圣人寿。夫圣孔子不居,康衢之所以颂其君,亦曰寿耳。而乃亲率百僚,愿加此号,归尊于父母,此孝道之极,顾何德以堪之!已尝谕意,勿复有请。

出处:《宋会要辑稿》礼四九之四五。
考校说明:本文是宋孝宗以太上皇身份发布的诏令。

东宫限一月结局取旨诏
(淳熙十六年二月七日)

　　东宫官吏、诸色人、军兵等且依旧,仍与接续放行诸般请给,限一月结局取旨。

出处:《宋会要辑稿》职官七之四三。

诣重华宫再请上尊号表
(淳熙十六年二月七日)

　　臣某言:今月六日,帅群臣上表恭请上尊号曰至尊寿皇圣帝,伏奉答诰未赐俞允者。伏以比输微悃,请勒鸿名。天听甚高,尚閟矜从之旨;物情既郁,不胜恳切之私。理有未安,义当再渎。臣中谢。窃以尊之至者号宜称,道之备者美自彰。通观古初,载在图牒。曷尝不扬景铄以崇盛德,备显册以昭殊休!酌列代之成规,考本朝之大典。验休祥于天意,察爱戴于人心。迩遒合词,幽显同愿。恭惟皇帝陛下诚赞化育,孝通神明。欲毕素冠,力行于通制;释去重负,专心于事亲。使千载因陋之习遂洗于一朝,而匹夫罕能之行乃见于万乘。举此大节,已冠百王。而况化极范围,仁渐动植。武功底于保定,文治洽于绥怀。夫必得其寿,则陛下宜享其休;不居其圣,而陛下则有其实。合此二美,稽于众言。强施绘画之功,曷模临照?妄持浅近之见,宁测高深!岂谓陛下退托愈坚,执谦弥损。切窥训诰,尚靳允俞。凌兢失图,踳踳无措。伏望沛然改虑,监此丹衷。惟臣子微诚得少施于毫末,则国家盛事可夸耀于简编。荐此控陈,期于得请。谨再奉表陈请以闻。

出处:《五百家播芳大全文粹》卷一上。又见《宋会要辑稿》礼四九之四五。

再请上寿成皇后尊号笺
(淳熙十六年二月七日)

臣某言:今月初六日帅群臣上笺恭请上尊号曰寿成皇后,未蒙俞允者。伏以谦虽盛德,过谦必至于过中;父有常尊,事父当均于事母。方鸿徽之再衍,乃挹损而弗居。谨竭丹诚,荐干崇听。臣中谢。恭惟皇后殿下道隆坤载,行冠阃仪。辅佐寿皇,修明内治。以孝奉承于长乐,曲尽愉怡;以恩顾复于眇躬,助成揖逊。名号欲伸于归美,形容未极于毫分。岂谓殿下卑以自持,却而不受。使人子尊亲之意苟抑遏而弗伸,则国家旷代之仪将因循而莫举。伏望勉从愚请,俯慰众心。言顺事成,丕显一朝之盛;天长地久,永延万世之休。谨再奉笺陈请以闻。

出处:《五百家播芳大全文粹》卷一上。又见《宋会要辑稿》礼四九之四五。

皇帝再率群臣请上尊号不允诰
(淳熙十六年二月七日)

名者实之宾,实大则名显;号者功之表,功盛则号隆。有其实固欲辞其名,无其功安可享其号?况心存于恭默,志在于冲虚,溢美之言,适增予愧。勿勤再请,祗益烦劳。

出处:《宋会要辑稿》礼四九之四六。
考校说明:本文是宋孝宗以太上皇身份发布的诏令。

三请上寿成皇后尊号笺
(淳熙十六年二月十日)

臣惇言:今月七日,帅群臣再上笺恭请上尊号曰寿成皇后,未蒙俞允者。伏以荐陈封奏,请勒鸿名。愚诚虽切于恳祈,慈听未闻于动寤。徊徨无措,进退莫安。臣中谢。臣闻有德必有名,乃古今之通谊;事母犹事父,岂人子之异情?恭惟皇后殿下廓仁爱恭俭之心,体静专柔顺之道。上之承事长乐极其孝,下之保佑眇躬尽其恩。内之辅助寿皇见于夙夜之警戒,外之风化天下著于朝夕之忧勤。景铄鸿徽,流风懿行。虽殚笔舌,莫罄形容。徒以继承之始初,欲伸归报之万一。因已行之盛典,固非创为;寓善颂之忱辞,初无溢美。而殿下执谦弥甚,固拒弗俞。袭中宫之旧号,则何以表慈帏之尊;拒众心之屡请,则无以慰人子之愿。神祇触望,中外失怀。伏望察臣迫切之词,谅臣勤拳之意。则坤仪光大,永同太极之高;孝治兴行,丕显我家之盛。谨三奉笺陈请以闻。

出处:《五百家播芳大全文粹》卷一上。又见《宋会要辑稿》礼四九之四六。

诣重华宫三请上尊号表

（淳熙十六年二月十日）

臣某言:今月七日,臣帅群臣再上表恭请上尊号曰至尊寿皇圣帝,伏奉答诰未赐俞允者。伏以祇率旧章,请崇丕号,荐蒙慈训,未谅愚诚。辞已迫而复陈,听愈高而难动。吁天徒切,踽地靡宁。臣中谢。闻事贵适中,名欲当实。得其中则事可久,是以圣人不肯违;有其实而名自彰,是以圣人不苟避。恭惟皇帝陛下丰功伟业,卓冠古今。睿断神谟,开阖宇宙。欲承颜长乐之养,遂脱屣万乘之高。寿以见臣子区区善颂之情,圣乃总帝王荡荡难名之道。顺陛下之谦德,初无侈大之词;酌本朝之成规,又非创见之事。岂谓陛下过为把损,深自退藏。守独善而咈众心,崇小逊而遗大体。制度倘失之简,何以昭神功? 名号不副其尊,何以示天下? 使臣忠诚莫遂,孝治有亏。负愧怀惭,废寝忘食。伏望上观天意,下察人心,远稽前王,近法文祖。亟颁温诏,毋守牢辞。则典礼顺从,侈宏休于载籍;神民欢悦,赞宝筭于万年。谨三奉表陈请以闻。

出处:《五百家播芳大全文粹》卷一上。又见《宋会要辑稿》礼四九之四六。

皇帝三率群臣请上尊号不允诰

（淳熙十六年二月十日）

函封叠上,诚请益坚。谓行浮于名,乃君一执谦之德;而尊归于父,亦我家故事之常。万乘之贵,不可以屡勤;群言之迫,不可以固拒。成圣子事亲之孝,形四方广爱之风。勉徇至情,更惭虚美。

出处:《宋会要辑稿》礼四九之四六。

考校说明:本文是宋孝宗以太上皇身份发布的诏令。

上皇太后尊号诏
(淳熙十六年二月十一日)

侈国家之盛事,宜勒鸿徽;居天下之极尊,必崇丕号。皇太后道配太极,母临三朝。掩懿铄于简编,有大勋于宗社。含洪博厚,既全育物之慈,恬淡冲虚,自享延年之福。顾惟眇质,祗燕孙谋,致荣养于北宫,阐洪休于重庆。惟寿因圣显,孰加旧日之隆名;而母以子彰,实出至尊之本意。上以昭慈父事亲之孝,下以副冲人归美之诚。皇太后宜恭上尊号曰"寿圣皇太后",余令有司讨论以闻。

出处:《宋会要辑稿》礼四九之四七。

令有司详具上皇帝皇后尊号仪注诏
(淳熙十六年二月十一日)

朕寅奉燕谋,祗承鸿业。天所覆,地所载,既全付而有归;父之尊,母之亲,岂钦承之敢后?昭国家之盛典,溢中外之欢声。皇帝陛下睿智如神,聪明协帝。赤符绍统,忧勤驯致于三登;黄屋非心,授受率循于一道。皇后殿下德全柔顺,性本静专。壶范有常,克迪厚伦之化;母慈笃爱,助成与子之谋。挈神器以亲传,宴大庭而偕永。顾惟菲质,莫报深恩。顺色承颜,方备殚于至养;蕚英腾茂,宜并上于徽名。虽承温谕之崇谦,莫遏群情之归美。订义远参于至德,裁仪近法于淳熙。日月之明,固照临之难写;乾坤之大,庶几之可言言。忱请叠陈,俞音甫拜。撰告克从于龟筮,勒成有烂于瑶琨。率百官若帝之初,丕讲非常之礼;于万年受天之祐,聿迎滋至之休。孚我爱钦,告于溥率。俾邦荣之咸赖,庶孝治之愈隆。皇帝宜恭上尊号曰"至尊寿皇圣帝",皇后宜恭上尊号曰"寿成皇后"。其令有司详具仪注,朕当亲率群臣诣重华宫,奉上册宝。

出处:《宋会要辑稿》礼四九之四七。

立李皇后制
(淳熙十六年二月十一日)

　　缵女于莘,三代必资于内助;自家刑国,二南实首于正风。朕嗣守宗祧,始基王化。恭禀圣皇之命,仪图妇德之良。粤在初潜,得君子好逑之配;逮兹践祚,建长秋俪极之尊。爰择刚辰,诞扬涣号。妃李氏柔嘉而庄栗,仁俭而静专。箴规不待于姆师,言动率循于法度。表应倪天之异,谒著令猷;庆钟指李之祥,寔为名阀。有来懿范,作合朕躬。吉占叶于和鸣,盛礼光于厘降。曩开恭邸,已疏定国之封;洎正储闱,遂锡元妃之册。就馆早临于甲观,抱孙久副于慈怀。每娱侍于亲庭,实佐予于子职。忧勤在念,警戒相成。朕有惭文命之贤,揖逊钦承于尧舜;尔能法思齐之行,音徽嗣圀于姜仕。祗奉国章,俾仪坤极。於戏! 予治外而后治内,所以明人伦;予亲耕而后亲蚕,所以风天下。予欲奉三宫之孝养,尔则助调于旨甘;予欲严九庙之蒸尝,尔宜躬视于涤濯。协宣阴教,训迪阃彝。益昭不显之光,长保无疆之禄。可立为皇后,令所司择日备礼册命。

出处:《宋会要辑稿》礼五三之九。

诫约百官诏
(淳熙十六年二月十六日)

　　朕惟唐虞盛时,内有百揆四岳,外有州牧侯伯,是以庶政惟和,万邦咸宁。盖天下之大,非一人之所能独为也。以尧舜之圣,犹责成于臣下,况后世乎! 朕始嗣位,涉道尚浅,夙夜兢业,罔知攸济。咨尔中外小大之臣,皆寿皇圣帝长养封殖以遗朕者,布政之初,嘉与群公卿士厉精有为,辅成治效。夫设官分职,正以任事,一官不称其任,则一事不得其理。苟不能输忠竭诚,率作兴事,将何以副朕倚毗之意,报寿皇付托之恩哉! 继自今其共乃职,悉乃心,毋因循以玩日,毋怠忽以荒政。勉自淬砺,各迪有功。傥以称职闻,吾将有以褒显之;其或不率,邦有常刑。布告在位,使明知朕意。

出处:《宋会要辑稿》职官七九之五。

严惩贪官诏
(淳熙十六年二月十八日)

今日户口虽众,而人生实艰,州县官吏有贪墨虐民者,令监司按劾;监司有黩货营私者,令内台纠察。其有赃罪显著,朕当遵祖宗、寿皇圣帝成法,重置典宪。

出处:《宋会要辑稿》职官七九之五。

禁监司郡守掊敛诏
(淳熙十六年二月二十五日)

访闻监司守臣多事掊敛,以充苞苴,结托求进。可令御史台常切纠察,如有违戾,必罚毋赦。

出处:《宋会要辑稿》职官七九之五。

安辑归正归朝人诏
(淳熙十六年二月二十九日)

仰惟至尊寿皇圣帝轸念归正、归朝远来之人,优恤备至,朕嗣位之初,自当遵守,尚虑州郡或奉行不虔,致令失所。可照应累降指挥并前后敕文,务在安辑,以称朕意。

出处:《宋会要辑稿》兵一六之八。
考校说明:《全宋文》误系于"淳熙六年二月二十九日"(第二八三册,第四三页)。

周必大转少保进封益国公制
(淳熙十六年三月一日)

门下:朕祗奉慈谋,钦承丕绪。任大守重,岂夙夜之敢康;谟明弼谐,繄股肱之攸赖。眷予上宰,为国宗臣。既久翊于熙朝,兹首裨于初政。宜疏异渥,以答殊勋。爰辑廷绅,诞扬诏綍。特进、左丞相、许国公、食邑八千六百户、食实封三千户周某,忧恂而博达,端亮而粹夷。经济之才,足以开物而成务;渊源之学,始于诚意而正心。顷自机廷,晋登揆路。修明百度,虽小物而克勤;酬酢万微,遇大事而能断。民瞻益耸,国势愈强。仰惟寿皇,将举内禅,厥既传之以道,又复遗之以贤,乃升冠于冢司,俾务成于圣计。属兹继体,方庆泽之广覃;其于褒功,讵徽章之可后。肆升华于亚保,庸增重于元台。并开大国之封,申衍爰田之食。式昭眷遇,寀厚倚毗。於戏! 圣贤相逢治毕张,宿已彰于成效;后臣克艰政乃乂,今方仁于嘉猷。益究乃心,奚俟多训。可特授少保、依前左丞相、进封益国公、加食邑一千户、食实封四百户。仍令所司择日备礼册命,主者施行。

出处:《周益国文忠公年谱》。

撰者:倪思

周必大辞免少保不允诏
(淳熙十六年三月一日后)

敕某:云云具悉。昔舜以天下禅禹,精一执中之旨,既心传而面命之矣;又择益稷之贤,置诸左右,以辅相其治。授受之美,于是为至。惟我寿皇实用此道,将以神器畀于冲人,故首擢卿居上相之位。卿亲逢盛时,密赞大计,肆朕缵绍,凡厥政事,悉所仰成。茂勋如此,晋位亚保,疏封大国,其于宠褒,未为过也。往其祗命,毋事固辞。所辞宜不允。

出处:《文忠集》卷一三〇。

撰者:倪思

考校说明:编年据周纶《周益国文忠公年谱》补。

周必大再辞免少保不允诏
(淳熙十六年三月一日后)

敕某:云云具悉。朕于即政之始,凡厥命令,未尝不谨而后出。矧登进孤保,褒宠台辅,兹事体大,顾岂轻易而发哉? 命出惟行,诚难反汗。而卿执谦不已,是未谕朕意也。至若貤恩子姓,必无官可进,然后用此。卿爵秩虽崇,未云极品,授以为说,则又非宜。其亟钦承,毋稽成命。所请宜不允。

出处:《文忠集》卷一三〇。

撰者:倪思

考校说明:编年据周纶《周益国文忠公年谱》补。

周必大辞免册命宜允诏
(淳熙十六年三月一日后)

敕某:云云具悉。朕始嗣宝历,褒崇辅臣,考图按爵,秩卿亚保。方诏有司,卜良日,序搢绅于位,列金石于庭,备物典册,亲临轩而授之,所以明贵贵也。而卿处荣弗矜,爰比丐免,顾忠诚之有素,在谦德以采光。兹用勉从,益深嘉尚。所辞宜允。

出处:《文忠集》卷一三〇。

撰者:倪思

考校说明:编年据周纶《周益国文忠公年谱》补。

周必大再辞免少保批答
(淳熙十六年三月一日后)

省表具之。孤棘之任,专待勋德,而不可序进,卿言是矣。夫以命世之贤,赞亲传之策,厥今勋德,孰有如卿者乎?矧辅弼之臣,遭逢内禅,稽诸旧典,例进两秩。今自文阶之冠,升亚保之联,才一等耳。朕方以未足酬卿为歉,而卿恳辞不已,顾欲驰恩,毋乃执谦之过乎?宜体至意,勿复有请。所辞宜不允,仍断来章。

出处:《文忠集》卷一三〇。

撰者:倪思

考校说明:编年据周纶《周益国文忠公年谱》补。

留正加正奉大夫制
(淳熙十六年三月二日)

《春秋》法五始之要,莫严授受之功;君臣犹一体而成,允赖赞襄之益。眷时次相,翊我两朝。既茂著于殊勋,盍特加于显渥。诞扬丕号,宣告群工。具官留

13

正学贯天人,才全文武。秉心刚毅,如砥柱之屹中流;应物从容,若洪钟之在华簴。遍扬中外,备罄忠勤。顷预政机,兼持枢管。谋猷辰告,莫非经远之基;事业日新,允有济时之略。洪惟慈宸,深念永图。将与子以亲传,必求贤而夹辅。爰升揆路,对秉国钧。神器有归,密赞睿谟之大;成规恪守,实神初政之新。属盛际之亲逢,宜褒章之首及。是用陟文阶之两秩,陪采邑之多畨。以昭委寄之隆,以示宠光之厚。於戏!因辅佐而统继业,虽无事于更张;当闲暇而明政刑,尚益思于励翼。往祗厥命,其永有辞。

出处:《宋宰辅编年录》卷一八。

禁廷尉接见宾客诏
(淳熙十六年三月四日)

廷尉,天下之平。日来官吏出入无时,宾客日有请嘱,泄漏之弊,无以隔绝。日后不得接见宾客,虽假日亦不得出谒,如有堂白公事,止申朝廷,司直、寺簿亦令就寺居止。

出处:《宋会要辑稿》职官二四之三八。

赈济濠州被水土著及归正主客户诏
(淳熙十六年三月六日)

昨令濠州支桩管米五千石,赈粜本府去年被水土著及归正主客户,尚虑逐色人阙钱收籴,可特改作赈济。

出处:《宋会要辑稿》食货六八之八九。

禁截留流配二广海南罪人诏
(淳熙十六年三月十三日)

检坐见行条法,委诸路提刑司严切禁止,将违戾去处按劾以闻。

出处:《宋会要辑稿》刑法四之五八。

令御史台奏劾内外诸军刻剥军兵兵官诏
(淳熙十六年三月十五日)

访闻内外诸军管兵官多有刻剥军兵,掊敛财贿,专事结托,以为进身之计。如有违戾去处,令御史台奏劾,当重行降责。

出处:《宋会要辑稿》职官七九之六。

史浩授太师制
(淳熙十六年三月二十四日)

朕钦承内禅之丕基,寅绍中天之景运。行庆施惠,方布令以惟新;褒德录贤,在疏恩而宜渥。眷时元老,历事三朝。盖揖逊之再逢,盍优崇之特异。诞扬显册,播告昕廷。具官史浩忠肃而惠和,宽闳而温厚。皇图首翊,独高夹日之功;揆路荐登,深慰作霖之望。功成身退,德邵年高。惟甘盘旧学之臣,既尊荣之莫及;迈郭令中书之考,岂祉寿之可量。肆是篡图,尤深注想。敬遵慈训,用举徽章。峻升论道之班,俾正维师之位。宠仍兼于制阃,礼益厚于垂车。并衍真租,式昭异数。於戏! 天下大器,念付托之匪轻;旧德元龟,方谘诹之是急。谅不忘于王室,必乐告于尔猷。尚罄厥诚,以答殊遇。

出处:《宋宰辅编年录》卷一九。

士歆除少傅合得恩数事诏
(淳熙十六年四月一日)

嗣濮王士歆已除少傅,除见今差破干办使臣抱笏祇应外,有应干恩数请给、人从等,并特依昨除少保前后已得指挥。

出处:《宋会要辑稿》帝系二之五一。

御前马院使臣罢军中兼职诏
(淳熙十六年四月一日)

御前马院使臣罢军中兼职,其统制、统领、正副将愿归军,依旧职次;不愿归军,别听指挥。准备将至效用并依旧骑习御马祗应。

出处:《宋会要辑稿》职官三二之五四。

陈秀实杨万里等转官告词
(淳熙十六年四月二日)

敕朝奉大夫陈秀实等:朕承寿皇之休,嗣大历服,无疆惟庆,海寓同之,肆需至恩,周遍祉福。京秩而上序进一列,其楙职业,以熙庶务! 可依前件。

出处:《诚斋集》卷一三三。
撰者:叶翥
考校说明:原书题作《(杨万里)朝散大夫告词》,《全宋文》题作《陈秀实等朝散大夫告词》(第二二三册,第三七〇页)。

虑囚诏
(淳熙十六年四月八日)

余路州军令提刑须管于五月下旬躬亲前去点检,催促结绝,见禁罪人内干照人及事理轻者,先次断放,如提刑阙官,仰监司躬亲分头前去,内僻远州县,即州委守臣、县委通判职官躬亲分头点检催促。应所委官各具所到及点检日时已施行事件申尚书省,其守倅等点检催促过刑禁,并仰本路监司复行检察,如灭裂违滞,按劾奏闻,务在恪意奉行,不致冤滥。如奉行不虔,令御史台觉察弹劾。

出处:《宋会要辑稿》刑法五之四一。

陈汝威詹效之等授官告词
（淳熙十六年四月十一日）

敕修职郎陈汝威等:朕承寿皇之休,嗣大历服,恩赉臣工,咸序进于官列。其左铨庶士,服在事采,亦赐资级,用广沛泽。

出处:中国嘉德二〇〇一年春季拍卖会拍品。

权住催绍兴府和买诏
（淳熙十六年四月十五日）

绍兴府将第五等以下户和买二万五千余匹,权住催一年,三省选委清强官同监司、守令相度经久利便闻奏。

出处:《宋会要辑稿》食货七〇之七五。

皇侄抦进封诏
（淳熙十六年四月十七日）

皇侄、耀州观察使、嘉国公、食邑五百户、食实封贰百户抦,特授永兴军承宣使,进封许国公,加食邑五百户、食实封贰百户。应诸般请给、生日等,可并依《禄格》全支本色。

出处:《宋会要辑稿》帝系七之一三。

周必大辞免讲堂转官回授不允诏
（淳熙十六年四月十九日后）

敕某:云云具悉。卿昔以渊源之学,导朕于承华;今以经济之才,佐朕之初政。功既各异,赏宜屡加。姑俾弛恩,曾非过宠。尚兹固逊,殊咈至怀。亟膺延世之休,益尽教忠之义。所辞宜不允。

出处:《文忠集》卷一三○。

撰者:倪思

杨万里再复直秘阁告词
(淳熙十六年五月四日)

　　敕朝奉大夫、知筠州军州事杨万里:朕登践宝位,缅怀儒英,因其寄职之未还,遂阅有司之列上,复其旧物,以示庆恩。尔学造渊源,文工雅健,独信道而甚笃,每见义而必为。自召置于星郎,即弥纶于省闼,俾领群彦,擢冠道山,显用有期,遽从治郡。矧寓直之延阁,乃固有之青毡。复以美名,为尔之宠,傥闻报最,嗣有褒升。可特授直秘阁。

出处:《诚斋集》卷一三三,四部丛刊本。

撰者:叶翥

赐安穆皇后家庙地诏
(淳熙十六年五月七日后)

　　安穆皇后宅已赐家庙,缘地段窄狭,可将堰所属亲兵营寨就赐,却令别行踏逐营寨,仍令转运司、临安府盖造及添修两位屋宇。

出处:《宋会要辑稿》后妃二之二四。

周必大除观文殿大学士判潭州制
(淳熙十六年五月八日)

　　门下:三孤洪化,允资弼亮之谟;十国为连,更赖蕃宣之略。任虽殊于内外,宠不异于始终。爰即昕廷,诞扬丕号。少保、左丞相、益国公、食邑九千六百户、食实封三千四百户周某,量宏而识远,德钜而才全,文高黼黻之华,学富经纶之妙。忠勤体国,孜孜而无不为;通敏济时,绰绰乎有余裕。系天下之重望,结慈宸之深知。预大政而执洪枢,迭司二柄;骎次相而登上宰,光辅两朝。舜传有诏于诒谋,益赞克禋于继治。肆升亚保,增峻元台。肱股良而庶事康,方观成效;纪纲张而众目举,甫立宏规。俄遝露于需章,愿亟还于相印。论旨丁宁而莫夺,陈情坚确而弗移。既雅志之重违,在茂恩而宜厚。是用付以长沙之巨屏,俾作牧于上游;宠以书殿之大名,仍通班于左棘。罔替眷怀之渥,式昭体貌之优。进退有光,观瞻咸耸。於戏! 作舟楫汝用,惜不为于朕留;毋金玉尔音,尚乐殚于我告。勉祇明训,益懋外庸。可特授观文殿大学士、依前少保、判潭州军州事兼管内劝农营田使、充荆湖南路安抚使、马步军都总管、益国公、食邑、食实封如故施行。

出处:《周益国文忠公年谱》。
撰者:倪思

周必大辞免判潭州不允诏
(淳熙十六年五月八日后)

敕某:云云具悉。朕待遇股肱,优礼体貌。既恳辞于重任,必宠贲以徽章。非惟答其辅赞之劳,亦以光其进退之节。卿,朕之旧学,国之元臣。四近周旋,宣勤逾于十载;两朝授受,策勋茂于一时。兹解繁机,爰加异数。峻延恩之秘职,专帅阃于上游。庸便乃私,且荣其去。亟膺涣渥,宜略谦执。所辞宜不允。

出处:《文忠集》卷一三〇。
撰者:倪思

严禁四川沿边州郡采斫关隘林木诏
(淳熙十六年五月十一日)

令四川制置司行下沿边州郡,将应有林木关隘去处,措置严切禁戢,毋致采斫。

出处:《宋会要辑稿》刑法二之一二四。

重明圣节事诏
(淳熙十六年五月十二日)

今年重明圣节,并乞依会庆圣节礼例,诸路州军止开启满散道场,不许排宴,亦未合用乐,自来年以后用乐。

出处:《宋会要辑稿》礼五七之二一。

和义郡夫人黄氏进封贵妃制
（淳熙十六年五月十八日）

周以三夫人佐后,视外朝三事之崇;唐以四美号建妃,体圆极四星之序。朕若稽古训,遴择妇官。延登邦媛之良,协辅坤仪之重。载差吉旦,敷告昕廷之典。和义郡夫人黄氏履行肃雍,禀姿和粹。动必循于图史,言自合于箴规。被选良家,已谨佩璜之节;承恩储禁,益流藻荇之芳。攀鳞适际于天飞,秉德有光于内则。当朕纂承之始,实资警戒之成。相予夙夜之忧勤,助我庭闱之孝养。肆畴懿范,升备元妃。志在进贤,赞徽音于中壸;坐而论礼,等峻秩于上公。以基王化之风,以厚人伦之本。於戏！正家而刑万国,朕方取法于《关雎》;率职以倡九嫔,尔尚匹休于彤管。钦承异渥,遹彰令猷。可特进封贵妃。

出处:《宋会要辑稿》后妃三之一〇。

忠顺官请给事诏
（淳熙十六年闰五月七日）

忠顺官请给虽已通理满七任月日,若见任未满,特令所在州军且与接续帮勘,候见任满日住支。

出处:《宋会要辑稿》兵一六之九。

浙西州县不得违戾差拨兵梢装运上供米斛诏
（淳熙十六年闰五月十九日）

今后浙西州县辄敢违戾差拨兵梢装运上供米料,许从农寺及漕司觉察闻奏,当职官以违制论,人吏决配;逐州元拨官船令漕司日下尽数拘收。兵梢拨归元来军分;其过犯已经黥刺者,押送元配州军收管。

出处:《宋会要辑稿》食货四四之一四。

免诸路州县僧道年六十以上合纳身丁钱诏
(淳熙十六年闰五月十九日)

诸路州县僧道年六十以上合纳丁钱,特与放免一年;或已纳在官,与理充将来之数。如敢却行催理,许越诉。监司觉察以闻。

出处:《宋会要辑稿》食货六六之一七。

禁私撰小报唱说事端诏
(淳熙十六年闰五月二十日)

今后有私撰小报,唱说事端,许人告首,赏钱三百贯文,犯人编管五百里。

出处:《宋会要辑稿》刑法二之一二四。

建康府祈雨诏
(淳熙十六年闰五月二十三日)

近闻建康府阙少雨泽,令守臣精加祈祷,务要速获感应。仍将见禁公事疾速决遣,毋致淹延。如本路更有阙雨去处,令帅臣依此施行。

出处:《宋会要辑稿》礼一八之二四。

减降建康府见禁罪人诏
(淳熙十六年闰五月二十四日)

马军行司见在建康屯戍,所有见禁罪人,并依行在疏决减降,仍委淮西总领躬亲前去决遣。

出处:《宋会要辑稿》刑法五之四二。

结绝见禁罪人诏
（淳熙十六年闰五月二十六日）

行在委刑部郎官及御史各一员,临安府属县令提刑躬亲前去点检结绝。见禁人内干照及事理轻者,先次断放。徒已下罪事状分明不应编配,及申奏公事虽小节不圆,不碍大情,并许一面断遣讫申奏。杖以下应禁者,并责保知在。如提刑已往别州虑囚,或阙官,即令漕臣一员前去,各具所到点检日时、已施行讫事件申尚书省。务在恪意奉行,不致冤滥。如奉行不虔,令御史台觉察弹劾。

出处:《宋会要辑稿》刑法五之四二。

奖谕狱空敕书
（淳熙十六年闰五月）

朕哀矜于刑,惟恐一夫或丽于非辜,凡四方以具狱上廷尉,必谨择明察之吏其审克之。卿等司我臬事,用能体朕钦恤之意,剖决其所滞,平亭其所疑,论报爰书,无所留系,桁杨徽纆,无复施用,其于初政之助,不已多乎! 章彻予闻,良深嘉叹。

出处:《咸淳临安志》卷六。

讥察夹带铜钱银两过界诏
（淳熙十六年六月五日）

前不曾差人往榷场并海外去处收买物货,深虑或有假作名色,夹带铜钱银两过界,仰沿边官司密切讥察。如有似此之人,先次拘管,即时具奏听旨。

出处:《宋会要辑稿》刑法二之一二四。

杨万里朝议大夫告词
（淳熙十六年六月五日）

敕朝散大夫、直秘阁、知筠州军州事杨万里：朕初践宝位，省录旧僚，眷言宏达之儒，尝资论说之益，用稽彝典，亟疏异恩。尔学逢其原，文贯平道。自登郎省，升都司，虽有铨叙弥纶之劳，而能从容于园绮之列，劝读古训，开道朕心。逮夫进贰蓬山，职清无事，方日陈道术智谊之指，乃遽引去，遂分高安之符。朕惟不忘故，盖所以示情，将褒贤则莫先涣宠。爰跻荣于两秩，斯庆会于千龄，祗服殊私，勉图共理。可特授朝议大夫。

出处:《诚斋集》卷一三三。
撰者:叶翥

赈给临安府城内外细民诏
（淳熙十六年六月十一日）

临安府城内外细民理宜存恤，可令封桩库支见钱二十三万贯，委守臣将贫乏老疾之人措置赈给，大人每名一贯，小儿伍佰，仍委官巡门俵散。

出处:《宋会要辑稿》食货六八之八九。

封桩库支会子备籴米使用诏
（淳熙十六年六月十六日）

封桩库支会子八十万贯付淮东总领所，五十万贯付湖广总领所，专委赵师䕮、梁总令项桩管，以备籴米使用。

出处:《宋会要辑稿》食货四一之二〇。

修行在诸仓并淮东西湖广总领所见管仓廒诏
(淳熙十六年六月十六日)

司农寺及淮东西、湖广总领所各预行修葺,以备储积。其合用物料,令所在州军疾速随宜应副,毋致阙误。

出处:《宋会要辑稿》食货六二之六八。

两浙转运司等支钱添支口累重大之家诏
(淳熙十六年六月二十一日)

两浙转运司、淮东西、湖广、四川总领所依淳熙十六年上半年已支散钱数,付逐军充当年下半年添支口累重大之家,仍委主帅一并点名支散。绍熙元年至绍熙五年终,每年各分上下半年,预于一月前枢密院检举取旨。添支诸军钱亦如之。

出处:《宋会要辑稿》兵二〇之三七。

督责巡尉催发纲运出界诏
(淳熙十六年六月二十三日)

今后起发上供纲运,令装绝之日,须管离岸,督责巡尉催发出界,转牒前路连接催赶,各批出入界时日于历。其在催纲官地分之内贷盗贩易者,任满,减磨勘,更不推赏;或受起纲人情钱者,依受乞所盗财物法论。

出处:《宋会要辑稿》食货四四之一四。

重明圣节权免进奉诏
(淳熙十六年六月二十六日)

重明节依条宰臣执政官等合该进马,并该进奉上寿合酒器、银香合、马臣僚,并与权免今岁进奉。

出处:《宋会要辑稿》礼五七之二一。

禁约将带铜钱至沿边诸州诏
（淳熙十六年七月三日）

镇江、建康都统制司严行约束,今后修城军人并搬运甓灰等人将带铜钱至沿边诸州,或因事败露,其统兵官或管押将副使臣等并仰逐州取会名衔,具申朝廷取旨施行。如州郡或行容庇,一例行遣。

出处:《宋会要辑稿》刑法二之一二四。

该遇赦恩合放逐便之人放停事诏
（淳熙十六年七月十九日）

刑部行下诸路州军,将该遇赦恩合放逐便之人,当官审问愿与不愿放停。如不愿放停,仍旧存留,支破请给。

出处:《宋会要辑稿》刑法四之五九。

幸城南大教场大阅诸军诏
（淳熙十六年七月二十三日）

朕嗣位之初,诸军人马未曾合教,可于十月内择日幸城南大教场大阅。其合行事件,令有司条具以闻。

出处:《宋会要辑稿》礼九之二二。

大阅官兵随身器甲衣装事诏
（淳熙十六年七月二十四日）

将来大阅,应官兵随身器甲或有阙少损坏,令本军自与修治,不得辄令陪备;其衣装随宜服用,毋令创新制造。仰主帅预行约束,毋致违戾。

出处:《宋会要辑稿》礼九之二二。

太庙等合修殿宇令两浙漕司修整诏
(淳熙十六年七月二十五日)

自今太庙及景灵宫并诸处殿宇如有合修去处,令两浙漕司修整。

出处:《宋会要辑稿补编》第四六页。

无官宗子量试事诏
(淳熙十六年八月十三日)

无官宗子量试,如给到降生公据,或见请孤遗钱米之人,与免召保,令本处宗室尊长保明,从州郡给据赴试。

出处:《宋会要辑稿》帝系七之一三。

明堂礼犒设使臣等诏
(淳熙十六年八月二十九日)

明堂大礼,殿前司差充代班直并执擎仪仗觇巷使臣,特与犒设一次。

出处:《宋会要辑稿》礼六二之八一。

淮西籴米事诏
(淳熙十六年九月六日)

令淮西运判王厚之体访见本路委是得熟可以籴米去处,即将舒、蕲州见在铁钱措置分籴。

出处:《宋会要辑稿》食货四一之二〇。

淮西江东和籴马料事诏
(淳熙十六年九月十七日)

淮西、江东和籴马料,令逐路漕司措置,依时价收籴,不得分科州县,敷扰于民。

出处:《宋会要辑稿》食货四一之二〇。

淮西总领所籴米事诏
(淳熙十六年九月十七日)

淮西总领张抑和籴桩管米四十万石,令分委官诸州收籴,其籴本钱于总领所桩管下会子七千万七千六百余贯数内支拨,或本钱不敷,许从实申乞支降。

出处:《宋会要辑稿》食货四一之二〇。

决遣罪囚诏
(淳熙十六年九月十九日)

阴雨未晴,窃虑刑狱或有淹延去处,大理寺、临安府并属县、三衙及两浙诸路州县见禁罪人,在内委台官、在外委提刑躬亲即时前去;如路远去处,分委通判检察决遣。内杖罪已下并干系等人,并日下疏放。应临安府并属县见监追赃赏钱及转厢号令之人,可并日下免追释放。

出处:《宋会要辑稿》刑法五之四二。

诸军教阅不得横有费用诏
(淳熙十六年九月二十五日)

诸军从来教阅,自有一等新鲜旗帜器甲别项桩收。今访闻诸军又欲创新制造,以务奇巧,甚非朕抚恤诸军之意,深虑因而科扰士卒。可行下殿、步司,约束诸军,不得横有费用。或有损弊合行修换之物,并令支破官钱。仍遍榜诸军,各使知悉,以称朕意。

出处:《宋会要辑稿》礼九之二三。

选辟秀州华亭知县诏
(淳熙十六年十月三日)

秀州华亭知县未有京注授,令漕臣同守臣于京官选人内公共选辟一次,理作堂除。

出处:《宋会要辑稿》职官四八之四四。

川广监司郡守上殿事诏
(淳熙十六年十月九日)

川广监司、郡守未经上殿许先赴任之人,如连任上件差遣,任满,须赴行在奏事讫,方得再有除授;见阙取旨。

出处:《宋会要辑稿》职官四五之三四。又见《宋会要辑稿补编》第八〇七页。

大阅赏钱诏
(淳熙十六年十月九日)

今次大阅所有犒赏钱,可比旧例增支犒赏一十万贯,以示朕优恤之意。仰郭钧同赵济公共照应已合教等第则例,逐一均定增支钱数申尚书省,以凭给降施行。

出处:《宋会要辑稿》礼九之一三。又见同书兵一九之三九。

支会子支散许浦定海水军诏
(淳熙十六年十月二十三日)

封桩库支会子二万贯付浙西提刑袁说友,等第支散平江府许浦水军;支会子一万贯付浙东提举郑湜,支散定海水军。如有散不尽钱,仰均给士卒。候毕,具已给散文状申三省、枢密院。

出处:《宋会要辑稿》兵一九之四〇。

差诸路训练路钤事诏
(淳熙十六年十月二十三日)

今后差诸路训练路钤,并要年六十以下、曾经从军,或有材武人充,其已差下人,且令依旧。

出处:《宋会要辑稿》职官四八之一一九。

伯圭除少师合得恩泽事诏
(淳熙十六年十月二十五日)

皇伯伯圭已除少师,所有合得应干恩数、请给、人从、生日取赐等,并依昨除少保、少傅日前后已得指挥施行。

出处:《宋会要辑稿》帝系二之五六。

杨万里除秘书监告词
(淳熙十六年十月)

敕朝议大夫、直秘阁、知筠州、行军州事杨万里:士惟精于学识,然后其是非公;充于道义,然后其去就果。斯人之进,将不为本朝之光乎?以尔学有本原,行无瑕玷,为仁必勇,平生自信,而前议论不阿,诸儒益高其退。素履方安于外补,里言或愿其来归。是用予之赐环,咨之前席。惟资秩之美,尝贰夫蓬山矣。名德既升,兹晋为之长焉。夫收直节以厉风俗,开公道以广议论,朕之意不苟然也。可特授秘书监。

出处:《诚斋集》卷一三三。
撰者:罗点

29

考校说明:编年据《南宋馆阁续录》卷七补。

改元绍熙诏
(淳熙十六年十一月十四日)

朕懋缵基图,丕膺历数。相受一道,日亲奉于燕谋;继照四方,时适乘于亨会。粤暨临御,莫敢迨遑。幸农稼之初登,属边疆之咸谧。凡修庶政,实踵成功。荐推朔月之更,浸告春朝之届。正岁序事,宜先纪号之新;钦天授时,尤重体元之始。肆当谷旦,肇易嘉名。惟绍兴宏远之摹,不忘取法;而淳熙明昌之运,方务祗承。用孚亿载之休,允穆万邦之听。其以明年为绍熙元年。

出处:《宋会要辑稿》礼五四之一七。

四川总领所拨借物斛准备贷济诏
(淳熙十六年十一月十八日)

四川总领所于阶、成、西和、凤州桩积陈次物斛内,各借一万石,拨隶利州路运司,准备将来贷济阙食人户。

出处:《宋会要辑稿》食货六八之九〇。

宗子陈乞覃恩补官事诏
(淳熙十六年十一月二十三日)

宗子今来见行陈乞覃恩补官人,并候铨试出官;其已参选人,候一任回,铨试中,方许到部,不许用举主免试等恩例。

出处:《宋会要辑稿》选举二六之一七。

福建州县不得辄起动保甲役使农民诏
(淳熙十六年十一月二十五日)

福建路监司严戒州县,如有盗贼紧急,不得辄于数里之外起动保甲,役使农民。有或违戾,特许越诉,必置典宪。

出处:《宋会要辑稿》刑法二之一二四。

试六经义出题诏
(淳熙十六年十一月二十五日)

自今岁试闱六经义,并不许出关题,亦不得摘取上下经文不相贯者为题。

出处:《宋会要辑稿》选举一之二一。

浙西提举张体仁籴米诏
(淳熙十六年十二月五日)

封桩库支降会子四十万贯,令浙西提举张体仁就近便出米去处,和籴米二十万石,赴丰储仓桩管。

出处:《宋会要辑稿》食货四一之二一。

摄太傅奉上尊号册宝等差留正等诏
(淳熙十六年十二月六日)

摄太傅奉上尊号册、宝,差右丞相留正;摄侍中奉至尊寿皇圣帝宝并读宝,及奉寿圣太后宝、寿成皇后宝,差知枢密院事、参知政事王蔺;摄中书令奉至尊寿皇圣帝册并读册,及奉寿圣皇太后册、寿成皇后册,差同知枢密院事葛邲;侍中诣至尊寿皇圣帝御座前承旨并奏答及奏礼毕,差户部尚书叶翥;前导礼仪使并奏礼毕,权吏部尚书郑侨。押册案吏部侍郎三员,权兵部尚书兼知临安府张构、吏部侍郎余端礼、礼部侍郎李潜。押宝案礼部侍郎三员,给事中胡晋臣、中书舍人罗点、右谏议大夫何澹。奏中严外办礼部侍郎二员,权吏部侍郎陈骙、权刑部侍郎吴博古。进接圭殿中监,国子祭酒兼权中书舍人沈揆。导册宝太常卿,将作少监、直学士院倪思。举册官六员,起居郎诸葛延瑞、祕书省著作郎兼权起居舍人莫叔光、殿中侍御史范处义、右正言黄抡、监察御史计衡、林大中。举宝官六员,太常少卿丘崈、宗正少卿耿秉、祕书监杨万里、大理卿王尚之、司农少卿韦璞、中

31

书门下省检正诸房公事王回。押药太常卿，左司郎中岳霖。奏解严礼部郎中，左司郎中沈选、大理少卿吕公进。太常博士三员，赞引太傅、枢密院检详诸房文字杨经。赞引前导礼仪使、将作监兼权吏部郎官苏山。赞引太常卿，考功郎中楼钥。协律郎一员，吏部郎中陈扬善。大庆殿并重华宫进中严外办二员，知阁门事兼客省四方馆事谯熙载、权知阁门事兼客省四方馆事刘弢。大庆殿并重华宫前导二员，知阁门事兼客省四方馆事兼枢密副都承旨吴琚、权知阁门事兼客省四方馆事韩仸胄。大庆殿并重华宫进解严。阁门宣赞舍人、点检阁门簿书公事、充宣调令张进之。

出处：《宋会要辑稿》礼四九之四八。

存恤温州灾伤人户诏
（淳熙十六年十二月八日）

浙东提举司将温州灾伤县分阙食人户更加存恤，毋致失所流移。

出处：《宋会要辑稿》食货六八之九〇。

塑制高宗皇帝宪节皇后神御毕推恩诏
（淳熙十六年十二月十六日）

塑制高宗皇帝、宪节皇后神御了毕，都大主管官特于阶官上转行两官；承受提辖造作官各特转一官，减三年磨勘；照管事务官并使臣、人吏、快行、亲从、亲事官等、作匠，各特转一官资，未有名目人特作一官资收使；作匠无资可转人依例支赐。

出处：《宋会要辑稿》礼一三之一六。

外路总领所得替日交替应有钱物事诏
（淳熙十六年十二月十九日）

敕：淳熙九年正月指挥，守臣任满得替日，将应有钱物交付后政或以次官讫，申省部置籍稽考，新到任人限一月内将交割到数目从实具申。如此，则财计之盈虚,可以周知,得为之通融;人才之能否,可以参考,得为之升黜。应外路总领所于得替日,将应有钱物亦从淳熙九年正月指挥施行。

出处:《庆元条法事类》卷五。又见同书卷三二。

请至尊寿皇圣帝听乐第一表不允批答
(淳熙十六年十二月二十日)

省表具之。德之大者,思则无穷;恩之隆者,报焉罔极。仰惟皇之盛烈,实兴尧帝而同符。凡蒙如天之仁,举切望云之感。外薄四海,遏密八音。而况荷生育之深恩,承揖逊之休命。务行三年之制,用协礼经;乃释万几之繁,以专孝慕。甫兹祥禫之云毕,宁忍宫商之遽闻。卿等载考旧章,备陈来奏。顾衰情之未泯,讵忱请之可从?所请宜不允。

出处:《中兴礼书续编》卷七六。
考校说明:本文是宋孝宗以太上皇身份发布的诏令。

群臣请皇帝举乐宜允批答
(淳熙十六年十二月二十日)

省表具之。朕仰奉慈谋,丕扬圣孝。粤惟备道,务必守于礼经;爰在缵图,敢遽皇于乐纪! 顾中心之祗惕,劳列辟之恳祈。今将发大册以尊亲,会新元而蒇事。冀陈和奏,用举上仪。三载四海之遏音,固无逾于吉制;六律五声之在治,当俯顺于群情。所请宜允。

出处:《中兴礼书》续编卷七六。又见《宋会要辑稿》礼三五之一六。

请至尊寿皇圣帝听乐第二表不允批答
(淳熙十六年十二月二十一日)

省表具之。礼固贵乎适中,情亦难于骤变。是以禫而不乐,圣人嘉其合宜;祥而遽歌,君子议其未尽。钦想尧慈之如在,倏惊羲御之不留。勉循吉制之文,盖迫先王之典。若衣冠之饰浸可复常,至钟鼓之音所未遑听。闻封章之沓至,谅诚恳之弥勤。惟其隐之吾心而弗安,故欲循夫众志而莫获。宜体兹谕,勿复有陈。所请宜不允。

出处:《中兴礼书续编》卷三六。
考校说明:本文是宋孝宗以太上皇身份发布的诏令。

皇帝率文武百僚请至尊寿皇圣帝听乐表
(淳熙十六年十二月二十三日)

伏以圣人之德何以加,仰孝思之曲尽;天子之父尊之至,期乐奏之具陈。慈尚阔于俞纶,敢躬敷于恳牍。窃以三年旷制,自汉世而莫行;九奏遏音,在虞朝而既举。顾执礼必追于隆古,宜成声无越于吉期。恭维至尊寿皇圣帝陛下智察人伦,爱钟天性。懋扬□烈,念常轸于羹墙;寅荐宗枋,时浸深于霜露。属当终制,备极纯诚。祥五日而琴,盖闻往哲;禫徙月而乐,实验前言。肆殚臣子之忱辞,祈展庭闱之丕奉。伏望犯御名垂聪听,溥协舆情。张咸池之乐于洞庭,同观道妙;受圣皇之册于兴庆,益封寿祺。

出处:《中兴礼书》续编卷七六。

皇帝率文武百僚请听乐第三表允诰
(淳熙十六年十二月二十三日)

性适道真,方以冲虚澹泊为贵;心存孝慕,忍闻铿锵节奏之和?比百辟之输忠,贡累章而有请。愿遵徙月之制,复举在庭之音。情所未安,谕言已悉。乃今吾子亲率朝绅,谓典册之将行,据礼经而申述。恳勤备罄,钦爱有加。勉深诚,姑抑素志。

出处:《中兴礼书续编》卷七六。
考校说明:本文是宋孝宗以太上皇身份发布的诏令。

宜兴无锡两县水涝御笔
（淳熙间）

　　闻常州宜兴、无锡二县近遭大水,今水势何如？合补种晚稻,即目已插种多少？不可车戽再种者,顷亩若干？疾速开具奏来。付张孝贲。

出处:弘治《重修无锡县志》卷四,弘治七年刻本。又见《咸淳重修毗陵志》卷四。

光宗宁宗朝卷二 绍熙元年(1190)

加上至尊寿皇圣帝尊号册文
(绍熙元年正月一日)

皇帝臣某谨稽首再拜言:臣闻隆天厚地之恩,不可得而报;备道全德之妙,不可得而名。大哉圣人,兼全乎天地之恩,究极乎道德之妙,出人间世,覆育万物。凡厥有生,欲效众美,以报所不可报之恩;若稽于古,宜宣令闻,以名所不可名之妙。昔者大舜有大焉,以所得于天者还以覆焘于人,以所受于前者还以揖逊于后。无为而治,不有其功,显号徽称,勋华一体。由今视昔,以舜绍尧,千载不约而同符,二《典》岂容于专美。俯从众志,仰赞丕休。恭惟皇帝陛下体濬哲文明之资,新笃实辉光之德,行尧之道,与天同功。在仁二十有八年,上而五星顺轨,八风序位,拜况于郊,发祥隤祉;下而年谷顺成,民生自遂,蠲租减赋,恩泽渗漉。内则修明法度,总揽权纲,明足以灼见而邪枉不容;外则阅实边防,谨守信誓,仁足以包荒而兵革不试。其著见有常者俭也,朴素无华,爱惜民力而财用给;其躬行不匮者孝也,始终一致,形为教化而风俗厚。诚通乎天,事出乎断。方且举行旷典,表率万邦,为匹夫之所甚难,陋诸儒之所未正。脱屣万乘,专意东朝,敞慈福以问安,即重华而燕处。颐神昭旷,观妙希夷。既与夫造物者游,孰肯以天下为事? 全以所覆,畀之冲人,谛观睿谟,申用家法。而臣深虞寡昧,莫克奉承。欲报天地之恩,而恩不可报;欲名道德之妙,而妙不可名。报不可报,而寓其心之微;名不可名,而忘其言之浅。言念有天下,尊归于父,所以推其本原。为天子父,尊之至也,又以表其极致,庶几形容乎不可报之恩。涉三皇之登闳,而寿与之俱崇;历五帝之寥廓,而圣与之并驱。庶几窥测乎不可名之妙。譬之海岳,纳以涓浍。延光于将来,比荣乎前美。臣不胜大愿,谨奉玉册玉宝,上尊号曰至尊寿皇圣帝。伏惟陛下研几系表,探颐环中,御六气之和,叶三灵之泰,式安清净,致福邦家,实亿万世宗社无疆之休。臣某诚欢诚忭,稽首再拜,谨言。

出处:《宋会要辑稿》礼四九之五二。

撰者:留正

加上寿圣皇太后尊号册文
(绍熙元年正月一日)

皇帝臣某谨稽首再拜言:臣闻全坤元之德,然后可以正天下之母仪;备皇极之福,然后可以享天下之至养。监观三五,以至于今,厚德难全,福亦罕备。若任似享年之见永,见子孙奕世以相传。庆洽三宫,欢均率土。我家盛事,旷古未闻。然则因鸿名,登宝册,不一书而垂光于无穷者,其可后哉?恭惟皇太后殿下含法育物,博厚承天。乐得贤才,赞起中兴之治;躬行节俭,助成王化之基。正位中宫,二十余载。明明我祖,将倦于勤,丕丕庆基,遂禅于内。皆夙夜相成之道,为邦家万世之计。方避成功于十乱,从燕游于大庭,毓德乎冲虚,颐神乎澹泊。如川方至,景福骈臻;如月之常,阴功愈盛。共为子职,至尊日侍于慈颜;衍及孙支,菲质嗣登于大宝。袭宫闱之重庆,会海宇之丕平。百谷顺成,三灵协序。大造固难于摹写,元功必拟于形容。惟寿居福先,《洪范》首陈于箕子;而圣为道备,《思齐》实启于文王。盖尝三上于徽称,今复一新于大典。正东朝之显号,因圣父以推尊。上合天心,下符人望。臣不胜大愿,谨奉玉册金宝,上尊号曰寿圣皇太后。伏惟殿下后天难老,应地无疆。业业亲庭,长致重华之孝;孜孜王业,永绥燕翼之谋。垂裕后昆,卜年千亿。臣某诚欢诚抃,稽首再拜,谨言。

出处:《宋会要辑稿》礼四九之五三。

撰者:留正

寿成皇后册文
(绍熙元年正月一日)

皇帝臣某谨稽首再拜言:臣闻人伦之懿,莫若文王。王季维父,肇启丕庆;大任维母,克济休德。《皇矣》之所诵数,亦既美矣;必若《思齐》,推本厥始,然后为至也。惟我至尊寿皇圣帝春秋鼎盛,功业方茂,未倦于勤,海内靖谧,群生乂遂,响于佚乐。乃笃志慕亲,决策与子,孝安宗祐,仁覆区宇。则亦惟我圣母保佑冲人,迄底于成,尽慈亲之爱;翊辅至尊,爰定大计,赞严君之断。肆兹寡昧,纂绍熙洽,德媲文王,而邦家之祉有光于周,于皇休哉! 窃伏思念,惟末小子,极天下之养,伸人子之心,以对上帝,以刑四海。曾是节温清、备甘旨,以为足哉? 抑亦衰神人之欢,酌古今之制,敷张景铄,崇揭显号,庶几倦倦恳恳之万一焉。惟干弗言所利,而大哉之元物资以始,惟坤以顺承天,而至哉之元物资以生,作《易》者皆不得以嘿隐。顾惟我家无疆之休,既讲缛仪,举巨典于重华之前殿矣。洪惟圣母,体顺而方直,积厚以光大。淑善之性,得之生禀,而谨仪节以自度;徽嘉之行,足为世法,而亲图史以自鉴。用能惠于上下,肃于内外,化流郡国,泽被民物,若古挚氏,为宋寿母。颂其纯嘏,则如月之弦方进于望;赞其备德,则如地之载不遗夫物。其于彰鸿名、侈休称以多祐,以全具美者,讵可独后! 臣不胜大愿,谨奉玉册金宝,上尊号曰"寿成皇后"。伏惟允答群志,诞受丕册,俪尊位于太极,绍令闻于慈福。虽赓二《南》之诗,不足于歌咏,而续长乐之注,莫胜于纪述也。臣惇诚欢诚忭、稽首再拜,谨言。

出处:《宋会要辑稿》礼四九之五四。

临安府免解人令礼部贡院令项考校诏
(绍熙元年正月十四日)

临安府免解人,令礼部贡院令项考校,具终场人数取旨量行取放。元审实不当官赵汝忱降两资放罢。

出处:《宋会要辑稿》选举一之二一。

蠲临安府属县民户身丁钱诏
(绍熙元年正月十七日)

临安府属县民户身丁钱,可自绍熙元年更与蠲放三年,仍给降黄榜晓谕。

出处:《宋会要辑稿》食货六六之一七。

绍熙元年册李皇后文
（绍熙元年正月十九日）

皇帝若曰：天地合德，所以成阴阳之和；君后齐体，所以听内外之治。朕以菲质，膺寿皇付托之重，嗣有令绪，永惟伉俪之懿，稽经诹律，亦惟其礼之称而已。肆承慈训，俾进位于长秋，神人允谐，朕躬敢弗祗若！咨尔妃李氏慈明正淑，备有嘉德，梦月之祥，倪天之表，生于勋阀，早昭惠问。越自初载，来嫔藩邸，克相朕躬，以御于家邦。日宣令猷，警戒不怠，自家刑国，诚可以正坤极而母仪天下矣。今询考卜筮，显设容物，遣使正议大夫右丞相清源郡开国公食邑四千五百户食实封一千二百户留正、副使大中大夫知枢密院事兼参知政事庐江郡开国侯食邑一千二百户食实封三百户王蔺持节册命尔为皇后。於戏！三代多内德之助，二《南》为王化之甚。洪惟我家，代有壸则，姜、任并美，千载一时。嗣厥徽音，惟后时克。予欲奉两宫之养，后则视饔膳以致乎顺；予欲严太室之享，后则助蒸尝以致乎钦。无险诐私谒，则可以辅佐君子；能恭俭节用，则可以化成妇道。佑我鸿图，光于彤管，朕承休无斁，后亦并受其福，岂不韪欤！

出处：《宋会要辑稿》礼五三之一〇。
撰者：葛邲

刘璧除名勒停诏
（绍熙元年正月二十八日）

前知秀州华亭县刘璧特贷命，追毁出身以来文字，除名勒停，永不收叙，免真决，不面刺，配赣州牢城收管，仍籍没家财。

出处：《宋会要辑稿》刑法六之四一。

奉上尊号册宝礼毕推恩诏
（绍熙元年二月五日）

奉上尊号册宝礼毕，主管诸司所差一行官吏，依淳熙十二年例等第推恩。内都大主管官杨皓乞不推恩，承受郑拜美特与阶官上转行两官，诸司刘用之特与阶官上转行一官,余一官特与带行遥刺,张彦臣、李唐卿特与见今官上转行两官,赞引使臣齐闻韶令转一官,特与依王彦明例带行遥郡刺史。其余碍止法人依条回授,内白身人候有名目特作一官资收使。

出处:《宋会要辑稿》礼四九之五五。

进纳补官理选限人事诏
(绍熙元年二月十五日)

进纳补官理选限人元系漕司七人取一人者,不许陈乞理免,及不许依恩科人推恩。

出处:《宋会要辑稿》选举一六之二六。

皇后受册合得亲属恩泽事诏
(绍熙元年二月十五日)

皇后受册合得亲属恩泽,可令有司照应淳熙三年以前条例放行,仍照应前体例取会亲属李孝友保明诣实取旨,无令泛滥。

出处:《宋会要辑稿》后妃二之二四。

赐知建康府江东安抚使章森御札
(绍熙元年二月二十一日后)

敕章森:省所奏札子,创造见管军兵营屋等事具悉。陪都重地,军籍尤备,联校束伍,必有营垒之固,而事功创举,实资长才。卿禁涂之英,折符守篽,政平讼理,民用安业。乃能以其余力体国远虑,列楹旧址,缮治一新。夫经画有方,则民不病扰;居处既定,则士不知劳。若兵与民均安而亡害,且足以儆军实,修武事,为藩翰经久之计,其利溥矣。成劳上闻,深为嘉叹。故兹奖谕,想宜知悉。春暖,卿比平安好?遣书,指不多及。

出处:《景定建康志》卷三。

考校说明:编年据《宋会要辑稿》兵六补。《至大金陵新志》卷一〇:"厢、禁军营屋始皆草覆,绍兴中章森易以瓦数千间,号新营。""绍兴"当为"绍熙"之误。

编类孝宗典章法度诏
(绍熙元年二月)

恭惟寿皇圣帝临御岁久,典章法度粲若日星,合令日历所依隆兴元年六月指挥类编成书,当遵而行之,仰称付托之意。

出处:《两朝纲目备要》卷一。

禁雕卖策试文字诏
(绍熙元年三月八日)

建宁府将书坊日前违禁雕卖策试文字日下尽行毁板,仍立赏格,许人陈告。有敢似前冒犯,断在必行;官吏失察,一例坐罪。其余州郡无得妄用公帑,刊行私书,疑误后学,犯者必罚无赦。

出处:《宋会要辑稿》刑法二之一二四。

徐穑特与占差遣一次诏
(绍熙元年三月二十三日)

承信郎、翰林司专知官徐穑界满,在司应奉有劳,发遣归部日,特与占差遣一次。今后准此。

出处:《宋会要辑稿》职官二一之九。

赐林大中等御批
(绍熙元年三月)

台纲正则朝廷理,委寄匪轻。言事觉察,各有旧制。兹示朕意,宜务遵承。

出处:《攻媿集》卷九八《林公神道碑》。

推恩归正人等诏
(绍熙元年四月二日)

昨降指挥,以归正、归朝、归附及忠顺官添差任数已满,深虑不该关升,有妨奏荐,许令注授正阙差遣,随才录用;或愿就宫观岳庙者,听陈乞一次。今来尚恐有贫乏未能前来注授,或不得待阙之人,当临御之初,欲加优恤。可将归正、归朝、归附及忠顺官添差前任一等不厘务差遣一次,愿授宫观岳庙者听。候将来任满日,却仍旧照应节次已降指挥施行。

出处:《宋会要辑稿》兵一六之九。

伯圭推恩加食邑实封制
(绍熙元年四月六日)

门下:明德亲族,允为帝治之先;继世象贤,无若王封之贵。有嘉伯父,宜谓老成,爰升公保之班,俾绍宗藩之爵。饬宣制綍,播告朝绅。皇伯少师、安德军节度使、充万寿观使、荥阳郡王、食邑八千户、食实封二千九百户伯圭,秉德端良,持身恭俭,显矣神明之胄,粹然儒雅之风。济美不陨其名,休夙承于奕世;因心则笃其庆,眷方厚于慈宸。爵齿浸尊,誉处深着。朕钦承大统,申睦近支,眷惟秀邸之追荣,厥有濮园之故事。考治平、元丰已行之可法,在乾道、淳熙欲举而未遑。是用宣两宫之训以广恩,稽六经之谊以订礼。建园立庙,典既极于优隆;裂土分茅,宠宜延于似续。肆命尧家之懿,颛修主祀之恭。并跻论道之联,仍遂奉祠之逸。序高槐位,肃趋定着之严;情洽棣华,娱侍大安之燕。陪加采邑,增衍真畲,以崇屏翰之权,以耸亲贤之望。兹为公道,夫岂予私。於戏!与国咸休,庸大本根之庇;嗣庆无怠,益长源委之流。勉迪令猷,永绥多祉。特授太保,依前安德军节度使、充万寿观使,嗣秀王,加食邑七百户,食实封三千户。

出处:《宋会要辑稿》礼四〇之一三。
考校说明:"绍熙"原作"绍兴",据《宋史》卷一二三《礼志》改。

命官同国姓与宗室连名相犯之人陈乞改避事诏
（绍熙元年四月九日）

应命官同国姓与宗室连名相犯之人，令经所属陈乞改避。所有宗子如无立名公据，经所在州军陈乞保明，申所属出给，限半年，四川、二广限一年，经所在州军陈乞。如仍前不曾给到公据，不许参选，州军并不得放行请给。经由官司去处，人吏违滞，从条科罪。令礼部具条式下诸路州军遵依施行。

出处：《宋会要辑稿》帝系七之一四。

州钤辖将官序职诏
（绍熙元年四月十五日）

州钤辖将官如系别路无统摄，准令序官；如本路有统摄，依乾道元年三月二十六日已降指挥序职。

出处：《宋会要辑稿》职官四八之一一九。

江上客人贩到柴薪不得侵占民居诏
（绍熙元年四月十七日）

临安府，今后江上客人贩到柴薪，不得侵近居民屋舍，仍旧于塘岸宽阔处或沙地上垛放，常切检举约束。

出处：《宋会要辑稿》刑法二之一二四。

推恩特奏名进士诏
（绍熙元年四月十八日）

特奏名进士试在第五等不应出官者，为该龙飞恩例，并与升等推恩。

出处：《宋会要辑稿》选举二之二八。

绍熙元年及第进士第等授官诏
(绍熙元年四月二十五日)

　　新及第进士第一人余复补宣义郎,第二人曾渐、第三人王介补承事郎,并金书诸州节度判官厅公事;第四人陆峻以下并补文林郎、两使职官;第二甲并补从事郎、初等职官,内陈用之为犯庙讳旧讳,特补下州文学;第三甲、第四甲、第五甲并迪功郎、诸州司户簿尉。

出处:《宋会要辑稿》选举二之二八。

庚戌殿试武举策御题
(绍熙元年四月二十五日)

　　朕以寡昧,获承至尊寿皇之休德。任大守重,永惟保邦安边之要,莫大乎二柄,夙夜祗惧,遹求"天保"、"采薇"之治,至亲御鞍马,讲武训兵,屡诏诸将,一意拊摩,选偏裨之智勇而上之枢庭,戒将帅之掊克而察以御史。朕于军政,非不尽心焉。今子大夫咸造在廷,朕甚嘉之。盖闻古者兵制,夏商而上邈矣。周家之制,地方百里出土若徒者三千焉,此井牧之法也。然乘马之法,一同百里,出土若卒者七千有五百焉,何其异也。至于诸侯兵十大夫,孟津之会,侯国八百,则兵之为千万者六矣。而天子之兵止七十有五万焉,财足以当十诸侯之兵而已,岂强干弱枝之制乎? 至于齐之内政,晋之被庐,秦之材官,汉之南北军、七校、楼船,唐之府兵、彍骑,虽曰非古,亦各言其制也。其因革善否,可得闻乎? 若夫历代舟车步骑之异技,奇正偏伍之异法,择将者或以文,或以武,或以新进,或以老成,何律而得其人? 议兵者或仁义,或诈力,或祖韬略,或祖孙吴,何门而决其策? 子大夫讲之熟矣,悉意以陈,朕将亲览。

出处:《诚斋集》卷九六
撰者:杨万里
考校说明:编年据《宋会要辑稿》选举一八补。杨万里时任秘书监兼实录院检讨官。

不忪特除右监门率府率诏
（绍熙元年五月十八日）

士岘男不忪可特与除右监门率府率，并依士歆男不阅昨来已得指挥施行。

出处：《宋会要辑稿》帝系二之五二。

选能吏催办逋赋诏
（绍熙元年五月二十一日）

自今诸县常赋出违省限，及诸色官钱逋欠数多，即仰州郡选为本县能吏一员专一催办，即不得辄差州官或州吏下县夤缘骚扰。稍有违戾，监司按劾以闻，坐以违制之罪。

出处：《宋会要辑稿》食货七〇之七八。

诚谕有司安靖和平诏
（绍熙元年五月二十四日）

安靖而不为偷惰，和平而不为诡随，此诚臣下之美事。凡厥攸司，各宜遵守，以副朕意。

出处：《宋会要辑稿》职官七九之七。

宗室身故拘收降生文帖事诏
（绍熙元年五月二十六日）

今后宗室身故，委四邻依五保法报所在官司，即时拘收降生文帖，申州批鉴身亡日月，本州类聚季申礼部，行下大宗正司、两外宗司照会。州军奉行不虔，监司觉察闻奏，当议重作施行。

出处：《宋会要辑稿》帝系七之一四。

贬罚秦嵩诏
(绍熙元年六月十四日)

前知金州秦嵩特贷命,追毁出身以来文字,除名勒停,送潭州编管,仍籍没家财。

出处:《宋会要辑稿》刑法六之四一。

诚谕诸路监司帅守尽实奏闻水旱诏
(绍熙元年六月十五日)

诸路监司、帅守,应自今以后凡有水旱去处,并合尽实以闻。苟有不实,或隐而不上,皆以违制论。

出处:《宋会要辑稿》食货五八之一八。

祈雨诏
(绍熙元年六月十九日)

雨泽稍愆,恐妨禾稼,可日轮侍从一员诣上天竺灵感观音前精加祈祷,务要速获感应。

出处:《宋会要辑稿》礼一八之二五。

郡守监司赃污狼藉者不得复任监司郡守诏
(绍熙元年六月十九日)

今后郡守、监司其间有赃污狼藉曾经论列,或曾被按劾,而事迹昭著者,任祠禄之后,不得复任监司、郡守。

出处:《宋会要辑稿》职官四五之三五。

枢密院具到归正人窠阙事诏
（绍熙元年六月二十九日）

将前项阙衮同作正阙差注，先注战功，次注阵亡恩泽补授，次注归正任数已满人，次注子弟所补授，候将来人数减少日，申取朝廷指挥施行。

出处：《宋会要辑稿》兵一六之九。

两浙税租事诏
（绍熙元年七月二日）

本路州军将钱塘、仁和两县进册内事理，各参详逐州县等则、名色、起立税租因依，如经久可行，即保明供申朝廷施行。

出处：《宋会要辑稿》食货七〇之七八。

留正除左丞相制
（绍熙元年七月三日）

朕绍承丕绪，躬览万几。朝廷以正百官，允赖表仪之建；人主之论一相，尤嘉辅翼之勤。维时鸿硕之才，绩有弼谐之效。肆畴重望，载陟上台。播锡制缗，宣孚朝路。具官留正性端而识迈，志廓而量夷。奥学逢原，究贤哲经纶之蕴；英猷致远，达古今平治之方。自膺慈极之深知，遍躐中朝之华贯。出则颛临于藩阃，入则参掌于钧枢。维石之具民瞻，踵登次辅；飞龙之位天德，首赖成擘。暨浸阅于岁年，罙究勤于朝夕。泯编辑穆，边琐晏清。以备百度则职业毕兴，以邵三农则雨旸咸若。有嘉乃绩，宜服予恩。是用荣持魁柄之崇，就领冢司之重。代天理物，图成无改于前规；佐王均邦，颛任弥高于列辟。仍衍圭畚之富，申陪封户之真。峻乃文阶，懋兹徽渥。并从舆望，式示眷怀。於戏！为政而执其中，朕每恪遵于舜命；作相而置诸左，尔思永靖于商邦。既能先正乎心术之微，故克尽合乎公道之美。勉祇丕训，益底茂勋。

出处：《宋宰辅编年录》卷一九。

四川总领所借拨物斛诏
（绍熙元年七月七日）

四川总领所更切契勘，如将来委有欠少，即于逐州见桩积陈次物斛内更加斟量借拨，毋致阙误。

出处:《宋会要辑稿》食货六八之九○。

县置刑案推吏诏
（绍熙元年七月十八日）

敕:诸路万户县以下置刑案推吏两名，五千户县以下置一名，专一承勘公事，不许差出及兼他案，与免诸般科敷事件。每月请给，以本州州司理院推司所请叁分为率，月给二分，有米或酒醋处，依此支给。推行重禄，委自令佐公共选择有行止、无过犯、谙晓勘鞠人充，以一年为界，候满或迁补，依此差人更替。如因勘公事受乞财物之类，并依重禄公人受财条法断罪。

出处:《庆元条法事类》卷五二。

修盖伯圭第宅诏
（绍熙元年七月二十一日）

伯圭赐第久弊，兼合就建秀王祠堂，令两浙转运司同临安府应办修盖，听从本府措画。

出处:《宋会要辑稿》帝系二之五七。

权免重明节斋筵诏
（绍熙元年七月二十一日）

重明节斋筵今年权免，三省官满散改用九月六日。今后准此。

出处:《宋会要辑稿》礼五七之二一。

赐兵部尚书谢谔诏
(绍熙元年八月一日)

朕惟西土弗靖,尔则在行,靡征不从,日月逾迈。曲获邦计,实殚厥劳。德务边机,勤尔所服。钦哉!

出处:《东山志》卷九。

张卓依旧赴閤门供职诏
(绍熙元年九月二十四日)

秉义郎、閤门祗候张卓为系秀王夫人侄,久在殿陛,应奉详熟,昨丁忧,今已服阕,可令依旧赴閤门供职,特不作员阙,请给、人从并依游恭等已得指挥,余人不得引例。

出处:《宋会要辑稿》帝系二之五七。

禁非理没入民间寄库钱诏
(绍熙元年九月二十九日)

敕:民间或有纷争未决之财,或有取赎未定之讼,孤幼检校未该年格,或盗贼赃物未辨主名,或亡商失货未有所归,或理逋督责未及元数,如是之类,则其财皆寄于官,谓之寄库钱。今之州县幸其在官,不复给还,又其甚者,不应检校辄检校,不应追罚辄追罚,本非盗赃,指为盗赃,本非户绝,指为户绝,强入之官,洎至翻诉明白,其财已不复存矣。可戒郡县,应民间寄库钱皆令刷具,别置簿历,专作库眼,俟其陈请,即时给还。或非理没入,既经翻诉给还者,亦仰依限支给。如或循习弊,并许人户越诉,委自省、部、御史台取其违慢悖理尤甚者,具职位姓名取旨责罚。

出处:《庆元条法事类》卷三六。

皇后受册推恩诏
(绍熙元年十月十三日)

皇后受册,本阁官吏等提举官各转两官,余人各转一官资。其已经寿圣皇太后加上尊号册宝转官资人,更不推恩。

出处:《宋会要辑稿》后妃二之二四。

令四川看详杨虞仲所奏事理准备赈济夔路诏
(绍熙元年十月十四日)

四川制置司、总领所公共详所奏事理,于邻近有米去处措置借拨,以备赈济支用,毋致阙食。如见得合行赈济,仰虞仲将今来所借米斛一面措置赈济施行。

出处:《宋会要辑稿》食货六八之九一。

南库拨隶户部钱物等作一案掌行诏
(绍熙元年十月二十三日)

将昨来南库拨隶户部钱物并应合桩办行遣等事,令作一案掌行,仍旧于封桩下库管收支施行。

出处:《宋会要辑稿》食货五二之二一。

封桩库拘桩金银钱事诏
(绍熙元年十月二十五日)

封桩库已秤盘并拘收到及见管金银、钱会实数,于历内分明开项收附,日后监专替移,仰照历尾见在对行交割,同衔具状,申提领所保明,申尚书省。大理寺见拘桩金银、钱会,日下发赴封桩库拘收桩;未卖家业等,令本所催促出卖,拘钱发赴本库。

出处:《宋会要辑稿》食货五二之一八。

杨万里授中奉大夫制
(绍熙元年十月二十六日)

敕朝议大夫、试秘书监、兼实录院检讨官杨万里:朕承付托之重,欲奉谟训,以熙治功。惟吾东观萃名世之英,职系日之史,乃诏纂修,以时来上。迨此旬岁,粲然成书。尔奥学探源,懿文揲藻,践历中外,风节砭昭,鸿硕之伦,实再为其领袖。属当懋赏,宜首进阶。夫儒者博通古今,故眷宠特异,况一朝大典,成于其手,推此以为裨益,朕岂无望于尔哉!可特授中奉大夫。

出处:《诚斋集》卷一三三。
撰者:莫叔光

周必大判隆兴府制
(绍熙元年十月二十七日)

敕:潜藩督府,凤推地望之雄;旧弼名臣,不替眷怀之厚。属兹谋帅,宣谓得贤。爰锡褒缗,式昭茂渥。少保、充醴泉观使、益国公、食邑九千六百户、食实封三千四百户周某,身端而行备,学富而才华,才无施而不宜,言所底而可绩。光辅两朝之治,具著忠忱;独高三事之班,允膺休宠。自祠庭之均逸,亦岁籥之已更。眷言江湖之都,上应翼轸之次。与我共理,实藉于循良;视邦选侯,莫如于名德。是用起之闲适,任以蕃宣。孤棘所临,俾方维之增重;乡枌是统,在昼绣以尤荣。既素稔于民情,宜易施于善政。噫!召伯之教明于南国,有遗爱之不忘;韦丹之功被于八州,尚良规之可考。勉祗明命,无愧昔人。可依前少保、特授判隆兴军府事兼管内劝农营田使、充江南西路安抚使、马步军都总管,封、食实封如故。

出处:《周益国文忠公年谱》。
撰者:倪思

诫谕郡县官吏诏
（绍熙元年十月二十九日）

朕承基绪之重，兢业图治，嘉与万方百姓共臻康阜，故修明宪度，昭著可稽；发施命令，宽恤是务。庶几远迩均被实惠，郡县之吏与朕共此者也。所宜夙夜究心，向公遵职，格敷德意，致之于民。今乃不然，法易遵而不知奉，令数下而不知行，或者循情自肆，格诏而弗颁，使国章不得尽乎，王泽无繇下及，吏之慢弛，莫此为甚！将何以体朕经理庶政、爱养斯民之意乎！夫端本于上，既申饬告教，而下弗祗若，咎安可逃？其各亟体朕怀，奉法遵令，布宣明旨，无或不虔。傥敢狃于故习，尚有违戾，当置重典，示以必罚。

出处：《宋会要辑稿》职官七九之七。

重明节不得给赐诏
（绍熙元年十一月一日）

臣僚等每遇会庆圣节，可依格与合得恩赐，其重明节更不给赐。

出处：《宋会要辑稿》礼五七之二一。

进讲尚书终篇推恩诏
（绍熙元年十一月七日）

进讲《尚书》终篇，宰执、侍读、侍讲、修注官并特与转一官，本所官吏装界作依淳熙八年例推恩，其人吏依例不得过一十六人。内白身人与补进武副尉，仍不得过二名。余不该推恩五人，各支犒设钱五十贯文。诸色祗应人一十七人，支犒设一次。

出处：《宋会要辑稿》崇儒七之一九。

州县借补人不得妄居职任诏
（绍熙元年十一月八日）

敕:□□州县应借补人未经朝廷补正者,不得妄居职任。若仓库局务阙官,只许就见任州县官内差。

出处:《庆元条法事类》卷六。

杨万里除直龙图阁江东转运副使制
（绍熙元年十一月十三日）

敕中奉大夫、守秘书监、兼实录院检讨官杨万里:直谅多闻之士,留诸班著以重本朝,固善矣。然使贤者皆处乎内,越在外服,谁与任之?故其人可以付一道寄者,虽在清近,朕不惜辍之以往。眷倚惟均,非有轻重。尔学问词采,固已绝人。至于挺特之操,白首不渝,士论尤嘉焉。领袖蓬山,急流勇退,兹庸命尔寓直羲图,将漕江介,既可遂尔之志,又克分予之忧,奏计有闻,朕终不汝忘也。可特授直龙图阁、江东转运副使。

出处:《诚斋集》卷一三三。
撰者:倪思

信阳军捕获到铜钱断罪事诏
（绍熙元年十一月十四日）

敕:刑户部看详信阳军取淮河滩浅处二十里内捕获到铜钱,比附余条未过减一等断遣;如已装成马驮于淮河一里内捕获者,比附沿淮地分已装载下船未离岸,依已渡法指挥断罪;若取淮河二十里之外,但本军内捕获,亦比附余条本过减一等上又减一等定断。内有荫人不用荫赎。

出处:《庆元条法事类》卷二九。又见同书同卷。

高雷钦化廉州盐事诏
(绍熙元年十一月二十四日)

高、雷、钦、化、廉五州盐丁将已减定盐额依数煎趁,不计擅行私煎盗卖。转运、提刑司常切觉察,毋致仍前减克,及别作名色科敷民户。如有违戾去处,许人户越诉,将当职官具名奏劾,人吏重行决配。

出处:《宋会要辑稿》食货二八之三三。

定阁门舍人额诏
(绍熙元年十一月二十九日)

今后阁门舍人以六员为额,正额供职宣赞舍人、阁门祗候、看班祗候以二十八员为额,额外供职宣赞舍人、阁门祗候、看班祗候以六员为额,余添差供职等员数依已降指挥。遇迁改事故,更不作阙。如降到溢额人指挥,令阁门执奏。

出处:《宋会要辑稿补编》第九一页。

铺户合税物货照自来则例回税诏
(绍熙元年十一月三十日)

今后铺户合税物货照自来则例回税,不得巧作名色欺诳骚扰,令临安府禁止。如于例外多收头子钱,许民户越诉,将犯人重作施行,仍将私名栏头等人并比税历并与除去。

出处:《宋会要辑稿》食货一八之一九。

催督婺源黟县置造合用砧基簿诏
(绍熙元年十二月七日)

江东转运司行下徽州,委知通将婺源、黟县人户合用砧基簿,并一体催督置造,毋容违戾。

出处:《宋会要辑稿》食货六九之三三。

臣僚之家陈乞致仕遗表恩泽程限诏
(绍熙元年十二月十七日)

敕:今后臣僚之家陈乞致仕、遗表恩泽,如在十年限内及破限之后陈乞,其州军保奏,申发到部,虽在指挥程限之外,若通不出新法十五年条限,即与施行,限外更不受理。如依旧法合得二十年、新法合得十五年条限将满,临期陈乞者,即依淳熙九年七月二十一日指挥。川、广除程限二年,余路除程限一年申发到部,如在限外,更不施行。

出处:《庆元条法事类》卷一二。

议高宗不祧之典诏
(绍熙元年十二月二十三日)

门下:朕惟庙祧之制,礼经具存。迭毁所以明世数远近之常,不迁所以昭祖宗功德之盛。祖则惟一,宗无定数。昔商三宗,及周文、武,质诸载籍,世世尊祀。粤惟国朝,率循是典,太祖、太宗恢开创之丕图,真宗、仁宗茂守文之鸿业,暨于神宗,厉精改治,景祐、元符,载颁诏旨,一祖四宗,万世不祧,宣谓盛矣。肆我高宗神圣武文宪孝皇帝天锡勇智,沉机深略,真不世出,武以拨乱,文以致平,中兴之烈,高掩武丁,内禅之懿,有光放勋,大功数十,不能尽宣。仙驭宾空,威神如在。至尊寿皇圣帝稽六艺之文,妥在天之灵,厥既尊为高庙,而以时升祔矣。惟是不祧之典犹未遑议,顾予凉菲,实奉烝尝,兹用虔遵圣父之训,丕照烈祖之光。然而事大体重,匪躬敢专,宜令礼官详议以闻,庶几高庙盛德大业上配祖宗,下垂万世,庸副朕尊崇显扬之意。

出处:《宋会要辑稿》礼一五之六〇。又见《群书考索》前集卷三〇。
考校说明:《山堂考索》前集卷三〇系于绍熙二年正月。

周必大辞免判隆兴府不允诏
（绍熙元年十二月）

　　敕某：云云具悉。远稽周室之用贤，有若召公之为保。明南国之教，所以宣德泽而旁流；分西陕之权，所以强形势而内辅。乃今谋帅，视昔同符。求诸九棘之班，付以十连之寄。谓宜即日以之镇，尚且抗章而力辞。惟时价藩，难久阙守。其禀已行之命，亟慰来暮之思。所辞宜不允。

出处：《文忠集》卷一三一。
撰者：倪思

命监司帅守举人才诏
（绍熙元年冬）

　　监司、帅守满任造朝陛对之际，许荐所部人才一二人，如无，听阙。文武高下皆无所拘。

出处：《两朝纲目备要》卷二。

加封灵惠妃诏
（绍熙元年）

　　古今崇祀岳渎，怀柔百神，礼所不废，至于有功国家、有裨民社者，报当异数。灵慈福利夫人林氏灵明丕著，惠泽宣敷，累有御灾捍患之勋，今见救旱恤民之德。参赞既宏，爵宠应尊。兹特进封为灵惠妃，秩视岳渎之崇，典叙春秋之重。尚其服兹徽命，以懋鸿庥于勿替。钦哉！

出处：《天后宫志》第九页。

光宗宁宗朝卷三　绍熙二年(1191)

封桩库桩办御前犒军会子赴内藏库送纳诏
(绍熙二年正月十八日)

封桩库自绍熙二年为始,将御前犒军会子依淳熙十五年例,每年桩办四十五万贯,分作四季,各于孟月赴内藏库供纳。

出处:《宋会要辑稿》食货五二之一九。

周昭特与转行遥郡诏
(绍熙二年正月二十四日)

随龙和安大夫、诊御脉、兼重华宫皇子嘉王府宿直周昭,为应奉两宫汤药日久,累不劳效,可特与转行遥郡,余人不得援例。

出处:《宋会要辑稿》职官三六之一二四。

史弥正除直敷文阁与宫观诏
(绍熙二年正月二十八日)

史弥正以偏亲年老,乞奉祠禄,其志可嘉。可除直敷文阁,依所乞与主管建宁府武夷山冲佑观。

出处:《宋会要辑稿》职官五四之四一。

周必大再辞免判隆兴府宜允诏
(绍熙二年正月后)

敕某:云云具悉。入居辅弼,出任藩宣,大臣之职也。卿上相印而奉祠馆,再更岁籥。朕念其久闲,起镇乡郡,恩遇之渥,谓即钦承。抗章控陈,却而复至。情辞恳切,弗从得乎。勉狥雅怀,不忘眷注。所辞宜允。

出处:《文忠集》卷一三一。
撰者:倪思
考校说明:编年据周必大《历官表奏》卷一〇《再辞免判隆兴府第二札子》补。

雪寒支柴炭钱诏
(绍熙二年二月三日)

为雪寒,行在殿步司及诸军,可依已支雪寒钱体例,更支柴炭钱一次。令主帅并所隶官司,各日下将见管人实数保明,报提领封桩库所,并实时以见钱降付逐处,当官支给。

出处:《宋会要辑稿》兵二〇之三七。

令侍从等条具时政阙失诏
(绍熙二年二月六日)

近日阴阳不和,雷雪交作,朕恐惧修省,殊不遑宁。深虑庶政或有阙失,未能消弭,可令侍从、台谏、两省、卿监、郎官、馆职各条具时政阙失闻奏。

出处:《宋会要辑稿》仪制六之三〇。

赈济临安府贫乏老疾之人诏
(绍熙二年二月六日)

近日雪寒,细民不易,可令丰储仓支米五万石,令户部同临安府守臣措置,将城内外委系贫乏老疾之人计口赈济,务要实惠及民,具已赈济人数闻奏。

出处:《宋会要辑稿》食货六八之九一。

任子不试律义无得独试断案诏
(绍熙二年二月十四日)

自三年以后任子不试律义者,无得独试断案。如已试律义,而后欲试断案者听,惟不得以断案辄当律义之数。

出处:《宋会要辑稿》选举二六之一九。

礼部措置出卖度牒诏
(绍熙二年二月十四日)

礼部给降度牒一千道付封桩库,委提领官措置出卖,仍不拘官民户及僧道童行,听从便请买,每道价钱七百贯文,许用银、会中半入纳。内银依市价细计,余依节次已降指挥。其卖到银、会,并就本库桩管。

出处:《宋会要辑稿》食货五二之一九。

太史局子弟附试事诏
(绍熙二年二月十六日)

今年春铨,太史局子弟附试,缘为大礼年分,阙人应奉。可依条应三通一粗合格者,并特与收取一次,从上补完。额外学生拨填见阙,余人并作守阙。额外学生候有正阙日,依名次拨入,方许支破请给,日后不得援例。

出处:《宋会要辑稿》职官一八之九七。

推恩太史局改历人诏
（绍熙二年二月十六日）

太史局改造《会元新历》有劳,刘孝荣特差判太史局,男学生刘景仁特与补挈壶正,内吴泽、荆大声、周端友、刘居仁、吴天锡、乐中道、朱希孟、钱华国、盖孝杨各特减二年磨勘。

出处:《宋会要辑稿》职官一八之九七。

盱眙安丰军差官检视过淮博易旅客诏
（绍熙二年二月二十五日）

盱眙、安丰军每遇客旅过淮博易,差官检视,不许差归正、归朝人。

出处:《宋会要辑稿》刑法二之一二四。

州县人户和买䌷绢事诏
（绍熙二年二月二十七日）

州县凡人户和买䌷绢,并令以下户诸都税钱系数科敷,不得分折都保。其折帛分数并依旧法均纽,不得逼勒增添。其令钞人户仍于开场之日便与受纳,无得邀阻以待省限之满。

出处:《宋会要辑稿》食货七〇之七九。

登极赦前配役军兵免重役诏
（绍熙二年三月八日）

诸路州军将登极赦以前所配摧锋等军并诸州系将不系将禁军重役人,自到配所,如不曾经逃走被获,别无过犯,并元犯不系情理深重巨蠹之人,即开具元犯事因,结罪保明,具申枢密院取旨,特免重役。

出处:《宋会要辑稿》刑法四之五九。

禁官吏互送诏
（绍熙二年三月八日）

互送之弊,诚为蠹耗。今后监司、郡守辄敢违犯,在内令御史台弹劾,在外许监司互察,并以赃论,常切遵守。

出处:《宋会要辑稿》职官七九之八。

省约郊祀支费诏
（绍熙二年三月十三日）

今岁郊祀大礼,令有司除事神仪物、诸军赏给依旧制外,其乘舆服御及中外支费并从省约。

出处:《宋会要辑稿》礼二八之三六。

禁造匿名诗嘲讪宰相学官等诏
（绍熙二年三月十七日）

本府多出文榜晓谕,如有提获之人,送狱根勘,重作施行。

出处:《宋会要辑稿》刑法二之一二四。

诫谕四川茶马司禁戢所属州县并主管官遵守条法诏
（绍熙二年三月二十二日）

四川茶马司禁戢所属州县并主管官,如不遵守条法,及与茶场干涉处多端科配骚扰违戾去处,开具姓名,申取朝廷指挥。

出处:《宋会要辑稿》食货三一之二九。

接济赈粜蕲州诏
(绍熙二年三月二十二日)

蕲州于见桩管米数内取拨一万石,措置接济赈粜,务在实惠及民。其粜到价钱拘收,令项桩管,不得移易别用,候今岁秋成日,依元数收籴,仍旧认数桩管。

出处:《宋会要辑稿》食货六八之九一。

潼川府五县支移送纳米改理估钱送纳诏
(绍熙二年三月二十二日)

潼川府郪县、涪城、中江、永泰、盐亭五县支移赴隆庆府三仓送纳米,可改理估钱送纳,每石连耗并头子勘合钱共纳钱引八道,每岁令隆庆府差官一员前去潼川府受纳,及令潼川府诸县须管照省限送纳了足。如违,仰隆庆府具本司所欠县分官吏以闻。

出处:《宋会要辑稿》食货六八之一四。

诸州军诸色人犯情理凶恶等不得配往靖州诏
(绍熙二年三月二十四日)

诸州军如有诸色人犯情理凶恶或强盗合配之人,照沅州条法,不得配往靖州。

出处:《宋会要辑稿》刑法四之五九。

应副靖州钱诏
(绍熙二年三月二十五日)

湖广总领所依靖州所乞事理施行,所有广西转运司每岁合应副靖州钱,仰本司起发赴总领所交纳,理充岁计钱数。

出处:《宋会要辑稿》职官四一之六二。

减四川捐缗钱等诏

(绍熙二年四月七日)

京镗、杨辅公共究见四川总领所及逐路提刑司去年一全年认桩钱数,斟量诸司所奏溥减贴减事理并逐月减放指挥,自今年为始,一面据数对减,务在均当,惠利及人。

出处:《宋会要辑稿》食货二八之三四。

皇后家庙制度事诏

(绍熙二年四月十三日)

皇后家庙制度,令有司检照礼例施行,制度同安穆皇后,飨庙行事、酒齐礼料等照应寿成皇后。

出处:《宋会要辑稿》后妃二之二五。

定郴州每岁折税钱数诏

(绍熙二年四月二十日)

郴州每岁折税钱,每石只许二贯一百五十文足,永为定例。

出处:《宋会要辑稿》食货七〇之七九。

不擅改正官封换授正率诏

(绍熙二年四月二十二日)

嗣濮王士歆第七男不擅,依元降指挥改正官封,换授正率,免趁朝参。其请给、人从等,并依见今一般趁朝南班宗室支破。

出处:《宋会要辑稿》帝系二之五二。

余杭县和买事诏
(绍熙二年五月十一日)

临安府余杭县和买,自今以七贯以上至十八贯科绢一匹。

出处:《宋会要辑稿》食货七〇之七九。

江西运副郑汝谐奏奉议郎知袁州黄劢丁母忧不肯离任倍支棺椁丧服官钱等候服阕日降一官不得与亲民差遣制
(绍熙二年五月十八日)

敕具官某:尔尝将母以就二千石之养,垂及满岁,竟以丧归。漕臣见劾,侵紊郡计。姑镌一秩,俾务省循,尚盖前愆,朕岂终弃。可。

出处:《止斋先生文集》卷一二。
考校说明:编年据《宋会要辑稿》职官七三补。陈傅良此时未任两制,此文或为《止斋先生文集》误收。

秀王孙女县主二人加封郡主诏
(绍熙二年五月二十一日)

秀王孙女县主二人并与加封郡主,请给依《禄格》支破本色,于所在州军经总制钱内帮支。其出嫁女夫张以续、史弥廓恩例,各特与转两官。

出处:《宋会要辑稿》帝系二之五七。

赈恤汉州等被水人户诏
(绍熙二年五月二十三日后)

令制置司行下诸司并逐州府,将被水之家优加存恤,毋令失所。

出处:《宋会要辑稿》瑞异三之一七。

降四贯例长短小引付湖北提举司出卖诏
(绍熙二年五月二十五日)

降四贯例长短小引各一千道,付湖北提举司出卖。其客人合纳笼篰、秤制等钱,许权赴主管司一并送纳。仍下提刑、提举司严切禁戢私贩,毋致纵容,仍前积压茶引。

出处:《宋会要辑稿》食货三一之三○。

诸军统制官阙听候指挥诏
(绍熙二年五月二十五日)

今后诸军统制官召赴行在别有除授者,其阙听候指挥。

出处:《宋会要辑稿》职官三二之四七。

令留正为奉册宝太傅等诏
(绍熙二年五月二十九日)

左丞相留正为奉册宝太傅,知枢密院葛邲为奉宝、读宝侍中,参知政事兼同知枢密院事胡晋臣为奉册、读册中书令,户部尚书叶翥、礼部尚书李潜举册,吏郎侍郎罗点、陈骙举宝,户部侍郎丘崈进接大圭,刑部侍郎马大同奏中严外办,中书舍人倪思御前奏中严外办,起居郎莫叔光礼仪使前导皇帝行礼,起居舍人黄裳奏解严,侍御史林大中御前奏解严,太常少卿张叔椿赞引奉册宝使并奉上行礼,太常寺主簿黄灏赞引前导礼仪使,左司谏谢源明充押药太常卿,右正言胡璈充光禄卿,监察御史郭德麟充奉礼郎,太常丞汪逵充协律郎,监察御史何异充太祝,太常博士章颖充太官令。

出处:《宋会要辑稿》礼四九之六○。

閤门官差吴怀等诏
（绍熙二年五月二十九日）

閤门官差保康军承宣使、知閤门事、兼客省四方馆事、兼枢密副都承旨吴怀，左武大夫、福州观察使、知閤门事、兼客省四方馆事谯熙载，前导皇帝行礼；武功大夫、和州防御使、权知閤门事、兼客省四方馆事韩侂胄进中严外办，武德郎、权知閤门事、兼客省四方馆事刘皷进解严。

出处：《宋会要辑稿》礼四九之六〇。

有事南郊御札
（绍熙二年六月七日）

内外文武臣僚等：朕躬荷诒谋，仰膺眷命，自缵承于统绪，每畏寅于夙宵。秩礼而怀百神，尤重亲郊之议；饬躬以奉上帝，必严初见之仪。属家邦福庆之方臻，暨谷稼丰穰之荐告。备万物而报本，宣及其时；为兆民而祈禠，匪专于己。肆求盛典，祇款圜丘。遵行三岁之常，涓用一阳之吉。天地合祛而临飨，祖宗升侑以绥成。庶殚斋肃之心，益迓休嘉之况。念惟元祀，当戒先期。朕以今年十一月二十七日款谒于南郊。咨尔攸司，各扬乃职，相予肆祀，毋或不恭。

出处：《宋会要辑稿》礼二八之三六。

禁百司官吏私借殿步司战马乘骑诏
（绍熙二年六月七日）

访闻殿步司战马，百司官吏辄行私借乘骑，显属违戾，仰主帅日下禁止，毋得徇情应副。如或仍前借差，具名闻奏。

出处：《宋会要辑稿》职官三二之一八。

召人承佃拘没到孙光嗣田诏
(绍熙二年六月十五日)

平江府常熟县拘没到孙光嗣田六百一十五亩一十步,令提举司出榜召人承佃,岁收课子,以为赈济之备。

出处:《宋会要辑稿》食货六一之四一。

宰臣执政不时内殿宣引奏事诏
(绍熙二年六月十六日)

宰臣、执政正宜置诸左右,论道经邦,而常朝殿庭之间,不能尽从容。今后不时内殿宣引奏事,庶可讲究治道,广求民瘼,副朕意焉。

出处:《宋会要辑稿》仪制六之三一。

监司郡守刺举各具奏闻诏
(绍熙二年七月二十二日)

敕:监司、郡守荐举所部官属,往往与合按发官衮同具奏。今后刺举,并仰各具奏闻。

出处:《庆元条法事类》卷一四。

谕守令修水利诏
(绍熙二年七月二十二日)

守令凡到任半年之后,具所部有无水源湮塞合行开修去处,次第申闻。任满之日,亦具已兴修过水利画图缴进,择其劳效著明、功垂久利者,特与推赏,以激劝之。

出处:《宋会要辑稿》食货六一之三五。

妄认尸首拷掠无罪人致死依诬告罪人法诏
(绍熙二年八月三日)

敕令局明立法禁,应尸虽经验,妄将傍人尸首告论到官,致拷掠无罪人诬服,因而在囚致死者,依诬告罪人法。其家属妄认者,以不应为重坐之;至死者加以徒刑。其承勘官司依故入人论罪。

出处:《宋会要辑稿》刑法一之五七。

周必大除观文殿学士判潭州制
(绍熙二年八月六日)

敕:书殿通班,无若延恩之俊;价藩作屏,尤推连帅之崇。眷言寅亮之贤,久遂燕闲之适。肆申前命,用起旧人。少保、充醴泉观使、益国公、食邑九千六百户、食实封三千四百户周某,经纶全才,羽翼宿望。光辅重华之治,进位冢司;亲逢一道之传,弼予初政。乃刻章而有请,祈上印以归休。宠以学士之隆名,畀以长沙之巨镇。旋易祥源之使领,涉阅岁华;近剖豫章之守符,屡勤谕旨。莫移素守,姑遂雅怀。朕惟均劳逸者虽人主之恩,分忧顾者实大臣之谊,是用再颁初诏,俾殿上游。噫!周公分东陕之权,益使侯方之重;召伯明南国之教,坐观民俗之醇。尚体眷怀,亟祗褒渥。可依前少保、特授观文殿学士、判潭州军州事兼管内劝农营田使、充荆湖南路安抚使、马步军都总管,封、食实封如故。

出处:《周益国文忠公年谱》。
撰者:倪思

郊祀大礼铺设高宗御书等事诏
(绍熙二年八月十四日)

将来郊祀大礼,铺设高宗皇帝御书、天地宗庙神位等,自今后依礼部祝册仪范体例,迎引赴圜坛。

出处:《宋会要辑稿》礼二五之六九。

令有司讨论高宗皇帝合加谥号诏
（绍熙二年八月十四日）

高宗皇帝依典故合加上谥号,令礼部、太常寺讨论闻奏。

出处:《宋会要辑稿》礼四九之五七。

减平江府合发经总制钱诏
（绍熙二年八月十九日）

平江府合发经、总制钱,每岁与减二万贯,尽于常熟县版帐钱内除豁,令转运司抱认五千贯,平江府抱认一万贯,本部抱认五千贯。

出处:《宋会要辑稿》食货六四之一〇七。

议加高宗皇帝谥号诏
（绍熙二年八月十九日）

门下:朕恭惟高宗皇帝受命中兴,功德隆盛,垂精三纪,百度毕修,仁天智神,法尧授舜。诒圣谋于宏远,措神器于巩安。宜极显扬,传之后世。乃繇初谥,累年于兹,鸿徽之号,未获加上。朕承寿皇付托之重,夙夜业业,惧无以彰祖庙之美,备追崇之典。历观古昔,有大德者必得其名,铺张阐绎,久而益著。矧兹懿铄,登闳炳燿,冠乎百王,是敢昭衍形容,勒兹宝册,祗荐于庙,俾增亿载之光,符四海之愿,以伸朕尊奉休烈之志。高宗皇帝谥号见今六字,宜加上十字为十六字,如祖宗故事。令宰执、侍从、两省、台谏、礼官集议,仍令礼官详具典礼以闻。

出处:《宋会要辑稿》礼四九之五七。

复置太医局事诏
（绍熙二年八月二十三日）

和安大夫、诊御脉周昭判太医局;太医丞可于选人内选差;教授翰林良医诊御脉能蒙、翰林医证李九龄、高永年、提举翰林院李宗回差主管太医局。吏额依未罢局前人数,局生以一百人为额。余并依。

出处:《宋会要辑稿》职官二二之四一。

阁门宣赞舍人关升事诏
(绍熙二年九月一日)

阁门舍人系是召试,与依武举出身放行关升,余依吏刑部看详到事理施行。

出处:《宋会要辑稿》职官一○之四三。

选差大理寺断刑诏
(绍熙二年九月二十三日)

大理寺左断刑见阙长贰,缘系掌断诸路狱案去处,事务繁重,不可时暂阙官。令侍从于曾任卿监郎官内选差可为断刑长贰一二人,限两日闻奏。

出处:《宋会要辑稿》职官二四之四○。

高宗皇帝徽号宝文诏
(绍熙二年九月二十七日)

高宗皇帝徽号宝文,以"高宗受命中兴全功至德圣神武文昭仁宪孝皇帝之宝"二十二字为文。篆宝文参知政事胡晋臣。宝用玉,广四寸二分,厚一寸三分,坐龙钮。系以晕锦大绶,连象牙环。金镀银,稜牌,裹以红罗夹帊,纳于小盝。以金镀银装,内设朱漆牀、晕锦褥。又盝二重,皆以朱漆,覆以红罗夹帊,并以腰舁。

出处:《宋会要辑稿》舆服六之五。

强盗并杀人贼未获者材保出备事诏
（绍熙二年十月二日）

诸路州县应强盗并杀人贼未获者，其所立赏钱先须契勘犯人有无居止，及有无藏匿之家，即不得先于被盗被杀处材保均备。如获正贼后，见得犯人委无居止及藏匿之家，即依条令被盗被杀处材保出备。

出处：《宋会要辑稿》兵一三之三八。

诚谕郊祀行事执事官务在严肃诏
（绍熙二年十月三日）

郊祀大礼，应行事执事官等务在严肃，如有懈怠不恭，令阁门取旨，送御史台。

出处：《宋会要辑稿》礼二八之三七。

诚约郡守县令诏
（绍熙二年十月十六日）

朕惟为政之道，莫先于养民，故自即位以来，宵旰在念，蠲除苛赋，颁宣宽条，嘉与四方，臻于安富。郡守、县令，最近于民者也，里闾利病，无不周知；年谷丰歉，无不亲睹；狱犴枉直，无不遍阅，凡吾民之休戚，皆系焉。诚能廑身率职，拊循惠爱，以承休德，庶几乎政平讼理之效。今采之人言，乃闻科敛先期，竞务办集，而民之虚实不问也。追呼相继，敢为椎剥，而民之安否不恤也。财计之外，治理蔑闻，苟免幸进，狃于故习，甚不称朕委属之意。夫邦财有常，固在经理，而非必掊克督趣以为能也。民生至重，尤贵绥辑，顾不若赋输期会之争乎！知本末先后之谊，此朕所贵于守令者，可不勉哉！继自今各修乃政，图乃庸，以轸恤为心，以牧养为务，俾民安业，愁叹不生，时予汝嘉。其或奉行弗虔，邦有常宪。播告遐迩，明示朕怀。

出处：《宋会要辑稿》职官七九之八。又见《宋史》卷一七四《食货志》，《宋元通鉴》

71

卷九〇,《南宋书》卷三。

申严官属非旬休日不得出谒诏
（绍熙二年十月十六日）

大理寺长贰遵依已降指挥,申严禁止官属非旬休日不得出谒。其外人无故辄入,依法施行。委御史台常切觉察。

出处:《宋会要辑稿》职官二四之四〇。

减宰执拜郊支赐诏
（绍熙二年十月二十一日）

宰执拜郊支赐,并照逐郊体例减半外,更依绍熙元年十月二十一日已降指挥,三分减去一分。

出处:《宋会要辑稿》礼二五之二五。又见同书礼六二之八三。

黄迈甘昺躬亲监视涤濯祭器果实诏
（绍熙二年十月二十八日）

令都大提举主管黄迈、甘昺躬亲监视涤濯祭器果实,并要严洁。

出处:《宋会要辑稿》礼二八之三七。

周必大再辞免除观文殿大学士判潭州不允诏
（绍熙二年十一月十四日）

敕某:云云具悉。卿上相印之初,朕固尝宠以紫宸峻职,畀之南楚帅权矣。维今之除,盖申前命,既本朕之始意,无复人之间言。比览逊章,已详谕旨。谓开藩之云久,何引道之尚淹?且卿昔力辞,犹为有说,兹焉固避,是乃过谦。勉烦寅亮之贤,往重方维之望,亟其之镇,宜止控陈。所辞宜不允,不得再有陈请。

出处:《文忠集》卷一三一。

撰者:倪思

考校说明:编年据周必大《历官表奏》卷一〇《三辞免除观文殿学士判潭州札子》补。

诚约诸路提举茶事司遵依条制诏
(绍熙二年十一月二十二日)

诸路提举茶事司,自今须管遵从节次已降指挥,将收到茶事窠名置之赤历簿籍,如遇收支,建立项目,分明抄转。除依法桩垛支使外,其余剩数仰所属差人管押赴行在都茶场送纳。仍令逐路提举司每季各具所部州县收到逐色应缘茶事窠名钱若干,作旧管、新收、已支、见在。如有支遣,仰分明开坐,或本场委官驱磨。若有欺隐之数,即将违戾去处,具申朝廷施行。

出处:《宋会要辑稿》食货三一之三〇。

加上高宗徽号册文
(绍熙二年十一月二十四日)

孝孙嗣皇帝臣谨稽首再拜言:臣闻一气肇判,盖高者天也。天为群文之祖,故极其形容者,以气而言,谓之昊,以仁而言,谓之旻,至于正色,则苍苍而不知其极。惟天为大,则之者尧也。尧为五帝之盛,故极其推尊者,言其德曰聪明,曰钦明,仁曰如天,智曰如神。及其成功,则荡荡而民无能名。噫!使天可知其极,则覆物也浅矣;尧可得而名,于光宅天下也几希。此天之所以为天,尧之所以为尧也,奋乎百世之上。百世之下,与天同功,于尧有光者,惟我皇祖俯仰其无所愧乎!恭惟高祖圣神武文宪孝皇帝勇智锡于天,刚健新其德。四七际以应运,二百载而中天。往者艰难之初,昭我信顺之助,谶纪靖康之号,神开显庆之祥。一马渡江,江汉于焉底定;六龙转海,海波晏然不惊。故能上当天心,再造区夏。修车备器,如宣王之复会东都;息马投戈,如光武之系隆我汉。讲求自治之策,还同一视之仁。外之罢教坊,内之省嫔御,委明珠于巨壑,焚翠饰于通衢,反驯象于安南,却羡金于川浹。盛德之事,亘古罕闻,太平之期,及身亲见。于是藩饰治具,修明政经,款圜丘,严宗祀,兴太学,求遗书,耕籍田,正经界,凡稽古礼文之事,与因时损益之宜,焕然为之一新,卓乎不可跂及矣。既安已治,其倦于勤,顾黄屋以非心,眷重华之协帝,行尧之道,荐舜于天。观讴歌狱讼之归,享寿富康宁之福,功成不处,道大难名。彼论创守之难者,不知中兴王业之尤难;称揖逊之盛者,不知为天下得人之为盛。今将形容功德之大者,祇益绘画天地之愧云。臣夙荷诒谋,观承慈训。文王之祉施孙子,宣惟家法之相传;孝宣之功光祖宗,率自臣工之归美。扬历无前之迹,对越在天之灵,乃因卜郊,恭上徽册。谨遣特进、左丞相、兼提举编修玉牒、监修国史日历、提举编类圣政、清源郡开国公、食邑七千五百户、食实封二千四百户留正,奉玉册玉宝,加上徽号曰高宗受命中兴全功至德圣神武文昭仁宪孝皇帝。仰惟明明我祖,永永万年,配天其休,与宋无极。谨言。

出处:《宋会要辑稿》礼四九之六〇。

撰者:留正

周必大加食邑一千户食实封四百户制
(绍熙二年十一月二十四日后)

门下:周祀昊天,颂播肇禋之美;汉祠雍畤,史严初见之书。朕践祚以来,卜郊云始,考丕彝而循旧,焕缛典以惟新。眷言寅亮之贤,实任藩宣之寄。宜敷褒绋,用锡神厘。少保、观文殿学士、判潭州军州事兼管内劝农营田使、充荆湖南路安抚使、马步军都总管、益国公、食邑九千六百户、食实封三千四百户周某,端肃而惠和,忠恂而宏达。贰公洪化,首毗初政之成;十国为连,载倚上游之重。甫开藩而作牧,阻相祀之趋班。输贡筐以在庭,入包茅而供祭。迨兹竣事,可后疏恩?爰增采邑之封,采耸干方之望。於戏!姬公之分东陕,莫陪入裸之仪;贾傅之在长沙,孰对受厘之问。肆因均福,尤切注怀。尚体眷私,益殚忠荩。可依前少保、观文殿学士、判潭州军州事兼管内劝农营田使、充荆湖南路安抚使、马步军都总管、益国公,加食邑一千户、食实封四百户,主者施行。

出处:《周益国文忠公年谱》。

撰者:倪思

从驾诸班直等增三分给赐柴炭诏
(绍熙二年十一月二十六日)

为天寒、应从驾诸班直、亲从、亲事官并诸军指挥军兵、将校等,并特依淳熙六年郊礼例增三分给赐柴炭,愿依例折钱者听。

出处:《宋会要辑稿》礼六二之八三。

南郊赦文

(绍熙二年十一月二十七日)

应士庶妇人年九十,与依格给赐束帛,不得追扰,仍仰监司觉察。应内外马步诸军将士,各等第支赐赏给。

出处:《宋会要辑稿》礼二五之四八。

行在及绍兴府见请孤遗钱米,宗子、宗女、宗妇等,其间有未曾引赦添支钱米,可比附两外司孤遗体例籍定名字,将十五岁并依前赦例添支,十四岁以下减半添给。

出处:《宋会要辑稿》帝系七之一五。又见同书帝系八之四四。

淳熙十二年大礼赦文,应绍兴三十一年以后归正京朝官大小使臣,选人文学、校副尉、下班祇应任数已满之人,缘添差不厘务,不许关升,将来有碍荫补,可令吏部依官序先次注授正门差遣,将副已上随才擢用,或愿就宫观岳庙者,特许陈乞一次,内任数未满人愿依旧添差者听。其诸州忠顺官候满七任日,一体施行。照得绍熙元年四月五日先已特降指挥,再与展一任讫。窃虑在远无力前来陈乞之人,仰赦到日于所居州军陈乞,即与疾速保明具申,以凭给降付身。所有目今各人合得请给,并仰按月支给,毋令失所。

出处:《宋会要辑稿》兵一六之一〇。

应命官、下班祇应、副尉因罪特旨及依法合该展年磨勘,监当展任、降资、殿名次、展年参选、罚短使,并特与放免。昨吏部申明指挥,将二广、湖南北、京西路州军见差置听候使唤使臣内曾经从军立功拣汰之人,任满无力前来参部,并许经本任或寄居州军陈乞指射五阙,保明申部,从上拟。如同日有在部人指射,先注在部人,其兵部所管副尉、下班祇应即未该载,可令照应吏部已申明指挥陈乞施行。

出处:《宋会要辑稿》职官一四之一五。

　　诸州军奏到文武官陈乞封赠加恩及致仕遗表恩泽,申发圆备,止是保官漏行声说作保次数,或不曾声说寄居因依,并与作小节放行。

出处:《宋会要辑稿》职官九之一五。

　　官员任满,批书纸印多有小节不圆,见碍注授升改,并四川、二广升改考第,举主定差使阙恩例名次应得格法,缘本路转运司行遣或州军批书不依式及小节不圆,致取会留滞,有碍参选,并许令就行在召本色官二员委保,先次放行,案后取会。如有违碍,依条改正。应承务郎使臣不因赃罪降充监当人,如后来别无赃私过犯,并与牵复差遣。或不因罪犯乞折资注授,若无规避,理元资序者听。承务郎以下已授差遣未赴任间,丁忧服阕,并州府依条保明到选人陈乞祖父母、父母老疾,合得家便恩例,其间有不曾连到保明正身并勘验公据,致碍参选注授之人,可令吏部特与放行。承直郎以下犯公罪杖笞赴部注授,会到寺见有公案未结绝合取旨之人,且与放行参选,后有特旨,即依特旨改正。

出处:《宋会要辑稿》职官八之四五。

　　勘会诸路州县坑冶兴发,在观寺、祠庙、公宇、居民坟地及近坟园林地者,在法不许人告,亦不得受理。访闻官司利于告发,更不究实,多致骚扰,及有坑冶停闭、苗脉不发去处,勒令坑户虚认岁额。可令提点铸钱司委官询访,日下改正,仍检坐见行条法指挥,约束常切遵守。如有违戾,许人户越诉。

出处:《宋会要辑稿》职官四三之一七七。

　　勘会官员职田,在法以官荒及五年逃田拨充。访闻州县不问年限,辄行拘占,致人户无业可归,间有灾伤,却令依旧数输纳租课,并仰日下依条改正除放,仍令提刑司常切觉察。尚敢违戾,许人户越诉。

出处:《宋会要辑稿》职官五八之三一。又见同书食货六一之四一。

　　应举人因事殿举及不得入科场之人,除犯徒罪及贡决未曾改正、编管未放逐便人外,可并许应举。其枉被刑责人,若元断官司不为保奏,仰诸路监司遇有诉理,委官索案看定,如实系枉断,即令所属依条保奏施行。

出处:《宋会要辑稿》选举一之二三。

　　礼部贡院下第进士应隆兴元年以前到省一举、年五十五者,已降指挥,令本贯州县验实,结罪保明,申乞推恩。尚虑其间有本贯阻隔致未沾恩之人,许于所在州县召见任承务郎二员结除名罪委保,当职官同罪保明,申礼部验实以闻,与补诸州助教。昨该遇登极恩赦,用举数推恩补授文学之人,与依龙飞特奏名、诸州助教依下州文学恩例之人已得指挥,减升朝官举主一员,其举官添举一人。应进士年五十已上、五举到省、合赴绍熙元年特奏名殿试人,缘事赴试不及,若将来殿试唱名入第四等合补授文学之人,虽系年六十,与理绍兴元年年甲,用今年赦恩召保参选,特差岳庙一次。

出处:《宋会要辑稿》选举二之二八。

应诸路进士淳熙二年省试下实理十八年国学进士、淳熙八年省试下实理十二年,并与免将来文解。应诸路进士实请四解并国学进士两举人,并依旧制与免将来文解,其国学先请后免,或先免后请人并依此。

出处:《宋会要辑稿》选举一六之二六。

初官不曾铨试,其间有年及五十,并因功赏特旨补文学已经注权官一任回,年及五十,并令吏部权与放行,参部注残零阙一次。初官依条年四十铨试不中注残零阙之人,如一任回,应有恩赏恩例,许收使一次。应材武格法年六十人,可令吏部长贰铨量人材精力未衰堪充兵官者,与免呈试,许指射。

出处:《宋会要辑稿》选举二六之一九。

诸路起发金银物帛纲运,内有色额低次之类估剥亏官钱数,行下补发州县见监勒干系等人及元卖铺户均摊,已放至淳熙十三年,可将淳熙十六年终以前见欠钱数如委无欺弊,并与除放。诸路州军校折欠米料,已将管押人并纲梢等押下元发去处陪填,可将见欠人特与放免一百硕,余数依条监理;其不及一百硕者,并与蠲放。勘会押纲官一时违法借贷官钱,收买货物,致卸纲官司拘留,勒令纲官、梢工等填纳,深虑无所从出,可自赦到日,仰将所拘货物先次估卖,如有移用破毁者,亦与估价出豁,止据未足钱数行下元起解官司照应已降指挥补发。

出处:《宋会要辑稿》食货四四之一四。

都茶场昨自乾道六年以后,节次给降茶引,付江西州军出卖,拘钱起赴行在。访闻州军发卖迟细,多是赊卖与铺户等人,经今日久,往往流移贫乏,见令州县偿纳,窃虑骚扰。仰将淳熙十三年终以前年分未纳茶引钱数,特与除放,不得依前追理。仍仰提举司觉察,如有为戾去处,按治施行。在法,违欠茶盐钱物,止合估欠人并牙保人物产折还,即无监系亲戚填还,及妻已改嫁尚行追理之文。昨令户部申严行下,许人户越诉。访闻人户负客旅及店铺价钱,缘系榷货,有已经估籍家产,偿还不足,依旧监系牙保等,牵联不已,可并与除放,毋致违戾。勘会官司辄立茶盐铺虚给帖子,均科人户,勒令赍钱赴铺缴纳,未尝支给茶盐,显是违法科抑。仰提举司及诸州主管官严行禁戢,仍许人越诉。四川茶盐酒课折估虚额钱,累降指挥减免,尚虑州县巧作缘故催理,有失宽恤之意,仰制置茶马司、总领所常切觉察,如有违戾,按劾以闻。

出处:《宋会要辑稿》食货三一之三〇。

四川盐井多有年深泉脉不发,陈乞栈闭,官司不为施行,虚负重课,累降赦文约束。访闻因渲淘旧井,间有咸脉去处,州县又令别增新额,不与对减见欠之数。可令逐路监司相度,将实合栈闭与所添新额,取见谊实,依条施行,不得仍前抑勒。福建州县往往科卖官盐,骚扰民户,至于无本起纲,白行敷敛,重困民力。昨降指挥运司相度,已行裁减价直。访闻近来漕司却将州县积欠折阅价钱仍旧催理,以致县分科敛陪填,深恐骚扰民户。可令漕司契勘本路运盐州县见有积欠、增盐折阅价钱,具的实数目申尚书省。诸路盐场昨缘不依时支散本钱,及有减克之类,以致岁额不敷,仰诸提举司遵守累降指挥,约束所部须管依时支给,不得减克。如有违戾,将当职官吏按劾以闻,许亭户越诉。

出处:《宋会要辑稿》食货二八之三五。

崇庆府、潼川府、果州、利州、绵州、合州、金州、龙州、汉州、大安军、石泉军、怀安军及潼川府射洪县、崇庆府晋原县、新津县、鱼关、兴州长举县置口仓、汀州宁化县,各有被水去处,及徽州、金州各经遗火,已降指挥存恤外,尚虑民户流徙,未能复业,或有贫乏不能自存之人,仰监司照应指挥,务行宽恤,毋致违戾。

出处:《宋会要辑稿》食货五八之一八。

在法,盗耕官田给与首者。访闻两淮州军民户见耕种田土,往往多被流移人户告首冒占顷亩,意要规图得业,以致词诉不绝,淮民不能安业。今后若实有宽剩地段,许令人户陈首,就佃施行,庶几可以息告讦之风,民户不致被扰。

出处:《宋会要辑稿》食货六一之四一。

应诸路州军合起经、总制钱,并已蠲减元额。以宽民力,今来尚虑州军奉行不虔,复行别作名色,妄有催理。如有违戾去处,仰监司常切觉察,按劾以闻。

出处:《宋会要辑稿》食货六四之一〇七。

旧法，僧道年六十及笃废残疾者，本身丁钱听免。续降指挥：僧道七十及笃废残疾本身，并特免放。近来给降度牒，披剃稍多，自合将所收免丁钱尽数起发。访闻州郡将合入老僧道不行依法放免，仍旧照额复行拘催，以致被害，深可怜悯。可令州军照逐岁僧道丁籍实数拘催。仍令提刑司常切觉察，毋致违戾。僧道免丁等钱物，可自今赦到日，仰诸路漕司委官将淳熙十六年终以前，并与日下除放。

出处：《宋会要辑稿》食货六六之一八。

西北归正、归朝民庶，不忘祖宗德泽远来，内有老弱孤贫、无依倚不能自存之人，仰州县核实保明，申常平司取见诣实，特与赈济一年。

出处：《宋会要辑稿》食货六八之九一。又见同书兵一六之一○。

在狱病囚，官给药物医治，病重责出，自有成宪。深虑州县循习苟简，不与救疗，及不照条责出，因致死亡，仰监司、知通常切觉察。

出处：《宋会要辑稿》刑法六之七二。

诸路州县不依条限推排人户物力，是致家业并无升降，其间有产去税存之家，官司止据旧数催理官物，虽有逃亡，犹挂欠籍，可令知通、令佐究实除放。应典卖田宅如税契违内减落价钱合倍税者，可自赦到，并限百司许令自陈，改正投纳契税，与免倍输。两淮州县人户输纳应干官钱，访闻官司逼勒人户，并要输纳官会，展转收买，倍有陪费。仰两淮转运司行下诸州军，及出榜晓示应干人户输纳官钱，并以三分为率，二分见钱，一分官会。如违，许人户越诉。人户典卖田产，自有推割条限，尚虑得产之家避免物力，计嘱乡司，不即过割，却使出产人户虚有抱纳。可限一月经官陈首推割。如违限不首，许业主越诉，依法施行，仍限半月监乡司从实过割。或有未尽之数，勒令代纳。违戾去处，仰监司按劾以闻。民间合纳夏税秋苗，见行条法指挥并已详备，访闻州县不遵三尺，往往大折价钱，致令人户艰于输纳，并将畸零物帛高估价直，却往他处贱价收买，以图剩利，显属违戾。可令监司觉察，仍许人户越诉。人户折帛钱已降指挥，听以钱、会中半输纳，访闻州县间有抑纳银两，重困民力。可令监司觉察按劾。栅江田土昨降指挥委官核实，其山乡边溪亦有被水冲决，堆注沙碛未堪耕作田亩，访闻州县依旧催理税赋，委是无所从出。可令逐路转运司疾速一就委官核实，保明申尚书省，毋致隐冒。

出处：《宋会要辑稿》食货七○之八一。

催科自有省限，州县往往不遵条法，先期预借，重叠催纳，以致多出文引，非理□□□勒令保长代纳，于受纳之际，容令合干等人多端阻节作弊，倍加斗面，非理退换，洎至纳足，不即给钞。仰监司严加觉察。如有违戾，按劾闻奏，仍许输纳民户赴监司陈诉。

出处：《宋会要辑稿》食货六八之一五。

在法，大保长愿兼户长者，轮催纳税租，一岁一替，欠数者后科人催，兼催科自有省限，辄勾追催税人赴官比磨者，各有断罪条法。访闻州县人吏乡司受属，抑勒下户充催税保长，不照条限点追比磨，将逃亡倚阁税赋抑令陪备输纳官物，以至破家荡产，深可怜悯。仰监司常切觉察，如有违戾去处，按劾以闻；如监司失于举觉，亦重置典宪；许被扰人户越诉。访闻州县以权势亲戚过往干托，辄于乡村差借人夫，显属违法，仰监司常切觉察，按劾以闻。

出处：《宋会要辑稿》食货六六之二七。

应绍兴三十一年以后归正京朝官、大小使臣、选人、文学、校副尉、下班祗应任数已满之人，愿就宫观岳庙者，特许陈乞一次。诸军拣汰离军已经添差一任回，到部许注授岳庙差遣，其间□实缘残废不能亲身赴部，令召本色官一员结罪委保正身，许家人赍状赴部陈乞差注。勘会昨遇登极赦恩，用举数推恩补授文学，并龙飞榜赐诸州助教依下州文学恩例之人，依法遇赦日年已六十者，许二年内参选注权入官；其年六十三岁，如有主二员，可权差破格岳庙一次。其免解待郊特奏名学碍年人准此。应进士年五十，五举到省合赴绍熙元年特奏名殿试人，缘事赴试不及，若将来殿试唱名入第四等合补授文学之人，虽系年六十已上，与理绍熙元年年甲，用今年赦恩召保参选，特差岳庙一次。

出处：《宋会要辑稿》职官五四之四一。

添盖镇江大军寨屋诏
（绍熙二年十一月二十七日）

镇江大军寨屋窄狭，深虑军人居止未便，令韩彦古家将见赁地段标拨付本军都统司添盖寨屋七百间，其赁地钱依数交还。候毕工，差官核实合用木植物料钱，令淮东总领所先次依数支降。

出处:《宋会要辑稿》兵六之二七。

给赐马军行司官兵诏
(绍熙二年十二月二十七日)

马军行司官兵连日排立,可依淳熙十二年郊祀大礼体例,使臣各特支三贯,效用军兵各支二贯,令户部支给。

出处:《宋会要辑稿》礼二五之四八。

赐周必大银合腊药敕书
(绍熙二年冬)

敕某:卿国均旧秉,帅阃新临。当凝凛之届期,宜冲和之加惠。俾颁珍剂,庸示眷怀。今赐卿银合腊药,至可领也。故兹示谕,想宜知悉。冬寒,卿比好否?遣书指不多及。

出处:《文忠集》卷一三一。
撰者:倪思
考校说明:"冬"据文中所述"腊药"补。

光宗宁宗朝卷四　绍熙三年(1192)

赈济赈粜淮南淮东诏
(绍熙三年正月四日)

淮南运判赵师霯于真州军粮等仓陈次米内,支拨五万石改充赈济,却令淮东安抚转运司于本路桩管米内,支五万石专充赈粜。

出处:《宋会要辑稿》食货六八之九三。

高宗皇帝徽号册宝礼毕推恩诏
(绍熙三年正月二十八日)

加上高宗皇帝徽号册宝礼毕,依绍兴十二年奉上徽宗皇帝徽号体例推恩,第一等转一官,第二等减三年磨勘,第三等减二年磨勘,第四等犒设一次。内都大主管邓从训、主管诸司李唐卿、毛居实、承受王德谦,于见今官上转行遥郡,依旧寄资。

出处:《宋会要辑稿》礼四九之六一。

贡举诏
(绍熙三年二月一日)

周家选士,命卿大夫宾兴而献其书;汉室举贤,诏郡太守身劝而为之驾。在礼甚重,得人宜多。眷惟本朝,率用此制。每当三年之大比,特下一札以详延。肆朕纂承,加意搜揽。念庠序作成之久,必有俊髦;而岩穴幽隐之间,岂无遗逸?

兹申谕旨,各俾言扬。充秋赋以朋来,并春官而论定。大廷亲策,冀闻忠谠之陈;好爵尔縻,共赴功名之会。庶图实用,式副虚怀。

出处:《宋会要辑稿》选举一之二三。

借贷淮东人户稻种诏
(绍熙三年二月十九日)

淮东提举张涛于本路州军桩管马料稻内,斟量取拨二万石借贷人户作种,候秋成日拘还数足,依旧桩管。

出处:《宋会要辑稿》食货六八之九三。

申缴事故僧道度牒诏
(绍熙三年闰二月三日)

礼部镂板遍牒诸路州军守臣通签判,将事故僧道度牒常切括责拘收,逐旋据数申缴,毋容隐匿,洗改作弊。如州军奉行灭裂,致有前项弊幸,即提刑司觉察具名以闻。

出处:《宋会要辑稿》职官一三之四一。

禁无故移狱诏
(绍熙三年闰二月十九日)

敕:诸路监司,应所部州县之狱若非冤抑不公,不得于未结断前移勘。如州县官委有私曲,即行按治。其监司信凭偏辞,不候结断、无故移狱者,许令州郡执奏。

出处:《庆元条法事类》卷七三。

诫约不得收报牛钱诏
(绍熙三年闰二月二十八日)

敕：路州军约束属县，如遇人户报耕牛倒毙，不得辄收报牛钱，亦不得折钱收税。如有违戾，许人户越诉，仍从监司常切觉察施行。

出处：《庆元条法事类》卷七九。

支还亭户钱会诏
(绍熙三年闰二月二十九日)

淮东提盐司将收到客人钱、会除各起檺等名色外，其余数目须管照分数，尽实支还亭户，不得减克违戾。

出处：《宋会要辑稿》食货二八之三六。

周彦端特与换补太史局挈壶正诏
(绍熙三年三月十六日)

承信郎周彦端为先在太史局曾习禁书之人，可特与换补太史局挈壶正，候钟鼓院主管算造官及浑仪所主管官有阙日，令太史局差填。

出处：《宋会要辑稿》职官一八之九八。

周必大丐祠不允诏
(绍熙三年三月后)

敕某：云云具悉。长沙地控湖广，户口为诸路冠，信如卿之言，帅守之任，必藉重臣。卿开藩弥年，教明南国，朕实嘉赖。引疾丐祠，良所未喻。且卿每上章奏，词翰精确，年少者所弗及，足以验神观之不衰矣。其体眷怀，勉留填抚。所请宜不允。

出处:《文忠集》卷一三一。

撰者:倪思

考校说明:编年据周必大《历官表奏》卷一一《乞宫祠奏》补。

军兵补转官资诏
(绍熙三年四月七日)

殿前步军司拍试弓弩枪手合格人,已降指挥补转两资,其额外效用,特与依射铁垛帘作川陕效用十资格法补转一次。内有元系白身额外效用,今已拨充正额效用,合依正额效用八资法补转。如元系额外效用,因射铁帘赏作川陕效用十资法补转守阙进勇副尉,上转守阙进勇副尉,今来已拨充正额效用,格法,于守阙进勇副尉上转两资。

出处:《宋会要辑稿》兵一九之四一。

复置太医局诏
(绍熙三年四月十二日)

今已复置太医局,从旧格法试补医人,其淳熙十五年九月十日试补医人指挥更不施行,判局以下三年为任,教授以下二年为任。如教授数内教导有方,可令太医局保明,存留再任。余并依未罢局前已降指挥。

出处:《宋会要辑稿》职官二二之四二。

给度牒拨付四川旱伤州军变转钱专充籴米赈济诏
(绍熙三年四月十三日)

礼部给度牒一百道前去四川制置司交割,仰本司均拨付旱伤州军变转钱,专充籴米赈济。仍先次措置,许令人户纳米请买,出给公据,候度牒到日,即行给付。仍令总领所于近便有管米内纳融应副。

出处:《宋会要辑稿》食货六八之九三。

举贤良方正能直言极谏诏
(绍熙三年四月十五日)

盖闻制科之设,肇自汉世,所以延特起之士,致非常之功也。皇朝稽古上文,蒐揽茂异,视前代尤盛,一时鸿儒辈出,翼成隆平之业,朕其慕之。粤自践祚以来,率循彝宪,祗奉慈训,所宜旁求博举,访以大道,而历岁于兹,荐进犹缺。岂诏令未申,莫宣指意,招徕弗廑,难于自献之故欤?载惟万务之统,兢业持守,未知攸济,讲议剀切,繄贤是赖。倘使怀才抱道,郁而弗伸,将何以兴饬政化、绍休前躅乎!兹当大比,爰示明旨,俾造于庭,咸摅谠言,以正朕之不逮,庶几保邦厉俗,同符帝王之治,不其伟欤!今岁科场,其令尚书侍郎、两省、谏议大夫以上、御史中丞、学士、待制各举贤良方正能直言极谏一人,守臣、监司亦许解送,仍具词业缴进以闻。

出处:《宋会要辑稿》选举一一之三九。

州县税赋折变等官民户一概输纳诏
(绍熙三年四月二十七日)

敕:应州县税赋所有折变、加耗、科敷之类,并令官、民户一概输纳,官户不得挟势避免,州县亦不得容情观望。如违,许御史台、监司按劾。

出处:《庆元条法事类》卷四八。

新江西运副钱端忠改江东运副制
(绍熙三年四月后)

敕具官某:尔以王人给饷江淮,才谞著称,俾之将漕,需次已久。持节有行,小疾来谂,尤见廉靖。为尔易地,以遂其私。辅养精神,庸俟器使。

出处:《攻媿集》卷三五。
撰者:楼钥
考校说明:编年据楼钥任两制时间、钱端忠官历补,见《景定建康志》卷二六。

吏部尚书赵汝愚兼侍读制
（暂系于绍熙三年五月前后）

敕：朕退朝之余，务学为急。开迩英之阁，肆求经史之遗言，对《无逸》之图，慨念祖宗之美意。正有资于劝诵，顾何惮于增员。具官某秀出天支，蚤收儒效。擅开平之誉，久宣出藩入从之劳；条晁董之言，尤见忧国爱君之意。谨铨衡于选部，实领袖于禁途。朕惟历代编年之详，萃于《通鉴》之纪；三朝致治之要，列于《宝训》之书。尔其因事进规，尽忠无隐。矧是宗盟之彦，首陪经幄之游。尚服异恩，以称公选。

出处：《攻媿集》卷三四。又见《宋忠定赵周王别录》卷二。
撰者：楼钥
考校说明：编年据同集前后文时间、赵汝愚宦历补，见《宋会要辑稿》选举一。

寄资武功大夫干办御药院陆彦端转归吏部
除带御器械依旧干办太一宫制
（暂系于绍熙三年五月前后）

敕具官某：尔给事宫省，谨而寡过。肆还寓秩，列之铨选。属鞬九陛，仍护行宫。往哉惟钦，毋替于旧。

出处：《攻媿集》卷三四。
撰者：楼钥
考校说明：编年据同集前后文时间补。

武经郎赵不淹换太子右监门率府率制
（暂系于绍熙三年五月前后）

敕具官某：国家宗支，视古为盛。然以属近行尊，得奉朝请者亦鲜矣。尔修饬有素，宗老荐其详雅，授以正率，日陪近班。尚勉之哉，以永终誉。

出处：《攻媿集》卷三四。

撰者:楼钥

考校说明:编年据同集前后文时间补。

许从善循修职郎制
(暂系于绍熙三年五月前后)

敕具官某:尔以假吏,往从使节,兹登仕籍,始得论赏。虽曰逾时,亦不失劳矣。

出处:《攻媿集》卷三四。

撰者:楼钥

考校说明:编年据同集前后文时间补。

嘉王府讲尚书彻章官属各转一官制
(绍熙三年五月后)

承议郎中书舍人兼翊善黄裳

敕:朕有元子,教之以义方;尔以名儒,导之以经术。既阐百篇之奥,可稽一秩之褒?具官某造理精深,处心夷旷。出廷臣之右,能介而通;从吾儿之游,最专且久。博文约礼,欲著乎心;考古验今,如指诸掌。因乃天资之美,加之学力之优。兹焉进官,姑以示宠。惟帝王之胄,非务为章句之徒;发经史之微,尚益明事物之要。既上紫垣之直,仍先朱邸之僚。进有赖于论思,退尤资于讲习。其祗朕命,式究尔心。

承议郎著作郎兼赞读黄艾朝奉郎军器少监兼直讲陈士楚

敕具官某:朕以元子天资之良,遴选宾友,以辅导之。惟尔艾、尔士楚,俱以儒英,从吾儿游,典谟训诰誓命之文,讲贯既久以至终篇。旌尔贤劳,何爱一秩?其益暨乃僚,秉乃心,相与发明经史之要。日计不足而岁有余,厥惟休哉!

出处:《攻媿集》卷三四。

撰者:楼钥

考校说明:编年据黄裳官历补,见《宋中兴东宫官察题名》。

从政郎邵武军司理张令照降两资放罢制
(绍熙三年六月一日)

敕具官某:治狱之职,惟公则平。尔曲奉上官,纵吏为伪,以陷人于深文。台评来上,罚其可逭? 再镌厥阶,归务循省。

出处:《攻媿集》卷三四。

撰者:楼钥

考校说明:编年据《宋会要辑稿》职官七三补。

朝散大夫知邵武军赵师造降两官制
(绍熙三年六月一日)

敕具官某:政平讼理,郡太守之先务也。尔按吏不审,乃讽胁理官伪为文记,以傅致其罪。彼罪虽得,尔其可佚罚乎。褫秩二等,以戒锻炼之吏。

出处:《攻媿集》卷三四。

撰者:楼钥

考校说明:编年据《宋会要辑稿》职官七三补。

通奉大夫显谟阁待制陈岘系韦潜心举主降一官制
(绍熙三年六月一日后)

敕:贤引其类,固难保于终身;称匪其人,亦何逃于定制? 具官某早登膴仕,屡荐小官。逮历岁之既深,有字民之无状。按章不审,虽多刻吏之文;具狱既成,莫掩贪夫之迹。考寻举将,乃属从臣,以尝遇于霈恩,姑稍镌于命秩。尚为宽典,毋有遐心。

出处:《攻媿集》卷三四。

撰者:楼钥

考校说明:编年据韦潜心宦历补,见《宋会要辑稿》职官七三。

镇江建康都统司收买土产格尺壮嫩堪充披带马诏
(绍熙三年六月七日)

镇江都统司于淮东州军、建康都统司于淮西州军参酌荆襄已行事理,措置收买土产格尺壮嫩、堪充披带马,解赴总领所,审验来历分明,发往各军乘骑,理充逐年纲马之数。合用钱于淮东西总领所先次充支,却令茶马司将拖下逐司马价钱内对数拨还。仍仰主帅严行约束,不得容外界马中卖。

出处:《宋会要辑稿》兵二三之二三。

周必大复观文殿大学士制
(绍熙三年六月二十四日前)

门下:朕序进臣工,率循彝宪。惟延恩之峻职,在书殿以最高;惟学士之大名,非旧弼而莫畀。眷予亚保,作牧上游。爰播明缗,洊颁前命。少保、观文殿学士、判潭州军州事兼管内劝农营田使、充荆湖南路安抚使、马步军都总管、益国公、食邑一万六百户、食实封三千八百户周某,道隆致主,德盛格天。颛魁柄于两朝,用密藏于辅赞;典方维于十国,绩蔼著于藩宣。声实愈孚,眷怀采厚。朕若稽皇祐,加奖昌朝,始创紫宸之穹班,用极鸿儒之殊宠。矧如宿望,有迈昔贤,故于上印之时,尝焕出纶之渥。兹申初诏,殆逾华衮之荣;式茂新恩,尽复青毡之旧。以示至公之道,以昭驭贵之权,丕耸民瞻,增雄帅阃。於戏!贤者素轻乎富贵,夫岂计得失之间;朝廷莫重于名器,盖将寓黜陟之典。注祗猷训,益懋勋庸。可依前少保,特复观文殿大学士,判潭州军州事兼管内劝农营田使、充荆湖南路安抚使、马步军都总管、益国公、食邑、食实封如故,主者施行。

出处:《周益国文忠公年谱》。
撰者:倪思

朝散郎温州通判傅颐降一官放罢制
(绍熙三年六月二十五日)

敕具官某:榷货之禁,至为严密,治中别驾,实专掌之。尔职在是,而不能戢吏卒之冒法,岂惟关防之弗严,抑见威令之无素。削秩免官,以惩不恪。

出处:《攻媿集》卷三四。

撰者:楼钥

考校说明:编年据《宋会要辑稿》职官七三补。

承直郎坑冶司检踏官蒋盖降一资放罢制
(绍熙三年六月二十五日)

敕具官某:国家置使江左,以总诸道之货泉;设属支郡,以究山泽之遗利。尔其属也,冶工争攘,至相戕杀,尔实启之。劾章既闻,其上一秩,免所居官。吏之不虔,庶乎知警。

出处:《攻媿集》卷三四。

撰者:楼钥

考校说明:编年据《宋会要辑稿》职官七三补。

修武郎前监绍兴府东城酒库马镒降两官制
(暂系于绍熙三年六月前后)

敕具官某:尔职榷酤,惊扰田里。宪台按治,嚚讼自解。削秩免官,以正名分。

出处:《攻媿集》卷三四。

撰者:楼钥

考校说明:编年据同集前后文时间补。

从政郎贺正使书状官俞南仲循两资制
(暂系于绍熙三年六月前后)

敕具官某:朝廷选修聘之使,而使之自选其属。尔以庠校之彦,为之少从。礼成而归,赏可后乎?

出处:《攻媿集》卷三四。

撰者:楼钥

考校说明:编年据同集前后文时间补。

何谦韦益并循修职郎制
(暂系于绍熙三年六月前后)

敕具官某:集故事以成书,儒馆之职也。尔隶西省,韦益改"东省"。亦预有劳。既登仕版,仍进一阶。

出处:《攻媿集》卷三四。

撰者:楼钥

考校说明:编年据同集前后文时间补。

寄资右武大夫遥郡防御使皇子嘉王府都监
韩世荣转归吏部在京宫观制
(暂系于绍熙三年六月前后)

敕:官跻横列,使领遥防,是为右选之华,用示内班之宠。具官某进谨赤墀之奉,退祇朱邸之劳,历年浸多,以疾来谂。俾隶名于铨部,仍赋禄于真祠。尚服涣恩,以保终吉。

出处:《攻媿集》卷三四。

撰者:楼钥

考校说明:编年据同集前后文时间补。

承节郎潘时美嫡母孔氏年九十一岁封孺人制
(暂系于绍熙三年六月前后)

敕具官某嫡母孔氏:比肆郊禋,推老老之恩。尔年登九龄,子为命士,予之汤沐,以为晚岁之华。

出处:《攻媿集》卷三四。

撰者:楼钥

考校说明:编年据同集前后文时间补。

知扬州钱之望复直宝文阁制
(绍熙三年六月前后)

敕具官某:朕肇禋南郊,爰肆霈泽。士有一眚,咸复厥初。矧吾帅臣,起临边阃,日著声绩,如尔之望者,顾可后乎?尔守襄阳,烦言洊至,稍镌寓职,于今三年。因予泰畤之恩,归汝宝奎之直。其祗宠沃,益懋尔功。

出处:《攻媿集》卷三四。

撰者:楼钥

考校说明:编年据钱之望宦历及文中所述"尔守襄阳……稍镌寓职,于今三年"补,见《宋会要辑稿》职官六〇、职官七二。

成都府路第二将高师颜制置使司奏举知黔州制
(暂系于绍熙三年六月前后)

敕具官某:蜀道万里,士有负文武之才者,朕何自而知之?尔起将家,历戎职,制使谓尔通练老成,连帅又称其沈毅通敏,朕以二臣之言,试尔以黔中之守。尔能不负所举,则知所以报国矣。

出处:《攻媿集》卷三四。

撰者:楼钥

考校说明:编年据同集前后文时间补。

泉州同安县灵护庙神封威惠侯制
(暂系于绍熙三年六月前后)

敕具某神:朕之爱民至矣。吏治于明,神职于幽,苟利吾民,虽远必录。以尔神庙食海峤,久著灵迹,却蛮蜑而张官军,招海贾而销疠疫,有司核实,具以上闻。锡尔嘉名,歆予茂渥。

出处:《攻媿集》卷三四。

撰者:楼钥

考校说明:编年据同集前后文时间补。

修职郎临安府昌化县主簿赵善视降一等放罢制
(暂系于绍熙三年六月前后)

敕具官某:尔筮仕之初,密在畿邑。是何么麿,敢尔披猖? 镌秩免归,尚为轻典。尔则自取,将谁咎哉。

出处:《攻媿集》卷三四。

撰者:楼钥

考校说明:编年据同集前后文时间补。

入内内侍省都知邓从训该奉上高宗皇帝徽号册宝
转协忠大夫依前奉国军承宣使制
(暂系于绍熙三年六月前后)

敕:朕推尊烈祖,务极隆名,宝册之严,式资办护,均行赏典,尔则先之。具官某服在禁庭,恪共众职。横班秩峻,既兼留务之华,高庙礼成,实任贤劳之首。爰加命秩,用答尔勤。

出处:《攻媿集》卷三四。

撰者:楼钥

考校说明:编年据同集前后文时间、邓从训官历及文中所述史事补,见《宋会要辑稿》礼四九。

贬责常良孙诏
(绍熙三年七月二日)

前监文思院上界常良孙特贷命,追毁出身以来文字,除名勒停,永不收叙,免真决,不刺面,配万安军牢城收管,仍籍没家财。

出处:《宋会要辑稿》刑法六之四二。

倪思等系常良孙举主各降一官制
(绍熙三年七月二日后)

礼部侍郎倪思

敕:人未易知,其来已久,士不自爱,乃至于斯。既骇予闻,致贻伊戚。具官某夙推清望,遍历华途。比因缮监之迁,爰谨属寮之荐。家既传于清裁,人亦谓其端良。俄隐慝之遽彰,何贪心之已甚?考寻举将,乃属从臣。以其未脱于七阶,俾尔姑镌于一秩。勿以惩羹之故,而忘推毂之公。

中散大夫知通州章冲

敕具官某:人之难知旧矣。尔为南兰陵,以户曹为贤而举之。阅岁既久,乃以贿闻。申举将之罚,不可废也。其上一秩,毋忘省循。

出处:《攻媿集》卷三四。
撰者:楼钥
考校说明:编年据《宋会要辑稿》刑法六补。

贬责叶筹诏
(绍熙三年七月十三日)

知严州叶筹特贷命,追毁出身以来文字,除名勒停,永不收叙,免真决,刺面,配远州牢城收管,仍籍没家财。

出处:《宋会要辑稿》刑法六之四二。

秉义郎杨忠辅换太史局丞权同知算造制
(绍熙三年七月二十四日)

敕具官某:周之冯相氏、保章氏,皆以中士为之,星历之学,为士者可不务乎?

尔遂于历,彻于朕听。因其所长,俾贰局事。推步日月星辰之行,以称朕钦天授时之意。尔尚勉哉!

出处:《攻媿集》卷三四。

撰者:楼钥

考校说明:编年据《宋会要辑稿》职官一八补。

<h1 style="text-align:center">杨忠辅等差权同知算造诏</h1>
(绍熙三年七月二十四日)

秉义郎杨忠辅特换补太史局直长,承节郎赵涣特换补保章正,文学石万特换补挈壶正。逐人为通晓历书,并差权同知算造,请给依正官例支破。

出处:《宋会要辑稿》职官一八之九八。

<h1 style="text-align:center">归朝归明归正忠顺等官合注正阙诏</h1>
(绍熙三年七月二十五日)

归朝、归明、归正忠顺等官,朝廷念其远来,前后添差不厘务差遣,优恤备至。绍熙元年,又特添差一任。今第八任亦有已满者,依节次已降指挥,合注正阙。深虑其间有不能久待远次,不愿注授正阙之人,今更特与添差前任一等不厘务差遣一次。其合得请给,令有司接续帮勘施行。

出处:《宋会要辑稿》兵一七之三二。

<h1 style="text-align:center">审验归朝归明归正忠顺官子弟充效用诏</h1>
(绍熙三年七月二十五日)

归朝、归明归正忠顺官子弟,身材强壮武艺过人无以自奋者,可并赴所居州军自陈,令守臣审验人材武艺,解赴本路安抚司。如是身长五尺五寸,射一石力弓、三石力弩为上等,日支食钱三百文、米三升;身长五尺五寸,射九斗力弓、二石八斗力弩为次等,日支食钱二百文、米二升。委帅躬亲拍试及格,补充本司效用,与免诸般杂役及防送差使。

出处:《宋会要辑稿》兵一七之三二

赈济江东被水州军诏
(绍熙三年七月二十九日)

江东提刑、提举司行下广德军、宁国府、徽州、池州,将被水之家更切赈济,优与存恤。

出处:《宋会要辑稿》食货六八之九三。

周必大降荥阳郡公制
(绍熙三年七月)

门下:国家设荐举之科,所以广求才之路;严保任之法,所以惩失实之愆。欲昭示于至公,爰必行于近列。眷时旧弼,允谓宗臣,偶累知人之明,可逃绌爵之罚?肆敷训告,用协彝章。少保、观文殿大学士、判潭州军州事兼管内劝农营田使、充荆湖南路安抚使、马步军都总管、益国公、食邑一万六百户、食实封三千八百户周某,德茂恢洪,道存忠恕,班莫高于九棘,寄方重于十连。以人事君,夙著秉钧之日;举贤报国,晚坚推毂之诚。属一时管库之卑,乃再世台臣之后。徒知名阀之是取。弗悟伪言之见欺。既贪墨之有闻,寻察觉而奚及。虽非深咎,难废薄惩。稍镌公社之封,仍厚邑租之入。庶申儆戒,靡替眷怀。於戏!过可知仁,已初心之曲谅;复斯无悔,尚后效之勉图。其体隆宽,以绥吉履。可依前少保、观文殿大学士、判潭州军州事兼管内劝农营田使、充荆湖南路安抚使、马步军都总管,降荥阳郡开国公,食邑、食实封如故,主者施行。

出处:《周益国文忠公年谱》。
撰者:倪思
考校说明:原书系于“七月庚申”,然绍熙三年七月并无庚申日,待考。

隆兴府佳山孚应庙神封惠济侯制
(暂系于绍熙三年七月前后)

敕具某神:国家爱重爵赏,非有功不侯,人神一也。以尔神生而不求闻达,以忠孝而化人,没而能著,灵响有功,利以及物。手植之槐犹在,舟行之祷必答。予之好爵,其尚钦承。

出处:《攻媿集》卷三四。

撰者:楼钥

考校说明:编年据同集前后文时间补。

朝请郎致仕刘礎降一官制
(暂系于绍熙三年七月前后)

敕具官某:朕视岭海,犹畿甸也。尔守苍梧,而部使者谓尔加赋于民,且曰遂祠请而未拜,闻劾章而径行。虽已挂冠,岂容幸免? 姑镌一秩,以示薄惩。

出处:《攻媿集》卷三四。

撰者:楼钥

考校说明:编年据同集前后文时间补。

文林郎保宁军节度推官赵善谦降一资放罢制
(绍熙三年八月二日)

敕具官某:尔以宗子居大郡幕府,不能自洁其身,乃与胥徒共为奸利,偿券焚历,欲盖弥彰。镌黜示惩,尚服宽典。

出处:《攻媿集》卷三四。

撰者:楼钥

考校说明:编年据《宋会要辑稿》职官七三补。

淮东西湖广总领所开具见桩管金银钱会等数目申省诏
（绍熙三年八月九日）

淮东西、湖广总领所各将截日终见桩管金银、钱会等数目，仍取见诸州军得熟分数，逐一从实开具，申尚书省。

出处:《宋会要辑稿》职官四一之六三。

杨万里知赣州告词
（绍熙三年八月十一日）

敕中奉大夫、直龙图阁、江东运副杨万里:朕所以待士大夫之心一也，而于储僚之旧尤加厚焉。伐木之情，谁能忘之？况尔万里久从吾游，奇文高标，朕所加礼。召还自外，固将用之。至而不留，岂朕素望？江东近地，宜可少安。何嫌何疑，复有去志？得无使人谓朕疏贤而忘故欤？君臣之好，朕忍忘之？为尔相攸，赣土足乐，往其小憩，毋有还心。可特授知赣州军州事。

出处:《诚斋集》卷一三三。又见《宋代蜀文辑存》卷七一。
撰者:黄裳

诸路提刑举官诏
（绍熙三年八月十四日）

敕:诸路提刑岁举改官一员、二员处，听从便荐举；有举三员以上处，每岁举狱官一员。若部内狱官留心鞫勘，更有可举之人，即不拘定员数，并行荐奉。

出处:《庆元条法事类》卷一四。

改正州县释奠文宣王神位次序仪式诏
（绍熙三年八月十七日）

太常寺将州县释奠文宣王神位次序仪式改正，仍备坐今来申明指挥行下临安府镂版,同《绍兴制造礼器图》印行颁降。

出处:《宋会要辑稿》礼一六之一。

从政郎钱逖降两资候服阕日与远小监当制
(绍熙三年八月十八日)

敕具官某:细民以煮海为业,私贩冒禁,或未能免。尔仕至邑令,又方执丧,使者廉按,谓尔为逋逃之渊薮,何耶?削去二阶,姑令终制。朝祥暮贬,其尚何辞!

出处:《攻媿集》卷三四。
撰者:楼钥
考校说明:编年据《宋会要辑稿》职官七三补。

爱护海船诏
(绍熙三年八月二十七日)

殿前司行下泉州左翼军,将创造到海船三只常切爱护,毋致损坏。

出处:《宋会要辑稿》食货五〇之三一。

寄资训武郎嘉王府都监朱思正转归吏部在京宫观制
(暂系于绍熙三年八月前后)

敕具官某:服役内廷,兼官王邸,克勤所职,以疾丐闲。禄以内祠,秩之吏选。尚钦朕命,以善尔躬。

出处:《攻媿集》卷三四。
撰者:楼钥
考校说明:编年据同集前后文时间补。

成镛知黔州制
（暂系于绍熙三年八月前后）

敕具官某:尔奋由武科,屡更事任。黔中虽远,委寄不轻。外控夷蛮,地当一面。命尔作守,凡牧民固圉之事,尚勉之哉!

出处:《攻媿集》卷三四。
撰者:楼钥
考校说明:编年据同集前后文时间补。

寄资武义大夫果州团练使重华宫祇候董友闻转归吏部制
（暂系于绍熙三年八月前后）

敕具官某:尔职联中禁,使领遥团。共事累年,以疾求退。俾仍旧列,往赴右铨。益务检身,以俟收用。

出处:《攻媿集》卷三四。
撰者:楼钥
考校说明:编年据同集前后文时间补。

秉义郎閤门看班祇候韦琳报班差错降一官制
（暂系于绍熙三年八月前后）

敕具官某:朝仪尚肃,宾赞尤严。进退降登,视以为节。抗声失度,时汝之辜。爰削一阶,以惩不恪。

出处:《攻媿集》卷三四。
撰者:楼钥
考校说明:编年据同集前后文时间补。

郭棣知泸州制
(暂系于绍熙三年八月前后)

敕:掌殿岩之武卫,夙著勤劳;分边阃之顾忧,兹烦镇抚。眷予世将,听我训词。具官某禀资沈雄,驭下严整。出临淮海,尝当一面之权;入总貔貅,久护千庐之密。比归故里,既历累年。惟时泸川,控彼蜀道。靡有蛮夷之外侮,何期螽贼之内讧。狂卒称兵,众无与者;仇人假手,天实诛之。顾平时谋帅之甚艰,岂今日择才之可后?畴堪予选,佥曰汝谐。尔其设方略以靖惊疑,示宽大以安反侧。凶徒既殄,无问胁从。义士实多,当行第赏。绥爱有众,遂令境内之清;坐折遐冲,益致王灵之畅。伫闻嘉绩,别议优恩。

出处:《攻媿集》卷三四。
撰者:楼钥
考校说明:编年据同集前后文时间补。

文州灵惠丰安侯加封嘉应制
(暂系于绍熙三年八月前后)

敕具某神:朕成民而致力于神。阴平去都城万里,苟有利于民,亦不汝遗也。增以嘉名,用答灵贶。尚其歆奉,以惠远氓。

出处:《攻媿集》卷三四。
撰者:楼钥
考校说明:编年据同集前后文时间补。

凶恶强盗合配之人不得配往武冈军诏
(绍熙三年九月二日)

今后诸州军如有凶恶强盗合配之人,照全州已得指挥,不得配往武冈军。

出处:《宋会要辑稿》刑法四之六○。

刘颖奏盐钞事答诏
(绍熙三年九月二十三日)

依刘颖所申。其交子依已降指挥,每贯作七百七十足出入,所收交子有出剩之数,仰本所桩管,听候朝廷指挥。

出处:《宋会要辑稿》食货二八之三七。

文林郎宁国府司理盛将之降一资制
(暂系于绍熙三年秋冬间)

敕具官某:狱事至重,岂容小差? 尔职其间,乃尔失当。谅其非故,姑示薄惩。

出处:《攻媿集》卷三四。
撰者:楼钥
考校说明:编年据同集前后文时间补。

承信郎石璿父荣年九十五保义郎致仕制
(暂系于绍熙三年秋冬间)

敕具官某父某:比肆郊禬,推老老之恩。尔年登九龄,子为命士,授之武爵,以为晚岁之华。

出处:《攻媿集》卷三四。
撰者:楼钥
考校说明:编年据同集前后文时间补。

兴化军莆田县顺济庙灵惠昭应崇福
善利夫人封灵惠妃制
（暂系于绍熙三年秋冬间）

　　敕：明神之祠，率加以爵。妇人之爵，莫及于妃。倘非灵响之著闻，岂得恩荣之特异？具某神壶彝素饬，庙食愈彰。居白湖而镇鲸海之滨，服朱衣而护鸡林之使。舟车所至，香火日严。告赐便蕃，既极小君之宠；祷祈昭答，遂超侯国之封。仍灵惠之旧称，示褒崇之新渥。其祗朕命，益利吾民。

出处：《攻媿集》卷三四。

撰者：楼钥

考校说明：编年据同集前后文时间、乾隆《福州府志》卷一四补。

朝请郎张抑系舒光举主降两官制
（暂系于绍熙三年秋冬间）

　　敕具官某：人之难知旧矣。尔持江东使者节，以池阳郡博士为贤而举之。阅岁已久，乃以贿闻。比申举将之罚，惟尔在哀疚而未及。既除丧矣，其上二秩，毋忘省循。

出处：《攻媿集》卷三四。

撰者：楼钥

考校说明：编年据同集前后文时间补。

遥郡刺史知和州某依旧武功大夫祁州团练使制
（暂系于绍熙三年秋冬间）

　　敕具官某：将门出将，其说古矣。绍兴以来，名将之后，人才不乏，鲜有以将略世其家者。尔起自西陲，属鞬九陛，顷由选择，出守山阳。虽边尘不惊，智勇无以自见，而首尾五载，固圉有劳。徙之大邦，升以遥团之秩。朕之知汝深矣，勉趋功名，毋忝尔祖。

出处:《攻媿集》卷三四。

撰者:楼钥

考校说明:编年据同集前后文时间补。

寄资训武郎韩果转归吏部在京宫观制
(暂系于绍熙三年秋冬间)

敕具官某:服役禁庭,屡更岁籥;恪勤厥职,式闵其劳。禄以内祠,秩之吏选。尚钦朕命,以善尔躬。

出处:《攻媿集》卷三四。

撰者:楼钥

考校说明:编年据同集前后文时间补。

文林郎监泰州盐仓周大老降两资放罢制
(暂系于绍熙三年秋冬间)

敕具官某:盐筴之盛,莫如海陵,积弊之深,亦非一日。今帑中之藏,至失十万。白发吏奸,汝之职也。详究始末,失职已多,而又不能自别于赃贷之嫌。再镌厥官,归务循省。

出处:《攻媿集》卷三四。

撰者:楼钥

考校说明:编年据同集前后文时间补。

朝奉郎知湖州乌程县赵彦卫为乡民诉
水伤拥并死损八人降一官制
(暂系于绍熙三年秋冬间)

敕具官某:尔试邑辅郡,能声彻闻。秋潦为灾,诉者辐凑。老羸蹂躏,至有死伤。虽非关防所及,咎将谁归? 其上一阶,服我宽典。

出处:《攻媿集》卷三四。

撰者：楼钥

考校说明：编年据同集前后文时间、赵彦卫宦历补，见乾隆《乌程县志》卷五。

嘉王府讲尚书彻章官属诸色祗应人各转一官资制
（暂系于绍熙三年秋冬间）

内知客修武郎谯令雍秉义郎戴勋

敕具官某：贤王务学，讲席彻章。惟此百篇之书，坐阅八年之久。凡预职守，咸进官联。尔起于诸生，班在上阁。祗事朱邸，见谓恪恭。涣恩所加，勿谓故事，尚勉思所以称此者哉。

使臣忠训郎姜文用孙昌祖忠翊郎姚思正保义郎董致中徐松成允显高珂指挥使从义郎冯泾王良讲堂使臣秉义郎蒋巨卿张克家讲堂书写文字进武校尉张桔承受所手分承信郎舒良嗣承受下主管文字忠翊郎逷兴祖客司成忠郎傅宣世前都监训武郎朱思正医官成全大夫陈世安翰林医候李之美成全郎陈翊

敕具官某等：王邸谈经，阅岁滋久。凡曰执事，咸进厥官。往其钦承，益务恪恭。

出处：《攻媿集》卷三四。

撰者：楼钥

考校说明：编年据同集前后文时间补。

殿前指挥使行门长行左班杨坦刘选李端邢敞沈明黄毅杜椿吴珪蔡显右班王佐边宁李钧孙彬陈琚曹涣王浃黄义陈圭换武翼郎添差诸州驻泊兵马都监制
(暂系于绍熙三年秋冬间)

敕具官某等:行在所猛士如林,又择其雄毅之尤者列在人门,为予爪牙。历岁既久,亲阅挽强之技。超授武爵,护戎方州;锡之袍带,以宠尔行。毋忘卫上之忠,益习近民之事。尚勉之哉。

出处:《攻媿集》卷三四。

撰者:楼钥

考校说明:编年据同集前后文时间补。

殿前指挥使守阙行门长行左班许坦聂荣明泽孙伸右班盛俊吴俏郭锡换从义郎制
(暂系于绍熙三年秋冬间)

敕具官某:尔等以拳勇选,密侍宸居,有年于兹矣。亲阅其艺,视高下而赋之爵。尚勉之哉,毋怠于事。

出处:《攻媿集》卷三四。

撰者:楼钥

考校说明:编年据同集前后文时间补。

神骑嵌补副指挥使姜胜换秉义郎宣武嵌补指挥使徐成换从义郎天武下名副指挥使吕俊换修武郎制
(暂系于绍熙三年秋冬间)

敕具官某:尔等早以武勇备予羽卫,阅岁既久,而挽强之力不衰。授爵有差,往亲民事。益务忠恪,以称所蒙。

出处:《攻媿集》卷三四。

撰者:楼钥

考校说明:编年据同集前后文时间补。

<h1 style="text-align:center">赵介循从事郎制</h1>

(暂系于绍熙三年秋冬间)

敕具官某:尔以刀笔为册府之吏,周旋四库,其职清矣。又以奏篇之赏,叠进资级,其思所以称此者哉。

出处:《攻媿集》卷三四。

撰者:楼钥

考校说明:编年据同集前后文时间补。

<h1 style="text-align:center">入内内侍省都知邓从训转履正大夫依前
奉国军承宣使余如故制</h1>

(暂系于绍熙三年秋冬间)

敕:总禁廷之务,久矣宣劳;居横列之班,兹焉进秩。具官某持身克谨,遇事惟勤。出入宫闱,习见累朝之故实;侵寻岁月,兼提众职之纲条。爰因酒正之修,更陟武阶之峻。勿云近比,思称优恩。

出处:《攻媿集》卷三四。

撰者:楼钥

考校说明:编年据同集前后文时间补。

<h1 style="text-align:center">萧鹧巴奏孙秉义郎存德乞将磨勘转官
回授母淑人耶律氏封郡夫人制</h1>

(暂系于绍熙三年秋冬间)

敕:命妇之封,率从于夫爵;小君之号,兹越于邦彝。某人早嫔名将之家,同慕中华之义。两朝示宠,名已著于鸠桑;一子驰恩,荣特颁于鸾诰。往服朕命,益宜尔家。

出处:《攻媿集》卷三四。

撰者:楼钥

考校说明:编年据同集前后文时间补。

朝奉大夫钱之望奉使回程转一官制
(暂系于绍熙三年秋冬间)

敕具官某:比遣使华,往修邻好。闻其扶疾,虑有阙事。见大夫非无可使,恐不及期,以尔志存许国,才足应变,辍自边阃,俾将予指。闻命引道,礼成来归。进之一秩,姑以劳还。俟讫外庸,嗣有褒擢。

出处:《攻媿集》卷三四。

撰者:楼钥

考校说明:编年据同集前后文时间、文中所述史事补,见《宋史》卷三六《光宗纪》。

武翼大夫杨大节奉使回程转官制
(暂系于绍熙三年秋冬间)

敕具官某:朕岁遣使华,往修邻好。必选上介,以辅其行。尔以扈卫之臣,为行人之副。中途易节,调护无亏。惟尔之能,应予之赏。俾增命秩,其尚钦承。

出处:《攻媿集》卷三四。

撰者:楼钥

考校说明:编年据同集前后文时间、文中所述史事补,见《宋史》卷三六《光宗纪》。

奉使官属文林郎陈元震从事郎谯令宪迪功郎钱廷玉
忠训郎郡师孟忠翊郎黄允迪训武郎李邦安忠翊郎杨
祖烈吴良弼赵进承节郎张达符溥从义郎何洵保义郎
金彦达进武副尉王冲各转一官制
（暂系于绍熙三年秋冬间）

　　敕具官某：岁遣信使，修好邻邦。凡为假吏之行，举有优恩之及。用酬劳勋，毋替忠勤。

出处:《攻媿集》卷三四。

撰者:楼钥

考校说明:编年据同集前后文时间、文中所述史事补,见《宋史》卷三六《光宗纪》。

武功大夫和州防御使殿副都指挥使郭杲落阶官制
（暂系于绍熙三年秋冬间）

　　敕：总千庐之卫，久护戎昭；颁一札之恩，用申褒律。具官某器资沈鸷，谋略雄深。饬边备于上游，坐销外侮；肃军容于中垒，允藉壮犹。朕慨宿将之无多，眷故家之可用。繄尔昆弟，为予爪牙。兹彻武阶，俾专使领。庸示等威之峻，式昭名器之公。其服恩荣，尚图忠报。

出处:《攻媿集》卷三四。

撰者:楼钥

考校说明:编年据同集前后文时间补。

閤门祗候训武郎李彦机从义郎李删秉义郎
杨应龙应奉人使到阙一十番各转一官制
（暂系于绍熙三年秋冬间）

　　敕具官某等：信使来庭，掌在上閤。宾赞之职，不容毫厘之差。祗事累年，积劳可赏。进之一秩，益务恪恭。

出处:《攻媿集》卷三四。

撰者:楼钥

考校说明:编年据同集前后文时间补。

从事郎成州天水县令韩廷圭降两资制
(暂系于绍熙三年秋冬间)

敕具官某:边臣无小大,皆以忠实为先。尔以逸囚受罚矣,而又为欺,泺削一阶,用戒来者。

出处:《攻媿集》卷三四。

撰者:楼钥

考校说明:编年据同集前后文时间补。

皇叔祖士岘男太子右监门率府率不悰转一官制
(暂系于绍熙三年秋冬间)

敕具官某:国家以十阶待近属,必十载而后一进,其选严矣。惟我宗老,行尊年高,爰宠其子,躐等而授。虽曰近比,实惟异恩。

出处:《攻媿集》卷三四。

撰者:楼钥

考校说明:编年据同集前后文时间补。

忠翊郎李孝纯落阶官閤门宣赞舍人制
(暂系于绍熙三年秋冬间)

敕具官某:尔以名将诸孙,中宫兄子,不患不致富贵,顾所以将之者何如耳。顷罥吏议,亦既累年。察之盖详,克自循省,宾赞之职,用以命汝,念之哉。知复玷缺之艰难,则知所以保其身矣。

出处:《攻媿集》卷三四。

撰者:楼钥

考校说明:编年据同集前后文时间补。

故责授安远军节度行军司马詹仪之追复中大夫制
(暂系于绍熙三年秋冬间)

　　敕具官某:朝廷念广西盐筴之弊,因尔建议,使行其言。非徒无益,而又害之。尔既知其不可而不能自已,何也? 解弦更张,事始少定。褫官置散,以谢远民,而尔亦亡矣。尔岂欲害民者? 徒以昧于不远复之义而致此。亮其本心,追复旧秩。能体此意,尚为有知。

出处:《攻媿集》卷三四。

撰者:楼钥

考校说明:编年据同集前后文时间补。

大中大夫参知政事胡晋臣提举修寿皇会要
并礼仪使转一官制
(暂系于绍熙三年秋冬间)

　　敕:朕寅绍丕图,推尊慈极。纂修帝制,尤严于五载之余;登奉宝储,遂全此一王之法。惟时近弼,兼总宏模。矧相礼以备成,岂畴庸之可后? 具官某该通而知务,端静而善谋。顷上禁途,居然有公辅之望;迨升宥府,足以致朝廷之尊。俾参预于政机,益茂明于国体。缉成大典,允藉宗工。诞举缛仪,更资使范。以侈重华之盛,以彰叠矩之传。爰序进于崇阶,尚勉从于逊牒,增培采食,仍衍真畲。噫! 铺张闳休,实赞我显亲之志;奉行故事,尚坚而致主之心。往服训辞,以绥宠渥。

出处:《攻媿集》卷三四。

撰者:楼钥

考校说明:编年据同集前后文时间、胡晋臣宦历补,见《宋史》卷二一三《宰辅表》。

朝散郎国子博士徐嵬上殿坠笏降一官制
(暂系于绍熙三年秋冬间)

敕具官某:尔以老书生献箴于朝,此意勤矣。朝仪贵肃,乃尔失度。虽欲宥过,不应但已。稍镌命秩,以儆廷绅。

出处:《攻媿集》卷三四。

撰者:楼钥

考校说明:编年据同集前后文时间补。

寄资右武大夫遥郡团练使符涤降两官放罢制
(暂系于绍熙三年秋冬间)

敕:洒扫是职,专务尽恭。过愆有闻,岂应从恕? 具官某久以勤敏,祗事禁严。当克谨于官箴,乃自贻于罪罟。命镌横列,尚畀遥团。罢归铨部之班,显示貂珰之戒。

出处:《攻媿集》卷三四。

撰者:楼钥

考校说明:编年据同集前后文时间补。

内侍高品李元美降忠翊郎放罢制
(暂系于绍熙三年秋冬间)

敕具官某:禁廷贵肃,三尺尤严。尔职其间,而越法度。削官二等,尚为宽恩。

出处:《攻媿集》卷三四。

撰者:楼钥

考校说明:编年据同集前后文时间补。

阁门祗候潘瓒落看班制
(暂系于绍熙三年秋冬间)

敕具官某:尔祗事昕朝,再更岁籥。稽之故实,盍正官称? 益务恪恭,毋怠于久。

出处:《攻媿集》卷三四。

撰者:楼钥

考校说明:编年据同集前后文时间补。

皇后亲嫂硕人许氏特封郡夫人制
(暂系于绍熙三年秋冬间)

敕:命妇之封,盖从于夫爵。小君之号,兹出于上恩。故某官妻许氏,蚤嫔将家,今为后族。廉车既往,莫谐偕老之宜;戚闬方兴,实号懿亲之长。属祎衣之归谒,分石窌以疏封。尚惟法度之循,以对宠光之渥。

出处:《攻媿集》卷三四。

撰者:楼钥

考校说明:编年据同集前后文时间补。

侍御史林大中直宝文阁知宁国府制
(暂系于绍熙三年秋冬间)

敕具官某:朕惟天子耳目之官,与夫言语侍从之臣,皆极天下选,岂应轻去? 然进退之际,君子之大致存焉。朕亦欲有以全之。尔以清德雅望,周旋三院有年矣。忧国之忠,匪躬之节,论事有体,义形于色,台纲斯振,物论浩然。擢贰铨衡,所冀献纳之益,而抗章自列,引义不回。宣城大邦,实慈皇初潜之地。寓直宝奎,以宠尔行。牧御之方,无俟多训。勿以在外而忘告犹,政成来归,副我虚伫。

出处:《攻媿集》卷三四。

撰者:楼钥

考校说明:编年据同集前后文时间、林大中宦历补,见同集卷九八《林公神道碑》。

知漳州邓驲江东提刑制
(暂系于绍熙三年秋冬间)

敕具官某:入而居献替之选,出而任澄按之寄,皆朕耳目之官也。以尔端靖有守,雅望甚休,擢在谏垣,出镇南服。江左祥刑之重,肆以命汝。岂惟引以浸近,为尔之宠,抑使列城之人,知朝廷垂意臬事,至遣谏官以临之。书不云乎"好生之德,洽于民心",朕将庶几焉。

出处:《攻媿集》卷三四。
撰者:楼钥
考校说明:编年据同集前后文时间补。

知庐州许及之大理少卿制
(暂系于绍熙三年秋冬间)

敕具官某:朕承累圣仁厚之余,虽罔敢兼于庶狱,而明罚敕法,求惟厥中。乃者播告之修,孚于中外矣。尔以谏省之旧,知予德意,而明敏详练,无施不宜。召自边阃,用为廷尉之贰。昔张释之使天下无冤民,于定国为之,民自以为不冤。汝往哉! 其为朕持天下之平,且以行汝学道爱人之志。

出处:《攻媿集》卷三四。
撰者:楼钥
考校说明:编年据同集前后文时间补。

大理评事李珏再任制
(暂系于绍熙三年秋冬间)

敕具官某:廷尉之属,非明于文法,不以轻授,非迟以岁月,不能贯通也。尔以名家子,庀职既久,以其自列,爰俾因任,尚图来效,勿替厥初。

出处:《攻媿集》卷三四。

撰者:楼钥

考校说明:编年据同集前后文时间补。

故太傅蒲察久安女硕人乞用父遗表恩泽封郡夫人制
(暂系于绍熙三年秋冬间)

敕:命妇之封,盖从于夫爵;小君之号,兹出于君恩。某官女硕人蒲察氏,生长北方,来归王国。谓父兄即世,惟一身之仅存,而恩渥自天,曾累岁而未请。乃叩九阊之邃,愿加列郡之称。亮其忱衷,矧有近比,特疏予宠,用慰尔心。

出处:《攻媿集》卷三四。

撰者:楼钥

考校说明:编年据同集前后文时间补。

忠训郎兴州游奕军权统领常崇转一官制
(暂系于绍熙三年秋冬间)

敕具官某:朕周知中外将士之才,间使来前,用阅其实,不以远近为间也。尔来自西陲,人物可采。何爱一秩,以宠尔归。益习戎韬,以俟有用。

出处:《攻媿集》卷三四。

撰者:楼钥

考校说明:编年据同集前后文时间补。

殿前司神勇军统制训武郎刘肇步军司左统制
修武郎姚旦总辖牧放倒毙数少各转一官制
(暂系于绍熙三年秋冬间)

敕具官某等:岁分遣诸军,牧于浙右宽闲之乡。惟统御有方,刍秣以时,归而阅实,生全者众。进之一秩,以为来者之劝。

出处:《攻媿集》卷三四。

撰者:楼钥

考校说明:编年据同集前后文时间补。

客旅入纳贴钞钱事诏
(绍熙三年十月十七日)

淮东提举司:客旅入纳贴钞钱,自今每袋许用会子、铁钱各三分,交子四分。

出处:《宋会要辑稿》食货二八之三八。

制造太医局缺少什物诏
(绍熙三年十一月二十日)

太医局缺少什物,令取会本局数目,差人计料制造。

出处:《宋会要辑稿》职官二二之四二。

犒赏卞进等诏
(绍熙三年十一月二十四日)

泸州军兵聚众作过,杀害帅臣张孝芳等。杀获贼首军兵卞进等各特补转官资,犒赏有差。

出处:《宋会要辑稿》兵一九之四一。

直敷文阁史弥正为高夒奏厉雄公事落职罢宫观制
(绍熙三年十一月二十五日)

敕具官某:尔奉祠就养,宜无预于公府,知笃葭莩之好,而忘瓜李之嫌。事发相重,遂彻朕听。收还延阁之直,仍罢祠宫之官。尚其省循,予不汝弃。

出处:《攻媿集》卷三四。
撰者:楼钥
考校说明:编年据《宋会要辑稿》职官七三补。

赐袁说友奖谕狱空诏
(绍熙三年十一月)

朕以仁治天下,欲俾四方万里之民举不犯于有司,况于王畿之近哉! 然而民俗错杂,狱讼繁多,未易肃清也。维尔明敏之才,通于经术,典司天府,累月于兹,宽严适中,决遣无滞,犴狴之明,遂至空虚,使朕好生之德,自迩及远,繇汝而始,其可无褒乎! 玺书宠嘉,于以示劝。

出处:《咸淳临安志》卷四一。

两淮及沿边州军归正人请占官田更与
展免三年差科赋税诏
(绍熙三年十二月八日)

两淮并沿边州军归正人请占官田,昨累降指挥与免差科税赋,今来限满,理宜优恤。可自绍熙三年为始,更与展免三年。

出处:《宋会要辑稿》兵一六之一〇。

左丞相留正初除少保封赠制
(绍熙三年十二月十三日后)

曾祖赠太师耀卿追封英国公

敕:朕任贤甚专,虚己以听。累奏篇之赏,盍膺八命之崇? 览逊牍之勤,始进三孤之重。乃循故事,加贲曾门。具官某生为善人,世载隐德。传芳中古,由王国大夫之有闻;席庆华宗,去清源节度之未远。惟躬行无愧于幽显,故家声大启于孙曾。是生名儒,致位上宰。闵书屡锡,已登极品之官;公社肇开,爰胙真阳之土。尚惟精爽,歆此宠灵。

曾祖母周国夫人药氏赠周国夫人

敕:士有奋身而仕至元臣,推恩而爵及曾祖,尝迹所自,必有其原。岂惟奕世之贤,仍多中馈之助。夫或加宠,妇则从之。具封某以柔淑之资,嫔儒素之族。积功累行,虽有良人之贤;处顺安时,宜偕君子之老。比及后裔,是生上台。封既至于小君,宠仍疏于大国,不改周南之旧,用配留侯之祧。其祗异恩,以利后嗣。

祖赠太师沂国公寔追封福国公

敕:德虽著州乡而弗显于朝廷,身不及富贵而乃施乎孙子,此古人敢以自必,而天报昭然不诬。我有宗工,恩逮显祖。具官某坦坦幽人之履,恂恂长者之风。惟先世以来,有功于国,故余庆所及,遂肥其家。果见闻孙,进登孤保,屡颁霈泽,贵极师垣。乃更沂水之旧封,仍祚闽山之乡国。九京未泯,百世不忘。

祖母楚国夫人洪氏赠商国夫人

敕:妇道之修,相夫以顺;家法之懿,至孙而兴。虽宠荣不及乎生前,而恩渥屡加于身后。具封某以幽闲之操,崇节俭之风。夫妇俱贤,盖非一日之积;室家流庆,遂见百年之余。赐汤沐于南荆,易封圻于上洛。以显漏泉之泽,以慰含饴之思。

父赠太师卫国公铸追封魏国公

敕:朕惟东周大夫留氏号称世贤,子国子嗟之父也,俱不见用,诗人惜之。此"丘中有麻"所由作也。朕之用贤,则异于是。具官某世有潜德,生为醇儒。虽富贵不在其身,而善庆乃积于后。惟我硕辅,秉国之钧。尊显其亲,贵极人臣,斯教忠之效也。既胙武公之土,复更毕万之封,父子之贤,于是俱显,视东周之留为盛矣。死而不亡,其尚知歆。

前母燕国夫人郑氏赠齐国夫人母秦国夫人刘氏赠魏国夫人

敕:妇爵从夫,已极小君之号;母贵以子,浡更大国之封。具封某迪德静专,处家约素。相夫以礼,躬孟光举案之勤;教子能贤,慕轲母择邻之训。相予初政,致位上台。秩既进于三孤,贵遂登于累叶。表兹阃范,用配祢宫。改北国之旧圻,畀东藩之新邑。刘氏:"改四塞之旧邦,畀大名之新邑。"申加闵册,增贲宗祧。

故妻魏国夫人徐氏赠秦国夫人

敕:朕宠任大臣,跻荣孤保。爵既加于祖祢,恩又及其闺门。具封某生有令姿,居循《内则》。知巨源之识度,相待如宾;勉仲卿以激印,及见其贵。虽隔幽明之际,仍深伉俪之情。夏篆通𬭁,显汉相元勋之重;鱼轩象服,开秦川大国之封。九泉有知,千载无憾。

出处:《攻媿集》卷三五。
撰者:楼钥
考校说明:编年据《宋史》卷三六《光宗纪》补。

光宗宁宗朝卷五 绍熙四年(1193)

御史台检法官李谦太常丞主簿彭龟年司农寺丞制
(绍熙四年正月一日)

敕具官某等：尔谦笃信好学，表里无玷；尔龟年刚毅近仁，气节有闻。又皆忧深思远，有拳拳爱君之心，御史选也。大中之辟，叔椿之留，岂其私哉！而引义慨然，若不可一朝居者。朕既不汝舍，而高爵非所以留之也。容台农扈，分以命汝，丞哉！丞哉！其少安之，以俟选择。

出处：《攻媿集》卷三五。
撰者：楼钥
考校说明：编年据《宋会要辑稿》职官五五补。题后原注："元系林大中辟差。大中与郡，张叔椿再辟，辞免。"

皇后归谒家庙亲侄忠训郎阁门宣赞舍人干办军头司李孝纯武经郎带御器械干办皇城司李孝友各特转右武郎制
(绍熙四年正月九日)

敕具官某等：朕惟古后妃有求贤审官之志而不私谒，而人主则特隆于肺腑之亲。夫惟后妃弥逊，人主弥恩，斯可观已。日者吾后省家庙，尔某、某皆以犹子祗服厥事，朕何爱一横行郎而不以宠汝？惟无忝尔祖，以长守富贵，则予汝嘉。可。

出处：《止斋先生文集》卷一一。又见《永乐大典》卷七三二六。
撰者：陈傅良

考校说明:编年据《宋会要辑稿》后妃二补。原书本篇以下外制,卷首文体总题下注云:"自绍熙四年正月以后。"

给事中尤袤礼部尚书制
(绍熙四年正月十一日)

敕:官建仪曹,俾司礼乐制作之事;职专宗伯,当用朝廷老成之人。阅一时侍从之臣,极三朝髦俊之选。求之公论,佥曰汝谐。具官某学极群书,才兼数器。被眷知于慈宸,参寮寀于储宫。出入累年,始终一节。禁路论思之益,有众人之所难;琐闱封驳之章,至三进而未已。积兹德望,处以文昌。职务惟清,实总夷夔之任;谋猷可告,尚殚稷契之忠。

出处:《攻媿集》卷三五。
撰者:楼钥
考校说明:编年据《止斋先生文集》卷一一《正议大夫守给事中兼侍读尤袤除礼部尚书兼侍读制》题注补。

朝散大夫知明州高夔为提刑陈倚申厉雄公事
不自陈避嫌降一官与边郡制
(绍熙四年正月十四日)

敕具官某:尔以选择,屡典大藩。四明富民之讼,使能俟属邑之公行,听宪台之移狱,则晏然无事矣。部使者谓尔不能引嫌,疑有未尽,镌官一等,易地边方。汝往哉! 其思有以静镇之。

出处:《攻媿集》卷三四。
撰者:楼钥
考校说明:编年据《宋会要辑稿》职官七三补。

蠲临安府属县民户身丁钱诏
(绍熙四年正月二十三日)

临安府属县民户身丁钱,可自绍熙四年更与蠲放三年,仍给降黄榜晓谕。

出处:《宋会要辑稿》食货六六之一八。

中书舍人黄裳给事中制
(绍熙四年正月二十四日前)

　　敕:朕惟舜命龙出纳朕命而名官以纳言,盖人君之命不难于出,而望其能纳也。琐闼之职,为朝廷喉衿,古谊昭然,尤当遴择。具官某天资直谅,学力粹深。处之王邸,则有讲导之益;擢之词掖,则推润色之工。是用授尔以封驳之任,非以序而迁也。事有不可,尔则尽言;言而可从,朕不吝改。惟能知舜所以名官之意,则能体朕所以命尔者矣。

出处:《攻媿集》卷三五。
撰者:楼钥
考校说明:编年据黄裳宦历补,见同集卷九九《黄公墓志铭》、《宋会要辑稿》选举一。

右正言胡璘左司谏制
(绍熙四年正月二十四日前)

　　敕具官某:朕擢卿谏省,亦既再岁,端靖有守,论事加详。盖闻古者有争臣七人,尔独贤劳,念之久矣。增置谏列,俾正左虚之位,其益究乃心,暨乃僚相与补拾阙遗,以辅不逮。俾朕导谏之风有闻于世,亦惟休哉。

出处:《攻媿集》卷三五。
撰者:楼钥
考校说明:编年据胡璘宦历补,见《宋会要辑稿》选举一。

更升差将校法诏
(绍熙四年正月)

　　江上诸军升差统制至准备将者,令主帅解发三人赴总领所选择一名。

出处:《两朝纲目备要》卷二。

太常丞章颖军器少监制
(绍熙四年正月)

敕具官某:尔以伦魁之彦,端谅有闻,进丞容台,预职史笔。王邸讲诵之益,天官铨综之公。惟时名流,兼此数器。俾贰戎监,是曰序迁。《萃》之象曰:"除戎器,戒不虞。"此亦急务,尚勉之哉。

出处:《攻媿集》卷三五。
撰者:楼钥
考校说明:编年据《宋中兴东宫官寮题名》补。

知湖州赵不迹都大提点坑冶铸钱制
(绍熙四年正月)

敕具官某:尔秀出宗支,以才自奋,三试剧郡,办治有闻。惟时钟官究山泽之利,兴鼓铸之饶,以佐国用。非心计优长、风力强敏之士,不足以当之。辍自吴兴,俾趋台治。检梐吏奸,导疏利源。匪急匪徐,惟正之供,则尔之职举矣。

出处:《攻媿集》卷三五。
撰者:楼钥
考校说明:编年据《嘉泰吴兴志》卷一四补。

朝奉大夫新知昌州程仲虎为亏发官
钱降一官与闲慢差遣制
(暂系于绍熙四年正月前后)

敕具官某:朕崇俭示朴,未尝加赋于郡邑,然军饷则不容缺也。广安虽小,赋入有度。及尔为之,阙供甚矣。姑镌一秩,以为罢软之戒。

出处:《攻媿集》卷三四。
撰者:楼钥

考校说明:编年据同集前后文时间补。

皇弟右监门卫大将军某州刺史多能多助收使父居中遗表各转遥郡团练使制
(暂系于绍熙四年正月前后)

敕具官某等:朕亲睦九族,务从优恩。而十阶之进,则谨守旧制,未尝私也。以尔父尝建节旄,不及中寿,遗奏之泽未请于朝,俾尔昆弟俱领遥团之任,朕之于尔厚矣。尚惟恪恭,以绥宠禄。

出处:《攻媿集》卷三四。
撰者:楼钥
考校说明:编年据同集前后文时间补。

林滽阁门舍人制
(暂系于绍熙四年正月前后)

敕具官某:尔以武科首选,庀职上阁有年矣。衔恤告归,免丧入见。俾还旧班,益务恭恪。

出处:《攻媿集》卷三四。
撰者:楼钥
考校说明:编年据同集前后文时间、林嵊官历补,见《宋会要辑稿》选举二一。

中大夫知宁国府蒋继周磨勘转官制
(暂系于绍熙四年正月前后)

敕:拥千里之麾,方著民庸之茂;考三载之绩,尚伸吏课之公。具官某被眷慈皇,进班言路。以中执法之旧,为东诸侯之尊。政最有闻,尚有稽于褒表;封章来上,何屡请于归休? 兹以年劳,应于铨法。爰峻文阶之秩,遂登从橐之联。大异庶工,往祗茂渥。

出处:《攻媿集》卷三四。

撰者:楼钥

考校说明:编年据同集前后文时间、蒋继周官历补,见《渭南文集》卷三五《蒋公墓志铭》。

知静江府赵思集英殿修撰提举江州太平兴国宫制
(暂系于绍熙四年正月前后)

敕具官某:朕择才而用,谋帅尤艰。广右去朝廷远,二十五州绵地甚广。尔以甘泉旧臣,起家作牧,而两载之间,内外晏然,治行可睹矣。方图尔功,而以疾谂,丐闲甚力,何耶?均逸祠庭,遂尔赋归之志;升华论撰,示予笃旧之恩。尚勉壮犹,毋忘忠报。

出处:《攻媿集》卷三四。又见《海虞文征》卷一。
撰者:楼钥
考校说明:编年据同集前后文时间补。

吏部员外郎汪义端监察御史制
(暂系于绍熙四年正月前后)

敕具官某:朕选任台端,增置谏列。惟六察之分职,非一人之可为。泛观在廷,识擢自我。以尔蚤先众俊,屡试长才。风仪凛然,有御史之望;声誉籍甚,乃故臣之家。俾践世官,往赞而长。屡更剧郡,尚何学邑之拘;辍自名曹,庸示简僚之重。其祗朕命,往振台纲。

出处:《攻媿集》卷三五。
撰者:楼钥
考校说明:编年据同集前后文时间、汪义端官历补,见《宋史》卷三六《光宗纪》。

监察御史何异右正言制
(暂系于绍熙四年正月前后)

敕具官某:台谏之选,俱为甚重,而职务自有不同。台臣当纠官邪,而谏省专裨主阙。尔为六察,亦既年余,屡进封章,凛有风采。今予授以拾遗之职,滋向用矣。以峨豸之风,尽造膝之益,则朕有听言之美,而尔亦无愧于古争臣矣。

出处:《攻媿集》卷三五。

撰者:楼钥

考校说明:编年据同集前后文时间补。

大理评事王补之大理寺丞制
(暂系于绍熙四年正月前后)

敕具官某:尔家传文法,久任廷评,遂为同列之首,贤劳著矣。丞贰之职,命尔迁焉。罪疑惟轻,繄古之训;移情就法,尚戒于兹。

出处:《攻媿集》卷三五。

撰者:楼钥

考校说明:编年据同集前后文时间补。

宝文阁直学士程大昌龙图阁直学士提举南京鸿庆宫制
(暂系于绍熙四年正月前后)

敕:朕收览群才,缅怀耆德。矧东宫宾友之旧,洊从琳馆之游;冠西清学士之班,爰峻河图之直。具官某才高而能下,气劲而用冲。幼学壮行,曾不渝于一节;出藩入从,实有闻于三朝。退食自如,著书不辍。仰天观象,穷羲经八卦之文;画地成图,洞《禹贡》九州之域。兹继廪人之粟,益高延阁之名。故国有世臣,尚赖典刑之重;乃心在王室,毋忘献告之忠。

出处:《攻媿集》卷三五。

撰者:楼钥

考校说明:编年据同集前后文时间、周必大《平园续稿》卷二三《程公大昌神道碑》补。

皇伯嗣秀王伯圭故妻秦国夫人宋氏追封两国夫人制
（暂系于绍熙四年正月前后）

敕：伯父行尊，已极三公之贵；夫人德配，盍疏二国之封。虽不逮于生荣，顾可稽于恤典？具封某起由戚闬，归我宗英。动惟图史之遵，居有珩璜之饰。少同甘苦，能与家人而忘贫；晚被宠光，固宜君子之偕老。云胡不淑，弗永其年？赐汤沐之大邦，既屡颁于翟茀；兼公侯之两社，爰特界于蜜章。以伸伉俪之情，以厚幽冥之渥。尚惟精爽，式克钦承。

出处：《攻媿集》卷三五。
撰者：楼钥
考校说明：编年据同集前后文时间补。

都官员外郎赵谥户部员外郎主管左曹制
（暂系于绍熙四年正月前后）

敕具官某：尔祖父以直道佐中兴，配飨高庙，子孙苟在仕版，以次拔用。今位于朝，惟尔一人。外奏筠阳之课，内为秋官之属。恂恂自守，尚有家风。迁置左民，毋懈于位。

出处：《攻媿集》卷三五。
撰者：楼钥
考校说明：编年据同集前后文时间补。

都大提点坑冶铸钱耿延年两浙转运判官制
（暂系于绍熙四年正月前后）

敕具官某：部使者分行诸道，在外则钟官总货泉之重，在内则畿漕任飞挽之繁，皆遴选也。尔长于心计，扬历已深，新安之政，兴仆植僵，彻于予听。鼓铸以佐用度，又优为之。计台虚位，亟以命汝。式遄其归，以副朕为官择人之意。

出处：《攻媿集》卷三五。

129

撰者:楼钥

考校说明:编年据同集前后文时间补。

陈扬善知光州制
(暂系于绍熙四年正月前后)

敕具官某:浮光旧为内郡,今实并边,牧民之任,不轻畀也。以尔尝守辅邦,见称办治,自去郎省,家食有年。兹庸授以左符,往临边徼。抚民以宽,处事以静,其庶几乎古之折冲者矣。

出处:《攻媿集》卷三五。

撰者:楼钥

考校说明:编年据同集前后文时间补。

福建提刑辛弃疾太府卿制
(绍熙四年正月前后)

敕具官某:尔蚤以才智,受知慈宸,盘根错节,不劳余刃。中更闲退,以老其才。养迈往之气,日趋于平;晦精察之明,务归于恕。朕则得今日之用焉,召从闽部,长我外府。夫气愈养则全,明愈晦则光,于以见之事功,孰能御之哉!

出处:《攻媿集》卷三五。

撰者:楼钥

考校说明:编年据辛弃疾官历补,见《稼轩长短句》卷一〇《西江月》题注等。

主管户部架阁孙元卿太学正制
(绍熙四年正月后)

敕具官某:尔以甲科自奋,用为掌故之官。中更艰棘,盖久而后得之。退然自牧,亦既再岁。贤关清选,尔宜居之。子率以正,孰敢不正?桥门之士,将于尔观焉。

出处:《攻媿集》卷三九。

撰者:楼钥

考校说明:编年据孙元卿官历补,见《宋会要辑稿》选举二二。

干办审计司范荪太府寺主簿制
(绍熙四年正月后)

敕具官某:蜀之范氏,如晋王谢,人物辈出,文献相望。尔在今日,又其翘楚也。以世科发身,以吏课交荐。其在朝列,退然若无所修综者,而人自称之。勾稽外府,姑以序进。勉绍家学,以称所蒙。

出处:《攻媿集》卷三九。

撰者:楼钥

考校说明:编年据范荪官历补,见《宋会要辑稿》选举二二。

浙东提刑陈倚除大理卿制
(绍熙四年二月十七日)

敕具官某:国家以臬事付廷尉,而立制视古为详。治狱者无预于定法,断刑者不使之鞫囚,而卿实总之,选顾不重哉! 尔习于宪章,而持心近厚,由廷评而上至于为长,践扬有年矣。绾建宁之符,持浙东之节,又皆有称焉。肆畴已试,还尔旧物。囹圄屡空,病未能也。尔能尽心,使刑狱号为平,则庶几乎古矣。

出处:《攻媿集》卷三五。

撰者:楼钥

考校说明:编年据《宝庆会稽续志》卷二补。

赈济赈粜江陵府诏
(绍熙四年二月二十九日)

江陵府于桩管米内取拨七万石,将四万石充赈济之用,三万石赈粜。其粜到价钱,候秋成日一并籴还,依旧桩管。

出处:《宋会要辑稿》食货六八之九四。

知平江府沈揆司农卿制
（绍熙四年二月）

敕具官某：朕临御丕图，求贤如渴。储闱寮寀，选用无遗。盖举予所知，非止笃旧故之恩也。尔以儒学奋身，周旋清贯，词藻之发，追配前良。肆朕纂承之初，最先收召，出守剧郡，试之益详矣。汉二千石有治理效，公卿缺则选诸所表。朱邑由北海入为大司农，则其事也。朕之待汝，岂惟掌周稷之事哉！往祗厥官，嗣有褒陟。

出处：《攻媿集》卷三五。

撰者：楼钥

考校说明：编年据《绍定吴郡志》卷一一补。

吕大麟知常德府制
（暂系于绍熙四年二月前后）

敕具官某：本朝衣冠之族，爵位相望，文献不坠，未有盛于吕氏者也。至于今日，仕者浸寡，慨然念之，起尔于家。以尔素守家法，好学不衰，宰郡有循良之称，在朝谨靖共之守。去国既久，退然自安。武陵湖右奥区，外控五溪之徼，思得贤牧以抚安之，故举以命尔。尔尚勉哉！能大其家，则为报国。

出处：《攻媿集》卷三五。

撰者：楼钥

考校说明：编年据同集前后文时间补。

知雅州宋南强知金州制
（暂系于绍熙四年二月前后）

敕具官某：金城外控边陲，内连巴蜀，有民有兵，号为价藩。延燔之余，正须长才以任郡寄。择人于内，岂曰无之？临遣而行，虑不及事。畴咨西南之守，就以迁焉。以尔有志事功，敏于从政，其解蒙山之组，往抚汉阴之民。此而有闻，朕将用汝。

出处:《攻媿集》卷三五。

撰者:楼钥

考校说明:编年据同集前后文时间补。

木待问知湖州制
(暂系于绍熙四年二月前后)

敕具官某:儒科首选,宦达相望。储禁旧僚,收用略尽。慈皇初开南省,尔则为多士之先。冲人顷居东宫,尔则任端尹之寄。而十年以来,欲仕辄已,朕尝念之。惟近臣为明当途之诬,浮议遂定。吴兴剧郡,视古左冯,众所惮为,举以试汝。勿以多言为畏,倚需最课之闻。高爵美官,岂于汝吝?

出处:《攻媿集》卷三五。又见雍正《浙江通志》卷二五九。

撰者:楼钥

考校说明:编年据同集前后文时间补。

费培大理评事制
(暂系于绍熙四年二月前后)

敕具官某:李官选属,必先试以文法,然对有司之问者易为工,察庶狱之情者难于尽。尔为廷评,其以昔之所习见,于详谳之际,遇事加勉,增益其所未至,不倦以终之,则为称职。

出处:《攻媿集》卷三五。

撰者:楼钥

考校说明:编年据同集前后文时间补。

颜师鲁知泉州制
(暂系于绍熙四年二月前后)

敕:均佚真祠,遂彭泽赋归之志;起临旧镇,慰颍川愿借之心。匪曰朕私,徒得君重。既去家之不远,俾便道以有行。具官某学茂儒先,朝推寿俊。慨孔戣之去,命典外藩;念阳城之劳,许归故里。而远氓怀其惠政,贾胡服其真清。攀辕莫留,垂涕相踵。此诚心之所感,非人力之能为。既彻听闻,重增嘉叹。方遴选惟良之守,要先求已试之才。追常衮之遗风,当一变于闽俗;用蔡襄之故事,宜再领于泉麾。式遣其驱,以副所望。

出处:《攻媿集》卷三五。

撰者:楼钥

考校说明:编年据同集前后时间、颜师鲁宦历补,见《宋史》卷三八九《颜师鲁传》。

广东转运判官黄抡再任制
(暂系于绍熙四年二月前后)

敕具官某:朕分遣谏官御史,使行诸道,以廉察列郡之吏。知予德意,多称其职。尔以端谅之资,选在谏省。去国未几,使于峤南,善最有闻。俾之因任,既以慰斯民愿借留之意,又以见朝廷不忘远之仁。毋替厥初,嗣有褒宠。

出处:《攻媿集》卷三五。

撰者:楼钥

考校说明:编年据同集前后文时间、黄抡宦历补,见嘉靖《广东通志初稿》卷七。

宫人王安安转郡夫人制
(暂系于绍熙四年二月前后)

敕:朕谨乃俭德,固无渔色之私;选于后宫,亦若审官之遴。宫人某禀资婉嬺,祗事静专。被《樛木》之恩,叨预内廷之御;承《小星》之惠,骤升名郡之封。其益习于壸彝,庶克绥于宠数。

出处:《攻媿集》卷三五。

撰者:楼钥

考校说明:编年据同集前后文时间补。

大理卿王善之直龙图阁知平江府制
（绍熙四年三月前）

敕具官某：吴门地大物阜，隐然东南一都会也。尔生长浙右，固已习知其风俗，又尝持节临之，声闻蔼然，至今未忘。矧明练宪章，饰以儒术，再长廷尉，滋向用矣。抗章求外，自诡治民。为尔相攸，无逾于此。畀以羲图之直，用宠尔行。岂惟不减昔人昼锦之荣，吏民闻之不戒以孚，足以宽吾顾忧矣。

出处：《攻媿集》卷三五。

撰者：楼钥

考校说明：编年据《绍定吴郡志》卷一一补。"王善之"当为"王尚之"之误，同治《苏州府志》卷五二已指出。

知秀州赵充夫改知湖州制
（绍熙四年三月前）

敕具官某：尔守临汀，政最彻闻。擢之嘉兴，尤号办治。理财则不扰而集，御吏则不恶而严，民甚安之。湖在近辅最剧，就以畀汝。近岁皇族人才辈出，尔宜在政事之科。益勉所长，为诸郡率，朕将有以表异之。

出处：《攻媿集》卷三五。

撰者：楼钥

考校说明：编年据同治《湖州府志》卷五补。

皇后亲姊故任武节郎閤门宣赞舍人致仕霍汉臣妻平凉郡夫人李氏封成国夫人故任武经郎致仕马焕妻安化郡夫人李氏封信国夫人忠训郎士廉妻彭原郡夫人李氏封崇国夫人制
（暂系于绍熙四年正月至三月间）

敕：朕惟古后妃有求贤审官之志而不私谒，而人主特隆于肺腑之亲。夫唯后妃弥逊,人主弥恩,斯可观已。具位某氏夙以淑惠,友于坤仪。日者翟车还省家庙,越来相事,礼无违者。其益汤沐,视君夫人。尚服宠荣,以绥寿祉。可。

出处:《止斋先生文集》卷一一。又见嘉庆《武阶备志》卷二二。

撰者:陈傅良

考校说明:编年据同集前后文时间补。

皇后亲侄孙承节郎李瑜李粲各转两官制
(暂系于绍熙四年正月至三月间)

敕具官某等:日者吾后还省家庙,朕循故事,推恩后族,自尊及卑,罔或遗者。尔以幸会,爰进二阶,岂不荣哉! 尚务靖共,以绥尔祉。可。

出处:《止斋先生文集》卷一一。

撰者:陈傅良

考校说明:编年据同集前后文时间补。

皇后亲侄妇故忠训郎赠文州刺史李斌妻安人潘氏右武郎带御器械干办皇城司李孝友妻安人赵氏亲侄女通直郎充点检赡军激赏酒库所干办公事韩松妻安人李氏并特封恭人亲侄孙孙女右武郎带御器械干办皇城司李孝友女孺人李氏特封安人制
(绍熙四年三月一日)

敕具位某氏:朕惟古后妃有求贤审官之志而不私谒,而人主则特隆于肺腑之亲。夫惟后妃弥逊,人主弥恩,斯可观已。日者吾后省家庙,尔以犹子,实来相礼。朕嘉与之,用益汝封。尚服宠荣,以无违我齐家之化。可。

出处:《止斋先生文集》卷一一。又见《永乐大典》卷二九七二。

撰者:陈傅良

考校说明:编年据《宋会要辑稿》后妃二补。《宋会要辑稿》后妃二:"(绍熙四年)三月一日,诏皇后归谒,亲侄妇故任忠训郎、赠文州刺史李孝斌妻安人潘氏,右武郎、带御器械干办皇城司李孝友妻安氏、赵氏,亲侄女安人李氏,并特封恭人,侄孙女孺人李氏特封安人。"据本制可知"李孝友妻安氏、赵氏"为"李孝友妻安人赵氏"之误。

参知政事胡晋臣知枢密院事制
(绍熙四年三月十四日)

敕:朕纂承丕绪,图任旧人。一日万几之繁,既久勤于裨赞;三军五兵之本,兹益厚于倚毗。乃播纶言,式彰枋用。具官某气全刚大,识造精微。以端靖结慈皇之知,以忠纯为初政之辅。同心同德,人孰知房杜之功;嘉谋嘉猷,日惟陈尧舜之道。居宜镇于雅俗,动有助于沈机。察其所安,任以不贰。矧一登于政地,凡三入于枢廷,谅宪度之愈明,畀事权而增重。噫! 予欲务孝宣之周密,以起治功;尔其慕子房之从容,用符眷意。顾惟宿望,奚俟多辞?

出处:《攻媿集》卷三五。
撰者:楼钥
考校说明:编年据《宋史》卷三六《光宗纪》、《宋宰辅编年录》卷一九补。

同知枢密院事陈骙参知政事制
(绍熙四年三月十四日)

敕:赞本兵于右府,方藉壮猷;图共政于迩联,尤资宿望。我有明命,告于具寮:具官某学探圣源,才周世务。立朝謇谔,素为君子之儒;处事精详,居有大臣之体。升之常伯,擢在机廷。陈告后之谋猷,简而甚切;赞基命之宥密,静以无哗。雅量镇浮,不改其度;正身率下,敢干以私? 曾不俟于期年,俾进陪于大政。国以永赖,人无异词。噫! 谟明弼谐,朕有望股肱之助;任重道远,尔其推腹心之忠。永孚于休,以副所属。

出处:《攻媿集》卷三五。
撰者:楼钥
考校说明:编年据《宋史》卷三六《光宗纪》、《宋宰辅编年录》卷一九补。

吏部尚书赵汝愚同知枢密院事制
（绍熙四年三月十四日）

敕：西汉以同姓疏封，不在公卿之位；东平以至亲辅政，厥由声望之隆。惟我本朝，尤厚皇族。始则优加禄爵，曾弗仕于外廷；后虽并用亲贤，亦无逾于法从。兹开宥府，盖得宗英。具官某派出天潢，望高国器。早随寒隽，首冠于儒科；出任藩宣，久临于蜀郡。侍经帝幄，选士贡闱，皆故事之所无，在尔身而兼备。爰以枢机之寄，托之肺腑之亲。必有若人，乃堪大任，匪固私于异渥，将深慰于公言。噫！开国以来，未有今日非常之举，本兵至重，当展平生有用之才，以增磐石之光，以壮维城之势。

出处：《攻媿集》卷三五。又见《宋忠定赵周王别录》卷二。
撰者：楼钥
考校说明：编年据《宋史》卷三六《光宗纪》、《宋宰辅编年录》卷一九补。

葛邲右丞相制
（绍熙四年三月十四日）

朕纂绍皇图，宣昭圣治。深惟辅弼之任，当尽忠诚之谋。爰简荩臣，要先心术之正；俾司宰柄，实赞政儿之繁。肆擢自于元枢，汔奋熙于百揆。诞扬制綍，显告廷绅。具官葛邲博大忱恂，靖恭纯裕。学该行备，居循宣哲之规；识远用宏，动契经权之会。粤繇实茂，浸展谟明。稔殚政路之劳，升总事机之秘。副予隆委，逮此累时。嘉素蕴之既摅，允具瞻之攸属。兹懋经于邦典，适崇建于台司。宥密而单厥心，聿观成绩；弥缝而藏诸用，允藉宏猷。是用释本兵之权，居次辅之位。俾同寅于朝庙，期纳诲于凤宵。仍文阶采邑之增，示厚礼徽恩之备。於戏！观左右惟人之谊，固在于协心；思旦夕承辟之勤，勿忘于励志。无轻去就，以共图于治效；庶几休显，而克迈于前贤。尚服训言，式对褒命。

出处：《宋宰辅编年录》卷一九。

同知枢密院事赵汝愚初除封赠制

（绍熙四年三月十四日后）

曾祖东头供奉官士虑赠太子少保

敕：国家亲睦九族，本支蕃衍。侯王使相，宠禄相望。然虽在近属，无子孙赠典之文。惟尔孙曾进秉事枢，追荣之恩上及三世。有宋以来，实自汝始，岂不荣哉！具官某胄出熙陵，庆绵汉邸，生长承平之日，涵濡信厚之风。不显其躬，以燕于后。本兵之任，我得宗英，推迹本原，宠之宫保。蜜章之渥，贲尔九京。

曾祖母龚氏赠高平郡夫人

敕：士大夫遭时遇主，致身两地，必有庆源之自，仍多内助之先。矧在吾宗，可无异渥？具封某婉嫕之质，幽闲之度。克相夫子，浸大其家。孙又生子，起为公辅，既锡曾门之宠，并推妇爵之崇。惟沁水之名邦，实河东之沃壤，以示庙祧之宠，以增属籍之光。

祖赠秉义郎不求太子少傅

敕：唐之宗室，大用者九人，而李适之为称首。追荣乃祖，褒册典物，煜照都邑，行道咨叹，著于史牒。今尔之宠，视古过之。具官某禀资甚贤，为善知乐，虽事功不见于世，而隐行实侔于天。是生闻孙，首致枢近。既尝逮事，当揆所元，用推黄壤之恩，爰授青宫之傅。三锡之命，尚其未央。

祖母太孺人晁氏赠咸宁郡夫人

敕：惟晁氏世有名士，在济北号称华宗。女教既严，壸彝可纪。矧来归于天族，乃深笃于义方。宜有后人，克显先世。具封某结缡之训，盖自家传；采蘋之仪，实遵礼度。相夫以道，躬德曜齐眉之勤；有子甚仁，兼仲由负米之养。三迁之教，燕及玄孙。一命之荣，胙之大郡。是为阳报，尚服殊恩。

父赠大中大夫善应太子少师

敕:躬行之实,莫著于隐微;天报之昭,殆同于影响。苟能用一日之力,何必活千人而兴?惟深仁厚谊,有以过绝于人;则阴功隐德,终当暴白于世。具官某生长富贵,遭罹险艰。菽水仅充,而事亲有卧冰跃鲤之孝;伏腊未给,而于人有解衣推食之仁。片言可质于神明,一饭不忘于君父。教忠之训,既著生前;笃行之名,遂彰身后。朕方命尔元子,贰吾西枢,察其许国之忠,想见过庭之学。宠之师范,冠彼储僚。岂惟祢庙之是崇,抑亦宗盟之未有。尚其英爽,式谨歆承。

母淑人李氏赠安化郡夫人

敕:朕显登枢管,既以崇赵氏之祧,加贲幽原,其可忘孟母之训?具封某生自名阀,归于贤宗。秉志静专,与少文而协趣;处家约素,为彭泽以忘贫。一门相勉以孝慈,奕世俱传于清白。是有贤子,为予辅臣。爰开顺化之封,用示追荣之宠。毋重杯棬之感,庶宽霜露之思。

妻淑人徐氏赠鄱阳郡夫人

敕:朕并用亲贤,延登宥密。虽曰家传之懿,如《麟趾》仁厚之风;亦惟阃助之良,有《鸡鸣》警戒之道。宜与偕老,胡不永年?用加宠荣,以贲冥漠。具封某天资柔淑,妇德慈祥。册府道山,才及见夫子英游之际;副笄翟茀,伤不逮小君命服之荣。独惟南渡以来,久寓楚东之近。始封此郡,尚慰尔灵。

出处:《攻媿集》卷三六。又见《宋忠定赵周王别录》卷二。
撰者:楼钥
考校说明:编年据赵汝愚宦历补,见《宋史》卷二一三《宰辅表》。

正议大夫守给事中兼侍讲尤袤除礼部尚书兼侍读制
(绍熙四年三月二十日)

敕:方朕在东宫时,嘉与僚友切磋经谊,缉熙光明。肆以菲躬托于兆人之上,克奉诒谋,庶几寡过。永怀三益,宜如之何。具官某博极群书,折衷六艺,凡与我言者,于今不忘也。悯劳琐闼,位之春官。进读路门,以竟余论。昔者甘盘辅高宗于旧劳之时,而无与于中兴纳诲之选。至汉二疏,同傅太子,而亦不在初元酬功之诏。我有故人,始终典学,视昔盖有光焉。尔其辅养精神,陈古以诫今。惟毋以谢事之年而有遐心,则朕以怿。可。

出处:《止斋先生文集》卷一二。

撰者:陈傅良

考校说明:《止斋先生文集》间有标注月、日而未标注年份的诏令,根据原书排序不难判断其年份,故径直标注,不再一一说明判断依据。题后原注:"四年正月十一日除礼书,三月二十日兼侍读,二词并行。"

朝散郎试中书舍人兼皇子嘉王府翊善
黄裳除给事中兼侍讲制
(绍熙四年三月二十一日)

　　敕:朕有元子,出就外傅,敷求其人,盖累年于此矣。晚得三益,聪敬日闻。间尝侍燕从容,能道《二南》之化。朕嘉其劳,图以自近。具官某习先圣之术,而明于当世之务,凡与吾儿切磋言之者,皆实学也。是用擢之琐闼,劝讲路门,冀发其蕴,并以告朕。昔四皓调护太子,而不屈于高帝,李泌以布衣交肃宗,而不能安其身于君侧。尔以西州之彦,出入宫邸,为父言慈,为子言孝,是不谓之遭时乎?尚其殚竭,以报简知。可。

出处:《止斋先生文集》卷一二。

撰者:陈傅良

考校说明:题后原注:"四年正月十一日除给事,三月二十一日兼侍讲,二词并行。"

直龙图阁知赣州杨万里秘阁修撰提举
隆兴府玉隆万寿宫制
(绍熙四年三月二十三日)

　　敕具官某:朝廷之于贤者,用而尽其才,上也;用未尽才而勇退,宠其归而全其高,次也。上焉者,朕之本心;次焉者,非得已也。尔以清节雅道,冠冕一时,高文大篇,追配古作,出入中外,闻望日休。计台丐归,俾守章贡。古郡卧治,庶以优贤。抗章自列,欲留不可。畀真祠之佚,升论撰之华。《诗》不云乎"虽无老成人,尚有典刑",朕不汝忘也。

出处:《攻媿集》卷三五。又见《诚斋集》卷一三三。
撰者:楼钥

浙东提举陈杞本路提刑淮东提举卫泾浙东提举制
(绍熙四年三月二十八日)

敕具官某等:浙东部刺史萃于会稽,密迩行都,视他部为重。杞以办治之才为常平使者,就畀臬事,任益高矣。泾以伦魁之彦,领淮甸盐筴,改授篿节,地益近矣。其各扬乃职,使刑罚无冤,公私兼足,以副朕选抡之意。

出处:《攻媿集》卷三五。
撰者:楼钥
考校说明:编年据《宝庆会稽续志》卷七补。《宋代诏令全集》误系于绍熙四年五月十九日(第二一九三页)。

荐举改官法诏
(绍熙四年三月)

未成考人不以罪去者,于后任辏成三考,听举改官;初任未成考者,勿听。著为令。

出处:《两朝纲目备要》卷二。又见《宋史全文续资治通鉴》卷二八。

知赣州赵彦操知广州制
(绍熙四年三月)

敕具官某:尔顷为列卿,摄民曹,领京邑,以才谞称,今二十年矣。屡试剧郡,政最卓然。南海巨屏,实控百粤。去朝廷远,委任尤重。章贡壤地相接,不惟通知风俗之宜,南方亦久闻尔之名矣。举以命尔,其为朕绥编氓,抚蛮蜑,使岭海之间不异畿甸，庶有以副朕不忘远之意。

出处:《攻媿集》卷三四。
撰者:楼钥
考校说明:编年据康熙《新修广州府志》卷一八补。

秘书丞陈损之淮东提举制
(绍熙四年三月)

敕具官某:常平使者之任重矣。淮东盐筴甲天下，视他路尤重。货泉所聚，出入万计。调度低昂，在一路部使者事又重焉。尔起西蜀，慨然有志于当世，通练闿敏，遇事风生，周旋清涂，久摄宰掾，弥纶省闼，备著贤劳，视其官可以知其才矣。顷护使客，往来淮壖，归论利病，如示诸掌。兹因求外选而用汝，勉哉！思所以称任使之意。

出处:《攻媿集》卷三五。
撰者:楼钥
考校说明:编年据《南宋馆阁续录》卷七补。

司农寺丞彭龟年秘书郎制
(绍熙四年三月)

敕具官某:朝列多士，皆以贤选。虽不以日月为功，要必使宿其业。尔丞大农属耳，兹又命典中秘书，朕不以为烦，人亦无得而言，以尔之才望，有以当此也。道山群玉之府，涵养天下英才。异时台阁高选，于此乎取，何止读未见之书而已哉！

出处:《攻媿集》卷三五。
撰者:楼钥
考校说明:编年据《南宋馆阁续录》卷八补。

太学正颜械知常州无锡县吴猎潭州教授
项安世召试并除秘书省正字制
（绍熙四年三月）

敕具官某等：国家开馆阁以待天下士，若必循次而进，非所以示招延之广也。博采公言，取以数路。尔械由舍法官学省，尔猎方宰壮县，尔安世客授湖南，一闻其贤，俱命给札，前此殆未有也。指陈时务，蔚然可称。登之册府，遂列英躔。岂惟养有用之才，抑以为多士之劝。庶几岩穴之彦，亦将乐从吾游焉。

出处：《攻媿集》卷三五。
撰者：楼钥
考校说明：编年据《南宋馆阁续录》卷九补。

高夔知庐州制
（绍熙四年春）

敕具官某：尔顷守合肥，尝移之内郡。近守四明，又易以边方。乃自制司，复分帅阃。盖以尔习熟淮甸，有志事功，故因以迁焉。内有以固吾圉，外有以宣王灵，尔尚勉之哉。

出处：《攻媿集》卷三四。
撰者：楼钥
考校说明：编年据周必大《平园续稿》卷二五《高君夔神道碑》补。

知广州岳霖敷文阁待制致仕制
（绍熙四年三月前后）

敕：帅阃有严，方任顾忧之寄；囊封何遽，来腾告老之章。惊尔疾之浸深，抚予衷而甚戚。具官某秉心端亮，遇事详明。少历艰勤，养成畏谨之性；晚更事任，率有循良之称。念方虎之旧勋，擢金吾之近侍。一辞轩陛，浃阅岁时，起分岭表之麾，俄感漳滨之疾。宦游南海，曾无暖席之淹；次对西清，用示挂冠之宠。尚期自厚，以冀有瘳。

出处:《攻媿集》卷三四。

撰者:楼钥

考校说明:编年据岳霖宦历补,见康熙《新修广州府志》卷一八。

岳霖赠四官制
(绍熙四年三月前后)

敕:挂冠有请,方联次对之班;易箦可哀,宜厚饰终之典。云胡弗淑,而至于斯?具官某出自勋门,动遵士检。揽辔登车之寄,夙著贤劳;簪笔持橐之除,实由亲擢。分五羊而作牧,拥驷马以启行。何恙之深,此生遂已?念世臣之无几,怆长夜之不晨,忍闻垂绝之言,宁爱不赀之宠?蹑四阶而进秩,按三尺以疏恩。用大尔家,庶将予意。

出处:《攻媿集》卷三四。

撰者:楼钥

考校说明:编年据岳霖宦历补,见康熙《新修广州府志》卷一八。

起居舍人陈傅良经进寿皇圣政转一官制
(暂系于绍熙四年三月前后)

敕具官某:朕惟寿皇在御,务行圣人之政,二十有八年,传祚菲躬,惧弗克堪。既已申饬史臣,谨以事系日之书,又掇其大端,可以为法于万世者别为一经,追俪二典,真我家之盛事也。尔以一代名儒,晚登郎省,亲擢道山,付以史事。奏篇来上,奉之慈极,从容进读,冠珮俨然。兹焉论赏,盍先于众?命增一秩,以示儒者之荣。尚惟钦哉!

出处:《攻媿集》卷三五。又见民国《瑞安县志》卷六。

撰者:楼钥

考校说明:编年据同集前后文时间、陈傅良宦历、文中所述史事补,见《止斋先生文集》卷五二《陈公行状》、《玉海》卷四九。

武翼郎左翼军统制韩俊供职满十年转一官制
(暂系于绍熙四年三月前后)

敕具官某:尔出自禁旅,护戎泉南。李郁改"陪都"。既历十年,内外靖谧。虽功名无事以自见,贤劳著矣。俾循故实,序进尔阶。益习韬钤,以俟选用。

出处:《攻媿集》卷三五。

撰者:楼钥

考校说明:编年据同集前后文时间补。题后原注:"修武郎、马军行司选锋军统制李郁同。"

刑部郎中沈枢度支郎中制
(暂系于绍熙四年三月前后)

敕具官某:尔生长相门,明习文法,为郎宪部,恪守三尺。司度之职,凡军国之用,会其入出,以周知经费之数。欲得清谨之士为之,故以尔迁焉。勿以郎潜为淹,思所以称其职者。

出处:《攻媿集》卷三五。

撰者:楼钥

考校说明:编年据同集前后文时间、沈枢宦历补,见《宋会要辑稿》选举二二。

太府寺丞沈作宾刑部郎官制
(暂系于绍熙四年三月前后)

敕具官某:郎官必由宰郡而除,宪部必以明法而授,行之旧矣。尔出名阀,通习宪章。久历廷尉之属,宜在兹选。向守丹丘,曾不煖席,而去郡之日,遮道借留,其必有以得此者。再入修门,养资外府而后迁焉。朕之用尔审矣,惟尽乃心,以称斯举。

出处:《攻媿集》卷三五。

撰者:楼钥

考校说明:编年据同集前后文时间、沈作宾官历补,见《宋会要辑稿》选举二一。

右司员外郎应孟明左司吏部员外郎徐谊右司制
(暂系于绍熙四年三月前后)

敕具官某等:宰掾非他官比也,调护关决,皆天下事,非有才识,可以为守常应变之助者,畴克为之? 尔孟明介然有守,练达民事;尔谊能为可用,通贯治体。一以序迁,一以选授。朕方委政于二三大臣,惟尔分任其劳,使大臣得以纲纪庶务,助朕求贤,以起治功,岂小补之哉!

出处:《攻媿集》卷三五。又见民国《平阳县志》卷七七。
撰者:楼钥
考校说明:编年据同集前后文时间、徐谊官历补,见《宋史》卷三六《光宗纪》。

度支员外郎王厚之直秘阁两浙路转运判官制
(暂系于绍熙四年三月前后)

敕具官某:朕惟转运之任,莫重于畿内。祗承慈训,率用士人。比年以来,多称其职。尔庠校诸生,故家人物,好古博雅,风裁素高,克勤小物,而知大体。领使淮西,声望籍甚。为郎名曹,侃然有守。还界道山之直,兼按浙河之间,飞挽以时而用不乏,调度有经而民不病。表率诸道,尚其勉哉!

出处:《攻媿集》卷三五。
撰者:楼钥
考校说明:编年据同集前后文时间、王厚之官历补,见《咸淳临安志》卷五〇,《宋会要辑稿》选举二二、职官七三。

监都进奏院朱致民大理司直制
(暂系于绍熙四年三月前后)

敕具官某:《诗》云:"彼其之子,邦之司直。"国家明谨用刑,遂以名李官之属。近复定制,审阅奏当,尤不可以轻授也。尔以儒学自奋,而宰邑丞郡,循良有称,入班于朝,靖共尔位。选以命汝,往哉惟钦。

出处:《攻媿集》卷三五。
撰者:楼钥
考校说明:编年据同集前后文时间补。

中书门下省检正杨经太府卿四川总领湖北转运副使 张抑太府少卿湖广总领制
(暂系于绍熙四年三月前后)

敕具官某等:国家东巡吴会,宿兵楚蜀,示天下以形势,给饷之任,必选王人居之。尔经奋身西南,老成详练,枢属宰掾,裨助为多。问以蜀事,了辩如响,是用使尔于蜀。尔抑起自故家,见闻殚洽,屡持使节,所至可纪。荆湖风土,尤所谙历,是用使尔于楚,宠以外府长贰之任,将命以行。尔二人皆儒士,其有以适缓急之宜,无乏兴,无病民,使上下百城不扰而兼足,相安而有恃,则朕之顾忧可宽矣。

出处:《攻媿集》卷三五。
撰者:楼钥
考校说明:编年据同集前后文时间补。

新知湖州木待问改知婺州制
(暂系于绍熙四年三月前后)

敕具官某:浙河以西,吴兴为辅藩。浙河以东,婺女为名郡。视邦选侯,委任惟均。尔少为举首,声振东南。从吾春宫,遍历寮寀。念投闲之既久,命起家而作牧。引嫌自列,易地为宜。是行也,非惟不使汝远去畿甸,苟尽心焉,课最易闻,公论自此而定,则朕之眷汝,人无间言矣。

出处:《攻媿集》卷三五。
撰者:楼钥
考校说明:编年据同集前后文时间补。

宣教郎史弥廓系秀王孙女夫转一官制
（暂系于绍熙四年三月前后）

敕具官某：尔以师臣之子，娶秀邸之孙，不习贵骄，能勉家学。推恩尔室，遂进以官。往其钦承，益务修进。

出处：《攻媿集》卷三五。

撰者：楼钥

考校说明：编年据同集前后文时间补。《宋会要辑稿》帝系二："（绍熙二年）五月二十一日，诏：'秀王孙女县主二人并与加封郡主，请给依禄格支破本色，于所在州军经总制钱内帮支。其出嫁女夫张以续、史弥廓恩例各特与转两官。'既而臣僚论以续、弥廓恩数太过，乞各转一官，从之。"然与楼钥任两制时间不合。

朝奉郎给事中黄裳朝散大夫权工部侍郎
谢深甫磨勘转官制
（暂系于绍熙四年三月前后）

敕：严吏铨之课，所以示百寮之公；优法从之联，犹不忘三载之考。具官某再登朝著，亟上禁途。朱邸横经，久藉讲磨之益；琐闱批敕，尤高论驳之风。谢深甫云："翱翔朝著，密勿禁途。三辅政清，久资于弹压；贰卿任重，允赖于论思。"兹以年劳，应于治典。爰陟文阶之等，浸升官簿之华。其服恩荣，尚殚猷告。

出处：《攻媿集》卷三五。

撰者：楼钥

考校说明：编年据同集前后文时间补。

张允中该修玉牒循从事郎制
（暂系于绍熙四年三月前后）

敕具官某：慈皇宝牒之成，一代之钜典也。尔为胥吏，预有勤劳。既登仕版，并进二阶。

出处:《攻媿集》卷三五。

撰者:楼钥

考校说明:编年据同集前后文时间、文中所述史事补,见《玉海》卷五一。

户部员外郎赵谥升郎中制
(暂系于绍熙四年三月前后)

敕具官某:近岁郎选日重,非外庸之著,不在此选,非资历之深,犹置员外。尔以名臣之孙,更践兰省,积其吏考,就正厥名。官簿浸高,益思加勉。

出处:《攻媿集》卷三五。

撰者:楼钥

考校说明:编年据同集前后文时间补。

苏大任太学正制
(暂系于绍熙四年三月前后)

敕具官某:眉山苏氏,文献相望。尔虽派别,以学自奋。朕览荐牍,召置学馆。得天下英才而教育之,何乐如此? 益勤教事,勉继前良。

出处:《攻媿集》卷三五。

撰者:楼钥

考校说明:编年据同集前后文时间补。

赵不遫知西外宗正事制
(暂系于绍熙四年三月前后)

敕具官某:国家宗支日盛,散处郡国,而温陵、长乐,犹循南、西二京之旧,各有司存。以尔行尊而性淑,奋由儒科,练达政事,往其主盟。纠合吾族,抚摩孤弱而使之得所,教奖孝秀,以率其不良。振振《麟趾》之风,庶有望焉。

出处:《攻媿集》卷三五。

撰者:楼钥

考校说明:编年据同集前后文时间补。

江东提举黄黼户部郎中主管右曹制
(暂系于绍熙四年三月前后)

敕具官某:聚天下贤士,列之朝行,必更外庸,而后收用。非惟欲重郎选,亦以详试人才。亨途由是而之焉,不轻畀也。以尔驰声胶庠,资敏而练世故,使行江左,得部刺史之体。召对便朝,嘉其忠荩。户曹动关民事,号为剧烦,往既乃心,以副选擢之意。

出处:《攻媿集》卷三五。
撰者:楼钥
考校说明:编年据同集前后文时间补。

焕章阁学士知襄阳府张构徽猷阁学士知建康府制
(暂系于绍熙四年三月前后)

敕:凭熊轼于上游,久资填抚之略;畀麟符于重地,尤藉保厘之方。是为留籥之司,增峻宝储之职。具官某性资闓敏,智识纵横。乐父兄之贤,源流有自;登侍从之选,扬历已深。遇事敢言,词锋甚厉,临机辄断,才刃有余。辍自文昌,出当方面,果肃清于边徼,务宣畅于王灵。矧是秣陵,实雄江左。石城钟阜,六朝之风绩犹存;大纛高牙,先正之威名未远。俾居连帅,益振家声。想具有于成谟,顾何烦于多训。

出处:《攻媿集》卷三五。
撰者:楼钥
考校说明:编年据同集前后文时间补。

显谟阁待制知江陵府章森焕章阁直学士知兴元府制
(暂系于绍熙四年三月前后)

敕:荆楚奥区,无若江陵之重;巴蜀外蔽,实赖汉川之雄。我有侍臣,更此名镇,峻增延阁之职,用宠元戎之行。具官某禀气冲和,受材宏达,早被知于慈宸,亟登任于禁途。司留籥于陪都,既腾善最;建高牙于南郡,久殿上游。眷炎刘始封之邦,为玄德必争之地,云屯万灶,虎视三秦。诵武侯《出师》之章,谅其素志;审汉将登坛之策,勉乃壮图。毋有退心,往祗成命。

出处:《攻媿集》卷三五。

撰者:楼钥

考校说明:编年据同集前后文时间补。

王蔺知江陵府制
（暂系于绍熙四年三月前后）

敕:运魁柄于西枢,尝赞幄中之画;开帅藩于南纪,兹分阃外之权。惟任旧人,式孚群听。具官某器资鲠挺,智识开通,世传许国之忠,躬负济时之略。明目张胆,在朝廷无事不言;聚精会神,故君臣不胶而固。辅予初政,正位本兵,机谋足以折千里之冲,文武足以为万邦之宪。退安祠馆,浸阅岁华。蜀道登天之难,曲从私请;荆州用武之要,勉为朕行。谅无俟驾之淹,倚闻洗印之报。噫! 比周家之分陕,允属宗工;据天堑之上游,是为重镇。尚体规恢之志,岂惟填抚之图。

出处:《攻媿集》卷三五。

撰者:楼钥

考校说明:编年据同集前后文时间、王蔺官历补,见《宋史》卷三八六《王蔺传》。

知兴元府宇文价知襄阳府制
（暂系于绍熙四年三月前后）

敕:唐制以山南分东、西二道,西则汉中为巴蜀之捍蔽,东则襄阳为荆郢之北门,以是俱号重镇。而控扼之要,于今尤切,谋帅其可轻乎? 具官某以学奋身,世有名德。寿皇眷知,擢置华近。遂居文昌八座之选,出镇汉中,于今五年。抚安军民,帖帖无事。襄阳易地,委任惟均。方时小康,边鄙不耸,轻裘缓带,折冲樽俎,以追羊祜之遗风,不亦善乎?

出处:《攻媿集》卷三五。

撰者:楼钥

考校说明：编年据同集前后文时间补。

钱象祖吏部员外郎制
（暂系于绍熙四年三月前后）

敕具官某：吏部之司七，而右选最为剧曹，涉笔终朝，犹恐不逮。非夫精敏详练之士，不足以察吏奸而澄弊源也。尔明习吏事，饰以儒雅，分符持节，民庸茂焉。为郎未几，衔恤而归。不俟造朝，亟加选用。静以制动，要以御详，汝知之矣。尚其勉哉！

出处：《攻媿集》卷三五。
撰者：楼钥
考校说明：编年据同集前后文时间补。

将作监主簿李大异司农寺丞军器监主簿
曾三聘太府寺丞制
（暂系于绍熙四年三月前后）

敕具官某等：大农外府，分领食货之重，各设之丞，以赞其长，非才不授也。尔大异强记洽闻，处事有条；尔三聘笃学厉操，持论不苟。簿正两监，退然安之，并进厥官，各任以事。以才自见，今其时矣。

出处：《攻媿集》卷三五。
撰者：楼钥
考校说明：编年据同集前后文时间、曾三聘宦历补，见《宋会要辑稿》选举二二。

吴宗旦知舒州制
（暂系于绍熙四年三月前后）

敕具官某：龙舒在淮右为名郡，士大夫以剖符为乐，而朝廷必选才而后授之。尔以学自奋，明练宪章，法家者流，自以为不及也。律身范俗，清裁可纪。家食浸久，精力未愆。往居专城，绥靖淮服。列卿之旧，朕岂汝忘！

出处:《攻媿集》卷三五。

撰者:楼钥

考校说明:编年据同集前后文时间补。

榷货务监官修武郎陈仲坚董渊孙佽收趁增羡各转一官制
(暂系于绍熙四年三月前后)

敕具官某等:摘山鬻海之利,榷之以佐用度,其数实广。尔等协心奉法,岁有赢赀。何爱一官,以劝来者。

出处:《攻媿集》卷三五。

撰者:楼钥

考校说明:编年据同集前后文时间补。

秘阁修撰知绍兴府赵不流职事修举除集英殿修撰制
(绍熙四年三月前后)

敕:怀会稽之章,久烦填抚;报齐邦之政,可后褒嘉? 具官某分派天潢,服休仕路。顷由淮甸,来任飞刍挽粟之司;旋尹京都,遂登簪笔持橐之选。起临辅郡,就擢帅垣。迨兹期年,知职务之时举;去此一水,亦誉言之日闻。乃谕柄臣,俾升寓职。以玺书示勉励之意,毋曰彝章;使田里亡愁叹之心,尚图来效。

出处:《攻媿集》卷三六。

撰者:楼钥

考校说明:编年据文中所述"迨兹期年"补,见《嘉泰会稽志》卷二。

赐徽猷阁学士太中大夫知襄阳府张构辞免改差
知建康府恩命乞在外宫观不允诏
(暂系于绍熙四年三月前后)

敕具官某:省所上表辞免恩命事具悉。尔独不闻故国世臣之说乎,而来谂疾也? 夫保坟墓,孰与成先正之美? 休祠馆,孰与图累朝之报? 智者当有所择矣。式遄其驱,毋事多逊! 所辞宜不允。

出处:《止斋先生文集》卷一〇。又见《紫微集》卷一一。

撰者:陈傅良

考校说明:编年据《攻媿集》卷三五《焕章阁学士知襄阳府张构徽猷阁学士知建康府制》补。此诏时间当稍晚于《攻媿集》卷三五《焕章阁学士知襄阳府张构徽猷阁学士知建康府制》。此诏当是《紫微集》误收。

皇后亲侄女夫通直郎充点检赡军激赏酒库所干办公事韩松特转一官制
(暂系于绍熙四年三月前后)

敕具官某:日者吾后还省家庙,朕循故事,且酌有司之议,推恩后党。而尔来自勋阀,雅有能称,眷在甥馆,亦与幸会,至于增秩,岂不荣哉! 尚务靖共,以绥尔禄。可。

出处:《止斋先生文集》卷一一。

撰者:陈傅良

考校说明:编年据同集前后文时间补。

皇后亲侄女之子从事郎韩大用大任各循两资制
(暂系于绍熙四年三月前后)

敕具官某:朕惟古后妃有求贤审官之志而不私谒,而人主则特隆于肺腑之亲。夫惟后妃弥逊,人主弥恩,斯可观已。日者吾后省家庙,尔等乃以诸甥亦与幸会,例进两阶,岂不荣哉! 尚服宠章,无忘忠报。可。

出处:《止斋先生文集》卷一一。

撰者:陈傅良

考校说明:编年据同集前后文时间补。

皇后亲属进武校尉韩大有特转承信郎制
（暂系于绍熙四年三月前后）

敕具官某：日者吾后还省家庙，朕循故事，且酌有司之议，推恩后党。而尔以诸甥，亦与幸会，例进一阶，岂不荣哉！尚服宠章，无忘忠报。可。

出处：《止斋先生文集》卷一一。又见《永乐大典》卷七三二七。
撰者：陈傅良
考校说明：编年据同集前后文时间补。

皇后阁提举官武功大夫带御器械杨舜卿转观察使制
（暂系于绍熙四年三月前后）

敕具官某等：方周盛时，后妃永怀贤士大夫仆马俱病，而不敢私谒于上，徒欲为觞酒劳苦之，而竟不可得，慨叹而已。尔服劳宫闱，乃以吾后有事家庙之恩，至将廉车，岂不荣哉！而概之周人，何其幸也！尚服宠章，无忘忠报。可。

出处：《止斋先生文集》卷一一。
撰者：陈傅良
考校说明：编年据同集前后文时间补。

皇后干办宅从义郎张友直忠训郎沈直各特转一官制
（暂系于绍熙四年三月前后）

敕具官某等：朕酌有司之议，推恩后族，而及其私人。尔等适与幸会，各进一阶。其尚恪恭，毋替尔事。可。

出处：《止斋先生文集》卷一一。
撰者：陈傅良
考校说明：编年据同集前后文时间补。"直"，永嘉本注云："目录作植。"

随龙修武郎閤门祗候兼皇后閤主管进奉袁佐额内翰
林医官太医局教授王良佐成安郎陈翊额内翰林医官
郭仪忠训郎干办人船伊昱忠训郎主管文字傅昌时忠
训郎掌笺奏刘玘忠翊郎主管进奉周良臣成忠郎掌笺
奏黄允文随龙成忠郎浙西安抚司准备将领主管进奉
赵友信成忠郎私名掌笺奏吴衍保义郎王宁费师旦承
信郎陈琪承信郎转运司准备差使王演承信郎魏嘉言
承节郎薛拱承节郎干办人船李祓进武校尉私名掌笺

李大受该遇皇后归谒家庙并特转一官制
(暂系于绍熙四年三月前后)

敕具官某等：日者吾后还省家庙，朕循故事，且酌有司之议，推恩后党，而及
其私人。尔等各以幸会，至于增秩，岂不荣哉！尚务肃给，毋怠其事。可。

出处：《止斋先生文集》卷一一。

撰者：陈傅良

考校说明：编年据同集前后文时间补。

秉义郎韩侂胄特授閤门舍人制
(暂系于绍熙四年三月前后)

敕具官某：朕永惟旧相有勋劳于我家，而其裔孙或蒙戚里之泽，越在右阶，无
以著见。唯是试之后省，以发其文；官之上閤，以华其选，尚庶几焉。尔其懋哉，
用俟明陟。可。

出处：《止斋先生文集》卷一一。

撰者：陈傅良

考校说明：编年据同集前后文时间补。《宋史》卷四七四《韩侂胄传》："侂胄以父
任入官，历閤门祗候、宣赞舍人、带御器械。淳熙末，以汝州防御使知閤门事。"同

集同卷又有《武功大夫和州防御使权知閤门事兼客省四方馆事韩侂胄特与落阶官臣寮缴奏特与转行右武大夫制》,此制受制者当非韩侂胄。

皇伯太师嗣秀王伯圭合得冠帔一十五道并特换封孺人赐亲属内欲将一名与故妻秦国夫人妹宋氏封孺人制
(暂系于绍熙四年三月前后)

敕某氏:古者酬勋贤之劳,则及其私人,况所尊敬,自吾寿皇以兄礼之者乎!况其君夫人、父之同产子乎!以其贶恩,爵为命妇,虽过于惠,朕何爱焉。可。

出处:《止斋先生文集》卷一一。又见《永乐大典》卷二九七二
撰者:陈傅良
考校说明:编年据同集前后文时间补。《全宋文》重收此文,题为《名与故妻秦国夫人妹宋氏封孺人制》(第二六七册,第九二页)。

閤门宣赞舍人游恭特授武德郎落閤职权发遣临安府兵马钤辖制
(暂系于绍熙四年三月前后)

敕具官某:尔男爵也,习于阶兼之仪,而不闲军旅之事,非设官之意矣。第其久劳,优以增秩,试移宾政,往治戎韬。其务赴功,以须器使。可。

出处:《止斋先生文集》卷一一。
撰者:陈傅良
考校说明:编年据同集前后文时间补。

起复武功大夫文州刺史兴元府驻札御前右军统制兼知凤州郭谞特转复州团练使令再任制
(暂系于绍熙四年三月前后)

敕具官某:朕以禁旅捍边,而择将以抚驭之。阅岁云久,西顾晏然。方眷其劳,就进戎团之峻;尚难其代,故迟瓜戍之更。尔其茂对新恩,践修旧绩,式严戎律,兼缉郡条。朕不汝忘,将有明陟。可。

出处：《止斋先生文集》卷一一。又见嘉庆《武阶备志》卷二二，光绪《文县志》卷七。

撰者：陈傅良

考校说明：编年据同集前后文时间、郭谞官历补，见《宋会要辑稿》职官七三。

皇兄沂州防御使权主奉吴王祭祀多才磨勘
转明州观察使制
（暂系于绍熙四年三月前后）

敕：朕崇长宗支，以绵帝系。高爵厚禄，宜与共之。而犹计岁课劳，循次而进，所以昭至公，谨成宪也。具官某信厚以为质，靖共以自将。入不恃家人之恩，而出无违于阙庭之礼。况以尊属，于今几人？则径陟廉车，谁曰不可？而必中有司之度，积十年然后进之，岂朕有所爱哉！然而身无吏事之责，秩比法从之崇，其视匪躬尽瘁，没齿下僚者，又何其幸也！宜对殊渥，无忝所生。可。

出处：《止斋先生文集》卷一一。又见《大隐集》卷三。

撰者：陈傅良

考校说明：编年据同集前后文时间补。此诏当为《大隐集》误收。赵多才主要活动于孝宗、光宗朝，见《金史》卷六一《交聘表》、《止斋先生文集》卷一二《皇兄故吴王府奉利州观察使多才上遗表妻令人高氏特封硕人制》《多才上遗表亲弟二人比换南班训武郎多艺修武郎多见并特授太子右监门率府率制》。

武功大夫和州防御使权知阁门事兼客省四方馆事
韩侂胄特与落阶官臣寮缴奏特与转行右武大夫制
（暂系于绍熙四年三月前后）

敕：嘉祐、治平之间，尔先正可谓社稷臣矣。肆列圣宠嘉之施，及子孙简在戚里，于焉尚主，于焉纳后，凡可以炽韩氏之门者，无爱也。具官某蚤以才称，荐膺器使，庀职上阁，宣劳累年。唯彼横行，赏典所啬。独以命汝，庸示殊恩。一以欢慈福之心，一以大忠献之后。盍亦自勉，庶穆群言？可。

出处：《止斋先生文集》卷一一。

撰者:陈傅良

考校说明:编年据同集前后文时间、韩侂胄宦历补,见《宋史》卷三七《宁宗纪》。

武功大夫集庆军承宣使入内内侍省副都知张安仁除入内内侍省都知武功大夫祁州团练使入内内侍省押班李彦正除入内内侍省副都知制

(暂系于绍熙四年三月前后)

敕具官某:朕尝稽之周制,内宰隶于天官。夫古道诚未易复也,至于建隆旧章,尚有宣徽院之籍,今亦废矣,而别为北司。则为之长者,顾不当谨择其人乎?是用命尔以肃禁中。盖亲近之久,识察之详矣。其益靖共,以身率属,毋使外廷谓汝不称。可。

出处:《止斋先生文集》卷一一。

撰者:陈傅良

考校说明:编年据同集前后文时间、李彦正宦历补,见《宋会要辑稿》职官七三。

武功大夫和州防御使带御器械于惟修武功大夫明州观察使带御器械杨舜卿并除入内内侍省押班制

(暂系于绍熙四年三月前后)

敕具官某:自宣徽院之籍废,而北司之长,盖难其人。朕既差择之矣,则参伍其间,以相内治,苟不有以自异于辈行,而识风指,谨宪度者,皆不在此选也。然则尔名在四人之数,盍亦思报称者哉?可。

出处:《止斋先生文集》卷一一。

撰者:陈傅良

考校说明:编年据同集前后文时间、杨舜卿宦历补,见《宋会要辑稿》职官七三。

张祐正系随龙祗应勤劳特补承信郎制
（暂系于绍熙四年三月前后）

敕某：日第攀附之劳，而偶遗汝，盖累年于此矣。爰诏有司，授之初官，以见朕怀，不忘畴昔。可。

出处：《止斋先生文集》卷一一。又见《永乐大典》卷七三二七。
撰者：陈傅良
考校说明：编年据同集前后文时间补。

武节郎御前祗应郑孝友应奉有劳特转一官制
（暂系于绍熙四年三月前后）

敕具官某：服劳左右，虽无显庸，阅日进官，亦国之旧。可。

出处：《止斋先生文集》卷一一。
撰者：陈傅良
考校说明：编年据同集前后文时间补。

殿前指挥使左班年代上名刘成等十五人授修武郎许元等三人授训武郎御龙直上名方正等三人授忠训郎殿前指挥使左右班守阙行门蒋荣等十三人授从义郎东第一班上名娄胜等四人授承节郎散直上名孟端等七人授承信郎制
（暂系于绍熙四年三月前后）

敕某等：飨卫士而遣之，古道也；而命以官，则弥恩矣。往祗吏职，毋替忠劳。可。

出处：《止斋先生文集》卷一一。又见《永乐大典》卷七三二七。
撰者：陈傅良

考校说明:编年据同集前后文时间补。

皇弟右监门卫大将军复州团练使多助皇弟右监门卫大将军成州团练使多能实及一十年并该磨勘转防御使制
(暂系于绍熙四年三月前后)

敕具官某等:朕崇长宗支,以绵帝系,而犹计岁课劳,循次而进,所以昭至公,谨成宪也。以尔靖共,简在近属,眷焉增秩,谁曰不宜?而须暇十年,以中有司之度,岂顾有所爱哉?以此风厉,则为士者劝矣。可。

出处:《止斋先生文集》卷一一。又见嘉庆《武阶备志》卷二二。
撰者:陈傅良
考校说明:编年据同集前后文时间补。

入内内侍省东头供奉官降授寄资武功大夫遥郡刺史霍汝翼转归吏部除带御器械制
(暂系于绍熙四年三月前后)

敕具官某:自以诸司使改今寄禄官,而内侍与戎行杂矣。然而名不在铨曹之籍,则犹非秩官,是则异焉耳。转而属铨,斯为宠渥。尔其敬哉,毋曰序进。可。

出处:《止斋先生文集》卷一一。
撰者:陈傅良
考校说明:编年据同集前后文时间、霍汝翼官历补,见《宋会要辑稿》职官七三等。

招箭班殿侍訾彦泽在班及十五年补承节郎仍旧存留在班祗应制
(暂系于绍熙四年三月前后)

敕具官某:方罢遣卫士,而次第官使之。尔以艺成,令祗旧次。宜益矜奋,以须后恩。可。

出处:《止斋先生文集》卷一一。又见王珪《华阳集》卷三八。

撰者:陈傅良

考校说明:编年据同集前后文时间补。此文疑是《华阳集》误收。

泸州军变守臣张孝芳被害特赠三官与两子恩泽制
(暂系于绍熙四年三月前后)

敕具官某:朕观《春秋》书盗杀某人,夫谓之"盗",则非死者之罪矣。盖喟然叹曰:士大夫或死于不幸,而无所归咎者焉,则其所遭之变,非必有以取之,此仁君之所务白也。国家闲暇,士马饱逸,受命分阃,尊重难危。而尔曾无咎端,独罹不测之祸。夷考其治,皆率故常。则盗起帐下,非《春秋》之所不罪者欤?虽然,世无叛兵久矣,庸人为将,高枕有余。尔以名流,顾至于此。恤典之隆,岂但汝哀,亦以使继今者之知惧焉。可。

出处:《止斋先生文集》卷一一。

撰者:陈傅良

考校说明:编年据同集前后文时间、文中所述史事补,见《宋史》卷三六《光宗纪》。

泸州被害官兵故节度推官杜美赠两资与一子下州文学故忠训郎泸州驻泊兵马监押安彦斌赠三官与一子承信郎故下班祗应潼川府钤辖司指使雷世忠赠承信郎制
(暂系于绍熙四年三月前后)

敕具官某等:苟能效死于其长上,皆忠孝之徒也。泸盗之兴,尔等义不顾身,各死于帅,恤典之厚,朕岂有所爱哉! 可。

出处:《止斋先生文集》卷一一。

撰者:陈傅良

考校说明:编年据同集前后文时间、文中所述史事补,见《宋史》卷三六《光宗纪》。

儒林郎前泸州安抚司干官郭仲傅失觉察本厅虞候张信为乱首乱作复与贼宴饮相为宾主特降三资放罢制
（暂系于绍熙四年三月前后）

敕具官某:帅死于乱卒,而尔为属,顾欲以卑谄自全,可乎! 削之三阶,尚用中典。继今有耻,亦岂汝弃! 可。

出处:《止斋先生文集》卷一一。

撰者:陈傅良

考校说明:编年据同集前后文时间、文中所述史事补,见《宋史》卷三六《光宗纪》。

太史局测验浑仪刻漏所学生周奕特补挈壶正制
（暂系于绍熙四年三月前后）

敕某:今官类非古称,谓而挈壶氏,见于《周官》。尔以诸生,驯致于此,亦宜知所职矣。可。

出处:《止斋先生文集》卷一一。

撰者:陈傅良

考校说明:编年据同集前后文时间补。

修武郎阁门看班祗候霍宽夫供职实及二年与落看班二字制
（暂系于绍熙四年三月前后）

敕具官某:课其年劳,正其名称,非徒以叙迁也。由是而释烦辱之事,则宜知自贵重矣。可。

出处:《止斋先生文集》卷一一。

撰者:陈傅良

考校说明:编年据同集前后文时间补。

礼部侍郎倪思该修至尊寿皇圣帝圣政特转一官制
（暂系于绍熙四年三月前后）

敕：昔者仲尼序《书》，断自二典，以为尧、舜揖逊之美，后世弗可及矣。矧惟我家，父作子述，不待倦勤。亲相授受，盖视帝者有光焉。则《圣政》之作，岂不足以匹休《虞书》哉！具官某以折衷六艺之学，发明心传，以同风三代之文，扬厉治效，作宋一艺，垂之无穷。及此奏篇，朕为之序。日上慈宸，寿皇嘉焉。藉使仲尼在，宜如何表异之？而有司以故事第赏，爰进一官。此朕之所甚不爱也。可。

出处：《止斋先生文集》卷一一。
撰者：陈傅良
考校说明：编年据同集前后文时间、文中所述史事、倪思宦历补，见《宋史》卷三六《光宗纪》、《宋中兴学士院题名》。

秘书省著作郎黄由沈有开著作佐郎李唐卿王容太常丞兼国史日历所编类圣政检讨官章颖将作少监黄艾并该修进至尊寿皇圣帝圣政内黄艾系经修不经进各特转一官制
（暂系于绍熙四年三月前后）

敕具官某等：昔者仲尼序《书》，断自二典，以为尧、舜揖逊之美，后世弗可及矣。矧惟我家，父作子述，不待倦勤。亲相授受，盖视帝者有光焉。则《圣政》之作，岂不足以匹休《虞书》哉！尔等各以名儒，载笔东观，作宋一艺，垂之无穷。及此奏篇，朕为之序。日上慈宸，寿皇嘉焉。藉使仲尼在，宜如何表异之？而有司以故事第赏，爰进一官，此朕之所甚不爱也。可。

出处：《止斋先生文集》卷一一。
撰者：陈傅良
考校说明：编年据同集前后文时间、文中所述史事、黄由等人宦历补，见《宋史》卷三六《光宗纪》、《南宋馆阁续录》卷八等。

承信郎监潭州南岳庙徐靖忠训郎秘书省书库官盛端友训武郎监秘书省门梁周弼翊郎赵章该进至尊寿皇圣帝圣政各转一官制
(暂系于绍熙四年三月前后)

敕具官某:皆赏典也,而他以待烦辱之劳,至以隶书局进官,则稍宠矣。尔尚勉思,无忘忠报。可。

出处:《止斋先生文集》卷一一。

撰者:陈傅良

考校说明:编年据同集前后文时间、文中所述史事补,见《宋史》卷三六《光宗纪》。"翊郎"前疑脱"忠"字。

武功大夫降授昌州刺史带御器械霍汝翼该进至尊寿皇圣帝圣政特转成州团练使制
(暂系于绍熙四年三月前后)

敕具官某:铅椠之劳,繄学士大夫力也。而无人乎其间,则安能关乙夜之览?今也奏牍来上,俞音不迟,慈庭有怿,册府改观。是谁之助欤?则以尔靖恭,实与执事。通达中外,其劳实多。夫以文字得官,皆德赏也。进之遥刺,孰曰不可?其尚勉思,以称殊渥。可。

出处:《止斋先生文集》卷一一。又见嘉庆《武阶备志》卷二二。

撰者:陈傅良

考校说明:编年据同集前后文时间补。

宗正少卿郑汝谐奉使回特转一官制
(暂系于绍熙四年三月前后)

敕具官某:尔以老师宿儒,衔命万里,修邻好于北庭,缙绅往往悯劳汝矣。朕观《春秋》使骋之际,楚人欲傲晋叔向以其所不知而不能,晋人亦曰:"郑子产,博物君子也。"而皆异其礼。有以大国,而微老师宿儒专对四方,非所以令远入见也。迨兹归报,亶焉无阙,而书劳进秩,但循故事,岂朕所以相劳苦之意哉! 尔其少休,嗣有宠数。可。

出处:《止斋先生文集》卷一一。

撰者:陈傅良

考校说明:编年据同集前后文时间、文中所述史事补,见《宋史》卷三六《光宗纪》、《金史》卷六二《交聘表》。

閤门舍人兼皇子嘉王府内知客谯令雍奉使回特转一官制
(暂系于绍熙四年三月前后)

敕具官某:揆上閤之仪,联朱邸之事,皆华选也。尔以趣操文藻,至于共二,可谓吾亲臣矣。是用命尔介于肤使,衔命万里,修岁聘于北庭。迨兹归报,亶焉无阙,则朕所以相劳苦之意,何但循故事增秩哉! 有它抡用,朕不汝忘。可。

出处:《止斋先生文集》卷一一。

撰者:陈傅良

考校说明:编年据同集前后文时间、文中所述史事补,见《金史》卷六二《交聘表》。

奉使亲属一员淮东安抚司干办公事谯令宪准备差遣一员新监明州赡军酒库黄仁裕书状官一员新明州昌国县主簿杨正臣指使将仕郎叶时中将仕郎郑如等回程各转一官制
(暂系于绍熙四年三月前后)

敕具官某等:凡出疆者有赏,所以劳苦之也。尔隶使事,与于驱驰,迨兹归报,书劳进秩。盖国旧章,朕岂汝吝? 可。

出处:《止斋先生文集》卷一一。又见民国《平阳县志》卷七七。

撰者:陈傅良

考校说明:编年据同集前后文时间补。

阁门宣赞舍人宋克俊夏允言阁门祗候蔡唐卿来处恭并该应奉人使十次赏各转一官制
（暂系于绍熙四年三月前后）

敕具官某等：赞仪上阁，能与聘客周旋，十不失一，亦既劳矣。课效增秩，盖国旧章。尚益靖共，以须器使。可。

出处：《止斋先生文集》卷一一。
撰者：陈傅良
考校说明：编年据同集前后文时间补。

浙江潮神顺济庙善利侯祈祷感应特加忠靖二字制
（暂系于绍熙四年三月前后）

敕某神：朕固不为秘祠专乡其福也，至四方长吏有为吾民请曰："某山川之神，能惠其境中。"则褒崇之典，朕靡爱焉，以庶几古蜡百神之义。矧惟涛江，近在寰内，而有司以报礼未称，将侈大之，用锡美名，以从民欲。神尚终惠，使世世享。可。

出处：《止斋先生文集》卷一一。又见《西湖志》卷一四，光绪刻本。
撰者：陈傅良
考校说明：编年据同集前后文时间补。

袁州仰山神特加父母妃及子妇封号制
（暂系于绍熙四年三月前后）

敕某神等：朕固不为秘祠专乡其福也，至四方长吏有为吾民请曰："某山川之神，能惠其境中。"则褒崇之典，朕靡爱焉，以庶几古蜡百神之义。惟仰山之神，礼以王祀，而自江以西，犹未慰满。是用推本父母，施及子妇，或隆品秩，或衍称号。朕所以宠嘉神贶以从民欲者如何哉！尚终惠之，俾世世享。可。

出处：《止斋先生文集》卷一一。

撰者：陈傅良

考校说明：编年据同集前后文时间补。

怀安军金堂县进士黎崇礼年一百三岁遇大礼
恩特补迪功郎致仕制
（暂系于绍熙四年三月前后）

敕某：昔在元祐合祭于圜丘之岁，而汝以生，于今五朝矣。朕方奉觞两宫，为万岁寿，乃如高年，甚心羡之。爰因郊赉，登诸仕版，以见吾贵老近亲之意，且以教天下之孝也。可。

出处：《止斋先生文集》卷一一。

撰者：陈傅良

考校说明：编年据同集前后文时间补。

翰林医愈充重华宫摆铺军兵医治兼临安府驻泊看
医邢守中到官及二年转额外翰林医痊制
（暂系于绍熙四年三月前后）

敕具官某：天官之属，六十而医，命士二十有八人，周家之重医也如此。再岁无失，爰进一官，此又吾家法也。往服明恩，毋怠尔事。可。

出处：《止斋先生文集》卷一一。

撰者：陈傅良

考校说明：编年据同集前后文时间补。

拨船充皇后阁乘用诏
（绍熙四年四月十三日）

两浙转运司差取五百料座船三只，逐船合用绳帆、帘索、铜锣、黄旂、幕帟之属，拨充皇后阁乘用。令本阁续次踏逐差取篙梢三人，请给本司依旧按月批勘外，有船兵六十人，候本阁招募数足，于本司封记，令本阁解发前去平江府填刺。如日后有阙，依此差填。

出处:《宋会要辑稿》后妃二之二六。

遣官祈晴诏
(绍熙四年四月十八日)

阴雨未已,日轮侍从一员诣上天竺灵感观音前祈晴。

出处:《宋会要辑稿》礼一八之三四。

湖北提刑张垓奏承议郎常德府通判赵善彦
在任贪婪不法降一官放罢制
(绍熙四年四月二十五日)

敕具官某:部使者所治,且有良二千石焉。尔丞郡,顾不以治行闻,而速官谤,非朕所以奖用属籍之意矣。其贬一秩,免所居官。继今有耻,亦免汝弃。可。

出处:《止斋先生文集》卷一二。
撰者:陈傅良
考校说明:编年据《宋会要辑稿》职官七三补。

授余桂承德郎制
(绍熙四年四月二十六日)

尔奉议郎、庆元府昌国县知县余桂,吏部臣言尔称职无旷,抚字得宜,奉令守法,居心平恕。吏部尚书臣言尔英才足用,方略有加,今使尔主管劝农公事、兼管岱山昌国盐场、搜捉铜钱下海出界、带管本处弓手寨兵军政,转除尔承德郎之职。尔其夙夜无懈,益厉今职,以副朕心,尔其钦哉!

出处:民国《龙游县志》卷三三《文征一》,民国十四年铅印本。

将作少监黄艾右正言制
(绍熙四年四月)

敕具官某:谏省设官备矣,大夫而下,几于古诤臣之目。比方并建遗补,俱以引嫌而去。妙选时彦,乃今得之。尔抱负不凡,学为有用,言简气劲,宜备谏列。辍自王邸,命以拾遗。尔其振厉风采,别白是非,引经据古,以佐朕之不逮,将虚己以听焉。

出处:《攻媿集》卷三六。

撰者:楼钥

考校说明:编年据《宋中兴东宫官寮题名》补。

江西路转运判官林湜吏部郎官制
(暂系于绍熙四年四月前后)

敕具官某:尚书郎为当今妙选,朝行虽有名士,必更外庸而后授之。尔尝峨豸冠,凛有风采,按刑浙东,将漕江右,久摄帅阃,所至有称。赐环而归,敷奏详雅,资望高矣。然犹处之小选,所以重铨综之任也。其究乃心,以赞而长。

出处:《攻媿集》卷三五。

撰者:楼钥

考校说明:编年据同集前后文时间、林湜宦历补,见《宋会要辑稿》选举二二。

干办审计司刘三杰将作监主簿王恬军器监主簿制
(暂系于绍熙四年四月前后)

敕具官某等:尔等在太学为名流,试剧邑为良吏。以荐入朝,岁月当迁。分命以勾稽之职,而处三杰于大匠,恬于戎监。职清而务简,益养贤望,以俟甄拔。

出处:《攻媿集》卷三五。

撰者:楼钥

考校说明:编年据同集前后文时间补。

国子司业彭椿年除祭酒制
(暂系于绍熙四年四月前后)

敕具官某:祭酒,尊者之称也。荀卿在齐,最为老师,盖三为之,后世遂以名胄监之长。非夫儒先哲艾,德齿俱尊者,岂轻畀哉!尔蚤以文行表于诸生,历官朝行,好礼不变,擢居小司成,士论久已厌服。为国学师,无以易汝。往哉!惟不言而躬行,使人益观感于规矩之余,则首善之风振矣。

出处:《攻媿集》卷三六。

撰者:楼钥

考校说明:编年据同集前后文时间补。

枢密院检详李祥国子司业制
(暂系于绍熙四年四月前后)

敕具官某:成均教事,师道贵尊。近岁虽长贰不并除。而为士择师,不应以此为拘也。尔驰誉胶庠,见谓前辈,文学行谊,久服众心,谅直简严,不移素守。郎潜以来,蔼有师儒之望。兹庸命以少司成之职,追还古风,变而至道,于以副朕作成之意。尚勉之哉!

出处:《攻媿集》卷三六。

撰者:楼钥

考校说明:编年据同集前后文时间、李祥官历补,见《水心文集》卷二四《李公墓志铭》。

左司谏胡琢司农少卿制
(暂系于绍熙四年四月前后)

敕具官某:朕之用人,谨守成宪。惟尔之用,独异他人。始以编摩见于便朝,奏对详雅,朕心向焉。擢典中秘,遂居六察。居无几何,径登谏垣。期月之间,屡献忠说,引嫌自列,执义不回,俾贰大农,岂朕初志。往祗乃事,庸俟甄升。

出处:《攻媿集》卷三六。

撰者:楼钥

考校说明:编年据同集前后文时间补。

知夔州赵巩江西路转运判官制
(暂系于绍熙四年四月前后)

敕具官某:尔起书生,有志当世。顷由名曹,出镇淮右。孳孳边备,论奏相踵;易帅夔子,民夷帖服。事有当辩,不已于言,可谓首公忘私者矣。大江之西,漕事为重,引以渐近,朕意可知。顺流而归,祗率厥职。

出处:《攻媿集》卷三六。

撰者:楼钥

考校说明:编年据同集前后文时间、嘉靖《江西通志》卷二补。

江西提刑刘光祖知夔州制
(暂系于绍熙四年四月前后)

敕具官某:夔子之国,介于楚蜀之间,山川险固,民夷杂糅。谋帅之重,必惟通才。尔正色立朝,号称敢言,出拥使辂,威望日耸。既授以江右之节矣,尚兹家食,非以优贤。分阃之寄,易以命汝。亟其洗印,以安远民。

出处:《攻媿集》卷三六。

撰者:楼钥

考校说明:编年据同集前后文时间补。

知昭州庄方知琼州制
(暂系于绍熙四年四月前后)

敕具官某:琼管以四州之壤,屹立海中,实与番禺相为引重。大舶献琛,赖以为归,麾符不轻畀也。尔进由儒科,练达吏事,贰郡宾水,承流昭潭,必能习知南海之俗。往其辑宁蛮蜒,劳抚贾胡,以称朕选侯之意。

出处:《攻媿集》卷三六。

撰者:楼钥

考校说明:编年据同集前后文时间补。

军器少监章颖左司谏制
(暂系于绍熙四年四月前后)

敕具官某:古者箴规之求,下逮工瞽,矧位于朝,孰不进言? 以谏名官,视古已狭,选用之际,其可不严? 尔蚤以伦魁,浸登华序。清标直节,照映周行。约史东观,横经朱邸,端靖无华,物自宗之。擢居谏垣,允协时望。山甫补衮职之阙,孟子格君心之非,尚惟勉旃,以伸素蕴。

出处:《攻媿集》卷三六。

撰者:楼钥

考校说明:编年据同集前后文时间、章颖官历补,见《两朝纲目备要》卷三。

资政殿学士正奉大夫萧燧转一官致仕制
(暂系于绍熙四年四月前后)

敕:朕眷言故老,方深伫席之思;遽览封章,乃有垂车之请。勉从所志,殊咈予怀。具官某弘毅而裕和,闳深而肃括。擢儒科于绍兴之际,登朝迹于乾道之初。自结主知,盖正人无待于助;久司言责,使天下想闻其风。遍仪论思献纳之班,遂参辅赞弥缝之用。粤从去国,亦既累年。卧疾清漳,兴邺下文人之咏;挂冠神武,慕山中宰相之高。爰序进于崇阶,以曲全夫晚节。噫! 汉疏知止,既永谢于轩裳,萧傅素刚,尚勉亲于药石。

出处:《攻媿集》卷三六。

撰者:楼钥

考校说明:编年据同集前后文时间补。萧燧卒于绍熙四年二月二十五日,见周必大《平园续稿》卷二七《萧正肃公燧神道碑》。

萧燧赠金紫光禄大夫制
(暂系于绍熙四年四月前后)

　　敕:旧弼退休,方徇辞荣之恳;奏函踵至,惊闻垂绝之言。抚往事以慨然,怆吉人之已矣。具官某名高一代,仕历三朝。官以谏为名,真得诤臣之体;后非贤罔乂,俾参黻黻之尊。虽为故里之归,尚仁壮猷之告。云何属疾,亟愿乞身?载览遗章,尚想伏蒲之气;优加恤典,以彰告第之恩。庸寄予悲,务昌厥后。噫!求马周仪形之见,遂隔九京;歌晋公柱石之衰,重增一涕。

出处:《攻媿集》卷三六。
撰者:楼钥
考校说明:编年据同集前后文时间补。萧燧卒于绍熙四年二月二十五日,见周必大《平园续稿》卷二七《萧正肃公燧神道碑》。

知建康府余端礼吏部尚书制
(暂系于绍熙四年四月前后)

　　敕:朝列选曹,妙简持衡之任;位登常伯,尤高荷橐之班。兹得名臣,式符时望。具官某禀资弘毅,履行精纯。慈宸结知,蚤预甘泉之侍;储闱列属,久陪少海之游。顷出镇于雄藩,实典司于留籥。既闻报政,亟命还朝。矧惟十载以来,屡历三铨之剧,士论凤推于平允,吏行素惮其严明。乃于昼接之余,宠以天官之旧。老成复进,岂惟躬簿书期会之繁?忠謇自将,正有赖朝夕论思之益。其祗成涣,用副虚怀。

出处:《攻媿集》卷三六。
撰者:楼钥
考校说明:编年据同集前后文时间、余端礼官历补,见《景定建康志》卷一四。

湖北提举张孝曾夔路提刑制
(暂系于绍熙四年四月前后)

　　敕具官某:夔子一道,视四川为差近,而山川深险,杂以夷蛮,民物凋陋,困于征取。典刑之使,选用不轻。尔出自名家,敏于吏事,持节湖外,敛散以时。往按蜀门,布宣德意,使深山穷谷举无冤民,则庶乎得职矣。

出处:《攻媿集》卷三六。

撰者:楼钥

考校说明:编年据同集前后文时间补。

右正言何异湖南运判制
(暂系于绍熙四年四月前后)

敕具官某:朕监观四方,志不忘远。寄耳目于部使者,犹恐不逮,故间遣谏官御史以临之。尔自登朝行,雅有清望。顷因奏对,擢居宪台,升之诤臣之列。方有赖于规益,引嫌求外。授节湖湘,典司将输,光华烨然。夫以峨鹰伏蒲之风,抗揽辔登车之志,扬清激浊,在此行矣。有猷以告,毋有遐心。

出处:《攻媿集》卷三六。

撰者:楼钥

考校说明:编年据同集前后文时间、何异官历补,见乾隆《湖南通志》卷五三。

梁季珌知光州制
(暂系于绍熙四年四月前后)

敕具官某:尔父在绍兴间,以才敏致位文昌,其后未有至二千石者。尔守上饶,政务简静,衔恤而去,未究职业。浮光易治,地则被边,举以命汝,委寄为重。尚其勉之,毋忝前人。

出处:《攻媿集》卷三六。

撰者:楼钥

考校说明:编年据同集前后文时间补。

李沐吏部郎官制
(暂系于绍熙四年四月前后)

敕具官某:尔以旧学大臣之子,自奋巍科,浸登腆仕。出使闽浙,有志于民。为养求归,嘉其靖退。晋接之顷,处以名曹。亲庭无信宿之遥,选部乃摄承之旧。往祗厥职,无复固辞。

出处:《攻媿集》卷三六。
撰者:楼钥
考校说明:编年据同集前后文时间补。

新知兴元府章森改知泸州制
(暂系于绍熙四年四月前后)

敕:开藩蜀部,曾洗印之未闻;易镇边陲,又改辕而于迈。惟首公之有素,谅承命而遂行。具官某知略该通,才猷挺特。进仪禁路,入陪豹尾之严;擢殿留都,出拥麟符之重。由上流之奏课,畀西道以折冲。十年而守汉中,田叔固宜于久任;五月而渡泸水,武侯岂惮于遐征?矧群情安集之初,藉元帅抚绥之力。推君子之心,置小人之腹,能坦然而不疑;脱慈母之怀,立严师之傍,当翕尔而自定。亟祗成涣,用宽顾忧。

出处:《攻媿集》卷三六。
撰者:楼钥
考校说明:编年据同集前后文时间补。

降授朝散郎许及之前任淮东转运判官不觉察私钱降一官满一期复朝请郎制
(暂系于绍熙四年四月前后)

敕某官:日者淮钱多奸,禁不以道,有受其咎者矣。尔其以同过之仁,而不言上,亦从镌秩,非所谓吏议乎?阅日既久,宜还其初。可。

177

出处：《止斋先生文集》卷一二。
撰者：陈傅良
考校说明：编年据同集前后文时间、许及之官历补，见《宋史》卷三九四《许及之传》、《宋会要辑稿》职官七三。

忠翊郎前韶州兵马监押周昇在任不法降成忠郎制
（暂系于绍熙四年四月前后）

敕具官某：尔为兵官，而州家以佚累囚来谂，虽会恩，不汝贷也。其镌一阶，以警慢事。可。

出处：《止斋先生文集》卷一二。
撰者：陈傅良
考校说明：编年据同集前后文时间补。

文林郎阶州将利县令蔺森改初验因伤身死人杜十四作冻饿身死失出犯公罪答该赦取旨特降一资制
（暂系于绍熙四年四月前后）

敕具官某：吏与吾民，亲莫如令。尔尚不知其冤死也，而以为道殣，曾谓与吾民亲乎？其镌一阶，毋以恩免。可。

出处：《止斋先生文集》卷一二。又见嘉庆《武阶备志》卷二二。
撰者：陈傅良
考校说明：编年据同集前后文时间补。

保义郎李珙家遗火烧民屋四百余间有司自来以屋直计赃坐罪得旨宣谕依条听渎臣僚上言特降一官制
（暂系于绍熙四年四月前后）

敕具官某：传《春秋》者，有"人火"之说，则无所归咎之辞也。尔不戒于火，而祸及于闾巷，将安咎乎？尚尔阔略，其上一官。可。

出处:《止斋先生文集》卷一二。

撰者:陈傅良

考校说明:编年据同集前后文时间、《宋会要辑稿》职官七三补。

故通直郎赵公广昨知饶州因旱歉民流臣寮奏追两官勒停男彦㳠诉冤特追复承议郎制
(暂系于绍熙四年四月前后)

敕具官某:左右诸大夫之言,朕知其不如国人也。尔守番中,遭岁不淑,能有恻隐之实,而不为文具,而达于朝听者皆反缪。言者不置,丽于伏罚,而尔既赍恨于地下。今观阖郡连编累牍,哭汝甚哀,盖棺论定,莫公于此。朕为悯然,尽还旧官,不但慰汝,亦以劝来者之勤民也。可。

出处:《止斋先生文集》卷一二。

撰者:陈傅良

考校说明:编年据同集前后文时间补。

承节郎盱眙军指使潘抚权淮河监渡不职降一官放罢制
(暂系于绍熙四年四月前后)

敕具官某:边禁之严,而弛于汝。免官镌秩,以警后来。邦宪有常,非我伏罚。可。

出处:《止斋先生文集》卷一二。

撰者:陈傅良

考校说明:编年据同集前后文时间补。

淮东运使赵师睪奏修武郎张世荣管押岁币沿路恣横生事降两官送吏部与合入差遣制
(暂系于绍熙四年四月前后)

敕具官某:发币于边,事关远听。纷哗不靖,使者有言。阔略弗惩,人将是效。其贬两秩,且属铨曹。庶使边臣,继今知惧。可。

出处:《止斋先生文集》卷一二。

撰者:陈傅良

考校说明:编年据同集前后文时间补。

知成都府丘崈奏奉议郎知成都府郫县
郭公谟病昏乖谬降一官放罢制
(暂系于绍熙四年四月前后)

敕具官某:夫不能胜其任矣,而昏于酒、黩于货,然而郡太守犹以为尝有乡曲之誉,不置于理。镌秩免官,吾亦从薄罚焉。其对隆宽,益思惩艾。可。

出处:《止斋先生文集》卷一二。

撰者:陈傅良

考校说明:编年据同集前后文时间、丘崈宦历补,见《宋史》卷三六《光宗纪》等。

睿思殿祗候寄资武功大夫入内内侍省东头供奉
官王师珪转归吏部差在京宫观免奉朝请制
(暂系于绍熙四年四月前后)

敕具官某:自以诸司使改今寄禄官,而内侍与戎行杂矣。然而名不在铨曹之籍,则犹非秩官,是则异焉耳。转而属铨,斯为宠渥。闵劳朝谒,禄以真祠。尔其敬哉,毋曰序进。可。

出处:《止斋先生文集》卷一二。

撰者:陈傅良

考校说明:编年据同集前后文时间补。

武功大夫祁州团练使入内内侍省副都知李彦正武功大夫明州观察使入内内侍省押班杨舜卿职事不谨各降一官制
（绍熙四年五月四日）

　　敕具官某等：朕惟周制，内宰掌王内之政令，会其属之功事而赏罚之。今内宰不设，而尔等不虔于事，实干宫中之罚。其上一官，应古经谊。继今有悛，亦岂终夺？可。

出处：《止斋先生文集》卷一二。
撰者：陈傅良
考校说明：编年据《宋会要辑稿》职官七三补。

李彦正杨舜卿复官制
（绍熙四年五月四日后）

　　敕具官某：宥过无大，况其细者乎！尔以服劳不虔，尝丽于罚，盖八柄所以驭过者。阅日滋久，俾还旧官，则予恩茂矣。其益靖共，以图报称。可。

出处：《止斋先生文集》卷一二。
撰者：陈傅良
考校说明：编年据李彦正、杨舜卿宦历补，见《宋会要辑稿》职官七三。

入内内侍省副都知李彦正除入内内侍省都知入内内侍省押班杨舜卿除入内内侍省副都知制
（绍熙四年五月四日后）

　　敕具官某：昔在周制，内宰以中大夫为之，而隶天官。说者以为禁省之秘不宜属外廷，而本朝爰创北司之长，就择明习靖共，可以率属者以董正之。官最贵近，亦不可不重其选矣。尔自辈中，进在四人之数，曾未逾日，能赞内治，进之长官。杨舜卿亦进亚长官，委寄弥重。其益虔匪懈，以报殊渥。毋使外廷，谓汝不称。可。

出处:《止斋先生文集》卷一二。

撰者:陈傅良

考校说明:编年据李彦正、杨舜卿宦历补,见《宋会要辑稿》职官七三。

<h2 style="text-align:center">新及第进士陈亮等赐官诏</h2>

(绍熙四年五月四日)

新及第进士第一人陈亮,补承事郎、签书诸州节度判官厅公事;第二人朱质、第三人黄中,并文林郎、两使职官;第四人滕强恕,第五人杨琛,并从事郎、如等职官;第六人以下至第四甲,并迪功郎、诸州司户簿尉;第五甲守选。

出处:《宋会要辑稿》选举二之二九。

<h2 style="text-align:center">判太史局吴泽荆大声刘孝荣周端友职事不谨各降一官制</h2>

(绍熙四年五月五日)

敕具官某等:"东方未明"之作,挈壶氏所以刺朝廷也。朕凤兴待旦,而五夜之漏声不肃,是谁之咎欤?各镌一官,敬共朝夕。毋以为星官历翁,而弗汝察也。可。

出处:《止斋先生文集》卷一三。

撰者:陈傅良

考校说明:编年据《宋会要辑稿》职官七三补。

<h2 style="text-align:center">知平江府沈揆奏五龙灵济庙乞加封第一位龙王
封东灵侯第二位龙王封西侯第三位龙王封中侯
第四位龙王封南平侯第五位龙王北宁侯制</h2>

(绍熙四年五月九日)

敕某神等:朕虽不令祠官祝厘,专乡独美,至四方长吏有为吾民请曰:"某山川之神,能惠于其方。"则褒崇之典,朕靡爱焉,以庶几古蜡百神之义。矧惟五龙以时节雨旸,功著近甸,虽良二千石雅不言机祥,而具道所以然之故。文词烂焉,爰锡命书。秩以侯爵,则所以宠嘉神贶以从民欲者何如哉! 尚终惠之,俾世世享。可。

出处:《止斋先生文集》卷一一。又见《吴都文粹续集》卷一六。

撰者:陈傅良

考校说明:《吴都文粹续集》卷一六末句后云:"奉敕如右。牒奉行。绍熙四年五月九日。"

敕赐进士及第陈亮承事郎签书建康军节度判官厅公事制
(绍熙四年五月二十三日后)

敕具官某:三岁大比,人徒知为布衣进身之途。艺祖皇帝有言曰:"国家设科取士,本欲求贤,以共治天下。"大哉王言,朕所当取法也。廷策者再,乃始得汝。尔夐以文艺,首贤能之书;旋以论奏,勤慈宸之听。亲阅大对,嘉其渊源。擢置举首,殆留以遗朕也。尚循故事,往佐帅幕。益懋远业,以须登用。

出处:《攻媿集》卷三六。

撰者:楼钥

考校说明:编年据文中所述史事补,见《宋会要辑稿》选举二。

著作郎黄由军器少监制
(绍熙四年五月)

敕具官某:著庭之选,最为清高。矧尔以伦魁之英,謇谔之气,周旋三馆,于兹有年,径上要津,无不可者。然朝廷序进人物,不厌于详。荐绅绵历事任,不以迟速计也。进贰戎监,仍摄剧曹。益养资望,以俟器使。

出处:《攻媿集》卷三六。

撰者:楼钥

考校说明:编年据《南宋馆阁续录》卷八补。

广东提刑李信甫江东提刑制
(暂系于绍熙四年五月前后)

敕具官某:尔为御史,直道而行,出守信安,旋使南峤,皆有声绩可纪。矧录囚于岭海烟瘴之地,不惮深远,劳亦甚矣。抗章求闲,未应舍汝。其典臬事于大江之东,少休驰驱而后揽辔以行,亦惟休哉。

出处:《攻媿集》卷三六。

撰者:楼钥

考校说明:编年据同集前后文时间补。

司农卿沈揆权吏部侍郎制
(暂系于绍熙四年五月前后)

敕:古有六官,孰若天官之重?部分四选,无如武选之繁。兹择贰卿,宜求吉士。具官某高文赡丽,古学精深。自登周行,雅有清望,凡一时华要之选,以累载周旋其间。璧水道山,为诸儒之领袖;储寀词掖,振六艺之英华。屡垂上于禁途,复优闻于郡课。蔽自朕志,召长大农,宠之荷橐之联,畀以典铨之寄。惟公可以守成宪,惟明可以察众欺。倚闻称职之名,用助官人之道。

出处:《攻媿集》卷三六。

撰者:楼钥

考校说明:编年据同集前后文时间、沈揆宦历补,见《宋会要辑稿》礼五〇。

新知襄阳府宇文价改知遂宁府制
(暂系于绍熙四年五月前后)

敕:朕惟今日谋帅之难,深以数易为戒。卿有大邦遗爱之旧,无嫌改命之繁。具官某学有家传,才为世用。奋身西蜀,膺慈皇特达之知;累岁中朝,历儒者清华之选。佩印屡更于剑外,分符最久于汉中。峄首名藩,方寻羊叔子之迹;遂宁旧治,更喜郭细侯之来。谅去思之未忘,宜外庸之益著。往祗成涣,嗣有宠光。

出处:《攻媿集》卷三六。

撰者:楼钥

考校说明:编年据同集前后文时间补。

知遂宁府单夔知建宁府制
(暂系于绍熙四年五月前后)

敕:远临蜀部,念频年跋履之劳;易镇闽邦,示乡国旋归之宠。具官某受才通敏,莅政精明。繇廷尉之年,荐被慈宸之眷;擢侍臣之列,最居群彦之先。祠庭浸阅于十年,帅阃雄开乎三峡。旋更会府,秩著外庸。仍次对之旧班,畀建安之新组。山川伊迩,谅少慰乎遐心;民社匪轻,方有资于善政。惟时旧德,服我茂恩。

出处:《攻媿集》卷三六。

撰者:楼钥

考校说明:编年据同集前后文时间、嘉靖《建宁府志》卷五补。

张孝伯司农寺主簿制
(暂系于绍熙四年五月前后)

敕具官某:尔以学自奋,吏治有闻,三入朝行,阅岁滋久,凡尔等夷,腾上多矣。退然靖共,物论归之。兹以序迁,勾稽农扈。尚共乃事,以就器业。

出处:《攻媿集》卷三六。又见民国《简阳县志》卷八。

撰者:楼钥

考校说明:编年据同集前后文时间补。

知广德军林孝友大理寺丞制
(暂系于绍熙四年五月前后)

敕具官某:列寺皆有丞,惟廷尉之属其选为尤重。必求通儒,以治庶狱,已试之效,吾其舍诸?尔顷居是官,见谓称职。出守桐川,又以最闻。兹还旧班,进用无壅。惟明克允,以副朕好生之意。

出处:《攻媿集》卷三六。

撰者:楼钥

考校说明:编年据同集前后文时间补。

中奉大夫知襄阳府张构大中大夫
知建宁府陈居仁磨勘转官制
(暂系于绍熙四年五月前后)

敕:夙严铨法,所以示百僚之公;优待从臣,犹不忘三载之考。具官某神机敏悟,器度闳深。禁路升华,久听星辰之履;帅藩因任,盖得江汉之心。陈居仁云:"性资夷旷,学问淹该。西掖代言,雅得深醇之体;南邦共理,尤明宽猛之宜。"兹以年劳,应于治典。爰陟文阶之等,益增侯服之光。思称恩荣,尚殚猷告。

出处:《攻媿集》卷三六。

撰者:楼钥

考校说明:编年据同集前后文时间、陈居仁官历补,见嘉靖《建宁府志》卷五。

中奉大夫吏部侍郎沈揆磨勘转官制
(暂系于绍熙四年五月前后)

敕:制禄以官,式序百僚之进;在法当从,乃登四品之崇。具官某儒学老成,文华高胜。储寀有执经之旧,祠臣推为诰之工,屡结绶于朝行,几问津于禁路。摄承民部,更一纪而有余;积累年劳,虽九迁而未艾。兹擢天官之贰,始伸铨格之优。太中不易公卿,庸表褒迁之渥;大夫既掌论议,益思献纳之忠。

出处:《攻媿集》卷三六。

撰者:楼钥

考校说明:编年据同集前后文时间补。

赈恤被水人户诏
(绍熙四年六月一日)

江、浙、两淮、荆湖等路安抚、转运、提举司,将被水去处,须管同守臣多方措置赈恤,毋令失所。如将来人户或有流移,定将当职官吏重行责罚,不得视为文具。

出处:《宋会要辑稿》食货五八之一九。又见同书食货六九之六八。

供安恭皇后宅家庙日常花果等诏
(绍熙四年六月十九日)

安恭皇后宅家庙日常花果旦望供养、四时祭飨等,令临安府依安穆皇后宅例,每月支钱三百贯文。

出处:《宋会要辑稿》后妃二之二六。

存恤四川旱伤州军诏
(绍熙四年六月十九日)

四川制置司总领所各行下逐路旱伤州军,多方赈恤,毋令失所。如旱荒州军有未催税赋及公私债负,与权行倚阁,候丰熟日带还,务要实惠及民。如有流移,其当职官吏重作施行。

出处:《宋会要辑稿》食货六八之九四。

严禁雕印奏章封事程文诏
(绍熙四年六月十九日)

四川制司行下所属州军,并仰临安府、婺州、建宁府照见年条法指挥严行禁止。其书坊见刊板及已印者,并日下追取,当官焚毁,具已焚毁名件申枢密院。今后雕印文书,须经本州委官看定,然后刊行。仍委各州通判专切觉察。如或违戾,取旨责罚。

出处:《宋会要辑稿》刑法二之一二五。

昭宪皇后亲侄孙杜士宝特补承信郎制
(绍熙四年六月二十三日)

敕某:朕惟艺祖之子孙,自吾寿皇,笃叙之恩备矣,而于母党,顾无世禄,岂昌陵之意乎? 取之白丁,授以右职。尔其永怀,无忝所自。可。

出处:《止斋先生文集》卷一二。又见《永典大典》卷七三二七。
撰者:陈傅良
考校说明:编年据《宋会要辑稿》后妃二补。

新除兵部侍郎黄裳显谟阁待制依旧嘉王府翊善制
(绍熙四年六月)

敕:朕惟国朝谨教子之法,王府建翊善之官。在太宗务选正人,惟姚坦最称直士。自时厥后,何代无贤? 我有论思之臣,俾专辅导之任。具官某以天下士从吾儿游,自典秘书,已参讲席。虽浸历琐闱之贵,曾不离朱邸之僚。诵典谟百篇之书,既得坦明之制;正《春秋》一王之法,尤多深切之言。力辞武部贰卿之除,俾就文谟次对之秩。于以究遗经之终始,于以示朕意之眷留。尚服训词,益殚猷告。

出处:《攻媿集》卷三六。
撰者:楼钥
考校说明:编年据《宋中兴东宫官寮题名》补。《宋中兴东宫官寮题名》:"黄裳……(绍熙)三年五月除中书舍人,仍兼。五月除兵部侍郎,仍兼。六月除显谟阁待制,仍兼。""五月除兵部侍郎"前当脱"四年"二字,见《宋史》卷三九三《黄裳传》等。

赐周必大银合夏药敕书
(绍熙四年夏)

敕某:卿望隆初棘,任重帅藩。属炎暑之维时,宜珍调之有助。锡之灵剂,寔以宝奁。尚体眷怀,深加摄养。今赐卿银合夏药,至可领也。故兹示谕,想宜知悉。夏热,卿比好否? 遣书指不多及。

出处:《文忠集》卷一三二。
撰者:倪思
考校说明:"夏"据文中所述"夏药"补。

成忠郎邕州横山寨招马官黄世明转两官制
(暂系于绍熙四年六月前后)

敕具官某:戎马之须,多自南徼,尔招诱尽力,累赏日厚。并升二秩,以旌其劳。

出处:《攻媿集》卷三六。又见《粤西文载》卷二。
撰者:楼钥
考校说明:编年据同集前后文时间补。

集英殿修撰耿秉权兵部侍郎制
(暂系于绍熙四年六月前后)

敕:长才被选,尝擢侍从之联;末疾自言,闵劳官职之事。丐闲浸久,简记不忘。既加昼接之余,复畀夏官之贰。具官某禀资端亮,历操坚刚。笃志爱民,虽细故必加远虑;推诚致主,无一事不以上闻。屡布藩条,率腾善最。甫登禁路,俄领外祠。乃俾赐环,再趋文石之陛;亟令持橐,径归武部之班。益励壮犹,以答隆眷。

出处:《攻媿集》卷三六。
撰者:楼钥
考校说明:编年据同集前后文时间补。

皇叔祖少保士岅赠少师制
(暂系于绍熙四年六月前后)

敕:属近行尊,富贵既无危溢;年高德邵,死生宜备哀荣。具官某迪德忧恂,

189

处心夷旷。分晖帝籍,虽坐致于显融;席庆王门,曾不形夫骄吝。磊砢维城之望,雍容鸣玉之班。奉香火于内祠,允谓三朝之旧;建节旄于辅郡,更居亚保之尊。胡不百年,困于一疾,惊奏章之上达,怆遗老之几何? 辍九陛之视朝,冠三孤而锡命。噫! 高爵厚禄,既已见于生前;恤典优恩,顾可忘于身后? 尚惟英爽,歆我宠灵。

出处:《攻媿集》卷三六。

撰者:楼钥

考校说明:编年据同集前后文时间补。

武德大夫鄂州都统制张诏军政修举转一官制
(暂系于绍熙四年六月前后)

敕具官某:国家分屯重兵,列戍江浒,申饬将帅,务严纪律。尔居鄂渚,实当上游。缓带轻裘,如一儒生;而气禀山西,沈鸷善断。军政修整,彻于朕闻。何爱一官,以示表劝。益励戎昭,用图尔功。

出处:《攻媿集》卷三六。

撰者:楼钥

考校说明:编年据同集前后文时间补。

直秘阁京西运判朱峕颜直焕章阁知静江府制
(暂系于绍熙四年六月前后)

敕具官某:桂林为岭右都会,控制最远。帅阃久虚,抡择尤遴。惟尔儒雅醇明,练达世故。盖尝为部使者矣,当盐筴蛊弊之后,协心扶持,民怀其惠。辍京西飞挽之重,还抚南方;增尧章寓直之名,用为尔宠。内安氓俗,外戢蛮蜑,人心知向,条教易孚。予自以为得人,尔其有以称此哉!

出处:《攻媿集》卷三六。又见《粤西文载》卷二。

撰者:楼钥

考校说明:编年据同集前后文时间补。

广西运判方崧卿京西运判提举张釜广西运判制
（暂系于绍熙四年六月前后）

　　敕具官某等：岭右分百越之半，漕计匪轻；京西总三司之繁，事权尤重。尔崧卿儒雅饬吏，廉按有称，是用易以襄汉之节。尔釜清白传家，敛散惟谨，是用图尔桂林之居。道里略同，委寄无异。飞刍挽粟，既资办治之才；揽辔登车，益抗澄清之志。尔惟自勉，朕不汝忘。

出处：《攻媿集》卷三六。又见《粤西文载》卷二。
撰者：楼钥
考校说明：编年据同集前后文时间补。

亲卫大夫清远军承宣使提举佑神观
林亿年除入内内侍省押班制
（暂系于绍熙四年六月前后）

　　敕：自宣徽院之籍废，而北司之长盖难其人。朕既差择之矣，则参伍其间，以弼内治，非识风指、谨宪度者，皆不在此选也。具官某服劳禁近，见谓老成，兹用命汝秩在四人之数，欲俾其属于内肃给，于外靖共。则尔责重矣，盍亦思报称者哉！可。

出处：《止斋先生文集》卷一二。
撰者：陈傅良
考校说明：编年据同集前后文时间、林亿年官历补，见《宋会要辑稿》职官七三。

皇兄故吴王府奉利州观察使多才上遗表妻
令人高氏特封硕人制
（暂系于绍熙四年六月前后）

　　敕具位某氏：朕所以贲尔夫于幽壤，有加礼矣，而何爱于疏封尔？使居往皆宠光焉，以塞其悲乞。可。

出处：《止斋先生文集》卷一二。

撰者:陈傅良

考校说明:编年据同集前后文时间补。

多才上遗表亲弟二人比换南班训武郎多艺
修武郎多见并特授太子右监门率府率制
(暂系于绍熙四年六月前后)

敕具官某等:朕以诸卫处宗室子,俾日奉朝请,非苟示私也。以尔多才身后之请及其仲、季,恻然重违之,而并命尔。其务靖共,以称德意。可。

出处:《止斋先生文集》卷一二。

撰者:陈傅良

考校说明:编年据同集前后文时间补。

皇叔祖右千牛卫将军不歊磨勘转右监门卫大将军制
(暂系于绍熙四年六月前后)

敕具官某等:朕考《周官》,凡卫王宫者皆同姓也。国朝简宗英,置之寰列之尹,盖循周制,属意深矣。惟尔叔祖,简在卫中,历年弥长,劳绩兼茂。进长禁闼,职守益严。钦哉无违,以称明陟。可。

出处:《止斋先生文集》卷一二。

撰者:陈傅良

考校说明:编年据同集前后文时间补。

皇叔祖太子右监门率府率不廷特授千牛卫将军制
(暂系于绍熙四年六月前后)

敕具官某:以阶官易环卫,率视其秩,日者有司故贬损尔,今彻朕闻,始仍旧贯。虽曰绪正,亦以示恩。其尚恪恭,称此密察。可。

出处:《止斋先生文集》卷一二。

撰者:陈傅良

考校说明：编年据同集前后文时间补。

武功大夫权主管侍卫马军司公事张师颜落权字制
（暂系于绍熙四年六月前后）

敕具官某：朕以金陵形势，襟带江淮，辍吾骑卫，布之屯所，且以壮留钥焉。则统驭之才，厥选艰矣！尔以名将，往训群驵，方当无事，士马饱逸。观者咸谓可以即戎纻、怀武备。于风《驷铁》，于雅《车攻》，或庶几焉。翳尔之力，肆用命尔。自摄为真，班秩益崇。寄任寀重，其尚加懋，以究尔功。俾周秦之诗，得以专美，则予汝嘉。可。

出处：《止斋先生文集》卷一二。
撰者：陈傅良
考校说明：编年据同集前后文时间、张师颜宦历补，见《宋会要辑稿》礼二四。

皇叔祖武德郎主管台州崇道观不呶
特换右监门卫大将军制
（暂系于绍熙四年六月前后）

敕具官某：朕考《周官》，凡卫王官者皆同姓也。国朝亦简宗英，置之环列之尹，盖循周制，属意深矣。惟尔叔祖，行尊德修，今在选中，应于经谊。宜率典常，作宋恭先。有冯有翼，则繄汝赖。可。

出处：《止斋先生文集》卷一二。
撰者：陈傅良
考校说明：编年据同集前后文时间补。

右丞相葛邲初拜赠三代封妻制
（暂系于绍熙四年六月前后）

曾祖朝奉郎致仕赠太师谥清孝追封魏国公书思封鲁国公

敕：朕览周诰，至命君牙为大司徒，实□冢宰，是谓股肱。而推本乃祖，世笃忠正之美,盖有感焉。维今大臣,相我孝治,经文纬武,海内晏然。则亦惟其先德之休,足以焘后,可无褒崇,以应经谊? 具官某故曾祖具官某,躬行对于古人,乡誉高于月旦。方其筮仕,亦既有闻,而以其亲挂冠再调管库,以此终身。仅通闺籍,法不应谥,朝廷异焉,易名清孝,足以发明其人矣。燕及曾孙,爰司宰事,则所以推本其美,朕敢忘周道乎? 进封大邦,莫如曲阜。尚食其报,永绥尔神。可。

曾祖母魏国夫人侍其氏赠冀国夫人

敕:周之盛,至于《既醉》极矣! 其卒章曰:"君子万年,景命有仆。其仆维何? 厘尔女士。厘尔女士,从以孙子。"言周之群臣皆有士行之女,以为之妃,使生子孙,足以传世,盖天意也。具官某故曾祖母具位某氏,作配君子,行修于家,覃及曾孙,乃生耆哲。考其世次,亦足以知吾祖宗盛时,天意攸属,而岂一日之积、一门之私哉! 假使当周之世,必从夫爵,侑食五庙。然则祚以大国,秩之小君,虽古未有,亦可以义起礼矣。可。

祖宣奉大夫显谟阁待制致仕丹阳郡开国公赠太师 谥文康追封楚国公胜仲封齐国公

敕:朕既本之六艺,大启土宇,以宏赉葛氏之桃,则嗣有令闻,逮事两朝,申锡名邦,亦礼之称。具官某故祖具官某,服某家声,践修累世,济以力学,连由三科。然而名满天下,而位不过从班;文字行于方来,而身不究远业。惟是一经之教,被于闻孙,蔚为名臣,间我两社。则劬躬之报,可无异恩? 维此营丘太公,旧宅是用,即命以为新封。对我宠灵,以昌尔祚。可。

祖母楚国夫人张氏赠夏国夫人

敕:朕方广念祖烈,匹休于周。假以溢我,而收得贤之福,则所以尊大其家,以答天贶,岂顾有所爱哉! 具官某故祖母具位某氏,凤以懿行,来嫔名家。仪于前人,以诏妇子。亦既再世,烨然有闻。而未艾之祥,施于今相。《诗》不云乎:"艺之榛栗,椅桐梓漆,爰伐琴瑟。"种德弥远,历年弥长,岂必皆身亲见之乎? 报本酬劳,式至今日。大邦美号,以慰永怀。非以为生,盖礼之称。可。

父朝议大夫致仕赠太师许国公立方封越国公

敕：王室百年之间，公侯将相故家希不失者，有以文墨论议绵及三叶，是谓世臣，固朕之所宠嘉。矧予宗工、尊为祢庙者乎？具官某故父具官某，襟度粹然，声华藉甚。文未脱稿，往往诵之，一时英游，莫敢辈行。绍兴之季，归为从臣。盖其行藏，皆可踪迹。用而不尽，士论惜焉。宜集善声，发于贤嗣，凡所著见，孰非典刑？爰侈旧封，建邦于越。以厚教忠之报，以伸追远之怀。可。

母雍国夫人樊氏赠陈国夫人

敕：为吾股肱之臣，则上自三世皆褒大之，而况于其母乎？御不及百两，养不及万钟也，而无以慰满其罔极之思，亦何以责移忠之报哉！具官某故母具位某氏，承休袭美，发育自躬。恩斯勤斯，鞠我良弼。虽及晏岁，逮事舅姑，旦莫敬共，至忘桮棬。是足以成其子之令德矣。改疏上国之封，以世世配于祢庙。而今而后，庶几吾大臣之不废《蓼莪》也。可。

故妻蜀郡夫人沈氏赠成国夫人

敕：夫人起家以致爵位，风人惧焉。乃若克相夫子，至于登庸，尝与之同隐忧矣，而不同休显，此则又《礼经》之所悼嗟也。具官某故妻具位某氏，女德配于珩璜，妇功著于珩藻。胡不偕老，以须美成？朕惟吾相裸于祔姑之室，而副笄之服弗被，翟茀之车弗乘也，非有追宠，何以慰之？乃辟新封，以贲幽岁。可。

妻鲁郡夫人王氏封信国夫人

敕：永惟二《南》，大夫劳于王事，而勉之以正，劝之以义者，皆其家室也。矧吾辅臣，孤立一意，佐佑乃辟，是不曰警戒相成之助欤？具官某妻具位某氏，自继元配，德音不瑕。既有芳馤，进界祖妣；亦有杂佩，施及朋似。佐我名臣，迄登三事，闻誉日广，绩用日崇。则与夫汝水之坟，南山之侧，遭世不淑，动心忍性者，可同年而语乎？冠于命妇，为君夫人。我有茂恩，宜不汝吝。可。

出处：《止斋先生文集》卷一二。又见嘉庆《武阶备志》卷二二。

撰者:陈傅良

考校说明:编年据同集前后文时间补。题后原注:"绍熙四年三月拜。"

知枢密院事胡晋臣初除赠三代封妻制
(暂系于绍熙四年六月前后)

曾祖赠太子太保修己赠少保

敕:昔周宣中兴,将相皆天下之选矣。爰命皇父,以整六师。而推本所以,实南仲大祖之后,爰作《常武》之诗,朕甚慕焉。维今本兵,得我硕辅,则其宗祧可无褒崇以应经谊?具官某故曾祖具官某,躬行对于古人,德誉高于辈行。而怀道不试,士论惜之。夫屈于名者,享其实,不发乎其身者,遗其后。是宜燕及曾孙,蔚为名臣。久陪国论,晋长枢庭。则追录其积行之勤,增华其种德之报,朕敢忘《常武》之诗乎?升班亚保,以宁其神。非以为生,盖礼之称。可。

曾祖母济阳郡夫人黄氏赠崇国夫人东莱郡夫人张氏赠安南国夫人

敕:周之盛,至于《既醉》极矣!其卒章曰:"君子万年,景命有仆。其仆维何?厘尔女士。厘尔女士,从以孙子。"言周之群臣,皆有士行之女以为之妃,使生子孙,足以传世,盖天意也。具官某故曾祖母具位某氏,作配君子,行修于家,覃及曾孙,乃生耆哲。考其世次,亦足以知吾祖宗盛时,天意攸属,而岂一日之积,一门之私哉!假使当周之世,必从夫爵,侑食五庙。然则阼以大国,秩之小君,虽古未有,可以义起礼矣。可。

祖赠太子太傅燮赠少傅

敕:朕既本之六艺,不爱高爵,以崇报胡氏之祧,则嗣有令德,休于后昆,并命为孤,亦礼之称。具官某故祖具官某,当天下之清,得幽人之履,世无孝廉之科,而不偕于计吏;居无朝市之交,而不闻于上国。天命弗借,为之生孙。蚤为闻人,遂专枢管。是不谓之劬躬煮后者乎?申锡命书,班于次傅。岂唯发潜,亦劝来者。可。

祖母平原郡夫人王氏赠永国夫人

敕：朕方寅念祖烈，匹休于周，假以溢我，而收得贤之福，则所以尊大其家，以答天贶，岂顾有所爱哉！具官某故祖母具位某氏，夙以懿行，来嫔名家，仪于前人，以诏妇子。爰集庆善，施于闻孙。《诗》不云乎："艺之榛栗，椅桐梓漆，爰伐琴瑟。"种德弥远，历年弥长。岂必皆身亲见之乎？报本酬劳，式至今日。大邦美号，于礼为宜。可。

父奉议郎致仕赠太子太师宗赠少师

敕：自蜀平至今二百余年，盖西土无遗贤矣。而尚有潜德，三世不逢。《诗》不云乎："何其久也，必有以也。"具官某故父具官某，行著而晦于名，才丰而啬于位。乾道之际，有子烨然，诸老先生，见谓公辅，吾寿皇骎骎向用矣。而方考盘阿涧，永矢弗谖，不以鼎来之养，而易燕居之福。匪棘其欲，卒为帝师。殆所谓有道者乎！然而生则遂循墙之志，没则极告第之荣。吾于大臣之亲，亦质之《诗》、《书》无愧矣。可。

母通义郡夫人鲜于氏赠信国夫人和政郡夫人苏氏赠和国夫人文安郡夫人王氏赠惠国夫人

敕：为吾大臣，则上自三世，皆宠嘉之，而况于其母乎？御不及百两，养不及万钟也，而无以慰满其罔极之思，亦何以责移忠之报哉！具官某故母具位某氏，承休袭美，发育自躬。恩斯勤斯，鞠我良弼。盖副笄之饰、翟茀之华，一朝酬之，不以为泰。朕惟枢辅怵然，永怀是用。疏以上国之封，以世世配于祢庙。而今而后，庶几吾大臣之不废《蓼莪》也。可。

妻大宁郡夫人康氏封安定郡夫人

敕：永惟《二南》，大夫劳于王事，而勉之以正，劝之以义者，皆其室家也。矧吾辅臣，孤立一意，佐佑乃辟，是不曰警戒相成之助欤？具官某妻具位某氏，酒醴之所羞，杂佩之所赠，皆天下贤杰也。爰相夫子，至于登庸。经文纬武，绩用甚茂。则与夫汝水之坟，南山之侧，遭世不淑，动心忍性者，可同年而语乎？冠于命

197

妇,为君夫人。我有异恩,宜不汝吝。可。

出处:《止斋先生文集》卷一二。

撰者:陈傅良

考校说明:编年据同集前后文时间补。题后原注:"绍熙四年三月除。"

迪功郎秘书省正字蔡幼学该修进至尊
寿皇圣帝会要转一官制
（暂系于绍熙四年六月前后）

敕具官某:载笔东观,迄于成书。序进一阶,可谓德赏。益修铅椠,以昌尔文。二典三谟,亦其选也。可。

出处:《止斋先生文集》卷一二。

撰者:陈傅良

考校说明:编年据同集前后文时间、文中所述史事、蔡幼学官历补,见《宋史》卷三六《光宗纪》、《南宋馆阁续录》卷九。

知福州邓侨知建康府制
（绍熙四年七月前）

敕:开帅藩于闽峤,曾未弥年;司留籥于秦淮,兹焉易镇。渴想仪形之见,亟令邮置之传。具官某执德不回,秉心无竞。论议远追于晁董,文章高轧于汉周。正色立朝,尤推批敕之手;至公典选,允藉持衡之权。皂盖颁春,出临千里;锦衣行昼,就抚三山。欲改界于麟符,仍从驰于驿骑。朝受命夕引道,谅无惮于暑行;退补过进尽忠,正有资于辰告。入奉受厘之对,徐为分阃之行。惟我旧臣,服兹休命。

出处:《攻媿集》卷三六。

撰者:楼钥

考校说明:编年据《景定建康志》卷一四补。

吏部员外郎雷滧直焕章阁知平江府制
(绍熙四年七月前)

敕具官某:姑苏古郡,号称吴门,密辅行都,最为重镇。地大物阜,讼诉实繁。衣冠走集,应酬不暇。非宽博强敏之士,其何以居师帅之任乎?尔以办剧之才,饰以儒雅。尝以一邑之长,膺千里之寄;又以十连之帅,抚五羊之民。召对便朝,郎潜选部,念未足以究尔之能也。视邦选侯,为朕一行。加以尧章之职,用为临遣之宠。倚闻异政,以称所蒙。

出处:《攻媿集》卷三六。

撰者:楼钥

考校说明:编年据《绍定吴郡志》卷一一补。

皇叔祖赠少师士岘追封郡王制
(绍熙四年七月十一日)

敕:冠三孤之位,既颁恤典之优;疏千里之封,更极真王之贵。具官某分晖天派,擢秀宗支。琚瑀珩璜,允矣朝仪之肃;襄兜戟纛,居然将阃之崇。虽平生坐致美官,而终老不愆素履。逮朕纂承之始,方形亲睦之风。曾颁爵之未遑,乃抱疴而自晦。云何不淑,遂止于斯。噫!搢笏垂绅,恢典刑之安在;分茅胙土,尚冥漠之有知。用慰尔灵,益昌厥后。

出处:《攻媿集》卷三七。

撰者:楼钥

考校说明:编年据《宋会要辑稿》帝系二补。

士岘女三人并封县主制
(绍熙四年七月十一日)

敕某人:朕丕承庆基,崇笃宗老。凡今属近行尊,历事三朝,如尔父者几人?奄其告终,遗奏来上。粲然三女,愿赐汤沐。朕何爱大邑之封,不以慰尔父之意乎?益懋壸彝,以对隆渥。

出处:《攻媿集》卷三七。

撰者:楼钥

考校说明:此制当与同集同卷《皇叔祖赠少师士岘追封郡王制》作于同时。

忠训郎武学博士李兴时知融州制
(绍熙四年七月十二日)

敕具官某:简在右学,诸生咸曰:"贤哉,吾博士也!"满岁宜迁官,而自诡治民,将以其淑人者施之行事。融在岭表,尝建旄钺,而荆湖之与邻,视旁郡为善地。爰以付汝,是谓异数。尚其懋哉,以践尔言。可。

出处:《止斋先生文集》卷一二。

撰者:陈傅良

贬责石大协诏
(绍熙四年七月十三日)

修武郎石大协特贷命,除名勒停,永不收叙,免真决,送潭州编管,仍籍没家财。

出处:《宋会要辑稿》刑法六之四二。

太常丞李谦浙东提举制
(绍熙四年七月十五日前)

敕具官某:部使者任常平之寄,一道之休戚系焉。朕固不以轻畀,而况近畿乎!尔笃志于学,力行其言。弦歌之政,见于已试;忧国之心,形乎辞色。辍从朝行,畀以使节。旱涝之余,岁事未知,周爰咨询,先事而图。浙河以东,汝其任是责哉!

出处:《攻媿集》卷三六。

撰者:楼钥

考校说明：编年据《宝庆会稽续志》卷二补。

浙东提举李谦乞将合转朝奉郎一官回授制
（绍熙四年七月十五日后）

本生父玶赠承事郎

敕具官某故本生父某：朕方以孝治天下，凡以亲为请者多曲从之。尔世有令德，躬履特操。是生贤子而嗣其兄，既已能显其父母矣。愿舍外郎之一秩，求赠本生之二亲。淳化、淳熙，况有故事。是用宠尔以廷评之阶。《诗》不云乎："孝子不匮，永锡尔类。"尔子方为部刺史，以此风厉郡邑，其助吾风化多矣。

本生前母王氏本生母陈氏并赠孺人

敕具官某故本生母某氏：尔有贤子，出继伯父。既显其亲，又追惟本生之重，愿加赠典。有司已援旧比，且言员郎所系为重，而其请于义可矜，足以劝臣子荣亲之孝。朕曰俞哉，并进汤沐之封，以为泉壤之宠。

出处：《攻媿集》卷三七。
撰者：楼钥
考校说明：编年据李谦宦历补，见《宝庆会稽续志》卷二。

诸路申奏桩管朝廷米斛数目诏
（绍熙四年七月十七日）

三总领所日下取见桩米州军元管数目，具结罪保明文状申尚书省，将来支遣，不管少有欠折。并令各路总领及桩管去处守臣专一任责，如向后或有亏欠，并重置典宪。

出处：《宋会要辑稿》食货六二之六九。

同知枢密院事赵汝愚知枢密院事制
（绍熙四年七月十八日）

敕:朕延登枢臣,方务亲贤之并用;擢专兵本,岂以日月而为功? 式隆磐石之宗,益耸维岩之望。具官某仙源有自,天分素高,发之以场屋之声名,博之以师友之问学。论思禁路,真有净臣之风;填抚藩方,著古循吏之绩。望之堂堂,折而不挠;元龄孜孜,知无不为。卓尔士夫之间,居然公辅之器。顷为储宰,已知许国之忠;兹贰机廷,尤见爱君之笃。俾升右府之长,密赞中宸之谋,增衍真腴,并昭异数。噫! 三军五兵之问,虽未至于庙堂;一日万几之繁,正有资于帷幄。朕方越拘挛而图任,尔其勉忠力以赴功。惟既厥心,同底于治。

出处:《攻媿集》卷三七。又见《宋宰辅编年录》卷一九,《宋忠定赵周王别录》卷二。
撰者:楼钥
考校说明:编年据《宋史》卷三六《光宗纪》、《宋宰辅编年录》卷一九补。《宋史》卷二一三《宰辅表》误系于绍熙四年"十月壬午"。

吏部尚书余端礼同知枢密院事制
（绍熙四年七月十八日）

敕:朝建几廷,实总事枢之要;任专军政,尤资副贰之贤。乃图旧人,用称隆委。具官某气和而有守,资介而能通。蚤膺慈宸之知,遍仪清贯;爰列储闱之属,久事初潜。提身有肃括之称,立朝奏正直之德。典铨衡于选部,尤推鉴裁之公;守管籥于留都,允藉保厘之略。召还位著,益简予衷。盖君臣相知,非一日之积;而文武并用,何二柄之分? 屡登朝夕论思之班,宜居凤夜宥密之地。启侯封之土宇,畀采邑之圭腴。噫! 运筹帷幄之中,当远追乎前躅;折冲樽俎之上,正有望于壮犹。尚服宠光,毋替朕命。

出处:《攻媿集》卷三七。
撰者:楼钥
考校说明:编年据《宋史》卷三六《光宗纪》、《宋宰辅编年录》卷一九补。《宋史》卷二一三《宰辅表》误系于绍熙四年"十月壬午"。

同知枢密院事余端礼初除封赠制
（绍熙四年七月十八日后）

曾祖庆太子少保

敕：士有致位庙堂而光显于时，其上世终身韦布而追荣于后。惟源流必有所自，而贵盛亦岂偶然？具官某乐道丘园，隐居闾里。人无知者，实有侔于天；我自得之，故无待于外。比及三世，乃生贰枢。朕方以储闱旧学之臣，擢居宥府基命之地，首以宫保之亚，用为曾门之光。岂徒显尔宗之祧，抑以为善士之劝。

曾祖母徐氏齐安郡夫人

敕：朕延登储寮，进贰枢管。既已宠及上世，又念伉俪之贤，必有以相之者，故加以小君之号焉。具封某生太末之区，盛偃王之族，嫔于良士，托以终身。谅闺范之可称，至曾孙而遂显。择黄冈之佳郡，开石窌之新封。赍尔泉扃，歆予涣渥。

祖铎太子少傅

敕：君子之泽，既被于后人；朝廷之恩，宜及于先世。有德必大，可考不诬。具官某探六艺之遗言，为一乡之善士。虽文学行谊不见于用，而孝悌忠信能行于家。再传而兴，致身枢近。推迹先祖之自，欲亢余氏之宗。青宫六傅，举以命汝。尚惟不泯，服兹宠灵。

祖母傅氏高平郡夫人

敕：儒者笃行，不显于世，而能垂裕子孙，则亦惟闺门能循法度以为之助。追赠之宠，殁宜共之。具封某谨蘋蘩之仪，佩图史之训，克事君子，相敬如宾。是生贤孙，为朕良佐。以高都之名郡，为汤沐之新邑。惟尔灵其预享之。

父赠通议大夫绘太子少师

敕:信安自赵抃以来,仕登宰辅,不过三数人。我有本兵之贤,固由自致;迹夫义方之教,当撰所元。具官某秉心静渊,履行淳固,分薛包之田而爱形于兄弟,折冯驩之券而义笃于乡闾。积善有余,固非一日之力;延师不倦,遂成令子之名。周旋清班,登进宥府。蜜章加赠,屡升法从之阶;祢庙益亲,独箧宫师之选。以示教忠之效,以宽追远之思。

母淑人虞氏咸宁郡夫人

敕:士之家传,固出父师之训;古有胎教,实由母氏之贤。仕既显于朝廷,宠宜加于泉壤。具封某天资婉嬺,妇德静专。谨以事夫,远追举案之美;勤于教子,不愧断机之言。虽鱼轩不见于生前,而鸾诰屡颁乎身后。兹锡义川之号,盖由枢管之恩。庆则有余,泽其未艾。

妻淑人叶氏信安郡夫人

敕:大臣许国,能有《羔羊》正直之风;夫人起家,必如《鸤鸠》均一之德。既资内助之力,宜启小君之称。具封某姆训是遵,壸彝甚饬。相尔夫子,不以事物婴其心;为时名卿,得以廉白厉其操。位登两地之贵,恩沾三世之先。矧惟鱼轩,宜尔象服。视枢臣而命爵,就乡郡以疏封。益肥汝家,庸称予渥。

出处:《攻媿集》卷三七。

撰者:楼钥

考校说明:编年据余端礼官历补,见《宋史》卷三六《光宗纪》、《宋宰辅编年录》卷一九。

知枢密院事赵汝愚初除封赠制
(绍熙四年七月十八日后)

曾祖东头供奉官士愿赠太子少保

敕:国家亲睦九族,本支蕃衍。侯王使相,宠禄相望。然虽在近属,无子孙赠典之文。惟尔孙曾进秉事枢，追荣之恩上及三世。有宋以来，实自汝始，岂不荣哉！具官某胄出熙陵，庆绵汉邸，生长承平之日，涵濡信厚之风。不显其躬，以燾于后。本兵之任，我得宗英，推迹本原，宠之宫保。蜜章之渥，贲尔九京。

曾祖母龚氏赠高平郡夫人

敕：士大夫遭时遇主，致身两地，必有庆源之自，仍多内助之先。矧在吾宗，可无异渥？具封某婉嫕之质，幽闲之度。克相夫子，浸大其家。孙又生子，起为公辅，既锡曾门之宠，并推妇爵之崇。惟沁水之名邦，实河东之沃壤，以示庙祧之宠，以增属籍之光。

祖赠秉义郎不求太子少傅

敕：唐之宗室，大用者九人，而李适之为称首。追荣乃祖，褒册典物，焜照都邑，行道咨叹，著于史牒。今尔之宠，视古过之。具官某禀资甚贤，为善知乐，虽事功不见于世，而隐行实侔于天。是生闻孙，首致枢近。既尝逮事，当揆所元，用推黄壤之恩，爰授青宫之傅。三锡之命，尚其未央。

祖母太孺人晁氏赠咸宁郡夫人

敕：惟晁氏世有名士，在济北号称华宗。女教既严，壶彝可纪。矧来归于天族，乃深笃于义方。宜有后人，克显先世。具封某结缡之训，盖自家传；采蘋之仪，实遵礼度。相夫以道，躬德曜齐眉之勤；有子甚仁，兼仲由负米之养。三迁之教，燕及玄孙。一命之荣，胙之大郡。是为阳报，尚服殊恩。

父赠大中大夫善应太子少师

敕：躬行之实，莫著于隐微；天报之昭，殆同于影响。苟能用一日之力，何必活千人而兴？惟深仁厚谊，有以过绝于人；则阴功隐德，终当暴白于世。具官某生长富贵，遭罹险艰。菽水仅充，而事亲有卧冰跃鲤之孝；伏腊未给，而于人有解衣推食之仁。片言可质于神明，一饭不忘于君父。教忠之训，既著生前；笃行之名，遂彰身后。朕方命尔元子，贰吾西枢，察其许国之忠，想见过庭之学。宠之师范，冠彼储僚。岂惟祢庙之是崇，抑亦宗盟之未有。尚其英爽，式谨歆承。

母淑人李氏赠安化郡夫人

敕:朕显登枢管,既以崇赵氏之祧,加贲幽原,其可忘孟母之训?具封某生自名阀,归于贤宗。秉志静专,与少文而协趣;处家约素,为彭泽以忘贫。一门相勉以孝慈,奕世俱传于清白。是有贤子,为予辅臣。爰开顺化之封,用示追荣之宠。毋重杯棬之感,庶宽霜露之思。

妻淑人徐氏赠鄱阳郡夫人

敕:朕并用亲贤,延登宥密。虽曰家传之懿,如《麟趾》仁厚之风;亦惟闺助之良,有《鸡鸣》警戒之道。宜与偕老,胡不永年?用加宠荣,以贲冥漠。具封某天资柔淑,妇德慈祥。册府道山,才及见夫子英游之际;副笄翟茀,伤不逮小君命服之荣。独惟南渡以来,久寓楚东之近。始封此郡,尚慰尔灵。

出处:《攻媿集》卷三六。又见《宋忠定赵周王别录》卷二。
撰者:楼钥
考校说明:编年据赵汝愚官历补,见《宋史》卷三六《光宗纪》。赵汝愚除知枢密院事,《宋史》卷二一三《宰辅表》系于"十月壬午",误。

湖南提刑孙逢吉奏邵州狱囚死者二十余人守臣胡澄特展二年磨勘制
(绍熙四年七月十九日)

敕:昔在三朝,每岁盛夏,以一札赐郡长吏,为犴狱丁宁也。自长吏不奉此诏,而吾民瘐死者滋众。尔其守邵,亦以狱囚多死见察于部使者,毋乃非朕寄元元之意乎!贬损年劳,以示薄罚。继此领州,无怠臬事。可。

出处:《止斋先生文集》卷一三。
撰者:陈傅良
考校说明:编年据《宋会要辑稿》职官七三补。

文林郎邵州录事参军柴璿修职郎邵州司理参军
李閤狱囚多死各特降一资制
（绍熙四年七月十九日）

敕具官某：尔为狱官而不省囚疾苦，至多瘐死，非所谓士师不能治士者欤？其镌一阶，以警怠事。可。

出处：《止斋先生文集》卷一三。
撰者：陈傅良
考校说明：编年据《宋会要辑稿》职官七三补。

武学谕范仲壬除武学博士修武郎黄褒然除武学谕制
（绍熙四年七月二十一日）

敕具官某等：国家设武科以取士，有周道焉，所以贯革之射息，说剑、擂笱冕衣裳，在西学，则皆俊游也。矧若尔仲壬、尔褒然，人所亟称者乎？分以横经之席，从以满户之屦。虽甚宠异，岂曰不宜？可。

出处：《止斋先生文集》卷一二。又见民国《平阳县志》卷七七。
撰者：陈傅良

临安府见管贼人押送外州军牢固拘管诏
（绍熙四年七月二十五日）

令临安府将见管贼人各差人管押分送外州军牢固拘管，日具存亡申枢密院。

出处：《宋会要辑稿》刑法六之七二。

知常州陈谦湖北提举制
（绍熙四年七月）

敕具官某：为常平而置使，专以惠民；选名士以乘轺，示不忘远。尔服勤儒术,抗志事功。顷居编摩,已著才望。甫试繁剧,优有治声。往行重湖之区,典司义廪之政。贸迁鬻海之利,务在通商;绥靖摘山之徒,无致生事。伫观成绩,嗣有宠章。

出处:《攻媿集》卷三六。

撰者:楼钥

考校说明:编年据《咸淳重修毗陵志》卷八补。

<h1 style="text-align:center">合州赤山县多山至道观冲妙真人祈祷
感应加封冲妙灵应真人制</h1>

(绍熙四年七月)

敕具某神:朕虽不令祠官祝厘,专乡独美,至四方长吏有为吾民请曰:"某山川之神,能惠其一方。"则褒崇之典,朕靡爱焉,以庶几古蜡百神之义。今蜀部使者来言,尔神惠及阖境,求之掌故,则建炎之所表章也。爰锡命书,申衍称号。所以宠嘉神贶,以从民欲者何如哉! 尚终惠之,俾世世享。可。

出处:《止斋先生文集》卷一三。

撰者:陈傅良

考校说明:编年据《宋会要辑稿》道释一补。

<h1 style="text-align:center">万钟司农卿制</h1>

(暂系于绍熙四年七月前后)

敕具官某:尔以才谞,早为九卿。去国久之,擢冠宰掾。仕已之际,不见几微。召对便朝,奏论详雅,是用命汝复长予周稷之任。王城内外,储粟动以百万计,上下仰给,事则浩繁。往哉惟钦,以称朕意。

出处:《攻媿集》卷三七。

撰者:楼钥

考校说明:编年据同集前后文时间补。

知宁国府蒋继周知太平州制
（暂系于绍熙四年七月前后）

　　敕:偃藩巨屏,正资共理之良;易镇邻邦,允藉上流之重。惟时宿望,听我训辞。具官某经术融明,材猷挺特。历居言路,凛乎中执法之威;屡剖郡符,翕尔东诸侯之最。念千里相安之久,为三年报政之期。乃眷当涂,犹为重地。民风淳静,素称道院于江东;讼牒简稀,真是太平之官府。更烦旧德,为抚黎民。矧击柝之相闻,亟驱车而及境。双溪叠障,难伸愿借之私;五马一骢,又得宦游之乐。其因详试,遂讫外庸。

出处:《攻媿集》卷三六。
撰者:楼钥
考校说明:编年据同集前后文时间、蒋继周官历补,见《渭南文集》卷三五《蒋公墓志铭》。

木待问知宁国府制
（暂系于绍熙四年七月前后）

　　敕具官某:朕念储闱寮寀之旧,罔匪极一时之选。既已延登四人,为予宰辅,其在外里居者亦未尝忘也。尔事朕有素,家食累年。起为二千石,以示旧恩。相攸久之,兹焉始定。宛陵为江右名郡,以寿皇潜藩,地望尤崇。尔其往为朕抚字吾民,笃志赈恤,以销愁恨叹息之心。岂惟有以副选侯之意,尔亦将由是而进焉。

出处:《攻媿集》卷三六。
撰者:楼钥
考校说明:编年据同集前后文时间补。

章森依旧知兴元府制
（暂系于绍熙四年七月前后）

　　敕:国家谋帅,岂命令之可移;臣子徇公,亦东西而惟命。间因有为,未免从宜。具官某文有古风,神无滞用,以禁路论思之旧,为藩方师帅之良。建邺留都,

209

允藉保厘之略;江陵巨屏,久烦填抚之威。惟此兴元,控于蜀道。念开藩之未及,又易镇以有行。不如旧贯之仍,毋庸新尹之告。汉中地重,肯形鸡肋之书;南国教明,当息鼠牙之讼。尚图茂渥,以答显庸。

出处:《攻媿集》卷三六。

撰者:楼钥

考校说明:编年据同集前后文时间补。

吴总知泸州制
(暂系于绍熙四年七月前后)

敕:禁路通班,久遂燕闲之适;藩方谋帅,允资抚御之良。方起家而临民,谅闻命而引道。具官某胄出勋门而被服儒雅,世传戎韬而深涉艺文。泽笏影缨,旧为仪于朝列;拥麾持节,屡宣力于坤维。眷此泸川,控彼南徼。民生繁阜,当劳来安集之余;军律申明,严坐作进退之节。正赖中和之政,往宣宽大之书。西平王之在唐,固多贤子;诸葛侯之仕汉,自有美声。益振尔家,用固吾圉。

出处:《攻媿集》卷三六。

撰者:楼钥

考校说明:编年据同集前后文时间补。

知太平州叶翥知婺州制
(暂系于绍熙四年七月前后)

敕:听履而上星晨,缅怀旧德;把麾而去江海,又著外庸。锡以明纶,处之辅郡。具官某性宽而有制,道广而能周。为大子之从臣,最先众俊;主国家之大计,殆过十年。谋谟备罄于忠嘉,仕已不形夫喜愠。乃眷文昌之老,俾临宝婺之区。姑熟闻,未及赐金之宠;括苍地近,何殊衣绣之荣?倚观中和乐职之诗,益表平易近民之政。其祗隆眷,嗣有优恩。

出处:《攻媿集》卷三六。

撰者:楼钥

考校说明:编年据同集前后文时间补。

刘俣广东提举制
（暂系于绍熙四年七月前后）

敕具官某:朕嗣服之初,首下宽大之诏,俾部使者分察属郡,务宽民力。尔守岳阳,推诚奉行,凡加赋横敛之病吾民者,悉加蠲除,几去岁额之半。荐章交上,朕甚嘉之。岭海去朝廷远,畀尔一节,专敛散之权。推岳阳之意而行之遐陬,其息肩乎?

出处:《攻媿集》卷三六。

撰者:楼钥

考校说明:编年据同集前后文时间、嘉靖《广东通志初稿》卷七补。

通议大夫知枢密院事胡晋臣致仕制
（暂系于绍熙四年七月前后）

敕:三年辅政,是为股肱之良;一旦乞身,欲挂衣冠而去。勉从尔请,深轸予衷。具官某迪德粹和,秉心正直。尊贤容众,无一毫忌刻之私;学道爱人,备四时温厚之气。察其有守,任以不疑。典封驳于东台,赞枢机于西府,进参畿辅,遂长本兵。方期竭节以相资,乃以沈疴而有请。任重道远,知许国之未量;名遂功成,奚退身之太早。无君子者,如苍生何? 噫! 垂车而传子孙,顾莫回于雅志;就第而问筹策,尚有冀于壮犹。其服宠光,以绥吉履。

出处:《攻媿集》卷三七。

撰者:楼钥

考校说明:编年据同集前后文时间、胡晋臣宦历补,见《宋史》卷二一三《宰辅表》、卷三九一《胡晋臣传》。

胡晋臣赠金紫光禄大夫资政殿大学士制
（暂系于绍熙四年七月前后）

敕:抗章自列,俯从纳禄之言;遗奏上闻,犹笃爱君之义。惊柄臣之已矣,抚往事以怆然。具官某天赋纯诚,世推厚德。仁必有勇,立朝多謇谔之忠;正而不它,致主尽忠清之节。自登近弼,可谓大臣。何抱疾之遽深,愿辞荣而勇退。始犹未许,遂不可为。爱之欲其生,谓何恙之不已;死者如可作,微斯人而谁归? 加秘殿之隆名,极文阶之三品。俾昌厥后,均赐以官。噫! 命方士而求马周,空轸如存之念;辍余瓜而奠如晦,徒增追悼之怀。顾一鉴之既亡,嗟九京之何及。尚惟英爽,歆此宠灵。

出处:《攻媿集》卷三七。

撰者:楼钥

考校说明:编年据同集前后文时间、胡晋臣宦历补,见《宋史》卷二一三《宰辅表》、卷三九一《胡晋臣传》。

潼川运判刘光祖奏儒林郎知资州龙水县
杨安益赈济有方循一资制
(暂系于绍熙四年七月前后)

敕具官某:潼川去朝廷远,顷修荒政,部使者察一道官吏之能否,以龙水为最而闻于朝。进尔选阶,以示褒表。

出处:《攻媿集》卷三七。又见民国《简阳县续志》卷八。

撰者:楼钥

考校说明:编年据同集前后文时间补。

徐元德知均州制
(暂系于绍熙四年七月前后)

敕具官某:均之为州虽远,以其控制洞蛮,置武当之节,使填抚一境,任不轻矣。尔蚤以经学教授乡里,旋以声望登进朝行。贰郡新安,绩用夙著。剖符兹土,以惠远民。往哉惟钦,益行所学。

出处:《攻媿集》卷三七。

撰者:楼钥

考校说明:编年据同集前后文时间补。

太学博士邵康太常博士曾秘国子博士太学录雷
孝友国子正田澹并太学博士制
（暂系于绍熙四年七月前后）

敕具官某等：博士秦官，掌通古今，员多至数十人。国朝稽古建官，凡以博士名者，皆清选也。尔康学问该洽，俾议礼于奉常；尔秘资禀纯笃，俾典教于胄学；尔孝友、尔澹俱以上庠纠正之职，升教育之任。一日而拔士以十数，亦足以知朕好贤之意也。其祗明命，毋曰序迁。

出处：《攻媿集》卷三七。

撰者：楼钥

考校说明：编年据同集前后文时间、邵康等人官历补，见《宋会要辑稿》选举二二。

费士寅藉田令制
（暂系于绍熙四年七月前后）

敕具官某：朕立贤无方，视所为主。苟得茂才，多列于朝。尔以西州之隽，褒然为举首。荐口既重，又当有以表异之。往司帝藉，实预容台清华之选。权舆于此，惟务靖共，以俟甄拔。

出处：《攻媿集》卷三七。

撰者：楼钥

考校说明：编年据同集前后文时间补。

湖南提举郭德麟宗正少卿制
（暂系于绍熙四年七月前后）

敕具官某：宗正一星，在帝座之东，朝廷以属籍为重，设官以象之。卿少之选，亚于太常，非他寺比也。尔以谅直周密，久司六察之职。出持使节，深简予衷。赐环来归，优置少列，岂徒为养望之地，将有以进汝焉。

出处：《攻媿集》卷三七。

撰者:楼钥

考校说明:编年据同集前后文时间补。

胡澄知光州赵彦珫知容州制
(暂系于绍熙四年七月前后)

敕具官某等:光山之在淮右,今为保障之区;容管之在广西,旧为经略之所。选侯而往,寄任匪轻。以尔澄起由名家,尝奏郡课;尔彦珫秀出天族,浒佐藩条,往分顾忧,当体朕意。有政可纪,无远不闻。勉哉!

出处:《攻媿集》卷三七。

撰者:楼钥

考校说明:编年据同集前后文时间补。

四川总领杨经直宝文阁提举四川茶马制
(暂系于绍熙四年七月前后)

敕具官某:尔以宰掾之长,往饷蜀门之师。万里驰驱之劳,计当入境;四川榷牧之寄,尤在得人。与其遴选于中朝,孰若就烦于便道? 载颁英箓,寓直宝奎。摘山以惠远人,市骏以备戎事。惟乡闾之在望,宜利病之详闻。往既乃心,用扬厥职。

出处:《攻媿集》卷三七。

撰者:楼钥

考校说明:编年据同集前后文时间补。

淮西提举张同之奏修职郎安丰军六安县令陆子虞救活被水人一千四百余人循一资制
(暂系于绍熙四年七月前后)

敕具官某:鼓钟伐鼛,淮有三洲,诗人所以兴叹也。安丰之潦,朕闻而念之。部使者谓尔有字民之能,仍得救灾之术,进尔一阶,又以少徇父老借留之意,其亦宠矣。益勉之哉!

出处:《攻媿集》卷三七。

撰者:楼钥

考校说明:编年据同集前后文时间、陆子虞宦历补,见《水心文集》卷九《六安县新学记》。

朝奉大夫知叙州计孝似夷贼作过不能弹压降一官制
(暂系于绍熙四年七月前后)

敕具官某:夔道被边,郡将实当控御之寄,而威令不申,夷獠侵侮,惊扰边氓,害及徼吏,久而后定,是不于汝而谁责哉! 其上一秩,尚思后图。

出处:《攻媿集》卷三七。

撰者:楼钥

考校说明:编年据同集前后文时间补。

朝散郎叙州通判李楧孙节制义军惊动夷贼降一官放罢制
(暂系于绍熙四年七月前后)

敕具官某:远夷匪茹,侵我王略。尔为别驾,受帅檄而不进,拥义军以自尊,致此猖獗,而又贪功幸赏,迹状昭然。削秩免官,以示边吏之戒。尚为宽典,其务省循。

出处:《攻媿集》卷三七。

撰者:楼钥

考校说明:编年据同集前后文时间补。

高文虎除将作监丞制
(暂系于绍熙四年七月前后)

敕具官某:朕旁招俊彦,布列周行,德进言扬,如恐不及。矧子太史氏之旧,引疾居家,十有四年。昔病今愈,予环可后乎? 尔博学笃志,承伯父之传,网罗旧闻,述史迁之绪。采之公论,佥曰汝贤。再转为丞,尚居缮监。职务清简,可以卒汗青之业。毋以匠为嫌也。可。

出处:《止斋先生文集》卷一二。又见《攻媿集》卷三七。
考校说明:编年据同集前后文时间、高文虎宦历补,见《宋会要辑稿》选举二一。
本文又见《攻媿集》,撰者待考。

和州防御使殿前副指挥使郭杲除宜州观察使制
（暂系于绍熙四年七月前后）

敕:古者六军皆以卿将。"元戎十乘,有玱葱珩",二《雅》诵之,庸示光宠。矧我中权,可无异数?具官某鹰扬之勇,辐凑之谋,山西将家,今才一二。酬劳屯所,晋长周庐。训我群驮,壮我中垒。累岁于此,士听无哗。日者贝胄三十,来阅庭内。舍矢如破,可以即戎。朕图尔功,宜及懋赏。枚数勇爵,峻极廉车。礼均从班,视古卿士。是用命汝,盖周旧章。光对明恩,益思忠报。无使行狩,专美《车攻》;无使止居,遗恨《祈父》。则予以怿,金曰汝谐。可。

出处:《止斋先生文集》卷一三。
撰者:陈傅良
考校说明:编年据同集前后文时间补。

武略大夫侍卫步军都虞候兼权侍卫马军司职事
阎仲特转右武大夫忠州刺史制
（暂系于绍熙四年七月前后）

敕:日者,朕重冬狩之役,又不欲乏武事也,而为简之师,试诸廷内,于环列得帅焉,于步旅又得帅焉,皆可以即戎。朕甚嘉之。具官某久于行阵,积有战多,枚数壮士,莫与俦伍。解胸山之围,殿符离之返。至今言之,令人矜奋。顷自遴选,莅我师徒。百夫千夫,各习其教。往往营垒庐次之间,无嚣尘也。于是阎也,介胄坚好,旌旄光明;坐作进退,动中尺度。朕惟勇爵以横行为右阶之最,以刺郡为遥领之始。悉不汝吝,用赏懋功。其对隆恩,益殚忠力。可。

出处:《止斋先生文集》卷一三。
撰者:陈傅良

考校说明:编年据同集前后文时间、阎仲官历补,见《宋会要辑稿》礼九等。

閤门看班赵弼奏祖故宁远军节度使侍卫马军都指挥使赠太尉赵樽累遇郊祀登极未曾陈乞加赠特赠开府仪同三司制
(暂系于绍熙四年七月前后)

敕:朕永怀将阅,克勤王家,宣劳实多,赠典有阙。具官某忠于许国,勇不顾身。能以卫社稷之心,效于死封疆之力。战自束发,观者汗颜。日者欲澄冗员,尝第元从,阅实数千人之众,定为十三处之功。尔独最闻,朕尤嘉奖。然论报自昔,虽峻极于武阶,而讼言有孙,尚少亏于褒律。是用申命幽壤,视仪上台。以昭我不吝赏之功,以成尔无遗恨之美。抑使介士,奋于戎行。可。

出处:《止斋先生文集》卷一三。

撰者:陈傅良

考校说明:编年据同集前后文时间补。

修皇后祖先坟茔等诏
(绍熙四年八月二日)

皇后祖先坟茔、飨亭、屋舍,可令湖北路转运司应办修造,听候择日兴工。其故赠福王李道合立神道碑,令有司照应行状撰述。

出处:《宋会要辑稿》后妃二之二六。

福建提刑卢彦德奏泉州同安县尉钟安老增强盗希赏本州录事参军从政郎郑继功符同结录更不驳正继功特降两资放罢制
(绍熙四年八月三日)

敕具官某:捕盗之赏,建隆旧章也。比岁吏缘为欺,往往傅会得官,缙绅数以为言,而重改作,将以待实能焉。尔汝治其狱,乃不审察,竟以傅会之辞上之。州家士师,不能治士,非是之谓欤?其削两秩,仍免居官。尚务省循,以盖前咎。可。

出处:《止斋先生文集》卷一四。

撰者:陈傅良

考校说明:编年据《宋会要辑稿》职官七三补。

令有司讨论皇太后八十典礼来上诏
(绍熙四年八月七日)

寿圣皇太后圣寿无疆,来岁八十,邦家大庆。可令有司讨论典礼来上。

出处:《宋会要辑稿》礼五〇之六。

劝谕有米之家赴官输米以备赈济诏
(绍熙四年八月十二日)

逐路安抚、转运、提举司,如实有旱伤州县,许劝谕官民户有米之家赴官输米,以备赈济,委知、通交量认数桩管,相度荒歉轻重,申取朝廷指挥,方许支拨。其出米及格人,仰逐司保奏,依立定格目推赏施行,不得科抑。

出处:《宋会要辑稿》食货六八之九四。

恤民御笔
(绍熙四年八月十九日)

诸道郡县类有水旱去处,理宜拯恤,三省条画以闻。仍行下监司守臣,令疾速各具赈救之方,务使实惠及民,毋徒为文具。朕将考其殿最,以示劝惩。

出处:《宋会要辑稿》食货六八之九四。

周必大复益国公制
(绍熙四年八月二十二日前)

　　门下：行法由近而始，厥既示天下以公；知人自昔所难，要当谅君子之过。矧已臻于满岁，宜俾复于旧封。诞布明缗，式孚群听。少保、观文殿大学士、判潭州军州事兼管内劝农营田使、充荆湖南路安抚使、马步军都总管、降荥阳郡开国公、食邑一万六百户、食实封三千八百户周某，德全而才钜，识远而量宏。勋在两朝，望尤高于左棘；政成九牧，咏咸美于甘棠。顷景慕于前修，肆矜录其后裔。遂乖保任，有昧贤愚。缪举必惩，罚虽加于绌爵；阅时云久，恩可后于涤瑕。爰按邦彝，叙还公社，以谨驭臣之典，以彰补过之休。於戏！昨土分茅，兹全归于赐履；推贤报国，其勿替于初心。茂对宠光，益殚忠荩。可依前少保、观文殿大学士、判潭州军州事兼管内劝农营田使、充荆湖南路安抚使、马步军都总管，特叙复益国公，食邑、食实封如故，主者施行。

出处：《周益国文忠公年谱》。
撰者：倪思

朝散大夫权刑部尚书京镗兼侍讲制四年八月二十三日
(绍熙四年八月二十三日)

　　敕：朕与贤士大夫切磋经谊之日久矣，而今加意于《春秋》。《春秋》固为夷夏作也。盖闻在汉，或申复仇之义，或庶几止戈之武，而皆有大功，号称七制。断之经意，孰得孰失？朕将安所取此，而谁与茂明之也？具官某简在法从，蔚为名臣。修聘北庭，非礼勿听；往厘西事，无言不酬。斯可谓据古而通今者矣。进之路朝，重席以待。其为朕深探遗经之指，与汉二君行事，以佐取舍。尔信不为章句学者，而朕顾不能尊所闻欤？往其懋哉，以副延伫。可。

出处：《止斋先生文集》卷一三。
撰者：陈傅良

太中大夫权尚书吏部侍郎沈揆兼侍讲制
(绍熙四年八月二十三日)

敕:朕与贤士大夫切磋经谊之日久矣,而今加意于《春秋》。《春秋》固为夷夏作也。盖闻在汉,或申复仇之义,或庶几止戈之武。而皆有大功,号称七制,断之经意,孰得孰失?朕将安所取此,而谁与茂明之也?具官某绍兴诸生,逮事高庙;乾道博士,见知慈庭。于今士林鲜矣辈行,而况尝与朕游旧乎?进之路朝,重席以待。其为朕深探遗经之指,与汉二君行事,以佐取舍。尔信不为章句学者,而朕顾不能尊所闻欤?往其懋哉,以副延伫。可。

出处:《止斋先生文集》卷一三。
撰者:陈傅良

朝请郎右正言黄艾兼侍讲制
(绍熙四年八月二十三日)

敕具官某:谏臣,朕所甚嘉与也。乃者封囊朝奏而夕不下,则言者辄不自得,岂朕意哉?劝讲阙员,有司来谂,庸命汝艾,切磋经术。晋陪从班,无所降杀。岂惟以尔闻见博洽,宜在选中?亦使人人晓然知朕嘉与之意,则继此尽言不讳矣。尚殚厥心,以副延伫。可。

出处:《止斋先生文集》卷一三。
撰者:陈傅良

出度牒给江东浙东以作粜济诏
(绍熙四年八月二十四日)

礼部各给降度牒一百道下江东、浙东提举司,每道价钱作八百贯,令两司措置出卖。人户愿输米依市价入中请买度牒者听。其卖到价钱,循还作专一籴米,斟量州县旱伤轻重,分拨粜济。

出处:《宋会要辑稿》食货六八之九四。

出度牒给淮西以备赈粜诏
（绍熙四年八月二十四日）

礼部给降度牒一百道，下淮西提举司，仍于舒州桩管米内支拨二万石，斟量州县旱伤轻重分拨粜济。

出处:《宋会要辑稿》食货六八之九五。

太府卿辛弃疾集英殿修撰知福州制
（绍熙四年八月）

敕具官某:七闽奥区，三山为一都会，地大物阜，甲于东南，负山并海，绵亘数千里，举听命于大府。连帅之选，岂云易哉！尔以轶群之才，蚤著事功。寿皇三界大藩，宠以论撰之华，于今几二十年。召对便朝，擢长外府，益平豪爽之气，而见温粹之容，朕心嘉焉。比居外台，谳议从厚，闽人户知之。升之集贤，增重阃寄，往其为朕布宣德意，抚吾赤子，以宽一面之顾忧，朕岂汝忘哉！

出处:《攻媿集》卷三六。
撰者:楼钥
考校说明:编年据《淳熙三山志》卷二二补。

太常博士陈楝秘书丞著作佐郎李唐卿著作郎秘书郎范仲黼著作佐郎校书郎王奭秘书郎正字蔡幼学校书郎制
（绍熙四年八月）

敕具官某等:道山群玉之府，聚天下英俊其间，所以涵养器业，以为进用之储也。尔楝以容台议礼之旧，尔唐卿、尔仲黼登瀛既久，尔奭、尔幼学给札著闻，或分典丞郎之职，或序进著作之庭，校雠未见之书，不改共二之故，职优选遴，孰迈于此？其思称崇奖之意，以为邦家之光。

出处:《攻媿集》卷三七。又见民国《瑞安县志》卷六。

撰者:楼钥

考校说明:编年据《南宋馆阁续录》卷八补。

诸王宫教授杨大法国子监丞黄度并监察御史制
(绍熙四年八月)

敕具官某等:宪台设属,实分六察之司;御史虚员,当极一时之选。孰堪此任,今得其人。以尔大法以端恪之资而达于时宜,尔度以深沈之量而敏于吏事,旧临剧县,俱著能声,尝对便朝,各陈谠论。尚忠而用夏政,既已先明诏之颁;约史而作宋经,亦已考遗编之载。并加亲擢,盖自简知。尔其助正纪纲,振扬风采,务求称职之实,毋负官人之能。

出处:《攻媿集》卷三七。

撰者:楼钥

考校说明:编年据《絜斋集》卷一三《黄公行状》补。

福建提刑卢彦德本路运判制
(暂系于绍熙四年八月前后)

敕具官某:尔屡持使节,为时老成;暂居郎曹,复按闽部。祥刑之寄,方藉平反;将漕之司,又烦调度。不改山川之旧,仍颁郡邑之条,益靖吾民,以称朕指。

出处:《攻媿集》卷三七。

撰者:楼钥

考校说明:编年据同集前后文时间、弘治《八闽通志》卷三〇补。

知郴州吴镒湖南提举制
(暂系于绍熙四年八月前后)

敕具官某:尔以册府之英,起当郡寄;慈惠之政,彻于朕闻。夫士之务学,固将见之用也。始以宜章之最,俾任一州,兹由郴阳之能,得廉一道。矧是湖湘之远,方当旱潦之余。醛茗阜通,虽攸司之甚重;仓庾敛散,尤荒政之宜先。尔能究心部刺史之职,则朕之用汝等而上之,庸止此耶?

出处:《攻媿集》卷三七。

撰者:楼钥

考校说明:编年据同集前后文时间、万历《郴州志》卷二补。

沈维知房州制
(暂系于绍熙四年八月前后)

敕具官某:尔以相家子明习文法,自致膴仕,盖尝久于廷评,为丞为正,又出为二千石矣。中更闲退,阅岁滋深。起尔于家,俾分房陵之符。戢吏爱民,省刑节用,治郡之大端也。尔皆知之,奚俟多训?

出处:《攻媿集》卷三七。

撰者:楼钥

考校说明:编年据同集前后文时间补。

知江州王师古广东提刑知吉州胡长卿广西提刑制
(暂系于绍熙四年八月前后)

敕具官某等:国家分道遣使,以祥刑为重,岭海之远,尤遴于择人。尔师古奏浔阳之课,尔长卿报庐陵之政,俱以儒雅饰吏,践扬岁久,授之韬传,其必能为朕审用刑章,平反庶狱,使百城之民自以为不冤,亦惟休哉!

出处:《攻媿集》卷三七。

撰者:楼钥

考校说明:编年据同集前后集时间及胡长卿宦历补,见光绪《吉安府志》卷一一。

吏部员外郎钱象祖升郎中制
(暂系于绍熙四年八月前后)

敕具官某:尔自淳熙初元摄事列曹,今二十年矣。三易州麾,一拥使节。凡今郎吏出入省户,未有如尔之久者也。兹以积考,始正其名。资望俱高,益称详练。虽曰铨法,尚服优恩。

出处:《攻媿集》卷三七。

撰者:楼钥

考校说明:编年据同集前后文时间补。

新除福建提刑卢彦德改江东提刑制
(绍熙四年八月后)

敕具官某:观《蜀道》之歌、湘累之赋,则知士大夫不乐久宦于此也。尔某,崎岖荆益,至于累年。晚归郎闱,意不自得,恳章亟上,持节七闽。夫安于平进而乐远外,曾无纤芥见于词色,是不谓之吉士欤?以嫌自引,易地江左。姑徇尔怀,嗣有它宠。可。

出处:《止斋先生文集》卷一八。

撰者:陈傅良

考校说明:编年据卢彦德宦历补,见《宋会要辑稿》职官七三。

太医局奉安神应王善济公事诏
(绍熙四年九月二日)

太医局奉安神应王、善济公,每遇春秋二祭,太常寺差官行事,并九月九日神应王生日,令临安府支钱二百贯文充祠祭斋醮使用,逐年准此。

出处:《宋会要辑稿》职官二二之四二。

加上寿圣皇太后尊号册宝事诏
(绍熙四年九月二日)

将来修制加上寿圣皇太后尊号册宝行礼,都大主管官差降授武显大夫、明州观察使、新除入内内侍副都知杨舜卿,仍以都大主管所为名。

出处:《宋会要辑稿》礼五〇之七。

新成都府司户李侨乞将所得官资回授父证
赠迪功郎母廖氏赠孺人制
（绍熙四年九月七日）

敕具官某：士之发策决科，以求仕也。尔之子万里造庭，得官名都，而求致其事以荣二亲。此非追远报本，不可解于心者能之乎？朕甚嘉之，曲从其请，于以风厉四方，使知慕焉。

出处：《攻媿集》卷三七。

撰者：楼钥

考校说明：编年据《宋会要辑稿》职官六一补。

楚州奏忠训郎添差副将魏昌教习效用弩手转一官制
（绍熙四年九月十七日）

敕具官某：尔以名将之子，习于戎昭，练兵山阳。守将以告，授之一秩，以励能者。

出处：《攻媿集》卷三七。

撰者：楼钥

考校说明：编年据《宋会要辑稿》兵一九补。

提举司申到合该责罚官刑寺照应条约施行诏
（绍熙四年九月十七日）

刑寺自今遇有提举司申到合该责罚官，照应绍兴二年七月二十三日指挥施行。

出处：《宋会要辑稿》食货二八之三八。

如法教阅招到效用诏
（绍熙四年九月十七日）

特添差东南第二副将楚州驻札魏昌特转一官,其招到效用常切如法教阅,务要武艺精熟。

出处:《宋会要辑稿》兵一九之四一。

令有司详具加上寿圣皇太后尊号仪注诏
（绍熙四年九月二十四日）

门下:朕攒熙洽之图,遵爱钦之训。躬修孝养,展诚意于重闱;咨举庆仪,介寿祺于八帙。爰辑佥辞之进,预申显号之登。寿圣皇太后妙广坤元,崇昭母道。尧门启瑞,翊成立极之勋;京室扬徽,懋迪思齐之行。方安冲澹,罙享延长。欣日御于常珍,期仰陈于善颂。承圣父宁亲之乐,衍皇家奕世之休。欲阐尊荣,敢稽褒赞! 惟慈是宝,隆实冠于千龄;以福为名,备盖彰于百顺。将选迎长之吉,用伸奉上之恭。繄盛典之具行,谅欢心之咸得。寿圣皇太后宜加上尊号曰"寿圣隆慈备福皇太后"。其令有司详具仪注,朕当亲帅群臣诣慈福宫奉上册宝。

出处:《宋会要辑稿》礼五〇之七。

主管吏部架阁陈希点国子正汤璹国子录制
（绍熙四年九月二十七日）

敕具官某:士修于家而仕于朝,又典胶庠之教事,可谓荣矣。尔希点蚤上甲科,久为掌故;尔璹首冠南宫,未登华途。嘉其静退之风,俾参乐育之选,雅有声望,司予成规。子率以身,畴敢弗恪。

出处:《攻媿集》卷三七。
撰者:楼钥
考校说明:年份据同集前后文时间补,月、日据《止斋先生文集》卷一七《国子正陈希点太学录汤璹并除太学博士制》题注补。

江陵府支拨陈次米赈济水伤民户诏
（绍熙四年九月二十九日）

江陵府于桩管陈次米内支拨四万石，准备赈粜水伤民户。

出处：《宋会要辑稿》食货五八之一九。

湖南提刑孙逢吉秘书少监制
（绍熙四年九月）

敕具官某：道山群玉之府，聚天下英才其间，必又求才之杰然者领袖之。遴选之久，今得其人。以尔禀资端方，充之以学，九流百氏之书，该综无遗，良史之才，净臣之风，尔实兼之。顷由少司成出使湖湘，刺举惟公，风采凛然，是今日第一流人物也。还为少蓬，孰不曰宜？来游来歌，以副虚伫。

出处：《攻媿集》卷三七。
撰者：楼钥
考校说明：编年据《南宋馆阁续录》卷七补。

新徽猷阁学士知建康府张枃依旧知襄阳府制
（暂系于绍熙四年九月前后）

敕：金陵为帝王之宅，方藉保厘；羊祜得江汉之心，爰加因任。具官某忠嘉传世，才智绝人。兼言语政事之科，何施不可？更弹压惠养之政，易地皆然。惟今襄阳，在昔畿甸。畅皇灵于遐徼，控天堑于上游。谋帅留都，已畀玉麟之重；还车旧镇，谅多竹马之迎。惟首公而忘私，遂闻命而引道。吏民如故，不烦条教之载颁；城郭重来，但觉精明之顿改。其祗茂渥，以讫外庸。

出处：《攻媿集》卷三七。
撰者：楼钥
考校说明：编年据同集前后文时间补。

何澹焕章阁学士知泉州制
(暂系于绍熙四年九月前后)

敕:弄大夫之印,方渴想夫嘉猷;分刺史之符,尚往临于重镇。眷知有素,中外惟均。具官某名擅伦魁,望高风宪。由辟水师儒之任,历骑省诤臣之班。披腹而呈琅玕,独任台纲之长;把麾而去江海,更观吏治之优。矧是泉山,实雄闽峤。徒得君重,勉为朕行。焕乎文章,示西清学士之宠;凛然风采,增南国诸侯之严。倚闻报政之期,其体顾忧之意。

出处:《攻媿集》卷三七。

撰者:楼钥

考校说明:编年据同集前后文时间、何澹宦历补,见《何澹圹志》(郑嘉励、梁晓华编《丽水宋元墓志集录》,浙江古籍出版社,二〇一三年)、《宝庆四明志》卷一。

枢密院编修官吕棐太常丞制
(暂系于绍熙四年九月前后)

敕具官某:三丞号高选,而容台为最。不惟礼乐是司,凡朝廷有大议必咨焉,是可以轻界哉! 以尔奋自儒科,又精史事,持论不苟,廉直自将,久于编摩,擢置华列。惟寅惟清,往赞而长。

出处:《攻媿集》卷三七。

撰者:楼钥

考校说明:编年据同集前后文时间补。

国子监主簿王源国子监丞制
(暂系于绍熙四年九月前后)

敕具官某:胄监以教养人才,而金谷细务,丞实司之。尔父顷在从班,有批敕之风。能继世科,风烈未远。久服勾稽之职,就俾序迁,资望浸高,尚思所以称其家者。

出处:《攻媿集》卷三七。

撰者:楼钥

考校说明:编年据同集前后文时间、王源官历补,见《宋会要辑稿》选举二二。

监登闻鼓院李友直宗正寺主簿监都进奏院
罗克开国子监主簿制
(暂系于绍熙四年九月前后)

敕具官某等:国家铨择人才,进各有叙。勾稽之职,在寺则司宗为清,在监则胄庠为重。以尔友直儒学老成,旧传夫素业;尔克开士行修饬,自奋于世科,进官于朝,雅有贤誉,俱迁簿领,实阶华途。罙务靖共,以祗朕命。

出处:《攻媿集》卷三七。

撰者:楼钥

考校说明:编年据同集前后文时间、李友直官历补,见《宋会要辑稿》职官七三。

潘景珪知湖州制
(暂系于绍熙四年九月前后)

敕具官某:吴兴名邦,今为辅郡。地大而民阜,赋重而讼繁。视邦选侯,弗以轻畀。尔练达吏事,明习宪章。入从出藩,践扬旧矣。起家为二千石,顾岂择地而后安?移前日弹压之威,而为惠养之政。尚优为之,以称朕意。

出处:《攻媿集》卷三七。

撰者:楼钥

考校说明:编年据同集前后文时间、《嘉泰吴兴志》卷一四补。

沈瀛知江州制
(暂系于绍熙四年九月前后)

敕具官某:大江之险,分戍重兵;浔水之阳,号称要地。军民错处,牧御须才。尔奋迹胶庠,驰声场屋。仕虽三已而无愠,予岂一端而取人?既辍新安之行,复分共理之寄。绥靖十同之众,抚安万灶之屯。此而有称,进则未艾。

出处:《攻媿集》卷三七。

撰者:楼钥

考校说明:编年据同集前后文时间补。

承节郎叙州管界巡检程仲乾因夷人作过被杀
特赠两官与一子进武校尉制
(暂系于绍熙四年九月前后)

敕具官某:尔为徼吏,勇于捍寇而捐其躯,谋虽不足,过于逗挠自全者远矣。以二秩告第而官其子,庸劝边臣之用命者。

出处:《攻媿集》卷三七。

撰者:楼钥

考校说明:编年据同集前后文时间补。

蒋蔺邵公翰奚士逊邵衮并大理评事制
(暂系于绍熙四年九月前后)

敕具官某等:理官之属,惟廷评为甚劳,狱成之告,必躬必亲,非习于文法者不在兹选。今又试以经术,盖欲兼用儒者也。尔等俱以场屋之旧,明司空城旦之书而中其科。虚位既久,并举而用。各扬乃职,使人知引经决狱之效焉。

出处:《攻媿集》卷三七。

撰者:楼钥

考校说明:编年据同集前后文时间、奚士逊等官历补,见《宋会要辑稿》选举二一。

太尉定江军节度使兴州驻札御前诸军都统制
兼知兴州吴挺守本官致仕制
(暂系于绍熙四年九月前后)

敕:图任世臣,尽护蜀将,貔貅十万,不从中覆,盖五六十年于此矣。此意安在哉,而欲致其事耶? 具官某性有忠勇之资,学有韬钤之素。宽我西顾,贤于长城。假以数年,庶底丕绩。而一旦以疾来谂,愿上大将军印绶,此朕所以屏奏不省也。虽然,诵《诗》至于勤归劳还,咏叹辛苦,则古者遣将,数日即休,未有以独贤久劳若尔然者,朕岂得不动于心乎? 姑徇忱辞,使自休养。若属有疆场之事,强为朕起。何以报我? 尔其勿忘! 可。

出处:《止斋先生文集》卷一三。

撰者:陈傅良

考校说明:编年据同集前后文时间、吴挺卒年补,见《陇右金石录》宋下《世功保蜀忠德碑》。

故太尉定江军节度使兴州驻札御前诸军都统制兼知兴州致仕吴挺特赠少保制
(暂系于绍熙四年九月前后)

敕:朕诞膺圣绪,渴想贤劳。方分托重之权,尚阻劳还之礼。眷惟三世,每兴西归溉釜之怀;胡不百年,遽有东首拖绅之恨? 可为震悼,何以追荣? 具官某为今价藩,视古名将。本之以鹰扬之勇,济之以辐辏之才。越在江源,而不忘宗海之心;既安蜀道,而常为得陇之计。是用倚以大事,付之全师。永惟王室之中兴,皆有世臣而后济。维周复古,则召公是似之功;维汉御天,则耿氏独隆之力。期尔晏岁,对于昔人。曾谂疾之亡何,而告哀之已至。朕方深念,莫起于九原;国有常仪,率加之二等。肆颁涣渥,以慰沉冥。晋陪亚保之班,配食先王之庙。噫! 有以勇爵,至于联左棘之华;虽云愍章,足以示前茅之劝。可。

出处:《止斋先生文集》卷一三。

撰者:陈傅良

考校说明:编年据同集前后文时间、吴拱卒年补,见《陇右金石录》卷四《世功保蜀忠德碑》。

持服前武功大夫祁州团练使吴曦特授濠州团练使起复制
(暂系于绍熙四年九月前后)

敕具官某:有金革之事,则三年之丧无辟。自伯禽以来,未之有改,而况尔曦世为将乎! 移孝为忠,朕所以强起汝也。又况蜀师十万,听命尔家,西陲晏然,于今五纪。方图前烈,宜及后人。则脱尔于寄禄之阶,授尔以戎练之任。岂以为利? 其毋固辞。可。

出处:《止斋先生文集》卷一三。
撰者:陈傅良
考校说明:编年据同集前后文时间、《宋史》卷四七五《吴曦传》补。

提举江州太平兴国宫郭棣授利州观察使致仕制
(暂系于绍熙四年九月前后)

敕:悯劳将帅,畀以真祠,尚复抗章,勇于忘禄。重违雅志,俾遂归休。爰进崇阶,以劝廉退。具官某奋自将种,卓有俊声。荐更辕门,晋尹环列。累岁于此,六军不哗。方笃邦交,久无疆事。斗士虽倍,战功不多。然中权屹然,大敌知惧。繄卿之力,简在朕心。所冀壮猷,不忘王室。胡为解组? 遽此垂车。岂非以行百里者,末路之难;而三世功名,道家所忌乎? 勉从忧请,良晞眷怀。尚服宠荣,益绥寿祉。可。

出处:《止斋先生文集》卷一三。
撰者:陈傅良
考校说明:编年据同集前后文时间、郭棣卒年补,见《两朝纲目备要》卷二。

故利州观察使致仕郭棣特赠宁远军承宣使制
(暂系于绍熙四年九月前后)

敕:听垂车之请,亦既永叹;闻易箦之言,可胜遐想? 宜举恤典,以酬旧劳。其官某自束发之初,有裹尸之志。方其贾勇于宣威沙漠之间,竟尔收声当偃伯灵台之后。然而我有万乘,如周畿兵,我有千庐,如汉中垒。举以副托,究其设施。历年弥长,课效为最。往者,以厌直之请,践更于边。虽分州符,亦以寄重。反即祠馆,从其惮烦。曾鸣剑之未酬,何挂冠之已决? 朕方有感德,非忘《杕杜》之诗。今顾不然,乃是迫桑榆之景。览此遗奏,为之矗伤。爰锡使名,视唐留务,以华身后,盖国旧章。其尚钦承,用自宽慰。可。

出处:《止斋先生文集》卷一三。

撰者:陈傅良

考校说明:编年据同集前后文时间、郭棣卒年补,见《两朝纲目备要》卷二。

耶律适哩致仕制
(暂系于绍熙四年九月前后)

敕:有能厌毡罽之习,蹈不测来归我,可谓壮士矣! 胡为谂疾,欲自便乎? 具官某耻事朔庭,义不携汉;观光中国,誓将灭胡。盖寿皇之所宠嘉,而朕待之勿替者也。夫鸣剑之志未酬,而挂冠之请已决。岂其以两国方欢,贾勇不售,将退处以自娱暇乎? 抑膂力既愆,自视非昔人,而不复感概然也? 不然,果疾病耶? 重违忱请,听致尔事。若以疾辞,则岂庸释? 可。

出处:《止斋先生文集》卷一三。

撰者:陈傅良

考校说明:编年据同集前后文时间补。

耶律适哩赠官制
(暂系于绍熙四年九月前后)

敕:挂冠有请,良恻余衷。华圹有恩,盖绥尔后。具官某以幽燕任侠之气,怀江汉朝宗之心,万里来归,甚欲宣威于沙漠。而两君为好,适当偃伯于灵台。竟尔收声,至于赍恨。盖闻华夷之分,《春秋》所严。有能择衣冠于介鳞之间,而顾执干戈于社稷之役。眷此壮志,令人永怀! 爰疏锡命之封,庸示饰终之典。尚歆殊渥,以妥英魂。可。

出处:《止斋先生文集》卷一三。

撰者:陈傅良

考校说明:编年据同集前后文时间补。

潼川府中江县灵威庙善利侯祈祷感应加封善利敷济侯制
(暂系于绍熙四年九月前后)

敕具某神:朕虽不令祠官祝厘,专乡独美,至四方长吏有为吾民请曰:"某山川之神,能惠其一方。"则褒崇之典,朕靡爱焉,以庶几古蜡百神之义。今蜀部使者来言,尔神惠及阖境,肃然古祠。前修所敬,吾民其嘉赖不忘也。爰锡命书,申衍称号。所以宠嘉神贶,以从民欲者何如哉! 尚终惠之,俾世世享。可。

出处:《止斋先生文集》卷一三。

撰者:陈傅良

考校说明:编年据同集前后文时间补。

盱眙军通判□□□□降一官制
(暂系于绍熙四年九月前后)

敕具官某:尔为通守,适掌北门之管,奸民犯禁,而莫之御,顾欲归罪于徼吏,可乎? 其镌一秩,以为不事事之戒。可。

出处:《止斋先生文集》卷一三。

撰者:陈傅良

考校说明:编年据同集前后文时间补。

武节大夫权发遣郢州任世安特转一官再任制
(暂系于绍熙四年九月前后)

敕具官某:往时三边,吏不数易,满岁无虞,则增秩以宠之。盖自建隆以来,未有改也。今尔乘障,日有能声。爰进新阶,仍纡旧组。尔其益固吾圉,以讫外庸。《杕杜》勤归之诗,朕岂忘之乎? 可。

出处:《止斋先生文集》卷一三。

撰者:陈傅良

考校说明:编年据同集前后文时间、任世安宦历补,见《宋会要辑稿》职官一〇、职官四七。

从义郎权知思州田祖严特转一官制
（暂系于绍熙四年九月前后）

　　敕具官某：昔尔以归地进秩，而有司缪误，仍年劳之旧贯，于焉正名，以示懋赏。其服今命，益见宠绥。可。

出处：《止斋先生文集》卷一三。
撰者：陈傅良
考校说明：编年据同集前后文时间补。

履正大夫奉国军承宣使提举佑神观邓从训主管
国信所任满无违阙特授宣政大夫制
（暂系于绍熙四年九月前后）

　　敕：交邻之礼，于今为重。自束带与宾客言，至于凡执事，皆所以览示远人以中国之有体也。具官某昨长内庭，尝发赘币，竟以明习，曾无忒违。邻好不渝，亦繄尔力。酬劳满岁，懋赏崇阶，盖国旧章，朕岂汝吝？可。

出处：《止斋先生文集》卷一三。
撰者：陈傅良
考校说明：编年据同集前后文时间、邓从训宦历补，见《宋会要辑稿》礼四九。

朝散郎守司农少卿詹体仁除太常少卿制
（绍熙四年十月三日）

　　敕具官某：奉常惟礼乐是司，而去古浸远，放逸尚多。非得博物洽闻、学有根据者，未易轻畀也。尔少明经术，务为有用，探赜索隐，耻一物之不知，总饷之久，盖已由郎省而贰大农矣。召对雍容，效忠无隐。其为朕典礼乐之事。钟鼓玉帛，抑末也，尚求其本，而厘正之。可。

出处：《止斋先生文集》卷一三。又见《攻媿集》卷三七。
考校说明：陈傅良、楼钥任两制时间多有重合，撰者存疑待考。

太府少卿兼知临安府袁说友权户部侍郎制
（绍熙四年十月四日）

敕：朕揽收人才，思裕邦用。足兵虽急，要先足食之言；大计是谋，当求大度之士。是为儒者之效，孰曰民曹之难？具官某文有英词，神无滞用。蚤登馆学，尝接武于华途；旋历麾符，屡策勋于剧部。居辇毂弹压之任，知里闾铢两之奸。前张后王，声望相继；东贾西万，豪猾自消。叠膺昼接之荣，擢置地官之贰。损上益下，朕欲图加赋之宽；理财正辞，尔尚明盍彻之意。

出处：《攻媿集》卷三八。

撰者：楼钥

考校说明：编年据《咸淳临安志》卷四八补。

直秘阁两浙运判王厚之直显谟阁知临安府制
（绍熙四年十月七日）

敕具官某：国家驻跸吴会，视古天府，民日庶，事日繁。师帅之寄，尤难其人。以尔先世尝为京尹，治行超卓，如汉章尊，汝实是似，故以命汝。自其少时，博雅笃学，世味冲澹，若将终身焉。一行作吏，所至办治，处之以荣观而超然，投之以剧繁而不乱，是宜居此官者。辍自漕台，加畀延阁，用为尔宠。唐人有言，辇毂之下先弹压，郡邑之治本惠养，此言殆未纯也。五方之民，固为庞杂；九县之众，尤须抚字。威惠交孚，则为称职，且称其家矣。

出处：《攻媿集》卷三八。

撰者：楼钥

考校说明：编年据《咸淳临安志》卷四八补。

枢密院引呈公事诏
（绍熙四年十月十一日）

枢密院今后引呈公事，逐房副承旨一员许于殿上往来取传文字，其诸房副承旨止令侍立宣旨。

出处:《宋会要辑稿》职官六之一九。

被水旱州县下户合纳官物欠赋特与权行住催诏
(绍熙四年十月十一日)

逐路提举躬亲前去被水旱州县验实,内第四、第五等户灾伤委及八分以上,今年合纳官物并以前欠,特与权行住催;如今年官物有已纳在官,即理为来年合纳之数。仍多出文榜晓谕州县,不得别作名色催理。如违,许人户越诉。

出处:《宋会要辑稿》食货五八之一九。

广德军赈粜事诏
(绍熙四年十月十五日)

广德军将元管湖、秀州赈粜米一万一千四百九十七石,赈粜接济广德、建平两县饥民,其粜到价钱,提举司督令别项桩管,候丰熟日,仍旧收粜补还。

出处:《宋会要辑稿》食货六八之九五。

归朝归明添差已经十任以上之人
与添差不厘务差遣一次诏
(绍熙四年十月十九日)

归朝、归明添差已经十任以上之人,更与添差前任一等不厘务差遣一次,其请给依绍兴三十一年以前归正人例,减半支给。愿就宫观岳庙差遣者听。内供给钱一项十贯以下者,并免减。

出处:《宋会要辑稿》兵一七之三三。

判潭州周必大判隆兴府制
（绍熙四年十月二十二日）

敕：诏起东山，已报长沙之政；符分南服，尚提新府之封。乃眷元台，载扬明训。少保、观文殿大学士、判潭州军州事兼管内劝农营田使、充荆湖南路安抚使、马步军都总管、益国公、食邑一万六百户、食实封三千八百户周必大，闳深而肃括，坚正而裕和。极论思献纳之工，尽辅赞弥缝之用。始终一节，光显三朝。进退百官，聚英才而在列；总领众职，任大事以不疑。方安蕊馆之闲，往镇藩方之远。眷怀不替，委寄则均。政化流行，有类上公之分陕；威名孚洽，共期大老之归周。惟此南昌，尤为要地。爰命三孤之重，式端十乘之行。矧尔寓居之乡，实今赐履之下。既喜衮衣之浸近，抑知昼锦之有光。先声所临，群听自耸。噫！令行庭户，当还带牛佩犊之风；福及京师，更仰自叶流根之效。来绥四国，式宪万邦。可依前少保、观文殿大学士，特授判隆兴军府事兼管内劝农营田使、充荆湖南路安抚使、马步军都总管，封、食、实封如故。

出处：《攻媿集》卷三八。又见周纶《周益国文忠公年谱》。
撰者：楼钥
考校说明：编年据周纶《周益国文忠公年谱》补。《全宋文》系于绍熙五年正月（第二六二册，第二七八页），此乃周必大收到官告之时间。

太常少卿薛叔似秘书监制
（绍熙四年十月）

敕具官某：朕以册府为重，选才甚严。信宿之间，既得逢吉为之贰，又俾叔似长之，所谓朝取一人焉拔其尤，暮取一人焉拔其尤，士论翕然，朕亦自乐于得贤也。尔问学渊博，论议明辩，结知慈皇，擢在谏省，有古诤臣之风，远乘轺车，归贰容台，物望无不宗之。既授以太史氏之职，复使正此久虚之位，表仪隽游，儒者之至荣也。雍容养望，以俟甄擢。

出处：《攻媿集》卷三七。
撰者：楼钥
考校说明：编年据《南宋馆阁续录》卷七补。

蔡戡司农少卿制
（暂系于绍熙四年十月前后）

敕具官某：尔起由名家，以甲科自奋，登用最蚤，扬历已多。深沈之度，廉退之节，朕知之旧矣。比总军储，尝贰外府。升之农扈，备予九卿。朕欲收拾人才，共兴治功。览尔奏篇，又有得士之喜，顾岂独望以周稷之事？然积贮天下之大命也，方平籴以为备，尚赞而长，使事集而民不扰，则予汝嘉。

出处：《攻媿集》卷三七。
撰者：楼钥
考校说明：编年据同集前后文时间补。

司农少卿胡瑑湖北运判制
（暂系于绍熙四年十月前后）

敕具官某：朕临御万方，寄耳目于部使者，又间遣谏官御史为之，俾遐陬之氓，如在畿甸。矧湖右实据上游，而外台当军民错处之地，任顾不重哉！尔外静而内明，言简而气劲，一见而决，亟置谏垣，雍容论奏，多所裨益。乃自引嫌，迁贰大农，丐外再三。察其勇退，兹用授尔以飞挽之寄。为官择人，非以遂尔之私；因事进规，无忘爱君之意。

出处：《攻媿集》卷三七。
撰者：楼钥
考校说明：编年据同集前后文时间补。

汪粹军器监丞制
（暂系于绍熙四年十月前后）

敕具官某：尔旧弼之子，以才自见。出临边郡，绥靖有方。奉最言归，论奏明辩。丞于戎监，孰不谓宜？矧尔久在塞垣，有志事功。除戎器以戒不虞，国之务也。亦惟钦哉！

出处:《攻媿集》卷三七。

撰者:楼钥

考校说明:编年据同集前后文时间补。

户部员外郎黄黼直秘阁两浙运判制
(暂系于绍熙四年十月前后)

敕具官某:部使者之职重矣,而畿漕视他路尤剧。近岁率用儒者,不惟职务整办,惠爱遂及于浙河之东西,是不可改也。以尔起由胶庠,凝粹而开敏,尝使江东,得敛散之宜。澄按列城,不苛不弛。兹由郎省,付以漕事,寓直延阁,以示宠嘉。矧在乡邦,周知利病,尔能罢行之,下有月旦之评,上有公朝之论,当不日而彻闻矣。勉哉!

出处:《攻媿集》卷三八。

撰者:楼钥

考校说明:编年据黄黼宦历补,见《咸淳临安志》卷五〇、《宋会要辑稿》职官七三。

李大卞知洋州制
(暂系于绍熙四年十月前后)

敕具官某:洋川在东蜀为望郡,通傥谷骆谷之道,据黄金戍之险。贤牧风流相传,左符不以轻畀也。以尔家世循良,明习吏事,虽安于闲退,而阅岁已多,勉为一行,以副朕选用之意。

出处:《攻媿集》卷三八。

撰者:楼钥

考校说明:编年据同集前后文时间补。

虚恨蛮酋首成忠郎袁弄满三年转一官制
(暂系于绍熙四年十月前后)

敕具官某:国家铨法,文臣以四年,武臣以五年,乃得进秩。三载考绩,不以施诸庶僚也。以尔慕义中华,誓保西南塞下,郡将有请,升尔一阶。益贞乃心,毋替于旧。

出处:《攻媿集》卷三八。

撰者:楼钥

考校说明:编年据同集前后文时间补。

监建康府榷货务武翼郎赵公逊修武郎
丁昌时收趁增羡各转一官制
（暂系于绍熙四年十月前后）

敕具官某等:摘山鬻海之利,榷之以佐军需,其数实繁。尔仕陪都,岁课登衍。何爱一秩,以劝后来?

出处:《攻媿集》卷三八。

撰者:楼钥

考校说明:编年据同集前后文时间补。

周玭大理寺丞制
（暂系于绍熙四年十月前后）

敕具官某:李官之属,率以文法进。求其持身无玷缺,以儒术饰吏事者,尤难其人。尔起名家,久于棘寺,尝为丞为正矣。试郡有称,奉最来归。再转为丞,复典臬事。虽若小迁,而荣途自此无壅矣。

出处:《攻媿集》卷三八。

撰者:楼钥

考校说明:编年据同集前后文时间补。

随龙御前忠佐马步军都军头陆安转遥郡刺史制
（暂系于绍熙四年十月前后）

敕具官某:尔事朕潜藩,首尾三十载,勤且久矣。然稍逾三尺,则有司执法以裁正;既进六资,则朕之宠命复行。上下俱为得体,而尔受之亦宜。往刺一州,益

241

务忠恪。

出处:《攻媿集》卷三八。

撰者:楼钥

考校说明:编年据同集前后文时间补。

户部侍郎赵彦逾工部尚书制
(绍熙四年十一月前)

敕:考《六典》之书,实重冬官之职;总百工之事,今惟起部之司。乃得宗英,俾居常伯。具官某联休天派,擢秀儒科。立志孤高,万钟何加于我;持身廉洁,一介不取诸人。令名远绍于间平,惠政遍加于楚蜀。任国大计,为予良臣。朝夕论思,有猷必告;簿书期会,惟正之供。勤劳已著于累年,宠数遂登于八座。亲贤并用,朕方隆睦族之风;技巧咸精,尔尚敬若工之命。

出处:《攻媿集》卷三七。

撰者:楼钥

考校说明:编年据赵彦逾官历补,见《宋会要辑稿》礼五〇。

奉上皇太后尊号册宝更差乐人导引诏
(绍熙四年十一月八日)

奉上册宝,依礼例用鼓吹导引,更令临安府差乐人一百人,自祥曦殿门外作乐,导引册宝至重华宫。

出处:《宋会要辑稿》礼五〇之七。

奉上尊号毕从驾臣僚等还内诏
(绍熙四年十一月八日)

今月二十日,车驾诣慈福宫奉上尊号册宝毕,从驾臣僚并仪卫等并簪花从驾还内。

出处:《宋会要辑稿》礼五〇之八。

皇后亲属支破红霞帔请给诏
(绍熙四年十一月十六日)

皇后亲属庄氏、路氏、钱氏、张氏,并与依宫人禄式则例支破红霞帔、请给。

出处:《宋会要辑稿》后妃二之二六。

朝散大夫尚书户部员外郎赵谥除军器监兼权兵部郎中制
(绍熙四年十一月十八日)

敕具官某:戎监之设,本以严饬武备。而休兵岁久,缮修之职各有司存,长贰亦惟揔其凡而已。以尔旧弼之孙,克自抑畏,久在郎省,能寡悔尤。序进为长,仍摄民曹。往其祗钦,无替于旧。可。

出处:《止斋先生文集》卷一三。又见《永乐大典》卷一三五〇七。
撰者:陈傅良

加上皇太后尊号册文
(绍熙四年十一月二十日)

皇帝臣惇谨稽首再拜言:臣闻维宋受乾命,德茂坤极,咸以显闻,克配祖烈,率时令范,诒宪有家。亦维累圣承绪,章明孝治,崇闻懿铄,以济登兹。肆皇祖绍隆炎运,则有淑哲与圣作合。积仁流泽,燕及世嗣,亶时休哉。若昔文王,大姜之孙,大任之子,《诗》美大任,上嘉大姜,列在《周雅》,传诵不泯。矧我大母,寿绵八帙,身见三世,再逢揖逊,四上宝册,稽诸往牒,邈无前闻。衍徽称,举裦仪,于以侈大庆而章盛德,其可已乎? 恭惟寿圣皇太后庄正静渊,恭俭仁惠,夙有全行,俪尊匹休。厥初中兴,外虞略平,内治当饬,时则助我皇祖,躬帅九御,祗奉慈宁,夙夜辅佐,讫底绥靖。帝勋已成,神器有托,时则赞我皇祖法尧禅图,脱屣万乘,高蹈少广,宴乐大庭。重华御邦,日严至养,调虞其间。两宫愉怡,以恩以礼,有慈有孝。越兹冲人,获以菲质,诞父舜禅,尊若彝训,亦克用义。揆厥所元,繄圣祖母保佑是赖,其曷敢弗钦? 永惟爱笃者报宜厚,道大者名必闳。乃考国章,率吁众志,将以元日,上万岁寿于东朝。先卜初阳,奋扬馨烈,庶以慰亿兆人之望。臣不胜大愿,谨奉玉册金宝,加上尊号曰寿圣隆慈备福皇太后。夫老氏三宝,慈居其先;戴经百顺,福欲其备。窃惟殿下与坤元合德,而无一物之不成,不曰慈之隆乎?与太极同体,而无一事之不顺,不曰福之备乎?萃厥二美,固已揭之宫名,昭示天下矣。今者申辑闳休,增崇丕号,又孰有大于此者乎?伏愿殿下对越嘉会,昭迪令猷,协海宇之欢心,袭宫闱之重庆,永膺寿殿,绥于圣父,以施于孙子,同垂万世无疆之休,岂不韪欤!臣诚欢诚忭,稽首再拜。谨言。

出处:《宋会要辑稿》礼五〇之九。

撰者:留正

慈福太皇太后册宝书册文官中大夫知枢密院事
赵汝愚转太中大夫制
(绍熙四年十一月二十日后)

敕:十有一月癸未日南至,朕帅中宫,从以妇子,朝于重华,获陪亲尊,上显号于王母。永惟一朝四世非常之休,则亦二三股肱克相孝治,以辑威仪,可无茂恩,昭示褒律?具官赵汝愚任重而道远,经明而行修。瞻言累朝,笃叙同姓。然自熙宁以进士对策,而卿始以谠议冠群英;自治平以儒臣本兵,而卿始以雅望位三事。卓尔大雅,百年而复见之,朕甚嘉焉。属兹成礼,盍图尔功?维昔太任,仪刑姜姒,功在"十乱",德在《二南》。于是周公推本圣子,作《思齐》之诗以歌之,而仲尼定为六艺,传信万世。朕今逮事过于成王,繄卿特书,曾不在周公之下。酬劳进秩,实应经谊。噫!继自今卿其家人,陪朕岁上万年之觞,顾不伟欤!可。

出处:《止斋先生文集》卷一四。又见《宋宰辅编年录》卷一九,《宋忠定赵周王别录》卷二。

撰者:陈傅良

考校说明:编年据文中所述史事补,见《宋史》卷三六《光宗纪》、卷二一四《宰辅表》。

篆宝文官通议大夫参知政事陈骙转通奉大夫制
(绍熙四年十一月二十日后)

敕:乃者具法驾,以日南至,朝慈福宫,寿皇拜乎前,寿母拜乎后。朕帅中宫,从以妇子。措圭稽首,奉上宝章。亦惟辅臣克相钜典,可无褒律,以示同休?具官某直内而方外,博文而约礼。及见故老,在绍兴文献之间;蔚为儒宗,极重华侍从之选。眷言旧学,简在初潜。所谓独抱遗经,能断大事者矣。晋预机政,益行所知。俾予孝治,度越千古。盖周颂太任,而不及子孙逮事之荣;汉尊长乐,而不备父母俱存之福。洪惟我家一朝四世,自有载籍,未之前闻。繄卿特书,尽善具美。噫!朕式克至于今日休,岂惟两宫,将高庙亦宠嘉之。序进一官,匪以为报。可。

出处:《止斋先生文集》卷一四。

撰者:陈傅良

考校说明:编年据文中所述史事补,见《宋史》卷三六《光宗纪》、卷二一四《宰辅表》。

前导礼仪使并奏礼毕通议大夫同知枢密院事
余端礼转通奉大夫制
(绍熙四年十一月二十日后)

敕:日奉宝册,上之慈福也,乘舆所过,观者万人夹道,率皆归美于朕躬。朕岂敢专也?则亦有宅心知训之臣,克辑盛事。可无褒宠,用以示劝?具官某直谅而多闻,明哲而匪懈。盖退然如不胜衣,而道任天下之重。谦谦鞠躬,而勇过孟、贲矣。从游潜邸,陈谊最高。晋翊鸿枢,临机必断。朕嘉赖焉。乃者导予,有仪可象,肆于竣事,盍图尔功。朕诵《思齐》之诗,推尊文王,本之太任,于是盖四世矣,而周公始作大雅,考引功德,以昭前人,未必逮事王母,亲周旋揖逊乎其间也。以今况古,孰与朕休?如卿遭时,亦曰鲜俪。继自今卿其以予万亿年对天之休,将书劳进秩,不一而足焉。尚其懋哉!可。

出处:《止斋先生文集》卷一四。

撰者:陈傅良

考校说明:编年据文中所述史事补,见《宋史》卷三六《光宗纪》、卷二一四《宰辅表》。

兵部尚书罗点母太淑人缪氏遇庆典恩
特封齐安郡太夫人制
(绍熙四年十一月二十日后)

敕:朕观鲁诗颂僖公之有道,及其寿母。于以知吾卿大夫之贤,其母氏不可以无报礼也。具官某母具位缪氏,克相君子,种德云迈。是生贤嗣,为邦司直。以点之议论风操,过鲁侯远甚,则尔母视鲁夫人贤何如也!义不贰其夫,而善祥集于晚年;教行于子,而淑誉闻于斯世。肆朕嘉与,涣锡赞书。秩以小君,疏封名郡。抑与鲁人请命于周,而后作颂者异矣。尚服宠光,以绥寿祉。可。

出处:《止斋先生文集》卷一四。
撰者:陈傅良
考校说明:编年据文中所述史事补,见《宋史》卷三六《光宗纪》、卷二一四《宰辅表》。

中书舍人楼钥母太硕人汪氏遇庆典恩特封太淑人制
(绍熙四年十一月二十日后)

敕:朕观鲁诗颂僖公之有道,及其寿母。于以知吾卿大夫之贤,其母氏不可以无报礼也。具官某母具位汪氏,克相君子,为名大夫,是生贤嗣,世济其美。以钥之议论风操,过鲁侯远甚,则尔母视鲁夫人贤何如也!爵虽从其夫,而善祥集于晚年;教行于子,而令誉闻于斯世。逮兹邦庆,涣锡赞书。抑与鲁人请命于周,而后作颂者异矣。尚服宠光,以绥寿祉。可。

出处:《止斋先生文集》卷一四。又见《永乐大典》卷二九七二。
撰者:陈傅良
考校说明:编年据文中所述史事补,见《宋史》卷三六《光宗纪》、卷二一四《宰辅表》。

参知政事陈骙子臧孙遇庆典恩乞进封其母制
(绍熙四年十一月二十日后)

敕：日奉万年之觞于朕王母，嘉赖尔父，爰进褒律。而尔又以锡类之恩，崇大其母膏沐之邑，岂不荣哉！具官某母具位某氏，吾大臣内助也，而及偕老。方尔父夙夜匪懈，熙我庶绩，亦惟尔母整齐家事，而后得以并意一乡，不怀其私。则从夫之爵，虽不以癸未诏书从事，晋封名邦，朕何爱焉？而况乎夫人独得之也？若夫可以久处约于灯火之初，可以长处乐于簪裾之后，凡百命妇，于焉取式，则此异恩，又足用劝。可。

出处：《止斋先生文集》卷一四。

撰者：陈傅良

考校说明：编年据文中所述史事补，见《宋史》卷三六《光宗纪》、卷二一四《宰辅表》。

安定郡王子涛遇庆典恩转官制
(绍熙四年十一月二十日后)

敕：维建隆磐石之宗，泽流后裔；维慈福奉觞之庆，燕及高年。兼二者以有言，进一官而何吝？具官某为今属籍，视古典刑，以孝恭友兄弟，如周君陈；以谨重率宗室，如汉刘德。至于试吏，允也过人。信抱负之不群，况行藏之无愧。比观掌故，谁其逮事于四朝；强起袭封，兹谓懋遗之一老。可以华国，岂惟奉祠。方钦想于达尊，宜亟蒙于殊渥。假如老老，亡元日之诏书；祗以亲亲，亦盛时之恩意。明扬进律，晋陟承流。其茂对于宠光，用永绥于眉寿。可。

出处：《止斋先生文集》卷一四。

撰者：陈傅良

考校说明：编年据文中所述史事补，见《宋史》卷三六《光宗纪》、卷二一四《宰辅表》。

慈福太皇太后侄淮东总领吴珽特转一官制
(绍熙四年十一月二十日后)

敕具官某:朕尝从上皇后恭上慈福之册,亲聆慈训,勉之以学,至今心不敢忘也。而施恩外家,久不予决,甚失朕意,爰趣有司上之。而尔某方饷淮师,序进一秩,以称太后训朕之意,则尔亦宜自好修,以成《思齐》太任之美矣。可。吴璹方令奉常,序进。吴珹方分郡符,序进一秩。吴璿、吴琯、吴锜寓直延阁,序进一秩。吴钧、吴镗、吴铸方为属外台,序进一秩。吴铨等一十二人序进一阶,浸即赒仕。燕棨等九人各以姻联,进官一秩。

出处:《止斋先生文集》卷一四。

撰者:陈傅良

考校说明:编年据文中所述史事补,见《宋史》卷三六《光宗纪》、卷二一四《宰辅表》。

迪功郎前金州司户青阳炳文年九十一
遇庆典恩特封承务郎制
(绍熙四年十一月二十日后)

敕具官某:在《易》之《晋》:"受兹介福,于其王母。"而朕身亲见之,岂不盛哉!余庆溥将,燕及人老。俾尔晏岁,齿于初官。尚服宠荣,益绥寿嘏。可。

出处:《止斋先生文集》卷一四。

撰者:陈傅良

考校说明:编年据文中所述史事补,见《宋史》卷三六《光宗纪》、卷二一四《宰辅表》。

儒林郎御史台副引赞官贾忱应奉上尊号
册宝了毕转承直郎制
(绍熙四年十一月二十日后)

敕具官某:典礼行于上而泽下逮,盖广爱之道也。尔适幸会,亦与进秩。尚务肃给,毋愆于仪。可。

出处:《止斋先生文集》卷一四。
撰者:陈傅良
考校说明:编年据文中所述史事补,见《宋史》卷三六《光宗纪》、卷二一四《宰辅表》。

留正少傅制
(绍熙四年十一月二十日后)

宅百揆以奋庸,莫重上台之任;立三孤而洪化,载崇亚傅之联。朕肇纂丕图,恭修庶政。既趣还于大老,爰特畀于隆恩。锡以言缙,格于公德。具官留正器深识远,才钜量宏。博极群书,贯古今而有用;迪知九德,参上下以尽诚。繁机久试于登庸,成绩具宣于燮理。自持魁柄,久罄忠谟。勤劳先四近之班,进退凛大臣之节。瞻岩石之峻,方推师尹之贤;归衮衣之华,弥著我公之懿。属当临御之始,尤赖经纶之长。尧舜陈于王前,固无非道;萧曹安乎海内,实在同心。百度期于毕修,众职资于总领。念倚毗之滋厚,岂褒陟之可稽。是用升崇左棘之班,仍宅冢司之任。篆车加赍,庸新朝路之仪;茅社增光,并衍户租之赋。兹符佥议,匪曰私恩。呜呼! 左右得其人,方藉调娱之助;居处必以礼,尚殚辅赞之勤。繄在元臣,讵烦深诏。

出处:《宋宰辅编年录》卷一九。
考校说明:《宋宰辅编年录》卷一九:"寿圣皇太后年登八帙……以册宝礼成,授公(留正)少傅、进封鲁国公。"据《宋史》卷三六《光宗纪》,绍熙四年十一月二十日"帝率群臣奉上皇太后册、宝于慈福宫"。然《容斋三笔》卷七载:"绍熙五年七月,主上登极,拜知枢密院赵汝愚为右相,参政陈骙除知院,同知院事余端礼除参政,而左丞相留正以少保进少傅,乃系特迁,且非覃恩,正固辞,乃止。"待考。

慈福宫行庆寿礼戴花事诏
(绍熙四年十一月二十六日)

将来慈福宫行庆寿礼,就用十一月二十上尊号所赐花朵,止令宫中应奉,礼毕更不簪戴。

出处:《宋会要辑稿》礼五七之一〇。

上尊号毕推恩诏
(绍熙四年十一月二十九日)

修制加上寿圣隆慈备福皇太后尊号册宝礼毕,依淳熙十二年、绍熙元年奉上尊号册宝体例等推恩。内白身人候有名目日,特非转官收使。

出处:《宋会要辑稿》礼五〇之一〇。

浙西提刑叶适吏部员外郎制
(绍熙四年十一月)

敕具官某:郎选在今为甚重,虽朝列名流,必著外庸而后授。今得人物之英为之,则又增重矣。尔博极群书,洞视千古,文章之发,追配作者。项由册府,试以郡寄,临事知变,就畀使节以宠之。天官名曹,实为星省之冠,是不于尔而谁属? 简要清通,尔其兼之。

出处:《攻媿集》卷三八。
撰者:楼钥
考校说明:编年据周梦江《叶适年谱》(浙江古籍出版社,二〇〇六年,第九四页)补。

陈公亮江西运副制
(暂系于绍熙四年十一月前后)

敕具官某:朕惟郡邑官吏至繁,不胜其选,故精择部使者,付以扬清激浊之寄。以尔抗直而详练,由宰掾持七闽使者节,按刑畿甸,又有能声,是岂可一日使之家食而不在事? 易节待次,姑以徇尔之私。大江之西,将输事重,益谨厥职,以副眷怀。

出处:《攻媿集》卷三八。

撰者：楼钥
考校说明：编年据同集前后文时间、《绍定吴郡志》卷七补。

吏部郎中林湜太府少卿制
（暂系于绍熙四年十一月前后）

敕具官某：版曹总国用之要，而帑藏分之有司，必以外府处其中，所以检柅财货之出入，不嫌于详，其可以轻畀哉？尔奋身儒生，习于吏治。在县为贤大夫，入朝为才御史。澄按两道，摄承十连，皆有声绩，彻于朕闻。召置郎闱，靖共尔位。进之少列，以慰公言。率属究心，使上下兼足，尔其懋哉。

出处：《攻媿集》卷三八。
撰者：楼钥
考校说明：编年据同集前后文时间、林湜官历补，见《宋会要辑稿》礼一八。

户部郎中赵谥军器监制
（暂系于绍熙四年十一月前后）

敕具官某：戎监之设，本以严饬武备，而休兵岁久，缮修之职各有司存，长贰亦惟总其凡而已。以尔旧弼之孙，克自抑畏，久在郎省，能寡悔尤，序进为长，仍摄民曹。往其祗钦，毋替于旧。

出处：《攻媿集》卷三八。
撰者：楼钥
考校说明：编年据同集前后文时间补。

龙图阁学士正议大夫韩彦直磨勘转官制
（暂系于绍熙四年十一月前后）

敕：夙严铨法，所以示百僚之公；优待从臣，犹不忘三载之考。具官某材猷通敏，政术闳明。历事三朝，负缙绅之素望；投闲十载，号簪橐之旧人。心安蕊馆之居，职寓河图之峻。年劳既久，官簿愈高。用为晚节之华，其服宠光之渥。

出处:《攻媿集》卷三八。

撰者:楼钥

考校说明:编年据同集前后文时间补。

宝文阁学士大中大夫颜师鲁转一官致仕制
(暂系于绍熙四年十一月前后)

敕:奉香火于真祠,方徇投闲之请;挂衣冠于神武,遽腾告老之章。虽欲挽留,不如得谢。具官某性资刚毅,政术疏通。幼学壮行,曾不渝于一致;出藩入从,盖详试者累年。往使殊邻,抗节不挠。进登常伯,典铨尤明。一辞宸陛之严,浛镇泉山之远。力求闲退,方念仪刑。不知何恙之深,载览引年之奏。俾升官簿,以宠老臣。眷简未忘,姑遂明农之志;始终无玷,尚余许国之忠。服此恩光,体予至意。

出处:《攻媿集》卷三八。

撰者:楼钥

考校说明:编年据同集前后文时间、颜师鲁卒年补,见《宋史》卷三八九《颜师鲁传》。

颜师鲁赠四官制
(暂系于绍熙四年十一月前后)

敕:垂车得请,尚想履声之余;易箦有言,犹存尸谏之意。怆老成之已矣,念冥漠以忧然。具官某受才高明,植操坚特。莅官行法,所至有循吏之风;忧国爱君,直欲任天下之重。独辞荣于八座,乃敛惠于一方。身退而名益彰,年高而德弥邵。眷旧臣之无几,惊遗奏之遽闻。超进文阶,仍延世赏。仰无愧俯无怍,何谢古人;生也荣死也哀,终全晚节。眷惟英爽,歆此宠灵。

出处:《攻媿集》卷三八。

撰者:楼钥

考校说明:编年据同集前后文时间、颜师鲁卒年补,见《宋史》卷三八九《颜师鲁传》。

左司应孟明中书门下省检正右司徐谊左司员外郎制
(绍熙四年十一月后)

敕具官某等:宰掾之任重矣,自尔二人为之,实能谨守程度,参稽事宜,佐吾二三大臣,以平章中书之务。大臣亦言其能,朕用嘉之。以序而迁,滋向于用。益习天下之事,以昌远业,尚勉之哉。

出处:《攻媿集》卷三七。
撰者:楼钥
考校说明:编年据徐谊官历补,见《宋史》卷三六《光宗纪》。

朝请大夫起居郎兼玉牒所检讨官兼权中书舍人
楼钥除中书舍人制十二月二日
(绍熙四年十二月二日)

敕:寿皇初策在廷之士,盖极一时之选矣。朕阅名籍,得为相臣者二人焉,枢臣者一人焉,从臣而下以声绩著见者,迨不可枚数也。具官某于是时尝褒然为举首,而偶不中有司之度,然至今海内士所乐道。议论文章,风流蕴籍,则未尝不在称首也。间者,旁招时望,置之本朝。尔以摄官属笔,能道朕德意与其人才美之所宜,文字之上下,简书之长短,皆足用劝。而金言不同,往往不奉吾诏。仁者之勇,见于封章。肆用命尔,为真词掖。除书之出,国人皆曰贤。《诗》不云乎:"假以溢我,我其收之。"朕于是蒙寿皇得人之福矣。昔者郑为辞命,终属国侨;唐掌帝制,实先韩愈。尔其懋哉,称此优异。可。

出处:《止斋先生文集》卷一三。
撰者:陈傅良

存恤休宁县被火人户诏
(绍熙四年十二月三日)

徽州将休宁县被火之家更切优与存恤,毋致失所。

出处:《宋会要辑稿》食货五八之一九。

新知泉州何澹两易知明州制
(绍熙四年十二月十二日前)

敕:起镇泉山,将趋于闽部;易麾鄞水,并护于瀛壖。凛闻宪府之名,增光制阃之寄。具官某受材精敏,履行粹和。场屋文鸣,蚤先众俊。朝廷德选,浸历华途。属予纂绍之初,赖尔论思之益。擢居骑省,端有古诤臣之风;进长乌台,真得中执法之体。遽收朝迹,再更岁华。洊畀郡符,俾近畿甸。地当一面,海匝三垂,蔽遮浙河之东,控御岛夷之外。布宣德意,岂惟欲田里愁恨之销;敷畅王灵,正欲藉文武威风之重。倚闻成绩,嗣有殊褒。

出处:《攻媿集》卷三七。

撰者:楼钥

考校说明:编年据何澹官历补,见《宝庆四明志》卷一。

知明州朱倧两易知泉州制
(绍熙四年十二月十二日前)

敕具官某:才有小大之异,而选用当适其宜。郡有远近之殊,而委寄之重则一。尔详练世故,扬历仕途。郧岭分麾,报政久矣;温陵改镇,易地皆然。此则控东夷之要冲,彼则据南海之都会。内修侯度,外畅王灵。谅无惮于修途,当复闻于善最。

出处:《攻媿集》卷三七。

撰者:楼钥

考校说明:编年据朱倧官历补,见《宝庆四明志》卷一。

赈济江西路被伤饥民诏
(绍熙四年十二月十三日)

江西转运司于淳熙十三年漕臣王回和籴米内,取拨七万石,赈粜本路被伤饥民。

出处:《宋会要辑稿》食货六八之九五。

朝散大夫军器少监兼实录院检讨官兼权考功郎官
黄由除将作监兼嘉王府直讲制
(绍熙四年十二月二十日)

敕具官某:朕有元子,爱之固深,而教之惟恐不至。一时宾僚儒学之选,尔以魁伦之彦,久仪群玉之府。侃侃正色,抗论不回。自少匠而为长,盖亦宠矣。技巧精能,非所以望汝也;横经朱邸,使吾儿有直谅多闻之益,是惟休哉。可。

出处:《止斋先生文集》卷一四。
撰者:陈傅良

奉议郎太府寺丞曾三聘除秘书郎制
(绍熙四年十二月二十三日)

敕:道山蓬莱,图籍钜万,士夫仰望,真有飚车羽轮之隔。游其中者,皆天下选也。以尔力学自奋,持论不阿,忧国之心,如饥如渴。擢自外府,径登清贯。益读未见书,以昌远业;且使四部,秩然有序,是为称职哉。可。

出处:《止斋先生文集》卷一四。又见《攻媿集》卷三八。
考校说明:此诏又见《攻媿集》,撰者存疑待考。《宋代诏令全集》将《止斋先生文集》卷一四《奉议郎太府丞曾三聘除秘书郎制》系于绍熙四年十二月二十三日(第一六四五页),却又将《攻媿集》卷三八《太府丞曾三聘秘书郎制》系于绍熙五年十二月(第一六六三页),自相矛盾。

大理寺主簿王宁新知信阳军刘崇之并除太府寺丞制
(绍熙四年十二月二十三日)

敕:寺监皆有丞,而外府设官特详焉。盖欲上裨版曹之调度,下托有司之出纳,不可以非其人也。以尔宁文辞蔚然,明习吏道,勾稽棘寺,平反为多,爰俾序迁,以酬劳勚。尔崇之声称籍甚,蚤登著庭,出守边方,召对尤敏。使还朝迹,以慰公言。所贵于儒者,谓其能通世务,以其所学,见之事功。勉哉!可。

出处:《止斋先生文集》卷一四。又见《攻媿集》卷二八。
考校说明:陈傅良、楼钥任两制时间有重合,撰者存疑待考。

淮西转运司支拨铁钱会子充赈济使用诏
(绍熙四年十二月二十四日)

淮西转运司见桩管铁钱、交子内共支拨三万贯,专充赈济使用。仍下江东西、两浙路监司及诸州军各遵守前项已降指挥,不管违戾。

出处:《宋会要辑稿》食货六八之九五。

赐周必大银合腊药敕书
(绍熙四年十二月)

敕某:卿寅亮元臣,久宣劳于镇抚;嘉平令序,届属候于严凝。灵剂式珍,颁调攸助。谅朕心之是体,俾民瘼之有瘳。今赐卿银合腊药,至可领也。故兹示谕,想宜知悉。冬寒,卿比好否? 遣书指不多及。

出处:《文忠集》卷一三二。
撰者:倪思

朱熹知潭州制
(绍熙四年十二月)

敕具官某:十国为连,师帅是寄。矧长沙控湖湘上游,赐履甚广,视邦选侯,尤难其人。以尔古学粹深,风节峻特,可以为世之师;仁心仁闻,威惠孚洽,可以为时之帅。兼是二者,往临藩方。声望所加,列城耸服。儒先相望,士气方振,尔其为朕教之;楚俗虽安,尚有凋瘵,尔其为朕抚之。典刑所存,奚俟多训。

出处:《攻媿集》卷三八。又见《考亭志》卷六,《朱子年谱》卷二。
撰者:楼钥

考校说明:编年据《续宋编年资治通鉴》卷一一、《两朝纲目备要》卷二、李方子《朱子年谱》卷二补。

起居舍人陈傅良起居郎制
(绍熙四年十二月)

敕具官某:言动之属史官,固有左右之异;朝廷之用贤士,岂以日月为功? 试之加详,旨则有在。尔穷百氏之学,发六经之文,身方在于布衣,名已传于海内。外庸既讫,众望愈归。比再入于修门,浸擢居于清贯。叩其著述之业,登之记注之司。螭陛直前,善开明于朕意;凤池共二,能震耀于王言。执义不回,秉心无竞。稍迁厥职,以重此官。庶几朝宁之间,犹见仪刑之旧。载纂高皇之典,仍陪元子之游。益启乃心,毋忘忠告。

出处:《攻媿集》卷三八。又见民国《瑞安县志》卷六。
撰者:楼钥
考校说明:编年据《宋中兴东宫官寮题名》补。

秘书郎彭龟年起居舍人制
(绍熙四年十二月)

敕具官某:朕修明官制,用之有条;识拔人材,待以不次。惟此柱下史,在迩列以尤亲;取之中秘书,迨近时之罕有。既云遴选,安得异辞? 尔操守坚刚,论议剀切。端公辟属,赞台院之宏纲;册府为郎,号士林之翘楚。擢置螭头之直,俾陪豹尾之班。不循年限而授此官,深得用魏谟之意;掌录时政以付国史,尚克遵唐室之规。益效忠猷,以酬异渥。

出处:《攻媿集》卷三八。
撰者:楼钥
考校说明:编年据《南宋馆阁续录》卷八补。

兵部尚书罗点落权字制
(绍熙四年十二月)

敕:尚书古之纳言,必求德望之妙;武部周之司马,实惟邦正之专。肆畴已试之良,爰锡为真之宠。具官某讦谟经远,雅量镇浮。蚤历近臣,自有老成之誉;素多仁闻,仍全刚毅之资。推爱人利物之心,为致君泽民之业。词掖久推于润色,经帏尤赖于讲明。旅登听履之联,兼莅典铨之重。仪刑朝著,满岁已深;领袖从班,优贤可后? 有常德以立武事,正需旧学之规;以军令而振国容,方倚壮犹之助。往祗成命,式赞永图。

出处:《攻媿集》卷三八。

撰者:楼钥

考校说明:编年据《絜斋集》卷一二《罗公行狀》补。

军器少监黄由将作监制
(绍熙四年十二月)

敕具官某:朕有元子,爱之固深,而教之惟恐不至。一时宾僚,极儒雅之选。尔以伦魁之彦,久仪群玉之府,侃侃正色,抗论不回。自少匠而为长,盖亦宠矣。技巧精能,非以此望汝也。横经朱邸,使吾儿有直谅多闻之益,是惟休哉!

出处:《攻媿集》卷三八。

撰者:楼钥

考校说明:编年据《南宋馆阁续录》卷九补。

周必大辞免判隆兴府不允诏
(绍熙四年十二月)

敕某:省所奏辞免判隆兴府,疾速之任恩命事具悉。卿,国之元老,外领帅藩,重湖以南,蒙福多矣。乃颁纶旨,易镇洪都,地望益雄,道里为近,第室所寓,殆同乡部,有昼绣之辉焉。坐啸卧护,忱所优为。恳辞忽来,何冲挹之过? 亟其勉哉,庸体朕意。所辞宜不允。故兹诏示,想宜知悉。春寒,卿比平安好否? 遣书指不多及。

出处:《文忠集》卷一三二。

撰者:倪思

成都提刑杨王休本路运判知阆州续耆成都路提刑制
(绍熙四年冬)

　　敕具官某等:朕临御万方,寄耳目于部使者,地愈远则任愈重。蜀道万里,成都奥区,其选又可知矣。尔王休移自潼川,方祇臬事。易以漕节,就按本道。尔耆自守阆风,颇著能称。俾乘宪车,以表列城。使民之利病彻于朕闻,而朕之德意布于遐徼,扬清激浊,威爱兼举,则为称职矣。

出处:《攻媿集》卷三六。

撰者:楼钥

考校说明:编年据同集卷九一《杨公行状》补。

朝请大夫权刑部尚书京镗磨勘转官制
(暂系于绍熙四年十二月前后)

　　敕:六卿分职,皆吾从橐之臣;三载陟明,优尔吏铨之制。具官某谋谟宏达,识度恢洪。顷膺慈宸之知,径上甘泉之列。张旃而使万里,折戎虏以不骄;叱驭而镇两川,抚民夷而咸服。召登宸陛,擢置秋官。兹以年劳,应于治典。爰峻文阶之等,益增禁路之光。尚服恩荣,式殚献告。

出处:《攻媿集》卷三八。

撰者:楼钥

考校说明:编年据同集前后文时间、京镗宦历补,见《诚斋集》卷一二三《京公墓志铭》。

兵部侍郎耿秉落权字制
(暂系于绍熙四年十二月前后)

敕:朕旁招贤士,遴选从臣。惟我旧人,载处五兵之贰;不烦满岁,遂颁一札之书。俾正厥名,敷告于众。具官某性资刚果,器识宏深。夙志功名,善谈当世之务;屡更事任,专以斯民为忧。故典州则千里举安,而将命则列城蒙惠。遍仪华贯,浸简予衷。抡才甫上于禁途,引疾遽收于朝迹。勿药有喜,盍归乎来?留置迩联,方藉论思之益;愿全晚节,尤高廉退之风。乃加真除,俾镇雅俗。囊弓虽久,岂忘武备之修?持橐甚休,益谨忠献之告。尚承至意,毋有遐心。

出处:《攻媿集》卷三八。

撰者:楼钥

考校说明:编年据同集前后文时间补。

工部侍郎谢深甫落权字制
(暂系于绍熙四年十二月前后)

敕:朕昭德塞违,临政愿治。乃眷吉士,洊兼夕拜之官;乐闻嘉言,俾正冬官之贰。固云试可,实示襃升。具官某性禀粹纯,行能昳敏。被圣父非常之遇,膺周行不次之除。嗣服云初,首居郎省。量才即审,擢置谏垣。颢颢朝望之益高,亹亹奏篇之切当。晋登左陛,咸推记注之功;就尹中都,更资弹压之重。持橐优迁于起部,典铨仍领于选曹。载输批敕之忠,尤见爱君之笃。岂应久次,宜遂为真。畴若予工,匪求精于技巧;毋替朕命,尚益效于论思。

出处:《攻媿集》卷三八。

撰者:楼钥

考校说明:编年据同集前后文时间、谢深甫宦历补,见《宋会要辑稿》礼五〇。

汪德输知崇庆府制
(暂系于绍熙四年十二月前后)

敕具官某:始吾高宗开公社之封,实自蜀国,寻以崇庆名军。盖久而后,冠以府号,地望滋重矣,选侯可轻乎？惟尔祖首贰元帅府,以佐中兴。尔为恂恂,克守家法,简池之政,平易无华。畀以左符,往守兹蜀。念之哉！无忝尔祖,则不负寄委此邦之意。

出处:《攻媿集》卷三八。
撰者:楼钥
考校说明:编年据同集前后文时间补。

宫人符燕燕转永宁郡夫人李进进转通义郡夫人制
(暂系于绍熙四年十二月前后)

敕:朕饬修内治,靡形色选之私;周览掖庭,爰秩妇官之序。有嘉女德,用锡命书。具封某婉嫕自将,柔良有素。知《小星》尽心之美,不见骄盈;承《樛木》逮下之恩,惟加肃谨。浸历岁时之久,备殚夙夜之勤。分乐土以疏封,贲小君而示宠。其祗涣渥,益懋芳猷。

出处:《攻媿集》卷三八。
撰者:楼钥
考校说明:编年据同集前后文时间补。

汪义端知舒州制
(暂系于绍熙四年十二月前后)

敕具官某:淮右诸郡,职优而事简,舒其尤也。尔蚤登甲科,蔚有时望。近膺亲擢,欲振台纲,引去翩然,留之不可。尔才办剧,屡更盘错。是邦简静,游刃有余。其与斯民相安于无事,以称朕安边固圉之意。

出处:《攻媿集》卷三八。
撰者:楼钥
考校说明:编年据同集前后文时间补。

集英殿修撰知绍兴府赵不流知广州赵彦操职事修举并除焕章阁待制制

（暂系于绍熙四年十二月前后）

赵不流

敕：报政辅藩，又见期年之变；疏恩中宸，载加禁路之荣。具官某庆席仙源，才优吏道。顷由輂毂弹压之任，遂为朝夕论思之臣。宝婺分符，备著蕃宣之效；会稽奏课，曾升论撰之华。日坐黄堂，庭无留事；风行黔首，时有誉言。登之持橐之联，壮我维城之势。帅临十国，方为久任之图；位列四松，不减近班之宠。尚祗明命，以讫外庸。

赵彦操

敕：帅阃雄尊，著南海于蕃之迹；玺书勉励，升西清次对之华。惟我宗英，被兹涣渥。具官某才猷敏劭，学识该通。蚤膺圣父之知，超置列卿之长。俾兼天邑，有赵张之威名；进摄地官，熟研桑之心计。一辞位著，久阅星霜。姑苏宣三载之劳，章贡总数州之重。顷逾庾岭，往镇番禺。抚蛮徼以不惊，惠贾胡而无扰。载嘉善最，俾正从臣。望云以求蓬莱，毋谓鹓行之远；把麾而去江海，乃通豹尾之班。兹曰殊恩，益图来效。

出处：《攻媿集》卷三八。
撰者：楼钥
考校说明：编年据同集前后文时间及赵不流、赵彦操宦历补，见《嘉泰会稽志》卷二、康熙《新修广州府志》卷一八。

资政殿大学士通议大夫范成大转一官致仕制

（暂系于绍熙四年十二月前后）

敕：图旧人而共政，方愧未能；引大体以乞身，胡为有请？嗟名臣之老矣，抚往事以慨然。具官某俊逸不群，风流自命。文章甚伟，崔蔡诚不足多；制诰尤工，王杨当为之伯。绪余所出，施设具宜。桂海冰天，望皇灵而益远；瀛壖蜀道，专制阃以增雄。是诚宣力于四方,宜俾进官于两地。出司留籥,遂奉祠庭,用之未尽其才,退而自求其志。卧公干漳滨之疾,挂隐居神武之冠。宠数弥光,典刑斯在。噫!胸中之有兵甲,世称小范之才高;扁舟之泛江湖,或谓鸱夷之仙去。皆尔乡闾之旧,岂其苗裔之余? 无忝前良,以全晚节。

出处:《攻媿集》卷三八。

撰者:楼钥

考校说明:编年据同集前后文时间补。范成大卒于绍熙四年九月五日,见周必大《平园续稿》卷二二《范公成大神道碑》。

<h1 style="text-align:center">范成大赠五官制</h1>
(暂系于绍熙四年十二月前后)

敕:旧弼遗荣,方遂垂车之志;需章上奏,忍闻易箦之言。天不慭遗,人其殄瘁。具官某身登二府,仕历三朝。词章议论之高,无惭古昔;东西南北之表,咸著威名。曾辅政之几何,乃居闲之浸久。九龄之风度可想,晋公之神明不衰。石湖忽堕乎文星,寿栎遽成夫陈迹。云何不淑,而至于斯? 念三吴人士之无多,叹一代风流之几尽。躐五阶而进秩,按二品以疏恩。噫! 三仕三已而赋归,岂复计生前之事;一官一集之传远,尚得垂身后之名。其或有知,当自无憾。

出处:《攻媿集》卷三八。

撰者:楼钥

考校说明:编年据同集前后文时间补。范成大卒于绍熙四年九月五日,见周必大《平园续稿》卷二二《范公成大神道碑》。

<h1 style="text-align:center">开府仪同三司判隆兴府赵雄少保致仕制</h1>
(暂系于绍熙四年十二月前后)

敕:旧弼偃藩,方倚上流之重;需章请老,遽求故里之归。逝矣莫留,恻然兴感。具官某谋谟宏远,识度恢洪。洞往古治忽之原,识当今轻重之体。临机辄断,慕如晦弥缝之功;遇事敢为,有黄裳经济之略。顷辞朝会,浒著民庸。起之西蜀之陬,付以南昌之郡。仰父俯子,浸销愁叹之心;襟江带湖,雅称诗书之帅。以疾来谂,乞身甚坚。虽深轸予衷,亦重违雅志,其陟三孤之贵,以华万里之行。

噫!图任旧人,谓尚堪于大政;注想元老,惜不究于长才。谅服涣恩,式全嘉遁。

出处:《攻媿集》卷三八。

撰者:楼钥

考校说明:编年据同集前后文时间。赵雄卒于绍熙四年,见《宋史》卷三九六《赵雄传》。

<h1 style="text-align:center">赵雄赠少师制</h1>
(暂系于绍熙四年十二月前后)

敕:垂车自适,难留故相之归;属纩有言,尚笃大臣之谊。殄瘁之叹,远迩所均。具官某以康济之才,际明良之会。坐庙堂而独任,光辅至尊之朝;解印组以言旋,犹高勇退之节。迨予嗣服,尝赖矢谟。初为武侯渡泸之行,实重周公分陕之寄,洊更帅阃,最得士心。不图柱石之衰,遂挂衣冠而去。勉亲医药,犹藉典刑,遽沦九京,奄隔千古。爰陟公师之亚,仍加世赏之延。噫!死生旦昼之常,固达人之所谅;君臣始终之分,岂恤典之可稽?慨想冥途,尚歆异渥。

出处:《攻媿集》卷三八。

撰者:楼钥

考校说明:编年据同集前后文时间。赵雄卒于绍熙四年,见《宋史》卷三九六《赵雄传》。

<h1 style="text-align:center">湖北提刑张垓江西提刑知池州王谦湖北提刑制</h1>
(暂系于绍熙四年十二月前后)

敕具官某等:祖宗哀矜庶狱,分道置使,前古未有也。朕承丕绪,尤遴于择人。尔垓名臣之子,尚有家法;尔谦儒林之彦,尤长吏才。大江之西,人以终讼为能;重湖之北,民有敫攘之扰。各务澄按,恤民之可矜,惩吏之无良,使远方之人自以为不冤,朕将有以褒表之。

出处:《攻媿集》卷三八。

撰者:楼钥

考校说明:编年据同集前后文时间补。

朝议大夫焕章阁待制马大同磨勘转官制
(暂系于绍熙四年十二月前后)

敕：一麾出守，实吾从橐之臣；三载陟明，优尔吏铨之制。具官某器资精敏，心计疏通。比从惟月之班，径上甘泉之列。民曹治赋，更嘉献纳之忠；京口分符，备著蕃宣之效。年劳浸及，治典可稽。俾序进于文阶，以增光于侯度。往其祗命，益务告犹。

出处：《攻媿集》卷三八。

撰者：楼钥

考校说明：编年据同集前后文时间、马大同宦历补，见《嘉定镇江志》卷一五。

吏部郎中钱象祖枢密院检详制
(暂系于绍熙四年十二月前后)

敕具官某：天下之兵，本于宥庭，设属抡才，实视宰掾。非夫详练敏明之士，不在兹选。尔起于重珪叠组之家，而以书生自处，蚤更事任，若老于州县者。出入郎省，殆二十年，敏而不疏，审而无滞。赞吾枢臣，尔其选也。益勉所长，以俟登用。

出处：《攻媿集》卷三八。

撰者：楼钥

考校说明：编年据同集前后文时间补。

宗正少卿郑汝谐右文殿修撰知池州制
(暂系于绍熙四年十二月前后)

敕具官某：尔以科级自奋，以才谞见称。持节分符，俱有声绩。登之卿列，进摄禁途，迨命为真，乃有异论。朕方遴论思之选，屡欲留行；尔乃陈去就之义，力求引退。畀以右文论撰之职，往抚池阳凋瘵之余。式遄其行，慰彼黎庶。

出处：《攻媿集》卷三八。

撰者:楼钥

考校说明:编年据同集前后文时间补。

忠翊郎屠思正监辖制造御前军器所实及五年转一官制
(暂系于绍熙四年十二月前后)

敕具官某:除戎器以戒不虞,国之务也。尔职其事,遂阅五年。何爱一官,以奖劳勋。

出处:《攻媿集》卷三八。

撰者:楼钥

考校说明:编年据同集前后文时间补。

额内翰林医痊李九龄转翰林医效制
(暂系于绍熙四年十二月前后)

敕具官某:天官之属六十,而医命士二十有八人,周家之重医也如此。矧尔服劳,有以自见。进之二秩,视周命士。往服明恩,毋怠尔事。可。

出处:《止斋先生文集》卷一三。

撰者:陈傅良

考校说明:编年据同集前后文时间、李九龄官历补,见《宋会要辑稿》职官二二、职官七三。

秀州海盐县陈山龙王显济庙神母庆善夫人加荐福二字制
(暂系于绍熙四年十二月前后)

敕某神母:朕既从二千石之言,宏贲二子之祠。维尔能与而子共福吾民,郡人推本所自而庙食之。可无宠嘉,申衍称号,以大慰民欲乎? 可。

出处:《止斋先生文集》卷一三。

撰者:陈傅良

考校说明:编年据同集前后文时间补。

赐进士出身宣教郎赵善防系濮安懿王近属更转一官制
（暂系于绍熙四年十二月前后）

敕具官某：策士于庭，而吾属籍有以文克列于丙科，朕既异焉，而问诸宗人，则于濮园为近，抑可嘉已。申命一官，以劝胄子。尔其懋哉！务自著见。可。

出处：《止斋先生文集》卷一三。
撰者：陈傅良
考校说明：编年据同集前后文时间补。

宗子显夫量试不中年四十以上特补承信郎制
（暂系于绍熙四年十二月前后）

敕某：国家所以待属籍至矣！不得隽于进士，则有量试；不得隽于量试，则有免试，皆欲使之齿仕版、习吏事也。尔其勉哉，以称朕意。可。

出处：《止斋先生文集》卷一三。又见《永乐大典》卷七三二七。
撰者：陈傅良
考校说明：编年据同集前后文时间补。

量试中宗子汝弼等八十一人补官制
（暂系于绍熙四年十二月前后）

敕某等：凡有司考校之科甚严密也，而独宽于量试宗子，盖欲使之齿仕版、习吏事。稍涉于文墨，而不求其备。尔等盍对明恩，思所以自勉哉！可。

出处：《止斋先生文集》卷一三。
撰者：陈傅良
考校说明：编年据同集前后文时间补。

合格取应宗子时信等四十二人授官第一名
补承节郎余补承信郎制
(暂系于绍熙四年十二月前后)

敕某等:有司考试之法至严密也,而独优于宗室子。夫既阔略以取之,而授官与寒畯等,则非所以示公。姑属右铨,以须器使。可。

出处:《止斋先生文集》卷一三。又见《永乐大典》卷七三二六。
撰者:陈傅良
考校说明:编年据同集前后文时间补。

四川宗子师说等十人趁赴殿试不及并特补承信郎制
(暂系于绍熙四年十二月前后)

敕某等:尔以宗党,越在西州,尝得隽于有司,而道阻且长,弗获与亲策之选。置而弗录,朕心恻焉。亦授以官,庸示笃叙,尔其懋哉。可。

出处:《止斋先生文集》卷一三。又见《永乐大典》卷七三二七。
撰者:陈傅良
考校说明:编年据同集前后文时间补。

宗子师鉉量试不中依近降指挥年四十以上
特补承信郎展三年出官制
(暂系于绍熙四年十二月前后)

敕某:有司考试之法,至严密也,而独优于宗室子。夫既优矣,而犹不应令。徒以强仕,予之初官。然必使为三年之淹,而后筮仕。用示笃叙,不为苟私。可。

出处:《止斋先生文集》卷一三。
撰者:陈傅良
考校说明:编年据同集前后文时间补。

宗子汝璺对策中间全写御题首尾各用一段
凑成特降一官推恩补承信郎制
（暂系于绍熙四年十二月前后）

敕具官某：策士于庭而无以对，宜不在第中。以尔属籍子，而不求其备，姑命以官，亦可谓茂恩矣。可。

出处：《止斋先生文集》卷一三。又见《永乐大典》卷七三二七。

撰者：陈傅良

考校说明：编年据同集前后文时间补。

广东提刑李信甫奏朝奉大夫通判德庆府权英州
张公盖失陷官钱科扰民户特降一官放罢永不得
与亲民差遣制
（暂系于绍熙四年十二月前后）

敕具官某：岭表以去廷远，而吏不自爱，往往沦胥而为欺。削尔一秩，且不得与于民社之寄。苟自爱者，继此尚少惩乎。可。

出处：《止斋先生文集》卷一三。

撰者：陈傅良

考校说明：编年据同集前后文时间补。

忠训郎赵师涌在任不职南剑守臣杨祐按罢辄敢
伏阙妄论守臣特降一官仍押送寄居泉州拘管制
（暂系于绍熙四年十二月前后）

敕具官某：尔以属籍试吏，不自贵爱，而见劾于州家，亦既亏吾教矣，诣阙自疏，复缪失实。镌一官，俾尔省循。可。

出处：《止斋先生文集》卷一三。

撰者:陈傅良

考校说明:编年据同集前后文时间、杨祐宦历补,见弘治《八闽通志》卷三四。

四川制置丘崈奏承直郎知叙州庆符县魏良心侵刻
夷人又轻入夷囤致杀死巡检程仲乾降一官放罢制
(暂系于绍熙四年十二月前后)

敕具官某:夷人畏廉而服威重,尔为边县,不足于斯二者,而致吾疆吏于死地。免官镌秩,是不谓之宽典乎! 可。

出处:《止斋先生文集》卷一三。

撰者:陈傅良

考校说明:编年据同集前后文时间、丘崈宦历补,见《宋史》卷三九八《丘崈传》等。"心",永嘉本校云:"目录作'忠'。"《鹤山先生大全文集》卷八九《吴公行状》有"京西参议官魏良忠",不知是否为同一人。

知成都府丘崈奏从政郎录事参军史定之
不亲莅狱致囚自刭死降一官放罢制
(暂系于绍熙四年十二月前后)

敕具官某:夫为狱掾,而弗躬弗亲,幽枉多矣,囚致于自尽,特其甚较著彰彰者也! 免官镌秩,是不谓之宽典乎! 可。

出处:《止斋先生文集》卷一三。

撰者:陈傅良

考校说明:编年据同集前后文时间、丘崈宦历补,见《宋史》卷三九八《丘崈传》等。

文林郎婺州浦江县丞赵大亨不遵依提刑司差
委推勘公事辄申任满离任降一官制
(暂系于绍熙四年十二月前后)

敕具官某:士而不事事,是欲素餐也! 尔方丞县,而再却宪臣之檄,以自择便,岂非不事事欤? 按章来上,姑镌一秩。继今知惧,斯可从政。可。

出处:《止斋先生文集》卷一三。

撰者:陈傅良

考校说明:编年据同集前后文时间补。

知万州季圭奏修职郎万州司理参军向绍祖狱囚系死降一资放罢制
(暂系于绍熙四年十二月前后)

敕具官某:尔为狱官,而不省囚疾苦,至于堕指,至于死而不以告,岂非所谓"士师不能治士"者欤? 其镌一阶,以警怠事。可。

出处:《止斋先生文集》卷一三。

撰者:陈傅良

考校说明:编年据同集前后文时间补。

武德大夫带御器械干办皇城司陈守忠系重华宫淑妃陈氏亲父久在殿陛特与带行遥郡刺史制
(暂系于绍熙四年十二月前后)

敕具官某:于重华为掖庭之亲,于广内为属鞬之列。翙惟肃给,济以靖共,出入两宫而无违,周旋四姓而不竞。爰酬劳于岁籥,俾借重于州麾。以欢庭帏,以壮轩陛。可。

出处:《止斋先生文集》卷一四。

撰者:陈傅良

考校说明:编年据同集前后文时间补。

朝散大夫王进之知德庆府制
(暂系于绍熙四年十二月前后)

敕具官某:尔顷以天府贰车,往守武陵,突不得黔,已复报罢,朕心悯焉。晋康虽远,实高皇兴王之地。举以授汝,以观汝能。尚其懋哉,毋替朕命。可。

出处:《止斋先生文集》卷一四。又见《攻媿集》卷二八。

考校说明:编年据同集前后文时间、王进之宦历补,见《宋会要辑稿》职官七三。陈傅良、楼钥任两制时间有重合,撰者存疑待考。

张某知宜州制
(暂系于绍熙四年十二月前后)

敕具官某:自桂林以南之州,宜为大;其与蛮人邻也,宜为迩,置侯固圉,重于他邦。举以付尔,不谓之选择而使子欤? 尚对明恩,无乏边事。可。

出处:《止斋先生文集》卷一四。

撰者:陈傅良

考校说明:编年据同集前后文时间补。

光宗宁宗朝卷六　绍熙五年(1194)

浙西提举黄通本路提刑制
(绍熙五年正月前)

敕具官某:三丞出拥使节,还为郎曹者多矣。以尔之贤,列属宪台,丞于中秘,使事修举,宜俾来归。浙河以西,服尔清裁,尔亦以静退自处,无羡于登仙。就易祥刑之司,以为畿甸之望。表廉干,儆惰偷,民以不冤,清我枭事,朕岂使尔徒久于外哉!

出处:《攻媿集》卷三九。

撰者:楼钥

考校说明:编年据《绍定吴郡志》卷七补。

宗正丞郑公显浙西提举制
(绍熙五年正月前)

敕具官某:朕惟仓庾敛散之法,山海摘煮之利,分道置使,所任甚专。畿甸之间,选用尤重。以尔学赡而文敏,外宽而内刚,进丞司宗,华问朵畅,兼掌名表,属词最工。持节有行,去天尺五,酌丰歉而赋政,辨能否以简僚。惟尔之能,思所以称。

出处:《攻媿集》卷三九。

撰者:楼钥

考校说明:编年据《绍定吴郡志》卷七补。

正议大夫尤袤转一官守礼部尚书致仕制
(暂系于绍熙五年初)

敕:位列仪曹,屡上求闲之请;恩隆储案,俯从纳禄之私。兹焉告归,于以示宠。具官某器资精敏,学业淹该。隐帙奥篇,了辨无爽;残膏剩馥,沾丐为多。册府道山,极一时儒学之选;词垣翰苑,兼两朝制诰之工。比讫外庸,进仪清禁。命之夕拜,有唐人批敕之风;擢以春官,当虞臣典礼之任。乃因感疾,遽欲辞荣。俾陟崇阶,以华晚节。李纲乞骸而去,肯久于尚书;孔戣得谢而归,仍加于礼部。尚祇涣渥,无愧前良。

出处:《攻媿集》卷三八。

撰者:楼钥

考校说明:编年据同集前后文时间、《宋史》卷三八九《尤袤传》补。吴雪菡《尤袤卒年月日考辨》(《宋代文化研究》第二八辑,线装书局,二〇二二年,第四一一至四一三页)认为尤袤卒于绍熙四年五月二十一日至六月三日间。《宋史》卷三八九《尤袤传》:"疾笃乞致仕,又不报,遂卒,年七十……明年,转正奉大夫致仕。赠金紫光禄大夫。"

尤袤赠四官制
(暂系于绍熙五年初)

敕:旧老遗荣,犹有留行之意;表章载览,忽形垂绝之言。天不慭遗,人所嗟惜。具官某以时耆德,事朕初潜。曩岁宦游,殆及王杨之接;晚年贵重,遂从园绮之招。古事今事,问无不知;大言小言,进必有补。爰暨纂承之日,首参侍从之班。召自藩方,喜典刑之如故;擢居琐闱,嘉悻直之不衰。图任方深,求归何亟?虽弗至甘盘之冈显,恨不许彦博之少闲。丧此良臣,动予深念,进四阶而命秩,按三尺以疏恩。学焉而后臣之,正赖多闻之益;死者如可作也,抑惟斯人之归。或其有知,毋悼不幸。

出处:《攻媿集》卷三八。又见《宋四六选》卷四。

撰者:楼钥

考校说明:编年据同集前后文时间、《宋史》卷三八九《尤袤传》补。吴雪菡《尤袤卒年月日考辨》(《宋代文化研究》第二八辑,线装书局,二〇二二年)认为尤袤卒于绍熙四年五月二十一日至六月三日间。《宋史》卷三八九《尤袤传》:"疾笃乞致仕,又不报,遂卒,年七十……明年,转正奉大夫致仕。赠金紫光禄大夫。"

龙图阁直学士程大昌除龙图阁学士致仕制
(暂系于绍熙五年初)

敕:引经告老,为神虎挂冠之归;念旧疏荣,峻龙马负图之职。以优耆德,以表高风。具官某秉操坚刚,著书渊博。蚤游册府,擅温厚尔雅之文;晚侍储闱,赖直谅多闻之友。十年笔橐,人望素隆。数路麾符,民庸益著。高蹈嚣尘之表,久从香火之闲。年既及于从心,志欲祈于纳禄。羽翼之资黄绮,毋忘《伐木》之诗;丘壑之有皋夔,当遂《考槃》之乐。尚祗明涣,式介蕃厘。

出处:《攻媿集》卷三九。又见《宋四六选》卷四。

撰者:楼钥

考校说明:编年据同集前后文时间、周必大《平园续稿》卷二三《程公大昌神道碑》补。

谢源明直焕章阁知温州制
(暂系于绍熙五年初)

敕具官某:朕遴选谏臣,以广听览。尔顷居九列,旋冠宰掾。察其坚正,擢在骑省。谕事不回,方向于用,衔恤而归,念之不忘。亦既即吉,起镇东土。惟永嘉在左浙为望郡,山川秀发,衣冠鼎盛,四邑相去才百里,而负山并海,壤地深远,人物日庶,事亦滋繁。非得精明和惠之人,未易办治。尔其人矣,尧章寓职,以宠尔行。俟讫外庸,登进未晚。尚其钦哉!

出处:《攻媿集》卷三九。

撰者:楼钥

考校说明:编年据同集前后文时间、弘治《温州府志》卷八补。

诣慈福官行庆寿礼诏
(绍熙五年正月一日)

坤元之德光大,凤推厚载之无疆;禹畴之福寿康,首谨彝伦之攸叙。朕祗承熙运,获侍重闱。天地介祥,金箧方增于洪算;子孙集祜,綵衣并洽于欢心。爰涓阳复之期,预上号荣之册。言其纯备,既崇文母之思齐;俾尔炽昌,更迈鲁邦之燕喜。肆元日,载蒇令仪。诏清跸以亲行,祝繁禧而弥衍。声呼万岁,密连北内之尊;养饬常珍,高视东朝之乐。惟当今之旷典,示及老之均恩。爰广邦条,益彰孝治。有福事则庆贺,共侈逢辰之休;感人心而和平,永孚锡类之谊。尚咨尔众,克体予怀。

出处:《宋会要辑稿》礼五七之一一。

庆寿赦文
(绍熙五年正月一日)

宗子、宗妇、宗女年八十以上,令大宗正司保明奏闻,与转官加封;未有官封者,特与官封。临安府府学正、录,并依淳熙十年十二月三十日已得指挥推恩。仰所属保明委实合推恩人姓名,开具应得恩数闻奏。学生并有官学生各倍赐束帛,小学府学生各赐束帛。应人户有祖父母、父母年八十以上,与免户下一名身丁钱物。

出处:《宋会要辑稿》选举一七之四。

寿圣皇太后庆八十诏书文武升朝官等加封祖父母父母定词
(绍熙五年正月一日后)

台谏卿监郎官以上封祖父并父

敕具官某父某:朕日侍慈皇,推尊祖后,母仪备三朝之盛,寿简增八袠之崇。奉徽称于日至之长,讲庆礼于元正之始。爰本亲亲之道,用推老老之恩。以尔积善有余,潜光不试,粤有贤子,(祖父云"孙子"。)扬于王庭,(台官云"列属宪台",卿少云"列在月卿",郎官云"列在名曹",都司云"宰掾是司"。)聿观缛典之行,可后高年之渥? 爰升命秩,以示宠光。益务教忠,用图显报。

台谏卿监郎官以上封祖母并母

敕具官某母某氏:(同前制"朕日侍慈皇"至"用推老老之恩"。)以尔妇道素全,壸彝甚饬,粤有贤子,(祖母云"贤孙"。)扬于王庭。(台官云"列属宪台",卿少云"列在月卿",郎官云"列在名曹",都司云"宰掾是司"。)聿观缛典之行,可后高年之渥? 爰加沐邑,以示宠光。(郡夫人"爰封名郡",国夫人"晋封大国"。)

职事官内外升朝官京局京官选人在外京官选人封祖父母父母

敕具官某父某:朕以祖后寿登八帙,恭侍慈皇,奉上万年之觞。爰推老老之恩,以广亲亲之道。以尔潜光不试,积善有余。(祖母并母云"壸彝甚饬,妇道有闻"。)子仕朝行,身逢庆霈。(祖父云"孙仕朝行",朝官云"子通朝籍",京局京官选人云"子仕中都",在外京官选人云"子在仕途"。)爰加异渥,以惠高年。

出处:《攻媿集》卷三八。
撰者:楼钥
考校说明:编年据文中所述史事补,见《宋史》卷三六《光宗纪》。

皇太后庆寿武学生加封祖父母父母定词
(绍熙五年正月一日后)

上舍内舍生

敕具某人父某:朕以祖后春秋益高,乃月正元日恭侍慈皇,仰奉庆礼,锡类之恩,溥及中外。一命而上,祖父母、父母寿登八十者,始得预此。尔年方从心,以有子列在右庠,尝预舍选,宠以命秩,祖父并父云"进加命秩",祖母并母云"宠以恩封"。最为优异。其服明涣,以迪寿康。

外舍生

敕具某人父某:朕以祖后春秋益高,乃月正元日恭侍慈皇,仰奉庆礼,锡类之恩,溥及中外。惟尔有子,祖父母云"有孙"。列在右学,年登八秩,宠以恩封。父母同词,加封云"加进恩封"。其服涣恩,以绥吉履。

出处:《攻媿集》卷三九。
撰者:楼钥
考校说明:编年据文中所述史事补,见《宋史》卷三六《光宗纪》。

知明州何澹母太淑人石氏该庆寿恩封齐安郡太夫人制
(绍熙五年正月一日后)

敕:朕礼厚两宫,当累洽重熙之际;年登八帙,奉隆慈备福之尊。乃推老老之心,庸广亲亲之道。具封某氏起自名族,嫔于大门。善相其夫,为部使者之贵;亲见吾子,任中执法之严。方乘轻轩,以就禄养,逢国家之庆需,开汤沐之新封。位正小君,爰择黄冈之胜;恩隆晚岁,式增彤管之华。益介寿祺,以仪闺阃。

出处:《攻媿集》卷三九。
撰者:楼钥
考校说明:编年据文中所述史事、何澹宦历补,见《宋史》卷三六《光宗纪》、《宝庆四明志》卷一。

迪功郎李阅父仪甫该庆寿恩封承务郎致仕制
(绍熙五年正月一日后)

敕具官某:尔积行有素,年过九龄。有子在官,实应封典。授之京秩,以为尔宠。

出处:《攻媿集》卷三九。
撰者:楼钥
考校说明:编年据文中所述史事补,见《宋史》卷三六《光宗纪》、《宝庆四明志》

卷一。

朝散郎充显谟阁待制兼皇子嘉王府翊善
黄裳兼侍讲制五年正月二十日
(绍熙五年正月二十日)

　　敕：朕每岁仲春，诏诸儒讲路门，将修故事，有日矣。比览名籍，为之矍然。昔者所进，今安在耶？而不为予讲也。具官某以六学之醇，长于劝诵，尝发明《春秋》之旨，缅缅可听也。何恙不已，而悯劳以大夫之事，但与吾儿游乎？夫文帝能前席贾生于久不见之余，而武帝不能留汲黯于出入禁闼之日。两君治效，较然可睹。尔不当起为予讲耶？《诗》不云乎："素丝祝之，良马六之。彼姝者子，何以告之？"此朕所以责望汝也。可。

出处：《止斋先生文集》卷一四。
撰者：陈傅良

训武郎临安府湖州巡辖递铺梁青违滞金字牌降一官制
(绍熙五年正月二十一日)

　　敕具官某：置邮所以传命令达章奏，刻制阃动系边事，可少稽乎？尔怠于职，行不以时，夺尔一阶，以惩不恪。

出处：《攻媿集》卷三九。
撰者：楼钥
考校说明：编年据《宋会要辑稿》职官七三补。

葛邲罢右丞相制
(绍熙五年正月二十一日)

　　咨股肱于揆路，实司庶政之权；付管钥于陪都，式藉重臣之望。惟时近弼，久位中朝。兹祈解于繁机，肆出膺于隆委。诞扬制綍，敷告廷绅。具官葛邲迪行忱恂，赋资温粹。早遇光华之治，浸预秘谋；雅输辅翼之勤，尤嘉旧德。逮遍更于二府，爰显陟于中台。休休有容，本务弥缝而藏用；谦谦自牧，乃希明哲以保身。虽叠闻议者之言,顾敢替相臣之礼。勉留备至,恳退弥坚。朕审其累奏之莫回,念其在公之尽瘁。用颁宸指,俾释宰司。书殿隆名,班特高于儒学;帅藩要地,任增重于居留。体貌斯全,眷怀惟厚。於戏!观纳海之益,置诸右以具宜;思告猷之忠,顺于外而勿怠。其承予命,往集尔庸。

出处:《宋宰辅编年录》卷一九。又见《宋会要辑稿》职官七八之六一。

大中大夫沈揆转一官守权吏部侍郎致仕制
(暂系于绍熙五年正月前后)

敕:侍朝甚喜,方仪荷橐之联;何恙之深,忽上挂冠之请。初不闻曾子之疾,乃欲为疏傅之归。具官某文有菁华,学称博雅。顷屡登于位著,矧夙备于储寮。嗣服云初,首颁于召节;殿邦既久,终入于从班。谓其数器之兼,畀以二铨之重。预修史策。劝讲经帷。造膝陈谟,曾未浃日;抗章告老,胡不待年? 许寻里社之间,仍守天官之秩。子骞之在汶上,莫遂挽留;公干之卧漳滨,徒深怀旧。尚祗涣渥,以保修名。

出处:《攻媿集》卷三九。
撰者:楼钥
考校说明:编年据同集前后文时间补。

沈揆赠四官制
(暂系于绍熙五年正月前后)

敕:孟轲之致为臣,方轸留行之念;曾参之启予手,忽闻将死之言。抚往事以何追? 嗟若人之不淑。具官某老于文学,志在事功。博极群书而发于英词,上下千载而见之笃论。任握节分符之寄,所在著称;登簪笔持橐之班,于时未久。抱疴自列,纳录言归。当危愒以奏篇,眷忠勤而陨涕。爰加恤典,悉按彝章。进官序以甚优,畀赏延而不吝。尚惟英爽,歆此宠灵。

出处:《攻媿集》卷三九。
撰者:楼钥
考校说明:编年据同集前后文时间补。

胜捷下名都虞候杨彦换从义郎王楫换秉义郎制
（暂系于绍熙五年正月前后）

敕具官某:汝久隶羽林,积劳可纪。授以勇爵,实应旧章。往其钦承,益务忠恪。

出处:《攻媿集》卷三九。

撰者:楼钥

考校说明:编年据同集前后文时间补。

大理寺丞林季友吏部郎官主管侍郎右选制
（暂系于绍熙五年正月前后）

敕具官某:郎曹二十有八,莫剧于武选,文书盈几,难以遍察,涉笔占位,犹恐不暇。非静而敏者,未易得其要领也。尔以儒者而通世务,桐川奉最,再转而丞于廷尉未久也。选居星省,遂典三铨。鹘弁之士,惟吏是听,虽有抑滞,不能自伸。尔其念哉,勉赞而长!

出处:《攻媿集》卷三九。

撰者:楼钥

考校说明:编年据同集前后文时间补。

太府寺主簿林思济大理寺丞制
（暂系于绍熙五年正月前后）

敕具官某:先王用刑之法,莫详于《甫刑》一书,有曰:"故乃明于刑之中,率乂于民棐彝。"尔蚤以经术先多士,尝诵其言矣。入仕朝行,有靖共之誉。廷尉选丞,以尔为之。其试所学,以广朕钦恤之意。

出处:《攻媿集》卷三九。

撰者:楼钥

考校说明:编年据同集前后文时间补。

修职郎权建宁府政和县尉胡杞擒获许伯祥等循两资制
（暂系于绍熙五年正月前后）

敕具官某：警捕尉曹职也。奸民寇攘，尔能致之。连帅有言，何爱旌赏？

出处：《攻媿集》卷三九。

撰者：楼钥

考校说明：编年据同集前后文时间补。

余永弼知阆州制
（暂系于绍熙五年正月前后）

敕具官某：阆风锦屏之胜，士诵少陵之诗，恨不得身到其地。尔乃以二千石临之，岂易得哉！尔起儒门，万里入蜀，洊更事任，雅有能称。郡寄浸高，事权益重。无轻民事，克勤小物，则可以称此矣。

出处：《攻媿集》卷三九。

撰者：楼钥

考校说明：编年据同集前后文时间补。

王寅知江州制
（暂系于绍熙五年正月前后）

敕具官某：长江上游，以浔阳为重镇，分屯禁旅，控御一面，守将非它郡比也。以尔三领左符，老于吏治，番易之政，人多称之。其殚抚字之心，无改中和之旧，使兵民晏然，隐若敌国，则不负选侯之举矣。

出处：《攻媿集》卷三九。

撰者：楼钥

考校说明：编年据同集前后文时间补。

丁逢潼川府路转运判官制
(暂系于绍熙五年正月前后)

敕具官某:尔有志当世,结知慈皇。守郴阳,使湖外,又皆有声绩可纪,今日有用之才也。东川飞挽之重,不以轻畀,叱驭而往,毋惮驰驱。抚摩吾民,廉察群吏,以称外台耳目之选,是惟休哉!

出处:《攻媿集》卷三九。

撰者:楼钥

考校说明:编年据同集前后文时间、丁逢官历补,见《舆地纪胜》卷一五五。

赵像之福建提刑制
(暂系于绍熙五年正月前后)

敕具官某:七闽祥刑之寄,选于众久矣。以尔被服儒雅,屡持使节,往司宗盟,声望日著。虽无预于吏治,已习知其民风。就乘轺车,不俟临遣。"听讼吾犹人也,必也使无讼乎?"圣人之言,固未易及。得情勿喜,尚惟勉旃!

出处:《攻媿集》卷三九。

撰者:楼钥

考校说明:编年据同集前后文时间、赵像之宦历补,见《宋会要辑稿》职官七三。

江东运副傅伯寿直焕章阁制
(暂系于绍熙五年正月前后)

敕具官某:朕惟烈祖圣学高妙,昭回之光,下饰万物,焕乎文章。尊阁惟谨,寓直之宠,不以轻畀也。以尔天资警敏,一日千里,词章精赡,连收三科,登著作之庭,于今十有八年矣。按刑将漕,益著外庸,爰锡宠名,以示褒表。讨论润色,岂其舍诸?

出处:《攻媿集》卷三九。

撰者:楼钥

考校说明:编年据同集前后文时间、傅伯寿官历补,见《景定建康志》卷二六。

朱翱大理寺丞制
(暂系于绍熙五年正月前后)

敕具官某:惟尔祖光辅思陵,尔父又登从列,君子之泽未艾也。尔被赏延,乃能明习文法,致身廷评,出守辰阳,奉最以归。进之棘丞,荣路无壅。益勉厥职,无忝尔先。

出处:《攻媿集》卷三九。
撰者:楼钥
考校说明:编年据同集前后文时间补。

淮西运副赵师耄太府少卿淮西总领制
(暂系于绍熙五年正月前后)

敕具官某:国家分屯重兵,布列江浒,董饷之任,必选朝士临之,而金陵莫重焉。尔决科自奋,饰以儒雅,有志事功,所至办治。尝使京口,见谓敏明。淮甸钱币更张之余,赖尔抚摩调护之力,民情悦服,名称益彰。兹以亚卿,往司调度,足兵足食,复于尔观焉。尚殚尔心,以副详试之意。

出处:《攻媿集》卷三九。
撰者:楼钥
考校说明:编年据同集前后文时间补。

庐州修城官修武郎建康都统司中军权副将马再兴武显郎左军统领毛致通武经郎左军统制马通各转一官制
(暂系于绍熙五年正月前后)

敕具官某等:合肥当淮西一面,俾葺坚城,以固吾圉。率众庀工,汔底于成。各进厥官,庸劝劳勚。

出处:《攻媿集》卷三九。

撰者:楼钥

考校说明:编年据同集前后文时间补。

朱熹辞免知潭州不允诏
(绍熙五年二月前)

长沙巨屏,得贤为重。

出处:《勉斋先生黄文肃公文集》卷三四《朱先生行状》。

考校说明:编年据朱熹宦历补,见束景南《朱熹年谱长编(增订本)》(华东师范大学出版社,二○一四年,第一一○六页)。

改刺免重役之人诏
(绍熙五年二月三日)

将诸军并诸路州军已得指挥免重役之人,自今后并与改刺充本州牢城收管,支破牢城衣粮,内有系韶州摧锋军、泉州左翼军、江陵府神劲军、潭州隆兴府建康府安抚司亲兵、成都飞山军、雄边军,并改刺元驻札处本州牢城收管,余依节次已降指挥施行。

出处:《宋会要辑稿》刑法四之六一。

同安郡夫人武氏进封才人制
(绍熙五年二月十一日)

敕:朕肃正宫闱,日修于内则,整齐品秩,尤戒于私恩,必有柔仪,乃容序进。具封某禀资婉嬺,履行纯和。久承《樛木》之慈,得备贯鱼之列,疏封名郡,锡号小君。知阅时之滋深,嘉率职之无怠。登之女御,示我壶彝,位几近于九嫔,爵亦侪于千石。带弓箭而侍君侧,吾岂务于燕游;理丝枲而献岁功,尔尚勤于蚕织。

出处:《攻媿集》卷三九。

撰者:楼钥

考校说明:编年据《宋会要辑稿》后妃四补。

赈粜旱伤州军诏
(绍熙五年二月十一日)

于建康府、太平州桩管米内各取拨四万石,斟量逐州旱伤轻重分拨,专委守臣措置赈粜。

出处:《宋会要辑稿》食货六八之九五。

给江州度牒以充赈济诏
(绍熙五年二月十四日)

礼部给降度牒三十道付江州,每道价钱作八百贯措置出卖,收籴米斛,专充赈济支用。候秋成日,计卖过度牒价钱,起赴封桩库送纳。

出处:《宋会要辑稿》食货六八之九五。

知建康府郑侨吏部尚书制
(暂系于绍熙五年二月前后)

敕:司管籥于留都,方资贤牧;典铨衡于选部,当任旧人。乃播纶言,载仪禁路。具官某性资刚毅,学力精深,声华蚤擅于伦魁,名节尤称于杰特。训辞温厚,信独步于一时;朝夕论思,率主盟于公议。旋由夕拜,进长天官。闽部选侯,浒更镇抚;秣陵谋帅,复藉保厘。属兴宣室之思,俾趣锋车之召。渴闻谠论,日伫尚书之履声;器使群才,更赖山公之启事。毋庸俟驾,亟遂归班。

出处:《攻媿集》卷三九。
撰者:楼钥
考校说明:编年据同集前后文时间补。

赵师程大理寺主簿制
(暂系于绍熙五年二月前后)

敕具官某:朝行簿领之官,勾稽之外,职业素简。惟理官设属,则有近制,廷评奏当之成,俾分考而订正之,遴选非他比也。以尔天潢之秀,儒雅自将,试邑佐州,遇事不苟,且尝列于朝矣,其服朕命,益观汝能。

出处:《攻媿集》卷三九。
撰者:楼钥
考校说明:编年据同集前后文时间补。

翰林医效王懋兼重华宫祇应实及二年转一官制
(暂系于绍熙五年二月前后)

敕具官某:朕祇事重华,尤谨于药石之奉。尔以疡医,奉职惟谨,亦又再岁,在法当迁。俾升尔阶,其思所报。

出处:《攻媿集》卷三九。
撰者:楼钥
考校说明:编年据同集前后文时间补。

俞澂知常德府制
(暂系于绍熙五年二月前后)

敕具官某:武陵为湖北名邦,以寿皇潜藩,地望增重。总数州之戎事,控五溪之喉衿,未尝不选侯而用焉。尔出儒门,明习文法,有公廉之操,得温厚之称。尝守高安,政适其平。郎曹卿寺,践历滋久。起家剖符,往镇遐服。明听朕言,无轻民事。

出处:《攻媿集》卷三九。
撰者:楼钥
考校说明:编年据同集前后文时间补。

中奉大夫焕章阁待制知鄂州王信磨勘转官制
(暂系于绍熙五年二月前后)

敕:一麾出守,久著于民庸;三载陟明,适登于吏考。乃颁恩命,俾进文阶。具官某性识疏通,材猷敏劭。西掖擅演纶之美,东台高批敕之风。易镇会稽,畅威名于近甸;分符鄂渚,增形势于上游。兹以年劳,应于治典。虽曰有司之定制,是为增秩之殊荣。益图尔功,以谨忠报。

出处:《攻媿集》卷三九。
撰者:楼钥
考校说明:编年据同集前后文时间、王信官历补,见《括苍金石志》卷六《王给事墓志》。

太府少卿吴琔太府卿淮东总领制
(暂系于绍熙五年二月前后)

敕具官某:国家东巡吴会,列戍江淮。惟此丹阳,尤为近屏。护饷既久,可后褒升? 尔儒雅雍容,克勤吏道。详历版曹司金之职,遂登外府亚卿之华。顷以王臣,往给军食,调娱酬酢,上下帖然。就加惟月之班,其服自天之宠。勿替于旧,益图尔功。

出处:《攻媿集》卷三九。
撰者:楼钥
考校说明:编年据同集前后文时间、吴琔官历补,见《嘉定镇江志》卷一七。

从政郎建康府江宁县尉赵汝章收使射赏转文林郎制
(暂系于绍熙五年二月前后)

敕具官某:泽宫不建,士无射御之习。寿皇以为此非所以合文武也。既策之廷中,复取之闱□,于此皆得隽焉。士亦艰矣! 俾进一阶,用为如吾诏者之劝。可。

出处:《止斋先生文集》卷一四。

撰者:陈傅良

考校说明:编年据同集前后文时间补。

降授朝奉郎权通判建康府徐峣任国子博士日
奏对失仪降官特复朝散郎致仕制
(暂系于绍熙五年二月前后)

敕具官某:阙庭之礼,陵三军者惧焉,以其严也。尔为博士长,而进对失容,至于镌秩,朕岂深咎尔耶? 丞郡亡何,聿来致事,毋乃谨畏,过自刻责乎? 俾还旧官,示弃前咎。则朕之遇士大夫,明恕兼矣。可。

出处:《止斋先生文集》卷一四。又见王珪《华阳集》卷三九。

撰者:陈傅良

考校说明:编年据陈傅良任两制时间、徐峣宦历补,见《攻媿集》卷三四《朝散郎国子博士徐峣上殿坠笏降一官制》。本文疑为《华阳集》误收。

前提举广南市舶江文叔容纵押纲官移易香纲
钱物特降一官制
(暂系于绍熙五年二月前后)

敕具官某:建隆舶司,盖长吏兼之,寻以为有遗利也而专置使,亦稍密矣。尔领其事,乃以贡输属污吏,然则何赖焉? 削之一官,以为不谨所使者之戒。可。

出处:《止斋先生文集》卷一四。

撰者:陈傅良

考校说明:编年据同集前后文时间、江文叔宦历补,见嘉靖《广东通志初稿》卷七。

知建康府余端礼奏武经郎李存道和籴淮西
总领所米般量少欠降一官制
(暂系于绍熙五年二月前后)

敕具官某:恃粮以省漕,此大事也。而尔不究心,至见劾于帅阃。爰夺一阶,以警怠事。尚其省循,冀不终弃。可。

出处:《止斋先生文集》卷一四。

撰者:陈傅良

考校说明:编年据同集前后文时间、余端礼官历补,见《景定建康志》卷一四。

入内内侍省东头供奉官毛居实转归吏部授从义郎制
(暂系于绍熙五年二月前后)

敕具官某:尔自谪籍得归,铨曹命之秩官,往护陵寝,其对恩渥,毋忘惧思。苟无后愆,亦岂遐弃? 可。

出处:《止斋先生文集》卷一四。

撰者:陈傅良

考校说明:编年据同集前后文时间补。

取拣皇城司阙诏
(绍熙五年三月一日)

皇城司守阙入内院子见阙长行一百二十八人,令殿前马步军司可依淳熙十二年例,于马军司见管不入队年五十岁以上至六十岁,十将以下至长行取拣一次,内有职名人比换皇城司职名安排。

出处:《宋会要辑稿》职官三四之三九。

修盖庐州屯戍官兵寨屋诏
(绍熙五年三月十一日)

庐州支拨铁钱、交子共五万贯文,添造本州屯戍建康都统司官兵寨屋八百二十一间,毕工日,开具豁申朝廷施行。

出处:《宋会要辑稿》兵六之二八。

宫人张氏封郡夫人制
（绍熙五年三月十二日）

　　敕：朕日听外朝，退修内治。妇官具设，尤严陛级之分；恩命所加，必视功容之懿。具位某氏雅称柔履，选自良家，事宫壸以服劳，阅岁时而滋久。启封名郡，进位小君，仍颁禄秩之优，庸示禁庭之宠。其祗涣渥，益懋芳猷。

出处：《攻媿集》卷三九。
撰者：楼钥
考校说明：编年据《宋会要辑稿》后妃四补。

新知钱塘县赵盛婺州通判吴璹并除职事官制
（绍熙五年三月二十一日）

　　敕具官某等：维昔忠献，光辅高宗，以建我家。维今太皇，实佐求贤，而无私谒，天下诵之。则以尔盛忠献之后，璹太皇家人也。靖共在位，克世其美。而置诸周行，以劝勋戚，不亦宜乎。可。

出处：《止斋先生文集》卷一四。
撰者：陈傅良

禁戢舟舡辄过料角诏
（绍熙五年三月二十七日）

　　令广东西、浙东西、福建路安抚、提刑司行下所部州军严行禁戢，无致违犯透漏。其舟舡辄过料角，并坐兴贩次边之罪。仍督责巡捕官司常切根缉，仰逐司月具有无透漏闻奏。余依隆兴元年五月九日已降条法指挥施行。

出处：《庆元条法事类》卷二九。

国子录陈邕武学博士制
（暂系于绍熙五年三月前后）

敕具官某：尔掌教国子，蔚然有称。尝对便朝，论事尤切。长于右学，益观通才。武尚止戈，兵实贵谋。其以斯意，训迪学士。庶几得有用之才，以备将帅之选焉。

出处：《攻媿集》卷三九。

撰者：楼钥

考校说明：编年据同集前后文时间、陈邕官历补，见《宋会要辑稿》选举二二、《南宋馆阁续录》卷九。

王介国子录制
（暂系于绍熙五年三月前后）

敕具官某：士登甲科，立致膴仕。亦惟行谊有以称，则得之斯无异辞。尔当龙飞之初，居俊秀前列。辅邦入幕，以儒雅饰吏，是能称此科级者。擢居胄监，典我教事。又能称此，使学者宗之，则尔之进未艾也。

出处：《攻媿集》卷三九。

撰者：楼钥

考校说明：编年据同集前后文时间补。

枢密院编修官许介宗正丞制
（暂系于绍熙五年三月前后）

敕具官某：司宗有丞，在颂台册府之间，非列寺比，故其选甚高。尔蚤擢乙科，尝试剧县。慈皇闻其善政，就加增秩之宠，再入修门，其才益著。比以编摩之职，摄郎省、参宰掾矣。兹登清途，预修宝牒。益谨厥职，以究尔长。

出处：《攻媿集》卷三九。

撰者：楼钥

考校说明:编年据同集前后文时间补。

王溉户部郎官制
(暂系于绍熙五年三月前后)

敕具官某:版曹掌国之大计,而左民尤为繁剧。州邑之讼,有不得其平者率造焉,思得疏通详练之士久矣。尔源流家传,缘饰吏事,往使于蜀,精敏有余,操赢赀以苏疲瘵,尝加诏奖,召对便朝,审其可用。往振兹职,益观汝能。

出处:《攻媿集》卷三九。

撰者:楼钥

考校说明:编年据同集前后文时间补。

夔路运判冯震武户部郎官四川总领制
(暂系于绍熙五年三月前后)

敕具官某:朕惟武王不忘远之意,西南万里,选才尤详。矧总饷之寄,动关军国,见大夫临遣,而行或不及事。尔蜀国之彦,尝列于朝,观风夔门,能宣德意。加以民曹之职,就董五十余州之赋,以给营垒之师。民力困矣,军须方繁,足食足兵,伫观儒效。

出处:《攻媿集》卷三九。

撰者:楼钥

考校说明:编年据同集前后文时间、冯震武宦历补,见《宋会要辑稿》职官七三。

太常寺主簿张贵谟司农寺丞制
(暂系于绍熙五年三月前后)

敕具官某:尔学术该通,论议根据,一时清流也。顷试剧邑,乃有能声,盖尝见于用矣。勾稽颂台,进丞农扈。虽曰曾预礼乐制作之事,要须详试簿书期会之间。尔惟通才,其体此意。

出处:《攻媿集》卷三九。

撰者:楼钥

考校说明:编年据同集前后文时间、张贵谟官历补,见《宋会要辑稿》选举二一、《咸淳重修毗陵志》卷八。

太社令陈岘太学博士制
(暂系于绍熙五年三月前后)

敕具官某:尔以绍兴法从之孙,自奋宏博之科,宜仕于朝久矣。徊翔幕府,列属容台。贤士之关,师儒虚位,畴咨多士,佥曰汝宜。温故知新,尔其自勉。

出处:《攻媿集》卷三九。又见民国《平阳县志》卷七七。

撰者:楼钥

考校说明:编年据同集前后文时间、陈岘官历补,见《南宋馆阁续录》卷九等。《止斋先生文集》卷一八《太学博士陈岘武学(将)〔博〕士陈邕并除秘书省正字制》题注曰:"闰十月十四日。"《南宋馆阁续录》卷九:"陈岘:(绍熙)五月闰十月除,庆元二年正月为校书郎。"由是可知陈岘除太学博士当在绍熙五年闰十月前。《宋会要辑稿补编》:"绍熙五年十二月二十一日,太社令陈岘言……"(第一五七页)疑有误。

判建康府葛郯改判隆兴府制
(暂系于绍熙五年三月前后)

敕:由端揆以殿邦,允藉保厘之略;为上流而易镇,更资抚御之才。爰授左符,载扬明綍。具官某谋猷宏达,德度恢洪。三世名儒,益致家声之显;两朝异眷,遂专国秉之隆。矧惟旧学之臣,久处洪枢之任。密参庙算,既兼文武之资;祈解政机,遂付军民之寄。加延恩而寓职,视上宰以疏荣。顾陈义以甚坚,为相攸而改命。惟襟江带湖之地,可以优贤;皆耕田凿井之民,正宜坐啸。其为十连之帅,式遄千骑之行。噫,尝本五兵,弥觉倚藩之重;周知万务,岂云敛惠之难。尚讫外庸,益绥休宠。

出处:《攻媿集》卷三九。

撰者:楼钥

考校说明:编年据同集前后文时间、光绪《江西通志》卷一〇补。

新除吏部尚书郑侨龙图阁学士依旧知建康府制
（暂系于绍熙五年三月前后）

敕：召还选部，行领从臣之班；居守陪京，复分方面之任。选用之遴，中外则均。具官某望重两朝，才高众俊。以三代之文，掌我帝制；以六经之学，格于君心。顷由天官，出镇闽部。旋界保厘之寄，实资镇抚之功。尚书喉舌之官，固应图旧；河东股肱之郡，故特召君。矧荒政之方修，亦逊章之沓至，俯徇借留之志，益高难进之风。龙阁升华，用为尔宠，麟符增重，克成厥终。益著外庸，以绥涣渥。

出处：《攻媿集》卷三九。

撰者：楼钥

考校说明：编年据同集前后文时间补。

知临安府钱塘县赵盛太社令制
（暂系于绍熙五年三月前后）

敕具官某：惟尔先正，光辅高皇，配飨庙廷，燕及后裔。凡尔昆弟，序进于朝，社稷之司，不以轻授。靖共尔位，毋忝尔先。

出处：《攻媿集》卷三九。

撰者：楼钥

考校说明：编年据同集前后文时间补。

新知潼川府杨虞仲直秘阁知夔州制
（暂系于绍熙五年三月前后）

敕具官某：夔子之国，号称夔门，盖蜀川之喉衿也。谋帅之重，实难其人。尔西南望士，三持使节，蜀之民服尔名已久，尔亦习知风俗之详矣。潼川未行，易镇兹部，寓直中秘，以为尔宠。民生凋瘵，非他路比，罢行利害，汔可小康。其尚勉哉，以称推择之意。

出处:《攻媿集》卷三九。

撰者:楼钥

考校说明:编年据同集前后文时间补。

进士张昉陈舜咨赈济补承节郎制
(暂系于绍熙五年三月前后)

敕某人:荒政之修,劝分为急。尔出私储,以济饥民。何爱一官,用劝来者。

出处:《攻媿集》卷三九。

撰者:楼钥

考校说明:编年据同集前后文时间补。

承信郎榷货务检法使臣钱煜收趁增羡转一官制
(暂系于绍熙五年三月前后)

敕具官某:榷山海之利,以佐邦储,赏典最厚。尔奔走其下,亦预进官。尚勉公勤,思有以称。

出处:《攻媿集》卷三九。

撰者:楼钥

考校说明:编年据同集前后文时间补。

陈谦夔路运判制
(暂系于绍熙五年三月前后)

敕具官某:夔门为蜀要冲,川陆险绝,刀耕火种,民生甚艰。将输之寄甚重,郡计实仰给焉,非通敏之士,不在兹选。以尔有用之学,浒试剧繁,以南兰陵吏课之最,领湖右敛散之权。兹为朕行,调度一道,抚惠疲氓,务去泰甚,使田里得以安其生,则朕之顾忧宽矣。

出处:《攻媿集》卷三九。

撰者:楼钥

考校说明:编年据同集前后时间、陈谦官历补,见《水心文集》卷二五《陈公墓志铭》。

决遣刑狱诏
(绍熙五年四月十一日)

雨泽稍愆,窃虑刑狱淹延,差官检察决遣。

出处:《宋会要辑稿》刑法五之四四。

虑囚诏
(绍熙五年四月二十一日)

江东西、两淮路提刑躬亲即时前去,将见禁罪人检察决遣。内杖罪以下并干系等人,并日下疏放。如路远去处,分委通判。仍将已断放过名件逐一开具闻奏,应申奏案督责疾速依条施行,毋致违戾。

出处:《宋会要辑稿》刑法五之四四。

建宁府浦城知县鲍恭叔降两官永不得与亲民差遣制
(绍熙五年四月二十五日)

敕具官某:县令与民,最亲狱事,所宜深察也。尔为大邑,以重辟告于郡,却而复上,几陷平民于死。迨冤状既白,而欲便文以自解乎?外台有言,夺汝二秩,不复使任临民之官,尚为轻典也。

出处:《攻媿集》卷四○。
撰者:楼钥
考校说明:编年据《宋会要辑稿》职官七三补。

知台州徐子寅广东提刑制
（绍熙五年四月）

敕具官某:朕念广东宪台之重,畴咨其人,思得资高而练事,法明而尚宽者居之。大臣谓尔为可,且曰是尝为卿,为部使者,帅维扬矣。中更退闲,起为汉东,而治办丹丘之政,民安而歌之。使持节以按岭海,其必有以称钦恤之意。朕曰俞哉,式遄其驱,毋替朕命。

出处:《攻媿集》卷三九。
撰者:楼钥
考校说明:编年据同集卷九一《徐公行状》补。

奉议郎提辖榷货务谢俨收趁增羡转一官制
（暂系于绍熙五年四月前后）

敕具官某:榷管之繁,总于京邑。尔不欺于职,济以变通,岁入之赀,坐致赢羡。可无褒赏,以劝后来? 其祗增秩之恩,益谨有司之守。

出处:《攻媿集》卷三九。
撰者:楼钥
考校说明:编年据同集前后文时间、谢俨宦历补,见《宋中兴行在杂买务杂卖场提辖官题名》。

提点坑冶铸钱赵不迹淮南运判制
（暂系于绍熙五年四月前后）

敕具官某:朕惟外台飞挽挽之司,莫如东淮委寄之重。兼宪使刑辟之任,当使客冠盖之冲。欲求通才,得我贤族。以尔奋由科级,尤精吏能。拥麾荣于三州,屡书课最;总货泉于六道,式阜邦财。俾行边疆,进专漕计。尚思忠报,益著外庸。

出处:《攻媿集》卷三九。

撰者:楼钥

考校说明:编年据同集前后文时间、隆庆《仪征县志》卷四补。

文思院造皇太后尊号册宝监官从政郎陈庶监门
儒林郎黄概各循一资制
(暂系于绍熙五年四月前后)

敕具官某:朕以月正元日,奉徽称于祖后。白玉之牒,镂刻甚工;黄金之玺,一铸而就。虽曰有司之职,实惟莅事之勤。各进尔阶,庸示嘉宠。

出处:《攻媿集》卷三九。

撰者:楼钥

考校说明:编年据同集前后文时间、文中所述史事补,见《宋会要辑稿》后妃二。

干办审计司刘诚之太常寺主簿刘德秀大理寺主簿制
(暂系于绍熙五年四月前后)

敕具官某等:列寺之属,皆有勾稽。惟容台礼乐是司,实预讨论之事;惟廷尉刑狱至重,实分谳议之司。铨叙人才,二者尤不可轻也。以尔诚之声称籍甚,持以靖共;尔德秀文采蔚然,不事表襮。兹庸并命,其进未央。尚体优恩,各扬乃职。

出处:《攻媿集》卷三九。

撰者:楼钥

考校说明:编年据同集前后文时间、刘德秀官历补,见《宋史全文续资治通鉴》卷二八。

福建提举张涛提点坑冶铸钱制
(暂系于绍熙五年四月前后)

敕具官某:国家分道遣使,各扬乃职。惟货泉之寄,总六道百郡之权,归于一大有司,视汉之钟官办铜,其重甚矣。非得通儒,不以轻界。以尔抱负不凡,词章精赡,出入朝行,见谓老成,使于二部,皆有声绩,举以命汝。其为朕谨调度,察奸欺,使邦财阜通,朕岂久汝于外哉!

出处:《攻媿集》卷三九。

撰者:楼钥

考校说明:编年据同集前后文时间、张涛宦历补,见弘治《八闽通志》卷三〇。

宋之瑞福建提举制
(暂系于绍熙五年四月前后)

敕具官某:尔以儒学之秀,三仕于朝,滋向于用,而又引去,朕亦念之。七闽敛散之司,职优而事重。畴咨肤使,起尔于家。士之宦学,不以仕已为喜愠;上之用人,岂以中外为重轻? 尔尚勉旃,以俟光宠。

出处:《攻媿集》卷三九。

撰者:楼钥

考校说明:编年据同集前后文时间补。

从政郎扬州司法林橖搜获铜钱循一资制
(暂系于绍熙五年四月前后)

敕具官某:边郡严钱币之出,而吏多不虔。尔能摘状,遂正其罪。选阶之进,以懋尔勤。

出处:《攻媿集》卷三九。

撰者:楼钥

考校说明:编年据同集前后文时间补。

四川量试宗子伯扬时敏补承信郎制
(暂系于绍熙五年四月前后)

敕某人:尔在属籍,远处蜀道,能以文艺,优占科级。锡之武爵,尚其勉旃。

出处:《攻媿集》卷三九。

撰者:楼钥
考校说明:编年据同集前后文时间补。

慈福宫内人安化郡夫人方氏彭原郡夫人高氏清河郡夫人邝氏并转国夫人胡氏苏氏张氏并封郡夫人制
(暂系于绍熙五年四月前后)

敕:朕承累洽重熙之运,奉隆慈备福之尊。畴咨女御之良,爰畀恩光之渥。具位某氏禀资婉嫕,植行柔嘉。选在掖廷,蚤备妇官之列;事予祖后,浸更岁籥之深。属庆典之告成,演褒纶而逮下。进封大国,胡氏、苏氏、张氏云"启封名郡"。益懋小心。

出处:《攻媿集》卷三九。
撰者:楼钥
考校说明:编年据同集前后文时间补。

大理少卿许及之奉使回特转一官制
(暂系于绍熙五年四月前后)

敕具官某:昔皋陶明刑,能弭猾夏之患。尔,吾谏臣也,而为大理。稽经传古,人自不冤,非所谓淑问如皋陶者耶! 御命北庭,且以觇国,朕所为用汝也。肆于归报,矗然献忠。盖历道其所更见,至于禾黍,而未尝一语及仆马之病。朕闻之有感焉。书劳增秩,是特旧章。若属有邻国之大事,尔其选哉! 可。

出处:《止斋先生文集》卷一四。
撰者:陈傅良
考校说明:编年据同集前后文时间、文中所述史事补,见《宋史》卷三六《光宗纪》、《金史》卷六二《交聘表》。

阁门舍人蒋介奉使回特转一官制
(暂系于绍熙五年四月前后)

敕具官某:使于四方,孔门以为难,是可以观士矣。尔以西州之彦,庀职上阁。意象容止，亶如儒素，盖其所趣尚然也。属修邻聘，以尔辅行。肆于归报，礼无违者。书劳增秩，盖循旧章。欲究尔能，嗣有晋宠。可。

出处：《止斋先生文集》卷一四。
撰者：陈傅良
考校说明：编年据同集前后文时间、文中所述史事补，见《金史》卷六二《交聘表》。

<h2 style="text-align:center">带御器械蔡必胜除知阁门事制
（暂系于绍熙五年四月前后）</h2>

敕具官某：昔者仲尼设科，可使束带与宾客言者，皆高弟也。矧吾上阁，四方于此乎观礼，而可不用士乎？尔以诸生习孙吴，对策为天下第一，操履趋尚，学士大夫也。寿皇嘉之，骎骎膴仕。朕方在潜邸，每视朝，辄属意汝，以为可在左右。肆我嗣服，首加趣召。俄而衔恤，乃今来归。是用命汝，典我阁事。夫不以寒素处私人，不以学问望右列，其来尚矣。自我作古，追复仲尼之遗意。尔其懋哉，以图忠报。可。

出处：《止斋先生文集》卷一四。又见民国《平阳县志》卷七七。
撰者：陈傅良
考校说明：编年据同集前后文时间、蔡必胜官历补，见《水心文集》卷一七《蔡知阁墓志铭》等。

<h2 style="text-align:center">朝奉大夫试尚书礼部侍郎倪思荐举不当降
一官满一期叙复朝散大夫制
（暂系于绍熙五年四月前后）</h2>

敕：朕惟听言信行，虽高第不保其终身。观过知仁，则宽朝宜谅其本意。爰弃前咎，俾复故官。具官某蔚为国华，简在法从。久居台阁，盖习于推毂之风；乐道缙绅，亦恐有积薪之恨。云胡吏议，及此上闻，乃不知猾吏之为，而徒录名臣之后，或者爱博，至于言私。虽薄示惩章，岂遽忘于善类？思皇多士，朕所以舍旧而图新；求备一人，尔毋为矫枉而过直。可。

出处：《止斋先生文集》卷一四。

撰者:陈傅良

考校说明:编年据同集前后文时间、倪思宦历补,见《宋中兴学士院题名》。

显谟阁学士降授通奉大夫知建康府郑侨举淳安令舒光改官不当降官满一期叙复正议大夫制
(暂系于绍熙五年四月前后)

敕具官某:淳安令之狱,至今人疑之。朕徐考其所为主,则皆吾贤卿大夫也。吾贤卿大夫也,而坐以缪举之罚,毋乃已重乎? 以尔经明行修,为海内所称数,而阅天下之士多矣。门生故吏,必善推择而不苟取。乃者所举令,其具如刑书邪? 则与其进,不保其往,孔子有是言矣。不如刑书,则是即墨大夫也。岂以微文而废善类? 爰弃前咎,俾还故官。其继自今,毋以精失士之意。益举所知,是谓忠报。可。

出处:《止斋先生文集》卷一四。

撰者:陈傅良

考校说明:编年据同集前后文时间、郑侨宦历补,见《景定建康志》卷一四。

朝请大夫中书舍人楼钥磨勘转朝议大夫制
(暂系于绍熙五年四月前后)

敕:计日,非所以处贤才也;书劳,非所以待法从也。而有司以功令来上,曰:"某人当进其官。"则朕亦重改焉耳。具官某以文墨议论,方代予言。自吾与丞相执政进退群臣,当不当功罪,尔皆得以可否是正于其间。分职授任,亦异于百辟矣。绩用益彰,声望益茂。则等而上之,不过三数官,皆将以待汝。何屑屑以课日月增秩为事? 尚服训辞,以须明陟。可。

出处:《止斋先生文集》卷一四。

撰者:陈傅良

考校说明:编年据同集前后文时间、楼钥宦历补,见《絜斋集》卷一一《楼公行状》、《宋中兴学士院题名》。

林大中磨勘转官制
(暂系于绍熙五年四月前后)

敕:计日,非所以待贤能也;循次,非所以优法从也。而有司以功令告,是为旧章,庸可废乎?具官某以直道正台纲,至于累岁;以勇退纡州组,殆将终更。概之,懋官一阶,不足酬也,况夫训词深厚,驳议剀切,朕甚嘉之乎?而有司会课,姑惟增秩。其尚钦承,以须殊奖。可。

出处:《止斋先生文集》卷一四。
撰者:陈傅良
考校说明:编年据同集前后文时间补。

奉国军节度使开府仪同三司充万寿观使夏执中所生母郡夫人沈氏赠崇国夫人制
(暂系于绍熙五年四月前后)

敕:诗人诵后夫人之贤,必以为某人之子、之孙、之甥、之妹,盖推本其所从来,不一而足也。具官某所生母具位沈氏,作配名门,雅有淑德。是生贤嗣,为国元舅。日者,朕缘申伯之谊,加锡命数,视仪鼎司。夫宠其身,而不及其母,岂所以宏贲外氏之祧乎?是生不沾膏沐之赐,而死无以慰蓼莪之思也。爰自郡封,升华上国。尚歆明恩,永缓尔后。可。

出处:《止斋先生文集》卷一四。
撰者:陈傅良
考校说明:编年据同集前后文时间补。

夏执中故妻郡夫人谌氏赠宁国夫人制
(暂系于绍熙五年四月前后)

敕:公卿将相,处贵倨之势而不骄,非独其身贤也,警戒相成,厥有内助。具官某故妻具位谌氏,尝为吾舅氏之配,与之共隐约矣。今以吾舅,申锡命数,视仪鼎司。敬共不违,退若初筮。推本所自,非有如《齐风·鸡鸣》之配然耶?夫生有中馈之劳,而不及从夫之爵;死祔于姑之室,犹未离于郡小君也。则吾外氏之祧,尚有遗恨。晋陟上国,庸慰幽冥。尚歆明恩,益相夫子。可。

出处:《止斋先生文集》卷一四。
撰者:陈傅良
考校说明:编年据同集前后文时间补。

四川制置使京镗权刑部尚书制
(绍熙五年五月前)

敕:朕体列圣宽仁之训,务谨刑章,求一时忠厚之臣,俾居司寇。久虚此位,今得其人。具官某器度恢洪,才猷挺特,蚤结慈宸之眷,亟登要路之津。修聘殊邻,壮苏武持旄之节;开藩全蜀,慨王尊叱驭之行。百城咸服其恩威,四载备闻于劳烈。爰示赐环之宠,俾升听履之班。锡以赞书,付之臬事。罔兼庶狱,朕方推文王敬忌之心;明用五刑,尔其慕皋陶迈种之德。尚殚辰告,以副予知。

出处:《攻媿集》卷三六。
撰者:楼钥
考校说明:编年据京镗官历补,见《宋史》卷三六《光宗纪》。

契勘米斛纲运少欠之数诏
(绍熙五年五月一日)

逐路州军发纳行在并总领所等处米斛纲运,抛失少欠之数,可令司农寺并逐路州军各将见监从实契勘。如每名欠二十硕以下,并日下特与蠲放。

出处:《宋会要辑稿》食货四四之一四。

祈雨诏
(绍熙五年五月十三日)

逐路转运司行下所部阙雨州县,仰守令躬诣管内寺观神祠,严洁精加祈祷,务要速获感应。仍禁屠宰三日,以指挥到次日为始。

出处:《宋会要辑稿》礼一八之二五。

临安府迎请天竺观音祈雨诏
(绍熙五年五月十三日)

祈雨未获感应,令临安府迎请上天竺灵感观音,就明庆寺精加祈祷,仍禁屠宰三日。

出处:《宋会要辑稿》礼一八之二五。

成都潼川两路解额事诏
(绍熙五年五月二十八日)

成都、潼川两路转运司解额各与存留二十名,余额令四川制置司、成都、潼川转运司取会诸州解额及终场人数,参酌多寡分拨,取令均平。

出处:《宋会要辑稿》选举一六之二七。又见同书选举五之一二。
考校说明:《宋会要辑稿》选举五系于"十月二日八日"(或是"十月二十八日"之误),待考。

修职郎郑守仁贺正旦使亲属循一资制
(暂系于绍熙五年五月前后)

敕具官某:尔父顷使敌国,尔虽不预行役,而善于子职,使行者不内顾,而居者得所安。劳还之初,亦被酬赏。举行于今,尚其祗服。

出处:《攻媿集》卷三九。
撰者:楼钥
考校说明:编年据同集前后文时间补。

修职郎李良臣奉使书状官循两资制
(暂系于绍熙五年五月前后)

敕具官某:岁遣信使,修聘殊邻,凡预驱驰,均有劳还之赏。矧以铅椠为职,润色使华,叠进选阶,于汝何咎。

出处:《攻媿集》卷三九。

撰者:楼钥

考校说明:编年据同集前后文时间补。

庆寿诏书宗子年八十以上使臣年八十以上
愿致仕者并转一官定词
(暂系于绍熙五年五月前后)

敕具官某:朕以正月上日奉祖后万年之觞,霈泽四方,及人之老。尔在属籍,春秋益高,进以一阶,用华晚节。使臣云:"尔在右列,引年告老,进官一等,是为优恩。"

出处:《攻媿集》卷三九。

撰者:楼钥

考校说明:编年据同集前后文时间、文中所述史事补,见《宋史》卷三六《光宗纪》。

宗子汝种与昉补承信郎制
(暂系于绍熙五年五月前后)

敕某等:尔在属籍,逢时覃霈,能以文艺,自取科级。予之武爵,尚其勉旃。

出处:《攻媿集》卷三九。

撰者:楼钥

考校说明:编年据同集前后文时间补。

淮东提举陈损之创立绍熙堰除直秘阁制
(暂系于绍熙五年五月前后)

敕具官某:水利本以惠农,常平使者之职也。尔使淮东,善于其职,建议任责,迄观厥成。伻来以图,如指诸掌。闭纵随时,条流有序,绵亘及数百里之远,灌溉为千万顷之利。农商俱济,旱涝无虞,使客漕运之往来,咸有赖焉。谢安为埭,人以召伯名之。尔通敏有余,不扰而办,名以绍熙,淮民不汝忘也。寓直中秘,以宠尔勤。朕所以待汝者,何止是哉!

出处:《攻媿集》卷三九。
撰者:楼钥
考校说明:编年据同集前后文时间、《宋史》卷九七《河渠志》补。

姚矩知邕州制
(暂系于绍熙五年五月前后)

敕具官某:南晋深入岭右,控制蛮方,唐则分建五管。今亦并护数州,权任亚于连帅,选侯顾不重哉!以尔莅官不苟,有趋事赴功之心,治施与靖,咸有声绩,班班可纪,今又命尔以此邦。固圉宁民,尚其勉哉!

出处:《攻媿集》卷三九。又见《粤西文载》卷二。
撰者:楼钥
考校说明:编年据同集前后文时间补。

大理少卿许及之权礼部侍郎制
(暂系于绍熙五年五月前后)

敕:廷尉天下之平,浒居卿列;宗伯春官之贰,径入从班。是曰异恩,实由亲擢。具官某才兼数器,识综九流,蚤以多文之儒,务为有用之学。方弹冠之伊始,已脱颖而不凡。禁闱拾遗,得真谏官之誉;藩方作牧,有古良将之风。比因奉最之归,俾箧明刑之任。惟庆禋既行之后,当郊禋再举之时,仪曹久虚,礼典谁属?释尔平反之重,参予制作之司。有功过于张之贤,朕所知者;虞舜命夷夔之事,汝则兼之。益勉告犹,斯为称职。

出处:《攻媿集》卷三九。

撰者:楼钥

考校说明:编年据同集前后文时间、许及之宦历补,见《宋会要辑稿》礼一五。

四川茶马朱致知京西运判制
(暂系于绍熙五年五月前后)

敕具官某:襄汉将漕之寄,虽所部不过数州,而实兼诸使之职,控制边要,仍居上游,不轻以授人也。尔起世家,能以儒雅饰吏事。尝守申伯随侯之国,又三使于蜀矣。万里召还,复畀华节。惟尔鼻祖,致身九卿,以桐乡之啬夫,为汉世之循吏。尔其苗裔,当慕前烈,以此位而行志,岂不易于一啬夫哉!

出处:《攻媿集》卷三九。

撰者:楼钥

考校说明:编年据同集前后文时间补。

训武郎监榷货务陈仲坚收趁增羡转一官制
(暂系于绍熙五年五月前后)

敕具官某:榷管之重,总于中都。尔能其官,岁入赢羡。加之命秩,以劝后来。

出处:《攻媿集》卷三九。

撰者:楼钥

考校说明:编年据同集前后文时间补。

焕章阁待制赵不流换正任承宣使知大宗正事制
(绍熙五年五月后)

敕:拥东越之麾,方腾吏课;纠成周之族,有赖宗英。优加留务之班,式宠从臣之旧。具官某气和而智敏,属近而行尊。夙分帝胄之华,浸历仕途之久。政成京邑，尝进贰于司空；身处辅藩，讫褒升于次对。来奉便朝之觐，俾专属籍之盟。示我异恩，超廉车而授职；藉卿宿望，壮磐石以承休。是曰当才，奚劳多训？

出处：《攻媿集》卷三九。
撰者：楼钥
考校说明：编年据赵不流宦历补，见《嘉泰会稽志》卷二。

赈恤石埭县被水之家诏
（绍熙五年六月五日）

江东提举司将池州石埭县被水之家更优加赈恤，毋令失所。

出处：《宋会要辑稿》食货五八之一九。

遗　诰
（绍熙五年六月九日）

内外文武臣僚等：吾承高庙之诒谋，纂御基图，二十有八载，厉精思治，夙夜不敢康。功成克逊，期协于帝，乃举神器，亲授嗣圣，退处北宫，逮兹六稔。幸宗社有托，中外晏宁，得以优游养性，垂登七袠之寿。偶爽节宣，遂愆和豫，今至大渐，将不克享天下之养。皇帝孝爱，忧形于色，祈祷备至，日期康复，而定数莫逾。吾方高蹈冲虚，凤明至理，顾循终始，复何憾焉！寿圣隆慈备福皇太后可尊为太皇太后，寿成皇后改称皇太后，将来候撤几筵，重华宫可改为慈福宫，却于向后盖殿，以居寿成皇后，庶几以便定省侍奉。皇帝成服，三日听政，丧纪以日易月。群臣共为宽释，勿过摧伤。百官入临，并随地之宜，诸路州府长吏以下三日释服。在京禁音乐百日，在外一月，无禁祠祀嫁娶，沿边不用举哀。本宫提举所见在钱银共一百万贯，令拨付朝廷，量行给散内外诸军。山陵制度务从俭约，他不在诰中，皆取皇帝处分。更赖臣邻庶寀协心扶翊，永保平泰，以副至意。故兹遗诰，想宜知悉。

出处：《宋会要辑稿》礼三○之一。
考校说明：本文是宋孝宗以太上皇身份发布的诏令。

令盱眙军关报对境权免遣使诏
(绍熙五年六月十二日)

大行至尊寿皇圣帝六月九日升遐,梓宫发引在十月之后,九月七日本国皇帝生辰,仰盱眙军关报对境,权免遣使一次。

出处:《宋会要辑稿》职官五一之三八。

尊上寿圣皇太后尊号诏
(绍熙五年六月十六日)

门下:朕缵列圣之绪,罔敢弗钦;奉重闱之尊,惟惧不称。比以慈宸之孝,未崇祖后之隆名。兹举旧章,实循大下。寿圣隆慈备福皇太后功侔太极,德配高皇。蚤辅中兴之勋,母仪四海;洊参内禅之烈,福备三朝。顾惟菲躬,尝加徽称。敢扬玉几之命,载葳瑶编之仪。谨上尊号曰"寿圣隆慈备福太皇太后"。合行典礼,令有司检详典故以闻。

出处:《宋会要辑稿》礼五〇之一〇。

住卖没官田产事诏
(绍熙五年六月十六日)

绍熙四年八月指挥住卖没官田产,如当月以前人户已买者,自合送纳二税;如在八月以后未卖者,自合仍旧起理元租。

出处:《宋会要辑稿》食货七〇之八四。

寿皇圣帝山陵务从俭约诏
(绍熙五年六月十八日)

大行至尊寿皇圣帝山陵,当遵遗诰,务从俭约。凡修营百费,并从内库支降,如或不足,即以封桩钱贴支,免侵有司经常之费。诸路监司、州府军监等,止进慰表,其余礼物并令免进,仍不得以助修奉攒宫为名。

出处:《宋会要辑稿》礼三〇之八。

郊祀大礼改作明堂大礼诏
(绍熙五年六月二十四日)

今岁郊祀大礼改作明堂大礼,令有司除是神仪物、诸军赏给依旧制外,其乘舆服御及中外支费并从省约,仍疾速从实条具闻奏。

出处:《宋会要辑稿》礼二四之一〇二。

有事明堂御札
(绍熙五年六月二十五日)

国家恢列圣之鸿绪,秩百王之弥文。天施地生,尤重合祫之报;祖功宗德,载严并侑之升。肆循三岁之常,间举九筵之飨。朕自罹岋嶪,方处棘艰,顾思道弗言之时,岂遑他务;惟越绋行事之谊,莫废亲祠。乃易圜丘之仪,近从路寝之礼。适农亩之屡稔,暨边方之咸宁。万宝臻成,庶备盛多之荐;前彝具在,一遵寅畏之谟。上以衍寿于重闱,下以祈安于兆姓。用颁丕号,俾戒先期。朕以今年九月有事于明堂。咨尔攸司,各扬其职,相予肆祀,罔或不恭。

出处:《宋会要辑稿》礼二四之一〇二。又见《群书考索》前集卷二八。

薛叔似等充金国告哀使诏
(绍熙五年六月二十五日)

朝请郎、试祕书监、兼实录院检讨官薛叔似假显谟阁学士、朝散大夫、提举万寿观、兼侍读、信安郡开国侯、食邑一千户、食实封壹百户、赐紫金鱼袋,差充奉使金国告哀使;果州防御使、带御器械、干办皇城司谢渊,假广州观察使、知阁门事、兼客省四方馆事、永康县开国子、食邑七百户,副之。

出处:《宋会要辑稿》礼三〇之八。

光宗退闲御批
(绍熙五年六月二十五日)

朕历事岁久,念欲退闲。

出处:《四朝闻见录》丁集。又见道光《余干县志》卷二一《赵公墓志铭》,《西山文集》卷四一《李公神道碑》,《宋史》卷三六《光宗纪》、卷三七《宁宗纪》、卷三九一《留正传》、卷三九二《赵汝愚传》、卷四三四《叶适传》,《宋宰辅编年录》卷一九,《续宋编年资治通鉴》卷一一,《两朝纲目备要》卷三,《宋史全文续资治通鉴》卷二八,《齐东野语》卷三。

林湜等充遗留礼信使诏
(绍熙五年六月二十八日)

朝请大夫、试司农卿林湜假朝请大夫、试吏部尚书、宜春县开国侯、食邑一千户、食实封一百户、赐紫金鱼袋,充遗留礼信使;武经郎、阁门宣赞舍人游恭,假泉州观察使、右卫上将军、仁和县开国伯、食邑七百户,副之。

出处:《宋会要辑稿》礼三〇之九。

新知绍兴府倪思知婺州制
(绍熙五年六月)

敕具官某:视禁林之草,允藉通儒;分辅郡之符,俯从忱请。相攸既审,易地皆然。尔学优而醇,文丽以敏,早登宏博之选,径上清华之途。翰苑词垣,擅两制丝纶之美;经帷史馆,极一时笔橐之荣。擢贰仪曹,独司邦礼;拭圭出使,握节言旋。曾坐席之未温,俄抗章而自列。岂久劳侍从之事,遂厌直承明之庐。怀会稽太守之章,至勤再命;继东阳隐侯之咏,去拥一麾。勉为朕行,毋轻民事。词人而任岳牧,初无内重之偏;宣室之对鬼神,当俟政成之后。

出处:《攻媿集》卷四〇。又见雍正《浙江通志》卷二五九。
撰者:楼钥

考校说明:编年据《鹤山先生大全文集》卷八五《倪公墓志铭》补。

带御器械霍汝翼复元官转观察使制
(暂系于绍熙五年六月前后)

敕具官某:侍御之臣,苟旷瘝而必罚;岁时既久,俾牵复以自新。尔旧服禁严,雅称详谨。佩侯邦之组绶,官簿浸高;属宸陛之囊鞬,戎容甚肃。顷惩慢弛,知务省循。况更政典之修,径授廉车之秩。益思恭恪,以对宠光。

出处:《攻媿集》卷三九。
撰者:楼钥
考校说明:编年据同集前后文时间、霍汝翼宦历补,见《宋会要辑稿》职官七三。

文林郎张允中该修寿皇玉牒循一资制
(暂系于绍熙五年六月前后)

敕具官某:宝牒成书,尝颁酬赏。汝供刀笔,亦与进官。毋曰例迁,其思所报。

出处:《攻媿集》卷三九。
撰者:楼钥
考校说明:编年据同集前后文时间、文中所述史事补,见《玉海》卷五一。

前知建昌军赵彦礼拖欠月桩钱降一官制
(暂系于绍熙五年六月前后)

敕具官某:盱江本江右佳郡,一人坏之,毒流至今。尔自力于政,而承积弊于二十余年之后,给饷有阙,无所归咎,稍镌一秩,以儆后来。

出处:《攻媿集》卷三九。
撰者:楼钥
考校说明:编年据同集前后文时间补。

沈合知岳州制
（暂系于绍熙五年六月前后）

敕具官某:岳阳据荆楚之要,郡虽小而地望实重焉。尔清约详练,资历浸深。惟尔兄旧镇长沙,威望凛然,父老类能道之。试郡云初,毋忝家声,则知共理之意。

出处:《攻媿集》卷三九。
撰者:楼钥
考校说明:编年据同集前后文时间补。

赵不儳江西提举制
（暂系于绍熙五年六月前后）

敕具官某:尔顷以吏课之优,为郎起部,出守辅郡,蔚然有闻。江右敛散之重,俾尔持节以临之。昆弟三人,少则俱列于儒科,今又分道而为使者,远有光华,宗盟之美谈也。其勉尔事,以称所蒙。

出处:《攻媿集》卷三九。
撰者:楼钥
考校说明:编年据同集前后文时间补。

夔路运判陈谦湖北提刑制
（暂系于绍熙五年六月前后）

敕具官某:尔以君子儒为湖北常平使者,蛮猺披猖,省民惊扰,船粟而往哺之,尔之职也。因摄宪台,并任其责,就设方略,随以抚定。朕闻而嘉之,可谓不辞难者矣。乃酌帅臣之言,姑辍夔门之役。兹庸命汝,持刑本道,以慰民望,以奖尔劳。其思永图,靖此一方,不汝忘也。

出处:《攻媿集》卷四○。
撰者:楼钥

考校说明:编年据同集前后文时间、《水心文集》卷二五《陈公墓志铭》补。

湖北提刑王谦湖南提刑制
(暂系于绍熙五年六月前后)

　　敕具官某:部使者之选,以风采为先,所以寄吾耳目于千里之外,不欲其数易也。以尔志操不凡,居有直气。其在郡邑,声望翘然,持宪湖阴,正欲倚重。易节邻部,非以便尔之私,又将于尔乎观焉。尚勉之哉。

出处:《攻媿集》卷四〇。

撰者:楼钥

考校说明:编年据同集前后文时间补。

判太史局降授夏官大夫吴泽降授中官大夫荆大声降授中官正刘孝荣同判局降授局令周端友并复元官制
(暂系于绍熙五年六月前后)

　　敕具官某等:天道高远,王者欲求端于上,必有日官以司之。尔善于观象,见谓老成。顷以不谨,尝镌命秩。涉期而叙,法也。勿以为宜得而忘所报。

出处:《攻媿集》卷四〇。

撰者:楼钥

考校说明:编年据同集前后文时间、吴泽等人宦历补,见《宋会要辑稿》职官七三。

修武郎监建康府榷货务门茅恭收趁增羡转一官制
(暂系于绍熙五年六月前后)

　　敕具官某:榷货之在留都,岁入甚夥。增羡之赏,司关者亦预焉。进尔一官,益勉而职。

出处:《攻媿集》卷四〇。

撰者:楼钥

考校说明:编年据同集前后文时间补。

中大夫焕章阁待制赵彦操转一官致仕制
(暂系于绍熙五年六月前后)

敕:镇五羊之地,方通持橐之班;叩九虎之关,忽上挂冠之请。是为宗老,宜厚宠章。具官某受才素优,莅政尤敏。早参民部,旋自逸于燕闲;晚历藩方,尝屡腾于课最。眷南海折冲之略,升西清次对之联。闻囹圄之屡空,见里闾之不扰。胡为感疾,遽欲乞身?念帅阃之几年,进文阶之四品。郑尚书之威信,日仼来归;汉大夫之优游,谅深自得。以华晚节,以励能臣。

出处:《攻媿集》卷四〇。

撰者:楼钥

考校说明:编年据同集前后文时间、赵彦操宦历补,见康熙《新修广州府志》卷一八。

带御器械某知阁门事制
(暂系于绍熙五年六月前后)

敕:设上阁之官,岂惟掌朝会之事;选名门之子,抑以储将帅之才。具官某志在事功,家传韬略。奏最于淮阴为侯之地,易镇于亚父所封之城。闻父丧而弃官,人咨其孝;承召命而引道,朝赏其忠。释苴杖以趋班,属橐鞬而楎上,授之以仲叔围之任,可使当公西华之言。惟子道臣道之知方,宜军容国容之俱习。是将用汝,尚其勉旃。

出处:《攻媿集》卷四〇。

撰者:楼钥

考校说明:编年据同集前后文时间补。

武功大夫殿前司选锋军统制李浩总辖牧放合转
一官久任有劳转行遥郡刺史制
(暂系于绍熙五年六月前后)

敕具官某:兵久不用,军中累年劳以进武爵,率有止法,无得逾焉。以尔久任戎务,举军推其能,出视駧牧,善修马政。宠以郡刺史之职,盖异恩也。其奋事功,以图报称。

出处:《攻媿集》卷四〇。

撰者:楼钥

考校说明:编年据同集前后文时间补。

新宁国府林大中知赣州制
(绍熙五年七月前)

敕具官某:章贡居江右上流,控楚粤之要,民俗果悍,可以义服,不可以力胜也。非清德雅量,练达世务者,不在师帅之选。尔以不群之资,为有用之学。治县如古循吏,入朝为才御史。弹劾不避于权要,论议率中于事机。横榻之风,振于一时。朕既分尔以宛陵之符,念其家食,易镇兹地。先声所临,百吏望风,抚予南邦,以宽忧顾。朕岂汝忘哉!

出处:《攻媿集》卷三五。

撰者:楼钥

考校说明:编年据林大中宦历补,见同集卷九八《林公神道碑》。

仓部郎官郑湜大理少卿制
(绍熙五年七月前)

敕具官某:国家刑辟之寄,总于廷尉,而职则分任焉。使习宪章者视狱之成,而审听囹徒,必命儒者临之,其旨深矣。尔少而发藻,善为词章,立朝有鲠亮之称,治民有循良之效。总饷江左,威誉日耸。郎潜未久,畀尔臬事。能深知设官分职之旨,斯无负今日推择之意。往赞而长,亦惟钦哉。

出处:《攻媿集》卷三九。

撰者:楼钥

考校说明:编年据郑湜宦历补,见《宋会要辑稿》职官二四。

起居郎陈傅良秘阁修撰嘉王府赞读制
（绍熙五年七月前）

敕具官某：汉四皓起商山，羽翼之功，千古称之，朕则歉焉。使高帝能以卑辞厚礼聘之，以辅其子，则善矣。尔以一世名儒，羽仪于朝，抗议不回，引去甚亟。尔与吾儿游旧矣，尔既厌直承明之庐，予亦闵劳以侍从之事，宠之秘撰之寓职，来为朱邸之宾僚。尚遄其行，庸副虚伫。

出处：《攻媿集》卷三九。又见民国《瑞安县志》卷六。

撰者：楼钥

考校说明：编年据陈傅良宦历补，见《止斋先生文集》卷五二《陈公行状》。

降授通议大夫显谟阁待制提举江州太平兴国宫陈岘荐举不当降一官满一期叙复通奉大夫制
（绍熙四年正月至绍熙五年七月间）

敕：朕惟听言信行，虽高第不保其终身；观过知仁，则宽朝宜谅其本意。爰及改岁，俾还故官。具官某屡典名藩，久持从橐。以公卿大夫之后，雅有扳援；则门生故吏之多，岂皆决择？况重以名家之好，则忘其赃状之非。及此上闻，挂于吏议。既往不咎，朕所以舍旧而图新；永矢弗谖，尔无为矫枉而过直。可。

出处：《止斋先生文集》卷一四。

撰者：陈傅良

考校说明：编年据陈傅良任两制时间、陈岘宦历补，见《攻媿集》卷四一《在外大中大夫以上任宫观该覃恩转官制》。如按同集前后文时间，本制当作于绍熙五年四月前后。同集卷一三又有《正议大夫充显谟阁待制提举江州太平兴国宫陈岘磨勘转正奉大夫制》，按同集前后文时间当作于绍熙四年九月前后。然正议大夫位在通奉大夫之上，故本制时间当早于同集卷一三《正议大夫充显谟阁待制提举江州太平兴国宫陈岘磨勘转正奉大夫制》。《攻媿集》卷三四有《通奉大夫显谟阁待制陈岘系韦潜心举主降一官制》，作于绍熙三年六月一日后。《攻媿集》卷四一又有《在外大中大夫以上任宫观该覃恩转官制》，作于绍熙五年七月后，"通奉大夫、显谟阁待制陈岘"是受制者之一，故本制时间当早于《攻媿集》卷四一《在外大中大夫以上任宫观该覃恩转官制》。同时期又有陈楠孙陈岘,开禧年间曾提举太平兴国宫(见《西山文集》卷四四《陈公墓志铭》),与此陈岘非同一人。

嘉王可即皇帝位诏
(绍熙五年七月五日)

皇帝疾,至今未能执丧,自欲退闲。此御笔也。嘉王可即皇帝位于重华宫,躬行丧礼。

出处:《水心文集》卷一七《蔡知阁墓志铭》。又见《诚斋集》卷一二四《余公墓志铭》,道光《余干县志》卷二一《赵公墓志铭》,《齐东野语》卷三,《四朝闻见录》丁集,《续宋编年资治通鉴》卷一一,《两朝纲目备要》卷三,《宋史全文续资治通鉴》卷二八。

考校说明:本诏是吴皇后以太皇太后身份发布的诏令。《水心文集》卷一七《蔡知阁墓志铭》系于绍熙五年"七月甲寅",然是月并无甲寅日。《诚斋集》卷一二四《余公墓志铭》等均系于七月甲子(五日),当以为是。《齐东野语》卷三误作"七月四日甲子"。

皇子嘉王继皇帝位诏
(绍熙五年七月五日)

朕承烈世之洪图,受寿皇之内禅,抚有四海,于今六年。夫何菲凉,屡愆和豫,遽罹祸变,弥极哀摧。□丧纪自行于宫中,而礼文难示于天下。矧国事之重,久已倦勤;荷祖后之慈,曲加矜体。皇子嘉王仁孝之德,中外所推。居有小心,未尝违礼;嗣膺大宝,兹谓得人。朕退安燕颐,遂释重负。何止徇宅忧之志,抑将绵传祚之休!皇子嘉王可即皇帝位,朕移御泰安宫。播告远迩,咸使闻知,尚赖忠良,共思翼赞。故兹诏示,想宜知悉。

出处:《宋会要辑稿》礼四九之六八。又见《四朝闻见录》丁集。
撰者:楼钥

登极赦文
（绍熙五年七月七日）

访闻宗室见请孤遗钱米之人，缘县道阙乏，多有拖欠。自今赦到日，并改就逐州按月帮支。

出处：《宋会要辑稿》帝系七之一九。

应宗室凡请到文解，并与推恩，仰有司照应淳熙十六年体例条具取旨。应宗室无官人，依淳熙十六年二月四日赦，与量试推恩，令有司照应已行体例条具取旨。宗子见入罪见锁闭、监管、拘管人，并放逐便。内情重，具元犯取旨。宗子见入道或为僧，愿归家者听，元有官者依旧。

出处：《宋会要辑稿》帝系七之二八。

应临安府府学大小职事并本府曾得解进士，各与免文解一次；已系免解人，候登第日，与升甲。如就特奏名试，亦与升等。学生并赐束帛。应合该特奏名人，令礼部照应淳熙十六年推恩体例条具取旨。应国学进士已经淳熙十六年二月覃恩免解，今该再免之人，如淳熙五年补中，至绍熙五年，计十五年在籍，许理年赴特奏名试。应太学、国子学、武学生见在籍人，并与免文解一次；已系免解人，候登第日与升甲；如就特奏名试，亦与升等推恩。上舍已系免省人，特与先次释褐，赐进士出身。内愿赴将来殿试者，与堂除差遣一次，仍令礼部检照淳熙十六年体例，开具人数禀尚书省。应潜藩州军举人理宜推恩，可令礼部照应淳熙十六年体例条具取旨。

出处：《宋会要辑稿》选举二之二九。

应举人除犯徒罪及真决外，其余因事殿举及不得入科场之人，虽有不以赦降原免指挥，可并许应举。

出处：《宋会要辑稿》选举五之一二。

应命官犯公私杖以下罪元元赃滥者，可免理年，举主并与依无过人例施行。

出处：《宋会要辑稿》职官八之四七。

应诸路州县缘水旱承将指挥借拨过桩管米斛充支遣及赈粜等,可将未还数特与除破,如有见管粜到价钱,即具数申尚书省。

出处:《宋会要辑稿》食货五八之一九。

应命官因臣僚论列,或监司守倅揭发,不曾经取勘,一时约作过犯,可并与除落,依无过人例施行。

出处:《宋会要辑稿》职官一五之二七。

应太学、国子学、武学生见在籍人,并与免文解一次。

出处:《宋会要辑稿》选举一六之二七。

辰、邵州猺人昨因饥荒,辄入省地作过,已据湖南北诸司见行招捕。窃虑省地居民逃避,未尽归业,并人户因官司调发般运钱粮,守把关隘,或致耕种失时,荒废田土,虽已赈恤,尚虑未能周遍。可令逐路监司委州县更加审实,厚加赈恤。

出处:《宋会要辑稿》食货六八之九六。

人户输纳绢斛斗之属,既名纳官,法不收税。访闻州县场务过有邀求,绅绢则先收纳绢税钱,斛斗则先收力胜钱,循习成例,重为民害。仰转运司严行禁戢,仍许人户越诉。如有违戾去处,按劾闻奏。

出处:《宋会要辑稿》食货七〇之八四。

人户输纳秋苗,其起纲脚耗,旧有定数。访闻州县于正数之外加量斛面,增收点合,名色至多,重为民害。可令诸路转运司严切禁止,如有违戾,许人户越诉,仍委诸司互察。

出处:《宋会要辑稿》食货六八之一五。

应归正、归朝、归明及忠顺官任添差宫观岳庙之人,其合得请受,仰所在州军按月支给。归正、归朝、归明、忠顺官等不以绍兴三十一年前后合得添差任数已满之人,念其忠义来归,理合优恤,可特更与添差前任一等不厘务差遣一次,仍令本州按月帮支合得请给。

出处:《宋会要辑稿》兵一六之一〇。

侍御史张叔椿权吏部侍郎制
（绍熙五年七月八日）

敕:朕祗膺丕绪,董正具僚。六部之分,莫如选部之为重;小宰之事,岂应冢宰之兼行。辍而风宪之严,司我铨衡之旧。具官某性资凝粹,论议正平。袭永嘉之儒风,蚤收科级;守文昌之家法,雅擅乡评。再策足于朝行,几问津于禁路。进班柱史,君举必书;摄事天官,吏奸无蔽。自擢居于横榻,久肃正于南台。当予御图三日之初,俾尔正位贰卿之列。规模素定,要须甄拔之尽公;藻鉴益明,无使贤愚之同滞。副兹隆委,成尔修名。

出处:《攻媿集》卷四〇。

撰者:楼钥

考校说明:编年据《宋史》卷三七《宁宗纪》补。

左司谏章颖侍御史制
（绍熙五年七月九日）

敕具官某:朕临御之初,精求政体,正心以正朝廷,正朝廷以正百官,朕之所务也。然一朝之纲,总于宪台;一台之柄,属于端公。兹得其人,他可类举。以尔秉心坚正,烛理融明。学问之懿,察于朱邸横经之日;风节之峻,见于谏省论事之际。不俟信宿,擢之南床。其为朕别白正邪,振举蠹弊,使君子有所恃,小人有所畏。四方风动而朝廷益尊,于予初政,岂曰小补之哉!

出处:《攻媿集》卷四〇。

撰者:楼钥

考校说明:编年据《两朝纲目备要》卷三补。

右正言黄艾左司谏制
（绍熙五年七月九日）

敕具官某:古者天子有诤臣七人,而后之谏官不过一二,苟非精择正士,何以补衮职之阙哉! 朕御图伊始,下诏以来直言。旧学之臣,声著骑省,首命序进,以示四方。尔发藻士林,负敢言之气,事朕宗邸,动有箴规。辍任拾遗,兼侍经幄,风采凛然,闻于中外。兹庸命汝,官以谏名,予违则汝弼,汝言则予从。岂惟身处寡过之地,庶几海内之士闻其风者有乐告以善道之益焉。

出处:《攻媿集》卷四〇。

撰者:楼钥

考校说明:编年据《两朝纲目备要》卷三补。

遣侍从官祈雨诏
(绍熙五年七月九日)

雨泽稍愆,日轮侍从官一员诣上天竺灵感观音前精加祈祷,务要速获感应。

出处:《宋会要辑稿》礼一八之二五。

求言诏
(绍熙五年七月九日)

朕猥以冲人,嗣膺大宝,涉道尚浅,何以周知群下之情? 烛理未明,何以裁决万机之务? 思欲图义,莫先求言。惟祖宗二百年之基,既艰于负荷;矧中外亿兆人之众,尤重于抚绥。聿怀置器之安,深切履冰之惧,固当咨询故老,梦想幽人,罔间迩遐,咸伸播告。胸臆隐约,尔其无爱于肆言;利害罢行,朕欲深求于成效。事关朝政,虑及边防。应天之实何先? 安民之务何急? 毋惮大吏,毋讳眇躬,傥有补于国家,当优加于赏赉。导人使谏,方倾听于嘉谋;事君以忠,宜大伸于直道。咨尔多士,体予至怀。

出处:《两朝纲目备要》卷三。又见《宋史全文续资治通鉴》卷二八。

国子司业李祥宗正少卿制
(暂系于绍熙五年七月十日前后)

敕具官某:尔朴茂忠恪,见推士林。顷贰司成,学者厌服。盖平日践履之效,是可以声音笑貌为哉! 司宗少列,位亚容台,叙百世之本支,修累朝之史牒,惟老于文学、著述不倦者可以当之。举以命尔,公论惟允。勇退之志,亦可以少回矣。

出处:《攻媿集》卷四〇。

撰者:楼钥

考校说明:编年据同集前后文时间补。

吏部郎官叶适国子司业制
(暂系于绍熙五年七月十日前后)

敕具官某:国家萃天下英才而置之学,选于众而为之师,经术由此而明,人物由此而出,岂细故哉!朕御图之初,思欲作新学者耳目,求当今第一流、素为天下士所推服者,以正师席,宜莫如汝。矧兹郎潜,资望俱称,故用之不疑。《传》不云乎:"善待问者如撞钟,叩之以大则大鸣,叩之以小则小鸣。"惟汝足以当此哉!

出处:《攻媿集》卷四〇。

撰者:楼钥

考校说明:编年据同集前后文时间、周梦江《叶适年谱》(浙江古籍出版社,二〇〇六年,第九八页)补。

司农少卿蔡戡司农卿制
(暂系于绍熙五年七月十日前后)

敕具官某:大农本周稷之业,自汉名官以来,惟朱邑号循吏,郑康成为大儒。唐之段秀实以忠节自奋,官以人重,顾不信钦。尔以儒术治行,选为少列,徊翔朝行,最为旧人。进而为长,虽曰序迁,益勉所长,以绍乃祖之风烈,何止为此官之重哉!

出处:《攻媿集》卷四〇。

撰者:楼钥

考校说明:编年据同集前后文时间、蔡戡官历补,见《咸淳临安志》卷四八。

刘光祖司农少卿制
(绍熙五年七月十一日)

敕具官某:忠直之士,为国之宝。本朝名臣,岂无以直道去国者？旋复召用,以至大位,此又祖宗之家法也。况尔予之旧学,相从有年,执法殿中,号称謇谔。虽尝引去,圣父任以外台帅阃之寄,不使之一日家食也。兹庸命尔为少列于大农,实为多士先。尚迪尔驱,以副朕倾徯之意。

出处:《攻媿集》卷四〇。又见民国《简阳县续志》卷八。
撰者:楼钥
考校说明:编年据《西山文集》卷四三《刘阁学墓志铭》补。

显谟阁待制黄裳给事中制
(绍熙五年七月十二日)

敕:眇予冲人,临政伊始,惟我太上,知卿最深。朱邸谈经,专任以辅导之事;银台批敕,又属以出纳之言。虽抗论而迁厥官,终留行而不使去。至今日而复用,岂人力之能为？具官某学贯九流,识通千古。世居剑外,擅蜀士之雄文,地近关中,挟西人之劲气。是非邪正,惟务体国;利害祸福,不知有身。久从吾游,备见尔蕴。迨此纂承之日,付之封驳之司。将求多闻,毋替谆谆之海;不负所学,会观谔谔之言。倚注方深,权舆于此。

出处:《攻媿集》卷四〇。
撰者:楼钥
考校说明:编年据《两朝纲目备要》卷三补。

新除起居郎陈傅良中书舍人制
(绍熙五年七月十二日)

敕:朕嗣膺大统,收揽群才。朱邸贤僚,岂容居外？紫垣老手,宜俾为真。具官某学探圣原,文追作者。论议多先儒之未发,行藏惟古人之与稽。相从两载之余,信为三益之友。谓左氏真得《春秋》之旨,谓《周官》实为太平之书。推祖宗之本心,明政事之要道。昔信其说,将行所言。首畀故官,洊加新渥。矧是纂承之始,尤资播告之修。大老之居海滨,是将焉往;旧学之遁荒野,其遂来归。式遄尔驱,以副朕望。

出处:《攻媿集》卷四〇。

撰者:楼钥

考校说明:编年据《两朝纲目备要》卷三补。

起居舍人彭龟年中书舍人制
(绍熙五年七月十二日)

敕:中书造命之地,实王政之所先;内史代言之官,非贤才而孰处? 我有旧学,时为名流,擢登词垣,实预国论。具官某为有用之学,抱轶群之才。惟其善养之气刚,遂使所居之官大。班分蟠陛,视言动而必书;额叩龙墀,抗威颜而不挠。方朱邸横经之日,多赤心忧国之言。追膺超除,深允众望。训词温厚,尔其振盘诰之文;朝夕论思,尔毋废箴规之益。尚图忠报,奚事多辞。

出处:《攻媿集》卷四〇。

撰者:楼钥

考校说明:编年据《两朝纲目备要》卷三补。

将作监黄由起居郎制
(绍熙五年七月十二日)

敕具官某:王者嗣膺丕祚,首用旧僚。非欲私我所与,而厚平日之恩。盖将举吾所知,以来当世之士。列尔二史,助予一人。以尔蚤冠儒科,久仪朝路。不以仕已为意,而益进于学;不以利害为计,而务极其言。囊封既效忠嘉,殿陛尤加剀切,被眷知于慈宸,为宾友于王门。追初政之方新,与群英而并进。入则侍蟠头之左,凡论事而直前;出则班豹尾之中,亦在法而当从。是为尔宠,期懋予衷。

出处:《攻媿集》卷四〇。

撰者:楼钥

考校说明:编年据《两朝纲目备要》卷三补。

著作郎沈有开起居舍人制
(绍熙五年七月十二日)

敕具官某:朕践阼云初,涉道尚浅。实赖二三元老,力济多艰;更资左右近臣,交修不逮。惟平日宾僚之旧,分一时言动之书。匪予敢私,惟尔能称。尔词华敏赡,学术淹通。盖董场屋之声名,久历胶庠之师表,以著庭而兼史笔之重,由郎省而参宰掾之司。比从予游,实自亲擢。学为可用,阅义理以滋多;中自不欺,乐讲论之日益。其居柱下,密侍朕前。尚思嘉猷,以助初政。

出处:《攻媿集》卷四〇。

撰者:楼钥

考校说明:编年据《两朝纲目备要》卷三补。

参知政事陈骙知枢密院事制
(绍熙五年七月十六日)

敕:九五正位,方承太上之传;二三大臣,俱极当今之选。用人由旧,锡命维新。既久贰于政机,宜进专于省府。具官某气刚而不挠,德盛而有容,以博学笃志而为世醇儒,以正色直道而致身近辅。斯谋入告,则惟后之德;一夫不获,则时予之辜。厚重若绛侯而有多文之学,弥缝若如晦故无扬己之名。朕念周业之艰难,慕汉机之周密。眷我元老,长予本兵。藉东省之猷为,领西枢之方略,事均一体,威示四方。噫!折千里之遐冲,顾岂图于近效;建万世之长策,正有赖于讦谟。其务同心,以康庶事。

出处:《攻媿集》卷四〇。

撰者:楼钥

考校说明:编年据《宋史》卷三七《宁宗纪》、《两朝纲目备要》卷三补。《宋史》卷二一三《宰辅表》、《宋宰辅编年录》卷二〇均系于"七月丙午",然此月并无丙午日,疑"丙午"为"丙子"(十七日)之误。

同知枢密院事余端礼参知政事制
(绍熙五年七月十六日)

敕:文武两途,实归一道;东西二府,允赖兼资。粤予菲凉,膺此付托,乃进鸿枢之贰,俾参颙嘏之严。具官某宅心粹夷,植操坚特,凛凛有大臣之体,谦谦得君子之风。寿皇知台察之名,擢居法从;太上眷储僚之彦,授以本兵。喟然形忧国之诚,卓尔任正君之责,言婉而切,气劲以温。故于宥密之司,率藉调娱之力。稽之公论,蔽自朕心。欲新政之设施,宜旧人之图任。是资共二,有赖同寅。噫!朕方求内外之安,经理于上;尔尚虑军民之要,弥缝其间。庶几有成,其永无斁。

出处:《攻媿集》卷四〇。

撰者:楼钥

考校说明:编年据《宋史》卷三七《宁宗纪》、《两朝纲目备要》卷三补。《宋史》卷二一三《宰辅表》、《宋宰辅编年录》卷二〇均系于"七月丙午",然此月并无丙午日,疑"丙午"为"丙子"(十七日)之误。

覃恩文臣承务郎以上转官选人在任并岳庙循资定词
(暂系于绍熙五年七月十六日前后)

敕具官某:朕奉太上之慈训,嗣守丕图,践阼之初,大敷需泽。京秩而上,咸进厥官,选人在任云:"凡预选阶有官守者,皆许序进。"岳庙云:"虽食祠禄,咸许序进。"盖将乐与士夫共起治功也。各扬乃职,以称异恩。

出处:《攻媿集》卷四〇。

撰者:楼钥

考校说明:编年据同集前后文时间、宋宁宗即位时间补。

文臣承务郎以上致仕定词
(暂系于绍熙五年七月十六日前后)

敕具官某:朕仰惟太上不俟倦勤,传祚眇躬,覃霈之颁,仕者进秩,虽致其事,亦预此恩。老吾老以及人之老,王者之仁政也。朕心庶几焉。

出处:《攻媿集》卷四○。

撰者:楼钥

考校说明:编年据同集前后文时间、宋宁宗即位时间补。

端明殿学士知江陵府王蔺资政殿大学士知潭州制
(暂系于绍熙五年七月十六日前后)

敕:朕嗣居九重,临制万国。若刺史县令之众,未暇究详;惟方伯连帅之功,首当褒表。眷时元老,尝秉鸿枢,抚荆楚者有年,易湖湘之重镇。具官某受天间气,为世名臣。直节高风,真可立懦夫于百世之下;崇论宏议,将欲举明主于三代之隆。受知两朝,致位四辅。过江而见王导,有国何忧?举众而得皋陶,不仁自远。控长江之都会,建大将之鼓旗。固边圉以内周,宣王灵而外畅。惟予初政之急,念兹旧弼之贤。下诏求言,方期乐告;视邦选牧,有赖于蕃。惟此昭潭,峙乎南服,带洞庭而负乔岳,扼岭峤而震蛮猺。藉卿威名,壮我藩翰。加以大学士之贵,用为东诸侯之先。噫!陶公之封长沙,足倚上流之重;贾傅之对宣室,已深前席之思。尚遄十乘之行,以慰一方之望。

出处:《攻媿集》卷四○。

撰者:楼钥

考校说明:编年据同集前后文时间、王蔺官历补,见《宋史》卷三八六《王蔺传》。

知常德府袁枢右文殿修撰知江陵府制
(暂系于绍熙五年七月十六日前后)

敕具官某:荆州居国上游,自古为用武之地,谋帅之重,每叹才难。以尔鲠亮之资,渊博之学,养气以义,不挠不阿。有忧国爱君之心,有愤世疾邪之志。一辞禁闼,家食累年。起镇武陵,治行昭著。宠以论撰之职,以殿是邦。朕承丕图,临制四方。万里之远,谓斯民宅生于刺史,故大明黜陟,以示好恶。由支郡而受阃寄,尔实为初政第一选。固圉靖民,可不懋哉!

出处:《攻媿集》卷四○。

撰者:楼钥

考校说明:编年据同集前后文时间、袁枢官历补,见《宋史》卷三八九《袁枢传》。

兵部尚书罗点父奉直大夫朝俊覃恩赠中散大夫制
(暂系于绍熙五年七月十六日前后)

敕:朕祗荷慈谟,嗣膺大统,爰敷旷荡之泽,以及中外之臣。矧喉舌是司,兼领典铨之重;而松楸在远,方深陟岵之思。乃分宠光,用贲冥漠。具官某天资纯茂,族系繁昌。早为君子之儒,称于里社;自乐先王之道,老矣丘园。尚及郤超入幕之宾,不见纪瞻隔屏之坐。素多隐行,遂为大门。兹登五品之崇,足慰九原之望。贤子方用,侯封未央。其歆纶诰之恩,继有蜜章之渥。

出处:《攻媿集》卷四〇。

撰者:楼钥

考校说明:编年据同集前后文时间、罗点官历补,见《宋史》卷二一三《宰辅表》。

参知政事陈骙该覃恩封赠制
(绍熙五年七月十六日后)

曾祖太子少保赠太子太保

敕:朕祗膺慈训,勉绍丕图。允赖迩臣,其济万几之务;爰因惠泽,特推三世之恩。具官某积善素深,秉心无竞。恂恂有守,既高月旦之评;坦坦无营,自乐衡门之老。侈厥余庆,流于后昆。进参政地之崇,追贲储僚之峻。肆由亚保,荐锡明纶。用昭宠灵,以慰冥漠。

曾祖母始兴郡夫人成氏河内郡夫人

敕:朕履位云初,均福于下。有如近辅之重,可后曾门之光? 具封某生于儒家,嫔此名族。动谨珩璜之饰,克供蘋藻之仪。是有闻孙,晚参大政。易翁源之旧壤,开河内之新封。阴报可知,宠光未艾。

祖太子少傅策太子太傅

敕:图大宅中,方布维新之令;建极敛福,实均共政之臣。爰举彝章,加贲先世。具官某履行纯固,禀资粹和。福祉未央,见生子生孙之盛;人门俱胜,无惭卿惭长之名。申命九泉,遂登六傅。兹进在前之职,用为有后之荣。尚惟不忘,其克祗服。

祖母和义郡夫人朱氏博平郡夫人

敕:惟时近臣,翊予初政;厥有需泽,光尔前人。具封某素禀嫕柔,能循法度。中馈攸职,宜其室家。庆源既深,有此汤沐。载启博平之号,益崇石窌之封。是为异恩,以诏幽岁。

父太子少师谥太子太师

敕:维予冲人,嗣大历服;无疆惟休,均暨海宇。凡列朝籍,皆得以荣其亲。矧二三大臣,顾可后欤?具官某尚友古人,为世善士,安时处顺,不求闻达。蕴蓄弗露,是宜有子。既执政柄,宠及泉壤。义方之训,盖可验矣。乃进官师,以慰雨露之感。英灵不昧,其尚宠嘉之。

前母平乐郡夫人成氏文安郡夫人母咸宁郡夫人王氏济阳郡夫人

敕:大宝是守,赖兹臣邻。湛恩普覃,燕及祢庙。具封某克遵壸范,能谨妇仪。举案事夫,聿追德曜之美;断机教子,无愧轲亲之贤。既陟近臣,屡扬恤典。兹载疏于新宠,用加峻于小君。以宽吹棘之思,庸示漏泉之泽。

妻东牟郡夫人宣氏封鲁郡夫人

敕:丕绪绍隆,方履重熙之运;臣工翊赞,宜均内助之恩。庸颁鸾诰之华,以诏鱼轩之贵。具封某静专自守,俭约有闻。作配名卿,能勉以正;克主中馈,用肥其家。视夫爵以疏封,由需恩而改命。乃畴曲阜,载锡赞书。尚迪令猷,以祗茂渥。

出处:《攻媿集》卷四〇。

撰者:楼钥

考校说明:编年据陈骙官历补,见《宋史》卷三七《宁宗纪》。

礼部侍郎许及之该覃恩封赠制
(暂系于绍熙五年七月十六日后)

父朝奉郎枢赠朝请郎

敕:朕祗荷慈谟,嗣膺大统,爰敷旷荡之泽,以及中外之臣。矧吾贰卿,欲宠先世,可无涣渥,以发潜光？具官某坦坦幽人,恂恂长者。惟居乡不变其素守,而教子能知夫义方,隐行有闻,阳报如响。亲见儒科之擢,蚤欣宦牒之荣。远奉安舆,既怆九原之隔;兹持禁橐,何胜三釜之怀。超官簿以升阶,冠郎曹而视秩。是为旷典,少慰孝思。

故母安人吕氏赠令人

敕:九五正位,方承与子之传;小大群臣,俱有荣亲之典。载颁明命,以示宠光。具封某淑静自将,柔嘉可度。嫔于善士,克共蘋涧之仪;生此名卿,徒起棘薪之叹。既更事任,遂陟禁严。爰疏告第之恩,以显漏泉之泽。尚其冥漠,式克钦承。

继母太恭人五氏封太令人

敕:九五正位,方承与子之传;小大群臣,俱有荣亲之典。载颁明命,以示宠光。具封某雅著壶彝,恪循妇道。俭勤自诏,允为中馈之贤;甘旨承颜,坐享安舆之奉。既登眉寿,茂拥多祺。乃因霈泽之行,超示疏封之宠。其祗朕命,益侈尔荣。

故妻安人洪氏赠令人

敕:凡我从臣,均此大霈,爰及闺房之秀,并膺纶綍之华。具封某钟庆相门,流芳女范。蚤从名士，将仰望于终身；胡啬永年，曾不登于中寿。追跻显用，尝贲恤章。兹超命服之荣，用锡幽扃之宠。姑从告第，以慰悼亡。

妻安人潘氏封令人

敕：此下同前"凡我从臣"四句。具封某禀姿静专，处己冲素。动遵女戒，克循待傅之言；躬习妇仪，果见从夫之贵。治组纴而有度，奉温清以尤恭。象服是宜，鸾笺增宠。其服恩光之渥，以彰内助之贤。

出处：《攻媿集》卷四〇。
撰者：楼钥
考校说明：编年据同集前后文时间、文中所述史事、许及之宦历补，见《两朝纲目备要》卷三。

知枢密院事陈骙初除封赠制
（绍熙五年七月十六日后）

曾祖太子太保敳少保

敕：朕嗣守大宝，凛乎重器，所赖左右大臣辅其不逮，乃由政地，进陟机庭。追荣厥先，是有彝典。具官某隐德不耀，躬行有余，孙子相承，代传清白之训。施及三世，遂登庙堂。推恩泉壤，至于再三，是必有以致此也。兹举《周官》孤卿之秩，以告于第。尚惟歆承嘉命，佑尔后人。

曾祖母河内郡夫人成氏滕国夫人

敕：夫人之号，古者谓之小君。历观在昔，盖未有无因而得之者也。具封某躬节俭之行，有柔嘉之德，克相夫子，以肥其家。阴功所昭，至于孙曾而后见。汤沐疏宠，盖尝历始兴、河内之郡。今兹封国，间于齐楚，庶几冥漠其克自慰。

祖太子太傅策少傅

敕：学士大夫必知尊祖，非独礼典之攸尚，至于为世显人，往往推迹先世之所自,隐德彰著,其应不虚。具官某出太丘之华胄,生赤城之儒族。栖迟衡泌,不以利欲贰其心,躬行之笃,见信乡党。虽不及施用于世,而积厚流光,屡被追荣之典。兹登亚傅,品秩益崇。如有知也,可以无憾。

祖母博平郡夫人朱氏崇国夫人

敕:妇人之爵,必从夫子。若夫异恩之颁,加赉王母,非二府大臣,则不预此。具封某动遵图史,雅习组纫,妇道甚饬,隐然朱陈之好也。含饴之爱素笃,虽不及亲见其贵,而积善之效,乃暴白而不可掩。疏封一国,以为庙室之光。

父太子太师诐少师

敕:陈氏著姓,自妫汭之后,历三代建国不绝。汉以来多名卿大夫,百世相望。君子之泽未泯,亦可谓盛矣。具官某以隐逸遂其性,以诗礼训其子。内行之积,既有以大其门闾,而教忠之效,卒为朝廷之端士。存殁虽异,哀荣则均。夫三孤之长,贰公洪化,有子如此,遂申命于九泉。岂惟慰尔子深长之思,亦所以示予体貌之意。

前母文安郡夫人成氏杞国夫人母济阳郡夫人王氏信国夫人

敕:延登枢臣,所以赞庙谟也。锡命之初,必有以宠其先世,又所以示恩典也。具封某禀姿婉嫕,处己俭约,有光彤管之训,不愧《采蘩》之诗。是有贤子,为吾近辅。副笄六珈,屡颁石窬之封矣。兹彻沐邑,改命于杞伯所都之地,(王氏云"命于广信之区"。)以劝天下之为人妇者。

妻鲁郡夫人宣氏封魏郡夫人

敕:朕初膺丕祚,晋用近弼。惟东西二府,兼以任之,夙夜匪懈,是可不厚其内助之恩乎?具封某性资贤明,能循法度,归于名士,用勤俭以起其家。闺阃之政,不以累焉,使得一意精白,以承休德,是足嘉者。兹启大名之郡,以诏予宠。其尚祗服,永绥燕誉。

出处:《攻媿集》卷四一。

撰者:楼钥

考校说明:编年据陈骙官历补,见《宋史》卷三七《宁宗纪》、《两朝纲目备要》卷三。《宋史》卷二一三《宰辅表》、《宋宰辅编年录》卷二〇均系于"七月丙午",然此月并无丙午日,疑"丙午"为"丙子"(十七日)之误。

知枢密院事陈骙该覃恩转官制
(绍熙五年七月十六日后)

敕:朕祗荷慈谟,钦承丕绪。万几之务,每惧弗堪。共政之臣,实资夹辅。因需恩而申命,览逊牍以力辞,序进一阶,仅同百辟。具官某忧恂而坚正,浑厚而温恭。久处从班,以嘉谋而入告;自居宥府,任大事以不疑。比当内禅之初,尝求《小毖》之助。善调庶事,动怀永图。执义示公,惟知议军国之利害;忘身徇主,岂复计官资之崇卑?乃诏攸司,俾行故事,不已循墙之避,遂忘反汗之嫌。矧东府弥缝之是兼,尤当代观瞻之所系,姑循执谦之志,稍行进律之褒。噫! 文武兼资,尚深思于并用;内外无患,当益勉于交修。惟肩乃心,以翊予治。

出处:《攻媿集》卷四一。

撰者:楼钥

考校说明:编年据陈骙官历、文中所述史事补,见《宋史》卷三七《宁宗纪》。

参知政事余端礼该覃恩转官制
(绍熙五年七月十六日后)

敕:朕以寡昧之资,传泰安之祚。既登九五之正位,允赖二三之大臣,盍因覃霈以疏恩,终以谦辞而改命。具官某崇深而有裕,庄肃而能容。幼学壮行,终始勿渝一节;出藩入从,精白不形二心。比参鸿枢,实赞初政。俾进居于东府,仍兼领于宥廷。一日万几之繁,既调娱而曲当;三军五兵之问,又该综以无遗。虽官簿之当升,曾身谋之不顾。命由中出,事则公行,何陈义之益高,乃抗章而不已。姑徇三辞之请,仅升一秩之华。噫! 讦谟远犹,乃所望于贤辅;高爵厚禄,岂有吝于予怀? 其尚钦承,以副隆委。

出处:《攻媿集》卷四一。

撰者:楼钥

考校说明：编年据余端礼宦历、文中所述史事补，见《宋史》卷三七《宁宗纪》。

以太上皇帝寝殿为泰安宫诏
（绍熙五年七月十九日）

以时方秋暑，宜用唐武德、贞观故事，太上皇帝未须移御，其即以寝殿为泰安宫。

出处：《两朝纲目备要》卷三。又见《宋史全文续资治通鉴》卷三一。

知枢密院事赵汝愚该覃恩封赠制
（绍熙五年七月二十四日前）

曾祖太子太保士虑少保

敕：朕祗膺慈训，勉绍丕图。允赖迩臣，共济万几之务；爰因惠泽，特推三世之恩。具官某宅庆璇霄，联芳宝牒。少而从宦，虽官政之莫施；孝以宜家，谅躬行之无愧。侈厥余福，流于后昆。进参宥府之崇，尝贲储寮之峻。兹畴故典，遂陟孤卿。用昭宠光，以慰冥漠。

曾祖母文安郡夫人龚氏崇国夫人

敕：朕履位云初，均福于下。有如近辅之重，可后曾门之光？具封某生于儒家，嫔我皇族，动谨珩璜之饰，克共蘋藻之仪。爰及诸孙，进居两地。遂启封于大国，以锡命于小君。阴报可知，宠光未艾。

祖太子太傅不求少傅

敕：图大宅中，方布维新之令；建极敛福，实均共政之臣。爰举彝章，加贲先世。具官某履行纯固，禀资粹和。生长承平，及见累朝之全盛；始终信厚，遂臻后叶之繁昌。进秩青宫，申命黄壤。兹以湛恩之布，径跻亚傅之荣。尚惟不忘，其克祗服。

祖母济阳郡夫人晁氏濮国夫人

敕:惟时近臣,翊予初政,厥有霈泽,光尔前人。具封某素禀懿柔,能循法度。中馈攸职,宜其室家。庆源既深,有此汤沐。载启濮阳之号,益崇石窌之封。是为异恩,以诏幽穸。

父太子太师善应少师

敕:维予冲人,嗣大历服。无疆惟休,均暨海宇。凡列朝籍,皆得以荣其亲,矧二三大臣,顾可后欤?具官某孝友实根于天禀,躬行无愧于古人。为吾宗盟之表,善言善行称于搢绅,即世之后,隐然不忘,是宜其有子也。宠及泉壤,遂冠六傅。兹以周官贰公之秩以告于第,且以慰雨露之感。英灵不昧,其尚宠嘉。

母饶阳郡夫人李氏申国夫人

敕:大宝嗣守,赖兹臣邻。湛恩普覃,燕及祢庙。具封某克遵壶范,能谨妇仪。四德备全,协山水之高趣;三迁垂教,为廊庙之巨贤。屡锡恩封,以昭宠遇。乃开申伯之国,载彻饶阳之封。以宽吹棘之思,庸示漏泉之泽。

妻通义郡夫人徐氏安定郡夫人

敕:丕绪绍隆,方履重熙之运;臣工翊赞,宜均内助之恩。具封某婉嫕自将,柔嘉可度。克相夫子,遂为当代之名卿;乃啬天年,不见机庭之异数。宣敷宠渥,岂间幽明?用畴泾水之封,载彻眉山之旧。尚惟英爽,钦此恤章。

出处:《攻媿集》卷四一。又见《宋忠定赵周王别录》卷二。

撰者:楼钥

考校说明:编年据文中所述史事、赵汝愚宜历补,见《宋史》卷二一三《宰辅表》。

赵汝愚除枢密使制
（绍熙五年七月二十四日）

总枢机之秘,任莫重于本兵;等宰辅之尊,位尤高于建使。乃畴宗隽,方陟台司。兹曲狗于逊词,俾就升于典领。载扬丕号,具谂群工。具官赵汝愚端亮简明,疏通博达。论兹坛宇,本君子之尽忠;学贯源流,合古今之守约。早繇简擢,遍历要华。旋分任于枢庭,浸冠荣于政路。股肱之寄要在忠力,固能坐折于遐冲;甲兵之问不至庙堂,每务讲明于自治。属予初政,赖尔嘉猷。惟劳旧者恩必优,而望隆者礼亦异。爰登次相,允协具瞻。佐理阴阳而下遂万物之宜,何力陈于冲牍;运筹帷幄而决胜千里之外,亦均倚于重权。肆特峻于班联,庸增严于事任。崇周家司马之职,迈汉相太尉之名。酌显秩以加超,陪腴租而并衍。萃为茂渥,实示殊褒。於戏! 夙夜宥密之基,方钦承于休命;文武久长之用,宜勉究于令图。尚服训言,益观美报。

出处:《宋宰辅编年录》卷二○。

撰者:楼钥

见任侍从该覃恩转官制
（绍熙五年七月二十五日前）

兵部尚书罗点（以下首尾词同）

敕:朕嗣膺鸿祚,祗遹燕谋。九五正位之尊,何德以称? 二百余年之业,得人乃兴。眷惟禁路之英,皆我慈皇之旧。爰因覃霈,首示优恩。具官某以经世之才,为致君之学。早登朝著,益显时名。久居侍从之班,务竭论思之蕴。末光之依日月,既亲遇于三朝;听履而上星辰,足仪刑于百辟。方藉嘉谋之告,亟升命秩之华。其务同寅,以光初政。

工部尚书赵彦逾

具官某砥砺廉隅,磨砻事业。挺身徇国,是为贵戚之卿;正色立朝,遂陟文昌之贵。

翰林学士李巘

具官某德必有言,文斯贯道。蚤仪鸰序,径登紫橐之华;进直鸾坡,久被金莲之宠。

刑部尚书京镗

具官某学博而智明,才高而用大。出分方面,曾远憺于王灵;入践文昌,实坐司夫邦典。

兵部侍郎耿秉

具官某持论不阿,修身无玷。参华武部,久仪法从之班;共二琐闱,克振涂归之职。

工部侍郎谢深甫

具官某忠结主知,才周世务。雍容禁橐,屡形批敕之风;润色邦条,雅得稽经之意。

给事中黄裳

具官某性禀精忠,学穷奥义。潜藩劝讲,赖诱进以最深;琐闼除官,冀涂归之如昔。

中书舍人陈傅良彭龟年

具官某学贯九流,名满四海。彭龟年云"学识纯明,谋猷深远"。横经朱邸,遂依日月之光;掌制西垣,期鼓风雷之号。

吏部侍郎张叔椿

具官某迪德粹和,受才肤敏。久居横榻,实高风宪之严;兹任小天,允致铨衡之重。

户部侍郎袁说友

具官某器度恢宏,风神峻整。宣威天邑,政允号于神明;掌计民曹,道深知乎取予。

礼部侍郎许及之

具官某智术疏通,词章精敏。拾遗谏省,雅有诤臣之风;掌礼仪曹,克守先王之典。

出处:《攻媿集》卷四〇。
撰者:楼钥
考校说明:编年据文中所述史事、罗点宦历补,见《宋史》卷二一三《宰辅表》。

泸州安溪寨蕃官王鉴男天麟承袭补承信郎制
(绍熙五年七月二十五日)

敕某:国家填抚万邦,燕及方外。惟尔父祖恭顺相传,尔之承袭,请命于朝。武爵之颁,益务忠谨。

出处:《攻媿集》卷四一。
撰者:楼钥
考校说明:编年据《宋会要辑稿》蕃夷五补。

签书枢密院事罗点初除封赠制
(绍熙五年七月二十五日后)

曾祖起太子少保

敕:延登迩臣,翊赞初政。维时伟望,进参宥府之严;庸锡明纶,以厚曾门之宠。具官某持身无玷,制行有严。寡悔寡尤,自洁幽人之履;以嗣以续,遂开余庆之源。厥闻惟彰,其后乃大。爰畀青宫之秩,用疏黄壤之恩。尚惟不忘,其克祗服。

曾祖母陈氏临川郡夫人

敕:参宥密之司,是谓百僚之表;焕显扬之典,宜加三世之荣。具封某妇德素充,姆仪尤备。《柏舟》自誓,知勤苦以成家;彤管有光,笃义方而教子。至孙曾而遂显,信阴报之不诬。锡命小君,疏封乡郡。以侈漏泉之泽,以彰告第之恩。

祖琢太子少傅

敕:士有积德在躬,弗见于用,施及后嗣,追荣厥先于百年之后,岂人力所能致哉!具官某孝友天禀,义概素笃,人不间于其昆弟之言。深沈不二,安分知足,长者之号著于乡党。积此庆羡。笃生枢臣,申命九泉,遂登东储六傅之秩。如有知也,庶克自慰。

祖母邓氏新兴郡夫人

敕:登用大臣,所以赞庙谟也。锡命之初,则必有以宠其先世,又所以示优典也。具封某勤俭柔淑,如古贤妇。克相夫子,以广义风,为族姻之所依赖,含饴之爱素笃于生前。虽不及亲见其贵,而汤沐之颁方来未艾,荣亦至矣。新兴名邦,用贲冥漠。惟尔灵其预享之。

父赠中散大夫朝俊太子少师

敕：积厚流光，既陟机庭之峻；位高宠厚，肆崇祢庙之恩。厥有故常，式昭涣渥。具官某操履纯固，性资靖夷。共被对床，素深同气之爱；指困倒廪，尤高周急之风。是钟令子之贤，亲见儒科之擢。速超登于近著，尝屡被于恤章。进位宫师，疏荣泉壤。庸示教忠之效，庶宽追远之思。

母齐安郡夫人缪氏封通义郡夫人

敕：遴选名儒，密赞紫枢之贵；推恩贤母，式颁鸾诰之华。具封某性秉贤明，动循鉴戒。从夫协趣，克共蘋涧之仪；教子有方，首擢桂林之秀。承颜甚乐，就养有年。受福祉而未央，见宠光之狎至。兹易眉山之号，用崇石窌之封。其服异恩，益介遐寿。

妻赠淑人黄氏永嘉郡夫人

敕：进秉事枢，实倚朝廷之重；载疏汤沐，以旌闺闱之贤。具封某禀姿懿柔，处己庄静。毓庆儒族，知女则之不逾；作配名卿，循妇仪而克谨。云何不淑，弗见显庸。兹畴瓯海之雄，用锡鸾笺之宠。姑从告第，少慰悼亡。

妻淑人陈氏封咸安郡夫人

敕：进秉事枢，实倚朝廷之重；载疏汤沐，以旌闺闱之贤。具封某钟庆相门，流芳女范。无违夫子，形《鹊巢》积累之风；宜其家人，有《鸤鸠》均一之德。克谨旨甘之奉，居惟法度之循。兹开名郡之封，用锡赞书之宠。其祗异渥，益懋芳猷。

出处：《攻媿集》卷四一。
撰者：楼钥
考校说明：编年据罗点官历补，见《宋史》卷二一三《宰辅表》。

知婺州叶翥知绍兴府制
(绍熙五年七月)

敕:辅郡承流,久不听尚书之履;价藩谋帅,兹又怀太守之章。允谓才难,莫先德选。具官某智周虑表,学绍儒先,践扬既历三朝,侍从亦逾一纪。爱人利物,由天性之自然;足国裕民,处地官而最久。屡更剧部,深惠疲氓,尽销愁恨叹息之心,尤见劳来安集之政。眷惟东土,密迩行都。先帝上宾,将奉因山之役;大邦维屏,益严分阃之除。惟尔通材,称予隆委。规模素定,既所临而有声;威信兼行,当不扰而自办。伫闻成效,奚俟多辞。

出处:《攻媿集》卷四○。

撰者:楼钥

考校说明:编年据《嘉泰会稽志》卷二补。

著作郎李唐卿江东提举太常丞吕棐湖北提举制
(绍熙五年七月)

敕具官某等:朕惟一人之聪明,不能周知天下之故,分道遣使,不惟寄耳目于外,临遣朝士,又得以宣布予之德意志虑于民。常平以敛散为职,括山泽之利,事顾不重哉! 尔唐卿心平而论笃,久于著作之庭;尔棐气劲而言忠,丞于礼乐之地。俱以儒学老成见于有用,治县称最。置彼周行,辍从郎曹,将我使指,一往大江之左,一往重湖之北。各扬乃职,朕不汝忘。

出处:《攻媿集》卷四一。

撰者:楼钥

考校说明:编年据《南宋馆阁续录》卷八补。

李壁秘书省正字制
(绍熙五年七月)

敕具官某:惟尔父尔兄并游英俊之躔,有皋、绶之遗风,无歆、向之异论。能继厥后,尔惟其人。自登世科,亟置册府。衔恤万里,素冠三年。召收来归,复畀旧物。岂惟以是正简册,望汝史事甚重。尔有家传,朕将于汝乎求之。

出处:《攻媿集》卷四一。

撰者:楼钥

考校说明:编年据《南宋馆阁续录》卷九补。

中奉大夫万钟直龙图阁守本官致仕制
(暂系于绍熙五年七月前后)

敕具官某:朝廷用人,岂容其无故而去? 臣子纳禄,或遂其知止之高。尔以文奋身,以才用世。外临两郡,既治行之有闻;内列九卿,非宦游之不达。方将执笔于左蟠之陛,乃欲挂冠于神虎之门。畀以河图之华,成而绵上之隐。是或一道,毋有遄心。

出处:《攻媿集》卷四一。

撰者:楼钥

考校说明:编年据同集前后文时间补。

太常少卿詹体仁太府卿制
(暂系于绍熙五年七月前后)

敕具官某:容台之礼乐,外府之财用,其实皆政也。后世治出于二,而后有流品之分。然礼以养人为本,又曰乐以殖财,惟知古道者能言之。尔好古而志于用,顷由道山册府,出为常平使者,远护军储,能声益昭。归处少列,明礼修乐。亶惟其长,序进卿长,上以佐民曹之调度,下以梜有司之出纳。以若之才,不劳而办。朕将思所以用汝者焉。

出处:《攻媿集》卷四一。

撰者:楼钥

考校说明:编年据同集前后文时间、詹体仁宦历补,见《西山文集》卷四七《詹公行状》。

监察御史曾三复太常少卿制
（暂系于绍熙五年七月前后）

敕具官某：宪府设属，以六察为重；容台少列，非七寺之比。寿皇厌朝士之数易，御史峨廌，或二三年而不迁。若其察事能审，敢言不阿，擢居礼乐之司，不以为忝，士亦以此竞劝。朕之用尔，盖此道也。尔气刚而克和，才敏而能详。其在周行，表表自立，报政于辅郡，简僚于南床，助正台纲，阅时最久。朕知其有靖共之誉，故拔而用之。礼方从宜，大飨伊迩。引经据古，使礼行于上而人孚于下，朕于是望汝焉。

出处：《攻媿集》卷四一。

撰者：楼钥

考校说明：编年据同集前后文时间、曾三复官历补，见《宋会要辑稿》礼一五。

四川制置使丘崈焕章阁学士再任制
（暂系于绍熙五年七月前后）

敕：乘乾德以御图，始受四方之籍；念坤维之作牧，久分一面之权。眷威惠之并行，岂恩荣之可后？宠加延阁，因任帅垣。具官某道广而能周，才高而善下，躬履冰霜之操，手挥河汉之文。握节拥麾，所在著神明之政；簪笔持橐，周行推仁义之言。顷出镇于成都，实总临于诸道。先声所暨，远俗自孚。泸川除暴之余，施赏刑而曲当；武兴阙帅之久，藉方略以无虞。兵民无不归心，奸宄为之破胆。封陲宴若，政绩炳然。东西六十州，敢违号令？幅员数千里，燕及羌髦。宽朝廷之顾忧，信京师之流福。尧章增焕，正学士之清班；蜀道借留，慰吾民之素望。示予隆眷，表尔异能。德裕筹边，何止山川之洞见？孔明识治，或言礼乐之可兴。益懋前功，以需登用。

出处：《攻媿集》卷四一。

撰者：楼钥

考校说明：编年据同集前后文时间、丘崈官历补，见《宋会要辑稿》职官七三等。《宋史》卷三九八《丘崈传》："光宗即位，召对，除太常少卿兼权工部侍郎，进户部侍郎，擢焕章阁直学士、四川安抚制置使兼知成都府……进焕章阁直学士。宁宗即位,赴召,以中丞谢深甫论罢之。"此段有二"焕章阁直学士",后一处疑为"焕章阁学士"之误。《宋会要辑稿》职官七三:"(绍熙五年九月)二十八日,中大夫、焕章阁学士、知成都府丘崈降充焕章阁直学士,放罢。以御史中丞谢深甫言:'其蛇虺之毒,虎狼之暴,肆虐以济贪,怙势以行诈。到官方一年半,而西蜀军民、士夫无不怨愤。'"亦是一证。

遵孝宗成规御笔
(绍熙五年七月后)

遵孝宗成规,复三年之制。

出处:《慈湖遗书》卷一八《慈湖先生行状》。

起居郎黄由等该覃恩转官制
(绍熙五年七月后)

起居郎黄由起居舍人沈有开

以下首尾词同。敕具官某:朕嗣膺鸿祚,祇遹燕谋。九五正位之尊,何德以称;二百余年之业,得人乃兴。眷惟近臣,实有旧学。爰因覃霈,首示优恩。尔早负时名,进多朝望。曳裾王邸,熟陈六艺之格言;载笔殿垧,允谓三长之良史。方藉嘉谟之益,亟升命秩之华。其务同寅,以光初政。

秘书少监兼权吏部侍郎孙逢吉

尔学贯古今,识分邪正。比当言责,是为谏诤之臣;兹典选曹,雅善铨衡之职。

侍御史章颖左司谏黄艾

尔早陟殊科,进多雅望。曳裾王邸,熟陈六艺之精微;执法宪台,黄艾云"泽笏谏垣"。独振一时之风采。

出处:《攻媿集》卷四〇。

撰者:楼钥

考校说明:编年据文中所述史事补,见《宋史》卷三七《宁宗纪》。

监察御史并卿监郎官该覃恩转官定词
(绍熙五年七月后)

敕具官某:朕嗣服云初,求贤以自助。仰惟慈皇招徕众俊,置在周行,殆留以遗朕也。覃霈之恩,其可后乎? 尔职在六察,秘书监云"擢长道山",卿云"列在月卿",郎官云"列在郎曹"。序进一阶。往其祗命,尚思所以助我者以报。

出处:《攻媿集》卷四〇。

撰者:楼钥

考校说明:编年据文中所述史事补,见《宋史》卷三七《宁宗纪》。

在外大中大夫以上官知州府该覃恩转官制
(绍熙五年七月后)

显谟阁学士中大夫知绍兴府叶翥

以下首尾词同。敕:朕奉上皇之慈训,承列圣之丕图,霈乃涣恩,覃于海宇。矧是文昌之旧,往宣屏翰之劳。爰锡明缗,俾跻命秩。具官某材猷通敏,德度恢洪。听履禁途,坐阅十年之久;分麾帅阃,实为九牧之先。方歌求助之诗,仍加进律之宠。在汉比千石之秩,于今为四品之阶。其务钦承,益思犹告。

焕章阁学士大中大夫知明州何澹

矧惟中执法之旧,往为东诸侯之行。爰锡明缗,俾跻命秩。具官某学探蕴奥,名冠伦魁。入总台纲,见藜藿之不采;出临制阃,致波涛之不惊。方歌求助之诗,仍加进秩之宠。在隋始大夫之号,于今正三品之阶。

通议大夫焕章阁待制知建宁府陈居仁

矧是词臣之旧,往宣藩服之劳。爰锡明缗,俾跻命秩。具官某禀资端亮,秉德忠纯。擅西掖之雄文,最宜为诰;奏南邦之最课,尤号近民。

中大夫焕章阁待制知鄂州王信

矧是琐闱之旧,往宣藩服之劳。爰锡明缗,俾跻命秩。具官某词源浩博,才刃恢余。西掖东台,尝备更于清选;武昌夏口,正倚重于上游。

中奉大夫焕章阁待制知镇江府马大同

矧是文昌之旧,往宣屏翰之劳。爰锡明缗,俾跻命秩。具官某性资沈毅,政术闳明。持橐禁途,尝主民曹之大计;分麾京口,实当天堑之要津。方歌求助之诗,仍加进秩之宠。昔倪宽则以诵书而擢,若晁错则由对策而除。

龙图阁学士正议大夫知建康府郑侨

具官某学通乎百氏,文根乎六经。领豹尾之班,雅有公台之望;分麟符之寄,实为方面之雄。

徽猷阁学士中大夫知襄阳府张杓

具官某才高一世,气压万夫。听履汉廷,有张京兆之英誉;分麾岘首,追羊太傅之流风。

中大夫敷文阁待制知建宁府单夔

具官某才猷肤敏,政术疏通。持橐禁途,坐阅十九年之久;分麾侯服,屡称二千石之良。

焕章阁直学士中大夫知兴元府章森

具官某风仪峻整,学术疏通。持橐禁途,尝典铨衡之重;分麾帅阃,屡专方面之雄。

大中大夫敷文阁待制知泸州吴总

具官某家声素著,政术甚优。四松而班殿廷,实视从臣之清贵;五月而渡泸水,正资边徼之威名。

大中大夫焕章阁待制知太平州蒋继周

具官某才名素著,经术尤高。宪府宣威,尚想闻于风采;侯藩共理,亦屡赋于中和。

宝文阁学士通奉大夫知遂宁府宇文价

知潼川府阎苍舒同词。具官某禀资肤敏,植行粹和。听履禁途,阎苍舒云"持橐禁途"。尝出汉廷之右;拥麾帅阃,屡登蜀道之难。

出处:《攻媿集》卷四○。
撰者:楼钥
考校说明:编年据文中所述史事补,见《宋史》卷三七《宁宗纪》。

在外大中大夫以上任宫观该覃恩转官制
(绍熙五年七月后)

龙图阁学士正奉大夫韩彦直

敕:朕奉上皇之慈训,承列圣之丕图,需乃涣恩,覃于海宇。矧是文昌之旧,屡从闲燕之居。爰锡明缯,俾跻命秩。具官某才周庶务,仕历四朝。进长地官,职论思而最久;退安真馆,奉趋谒以甚恭。方歌求助之诗,仍加进律之宠,爰陟文阶之等,遂冠侍臣之班。其务钦承,益思犹告。

焕章阁直学士朝奉大夫谢谔

具官某纯诚自守,全德兼容。听履而上星辰,已高勇退之节;把麾而去江海,竟寻嘉遁之风。

通奉大夫显谟阁待制陈岘

矧是琐闱之旧,久从蕊馆之居。爰锡明缗,俾跻命秩。具官某天资通敏,门第高华。人处东台,早仪簪橐之列;出临西蜀,遂安香火之闲。

中奉大夫敷文阁待制吴益

矧惟次对之旧,久遂真祠之游。爰锡明缗,俾跻命秩。具官某禀资和粹,植行端良。壮岁逢辰,已列甘泉之侍;高怀去国,惟求蕊馆之闲。

大中大夫焕章阁待制刘国端

矧是论思之旧,久从闲燕之居。爰锡明缗,俾跻命秩。具官某秉心无竞,持论不阿。横榻宣威,径上甘泉之列;西清寓职,遂安蕊馆之游。

大中大夫敷文阁待制贾选

具官某才周世务,识照事机。宪部持平,蚤列甘泉之侍;闽山报政,遂安蕊馆之游。

出处:《攻媿集》卷四一。
撰者:楼钥
考校说明:编年据文中所述史事补,见《宋史》卷三七《宁宗纪》。"龙图阁学士正奉大夫韩彦直"后原注:"以下首尾词同。"

在外大中大夫以上致仕官该覃恩转官制
(绍熙五年七月后)

龙图阁学士通奉大夫张大经

敕:朕仰奉慈谟,嗣膺圣绪。肆颁大需,覃及万邦。当代英才,虽赐环而毕至;前朝故老,乃上印以言归。顾注想之方深,岂涣恩之可后?具官某纯明而有执,亮直而能容。谏大夫之伏蒲,朝行甚肃;大常伯之听履,物望愈高。挹神虎挂冠之风,寓龙马负图之职。居然寿考,允矣典刑。比歌求助之诗,庶有乞言之福。爰陟文阶之峻,用为晚节之华。其服宠光,益介繁祉。

敷文阁直学士正奉大夫汪大猷

具官某性通而自节,道广而能周。雍容簪橐之班,凡有谋而必告;出入麾符之后,乃未老而求闲。辞荣上北阙之章,寓职峻西清之旧。

正议大夫宝文阁待制沈枢

具官某风猷高迈,政术淹通。扬历禁严,尝任宫端之重;周旋郡寄,遂专连帅之雄。联次对之清班,乐辞荣之嘉遁。

朝散大夫敷文阁待制李昌图

具官某才周通变,气禀直方。登蜀道之难,屡称肤使;出汉廷之右,遂列从臣。通次对之清班,乐辞荣之嘉遁。

出处:《攻媿集》卷四一。
撰者:楼钥
考校说明:编年据文中所述史事补,见《宋史》卷三七《宁宗纪》。"龙图阁学士通奉大夫张大经"后原注:"以下首尾词同。"

知建康府郑侨吏部尚书制
(绍熙五年七月后)

敕:金陵为王者之宅,固有藉于保厘;吏部有天官之名,尤欲精于流品。粤求旧德,复领从班。具官某执德不回,秉心无竞,举明主于三代之上,倡诸儒以六经之文。论思不惮于犯颜,封驳尤高于批敕。出临乡部,载守留都。肆纂承丕祚之初,乃董正治官之日。亟颁召节,方欲听尚书之履声;尽付铨曹,岂令书干木之纸尾? 亻宁闻猷告,其疾尔驱。

出处:《攻媿集》卷四一。

撰者:楼钥

考校说明:编年据同集前后文时间、文中所述"肆纂承丕祚之初"补,见《宋史》卷三七《宁宗纪》。

王蔺再辞免知潭州不允不得再有陈请诏
(绍熙五年七月后)

惟有周之盛时,以分陕为重任,故烦旧弼,往镇边陲。升秘殿之隆名,易昭潭之巨屏,舆言允协,忧顾滋宽。胡为再辞,至勤三命? 粤汉诏流行之既久,谅楚人徯望之已深。倚闻叱驭之行,毋执循墙之避。

出处:《攻媿集》卷四二。

撰者:楼钥

考校说明:编年据王蔺宦历补,见《宋史》卷三八六《王蔺传》。

新知鄂州吴琚辞免不允诏
(绍熙五年七月后)

卿奋自戚闬,被服儒雅,虽斋坛授钺,棘位通班,人终以用未尽其才为言。矧襄汉上游,尝腾善最,武昌重地,宜分顾忧。何必固辞,亟其祗命?

出处:《攻媿集》卷四二。

撰者:楼钥

考校说明:编年据吴琚宦历补,见《宋史》卷四六五《吴琚传》。

吴琚再辞免不允不得再有陈请诏
(绍熙五年七月后)

朕立贤无方,惟才是用,亦不必曰右贤而左戚也。尔尝主漕计,总军饷,出帅襄阳,皆有治状可纪。而强仕之余,使之奉祠燕处,可乎? 鄂渚兵民杂居,号称难治,正倚才刃,勿复谦辞。

出处:《攻媿集》卷四二。

撰者:楼钥

考校说明:编年据吴琚宦历补,见《宋史》卷四六五《吴琚传》。

王蔺辞免覃恩转一官不允诏
(绍熙五年七月后)

朕嗣位云初,覃需四方,小大之臣,罔不均被。卿以元枢旧德,出镇雄藩,序进一阶,亦惟彝典。忽披逊牍,殊咈眷怀。其服恩光,毋留朕命。

出处:《攻媿集》卷四二。

撰者:楼钥

考校说明:编年据文中所述史事补。

王蔺再辞免覃恩转一官不允不得再有陈请诏
(绍熙五年七月后)

朕勉承基绪,犹惧弗堪,实赖臣邻,相与协济。不有近辅,孰为之赞襄;不有价藩,孰为之屏翰? 覃恩所逮,中外惟均。矧如旧弼之贤,方倚上游之重。需章洊至,涣号难回。其遂钦承,毋为固避。

出处:《攻媿集》卷四二。

撰者:楼钥

考校说明:编年据文中所述史事补。

提举淮南东路常平茶盐公事陈损之奖谕敕书
(绍熙五年七月后)

朕嗣服之始,旱潦相仍,宵旰兴怀,务行实惠。首形诏告,所望部使者推广上恩,初不以重费为惮也。卿使淮堧,盖尝久兴水利,兹又能发其余蓄,上不仰给于大农,下有以平八郡之籴。边民被惠已广,而又将为后日之储,有臣如此,实宽顾忧。载览奏章,良深嘉叹。

出处:《攻媿集》卷四七。
撰者:楼钥
考校说明:编年据陈损之官历、文中所述"朕嗣服之始"补,见《南宋馆阁续录》卷七、《宋会要辑稿》职官七三、《宋史》卷三七《宁宗纪》。题后原注:"以常平司见在米麦及收籴物斛分拨八州军赈粜,共二十万石。"

阎仲续康伯修奉攒宫传宣抚问并赐银合茶药及喝赐一行官吏工匠等犒设口宣
(绍熙五年七月后)

有敕:卿等视役山陵,宣勤夙夜,劳风寒之匽薄,颁茗剂之珍芳。好赐有差,工徒无怠。

出处:《攻媿集》卷四八。
撰者:楼钥
考校说明:编年据阎仲、续康伯官历补,见《宋会要辑稿》礼三〇。

翰林学士李巘宝文阁学士知婺州制
(绍熙五年八月三日后)

敕:登鳌户以摛文,久资润色;分虎符而出守,有赖蕃宣。中外虽殊,眷倚无间。具官某性资渊静,学问该通。视八代文章之工,欲齐驱于艺苑;极三朝辞命之选,几独步于禁林。周旋十年,终始一致。古事今事,问无不知;公门私门,行皆可迹。方进迁于翰长,何遽动夫归思?宠西清学士之班,仍寓宸奎之职;为东方诸侯之长,更当宝婺之躔。是诚岳牧之用人,宜有江山之为助。徒得君重,其为朕行。勉著民庸,以观儒效。

出处:《攻媿集》卷四一。

撰者:楼钥

考校说明:编年据《宋中兴学士院题名》补。

翰林学士承旨李巘除宝文阁学士知婺州改知太平州制
(绍熙五年八月三日后)

敕:夫厌直玉堂之庐而纡郡绂,士之操也。闵劳豹尾之班而便私计,上之恩也。具位某,早以英华,简在烈祖。晚益蕴藉,眷于上皇。遭逢两朝,自守一节。盖高文大册,天下传诵;而微辞几谏,世莫得闻也。肆朕纂绪,人惟求旧,胡然勇退,曳铃其空。朕亦惟自古词臣,一视中外,子羽修令,兼为行人;相如视草,尝使于蜀。朕独可以弄翰墨苟留久处卿乎?峻延阁之班,均便藩之佚,不以宝婺,而以当涂。去繁就简,冀尔整暇。夫下无怀宠之心,而上有从欲之意,君臣俱美,不其韪欤?可。

出处:《止斋先生文集》卷一五。

撰者:陈傅良

考校说明:题下原注:"八月三日除承旨,即丐外。"

朱熹焕章阁待制侍讲制
(绍熙五年八月五日)

敕:朕初承大统,未暇他图,首辟经帏,详延学士。眷儒宗之在外,颁召节以趣归。径登从班,以重吾道。具官某发六经之蕴,穷百氏之源。其在两朝未为不用,至今四海犹谓多奇。擢之次对之班,处以迩英之列。若程颐之在元祐,如尹焞之于绍兴,副吾尊德乐义之勤,究尔正心诚意之说。岂惟慰满乎士论,直将增益夫朕躬。非不知政化方行,帅垣有赖。试望之于冯翊,不如置之本朝;召贾傅于长沙,自当待以前席。慰兹渴想,望尔遄驱。

出处:《攻媿集》卷四一。

撰者:楼钥

考校说明:编年据《宋史》卷三七《宁宗纪》补。

朱熹除焕章阁待制侍讲诰词
(绍熙五年八月五日)

朕初承大统,未暇他图,首辟经闱,详延学士。眷儒宗之在外,须召节以趣归,径登从班,以重吾道。尔发六经之蕴,穷百氏之源。其在两朝,未为不用;至今四海,犹谓多奇。擢之次对之班,处以迩英之列。若程颐之在元祐,若尹焞之在绍兴。副吾尊德乐义之诚,究尔正心诚意之说。岂惟慰满于士论,且将增益于朕躬。非不知政化方行,帅垣有赖。试望之于冯翊,不如置之本朝;召贾谊于长沙,自当接以前席。慰兹渴想,望尔遄驱。

出处:《道命录》卷七上,知不足斋丛书本。又见《宋史全文续资治通鉴》卷二八,《考亭志》卷六,《朱子年谱》卷二,民国《重修婺源县志》卷六四。

撰者:黄由

中书舍人彭龟年兼侍讲制
(绍熙五年八月六日)

敕:朕自临帝位,首辟经帷,详延旧学之贤,不改潜藩之旧。具官某始以德选,久从吾游,素知朕意之所安,况有诏书之备列。不待多训,自应具知。惟孟轲所著七篇之书,非战国以来余子所及,盖尝三复其说,间有一得于中。若知言养气之难,存心尽性之妙,人无不善,圣可践形。正须反覆屡陈,使予通彻无蔽。若夫爵禄之制,井地之规,凡诸所传,皆我当讲。食云则食,坐云则坐,朕当审尊贤之方;义莫不义,仁莫不仁,尔其务正君之学。

出处:《攻媿集》卷四一。

撰者:楼钥

考校说明:编年据《两朝纲目备要》卷三补。

给事中黄裳礼部尚书制
(绍熙五年八月六日)

敕:朕嗣膺大统,首擢旧僚。然建安七子之贤,先推徐干;商山四皓之盛,最数黄公。径跻八座之崇,庸侈一时之盛。具官某学足以充其性,辩足以达其心。贯穿经史之言,而缅缅可听;论议古今之变,而历历如睹。自予幼学,屡得良师。若夫上皇委任之专,潜邸游从之久,无间于我,未有如卿。规过举则何止血山之言,执正道则不数邪蒿之说。开性天之所蔽,知学力之自来。辛不容甘盘遁野之行,是宜被伯夷典礼之命。孺子王矣,方夕惕以忧勤;良言旨哉,尤日资于献纳。其祇予训,益勉尔忠。

出处:《攻媿集》卷四一。
撰者:楼钥
考校说明:编年据同集卷九九《黄公墓志铭》、《两朝纲目备要》卷三补。

侍讲陈傅良朱熹宣赴经筵供职曲谢宣答词
(绍熙五年八月六日后)

有制:朕务明政体,首辟经帷。嘉旧学之来归,喜耆儒之同集。其思忠告,以副畴咨。

出处:《攻媿集》卷四六。又见民国《瑞安县志》卷六。
撰者:楼钥
考校说明:编年据《两朝纲目备要》卷五补。

诸道举廉吏纠污吏诏
(绍熙五年八月十一日)

朕惟廉吏民之表,而为国之蠹、民之病者,莫污吏若也,不有诛赏,畴示劝惩?继自今诸道监司刺举之官,于都邑文武任职之臣,廉必闻,污必纠,毋惮大吏,毋纵私昵,赏不尔靳,罚不尔私。其令吏称民安,副朕意焉。

出处:《两朝纲目备要》卷三。又见《宋会要辑稿》职官七九之九(第五册第四二一四页),《宋史全文续资治通鉴》卷二八。

考校说明:《宋会要辑稿》职官七九系于绍熙五年八月十三日。

仓部员外郎汪梓升郎中制
(绍熙五年八月十四日)

敕:以日月为功,固非所以待贤能也,而功令亦不可废。况晋陟为郎,与员外置者绝有间,抑足以昭宿业,劝寡过,庸可废乎?可。

出处:《止斋先生文集》卷一六。

撰者:陈傅良

考校说明:题下原注:"八月十四日除。"

立韩皇后制
(绍熙五年八月十四日)

王者体元以居正,方临中夏之朝;君子治国先齐家,爰举长秋之礼。乃眷菲凉之质,仰承熙洽之期。尊尊亲亲,既隆于孝理;夫夫妇妇,式懋于人伦。播告大廷,用孚群听。崇国夫人韩氏柔和而端敏,肃靖而宽容。居惟图史之遵,动中佩环之节。顷奉重闱之命,肆求名阀之良。作合潜藩,克彰懿范。辅佐于内,形朝夕至勤之思;警戒不忘,有夙夜相成之道。惟尔祖一德格天之业,为我家两朝定策之勋。安社稷而勒功于鼎彝,仍父子而配食于宗庙。丕积庆羡,笃生令姿。兹予入绍于丕图,俾尔申加于佳号。以应隆慈之旨,以明正始之风。於戏!《书》称尧、舜、禹之传,朕实艰于负荷;《诗》美姜、任、姒之圣,后惟谨于仪刑。服浣濯以躬俭,则可以教行于宫中;执饔膳以佐馂,则以化成于天下。助修治道,益显家声。可立为皇后,令所司择日备礼册命。

出处:《宋会要辑稿》礼五三之一○。

端明殿学士正奉大夫致仕郑丙赠四官制
(绍熙五年八月十四日后)

敕:引年已久,无复尚书之履声;遗奏忽闻,庶几太史之尸谏。旧臣无几,恤典宜加。具官某气直而能温,性刚而善下。立朝正色,为多士之表仪;典选尽公,慕古人之风裁。洊更名郡,遂返故乡。奉祠馆以怡神,据《礼经》而告老,谓因闲适,可迪寿康。不知何恙之深,遽起云亡之叹。叠升命秩,仍茂赏延。八座班高,笃始终之不替;九京恩及,尚英爽之有知。

出处:《攻媿集》卷三八。
撰者:楼钥
考校说明:编年据郑丙卒年补,见周必大《平园续稿》卷二五《郑公丙神道碑》。

秦熺知严州制
(绍熙五年八月二十二日)

敕具官某:尔生长大家,少而颖悟。力学进德,誉者交口。古括之政,无愧循良。严陵为高宗潜藩,密迩行阙。选而用汝,详试其才。益抚吾民,以称朕意。

出处:《攻媿集》卷三五。
撰者:楼钥
考校说明:编年据《淳熙严州图经》卷一补。

淮东转运司借拨米备赈粜诏
(绍熙五年八月二十三日)

令淮东转运司就本路有桩管米去处,共借拨米一十万石,斟量所部州军旱伤轻重,分拨应副粜支用。

出处:《宋会要辑稿》食货五八之二〇。

赈粜镇江府诏
(绍熙五年八月二十三日)

令镇江府于见桩管米内取拨陈次米二万石,礼部给降度牒五十道,付常州措置出卖,每道价钱八百贯文,卖到价钱专充赈粜,仍具粜到数目及粜过米数申尚书省。

出处:《宋会要辑稿》食货五八之一九。

遣官祈晴诏
(绍熙五年八月二十四日)

近日雨泽稍多,日轮侍从一员,诣上天竺灵感观音前精加祈祷。

出处:《宋会要辑稿》礼一八之二六。

周必大转少傅加食邑实封制
(绍熙五年八月二十六日)

门下:朕祗膺骏命,寅绍丕图。旧弼偃藩,甫遂内祠之佚;需恩进律,爰升亚傅之崇。乃辑群工,用敷涣号。少保、观文殿大学士、充醴泉观使、益国公、食邑一万六百户、食实封三千八百户周必大,道隆而德备,实茂而声闳。自有书契以来,悉能该综;首以词章之选,入践清华。西掖北门,周旋累岁,高文大册,震耀四方。逮参柄于事枢,寻进专于国柄。谋谟经远,任社稷以不疑;精神折冲,抚华夷而咸肃。久辞相印,起殿师垣。退为绿野之游,自适东山之志。眷冲人之嗣服,方歌求助之诗;想元老以兴怀,尝下乞言之诏。兹颂异数,就陟孤卿。夏篆通膋,班浸高于左棘;衮衣赤舄,礼增焕于三槐。仍衍故封,并增真食。於戏! 叹股肱之美,庸加贰公洪化之名;进药石之规,式究致君泽民之蕴。尚孚明命,毋有逡心。可特授少傅,依前观文殿大学士、充醴泉观使、益国公,加食邑一千户、食实封四百户。令所司择日备礼册命,主者施行。

出处:周纶《周益国文忠公年谱》。

撰者:楼钥

新除少傅周必大辞免不允诏
(绍熙五年八月二十六日后)

　　卿三朝元老,身佩安危,退处东山,直欲弃置人间事,顾岂以爵秩为心哉！朕初临御,注想不忘,下诏乞言,疏恩进律,亦可以见朕意矣。覃霈之颁,无远弗届,安有达尊如卿而可但已？保傅一间,不必固辞。逊章甚力,非朕所望。

出处:《攻媿集》卷四二。
撰者:楼钥
考校说明:编年据周纶《周益国文忠公年谱》补。

付学士楼钥亲札
(绍熙五年八月二十八日前)

　　赵汝愚宗姓之贤,伟然忠实。太上体寿皇图任之意,擢置机衡。肆朕继承,厥功为大。俾居宰路,控避莫回,殊咈眷怀,尤辜舆望。朕惟不胶者卓,维时之宜。今政令未孚,水旱间作,得一贤佐,度越拘挛,万机实繁,其遂我相。可除右丞相。

出处:《宋宰辅编年录》卷二〇。

赵汝愚除右丞相制
(绍熙五年八月二十八日)

　　履帝位以御邦,方图政理;立宗英而作相,蔽自朕心。虽退处于枢庭,当载还于揆路。乃申前命,爰告具僚。具官赵汝愚忠实而渊通,光明而俊伟。少年射策,忧世已深;壮岁逢辰,爱君益甚。寿皇咨其切直,屡敷心腹之言;太上察其笃诚,径委股肱之寄。擢居宥府,密赞筹帷。逮予有兴,厥功尤大。允矣托天之手,粲如导日之星。是为徇主以忘身,岂曰因人而成事！亟颁诏绂,俾践台符。何循墙之过勤,致反汗而中止。既孤舆望,殊咈眷怀。鱼水方欢,固自君臣之相与;衮衣未备,几若朝廷之不知。矧今政令之未孚,复多旱水之间作,是图贤佐,以赞繁机。越彼拘挛，不胶者卓矣；置于左右，亦职有利哉。非为朕私，其遂我相。仍进优崇之秩，更加沃衍之封。於戏！旦、奭之于周家，尝兼师保之任；勉、石之在唐室，俱称宰辅之贤。若前朝故实之未闻，与后日攀援之自此，毋庸再述，皆已熟知。其思注意之隆，勿徇执谦之旧。

出处：《宋宰辅编年录》卷二○。

撰者：楼钥

赵汝愚辞免右丞相批答一绍熙五年八月
（绍熙五年八月二十八日后）

王者官人，惟贤是用。周封同姓，后世谓以宗强者，是疑圣人以私也？文王百男，其人多贤，故命之为诸侯，岂以疏戚为间哉？卿出于皇族，而负王佐之才，凡所历官，皆宗姓之所未有。寿皇知人之明，由庶僚而擢之侍从。太上委寄之重，越故事而付之枢机。肆朕纂承，遂登揆路。辅相一体，何用固辞！卿毋自疑，朕意已决。

出处：《宋宰辅编年录》卷二○。

赵汝愚辞免右丞相批答二绍熙五年八月
（绍熙五年八月二十八日后）

累圣之典，高宗之训，朕非不知之；恐后人由此而进，亦非不念此也。惟卿才足以周天下之务，道足以任天下之重，使生于前朝，亦当越故事而大用。后必有宗姓如卿者，然后可任此官。其遂相予，不必藉此而力辞也。

出处：《宋宰辅编年录》卷二○。

近臣举才诏
（绍熙五年八月二十九日）

侍从、两省、台谏各举通亮公清、不植党与、曾任知县者二人。

出处:《两朝纲目备要》卷三。又见《宋史》卷三七《宁宗纪》,《宋史全文续资治通鉴》卷二八。

著作佐郎王容范仲黼并著作郎秘书郎王爽
校书郎蔡幼学并著作佐郎制
(绍熙五年八月)

敕具官某等:学士大夫以道山册府比之蓬莱瀛洲之胜,而著作之庭又其高选也。尔容学博而文优,尔仲黼忠纯而意笃,既皆升处其长;爽之远业,幼学之英才,又均使为之佐。或以伦魁而声称昭于时,或以名门而学问世其家,是皆称此选者。朕笃意人材,共兴治功,公卿将于此乎取,何止以史事而望汝哉!

出处:《攻媿集》卷四一。又见民国《瑞安县志》卷六。
撰者:楼钥
考校说明:编年据《南宋馆阁续录》卷八补。

秘书省正字颜棫秘书郎项安世吴猎并校书郎制
(绍熙五年八月)

敕具官某等:比岁一日给札而得三俊,馆阁之盛举也。然秀颖之才,将于此乎养之以待用。若棫之声名发于上庠,猎之才略著于剧县,安世之节概又士论之所推,是三人者不惟老于文学,又俱练于世故,举而用之,何所不可? 况年皆自强而艾,固无俟乎菁莪之育也。兹命棫典中秘书,猎与安世为校雠之职。姑以序迁,朕将有以用汝焉。

出处:《攻媿集》卷四一。
撰者:楼钥
考校说明:编年据《南宋馆阁续录》卷八补。

检正应孟明太府卿制
(暂系于绍熙五年八月前后)

敕具官某:尔以纯一之德,恻怛之诚,见于牧人御众之间,备著爱民利物之效。召由帅阃,遍仪宰掾。盖朝列之老成,士林之标表也。外府上佐大农之调度,下枙有司之出纳。卿士惟月,实艰其选,举以命之,公议允谐。问津要途,自兹始矣。

出处:《攻媿集》卷四一。

撰者:楼钥

考校说明:编年据同集前后文时间、应孟明官历补,见《宋史》卷四二二《应孟明传》。

右司徐谊中书门下省检正诸房公事吏部郎中钱象祖右司刑部郎中沈作宾检详制
(暂系于绍熙五年八月前后)

敕具官某等:朕初政是图,惟二三大臣夹辅之赖。枢机至重,当先其大者,岂可以细故萦之？于是详择掾属,以次而迁。尔谊深沈而善谋,尔象祖祥审而无滞,尔作宾在郎曹有通敏之称。其为朕简节疏目,清东西府之务,俾吾大臣惟振纲挈领,以赞予远猷,则尔为称职矣。

出处:《攻媿集》卷四一。

撰者:楼钥

考校说明:编年据同集前后文时间、徐谊官历补,见《水心文集》卷二一《徐公墓志铭》。《宋会要辑稿》食货六六:"(绍熙五年)闰七月七日,中书门下省检正诸房公事徐谊言……"然绍熙五年并无闰七月,当为"闰十月"之误。

吏部郎官李沐将作监制
(暂系于绍熙五年八月前后)

敕具官某:东都李固好学寻师,同业不知为司徒部之子,其所成就,复为李公。尔以辅臣之子,退然寒生,蚤擢甲科,仕进甚缓。文敏而蔚,追企古作。郎潜既久,避远繁剧,处之缮监,以遂其志。素尚如此,远业未可量也。

出处:《攻媿集》卷四一。

撰者:楼钥

考校说明:编年据同集前后文时间、李沐宦历,见《两朝纲目备要》卷四。

军器监丞汪梓仓部郎中大理寺丞周珌刑部郎官制
(暂系于绍熙五年八月前后)

敕具官某等:列曹为郎,其选俱重,非治郡有声绩者不预焉。国家行之几三十年,弗可改也已。尔梓博涉文学,有志事功,出守都梁,边防甚饬。尔珌明习宪法,恪意操守,濡须之政,田里妥安。况俱以名臣之子,尝在朝列,奉最而归,宜登兹选,肆令并命,以究尔能。积贮者天下之命,宽仁者累圣之规。深体至怀,各赞而长。

出处:《攻媿集》卷四一。

撰者:楼钥

考校说明:编年据同集前后文时间、周珌宦历补,见《宋会要辑稿》选举二一。

兵部侍郎耿秉焕章阁待制知太平州制
(暂系于绍熙五年八月前后)

敕:入而奉上,为言语侍从之臣;出则殿邦,任蕃宣屏翰之寄。士之从宦,是为通显;国之用人,初无重轻。第于临遣之间,终惜老成之去。具官某天资鲠亮,政术精详。自其居下位之时,已有泽斯民之志。功利及物,既所至而可称;恳恻爱君,凡有献而必告。甫上甘泉之列,亟求故里之归。旋即赐环,复令持橐。为真武部,固有赖于论思;摄事琐闱,尤见推于抗直。比力祈于补外,亦深察其由中。畀以当涂,真是太平之官府;宠之次对,仍联两禁之清班。用昭眷怀,增重侯度。访民瘼之疾苦,谅无假于训辞;控天堑之要冲,尚往图于方略。勿以在远,而忘献言。

出处:《攻媿集》卷四一。

撰者:楼钥

考校说明:编年据同集前后文时间补。

大宗正丞李大性军器少监兼权司封郎官制
（暂系于绍熙五年八月前后）

敕具官某：朝士之职优而事简者，无如二监。非所以处才者，然而铨序人物，具有差等，不可废也。尔一门竞爽，刻意记问，出而丞边郡，入而篿周行，心计有余，遇事多办。进贰戎监，仍摄郎曹。益务靖共，以俟选择。

出处：《攻媿集》卷四一。

撰者：楼钥

考校说明：编年据同集前后文时间、李大性官历补，见《止斋先生文集》卷一八《军器少监兼权司封官李大性除浙东提举知常州黄灏除浙西提举制》、《宝庆会稽续志》卷二。

大理寺丞彭演大宗正丞制
（暂系于绍熙五年八月前后）

敕具官某：朕惟国家本支百世，繁衍盛大，高出近古。既择属近行尊之贤者以纠合宗盟，又选学士大夫以贰其事，职虽清简，不以轻畀也。以尔经术该综，吏事精明，丞于外府，于廷尉，践扬既久，而后登此，盖亚于三丞之选，仕益进矣。优游养望，其进未央。

出处：《攻媿集》卷四一。

撰者：楼钥

考校说明：编年据同集前后文时间、彭演官历补，见《宋会要辑稿》选举二二。

大理司直朱致民大理寺丞陈朴大理司直制
（暂系于绍熙五年八月前后）

敕具官某：廷尉天下之平，而国家设属为尤备。囚徒之听，自昔以吉士临之；奏当之成，今又使分董而察焉。以尔致民儒学老成，久预臬事，故俾升而为丞。尔朴才具资品皆应近制，故以为邦之司直。朕嗣服之始，专以祖宗家法为务，虽罔兼于庶狱，惧不获于一夫。各既乃心，毋懈于位。

出处:《攻媿集》卷四一。

撰者:楼钥

考校说明:编年据同集前后文时间补。

<h1 style="text-align:center">太府卿詹体仁直龙图阁知福州制</h1>
(暂系于绍熙五年八月前后)

敕具官某:朕览长乐之志,知其地大物阜,真东南一都会也。帅守抡才,初政为急。以尔学问该洽,性识深明,试之剧繁,所在办治。入为九卿,向于用矣,愿归闽部,求便其私。径疏昼绣之荣,仍畀河图之直。跨州连邑,要风气之不殊;并海负山,赖威名而为重。倚观政绩,以究尔能。

出处:《攻媿集》卷四一。

撰者:楼钥

考校说明:编年据同集前后文时间、詹体仁宦历补,见《西山文集》卷四七《詹公行状》。

<h1 style="text-align:center">广西运判张釜直秘阁知广州制</h1>
(暂系于绍熙五年八月前后)

敕具官某:朕临御万国,一视同仁。岭海之远,待犹畿甸。矧番禺重镇,实控南服,谋帅之际,其何可轻?以尔绍兴旧弼之孙,以家学登世科,润饰史事,所在称办。湖湘明敛散之宜,广右谨将输之要,就移五管之长,以当一面之权。寓直道山,以为尔宠。尔其填抚远氓,招徕海贾,斥贪残,奖廉介,以称予倚任之意,是惟休哉!

出处:《攻媿集》卷四一。

撰者:楼钥

考校说明:编年据同集前后文时间、光绪《广州府志》卷一七补。

知建宁府陈居仁知镇江府制
(暂系于绍熙五年八月前后)

敕:由词掖以倅藩,久腾善最;分辅邦而易镇,用奖贤劳。宜锡明缛,以昭宠数。具官某风猷凝粹,心地平夷。识者叹其远到之资,望而知为大度之士。文华纬国,久从凤沼以代言;恺弟宜民,屡以虎符而出守。恩威并用,宽猛适时,不惟人乐其中和,所至岁为之登熟。眷兹京口,控彼江津。城郭增雄,有山川之映发;兵民杂处,无牒诉之浩繁。属旱魃之为灾,赖贤侯之勤抚。毋庸临遣,亟望遄驱。坐理南徐,其首修夫荒政;时登北固,尚有赖于良筹。惟服训词,嗣图褒表。

出处:《攻媿集》卷四一。

撰者:楼钥

考校说明:编年据同集前后文时间、《嘉定镇江志》卷一五补。

江西运判赵巩直显谟阁知隆兴府制
(暂系于绍熙五年八月前后)

敕具官某:国家选侯甚重,谋帅尤艰。既惩数易之繁,重戒迎新之费,就移使节,俾正帅垣。尔受才甚高,得誉最早,以文学之彦,为慈惠之师。其在合肥,极论淮钱之弊;迨移夔子,载言蜀成之详。主漕计以宣劳,总邦条而摄事,抚绥凋瘵,赈救凶灾。因江西颂韦侯之言,念河内借寇君之意,径令洗印,以遂开藩。俟讫外庸,成尔归志。

出处:《攻媿集》卷四一。

撰者:楼钥

考校说明:编年据同集前后文时间、光绪《江西通志》卷一〇补。

沈清臣江东提举制
(暂系于绍熙五年八月前后)

敕具官某:士有自重其身而轻视轩冕,嘉遁于世而独乐山林。是虽出于一概,较之浮竞者相去远矣,此有国者之所当与也。尔以古学为任,不计时之用舍。

顷游馆学,从予潜藩,俨然自持,古之畏友也。兹予纂绍,念尔退闲,起以江左之节,用慰家食之久。其尚少安,以俟恩渥。

出处:《攻媿集》卷四一。

撰者:楼钥

考校说明:编年据同集前后文时间补。

皇后初册封赠三代制
(绍熙五年八月后)

曾祖资政殿学士赠少师韩肖胄赠太师

敕:庆历、嘉祐之盛,万世帝王基业也。而弼亮之功,惟尔先正,燕及奕叶。嗣有象贤,宜尔子孙,与国无极。具官某践修厥猷,益有令闻。夷险一节,见于艰难。高宗图旧,晋诸枢管,而再入穹庐,将命不辱。奠安宗社,天下赖之。然位不称德,有识同叹。爰有曾孙,来俪宸极。朕尝以国史次韩之事,谂诸中宫,以似以续。爰因追锡,晋陟师垣。非以为生,盖礼之称。可。

曾祖母秦国夫人王氏赠鲁国夫人鲁国夫人文氏赠□国夫人

敕:维昔忠献,身修家齐,被于后昆,将相三叶,克对前人,皆有内助。具位某氏,凤以淑德,嫔于相门,辅佐君子,继世承弼。永惟《鹊巢》,国君积行累功,夫人起家,与享休显。而《召南》推本,以为德足以配,非偶然也。是宜储休,载生贤后,以绵国祚,以大家声。被封于秦,亦既从爵;申锡于鲁,盖取诸颂。使与僖公令母,千载相望,岂不荣哉!可。

祖承议郎赠中奉大夫韩协赠太傅

敕:朕闻燕齐之祀,与周并传;汉之封君,爰及苗裔。矧惟韩氏之勋,度越自昔,于是仅三世耳,而胡浸微?天命弗僭,其殆再昌乎!具官某于魏国为裔孙,于少师,子也。学足以克家,而宦不达,才足以用世,而怀不得试。即其靖退,足见所存。集善为祥,积于闺阃;载笃其庆,后所自生。夫屈于名者享其实,不获乎身者遗其后。晋班公傅,谁曰不宜?虽曰缘恩,亦足用劝。可。

祖母令人冯氏赠□国夫人

敕：周人之颂任、姒，曰是有挚仲氏也，是有莘长女也。盖本其所自出，必名邦大族，而岂无故之福母仪天下乎？具位某氏，身为少师妇，以奉魏祀。于是浸微，而不病其夫子之不遇。敬共朝夕，世守弗违。余庆流光，萃于今后。《诗》不云乎："君子万年，景命有仆。其仆维何？厘尔女士。"言周之盛，天命附著，使生淑媛，以为之妃。则我式克，至于今休，盖祖烈也，亦天意也。新封美号，为之报本，岂惟忠献？将吾祖宗实宠嘉之。可。

父朝奉大夫提举佑神观韩同卿授扬州观察使

敕：诗人之颂贤后，必曰是有挚仲氏也，是有莘长子也。盖本所自来，必君侯世家。储休积庆，而岂一日之积哉！具官某魏忠献公之裔孙也。践修厥猷，益自谨饬。尝试以事，茂于材猷。是生淑媛，来配潜邸。肆朕嗣服，正名长秋。在《诗》之《既醉》曰："君子万年，景命有仆。其仆维何？厘尔女士。厘尔女士，从以孙子。"言有士行之女，以为之配，皆天意也。维尔先正，功在社稷，德在苍生。以克及此，岂非天乎？戚里故事，必在右选。爰解郡绂，改畀廉车。宜益靖共，以绥宠禄。可。

母□氏赠□国夫人

敕：朕诵《周南》，至于《葛覃》，后妃躬俭节用，服浣濯之衣，皆其母家实为之，未尝不忻慕也。具位某氏，吾后母也。以吾后作配朱邸，共蘋蘩之菹；正位中宫，献穜稑之种。亲事烦辱，曾无吝骄。则其素教，岂一日之积哉！夫区区侯邦，而渭阳之思，閟宫之颂必及其母，况以后德，流化天下，则推尊母氏，可无茂恩？且与之共隐约于鸡鸣栉盥之时，而不与之共休显于象服委蛇之际，揆之经谊，本之人情，皆非称也。胙以上国，为君夫人。非徒示私，亦足用劝。可。

出处：《止斋先生文集》卷一五。
撰者：陈傅良
考校说明：编年据文中所述史事、原书注文补，见《宋史》卷三七《宁宗纪》。原书此卷卷首总题"外制"下原注："自绍熙五年八月以后。"以下不再一一注明。

少保观文殿大学士充醴泉观使益国公周必大
登极恩赠三代制
（绍熙五年八月后）

曾祖故朝奉郎赠太师潭国公衍加封秦国公

敕：朕嗣守丕图，永怀元老，而访落不与于庙谋也。尝告在廷，晋爵亚傅，则所以推本世系，以宏赉其先正之祧，庸可后乎？具官某曾祖某，躬行对于古人，宦学闻于当世。位不称德，士论惜之。夫屈于名者享其实，不获其身者遗其后。是宜燕及曾孙，蔚为名臣，遍仪三事，光辅两朝也。则追录其积行之勤，增华其种德之报，大启土宇，晋封三秦，非以为生，盖礼之称。可。

曾祖母潭国夫人郭氏赠秦国夫人

敕：周之公孤，并祀五庙，以君夫人祔焉，而世世享。具官某曾祖母某氏，来自名门，作配君子，躬备勤劳，以诏妇子。而生无从爵之荣，殁不得与共牢之报。天命弗僭，是生曾孙，为吾辅臣，弼亮奕世。朕循周制，宠绥尔夫，谁其助之？劬躬焘后，爰因旧号，俾即新封。用贲幽宅，尚克永世。可。

祖故朝散大夫赠太师潭国公诜封秦国公

敕：成王之雅曰："周王寿考，遐不作人。"盖归美文王得人，所由来之远也。具官某故祖具官某，世济其美，蔚为名臣。然而德业藏于身，声闻流于时。官不过五品，而位止郎舍也。唯是一经之教，施于曾孙，我高宗取之，寿皇用之，天下乂安，于是三纪。肆朕嗣服，获蒙余休，非所由来者远欤？酬劳报本，兹惟其时。袭封于秦，实应经谊。可。

祖　母

敕：朕纯用周政，广恩锡类，以褒大吾辅臣之世，则燕及闺门，可无追命？具官某故祖母某氏，仪于前人，益谨内则。载笃其庆，萃于闻孙。方周盛时，公侯皆君子也。而风人本之袏席，以是为德在《鹊巢》，功在《采蘩》也。我仪尔祖，克大其后。用见家政,庶几《召南》,从爵大邦,以劝命妇。可。

父

敕:周公拜前,鲁公拜后,父子休显,著于《春秋》。胡我元臣,遗恨祢庙。此悯章之所由起欤? 具官某故父某,袭美于家学,振声于世科。而雅不善宦,老于博士。功业不见于世,而文辞但以诏后人也。然而过庭之训,插架之书,渊渟骏发,见于贤子。经文纬武,天下赖之。《诗》不云乎:"维其有之,是以似之。"傥微申锡,非所以为义方劝也。爰考古谊,袭爵为公。庶几周鲁,衮舄相望,不亦荣乎。可。

母

敕:朕既本之经谊,为公卿崇报祢庙,以侈移忠之报。则母氏与享,使之匹休,亦古道也。具官某故母具位某氏,恩斯勤斯,鞠我良弼。誉在荐绅,功在《清庙》。夫尝同其夫处约于灯火之初,而不及同其子处乐于簪裾之后,此吾大臣为之补《南陔》,废《蓼莪》也。象服之弗被,鱼轩之弗乘,有此宠绥,足慰居往。配食二姑,以奉□祀,其明享哉! 因其旧号,益以新封。虽曰邦彝,亦足用劝。可。

出处:《止斋先生文集》卷一五。
撰者:陈傅良
考校说明:编年据宋宁宗即位时间、原书注文补。

观文殿学士宣奉大夫致仕李彦颖登极恩转光禄大夫制(绍熙五年八月后)

敕:朕以眇躬,嗣膺丕绪,阙焉惧无以绍列圣之休,访落求助,庶几周成。公卿大夫,其将何以佐朕也? 具官某历事三朝,蔚为元老。夫致位丞弼,方倚为相,而不为苟同,竟于谢事。昔萧望之意轻丞相,而位不过御史大夫。以为身计则不工,以为道谊计,多见其可尚也。肆予绍服,久矣里居。以卿忠谅,则《敬之》之颂,《七月》《公刘》之风雅,能忘于心乎? 爰因旧章,序进厥秩。亦示永怀,以冀乐告。可。

出处:《止斋先生文集》卷一五。

撰者:陈傅良

考校说明:编年据宋宁宗即位时间、原书注文补。

资政殿大学士通奉大夫知潭州王蔺登极恩转正议大夫制
(绍熙五年八月后)

敕:朕以眇躬,嗣膺丕绪,阙焉惧无以绍列圣之休,访落求助,庶几周成。公卿大夫,其将何以佐朕也? 具官某历事两朝,孤立一意。方其受重华之托,而光辅上皇始初之政,忠言谠论,不自同于众人,盖天下叹其难,长虑却顾,不苟安于一时,又天下服其远也。肆于绍休,适分帅阃。以卿忠谅,则《敬之》之颂,《七月》《公刘》之风雅,能忘于心乎? 爰因旧章,序进厥秩。式昭永怀,亦冀乐告。可。

出处:《止斋先生文集》卷一五。

撰者:陈傅良

考校说明:编年据宋宁宗即位时间、原书注文补。

资政殿大学士通议大夫提举临安府洞霄宫
黄洽登极恩转通奉大夫制
(绍熙五年八月后)

敕:朕以眇躬,嗣膺丕绪,阙焉惧无以绍列圣之休,访落求助,庶几周成。公卿大夫,其将何以佐朕也? 具官某历事两朝,蔚为故老。方淳熙之季年,天下晏然,櫜弓囊矢,简在宥府,不动声气,而强本折冲之功,自不可掩。至于行藏,庶几前朝孙文懿、张退傅之伦矣。肆予绍服,均佚外祠,以卿忠谅,则《敬之》之颂,《七月》《公刘》之风雅,能忘于心乎? 爰因旧章,序进厥秩。亦示永怀,以冀乐告。可。

出处:《止斋先生文集》卷一五。

撰者:陈傅良

考校说明:编年据宋宁宗即位时间、原书注文补。

朝散郎焕章阁待制兼侍讲朱熹登极恩转朝请郎制
（绍熙五年八月后）

敕：朕以眇躬，嗣膺丕绪，阙焉惧无以绍列圣之休，访落求助，庶几周成。子大夫，其将何以佐朕也？具官某学先圣之道，而明于当世之务。三仕三已，义不苟合，天下高之。盖累朝之所嘉叹而不忘也。长沙谋帅，强为时起。肆予初政，式遄其归。处之次对，于以劝讲，朕将虚己听焉。爰因大赉，叙进厥秩。虽曰旧章，亦朕美意。可。

出处：《止斋先生文集》卷一五。又见《朱子年谱前录》卷二，民国《重修婺源县志》卷六四。

撰者：陈傅良

考校说明：编年据宋宁宗即位时间、原书注文补。

权户部侍郎梁总登极恩转官制
（绍熙五年八月后）

敕：朕以眇躬，嗣膺丕绪，阙焉惧无以绍列圣之休，访落求助，庶几周成。卿大夫，其将何以佐朕也？具官某方以民誉，简在从班。肆予初政，日月献纳，而不记成王践祚，《七月》在风，《公刘》在雅，《敬之》在颂，皆一时耆俊为之乎！自今以始，朕日望之。爰因大赉，序进厥秩。虽曰旧章，亦冀乐告。可。

出处：《止斋先生文集》卷一五。

撰者：陈傅良

考校说明：编年据宋宁宗即位时间、原书注文补。

在外侍从登极恩赠父制
（绍熙五年八月后）

敕：朕方访落求助，自公卿大夫，各加地进律矣。则推本其世而褒大其家，虽礼未有，可不以义起乎？具官某故父具官某，生有种德之劳，而位不称，殁享义方之报，而何其流之长也？以尔某论思献纳，著节两朝。肆予嗣服，心在王室。非忠孝之传,有自来欤？增赍祢庙,追锡崇阶。虽曰旧章,亦以示劝。可。

出处:《止斋先生文集》卷一五。

撰者:陈傅良

考校说明:编年据宋宁宗即位时间、原书注文补。

在外侍从登极恩赠母制
（绍熙五年八月后）

敕:朕既本之经谊,为卿大夫崇建祢庙,以侈移忠之报。则母氏与享,以次申锡,使之匹休,亦古道也。具官某母某氏,来自名门,作配君子,是生贤嗣,蔚为从臣。夫《鸡鸣》警戒之道不笃,则过庭之训不严。蘋藻不共,则甘旨不谨。尔某何以能移孝为忠也？因其旧号,易以新封。虽曰邦彝,亦足用劝。可。

出处:《止斋先生文集》卷一五。

撰者:陈傅良

考校说明:编年据宋宁宗即位时间、原书注文补。

在外宰执登极恩赠妻制
（绍熙五年八月后）

敕:昔成王践祚,世修忠厚。其诗曰:"孝子不匮,永锡尔类。其类维何？室家之壶。"盖施及臣子,不但其身,而亦被于室家。具官某妻某氏,克相夫子,蔚为宗工。积行累劳,致位孤棘。惟周人克广孝思,慰满梱内。肆予嗣服,繄尔臣邻多助之至,则为之推恩,燕及闺门。虽袝于姑,亦胙大国。非苟为私,盖周道也。可。

出处:《止斋先生文集》卷一五。

撰者:陈傅良

考校说明:编年据宋宁宗即位时间、原书注文补。

在外侍从登极恩封妻制
（绍熙五年八月后）

敕：朕观二《南》之诗，《关雎》为皇后，《鹊巢》、《采蘩》为君大夫妻作也。则正家之化，君臣一体。然则，方定长秋之位，而可无以为尔内劝乎？具官某妻某氏，以尔夫子，尝为从臣，献纳论思，夙夜匪懈。则入朝有《鸡鸣》之戒，退食有《羔羊》之德，非尔之助？申锡命书，晋之美号。则在初政，岂曰不宜。可。

出处：《止斋先生文集》卷一五。

撰者：陈傅良

考校说明：编年据宋宁宗即位时间、原书注文补。

焕章阁学士宣奉大夫提举隆兴府玉隆万寿宫洪迈弟朝散大夫新知陕州遂登极恩母楚国夫人沈氏加赠魏国夫人制
（绍熙五年八月后）

敕：朕访落求助，自卿大夫，皆加地进律矣。士有能尊祢庙，至官一品，斯足以报本矣。而母氏与享，为君夫人，犹视列国。宜益褒崇，使之匹美。具官某母具位某氏，聿自名门，作配君子。遭时不淑，万里违离。而勉正劝义，庶几风人所诵"汝水之坟"、"南山之侧"也。天命弗僭，宜享后福。肆予践祚，益大尔封。晋之魏邦，庸示光宠。庶克用劝，岂徒旧章。可。

出处：《止斋先生文集》卷一五。

撰者：陈傅良

考校说明：编年据宋宁宗即位时间、原书注文补。

右丞相赵汝愚初拜赠三代并妻制
（绍熙五年八月后）

曾祖士虑赠太傅

敕：昔周公位冢宰，成王为之作鲁庙。宣王中兴，则命召虎，亦有秬鬯、圭瓒以告文人。我相同姓，盖周道也。推本其先，以致美报，可无褒典，以应经谊？具官某曾祖具官某，躬行对于古人，誉处闻于公族。然夷考其世，于汉恭宪王为裔孙；于建国公为嗣子。盖属未疏也，而仅缀逍遥之班，以其靖退，足见所存。夫屈于名者申于实，不获乎其身者遗其后。是生曾孙，迄为上相。则追录其积行之勤，增华其种德之报，朕敢忘周道乎？晋升帝傅，于礼固宜。可。

曾祖母龚氏赠申国夫人

敕：昔周盛时，公侯皆君子也。而周、召二《南》，本之衽席，以是为内助之贤，德在《鹊巢》，功在《采蘩》也。具官某曾祖母具位某氏，出于名门，作配公姓。身为建国妇，以奉汉祀。于是浸微，而不病其夫子之不遇。世无风人，无所著见。爰及曾孙，笃生贤哲。然则取汉上之诗，以名其国，为君夫人，俾世世享，亦二《南》之意欤！可。

祖不求赠太傅

敕：朕既质之六艺，酬劳报本，以褒吾相臣之祧。则嗣有令德，燕于后昆，申命匹休，庶几周召，并建五庙，不亦宜乎！具官某祖具官某，以王公之胄，而有学士大夫之习；非无富贵之阶，而宦不达也。集善为祥，聿生孝子。载笃其庆，发于闻孙。《诗》不云乎："艺之榛栗，椅桐梓漆，爰伐琴瑟。"忠孝之门，岂一日之积哉？我仪图之，宜爵公傅。爰锡命书，以贲幽壤。可。

祖母晁氏赠□国夫人

敕：诗人之颂妇德，必本其家世，曰：是齐侯之子、东宫之妹也。是汾王之甥，蹶父之子也。具官某祖母具位晁氏,盖济阳之晁也。济北诸晁,族望甚伟。以其父兄、子弟风流儒雅,名满天下,则尔以闺门之秀,来嫔吉人,克教其子,得名笃行。至于奕叶,遂间两社。揆之风雅,无愧在昔。大邦美号,飨此后福。非以为生,盖德之称。可。

父善应赠温国公

敕:朕闻之,周以鲁孝公训国子,而汉亦谓刘德谨重,使为太常,以率宗室。赫然著于史传,岂非以帝系之余、世禄之及,而笃行者难其人乎! 具官某父具官某,践修厥猷,益自力学。被服造次,必于仁义。而事亲之孝,庶几曾闵,缙绅先生为之起敬。卒于小官,法不应谥。而相与志其墓曰:"宋笃行君子也。"尚论周汉,岂非其伦? 肆其嗣子,致位三事。朕于是稽经据古,尊为祢庙。作邑于温,以宠嘉之。积善之报,足以不朽。可。

母李氏赠□□夫人

敕:以高帝子孙,而再世婚姻,不于勋侯贵戚,而于书生。是宜有子,蔚为名儒。度越故事,以宗人相。具官某母具位李氏,又故丞相文正公七世孙也。代有家法,及尔不违。克相其夫,力行孝友。聚族百口,曾无间言。躬自劳苦,以成永图。一簪一珥,先人后己。是宜发祥,萃于吾相。夫能使其夫称于没世,而御不及百两;能使其子冠于多士,而养不及万钟。追锡愍章,晋封大国。我有异数,非尔曷堪。可。

妻徐氏赠卫国夫人

敕:朕诵《二南》之诗,劝以义,示以正,皆室家也。我有近臣,致位丞弼。顾其内助,晚不同休。可无愍章,以贲泉壤? 具官某妻具位某氏,虽嫔王族,实寒畯也。晁李二姑,簪琚之望,奕世载德,谁其嗣之? 而尔承休袭美,无愧在昔。克相夫子,遂为名臣。夫与之处约于鸡鸣栉盥之初,而不处乐于象服委蛇之后,觊微追锡,得无若"汝水之坟"、"南山之侧",遭世不淑,咏歌者乎? 鄱阳小邦,未足言称。晋封于卫,庶几硕人。以配二姑,永永庙食。可。

出处:《止斋先生文集》卷一五。又见《宋忠定赵周王别录》卷二。

撰者:陈傅良

考校说明:编年据原书注文补。题后原注:"七月丙子拜。"

<h1 style="text-align:center">明堂大礼朝献诏</h1>
(绍熙五年九月二日)

明堂大礼,朝献景灵宫以右丞相赵汝愚为初献,知枢密院事兼参知政事陈骙为亚献,参知政事余端礼为终献;朝飨太庙以检校少保、兴宁军节度使师夔为初献,右监门卫大将军、眉州防御使不俦为亚献,右监门卫大将军、蕲州防御使不舍为终献。

出处:《宋会要辑稿》礼二四之一〇三。

<h1 style="text-align:center">中奉大夫提举冲佑观丰谊除吏部郎官奉议郎
王闻诗除考功郎官制</h1>
(绍熙五年九月八日)

敕具官某等:仕至于刺史二千石,亦通显矣。而浩然有归志,是不谓廉退之操欤? 尔谊持节湖湘,吏畏其敏,而固称老。尔闻诗秉麾淮甸,民安其宽,而固谂疾。朕以是嘉之,俾还郎省,分治铨事。往袛成命,毋有遐心。可。

出处:《止斋先生文集》卷一六。
撰者:陈傅良

<h1 style="text-align:center">新除考功郎官王闻诗覃恩转官制</h1>
(绍熙五年九月八日后)

敕具官某:朕方罢祠,而尔遄归,留之郎闱,以济世美。缘恩进秩,又率旧章。视汉贾生,召对宣室而不见用,尔不谓之遭时乎? 可。

出处:《止斋先生文集》卷一七。
撰者:陈傅良
考校说明:编年据王闻诗官历补,见同集卷一六《中奉大夫提举冲佑观丰谊除吏部郎官奉议郎王闻诗除考功郎官制》。

明堂大礼事诏
（绍熙五年九月九日）

明堂大礼朝献景灵宫，宰执行事合宿斋去处，令就后殿门外。其合经由门户，比常早二刻开。

出处：《宋会要辑稿》礼二四之一〇四。

以明堂大礼特支使臣效用军兵钱诏
（绍熙五年九月十三日）

马军行司官兵连日排立，依淳熙十五年明堂大礼例，使臣各特支三贯文，效用、军兵各支二贯文，令户部支给。

出处：《宋会要辑稿》礼二四之一〇四。

禁州县权势亲戚辄于乡村差借人夫诏
（绍熙五年九月十四日）

访闻州县以权势亲戚过往干托，辄于乡村差借人夫，显属违法，仰监司常切觉察，按劾以闻。

出处：《宋会要辑稿》职官七九之九。

明堂赦文
（绍熙五年九月十四日）

应宗妇、宗女因事令入道尼，如后来能自循省，仰大宗正司保明，特与放令自便，不愿者听。

出处：《宋会要辑稿》帝系八之四四。

勘会行在及绍兴府见请孤遗钱米,宗子、宗女、宗妇等,其间有未曾引赦添支钱米,可比附两外司孤遗体例籍定名字,将十五岁并依前赦例添支,十四岁以下减半添给。

出处:《宋会要辑稿》帝系七之一九。

应内外马步诸军将士,各等第支赐赏给。

出处:《宋会要辑稿》礼二五之四九。

应命官管押纲运,偶缘元差官司失于照应,致有年及六十,或举主未曾到部,但所押钱物别无少欠,见碍推赏之人,可特与放行一次。

出处:《宋会要辑稿》职官一○之一四。

鞫狱差官自有起发条限,近来被差官往往推避迁延。今后应监司州军差官推勘公事,须管督责照条限疾速起发,不得推避。如有稽滞,仰所差官司按劾。刑狱翻异,自有条法,不得于词外推鞫。其干连人虽有罪,而于出入、翻异、称冤情节元不相干者,录讫先断。近来州郡,恐勘官到来,临期勾追迟缓,却将干证人尽行拘系,破家失业,或至死亡,可并令释放著家知在。如违,许被拘留人经监司陈诉。

出处:《宋会要辑稿》职官五之五六。

官员犯罪,先次放罢,后来结断,止是笞公罪,为有再得指挥,仍旧放罢。吏部见理后来年月、降罢名次,可特与理先降指挥年月施行。应命官酬赏,因犯公罪,须候一任回,方合推赏者,若经今赦合依无过人例,便许收使。文武官陈乞奏荐,各有发奏期限,其间有未入限前发奏,并不填实日,却系在应发奏月分,或保官满行声说作保次数,并特与放行。应官员任满,批书印纸多有小节不圆,见碍注授升改,并四川、二广升改,考第举主、定差使阙、恩例、名次、应得格法,缘本路转运司行遣,或军州批书不依条式,及小节不圆,致取会留滞,有碍参选,并令就行在召本色官二员委保,先次放行,案后取会,如有违碍,依条改正。应命官犯私罪徒经今十二年、赃罪杖以下经今二十年,有五人奏举,公罪徒、私罪杖以下经今七年,或元因注误,或法重情轻,并有三人奏举者,许今后不碍选举差注。其犯公罪徒、私罪杖以下经今十二年,公罪杖以下经今六年,有二人奏举者,今后与依无过人例施行。若公、私罪不至勒停、特旨勒停,加举主一员,公罪徒合该勒停之人与增展二年,并加举主二员,亦许依无过人例施行。并须情理稍轻及被坐后来各不曾犯赃私罪,并听于所属自陈。内承直郎以下犯私罪徒、赃罪杖,不碍选举差注。若举主考第比无过人例合磨勘者,奏裁。其犯公罪流,非用刑惨酷及拷掠无罪人致死及失入死罪之人,如及二十年不曾犯赃私,更加举主一员,在内于刑部、在外于所在州军自陈,保明申奏,亦与依无过人例施行。

出处:《宋会要辑稿》职官八之四八。

昨吏部申明指挥,将二广、湖南北、京西路州军见差置听候使唤使臣内曾经从军立功拣汰之人,任满无力前来参部,并许经本任或寄居州军陈乞,指射五阙,保明申部,从上拟差。如同日有在部人指射,先注在部人。其兵部所管副尉、下班祗应未该载,可令照应吏部已申明指挥陈乞施行。

出处:《宋会要辑稿》职官一四之一六。

应命官下班祗应、副尉因罪特旨及依法合该展期或展年磨勘,监当展任降资、殿降名次、展年参选、罚短使,并特与放免。应命官犯公罪徒以下,案后收坐,而案状未到者,可以刑寺照赦定断结绝。

出处:《宋会要辑稿》职官一五之二七。

应举因事殿举及不得入科场之人,除犯徒罪,及真决未曾改正,编管未放逐便人外,可并许应举。其枉被刑责人,若元断官司不为保奏,仰诸路监司遇有诉理,委官索案看定,如实系枉断,即合所属依条保奏施行。并应因罪押赴州军听读人,令所属具元犯审定,保明闻奏,候到,比类命官编羁管人理年放还。

出处:《宋会要辑稿》选举二之三〇。

今来赦文宽恤事件,仰监司督责郡县,自赦到限一季将遵行过名件结罪申奏。或故违,隐而不举,令御史台弹劾闻奏。

出处:《宋会要辑稿》职官七九之九。

应诸路进士实请四解,并国学进士、两学人,并依旧制,与免将来文解。其国学先请后免,或先免后请人并依此。应诸路进士淳熙五年省试下实理十八年,国学进士淳熙十一年省试下实理十二年,并与免将来文解。

出处:《宋会要辑稿》选举一六之二七。

应进士年二十五举到省,合赴绍熙四年特奏名殿试人,系事赴试不及,若将来殿试唱名入第四等,合补授文学之人,虽系年六十,与理绍熙四年用今年赦恩,召保参选,特差岳庙一资。勘会该遇登极赦恩,用举数推恩补授文学并特奏名文学之人,依法遇赦日年已六十者,许二年次参选注权入官。其年六十三岁,内该登极,补授如之。

出处:《宋会要辑稿》选举一三之七。

勘会初官不曾铨试,其间有年及五十;并因功赏特补文学已经注权官一任回,年及五十,并令吏部长贰铨量,权与放行参部,注残零阙一次。勘会初官依条年四十铨试不中注残零阙之人,如一任回,应有恩赏恩例,许收使一次。

出处:《宋会要辑稿》选举二六之二〇。

诸路盐场昨缘不依时支散本钱,及有克减,以致额不敷,仰诸路提举司遵守累降指挥约束,如有违戾,将当职官吏按劾以闻,许亭户越诉。访闻州县有将人户计口抑卖食盐,甚违法意,可令监司觉察禁戢,如有违戾,按劾施行。在法,违欠盐钱,止合估欠人并牙保人物产折还,即无监系亲戚填还及妻已改嫁尚行追理之文。昨令户部申严行下,许人户越诉。官司辄立茶盐铺,虚给帖子,均科人户,勒令赍钱越铺缴纳,未尝支给茶盐,显是违法科抑,仰提举司及诸州主管官严行禁戢,许人户越诉。

出处:《宋会要辑稿》食货二八之四五。

都茶场昨自乾道六年以后,节次给降茶引赴江西州军出卖,拘钱起赴行在。访闻州军发卖迟细,多是赊卖与铺户等人,今经日久,往往流移贫乏,见令州县偿纳。仰将绍熙元年终以前年分未纳茶引,将数特与除放。仍仰提举司觉察,如有违戾,按治施行。州县应捉获私茶,合解所在税务,合同场自合用心措置,召人请买。访闻积压陈损,多是科抑行人、铺户,或令栏头认数出卖,拘收价钱,追扰监系,可日下尽行除放。

出处:《宋会要辑稿》食货三一之三一。

两浙、江淮等州县间有水旱灾伤去处,已降指挥存恤外,尚虑民户流徙,未能复业,或有贫乏不能自存之人,仰监司照应累降指挥,更切体访,优加存恤,毋致违戾。在法,病人无缌缏亲同居者,厢耆报所属官为医治。访闻店舍寺观避免看视,更不闻官,往往赶逐出外,及不令安泊,风雨暴露,因而致毙。可令州县多方措置存恤,依条医治,仍出榜乡村晓谕。

出处:《宋会要辑稿》食货五八之二〇。

在法,诸州每岁收养乞丐,访闻往往将强壮慵惰及有行业住家之人,计嘱所属冒滥支给,其委实老疾孤幼贫乏之人不沾实惠。仰今后须管照应条令,从实根括,不得仍前纵容作弊。其临安府仁和、钱塘县养济院收养流寓乞丐,亦仰依此施行,不得徒为文具。如有违戾去处,仰提举常平司觉察,按治施行。内有军人拣汰离军之后,残笃废疾,不能自存,在外乞丐之人,仰本军随营分措置收养,毋致失所。

出处:《宋会要辑稿》食货六〇之一。

押纲官违法借贷官钱,收买货物,致被拘留,勒同梢工等填纳,深虑无所从出。可自赦到日,仰将所拘物货先次估卖,如有移用破毁者,亦与估价出豁,止据未足钱数行下元起解官司,照应已降指挥发补。

出处:《宋会要辑稿》食货四四之一五。

在法,盗耕官田,给与首者。访闻两淮州军民户见耕种田土,往往多被流移人户告首,冒占顷亩,意要规图得业,以致词讼不绝,淮民不得安业。今后若实有宽剩地段,仰州县分明出榜,限三月许令人户自首就佃。

出处:《宋会要辑稿》食货六一之四二。

旧法,僧道年六十及笃废残疾者,本身丁钱听免。续降指挥,僧道七十及笃废残疾,本身丁钱并特放免。近来给降度牒,披剃稍多,自合将所收免丁钱尽数发起。访闻州郡将合入老僧道不行依法放免,仍旧照额复行拘催,以致被害,深可怜悯。可令州军照逐岁僧道丁籍实数拘催,仍令提刑司常切觉察,毋致违戾。广南东西路民间有曾祖父母存,或祖父母年已六十而身未成丁之人,访闻州县便行科纳,谓之挂丁钱,已令监司约束,或有违戾,委帅臣互察以闻。

出处:《宋会要辑稿》食货六六之一八。

州县役钱逐年均敷,皆有定数。访闻诸路提举常平司却以余剩为名,抑令县道添认作余剩钱解发公库,以资妄用,县道无所从出,不免科配于民,委是违法,合行禁约。如有违戾,许监司互察,仍令人户越诉。在法,大保长愿兼户长者,轮催纳税租,一税一替,欠数者后科人催。兼催科自有省限,辄勾追催税人赴官比磨,将逃亡倚阁税赋抑令陪备,输纳官物,以至破家荡产,深可怜悯。仰监司常切

385

觉察,如有违戾去处,按劾以闻;如监司失于举觉,亦重置典宪,许被扰人户越诉。
出处:《宋会要辑稿》食货六六之二七。

已降登极赦,人户输纳䌷绢斛斗之属,既名纳官,法不收税。访闻州县场务过有邀求,䌷绢则先收纳绢税钱,斛斗则先收力胜钱,循习成例,重为民害。仰转运司严行禁戢,仍许人户越诉。尚虑州县奉行灭裂,可自赦到日,委诸路监司严切体访,如有违戾去处,按劾闻奏。催科自有省限,州县往往不遵条法,先期预借,重叠催纳,以致多出文引,非理追扰,或勒令保长代纳。于受纳之际,容令合干等人多端阻节作弊,倍加斗面,非理退换;洎至纳足,不即给钞。仰监司严切觉察,如有违戾,按劾奏闻,仍许输纳民户赴监司陈诉。
出处:《宋会要辑稿》食货六八之一五。

访闻湖广等处州县杀人祭鬼,及略卖人口,并贫乏下户往往生子不举。条法禁约非不严切,习以为常,人不知畏。可令守令检举见行条法,镂板于乡村道店、关津渡口晓谕,许诸色人告捉,依条施行。仍仰监司严行觉察,毋致违戾。
出处:《宋会要辑稿》刑法二之一二六。

州县民户词诉已经朝省监司受理,行下所属州县追究定夺之类,往往经涉岁月,不与断理,使实负冤抑之人无由伸雪。仰诸路监司催促,限一月依公结绝;如仍前迁延,许人户越诉,将当职官吏重作施行。
出处:《宋会要辑稿》刑法三之三七。

应命官在贬所物故,可自今赦到日,仰所在州军勘检诣实,许令从便归葬讫,保明具申省部;若元犯事理重者,申取朝廷指挥。
出处:《宋会要辑稿》刑法六之四三。

勘会在狱病囚,官给药物医治,病重责出,自有成宪。深虑州县循习苟简,不与救疗,及不照条责出,因致死亡,仰监司、知通常切觉察。
出处:《宋会要辑稿》刑法六之七三。

勘会保正副依条止掌烟火盗贼桥道等事,访闻官司敕用一切取办,如差葺材料,差顾夫力,至于勒令催科,并是违法。仰今后州县遵守条令,不得泛有科扰,如违,许充役之家越诉,仍仰监司按劾闻奏。

出处:《宋会要辑稿》兵二之四七。

　　坍江田土昨降指挥,委官核实。其山乡边溪亦有被水冲决,堆洼沙碛,未堪耕作田亩,访闻州县依旧催理税赋,委是无所从出。可令逐路转运司疾速选委清强官核实,如见得不堪耕作分明,即与照数先次倚阁,次第结罪保明申尚书省,当与除豁。如有将来可以兴复去处,仰照应见行条法指挥施行。已降登极赦文,人户输纳秋苗,其起纲脚耗旧有定数。访闻州县于正数之外加量斛面,增收点合,名色至多,重为民害。可令诸路转运司严切禁止,如有违戾,许人户越诉,仍委诸司互察。尚虑奉行不虔,仰转运司更切严行禁止,毋致违戾。人户夏税和买绌绢,内绌合纳本色二分、折帛钱八分,绢合纳本色七分、折帛钱三分。访闻州县却侵本色分数,多敷折帛价钱,又不许人户依已降指挥,以钱、会中半输纳,间有折纳银两,重困民力。委转运司多出文榜晓示,如有违戾,即行按劾,仍许人户越诉。民间合纳夏税秋苗,见行条法指挥并已详备,访闻州县不遵三尺,往往大折价钱,致令人户艰于输纳,并将畸零物帛高估价直,却往他处贱价收买,以图剩利,显属违戾。可令监司觉察,仍许人户越诉。
出处:《宋会要辑稿》食货七〇之八四。

　　已降登极赦文,归正、归朝、归明、忠顺等官,不以绍兴三十一年前后合得添差任数已满之人,念其忠义来归,理合优恤,可特更与添差前任一等不厘务差遣一次,仍令本州按月帮支合得请给。尚虑州军奉行灭裂,不即按月支给,致有拖欠,恐失朝廷优恤之意,仰监司常切觉察。
出处:《宋会要辑稿》兵一六之一〇。

　　应宗室犯罪,元系情理重,与减作稍重,稍重减作稍轻,稍轻减作轻。
出处:《宋会要辑稿》帝系七之二九。

　　应宗室犯罪,永锁闭、永监管拘管之人,令西南两外宗正司具元犯轻重及有无悛改,结罪保明,申大宗正司,具奏取旨。余锁闭、监管、拘管者可特与减一年,理为放免年限。已经展年人,令逐司结罪保明,申大宗正司,检照元犯合行放免者与放免。
出处:《宋会要辑稿》帝系七之二九。

权吏部侍郎孙逢吉等明堂恩赠父制
(绍熙五年九月十四日后)

朕既舍爵书劳,自公卿大夫以次第赏矣,则推其世家,为之报本。虽礼未有,独不可以义起乎?具官某故父具官某生有种德之美而位不称,殁享义方之报,原注:袁说友、章颖父云:"生为才大夫而用不尽,殁为贤考。"而何其流之长也。属予初禋,百执事在庙,尔某不但骏奔匪懈,而敬之显、思之戒,日彻于听闻也。劬躬焘后,非尔素教之所自来欤?追锡有彝,爰进厥秩。非以为生,亦德之称。可。

出处:《尊白堂集》卷五。
考校说明:编年据南宋明堂大礼时间、孙逢吉宦历补,见《攻媿集》卷九六《孙公神道碑》等。孙逢吉卒于庆元五年,此文当为《尊白堂集》误收。

赵汝愚辞免大礼加食邑实封不允诏
(绍熙五年九月十四日后)

朕祗事总章,惧弗克堪。卿以端揆,实专使领。天地并贶,神明顾歆。熙事备成,显相之力也。赋以多邑,具有故实。既免告廷之礼,何事循墙之避?

出处:《攻媿集》卷四二。又见《宋忠定赵周王别录》卷二。
撰者:楼钥
考校说明:编年据南宋明堂大礼时间补,见《宋史》卷三七《宁宗纪》。

右丞相赵汝愚加食邑实封制
(绍熙五年九月十四日后)

门下:朕祗膺丕绪,肇祀合宫。赖天地之灵,俨百神而顾享;严祖宗之配,绵万世以承休。惟时大臣,赞我缛礼。肆颁祭泽,敷告朝伦。具官某宽博而崇深,裕和而肃括。学造圣贤之蕴,才兼文武之优。有经济四海之志,而行之以忠;有酬酢万变之智,而决之以果。擢由枢管,进秉国钧。是为社稷之元勋,非止衣冠之盛事。处心无竞,休休多容物之仁;守道不阿,蹇蹇尽匪躬之节。予所毗倚,国其庶几。顷卜仲辛,恭修大飨。上稽皇祐之故典,近遵慈极之宏谟。致精三日之斋,虔奉九筵之制。惟辟公之显相,厥有贤劳;顾熙事之备成,敢云专乡?增多采邑,并衍真畬。以隆岩石之瞻,以壮维城之势。於戏! 载貂蝉而展采,固宰路之所同;被衮绣以侍祠,实宗盟之未有。惟亲贤之并用,于邦国以增光。其服涣恩,益图治绩。赐告口宣:有敕,卿为时上相,赞我盛仪,是宜与邑之多,用见畴庸之渥。其祇成命,毋事谦辞。

出处:《攻媿集》卷四五。又见《宋忠定赵周王别录》卷二。

撰者:楼钥

考校说明:编年据赵汝愚宦历、南宋明堂大礼时间补,见《宋史》卷二一三《宰辅表》等。

士歆加食邑实封制
(绍熙五年九月十四日后)

门下:朕严九筵之礼,是曰肇禋;逆三神之厘,若蒙昭答。饫惠所暨,臣邻斯均。矧惟属籍之尊,可后恩光之渥?集廷绅而诞告,示诏綍之匪私。具官某德性宽洪,风猷端粹。重珪叠组,生长富贵之中;簹节驿旆,雍容闲燕之久。惟夙夜之匪懈,仰春秋之益高。实长周家之宗盟,是为刘氏之祭酒。兹崇宗祀,预赞上仪。冠班列于三孤,耸仪刑于九族。乃加井赋,仍侈圭腴。以表耆英,以隆孝治。於戏! 祭有十伦之义,莫如同姓之先;备者百顺之名,益介遐龄之永。愿如寿俊,奚假训辞? 赐告口宣:有敕:卿位冠孤卿,望高宗老,既奉合宫之祀,宜加采邑之封。虽曰彝章,是为新渥。

出处:《攻媿集》卷四五。

撰者:楼钥

考校说明:编年据同集前后文时间补。

郭师禹加食邑实封制
(绍熙五年九月十四日后)

门下:朕祇事总章,荷神祇之来格;广施惠术,普中外以惟均。顾予元舅之亲,尝预群工之相,肆加异数,明告周行。具官某迪德忧恂,饬躬谦靖。祖后实为同气,寿皇尤笃优恩。淑旆绥章,蚤授斋坛之钺;篆车希冕,近升棘位之班。疏三吴公社之封,廪万寿祠庭之禄。能屏膏粱之习,自忘圭组之崇。比卜季秋,亲祠重屋。茂对三神之祉,宜先四姓之贤。用衍爱田,载加真食。於戏!兢兢业业以事上帝,朕敢怀专乡之私?洞洞属属而存小心,尔尚介方来之宠。益昭吉履,永保修名。赐告口宣:有敕:礼毕九筵,恩均百辟。赐予伯舅之胙,均兹宣室之厘。与邑既多,颁纶可后?

出处:《攻媿集》卷四五。
撰者:楼钥
考校说明:编年据同集前后文时间补。

周必大加食邑实封制
(绍熙五年九月十四日后)

　　门下:朕嗣守邦图,肇修宗祀。父天母地,祭既重于合祛;尊祖敬宗,礼尤严于并祔。予一人越绋以行事,尔多士奉璋而侍祠。眷旧弼以兴思,顾庆条之可后?诞扬涣号,敷告昕廷。少傅、观文殿大学士、充醴泉观使、益国公、食邑一万一千六百户、食实封四千二百户周必大,简重而闳深,直方而肤敏。典诰上规于姚、姒,词章远轧于汉、周。弼亮两朝,未究经纶之蕴;镇安四海,有怀康济之功。偃藩南国之雄,均逸东山之胜。比以霈恩之渥,升之亚傅之崇。注想不忘,乞言方切。属伸大报,爰启合宫。载谋载惟,圣父尝颁于先甲;我将我享,季秋乃卜于仲辛。熙事既成,蕃厘来介。申衍多田之赋,仍加真食之封。於戏!明堂王者之堂,方荷神休之答;二老天下之老,宜先祭泽之施。尚迪远猷,永绥殊宠。可依前少傅、观文殿大学士、充醴泉观使、益国公、加食邑一千户、食实封四百户。主者施行。赐告口宣:有敕:卿尝位冢司,均休真馆,属总章之竣事,赋多邑以示恩。其即钦承,以祗眷渥。

出处:《攻媿集》卷四五。又见周纶《周益国文忠公年谱》。
撰者:楼钥
考校说明:编年据周必大宦历、南宋明堂大礼时间补,见周纶《周益国文忠公年谱》等。

师夔加食邑实封制
(绍熙五年九月十四日后)

门下:朕寅绍丕图,虔修大禋,亲惟伯父,既有助于多仪;神介蕃厘,讵敢云夫专乡?宣敷命絷,用告昕廷。具官某履行粹和,禀质端靖。生长神明之胄,源流诗礼之传。出分顾忧,见民庸之甚茂;入趋班缀,奉朝谒以尤恭。建六纛以承家,视三孤而命秩。属讲肇禋之礼,适当越绋之行。摄事太宫,降登有度;陪祠重屋,显相无违。庸推祭泽之优,可后宗盟之懿?爰加井赋,并衍畲租。兹谓恩褒,式昭名数。於戏!奉牺牲粢盛而告,聿严布政之宫;拓山川土田之封,益示展亲之义。其祗异渥,以对灵娭。赐告口宣:吴瑰、吴琚同。有敕:礼成重屋,赉及万方。宜首及于懿亲,用申加于多邑。载颁明命,其服殊恩。

出处:《攻媿集》卷四五。
撰者:楼钥
考校说明:编年据同集前后文时间补。

吴瑰加食邑实封制
(绍熙五年九月十四日后)

门下:朕穆卜季秋,躬修大祀,灵祇授职,幸熙事之备成;多士在廷,赖懿亲之显相。宜颁惠术,敷告群工。具官某谨畏自将,纯和无玷。联四姓小侯之贵,承三朝外戚之恩。入侍中宸,属櫜鞬而甚肃;进班上阁,饬冠佩以尤严。顷建斋坛,退安琳宇。旋视孤卿之秩,并开公社之封。逮藏礼于九筵,实均厘于万国。乃增采邑,仍衍圭腴。以彰宠数之优,以表肃雍之助。於戏!蒐上仪于阳馆,岂惟黍稷之馨;锡蕃祉于后家,可后脤膰之赐?尚绥吉履,以服彝章。

出处:《攻媿集》卷四五。
撰者:楼钥
考校说明:编年据同集前后文时间补。

吴琚加食邑实封制
(绍熙五年九月十四日后)

门下:合宫肇祀,实祇奉于慈谟;宣室受厘,爰大颁于霈泽。惟时懿戚,夙著贤称。庸举徽章,式孚焕号。具官某美由世济,才应时须。登簪笔持橐之联,惟知避宠;更握节拥麾之选,不专为恩。比崇建于斋旄,旋浸加于孤棘。逮兹大报,赞我上仪。礼既备于八阶,胙惟优于四姓。俾增多赋,仍衍真腴。於戏! 文德以讲明堂,幸神祇之顾缩;贺庆以亲异姓,宜福履之均沾。虽曰邦彝,尚承惠渥。

出处:《攻媿集》卷四五。
撰者:楼钥
考校说明:编年据同集前后文时间补。

郭杲加食邑实封制
(绍熙五年九月十四日后)

门下:朕顷用盛秋,虔修宗祀,奉牺牲以荐,备陈重屋之仪;赖爪牙之良,肃领千庐之卫。既云竣事,可后均厘? 我有明纶,告于列位。具官某生资沈毅,世济忠勤。气禀山西,期远追于起翦;书传圯上,自有合于孙吴。久专将阃之雄,入侍殿岩之邃。属祇孝飨,务罄斋诚。奉璋惟多士之贤,执戟有元戎之重。肆畴采邑,仍启侯封。以介灵休,以彰异渥。於戏! 茅檐蒿柱,朕方躬大礼之严;玉节珊戈,尔尚体中权之寄。益思忠报,以答殊知。赐告口宣:萧鹥巴同。有敕:礼严重屋,泽及群工。锡多邑于严除,启新封于侯甸。萧改"眷我劲臣,畴庸多赋"。其祇明命,益励忠猷。

出处:《攻媿集》卷四五。
撰者:楼钥
考校说明:编年据同集前后文时间补。

萧鹧巴加食邑实封制
（绍熙五年九月十四日后）

门下：奠圭瓒以荐诚，既虔修于宗祀；执豆笾而在列，宜咸被于灵娭。眷我虎臣，董兹羽卫。厥有涣恩之锡，式彰显相之劳。具官某智略雄深，性资沈鸷。望云就日，凤肩面内之诚；建旒设旄，驯致总戎之拜。奉真祠而均佚，视左棘以疏荣。乃因霈泽之行，增畀爰田之赋。申加真食，用侈神休。於戏！承异眷于三朝，盖屡觌弥文之盛；敷大赉于四海，顾可无宠数之优？益绥令图，以保终吉。

出处：《攻媿集》卷四五。
撰者：楼钥
考校说明：编年据同集前后文时间补。

正奉大夫吏部尚书兼侍读莆田县开国男食邑二百户郑侨明堂加恩进封开国子加食邑二百户制
（绍熙五年九月十四日后）

敕：朕新嗣服，将有事于合宫也。远惟孝武，始建汉家之封，而太史谈留滞周南，不与从事，议者惜之。朕敢忘儒先乎？具官某经明行修，士所高仰，不但擢科为天下第一也。越从留钥，晋长天官，上皇意也，至朕而决。迨及盛典，式遄其归，盖视汉有光焉。增衍封畲，第循故事。方资告猷，嗣有显擢。可。

出处：《止斋先生文集》卷一五。
撰者：陈傅良
考校说明：编年据南宋明堂大礼时间补，见《宋史》卷三七《宁宗纪》。

朝请郎试礼部尚书兼侍读黄裳封普成县开国男食邑三百户制
（绍熙五年九月十四日后）

敕：朕新嗣服，日有事于合宫。兢兢焉，惧不闲于礼，而无以接三才之奥也。明乎郊禘之义，治国其如示诸掌乎！顾朕曾何以得之？具官某，吾旧学也。切磋经谊，及于《春秋》，郊禘之际严矣。有一不敬，至于四卜，至于改牲，仲尼正色书之，以诏万世。朕所深致戒焉。肆予初禋，克辑盛典。本所自来，简在三益。彻之土田，第循故事。可与治国，非卿谁哉！可。

出处：《止斋先生文集》卷一五。

撰者：陈傅良

考校说明：编年据南宋明堂大礼时间补，见《宋史》卷三七《宁宗纪》。

中奉大夫试工部尚书赵彦逾封祥符县
开国男食邑三百户制
（绍熙五年九月十四日后）

敕：朕新嗣服，日有事于合宫。兢兢焉，惧不闲于礼，而无以接三才之奥也。《诗》不云乎："相维辟公，天子穆穆。"朕嘉赖焉。具官某，吾宗英也。使于四方，拔葵之操，虽天下能诵之。比冠从班，贤劳忠瘁，大节不夺，则世未之闻也。肆相予祀，克有上仪，彻之土田，第循故事。方图尔功，永称殊渥。可。

出处：《止斋先生文集》卷一五。

撰者：陈傅良

考校说明：编年据南宋明堂大礼时间补，见《宋史》卷三七《宁宗纪》。

中奉大夫权刑部尚书兼侍讲南昌县开国子
食邑五百户京镗封开国伯加食邑二百户制
（绍熙五年九月十四日后）

敕：朕新嗣服，日有事于合宫。兢兢焉，惧不闲于礼，而无以接三才之奥也。《诗》不云乎："相维辟公，天子穆穆。"朕嘉赖焉。具官某，以海内之英，有言有绩。而执礼行于蛮貊，遗爱被于江汉，往往荐绅能言之。曳履从班，义形于色，贤劳忠瘁，世莫得闻也。肆相予祀，克辑上仪。增衍封腴，第循故事。方图尔功，嗣有显擢。可。

出处：《止斋先生文集》卷一五。

撰者：陈傅良

考校说明:编年据南宋明堂大礼时间补,见《宋史》卷三七《宁宗纪》。

朝议大夫试御史中丞谢深甫封临海县
开国男食邑三百户制
(绍熙五年九月十四日后)

敕:朕新嗣服,日有事于合宫。兢兢焉,惧不闲于礼,而无以接三才之奥也。《诗》不云乎:"相维辟公,天子穆穆。"朕嘉赖焉。具官某以海内之英,有言有绩,辇下弹压,不怒而威,而回天之力,见于琐闼。乃若论思,义形于色,贤劳忠瘁,世莫得闻也。肆相予祀,克辑上仪。彻之土田,第循故事。方图尔功,嗣有显擢。可。

出处:《止斋先生文集》卷一五。

撰者:陈傅良

考校说明:编年据南宋明堂大礼时间补,见《宋史》卷三七《宁宗纪》。

朝散郎试尚书吏部侍郎兼侍讲彭龟年
封清江县开国男食邑三百户制
(绍熙五年九月十四日后)

敕:朕新嗣服,日有事于合宫。兢兢焉,惧不闲于礼,而无以接三才之奥也。传不云乎:"诵《诗》三百,不足以一献。"非深知其义者,将谁与讲明之?具官某,吾旧学也。切磋经谊,及《诗》一编,盖自二《南》至《我将》之颂,凡交神明之道,反覆言之。肆予初禋,克辑盛典,非有感于此钦?胙之食采,虽循旧章,无言不酬,于是焉在。可。

出处:《止斋先生文集》卷一五。

撰者:陈傅良

考校说明:编年据南宋明堂大礼时间补,见《宋史》卷三七《宁宗纪》。

中顺大夫守给事中兼直学士院兼实录院同修撰楼钥封奉化县开国男食邑三百户制

(绍熙五年九月十四日后)

敕:朕新嗣服,日有事于合宫。兢兢焉,惧不闲于礼,而无以接三才之奥也。《诗》不云乎:"相维辟公,天子穆穆。"朕嘉赖焉。具官某以海内之英,绰有誉处,盖尝久劳螭蚴矣。遂陟掖垣,遂跻琐闼,不愠不喜,天下诵之。若夫囊封牍奏,备极剀切,于尔取具,世莫得闻也。肆相予祀,克辑上仪。彻之土田,第循故事。方图尔功,嗣有殊渥。可。

出处:《止斋先生文集》卷一五。

撰者:陈傅良

考校说明:编年据南宋明堂大礼时间补,见《宋史》卷三七《宁宗纪》。

朝奉大夫试中书舍人林大中封永康县开国男食邑三百户制

(绍熙五年九月十四日后)

敕:朕新嗣服,将有事于合宫也。远惟孝武,始建汉家之封,而太史谈留滞周南,不与从事,议者惜之。朕敢忘前御史乎? 具官某以海内之英,誉处甚美。尝尽忠瘁,侃然一台之上矣。越自外服,晋陟词垣,式遄其归,遂相予祀,盖视汉有光焉。胙之食采,第循旧章。其益论思,以称简擢。可。

出处:《止斋先生文集》卷一五。

撰者:陈傅良

考校说明:编年据南宋明堂大礼时间补,见《宋史》卷三七《宁宗纪》。

朝议大夫试右谏议大夫张叔椿封永嘉县开国男食邑三百户制

(绍熙五年九月十四日后)

敕:朕新嗣服,日有事于合宫,兢兢焉,惧不闲于礼,而无以接三才之奥也。

《诗》不云乎:"相维辟公,天子穆穆。"朕嘉赖焉。具官某以海内之英,绰有誉处。方平居时,恂恂唯谨,而侃然正色一台之上,言人所难。肆予初政,爰贰冢宰,爰长谏垣,佥曰汝谐也。实相予祀,克辑上仪。彻之土田,第循故事。方图尔功,嗣有宠数。可。

出处:《止斋先生文集》卷一五。

撰者:陈傅良

考校说明:编年据南宋明堂大礼时间补,见《宋史》卷三七《宁宗纪》。

朝奉大夫权尚书吏部侍郎孙逢吉封庐陵县开国男食邑三百户朝奉大夫权尚书工部侍郎兼侍讲黄艾封莆田县开国男食邑三百户制

(绍熙五年九月十四日后)

　　敕:朕新嗣服,日有事于合宫。兢兢焉,惧不闲于礼,而无以接三才之奥也。明乎郊禘之义,治国其如示诸掌乎? 顾朕曾何以得之? 具官某,吾旧学也。盖尝与习礼矣。每至于扫地而祭,至敬无文,凡尽内心之道,反覆言之。肆予初禋,克辑盛典,非有感于此欤? 昨之食采,虽循故彝,无言不酬,于是焉在。可。

出处:《止斋先生文集》卷一五。

撰者:陈傅良

考校说明:编年据南宋明堂大礼时间补,见《宋史》卷三七《宁宗纪》。

太中大夫权尚书户部侍郎兼修玉牒官建安县开国男食邑三百户袁说友进封开国子加食邑二百户制

(绍熙五年九月十四日后)

　　敕:朕新嗣服,日有事于合宫。兢兢焉,惧不闲于礼,而无以接三才之奥也。《诗》不云乎:"相维辟公,天子穆穆。"朕嘉赖焉。具官某,以轶群之才,有言有绩,辇下弹压,外户不闭,民曹之令,郡国晏然。乃若论思,义形于色,贤劳忠瘁,世莫得闻也。肆相予祀,克辑上仪,增衍封腴,第循故事。方图尔功,嗣有显擢。可。

出处:《止斋先生文集》卷一五。

撰者:陈傅良

考校说明:编年据南宋明堂大礼时间补,见《宋史》卷三七《宁宗纪》。

中大夫权尚书户部侍郎西安县开国男食邑
三百户梁总进封开国子加食邑二百户制
(绍熙五年九月十四日后)

敕:朕新嗣服,日有事于合宫。远惟孝武,始建汉家之封,而太史谈以留滞周南,不得从行为恨。朕敢忘从臣乎? 具官某积有民誉,晋贰地官,盖方尽瘁于朝矣。衔命北庭,越在万里之外。肆予肇禋,独不侍祠,朕是以于汉事有感也。增大食采,庸示永怀。曷月遄归,将有申锡。可。

出处:《止斋先生文集》卷一五。

撰者:陈傅良

考校说明:编年据南宋明堂大礼时间补,见《宋史》卷三七《宁宗纪》。

朝请大夫权尚书礼部侍郎许及之封永嘉县
开国男食邑三百户制
(绍熙五年九月十四日后)

敕:朕新嗣服,日有事于合宫。兢兢焉,惧不闲于礼,而无以接三才之奥也。宗伯掌礼,朕之所嘉赖也。具官某以海内之英,绰有誉处。方贰春官,以礼绍予。自省牲视涤,凡玉币爵之事,至于告时,至于告备,治及竣事,礼无违者。昨之食采,盖循旧章。方酬尔劳,嗣有宠数。可。

出处:《止斋先生文集》卷一五。

撰者:陈傅良

考校说明:编年据南宋明堂大礼时间补,见《宋史》卷三七《宁宗纪》。

朝散郎焕章阁待制侍讲朱熹封婺源县
开国男食邑三百户制
（绍熙五年九月十四日后）

敕：朕新嗣服，将有事于合宫。兢兢焉，惧无以接三才之奥也。爰求儒先，来相予祀。具官某经明行修，士所高仰。而越在藩服，朕敢忘之乎？昔者孝文受厘，宣室召见贾谊；而武帝建封，顾使太史谈留滞周南，不与从事。二帝优劣，于是乎见。此朕所以式遣尔归也。彻之土田，虽循故事，吁俊尊帝，盖庶几焉。可。

出处：《止斋先生文集》卷一五。

撰者：陈傅良

考校说明：编年据南宋明堂大礼时间补，见《宋史》卷三七《宁宗纪》。

特进观文殿大学士提举临安府洞霄宫广陵郡开
国公食邑五千三百户食实封一千五百户葛邲明
堂加恩加食邑五百户食实封三百户制
（绍熙五年九月十四日后）

敕：朕新嗣服，日有事于合宫。兢兢焉，惧无以接三才之奥也。骏奔在庙，岂无辟公？金玉尔音，尚想故老。具官某历事两朝，蔚为元辅。盖尝温恭朝夕，执事有恪，侍我烈祖，爰暨上皇，执珪币见上帝者屡矣。肆予肇禋，均佚就国。相维穆穆，于以永怀。方周盛时，微子以二王之后，聿来助祭，有客颂之。孝武始建汉家之封，有臣如太史谈，而以留滞周南不与从事为恨。朕虽不能比德于周邦，视汉有光焉。其因旧章，增大食采。非苟为恩，盖示不遗之意。可。

出处：《止斋先生文集》卷一六。

撰者：陈傅良

考校说明：编年据南宋明堂大礼时间补，见《宋史》卷三七《宁宗纪》。

在外宰执明堂加恩制
（绍熙五年九月十四日后）

敕：朕新嗣服，日有事于合宫。兢兢焉，惧无以接三才之奥也。骏奔在庙，岂无辟公？金玉尔音，尚想耆俊。具官某，历事烈祖，蔚为宗工。盖尝齐明盛服，习于侍祠之礼矣。肆予肇禋，均侁分阃。相维穆穆，于以永怀。方周盛时，有客助祭，诗人颂之。孝武始建汉家之封，而太史谈留滞周南以为恨。朕虽不能比德于周，抑视汉有光焉。其因旧章，增大食采。非苟为惠，盖示不遗。可。

出处：《止斋先生文集》卷一六。
撰者：陈傅良
考校说明：编年据南宋明堂大礼时间补，见《宋史》卷三七《宁宗纪》。

在外侍从明堂加恩制
（绍熙五年九月十四日后）

敕：朕新嗣服，日有事于合宫。兢兢焉，惧无以接三才之奥也。骏奔在庙，岂无辟公？金玉尔音，尚想故老。具官某简在烈祖，蔚为名臣，盖尝齐明盛服，习于侍祠之礼矣。肆予肇禋，均侁殊馆，或云越在辅郡，或云越在外服，或云亦既谢事。相维穆穆，于以永怀。夫留太史于周南，自昔浩叹；对贾生于宣室，至今美谈。朕览汉事，岂能恝然于卿等乎？爰因旧章，增大食采。非苟为惠，盖示不遗。可。

出处：《止斋先生文集》卷一六。
撰者：陈傅良
考校说明：编年据南宋明堂大礼时间补，见《宋史》卷三七《宁宗纪》。

张淑妃明堂恩赠三代制
（绍熙五年九月十四日后）

曾祖

敕：朕有事于合宫，既蒙嘉贶；均休于戚里，益广茂恩。眷言妃德之贤，夙备皇宫之列。爰稽邦典,追赍曾门。具位某氏故曾祖某,谦和本于性资,醇厚推于乡党。善修于身,而不享其报,庆流于后,而端有其原。迨其三世之孙,遂应四星之象。兹肦祭泽,爰陟师垣。精爽如存,宠光是服。可。

曾祖母

敕:备慈庭之妃掖,象应四星;敷祭泽于私门,宠及二世。具位某氏故曾祖母某氏,柔嘉协则,淑谨流徽。好善称姻族之间,种德及子孙之远。是生贤女,□选皇宫。庆霈漏泉,恤章告第。懿魂未泯,新渥其承。可。

祖

敕:朕肇盛礼于明堂,敷大赉于天下。惟慈宫之妃列,凤膺皇眷之隆,加异典于私庭,实率邦彝之旧。具位某氏故祖某官某,善积于己,行信于人。报不在于一时,庆乃流于再世。泽被女孙之淑,象应四星;□□□□之恩,宠齐三事。兹开大国,载锡愍书。泉隧有光,灵魂式慰。可。

祖　母

敕:熙事备成,湛恩汪濊。乃眷四妃之贵,列于皇宫;爰加再世之封,赍其祖配。具位某氏故祖母某氏,相夫以勤俭为本,煮后多福庆之储。孙枝生贤,门楣遂大。朝敷祭泽,邦有旧章。爰改胙于营丘,尚歆承于褒命。可。

父

敕:方被神厘,庆成三岁。永言妃德,象应四星。爰加愍章,用慰祢庙。具位某氏故父具官某,劬躬有庆,操行靡它。豹略之才,高于辈行。《鸡鸣》之配,出于闺门。兹诞布于湛恩,宜追肦于恤典。爰因旧爵,改畀新封。精爽如存,宠光是服。可。

母

敕:朕方谨亲祠,恩如湛露。亦怀妃掖,念在《蓼莪》。爰按邦彝,载肦赠典。

具位某氏故母某氏,蔚有妇德,克相夫家。凡此嫔则之贤,莫匪母仪之训。生蒙象服,既极宠光,没启茅封,又多福履。兹敷惠泽,更建名邦。尚克歆承,以慰冥漠。可。

出处:《止斋先生文集》卷一六。

撰者:陈傅良

考校说明:编年据南宋明堂大礼时间补,见《宋史》卷三七《宁宗纪》。

右丞相赵汝愚明堂恩赠三代并妻制
(绍熙五年九月十四日后)

曾祖士虑赠太师

敕:朕观成王践祚,肇称盛礼而归美辟公。相维穆穆,文武宣哲,燕及皇天,朕甚慕焉。属兹受厘,无德不报,盖周道也。具官某曾祖具官某,积有善祥,覃及来裔,是生耆哲,为吾相臣。维周公孤,并建五庙。赐岊归胙,淯有宠嘉。资尔曾孙,共辑熙事。而周制亡失,何以崇报?爰颁异数,晋陟师垣。庶几酬劳,无愧在昔。可。

曾祖母龚氏赠陈国夫人

敕:周之祭泽,至于《既醉》盛矣。其诗曰:"孝子不匮,永锡尔类。其类维何?室家之壶。"则施及臣子,不但其身,而亦被于室家。具官某曾祖母具位某氏,克相夫子,行修闺门。聿生曾孙,间我两社。朕惟周人推广孝思,慰满捆内。于兹初裸,佐佑乃辟,实维尔孙。则绥以宠光,胙以大姬之国,朕敢忘周道乎?可。

祖不求赠中国公

敕:朕阅宗人之谱,盖因侍祠追锡其祖父,尊宠多矣,未有子孙致位三事,而后及此者。具官某祖具官某,虽在天族,犹寒畯也。克世其家,济以清约,是生良弼,简在两朝。如周诸姬,如唐诸李,于是度越凡例,及于茂恩。矧惟肇禋,泽及四海,爰锡公爵,作都于申。其视宗牒,不有光欤?可。

祖母晁氏赠吴国夫人

敕:维昔宗妇,不少概见。而卫有硕人,鲁有令母,于周诸姬,独著名于六艺,岂不盛哉! 具官某祖母具位某氏,以济阳之晁,来奉汉祀,乃生孝子,名在荐绅。乃生闻孙,功在清庙。肆盼祭泽,洽比幽明。申命于吴,增大尔邑。盖与卫姜、鲁母相望千载,亦足为宗妇之劝矣。可。

父善应赠□国公

敕:朕读史,至汉兴以来,宗室子弟,无得公卿位者;而坐酎金夺国,动以百数,未尝不慨叹也。于是既祠,纯用周政,策宗辅,告其文人。申锡名邦,宏赉祢庙。具官某父具官某,以同姓而行谊笃于韦布,以右选而声闻贤于儒林。即所躬行,施及其子,遂魁多士,遂冠从班。擢自枢管,径司宰事。畴昔之夕,相予合宫,三灵具依,百福来下。洪惟我家,生此贤哲,本支百世,与周匹休。下视汉事,则九原可以自慰矣。可。

母李氏赠冀国夫人

敕:朕既舍爵书劳,为公卿大夫崇报祢庙,则母氏与享,可无褒典,使之匹休? 具官某母具位某氏,尝相其夫,以孝闻于四海;尝教其子,以贤著于三朝。日者,尔子相予世室,克辑盛仪,而可忘所自乎? 因其旧号,锡以新封。我图冀方,用以命汝。其世世享,以绥后人。可。

妻徐氏赠益国夫人

敕:鲁人之颂僖公,至于閟宫,享祀不忒,及其令妻,以是为内助之贤也。具官某妻具位某氏,尝与吾相臣共隐约,躬定省。想夫蘋藻之共,俎豆之饰,以荐时事,无或不虔也。日者合宫,而尔夫有骏奔之恭,无跋倚之色。推本内助,贤于鲁人。我锡赞书,晋封于益。奚斯作颂,侯邦之私。孰如尔名,藏在王府。可。

出处:《止斋先生文集》卷一六。
撰者:陈傅良

考校说明：编年据南宋明堂大礼时间补，见《宋史》卷三七《宁宗纪》。"父善应赠□国公"，据道光《余干县志》卷二一《赵公墓志铭》，阙字为"庆"字。

知枢密院事兼参知政事陈骙明堂恩赠三代封妻制
（绍熙五年九月十四日后）

曾祖赠少保敦赠太保

敕：朕观成王践阼，肇称盛礼，而归美辟公，相维穆穆，文武宣哲，以克燕安，甚心慕之。属兹受厘，无德不报，盖周道也。具官某曾祖具官某，躬行对于古人，泛爱闻于乡誉，而怀道不试，士论惜之。集为善祥，覃及来裔。是生耆哲，为吾枢臣。维周三孤，并建五庙。赐邑归胙，洊有宠嘉。资尔曾孙，共辑熙事，而周制亡矣，何以崇报？申锡命书，晋升帝保。以义起礼，亦庶几焉。可。

曾祖母滕国夫人成氏赠福国夫人

敕：周之祭泽，至于《既醉》盛矣。其诗曰："孝子不匮，永锡尔类。其类维何？室家之壶。"则周家忠厚，施及臣子，不但其身，而亦被于室家。具官某曾祖母具位某氏，克相夫子，行修闺门。是生曾孙，功在宗社。且夫《既醉》非旅酬之事欤？推广孝思，慰满捆内。况朕初禋，惧阙于礼，佐佑乃辟，实维尔孙。则绥以宠光，为之报本，侈其旧封，胙以上国，朕何愧于周乎？可。

祖赠少傅策赠太傅

敕：朕既本之六艺，不爱高爵，以宏赉陈氏之祧，则嗣有令德，休于后昆，可无褒典，以应经谊？具官某祖具官某，当天下之清，得幽人之履。太史之观风不讲，而文采无以自见；孝廉之科废，而实行不上于计书也。天命弗僭，为之生孙。既长枢庭，又陪国论。推本所自，当及茂恩。肆予初禋，酬劳相祀。宜及尔考，并为三公。荷天之休，其世世享。可。

祖母崇国夫人朱氏赠福国夫人

敕：《既醉》之卒章曰："厘尔女士，从以孙子。"言周之群臣，皆有士行之女以为之妃,使生贤智子孙,足以传世。具官某祖母具位某氏,夙以懿行,嫔于名门。仪于前人,以诏妇子。载笃厥庆,萃于闻孙。夷考其行,不足以当《既醉》之卒章乎?有崇故封,未足言称。大邦美号,聿从其姑。质之二雅,谁曰不可?可。

父赠少师谠赠太师

敕:自亚保以来,及是三叶。盖王室百年之间,而劬躬焘后,如一日也。于吾宗工,尊为祢庙,朕岂敢啬于礼乎?具官某父具官某,义方之教,不以籝金;阴德之传,不以驷马。成我硕辅,蔚为宗工。纬武经文,何乡不可?是不谓之贤考欤?日者合宫,有严美报,生民尊祖,视古不惭。而大臣之祢,位不称德,以卑临尊,殆非周道。申锡赞书,冠班九棘。非以为生,盖礼之称。可。

母杞国夫人成氏赠福国夫人信国夫人王氏赠福国夫人

敕:为吾股肱之臣,上自三世,皆褒大之,而况于其母乎?御不及百两,养不及万钟也,而无以慰之,予心恻焉。具官某母具位某氏,承休袭美,发育自躬。恩斯勤斯,鞠我良弼。采蘋所共,杂佩所赠,恭俭精白,无非教也。揆诸周制,则被以象服,乘之鱼轩,为君夫人,孰尔宜者?亦视王母,并建大邦。虽曰均厘,诚有以致此矣。可。

妻宣氏封□□□□

敕:朕诵二《南》之诗,流荇采蘩,相与共祭,自天子达,皆内助也。仲尼序《诗》,定为篇首,寓意深矣。具官某妻具位某氏,来自名门,克相夫子。会期有《鸡鸣》相警戒之道,而退食有《鹊巢》致节俭之德。日者合宫,而骙也相予肆祀,吉蠲斋明,迨及竣事,礼无违者。则岂唯《关雎》之助哉!而尔亦与有劳矣。锡之美号,爰示宠光。虽曰旧章,实应经谊。可。

出处:《止斋先生文集》卷一六。
撰者:陈傅良
考校说明:编年据南宋明堂大礼时间补,见《宋史》卷三七《宁宗纪》。

给事中兼直学士院楼钥明堂恩父赠通奉
大夫璩加赠正议大夫制
(绍熙五年九月十四日后)

敕:朕既舍爵书劳,自卿大夫以次第赏矣,则推其世家,为之报本,虽礼未有,独不可以义起乎? 具官某故父具官某,生为才大夫,而用不尽;殁为贤考,而何其流之长也! 属予初禋,百执事在庙。尔钥不但骏奔匪懈,而发挥润色,凡祀之大号,皆称朕意。非尔素教而克然欤? 追锡有彝,爰进厥秩。非以为生,亦德之称。可。

出处:《止斋先生文集》卷一六。

撰者:陈傅良

考校说明:编年据南宋明堂大礼时间补,见《宋史》卷三七《宁宗纪》。

权吏部侍郎孙逢吉等明堂恩赠父制
(绍熙五年九月十四日后)

敕:朕既舍爵书劳,自卿大夫以次第赏矣,则推其世家,为之报本,虽礼未有,独不可以义起乎? 具官某故父具官某,生有种德之美,而位不称;殁享义方之报,袁说友、章颖父云:"生为才大夫而用不尽,殁为贤考。"而何其流之长也! 属予初禋,百执事在庙,尔某不但骏奔匪懈,而敬之显,思之戒,日彻于听闻也。勉躬焘后,非尔素教之所自来欤? 追锡有彝,爰进厥秩。非以为生,亦德之称。可。

出处:《止斋先生文集》卷一六。

撰者:陈傅良

考校说明:编年据南宋明堂大礼时间补,见《宋史》卷三七《宁宗纪》。

焕章阁待制侍讲朱熹明堂恩赠父制
(绍熙五年九月十四日后)

敕:朕方舍爵书劳,自吾从臣,以次第报,则推本世系,及其称庙,皆宠绥之,亦祭泽也。具官某故父具官某,少而英发,晚益深造。渡江诸老,多其师友。尝历郎闱秉史笔,力诋和议,绪正谤史,盖官虽薄,而志在于天下后世也。位不称德,识者恨之。属予肇禋,有严美报。则尔有贤子,劝讲路门。可无褒典,以慰罔极之怀乎? 追锡崇阶,用贲泉壤。非以为生,亦德之称。可。

出处:《止斋先生文集》卷一六。

撰者:陈傅良

考校说明:编年据南宋明堂大礼时间补,见《宋史》卷三七《宁宗纪》。

朱熹明堂恩赠母制
(绍熙五年九月十四日后)

敕:朕既为卿大夫宏贲祢庙,以侈教忠之报,则母氏与享,可无申锡,使之匹休? 具官某母具位某氏,来自名家,克相夫子。本之纯厚,申以敬恭。其仰而事姑,备极顺适;俯视媵御,又何其不察察也! 是宜笃庆,聿生贤子,蔚为儒宗,名满天下。则加以美号,用慰孝思。我有茂恩,宜不汝吝。可。

出处:《止斋先生文集》卷一六。

撰者:陈傅良

考校说明:编年据南宋明堂大礼时间补,见《宋史》卷三七《宁宗纪》。

右谏议大夫张叔椿明堂恩赠母制
(绍熙五年九月十四日后)

敕:朕方舍爵书劳,自卿大夫以次第赏,则为之报本,及于母氏,使匹休于祢庙,不亦可乎? 具官某故母具位某氏,克相大雅,如商甘盘;复生贤嗣,如唐阳子。然而生不得与于从爵之荣,晚不得享大五鼎之养。傥无愍章,以贲幽壤,何以慰尔之废蓼莪也? 因其旧号,益以新封。虽曰邦彝,亦足用劝。可。

出处:《止斋先生文集》卷一六。

撰者:陈傅良

考校说明:编年据南宋明堂大礼时间补,见《宋史》卷三七《宁宗纪》。

张叔椿明堂恩赠妻制
(绍熙五年九月十四日后)

敕:朕诵《二南》之诗,劝以义,勉以正,皆室家也。我有从班,岂无内助? 具官某故妻具位某氏,仪于前人,克济其美。遂相夫子,为吾诤臣。夫与之处约于鸡鸣枊盥之初,而不与之处乐于象服委蛇之后,傥无追锡,得无若"汝水之坟"、"南山之侧",遭世不淑,咏歌辛苦者乎? 爰锡赍书,以贲幽宅。可。

出处:《止斋先生文集》卷一六。
撰者:陈傅良
考校说明:编年据南宋明堂大礼时间补,见《宋史》卷三七《宁宗纪》。

孙逢吉明堂恩妻恭人李氏封令人制
(绍熙五年九月十四日后)

敕:朕诵《二南》之诗,至于流荇采蘩,相与共祭,自天子达,皆内助也。故诗人诵之,仲尼定为篇首,其意深矣! 具官某妻具位某氏,以尔夫子,为吾从臣,肆予初禋,执事有恪。以朕之获助于长秋,则尔亦可以受不失职之赏矣。晋封美号,庸示宠光。虽曰旧章,实应经谊。可。

出处:《止斋先生文集》卷一六。
撰者:陈傅良
考校说明:编年据南宋明堂大礼时间补,见《宋史》卷三七《宁宗纪》。

在外侍从明堂恩赠父制
(绍熙五年九月十四日后)

敕:朕既舍爵书劳,自卿大夫以次第赏矣。则推其世家,为之报本,《诗》不云乎:"孝子不匮,永锡尔类。"盖周道也。具官某故父具官某,生有种德之勤,而位不称;没缺义方之报,而何其流之长也! 属予初禋,有严美报。生民尊祖,视古不惭。而可以忘尔某之称庙乎? 本之经谊,追锡崇阶。非以为生,亦礼之称。可。

出处:《止斋先生文集》卷一六。

撰者:陈傅良

考校说明:编年据南宋明堂大礼时间补,见《宋史》卷三七《宁宗纪》。

在外侍从明堂恩封妻制
(绍熙五年九月十四日后)

敕:朕诵二南之诗,至于流荇采蘩,相与共祭,自天子达,皆内助也。故诗人诵之,仲尼定为篇首,其意深矣! 具官某妻具位某氏,以尔夫子,为吾从臣,肆予初禋,克辑盛典。则岂惟长秋之故,亦尔臣工、嫔妇□□。其流及上,则不失职之赏,庸可后乎? 晋封美号,爰示宠光。虽曰旧章,实应经谊。可。

出处:《止斋先生文集》卷一六。

撰者:陈傅良

考校说明:编年据南宋明堂大礼时间补,见《宋史》卷三七《宁宗纪》。

同知枢密院事京镗初除赠三代制
(绍熙五年九月十五日后)

曾祖赠太子太保

敕:昔宣王中兴,登用将相,必推其世系,本之始祖。自南仲、召虎、韩侯之雅,皆为此言。谓是文、武、成、康之世,积累致然,而非一日之故也。具官某故曾祖某,躬行对于古人,乡誉高于月旦。而怀道不试,有识惜之。爰及曾孙,遂生贤佐。夷考其世,则朕之得人,所自来远。原始根本,可独愧于周乎? 追锡宫保,视仪孤卿。虽曰旧章,实应经谊。可。

曾祖母□氏赠郡夫人

敕:周之公孤,并建五庙,以君夫人祔焉。而世世享,亦惟群臣能有功于国者,必有助于其家者也。具官某故曾祖母某氏,来自名门,作配君子,躬备勤劳,以诏妇子。而生无从爵之荣,殁不得与于共牢之享。天命弗僭,是生曾孙,为吾辅臣,以翊枢管。朕循周制,宠绥尔夫。申锡郡封,视古命妇,用贲幽宅,亦足以报。可。

祖赠太子少傅

敕:成王之雅曰:"凡周之士,不显亦世。世之不显,厥犹翼翼。思皇多士,生此王国。"盖言周之得人,繇文王以来世家之所由生也。具官某故祖某,克承其绪,以绍前闻,因之以共俭,加之以惠和,至于生孙,伟然人望,佐我有府,海内晏然。揆诸周人,寅念祖烈,及其世家,则尔劬躬耇后,可无褒典,以慰居往? 命之储傅,于礼固宜。可。

祖　母

敕:朕既纯用周政,广恩锡类以褒大吾辅臣之世,则燕及闺门,宜有追命,使之匹休。具官某故祖母某氏,仪于前人,益谨内则。载笃其庆,萃于闻孙。方周盛时,公侯皆君子也。而风人本之祍席,以为德在《鹊巢》,功在《采蘩》也。我仪尔祖,克大其后,用见家政,庶几《召南》,为君夫人,斯礼之称。可。

父

敕:为吾股肱之臣,褒及三世,而况祢庙乎? 周公拜前,鲁公拜后,亦周道也。顾今九原已不可作,此恸章之所由起欤? 具官某故父某官某,德积于身,而位不过八品;行修于家,而功业不见于世。过庭之训,施于嗣人;而资父之忠,简在烈祖。肆朕缵绪,擢为枢臣,天下赖之,繄尔之训。《诗》不云乎:"维其有之,是以似之。"不有申锡,非所以为积行种德者劝也。爰考古谊,爵为公师,其始自今,不一而足。可。

母

敕:朕既本之经谊,为卿大夫崇报祢庙,以侈教忠之报,则母氏与享,以次宠绥,使之匹休,亦古道也。具官某故母具位某氏,来自名门,作配君子。是生贤嗣,蔚为枢臣。誉在荐绅,功在清庙。夫《鸡鸣》警戒之道不笃,则一经之教不严;蘋藻不共,则甘旨不谨。尔锓何以能移孝为忠也? 因其旧号,益以新封。虽曰彝章,亦足用劝。可。

出处:《止斋先生文集》卷一七。

撰者:陈傅良

考校说明:编年据《宋史》卷二一三《宰辅表》补。

尚书吏部员外郎林季友除右司员外郎制
(绍熙五年九月二十一日)

敕具官某:《诗》不云乎:"彼都人士,狐裘黄黄,其容不改,出言有章。"尔某似之。辍从郎闱,来掾宰事,盖将试可,以究尔能。尚其懋哉,毋曰序进。可。

出处:《止斋先生文集》卷一七。

撰者:陈傅良

朝奉大夫江东提举陈士楚除吏部郎官制
(绍熙五年九月二十一日)

敕具官某:尔以旧学之臣,持节行郡,且满岁矣。趣归郎省,以慰永怀。经说一编,尤在藏史,朕方资之润色初政。无言不酬,将有殊渥。可。

出处:《止斋先生文集》卷一七。

撰者:陈傅良

新除安德崇信军节度使伯圭辞免不允诏
(绍熙五年九月二十二日后)

朕肇禋重屋,惧弗克堪。赞予盛仪,赖我宗老。首颁祭泽,无加于达尊者。乃因旧镇,益以汉东之大国。备三公之典策,兼两镇之节旄。先正以为异数,非如卿者,其孰能当之? 何用挚谦,以避斯宠?

出处:《攻媿集》卷四二。

撰者:楼钥

考校说明:编年据《宋史全文续资治通鉴》卷二八补。

知饶州乐平县杨简除国子博士制
(绍熙五年九月二十七日)

敕:朕方崇长学校,所以加惠诸生甚渥也。则联教事于其间,宜得名士。尔简蚤有贤誉,不求闻达。徒劳县章,益务持养。是以不俟满岁,俾长胄子。岂惟诸生? 又以为善类劝也。可。

出处:《止斋先生文集》卷一七。
撰者:陈傅良

赐汝州防御使知閤门事韩佗胄辞免转两官不允诏
(绍熙五年九月二十七日后)

敕:具悉。卿传家累世,历事三朝,既忠力之备宣,岂褒荣之可后? 力请真祠之佚,却而复来;俾登留务之华,咸以为允。亟其承命,毋用牢辞。

出处:《攻媿先生文集》卷四一。
撰者:楼钥
考校说明:编年据韩佗胄官历补,见《宋史全文续资治通鉴》卷二八。

赐宜州观察使新除在京宫观韩佗胄辞免特转一官不允诏
(绍熙五年九月二十七日后)

敕:具悉。卿起由勋阀,历事累朝。司上閤之多仪,承西枢之密旨。皆极武班之选,屡祈珍馆之闲。既察其诚,俯从尔请。爰宠加于留务,乃更上于需章。其服恩荣,毋为烦渎。

出处:《攻媿先生文集》卷四二。
撰者:楼钥
考校说明:编年据《宋史全文续资治通鉴》卷二八补。

赈贷两浙两淮灾伤州军诏
(绍熙五年九月二十八日)

令两浙、两淮路提举司照应已降指挥,应灾伤去处,将常平钱措置收籴麦种,并给降米斛,疾速赈贷施行,毋致有失布种。

出处:《宋会要辑稿》食货六八之九六。

国子正陈希点太学录汤璹并除太学博士制
(绍熙五年九月二十九日)

敕具官某:朕新嗣服,崇长学校,所以加惠诸生甚渥也。则朕教事于其间,亦盍序进矣。尔希点、尔璹,俱以名胜来掌学士之版,誉处蔼然也。晋之讲席,发明经意,佥曰汝宜,则朕以怿。可。

出处:《止斋先生文集》卷一七。
撰者:陈傅良

秘书省正字李璧除校书郎制
(绍熙五年九月二十九日)

敕具官某:《诗》不云乎:"君子有之,维其有之,是以似之。"以尔先人文墨议论之选而垂名千载,但见于史笔,宜尔之能嗣其业也。校雠册府,益博尔文。鸿渐之序,于是焉始。可。

出处:《止斋先生文集》卷一七。
撰者:陈傅良

浙西提刑黄通湖南运判江东运副傅伯寿浙西提刑制
(绍熙五年九月)

敕具官某等:朕分道遣使,以寄耳目于外,地有远近,职有剧易,选任之意则无不均。尔遹以谅直之姿，抗澄清之志，使于近畿，威望甚耸。引疾求退，故畀尔以湖外漕计，少休其劳。尔伯寿以精敏之才，在文章之选，使于江左，职业日修。惜其久外，故授尔以畿甸阜事，引以自近。然飞挽谳议，二者俱重事也，一日不理，则必有受其弊者。其各勉旃，以称予选。

出处：《攻媿集》卷四一。

撰者：楼钥

考校说明：编年据《景定建康志》卷二六补。

伯圭再辞免两镇节度使不允批答
（绍熙五年九月）

省表具之。朕惠于宗公，务隆于体貌，相予肆祀，可后于恩褒？位已极于人臣，官无加于师尹，兼授斋坛之钺，倍多井赋之租。是曰彝章，未为异数。仪刑所系，以为泰乎？俯偻之恭，再斯可矣。口宣：有敕：卿位冠三公，望高九族。兹相合宫之祀，用颁双节之华。其服恩荣，毋为谦避。

出处：《攻媿集》卷四六。

撰者：楼钥

右正言黄度除直显谟阁知平江府乞祠禄差主管冲佑观制
（绍熙五年九月）

敕具官某：昔者汲黯薄淮阳而愿备左右拾遗补过，盖天下不以黯为怀宠，而咎汉武之不容直士也。姑苏近辅，朕重其牧，以尔度怀材厉操，济以惠和，是用辍从谏省，以重北门。而不屑就，若尔度有汲直之风矣，无乃使朕似汉武乎？从欲奉祠，固非朕意。毋为考槃，永矢弗告，则予汝怀。可。

出处：《止斋先生文集》卷一七。

撰者：陈傅良

考校说明：编年据《絜斋集》卷一三《黄公行状》补。

浙西提举郑公显改除湖南提举制
（绍熙五年九月）

敕具官某：汉三互之禁，吾本朝莫之行也。至士大夫以嫌自言，则亦从欲以便其私尔。公显持寰内之节，风指凛然。而以司宪姻党，雅不欲联事也。恳章来上，易汝湖湘。姑徇尔怀，毋曰胥远。可。

出处：《止斋先生文集》卷一七。
撰者：陈傅良
考校说明：编年据《绍定吴郡志》卷七补。

镇江都统阎世雄管军五年职事修举转遥郡刺史制
（绍熙五年九月前后）

敕具官某：国家分遣禁旅，列戍江城。京口捍蔽行都，最为要近。尔以宿将，坐总戎韬。威名隐然，壁垒靖谧。五年于此，宜赏贤劳。遥刺侯邦，是为异宠。益思忠报，毋替厥初。

出处：《攻媿集》卷三九。
撰者：楼钥
考校说明：编年据阎世雄宦历补，见《嘉定镇江志》卷一六。

汪大定知九江郡制
（暂系于绍熙五年九月前后）

敕具官某：尝为岭南郡，卓然以廉惠闻，而无以旌异之，何以劝远吏乎？九江名邦，牧以选授，是用命汝，式赏贤劳。益图民庸，以俟迪简。可。

出处：《止斋先生文集》卷一六。
撰者：陈傅良
考校说明：编年据同集前后文时间、汪大定宦历补，见《攻媿集》卷一〇三《汪公墓志铭》、同治《韶州府志》卷三。

朝散郎江西提举汪逵除礼部员外郎制
（暂系于绍熙五年九月前后）

敕具官某：难进易退，贤士之操也。尔某议礼容台，浸有休问，汲汲焉以外服为请，虽留行不顾也。将指奏公，亟颁召节。则舒迟累月，翔集可观。是不谓之士操欤？郎闱之选，南宫最清。往其钦承，践修家学。可。

出处：《止斋先生文集》卷一六。又见《全唐文》卷八三八。
撰者：陈傅良
考校说明：编年据同集前后文时间、汪逵官历补，见《南宋馆阁续录》卷九。本文当为《全唐文》误收。

知宁国府木待问除焕草阁待制制
（暂系于绍熙五年九月前后）

敕：朕方隆孝治，瞻言慈宸，昔者所进，今谁在乎？将第其功，而何旧学越在外服也？具官某蚤以摛笔，简在烈祖。晚而劝讲，眷于上皇。胡然江湖，荏苒岁月，一时辈作，迭为三事，而犹纡宣城之组乎？自魁多士，及班从官，于今守宣。事久论定，而又遭岁不淑。克究尔心，活瘵起痿，阖郡见德。朕览奏计，益嘉贤劳。次对西清，我有异数，一朝酬之，谁曰不可？可。

出处：《止斋先生文集》卷一七。
撰者：陈傅良
考校说明：编年据同集前后文时间补。"焕草阁"当为"焕章阁"之误。

韩彦直致仕制
（暂系于绍熙五年九月前后）

敕：三朝法从，方钦企于告猷；奕世贤劳，何遽闻于谢事？姑惟从欲，盍亦疏恩？具官某显允材猷，懋昭声闻。以云台功臣之后，奋自儒科；以璧水寒畯之交，明于世务。践更中外，尝试险夷。投之于拨烦而咸宜，强之以易武而不愠。至于归休殊馆，殆遗簪绂之荣；论次本朝，雅有简编之乐。肆予初政，怀此旧人。属抱沉疴,竟安居里。亟须新渥,犹阻侍朝。览奏牍之所陈,想拖绅之何及! 晚节末路,固莫夺于忱辞;故国世臣,尚益绥于寿暇。于焉增秩,抑又念功。可。

出处:《止斋先生文集》卷一七。

撰者:陈傅良

考校说明:编年据同集前后文时间、韩彦直官历补,见《宋史》卷三六四《韩彦直传》、《宋会要辑稿》崇儒五。

四川制置使奏辟知叙州庆符县谢辛讨捕
叛夷有劳身死特赠制
（暂系于绍熙五年九月前后）

敕:某官以摄官而冒万死,以保□县,而奏肤公。有臣如此,而无位、无年,可为叹惜也! 追锡一秩,寄于异恩。以慰沉冥,且劝来者。可。

出处:《止斋先生文集》卷一七。

撰者:陈傅良

考校说明:编年据同集前后文时间补。

焕章阁待制知鄂州王信知池州制
（暂系于绍熙五年九月前后）

敕:故事,以待制而上官典于大州,大抵以望郡多宿兵耳。朕方以此意择牧,敢轻授乎? 具官某奋于书生,而为才大夫,肆我烈祖,简在法从。代言掖垣,□敕琐闼。议论风指,耸闻一时。盖荐绅翕然以为落笔妙天下也。晚领名藩,屡闻最课。夫鄂渚池阳,今江湖重兵处也。万灶与民居相错,而介士往往不乐于文吏。朕即已试,自鄂徙池,尔其深知托重之意而不厌薄,以是为烦调护也,而非苟易置,则予汝嘉。可。

出处:《止斋先生文集》卷一七。

撰者:陈傅良

考校说明:编年据同集前后文时间、王信官历补,见《括苍金石志》卷六《王给事墓志铭》。“池州”,《括苍金石志》卷六《王给事墓志铭》误作“他州”。

新除江东提刑陈公亮除福建转运副使制
(暂系于绍熙五年九月前后)

敕具官某:凡持寰内之节,往往雅意本朝也。尔详刑于郊,风绩甚茂。简在慈宸,行且遄归。而秉心无竞,固自引却。将输江表,亦非其好;我图尔居,莫如闽部。会使者易地,爰改畀尔。其为朕通八郡之盐筴,以纾吾民,则朕以怿。可。

出处:《止斋先生文集》卷一七。
撰者:陈傅良
考校说明:编年据同集前后文时间、陈公亮宦历补,见弘治《八闽通志》卷三〇等。

赵涣补官制
(暂系于绍熙五年九月前后)

敕具官某:历学不精,占天者病之。尔以家传,盖究其术,自吾贤士大夫亟称焉。取诸右阶,使为保章氏。其与畴人订正疏略,以成吾敬授人时之志。可。

出处:《止斋先生文集》卷一七。
撰者:陈傅良
考校说明:编年据同集前后文时间补。

潜邸有劳转官制
(暂系于绍熙五年九月前后)

敕具官某:朕第酬潜邸之劳,虽小臣不忍遗,而亦不敢私也。以尔历年弥久,庸进二阶。其尚靖共,毋曰幸得。可。

出处:《止斋先生文集》卷一七。
撰者:陈傅良
考校说明:编年据同集前后文时间补。

薛登降两官制
（暂系于绍熙五年九月前后）

敕具官某：古之人重请，而况违三尺以请乎？违三尺以请且不可，又以不得志焉，而咎所从请之人，宜镌两阶，以警贪冒。可。

出处：《止斋先生文集》卷一七。
撰者：陈傅良
考校说明：编年据同集前后文时间补。

骨舜辅随金国贺正使充引接仪范回程循修职郎制
（暂系于绍熙五年九月前后）

敕具官某：凡出疆者有赏，所以劳苦之也。尔尝隶使事，与于驱驰，爰进一阶，且书于籍，为赏亦不薄矣。可。

出处：《止斋先生文集》卷一七。又见《永乐大典》卷七三二五。
撰者：陈傅良
考校说明：编年据同集前后文时间补。《全宋文》重收此文，一据《止斋先生文集》系于陈傅良名下外，一据《永乐大典》系于刘一止名下，校勘记曰："骨：疑是'胥'之误。"（第一五二册，第九七页）《宝祐仙溪志》卷二主簿题名有"骨舜辅"之名，据上下文，骨舜辅任职时间在淳熙十三年至开禧二年间，此文作者当非刘一止。

赵公介知舒州制
（暂系于绍熙五年九月前后）

敕具官某：龙舒于淮为名郡，择守往往皆名流也。尔所试吏，雅有治称，盖荐绅翕然以为通才。爰付此土，以究尔能。尚其懋哉，以图报效。可。

出处：《止斋先生文集》卷一七。
撰者：陈傅良
考校说明：编年据同集前后文时间、《宋会要辑稿》职官七三补。

赵谟知嘉定府制
(暂系于绍熙五年九月前后)

敕具官某:尔以蜀之人望之予,而典州有治行,是用明陟。畀尔潜藩,矧尝为别驾,民誉蔼然,于焉分符,可谓众允。《诗》不云乎:"维其有之,是以似之。"益茂乃绩,无忝所生。可。

出处:《止斋先生文集》卷一七。
撰者:陈傅良
考校说明:编年据同集前后文时间补。

淮西提举张同之磨勘合转一官乞回授封母制
(暂系于绍熙五年九月前后)

敕具官某:以年劳增秩,其在功令会计至纤悉也。而尔同之固请貤恩于母,是足以发明人子之心矣。《诗》不云乎:"是用作歌,将母来谂。"此周所以劳使臣也。尔方驰驱淮甸,劳来安集吾民,则朕岂有爱于此哉!可。

出处:《止斋先生文集》卷一七。
撰者:陈傅良
考校说明:编年据同集前后文时间、张同之宦历补,见《宋会要辑稿》食货六二、食货六八等。

朝奉郎湖北提刑陈谦收捕徭寇有劳特除直焕章阁制
(暂系于绍熙五年九月前后)

敕具官某:有以书生而可以即戎,是不谓之长才欤?尔某,尝有位于朝矣,介在下僚,无以著见。试之剧郡,谈笑而理。越持湖节,遂克徭寇,诚得如数十辈,万物吐气,非尔之谓乎?寓直延阁,姑以劝功。置诸周行,谁曰不可?可。

出处:《止斋先生文集》卷一七。
撰者:陈傅良

考校说明:编年据同集前后文时间、《水心文集》卷二五《陈公墓志铭》补。

汪楚材王圭收捕徭寇特转三官制
（暂系于绍熙五年九月前后）

敕具官某:徭人犯边,尔以户掾摄机幕,王圭云:"尔以疆吏。"能帅其旅,不日克之。有司差其获级,宜进三阶。悉以畀汝,以劝果毅。可。

出处:《止斋先生文集》卷一七。
撰者:陈傅良
考校说明:编年据同集前后文时间补。

广西提刑胡长卿除广西路转运判官主管
冲佑观张玠除广西提刑制
（暂系于绍熙五年九月前后）

敕具官某:岭南去朝廷远,而民困于盐筴之数易,枉于讼鬲之偏听。朕恻然念之,为择肤使。以尔长卿,尝司臬事,晋之输漕;以尔玠尝持湖节,俾之详刑。其各为朕布宣德意,以惠远氓,则朕以怿。可。

出处:《止斋先生文集》卷一七。
撰者:陈傅良
考校说明:编年据同集前后文时间补。

龙图阁待制知潼川府阎苍舒除焕章阁直
学士提举江州太平兴国宫制
（暂系于绍熙五年九月前后）

敕:朕新嗣服,有怀耆俊,庶几闻而作兴,曰"盍归乎来"。而何遽以贤劳,欲解州组不顾乎? 具官某材猷出于辈学,议论近于前闻。盖陪禁路,迈往不群。而晚为岳牧,又何其岂弟也! 竟上恳章,将就居里。六阁通班,莫高于学士;殊庭均逸,莫便于外祠。申锡命书,勉从所欲。毋为考槃,永矢弗告,此朕之所以图于卿也。可。

出处:《止斋先生文集》卷一七。

撰者:陈傅良

考校说明:编年据同集前后文时间补。

知成州宇文子震知潼川府制
(暂系于绍熙五年九月前后)

敕具官某:以吾台阁之臣,而淹恤之久,仅起为州。又绝远外,此士论所甚郁郁也。潼于所部为东西蜀,地望甚重。畀尔州组,庶究尔能。益辑外庸,嗣有褒异。可。

出处:《止斋先生文集》卷一七。又见嘉庆《武阶备志》卷二二。

撰者:陈傅良

考校说明:编年据同集前后文时间补。

新知真州权安节除利州路转运判官朝奉大夫
徐楠除广东路转运判官制
(暂系于绍熙五年九月前后)

敕具官某等:夫持节行郡国,是为周王人,汉部刺史也。然周以下士,汉才秩六百石,何欤? 深知此意,宜何以图报乎? 尔安节,尚怀郡章;尔楠,尝有朝迹。会择远使,佥曰汝堪。此周、汉意也。安节诚以其惠清江之民者,将漕于蜀部;楠诚以其惠零陵之民者,将漕于岭表,调度不烦,抑扬无阿,是足以归报矣。可。

出处:《止斋先生文集》卷一七。

撰者:陈傅良

考校说明:编年据同集前后文时间、徐楠官历补,见嘉靖《广东通志初稿》卷七。

吏部侍郎彭龟年辞免兼侍读诏
(绍熙五年九月后)

朕开迩英之阁,瞻《无逸》之图,上慕唐虞,近法祖宗,正有赖于启沃之助。卿以旧学之臣,劝讲多益,升之进读,亦惟序迁。朕方汲汲于学,卿欲济济相逊,固经帷之美事也。然虽有德齿之尊,不曰朝廷莫如爵乎? 其毋固辞,徒稽朕命。

出处:《攻媿集》卷四二。

撰者:楼钥

考校说明:编年据彭龟年官历补,见同集卷九六《彭公神道碑》。

伯圭再辞免两镇节度使不允仍断来章批答
(绍熙五年九月后)

省表具之。朕尊宠帝师,惟恐不至,优崇宗老,尚窃慊然。故因大裣之成,曲示异恩之渥。载加少府之节,复登上将之坛。城南天下稀,旧临乐土;汉东国为大,并领名藩。式慰具瞻,益绥多祉。既无反汗之理,奚事循墙之恭? 口宣:有敕:卿德齿俱尊,名位皆备。欲侈三卿之宠,遂疏兼郡之恩。何必固辞,亟祗成涣。

出处:《攻媿集》卷四六。

撰者:楼钥

考校说明:此文当在同集同卷《伯圭再辞免两镇节度使不允批答》之后。

主管架阁文字陈武除国子正戴溪除太学录制
(绍熙五年十月一日)

敕具官某:朕方崇长学校,所以加惠诸生甚渥也。则联教事于其间,宜得名士。尔溪尔武,皆以经行教授于乡,从游之屦满户外也。凡学之胄子与国俊造,尔其为我纠治校数之。益自著见,以须明陟。可。

出处:《止斋先生文集》卷一七。

撰者:陈傅良

籍田令费士寅除太学博士制
(绍熙五年十月一日)

敕具官某:以西州之彦,尝先阃郡,策名春官,日来造朝,风度酝藉,东州士乐与群居也。犹为藉人,未足著见。分以横经之席,往哉汝谐! 可。

出处:《止斋先生文集》卷一七。
撰者:陈傅良

武学谕黄褒然除武学博士主管架阁
文字蒋来叟除武学谕制
(绍熙五年十月二日)

敕具官某等:右学犹左学也。朕既妙选,凡掌东学之士,则右学可以次举矣。以尔褒然,晋都讲席;尔来叟,联教事于其间,经武纬文,於穆士论,不亦可乎? 可。

出处:《止斋先生文集》卷一七。又见民国《平阳县志》卷七七。
撰者:陈傅良

朝散大夫知南外宗正事赵不遯换右监门卫
大将军濠州团练使擢知大宗正事制
(绍熙五年十月二日)

敕具官某:自艺祖置大宗正以睦亲族,盖历年于此。本支蝉联,世次栉比,而无忒违。职此之由,可不谨择之乎? 尔属尊而身修,宦达而志无竞。爰自左选,改界南班。秩以门卫之崇,加以戎团之峻,甚尊宠矣。益辑宗盟,以绵帝系,往其勉哉。可。

出处:《止斋先生文集》卷一八。
撰者:陈傅良
考校说明:编年据《宋会要辑稿》帝系七补。

军器监主簿王恬除司农寺丞将作监主簿
刘三杰除太府寺丞制
（绍熙五年十月三日）

敕具官某等：列寺丞，非所以见才也。以今仕版，徒劳州县，盖未尝有一日朝迹者而校数之，则是亦足以致身矣。尔恬、尔三杰，非尝淹恤于州县者欤？顷因□扬簿正二监，今以恬丞大农，三杰丞外府，岂足见汝才哉！尚务靖共，以须器使。可。

出处：《止斋先生文集》卷一七。
撰者：陈傅良

主管官告院李孟传除将作监主簿干办诸司
粮料院张震除军器监主簿制
（绍熙五年十月四日）

敕具官某等：二监于百官，事为简，簿正之职，于监事益简。有以好修、不务竞趋者居之，斯不谓称乎？尔孟传、震，无以为序进而不加勉也。可。

出处：《止斋先生文集》卷一七。又见《永乐大典》卷一四六○八。
撰者：陈傅良

以雷雨求言诏
（绍熙五年十月八日）

朕以不德，嗣承大宝，夙夜祇惧，不遑宁处。乃者阴阳缪盭，雷震非时，淫雨为灾，朕心甚惧。推寻厥咎，未知其繇。凡朕躬有过失、朝政有阙遗，其令侍从、台谏各条疏以闻，无有所隐。

出处：《两朝纲目备要》卷三。又见《宋史全文续资治通鉴》卷二八。

司农寺主簿张孝伯除国子监丞制
(绍熙五年十月十一日)

敕具官某:朕方加惠诸生,凡联事于成均者,皆遴选也。胄监有丞,与闻学政。以尔孝伯,雅致不渝,肆用命尔。其益好修,以须明陟。可。

出处:《止斋先生文集》卷一八。
撰者:陈傅良

诸王官大小学教授姚愈除司农寺丞国子监
主簿罗克开除军器监丞制
(绍熙五年十月十一日)

敕:具官尔愈、尔克开,皆以文雅尝与闻学政矣。而以愈丞农扈,克开丞戎监,盖试烦事,益究尔能。左右具宜,则有明陟。可。

出处:《止斋先生文集》卷一八。
撰者:陈傅良

直秘阁两浙转运判官黄黼除直龙图阁升副使
再辞龙图改除直显谟阁制
(绍熙五年十月十一日)

敕:具官某以元祐名宦之后,而其学足以自立,才足以自见也。将漕郊畿,燕及三辅。朕图尔功,正名使华。晋职牺阁,是岂谓之过欤? 而何逊章来上,至于再三也? 益嘉廉操,少却文谟。虽不偿劳,亦足厉世。可。

出处:《止斋先生文集》卷一八。
撰者:陈傅良

知宜州沙世坚收捕徭寇有劳特转团练使制
（绍熙五年十月十四日）

敕具官某:尔威名著于岭南,荐绅能言之。比擢自远服,改畀郡符,而桂林之奏牍始至。日者,讨平徭人,尔功居多,朕益壮之。粤自刺州,宠以戎团之峻,赏不逾时,吾岂爱此？义不辞难,汝将安报乎？可。

出处:《止斋先生文集》卷一七。
撰者:陈傅良
考校说明:编年据《宋会要辑稿》兵二〇补。

仓部郎中汪梓以赵汝愚亲嫌除淮东提举制
（绍熙五年十月十四日）

敕具官某:朕不以防禁遇臣下,而或自言嫌,则亦从欲,以便其私。尔大臣之子,克世其家。比解州绂,遄归郎舍。尝试未久,誉处有闻。顾以当路之嫌,愿就外服。改畀淮节,以华其行。虽徇尔怀,亦足风厉。可。

出处:《止斋先生文集》卷一八。又见《宋忠定赵周王别录》卷二。
撰者:陈傅良

权减两浙江东西路折帛钱折价诏
（绍熙五年十月十四日）

访闻两浙、江东西路和买紬绢、折帛钱折价太重,恐伤民力,朕甚念之。可行下逐路州县,每匹权减钱一贯五百文,自来年为始,权减三年,别听指挥。其所减钱数,令内藏库拨还一半,封桩库拨还一半。

出处:《宋会要辑稿》食货七〇之八五。

大理正间丘泳除利州路提刑制
(绍熙五年十月十七日)

敕具官某:夫持节行郡国,是为周王人,汉部刺史也。然周以下士,汉才秩六百石,何欤? 深知此意,宜何以图报乎? 尔为理官,亦既累岁。博文敏事,似不能言。会择蜀使,咸曰汝可。若尔者,足以循周、汉之制,越次而持节矣。详刑于蜀,庸究尔能。往其钦承,以须明陟。可。

出处:《止斋先生文集》卷一八。
撰者:陈傅良

瑞庆节满散道场赐乳香口宣
(暂系于绍熙五年十月十九日前后)

三 省

有敕:应钟协吕,弥月在辰。嘉尔臣工,共祝金仙之佑;用敍芬馥,以为宝所之华。

枢 密 院

有敕:元英在候,初度甫临。有嘉宥府之贤,同致封人之祝。载分宝篆,用贲兰场。

殿 前 司

有敕:良月斯临,诞辰方届,乃率周庐之卫,共伸嵩岳之呼。爰锡名薰,用光法会。

马 军 司

有敕:律纪孟冬,庆逢初度,得欢心于骑士,祝眉寿于朕躬。爰帅旧章,式敭宝炷。

步军司

有敕:祚纂绍熙,节标瑞庆。嘉尔熊罴之士,首开龙象之筵。赉以芬苾,助其斋洁。

出处:《攻媿集》卷四一。
撰者:楼钥
考校说明:编年据同集前后文时间、文中所述史事补。

司农寺丞李大异除夔州路转运判官制
(绍熙五年十月二十日)

敕具官某:夫持节行郡国,是为周王人、汉部刺史也。然周以下士,汉才秩六百石,何欤?岂非择英俊之在下僚者试可之乎?尔大异,尝以文艺得隽春官,盖辈学往往腼仕,而方抱椠修书,徒劳州县之间也。晚缀班行,又最平进。若尔者,是足以循周汉之制,越次而出节矣。将漕夔门,布宣德意,自今以始,庸究尔能。可。

出处:《止斋先生文集》卷一七。
撰者:陈傅良

赐邢汝楫官舍等诏
(绍熙五年十月二十七日)

临安府赡军中酒库相对官舍一所,并南邻张府房廊屋三间,令临安府日下支钱,于张府估计时直回买,并官舍并赐与武德郎、阁门看班祗候邢汝楫,永为己业。

出处:《宋会要辑稿》礼六二之八四。

秘书监兼实录院检讨官薛叔似除权户部侍郎制
(绍熙五年十月二十八日)

敕:朕欲省赋,甚而用不足,盖尝叹息,安得执古以御今之士,与之共图邦计乎而泽下究也? 具官某习于六经之道,而明当世之务。自荐绅先生下逮新进,称尔不容口也。属兹衔命,万里来归。革带蔬食,行乎蛮貊,朕甚嘉之。曾未复命,擢贰民曹。夫从班岂所以偿劳乎? 可使治赋,孔门之学;何以利国? 孟子不对。于斯二者,并行不悖,此朕之所图于汝也。尚其懋哉,以永士誉。可。

出处:《止斋先生文集》卷一八。
撰者:陈傅良

起居舍人兼侍讲刘光祖除起居郎司农少卿
邓驲除起居舍人制
(绍熙五年十月二十八日)

敕具官某:左、右史,朕所嘉赖,以谨言动。爰自嗣服,仪图其人,皆旧学也。尔光祖、驲,顷在储寮,蔚为国士。而光祖繇霜台,驲繇骑省,各以论事,不避权近,俄而去国,朕甚怀之。盖尝叹息,安得三益以自近也。今兹归止,实慰我心。其以光祖序进左坳,驲擢居右陛。岂徒以是为私乎? 其继自今,直笔在前,则出入不钦,号令不臧,将惧思焉。尔其懋哉,勿替初意。可。

出处:《止斋先生文集》卷一八。又见《永乐大典》卷一三四九九。
撰者:陈傅良

孝宗谥册文
(绍熙五年十月二十九日)

孝孙嗣皇帝臣某。道之大者,拟议之所不能加;尊之极者,形容之所不能尽。然天地之德非可俄度,而总其大曰生;帝王之美非可易言,而极其至惟孝。诚以万全之本,孝为之先,理无不该,治所从出。建人文而立极,包众甫以用中。巍巍煌煌,充满天地,生闻丕宪,没垂闳休,振古无伦,不可尚已。恭惟大行至尊寿皇圣帝以天纵不世出之资，辅高明大有为之志，神武甚类于艺祖，至仁克蕴于高宗。在位二十八年，纪纲法度，庆赏刑威，文物典章，源流品式，焕乎三辰之明，蔼乎韶濩之音。截然风霆之震惊，沛然雨露之渗漉。虽精神之运微妙难测，而出治之迹较然可纪。方在冲幼，岐嶷徇齐，俨如神人，已系群望。就傅王邸，睿质日跻，沉潜圣经，反复旧史，发为言训，有老师宿儒之所不及。洎膺付托，光御历服，当宁太息，风挥日舒，搜延畯明，昭发猷念。勤劳夙夜，以恢康济久大之图；明厉奋决，以起偷惰苟安之习。智出庶物，不流于满假；思周万机，罔病于丛脞。规为建置，常欲凌厉汉唐，而绍休祖宗。故推对越之诚，首辑敬天之图；充恻怛之念，洊颁恤民之诏。总章圜丘之迭举，而报本之义尽；儒馆辟廱之亲临，而古文之化展。重惜名器也，虽宫闱之恩泽，屡减损而不恤；务公赏刑也，虽勋戚之抵冒，必诘责而无赦。贡称羡余则却之，法奏祥瑞则删之。复六察之弹纠，不止于检簿书之稽违；清三省之烦苛，贵在乎明朝廷之体要。课儒生以金谷，惧空言之无补；角进士以弧矢，虑戎备之或忘。申饬阉人，毋预军政；体貌大臣，常延便坐。严更迭之法，以练才实；躬临遣之烦，以达壅蔽。权任所寄，诞谩败事者必谪；謷御之臣，请托为奸者必戮。孜孜汲汲，日不遑暇。群奔走率职，而庶事秩然举矣。至于躬服俭素，研精典学，声色靡曼，未尝留意，成汤之弗迩也。双日休暇，闲坐书筵，孔子之时习也。反安南之象，则《旅獒》之不蓄；观御苑之麦，则《无逸》之先知。乾文参乎典谟，宸画丽乎河汉。储宫入侍，每迪以刚健；安康下降，必训以温柔。旁采崔寔之达权，深嘉陆贽之忠荩。言动以为法则，身声以为律度。厥惟始初，遭虏匪茹，赫然震怒，焱厉武节。念版图之未归，痛陵寝之弗祀，大讲岐阳之蒐，冀申有扈之伐。而敌衅未启，雄图终郁。虽宿耻之犹在，顾大谊之已明。此则有开于后来，将缵圣志而成之也。历考自昔，粤帝与王，虽谨于初，鲜不终怠。而大行临御既久，日新又日新，每深苞桑之戒，居轸杇索之惧。尊贤励德，晚而弥笃。洋洋风声，轶乎疆外，用能太和熏塞，方内底宁，肖翘跂行，罔不咸遂。神明未衰，王化方洽，乃举神器，以授圣子。揖逊之盛，光于有虞。方且独超希夷，为众父父，玩其清净，福我邦家。而生民无禄，昊天不吊，奄弃大养，欻乘白云。率土崩心，际天雨泣。末予小子，追念烈祖之训，茕茕在疚，罔知攸济。公卿士谋经订礼，以谓因山匪远，升祔有期，当崇徽称，庸诏罔极。夫惟懿铄，岂易管窥，亶是孝思，实高载籍。承颜之敬，绵闰而益共；致养之隆，极九州而未已。和气愉色，根本自然，纤介不形，淳笃天至。逮执丧纪，古制是遵。汉文弗思而轻变，晋武虽行而未尽。仁殚义备，始自圣明，固已挽百代之浇风，示一王之丕式矣。夫舜之独称大，武王、周公之独称达，岂其他圣贤皆不然？盖即其特盛者而名之也。粤兹谏行，稽谋于天。镂之玉简，荐之清庙，于以扬厉景烈，宣明至公。贯显幽而无惭，亘今古而如在。谨遣摄太傅、光禄大夫、右丞相、提举编修玉牒、提举实录院、提举编修国朝会要、天水郡开国公、食邑六千五百户、食实封二千户赵汝愚奉玉册、玉宝,上尊谥曰哲文神武成孝皇帝,庙号孝宗。伏惟威灵在天,膺受容典,于万斯年,永畴厥后。呜呼哀哉!谨言。

出处:《宋会要辑稿》礼四九之六四。又见同书礼三〇。

撰者:赵汝愚

考校说明:赵汝愚时任右丞相。《全宋文》重收此文,其一系于赵汝愚名下,时间误系于绍熙二年(第二七三册,第三八九页),其二系于陈骙名下(第二四一册,第四二至四四页)。《宋会要辑稿》礼四九注文曰:"册文右丞相赵汝愚撰,知枢密院事兼参知政事陈骙书,宝文参知政事余端礼篆。"

安穆郭皇后改谥册文
(绍熙五年十月二十九日)

孝孙嗣皇帝臣某。伏以谥有名有法。名以礼饰,变而从宜;法以义制,合而取重。乃更号祇薦一,非敢渎告于有神。恭惟安穆皇后兆祥汾水,和裕淑均,惠问宣敷,选聘惟允。有炜嫔则,靡逾中矩,左右怡怿,用媚于皇姑。越初烈祖在藩服,克小大祗业,诞显播孝周,迪简高宗,用决大策,惟后励相,厥功多。乌虖!夙夜笃庆,尚惟有周姜、任,较兹勤绩,式犹弗若。翊茂毓明圣,保佑劬瘁,睿质用日跻。迄绍天继统,厥緜以绵远,垂无疆休,亦惟我祖后德。乌虖!被袆翟,仪坤宫,母万方,传子暨孙,辑福时亿,是称是宜。而命不融,咸弗克躬有。皇祖盡哀,追命锡荣,著践祚始。肆圣父在御,思报罔极,班爵元舅如母在。翊惟冲人,曾弗及事,其敢曰功德本始,代父严报于今兹。属时皇祖将建陵庙竣工,以国旧典,来诏曰:降祔陛配,惟先帝后时举,惟嗣孝孙作册。呜虖钦哉,眇质其曷胜!惟地承天,月受魄,自东方,罔不从。厥所配后谥系之帝,历汉至今鲜改,其曷敢不法象?诹采以申,赞于幽灵。谨遣太傅、光禄大夫、右丞相、提举编修玉牒、提举实录院、提举编修国朝会要、天水郡开国公、食邑六千五百户、食实封二千户赵汝愚奉册宝,上尊谥曰成穆皇后。伏惟歆受景铄,覃祉衍泽,聿绥有邦,亦俾在后之侗,世扬前人光勿替。谨言。

出处:《宋会要辑稿》礼四九之六六(第二册第一五一六页)。

撰者:赵汝愚

考校说明:赵汝愚时任右丞相。《全宋文》误系于绍熙二年(第二七三册,第三九一页)。

安恭夏皇后改谥册文
(绍熙五年十月二十九日)

　　孝孙嗣皇帝臣某。伏以坤承乎天,四德之名匪异;后统于帝,壹惠之典当同。盖庙有从享之文,礼无专谥之法。诹之经训,其后顺德常之道欤?汉光烈之于光武,唐文德之于文皇,洎我本朝,益隆彝训。昭宪之号,仰荐于安陵;三后之称,悉符于章圣。所以媲德齐美,永严宗祊。皇皇乎,饰终远之大瑞,不可逾已。恭惟安恭皇后躬闲和之则,备姚婉嬺之仪,早钟曾沙之祥,凤契倪天之异。粤自初载,来相宗藩。潜龙天飞,进俪宸极。辅翊宵旰,济登休明。肃环佩以自持,援图史以为鉴。烦捆著于《葛覃》,柔顺形乎《采苄》。怀文掞藻,婀娜靓深。四教孔昭,六宫承式。抚绥诸御,均贯鱼之宠也;检柅近亲,防跃龙之汰也。无险波之心,志乎贤也;有警戒之道,忧乎慢也。至若齐明夙夜,祗溵烝尝,职谨丝枲,教先穜稑。保佑圣子,母慈之聿昭;供养东朝,妇道之弥著。仁孝顺治彝以明,始于宫闱,达于天下,宣惟内助,实基王化。虽四妃之翊詧,二娥之隆妫,不是过也。芳猷未究,淑命不融,肜史徒辉,濯衣久阒。惟乾道之祀,方祖载之辰,固已考实于容台,揭名于太室矣。乃今烈祖祔,丕展上仪,命于圆穹,锡谥成考。登配之号,宜系于尊,以成易安,厥有前宪。谨遣摄太傅、光禄大夫、右丞相、提举编修玉牒、提举实录院、提举编修国朝会要、天水郡开国公、食邑六千五百户、食实封二千户赵汝愚奉册宝,上尊谥曰成恭皇后。伏惟哲灵如在,歆受忱诚,于斯万年,永燕清祐。谨言。

出处:《宋会要辑稿》礼四九之六六。
撰者:赵汝愚
考校说明:赵汝愚时任右丞相。《全宋文》误系于绍熙二年(第二七三册,第三九二页)。

季秋淫雨震电罪己责躬诏
(绍熙五年十月)

　　朕临御以来,三阅月矣。乃者洚水为灾,畿甸尤甚。悉意赈抚,未知攸济,而又阴气为沴,天作淫雨,继之震电,信宿犹未已也。时维季秋,实已孟冬,兹岂其时耶? 变不虚致,朕甚惧焉。岂朕之德薄,不足以承祖宗之休烈? 抑眇躬有过,朝政或阙而致然欤?《云汉》之诗,遇灾而惧,终篇惟及"靡神不举"、"靡爱斯牲"等语,盖言如此。而天降之灾,罪必在我,侧身修行之诚,见于言外,此朕之所当勉也。朕欲应天以实,而方执寿皇之丧,避殿撤乐,皆无以自见。惟是罪己责躬,其曷敢后? 布告中外,使知朕恐惧修省之意。

出处:《攻媿集》卷四二。

撰者:楼钥

主管冲佑观黄度知婺州制
(绍熙五年十月)

敕具官某:言者不枉,择者不明,此汉文帝之诏也。深厚宽博,庶几六艺,朕甚慕焉。日以谏官补郡守,而尔度方抗疏论事无所挠,且竟舍州绂,便亲养退。省尔私,岂有为为之乎? 若但从欲,不强起汝,亦异于汉文矣。婺、越境相错,可以将父便道之官,是用命汝。其往裨吾民,益以民事之暇,强学待问,朕岂汝忘哉! 可。

出处:《止斋先生文集》卷一八。

撰者:陈傅良

考校说明:编年据《絜斋集》卷一三《黄公行状》补。

金国吊祭使人赴阙口宣
(绍熙五年十月)

盱眙军传宣抚问赐御筵

有敕:卿肃持使指,来慰国哀。眷入境之云初,岂肆筵之可后? 往宣予意,以劳尔勤。

镇江府赐银合茶药

有敕:卿等肃拥使华,远将慰礼。经铁瓮山川之险,锡宝奁茗剂之珍。宜体眷怀,用安旅次。

镇江府赐御筵

有敕:卿等来趋素幄,行次丹阳。虽深衔恤之悲,不废示慈之宴。是将厚意,式宠行人。

平江府赐御筵

有敕:卿等远从燕驿,近及吴门。深嘉唁问之勤,宜备宾筵之渥。其承异眷,益进来程。

出处:《攻媿集》卷四七。
撰者:楼钥

知信州石画问除司封郎官淮西提举张同之转一官再任制
(暂系于绍熙五年十月前后)

敕具官某等:荒政十二,著于《周官》,苟非其人,是徒法也!尔画问以郡太守,同之以州刺史,当岁不淑,克究尔心,使境内无菜色。计书来上,朕甚嘉之。诚得监牧如二人者,布之海内,吾民其苏矣乎。书劳进秩,宜见褒异。至如画问讫事,遣归郎省;同之善后,因任使华。朕意攸属,无有内外。可。

出处:《止斋先生文集》卷一七。
撰者:陈傅良
考校说明:编年据同集前后文时间及石画问、张同之官历补,见《章泉稿》卷五《重修广信郡学记》、《宋会要辑稿》食货六二、食货六八等。

知襄阳府张杓知建康府制
(暂系于绍熙五年十月前后)

敕:维周公、太公,功在盟府,而伯禽见于《费誓》,吕伋见于《康王之诰》,克世其美,垂名六艺。显允魏公,弼亮二祖。咨尔后人,宜自著见。具官某践修厥猷,谋略辐辏。牧民驭士,何乡不可? 内史摘发,文昌论思,绩用甚茂,称者不容口也。备边襄州,隐若敌国。太上酬劳,欲徙秣陵而未果。肆朕嗣服,爰咨分阃。托重留钥,莫如尔宜。且夫金陵,魏公之所经略也。元勋大节,赍志未就,历年于此,胡能嗣之? 文事武备兼修者何术? 内宁外忧长虑者何事? 其究尔心,以图忠报。岂惟先正,将二祖亦宠嘉之。可。

出处:《止斋先生文集》卷一八。
撰者:陈傅良
考校说明:编年据同集前后文时间、《景定建康志》卷一四补。

直秘阁刘颖除直显谟阁江东转运判官制
(暂系于绍熙五年十月前后)

敕具官某:课贤劳耶,则谁如汝多? 采民誉耶,则谁如汝著? 况久淹恤,朕岂忘汝也。江表将漕司存与留都相时,盖视畿甸等耳。烦尔调度,以宽州县之急。归报有期,勿替前绩。可。

出处:《止斋先生文集》卷一八。
撰者:陈傅良
考校说明:编年据同集前后文时间、刘颖官历补,见《水心文集》卷二〇《刘公墓志铭》、《景定建康志》卷二六。"直显谟阁""江东转运判官",《水心文集》卷二〇《刘公墓志铭》作"直宝谟阁""江东运副"。

浙西提刑黄通知赣州制
(暂系于绍熙五年十月前后)

敕具官某:粤从台掾,遂界畿节,不可谓不遭时矣。章贡名邦,选牧为重,而其民亦号难理。夫地重则须宿望,事难则藉容德。畴咨尔宜,就畀州组。益究民庸,毋曰远外。可。

出处:《止斋先生文集》卷一八。

撰者:陈傅良

考校说明:编年据同集前后文时间、《绍定吴郡志》卷七补。

太学上舍生李斗南叶元英赐释褐出身制
(暂系于绍熙五年十月前后)

敕某等:科目之制,至严密也。而繇学校进者,则课其功绪。盖有不待试于春官而策之廷者焉,亦既得隽矣。肆予嗣服,又拔其尤。若尔某某者,而即官之,则所以加惠诸生,岂不盛哉! 可。

出处:《止斋先生文集》卷一八。

撰者:陈傅良

考校说明:编年据同集前后文时间补。

侍卫步军司后军统领戚拱宿卫部辖官兵特转一官制
(暂系于绍熙五年十月前后)

敕具官某:环列之尹,著于《春秋》;书劳进秩,则有常典。尔其毋惮烦使,式克钦承。则予汝赏,不一而足。可。

出处:《止斋先生文集》卷一八。

撰者:陈傅良

考校说明:编年据同集前后文时间、戚拱官历补,见《宋会要辑稿》瑞异二。题后原注:"邵建、孙光祖、鲍信、陈孝庆、孙显忠、夏震并同。"

湖南提刑赵不遏除江西提刑寺丞赵□除江西□□提举制
(暂系于绍熙五年十月前后)

敕具官某等:自江以西,绵地数千里,其吏善读律,其商善趋醝茗之利,而其田畴多旱潦。部使者得其人,则刑罚中而讼龉之俗易,禁弛散敛行,而民不失业。以尔不遏详刑湖湘,不偏听于单辞;尔□率职省寺,谨厚而无失。其以不遏序迁枭司;□为庚氏,皆王人也。观省风谣,布宣德意,可不勉乎?可。

出处:《止斋先生文集》卷一八。

撰者:陈傅良

考校说明:编年据同集前后文时间补。

张繢除直秘阁宫观制
(暂系于绍熙五年十月前后)

敕具官某:以熙宁论事之臣之后,其文足以自见,其学足以自饬。此吾烈祖所以置诸册府,上皇以为郎若卿也。晚分郡符,数上奏计,虽不见察于部使者,而见直于言路。而秉心无竞,固请解组。成尔素履,归休外祠。还尔旧著,寓直延阁。尚对新渥,以为后图。毋若《考槃》,永矢弗告。可。

出处:《止斋先生文集》卷一八。

撰者:陈傅良

考校说明:编年据同集前后文时间、张繢宦历补,见《宋会要辑稿》职官七三。

江东转运判官刘颖知平江府制
(暂系于绍熙五年十月前后)

敕具官某:将输江东,方锡赞书,择牧吴门,又分符竹,尔亦喻朕指乎?以尔才足以拨烦,且宜引以自近也。夫足以拨烦,则弥节而为剧郡,所以发游刃之有余;引以自近,则置诸扶风、冯翊之间,盖鸿渐之序也。深喻此指,无非简记。盍疾其驱,以对新渥。可。

出处:《止斋先生文集》卷一八。

撰者:陈傅良

考校说明:编年据同集前后文时间、刘颖宦历补,见《水心文集》卷二〇《刘公墓志铭》、《景定建康志》卷二六。"江东转运判官",《水心文集》卷二〇《刘公墓志铭》作"江东运副"。

李嘉谋知襄阳府制
(暂系于绍熙五年十月前后)

敕具官某：维烈祖旁求西州之士，几无遗材，用以为公卿大夫多矣。而一时同进，宿留州县，位卑官薄，声闻蔼然者，犹一二数。朕所以式遄其归也。会乏襄阳之帅，佥谋惟久，而又中道辍汝，以宽顾忧。是岂朕初意乎？夫旅进周行，每恨非功名之会；久劳外服，又怀无拾补之益。有能于此，何乡不可？则通儒也。尔其钦承，以图忠报。可。

出处：《止斋先生文集》卷一八。

撰者：陈傅良

考校说明：编年据同集前后文时间补。

权户部侍郎梁总除刑部侍郎制
(暂系于绍熙五年十月前后)

敕：朕诵周书，至《立政》，用人之戒详矣。而三致意于庶狱，至于卒章，独告司寇苏公。夫皆准人也，他无所概见，而司寇独明言其人，何欤？盖谨而书之也。具官某以宽厚长者名当世，而以法士名其家。夫法士则深于文，而长者则伤于惠。二者皆偏才也，而卿独兼二美焉。顷为理官，空圄累月，及掌邦计，郡国晏然。衔命来归，备见忠瘁。晋贰秋官，此苏公之职也。式敬尔狱，以长我王国，尔尚无愧于周书哉。可。

出处：《止斋先生文集》卷一八。

撰者：陈傅良

考校说明：编年据同集前后文时间、梁总官历补，见《宋会要辑稿》职官七三。

赵汝愚再辞免提举编修国朝会要不允诏
(绍熙五年十月后)

卿进专国秉，总领众职，无所不统，固无待于兼官也。国家以史事为重，故必择其尤重者属之上相。叠畀三组，既已再命，而又欲辞其一，何耶？《会要》之书，故实所萃,诸儒载笔,坐总宏篡,兼人之才,岂复惮此? 其祗成涣,以讫奏篇。

出处:《攻媿集》卷四二。又见《宋忠定赵周王别录》卷二。

撰者:楼钥

考校说明:编年据《南宋馆阁续录》卷七补。

吏部尚书郑侨辞免兼实录院修撰不允诏
(绍熙五年十月后)

高宗中兴,临御三纪。一代之史,简册挈繁。设官累年,汗青无日。朕既命大臣为之典领,思得鸿儒耆德,为诸儒倡。卿自陪都还朝,表仪从班,论撰之重,非卿谁属? 剡惟旧物,不待畴咨。趣上奏篇,毋劳谦避。

出处:《攻媿集》卷四二。

撰者:楼钥

考校说明:编年据《南宋馆阁续录》卷九补。

新除刑部侍郎梁总辞免不允诏
(绍熙五年八月至闰十月间)

卿少习宪章,历观棘寺,为郎为卿,皆以此选。正以明练吏事,心计有余,遂持使节,遂董军饷,擢贰民曹,俱号称职。若今秋官虚员,舍卿尚谁属耶? 明允笃诚,若自道然。万里使还,径俾为真。金曰汝谐,何辞之有?

出处:《攻媿集》卷四二。

撰者:楼钥

考校说明:编年据文中所述"万里使还"、梁总宦历补,见《金史》卷六二《交聘表》、《宋会要辑稿》职官七三。

梁总辞免奉使回程时转一官不允诏
(绍熙五年八月至闰十月间)

卿辍自从班,远使邻国,服劳已甚,成礼而还。序进文阶,厥有旧典。往祗涣命,何事谦辞。

出处:《攻媿集》卷四二。

撰者:楼钥

考校说明:编年据文中所述史事、梁总宦历补,见《金史》卷六二《交聘表》、《宋会要辑稿》职官七三。

贺金国生辰使副梁总戴勋到阙传宣抚问
并赐银合茶药口宣
(绍熙五年八月至闰十月间)

卿等远聘殊邻,旋归近境。念舟车之劳勤,颁茗剂之珍芳。仍命行人,往将予意。

出处:《攻媿集》卷四七。

撰者:楼钥

考校说明:编年据文中所述史事、梁总宦历补,见《金史》卷六二《交聘表》、《宋会要辑稿》职官七三。

国子祭酒彭椿年除直龙图阁江东路转运副使制
(绍熙五年闰十月二日)

敕具官某:昔荀卿尝为祭酒矣,而卒老兰陵,后世恨之。尔某于今百辟,最先进也。方在诸生,及见故老。比为博士,独抱遗经。而自诡治民,迟迟翔集,盖累年于此矣。晚长成均,雅不自喜。亟上恳牍,欲便其私。将输江堧,升华牺阁。虽宠尔行,而朕尚冀尔无退心也。以解荀卿之恨,亦有意乎? 可。

出处:《止斋先生文集》卷一八。

撰者:陈傅良

大理寺丞林思齐除大理正制
（绍熙五年闰十月二日）

敕具官某：本朝重科目，而有以奕世父子、一门伯仲，赫然联翩，擅声名于场屋，若尔某者，岂不足贵乎？而何州县淹恤，亟称贤劳，岳牧论荐，始有朝迹也。淑问献囚，士论惟允。俾为理官，自丞而正。鸿渐之序，嗣有懋官。可。

出处：《止斋先生文集》卷一八。
撰者：陈傅良

户部郎中王溉除直秘阁知平江府制
（绍熙五年闰十月三日）

敕具官某：治办之吏，患在锲薄，岂弟之长，或不事事。此二千石所以难其人也。尔自分郡寄，比遣使华，长于心计，往往所在足用而长财也。而捐以予民，动累钜万。蜀道之人，至今怀惠。若尔者，可以托千里之国矣。吴门择牧，盖久而后得之。辍于望郎，华以寓直，尔其懋哉，勿替民誉。可。

出处：《止斋先生文集》卷一八。
撰者：陈傅良

太府寺簿范荪除大理寺丞制
（绍熙五年闰十月三日）

敕具官某：奕世载德，孰如范氏？尔克践修，益自问学。色辞粹温，君子人也。俾丞棘寺，未究尔能。谨视刑书，嗣有宠数。可。

出处：《止斋先生文集》卷一八。
撰者：陈傅良

军器少监兼权司封官李大性除浙东提举知常州
黄灏除浙西提举制
大性十月三日,灏闰十月四日。
(绍熙五年十月三日、闰十月四日)

敕具官某:今二浙犹三辅也。比岁不登,仍以旱潦,荒政十二,其谁与朕推行之乎? 爰诹其人,得于周行,则汝大性;得于列郡,则汝灏也。东、西二节,于以分界。平兴颁积,悉咨听之。吴越之间,民无菜色,我有褒玺,必不尔后。可。

出处:《止斋先生文集》卷一八。
撰者:陈傅良

周必大再辞免少傅不允不得再有陈请诏
(绍熙五年闰十月七日后)

朕勉绍丕图,方修初政,首推需泽,溥及群工。惟予元老之贤,宜陟孤卿之秩。偃息而藩魏室,何必在廷? 寅亮而命周官,是为进律。载披来奏,殊咈眷怀。卑于公,尊于卿,亦惟均耳;一而俯,再而伛,何以多为? 兹系具瞻,毋庸固避。

出处:《攻媿集》卷四二。
撰者:楼钥
考校说明:编年据周纶《周益国文忠公年谱》补。

周必大再辞免少傅不允不得再有陈请诏
(绍熙五年闰十月七日后)

朕嗣膺洪祚,注想宗工。比升孤棘之班,实需《蓼萧》之泽。虽云恩厚,非曰予私。凡卿之言,近已行于一二;顾朕所与,辞何至于再三? 若夫虭爵之科,尤匪尊贤之意。尚承眷渥,毋事劳谦。

出处:《攻媿集》卷四二。

撰者:楼钥

考校说明:编年据周纶《周益国文忠公年谱》补。

林季友郭正己充奉使金国报谢使副诏
(绍熙五年闰十月八日)

朝请郎、守尚书右司员外郎林季友假焕章阁学士、朝请大夫、提举万寿观、兼侍读、咸安郡开国公、食邑一千户、食实封一百户、赐紫金鱼袋,充奉使金国报谢使;武功大夫、左领军卫将军郭正己假明州观察使、知阁门事、兼客省四方馆事、宜春县开国侯、食邑一千二百户,副之。

出处:《宋会要辑稿》礼三○之二三。

严切禁止解盐侵射川盐诏
(绍熙五年闰十月九日)

兴元府、兴州、金州都督安抚司督责所部关隘戍守官兵严切禁止,毋令解盐稍有透漏,侵射川盐。缘所属奉行不虔,致有违戾,仰照应已降指挥,常切遵守施行。

出处:《宋会要辑稿》食货二八之四六。

金国吊祭使人赴阙口宣
(绍熙五年闰十月十一日前)

赤岸赐酒果

有敕:卿等远将慰问,来届近郊。先之旨酒之颁,增以嘉肴之锡。少安次舍,用息勤劳。

赐御筵

有敕:卿等握节载驰,越疆来吊。将展国丧之礼,宜先郊劳之仪。其体眷私,少休匽薄。

赐被褥钞锣

有敕:卿等远致奠仪,久劳客路。爰厚寝衣之赐,仍分盥器之珍。跋履之余,抚存加渥。

密赐大银器

有敕:使华既接,吊礼斯勤。宴已备于饔飧,器仍加于银镂。是为异渥,少慰贤劳。

赐生饩

有敕:卿等少安宾馆,既毕吊仪。按聘礼以受饔,命廪人而致饩。谅均徒御,咸体眷怀。

赐内中酒果

有敕:卿等礼谨吊丧,退将即次。颁酒殽于内府,示恩宠于来宾。意则有余,物惟俱称。

朝见讫归驿赐御筵

有敕:卿等慰此国哀,见于丧次。爰暂休于燕馆,用初秩于宾筵。首示殊私,嗣加好赐。

就驿特赐衣服金带银器衣著

有敕:卿等吊丧自远,率礼无违。器分山溢之珍,衣有身章之宠。虽云多品,未尽至怀。

赐内中酒果

有敕:卿等肃将使节,来唁丧帏。嘉有客之多仪,出尚方之珍品。甘芳俱厚,宠眷弥加。

在驿特赐射弓酒果

有敕:卿等既肃哀仪,难修宾射。虽辍主皮之艺,仍加设醴之勤。殽核俱颁,情文尤厚。

特赐射弓御筵

有敕:卿等交邻有道,序宾以贤。属当变礼之时,仍饬初筵之赐。穿杨何取,折俎惟优。

出处:《攻媿集》卷四七。
撰者:楼钥
考校说明:编年据《宋会要辑稿》礼三〇补。

回吊祭国书
(绍熙五年闰十月十一日)

皇祖上仙,尝驰赴问。冲人嗣位,方服通丧。荷信使之远来,辱吊仪之加厚。益坚盟好,弥切感怀。哀疚既深,敷陈难究。

出处:《攻媿集》卷四七。
撰者:楼钥
考校说明:编年据《宋会要辑稿》礼三〇补。

朝请郎权发遣滁州石宗昭除度支郎官新改
除浙西提举吴镒除司封郎官制
（绍熙五年九月八日、闰十月十四日）

敕具官某等：以吾册府校雠之臣，而越在外服，不知其反期何时，非所以为经生、学士劝也。尔宗昭、镒，尝同日给笔札，试于玉堂之庐，观如堵墙，其美无度。而何宗昭在淮、镒在湘之久也！夫合江之水，环滁之山，将指承流，尔固乐此。公论不置，盍归郎闱。其亟来朝，以对新渥。可。

出处：《止斋先生文集》卷一八。
撰者：陈傅良
考校说明：题后原注："九月八日。镒，闰十月十四日。"

太学博士陈岘武学将士陈邕并除秘书省正字制
（绍熙五年闰十月十四日）

敕具官某等：朕命以《云汉》侧身之谊，策尔于玉堂之庐。尔岘不徒具文，而有恻隐之实；尔邕科别其条而昌言之，不枉于执事。文词拳拳，皆可观也。册府储才，得尔惟允。勉司校雠，益务涵育。以就远志，以副殊休。可。

出处：《止斋先生文集》卷一八。又见民国《平阳县志》卷七七。
撰者：陈傅良

监登闻检院杨大全除宗正寺主簿主管官告院傅伯成
除司农寺主簿监都进奏院孟浩除国子监主簿制
（绍熙五年十月十四日、闰十月十四日）

敕具官某等：夫以百亩之宰，三年之淹，金言贤劳，始有朝迹，而后阶升，簿正列寺。士欲以才自著也，斯已艰矣。矧尔大全，西州之彦；而伯成、浩，又南国之良乎！姑懋厥官，以须褒进。可。

出处：《止斋先生文集》卷一八。又见《永乐大典》卷一四六〇八。

撰者:陈傅良

考校说明:题后原注:"十月十四日。浩,闰十月十四日。"

知泰州韩同卿辞免改授正任观察使在京宫观不允诏
(绍熙五年闰十月十六日后)

朕勉承丕祚,肇正中宫。尔为后父之亲,召自淮壖之守。眷惟相种,本出儒门。属王姬下嫁之恩,致武爵流传之众。兹优戚闱,超授廉车。俾仍奉于内祠,盖一遵于故典。是为允惬,其又奚辞?

出处:《攻媿集》卷四二。

撰者:楼钥

考校说明:编年据《宋会要辑稿》后妃二补。

金国吊祭人使回程口宣
(绍熙五年闰十月十六日后)

赐龙凤茶并金镀银合

有敕:远修唁问,兹遂旋归。茶分北苑之珍,器备南金之饰。是为异渥,用慰遐征。

赤岸赐酒果

有敕:卿等返旆云初,出郊于迈。加六壶六箧之馈,致三辞三揖之勤。式慰尔归,用将予意。

赐御筵

有敕:卿等成礼云归,启途未远。意方勤于郊送,恩宜视夫宾初。既厚眷私,益坚信睦。

平江府赐御筵

有敕:卿等吊仪既备,使事言旋。行已次于苏台,恩仍颁夫镐燕。礼文加厚,客路具宜。

沿路赐使副冬至节绢

有敕:使且北归,日方南至。载念修途之役,俾加厚币之将。其服恩荣,尚宽旅思。

读祭文官

有敕:卿远陪肤使,归遇新阳。爰颁束帛之温,以助重裘之燠。益昭眷渥,庸慰贤劳。

三节人从

有敕:长至维时,远归在道。言念御寒之具,特加实篚之珍。赍赐有差,恩私无异。

镇江府赐御筵

有敕:卿等来修慰礼,既毕使仪。望北蓟以还辕,至南徐而憩节。庸加燕衎,其悉眷私。

盱眙军赐御筵

有敕:卿等来成使礼,归次边疆。更加燕豆之勤,不替权舆之旧。其承眷礼,遂戒征途。

出处:《攻媿集》卷四七。
撰者:楼钥

考校说明:编年据《宋会要辑稿》礼三〇补。

除朱熹宫观御批
(绍熙五年闰十月十七日)

朕悯卿耆艾,方此隆冬,恐难立讲,已除卿宫观,可知悉。

出处:《两朝纲目备要》卷三。又见《宋史全文续资治通鉴》卷二八,《晦庵先生朱文公文集》卷二三《谢御笔与宫观奏状》,《勉斋先生黄文肃公文集》卷三四《朱先生行状》。

考校说明:编年据《庆元党禁》补。《庆元党禁》原作"闰十月十九日甲戌",然甲戌日实乃十七日。束景南《朱熹年谱长编(增订本)》袭《庆元党禁》之误,系于十九日(华东师范大学出版社,二〇一四年,第一一八四页)。《宋史全文续资治通鉴》卷二八系于绍熙五年闰十月二十一日戊寅,据《庆元党禁》,此乃"(韩)侂胄使中使王德谦封内批以授熹"之日。《两朝纲目备要》卷三、《续编年资治通鉴》卷一一系于绍熙五年十一月一日戊子,恐不确。《宋史全文续资治通鉴》卷二八:"熹以十月辛卯入见,中间进讲者七,内引留身奏事者再,面对、赐食各一,在朝甫四十有六日。"《晦庵先生朱文公文集》卷二三《谢御笔与宫观奏状》:"臣今月二十一日伏准降到御笔赐臣:'朕悯卿耆艾,方此隆冬,恐难立讲,已除卿宫观,可知悉。'"

工部尚书赵彦逾除端明殿学士知建康府恩数依执政制
(绍熙五年闰十月十八日)

敕:维我烈祖,作新同姓,使与天下寒士共趋功名之会。盖一时兴起,蔼然多名卿大夫矣。朕方相其魁杰而次第用之,以昭我烈祖作人之盛。具官某奋自儒科,积有民誉。盖拔膏粱之习,而独清修苦节,甚于布衣。岂惟不以高帝子孙自居? 而谦谦唯谨,不敢遗于僮仆也。肆朕嗣服,而忠劳见于大节之际,夷考周汉,同姓有几? 则朕将何以对扬烈祖之意? 昔周人叙康王之事,而孜孜于仲山、南宫毛;汉录代来之功,而额独后朱虚之赏。二代治效醇疵与其俗薄厚,于是乎见。是用极之以秘殿之隆名,申之以丞辖之异数,分厘留都,增大食采。凡所以尊宠卿至矣! 尚其懋哉,毋忘忠报。可。

出处:《止斋先生文集》卷一七。

撰者:陈傅良

考校说明:编年据《两朝纲目备要》卷三补。

赵彦逾再上札子辞免端明殿学士并执政恩数不允诏
(绍熙五年闰十月十八日后)

卿以起部大常伯,领袖从班,主耳忘身,预陪国论。金陵吾之北门,固以谋帅为重。文明之峻职,政府之异数,所以宠卿之行。今欲辞二者而之镇,顾岂若留卿以自近乎? 朕虑之甚审,久而后发,不应至此,乃复反汗,无以多言为也。

出处:《攻媿集》卷四二。

撰者:楼钥

考校说明:编年据《两朝纲目备要》卷三补。

张宗况张宗愈转一官与干官差遣制
(绍熙五年闰十月二十一日)

敕具官某等:劝分之令下,未有帅先为吾元元输粟于县官者。而尔以勋阀世臣,能奉明诏,朕甚嘉之。爰进厥秩,俾属外台。非苟为恩,将以风厉。可。

出处:《止斋先生文集》卷一八。

撰者:陈傅良

考校说明:编年据《宋会要辑稿》职官六二补。

令举宗室以备选擢诏
(绍熙五年闰十月二十一日)

比来宗室在朝者少,可令两省、台谏、侍从各举有文学器识者二人,以备选擢。

出处:《宋会要辑稿》帝系七之二九。

大理寺推司法司推赏事诏
（绍熙五年闰十月二十二日）

大理寺推司抽差到寺,不以在寺曾无推勘或贴勘看定公事,并展作到寺五年推赏。法司同。其再任人与依旧法。

出处:《宋会要辑稿》职官二四之四〇。

庆元改元诏
（绍熙五年闰十月二十五日）

敕门下:朕以眇身,托于兆人之上,惟日兢兢,惧无以绍列圣之休,而对扬上皇之慈训也。永惟当今之务,何者为急? 非欲百官修辅而民力裕欤? 夫亲君子,远小人,庆历、元祐之所以尊朝廷也。省刑罚,薄税敛,庆历、元祐之所以惠天下也。是彝是训,历年弥长。肆于中兴,举偏补敝,皆于此乎取法,克至今日,中外乂宁。朕幸蒙遗业,绳祖武,而敢一日忘此乎! 掇取美号于纪元。《诗》云:"不愆不忘,率由旧章。"盖庶几周成焉。其以明年为庆元元年。故兹诏示,想宜知悉。

出处:《止斋先生文集》卷一〇。
撰者:陈傅良
考校说明:编年据《宋史》卷三七《宁宗纪》补。

大学正孙元卿除武学博士制
（绍熙五年闰十月二十五日）

敕具官某:古者干籥,皆学于东序,而《貍首》、《驺虞》,又皆乐师所以教国子也。尔以文行,简在东胶,誉处盛矣。推所讲明,施及右学,将见诸生不但习孙吴而已,则朕之所以用汝也。可。

出处:《止斋先生文集》卷一八。
撰者:陈傅良

高宗周押马赏转官制
(绍熙五年闰十月二十七日)

敕具官某:《诗》不云乎:"秉心塞渊,騋牝三千。"马之增减,于此观人心焉。此吾所以设赏典也。其进尔秩,劝后来。可。

出处:《止斋先生文集》卷一八。

撰者:陈傅良

考校说明:编年据《宋会要辑稿》兵二六补。

报登宝位使副郑湜范仲壬到阙传宣抚问
并赐银合茶药口宣
(绍熙五年闰十月后)

卿等握节言旋,及门伊迩。厚舜剂珍芳之赐,劳川途跋履之勤。庸序尔情,特将予意。

出处:《攻媿集》卷四七。

撰者:楼钥

考校说明:编年据郑湜、范仲壬宦历补,见《金史》卷六二《交聘表》。

初讲毕案前致词降殿曲谢宣答词
(绍熙五年八月至十一月间)

陈傅良

有制:首颁召命,渴想忠猷。耸闻讲贯之详,恍若从游之旧。克谐朕志,益启乃心。

朱　熹

有制:久闻高诣,倾伫嘉猷。来侍迩英之游,讲明大学之道。庶几于治,深慰予怀。

出处:《攻媿集》卷四六。又见民国《瑞安县志》卷六。

撰者:楼钥

考校说明:编年据朱熹宦历补,见《两朝纲目备要》卷五。

客贩米斛往两浙路荒歉去处出粜免纳力胜钱事诏
(绍熙五年十一月一日)

逐州委官专一觉察,如有违戾去处,即将当职官吏按劾以闻。客人附带物货,许所经过场务量与优润,从逐处则例,以十分为率,与减饶二分,日下通放,即不得虚喝税数。其招诱到客船,仰所委官出给行程文历一道,批写所载米斛若干、舟船几只、客人稍工乡贯姓名,指定前往出粜州军,经过场务照验放行,仍批写到发日时,至住粜处缴纳。如奉行灭裂,许客人越诉,仍仰所委官多出文榜晓谕。

出处:《宋会要辑稿》食货五八之二○。

安南国王李龙翰加恩制
(绍熙五年十一月七日)

敕门下:朕宣室受厘,言念梯航之远;扬廷孚号,载疏纶綍之恩。以昭烈祖之宏谟,以笃价藩之丕祉。推诚顺化,秉信守义;奉国履常,怀德谨度。思忠功臣、特进、检校太尉、充静海军节度观察处置等使、兼御史大夫、上柱国、安南国王、食邑一万户、食实封三千八百户李龙翰,恪勤厥服,绍美于前。克提千里之封,勿替累朝之好。霜露所坠,固同洽于至仁;沧海不波,盖良繇于多助。维时嗣服,有事合宫。亦遐想于弥恭,莫共陪于肇祀。骏奔在庙,虽阻修黼哻之仪;旅实充庭,尝与备萧茅之享。肆盼新渥,爰广旧封。哀载籍之名言,侈元勋之显号。於戏!闵予访落,畴在公助祭之劳;嘉乃象贤,谨与国咸休之度。于焉申锡,其尚钦承。可依前特进、检校太尉、充静海军节度观察处置等使、兼御史大夫、上柱国、安南国王,加食邑一千户,食实封四百,仍加济美功臣,散官、勋如故。主者施行。

出处:《止斋先生文集》卷一○。

撰者:陈傅良

考校说明:编年据《宋史》卷三七《宁宗纪》补。

杨源转一官制
(绍熙五年十一月七日)

敕具官某:尔请昏于戚里,将以图腆仕也。方优懋章,及其党族。宜进一官,以广恩意。可。

出处:《止斋先生文集》卷一八。

撰者:陈傅良

考校说明:编年据《宋会要辑稿》后妃二补。

推恩安恭皇后亲弟夏执中子女亲属诏
(绍熙五年十一月七日)

安恭皇后亲弟夏执中长男、阁门宣赞舍人允言应奉日久,特除带御器械,候服阕日,先令额外供职;次男允功、允弼并除阁门祗候;女夏氏特封安人;从侄日新、亲属谌大本、女夫杨源并特转一官。

出处:《宋会要辑稿》后妃二之二六。

李知己陈景俊并除大理寺丞制
(绍熙五年十一月八日)

敕具官某等:鲁人以淑问献囚,而汉以文无害为狱掾,皆所以重士官也。尔知己,于今多士为前进,而有廉退之称,不几于鲁诗所谓淑问者乎?尔景俊,于今法家为通才,而无少恩之蔽,不几于汉制所谓文无害者乎?俾丞棘寺,同审刑书。庶几吾民,幽枉必达。可。

出处:《止斋先生文集》卷一八。

撰者:陈傅良

翰林司人兵等支请月粮口食米诏
（绍熙五年十一月九日）

翰林司人兵等每月见请月粮口食米,可与于御辇院人兵残敖内支,自今后按月依此施行。

出处:《宋会要辑稿》职官二一之九。

国子司业叶适除太府卿淮东总领制
（绍熙五年十一月十二日）

敕具官某:昔者仲尼考定六艺,至《大学》之卒章,归于义利。《易》道深矣,亦曰天地大德,次及于理财也。今宿师数十万,以天下之财赡之,不领于大农之经费。而居此官者,不知此谊,是不重为吾民病乎? 宜廷臣论建者,欲得贤士大夫使之久任,以加惠吾元元也。朕览奏,矍然改图其人,而大臣首以尔适应选择。辍从司成,晋长外府。以儒术总戎饷,昉于此矣。行尔所学,奚必多训。可。

出处:《止斋先生文集》卷一八。
撰者:陈傅良

孝宗哀册文
（绍熙五年十一月十五日）

维绍熙五年,岁次甲寅,六月庚寅朔,九日戊戌,哲文神武成孝皇帝崩于重华宫之重华殿,殡于殿之西阶。粤十一月戊子朔,十五日壬寅,迁座于永阜陵攒宫,礼也。即远期臻,通丧义切,象物俨乎既备,龙辀憯其将发。孝孙嗣皇帝臣扩孝深念祖,制实代亲,栾棘表性,苴麻厚伦。望仙游而已邈,企贻训以如新。丕阐大烈,宣资弼臣。其词曰:于皇太祖,肇基我宋。神旗一挥,禹国星拱。功拯兆人,德弥千纪。传祚友于,弗私其子。庆钟来裔,元圣遹开。珠庭日角,大略雄才。洪惟高宗,鉴挺则哲。早毓英睿,谓膺图牒。爰付大统,天心允协。乾道纪旦,于赫皇明。清风发而果日丽,潜龙奋而春雷惊。仄席吁俊,宵衣厉精。政核名实,治规平成。革玩岁之末习,揭爽邦之大经。群臣震叠以亮采,方内涵濡而底宁。

慨九陵之芜秽,悼二都之膻腥。若剧尝胆,夙行建瓴。意欲刷耻雪愤,扫穴犁庭,陈稿街之斧钺,报清庙之威灵。虽壮图之眚昧,炳圣志之丹青。宣示训于有生,尤茂昭于人极。享帝虔恭,奉先祗惕。兢兢早暮,载严于职。玉卮奉而慈颜怡愉,宝册陈而叶气充塞。十闰致养,三年宅恤。表里交尽,初终如一。行轶曾、闵,道光载籍。乃若学洞壶奥,文追典谟。诹经米廪,援翰鸿都。儒化聿宣,文风诞敷。居率俭勤,动虞骄逸。览章夜分,决事日昃。声色靡好,囿游不饬。赐无横绵,府有余积。至仁渐暨,邦本先恤。廷见牧守,丁宁戒饬。中外更试,以练群能。长养成就,忠良奋兴。善无微而不录,恶无隐而不惩。曰司纪纲,或斜愆谬。不难屈己,以伸法守。体正用大,消平党偏。其德赫赫,其心渊渊。盖明足以烛知洪纤而不病于察,智足以独御区宇而不矜其全。神机电断,蔑优游之失;卓识天授,显精一之传。春秋日高,圣敬弥邵。肆垂宏远之规,终契希夷之妙。脱屣黄屋,怡神绛宫。方展宷而庆七帙,忽宾天而乘六龙。文母流涕以临诀,圣嗣抱疹而婴凶。嗟舜宥之甫颁,哀秦医之莫逢。呜呼哀哉!弥留之辰,天震地裂,人心靡怙而皇皇,国势阽危而嶪嶪。赖遗泽之渗漉,想灵斿之飒沓。伟大策之中定,巩皇图于不拔。呜呼哀哉!流咎于迈,隐忧载深。繁霜粲兮眩目,朔吹严兮殒心。抚玉座兮虚以寂,瞻素旗兮翩复森。长乐钟残,犹意彩衣之问;钧天梦断,空惊广奏之沉。呜呼哀哉!因山遽催,同轨毕赴,背巍巍之邃宇,即杳杳之灵户。纷羽卫兮赫奕,怆凶仪兮缟素。薤歌咽兮前导,萎翣移兮屡驻。流苏月满,清厢之夜色空凝;辇路苔生,别苑之春光谁顾。呜呼哀哉!指涛江而欲渡,辞庙祏以增歔。睇稽山兮暂寓,眷巩洛兮终归。痛深泉下之银海,藏谨中方之玉衣。葬远苍梧,塞二妃之不从;宴终瑶圃,眇八骏以何之。呜呼哀哉!君临天下二十有八年,睿泽浸乎华夏,德名振乎天渊。俪美尧、禹,跨成轶宣。何崇朝之厌代兮,郁四海之烦冤。熠大孝之绝德兮,芘神孙于万年。呜呼哀哉!

出处:《宋会要辑稿》礼三○之三一。

赐文武百寮宰臣赵汝愚等上表请皇帝还内不允批答
(绍熙五年十一月十九日前)

省表具之。朕遭家多难,懔乎惧不足以当大事,赖天之灵、宗庙之祐,乃者壬寅,获与同轨祔烈祖于思陵。而遣车徂东,虞主未返,仰止稽山,明发不寐,皇皇望望,未知所为也。公卿百辟,其何以慰朕,而欲徇故常之请,还广内乎?方将禀命于上皇以供养,仍九虞侍两宫为事。所请宜不允。

出处:《止斋先生文集》卷一〇。又见《宋忠定赵周王别录》卷一三。

撰者:陈傅良

考校说明:编年据《宋史》卷三七《宁宗纪》补。

赐赵汝愚等再上表请皇帝还内宜允批答
(绍熙五年十一月十九日前)

省表具之。夫会朝之嚣欢,非所以示下;宿卫之暴露,非所以持久。朕岂不熟虑此欤? 但以任、姒之养,未忍违离;阜陵复土,盍亦宿留。是用却前请而勿听也。今承命三宫,皆曰不可,百辟卿士又恳恳以为言,朕惟舍独见以从众允,徇大权而胜私谊。自古后王鲜不由此,顾如冲人,其敢咈亲尊之意,抑臣庶而弗省乎? 所请宜允。

出处:《止斋先生文集》卷一〇。又见《宋忠定赵周王别录》卷二。

撰者:陈傅良

考校说明:编年据《宋史》卷三七《宁宗纪》补。

宗正少卿李祥除国子祭酒制
(绍熙五年十一月二十一日)

敕具官某:士行莫高于知止,庙谟莫急于留贤。一举而二美附,此朕所以用尔祥也。以尔议论接于前闻,行藏备于素履,见推文行,多士攸同,粤从枢属,擢贰胄监。而秉心无竞,陈谊甚高。盖旬岁之间,亡虑数请。以年为解,怀不自安也。朕为此风不作,深用嘉尚。爰酬已试,晋长司成。本之诸生,以重两学。夫人臣守谊,人主尚德。是足以明教化矣。可。

出处:《止斋先生文集》卷一八。

撰者:陈傅良

秘书丞陈楝除著作佐郎制
（绍熙五年十一月二十二日）

敕具官某：载笔东观，极天下之选矣。官资崇卑、岁月久近不足论也。尔尝奉大对，亚乎褒然之选。才长文富，不自衒鬻。从其所好，翱翔著庭。以昌令名，以就远器。《诗》不云乎："潜虽伏矣，亦孔之炤。"尔亦喻此指乎？可。

出处:《止斋先生文集》卷一八。

撰者:陈傅良

行在诸百官司宿直事诏
（绍熙五年十一月二十二日）

今后并须日轮官吏宿直，非实有疾故，各不许请官代宿，人吏亦不得募人承□。其仓场库务等处，仍仰所辖官司常切钤束，不时检察，如有违戾，重行责罚。在法权与正同，其六部兼权郎中亦合通轮宿直。

出处:《宋会要辑稿》职官七九之一〇。

太常博士邵康除秘书丞制
（绍熙五年十一月二十三日）

敕具官某：筮仕学省，遂入容台，遂上册府。士而能致身如此，盖亡几人也。以尔奏名南宫，尝为天下第一。种学绩文，益务持养。次第及此，朝无异言。往其懋哉，以就远器。可。

出处:《止斋先生文集》卷一八。

撰者:陈傅良

为孝宗服三年之丧诏
(绍熙五年十一月二十四日)

三年之丧,古有彝制。朕勉承慈训,寅绍邦图,仰孝宗之家法具存,眇躬惟古道是复,以尽厚终之义,以昭尊祖之诚。朕当遵用三年之制,可令礼官条具合行典礼以闻。

出处:《宋会要辑稿》礼三○之三三。又见《两朝纲目备要》卷三,《宋史全文续资治通鉴》卷二八。

太常寺主簿刘诚之除太常博士刘孟容除秘书省正字制
(绍熙五年十一月二十三日、二十七日)

敕具官某:朕每讲至于《春秋》一书,则闻刘氏之说,本朝经学,未能或之先也。访求其家,则尔诚之、孟容,皆世科第。诚之方簿正曲台,雅有誉处;而孟容淹恤在外,称者尤不容口也。其以诚之为礼博士,而特招孟容置诸册府。《诗》不云乎:"凡周之士,不显亦世。世之不显,厥犹翼翼。思皇多士,生此王国。"朕盖庶几于此焉。可。

出处:《止斋先生文集》卷一八。
撰者:陈傅良
考校说明:题后原注:"十一月二十三日。孟容,二十七日。"

杨纬引嫌改知阆州制
(暂系于绍熙五年十一月前后)

敕具官某:朕不以防禁遇臣下,而或自言嫌,则亦从欲,以便其私。尔纾州组,浸有民誉。顾以伯氏庀司榷牧,抗章引却,易地阆中。虽徇尔怀,亦足风厉。可。

出处:《止斋先生文集》卷一八。
撰者:陈傅良

考校说明:编年据同集前后文时间补。

武节郎提辖制造御前军器所曹组职事修举转一官制
(暂系于绍熙五年十一月前后)

　　敕具官某:以除戎器,课劳而增秩,非苟以为恩也。天下无事,武备易弛,有精其能,不可不劝。可。

出处:《止斋先生文集》卷一八。
撰者:陈傅良
考校说明:编年据同集前后文时间补。

沈槐胡仲衡吕友直并除大理评事制
(暂系于绍熙五年十一月前后)

　　敕具官某等:日者屡肆大眚,囹圄空虚,理官具员而已。然而择人以详刑,则不可不谨。若尔某者,皆由此选也。宜及闲暇,益务明习,以称朕哀矜庶狱之意。可。

出处:《止斋先生文集》卷一八。又见《宋元宪集》卷二〇。
撰者:陈傅良
考校说明:编年据同集前后文时间、沈槐宦历补,见《宋会要辑稿》职官五。《宋元宪集》卷二〇有《胡仲衡吕友直并除大理评事制》,文字与本制相同,当为《宋元宪集》误收。胡仲衡、吕友直均是南宋人,见《裘竹斋诗集》卷二《送胡仲衡稽斋》、《宋会要辑稿》职官七五等。

前知抚州赵彦绳知赣州制
(暂系于绍熙五年十一月前后)

　　敕具官某:江右民牧,章贡为重。尔彦绳,以属籍之秀,奋于儒科。而临川治行,奏计为最。解组来朝,适会阙守。畀尔符竹,咸曰是宜。往其究心,以永终誉。可。

出处:《止斋先生文集》卷一八。

撰者:陈傅良

考校说明:编年据同集前后文时间、同治《赣县志》卷二五补。

倪思知泉州制
(暂系于绍熙五年十一月前后)

敕具官某:朕观周诗,至于廷臣徂齐入谢,为之作诵,勤勤劳苦,然后知官人之道焉。尔蚤以英声,颖脱时辈。浸即腼仕,蔚为国华。日者方愬征骖,俄而去国,顾乃愿休祠馆,不就郡章。以若所为,岂必待仕而后慊于心欤? 而朕自不能忘也。维闽山乐土,温陵佳郡,成尔素履,姑惟迟次,事简赋宽,可践所学。往其钦承,益自明试。可。

出处:《止斋先生文集》卷一八。

撰者:陈傅良

考校说明:编年据同集前后文时间、《鹤山先生大全文集》卷八五《倪公墓志铭》补。

乡贡进士方权输米补迪功郎制
(暂系于绍熙五年十一月前后)

敕某:劝分之令下,未有帅先为吾元元输粟于县官者。而尔尝预计偕,能奉明诏。授之初官,以厉来者,不亦可乎? 可。

出处:《止斋先生文集》卷一八。又见《永乐大典》卷七三二五。

撰者:陈傅良

考校说明:编年据同集前后文时间补。"进士",《全宋文》误作"进土"(第二六七册,第一七六页)。本文又见《永乐大典》卷七三二五,系于范成大名下,疑误。

程需输米特补承信郎制
(暂系于绍熙五年十一月前后)

敕某:劝分之令下,未有帅先为吾元元输粟于县官者。而尔能奉明诏,是足嘉与。官以右选,以劝后来。可。

出处:《止斋先生文集》卷一八。又见《永乐大典》卷七三二七。
撰者:陈傅良
考校说明:编年据同集前后文时间补。

马大同特复元官致仕制
(暂系于绍熙五年十一月前后)

敕:霜台有请,固不可屈于恩;泉壤可怀,亦不容废以法。爰弃前咎,遂还故官。以昭念旧之仁,以示劝能之典。具官某信己之学,兼人之才。粤自少年,意已轻于先达;浸更腼仕,耻徒事于清谈。盖时出其抱负之长,而概见于设施之际。修明臬事,有发伏擿奸之功;论建版曹,皆足用长财之画。肆予初政,洊有烦言。属尔沉疴,姑从薄责。谅兼忘于宠辱,何遽隔于幽明。东首拖绅,曷慰九原之恨?西清持橐,尚歆再命之荣。可。

出处:《止斋先生文集》卷一八。
撰者:陈傅良
考校说明:编年据同集前后文时间、马大同宦历补,见《宋会要辑稿》职官七三。

太府卿吴琛辞免换授正任观察使在京宫观不允诏
(绍熙五年十一月后)

卿生长戚闳,儒雅自将,佳公子也。名曹缮监,践扬有年。总饷殊方,浸升卿列。贤劳既久,宠以赐环。廉车内祠,用循故事,非以为褒美也。春秋方富而才可用,岂遂投闲哉!毋事牢辞,其祗朕意。

出处:《攻媿集》卷四三。
撰者:楼钥
考校说明:编年据《嘉定镇江志》卷一七补。

虞俦知湖州制
(绍熙五年十二月前)

敕具官某:以尔尝入霜台,持玉节,风绩甚茂,淹恤云久,尚徒劳州组乎? 夫仁不异远,义不辞难。乃菩雪之间,自昔乐土。维年不逢,民有菜色,荒政十二,朕靡所爱。苟非其人,是将焉寄,此朕所以用汝也。寓直延阁,姑宠尔行。亟图民庸,以计来上。可。

出处:《止斋先生文集》卷一八。
撰者:陈傅良
考校说明:编年据《嘉泰吴兴志》卷一四补。

知枢密院事陈骙乞归休不允诏
(绍熙五年七月至十二月间)

卿儒学老成,有大臣体。肆朕纂服,方厚倚毗。何为露章,遽祈闲退? 谋猷克壮,神明未衰。其谨辅予,无事力请。

出处:《攻媿集》卷四二。
撰者:楼钥
考校说明:编年据陈骙官历补,见《宋史》卷二一三《宰辅表》。

正议大夫充显谟阁待制提举江州太平兴国宫
陈岘磨勘转正奉大夫制
(绍熙五年七月至十二月间)

敕:夫循次非所以待劳能也,计年非所以处法从也。而有司以告,重违旧章,宜有命书,且见明陟。具官某以名臣之子,自托于儒生。以夕郎之官,践更于州组。奉祠累岁,益见靖共。序进一官,曾非特典。朕不敢废,姑慰永怀。可。

出处:《止斋先生文集》卷一三。
撰者:陈傅良

考校说明：编年据陈傅良任两制时间、陈岘官历补，见《攻媿集》卷四一《在外大中大夫以上任宫观该覃恩转官制》。如按同集前后文时间，本制当作于绍熙四年九月前后。同集卷一四又有《降授通议大夫显谟阁待制提举江州太平兴国宫陈岘荐举不当降一官满一期叙复通奉大夫制》，按同集前后文时间当作于绍熙五年四月前后。然正议大夫位在通奉大夫之上，故本制时间当晚于同集卷一四《降授通议大夫显谟阁待制提举江州太平兴国宫陈岘荐举不当降一官满一期叙复通奉大夫制》。《攻媿集》卷三四有《通奉大夫显谟阁待制陈岘系韦潜心举主降一官制》，作于绍熙三年六月一日后。《攻媿集》卷四一又有《在外大中大夫以上任宫观该覃恩转官制》，作于绍熙五年七月后，"通奉大夫、显谟阁待制陈岘"是受制者之一，故本制时间当晚于《攻媿集》卷四一《在外大中大夫以上任宫观该覃恩转官制》。同时期又有陈楠孙陈岘，开禧年间曾提举太平兴国宫(见《西山文集》卷四四《陈公墓志铭》)，与此陈岘非同一人。

中书门下省检正诸房公事兼权刑部侍郎徐谊除权工部侍郎兼知临安府制
(绍熙五年十二月三日)

敕：商邑翼翼，四方之极。夫为内史，而无尊重难危之势，非所以览示海内、壮京室也。具官某外宽而中刚，末详而本约。能通当今之务，而不失古意；能得君子之心，而不忿疾于顽也。比尝试对，赋奏闳切，朕识之久。会谋畿帅，而简之庶僚，贰于起部。盖闻冀里言之助者，开群枉之门；怀危得之情者，持自营之计。内史不竞，职此之由。佥图其人，无以易汝。是用蔽自朕志，度越故常，以论思之班，行弹压之事。往其懋哉，以振首善。可。

出处：《止斋先生文集》卷一八。又见民国《平阳县志》卷七七。
撰者：陈傅良

总领所依旧酤卖诏
(绍熙五年十二月九日)

令总领所依旧酤卖，每岁除合纳内库钱照数解发外，所起朝廷桩管钱全与减免，诸司息钱权减四分之一，仍自来年为始。

出处:《宋会要辑稿》职官四一之六四。

韩侂胄除在京宫观彭龟年与郡诏
(绍熙五年十二月九日)

侂胄特转一官,依所乞除在京宫观;龟年除焕章阁待制,与郡。

出处:《攻媿集》卷九八《林公神道碑》。
考校说明:编年据《宋史》卷三七《宁宗纪》补。

付林大中御笔
(绍熙五年十二月九日后)

龟年除职与郡,已为优异。侂胄初无过尤,罢职奉祠,亦不为过,可并书行。

出处:《攻媿集》卷九八《林公神道碑》。又见同书卷九六《彭公神道碑》。
考校说明:编年据《宋史》卷三七《宁宗纪》补。

除吴璘吴琯官诏
(绍熙五年十二月十三日)

恭奉太皇太后圣旨:诸侄并已易武,止有吴璘、吴琯并特依吴珹、吴璘例,吴璘特授永州防御使,吴琯特授忠州防御使,并提举佑神观。

出处:《宋会要辑稿》后妃二之一九。

正议大夫陈骙辞免除职与郡不允诏
(绍熙五年十二月十三日后)

朕惟释政机而均逸者,大臣全进退之宜;畀华职以示宠者,累朝笃始终之眷。矧惟耆哲,朕所倚毗,专西枢本兵之权,兼东府基命之地。俯徇忧请,暂分外藩。恩礼加优,典章可考。少须除命,何用谦辞?

出处:《攻媿集》卷四二。

撰者:楼钥

考校说明:编年据陈骙宦历补,见《宋史》卷二一三《宰辅表》。

新除资政殿大学士陈骙辞免不允诏
(绍熙五年十二月十三日后)

卿器资刚毅,经术该通。久任事枢,临机辄断。力祈闲退,善始以终。况辞藩屏之除,愿处祠庭之佚,由衷有请,反汗无嫌。若规殿之隆名,乃大臣之彝典。再披逊牍,殊咈眷怀。用荣买臣衣锦之归,毋作考父循墙之避。

出处:《攻媿集》卷四二。

撰者:楼钥

考校说明:编年据陈骙宦历补,见《宋史》卷二一三《宰辅表》、卷三九三《陈骙传》。

余端礼除知枢密院事制
(绍熙五年十二月十四日)

朕惟兵权总于枢管,孰当魁柄之隆;时望畴于政途,兹得鸿儒之旧。诞扬成涣,庸示殊褒。具官余端礼端重而裕和,宽闳而肃括。受知烈祖,忠备罄于论思;祗事上皇,功尤多于调护。召从家食,擢位天官。出分师阃之雄,来贰机庭之邃。庙谟默契,帝眷采深。逮予纂绍于邦图,乃命参陪于揆路。不改有常之度,愈坚匪懈之诚。是用晋掌本兵,式资远略。既有加于邑赋,仍真锡于井腴。用耸群瞻,茂昭异数。嘻! 国家是时及闲暇,岂武备之可忘;道德之威成安强,斯壮猷之有赖。其思励翼,以副倚毗。

出处:《宋宰辅编年录》卷二○。

京镗参知政事制
(绍熙五年十二月十四日)

朕永惟至治,亟图共政之人;乐得硕材,辍自本兵之地。方深眷倚,爰示宠嘉。具官京镗襟度粹夷,器资凝重。久矣遍仪于中外,卓然立志于事功。礼执殊邻,孝祖擢登于法从;政成全蜀,上皇召置于文昌。逮兹御极之初,翊我鸿枢之运。讦谟经远,敏识烛微。载畴帷幄之庸,俾赞钧衡之任。噫!有常德以立武事,既资已试之能;建大政以兴太平,尚冀方来之效。往祇厥命,益远乃猷。

出处:《宋宰辅编年录》卷二〇。

郑侨同知枢密院事制
(绍熙五年十二月十四日)

朕以有邦初政,可忘武备之修;贰我鸿枢,宜亟儒英之用。既符人望,庸畀纶言。具官郑侨早以异才,冠于多士。学问本于醇正,进退得于从容。遣以交邻,义不辱于君命;召而前席,言勿为于身谋。积望寀高,来归何晚。属篆丕图之始,尚淹大江之东。念帅闽之久劳,还文昌之旧著。讲帷进列,备见忠诚;有密参华,尤资硕画。乃启侯封之宠,仍增井赋之丰。兼锡真腴,式昭异渥。惟践扬之久,则其谋必审;惟函养之至,则其用必宏。无竞惟人,予即虚心而眷倚;有常立武,尔其一德以赞襄。

出处:《宋宰辅编年录》卷二〇。

新除知枢密院事余端礼辞免不允诏
(绍熙五年十二月十四日后)

朕惟宥廷之任,事体至严,非长材不可以济时,非壮猷不可以经远。卿兼资文武,久赞枢机。辅政以来,输忠无隐。辍自中台之贰,进专西府之权。蔽自朕心,益隆兵本。是为妙选,非以叙迁。公论具孚,逊章可略。

出处:《攻媿集》卷四二。
撰者:楼钥
考校说明:编年据《宋史》卷二一三《宰辅表》补。

新除参知政事京镗辞免不允诏
（绍熙五年十二月十四日后）

卿以通敏宏达之才,受知烈祖,擢之法从,付以全蜀。太上召还文昌,有意大用。肆朕纂服,登贰西枢。关决筹帷,动称朕意。是用进参机政,以究经济之蕴。镇浮应变,卿所优为。眷倚方深,毋庸多逊。

出处:《攻媿集》卷四二。

撰者:楼钥

考校说明:编年据《宋史》卷二一三《宰辅表》补。

新除同知枢密院事郑侨辞免不允诏
（绍熙五年十二月十四日后）

卿久仪禁路,人望最高。垂上政途,详试帅阃,天官之长,至勤三入。西枢为贰,盖已晚矣。朕访落求助,二三大臣是托。以卿宏才素蕴,练达国体,急于登用,以冀治功。其祗成命,以图回本兵之务,勿以谦避为烦也。

出处:《攻媿集》卷四二。

撰者:楼钥

考校说明:编年据《宋史》卷二一三《宰辅表》补。

金国贺登宝位使人赴阙口宣
（绍熙五年十二月十五日前）

盱眙军传宣抚问赐御筵

有敕:卿等持礼远来,入疆伊始。念川途之匽薄,加燕劳之优隆。徒御少休,宾仪无爽。

镇江府赐银合茶药

有敕:卿等来拥使华,远申盟好。念舟车之劳役,颁茗剂之珍芳。爰饰宝奁,以迎玉节。

赐御筵

有敕:践阼顷初,亲仁是务。肃使华于近镇,谨宾礼于初筵。益届来程,以承眷渥。

平江府赐御筵

有敕:卿等远持贺礼,来次辅邦。再加燕衎之私,庸示眷存之渥。少休跋履,且慰勤劳。

赤岸赐酒果

有敕:卿等来次郊圉,肃将贺礼。宠以上尊之赐,加之硕果之珍。式仁来游,以坚信好。

赐御筵

有敕:初御丕图,远勤信使。既次郊关之近,载加燕豆之优。其体眷私,以承虚仁。

出处:《攻媿集》卷四七。
撰者:楼钥
考校说明:编年据《宋会要辑稿》职官三六补。

金国贺登宝位使人到阙口宣
(绍熙五年十二月十五日后)

赐被褥钞锣

有敕:卿等肃将使指,来贺君临。式颁盥洗之珍,仍致衾茵之丽。用安次舍,其服恩私。

赐使副春幡胜

有敕:卿等远修邦好,适遇春阳。爰加节物之颁,庸示使华之宠。尚祗涣渥,益缔欢盟。

赐接伴使副春幡胜

有敕:卿等迓客于畿,还朝有日。当此新春之始,特加好赐之优。其体眷私,益修使事。

赐三节人从春幡胜

有敕:春起于东,使来自北。举彩杖土牛之礼,颁宝幡金胜之华。仪则有差,恩无所异。

朝见毕归驿赐御筵

有敕:卿等来致贺仪,归安宾馆。念川途之劳勚,设樽俎之优隆。庸示眷勤,少休跋履。

赐酒果

有敕:卿等拭圭修聘,将币成仪。爰加芳酝之颁,仍厚嘉殽之锡。少休徒御,以俟宾筵。

密赐大银器

有敕:卿等陈仪既备,执礼滋勤。欲深示于情文,爰密颁夫用器。非金之贵,惟意之将。

赐内中酒果

有敕:卿等来修邦好,克谨宾仪。分御府之甘芳,示使轺之华宠。虽喷例卷,盖出殊恩。

赐生饩

有敕:卿等既谨朝仪,退安宾次。俾廪人之致饩,冀使者之加餐。异数相望,眷怀增厚。

特赐御筵

有敕:卿等趋朝甚谨,授馆方安。修客礼以无违,秩宾筵而有楚。特将予意,庸慰尔勤。

特赐酒果

有敕:卿等进谨朝仪,退安宾馆。赉此壶尊之腆,加以肴核之珍。盖示殊私,尚承好赐。

玉津园射弓赐酒果

有敕:卿等肃驾使轺,共修宾射。谅慰四方之志,想闻百发之能。爰锡甘芳,少休劳勤。

赐射弓例物

有敕:卿等讲射宝津,视仪相圃。爰首颁于弧矢,仍加赐夫金缯。张弛具宜,恩私愈渥。

朝辞毕归驿赐酒果

有敕:卿等礼成无阙,事毕言旋。锡列瓮之芳醪,洎加笾之珍果。少休宾驭,行届归程。

赐御筵

有敕:卿等履勤入觐,兹遂告归。更加笾豆之优,不替权舆之始。尚祇燕礼,徐戒行装。

特赐银

有敕:卿等备成使事,俱趣归程。特颁山溢之珍,用助星驰之役。毋啧故事,盖示优恩。

回程赤岸赐酒果

有敕:卿等已祇聘礼,初计归程。乃驰赐于上尊,仍分颁夫硕果。少安旅次,徐届征途。

赐御筵

有敕:卿等持礼言还,戒途伊始。爰启在公之燕,用华修聘之归。既秩宾筵,遂登客路。

赐龙凤茶金镀银合

有敕:卿等邦好既修,回途未远。珍茗选春芽之赐,宝奁分山溢之余。是曰殊恩,用将厚意。

平江府赐御筵

有敕:卿等贺礼既周,归程浸远。甫即苏台之次,载修镐燕之仪。益向长途,毋忘厚意。

镇江府赐御筵

有敕:卿等远来致庆,倏遂言旋。念北客之改辕,即南徐而锡爵。眷私无替,礼貌牢修。

盱眙军赐御筵

有敕:卿等来持庆礼,回次边疆。欲缔好于两朝,复陈仪于四簋。行当上道,更祝加餐。

出处:《攻媿集》卷四七。
撰者:楼钥
考校说明:编年据《宋会要辑稿》职官三六补。

回贺登宝位国书
(绍熙五年十二月十七日)

祇奉慈谟,勉承丕祚。比饬行人之告,兹勤信使之来。仪物有加,书函尤备。既荷礼文之厚,益欣盟好之坚。爰谨报章,用陈谢悃。

出处:《攻媿集》卷四七。
撰者:楼钥

考校说明:编年据《宋史》卷三七《宁宗纪》补。

报谢登宝位国书
(绍熙五年十二月十七日)

祖武是绳,孝思方切。勤使华之远暨,知盟好之弥隆。品物具陈,情文俱称。比已腾于报椟,爰再饬夫行人。仍致彝仪,用将谢悃。

出处:《攻媿集》卷四七。
撰者:楼钥
考校说明:编年据《宋史》卷三七《宁宗纪》补。

新除少师永宁郡王郭师禹辞免不允诏
(绍熙五年十二月二十二日后)

阜陵之役,重事也。朕不得躬执绋之劳,祖遣有行,号慕弗已。卿以王之元舅,国之信臣,办护宣勤,为朕任送终之责,往来顺济,上下无哗,礼备安虞,归祔太室,卿得以报孝宗之恩,朕可忘所以赐卿者哉!进长孤棘,仍加王爵。既涣告廷之命,何烦避宠之词?亟其钦承,朕言不再。

出处:《攻媿集》卷四三。
撰者:楼钥
考校说明:编年据《宋会要辑稿》职官一补。

伯圭辞免兼中书令不允诏
(绍熙五年十二月二十二日后)

中书造命之地,令公师长百僚。清贵华重,古人谓之凤凰池者也。国朝之制,率以宠异亲贤。然祥符天禧以还,久不除此官矣。惟公明德懿亲,贵重无二。三公两镇,何以加此!爰举旷典,以贲宗正。既无兼管内枢之烦,复得老成典刑之重。涣汗大号,毋庸固辞。执谦虽勤,礼难曲徇。

出处:《攻媿集》卷四三。

撰者:楼钥

考校说明:编年据《容斋三笔》卷一二补。

郭师禹特授少师封永宁郡王加食邑实封制
(绍熙五年十二月二十二日后)

门下:朕纂上皇之丕绪,承列祖之通丧。复土告功,既克襄于大事;提纲置使,实有赖于懿亲。爰播明纶,肆加殊宠。具官某小心自牧,吉德著闻。蚤席庆于椒闱,浸升华于棘位。恂恂家法,靡矜金穴之奢;侃侃朝班,久遂琳宫之适。兹卜会稽之麓,往营永阜之陵。灵驾徐驱,饬厥仪而肃靖;重臣主办,讫閟寝之固安。粤惟元舅之崇,可忘酬赏之报?繄劳之称,匪朕敢私。衮服命圭,显冠孤卿之秩;金印鳌绶,进封异姓之王。仍旄钺于东秦,彻土疆于南晋。申陪井赋,并侈辕畴。以昭四姓之华,以笃三朝之眷。於戏!节侯仕汉,得谨畏谦恭之声;尚父在唐,有富贵繁衍之盛。岂其苗裔,见此亲贤?其踵前人之休,以为密戚之劝。赐告口宣:有敕;阜陵复土,元舅策勋。既升冠于孤卿,仍疏封于王爵。其祗涣渥,毋事谦辞。

出处:《攻媿集》卷四五。

撰者:楼钥

考校说明:编年据《宋会要辑稿》职官一补。

皇伯祖太师嗣秀王伯圭特授兼中书令加食邑实封制
(绍熙五年十二月二十二日后)

门下:朕祗绍炎图,遹绳祖武。追仰抱孙之爱,谨奉菆涂;实繄同气之贤,式专使领。克襄大事,悉按旧章。昭示殊褒,用孚群听。具官某联休皇极,正位泰阶。直大以方,厚载体《坤》爻之二;爵齿与德,达尊全天下之三。惟我孝宗,最崇秀邸。眷乃象贤之懿,袭兹开国之封。敬其所尊,爱其所亲,今当推于宗老;反也如疑,往也如慕,况密护于厥仪?每入临于朝晡,曾不避于涂潦。能以从心之岁,躬为复土之勤。有司莫敢不哀,行路为之感动。语必流涕,誓报平生之恩;赏不逾时,肆举非常之典。是兼紫微令之重,以为大父行之华。仍衍爱田,并丰真食。匪以爵而驭贵,恨无官以酬公。於戏!隆专席之荣,盖用祥符之故实;第中书之考,会参尚父之勋名。以增师尹之严,以侈邦家之盛。益绥寿嘏,庸对宠光。赐告口宣:有敕:卿贵隆人爵,尊袭王封。亲临永皋之藏,宠冠中台之列。是为殊渥,尚体眷怀。

出处:《攻媿集》卷四五。

撰者:楼钥

考校说明:编年据《容斋三笔》卷一二补。

郭师禹再辞免少师不允批答
(绍熙五年十二月二十二日后)

省表具之。朕惟三孤之贵,卑于公,尊于卿;异姓之王,苴以茅,胙以土。皆本朝之所重,非懿戚而谁居? 以卿德量有余,忠诚匪懈,受隆知于烈祖,不专为恩;护大事于皋陵,克勤乃职。迨兹归报,可后褒嘉? 既敷号以明扬,虽循墙而安避。毋为苟礼,徒咈眷怀。口宣:有敕:位尊三少,爵重异王。用酬使领之劳,已播廷扬之命。沵披逊牍,其服殊恩。

出处:《攻媿集》卷四六。

撰者:楼钥

考校说明:编年据《宋会要辑稿》职官一补。

郭师禹再辞免少师不允仍断来章批答
(绍熙五年十二月二十二日后)

省表具之。卿世为懿戚,仕历累朝。惟孝宗之恩,每思所报;故皋陵之役,独护其行。人徒见阃门而养威,今乃知任事而能办。位列三孤之长,封疏五等之崇,扬于大廷,协彼公论。何为固避,屡却复来? 其亟受于宠章,毋重陈于逊牍。口宣:有敕:皋陵庀役,总使有行。既竣事以来归,乃疏恩而示宠。其祗一札,何事三辞?

出处:《攻媿集》卷四六。

撰者:楼钥

考校说明:编年据《宋会要辑稿》职官一补。

著作佐郎王爽除著作郎制
(绍熙五年十二月二十三日)

敕具官某:雍也仁而不佞,仲尼所以第德行之科也。尔群居则寡言,旅进则却立,不几乎所谓仁而不佞者欤?久游册府,殊无兢心。比上著庭,见谓直笔。于焉序迁,未足以究尔能也。朕方识之,行有简擢。可。

出处:《止斋先生文集》卷一八。
撰者:陈傅良
考校说明:《南宋馆阁续录》卷八系于绍熙五年十一月。

孝宗祔庙德音
(绍熙五年十二月)

朕躬绳祖武,日懋孝思。万邦之君,允有贻孙之典;七月而葬,适当同轨之期。怅莫报于皇慈,惟谨襄于大事。卜夏禹巡狩之地,近高庙衣冠之藏。载谋载惟,既营神域;必诚必信,已窆灵舆。迓吉仗以言旋,肃太宫而班祔。缛仪云备,旧制可稽。固已遵三年之通丧,体累朝之俭德,蠲除浮费,戒节虚文。然念遗诰初颁,都下有奔号之扰;因山之际,国人多供亿之勤,未免烦会稽之徒,宜特肆柣阳之赦。神祇效顺,咸议恩封。官吏宣劳,均行赏赉。宽井里之赋调,清圄圈之缧囚。庸推泽物之仁,用继忧民之志。於戏!苍梧不返,人心惟慕于重华;温洛未归,陵邑尚安于永皋。咨尔有众,服予异恩。

出处:《攻媿集》卷四二。
撰者:楼钥

知明州何澹辞免曾任藩邸讲官转一官不允诏
(暂系于绍熙五年冬)

卿顷以儒英授经于朕,逮予嗣服,眷注不忘。求之近比,当进两秩。旧僚逊避,俯徇其请,在卿又何辞焉!宜遂钦承,毋至于再。

出处:《攻媿集》卷四二。

撰者:楼钥

考校说明:编年据同集前后文时间、何澹宦历补,见《宝庆四明志》卷一。

赐观文殿学士致仕李彦颖银合茶药诏
(暂系于绍熙五年冬)

朕祗绍丕图,缅怀故老。卿前朝旧弼,佑我烈祖。遗荣告归,世推典型。比进嘉言,尤见忠荩。一水间之,日劳注想;爰颁饮剂,以实宝奁。问劳有加,将予至意。

出处:《攻媿集》卷四二。

撰者:楼钥

考校说明:编年据同集前后文时间、文中所述"朕祗绍丕图,缅怀故老"补,见《宋史》卷三七《宁宗纪》。

赐龙图阁学士致仕程大昌张大经敷文阁直学士致仕汪大猷显谟阁待制致仕程叔达宝文阁待制致仕沈枢敷文阁待制致仕李昌图银合茶药诏
(暂系于绍熙五年冬)

朕瘝寐贤俊,怀思老成。卿顷侍孝宗,夙著声望。引经告老,张大经改"垂车告老"。世推典型。逮予纂承,渴于一见。爰加问劳,仍有匪颁。体予至怀,无忘忠告。

出处:《攻媿集》卷四二。

撰者:楼钥

考校说明:编年据同集前后文时间、《诚斋集》卷一二五《程公墓志铭》补。

资政殿大学士黄洽辞免覃恩转一官不允诏
(暂系于绍熙五年冬)

朕践阼云初,访予落止,缅怀旧弼,尝下求言之诏矣。乃因覃霈,俾进文阶。国有彝章,非有私于卿也。其服训词,毋烦多避。

出处:《攻媿集》卷四二。

撰者:楼钥

考校说明:编年据同集前后文时间、文中所述"朕践阼云初"补,见《宋史》卷三七《宁宗纪》。

殿前都指挥使郭杲辞免修盖大内福宁殿等特转一官减三年磨勘回授不允诏
(暂系于绍熙五年冬)

朕俯徇群臣之请,归安广内之居。顾栋宇之崇成,命工徒之劳止。卿亲临蓍鼓,祗事殿岩。讫役云初,懋官可后? 既有阤恩之命,毋烦避宠之词。

出处:《攻媿集》卷四二。

撰者:楼钥

考校说明:编年据同集前后文时间补。

御史中丞谢深甫辞免兼侍读不允诏
(暂系于绍熙五年冬)

进读露门,自昔高选。肆朕纂承之始,首务详延妙择,法从之贤,不以轻畀。以卿器资端亮,学问淹该,议论正平,实长风宪。俾侍经幄,士莫之先。胡为引辞,尚留朕命? 令行弗反,倚听嘉猷。

出处:《攻媿集》卷四二。

撰者:楼钥

考校说明:编年据同集前后文时间、谢深甫宦历补,见《宋史》卷二一三《宰辅表》。

新除户部侍郎袁说友辞免不允诏
（暂系于绍熙五年冬）

版曹天下之剧任也，而卿为之之时尤难。向来国家多故，事绪浩穰，经费之外，又增不时之须。属岁大祲，调度不给。卿儒学俊茂，旧历清华。通敏有余，独任大计。内之无阙供之急，外之无诛求之怨。满岁有奇，劳亦甚矣。为真已晚，又何辞焉！

出处：《攻媿集》卷四三。

撰者：楼钥

考校说明：编年据同集前后文时间、袁说友宦历补，见《宋史翼》卷一四《袁说友传》、《宋会要辑稿》食货七〇。

新除观察使谢渊辞免不允诏
（暂系于绍熙五年冬）

卿以祖后至亲，往为使介，风埃万里，不惮驰驱。成礼而还，褒升可后？廉车之峻，遂登从班。毋庸空辞，思所以称此则善矣。

出处：《攻媿集》卷四三。

撰者：楼钥

考校说明：编年据同集前后文时间、文中所述"卿以祖后至亲，往为使介，风埃万里，不惮驰驱"补，见《宋会要辑稿》礼三〇、《金史》卷六二《交聘表》。

赐银合腊药敕书
（绍熙五年冬）

荆湖南路安抚使王蔺

卿西枢故老，南国元侯。念兹霡发之辰，赐以奇珍之剂。体予至意，勉尔壮犹。

四川安抚制置使赵彦逾

卿视仪两地,出镇四川。锡品剂之奇珍,慰风寒之匮薄。益厚颐养,用宽顾忧。

主管侍卫马军行司张师颜

卿肃领骑兵,分屯江国。颁宝奁之珍剂,慰玉帐之凝寒。其体眷怀,益思忠荩。

御前诸军都统制阎世雄皇甫斌张诏赵廞刘忠刘震

卿等肃提禁旅,列戍藩方。念久处于辕门,俾匪颁于奁剂。毋云例卷,其服恩纶。

御前诸军副都统制冯湛张国珍田世辅李世广王宗廉王知新田皋

卿等远临外戍,密赞中权。念营垒之严寒,锡禁庭之上药。尚思奋励,以答恩私。

出处:《攻媿集》卷四七。
撰者:楼钥
考校说明:编年据同集前后文时间、标题所述"腊药"及王蔺、赵彦逾等人官历补,见《宋史》卷二四七《赵彦逾传》、卷三八六《王蔺传》等。

端明殿学士中大夫新知建康府赵彦逾改除四川安抚制置使兼知成都制
(绍熙五年十二月)

敕:分阃于外,蜀为专;宿师于边,蜀为重;欲省赋以裕民,又蜀为急。而比年谋帅,多辍从臣,朕择其人,班在丞辖,尤所以加惠蜀也。具官某廉足以律百吏之贪,静足以应多故之变。简在两朝,绩用甚茂。至于试之拨烦而无难辞,居之绝远而无愠色，又何其过人也！羽仪禁涂，物望愈伟。肆朕嗣服，益见忠操。引以自近，宜在本朝。朕亦惟自昔功业之臣，一视中外。郑武相周，义和就国；郑侯当轴，平阳徂齐。以卿一意首公，无有遐迩，其为朕崎岖万里，以宽西顾，岂顾介然于怀欤？昔在神考，亦强赵抃，而今朕所以烦卿，又自有意。噫！周以宗强，苟不居中，必为二伯。此王道也，非朕所以烦卿之意乎？式遄其归，日月可冀。可。

出处：《止斋先生文集》卷一七。

撰者：陈傅良

考校说明：编年据《通鉴续编》卷一八补。

端明殿学士四川安抚制置使赵彦逾赠三代制
（绍熙五年十二月）

曾祖少师崇国公谥清简加赠太傅

敕：朕阅宗人之牒，盖追锡其祖父，尊宠多矣。未有子孙以功名著见，致位丞辖，而后及此者。具官某故曾祖具官某，虽在天族，犹寒畯也。克世其家，济以清约。易名之谥，同姓盖鲜。是岂苟得之哉！乃生曾孙，简在法从。肆朕嗣服，厥功甚茂。于是度越凡例，及于异恩。而尔亦自三孤，晋升帝傅。其视宗牒，不有光乎？可。

曾祖母崇国夫人□氏加赠□国夫人

敕：妇德为难，而宗妇尤难其人也。朕观诗人之诵贤妇，于诸姬独称鲁、卫，岂不谓之难欤！具官某曾祖母具位某氏，出于名门，作配崇国。洁纯自持，动有轨度。假使生周之时，则卫姜鲁母之伦矣。侑食于崇，于礼为称。晋封大国，又以闻孙。凡尔宗妇，视此用劝。可。

祖□□加赠太子太傅

敕：朕观汉宗室以恩泽侯且王者何限，曾不长久，往往国除。世禄之家，鲜克由礼，古人所以叹息也。具官某故祖具官某，以崇国之子，益自好修，克勤克顺，以诏厥后。至于孙子，遂为干臣。而朕亦追录其种德之功，为之美报。粤自右阶,亟跻宫傅。其视汉王侯自著浸微,何相绝也! 尚克有知,足以自慰。可。

祖母淑人□氏赠□□郡夫人

敕:《诗》不云乎:"艺之榛栗,椅桐梓漆,爰伐琴瑟。"况得才而用之,而不录其所自生,非《诗》教也。具官某故祖母具位某氏,作配君子,行修于家,覃及其孙,乃生才美。周人作颂,祖妣攸同,盖未有不获助于其内,而收效于其后者。粤自命妇,疏以郡封。为君夫人,实应经谊。可。

父□□加赠太子少师

敕:自帝傅以来,于是三叶,而义方之教,何其独隆也。具官某故父具官某,以王公之胄,而有士大夫之习,非无富贵之阶,而宦不达也。集善为祥,聿生贤子。清名特操,庶几仪休。其视汉儒,不以籯金,而以一经;不以驷马,而以阴德,殆无愧焉。宠之宫师,虽曰褒典,非以为生,盖德之称。可。

妻淑人□氏赠□□郡夫人

敕:朕诵《二南》之诗,劝以义,勉以正,皆室家也。我有近臣,致位丞弼,顾其内助,晚不同休,可无愍章,以贲泉壤? 具官某故妻具位某氏,仪于前人,克济其美。遂相夫子,曳履从班。夫与之处约于鸡鸣盥栉之初,而不与之处乐于象服委蛇之后,倪微追锡,得无若汝水之坟、南山之侧,遭世不淑,咏歌辛苦者乎? 粤自命妇,疏以郡封。尔其享哉,永祔姑室! 可。

出处:《止斋先生文集》卷一七。
撰者:陈傅良
考校说明:编年据陈傅良任两制时间、赵彦逾宦历补,见《通鉴续编》卷一八。据《宋史》卷二三五《宗室世系表》,赵彦逾祖名识之,赵彦逾父名公照。

袁燮除太学正制
(绍熙五年十二月)

敕具官某:今周行之士,可以为人师者不乏,而朕取诸远,至于一再。尔燮亦喻此指乎？夫行修于家，而未施用于世，名闻于州里，而未有著于朝列，此人主之所务白也。宜益懋官，以副朕不遐遗之意。可。

出处：《止斋先生文集》卷一八。

撰者：陈傅良

添差台州通判吕祖俭除太府寺丞浙东
常平司干官孟猷除籍田令制
（绍熙五年闰十月三日、十二月）

敕：用人之弊，其惟泄迩而忘远乎。肆朕嗣服，览示无外，间有遗材，取之下国。尔祖俭、尔猷，皆以故家子孙，雅有誉处。孝友行于穷约，而趣尚不专于科第也。徒劳州县，未究尔能。以尔祖俭丞外府，猷令籍田。其益好修，以称朕意。可。

出处：《止斋先生文集》卷一八。

撰者：陈傅良

考校说明：题后原注："猷，闰十月三日。祖俭，十二月。"

新除四川安抚制置使赵彦逾辞免不允诏
（绍熙五年十二月后）

蜀道险远，人所惮入。一之为甚，其可再乎？然朝廷为官择人，不免于推毂以遣；忠臣忘身徇国，岂难于叱驭而行？昔赵抃以匹马入蜀，为政简易，及其再命，神宗谕之曰："近岁无自政府复往者，卿能为我行乎？"抃曰："陛下有言，即法也，顾岂有例哉！"今朕知卿清节著于蜀，遂用熙宁故事。卿能体抃之忠，其得辞行乎？

出处：《攻媿集》卷四二。

撰者：楼钥

考校说明：编年据《通鉴续编》卷一八补。

赵彦逾再辞免新除端明殿学士中大夫四川安抚制置使兼知成都府不允不得再有陈请诏

(绍熙五年十二月后)

蜀道天下之绝险也,然以为难,则难于上青天,以为易,则易于履平地,是在人尔。卿尝总军饷,调度五十余州,公廉明恕,蜀人诵之。兹庸命以制阃之寄,蜀父老闻卿之来,必有不待教而孚者。矧视仪政地,位望愈隆,尤足以示朕不忘远之意。谋帅之重,盖无以易卿者矣。

出处:《攻媿集》卷四二。

撰者:楼钥

考校说明:编年据《通鉴续编》卷一八补。

光宗宁宗朝卷七　庆元元年(1195)

伯圭再辞免中书令不允批答
(暂系于庆元元年初)

省表具之。卿以伯祖之尊,上公之贵,名位已隆而无事任之累,富贵已极而无危溢之虞。寿考康宁,子孙蕃衍。此于人间世,尚何慕焉?独惟烈祖孝悌之至,则友其兄,朕追仰音容,如在左右。古者思其人,犹爱所憩之棠,况我祖同气之亲乎?是以因使范之劳,加宠数之重。夫高允之在魏,子仪之在唐,俱以令公名者,岂惟爵秩之崇,盖以德为贵也。惟我父师,尚何辞于此哉?口宣:有敕:卿爵齿俱尊,忠孝兼备。兹授令公之秩,实为皇族之光。毋复固辞,亟宜祗命。

出处:《攻媿集》卷四六。

撰者:楼钥

考校说明:编年据《容斋三笔》卷一二、原书题注"庆元元年"补。

伯圭再辞免特授兼中书令加食邑实封不允仍断来章批答
(暂系于庆元元年初)

省表具之。朕考国朝官制,尤以中令为重。亲贤如魏鲁陈韩诸王,为此官者,仅六七人。元丰中,曹佾以帝舅兼令,有司谓无给俸之例,则其稀阔又可知矣。卿为达尊,执德弥劭,久虚之典,非卿尚谁当之?近命元子,宠兼衮钺。恩礼之盛,萃于一门。邦之荣怀,匪曰予私。辞之至三,斯可已矣。口宣:有敕:卿位极人臣,德高帝胄。爰拜中台之长,以彰元老之尊。宠命既颁,谦辞勿再。

出处:《攻媿集》卷四六。

撰者：楼钥

考校说明：编年据《容斋三笔》卷一二、同集同卷《伯圭再辞免中书令不允批答》题注"庆元元年"补。

报谢使副林季友郭正己回程到阙传宣抚问 并赐银合茶药口宣
（庆元元年正月一日）

有敕：卿等握节言旋，登畿告至。想风寒之区薄，念川陆之艰勤。茗剂宝奁，并加存抚。

出处：《攻媿集》卷四七。

撰者：楼钥

报谢贺庆元元年正旦国书
（庆元元年正月一日）

三阳攸庆，方夙戒于行人；万里交欢，复远勤夫信使。惠以函书之厚，加之篚币之丰。爰饬报章，备宣谢臆。惟益坚夫世好，冀均介于春祺。

出处：《攻媿集》卷四七。

撰者：楼钥

考校说明：编年据文中所述史事补。

皇伯师夔特授开府仪同三司加食邑实封制
（庆元元年正月五日）

门下：朕丕膺宝祚，加厚皇支。惟我祖之君万邦，既讫因山之礼；顾天子之谓伯父，实参置使之行。眷吉仗之言旋，岂褒缛之可后？视仪宰路，敷号廷绅。具官某赋敏给之资，擅温恭之誉。分左符而出镇，尝专制阃之雄；易留务以归班，径擢斋旄之峻。迨冲人之临御，进孤保以疏恩。凤阙晨趋，见朝仪之甚肃；鲤庭日侍，知家法之尤严。匪惟族姓之光，允谓衣冠之盛。比营东越，崇建阜陵。愿躬除道之勤，往护成梁之役。久安闲燕，退若无凭。小试才能，灿然可睹。宜加宠数,以答贤劳。公府肇开,遂拟三师之贵;珍台兼领,并增千户之封。用侈宗盟,兹为使相。於戏!有是父,有是子,俱膺华衮之荣;拜于后,拜于前,克绍缁衣之美。勉图休问,以对殊私。赐告口宣:有敕:惟予伯父,表我宗盟。爰升衮钺之华,已播丝纶之宠。其祗异数,毋事谦辞。

出处:《攻媿集》卷四五。

撰者:楼钥

考校说明:编年据《宋会要辑稿》帝系二补。

严禁透漏客贩违禁之物诏
(庆元元年正月五日)

访闻京西六郡财计不足,州县利于收税,将客贩违禁之物阴行透漏。可令检照淳熙六年三月诏书通融补助,条具闻奏。今后严行体访,稍有违犯,即行按举,当置典宪。仍令御史台觉察。

出处:《宋会要辑稿》食货一八之二○。

奏辟官属遵依见行条法诏
(庆元元年正月六日)

敕:诸路监司州军等处今后奏辟官属,不得引用不以有无拘碍指挥,并遵依见行条法施行。

出处:《庆元条法事类》卷一二。

令殿前司于襄汉州军收买土产马诏
(庆元元年正月九日)

令殿前司量差将官、军兵于襄、汉州军收买土产马二百五十匹。合用价钱,先次于总领所借支,却令茶马司于拖下纲马所管钱内对数拨还。仍仰约束买马官兵,毋得收买外界马。合行事件,条具申枢密院。

出处:《宋会要辑稿》兵二三之二四。

右丞相赵汝愚特授银青光禄大夫加食邑实封制
(庆元元年正月十九日)

门下:圣人因亲教爱,盖本于躬行;大臣以道事君,莫先于协赞。朕方遵皇祖之训,形四方之风,眷我宗英,相予孝理。惟忠劳之备著,繄命数之宜加。爰集具僚,载申褒律。具官某崇深而行简,直谅而能容。学有渊源,究前圣天人之蕴;志存节谊,立本朝社稷之勋。相业素高,民瞻允属。自擢登于右揆,独光辅于冲人。于皇孝宗,克振炎祚。朕既荷绿车之钟爱,遂绍于重规;卿亦蒙丹扆之异知,浸基于大任。惟推心而相勉,念图报之尤难。三年之丧,服勤敢怠?七月而葬,宣力居多。因山为陵,得丘原之爽垲;称天定谥,极宝册之铺张。迨吉仗以来归,奉太宫而班祔。诚信无悔,哀礼有余。仰慰在天之灵,实由同德之助。是用超文资之峻,径授三阶;衍井赋之腴,几盈万户。勉从逊牍,少屈恩纶。於戏!明德懿亲,既居金铉黄耳之贵,劳谦终吉,仅登银章青绶之联。益成廉退之名,尚副倚毗之意。赐告口宣:有敕,卿祗奉阜陵,爰加赏典。班既高于百辟,位亦次于三公。其体眷怀,亟祗成命。

出处:《攻媿集》卷四五。
撰者:楼钥
考校说明:编年据《宋会要辑稿》礼三〇补。

荒歉州县存养遗弃小儿诏
(庆元元年正月十九日)

两浙、两淮、江东路提举司行下所部荒歉去处,逐州逐县各选委清强官一员,遇有遗弃小儿,支给常平钱米,措置存养。内有未能食者,雇人乳哺,其乳母每月量给钱米养赡。如愿许收养为子者,并许为亲子条法施行。务要实惠,毋致灭裂。如有违戾,仰监司觉察按劾以闻。

出处:《宋会要辑稿》食货五八之二一。

知枢密院事余端礼辞免摄太傅持节导孝宗
灵驾及奠谥册谥宝监掩攒宫转一官不允诏
（庆元元年正月十九日后）

比者营图东越，襄奉阜陵，卿以本兵之崇，亲临复土之重。往来俱顺，上下无哗。涂潦方深，蹇蹇尽王臣之节；颜色尤戚，栗栗有棘人之风。朕方笃孝思，幸周大事。既赖送终之助，首加进律之褒。是所宜然，无可辞者。

出处:《攻媿集》卷四三。

撰者:楼钥

考校说明:编年据《宋会要辑稿》礼三〇补。

宜州观察使孙玙辞免孝宗随龙特转一官不允诏
（庆元元年正月十九日后）

列祖上宾，孝思日切。仰威灵之如在，率礼不违；念攀附之几人？独汝无怠。爰自廉车之秩，特升留务之班。其服异恩，宁容反汗？

出处:《攻媿集》卷四三。

撰者:楼钥

考校说明:编年据《宋会要辑稿》礼三〇补。

参知政事京镗辞免孝宗祔庙毕特转一官不允诏
（庆元元年正月十九日后）

朕尊奉皇祖，无所不致其厚，而送终之礼，祔庙尤严。卿以辅臣相此盛仪，已事而竣，可后褒赏？进以一秩，诚不为过。赏有先后，既已均及，卿可独辞乎？

出处:《攻媿集》卷四三。

撰者:楼钥

考校说明:编年据《宋会要辑稿》礼三〇补。

赵多谟特与换太子右内率府副率诏
(庆元元年正月二十一日)

忠训郎多谟特与换太子右内率府副率,其生日支赐、请给、人从,并依见今南班官则例支破。

出处:《宋会要辑稿》帝系七之一七。

荐举狱官事诏
(庆元元年正月二十四日)

敕:诸路提刑司听举狱官去处,许先举狱官外,如无人可举,听从便荐举。

出处:《庆元条法事类》卷一四。

赈济临安府民户五日诏
(庆元元年正月二十六日)

临安府阴雨,细民不易,令临安府将见赈粜人户特与赈济五日。

出处:《宋会要辑稿》食货六八之九八。

支钱给养临安贫病之民诏
(庆元元年正月二十六日)

内藏库支钱一万贯,丰储仓更支米三千石,付临安守臣徐谊措置给养贫病之民,务要实惠均济。

出处:《宋会要辑稿》食货五八之二一。

严切关防犯配伪造会子人诏
（庆元元年正月二十六日）

令刑部镂版遍下诸路州军,将犯配伪造会子人,须管责令本营每日酉点严切关防,常令存在,不得差出借事,致令走逸。如有违犯,即将兵官合干人等重行降责。

出处:《宋会要辑稿》刑法四之六一。

贡举诏
（庆元元年正月二十六日）

古者以德行道艺兴贤,然惟用于长治;后世以经术辞章取士,顾乃任于公卿。今之选举已非古之详,古之官使孰与今之宠？ 士生斯世,何患遗才。粤兹访落之初,尤急亲贤之务。孰当大比,申饬攸司。方侧席兴见晚之嗟,谅弹冠起观光之志。其为劝驾,以副虚怀。

出处:《宋会要辑稿》选举一之二五。

赈粜二浙诏
（庆元元年正月二十七日）

除已于临江军起发米内拨一万石外,更令镇江府于桩管米内支一万石充粜济,去年闰十月二十一日已降指挥施行。

出处:《宋会要辑稿》瑞异二之二七。

金国贺正旦使人赴阙口宣
（暂系于庆元元年正月前后）

盱眙军传宣抚问赐御筵

有敕:卿等远将聘礼,来贺岁元。既加壹劳之勤,首示肆筵之渥。其祗眷意,益谨宾仪。

镇江府赐银合茶药

有敕:玉节方来,宝奁是锡。取雪芽于北苑,辍珍剂于尚方。并宠行人,用昭眷意。

赐御筵

有敕:卿等远持华节,近次朱方。行登象日之畿,重锡需云之宴。益加盛礼,庸示眷私。

平江府赐御筵

有敕:履端之始,修聘甚勤。行既次于近藩,礼宜加于载燕。是为异渥,其服多仪。

赤岸赐酒果

有敕:卿等远从万里,来贺三朝。望观阙以非遥,赐壶筵而加腆。尚承眷渥,以缔欢盟。

赐御筵

有敕:履端之始,将命以来。既闻畿甸之登,宜厚宾筵之锡。眷私所逮,使介维均。

赐使副春幡胜

有敕:綵杖土牛,方举春郊之礼;宝幡金胜,爰加使客之恩。和气所钟,欢盟益厚。

赐三节人从春幡胜

有敕:礼严修好,时重履端。爰加厚于使华,乃分颁夫节物。仪虽辨等,意则均优。

朝见毕归驿赐酒果

有敕:卿等既观轩墀,归安次舍。俾厚壶笾之赐,少休车马之劳。毋曰彝章,实惟至意。

赐生饩

有敕:卿等进讲贺仪,退休宾馆。既设豆笾之渥,仍加饔饩之颁。尚体眷怀,以须异数。

赐内中酒果

有敕:卿等来趋日正,兹遇岁除,出御府之甘芳,助驿庭之晏集。益修宾礼,用介春祺。

赐被褥钞锣

有敕:卿等来趋元日,将觐大昕。爰加赐于寝衣,仍分颁夫盥器。用安旅次,以示恩私。

入贺毕就驿赐酒果

有敕:岁律更新,使轺远暨。酒致屠苏之胜,盘随椒柏之芬。均受春阳,益增和气。

玉津园射弓赐御筵

有敕:兹开禁籞,用设射侯。既观舍矢之能,爰锡在公之燕。有发必中,不醉无归。

朝辞毕归驿赐酒果

有敕:卿等甫辞殿幄,尚憩宾邮。载为川陆之行,更厚壶飧之锡。益祗眷渥,以示初终。

赐大银器

有敕:卿等既成聘礼,将治归装。乃颁什器之丰,皆用五金之次。是为异渥,式助遄征。

回程赐御筵

有敕:卿等成礼言归,登途欲远。仍特颁于载燕,曾不替于初筵。春日尚寒,宾僚加厚。

出处:《攻媿集》卷四七。
撰者:楼钥
考校说明:编年据同集前后文时间、文中所述史事补。

知绍兴府叶翥辞免除龙图阁学士不允诏
(庆元元年正月后)

孝宗因山之役,凛然惧不克奉大事。文昌老成,尹兹东郊,遂委己以听焉。神明不衰,心计有余,酬酢万变,调度百出,卒之礼成而无缺典,用足而节横费,朕心嘉之。绝江不风,入山而雪,谓非卿之力耶?进职龙图,姑以示宠。朕之所以待卿者,非止此也,而又何辞焉!

出处:《攻媿集》卷四三。

撰者:楼钥

考校说明:编年据《嘉泰会稽志》卷二补。

金国贺正旦使人到阙回程口宣
(暂系于庆元元年正月后)

赐龙凤茶金镀银合

有敕:卿等将命言旋,登途浸远。饰宝奁而加惠,实珍茗以分颁。深示恩私,式安行役。

平江府赐御筵

有敕:卿等来贺履端,更勤归报。沛锡吴门之宴,用津燕驿之行。春日尚寒,征途加护。

镇江府赐御筵

有敕:肃持玉节,还次丹阳。仍优宴豆之仪,用慰川途之役。其均既醉,毋惮遄驱。

盱眙军赐御筵

有敕:卿等远贺元正,汔修使事。爰肆筵于边服,将凤驾于归途。眷礼之私,始终无斁。

出处:《攻媿集》卷四七。

撰者:楼钥

考校说明:编年据同集前后文时间、文中所述史事补。

处台等州军二十阙止差一政诏
(庆元元年二月一日)

处、台、衢、秀、严、信、池、筠、袁、抚、江、泉、漳、潮、通、泰、鄂、永、邵州、南康军二十阙,今后止差一政,令中书籍记,非职事官补外,不许陈乞。

出处:《宋会要辑稿》职官四七之四六。

两浙转运司召人耕种系官荒田免收课子五年诏
(庆元元年二月一日)

两浙转运司行下所部州县,委自守令专切措置,将系官荒田召人耕种,权免收课子五年。其种子、牛具并逐月合用粮食,并从官给借。候将来秋熟日,具数申取朝廷指挥,作料次逐旋理纳。如有已请未耕之田,亦仰劝谕有田之家募人耕垦,多方存恤;其合分子利,并依逐乡体例施行。余依已降指挥,候岁终,考较守令劝谕开垦田亩数目多者,令本司保明推赏。

出处:《宋会要辑稿》食货六之二九。

支钱米赈济临安府贫病之民诏
(庆元元年二月三日)

令内藏库支钱一万贯,丰储仓更支米三千石,付临安守臣徐谊措置给贫病之民,务要实惠均济。

出处:《宋会要辑稿》食货六八之九八。
考校说明:本诏与庆元元年正月二十六日《支钱给养临安贫病之民诏》文字全同,疑为同一诏。

戒饬诸道监司守令赈恤受灾民户诏
（庆元元年二月五日）

可令学士院降诏，戒饬诸道监司守令，应水旱去处，多方赈恤，务在实惠及民，毋得徒事虚文，庸副矜念元元之意。朕将考其殿最，以示劝惩。

出处：《宋会要辑稿》瑞异二之二七。又见同书食货五八之二一。

伯圭辞免中书令批答
（庆元元年二月六日前）

逊避莫回，勉从所请。可别议褒崇之礼。

出处：《攻媿集》卷八六《崇宪靖王行状》。
考校说明：编年据赵伯圭官历补，见《宋史》卷三七《宁宗纪》。

代纳龙安县崇教等七乡茶课钱引诏
（庆元元年二月六日）

石泉军龙安县崇教等七乡园户茶课钱引九百二十七贯一百一十四文，从茶马司同成都府路转运司并本军三处均认，与园户代纳，自绍熙五年分为始。

出处：《宋会要辑稿》食货三一之三二。

皇伯祖伯圭辞免赞拜不名加食邑实封不允诏
（庆元元年二月六日后）

天下有达尊三：爵一，德一，齿一，而未及言亲也。惟公德明，爵齿俱尊，而又孝宗同气之亲，太上皇之伯父，而朕之大父行也。贵穷人爵，思所以尊异之，非举旷典，不足以称。紫微令公，既以谦辞而不受，朕其可遂已乎？不名之礼，盖自尚父保衡以来，实朝廷之殊礼。前朝尝以宠待亲贤，百有余年无有可当此者。举以命卿，人无异辞。尚形逊避，朕不敢从。邦之荣怀，亦非朕敢私也。

出处:《攻媿集》卷四三。

撰者:楼钥

考校说明:编年据《宋史》卷三七《宁宗纪》补。

通州循环盐钞住罢诏
(庆元元年二月七日)

通州循环盐钞住罢,将增剩钞名改作正支文钞给算,与日前已投在仓增剩盐钞通理资次支请。

出处:《宋会要辑稿》食货二八之四六。又见《文献通考》卷一六。

虑囚诏
(庆元元年二月七日)

阴雨未晴,有妨二麦,窃恐刑狱淹延,感伤和气。大理寺、临安府并属县、三衙及两浙诸路州县见禁罪人,在内委台官、在外委提刑躬亲即时前去,如路远去处,分委通判检察决遣。内杖罪以下并干系等人并日下疏放,仍将已断放过名件逐一开具闻奏。其诸处申奏案状,督责疾速依条施行,毋致违戾。

出处:《宋会要辑稿》刑法五之四四。

赵汝愚辞免不允诏
(庆元元年二月十日前)

卿辅朕初政,备宣忠力。兹奉孝宗大事,厥功茂焉。褒崇之典,所宜优异。正以卿素执谦冲,避远权势,凡有进擢,辞逊过礼。或至迫而后受,故尤思所以处卿者。初拜右揆,已授此官。还以畀卿,是不为过。毋复牢辞,朕必不为反汗也。

出处:《攻媿集》卷四三。又见《宋忠定赵周王别录》卷二。

撰者:楼钥

考校说明:编年据文中所述“初拜右揆”补,见《宋史》卷二一三《宰辅表》。

知枢密院事余端礼辞免兼参知政事不允诏
（庆元元年二月十日后）

朕图回治功,方倚二三大臣以为重。卿顷自参预进长枢廷,宰席偶虚,俾兼政地。兹惟故典,亦今之宜。非卿通才,何以任此？亟其承命,无事谦辞。

出处:《攻媿集》卷四三。

撰者:楼钥

考校说明:编年据《宋史》卷二一三《宰辅表》补。

新除观文殿大学士知福州赵汝愚辞免不允诏
（庆元元年二月十日后）

卿以肺腑之戚,为社稷之臣。翊戴眇躬,辅相初政。力足以任天下之重,识足以断众志之疑。倚毗方隆,引去何速？虽有议者,亦无异词。遂释台符,往分帅阃。极秘殿之殊宠,实累朝之旧章。事君以忠,卿既全出处之致；退人以礼,朕当笃始终之恩。尚冀告犹,毋庸辞命。

出处:《攻媿集》卷四三。又见《宋忠定赵周王别录》卷二。

撰者:楼钥

考校说明:编年据《宋史》卷二一三《宰辅表》补。

禁知县令之子请辟差充奉使诏
（庆元元年二月十一日）

敕:勘会近来诸县知县令多有子请辟差充奉使,所差遣委是妨废职事。今后许本路监司、本州守臣劾奏。

出处:《庆元条法事类》卷五。

赵汝愚罢右丞相除观文殿大学士依前银
青光禄大夫知福州制
（庆元元年二月二十二日）

朕寅奉基图,优崇宰辅。内为天子之老,赖经体赞元之大猷;外为诸侯之师,倚典戎干方之大略。出入蕃辅之用虽异,始终眷遇之恩不衰。爰敷治朝,以诏多士。具官赵汝愚高明而重厚,宽博而渊深。应变守文,兼有大臣之能事;善谋能断,独当天下之危机。雅推人望之隆,进陟冢司之重。盖烈祖尝有大用之意,姑遗后人;惟本朝旧拘左戚之嫌,特捐故事。顷我家之多难,赖硕辅之精忠。持危定倾,安社稷以为悦;任公竭节,利国家无不为。既隆翊戴之勋,尚期启沃之助。虚心无怍,朕惟籍谋猷告后之忠;成功不居,汝遽慕明哲保身之义。力陈忱悃,祈避烦言。是用冠书殿之班联,付帅垣之节制。眷此七闽之会,屡从十乘之行。图所便安,昭干体貌。於戏! 命公望以夹辅,既优赐履之崇;祖山甫而永怀,宁忘补衮之旧。益思体国,毋有遐心。

出处:《宋宰辅编年录》卷二○。又见《庆元党禁》,《永乐大典》卷一二九七○,《宋忠定赵周王别录》卷四。
撰者:郑湜

赵汝愚罢右相制
（庆元元年二月二十二日）

朕寅奉基图,优崇宰辅。内为天子之老,赖经体赞元之大猷;外为诸侯之师,倚典戎干方之大略。出入蕃辅之用虽异,始终眷遇之恩不衰。爰敷治朝,以诏多士。具官赵汝愚高明而重厚,宽博而渊深。应变守文,兼有大臣之能事;善谋能断,独当天下之危机。雅推人望之隆,进陟冢司之重。盖烈祖尝有大用之意,姑遗后人;惟本朝旧拘左戚之嫌,特捐故事。顷我家之多难,赖硕辅之精忠。持危定倾,安社稷以为悦;任公竭节,利国家无不为。既隆翊戴之勋,尚期启沃之助。虚心无怍,朕惟籍谋猷告后之忠;成功不居,汝遽慕明哲保身之义。力陈忱悃,祈避烦言,是用冠书殿之班联,付帅垣之节制。眷此七闽之会,屡从十乘之行,图所便安,昭于体貌。於戏! 命公望以夹辅,既优赐履之崇;祖山甫而永怀,宁忘补衮之旧! 益思体国,毋有遐心。

出处:《宋宰辅编年录》卷二〇。

撰者:郑侨

太医局试选医官不许携带经书入试诏
(庆元元年二月二十六日)

太医局教导生员试选医官,性命所系,岂宜苟简? 见行试法带入经方数部,许就试所检阅,因此诸生都不记念,其弊浸久。今后并不许携带经书入试。

出处:《宋会要辑稿》职官二二之四二。

赈荒诏
(庆元元年二月)

朕德菲薄,饥馑荐臻,使民阽于死亡,夙夜惨怛,宁敢诿过于下耶! 顾使者、守令,所与朕分寄而共忧也。乃涉春以来,闻一二郡老稚乏食,去南亩,捐沟壑,咎安在耶? 岂振给不尽及民欤? 得粟者未必饥,饥者未必得欤? 偏聚于所近,不能均济欤? 官吏视成,而自不省欤? 其各恪意措画,务使实惠不壅,毋以虚文蒙上,则朕汝嘉!

出处:《宋史》卷一七三《食货志》。又见《宋史新编》卷一二,《南宋书》卷四,《宋元通鉴》卷九二。

郭师禹辞免备礼册命宜允诏
(暂系于庆元元年二月前后)

卿以祗奉阜陵,显颁制綍,升孤卿之峻秩,封异姓之真王。册命之仪,朝廷当备。控辞甚力,引义尤高。虽俯徇于谦冲,顾岂忘于嘉叹?

出处:《攻媿集》卷四三。

撰者:楼钥

考校说明:编年据同集前后文时间、文中所述"升孤卿之峻秩,封异姓之真王"补,见《宋会要辑稿》职官一。

给临安府疾病贫乏之家医药钱御笔
(庆元元年三月十三日)

访闻民间病疫大作,令内藏库日下支拨钱二万贯付临安府,多差官于城内外询问疾病之家贫不能自给者,量口数多寡支散医药钱,死而不能葬者,给与棺敛。务要实惠及民,毋得徒为文具。

出处:《宋会要辑稿》食货五八之二二。

封延陵季子为昭德侯制
(庆元元年三月)

朕考于传记,知神为吴公子,当春秋时,尝辞千乘之国而不受,凛然高节,万古如生,岂复以人爵为荣哉!今延陵之民,世承嘉祀,谓非此无以表德励世。命以侯爵,往谂于庙,其宠嘉之。

出处:民国《江苏通志稿》金石一三。又见《吴氏族谱》卷一一。

朱熹转朝奉大夫诰
(庆元元年三月)

敕:登崇俊良,固欲符于众望;丕视功载,自难废于彝章。虽吾法从之英,亦用叙迁之典。具位受才宏远,造道精醇。举明主于三代之隆,夙怀此志;以六经为诸儒之倡,务淑斯人。爵每见于辞荣,节素高于难进。载稽史考,爰陟文阶。积久以致官,恐未免如昔人之议;举贤不待次,当有以徇天下之公。其体朕心,勿忘猷告。

出处:《朱子年谱·前录》卷二。又见《考亭志》卷六。
撰者:邓驿

除罗颀通判蕲州诰
(庆元元年三月)

敕:登崇俊良,固欲符于众望;丕视功载,自难废于典章。虽吾郡邑之英,亦用迁叙之典。且俊才宏远,造道光明,允宜进秩,率用旧规。其体朕心,勿替猷告。可。

出处:《漂川足征录·文部》,清绍衣堂抄本。又见民国《婺源县志》卷六四。
撰者:邓驿
考校说明:文后原有:"右付本官诰命,照会准此。庆元元年三月日。"

宝文阁学士知遂宁府宇文价乞奉祠不允诏
(暂系于庆元元年三月前后)

卿以文昌旧德,往镇蜀藩,居外数年,所在称治。方此政成于大府,正资卧护于远民。忽腾谗疾之章,欲遂奉祠之请。眷倚之重,神明未衰。其讫外庸,毋违朕志。

出处:《攻媿集》卷四三。
撰者:楼钥
考校说明:编年据同集前后文时间补。

提举临安府洞霄宫赵汝愚辞免观文殿大学士不允诏
(暂系于庆元元年三月前后)

大臣进退之宜,固知有义;人主始终之遇,尤当示恩。矧惟宗工,祈解机政?念忠劳之素著,曾倚注之未衰。欻然赋归,若此勇决。闽山旧镇,既避宠之甚坚;书殿隆名,岂升华之可已?谅还寓里,暂佚真祠。其体眷怀,毋为多逊。

出处:《攻媿集》卷四三。
撰者:楼钥
考校说明:编年据同集前后文时间、周纶《周益国文忠公年谱》补。

少保周必大再乞致仕依已降指挥不允诏
（暂系于庆元元年三月前后）

七十致仕，虽著于《礼经》；二三大臣，难拘于古制。矧惟元老，尝冠中台，周旋两朝，负荷重事。既于蕃于南国，终退处于东山。神明未衰，德望弥劭。奉真祠之香火，自乐隐居；挂神武之衣冠，胡为早计？抗章再至，陈义愈高。顾难徇夫冲怀，尚少安于素履。

出处:《攻媿集》卷四三。

撰者:楼钥

考校说明:编年据同集前后文时间补。

宝文阁学士知太平州李巘乞宫观不允诏
（暂系于庆元元年三月前后）

卿老于文学，久处禁林，出守当涂，日傒报政，胡为诿疾，欲遂求闲？朕方念典刑之旧，望屏翰之良，卿岂不能体此眷怀，为斯民而少留乎？

出处:《攻媿集》卷四三。

撰者:楼钥

考校说明:编年据同集前后文时间补。

余端礼辞免权提举编修玉牒监修国史日历不允诏
（庆元元年三月后）

朕惟国家以史事为重，典领之任，必命大臣。宝牒之设，盖古者书之于策之遗意。日历则以事系日，后之信史，实基于此。卿问学通博，摄行相事，非卿其谁宜司之？成命已行，毋容多逊。

出处:《攻媿集》卷四三。

撰者:楼钥

考校说明:编年据《南宋馆阁续录》卷七补。

参知政事京镗辞免权提举实录院编修国朝会要不允诏
（庆元元年三月后）

　　高皇帝中兴之烈,当遂特书;累朝庶政之规,尤宜分类,故《实录》则取史迁之旧,而《会要》亦用唐室之余。爰命大臣,职此二者。卿素推该洽,俾视纂修,其躬率诸儒,以趣成大典,兹为故事,何必谦辞。

出处:《攻媿集》卷四三。

撰者:楼钥

考校说明:编年据《南宋馆阁续录》卷七补。

知枢密院事余端礼特授银青光禄大夫
右丞相加食邑实封制
（庆元元年四月四日）

　　门下:稽古建官,莫重王朝之论相;代天理物,必资揆路之得贤。朕临御惟艰,畴咨敢怠? 爰命紫枢之长,进居黄阁之崇。乃辑廷绅,诞扬制綍。具官某温恭而气劲,凝静而谟明。智周万事之原,学贯九流之邃。孝宗擢之于庶列,亟跻法从之班;圣父召之于留都,遂处辅臣之任。益殚忠荩,力赞政几。迨予嗣历之初,尤藉同寅之助。选掌东西之二府,兼明文武之两途。内则密勿庙论,以虑四方;外则整齐戎律,以令诸将。清规足以范俗,深谋足以济时。进退百官,详试知人之鉴;调娱众务,究观识治之才。蔽自予衷,与之国秉。用正钧衡之寄,毋劳梦卜之求。超授文阶,增陪井赋,以示奋庸之选,以昭注意之隆。於戏! 夙夜基命而单厥心,朕欲起太平之盛;朝夕纳诲以辅台德,尔其继良弼之名。表正士风,访求民瘼。及闲暇而修政刑之要,专燮理以致阴阳之和。若股肱耳目之相需,将天地祖宗之临汝。懋承明涣,期底成功。赐告口宣:有敕:卿比领枢廷,兼行相事。兹延登于右揆,已诞布于明纶。注意方深,拜恩可后?

出处:《攻媿集》卷四五。

撰者:楼钥

考校说明:编年据《宋宰辅编年录》卷二〇、《宋史》卷三七《宁宗纪》补。

京镗知枢密院事制
(庆元元年四月四日)

当国家闲暇之时,既有常而立武;长枢机周密之地,在图任于旧人。肆登帷幄之英,庸涣丝纶之宠。具官京镗宽宏而有守,沉靖而善谋。秀出缙绅之联,绰有廊庙之器。簪笔持橐,告猷备罄于两朝;历井扪参,赋政尤高于全蜀。迨予访落,于尔迪知。乃自纳言之联,俾赞本兵之寄。每饬戎昭之果毅,冀成德威之安强。政路参华,已著谟明之效;几廷擢冠,兹为柄用之专。肇锡公圭,仍增井赋。式示褒崇之异,且彰礼貌之殊。噫!虽安忘战必危,当益严于师律;惟事有备无患,斯永固于邦基。繄时老成,奚俟训告。

出处:《宋宰辅编年录》卷二〇。又见《永乐大典》卷一二九七〇。

郑侨参知政事制
(庆元元年四月四日)

朕兢业御图,焦劳求治。一相处乎内,方有赖于奋庸;四辅惟其人,讵可妄于吁俊?乃眷爽邦之哲,允符共政之图。爰锡赞书,式昭眷意。具官郑侨才宏而器博,学粹而识明。奏篇自冠于布韦,养望以推于柱石。论思道尽,晚蒙烈祖之知;调护功多,夙被慈皇之眷。得此两朝之杰,辅予今日之休。擢贰紫枢,有嘉谋略。晋陪黄阁,庶展经纶。念天时人事之所关,兼士气民心之攸系。匪藉同寅之佐,曷臻累洽之期。我其大监抚于时,敢怀逸豫;尔有嘉谋告于后,乃副倚毗。益茂忠诚,实为良显。

出处:《宋宰辅编年录》卷二〇。又见《永乐大典》卷一二九七〇。

谢深甫签书枢密院制
(庆元元年四月四日)

人重本兵,允赖股肱之佐;仪图在位,必先耳目之官。惟时独坐之贤,宜置西枢之要。既疏新渥,爰锡明纶。具官谢深甫学冠儒流,才推国器。州县早更于繁剧,朝廷遍历于高华。孝宗嘉其朴忠,由棘丞而将使指;太上欲其详试,自柱史以典神皋。予素简知,命司风宪。持心近厚,白简无深刻之文;烛理甚明,金华有切磋之益。爰加书殿之职,晋陪武帐之谋。非特冀运筹决胜之功,庶几收强本折冲之效。益修武备,寅惟暇时。几事不密则害成,固宜藏用;军实无日不申儆,兹为远猷。永肩乃心,祗若予训。

出处:《宋宰辅编年录》卷二〇。又见《永乐大典》卷一二九七〇。

余端礼辞免右丞相不允诏
(庆元元年四月四日后)

朕承付托之重,思绍祖宗之大业。志勤道远,悠哉未艾。置相之际,其何敢轻?宁槐位之暂虚,必畴咨而后授。卿纯明笃厚,秉德不回。入从出藩,望实兼著。本兵贰政,三载于兹。论事有诤臣之风,谋国得宰相之体。具瞻攸属,显拜不疑。惟今亦多故矣,朕欲赖卿以济。《书》所谓"若济巨川,用汝作舟楫",卿其以此自任,副朕倚毗。万斛之载,惟卿为宜,而又何辞焉!

出处:《攻媿集》卷四三。
撰者:楼钥
考校说明:编年据《宋宰辅编年录》卷二〇补。

新除知枢密院事京镗辞免不允诏
(庆元元年四月四日后)

朕惟圣人不畏多难,而畏无难。于今虽曰边鄙不耸,而宥密之司,正当为不虞之备,无竞维人,朕于是注意焉。卿以慷慨宏远之资,有志事功,立节于殊邻,宣威于全蜀,纂绍之始,一见而决。擢贰枢管,风采凛然。预政未几,复为之长。迹若序进,实繇德选。当仁无逊,其又何辞!

出处:《攻媿集》卷四三。
撰者:楼钥
考校说明:编年据《宋宰辅编年录》卷二〇补。

新除参知政事郑侨辞免不允诏
（庆元元年四月四日后）

朕以寡昧嗣无疆大历服,惟二三大臣是赖。凡今日德望在人,为国家用,皆两朝选擢,留以遗朕者也。卿周旋从班,雅有公辅之器。登之枢管,人以为晚,顾岂以日月为功乎？参预政途,佥言为允。宜遂佐朕,宏济多艰,引避抗章,非朕所望。

出处:《攻媿集》卷四三。

撰者:楼钥

考校说明:编年据《宋宰辅编年录》卷二〇补。

新除端明殿学士签书枢密院事谢深甫辞免不允诏
（庆元元年四月四日后）

卿始以县大夫奏事,孝宗一见,以为有唐人风,亲擢再三,如恐不及。上皇用卿于谏省,试卿于天府,而登之从班。肆朕纂承,辍秣陵之行而置风宪之长,进读金华,引以自近,用卿之意久矣。宠加书殿,升贰几廷,卿岂未知朕意耶？何避宠之力也？亟其祗命,毋用费辞。

出处:《攻媿集》卷四三。

撰者:楼钥

考校说明:编年据《宋宰辅编年录》卷二〇补。

余端礼再辞免知枢密院事不允仍断来章批答
（庆元元年四月四日后）

省表具之。卿自籓本兵,积隆时望,有致君泽民之志,有忧边思职之勤。迨参政几,又尝共二。其于基命宥密之地,详练久矣。兹畴枢长,非卿谁属？夫本强则精神折冲,制千里之胜者,其机实在于庙堂。尚究远图,以祗宠命。朕志决矣,勿复有辞。口宣:有敕:卿精白承休,勤劳匪懈。爰自政途之竣,载登宥府之崇。成命既行,牢辞勿再。

出处:《攻媿集》卷四六。

撰者:楼钥

考校说明:编年据《宋宰辅编年录》卷二〇补。

京镗再辞免参知政事不允仍断来章批答
(庆元元年四月四日后)

省表具之。本兵之任,方倚于壮犹;共政之求,更资于夹辅。朕图回治道,选用柄臣,眷一相之处中,有嘉同德;惟万几之甚众,允藉协恭。卿之长才,朕所深识。奏陈剀切,剖决精明。进参馪椴之严,益冀讦谟之告。既颁再命,毋事三辞。口宣:有敕:卿召归全蜀,旋贰洪枢。兹膺共政之图,实倚告犹之益,何劳谦避?其遂钦承。

出处:《攻媿集》卷四六。

撰者:楼钥

考校说明:编年据《宋宰辅编年录》卷二〇补。

郑侨再辞免同知枢密院事不允仍断来章批答
(庆元元年四月四日后)

省表具之。朕惟孝宣枢机周密,用以中兴汉道,于今本兵之地,尤号才难。卿以魁硕之才,为士夫仪表。践扬最久,望实具乎。兹焉登用,朕非以私于卿,所以尊朝廷也。朕方庶几孝宣之治,卿志在体国,其遂秉德以陪朕,顾岂以执谦为美乎?口宣:有敕:卿屡分帅阃,三总吏铨。兹进贰于机廷,方允符于舆论。亟其祗命,何必固辞?

出处:《攻媿集》卷四六。

撰者:楼钥

考校说明:编年据《宋宰辅编年录》卷二〇补。

余端礼再辞免右丞相不允批答
（庆元元年四月四日后）

省表具之。君臣相逢,谓之千载;上下协济,本乎一心。必能如风云之从,斯可不胶漆而固。惟卿朴厚,副朕倚毗。虽累年务罄于论思,而近岁又殚于忠力。眷政府枢廷之更践,知文事武备之该通。仪图老成,宜置左右。试之已久,断然不疑。惟昔宗盟,尝居冢宰之任;若时卿衮,亦应柘溪之祥。尚期远迈于前人,相与共兴于大业。朕所望者,卿何辞焉? 口宣:有敕:卿比握兵机,实专政柄。乃径登于次相,仍累进于崇阶。其服宠光,勿为多逊。

出处:《攻媿集》卷四六。
撰者:楼钥
考校说明:编年据《宋宰辅编年录》卷二〇补。

京镗再辞免知枢密院事不允仍断来章批答
（庆元元年四月四日后）

省表具之。朕惟本兵之司,有国所重。必得枢机周密,乃可图功。自非智略纵横,何以称职? 卿之能事,朕所素知。分制阃则推师帅之良,登政途则著辅弼之望。威名日起,遐迩具瞻。其励壮犹,益运幄中之算;坐销外侮,以收堂上之奇。宜已需章,毋留朕命。口宣:有敕:卿资兼文武,望耸华夷。辍东府之大臣,长西枢之重任。明纶已播,逊牍毋烦。

出处:《攻媿集》卷四六。
撰者:楼钥
考校说明:编年据《宋宰辅编年录》卷二〇补。

郑侨再辞免参知政事不允仍断来章批答
（庆元元年四月四日后）

省表具之。朕修明庶政,务兴起于事功;图任旧人,乃布扬于命告。卿行为世表,文擅国华。琐闱铨部,则著忠蹇之名;侯藩留籥,则备恩威之美。再仪禁路,增重朝行。既擢贰于本兵,兹进参于巀嶭。其体责成之重,毋为避宠之烦。口宣:有敕:卿擢在枢廷,久隆人望。兹进参于大政,庶益重于本朝。沵贡忧词,亟祗明命。

出处:《攻媿集》卷四六。

撰者:楼钥

考校说明:编年据《宋宰辅编年录》卷二〇补。

谢深甫再辞免签书枢密院事不允仍断来章批答
(庆元元年四月四日后)

省表具之。朕惟九五正位,每切图安,二三大臣,所当遴择。乃眷几廷之贰,必求禁橐之英。卿外宽而内明,气和而才劲。凡一时清切之选,以数载周旋其间。封驳之严,屡回主意;抨弹之劲,益振台纲。劝诵以来,陈谟尤切。兹肆颁于一札,俾参掌于五兵。出命惟行,抗章可已。口宣:有敕:卿备历华途,浸高雅望。兹自宪台之长,入参枢管之严。朕命既孚,卿辞毋费。

出处:《攻媿集》卷四六。

撰者:楼钥

考校说明:编年据《宋宰辅编年录》卷二〇补。

余端礼再辞免右丞相不允仍断来章批答
(庆元元年四月四日后)

省表具之。商宗之命傅说也,爰立之初,训告具存。惟说以天下自任,祗若休命,不敢辞也。朕之论相,则又详矣。大号扬廷,与众共之。需章之来,既已再却,而犹未已,何耶? 朕之菲凉,有赖启沃,式克钦承,卿其可使古人专美于前乎? 三命而偻,其可已矣。口宣:有敕:朕妙选儒英,俾登揆路。欲专裁于庶务,顾俯事于三辞。难徇劳谦,亟祗成命。

出处:《攻媿集》卷四六。

撰者:楼钥

考校说明:编年据《宋宰辅编年录》卷二〇补。

虑囚诏
（庆元元年四月十三日）

勘会外路州军每岁盛暑虑囚,除二广、四川已降旨挥外,诏余路州军令监司依已降旨挥,各随置司去处地里远近,诣所部州军,限五月下旬起发,躬亲前去点检催促结绝见禁罪人,内干照人及事理轻者,先次断放,至七月十五日以前巡遍。如属县非监司巡历经由之处,即令监司委官躬亲分头前去点检催促,各具所到及点检日时、已施行事件关牒提刑司,类聚申尚书省。内所委官点检催促过刑禁,并仰本路监司复行检察。如灭裂违滞,按劾闻奏;或奉行不虔,令御史台觉察弹劾。

出处:《宋会要辑稿》刑法五之四二。

商旅自淮而南贩牛不得阻节诏
（庆元元年四月十七日）

诸路应干产牛地分,除觉察盗贩过淮依已降指挥施行外,自余商旅兴贩自淮而南者,听其往来,勿得阻节。如有违戾,提刑司按劾以闻,必置之罚。

出处:《宋会要辑稿》食货一八之二〇。又见《庆元条法事类》卷七九。

给散临安府贫病之家医药棺敛钱诏
（庆元元年四月二十六日）

内藏库支钱二万贯付临安府,给散贫病之家医药棺敛钱,窃恐止据所降钱给散,不能遍及。可更切相度,如或支散不敷,速具闻奏,更当接续支降,务在均济。

出处:《宋会要辑稿》食货六八之一〇〇。

新除权兵部尚书张叔椿辞免不允诏
（暂系于庆元元年四月前后）

卿出入朝列，扬历最深。凡今要途，多出卿后。文昌八座，乃尔世官，端粹亮直之资，视名父以无愧。台纲谏省，久矣贤劳，进长夏官，朕命惟允。往其率职，何事谦辞？

出处：《攻媿集》卷四三。

撰者：楼钥

考校说明：编年据同集前后文时间。张叔椿宦历补，见《宋会要辑稿》崇儒七。

权兵部尚书张叔椿辞免兼侍读不允诏
（暂系于庆元元年四月前后）

惟卿先正以经术侍孝宗于潜藩，逮居文昌，实兼露门。卿立朝不阿，雅有父风。听履之初，仍命进读。此搢绅美谈也，何辞之有？

出处：《攻媿集》卷四三。

撰者：楼钥

考校说明：编年据同集前后文时间。张叔椿宦历补，见《宋会要辑稿》崇儒七。

右丞相余端礼辞免权提举编修玉牒实录院
编修国朝会要不允诏
（庆元元年四月后）

史册之成，欲传于万世；国家所重，莫盛于三书。大事则续为镂玉之编，中兴则未就汗青之简。况举纲而撮要，欲踵事以增华，宜有宗工，并修钜典。卿尝兼二者，未浃四旬，既进秉夫钧衡，俾尽专于笔削。宅百揆而熙帝载，惟尔之休；总众职而称上心，非卿孰可？

出处：《攻媿集》卷四三。

撰者：楼钥

考校说明:编年据《南宋馆阁续录》卷七补。

参知政事郑侨辞免权监修国史日历不允诏
(庆元元年四月后)

朕惟史事至重,功用浩博。惟以事系日,谨而书之,则后之信史于此乎取。分命诸儒,而领以大臣,国家之令典也。卿以儒英,出入册府有年矣。兹参大政,命总宏纂,良史之才,加以学识,公议所属,尚何辞焉!

出处:《攻媿集》卷四三。
撰者:楼钥
考校说明:编年据《南宋馆阁续录》卷七补。

赵思瑍知德庆府制
(庆元元年正月至五月间)

敕具官某:海康虽远,以高庙潜藩而增重,选侯亦不轻也。尔以宗支之秀,资历浸高,往抚是邦,毋忽民事。

出处:《攻媿集》卷三五。
撰者:楼钥
考校说明:编年据楼钥任两制时间、嘉靖《德庆州志》卷四补。“赵思瑍”,傅校本目录作“赵师瑍”,当以为是,见《万姓统谱》卷八三、弘治《八闽通志》卷六七等。

赐银合夏药敕书
(庆元元年四月至五月间)

荆湖南路安抚使王蔺

卿尝位枢,往临南楚。爰锡珍芳之剂,用清暑愠之祥。将以宝奁,赍于帅阃。

四川安抚制置使赵彦逾

卿不辞叱驭,谅已开藩。爰加珍剂之颁,仍贲宝奁之赐。用示恩于宗老,期解愠于吾民。

侍卫马军都虞候张师颜

卿总提骑将,往驻金陵。当溽暑之在辰,出珍芳而分赉。尚绥众士,如濯清风。

御前诸军都统制阎世雄张诏赵廞刘忠刘震田世辅

卿等分戍价藩,抚安戎垒。出上方之凉剂,分内府之珍奁。坐觉生风,谅欣承命。

御前诸军副都统制冯湛张国珍李世广王宗廉王知新田皋

卿等分提禁旅,密赞戎和。乃驰赐夫芳珍,冀远清于蒸郁。惟兹解愠,可以忘劳。

出处:《攻媿集》卷四七。

撰者:楼钥

考校说明:编年据楼钥任两制时间、同集前后文时间、标题所述"夏药"及王蔺、赵彦逾等人宦历补,见《宋史》卷二四七《赵彦逾传》、卷三八六《王蔺传》等。

诸县编录司请给断罪推行重禄诏
(庆元元年五月四日)

敕:诸县编录司请给、断罪,并合比照绍熙元年七月十八日、又绍熙四年二月二日指挥,推行重禄施行。

出处:《庆元条法事类》卷五二。

诚约官吏诏
（庆元元年五月十四日）

朕惟风俗者,治忽之枢机;士大夫者,风俗之权舆。昔有周文武之隆,在位节俭正直,小大之臣咸怀忠良,下至庶民,无有淫朋,无有比德也。于虖,何其美欤!朕甚慕之,夙兴夜寐,嘉与宇内之士臻于斯路。今也不然,在廷荐绅之徒,间有怀背公死党之心,蔑尊君亲上之谊。阴佞谀侧媚,以奉权强;阳诡僻险傲,以钓声誉。鼓倡横议,贪利逞私,使毁誉是非棼然淆乱。于虖,朕之所托,材器职业,刑于群下,顾乃如此,岂朕训导之方有所未至欤? 抑士湛于流失之久,不能以自振欤? 将名实未辨,好恶异情而致是欤? 殆曩者任事之臣,奋私昵党,轻朕之爵禄,怵之使然,欲以固其权也。长此安穷? 夫仁行而从善,义立而俗易,朕既明细陟、宽诽讪以示天下矣,人之倚乃身,迂乃心,往不可悔。自今至于后,日洒濯厥衷,存心去私,可否从违,各当于理,则予汝嘉,丕克羞尔。其有不吉不迪,习非怙终,则邦有常刑,朕不敢贷,汝悔身何及!《书》不云乎:"格则承之庸之,否则威之。"咨尔多士,明听朕言,毋忽!

出处:《宋会要辑稿》职官七九之一〇。又见《宋史全文续资治通鉴》卷二九,《两朝纲目备要》卷四。

撰者:傅伯寿

遣官祈晴诏
（庆元元年五月二十二日）

阴雨连绵,恐妨禾稼,令两浙转运司行下所部州县,委自守令亲诣管下灵应神祠精加祈祷,务要速获晴霁。

出处:《宋会要辑稿》礼一八之三五。

新除吏部侍郎林大中辞免不允诏
（庆元元年五月二十三日前）

卿天资鲠挺,论事不回。比以久居台端,慈皇盖尝命以小宰之职矣。去为剧郡,召归近班。既殚批敕之勤,庸畀典铨之任。践扬惟旧,选用匪轻。清吾文部,以助官人之能,不亦休哉! 避宠丐闲,非朕所望。

出处:《攻媿集》卷四三。

撰者:楼钥

考校说明:编年据楼钥任两制时间、同集前后文时间、林大中官历补,见同集卷九八《林公神道碑》、《宝庆四明志》卷一。

户部侍郎袁说友辞免兼侍讲不允诏
(庆元元年五月一日至二十三日间)

卿性资闿敏,儒术该通。虽当主计之繁,每切爱君之念。方御图云始,首辟经帷,而建议独先,能发朕意,前所陈请,旋已施行。近因献纳之余,复上课程之奏。深嘉忠粹,俾与讲明。惟说论之是求,何需章之为逊? 亟就迩英之列,以裨典学之勤。

出处:《攻媿集》卷四三。

撰者:楼钥

考校说明:编年据楼钥任两制时间、《宋会要辑稿》职官六补。

庆元二年礼部奏名进士更不临轩策试诏
(庆元元年五月二十三日)

庆元二年礼部奏名进士,可依祖宗故事,更不临轩策试。

出处:《宋会要辑稿》选举八之一六。

沈诜奏两浙饥疫答诏
(庆元元年六月七日)

诏令礼部给降度牒五十道,付沈诜自行措置,斟量支散,余依之。

出处:《宋会要辑稿》食货五八之二三。

遣官催促虑囚诏
(庆元元年六月十二日)

行在委刑部郎官及御史一员、临安府属县令提刑躬亲前去点检,催促结绝,事理轻者,先次断放。临安府属县徒以下罪事状分明,不应编配,及申奏公事虽小节不圆、不碍大情,并诣一面断遣讫申奏,杖以下应禁者,并责保知在。如提刑已往别州虑囚,或阙官,即令漕臣一员前去,各具所到及点检日时、已施行讫事件申尚书省。如奉行不虔,令御史台觉察闻奏。

出处:《宋会要辑稿》刑法五之四五。

马军行司依行在疏决囚徒诏
(庆元元年六月二十六日)

马军行司见在建康府屯戍,理宜一体,并依行在疏决减降,仍委淮西总领躬亲前去决遣。

出处:《宋会要辑稿》刑法五之四六。

令左藏库官吏点检支给衣绢诏
(庆元元年七月二日)

令户部各照旧例合请色额严行措置,务令品搭均平。所隶官司先期须管就堆垛处逐一抽掣,比对元样,委无不同,保明申所属,方得支给。如本库尚敢仍旧乞受作弊,官吏并行重置典宪。其诸军衣绢,亦仰依公品搭给散,不得纵容合干人乞受。如违,重作施行。

出处:《宋会要辑稿》食货五一之一三。

周必大转少傅致仕制
（庆元元年七月七日）

门下：援礼经而告老，大臣所以循止足之规；稽邦典以疏恩，人主所以茂褒崇之渥。朕眷怀耆旧，渴形仪形。方问政之是图，遽引年而有请。肆颁异数，庸表高风。扬于大庭，竦乃群听。少保、观文殿大学士、充醴泉观使、益国公、食邑一万一千六百户、食实封四千二百户周某，才宏而识远，行峻而气和。其学以致知为先，其文以明道为本。有一德如伊尹，任重保衡；亮四世如毕公，望隆寿俊。身虽系于轩冕，心常乐乎丘樊。顷辞洪井之麾，复领祥源之使。年龄甫及，筋力未衰，而乃叠贡封章，恳还官政。朕惟赐几而不得谢，盖具著于前彝；垂车以保其荣，殆难从于雅志。勉谕优贤之旨，莫回勇退之祈。念重违于悃诚，宜优加于体貌。是用升班孤傅，载申成命之休；增赋爰田，仍衍真租之食。以示宠光之备，以昭名节之全。孰不叹息于贤哉，足以兴起乎闻者。於戏！进夫棘位，益资洪化之谟；迎以蒲轮，尚有乞言之礼。惟深于道者，无殆辱之累；惟忠于国者，何仕止之殊。往绥寿祉之多，勿替谋猷之告。可特授少傅，依前观文殿大学士、益国公致仕，加食邑一千户、食实封四百户，令所司择日备礼册命，主者施行。

出处：《周益国文忠公年谱》。
撰者：倪思

监司郡守久任诏
（庆元元年七月二十三日）

朕图回初政，不遑康宁，延见群臣，博询治道，有可采用，未尝不行。比览奏对，所陈多以监司郡守数易为说。盖监司典一道按廉之权，郡守膺千里收养之寄，傥不久任，弊非一端。虽得贤能之人，要必假以岁月，岂有阅日尚浅，又复徙而之他？居官者怀苟且之心，竞进者亡久留之意，民知其将去则莫从化，吏知其可欺则绝簿书。若乃财用殚于送迎，卒徒疲于道路，郡县凋弊，殆不能支，此诚今日所宜首革者也。朕既明谕大臣，遴选人材于除用之初矣，继自今深鉴前弊，无数变易，以考治功，以宽民力。其有绩效著闻者，当以玺书勉厉，增秩赐金，公卿有阙，选诸所表，以次用之。庶几乎汉宣中兴之治，顾不美与！刺史二千石，其各安乃职，共乃事，务为悠久之计，政成而俟褒擢，称朕意焉。

出处:《宋会要辑稿》职官四七之四六。

临安府远方游学士人就两浙运司附试诏
(庆元元年八月三日)

特令就两浙转运司附试一次,令项考校,候见终场人数取旨,量立解额。

出处:《宋会要辑稿》选举一六之二八。

现任官收买饮食服用之物随市直用见钱诏
(庆元元年八月十七日)

有司检坐见行条法,给榜下州军县镇,今后现任官收买饮食服用之物,并随市直各用见钱,不得于价之外更立官价,违许人户越诉。在外令监司按劾,在内令御史台觉察。

出处:《宋会要辑稿》刑法二之一二六。

余游与依不满年大学生收试诏
(庆元元年八月二十五日)

大学生余游与依不满年大学生收试,令项精加考校,如文理优长,申取朝廷指挥取放。

出处:《宋会要辑稿》选举一六之二九。

杨万里除焕章阁待制告词
(庆元元年九月十七日)

敕:朕权舆治道,梦想老成。出召节以趣还,莫回雅尚;畀祠官而均佚,式遂忧辞。爰视从班,以敷命缛。中大夫、充秘阁修撰、吉水县开国男、食邑三百户杨万里,气全刚大,学造精微。入冠群玉之山,望禁涂而垂上;出驰六牡之辔,守儒道以独高。比分章贡之符,已动江湖之志。顾仰止以虽切,乃招之而不来。重惟当世伟人,务全素节;太上旧学,犹在庶僚。乃升次对之华,姑从间馆之适。尊德乐道,朕方怀擢用之迟;忧国爱君,尔犹有论思之责。亟其祗命,无替告猷。可特授焕章阁待制、提举江州太平兴国宫。

出处:《诚斋集》卷一三三。

撰者:黄艾

诫约淮东浙东西路提盐官诏
(庆元元年九月二十二日)

淮东、浙东西路提盐官,仰日下印榜严行约束,照条盐袋并以三百斤装打,不管分毫大搭。仍常督责觉察,切待朝廷于三务场官内不时互差前去仓场抽摘秤制。如有违戾,即将提举官及本属官吏申朝朝廷指挥,重行责罚。若点检后再敢拆袋,暗增斤重,许诸邑人陈告,得实,犯人依私盐法断罪追赏。

出处:《宋会要辑稿》食货二八之四七。

赵不嘈特与换授率府率诏
(庆元元年十月一日)

忠训郎不嘈特与换授率府率,合趁赴朝参,其请给、生日支赐、人从等,依不谔等前后已得指挥施行。

出处:《宋会要辑稿》帝系七之一七。

知州入官资序诏
(庆元元年十月三日)

通判资序及两经任通判人方许除知州,庶几士夫不为空言,究心民事,以副朕爱养元元之意。如有卓异之才,宰执将上取旨,别议旌擢。虽有已降指挥者,更不施行。

出处:《宋会要辑稿》职官四七之四六。

三省枢密院条具诸军人马合教体例御笔
(庆元元年十月四日)

朕嗣位之初,诸军人马未曾合教,三省、枢密院可照淳熙十六年体例条具取旨。

出处:《宋会要辑稿》礼九之二六。又见《宋会要辑稿补编》第八二八页。

宰执按视诸军合教事诏
(庆元元年十月四日后)

朕为在孝宗皇帝制内,不欲亲幸按阅。可择日宰执前去大教场内按视,合行事件,令郭杲、刘超条具以闻,犒设依淳熙十六年例支给。

出处:《宋会要辑稿》礼九之二六。又见《宋会要辑稿补编》第八二八页。

大阅官兵随身器甲损坏令本军自与修治诏
(庆元元年十月十三日)

将来大阅,应官兵随身器甲或有阙少损坏,令本军自与修治,不得辄令陪备,及置办衣装,仰主帅预行约束,毋致违戾。

出处:《宋会要辑稿》礼九之二八。又见《宋会要辑稿补编》第八二九页。

大阅犒赏事诏
(庆元元年十月十五日)

今次大阅,依淳熙十六年增支犒赏体例,仰郭杲、刘超公共照应合教等第则例,逐一均定增支。

出处:《宋会要辑稿》礼九之二八。又见《宋会要辑稿补编》第八二九页。

诫约州县不得遏籴诏
(庆元元年十月二十一日)

朝廷方下广籴之令,如州县辄敢遏籴,许人户越诉。监司不为受理及失觉察,仰御史台弹劾施行。

出处:《宋会要辑稿》食货四一之二六。

推赏斗敌立功人庞福田昇等诏
(庆元元年十月二十六日)

庞福、田昇各特与减二年磨勘,李国良、乔滋、薛章各特与减一年磨勘,廖才兴令湖南安抚司更特与犒设一次。

出处:《宋会要辑稿》兵一三之三九。

诸路运判岁终不除使副诏
(庆元元年十一月六日)

敕:诸路运判岁终不除使副,以均举使副人数理为职司。

出处:《庆元条法事类》卷一四。

赵汝愚责永州制
(庆元元年十一月十九日)

屈氂与广利妄议,武帝戮之于事闻之初;林甫辅明皇不忠,肃宗诛之于论定之后。是皆宗室之为相,率陷谴呵而致刑。本朝深鉴于前车,同姓不登于揆路。虽欲选任,亦难冒居。果罪戾之彻闻,岂宪章之幸免。具官赵汝愚色厉而内荏,身私而托公。偶早窃于科名,已遍尘于华要。惟历年典故之未有,尚巧计经营而欲为。嫌疑既勿避于此时,狂僭知难防于异日。朕位继主器,躬获绍图。盖承太上御札之倦勤,复奉隆慈诲言之谕旨。父子之传本于素定,堂陛之势岂其易陵。

而乃敢贪天功,遂执国命。谋动干戈而未已,人孰无疑;妄谈符谶之不经,意将安在。过归君而有暴扬之迹,威震主而无退敛之心。盘互妄邪,参通筹策。内欲擅移军帅,而结腹心之死党;外将生事戎夷,而开边境之衅端。每务纷更,非独朝廷之不可;实怀怨望,殆将路人而皆知。兹第令解职以包容,乃频有讼冤之指教。愈喧物论,具载台评。其黜授于散官,以窜投于远郡。自今立政立事,我其守祖宗用人之规;无有作福作威,尔庶知家国名分之戒。勿忘自省,尚体宽恩。

出处:《宋宰辅编年录》卷二〇。

撰者:汪义端

考校说明:编年据《宋史》卷三七《宁宗纪》补。《宋宰辅编年录》卷二〇系于庆元元年十二月。

祈雪诏
(庆元元年十一月二十三日)

瑞雪稍愆,日轮侍从一员诣上天竺灵感观音前精加祈祷,务获感应。

出处:《宋会要辑稿》礼一八之三一。

命官犯赃区别处置诏
(庆元元年十二月三日)

命官因臣僚论列,或监司守倅按发,身不曾亲被取勘,止泛言赃数,委无实迹,一时约作过犯之人,并令曾依大赦施行。如身不经勘,而曾约体究干连赃证有实迹者,后来得旨降官放罢,照应只许受宫观岳庙指挥施行。如命官犯赃,身经勘鞫招伏,事状明白,并照见行条法。

出处:《宋会要辑稿》职官八之五〇。

赵善下特与换右监门卫大将军遥郡刺史诏
(庆元元年十二月四日)

朝散郎善下特与换右监门卫大将军、遥郡刺史,服阕日,与本京宫观差遣,仍奉朝请。

出处:《宋会要辑稿》帝系七之一七。

大理评事举主改官依旧制诏
(庆元元年十二月四日)

大理评事举主改官,自依旧制,绍熙三年马大同奏请指挥内"刑部长贰通举在外狱官"一节更不施行。

出处:《宋会要辑稿》职官二四之四一。

虑囚诏
(庆元元年十二月八日)

时雪未降,见行祈祷,窃虑刑狱淹延,致伤和气。大理寺、临安府属县、三衙及两浙路诸州县见禁罪人,在内委台官,在外委提刑躬亲即时前去检察决遣,内杖罪以下并干系等人并日下疏决。

出处:《宋会要辑稿》刑法五之四六。

赐金使幡胜诏
(庆元元年十二月十日)

令户部据合用金银两数付内侍省所差官前去给赐,使副二人各纯金幡胜一副,各重一两五分,各折金二两;上节一十一人,并接伴使副二人,各浑金镀银幡胜一副,各重六钱,镀金五分,各折银一两半;中节一十四人、下节三十九人,各间金镀银幡胜一副,各重五钱八分,镀金三分,各折银一两。

出处:《宋会要辑稿》职官五一之三九。

楚州统兵官常切约束士兵诏
（庆元元年十二月十三日）

　　楚州守臣更不兼带统辖屯戍军马，其楚州戍兵责在统兵官常切约束，务要遵守纪律，仍训习事艺，毋致生疏。或与百姓相侵，陈诉事理，即照应乾道二年四月十五日条法施行。

出处:《宋会要辑稿》兵六之六。

禁谒见兵官乞觅钱物诏
（庆元元年十二月二十四日）

　　内外诸军今后如有似此不畏公法等人，许押赴所在州军先次收禁，具申枢密院，送有司根勘。如事理颇轻，依条施行，特送僻远州军居住；或稍涉情重，取旨施行。仰诸军出榜军门晓谕。

出处:《宋会要辑稿》刑法二之一二六。

朱熹罢待制仍旧宫观制
（庆元元年十二月二十六日）

　　敕:从欲者圣人之仁，尚谦者君子之行。眷我执经之老，辞夫次对之荣。既谅忱诚，其颁茂命。以尔心耽坟索，性乐丘樊，被累朝之特招，称疾屡矣；于十连而趣召，肯起翻然。既陪东学之游，兼侍西清之邃。见生儿晚，方喜桓荣之说书；高论未闻，遽若贡生之怀土。仍夫华职，秩以真祠，盖彰优老之风，且示隆儒之意。逮兹累岁，始复有陈。前受之是，今受之非，谁能无惑？大逊如慢，小逊如伪，夫岂其然！顾尔务徇于名高，在我讵轻于爵驭？俾解禁严之直，复居论著之联。虽雅志之勉从，在至怀而良怫。噫！厌承明，劳侍从，既违持橐之班；归乡里，授生徒，往究专门之业。其祗予训，用蹈于中。可依旧秘阁修撰、宫观差遣。

出处:《道命录》卷七上。又见《两朝纲目备要》卷四,《考亭志》卷六,《宋元通鉴》卷九二,《朱子年谱》卷二。
撰者:傅伯寿

光宗宁宗朝卷八　庆元二年(1196)

叶宗鲁太常寺主簿制
(庆元二年正月前)

朕惟礼乐所以粉饰太平,而奉常实典司之,其间列属,并号清华。尔文学政事,俱有可观,簿政之职,盖朕遴选。今坐庙堂风宪,多由此途出,尔身亲见之矣。益思涵养,以待予之器使。

出处:《尊白堂集》卷五。又见《永乐大典》卷一四六○七。

考校说明:编年据叶宗鲁官历补,见《宋会要辑稿》选举二二。虞俦此时似未任两制,此文或为《尊白堂集》误收。

余端礼左丞相制
(庆元二年正月十日)

有熊之佐,风后配夫上台;天乙之兴,仲虺居于左相。惟朕躬之冲菲,奉慈训以纂承。置器于安,将保基图之固;涉渊攸济,不忘宵旰之勤。仰慕帝王之盛隆,俯思俊哲以翊赞。畴若予采,有能奋庸。惟时次辅之贤,佑我初元之政。久膺钜任,兹陟家司。扬于王庭,焕其大号。具官余端礼笃厚谨提身之行,忱诚坚许国之心。在《坤》爻则包黄裳之文,于《鼎》象则安玉铉之节。宽而栗,柔而立,德能彰吉而有常;茂而间,深而通,事每并行而不谬。早被孝宗之眷,复膺太上之知。流连六官,出入三觐。甘盘旧学,常保乂以有殷;君陈东郊,繇分正而入告。擢在本兵之地,适逢内禅之秋。宗庙以安,既共参于大策;奸邪不起,复有赖于忠臣。予嘉乃勋,爰置诸右。而能深戒擅事咨权之失,备殚任公竭节之劳。山甫柔嘉,夙夜匪懈于补衮之缺;安世谨密,从容甚近如骖乘之时。至于坏植散群,遂良登杰,奋发虽繇于予断,矢陈悉本于汝谟。国是既明,士风浸革。阴阳顺序,年谷以登。夷狄修和,边鄙不耸。将究弥缝之用,可无褒进之恩?惟兹元宰之崇,无若昭文之重。久虚席而不拜,盖得贤而后居。佐天子理万几,俾颛持于魁柄。分长史为两府,庸并建于弼臣。庶志虑之合同,于事功而协济。规摹已定,要当力底于大成;朋比既祛,罔或轻摇于浮议。副朕所望,在卿优为。爰超赐位之阶,以作群公之表。衍其采食,丰厥真畬,以彰体貌之隆,以厚股肱之寄。於戏!无疆惟休,无疆惟恤,敢忘受命之承;克艰厥后,克艰厥臣,遹观敏德之义。尚思棐迪之笃,远迈明良之康。惟用劢于我家,终有辞于永世。

出处:《宋宰辅编年录》卷二○。又见《永乐大典》卷一二九七○。

京镗右丞相制
(庆元二年正月十日)

敕天命而兢万几,在代工之无旷;熙帝载而宅百揆,资奋庸之有能。朕念顾湜于皇穹,逮缵承于慈极。任重守大,惧于缺以不遑;谟明弼谐,孰厥德之允迪。保我邦图之固,助予旰食之勤。追想古人,至远求于梦卜;岂如今日,乃近在于枢机。其辍本兵,俾升次辅。诞扬孚号,播告路朝。具官京镗疏通裕开济之才,鲠亮被直方之操。物能名而事能断,智常究于精微;挠不浊而澄不清,量莫窥于涯涘。早过盘根而知利器,遂策高足而据要津。峨豸柏台,廷臣惮其正色;争礼毡幄,匈奴不敢桀心。旋为谕蜀之行,尤展筹边之略。逮朕初载,冠于从班。一观长者魁梧之姿,即知公辅远大之器。子房之授高祖,言殊石水之投;马周之遇太宗,契逾胶漆之固。寄之心腹,擢在疑丞。论说无疑,殆若巨鱼之纵壑;奸邪不起,复如猛虎之在山。确持尊君亲上之忱,力建坏植散群之策。洎予总揽,将遂延登。属方倚于庙谟,始进颛于武柄。运帷幄而决千里之胜,既厌难以销萌;理阴阳而遂万物之宜,盍赞元而经体。方今国是虽明,而未臻于醇一;士风虽革,而尚起于诪张。年谷新登,仓廪之储尚寡;戎狄久好,边陲之备宜修。凡此数端,皆如□□□□□舟楫愿之迄济。况辅弼之并建,实左右之具宜。相与协恭而和衷,必能熙绩以兴事。思邦家之大政,力底于成;遏朋比之浮言,勿为之惑。尔能素绰,予望深期。陟彼华资,既越三阶之峻;衍夫真食,仍增千室之封。以昭体貌之优,以究勋庸之茂。於戏!萧曹为冠,岂专务于规随;房杜同心,盖相资于谋断。其思夹介之义,以迪允升之猷。能立太平之基,亦有无穷之闻。

出处:《宋宰辅编年录》卷二〇。又见《永乐大典》卷一二九七〇。

推赏萧辉等诏
(庆元二年正月十一日)

摧锋军第二将正将萧辉、特转承信郎、下班祗应;经略司效用部将祝宪、进勇副尉效用队将彪晖、效用白身充拨发宋执中、效力白身充都教头江先,首先破敌,各特补转两资;进义效尉、权琼州水军副将林彦等一百一名各特转一资;承直郎、象州推官符昌言特减二年磨勘;奉义郎、通判琼州刘涣特减一年磨勘。

出处:《宋会要辑稿》兵二〇之三。

荐举改官事诏
(庆元二年二月七日)

敕:今后被荐举改官人,止得用职司壹纸,诸路转运、提刑司如举改官,取索被举官朝典脚色状一本,申吏部参照第二员职司之数。

出处:《庆元条法事类》卷一四。

奉使金国禁辟差见任知县县令充上中节人数诏
(庆元二年二月十一日)

奉使金国,并不许辟差见任知县、县令充上中节人数,许本路监司守臣劾奏,有已差人更不推赏。

出处:《宋会要辑稿》职官五一之四〇。

付知贡举叶翥等御笔
(庆元二年二月十二日)

朕既群天下之秀彦试于春官,期得器识伟厚、议论正平之士,副异时公卿大夫选。属婴哀疚,不能亲策于廷,唯赖卿辈协意悉心,精加衡鉴,网罗实才,毋使浮夸轻躁者冒吾名器,朕则汝嘉。

出处:《宋会要辑稿》选举五之一七。又见《咸淳临安志》卷一二。

蠲放临安府属县民户身丁钱诏
(庆元二年二月二十一日)

临安府属县民户身丁钱,可自庆元二年更与蠲放三年,仍给降黄榜晓谕。

出处:《宋会要辑稿》食货六六之一九。

推恩今举特奏名试在第五等人诏
(庆元二年二月二十五日)

今举特奏名试在第五等人,候遇郊舍日,许部岳庙一次,愿缴纳敕牒再试者听。

出处:《宋会要辑稿》选举一三之八。

赏罚黎州守臣将帅诏
(庆元二年三月四日)

黎州守臣王闻礼特转一官,义勇军正将杨师杰、准备将王全各特转一官,与升擢差遣;新荣州提督军马赵鼎特降一官放罢,移近里州军居住,知安静寨魏大寿特降一官,令制置司斟酌移近里州军差遣,今后不得于黎州注授。仍令制置司行下黎州,精察贼情动息,严为备,约束官兵不得邀功生事。

出处:《宋会要辑稿》兵二〇之二。

遇锁院令当日宣麻舍人同共锁宿诏
(庆元二年三月十一日)

今后如遇锁院,令当日宣麻舍人同共锁宿,可令宣麻舍人至日随御药先出院宣制。余依已降指挥。

出处:《宋会要辑稿》职官六之六三。

州县在职任者请俸事诏
(庆元二年三月二十三日)

敕:州县凡在职任者,每月请俸先自小官始,已遍,然后长官帮支。

出处:《庆元条法事类》卷三七。

阁门奏引见礼部奏名进士答诏
(庆元二年三月二十八日)

为在孝宗皇帝服制内,权于后殿引见。依例分作两日,止令上三甲入殿立班,余门见。并令入出和宁门,经由门户,并早一刻开。余从之。

出处:《宋会要辑稿》选举八之一七。

群臣奏大祥礼事诏
(庆元二年四月一日)

群臣所议虽合礼经,然于朕追慕之意有所未安。早来奏知太皇太后,面奉圣旨,以太上皇帝虽未康愈,宫中亦行三年之制,宜从所议。朕躬奉慈训,敢不遵依?

出处:《宋史》卷一二二《礼志》。

庆元二年及第进士第等授官诏
(庆元二年五月十二日)

新及第进士第一人邹应龙,本系第二名,为上一名有官,特赐第一甲第一人。第二人从事郎莫子纯,本系第一名,为系有官人,特与第一名恩例。并补承事郎、签书诸州军节度判官厅公事；第三人夏明承补文林郎，第四人徐应龙补从事郎，第五人宋德之补文林郎，两使职官；内第五名宋德之为系四川类试第一名，与依第三人恩例；孔炜元系第五名，与还第五名恩例。第六人以下至第五甲并迪功郎、诸州司户簿尉。

出处：《宋会要辑稿》选举二之三〇。

置华文阁诏
（庆元二年五月十五日）

朕惟孝宗皇帝睿闱圣图，粹昭玉度，经纬天地，道存浑噩之书；鼓舞雷风，仁荡温纯之命。写之琬琰，炳若丹青。太微三光之庭，丕阐凤巢之势；上帝群玉之府，邃通龙纪之联。宝典谟训诰之垂，黻礼乐刑政之用，华协尧章之焕，文光舜哲之明。并辑鸿徽，孔严燕翼。其阁恭以"华文"为名，置学士、待制、直阁。茂遵邦宪，宠陟儒英，庸饬攸司，其刊诸令。

出处：《咸淳临安志》卷二。又见《古今事文类聚》遗集卷二，《翰苑新书》前集卷三五，《群书会元截江网》卷二七。

诸道官兵出战立功推恩诏
（庆元二年五月十六日）

诸道官兵出战立功自推恩体例，今后忠义等人立到战功，并与大军一体施行，如与官兵同力劳效，亦一等推赏。

出处：《宋会要辑稿》兵二〇之四。

臣僚替移交替事诏
（庆元二年五月二十六日）

敕：臣僚上言，所在官司遇有替移，以见存钱物之数交与承替之人，亦以其所交钱物之数申之朝省稽考。比年以来，承替之人虽上之朝省，而朝省失于稽考。如诸总领交承，令总领所自今后具数申御史台，置籍稽考。其下政人须管结罪保明前政有无妄作名色、虚被钱物、其见交到之数实与不实,供申朝省及御史台,令御史台觉察。

出处:《庆元条法事类》卷三二。

推恩重华宫寿慈宫官吏诸色人诏
(庆元二年六月十一日)

将来撤孝宗皇帝几筵毕,重华宫改为慈福宫,皇太后却迁于寿慈宫。其两宫官吏、诸色人等到宫实及二年并实及五年之人,依绍熙二年九月、五年八月已降指挥推恩施行。内有历过重华宫月日,仍与通理推赏。

出处:《宋会要辑稿》后妃二之一九。

进士第五甲并恩科人铨试诏
(庆元二年六月十三日)

进士第五甲并恩科人铨试,照旧法两人取放一名,余并照近降指挥施行。

出处:《宋会要辑稿》选举二六之二二。

曾集知严州制
(庆元二年七月一日)

敕具官某:赣川之曾,人物相望,仕至二千石者,前后以十数,声绩茂焉。尔习于家传,有志乎古,试以郡寄,有志乎民。还奏便朝,嘉其详练。惟严陵之辅郡,实高庙之潜藩,分以左符,用抚吾民。由小州得大州,盖亦宠矣。益勉厥职,以大尔家。

出处:《攻媿集》卷三七。又见《止斋先生文集》卷一四。
考校说明:编年据《淳熙严州图经》卷一补。楼钥、陈傅良此时均未任两制,《攻媿集》《止斋先生文集》或均误收,待考。

令条具亲幸茅滩大阅合行事御笔
（庆元二年七月十七日）

朕欲今冬亲幸茅滩大阅,应有合行事,令所司条具闻奏。

出处:《宋会要辑稿》礼九之二八。又见《宋会要辑稿补编》第八二九页。

推恩皇后殿官吏诸色人诏
（庆元二年七月二十一日）

皇嗣诞生,皇后殿官吏诸色人各特与转一官资,内提举官与转两官,已系横行人特与转行,碍止法人依条回授,白身人候有名目日,作一官资收使。

出处:《宋会要辑稿》后妃二之二六。

置迎奉孝宗皇帝成穆皇后成恭皇后神御行礼官诏
（庆元二年七月二十一日）

迎奉孝宗哲文神武成孝皇帝、成穆皇后、成恭皇后神御赴景灵宫、万寿观奉安日,皇帝行酌献礼,接盏跪进侍臣:中书舍人宋之瑞。前导太常卿:太常少卿胡纮。赞引太常卿、太常博士:太常丞张震。奏告并景灵宫奉安太祝:太常寺主簿张经;万寿观奉安太祝:大社令高子溶。

出处:《宋会要辑稿》礼一三之二一。

权免重明圣节后二日寿康殿排设大宴诏
（庆元二年七月二十四日）

重明圣节后二日礼例,就寿康殿排设大宴,恭承太上皇帝圣旨权免。

出处:《宋会要辑稿》礼五七之二〇。

遣官祈晴诏
（庆元二年八月二日）

令两浙转运司行下所部州县有雨去处，应载祀典及名山大川神祠龙潭，委自守令亲诣，精加祈祷，务获感应。

出处：《宋会要辑稿》礼一八之三四。

瑞庆圣节使人到阙仪制诏
（庆元二年八月二十六日）

瑞庆圣节，贺生辰人使到阙，系在孝宗皇帝小祥之后，使人见辞并设淡黄幄，百官使人幕次陈设并用紫色。

出处：《宋会要辑稿》职官五一之四一。

塑制孝宗神御毕官吏推恩诏
（庆元二年八月二十八日）

塑制孝宗哲文神武成孝皇帝、成穆皇后、成恭皇后神御了毕，都大主管官关礼特与转行两官。第一等，内张延礼特与遥郡上转行一官，罗舜元、霍喆夫、刘行之、黄遵各特与转行一官，更减三年磨勘，碍止法人依条回授。第二等各特与转一官。第三等，使臣、人吏各与减三年磨勘，年限不同人依五年法比折；未有名目人候有名目或出职日，特依今来所得减数目收使；亲从、亲事官等各支赐绢一十匹，守阙五匹。第四等各支赐绢五匹。三省催驱房并对读守阙依条施行。

出处：《宋会要辑稿》礼一三之二一。

封显佑通应侯敕
（庆元二年八月）

敕湖州德清县新市镇永灵庙显佑侯：朕自即位以来，修崇祀典，凡有功德于民者,锡号加爵,惟恐其后。况尔神庙食此方,曰雨曰旸,随祷辄应。部使者顺民之请,以状来上,兹用申加二字,以烜赫厥灵。其益彰显应,民亦永永丕享。可特封显佑通应侯。

出处:《两浙金石志》卷一一。

考校说明:标题"显佑通应侯",《全宋文》误作"显祐通应侯"(第三○二册,第一二六页)。

上太皇太后尊号册文
(庆元二年十月三日)

皇帝臣扩谨稽首再拜言曰:臣闻章献有保护仁皇之恩,故尊称上于明道临政之始;昭慈有亲立光尧之绩,故鸿名揭于建炎登极之初。盖不能忘者,宗社蒙赖之训;不容已者,国家推崇之典。矧我太母覬施于冲人者,靡不备至,视章献、昭慈有光焉。自缵绍丕图,欲少伸报效,而缛仪未举,显号未增,宁非今日之旷礼欤?恭惟寿圣隆慈备福太皇太后德全淑哲,性秉柔明。沙麓储灵,夙符梦月之兆;洽阳钟气,蚤示倪天之祥。来嫔高宗,为宋圣后。方化龙渡江,时未底于宁谧,则同济于艰难;及息马论道,邦已臻于嘉靖,则相成于警戒。逮三圣法尧蹈舜,倦勤与子,则又密参内禅之谟。迹其均苦淡,更险夷,以丕赞中兴,则启夏之莘山也;调滑甘,承颜色,以祇奉慈宁,则媚姜之大任也。恭俭而寡嗜好,谦肃而多诵读,则汉之光烈明德也;献规而有雅体,著论而抑外家,则唐之太穆文德也。至于年过八袠而福本弥固,身历四朝而母仪益彰,三逢揖逊之盛时,六受尊崇之大典,九州四海,极其奉养,三宫四殿,恃其调虞,则又穷古亘今见所未有。臣猥以眇质,获侍重闱,诞膺圣父神器之传,悉本太母慈训之禀。故践位以来,大惧凉薄无以钦承畀付之重,寡昧无以仰答生成之隆。辄遵昭代之宪章,博采群工之颂述,发扬景铄,衍著徽称,以殚臣子之微诚,以侈邦家之大庆。虽洪造不容于摹写,然闳休或可以铺张。永惟高世懿行,辉映简编,将赫赫明明而不泯,不曰光乎?启后大功,义安宗祐,将继继承承而不替,不曰佑乎?臣不胜大愿,谨奉玉册金宝,加上尊号曰"寿圣隆慈备福光佑太皇太后"。钦惟殿下福兮方至之川,寿兮不老之椿,与乾坤以齐久,居宇宙而独尊,亿载万年,永保我子孙黎民。

出处:《宋会要辑稿》礼五○之一一。

撰者:京镗

考校说明：京镗时任右丞相。

上寿仁太上皇后尊号册文
（庆元二年十月三日）

　　皇帝臣扩谨稽首再拜言曰：臣闻万物所资以生者，坤也。坤有生万物之功，故尽万物而不足以报，必极其德之至者而名言之。含洪光大，柔而刚，静而方，顺而正，皆坤德也，以言其持载则悠久而无疆，以言其爱育则长养而无外，兹其德之至者乎？惟我宋再受天命，尧舜与禹，道高揖逊，姜任与姒，功懋赞襄，昆虫草木，罔不嘉赖，德参坤元，固已无间。至若蚤葸吉于洛阳，继呈祥于甲观，正长秋之尊位，配前殿之多仪，则我文母寔兼有焉。答鸿恩，建大号，以显扬生生不穷之盛美，在予冲人，曷敢不极其至哉。恭惟太上皇后殿下瑞应葎山，秀钟沙麓，升自勳阀，上媲圣父，居处肃毅。举动斋庄，时在龙潜，躬履帝武，首毓陋质，丕承天休，必诚必亲，护视教载。逮我慈尊受禅烈祖，警戒励鸡鸣之操，忧勤怀卷耳之思，不矜褕翟之华，亲服练缯之制，阴教明而六宫风动，母仪备而彤管日新。太上起倦勤之心，从容参与子之议，遂令寡昧，获绍丕图。夫难名者生育之恩，莫酬者授受之助。天启圣善，成始成终，慈笃义隆，宣何以报？虽曰备九州之荣养，谨一月之四朝，俪极未央，联辉丹禁，寝门密迩，安问旁午，爱慕之意已孚而归美之诚未尽也。载诹谷旦，懋藏缛仪，率呼群情，并隆徽称。齐大明而久照，坐少广以延年，非悠久无疆之寿乎？宝老氏之慈而慈幼，极母怀之爱而爱物，非长养无外之仁乎？寿以仁得，仁以寿彰，寿高而仁益隆，仁隆而寿益固，天人相因，至理可必。臣不胜大愿，谨奉玉册金宝上尊号曰寿仁太上皇后。伏惟殿下对亨嘉之会，辑纯懿之趾，调虞慈宸，觞玉卮于万年；诒燕后昆，绵瓜瓞于百世。继自今宾实之名，大书特书而未已，皇乎休哉！

出处：《宋会要辑稿》礼四九之七七。
撰者：何澹
考校说明：何澹时任参知政事。

上光宗尊号册文
（庆元二年十月三日）

　　皇帝臣扩谨稽首再拜言曰：臣闻乾为天、为君、为父，惟天为大，不可强名。

昔者作《易》,以《乾》为首,推尊乎天,称赞弥显,元功妙用,斯不容掩。大哉圣人,与天为徒。应人间世,为天下君;退藏于密,为天子父。圣人之不可名,天之不可名也。仁人事亲,如其事天,盖即推尊乎天者以尽推尊之实,称赞乎天者以极称赞之美,则扬鸿休,延显号,庶几乎形容万分一,其敢不自竭?恭惟太上皇帝出入神圣,与天同德;成顺致利,与天同功;兼听广览,隆宽尽下,与天同量。若乃用贤去佞,洞照群情,则日月其明也。省刑薄赋,渗漉函生,则雨露其泽也。诞扬诏旨,敷布宽大,奋发威断,斥逐奸回,则风雷其号令也。圣学绪熙,上监成宪,宸翰昭回,下饰万物,则云汉其文章也。方膺骏命,纂鸿图。圣作明述,守一道之传;问安侍膳,奉两宫之欢。临朝愿治,宵衣旰食,图回庶政,忧勤六载。致冲和之少爽,遂静退而高蹈,乃以神器,畀于菲躬。若稽往谍,历选群辟,尧授舜于既老之后,舜授禹于倦勤之余,未有以春秋之鼎盛,当规摹之日亲,而脱屣超然,曾无撄拂。既以揖逊受之于前,复以揖逊传之于后。全懿铄于三朝,掩高躅于千古,皇乎盛哉!臣以寡昧,亲承付托,极天下养,不足以为报。惟是载扬缛典,仰赞徽称,名所难名,庸见归美,所以诏当世而传无穷也。夫治臻乎熙洽之盛,而成功不居,德充乎光辉之大,而允恭克逊,非圣而益圣乎?由仁义而行而无行之之迹,尽人物之性而得性之之妙,非安所当安乎?寿居五福之一,仁为五常之先,优游所以长受命,安乐所以致延年,不曰寿乎?外而能爱以结人心,内而能静以循天理,不曰仁乎?臣不胜大愿,谨奉玉册玉宝,上尊号曰"圣安寿仁太上皇帝"。钦惟陛下游心尘外,玩意寰中,高乎太极而先天弗违,阅乎众甫而后天难老,膺受多福,燕及后人,以永亿载万年之休!

出处:《宋会要辑稿》礼四九之七五。
撰者:谢深甫
考校说明:谢深甫时任参知政事。

恭上寿圣隆慈备福太皇太后尊号曰寿圣隆慈备福光佑太皇太后诏
(庆元二年十月三日)

朕躬修孝道,务协礼经。奉三朝母仪之崇,必极推尊之典;合万国人心之愿,少伸归美之诚。增衍鸿名,预颁明诏。寿圣隆慈备福太皇太后道先太极,德广重坤。胥宇同功,丕赞中兴之业;补天契妙,娄参内禅之谟。冲虚自适于性贞,安乐方延于寿祉。属圣父倦勤之际,命菲躬嗣服之初,率慈训之禀承,荷深仁之覆护。

虽殚至养,念莫报于隆恩;茂阐徽音,宜亟加于显号。以著辉光之盛,以昭保祐之休。尚需吉制之行,首备缛仪之举。邦家之庆,臣子攸同。

出处:《宋会要辑稿》礼五〇之一〇。

<h1 style="text-align:center">上太上皇帝太上皇后尊号诏</h1>
(庆元二年十月三日)

传归于子,惟圣人斯能增揖逊之光;名成于亲,在王者宜必极尊崇之礼。朕钦承慈训,获缵丕图。虽曰绍尧,岂以位而为乐?庶几如舜,常惟顺以解忧。内单竭于怐忱,外阐扬于徽美。太上皇帝圣而益圣,安所当安。静处无为,既茂于寿祉;广施博爱,久蔼著于仁声。太上皇后力赞大庭,燕居少广。庞鸿锡祐,永延偕老之龄;慈仁育恩,吻合资生之载。虽至妙实难于测识,然数端或拟于形容。念未央、长乐之仪,方将修讲;宜隆兴、绍熙之典,首务尊行。爰辑议于廷绅,用勒咸于宝册。问安侍膳,益修五日之恭;备行嗣音,并揭两宫之仪。俟吉辰而恭上,先涣汗之诞扬。建显号而施尊名,于以迓万年之福;有至德而广要道,于以致四海之刑。谅闻播告之修,共协荣怀之庆。

出处:《宋会要辑稿》礼四九之六八。

<h1 style="text-align:center">恭上寿成皇太后尊号诏</h1>
(庆元二年十月三日)

朕祗膺慈训,嗣守庆基。尊奉重闱,务爱钦之备至;增崇丕号,在典礼以必严。爰协金辞,茂扬懿铄。寿成皇太后德全博厚,性本静专。佐内治于熙朝,是基王化;赞亲传于奕世,允赖母仪。方安色养之荣,采介寿祺之永。惕惟菲质,实荷深恩,愿殚归报之诚,益尽推崇之美。曰惠以显乎至顺,曰慈以昭乎至仁。奉宝册以进登,将行吉旦;辑廷绅而播告,慈用先期。繄孝道以式乎,庶欢心之咸得。

出处:《宋会要辑稿》礼五〇之一三。

皇后韩氏册文
（庆元二年十月六日）

皇帝若曰：乾元之大，必有坤元以合其德；外治之听，必有内治以辅其成。朕祗奉燕诒，绍休丕绪。载考古昔，王化有基，《关雎》首于《周南》，《家人》繇于羲《易》，盖所以明君后齐体，宜崇伉俪，以配宸极之尊。是用遵隆慈之旨，彰作合之祥，正位长秋，其曷敢后？咨尔夫人韩氏，淑哲自天，静专居体，动中礼法，丕勤姆师。堂堂忠献，实惟尔之旧门，定策两朝，勋在王室，潜源流光，以大厥后。宜其曾沙启庆，倪天有子，来嫔藩邸，维德之行。底予践祚，亦既登建，分任阴教，佐理初元。发令门而新彤管之辉，进群御而有金环之喜。适符亨会，稽彝典，举褵仪，恭上三宫之徽号，后乃母临万国，凤有禀命，容物显设，宣维其时。今遣使摄太傅、右丞相京镗，副使摄太保、知枢密事郑侨，持节册命尔为皇后。於戏！念之哉，有周之兴，任、姒并美。曰任思媚，能慕太姜之所行；曰姒嗣徽，能缵太任之女事。诗雅称述，克继是先。后执妇道，内则事姑，又有二大姆在上，躬行揭则得于亲承。惟肃敬宗庙，乃助予致孝享也；惟钦奉重闱，乃助予严至养也。予欲崇俭，宜安服于练缯；予欲省耕，宜率职于茧馆。言不逾阃则无私谒之心，仁以逮下则有和平之乐。并此众善，彰厥有常。仰协今日，同而无愧，毗予一人，共承天命，锡羡开统，则百斯男。我国家无疆惟休，后亦受福千万年有永，岂不韪欤！

出处：《宋会要辑稿》礼五三之一二。

奉上寿成惠慈皇太后尊号册宝文
（庆元二年十月十三日）

皇帝臣扩谨稽首再拜言曰：臣闻隆古之君曰尧、舜、禹，同道相禅而不同姓；宗周之后曰姜、任、姒，同德相继而不同时。《书》纪其盛，《诗》咏其美，后代仰望，不可及已。逮我国家，远过于是。中兴以来，父子揖逊，今历四朝，姑妇并处，今见四世。皇乎哉！视《书》所纪为盛之极，拟《诗》所咏为美之至者也。顾惟冲菲，亲绍丕祚，虔侍慈闱，方兹包众南行鸿名，以尊崇我重庆之懿，曷敢不推原极盛至美之所由来哉！恭惟寿成皇太后殿下道柔而正，德静而方，席庆华宗，俪尊烈祖，躬节俭之本，服浣濯之衣。后家之恩，法所宜优也，力请裁削，至于再三；后膳之品，礼所宜备也，深务抑损，期于寝免。惟是辅佐君子，夙夜谦勤，修阴教以厚人伦,倡内则以基王化。家齐国治,大业升平,首赞宸谋,畲传圣嗣。陪重华之清燕,承慈福之欢颜。妇范母仪,具全家法;诚里孝行,动协礼经。天锡寿期,如川方至。臣初受内禅,断于太上,成于太皇,亦惟我太后同力,是保是佑,恩隆德博,尽万物不足以报。乃涓良月,乃举禄容,徽称载新,庶几扬厉之万一焉。夫坤道尚顺,惟顺故惠;家道尚爱,惟爱故慈。《虞书》以惠为吉,岂非天下之所同庆乎!老氏以慈为宝,岂非天下之所同贵乎?臣不胜大愿,谨奉玉册金宝,加上尊号曰寿成惠慈皇太后。伏惟殿下对此熙洽,安于寿慈,受四海之至养,膺一时之上仪。日奉皇姑,雍睦愉怡,万有千岁,我子孙其永赖之。

出处:《宋会要辑稿》礼五〇之一四。

撰者:郑侨

太皇太后加上尊号推恩本殿官吏亲属诏
(庆元二年十月二十二日)

寿圣隆慈备福光佑太皇太后加上尊号册宝礼毕,本殿官吏并亲属并特与转一官资,令先次开具职名申尚书省。

出处:《宋会要辑稿》礼五〇之一三。

皇太后上册宝礼毕推恩本殿官吏及亲属诏
(庆元二年十月二十二日)

寿成惠慈皇太后加上尊号册宝礼毕,本殿官吏并亲属并特与转一官资,令先次开具职位姓名申尚书省。

出处:《宋会要辑稿》礼五〇之一四。

大阅事诏
(庆元二年十月二十五日)

今来大阅,为天寒,恐出来太早,有劳人马,及在路排列驻立,可令殿步司量度诸寨远近,令恰好出寨,约天明毕办。其合起居,止令声喏。

出处:《宋会要辑稿》礼九之三二。又见《宋会要辑稿补编》第八二九页。

<h1 style="text-align:center">皇后遇大礼等合得恩泽事诏</h1>
(庆元二年十月二十八日)

皇后每遇大礼圣节生辰,各合得荫补恩泽,令有司依条放行。

出处:《宋会要辑稿》后妃二之二六。

<h1 style="text-align:center">成穆皇后亲弟亲属除官诏</h1>
(庆元二年十一月十一日)

成穆皇后亲弟故太保永宁郡王郭师禹可比附吴益、夏执中体例,长男授特除閤门宣赞舍人,次男拓、楳见系文资,特与带贴职,并候出官祗授。亲姪揄、扬、女夫张沆、从姪抡、操、搂及皇后亲舅之子赵彦倕,并特与转行一官,内选人比类施行。

出处:《宋会要辑稿》后妃二之二六。

<h1 style="text-align:center">督责主管官将首契税钱赴封桩库送纳诏</h1>
(庆元二年十一月二十九日)

令诸路转运司自指挥到日,各行下所部州军,督责主管官日下尽数起赴封桩库送纳,如有隐占违滞,仰本司开具官吏姓名申朝廷取旨,重行责罚。

出处:《宋会要辑稿》食货七〇之八七。

<h1 style="text-align:center">鱼勒官庄拨付盱眙军耕种诏</h1>
(庆元二年十二月五日)

盱眙军盱眙县管下鱼勒官庄拨付盱眙军耕种,仰淮东安抚司取见到渥元佃干照,令本军给还价钱。

出处:《宋会要辑稿》食货六一之四三。

遣官祈求雨雪诏
(庆元二年十二月十二日)

祈求雨雪,临安府载在祀典神祠及名山大川,令本府日下委官前去精加祈祷,务获感应。

出处:《宋会要辑稿》礼一八之三二。

诸色军兵转官条制诏
(庆元二年十二月二十六日)

今后诸色军兵合该两资升转之人,并依格法补转,不得仍前援例陈乞一资作一资收使。虽降指挥,许行执奏。

出处:《宋会要辑稿》职官一四之一六。

光宗宁宗朝卷九　庆元三年(1197)

林伯成閤门舍人制
(庆元三年二月前)

朕惟比年以来,凡筮仕于彤阁者,必试而后授,遂与馆职齐驱,其选益重。尔尝得隽右科,比召试于西掖,落笔风生。既彻朕览,有可采者。其祗成涣,以践厥官。

出处:《尊白堂集》卷五。
考校说明:编年据林伯成官历补,见《宋会要辑稿》选举二一。虞俦此时似未任两制,此文或为《尊白堂集》误收。

诚约四川不得违法抽差知县县令诏
(庆元三年二月二日)

四川今后不得违法抽差知县、县令,有敢抽差若经营求抽差者,悉重置典宪,其抽差过月日,并不理为在任。诸司互相纠察,有敢隐蔽,令御史台觉察以闻,并与坐罪。仍立为令甲。

出处:《宋会要辑稿》职官四八之四四。

绍兴府添差不厘务支盐官以十五员为额诏
(庆元三年二月四日)

绍兴府添差不厘务支盐官,今后以十五员为额,见任人许令终满。

出处:《宋会要辑稿》职官四八之一三九。

马军行司江上诸军统制至准备将选择升差事诏
(庆元三年二月十四日)

殿步司四川诸军兵官见依旧法升差外,其马军行司、江上诸军今后统制至准备将,仰照旧例格法、节次指挥,委主帅依公选择升差,不得循情,有害军政。解赴总领所或不系总领置司去处,委自守臣并审覆保明,申枢密院取旨升差,内统制、统领不测点摘前来,审观人材识略,或试以武艺。其绍熙四年正月十七日令主帅解发三人赴总领选择一名指挥,更不施行。

出处:《宋会要辑稿》职官三二之四七。又见《两朝纲目备要》卷二。

今岁郊祀并从省约诏
(庆元三年三月十三日)

今岁郊祀大礼,令有司除事神仪物、诸军赏给依旧制外,其乘舆服御及中外支费并从省约,仍疾速从实条具闻奏。

出处:《宋会要辑稿》礼六之三七。

加上太后册宝推恩亲属诏
(庆元三年三月十六日)

寿圣隆慈备福光佑太皇太后册宝礼毕,亲属内侄女咸安郡夫人吴氏、咸宁郡夫人侄妇新安郡夫人雷氏、韩氏,并加封国夫人;妗淑人赵氏加封郡夫人,侄妇三人、侄孙女一十三人、曾侄孙女二人、亲属韦氏、潘氏、陆氏、张氏、左氏、王氏、周氏、张氏、王氏、吴氏,内已有封号,特与加封,未经封号,并与初封。

出处:《宋会要辑稿》礼五〇之一三。

临安府官廨舍一所拨赐谯令雍永为己业居住诏
（庆元三年三月十八日）

临安府前石版卷官廨舍一所,元系知阁蔡必胜居止,见今韩同卿亲属在下安泊,候迁移日,可特拨赐知阁谯令雍永为己业居住。

出处:《宋会要辑稿》礼六二之八四。

祈雨诏
（庆元三年三月二十六日）

雨泽稍愆,令临安府守臣诣天竺山精加祈祷,务获感应。

出处:《宋会要辑稿》礼一八之二六。

王德谦屋宅改赐士歆家属居住诏
（庆元三年三月二十六日）

先赐王德谦屋宅改赐故嗣濮王士歆家属居住,令修内司拘收修盖。皇后家庙令所属条具闻奏。

出处:《宋会要辑稿》后妃二之二七。

复州荆门军不作边郡使阙诏
（庆元三年四月三日）

复州荆门军系里州军,今后不作边郡使阙。

出处:《宋会要辑稿》职官八之五一。

遣宰执侍从祈雨诏
(庆元三年四月九日)

雨泽稍阙,令宰执、侍从分诣祈祷天地、宗庙、社稷、岳镇、海渎群神。

出处:《宋会要辑稿》礼一八之二六。

御马院遇阙踏逐差取诏
(庆元三年四月二十五日)

今后令御马院遇阙,踏逐差取,仍依公审实。或委曾作过,及妨嫌回避、财物绾系、老疾之人,发遣归军,别作指名差换。

出处:《宋会要辑稿》职官三二之五四。

令诸路官吏祈雨诏
(庆元三年五月四日)

令逐路转运司行下所部阙雨州县,仰守令躬诣管内寺观神祠,更切严洁,精加祈祷,务要速获感应。仍自指挥到日禁屠宰三日。

出处:《宋会要辑稿》礼一八之二七。

遣官诣广惠庙祈雨诏
(庆元三年五月四日)

祈雨未应,遣官赍御封香、祝版前去广德军,同守臣躬诣广惠庙精加祈祷。

出处:《宋会要辑稿》礼一八之二七。

禁合解州公事预将案款先为计嘱州吏诏
(庆元三年五月二十四日)

诸路提刑司严立板榜行下州县约束,应合解州公事有预将案款先为计嘱州吏者,许诸色人指实,经提刑司陈诉。仍将先狱移勘,其犯人送无干碍官司根究,具案取旨,重作施行。

出处:《宋会要辑稿》职官五六之五六。

嘉兴府处台等州通增作十五阙诏
(庆元三年五月二十四日)

嘉兴府、处、台、衢、严、信、池、袁、抚、江、潮、漳、泰、温、徽州通增作十五阙,专充职事官补外,其已籍定边郡,如遇有阙,亦许通差。

出处:《宋会要辑稿》职官四七之四九。

令加孝宗谥号诏
(庆元三年七月二十六日)

礼莫重于始郊,孝莫严于尊祖,虽神功圣德,曾无地以寄言;然茂实徽名,肆因天而请谥。属紫坛之肇祀,宜清祏之勒崇。恭惟孝宗哲文神武成孝皇帝躬上哲之姿,绍中兴之运。望如云而就如日,华既重尧;勤于邦而俭于家,道爰授禹。九域涵濡于帝泽,八荒震詟于皇威。荡荡巍巍,敻高于前古;承承继继,光启于后人。朕远摭有唐之彝,近袭绍熙之矩,将以体太上追思之重,合天下称愿之公。顾累千百言,曷究形容之美;然弥亿万载,庸增舄奕之休。钦柴行恤于璧丘,刊玉恭先于宝册。贻孙谋以燕翼,诞昭有永之传;扬鸿烈而缉熙,丕显无穷之号。孝宗皇帝谥号见今六字,宜加上十字为十六字,如祖宗故事。令宰执、侍从、台谏、两省、礼官集议,仍令礼官详具典礼以闻。

出处:《宋会要辑稿》礼四九之八六。

严州复置神泉监诏
（庆元三年八月十七日）

严州复置神泉监,差监官一员,权隶工部,将诸处拘纳到铜器并铸当三钱,俟铸足十万贯日,监官取旨,特与优异推赏。仍令严州知通日下修盖监屋。其余事件检照旧来监例施行。

出处:《宋会要辑稿》职官四八之一三九。

应奉郊祀典礼官司须预先阅习务要整肃诏
（庆元三年八月二十六日）

令礼部严行约束,应奉官司遇有行礼,须管预先阅习惯熟,务要整肃,稍有违戾,重作施行。

出处:《宋会要辑稿》礼二八之三七。

依例放行皇后亲属合得恩泽诏
（庆元三年九月三日）

皇后受册了毕,庶合得亲属恩泽,令有司依条例放行。

出处:《宋会要辑稿》后妃二之二七。

选人初官所得关升职令状即时理作放散诏
（庆元三年十月二日）

选人初官所得关升职令状,比附经任人荐举改官状,到部日,即时理作放散。

出处:《宋会要辑稿》职官一〇之四三。

上孝宗徽号册文
(庆元三年十一月二日)

孝孙嗣皇帝臣扩。臣闻尧舜为五帝之盛,舜之继尧则愈盛而不可及。故经传所称,必极其至,德曰大德,功曰大功,孝曰大孝,智曰大智,论其乐则曰尽善而又尽美。无非殚称述之词,极形容之意,以发扬其甚盛之美。万世之下,巍巍煌煌,犹想见其如天之无不博,如地之无不载者,岂无自哉!惟宋中兴,圣作明述,揖逊授受,如舜继尧。故承尧之运,循尧之道,重尧之华,稽古盛际,若合符节。然则建显号,施尊名,扬厉昭揭,以诏无穷者,宜推崇无上,不一而足也。恭惟孝宗哲文神武成孝皇帝,圣旨本于天纵,精一得于心传。粤自君德之潜,凤系人心之望。逮亲承神器之重,乃光绍正统之隆。讴歌来归,信顺协助。抑父子之相授,视唐虞而有光。清明之初,率循是务,忧勤念虑,宵旰图回。辟数路以搜揽人材,虚一心以延纳忠谠。省费节用而率下以俭,轻刑蠲赋而抚民以仁。振举纪纲,爱惜名器。赏罚必行,春生秋杀;号令必信,雷厉风飞。长辔远驭,期于规恢;明谟雄断,见于奋发。属戎虏之犯顺,命王师而徂征,指日奏功,闻风慕义。捣巢穴,复境土,志虽未遂;杀礼文,减金币,威则已伸。于今边陲,蔑闻烽警。至于款郊丘,飨宗祐,幸馆学,阅将士,御华光而亲讲读,创延和而勤咨询。文事武备,并举交修;时和岁丰,重熙累洽。方且作敬天之图,见祗敬之弗怠;褒恤民之书,示宽恤于无穷。居安思危,长虑却顾。是以二十八载致治之盛,掩乎五三六经载籍之传。若乃道尽事亲,诚存致孝,备四海九州之养,谨五日一朝之仪,常若麋皇,久而益敬。当思陵之厌代,居黝庐而执丧。甫毕桥山,旋安清庙,遂以天下,畀于上皇。奉沕筵如平日之诚,服苴麻终三年之制。鄙汉文倡易月之失,陋晋武惑除服之非,断以力行,自我作古。谨终追远,处北宫而靡宁;送往事居,奉东朝而弥谨。虽务哀情之过,抑图慈抱之宽。此圣人之德无以加,自开辟以来未之有也。臣惕惟菲质,钦绍丕基,燕翼孙谋,尝承训饬,润色祖业,敢后显扬?第惟乾坤之难名,亦岂绘画之能尽?敬因苍璧礼天之始,肃陈白玉镂牒之文。谨遣金紫光禄大夫、右丞相、提举编修玉牒、提举实录院、提举编修国朝会要、提举编修敕令、豫章郡开国公、食邑六千一百户、食实封二千户京镗奉玉册玉宝,加上徽号曰孝宗绍统同道冠德昭功哲文神武明圣成孝皇帝。仰惟皇矣烈祖,顾于我家,申锡无疆,克昌厥后。谨言。

出处:《宋会要辑稿》礼四九之八九。

撰者:谢深甫

考校说明:谢深甫时任参知政事兼知枢密院事。

犒赏马军行司官兵诏
(庆元三年十一月三日)

马军行司官兵连日排立,可依绍熙二年郊祀大礼体例,使臣各特支钱三贯文,效用兵各支二贯文,令户部支给。

出处:《宋会要辑稿》礼二八之三八。

增从驾军兵等柴炭诏
(庆元三年十一月四日)

今岁郊祀大礼天寒,应从驾诸班直、亲从、亲事官并诸军指挥军兵将校等,并特依绍熙二年郊礼,增三分给赐柴炭,愿依例折钱者听。令临安府疾速施行。

出处:《宋会要辑稿》礼二八之三八。

有事南郊御札
(庆元三年十一月五日前)

朕遵谋燕翼,绪庆鸿基。天神地祇,日荷博临之况;祖功宗德,世垂启佑之光。紫坛之熙莫大于精禋,清庙之裸仍严于陟配。被举卜郊之重,顺逆步景之长。稽汶上之图,昔首堂筵之飨;奉云阳之玉,今躬鸾辂之陈。官闱茂衍于寿祺,寰宇函蒙于福泽。祥占瑞政,霄躔叶以润明;瑞纪金穰,边琐安而宁谧。恪涓孝奏,昭益休嘉。汉百官侍祠,翔言共承于黼绣;周四海来祭,骏奔宜谨于豆笾。益迓祉于三灵,永绵芳于万叶。辑循旧典,宣播先期。朕以今年十一月五日谒欵于南郊。咨尔攸司,各扬乃职,相予肆祀,毋或不恭。

出处:《宋会要辑稿》礼二八之三八。

南郊赦文
(庆元三年十一月五日)

保正副依条止掌烟火、盗贼、桥道等事，访闻官司动用，一切取办，如修葺材料、差顾夫力至于勒令催科，并是违法。仰今后州县遵守条法，不得泛有科扰。如违，许充役之家越诉，仍仰监司按劾奏闻。诸路州县不依条限推排人户物力，是致家业并无升降。其间有产去税存之家，官司止据旧数催理官物，虽有逃亡，犹挂欠籍，可令知通、令佐究实除放。仍令提举常平司常切督责州县照应条限，从实推排，毋致违戾。

出处:《宋会要辑稿》食货六六之二七。

文臣带职朝奉郎该遇大礼奏荐，合赏印纸经保明州军批凿几次，缘其间有漏行批书，若候行下批书讫具钞，委是迂枉。如失于批书，本部见得不过次数，与先放行。

出处:《宋会要辑稿》职官八之五一。

官员职田，在法以官荒及五年逃田拨充。访闻州县不问年限，辄行拘占，致人户无业可归，间有灾伤，却令依旧数输纳租课，并仰日下辄依条改正放除。仍令提刑司常切觉察，尚敢违戾，许人户越诉。

出处:《宋会要辑稿》食货六一之四三。

人户典卖田产，自有推割条限，尚虑得产之家避免物力，计嘱乡司，不即过割，却使出产人户虚有抱纳。可限一月经官陈首推割，如违限不首，许业主越诉，依法施行。仍限半月监乡司从实过割，或有未尽之数，勒令代纳。违戾去处，仰监司按劾以闻。

出处:《宋会要辑稿》食货七○之八七。

太皇太后遗诰
(庆元三年十一月六日)

予以菲薄，获事高庙，逮今五纪而余。三逢揖逊之朝，七受尊崇之典。繄上天之锡佑，与列圣之垂休。时方敉宁，安缮至养，三宫五殿，左右无违，寿跻八十有三,盖亦人世罕有。嘉与海内,共乐休期。弥旬以来,偶婴微疢,皇帝问安尝药,夙夜疚怀,医祷万端,莫回定数。死生夜旦,亦理之常,况以考终,一无可憾。太上皇帝疾未全愈,宜于宫中承重。皇帝服齐衰五月,丧纪以日易月,成服三日听政。行在文武百僚十三日而除,百官入临并随地之宜,诸道州府长吏以下三日释服。军民不用缟素,沿边不得举哀。释服之后,勿禁作乐嫁娶。应营奉等费,并以慈福宫钱物支给。陵寝制度,务从俭省,毋事烦劳。仍依显仁皇后故事施行。故兹遗诰,想宜知悉。

出处:《宋会要辑稿》礼三四之二〇。
考校说明:本文是吴氏以太皇太后身份发布的诏令。

慈福宫官吏人兵依旧存留诏
(庆元三年十一月七日)

慈福宫并本殿官吏、诸色人、摆铺军兵等并依旧存留,宿卫崇奉。候撤几筵毕,将本殿人各行发遣,其本宫一行人并别听候指挥。

出处:《宋会要辑稿》后妃二之二〇。

周必大郊恩加食邑实封制
(庆元三年十一月)

门下:清庙茅屋,王入祼以展容;甘泉竹宫,臣临坛而拜贶。维皇家之懿矩,侈旧弼之陪班。骏奔而执豆笾,唯饬司存之典;鸿飞而归衮绣,庶咨尊老之询。虽隔仪刑,特优庆泽。少傅、观文殿大学士致仕、益国公、食邑一万二千六百户、食实封四千六百户周必大,中和而简亮,精密而闳深。究百氏之异同,亦归于道;漱六艺之芳润,以昌其文。积粹望于四朝,纪茂庸于两枋。既明且哲,早遂洁身;俾寿而臧,久安介福。属葳初郊之毖,聿严并侑之恭。冬授策于泰元,迄展奉瑄之礼;夜受厘于宣室,迥凝前席之思。饬增衍于丰腴,宣褒荣于冲逸。不遑有佐,遹观厥成。呜呼!熙汉畤,雍神休,曾阻侍祠之列;保鲁邦,锡公嘏,尚怀夹辅之规。祗绎隆恩,永绥令祉。可依前少傅、观文殿大学士致仕、益国公,加食邑一千户、食实封四百户。主者施行。

出处:周纶《周益国文忠公年谱》。

撰者:傅伯寿

郊祀礼成五使加恩事诏
(庆元三年十二月八日)

朕初郊礼成,五使依例加恩外,在法合得坟寺,特许指占下等寺院一次,不以为例。

出处:《宋会要辑稿》礼二七之一一。又见同书礼一四之一〇五。

召高文虎撰世功保蜀忠德碑诏
(庆元三年十二月二十一日后)

汝以西掖直北门,其为之铭。

出处:《陇右金石录》宋下《世功保蜀忠德碑》。

林埙勒停拘管诏
(庆元三年十二月二十五日)

新邕州左江提举林倅特除名勒停,送筠州拘管,永不放还,日下差人管押前去。仍令筠州月具存在申三省、枢密院。商荣、商佑、商佐候经略司保明到日,取旨推赏。

出处:《宋会要辑稿》兵一三之三九。

增封威德昭显广佑王诰
(庆元三年)

惟王英声赫奕,聪德昭融。驾彼双龙,咸沾普天之泽;播厥百谷,茂臻乐岁之功。再加褒字之崇,爰袭王封之旧。祗承荣渥,益衍嘉祥。可特封威德昭显广佑王。

出处:道光《遂溪县志》卷一一,道光二十九年刻本。

光宗宁宗朝卷十　庆元四年(1198)

诚约士大夫诏
(庆元四年正月十五日)

朕闻隆古盛时,有国令典,三载考绩,庶务交修,咸事靖共,率循检押,以浮躁为戒,以趋竞为惭,迄成久任之功,坐底丕平之治。淳风既逸,素尚莫闻。士有横翔捷出之心,人无宿道向方之志,类于官曹之视,殆犹传舍之然,至使端人,深愧浇习。朕每观此,为之喟焉。度德量能,固欲持衡之审;蕴才负艺,盍虞跃冶之嫌?岂上之教令所未明,抑下之陶染所难革?繄众瞻听,乃时荐绅。其继自今,各扬厥职,毋惮积日而累月,庶几趋事以赴功。兹或罔从,必罚无赦。故此诏示,宜体至怀。

出处:《宋会要辑稿》职官七九之一三。

阁门宣赞舍人以下与理关升事诏
(庆元四年正月十七日)

阁门宣赞舍人以下日在殿陛应奉,事体繁重,可将见供职人候入额实及六考,依内外场务官例与理关升,令阁门保明,报吏部施行。今后准此。

出处:《宋会要辑稿》职官三四之九。

召卖田产事诏
(庆元四年正月二十一日)

诸路累限召卖不行田产屋宇,委官再行核实时价,其元估价高,许其裁减。其不可耕种,或因大水冲荡沦为沙砾处,许其出豁次,经提举司审实保明,然后召卖。其人户占佃不愿承买者,日下拘收,别行召卖。其第四、五等贫民占佃,候今年秋成之后召卖。

出处:《宋会要辑稿》食货六一之四四。

贡举诏
(庆元四年二月一日)

朕惟立国之经,尤重取人之制。考其德行,周莫盛于宾兴;较以文辞,唐益严于贡举。肆膺基统,丕迪训谟。尝循三岁之彝,庸广群材之汇。黜浮崇雅,虽加核于实能;言古验今,顾未皇于亲览。将谨临轩之始,或多在野之遗。爰饬有司,式稽大比。俾朋偕于秋赋,期悉上于春官。英俊陈治平之原,仁躬垂问;郡国选博习之士,尚副详延。咨尔多方,体予至意。

出处:《宋会要辑稿》选举一之二五。

近臣举才诏
(庆元四年二月三日)

两省、侍从、台谏各举所知一二人,毋举宰执子弟、亲党。

出处:《两朝纲目备要》卷五。

推赏严州神泉监监官知通诏
(庆元四年二月五日)

监官如三年铸及十万贯,减改官举主两员;又能催趱工程,即照应已降指挥更与优异推赏。其知、通应办无遗阙,每岁各减一年磨勘,如不及全年,计日推赏。

出处:《宋会要辑稿》职官四三之一七九。

宪圣慈烈皇后谥册文
(庆元四年二月八日)

孝曾孙嗣皇帝臣扩。臣闻生而得名,既极天下之美;没而定谥,宜超礼典之常。况垂范于层闱,爰勒崇于永世。恭惟大行太皇太后延陵开裔,秦仲起家,善积余庆,祥当女贵。神羊纪待康之梦,红光昭诏圣之符。惟我高皇,艰难缔建,靡行不从,有事必咨,果应视天之求,以翊兴王之业。柔顺丽乎中正,逸乐念乎忧勤。脱簪珥而纳箴规,躬缲练而倡纯俭。事姑尽孝,故能得其欢心;逮下以仁,故能均其恩意。动容有度而中珩佩之节,出言有章而蔼彤史之载。游戏翰墨则妙夺《兰亭》之迹,玩味经史则尤精《通鉴》之书。汤沐请还于县官,私谒不行于宫掖。厉外家以讲学,毋使得戚里之名;榜便坐为“贤志”,以自见辅佐之义。清净守老聃之训,监戒存列女之图。岂徒周室之姜任,实乃女中之尧舜。二王建邸,当璧未分,逮帝心之倦勤,咨圣德而内禅。外罕闻于大议,中独赞于神谟。旋俪极于北宫,以怡神于少广。思陵厌代,孝庙执丧,将移御于重华,复助成于与子。从宫所决,固已著涂山翼夏之绩;仓卒而断,抑又有女娲立极之功。顷烈祖之上宾,属圣父之违豫,志安社稷,策定帘帏。高怀曲徇于慈尊,神器猥传于眇质。恳辞虽切,拥佑采坚。恩与天隆,孝方日致,身享曾孙之养,位居太母之元。实茂而声愈宏,仁高而寿益永。将修阳复之庆,忽爽节宣之宜。视夜旦以为常,却药饵而弗御。霓旌来导,鹤驭难留。痛切三宫,悲缠万宇。载惟终始,独备哀荣。正长秋之位,则岁浃再旬;受长乐之朝,则数周三纪。母仪坐阅于四世,圣算宏开于九帙。两需如天之庆泽,七登镂玉之弥文。披载籍则靡闻,考皇家而创见。信乎备全人之全福,极天下之至美矣。顾大德虽泯于不言,而遗烈具存于公议,参稽故实,度越彝章。易名联五后之芳,因山视长陵之制。彰一时之保护,揭千载之仪型。谨遣金紫光禄大夫、右丞相、提举编修玉牒、提举实录院、提举编修国朝会要、提举编修敕令、豫章郡开国公、食邑七千一百户、食实封二千四百户京镗奉册宝,上尊谥曰宪圣慈烈皇后。伏惟俨若明灵,膺兹盛礼,齐放勋在天之驾,扶炎宋无疆之统。谨言。

出处:《宋会要辑稿》礼四九之九二。又见同书礼三四。

撰者:叶翥

考校说明:叶翥时任签书枢密院事。《全宋文》重收此文,一系于谢深甫名下(第二七七册,第四二至四三页),一系于何澹名下且误题作《宪慈圣烈皇后谥册文》(第二八二册,第一六八至一六九页)。《宋会要辑稿》礼四九注文曰:"册文签书枢密院事叶翥撰,参知政事何澹书,宝文参知政事兼知枢密院事谢深甫撰。"

赵善辐赵善辂授太子右监门率府率诏
(庆元四年二月二十五日)

嗣濮王不沟长男善辐、次男善辂,与授太子右监门率府率,其请给、生日支赐、人从等,依不谓体例支破。

出处:《宋会要辑稿》帝系二之五三。

尹士通特改差太史局主管御书神位官诏
(庆元四年二月)

保章正、充钟鼓院星漏官尹士通特改差太史局主管御书神位官,与邓浩以二员为额,见任人且令依旧,日后遇事故,更不作阙。

出处:《宋会要辑稿》职官一八之九九。

以吊祭使人过界诫约经过州县人户诏
(庆元四年三月四日)

吊祭使人过界,仰经过州县严行禁止民间不许歌乐及观看,人户毋致衣服华饰。

出处:《宋会要辑稿》刑法二之一二九。

仁怀皇后谥册文
(庆元四年四月十日)

　　哀侄曾孙嗣皇帝臣扩：伏以礼有易名而表行者，欲极其义以推称；礼有遭变而缺文者，必待其时而后举。昔在钦宗皇后，适丁靖康之难，遂旷长秋之居，从狩朔庭，讳问隔绝。顾眇躬之嗣统，奉宗庙而有严。肃瞻祖室之灵，尚虚帝后之祔，每亲祼献，蠹然疚怀。念岁月之屡迁，悼典彝之未讲。今以太皇厌代，慈福治丧，议发礼官，允协众志，因时追奉，其敢或违！然以事之即远，则定制必酌其宜；名之未彰，则称美必宾其实。于稽节惠之法，以尽形容之辞。恭惟钦宗皇后淑哲挺生，凤有神异，懿范备具，得之天资，迹贵阀之庆源，出钦成之后族，被服礼法于闺门之内，增益闻见于图史之间，是宜聘为元妃，作合钦庙。逮正椒闱之位，载新玉册之仪，躬自节俭，取则《葛覃》，志在忧勤，允符《卷耳》。动可形于风化，嗣盖稔于徽音。方将极辅佐之劳，尽相成之道，而乃履运中否，属时靡宁。事不顾于私门，则家庙力辞而弗建；恩遇裁于戚里，故亲属先抑而居卑。至于捐宫帑缯帛之储，为军士衣披之赐，义共国家之难，意图社稷之安。岂谓銮舆播迁，翟车随远，当周室中兴之日，冀苍梧或返之期，邈不得门，言之何忍！前考睿真之故事，具有唐朝之旧章，依做而行，情文惟称。呜呼！彤管之炜，仅得纪述于俪极之初；褖衣是陈，徒能讨论于悼往之制。既有司之订礼，将清祐之升神。爰念当时挟持国步之孔艰，修明阴教之甚备，早发祥于甲观，终绝望于大宁。天道茫茫，莫可推测，苟不兴思以述前迹，撰德以诏无穷，则一代之典，不几于有遗阙欤！于是博咨卿士，受命前宗，殚其名言，庶得髣髴，以告幄座，以寓哀情。谨遣太傅、金紫光禄大夫、右丞相、提举编修玉牒、提举实录院、提举编修国朝会要、提举编修敕令、豫章郡开国公、食邑七千一百户、食实封二千四百户京镗奉册宝上尊号曰仁怀皇后。伏惟明宪在天，永膺庙飨，光贲史牒，于万斯年！谨言。

出处：《宋会要辑稿》礼四九之九四。
撰者：叶翥
考校说明：叶翥时任同知枢密院事。

住罢湖州四安税务诏
(庆元四年四月十一日)

湖州四安税务住罢,将本镇坊改作四安酒务。

出处:《宋会要辑稿》食货一八之二〇。

封惠泽昭应侯敕
(庆元四年四月十二日)

敕阶州祥渊庙惠泽侯神:江流转徙,盖非人力所能为也。武都当三水之冲,岁岁民被涨溢之害,乃一夕潜徙它道,若有神焉阴相之者。父老请归功于神,且谓一勺之水,泽及千里。肆因爵秩之旧,被以褒嘉之恩,朕之所以报礼于神者亦厚矣。其敬听朕命,俾我民世世奉祀无斁。可特封惠泽照应侯。

出处:《陇右金石录》宋下。
考校说明:原文末句后云:"奉敕如右,牒到奉行。庆元四年四月十二日。"

存恤归正归朝归明并忠顺官诏
(庆元四年四月十二日)

归朝、归明并绍兴三十一年以后归正官、忠顺官,如已经十一任添差任数已满之人,委自守倅从公审量人材年貌,参验付身脚色别无诈冒,委是正身,保明以闻,特更与放行前任一等不厘务添差一次。或十一任添差任满已授正阙差遣之人,如愿就今来添差,亦许赴州军陈乞,照应改授。其请给并依绍兴四年十月九日指挥减半支给,内供给钱十贯以下免减,愿就宫观岳庙者听。仍仰逐州军每季置籍开具见任人职次、姓名、所支钱米等并已差下人申枢密院。遇有改差事故,随即销落,及将事故人真本付身公据缴申吏、兵部,分明批凿付身,如无本宗亲属,即行毁抹。

出处:《宋会要辑稿》兵一六之一一。

禁朝士谒见诏
（庆元四年四月二十九日）

应朝士以下,并不许讲旦朔庆贺私谢苛礼,惟议职事、陈利害,方许相见。其有无故看谒躁进不悛者,朝士则令御史台觉察,局务则令所属长官按劾。

出处:《宋会要辑稿》刑法二之一二九。

差注二广州军守臣事诏
（庆元四年四月二十九日）

其广东路英德府、南恩、循、梅、封、新州、广西路浔、高、藤、昭、象、梧、贵、化、郁林州、昌化、吉阳、万安军守臣阙,并发归吏部,照旧来格法差注。所有在堂二广州军阙,如武臣陈乞,亦须曾历民事、熟于州县者,方得进拟。

出处:《宋会要辑稿》职官四七之五〇。

禁伪学诏
（庆元四年五月十二日）

向者权臣擅朝,伪邪朋附,协肆奸宄,包藏祸心。赖天之灵,宗庙之福,朕获承慈训,膺受内禅,阴谋坏散,国势复安。嘉与士大夫厉精更始,凡曰淫朋比德,几其自新。而历载臻兹,弗迪厥化,缔交合盟,窥伺间隙,毁誉舛忤,流言间发,将以倾国是而惑众心。甚至窃附于元祐之众贤,而不思实类乎绍圣之奸党。国家秉德康宁,不汝瑕殄,今惟自作弗靖。意者渐于流俗之失,弗可复反欤?将狃于国之宽恩而罚有弗及欤?何其未能洗濯以称朕意也!朕既深诏一二大臣与夫侍从言路之官,益维持正论,以明示天下矣,谕告所抵,宜改视回听,毋复借疑似之说以惑乱世俗。若其遂非不悔,怙终不悛,邦有常刑,必罚无赦。布告天下,无忽!

出处:《两朝纲目备要》卷五。又见《宋史》卷三九四《高文虎传》,《南宋书》卷四九,《宋元通鉴》卷九三,《宋忠定赵周王别录》卷四。
撰者:高文虎

禁女冠道士出入宫禁诏
(庆元四年五月十三日)

今后女冠道士,不得出入宫禁。三宫准此。

出处:《宋会要辑稿》刑法二之一三〇。

僧道毁失度牒事诏
(庆元四年五月十七日)

今后僧道毁失度牒,从条限十日,就本路提刑司投词,下所属州县召本色二人、仍元受业寺观法眷二人、纲维主首委保。如本寺观无僧道,即僧道正司保明元牒有无批凿过犯,申提刑司,令召左选官一员甘朝典状,批书印纸,及上等户三名结罪委保,从所在州军具去失之因再加保明,申提刑司,申礼部勘验,出给公据,州军不得擅给。

出处:《宋会要辑稿》职官一三之三八。

京官补授事诏
(庆元四年五月二十一日)

今后京官补授,虽已任通判得替,未曾作邑人,须通历两任通判终满,方得与除州郡差遣。

出处:《宋会要辑稿》职官四七之五〇。

虑囚诏
(庆元四年八月二日)

阴雨未晴,见行祈祷,令大理寺、临安府并属县、三衙各委长官日下躬亲检察决遣,除紧人干系人外,并与疏放。

出处:《宋会要辑稿》刑法五之四六。

太史局占候令秘书省逐时觉察诏
(庆元四年八月五日)

太史局占候,须管秘书省官逐时觉察,毋令隐匿。

出处:《宋会要辑稿》职官一八之九九。

推恩慈福宫官吏人兵诏
(庆元四年八月十八日)

已降指挥,宪圣慈烈皇后上仙,慈福宫并本殿官吏、诸色人等各转一官资,内提举官王公昌特与于阶官上转行,提点官王毅、杨绍先、干办事务王溱、谢恕并特与于遥郡上转行,刘世亨特与带行遥郡。内有名目人候将来到,却更与占射添差一次。将校、兵级转下行人,令户部等第折支犒设。

出处:《宋会要辑稿》后妃二之二〇。

选差官分诣淮东西湖北总领所点检朝廷桩积米诏
(庆元四年十月三日)

先次点检三总领所,淮东差大理寺主簿谢俨,淮西差司农寺主簿王大过,湖广差军器监主簿潘子韶。内淮东西各限半月,湖广限十日起发,各具知禀文状申。其州军有朝廷桩积米处,令本路转运司差官点检,保明申尚书省,续行差官核实。余依已降指挥。

出处:《宋会要辑稿》食货六二之七二。

庆元县课额解纳浙东提举司诏
(庆元四年十一月十八日)

处州庆元县每年抱认盐课一百袋,自庆元六年为头,课额解纳浙东提举司。

出处:《宋会要辑稿》食货二八之四八。

修盖皇后家庙事诏
(庆元四年十二月四日)

临安府、转运司见修盖皇后家庙,创盖屋宇不得过寿仁太上皇后家庙间架之数。

出处:《宋会要辑稿》后妃二之二七。

州郡监司选押纲官须先次拘付身诏
(庆元四年十二月五日)

州郡监司选押纲官,须先次拘付身,候获足钞给还。如敢违戾,致令失陷数多,在内许户部、司农寺、在外总领所具元差不当监司守令及纲官名衔取旨,重行黜责,其当行典吏根断均陪。

出处:《宋会要辑稿》食货四四之一五。

顺济圣妃庙敕
(庆元四年)

古以女神列祀典者,若湘水之二妃,北阪之陈宝,西宫之少女,南岳之夫人,以至丁妇、胜姑,亦皆庙食。夫生不出于闺门,而死乃祀于百世,此其义烈有过人者矣。灵惠妃宅于白湖,福此闽粤,雨旸稍愆,靡所不应。朕惟望舒耀魄,其名月妃,川祇静波,其名江妃。尔之封爵既曰妃矣,增锡美号,被之轮涣,崇大褒显,凡以为民。尚体异恩,以永厥祀。

出处:《咸淳临安志》卷七三。又见《西湖游览志》卷一九。

光宗宁宗朝卷十一　庆元五年(1199)

赐黄由等诏
(庆元五年正月二十七日)

朕永惟治要,作新人才,令罗天下士试之礼闱,又将拔其尤异,亲策于庭,待遇顾弗至欤?而习尚未淑,论议多渝,安固陋者莫追于古风,事浮靡者宁资于时用,岂朕求才之意?卿辈典司文衡,其既乃心,公乃听,审于搜采,俾得为文尔雅、持论从厚之士,极一时选,厥功茂矣!故兹札示,咸体至怀。

出处:《宋会要辑稿》选举五之二二。

太史局等编类请给诏
(庆元五年二月六日)

日后辄敢巧作,缘故添置阙额,虽划到指挥,仰户部执奏,更不施行。如粮料院隐庇,不即具申户部,擅自批放请给,官吏一例重行责罚。

出处:《宋会要辑稿》职官一八之九九。

选择官兵差充使臣属官诏
(庆元五年二月十三日)

除都辖、书状官、礼物官、书表司、引接、医官、指使、国信所指使、亲属亲随职员、小底、准备差使、译语、亲事官、亲从、控拢并依旧例差拨外,其执旗、报信二员,令三衙主帅选择军中有心力、谙晓事务、可以倚仗有官人各二十人,转资军兵二十六人,令三衙主帅于诸军选择强壮有心力军兵各一百人,并自指挥下日,限十日保明,申三省、枢密院籍记姓名,遇差奉使日,听候朝廷点差,候差足日,再行选择。

出处:《宋会要辑稿》职官五一之四二。

特奏名进士升等推恩事诏
(庆元五年四月二十九日)

今来龙飞恩例,特奏名进士如试在第五等不应出官者,依绍熙元年四月十八日指挥升等推恩。

出处:《宋会要辑稿》选举一三之九。

许客旅从便货卖诏
(庆元五年四月二十九日)

州郡应客旅物货赴务投税外,听从便货卖,不得截留收买。如违,重置典宪。

出处:《宋会要辑稿》食货一八之二一。

留正叙复光禄大夫制
(庆元五年四月)

亏盈益谦,斯为天道;记功忘过,时乃朕心。念黄发之既怼,怅丹书之未洗。恻然怀旧,许以自新。具官留正往在先庙,尝司揆务;继事圣父,颛秉国成。崖岸峻而轩裳所瞻,鼎足强而栋干勿挠。方朕御图之始,适逢当轴之虚,亟命造廷,俄嗟去位。贾生尝赋于单阏,梦得思问于大钧。深念此行,殊非得已。至于遏公议而下内迁之诏,屈邦宪而听从便之居。前代之处放臣,久无此事;我国之优故老,元有异恩。而犹分务于别都,则是尚联于谪籍。爰宠还于峻秩,俾遥领于真祠。示帝王予夺之公,全君臣终始之谊。噫! 面三槐而开黄阁,已深悟于昔非;弃万事而从赤松,尚勉晞于后福。

出处:《宋宰辅编年录》卷二〇。

大理评事改官除授事诏
(庆元五年五月六日)

大理评事改官人愿作邑者,与堂除知县;如改官后已满考愿再留者,虽至寺丞正,亦须满考后方许授添差通判。若改官未及考,不曾任知县,已任通判人须再历差遣两考,及丞、正已任知县或通判人,方许差州郡。

出处:《宋会要辑稿》职官二四之四三。

庆元五年及第进士第等授官诏
(庆元五年五月七日)

新及第进士第一人曾从龙、本系第二名,为上一名有官,特赐第一甲第一人。又该龙飞恩例。许奕,本系第一名,为系有官,特与第一名恩例。又该龙飞恩例。并特补宣义郎,第三名魏了翁,为该龙飞恩例。特补承事郎,并签书诸州军节度判官厅公事;第四人凌次英以下,为该龙飞恩例,并补文林郎;第二甲并补从事郎、两使职官;第三甲、第四甲、第五甲并迪功郎、诸州司户簿尉。

出处:《宋会要辑稿》选举二之三〇。

赈济临安府贫乏老病者诏
(庆元五年五月十七日)

临安府守臣支给常平钱米,日下差官抄札城内外实系贫乏老病及在旅店病患阙食之人,量行赈济。

出处:《宋会要辑稿》食货六八之一〇一。

特奏名进士射射推恩事诏
(庆元五年五月二十七日)

今次特奏名进士射射,为系龙飞及值雨,所有两箭中垛以上人,权比附下等推恩一次。

出处:《宋会要辑稿》选举一三之九。

四川类省试上三名授教官差遣诏
(庆元五年六月四日)

四川类省试上三名,与依省试上十名例,并授教官差遣。

出处:《宋会要辑稿》选举五之二二。

龙飞二广特奏名第五等人参选事诏
(庆元五年六月五日)

将庆元五年龙飞二广特奏名试在第五等人,候将来郊祀后参选日,与升升朝官举主二员,及举官亦许权行增举三人。向后科举,却合照应条格施行。余依已降指挥。

出处:《宋会要辑稿》选举一三之九。

何澹乞免奏御批
(庆元五年六月十一日后)

遽以小嫌,力求引去,卿初无预,朕亦何心!

出处:《两朝纲目备要》卷五。

侵用官纲之人惩处条约诏
(庆元五年九月二十四日)

自今如有侵用官纲之人,即具姓名及所欠数目闻奏,量重轻置之典宪,元差官司亦坐罪。押纲官补偿不足,勒令元来官吏均备,不以去官原免。

出处:《宋会要辑稿》食货四四之一五。

朱晞颜特授工部侍郎兼知临安府制
(庆元五年十月十九日)

敕:贰卿分职,有严起部之司;满岁积劳,爰涣真除之宠。华予从列,锡以赞书。太中大夫、权工部侍郎、兼实录院同修撰、兼知临安军府事兼管内劝农使、充两浙西路安抚使、马步军都总管、兼点检户部赡军激赏酒库、休宁县开国男、食邑三百户朱晞颜,学富而醇,气和以劲。外不形于表襮,事最久于践扬。有敏识而照几先,有长材而周事剧。自擢跻禁严之地,旋尹治众大之都。专以牧养为务,而狱讼稀;不以发摘为威,而奸邪伏。□酬治绩,俾正迩联。仍史观之纂修,重神皋之委寄。方时崇俭,岂特贵百工之咸精;维尔殚勤,庶可令三辅之兼治。可依前太中大夫、特授守尚书工部侍郎、兼实录院同修撰、兼知临安军府事兼管内劝农使、充两浙西路安抚使、马步军都总管、兼点检户部赡军激赏酒库,封如故。庆元五年十月十九日。

出处:弘治《休宁志》卷三一,弘治四年刻本。

慈福宫祇应官吏等改差充寿慈宫祇应诏
(庆元五年十月二十一日)

慈福宫提举所、提点所并提辖造作见祇应使臣、人吏、诸色人,并系已经裁减人数,将来撤几筵毕,各依元名色并就改差充寿慈宫祇应,理任、请给、酬奖、差取,并依德寿宫、重华宫、慈福宫前后已得指挥体例施行。

出处:《宋会要辑稿》礼五〇之一四。

临安府狱空奖谕守臣朱晞颜诏
(庆元五年十一月)

商邑示四方之极,汉尹分三辅之图,虽发摘先乎肃清,然剚裁贵乎靖谧。尔挺儒学之茂,精吏治之宜,方辇毂之下顺其规,乃犴狴之中决其滞。辟以止辟,罔紊宽条;刑期无刑,具宣德旨。使圄圜空虚之效,禁网疏阔之风,始乎京师,及于方夏。赞朕有怿,繄汝之能。载览露章,采深嘉叹。

出处:《咸淳临安志》卷四一。

诸路州军修盖被损官兵营房诏
(庆元五年十二月二日)

诸路州军如委有阙少营房及损坏去处,随宜修盖,拘收军兵居止,不得因而大破官钱。候盖造毕,具申监司核实,保明申尚书省。

出处:《宋会要辑稿》兵六之二八。

置迎奉仁怀皇后宪圣慈烈皇后神御行礼官诏
(庆元五年十二月五日)

迎奉仁怀皇后、宪圣慈烈皇后神御赴景灵宫奉安日,皇帝行酌献礼,接盏跪进侍臣:中书舍人陈宗召。前导太常卿:太常丞、兼权工部郎中史弥远。赞引太常卿、太常博士:太常博士许巽。奏告并景灵宫奉安太祝:太常寺主簿林采。

出处:《宋会要辑稿》礼一三之二二。

以恩例添差之人须历两任升一等差遣诏
(庆元五年十二月二十五日)

今后以恩例添差之人,每历两任,方许升一等差遣,著□□法。

出处:《宋会要辑稿》职官八之五三。

光宗宁宗朝卷十二　庆元六年(1200)

提刑茶马司抱认川路产茶去处园户合纳
经总制司头子钱诏
（庆元六年二月十四日）

　　川路产茶去处,园户合纳经总制司头子钱五千四十二道五百一十一文一分五厘,令提刑、茶马司各抱认一半,所有秤提钱三千一百四十八道二百九十文,令总领所抱认。并自庆元六年分为头对减。

出处:《宋会要辑稿》食货三一之三二。

婉仪杨氏进封贵妃制
（庆元六年二月二十八日）

　　朕饬内治以化民风,因王春而修古制。弓韣谨禖祠之奉,应中壸以开祥;穜稑佐耕事之共,命六宫而来献。将协成于国典,必肇建于妃联。诹辰既良,出綍诞告。婉仪杨氏,性钟纯靓,躬迪惠和。诵德象窈窕之篇,动闲以礼;宜副笄委蛇之饰,行称其容。蚤推邦媛之英,入侍掖庭之邃。凤宵殚乎谨愻,矩范著乎柔贤。虽阴教是裨,可绳九御之列;然妇官未峻,仅处六仪之间。顾余缵图,法古崇俭。凡良家八月之选,皆于时而靡遑;视圆极四星之文,亦取象之犹缺。兹会逢于邦庆,畴叶辅于坤闱。肆旌婉则之芳,特侈贵名之懿。褕衣阙翟,交辉命服之华;龟纽金章,外等公台之秩。岂特坐严于论礼,盖将共饬于齐家。於戏! 朕问安而至寝门,尔备赞两宫之甘旨;后服浣而化天下,尔宜帅内职之俭勤。无险诐私谒之心,全明章妇顺之道。斯有光于彤史,庸永对于鸿休。

出处:《宋会要辑稿》后妃三之一一一。

见任宰执台谏子孙宫观岳庙许令用前宰相
举状充职司诏
(庆元六年闰二月三日)

见任宰执台谏子孙宫观岳庙,既已理为考任,许令用前宰相举状充职司。

出处:《宋会要辑稿》职官一○之四三。

京镗左丞相制
(庆元六年闰二月四日)

斗魁之下曰三台,凤炳中阶之象;太微之垣有上相,独先颙面之朝。朕法天建官,临政愿治。繄缵绍慈谋之始,首褒崇近弼之英。秉国钧而具尔瞻,既明伟绩;辅台德而置诸左,宜陟冢司。涣扬制綍之公,临告廷绅之众。具官京镗道方而气裕,业粹而用开。学贯古今,蕴尊主庇民之略;智周事物,兼守文应变之才。德量足以服众心,忠谋足以断大议。早结知于烈祖,复被遇于上皇。争礼折穹庐之骄,典藩增井络之重。逮及眇冲之质,益深简注之怀。既陟疑丞,旋跻枢近。如贞观之有戴胄,振厥纲维;如汉家之任留侯,筹于帷幄。惟师虞之金穆,严帝载之奋熙。莫不诏八柄以驭群臣,杜群枉而开众正。立纲陈纪,赞为世法程之规;薄赋轻徭,全与民休息之惠。百谷屡丰于农扈,纤尘不警于边陲。瑞牒效珍,圣父衍康宁之福;璇穹锡羡,元良开震夙之符。时浸格于豫和,功实资于寅亮。欲弥缝之益究,岂褒进之敢稽。既穆卜以集祥,庸涓刚而申命。畴尔盛勋之懿,位于元宰之崇。黄耳玉铉之华,翊丕基而增巩;希冕篆车之饰,兼亚傅以升班。易原武之公圭,启冀方之胙社。拓其多井,陪乃真畲。以彰一意之倚毗,以侈千龄之会遇。於戏! 遂万物而佐阴阳之理,尚思外镇于四夷;冠群后而依日月之光,当使声施于百世。勉图可大之业,协济非常之功。繄我宗工,奚烦多训。

出处:《宋宰辅编年录》卷二○。

谢深甫右丞相制
（庆元六年闰二月四日）

　　大臣国之股肱,惟其人而立政;贤相民之师表,置诸右以辅台。朕奉慈训以缵承,揽繁机而兢业。乃眷疑丞之彦,备殚翼亮之勤。凤藉枢机之远猷,进而强本;式畴中外之伟望,咨以奋熙。诞扬明纶,敷告列序。具官谢深甫量凝而履正,学博而才全。事能应,物能名,智独穷于微渺;柔不茹,刚不吐,节盖秉于直方。孝皇一见而深知,太上肆加于隆委。比菲质绍基图之始,以瑰材为公辅之储。爰即贰卿,遂跻独坐。尊人主如堂之势,廉陛远而难攀;进忠臣忧国之言,奸邪为之不起。亟延登于两社,旋复本于五兵。每协恭而和衷,益图事而揆策。讦谟屡告,议论通乎古今;庙算是裨,宥密基于夙夜。政之维御罔不饬,将之纪律罔不张。裔夷詟其威棱,边圉底乎静谧。惟器之宏者应弥裕,而绩之优者任必隆。矧太微上相之辉,列次星而交映;而圣代昭文之重,以集贤而并崇。肆命赞元,庸均宅揆。言观当世之急务,盍究经邦之永图。建立大政以兴太平,方资蕃饰;杜闲群枉而开众正,益赖弥缝。务休养所以培国家之基,敕时几所以答天地之况。凡予注意,皆尔究怀。属并峻于钧衡,初匪劳于梦卜。谅精神之胥契,实左右之具宜。陟以三阶,既具昭于徽数;陪其多户,庸并衍于真租。以昭体貌之优,以侈会逢之盛。於戏! 赞如晦之断,盖可同心而济谋;得宋璟之刚,允赖守文而持正。将究观于伟业,复远迈于昔人。其迪训词,以承休命。

出处:《宋宰辅编年录》卷二〇。

何澹知枢密院兼参知政事制
（庆元六年闰二月四日）

　　基命勤于夙夜,允资密勿之谋;执政均于股肱,兼赖赞襄之力。举时二柄之重,付我全才之英。爰锡褒缛,以昭宠渥。具官何澹忱恂而劲正,闿亮而裕和。渊识贯乎古今,瑰文发诸经纬。暴声名于当世,早擅抡魁;附羽翼于初潜,蔚为旧学。两职中司之宪,独高直节之风。虚怀极其延登,靉假俾之参预。举偏补弊而靡或过正,协恭和衷而不为苟同。坐致纪纲之张,助成朝野之豫。既益彰于素望,庸推正于紫枢。属方时平,敢忽武备。谋臣勇将,当广为数世之储;尺籍伍符,宜尽汰积年之冗。矧复裨于几务,皆有赖于谋猷。拓其多井之封,陪以真畲之赋。其加徽数,弥示隆知。噫!文武为宪万邦,盖倚兼资之略;精神折冲千里,冀成强本之功。宜对褒崇,愈勤翊亮。

出处:《宋宰辅编年录》卷二〇。

蠲免成都府路麻布四色税诏
(庆元六年三月二十四日)

成都府路麻布六税之额,止收麻皮及成两色税外,其麻种、麻枝、麻缉、麻纱四色并与蠲免。仍令所修立成法,其余诸路州县税务一体施行。仰转运司常切觉察。

出处:《宋会要辑稿》食货一八之二二。

建阳县后山崇安县黄亭税务住罢诏
(庆元六年四月八日)

建宁府建阳县后山并崇安县黄亭税务,并住罢,今后不许复置。

出处:《宋会要辑稿》食货一八之二二。

嘉兴府战功归正添差阙诏
(庆元六年四月十八日)

将嘉兴府战功归正添差阙,今后更不差总管,余照应逐州军体例施行。

出处:《宋会要辑稿》职官四八之一二〇。

祈雨诏
(庆元六年四月二十七日)

雨泽稍愆,令临安府迎请上天竺灵感观音,就明庆寺同所轮侍从精加祈祷,务获感应。

出处:《宋会要辑稿》礼一八之二六。

令诸路阙雨州县祈雨诏
(庆元六年五月四日)

令逐路转运司行下所部阙雨州县,仰守令躬诣管内寺观神祠,更切严洁,精加祈祷,务要速获感应。仍自指挥到日禁屠宰三日。

出处:《宋会要辑稿》礼一八之二七。

遣官诣洞霄宫等处祈雨诏
(庆元六年五月四日)

分遣官诣临安府洞霄宫、径山龙潭、天目山龙洞祈祷,仍令临安府及安抚司差近上官三员同赍祝版前去。

出处:《宋会要辑稿》礼一八之二七。

遣官诣广惠庙祈雨诏
(庆元六年五月四日)

祈雨未应,遣官赍御封香祝版前去广德军,同守臣躬诣广惠庙精加祈祷。

出处:《宋会要辑稿》礼一八之二七。

恤囚诏
(庆元六年五月六日)

令大理寺、临安府并属县及三衙、诸路阙雨去处,见禁囚徒并仰即时点检看视,其间稍有病患,即遵守见行条法施行,毋为文具。

出处:《宋会要辑稿》刑法六之七三。

诸路疏放不应编管人事诏
（庆元六年五月六日）

令诸路提刑司照应已降指挥，常切觉察，或有似此违戾去处，按劾以闻。

出处：《宋会要辑稿》刑法六之四四。

除军士见欠营运息钱诏
（庆元六年五月六日）

令内外诸军主帅，应军士见欠营运息钱，日下并与除放，今后不许科抑差拨不愿营运之人。倘违今来所降指挥，在内委御史台、在外委总领所、不系总领、制司去处委守臣，各常切觉察，稍有违戾，取旨施行。仰主帅日下给榜诸军寨门晓示。

出处：《宋会要辑稿》刑法二之一三一。

临安府追究违法栏头书手诏
（庆元六年五月七日）

令本府今后子细究实，如委是不合收税，即将首人重行断罪。

出处：《宋会要辑稿》食货一八之二三。

朱晞颜赠宣奉大夫制
（庆元六年五月十二日）

敕：安车就佚，遽兴属纩之悲；悯禄追荣，爰有书棺之宠。式旌侍从之旧，以笃始终之恩。故通议大夫、守尚书工部侍郎、休宁县开国男、食邑三百户致仕朱晞颜，器质粹夷，学问渊富。有忠信诚悫之行，素守不渝；登献纳论思之联，嘉猷屡告。尹正久司于浩穰，积勤遂爽于豫和。粤从谢事而告归，犹冀强餐而有间。忽披遗奏，深怆云亡。将贲九泉之幽，庸加四级之晋。尚有营识，服兹宠章。可特赠宣奉大夫,余如故。庆元六年五月十二日。

出处:弘治《休宁志》卷三一。

求言诏
(庆元六年五月十四日)

朕寅奉慈训,猥以眇身托于士民之上,夙夜栗栗,不遑康宁。惟德菲薄,暗于大道,下不能治育群生,上以干阴阳之和。乃夏序失中,闰月不雨,大田既坼,嘉谷将槁。元元何辜,咎实在朕!意者政事有所亏,刑法失其当欤?赋役烦重,而烝庶之失业者众欤?不然,何致沴之深也?朕即位以来,荷天右序,频岁中熟,民仅小康,储偫未裕,傥遇饥歉,将奚以相恤?夫德之不修,既召谴告,又不深迹厥由,力图消弭,其谓百姓何!已诏在位,陈朕过失与时政之缪。又惟部使者守令,朕所赖以协宣德泽者也,今或务行苛细,纵长吏奸,狱讼不平,冤者无所赴诉,所以伤害和气,咎益甚焉。继自今,其悉意毕心,亟为民虑,凡弊事可除、便利可兴者,条具来上,朕将亲览,择其至当而推行之。布告中外,使咸知朕恐惧修省之意。

出处:《两朝纲目备要》卷六。又见《宋史全文续资治通鉴》卷二九。

吏部诫约本部人吏承受到文字不得注滞诏
(庆元六年五月十四日)

吏部长贰严行约束本部人吏,将应干见行及日后承受到文字,须管先次疾速行遣,不得注滞,如有小节未圆,续行取会改正。其余曹部依此施行。

出处:《宋会要辑稿》职官八之五三。

曾经论列按劾降官放罢无绾系命官放令离任诏
(庆元六年五月十四日)

命官曾经论列按劾,降官放罢,委无绾系之人,日下批书放令离任。如妄作缘故不与批书,在内委御史台觉察,在外令监司按劾,仍许被冤抑人及家属越诉。

出处:《宋会要辑稿》职官一五之二七。

推赏浙东捕贼被伤弓兵诏
(庆元六年六月二十四日)

浙东安抚、提刑司将收捕系破面伤中弓兵三十五审验诣实,每名各特支犒设钱一十五贯,于绍兴府系省钱内支,目下当官给散。内有捕贼被伤残废笃疾之人,依旧支破请给,以终其身;或愿以本名下长成子弟承填者听,日下系籍收管,支破合得请给,仍仰逐一开具闻奏。其军寨子弟委的曾随父兄出力收捕,更行契勘人数、姓名,申枢密院。

出处:《宋会要辑稿》兵一三之四○。

遗诰
(庆元六年八月八日)

吾以凉德,受禅孝宗,励精图回,六更寒暑,志近道远,焦劳成疾。爰以神器,畀于嗣圣,退处北宫,专意调养,以冀康宁之福。七年于兹,小愈复增。连遭拜衃,积忧熏心;重涉炎歊,益费将理。皇帝方在哀疚,复朝夕左右躬侍药膳,斋戒专精,祈祷备至。大数莫夺,竟底弥留。夜旦之常,此理数究。得所付托,无遗憾矣。寿成惠慈皇太后可尊为太皇太后,将来彻几筵毕,寿康宫可拨还大内。皇帝成服三日听政,丧纪以日易月。群臣共为宽释,勿过摧伤。百官入临,随地之宜。诸道州府长吏以下三日释服,在京禁音乐百日,在外一月,无禁祠祀嫁娶;沿边不用举哀。本宫见在金银一百万贯,拨付朝廷,给散内外诸军。山陵制度,务从俭约,不在诰中者,皆取皇帝处分。更赖中外臣僚协心戮力,翊扶庶政,以副至怀。故兹遗诰,想宜知悉。

出处:《宋会要辑稿》礼三○之五四。
考校说明:本文是宋光宗以太上皇身份发布的诏令。

慈懿皇后谥册文
(庆元六年八月十三日)

孝子嗣皇帝臣扩,臣闻,难名者坤元之至德,莫报者母育之深恩。既乖终养之诚,宜极追崇之礼。始稽谋于群彦,继请命于大宫,于以易名,斯为美报。恭惟大行太上皇后维莘毓秀,指李呈祥,生而异表之倪天,夜有神光之照室。早从勋阀,择配濬源。馨香奉蘋藻之羞,进止中珩璜之节。乃开承之日梦,乃俪前星之辉,绝险诐而不忘乎忧勤,服瀚濯而自安于恭俭。丕统既传于圣父,柔仪肇建于长秋。修内治而无惰容,抑外家而有常制。崇本躬先蚕之祀,提身鉴列女之图。以大姒而兴周人,仰嗣徽之烈;若莘山之翼夏,独参与子之谋。雍容享至尊之称,佚乐同大安之奉。时翻经而膳素,日弄孙以含饴。调娱两宫,欢洽一意。上承太极,曲尽小心。尝药饵以忘疲,散金钱而植福。迄臻平泰,加需黎丞。偕老万年,喜玉卮之称庆;常朝五日,欣綵服之问安。属当夏清之辰,俄感炎歊之沴。竟惟邦衅,夺我慈闱。理莫诘于高穹,数不登于下寿。未央兴悼,广厦缠悲。况在眇冲,凤依圣善。痛仙遊之已邈,竭孺以何追。惟宾实于一言,则流芳于千古。昔三宝闻之老氏,无越于慈;而圣德见于文王,必兼乎懿。合此二行,勒诸坚珉,上焉昭揭于母怀,下以章明于妇顺。谨特特进、右丞相、提举实录院、提举编修国朝会要、提举编修敕令、申国公、食邑七千六百户、食寔封二千八百户谢深甫奉玉册金宝上尊谥曰慈懿皇后。伏惟英灵如在,容物方新,永振休声,垂裕后嗣,俾我有宋世世无斁。谨言。

出处:《宋会要辑稿》礼四九之九五。
撰者:何澹
考校说明:何澹时任知枢密院事兼参知政事。

上寿成惠慈太皇太后尊号诏
(庆元六年八月十五日)

朕仰承庆绪,祗奉层闱。道极爱钦,本列圣相传之懿;礼严尊奉,冠累朝最盛之称。肆举徽章,式循天下。寿成惠慈皇太后英娥媲德,任姒传音。恭俭流风,凤助重华之化;慈仁垂裕,密参太极之功。燕颐衍庆于三宫,赞莅增辉于再世。比载瞻于北内,盍加异于东朝!爰稽长信之隆名,丕显寿康之末命。庶崇彝训,益展孝诚。谨上尊号曰寿成惠慈太皇太后。合行册礼,令有司检详典故以闻。

出处:《宋会要辑稿》礼五〇之一五。

李寅仲张良显充奉使金国告哀使副诏
(庆元六年八月十六日)

朝奉郎、右司郎中李寅仲假焕章阁学士、朝议大夫、提举万寿观、兼侍读、咸安郡开国侯、食邑一千户、食实封壹伯户、赐紫金鱼袋,充奉使金国告哀使;从义郎、左卫郎将张良显假福州观察使、右武卫上将军、德化县开国伯、食邑七百户,副之。

出处:《宋会要辑稿》礼三〇之六一。

镇江府借拨米赈粜诏
(庆元六年八月十九日)

令镇江府于转般仓桩管陈次米内借拨七万石,内三万石专充赈济,四万石充赈粜。其粜到钱即便措置,循环粜籴,不得有亏元数。候粜济毕日,申取朝廷指挥。

出处:《宋会要辑稿》食货六八之一〇一。

建康府借拨米赈粜诏
(庆元六年八月十九日)

令建康府于赈粜桩管米内借拨十万石,专充赈粜,其粜到钱即便措置,循环粜籴,不得有亏元数。候赈粜毕日,申取朝廷指挥。

出处:《宋会要辑稿》食货六八之一〇一。

有事明堂御札
(庆元六年九月前)

朕祗若大猷,率循成宪。接千岁之统,夙殚天明地察之诚;交三灵之欢,遹严祖功宗德之侑。肇启总章之宗祀,嗣新泰畤之亲祠。神其宴娭,帝均嘉向。爰属当郊之次,载修肆类之恭。候端慈壶之忱,方辑颁台之典。念考明制度,具存损益之宜;而敬事鬼神,参酌尊卑之义。乃肃九筵之荐,式隆三举之仪。练良日于用辛,饬季秋于先甲。急于礼而重于祭,敢忘越绋之行;应以实而不以文,益谨奉盛之告。务专求于诚感,庸罔愧于灵承。钦戒先期,宣孚群听。朕以今年九月有事于明堂,咨尔攸司,各扬厥职,相予肆祀,罔或不恭。

出处:《宋会要辑稿》礼二四之一〇五。

王宗孟转一官诏
(庆元六年九月十一日)

朝奉郎、知潍州王宗孟与转一官。其未获贼,仰本州严行根捉,须管日下败获。

出处:《宋会要辑稿》兵一三之四一。

明堂赦文
(庆元六年九月十八日)

在法,大保长一年替,保正、小保长并二年替,若陈诉元差不当所属,限一月与夺。访闻县道往往不照条法定差,及致陈诉,又不照条限与夺,及将合满替人羁留在县,比较界内官物,至有积欠,亦责令催理,不能脱免,以致破荡家业,深可怜悯。仰自今后须管知佐聚厅照应条法,从公定差。若或陈诉不当,亦仰照限与夺。如遇合满替日,不得羁留在县比较及催理官物。仍仰提举司常切觉察,如违,许人户越诉。

出处:《宋会要辑稿》食货六六之二八。

考校说明:原书载此文为"嘉泰□年九月十八日明堂赦文",然嘉泰年间无明堂祀。据杨高凡《宋代历次明堂大礼考》(《华北水利水电学院学报》二〇一一年第二期),南宋祀明堂在九月十八日者有绍兴元年、庆元六年、咸淳五年三次。《宋会要辑稿》此条编于庆元三年条之后、嘉泰四年条之前,应是庆元六年事。

州县催科,每科申转运司差官受纳。运司去州军隔远,所差未能一一皆当,或其间所差官有惮下仓库者,与合干人通同计较,遇人户亲身自纳,则多端阻节,直候揽子兜足上户官物,一切办集,旬日之间,受纳一次,催税保长枉遭讯责。自今仰转运司委知、通,前期于本州县官内公共选差清廉官躬亲受纳,不得容令迟缓邀阻。

出处:《宋会要辑稿》食货六八之一七。

考校说明:《南宋诏令辑校》系于庆元二年九月二日(第七三九页),恐误。

丁常任郭抶换充太上皇帝遗留礼信使副诏
(庆元六年十月一日)

朝散大夫、吏部郎中、兼删修敕令官丁常任假朝议大夫、工部尚书、清化郡开国侯、食邑一千户、食实封一百户、赐紫金鱼袋,差充太上皇帝遗留礼信使;武翼郎、左骁卫中郎将郭抶假严州观察使、知阁门事、兼客省四方馆事、安仁县开国伯、食邑七百户,副之。

出处:《宋会要辑稿》礼三〇之六三。

借拨米应副淮东赈粜诏
(庆元六年十月十五日)

于内借拨十五万石应副赈粜使用,将粜到价钱令项桩管,候来岁秋成依数收籴补还,不得有亏元数。

出处:《宋会要辑稿》食货六八之一〇二。

令谢深甫等奉大行圣安寿仁太上皇帝谥册宝等诏
（庆元六年十一月一日）

奉大行圣安寿仁太上皇帝谥册宝,摄太傅右丞相谢深甫,奉谥册宝知枢密院事兼参知政事何澹,读宝摄侍中签书枢密院事陈自强,读谥册摄中书令礼部尚书张釜,举册礼部侍郎陈宗召,太常少卿俞丰,举宝军器监兼权礼部郎官王炎、太常博士陆峻。

出处:《宋会要辑稿》礼四九之七九

考校说明:"庆元六年"原误作"庆元二年"。据《宋史》卷三六《光宗纪》,宋光宗卒于庆元六年八月。

光宗谥册文
（庆元六年十一月十四日）

维庆元六年岁次庚申十有一月癸丑朔十四日丙寅,孝子嗣皇帝臣扩谨稽首再拜言曰:臣闻尧舜之道禹传之,而揖逊之懿同乎三圣;尧舜之治禹继之,而垂拱之盛同乎三朝。以言其德则冠百王,以言其功则被万世。立极垂统,忧深虑远,乃以神器,亲授与子。是以表行宾实,因名为谥,生则以禹称之,没则以禹号之,历数十载,莫之与京。惟我烈考,无间然矣。恭惟大行太上皇帝,宣明明美睿之姿,厉亹亹图回之志,为声为律而辅以稽古,为纲为纪而本以守谦。毓德震宫,推戴已久;继明离照,讴歌皆归。精一执中,妙于心传;惓数在躬,得于面命:禹之懋德丕绩,终陟元后也。神皋之尹正而深识民情,议事之参决而洞达国体。践阼之初,天德清明,号令之发,竦动群听,惠泽之霈,渗漉函生。戒百官之贪浊而严纠劾,戒长史之更易而重久任。蠲三辅预买丁庸之赋,损四川盐酒折估之额。轻徭役,谨刑罚;禹之德惟善政,政在养民也。条列五事,守孝宗所尚之规,申饬三省,遵孝宗已行之法,即祗承于帝也。广丰年之平籴以厚储积,行歉岁之赈贷以救流徙,即思溺由己也。旁开求言之路,日引轮对之班,诏执政旧臣之论事,谕宰辅侍从之入奏,即闻善言则拜也。荐举贤俊,命于近列,斥逐嬖幸,奋自威断,即称善人不善人远也。减休务之假,增治事之日,警怠忽,察偷惰,克勤于邦者也。恩泽裁损,不私于椒涂,会计节省,必始于宫掖,克俭于家者也。劝讲经籍,发明百篇之义,游戏翰墨,备具八法之体,《洛书》之锡也。承三宫之劝,极四海之养,款郊丘，飨宗庙，致孝之道也。若乃焦劳思治，致爽冲和，爰念退闲，逊于大位，褰裳高蹈。颐神澹泊，与天为徒，宜享康宁，永跻上寿，遽乘白云，返于帝乡。嗟夫！临御六年之间，垂模亿载之远，有典有则，贻厥子孙，道任敬承，罔敢失坠。载惟一家父子之亲传，三世圣明之相继，体尧蹈舜，壹似乎禹。今也弓剑之藏，复归禹穴，原始要终，若合符节，呜呼，岂偶然哉！臣以凉德，嫠然在疚，即远有期，攀号莫及。敢纪鸿名，图报罔极。然巍巍之治莫可拟议，非浑浑之书岂能形容？管窥蠡测，姑述见闻，是用稽谋于众，精命于天。宪垂百代之后，仁居五常之先，惟睿作圣，惟明作哲，首三宝以为慈，冠百行而为孝，诞辑众美，具扬丕铄。至于德之著者光于上下，功之显者光于祖宗，若帝与王，孰能两尽？由今准古，厥光大矣。谨遣摄太傅、特进、右丞相、提举实录院、提举编修敕令、岐国公、食邑三千六百户、食实封三千二百户臣谢深甫奉玉册玉宝，上尊谥曰宪仁圣哲慈孝皇帝，庙号光宗。伏惟皇矣威灵，克配彼天，于万斯年，以顾越我国家。谨言。

出处：《宋会要辑稿》礼三〇之六九。

撰者：谢深甫

考校说明：谢深甫时任右丞相。

张涛中书舍人制
（庆元六年十二月前）

朕惟中书政事之地，舍人翰墨之官。厥选甚艰，莫如已试。具官某学如游、夏，才似常、杨。曩联禁路之华，尝掌掖垣之制。藉尔讨论润色，自成一家；维时号令文章，同风三代。自出领藩宣之寄，岂厌直承明之庐。其代予言，孰称朕意？肆贲严召，趣使来归。有如前席之思，久不见贾；矧兹弄印之久，无以易尧。正资播告之修，更赖论思之益。官虽仍旧，命则维新。亶于老成，奚烦多训。

出处：《尊白堂集》卷五。

考校说明：编年据张涛宦历补，见《诚斋集》卷一三三《吉水县伯告词》。虞俦此时似未任两制，此文或为《尊白堂集》误收。

赵善轄赵善濱与换授太子右监门率府率诏
(庆元六年十二月二日)

利州观察使、嗣濮王不躩长男善轄、次男善濱并与换授太子右监门率府率,其请给、人从等,依不谬已得指挥施行。

出处:《宋会要辑稿》帝系二之五四。
考校说明:《全宋文》误系于庆元四年十二月二日(第三〇二册,第一五三页)。

光宗哀册文
(庆元六年十二月三日)

维庆元六年岁次庚申八月甲申朔八日辛卯,宪仁圣哲慈孝皇帝崩于寿康宫之寿康殿,旋殡于殿之西阶,粤十二月癸未朔三日乙酉,迁座于永崇陵欑宫,礼也。神禹宾天,会稽启穴,厥仪既备,灵舆将发。孝子嗣皇帝臣御名爰泉在疚,陟岵增歔,望原陵而擗踊,攀池婺以踌躇,念德厚以莫报,且功成而不居,肆诏迩臣作册大书,其词曰:我宋中兴,法尧禅舜,大统再传,同符三圣。天锡九畴,为生人主,渊停少海,多历年所。洞鉴古今,周知稼穑,历试诸难,尹兹京邑。精一心传,不言已孚。帝欲面命,俾侍都俞。堂建议事,参运化钧,位正九五,尊严若神。初元绍熙,一意励精。赏信罚必,听聪视明,有蠹必剔,无奸敢萌。减休务以熙庶政,日轮对以通下情。俗方尚于遍党,帝首建于皇极。访旧弼以示谦虚,赏封事以来忠直。非时延见于公郡,乙夜究观于典籍,远遵烈祖之制度,近守淳熙之规画。威以揽权,仁以守位。恤刑狱而一民不冤,蠲赋输而百姓受赐。节费先自于宫掖,驭下尤严于阍寺。去佞靡拔山之难,从谏逾转圜之易。智遍庶物,艺超百王。舞鹓鸾于宸翰,发锦绣于天章,以仁义道德而为丽,岂观逸游田之是荒。至若奉三宫之养,则尤严五日之常。孝治方隆,节宣偶失。变复罹于荼毒,功未收于药石。独观昭旷,退藏深密。天德出宁,虽止于六祀;文谟启佑,可延于千亿。宫敞兴庆,地联禁扃。徽称牒陈于镂白,圣政书成于汗青。味黄老以冲淡,友偓佺而燕宁。登寿觞于北内,倾沛泽于南溟。薰气川流,欢声涛沸。曾期月之未浃,欻长秋之先逝。故剑寻兮孤飞,遗弓号兮相继。圣子省疾于昕夕,拜手祈哀于天地。耳恩言兮犹在,相晬容兮莫侍。呜呼哀哉! 地坼兮天倾,创巨兮痛深。岁八十以祝寿,年半百而病侵。明庭纷兮缟仗,寝门闭兮槐阴。赤水元珠,望真游而弗返;清都绛阙,陪列圣以来临。呜呼哀哉!驹隙载驰,蓂阶屡变。清霜肃兮井梧飘,白露浓兮宫草羡。上金镜兮佳节,想玉卮兮前殿。裘在御兮生尘,景凋年兮结恋。呜呼哀哉!甫竁协吉,司常戒期。背岧峣之凤阙,建婀娜之鸾旗。六绋动兮千官泣,七萃行兮万宇悲。长乐钟鸣,已隔龙楼之问;钧天乐奏,徒倾鹤驾之思。呜呼哀哉!命方相兮先驱,指越江兮东渡。神祇奔走以效职,鱼龙杂遝而来护。蓬莱郁兮在望,岩壑秀兮争露。哀莫哀兮弃九州之养,乐莫乐兮从二帝之祔。风萧萧兮玉衣冷,云惨惨兮柏城暮。呜呼哀哉!若古有夏兮称极功,前圣后圣兮道则同。损己以益人兮积勤而致忠,与子而高蹈兮何龄之不丰。帝之治兮春以育,帝之仁兮天比崇,光祖宗兮建号,揭日月兮焉穷。呜呼哀哉!

出处:《宋会要辑稿》礼三〇之七二。

撰者:何澹

考校说明:何澹时任知枢密院事兼参知政事。

改嘉泰元年诏
(庆元六年十二月二十一日)

朕祗奉燕谋,懋膺鸿业。寅恭自度,期克享于天心;兢业惟几,陟丕厘于帝命。粤临大宝,幸洎小康。夫何降割于我家,继趣宾空于慈极。痛念重忧之荐集,敢言定数之莫逃!用震于衷,深求其故。谅灾祥之在德,何后责躬;凛夙夜之畏威,力蕲转祸。亶是三阳之协吉,休兹七始之更华。月穷星回,旋启亨嘉之会;岁正事序,诞迎交泰之期。爰辑美称,肇新端朔。迹武皇元光之纪,有赫炎图;仰章圣景德之规,益恢熙运。率践祚六年而后易,顾流辉千载以相望。肆惟冲人,祗若前代。方举偏而补弊,讫用咸和;尚储祉以垂恩,其自今始。匪独觊一人之庆,庶永均四海之欢。播告多方,明听朕志。

出处:《宋会要辑稿》礼五四之一八。

杨万里吉水县伯告词
(庆元六年十二月二十五日)

敕:朕严恭吉报,涓选休成。乃秋行当万宝之成,而阳馆奉一纯之荐。粢牲洁备,奉璋咸赖于髦工;风马顾歆,委监并蒙于多祉。眷予侍从之列,已遂归休之荣。爰举徽章,共承嘉贶。通议大夫宝文阁待制致仕吉水县开国子食邑五百户杨万里,道隆而德备,识远而才周。应变不穷,翼然蓍蔡之决;持谦有度,粹若圭璋之和。凤班持橐之联,久适挂冠之愿。寿祺斯永,祭泽惟均。爰申衍于圭爵,庸载新于命爵。俾缉熙而受纯嘏,敢忘恤祀之恭;惟良显而告嘉猷,勿替复君之益。可进封吉水县开国伯,加食邑二百户。

出处:《诚斋集》卷一三三。
撰者:张涛

封灵济庙嘉泽显应侯敕
(庆元六年十二月)

朕感《云汉》之诗,轸怀亢旱;推桑林之祷,遍及群神。凡有感通,率多表异。眷彼蟠龙之窟,实依飞锡之泉。时需甘霖,以起焦槁,苏千里更生之意,慰九重念远之忧。宜载锡于徽称,用申加于宠命。尚蕲□燕,益畅灵休。可特封嘉泽显应灵惠侯。

出处:《湖北金石志》卷一二。

光宗宁宗朝卷十三　嘉泰元年(1201)

福建上四州盐事诏
（嘉泰元年正月七日）

福建路上四州，今后止许逐县将运到逐纲官盐，并从先来装到箩簿，照元制色味斤两斟酌时价出卖，不得拌和泥土，增抬价例，除退苴扎。听从人户自行收买，不得科敷抑卖。仍晓示远近通知，所有知县每斤食钱一文，更与裁减。如有违戾，监司按劾，重置典宪，人吏当行决配。

出处：《宋会要辑稿》食货二八之四八。

改谥陈康伯为文正公诰
（嘉泰元年正月）

朕事隆稽古，而慕尊贤。先正保衡，《商书》所以称伊尹；惟师尚父，《周雅》所以颂太公。当时独荷于美称，后世载扬于遗烈。追维硕辅，劢相先朝。尚闻将死之言，未尽易名之懿，爰加改订，用极荣怀。乃涣明纶，式昭异宠。故太师、观文殿大学士、鲁国公、食邑一万一千九百户、食实封四千七百户致仕、赠太师、赐谥文恭陈康伯，承家之子，许国之忠，道全而德钜，识远而才周。学倡诸儒，识天人相与之际；望高前哲，合君臣俱贤之谋。休明宣相于逢辰，辅赞密裨于定策。渡江而见王导，自致朝廷之尊；选众而举皋陶，独当社稷之计。殁飨清庙，功书太常。尚仿佛于余风，赖绵延于后叶。木已拱矣，久嗟魏征之亡；梁其坏兮，尚载鲁侯之诔。眷德仰期于用劝，好贤何惮于改为。惟成天下之化者谓之文，而格君心之非者期于正。并稽二美，深界九原，以肖麟台图像之思，以示象笏故家之懿。噫！奉明主而建长策，今犹想于遗忠；祐烈祖而格皇天，庸载图于专美。幽途未远,明命维新。可特改谥文正。嘉泰元年辛酉正月日。

出处:民国《弋阳县志》卷一六。又见《陈文正公家乘》卷一,康熙《广信府志》卷二八,同治《广信府志》卷一一。

贡举诏
（嘉泰元年二月一日）

　　周室兴贤之典,必考德以为先;唐家进士之科,与明经而并列。粤惟我宋,稽合前猷,内阐胶庠之规,外分郡国之学。于平时而教诏,至大比以言扬。繇立制之兼详,故得人而独盛。逮于菲质,率厥旧章。念凡科目之求,实乃公卿之选。思得洁修之士,尝再下于诏书;急闻切直之言,既一加于亲策。兹属予恭默之际,敢忘尔功名之图? 矧天相于邦家,必世多于髦隽。薰陶浸久,蕴蓄宜丰。虽于数路以旁招,取以三年而非数。列郡将严于劝驾,迪司毋怠于程能。偕计吏而来,当深明于世务;有好爵之与,斯无靳于尔縻。其以至怀,孚予众听。

出处:《宋会要辑稿》选举一之二五。

闾丘泳李言充奉使金国报谢使副诏
（嘉泰元年二月十二日）

　　中奉大夫、右司郎中闾丘泳假试兵部尚书、永嘉郡开国侯、食邑一千三百户、食实封三百户、赐紫金鱼袋,差充奉使金国报谢使;武翼大夫、右屯卫将军李言假福州观察使、知阁门事、兼客省四方馆事、寿昌县开国伯、食邑七百户,副之。

出处:《宋会要辑稿》礼三〇之七五。

鄂州在城酒务拨并付湖广总领所诏
（嘉泰元年三月六日）

　　鄂州在城酒务拨并付湖广总领所,兼都统司承认课额,已差下监官领吏部别行改注。

出处:《宋会要辑稿》职官四八之一四一。

令淮南转运司盱眙军钤束兵梢诏
(嘉泰元年三月八日)

令淮南转运司、盱眙军行下部辖官,常切钤束兵梢,今后或有违戾,重作行遣,其部辖官一并坐罪。

出处:《宋会要辑稿》职官五一之二七。

赵自牧特与比换南班填多见身故阙诏
(嘉泰元年三月十四日)

保义郎自牧为系英宗皇帝近属,特与比换南班,填多见身故阙,其请给、人从、生日支赐、添给等,并与依见今南班则例支破。

出处:《宋会要辑稿》帝系七之一七。

诫约沿江诸军将官兵效用心巡逻诏
(嘉泰元年三月十八日)

令沿江诸军主帅责委巡江将官兵效,今后用心巡逻。或贼徒经由本界分作过,他处败获,勘出元透漏日分,即仰主帅将当月将官、兵效具申枢密院,等第重行责罚。

出处:《宋会要辑稿》兵一三之四二。

逐路开具归正忠顺官数诏
(嘉泰元年三月二十四日)

令逐路安抚司行下所部州军,疾速开具归正忠顺官元额、见管添差并事故人数,须管每月置册,逐人子细开具,缴申枢密院。归朝、归明、归附人准此,不得漏落。仍仰帅司常切检点,或有全年不申缴去处,即开具当州官吏职位、姓名申枢密院,取旨施行。

出处:《宋会要辑稿》兵一六之一一。

临安城大火罪己诏
(嘉泰元年四月二日)

朕以眇躬,获奉宗庙,不明不敏,无以上承天心,下育万姓。乃者眚咎之延,闵凶洊集,嬛嬛在疚,夙夜震皇。今者谪见天地,京城大火,百万生聚,奔骇离居,颠踣号呼,无所归命。夫天生蒸民,付于司牧,顾朕德薄,言动差失,刑政缪盭,赫然威怒,宜谴朕躬,元元何辜,害至此极!悼心流涕,痛切体肤。朕方战栗斋精,哀吁于上帝,深自创艾,愈加修省,薪以祗答明戒,勉为后图。仍诏二三大臣视吾百姓艰厄,有可以全活而赈赡之者,凡公上之须、廪庾之积,捐以与民,一无所爱,庶几安集,慰朕惽怛之意。布告有众,明听朕言。故兹诏示,想宜知悉。

出处:四库本《两朝纲目备要》卷七。又见《宋会要辑稿》瑞异二之四〇,《宋史全文续资治通鉴》卷二九。

临安府放僦钱五日诏
(嘉泰元年四月三日)

临安府内外不被火之家,有迁徙之劳,并放僦钱五日。

出处:《两朝纲目备要》卷七。

禁侈靡御笔
(嘉泰元年四月十三日)

风俗侈靡,日甚一日,服食器用,殊无区别,虽屡有约束,终未尽革。今回禄之后,凡官民户起盖屋宇,一遵制度,务从简朴,毋事华饰,销金铺翠,并不许服用。除先将宫中首饰衣服等令内东门司日下拘收,焚之通衢,其中外士庶之家令有司检照前后条法,严立罪赏禁止。贵近之家,尤当遵守,如有违犯,必罚无赦。

出处:《宋会要辑稿》刑法二之一三一。又见《咸淳临安志》卷四一。

潜邸府改充开元宫诏
(嘉泰元年四月十九日)

可将潜邸府改充开元宫,干办官差毛居实。今后作入内内侍省橐龠,比附太一宫,作上等,三年替。

出处:《宋会要辑稿》礼五之八。

诸州军见管强劫盗配军者不得辄行差拨诏
(嘉泰元年四月二十七日)

令诸州军各将见管强劫盗配军并日后似此配到之人,约束当职官吏常切钤束,不得辄行差拨。如违,从监司按劾,重作施行。若因事败露,其守臣并议责罚。

出处:《宋会要辑稿》刑法四之六二。

四川守臣阙到赴上铨量事诏
(嘉泰元年四月二十九日)

今后四川守臣阙到合赴上之人,铨量得虽川臣,昏耄疾病而才力实不逮者,并令制置司从实保明,别与宫观闲慢差遣。

出处:《宋会要辑稿》职官四七之五二。

归朝官续与添差一次诏
(嘉泰元年五月二日)

更特与放行前任一等不厘务添差一次,其请给并依绍熙四年十月九日指挥减半支给,十贯以下免减,愿就宫观岳庙者听。并委自守倅审量人材年貌、参验付身脚色委无诈冒等,仍照近降指挥置籍,更令互相保明,委系正身,申枢密院。

余从庆元四年四月指挥施行。

出处:《宋会要辑稿》兵一六之一一一。

官告院告命不得留滞诏
(嘉泰元年五月十八日)

官告院将见在合出告命,并限五日,须管一并出给,其日后到院文字,亦仰当月书写给发,不得更有留滞。

出处:《宋会要辑稿》职官一一之七五。

除放民间违欠茶盐钱诏
(嘉泰元年五月二十四日)

民间违欠茶盐钱,照淳熙十六年已降指挥体例放免,至庆元二年终。今榷货务申请上放盐钱,所有茶钱理合比类一体除放。

出处:《宋会要辑稿》食货三一之三三。

嘉泰二年礼部奏名进士更不临轩策试诏
(嘉泰元年五月二十六日)

嘉泰二年礼部奏名进士,可依祖宗故事,更不临轩策试。

出处:《宋会要辑稿》选举八之一九。

韩侂胄乞致仕不允批答
(嘉泰元年五月二十六日后)

卿辅翊初政,累岁于兹,忠诚备殚,勋绩益茂。朕方得所倚赖,岂容远嫌,力求休佚? 其体至怀,勿复固请。

出处:《两朝纲目备要》卷七。又见《宋史全文续资治通鉴》卷二九。

令讨论皇后家庙事诏
(嘉泰元年五月二十七日)

显仁皇后、成恭皇后、慈懿皇后家庙,近日居民遗火延烧,令礼部、太常寺讨论典故,详议以闻。

出处:《宋会要辑稿》后妃二之二七。

讨论秀安僖王祠堂事诏
(嘉泰元年五月二十七日)

秀安僖王祠堂近日居民遗火延烧,令礼部、太常寺讨论典故,详议以闻。

出处:《宋会要辑稿》帝系二之五八。

三衙统制官未至副使者与转副使诏
(嘉泰元年五月二十八日)

淳熙十二年指挥,应驻札御前诸军都统制、副都统制如阶官未至升朝者,与带升朝官。可自今后,三衙除未至副使者,与转副使。

出处:《宋会要辑稿》职官三二之四八。

申明透漏纵容之禁诏
(嘉泰元年六月十八日)

沿江都统司申明透漏纵容之禁,使之上下接连相与伺察,每江内有贼船去处,日下会合擒捕。用命者许为保奏,优加恩赏;其透漏去处,仍与议罪,务在必行。

出处:《宋会要辑稿》兵一三之四二。

赈给临安府被火户诏
（嘉泰元年七月二十一日）

大人每人更支钱五百、米五升，小儿支钱二百、米二升半。钱令封桩库以会子，米令丰储仓于庆元年米内取拨，逐处各依具到人数纽支。仍仰临安府日下请跋，委官审实给散，不许减克作弊，具实支散过数目申尚书省。

出处:《宋会要辑稿》食货五八之二三。

新州县丞等破格注授之人许用五纸常员奏举改官诏
（嘉泰元年八月二十九日）

新州县丞、司理、知录、推官、签判破格注授之人，许用五纸常员奏举改官。

出处:《宋会要辑稿》职官一〇之四三。

权工部侍郎万钟中书舍人制
（嘉泰元年八月）

朕惟中书命令之地，舍人词翰之官。极一时儒者之荣，联两禁侍臣之选。不试而用，今得其人。具官某畚负才名，老于文学。通夫国体，是宜政事之与闻；一哉王心，不但语言之独妙。自登禁路，深简渊衷。朕惟钦播告之修，要在谨枢机之发。问崔琳以今事，罔或不知；追仲舒之古风，斯为称职。有如卿者，何愧昔人，岂应袖手于鸠工，亟用演纶于凤掖。当使山东癃老，扶杖愿观；庶几河北武夫，闻风雪涕。修而书命，赞我规恢。

出处:《尊白堂集》卷五。
撰者:虞俦
考校说明:编年据虞俦任两制时间、万钟宦历补，见《宋会要辑稿》职官六。

右正言施康年兼侍讲制
（嘉泰元年八月）

朕惟王人之学古训，要在多闻；天子之有诤臣，政欲自近。兹得谏垣之彦，以参经幄之华。尔识贯古今，气全刚大。丹心自许，殆将有用于时；白首来归，是何相见之晚。擢自乌台之六察，晋联骑省之七人。惓惓爱君，每尽责难之义；孜孜忧国，无非当务之为。宜偕甘泉法从之臣，同预西学尚贤之选。与其伏蒲论诤，骤陈逆耳之忠规；孰若广厦从容，细讲修身之要语。非特朕收隆儒之效，亦惟尔有稽古之荣。

出处：《尊白堂集》卷五。
撰者：虞俦
考校说明：编年据《宋会要辑稿》职官六补。

中书舍人邵文炳兼侍讲制
（嘉泰元年八月）

朕惟圣道在乎方册，灿然可观；王人求夫多闻，乃惟有获。是必讲坦明之制，毋宁泥传注之言。具官某才赡而清，气和以正。学探百篇之义，文推众作之雄。右掖代言，肃风霆之鼓舞；北扉视草，近云汉之昭回。以甘泉法从之臣，副西学尚贤之选。况纶言下布，固已追典谟盘诰之风；粤宝训前陈，尚可冀虞夏商周之治。朕非特收崇儒之效，尔亦惟有稽古之荣。

出处：《尊白堂集》卷五。
撰者：虞俦
考校说明：编年据《宋会要辑稿》职官六补。

黄由知镇江府制
（嘉泰元年八月至九月间）

朕惟城高铁瓮，地接金陵。外控长江，寔谓喉襟之地；内护行阙，不违咫尺之天。肆求侍从之贤，往任藩宣之寄。具官某文高一代，学贯九流。堂堂人物之英,表表搢绅之望。飞英腾茂,推江夏之无双;发策决科,见公孙之第一。立登禁路,深简朕知,遂跻八座之崇,越在诸公之右。一麾出守,盖有味于清时;三已何如,了不形于愠色。念家食之亦久,稽朝论以无他。眷北固之云横,不妨卧治;去长安而日近,伫俟来归。

出处:《尊白堂集》卷五。

撰者:虞俦

考校说明:编年据虞俦任两制时间、《嘉定镇江志》卷一五补。

潘胜等充恭淑皇后殿舡兵诏
(嘉泰元年九月十二日)

恭淑皇后殿昨庆元府招刺崇节第二十八指挥厢军潘胜等六十九人,充本殿舡兵,将来撤几筵毕日,与带行庆元府旧请,特并改拨充修内司撺拽指挥军兵,收管执役,填昨来于逐州差取已行裁减定人数,见阙其逐人修内司请给,并照则例支破,仍令两浙转运司行下庆元府施行。

出处:《宋会要辑稿》后妃二之二七。

华文阁待制知庆元府赵不迹改差知潭州制
(嘉泰元年九月二十六日)

朕惟长沙重地,全楚上流,谋帅维艰,得人乃可。兹涣出纶之命,庶酬弄印之怀。具官某抱负不凡,践扬滋久。叠组左鱼之佩,皇华四牡之驰。卧护陪都,并京师而蒙福;往临制阃,环海道以无波。积制外庸,宣孚民誉。且有功而见知则悦,盖用人尽其才为难。载畴南国之于蕃,徒得君重;矧备西清之次对,勉为朕行。

出处:《尊白堂集》卷五。

撰者:虞俦

考校说明:编年据《宝庆四明志》卷一补。《宋代诏令全集》以《嘉泰会稽志》卷二为据系于嘉泰元年三月(第二四三二页)。《宝庆四明志》卷一:"赵不迹:朝议大夫、华文阁待制,兼沿海制置使。嘉泰元年四月初三日到任,九月二十六日改知潭州。"《嘉泰会稽志》卷二:"赵不迹:庆元六年五月以朝议大夫、司农少卿、湖广总领除直宝文阁、知(绍兴府)。嘉泰元年正月,应办光宗梓宫有劳,除华文阁待制。是年三月,移知潭州。"《嘉泰会稽志》卷二"知潭州"疑为"知庆元府"之误。

杨贵妃曾祖赠太子少保舜元赠太子太保制
(嘉泰元年九月二十八日)

朕惟涓路寝之室,制总章之筵,既举缛仪,爰推霈泽。矧有女孙之贵,宜追本祖之荣。具官某积善在躬,含章有庆。虽不逮王官之显,盖自推天爵之高。启佑后人,遂冠六宫之宠;肆纷褒典,宜增三世之封。爰升宫保之崇阶,用侈圹宵之愍册。

出处:《尊白堂集》卷五。
撰者:虞俦
考校说明:编年据《宋会要辑稿》仪制一二补。

杨贵妃曾祖母齐安郡夫人王氏赠大宁郡夫人制
(嘉泰元年九月二十八日)

朕惟宗祀明堂,受厘宣室。爰敷霈泽,式将四海之欢;乃眷列妃,宜崇三世之庙。某氏族推甲冠,德备柔嘉。委蛇山河之容,和乐室家之庆。鞠衣阙狄,方启佑于后人;象服鱼轩,宜晋封于大郡。

出处:《尊白堂集》卷五。
撰者:虞俦
考校说明:编年据同集同卷《杨贵妃曾祖赠太子少保舜元赠太子太保制》等补。

杨贵妃祖太子少傅全赠太子太傅制
(嘉泰元年九月二十八日)

朕奉承祖考,升配上天。既均四海之欢,不专其飨;况冠六宫之列,盍厚其先?某官某蹈道有常,潜光不耀。惟种德懋百年之计,是以流长;肆治朝举三岁之词,宜其报厚。爰锡壤宵之泽,晋升宫傅之荣。尚克有知,庶几不朽。

出处:《尊白堂集》卷五。

撰者:虞俦

考校说明:编年据《宋会要辑稿》仪制一二补。

杨贵妃祖母顺政郡夫人解氏赠文安郡夫人制
(嘉泰元年九月二十八日)

朕惟哀两仪之临,陟三后之配,乃眷帝妃之贵,有怀王姁之慈。肆举彝章,用颁懋册。某氏系出庆阀,归嫔德门。以宜其家,应《国风》二南之化;克开厥后,启太极四星之祥。适熙事之顺成,岂褒恩之可靳? 爰正小君之位,载加大郡之封。未泯淑灵,益昭宠数。

出处:《尊白堂集》卷五。

撰者:虞俦

考校说明:编年据同集同卷《杨贵妃曾祖赠太子少保舜元赠太子太保制》等补。

杨贵妃父任保义郎赠太子少师渐赠太子太师制
(嘉泰元年九月二十八日)

朕惟躬事天之礼,极严父之思,嘉与群生,同沾大赉。矧冠后宫之贵,宜申祢庙之褒。具官某迪德有常,抱材不试。世积阴功之厚,乡推月旦之评。虽云铲彩以埋光,兹实发祥而储祉。笃生淑女,岂特为门户之华;亚位中闱,抑又衍邦家之庆。其进宫师之秩,以追泉壤之荣。惟尔有知,歆予茂渥。

出处:《尊白堂集》卷五。

撰者:虞俦

考校说明:编年据《宋会要辑稿》仪制一二补。

杨贵妃前母通义郡夫人赵氏赠永宁郡夫人 前母蕲春郡夫人孙氏赠浔阳郡夫人母和政 郡夫人张氏赠安康郡夫人制
(嘉泰元年九月二十八日)

朕惟宗祀明堂,大赉四海。展如邦媛,宜推锡类之仁;慰其母心,肆举追荣之典。某氏出高华之族,归名胜之门;居循图史之言,动中珩璜之节。傅芳袭庆,克开女子之祥;自叶流根,益广寒泉之泽。疏封大郡,加贲小君。翟茀以朝,虽生前之不逮;彤管有炜,尚身后之有光。

出处:《尊白堂集》卷五。

撰者:虞俦

考校说明:编年据同集同卷《杨贵妃曾祖赠太子少保舜元赠太子太保制》等补。

王容起居郎章良能起居舍人制
(嘉泰元年九月)

朕惟左右史之并建,所以记人君之言动,垂之万世,以为信书,其责顾不重哉?尔容万言之策,尝冠伦魁,粤自典州,晋登郎省;尔良能华国之文,见推士类,绅书东观,兼直北扉。即其识技之优,庸在选抡之数。尔其务存直笔,君举必书,庶几朕每临朝,有以自警。

出处:《尊白堂集》卷五。又见《永乐大典》卷一四六〇七。

撰者:虞俦

考校说明:编年据《宋中兴学士院题名》补。

中书舍人万钟兼侍讲制
(嘉泰元年九月)

朕惟学之为王者事,其来久矣。内而修身齐家,外而治国平天下,尧、舜、禹、汤、文、武之所汲汲者,盖在是也,岂记问诵说云乎哉!具官某当代老成,诸儒领袖。晋司文翰之职,而温厚之词固已追还古风矣。兹庸命汝,入侍金华,执经劝讲。此学士大夫之至荣,两禁侍臣之妙选也。其朝夕相与发明古义,务时敏以来厥修,因空言以见之行事,俾予缉熙光明之效远辈于帝王,而仁义诗书之泽罩及于四海,顾不韪欤!

出处:《尊白堂集》卷五。

撰者:虞俦

考校说明:编年据《宋会要辑稿》职官六补。

赈济赈粜事诏
(嘉泰元年十月三日)

令常州将用不尽常平米八万一百六十余石,更于本路提举司见桩米内拨一万九千八百余石,凑作一十万石,内五万石充赈粜,五万石充赈济。仍令封桩库支降会子八万七千五百余贯,并本州见桩管钱一万二千四百余贯,共作一十万贯,接续收籴米斛出粜。其粜到价钱,即更循环作本粜籴,仍先具赈粜米价申尚书省。

出处:《宋会要辑稿》食货五八之二四。

金国贺瑞庆节人使盱眙赐宴诏
(嘉泰元年十月十七日前)

卿等远持使节,甫届疆亭,不辞跋履之劳,来致诞弥之庆。可无宴惠,以示眷怀?

出处:《尊白堂集》卷六。

撰者:虞俦

考校说明:编年据文中所述史事补,见《宋史》卷三八《宁宗纪》。

镇江赐宴诏
（嘉泰元年十月十七日前）

卿等讲夫邻聘，张是使旃，来修诞日之仪，爰锡需云之宴。庸昭慈惠，以劳驱驰。

出处:《尊白堂集》卷六。

撰者:虞俦

考校说明:编年据文中所述史事补，见《宋史》卷三八《宁宗纪》。

赤岸赐御宴诏
（嘉泰元年十月十七日前）

卿等肃驾使轺，甫临畿甸，将展昕朝之贺，绍修诞日之欢。爰以诏筵，示夫眷意。

出处:《尊白堂集》卷六。

撰者:虞俦

考校说明:编年据文中所述史事补，见《宋史》卷三八《宁宗纪》。

平江赐宴诏
（嘉泰元年十月十七日前）

卿等被选使华，来修诞庆。念载驰于原隰，宜申锡于诏筵。以劳尔勤，式将予眷。

出处:《尊白堂集》卷六。

撰者:虞俦

考校说明:编年据文中所述史事补，见《宋史》卷三八《宁宗纪》。

赤岸赐酒果诏
（嘉泰元年十月十七日前）

卿等来庆诞节,已临近邮。眷言徒御之劳,宜有甘醇之锡。庸昭眷宠,岂曰故常。

出处:《尊白堂集》卷六。

撰者:虞俦

考校说明:编年据文中所述史事补,见《宋史》卷三八《宁宗纪》。

单夔辞免权刑部尚书不允诏
（嘉泰元年八月至十一月间）

卿际遇阜陵,峻跻法从。几年于外,宣力维多。召对昕明,深恨相见之晚;晋联宪部,载酬已试之庸。兹陟文昌,始惬人望。朕犹以为迟矣,抑又何辞焉？亟践厥官,毋废乃命。

出处:《尊白堂集》卷六。

撰者:虞俦

考校说明:编年据虞俦任两制时间补。

报谢使副俞烈等到阙抚问赐茶药等诏
（嘉泰元年八月至十一月间）

卿等不辞远道,往聘殊邻。仗汉节以来归,望尧阶而咫尺。爰颁茗剂,以示眷存。

出处:《尊白堂集》卷六。

撰者:虞俦

考校说明:编年据虞俦任两制时间、文中所述史事补,见《宋史》卷三八《宁宗纪》、《金史》卷六二《交聘表》。

徽州绩溪县英济王第九男封侯制
（嘉泰元年八月至十一月间）

朕惟有道之世,百神受职。眷惟乃父,有子九人,何八龙之俱侯,而一蛇之失所? 既旱乾水溢,祷而必应;宜威灵气焰,久而愈彰。爰锡褒封,以慰民望。宣为异数,尚克钦承。

出处:《尊白堂集》卷五。
撰者:虞俦
考校说明:编年据虞俦任两制时间补。嘉庆《绩溪县志》卷七系于"嘉定元年",疑为"嘉泰元年"之误。

王补之除大理少卿制
（嘉泰元年八月至十一月间）

朕惟《王制》有云:"刑者,侀也,一成而不可变。故君子尽心焉。"天下之狱,至于大理极矣。苟五听之不审,三刺之不中,则是使斯民终于无告而已,朕甚悯焉。以尔持心近厚,议法不私,典州则人怀惠爱,持节则吏畏精明,故擢从枢属之联,俾贰棘卿之列。往哉惟钦,以究所长。朕于用人,惟才是择。历阶而升,自有近比。尔尚勉之。

出处:《尊白堂集》卷五。
撰者:虞俦
考校说明:编年据虞俦任两制时间补。

韩霖叙复成州团练使制
（嘉泰元年八月至十一月间）

朕惟赏罚所以示天下之公,一予一夺,初何心哉。尔昔任总戎,不能抚士,郡将以闻,既丽于罚。阅时之久,实应叙法。还其兵团,匪朕之私。往服新命,益思省循。

出处:《尊白堂集》卷五。

撰者:虞俦

考校说明:编年据虞俦任两制时间补。

时汝翼大理评事制
(嘉泰元年八月至十一月间)

朕惟廷尉有评,实司议谳。凡四方之讼牍纷至,必躬阅之。狱之当否,罪之轻重,盖关决于此。惟明惟敏,乃克胜任。尔尚勉之。

出处:《尊白堂集》卷五。

撰者:虞俦

考校说明:编年据虞俦任两制时间补。

叶篆两浙运副制
(嘉泰元年八月至十一月间)

朕惟国家驻跸吴会,凡兵储民食与夫吏廪,所以仰给于漕运者,何可胜计,岂他道比哉!尔人门之美,见推搢绅,持节把麾,辄上课最,郎闱省户,俱著休称。肆畴已试之长,首在选抡之数。质诸佥论,谓汝为宜。载升延阁之华,庸示建台之宠。其往尽乃心,举乃职,毋乏吾事,有以风厉诸道,俾朕无愧于知人之明,则惟汝嘉。

出处:《尊白堂集》卷五。

撰者:虞俦

考校说明:编年据虞俦任两制时间、《咸淳临安志》卷五〇补。

胡大成都大茶马使制
(嘉泰元年八月至十一月间)

朕惟朝廷立互市之规,而川陕乃置司之地。孰将隆指?厥有周材。尔心计疏通,吏能强敏。分符列郡,凤推共理之良;持节外台,益振祥刑之誉。爰升华于内阁,庸管榷于西州。惟懋迁货居,斯尽摘山之利;而协和种落,乃能空马之群。

宜体眷知,勉臻来效。

出处:《尊白堂集》卷五。

撰者:虞俦

考校说明:编年据虞俦任两制时间补。

李景和将作监制
(嘉泰元年八月至十一月间)

朕惟自即位以来,宫室苑囿、车骑服御无所增益,盖欲躬行节俭,以移风俗,与汉之文帝匹休。故匠监之设,于事为简,昔号烦剧,今为清选。尔视时流乃有用之材,谓天下无难为之事。剖竹近藩,其游刃恢乎余地;握兰郎省,若佩玉动则有声。比者将命出使,无几微见于言面,抗膻万里,形势在目。后日恢复中原,扫清上都,左宗庙,右社稷,面朝后市,营缮之制,固已洋洋然动其心矣。往祗新命,以规来效。

出处:《尊白堂集》卷五。

撰者:虞俦

考校说明:编年据虞俦任两制时间补。

郭倪殿前都虞候制
(嘉泰元年八月至十一月间)

朕惟周庐千列,爰肃宸居;禁旅万屯,载谋总帅。孰堪是任? 今得其人。尔三世将才,屡朝勋阀。激昂自奋,岂惟能读父之书;持重有谋,盖深识事君之义。推毂膺阃外之寄,运筹收堂上之奇。大江以东,壮金汤之设险;长淮以北,泊草木以知名。备殚夙夜之勤,期赴功名之会。辍从骑率,晋陟岩除。太微左垣,厥有爪牙之士;文昌上将,是谓腹心之臣。岂曰叙迁,实以劳选。惟律身乃可申军法,惟洁己斯能服人心,勉绍家声,毋废朕命。

出处:《尊白堂集》卷五。

撰者:虞俦

考校说明:编年据虞俦任两制时间、郭倪宦历补,见《宋会要辑稿》职官七三等。

朱子美阁门舍人制
（嘉泰元年八月至十一月间）

朕惟彤闱华阁,以肃朝仪,其间列属,亦必遴选。尔奋自右科,被服儒雅,尝在选中,兹庸申命。惟有礼以导人之恭,有法以绳人之慢,守斯二者,则为称职。

出处:《尊白堂集》卷五。

撰者:虞俦

考校说明:编年据虞俦任两制时间补。

林管阁门舍人制
（嘉泰元年八月至十一月间）

朕惟上阁之华,日侍清光,联事其间,可谓荣矣。尔奋自武科,蔚为选首;官于右学,宣有休称。不试而授,人孰谓尔为不宜哉!

出处:《尊白堂集》卷五。

撰者:虞俦

考校说明:编年据虞俦任两制时间补。

曾炎林桷并右司制
（嘉泰元年八月至十一月间）

朕惟文昌乃政事之本,有一日万几之繁;中台分左右之联,掌二十四司之事。犹振领而挈裘,殆举纲而张目。必得其人,乃胜厥任。尔炎有当世之志,遇错节盘根,始见其长;尔桷推古人所为,真璞玉浑金,莫名其器。俱懋经纶之业,备殚中外之劳。而用之未尽其才,惟恢乎必有余地。久回翔于省户,宜序进于都公。宁惟稽厥从违,毋俾庶官之旷;要使熟于闻见,以为待用之资。既简深知,何庸多训。

出处:《尊白堂集》卷五。又见《永乐大典》卷一三五〇六。

撰者:虞俦

考校说明:编年据虞俦任两制时间、曾炎官历补,见《攻媿集》卷九七《曾公神道碑》。

信王孙换南班授太子右内率府副率制
（嘉泰元年八月至十一月间）

朕惟归内朝供奉之班,职东宫羽翼之备,庸亲近属,盖广殊恩。尔信王之孙,成国之子,既制之终而年之及,宜禄之厚而秩之优。然得之易者必骄,维守以谦而可久。其钦承于朕训,以徼福于宗祊。

出处:《尊白堂集》卷五。
撰者:虞俦
考校说明:编年据虞俦任两制时间补。

同知程松父九万特除集英殿修撰制
（嘉泰元年八月至十一月间）

朕惟明有国善善之风,谨古训亲亲之义,得人而用,灼知移孝之因,推本而言,益见教忠之效。兹有成命,形于赞书。某官父某蕴当今平治之才,负迈往不群之器。颉颃仕路,先豪俊以著鞭;际遇清朝,视功名犹唾手。分符典州,则最课辄上;杖钺分阃,则威名远闻。聿观贤嗣之飞腾,力以亲嫌而引避。九华胜践,暂韬敛于风云;万里宏程,自优游于岁月。琳宫均逸,锦里推尊。眷家学之有传,简朕心而大用。是为有子,方正位于枢廷;岂不怀卿,爰升华于秘殿。亶为异数,孰谓彝章。念本朝曾不数人,良深嘉叹;在一门实云盛事,宜有光华。其亟钦承,以永终誉。

出处:《尊白堂集》卷五。又见《永乐大典》卷一三四九九,《宋四六选》卷四。
撰者:虞俦
考校说明:编年据虞俦任两制时间、程松官历补,见《宋史》卷二一三《宰辅表》。

龙井惠泽庙加封制
（嘉泰元年八月至十一月间）

朕悯今岁之旱,靡神不宗。惟南山之南,井有龙焉,韬敛风雷,贮储云雨。亟命黄冠,往投符简。如响斯答,曾不旋踵,肤寸之泽,弥天之润,何其神耶！朕甚异之。肆加显号,用侈侯封。其钦承厥命,以永佑我农人。

出处:《尊白堂集》卷五。

撰者:虞俦

考校说明:编年据虞俦任两制时间补。

某神父母加封制
（嘉泰元年八月至十一月间）

朕惟某神之庙揭虔妥灵,司境内水旱之柄,凡有祷辄应。封爵所畇,不敢违其父母,盖终庆羡祥有自来也。

出处:《尊白堂集》卷五。又见《永乐大典》卷二九五○。

撰者:虞俦

考校说明:编年据虞俦任两制时间补。

某神加封制
（嘉泰元年八月至十一月间）

朕惟今岁之旱,尝诏郡国各祷于境内之神。厥既应答如响,岁事以之,不害于成。有司以告,封爵所宜加也。朕不敢靳。

出处:《尊白堂集》卷五。又见《永乐大典》卷二九五○。

撰者:虞俦

考校说明:编年据虞俦任两制时间补。

刘述升郎中制
(嘉泰元年八月至十一月间)

朕惟郎官上应列宿,士大夫之高选。然必稽其资历,而后正其位序,盖吝之也,否则员外置耳。尔器质醇茂,才猷肤敏。践扬滋久,阀阅尤高。既列属于秋官,宜升华于六品。国有彝典,匪朕尔私。其思所以报称者,勉之。

出处:《尊白堂集》卷五。

撰者:虞俦

考校说明:编年据虞俦任两制时间补。

任清叟升郎中制
(嘉泰元年八月至十一月间)

朕惟郎员有中外之间,盖官簿有深浅之殊。其在公朝,具存彝制。尔人门兼美,阀阅素高。出膺剖竹之荣,入振握兰之誉。参稽铨部,无非累日之劳;协赞地官,其正列星之位。宜思报效,称我褒升。

出处:《尊白堂集》卷五。

撰者:虞俦

考校说明:编年据虞俦任两制时间补。

俞丰除待制宫观制
(嘉泰元年八月至十一月间)

朕惟眷吾法从,遽腾告老之章;锡以赞书,庸示贪贤之意。具官某才猷肤敏,学术深醇。备殚中外之勤,绰有老成之望。粤繇睿简,亟上禁途。西掖演纶,咸识王言之大;右铨典选,果闻流品之清。乃勇退之深坚,尝勉留而莫肯。爰陟西清之候对,姑陪列宇之真祠。岂特都人,又起贤哉之叹;当令朝上,共谈知止之荣。

出处:《尊白堂集》卷五。

撰者:虞俦

考校说明:编年据虞俦任两制时间补。

邵文炳待制宫观制
(嘉泰元年八月至十一月间)

朕惟均秩祠庭,宣谓优贤之宠;升华延阁,有严次对之除。眷吾侍从之臣,爰涣丝纶之渥。具官某蚤安静退,晚躐清华。多识博闻,洞贯九流之邃;高文大册,蔚为一代之雄。视草北扉,代言西掖,晋劝金华之讲,载抽石室之书。备简深知,盖将大用。乃以晦明之疾,力祈香火之归。顾当馈之叹方兴,岂容轻去;而长者之言不妄,姑徇雅怀。

出处:《尊白堂集》卷五。

撰者:虞俦

考校说明:编年据虞俦任两制时间补。

右文殿修撰蔡戡除集英殿修撰知静江府制
(嘉泰元年八月至十一月间)

朕惟士大夫出处,亦何常之有哉。尔杜门有年矣,今朝廷谋帅,一旦翻然,乃为朕行,得非有所抱负,未究设施,思欲有以自见乎? 惟桂林南越一都会,外接西广六番,南连交趾九道,其责任也甚重。升华秘殿,姑为尔宠。若控驭之略,绥抚之方,尔盖优为之矣。惟毋曰迫而后动,不得已而后起。钦哉! 往尽乃心,举乃职,以无负予委寄之意,则惟汝嘉。

出处:《尊白堂集》卷五。

撰者:虞俦

考校说明:编年据虞俦任两制时间、嘉靖《广西通志》卷四补。

杨文昌将作监丞张琯将作监簿制
(嘉泰元年八月至十一月间)

朕惟躬行节俭,以移风俗,凡宫室苑囿,未尝有所增益。然而匠监设属,有不敢废者,亦以蓄储人材,待用焉耳。尔文昌出于绍兴勋阀,而能佩服儒雅;尔瑄见谓元祐故家,而能有志事功。若丞若簿,其往莅厥职。尔毋曰事有若缓而不切,狃于苟简之习,必也,俾工巧器械咸精其能,以副朕储材之意,则惟汝嘉。

出处:《尊白堂集》卷五。

撰者:虞俦

考校说明:编年据虞俦任两制时间补。

同知程松曾祖任承信郎淳赠太子少保制
(嘉泰元年八月至十一月间)

朕惟人之哀荣,自本根而茂枝叶;天之报施,若影响之应形声。朕登庸二府之大臣,俾追荣三世之曾庙,盖亦本之以人情,参之以天理。某官曾祖某德之所积者厚,泽之所施者长。启佑后人,为吾近辅。已陟枢庭之峻,宜申宫保之褒。尚克有知,以对殊渥。

出处:《尊白堂集》卷五。

撰者:虞俦

考校说明:编年据虞俦任两制时间、程松官历补,见《宋史》卷二一三《宰辅表》。

程松曾祖母徐氏齐安郡夫人制
(嘉泰元年八月至十一月间)

朕惟天之报施善人,固自不差;君之待遇大臣,盖亦有礼。某官曾祖母某氏系出华族,来嫔德门。于法度以能循,亦慈祥而可纪。今吾近辅,时乃曾孙。登用云初,追荣可后,爰疏封于大郡,且正号于小君。宁唯修举于朝彝,是亦尊严于国体。

出处:《尊白堂集》卷五。

撰者:虞俦

考校说明:编年据虞俦任两制时间、程松官历补,见《宋史》卷二一三《宰辅表》。

程松祖赠奉直大夫撼赠太子少傅制
（嘉泰元年八月至十一月间）

朕以基命宥密之寄,属之当世经济之贤。涣号于庭,既增重于国体;纳书于庙,昭克绍于家声。某官祖某擅一乡之评,钟九华之秀。乐天知命,岂其生不逢辰;铲彩埋光,盖亦才难大用。曰予近辅,时乃慈孙。兹当图任之初,爰举追荣之典。俾就东宫之列,庸加次傅之名。念考父之滋恭,岂无达者;喜臧孙之有后,今见其人。

出处:《尊白堂集》卷五。

撰者:虞俦

考校说明:编年据虞俦任两制时间、程松官历补,见《宋史》卷二一三《宰辅表》。

程松祖母宜人江氏赠信安郡夫人制
（嘉泰元年八月至十一月间）

朕惟启列郡之封,正小君之号,以私室追荣之典,为公朝锡命之崇。某官祖母某氏系出高华,归嫔名胜。乃眷枢臣之佐,有怀王姒之慈。盖已疏真食之多,宁不动含饴之感?鱼轩象服,虽不洎于前生;石窌封丘,尚有光于身后。兹为异数,用告幽扃。

出处:《尊白堂集》卷五。

撰者:虞俦

考校说明:编年据虞俦任两制时间、程松官历补,见《宋史》卷二一三《宰辅表》。

程松妻令人毕氏赠宜春郡夫人制
（嘉泰元年八月至十一月间）

朕惟夫荣于朝,妻荣于室,古之道也。若隐约之与居,而富贵不及与之共,人情将安忍哉?某官妻某氏生德业之门,有柔嘉之则,能执妇道,以相君子。何意天啬之年,不俾偕老。今吾登用帷幄之臣,付之重任,宜有追荣之典,以慰其琴瑟之思。开大郡之封,正小君之号,乌可已乎!

出处:《尊白堂集》卷五。

撰者:虞俦

考校说明:编年据虞俦任两制时间、程松宦历补,见《宋史》卷二一三《宰辅表》。

赵师睪赠父制
(嘉泰元年八月至十一月间)

朕惟举明堂之祀,均四海之欢。眷惟侍从之臣,方切劬劳之念,爰敷愍典,用贲圹宵。某官父某德著温恭,行成信厚。天潢析派,惟源之深者其流长;仙李传芳,惟根之茂者其实遂。每笃义方之教,克开似续之贤。缅想生平,仅止兵防之任;固宜身后,晋联帝傅之班。盖积庆之有余,视追荣而无愧。亟其告庙,歆此纳书。

出处:《尊白堂集》卷五。

撰者:虞俦

考校说明:编年据虞俦任两制时间补。《全宋文》(第二五四册,第一八九页)、《宋代诏令全集》(第四七六七页)皆曰:"查《宋史》,宗室无名师罘者,疑是'师鞏'之误。师鞏,《宋史》卷二四七有传。"然赵师睪在宋代文献中多有记载,见《中兴两朝圣政》卷五八、《宋史全文续资治通鉴》卷二六、《止斋先生文集》卷一二《淮东运使赵师睪奏修武郎张世荣管押岁币沿路恣横生事降两官送吏部与合入差遣制》、《玉海》卷一八○、《朝野类要》卷一及《齐东野语》卷三、卷一○,《嘉定镇江志》卷一五、卷一七等。

赵师睪赠母制
(嘉泰元年八月至十一月间)

朕惟宗祀明堂,大赍四海。矧予法从,尝联持橐之班;念彼母慈,宜厚追荣之典。某官母某氏芳猷未泯,懿范深彰。以宜其家,供《召南》之祭祀;克成厥子,喜京兆之平反。爰疏大国之封,益正小君之号。顾生死哀荣之际,孰拟其伦;想山河象服之仪,俨然如在。

出处:《尊白堂集》卷五。

撰者：虞俦

考校说明：编年据虞俦任两制时间补。

中书舍人万钟赠父制
（嘉泰元年八月至十一月间）

朕惟举三岁之祀，均万国之欢。眷惟侍从之臣，每笃劬劳之念，爰推宠渥，用贲幽扃。某官父某积善在身，阴功及物。谨石氏义方之训，有味其言；富孔庭《诗》《礼》之传，克开厥后。是宜有子，为时显人。自叶流根，或广九重之泽；纳书告庙，庸升四品之阶。

出处：《尊白堂集》卷五。

撰者：虞俦

考校说明：编年据虞俦任两制时间、万钟宦历补，见《宋会要辑稿》职官六。

万钟赠母制
（嘉泰元年八月至十一月间）

朕惟举三岁之祀，均万国之欢。眷惟侍从之臣，每笃劬劳之念，爰推宠渥，用贲幽扃。某官母某氏妇道夙娴，母仪甚著。卜妻敬仲，灼知五世之昌；居择孟邻，每谨三迁之教。是宜有子，为时显人。自叶流根，沐霈恩而闱间；纳书告庙，视夫爵以斯从。

出处：《尊白堂集》卷五。

撰者：虞俦

考校说明：编年据虞俦任两制时间、万钟宦历补，见《宋会要辑稿》职官六。

万钟赠所生母制
（嘉泰元年八月至十一月间）

朕惟举三岁之祀，均万国之欢。眷惟侍臣，每笃劬劳之念；爰推宠渥，用贲幽扃。某官母某氏夙有令仪，来归望族。挺出芝庭之秀，晋持荷橐之华。生也甚荣，已侈恩封之盛；死而不泯，尚歆褒典之行。

出处:《尊白堂集》卷五。

撰者:虞俦

考校说明:编年据虞俦任两制时间、万钟宦历补,见《宋会要辑稿》职官六。

参政张岩曾祖任内殿承制吉赠太子少保制
(嘉泰元年八月至十一月间)

朕惟得《诗·雅》维石之瞻,晋阶二府之列;稽《春秋》尊祖之谊,庸疏三世之封。某官曾祖某昔在前朝,尝跻膴仕,蚤负有为之志,晚全知止之风。伊尔曾孙,乃吾近弼。政涂直上,既发册于公朝;宫保崇资,爰纳书于私庙。庆余所暨,歆告其承。

出处:《尊白堂集》卷五。

撰者:虞俦

考校说明:编年据虞俦任两制时间、张岩宦历补,见《宋史》卷二一三《宰辅表》。

张岩曾祖母薛氏赠信安郡夫人制
(嘉泰元年八月至十一月间)

朕惟并建英豪,置诸左右。奋庸熙载,方图任于政涂;储祉流光,爰追荣于曾庙。某官曾祖母某氏德仪闲雅,族望华腴。躬《鹊巢》以起家,克配君子;职《采蘩》而承祀,垂裕后昆。时惟三世之孙,赞我万几之务。脂田是胙,虽恩礼之惟优;翟茀以朝,悼音容之已远。庶几营魄,尚识宠光。

出处:《尊白堂集》卷五。

撰者:虞俦

考校说明:编年据虞俦任两制时间、张岩宦历补,见《宋史》卷二一三《宰辅表》。

张岩祖不仕怀赠太子少傅制
(嘉泰元年八月至十一月间)

朕惟以贤臣而遇圣君,方参大政;念尔祖之修厥德,可锡褒章。某官祖某积善在躬,克昌厥后。清德传家之远,阴功及物之深。非及其身,在其孙,推原有自;然本乎天,尊乎祖,欲报伊何。爰加宫傅之名,用作圹宵之庆。尚惟精爽,歆此纳书。

出处:《尊白堂集》卷五。

撰者:虞俦

考校说明:编年据虞俦任两制时间、张岩宦历补,见《宋史》卷二一三《宰辅表》。

张岩祖母杨氏赠宜春郡夫人制
(嘉泰元年八月至十一月间)

朕惟降大任于是人,方兹共政;受介福于王母,宜有追荣。某官祖母某氏作配名门,交修善道。燕翼诗书之训,蝉联阀阅之华。时乃文孙,参吾中铉。圭腅陪赋,既疏真食之多;象服副笄,应慰含饴之感。正以小君之号,开其大郡之封。是谓殊恩,孰云常典。

出处:《尊白堂集》卷五。

撰者:虞俦

考校说明:编年据虞俦任两制时间、张岩宦历补,见《宋史》卷二一三《宰辅表》。

张岩父赠朝散大夫范赠太子少师制
(嘉泰元年八月至十一月间)

朕惟源之深者委斯远,施之厚者报乃丰。眷吾执政之臣,方祗厥命;爰举追荣之典,以厚其先。某官父某允蹈古人,见推流辈。石氏义方之训,眷眷不忘;孔庭《诗》《礼》之传,孜孜在是。尔之有子,朕以为贤。念简注之素隆,而登庸之伊始。参华机政,既跻二府之崇班;视秩宫师,用侈一门之余庆。

出处:《尊白堂集》卷五。

撰者:虞俦

考校说明:编年据虞俦任两制时间、张岩宦历补,见《宋史》卷二一三《宰辅表》。

张岩母太令人郑氏赠永嘉郡夫人制
(嘉泰元年八月至十一月间)

朕惟以孝事君则忠,事君不忠非孝。伟然人杰,晋参鼎铉之司;念彼母慈,深切杯棬之感。某官母某氏克配君子,笃生钜贤。益广二《南》之风,每谨三迁之教。非此母不生此子,咸推命世之材;有是君斯有是臣,式际兴王之运。推原所自,欲报伊何。追诵《蓼莪》之篇,为之永叹;加贲《采蘋》之职,庸慰尔思。

出处:《尊白堂集》卷五。
撰者:虞俦
考校说明:编年据虞俦任两制时间、张岩官历补,见《宋史》卷二一三《宰辅表》。

张岩妻令人高氏封齐安郡夫人制
(嘉泰元年八月至十一月间)

朕惟言惟作命,方登廊庙之贤;爵则从夫,庸侈室家之庆。品章具在,恩礼宜优。某官妻某氏族望高华,风仪闲远。雅佩珩璜之节,动遵图史之言。作配宗工,盖多中阃之助;进参大政,斯穆外朝之言。亶有淑声,爰加休渥。正尔小君之号,开夫名郡之封。因以起家,既应《鹊巢》之化;与之偕老,益彰象服之宜。往哉钦承,以保燕誉。

出处:《尊白堂集》卷五。
撰者:虞俦
考校说明:编年据虞俦任两制时间、张岩官历补,见《宋史》卷二一三《宰辅表》。

知广州胡纮捕猺贼有劳除华文阁待制制
(嘉泰元年八月至十一月间)

朕惟抚柔岭徼,选用循良。赤子弄兵,要在安之而已;渠魁就戮,无不得其所焉。具官某两禁旧人,一时名士。属五羊之谋帅,肯为朕行;拥千骑以首途,实慰民望。适有潢池之盗,颇闻桴鼓之鸣。督捕有方,甚称在前之智略;劳来不怠,靡专直指之威名。用酬尔劳,何爱乎赏?爰陟西清之次对,以光南国之于宣。当令矜寡之安居,载歌《鸿雁》;宜广朝廷之德意,安问狐狸。

出处:《尊白堂集》卷五。

撰者:虞俦

考校说明:编年据虞俦任两制时间、胡纮宦历补,见光绪《广州府志》卷一七。

兴州统制禄禧牧马赏授武翼郎制
(嘉泰元年八月至十一月间)

朕惟军中牧养之令,岁稽其殿最之数而赏罚之。尔善于其职,而不乏吾事,主帅以名来上,何爱一官,不以为尔宠乎!

出处:《尊白堂集》卷五。又见《永乐大典》卷七三二六。

撰者:虞俦

考校说明:编年据虞俦任两制时间补。

王思诚宋安世为寿慈宫职事有劳特与带行遥刺制
(嘉泰元年八月至十一月间)

朕惟定省重闱,弗敢少怠,晨昏之念,惓惓以之。尔等祗奉无违,恪勤是务,慈颜有喜,朕心则安。爰申叙于贤劳,俾遥分于郡绂。惟不骄所以守贵,惟能训所以永年。益坚乃心,毋替朕命。

出处:《尊白堂集》卷五。

撰者:虞俦

考校说明:编年据虞俦任两制时间补。

陈朴捕猺寇阵亡特赠承务郎仍与一子恩泽制
(嘉泰元年八月至十一月间)

朕惟比者猺人啸聚山谷,尔以一尉讨贼,遂丧其元。达予听闻,良用骇叹。爰疏赠典,并厚赏延。尚其有知,歆此殊宠。

出处:《尊白堂集》卷五。

撰者:虞俦

考校说明:编年据虞俦任两制时间补。

刘性之制
（嘉泰元年八月至十一月间）

尔以书生,备谙武事,渠魁就戮,诸峒肃清。其升京秩之联,以为效官之劝。

出处:《尊白堂集》卷五。

撰者:虞俦

考校说明:编年据虞俦任两制时间补。

陈嘉制
（嘉泰元年八月至十一月间）

尔以书生,赞画幕府,渠魁就戮,诸峒肃清。何爱一官,不以为尔宠?

出处:《尊白堂集》卷五。

撰者:虞俦

考校说明:编年据虞俦任两制时间补。

谢棨制
（嘉泰元年八月至十一月间）

朕恭惟高庙信书告成,亦既次第行赏矣。顾何爱一官,不以为尔宠?

出处:《尊白堂集》卷五。

撰者:虞俦

考校说明:编年据虞俦任两制时间补。

夏永寿制
（嘉泰元年八月至十一月间）

朕追念先帝，羹墙见之。尔尝执事宫闱，勤劳备至。进官一列，以示朕恩。

出处：《尊白堂集》卷五。

撰者：虞俦

考校说明：编年据虞俦任两制时间补。

孙绍祖等制
（嘉泰元年八月至十一月间）

朕洪惟高庙信书告成，亦既次第行赏矣。尔等隶于史观，与有劳焉。进官一列，盖彝典也。

出处：《尊白堂集》卷五。

撰者：虞俦

考校说明：编年据虞俦任两制时间补。

王中实督捕猺寇染瘴亡殁特赠承直郎与一子恩泽制
（嘉泰元年八月至十一月间）

朕惟比以猺氓啸聚于山谷，致烦师阃讨捕以甲兵。尔盖驱驰其间，乃染瘴疠以殁。达予闻听，良用恻伤。爰疏赠典之褒，并厚世延之赏。尚惟不泯，歆此殊恩。

出处：《尊白堂集》卷五。

撰者：虞俦

考校说明：编年据虞俦任两制时间补。

薛绍再任淮东总领制
(嘉泰元年八月至十一月间)

朕惟入联卿列,出总军储,庶几阃外之臣,知有王人之重。尔蔚为时用,克绍家声。分符则课最屡腾,持节则风棱愈振。惟长江之天险,顾列戍之云屯。藉尔棘位之高华,董彼辕门之馈饷。士皆宿饱,府有余财。事不辞难,肆畴庸于已试;人惟求旧,兹因任以为宜。益懋贤劳,嗣膺褒宠。

出处:《尊白堂集》卷五。
撰者:虞俦
考校说明:编年据虞俦任两制时间、薛绍宦历补,见《嘉定镇江志》卷一七。

阁门看班祗候寿衔落看班字制
(嘉泰元年八月至十一月间)

尔尝隶事于彤闼,已熟阅于朝仪;爰核实于年劳,始正名于位序。盖进以渐者能久,然得之易者必骄。往哉惟钦,毋忝朕命。

出处:《尊白堂集》卷五。
撰者:虞俦
考校说明:编年据虞俦任两制时间补。

来处和落看班字制
(嘉泰元年八月至十一月间)

朕惟上阁之设属,欲其习熟于观瞻,肆稽年劳,始正位序。除授之意,其详如此,居是职者,可无勉乎!

出处:《尊白堂集》卷五。
撰者:虞俦
考校说明:编年据虞俦任两制时间补。

单夔刑部尚书制
(嘉泰元年八月至十一月间)

朕惟成康之世,悉臻囹圄之空;尧舜之民,仅示衣冠之象。盖以皋陶之作士,与夫秋官之佐王,朕甚慕焉,谁其任此? 具官某通班两禁,历事四朝,蹈孔门忠恕之风,洗汉吏刻深之习。数正元之朝士,今已无多;视鲁殿之灵光,岿然存者。比由召对,信谓老成。更事为多,若蓍龟之先见;独立不惧,犹松栢之后凋。中外遍更,望实益著,从宪部贰卿之列,徙文昌八座之联。盖期献纳雨露之边,岂但听履星辰之上。惟仁者宜在高位,众论翕然;俾民不犯于有司,一夔足矣。

出处:《尊白堂集》卷五。
撰者:虞俦
考校说明:编年据虞俦任两制时间补。

史弥坚太府寺丞制
(嘉泰元年八月至十一月间)

朕惟求良玉者必之昆山,抡美材者必之邓林。文献故家,人物粹焉。维尔先正,相我孝宗,遗风余烈,在人耳目。尔克自植立,不坠家声,虽欲勿用,人其舍诸? 簿正外府,允能其官;转而为丞,孰曰不宜?《诗》云"虽无老成人,尚有典刑",其是之谓乎。

出处:《尊白堂集》卷五。
撰者:虞俦
考校说明:编年据虞俦任两制时间补。

谯令宪太府寺丞制
(嘉泰元年八月至十一月间)

朕惟爵禄得之易者,鲜不骄惰;惟有以自致者,然后可期以趋事赴功。尔董英太学,得隽儒科,未尝凭藉于世资,盖欲立露其囊颖。粤由县最,方列周行。维时外府,掌九土之贡、百品之货,视他寺为烦剧。肆命尔往丞其间,辨其名物,谨其出入,以赞其长,盖择可劳而劳之者也。呕祗厥官,以副遴选。

出处:《尊白堂集》卷五。

撰者:虞俦

考校说明:编年据虞俦任两制时间、谯令宪官历补,见《西山文集》卷四四《谯殿撰墓志铭》。

张镃太府寺丞制
(嘉泰元年八月至十一月间)

朕惟出纳邦财,属之外府。丞哉丞哉,朕不以轻畀人也。尔勋阀之胄,乃能刻意篇翰,涉笔其间,人孰尔訾?钦哉!往能其官,毋忝朕命。

出处:《尊白堂集》卷五。

撰者:虞俦

考校说明:编年据虞俦任两制时间补。

赵梦极太常丞制
(嘉泰元年八月至十一月间)

朕之用人,惟才是与。尔器质粹然,声华籍甚,盖疏越之瑟,而瑚琏之器也。奉常礼乐之地,文物彬彬,朝廷容典,上下等威,于是乎在。往丞其间,是为清选。其思所以爱礼,以无忝于厥官。钦哉!

出处:《尊白堂集》卷五。

撰者:虞俦

考校说明:编年据虞俦任两制时间补。

赵时逢大宗正丞制
(嘉泰元年八月至十一月间)

朕惟司宗置丞,地清秩优,异时多以异姓贤而有文者为之。虽有属籍之英,罕在是选。惟尔乃祖际遇阜陵,跻于法从。尔克守家法,奋自儒科,凡所居官,皆有可纪,可不谓贤而有文者乎。肆盼新命,孰曰不宜? 其往赞而长,成《麟趾》信厚之风,以副朕遴选之意。

出处:《尊白堂集》卷五。

撰者:虞俦

考校说明:编年据虞俦任两制时间补。

张抑知平江府制
(嘉泰元年八月至十一月间)

朕惟苏台甲于东南,壮哉! 为郡太守,选于侍从,久矣无人。载升延阁之华,式宠文昌之老。其祗新命,爰锡赞书。具官某学富家传,才优时用。揭禁涂之领袖,振天朝之羽仪。听履而上星辰,跻荣八座;褰帷而问风俗,作牧九州。方资共理之良,胡乃丐归之切? 易地姑更于符竹,提封况接于乡枌。所去见思,岂间闽徼山川之邈;其来何暮,亟慰吴中父老之怀。往布宽条,以绥近服。

出处:《尊白堂集》卷五。

撰者:虞俦

考校说明:编年据虞俦任两制时间、《绍定吴郡志》卷一一补。

赵善坚知绍兴府制
(嘉泰元年八月至十一月间)

朕惟兴怀三辅,盖将更治以考功;乃眷从臣,不以一眚而掩德。爰敳纶命,申锡赞书。具官某以帝胄之英,膺天邑之寄。二年于此,已备罄于勤劳;一旦飘然,可久安于闲适。乃顾陪都之重,实临东粤之区。畀一节以起家,总七州而作牧。要使民安田里,还卖刀买犊之风;庶几福及京师,有自叶流根之润。朕之所以待尔者,可谓尽矣;尔之所以报朕者,宜如何哉?

出处:《尊白堂集》卷五。

撰者:虞俦

考校说明:编年据虞俦任两制时间补。

向朴循资制
（嘉泰元年八月至十一月间）

朕惟榷管之务,所以阜通国货,岁入有羡,惟尔之劳。进官一列,实应赏典。

出处:《尊白堂集》卷五。
撰者:虞俦
考校说明:编年据虞俦任两制时间补。

恭淑皇后祔庙甥曾熙等循资制
（嘉泰元年八月至十一月间）

朕慨念椒涂,既严祔庙,爰推旷泽,以笃姻亲。宠以赞书,升其品秩。勿云故事,而有易心。

出处:《尊白堂集》卷五。
撰者:虞俦
考校说明:编年据虞俦任两制时间补。

胡元衡大理正制
（嘉泰元年八月至十一月间）

朕惟汉公孙弘告武帝有曰:"因能任官,则分职治。"此乃不易之论。尔资禀重厚,学试明敏。接武朝行,蔼然誉处;丞吾廷尉,亦既久知。自丞而正,盖因能也。夫以《春秋》决疑狱而声名重于朝廷,真儒者事。古有人焉,尔尚勉之。钦哉!

出处:《尊白堂集》卷五。
撰者:虞俦
考校说明:编年据虞俦任两制时间、胡元衡宦历补,见《宋会要辑稿》选举二一。

百岁老人授官致仕制
（嘉泰元年八月至十一月间）

朕惟尧舜之治,民跻仁寿,故比屋可封。尔等皆我四朝遗老,涵泳仁化,为日久矣,遂介眉寿。郡国以名来上,朕何爱一官,不以为尔宠乎?

出处:《尊白堂集》卷五。

撰者:虞俦

考校说明:编年据虞俦任两制时间补。

邵供父封承务郎致仕制
（嘉泰元年八月至十一月间）

朕惟因明堂之恩,明贵老之义。尔有子能仕,既寿而臧,爰载锡于官封,俾益安于禄养。岂但侈家庭之庆,是亦为闾里之光。

出处:《尊白堂集》卷五。

撰者:虞俦

考校说明:编年据虞俦任两制时间补。

朱质武博士制
（嘉泰元年八月至十一月间）

朕惟文武之道,一弛一张,不可偏废。其开设学校,作成人材,一而已矣。朕于教导之官,岂有所轻重于其间哉?尔学问淹该,文辞赡蔚。发策决科,屈居第二,谕吾右学,士誉甚休。宏博之任,宜以序进。其益务作成,以副朕遴选之意。

出处:《尊白堂集》卷五。

撰者:虞俦

考校说明:编年据虞俦任两制时间、朱质官历补,见《宋会要辑稿》选举二二。"武"字后脱一"学"字。

陈铸大理寺簿叶先太府寺簿制
(嘉泰元年八月至十一月间)

朕惟大理人命所系,外府邦财所司,簿正其间,遴选惟重。尔等儒科得隽,吏事推优。孰云州县之徒劳,果致朝廷之推择。今兹并命,金曰咸宜。检狱讼之稽违,谨货贿之出入,斯为称职,其尽乃心。

出处:《永乐大典》卷一四六〇七。又见《四库辑本别集拾遗》。
撰者:虞俦
考校说明:编年据虞俦任两制时间补。

王居安钱易直太学博士诰
(嘉泰元年八月至十一月间)

朕惟议礼者必首于容台,养士者莫大于太学。诸儒聚讼,乌知此是而彼非;有司不明,何取月书而季考? 欲革斯弊,必惟其人。尔谟等奋自儒流,蔚为时用。或以老成德齿,博约后来;或以科第声名,兴起学者。俱在选抡之域,蔚然博雅之称。百世其或可知,当明损益之义;一卷之书必立,正资模范之师。

出处:《尊白堂集》卷五。
撰者:虞俦
考校说明:编年据虞俦任两制时间补。

邵文炳转官致仕制
(嘉泰元年九月至十一月间)

朕载览封章,乃遽上乞身之请;若稽礼制,犹未臻谢事之年。岂不贪贤,姑惟从欲。具官某文章炳焕,经术深醇。发藻词坛,已备训诰典谟之体;联华禁路,方输论思献纳之忠。谓厌直于承明之庐,俾暂安于列迁之宇,云何引疾,遂欲辞荣?聿进文阶,少慰雅志。其专精于医药,以介寿于耆颐。

出处:《尊白堂集》卷五。

撰者:虞俦

考校说明:编年据虞俦任两制时间、邵文炳官历补,见《宋中兴学士院题名》。

李澄宗正丞留佑贤大理丞诰
(嘉泰元年九月至十一月间)

朕之用人,必试以事。因其任而任,则不违所长;择可劳而劳,乃可底于绩。尔澄才敏而锐,尔佑贤虑谨而周。遇错节盘根,方知利器;若发硎游刃,不见全牛。比将使指以有行,果著贤劳而来上。民之利也,朕有嘉焉。宗正属籍攸司,大理邦刑所系。往其共命,转以为丞。宁唯示进擢之阶,亦以厉功名之志。其坚乃守,以称所期。

出处:《尊白堂集》卷五。

撰者:虞俦

考校说明:编年据虞俦任两制时间及李澄、留佑贤官历补,见《宋会要辑稿》食货六一。

显亲胜果寺特与蠲免科敷诏
(嘉泰元年十一月一日)

镇江府显亲胜果寺系寿成惠慈太皇太后功德寺,特与蠲免科敷、措借及官员指占、安泊,仍关州县不许差使坟寺占破摆铺军兵、宣借兵士等人。

出处:《宋会要辑稿》礼五〇之一五。

置宝谟阁诏
(嘉泰元年十一月十二日)

朕惟昔在光宗皇帝天亶神明,日新圣学。发于号令,雷风彰鼓舞之神;焕乎文章,云汉丽昭回之饰。钩画凛鸾凤之飞动,光芒灿珠璧以陆离。宜在袭藏,式严安奉。龟书阐瑞,交辉东壁之珍;虹彩凝祥,寅上西清之御。宝列羲图之秘,谟新禹命之承。冠以美名,揭于层宇,肃万灵之拥护,掩群玉之菁华。其阁恭以宝谟为名,置学士、直学士、待制、直阁,以待鸿儒,以昭燕翼。著于甲令,副在有司。

出处:《咸淳临安志》卷二。又见《宋会要辑稿》方域三之八。

诚励士风诏
(嘉泰元年十一月二十二日)

士风躁进,殊不为耻,近日尤甚。自此尚或不悛,须指名弹奏,当议黜责。可榜朝堂。

出处:《宋会要辑稿》职官七九之一六。

聂有太常丞张布宗正丞龚颐正秘书丞诰
(嘉泰元年十一月)

朕惟九寺皆有丞,而三丞尤为士大夫高选。得非奉常礼乐之地,玉牒属籍之司,而中秘图书之府欤。尔有高文奥学,见推于多士;尔布清规雅望,得誉于本朝;尔颐正博闻多识,有志于良史。是三人者,宜往丞其间,以赞而长。俾稽古礼文之事,灿然可观;祖功宗德之传,昭然具在;与夫三馆之英,四部之目,济济秩秩,以为清朝育才储书之盛,顾不美哉! 各究所蕴,以副朕遴选之意。

出处:《尊白堂集》卷五。
撰者:虞俦
考校说明:编年据《南宋馆阁续录》卷七补。

申严禁止销金铺翠诏
(嘉泰元年十二月十一日)

已降指挥禁止销金铺翠,非不严切,访闻外方州县视为文具,略不禁止,可专委逐路提刑专一禁戢。如守令奉行灭裂,仰具名闻奏,切待重作行遣;如所部内尚有制造服著之人,并将提刑一例责降。

出处:《宋会要辑稿》刑法二之一三二。

蠲临安府属县人户身丁钱诏
（嘉泰元年十二月十四日）

临安府属县人户身丁钱,可自嘉泰二年,更放三年。

出处:《宋会要辑稿》食货六六之一九。

取拨富安仓米赈济赈粜诏
（嘉泰元年十二月十八日）

令淮南路转运司就富安仓桩管米内取拨七万石,将二万石拨付楚州、盱眙军赈济,五万石应副通、泰、楚州、高邮、盱眙军赈粜。

出处:《宋会要辑稿》食货五八之二四。

召试阁门舍人事诏
（嘉泰元年十二月二十六日）

今后召试阁门舍人,必择右科前名之士,及照已降指挥,履历考任应格,方许与郡。

出处:《宋会要辑稿》职官三四之一〇。

光宗宁宗朝卷十四　嘉泰二年(1202)

太学生赴省试事诏
(嘉泰二年正月二十四日)

太学生该遇淳熙十六年、绍熙五年两经覃免,及住学通前十五年曾经公试或私试中选人,并权特令赴今来省试一次。其因事不赴人,将来不得陈乞收使。令国子监开具实该恩人数,结罪保明,申尚书省。

出处:《宋会要辑稿》选举五之二五。

陈傅良复官予祠制
(嘉泰二年正月)

日者宗相当国,凶慝自用,论者指为大奸,似矣。盍亦考其所以然,盖一妄庸人耳! 何物小子,敢名元恶,而一时大夫士逐臭附炎,几有二王、刘、李之号,朕甚悯之。

出处:《愧郯录》卷六。又见《四朝闻见录》卷四。
考校说明:编年据《止斋先生文集》卷五二《陈公行状》补。

曾经作县又经通判任满之人转官事诏
(嘉泰二年二月二十七日)

今后曾经作县又经通判任满之人到堂,且与川、广小郡,如任通判不曾作县,合再与通判差遣。

出处:《宋会要辑稿》职官四七之五二。

寿成惠圣慈祐太皇太后上尊号推恩诏
(嘉泰二年闰十二月十五日)

寿成惠圣慈祐太皇太后加上尊号册宝礼毕,寿慈宫提举所等处并本殿官吏、诸色人等及亲属并外宅,已降指挥各行推恩,内转一官资碍止法人,许令依条回授,白身人候有名目日,特作一官资收使寿康宫。

出处:《宋会要辑稿》礼五〇之一八。

赐木待问等诏
(嘉泰二年三月一日后)

朕惟古乡举里选之法弊,而后世始设科目,延致英彦,靡之以好爵,共兴治功。朕践祚以来,再取士矣。今虽嫚然在疚,复遴选侍从、台省之臣典司文枋,士有抱负,彪为词采,必刊去浮华,体要为尚,基异时之实用。传不云乎:言心声也。倪或外是,抑曷取焉! 卿辈其求所以得人而称朕意者,则惟汝嘉。

出处:《咸淳临安志》卷一二。
考校说明:月、日据文中所述史事补,见《宋会要辑稿》选举一。

举可为将帅者诏
(嘉泰二年三月二十四日)

诸路帅臣、总领、监司举可为将帅者,与本军主帅列上之。

出处:《两朝纲目备要》卷七。又见《宋史全文续资治通鉴》卷二九。

罢泛举诏
(嘉泰二年三月)

荐举除升改自代十科外,悉罢,自今如特旨令内外荐举者,并具实迹以闻。

出处:《两朝纲目备要》卷七。又见《续宋编年资治通鉴》卷一三,《宋史全文续资治通鉴》卷二九。

嘉泰二年及第进士第等授官诏
(嘉泰二年五月二十六日)

新及第进士第一人傅行简特补承事郎、签书建康军节度判官厅公事,第二名乔崇、第三名谢汲古并文林郎、节察推判官,第四名陈殊补从事郎、防团推判官,第五名何应龙补文林郎,为系四川类试第一名,与依第三名恩例。第六名以下、第二甲、第三甲、第四甲、第五甲并迪功郎、诸州司户簿尉。

出处:《宋会要辑稿》选举二之三一。

禁白衣道诏
(嘉泰二年六月十三日)

令逐路监司常切觉察,如有违戾去处,条具闻奏。

出处:《宋会要辑稿》刑法二之一三二。

令白衣道人自首诏
(嘉泰二年六月十三日后)

诸路监司各行下所部州县出榜晓谕,限半月许令本州自陈,给据付主庵人收执。如出限不自陈,及再有创置之人,告受支给赏钱一千贯,先以官钱代支,却与犯人名下追纳。其庵舍产业尽行籍没入官,候出给公据足日,逐州置籍申监司类聚施行。

出处:《宋会要辑稿》刑法二之一三二。

禁雕印事干国体及边机军政利害文籍诏
(嘉泰二年七月九日)

令诸路帅宪司行下逐州军,应有书坊去处,将事干国体及边机军政利害文籍,各州委官看详,如委是不许私下雕印,有违见行条法指挥,并仰拘收,缴申国子监,所有板本日下并行毁劈,不得稍有隐漏及凭藉骚扰。仍仰江边州军常切措置关防,或因事发露,即将兴贩经由地分及印造州军不觉察官吏根究,重作施行。委自帅宪司严立赏榜,许人告捉,月具有无违戾闻奏。

出处:《宋会要辑稿》刑法二之一三二。

令两浙等诸州县守令祷雨诏
(嘉泰二年七月十六日)

令两浙、江东西、两淮转运司各行下所部阙雨州县,委自守令亲诣管下灵应神祠精加祈祷,务获感应。

出处:《宋会要辑稿》瑞异二之二七。

阁门以三十人为额诏
(嘉泰二年七月二十七日)

阁门待阙人数颇多,自今后以三十人为额外,虽有降到指挥,令阁门执奏,更不施行。

出处:《宋会要辑稿》职官三四之一〇。

金国贺瑞庆节事诏
(嘉泰二年八月二十六日)

将来金国贺瑞庆节使人到阙,以光宗皇帝禫祭之内,国乐未举,殿幄陈设等颜色,照嘉泰元年体例排办。

出处:《宋会要辑稿》礼五七之二一。

议寿成惠慈太皇太后加尊号典礼诏
(嘉泰二年八月二十八日)

寿成惠慈太皇太后加上尊号,令有司前期参照典礼,集议以闻。

出处:《宋会要辑稿》礼五〇之一五。

遣官祈晴诏
(嘉泰二年九月二十日)

雨泽稍多,分遣卿监诣东岳天齐仁圣帝、吴山忠武英烈威灵显祐王天王神、城隍庙旌忠观祈祷。

出处:《宋会要辑稿》礼一八之二八。

崇封大岳太和山诰词
(嘉泰二年十月十四日)

敕:仰止层霄,巍乎北极,瞻百神之环卫,有玄武之尊严。顾像设之已崇,而号名之未备。肇称缛典,以介蕃厘。北极佑圣助顺真武灵应真君,天之贵神,国之明祀。威灵在上,常如对于衣冠;光景动人,遂莫逢于魑魅。赫然祥异,著于见闻。在天禧时,瑞表醴泉之观;若熙宁日,事传大顺之城。祖宗相继,礼文有加。祠宫乃创于阜陵,扁榜爰新于佑圣。肆朕尤严于祭报,而神每监于祷祈。载惟肸蚃之孚,曾靡窈冥之间。福诒冲眇,将垂万世之子孙;德及高深,溥洽四方之黎庶。诞扬盛美,庸侈徽称。金阙玉京,密增于神策;云车风马,永镇于人寰。尚冀宴娱,遹观荐飨。可特封北极佑神助顺真武灵应福德真君。

出处:《大岳太和山志》诰副墨第一篇卷一。又见《大岳太和山纪略》卷三。
考校说明:原书文末有"奉敕如右,牒到奉行"八字。

亲幸大教场阅兵诏
(嘉泰二年十一月五日)

可于十二月中旬择日,朕亲幸大教场按阅诸军人马。应有合行事件,令有司条具排办施行。

出处:《宋会要辑稿》礼九之三二。又见《宋会要辑稿补编》第八二九页。

知院陈自强曾祖少保制
(嘉泰二年十一月九日后)

朕惟孝子慈孙,孰不欲显荣其亲? 等而上之,以及于三世之庙。然非二府大臣,曾不得与于斯宠,盖国家之旧典礼经也。某官曾祖某蹈道有常,含章弗耀。发祥垂祉,施其孙子,晋参机政,兼长事枢。则其渊源,盖有所自来矣。追荣之泽,其可已乎? 升自宫保,亚秩三事。非特侈其家庭之庆,亦所以慰其馈祀之思。

出处:《尊白堂集》卷五。
考校说明:编年据陈自强官历补,见《宋史》卷二一三《宰辅表》。虞俦此时似未任两制,此文或为《尊白堂集》误收。

陈自强曾祖母赠祁国夫人制
(嘉泰二年十一月九日后)

朕惟春秋之世,有妫之后并于正卿,推原所自,盖育于姜。考古验今,益信而有证。某官曾祖母某氏淑谨柔嘉,宜于族党。蕃衍盛大,燕及后昆。厥有文武兼资之臣,克任东西二府之寄。始终一德,光辅朕躬。可无流根之泽,以为积善之报乎? 肇开大国之封,益显小君之号。兹为异数,用告幽扃。

出处:《尊白堂集》卷五。

考校说明:编年据陈自强宦历补,见《宋史》卷二一三《宰辅表》。虞俦此时似未任两制,此文或为《尊白堂集》误收。

陈自强祖赠少保制
(嘉泰二年十一月九日后)

朕惟卫《诗》有云:"树之榛栗,椅桐梓漆,爰伐琴瑟。"此言种德亦由是也。某官祖某隐居求志,乡党称贤。太丘之德可师,不充于位;敬仲之占有验,今在其孙。乃登庙堂,参予鼎铉。册拜云始,追荣可后?爰自东宫之二品,晋阶天子之三孤。用诏祖庭,歆兹愍册。夫根本深而枝叶茂,庆之所钟,则厥后必昌,理之自然,无足疑者。

出处:《尊白堂集》卷五。

考校说明:编年据陈自强宦历补,见《宋史》卷二一三《宰辅表》。虞俦此时似未任两制,此文或为《尊白堂集》误收。

陈自强祖母赠申国夫人制
(嘉泰二年十一月九日后)

朕惟义所当先,爰有追荣之典;德无不报,可忘反始之思?矧真儒既亚于上台,宜愍册亟加于祖庙。某官祖母某氏资禀淑茂,族望华腴。家传勤俭之风,人诵慈祥之训。再世而大,有孙孔贤。粤晋长于鸿枢,复参陪于中铉。原其所自,更疏大国之封;没有余光,用侈无疆之庆。

出处:《尊白堂集》卷五。

考校说明:编年据陈自强宦历补,见《宋史》卷二一三《宰辅表》。虞俦此时似未任两制,此文或为《尊白堂集》误收。

陈自强父赠少师制
（嘉泰二年十一月九日后）

朕惟昔者曾参以膻芌之荐为养而非孝，若国人称愿然曰"幸哉！有子如此"，乃所谓孝也。是故君子得时得位，扬名以显其亲者，岂非畴昔之愿欤！某官父某隐德不耀，乡评甚高。《诗》《礼》之传，来自孔庭；义方之训，不愧石碏。成其贤嗣，兴于朕躬。以文武兼资之才，膺东西二府之寄。疏荣显册，申赠维师。人皆称之曰贤，谁不愿以为子？导扬册祝，宁唯增庙室之光华；尚有典刑，抑又俾里闾之歆羡。

出处：《尊白堂集》卷五。

考校说明：编年据陈自强宦历补，见《宋史》卷二一三《宰辅表》。虞俦此时似未任两制，此文或为《尊白堂集》误收。

陈自强母赠成国夫人制
（嘉泰二年十一月九日后）

朕惟大臣遇主，既应风云千载之期；孝子念亲，深极霜露九原之感。爰颁褒泽，用贲寒泉。某官母某氏言动有常，容止可法。宜家室则琴瑟静好，共祭祀则蘋藻吉蠲。间于两社之封，克生令子；被以三迁之教，为时闻人。粤更践于政涂，宜追荣于祢室。念杯棬而恻怆，出纶綍以光华。致爵位以起家，何愧《鹊巢》之德；如山河而开国，益崇象服之宜。朕命惟行，母心斯慰。

出处：《尊白堂集》卷五。

考校说明：编年据陈自强宦历补，见《宋史》卷二一三《宰辅表》。虞俦此时似未任两制，此文或为《尊白堂集》误收。

陈自强妻赠荣阳郡夫人制
（嘉泰二年十一月九日后）

朕惟委寄股肱，具存体貌。登庸熙载，既峻陟于中阶；警戒相成，岂不由于内助？矧繐帷之悼德，宜纶告之疏荣。某官妻某氏挺秀名门，克配君子。不但礼宾于冀缺,抑亦激昂于仲卿。为时闻人,晋阶大用。令仪令色,尚想典刑之存;一死一生,尤增伉俪之重。爰正小君之号,肇闻大郡之封。用告幽扃,尚歆愍册。

出处:《尊白堂集》卷五。

考校说明:编年据陈自强官历补,见《宋史》卷二一三《宰辅表》。虞俦此时似未任两制,此文或为《尊白堂集》误收。

大阅官兵器甲令本军自与修治诏
(嘉泰二年十一月十七日)

将来大阅,应官兵随身器甲或有阙少损坏,令本军自与修治,不得辄令陪补及置办衣装。仰主帅预行约束,毋致违戾。

出处:《宋会要辑稿》礼九之三二。又见《宋会要辑稿补编》第八三〇页。

大阅犒赏事诏
(嘉泰二年十一月二十七日)

今次大阅,可依庆元二年增支犒赏体例,仰郭倪、董世雄公共照应合教等第则例,逐一均定增支钱数,申尚书省给降。

出处:《宋会要辑稿》礼九之三二。又见《宋会要辑稿补编》第八三〇页。

教阅支会子诏
(嘉泰二年十一月二十七日)

令封桩下库支会子三十万贯、封桩库支会子二十万九千三百八贯,候教讫,即就教场内谢恩。

出处:《宋会要辑稿》礼九之三二。

上寿成惠圣慈祐太皇太后尊号册文
(嘉泰二年十二月四日)

　　皇帝臣扩谨稽首再拜言曰:臣闻周称贤后,太姜为冠。于昭文王,太姜之孙。原所以圣,积厚流远。《诗·雅》登载,思媚有光,传诵徽音,于今不泯。矧我大母,卓乎远过,逢四朝父子之内矧,见四世妇姑之并处,身备众美,寿开七帙,猗欤盛哉! 顾惟冲人,钦绍鸿业,亲奉燕谋。谨五日之朝,备四海之养,尝仅举于缛仪,未大彰于懿铄,讵可不形容万分一,以推绎其所自乎! 恭惟寿成惠慈太皇太后性淑而行方,道大而德博。祥启沙麓,庆占渭阳,天作之合,俪尊烈祖。敬顺繇乎天禀,节俭本乎躬行。不侈鼎俎之同庖,而惟淡泊之适;不矜袆褕之盛服,而惟浣濯之安。请损外家之优恩,务绝内朝之私谒。惟以警戒,见于辅佐。阃则修而风动,彤史焕而日章。家道既正,天下已平,当慈极之倦勤,赞睿谟而揖逊。神器有托,乃陪高蹈,齐大安之冲适,奉长乐之怡愉。上恭下惠,表里邕穆,亦阅累闰,曾无间然。妇道母仪,亶昭著以全尽;神休帝祉,宜繁衍以骈臻。申锡寿祺,后天难老,将巧历不能定其算数也。臣祗获守文,居惭绳武。顾继承之德薄,戴保佑之恩隆,揆厥所元,曷为效报? 俶践新阳,载诹良日,循绍熙初举之彝典,衍庆元再上之隆名,庶几铺张扬厉,以见归美之意焉。夫圣尽伦也,必厚人伦以为大,由惠以致圣,则惠广而圣益盛,不曰惠而圣乎? 佑者助也,必自天助以为吉,由慈以获佑,则慈广而佑益隆,不曰慈而佑乎? 臣不胜大愿,谨奉玉册金宝,加上尊号曰寿成惠圣慈祐太皇太后。伏惟殿下安坐少广之居,长受大庆之礼,与太极合德而尊尊莫尚,与坤元同功而生生不穷,聿怀多福,施于孙子,以永亿万年无疆之休。臣扩诚欢诚忭,稽首再拜,谨言。

出处:《宋会要辑稿》礼五〇之一七。
撰者:谢深甫
考校说明:谢深甫时任右丞相。

恭加上寿成惠慈皇太后尊号曰寿成惠圣慈祐太皇太后诏
(嘉泰二年十二月四日)

　　朕钦承圣绪,获奉重闱。诵万有千岁寿母之诗,仰孙谋之诒燕;稽五三六经载籍之谊,镂宝牒以垂鸿。轶邃古之弥文,赫丕天之大律。嗣涓穀旦,前诏多方。

寿成惠慈太皇太后衍庆曾沙,怡神少广。万国咸蒙于子惠,圣以何加;三朝寅仰于母慈,祐于我后。逢尧、舜、禹之内苤,邕姜、任、姒之徽音。天地有美而不言,讵可一词而尽;甲子既周而复始,有开七帙之祥。顾眇躬夙荷于深恩,极天下莫伸于美报。若稽邦宪,宜衍号荣。诏掌故以陈仪,辑颂台而订议。陋汉家长信之故事,蔑睹于徽称;陶庆元初载之隆名,愈腾于茂实。恪伸丹恳,恭禀俞音。洋洋乎帝者之上仪,宣增光于祖烈;欣欣然百姓有喜色,谅参穆于舆情。以迎滋至之休,以笃无疆之祐。咨尔众庶,体予爱钦。寿成惠慈太皇太后宜恭上尊号曰寿成惠圣慈祐太皇太后,其令有司详具仪注,朕当亲率群臣诣寿慈宫奉上册宝。

出处:《宋会要辑稿》礼五〇之一四。

禁巫医诏
(嘉泰二年十二月九日)

仰本路提刑严切禁止,务要尽绝,如有违犯,重作施行。

出处:《宋会要辑稿》刑法二之一三三。

立杨氏为皇后制
(嘉泰二年十二月十四日)

天下系一人之本,治必始于齐家;王者形四方之风,化允资于后德。朕方务辑宁于万宇,孰其专听于六宫?眷中壶之久虚,属重闱之有命,升贤妃掖,作俪宸居。爰即路朝,诞扬显册。贵妃杨氏温和而婉淑,聪睿而敏明。窈窕好述,声播睢河之远;恭俭节用,志存葛谷之延。系遥缀于赤泉,选讴充于紫禁。动皆合度,无烦女史之规;巧出自然,不待天孙之乞。惟时尧母,念我文孙,美其冠于后庭,使之见于丙殿。进止仰风容之盛,勤劳殚朝夕之思。象既炳于次星,华遂参于褕狄。秉心弥恪,处贵益谦。图籍陈前,览古今而洞鉴;珩璜在佩,谐韶濩以锵鸣。占合寿房,异符倪表。朕追怀良佐,孰绍芳猷,顾尝居坐论以首陪,必能追行事而踵及。众虽共属,事靡敢专。兹奉寿慈之训言,俾正长秋之位号。爰差榖旦,进处椒房。夫合坤元者惟柔正之攸行,而在中馈者由巽顺而无遂。予欲严清庙之祀,尔其躬织纴而奉盬;予欲承长乐之颜,尔必勤侍膳而佐馂。抚育则宜劳瘁之过,荐达则当宠宇之增。用开百世本支之祥,以慰兆民父母之望。於戏!遵永平之故事,已先令德之登;嗣大姒之徽音,勉企思齐之圣。内翊宣于阴教,俯笃棐于民彝。惟能明章妇顺之成,斯保绥将福履之固。可立为皇后,令所司择日备礼册命。

出处:《宋会要辑稿》礼五三之一二。

淮东提盐司贴纳盐钱止用钱会中半诏
(嘉泰二年十二月十八日)

淮东提盐司贴纳盐钱,与免纳二分交子,止用钱、会中半。

出处:《宋会要辑稿》食货二八之四九。

魏杞赠太师谥文节制
(嘉泰二年)

朕惟辅弼之臣,实系朝廷之重,出则抒忠毗主,以调燮化机;处则敛德提身,以助敦风教。可无异数,用阐幽光。尔原任太师、右丞相、食邑五千九百户、鲁国公魏杞,问学闳深,性资高朗。休休雅度,愚贤全服其公;抑抑令仪,喜愠不形于色。爰自弱龄登第,早由台谏蜚声。南北践更,久负台衡之望;风云元感,终谐梦卜之求。讦谟每罄于沃心,顾问时勤于前席。使金不屈而虏气渐消,伏蒲正本而储宫预定。世称盛德,人仰耆英。全节完名,允先朝之硕辅;徽猷懋德,诚当代之仪型。胡不憗遗,遽云沦谢! 眷勋庸之未泯,宜恤典之涣颁。兹特赠尔为太师,追封福国公,谥文节,锡之诰命。於戏! 三公上应台躔,式贲如存之宠;一字荣于华衮,允为不朽之称。惟尔明灵,尚其歆服。

出处:《魏文节遗书》附录。
考校说明:编年据郑清之《魏公神道碑》(章国庆《宁波历代碑碣墓志汇编·唐五代宋元卷》,上海古籍出版社,二〇一二年)补。原书系于淳熙十四年,误。《全宋文》(第二三六册,第二三九页)、《宋代诏令全集》(第四四〇六页)均曰:"按《宋史》卷三八五《魏杞传》:'淳熙十一年十一月薨,赠特进。嘉泰中,谥文节。'此文与史不合,当是伪作。"然文中所述"食邑五千九百户""鲁国公"均与郑清之《魏公神道碑》相合。惟文中"原任太师"与后文"兹特赠太师"矛盾,"原任太师"当误。

光宗宁宗朝卷十五　嘉泰三年(1203)

临安府狱空奖谕守臣丁常任诏
(嘉泰三年正月十五日)

　　天府素浩穰,比所缮治,庶务尤剧。卿通明详练,辅以儒雅,从容裁制,弗弛弗苛,用能数月之间,下安其政,庭无留讼,狴犴空虚。朕以好生为德,期于无刑,首京师以示四方,卿之功茂矣。载览封章,良深嘉叹。

出处:《咸淳临安志》卷四一。又见《宋会要辑稿》刑法四之九。

杨皇后册文
(嘉泰三年二月六日)

　　皇帝若曰:正二《南》而始化基,《诗》所以咏后妃之德;立六宫而听内治,《礼》所以重家国之和。朕缵绍帝图,修明邦典,椒壸虚位,历日弥长。眷我哲媛,当冠妃掖。太母有命,庸建尔于长秋;神人协和,朕其敢不祗若。咨尔贵妃杨氏,敏齐端靖,淑誉日章,维昔河洛之间,受姓显著,绵绵系绪,席庆延光,懿德天成,动合绳矩,自其名参宫秩,益播管彤。见于长乐,进止有度,逮登配次星之象,亦既宣内则之勤。日者展礼东朝,扬徽镂玉,荣怀之祉,衍于我家。是用虔禀慈音,趣正位号,螭玺采绥,翚衣翟车,诹合彝章,昭陈容物,于以承天禄而表坤极也。遣使宣奉大夫、知枢密院事、清源郡开国公、食邑三千八百户、食实封一千四百户陈自强,副使宣奉大夫、参知政事、同提举编修敕令、永嘉郡开国公、食邑三千九百户、食实封一千二百户许及之,持节册命尔为皇后。於戏,念之哉!朕惟中兴以来,三圣授受,母仪俪极,家法相传。虽尧妃舜嫔,涂山配禹,不是过也。缵美嗣徽,惟后时克。予欲享九庙,后共玉齍,崇吉蠲也。予欲事重闱,后备珍养,奉怡愉也。茧馆亲蚕,相予耕藉,示崇本也。练常绢饰,赞予卑服,昭尚俭也。使私诐之谒不行,而和平之美可辑,则予一人以怿,后亦永有无疆之休,不其韪欤。

出处:《宋会要辑稿》礼五三之一四。

撰者:陈自强

考校说明:陈自强时任知枢密院事兼参知政事。

阁门官许奏期亲阁职一名诏
(嘉泰三年二月二十一日)

见任阁门官供职及一年,许奏本宗期亲阁职一名,特与不作员阙额外供职,经任人方许赴上。曾任知阁门事及一年未曾陈乞者,亦许奏一名,令阁外待阙,候有阙,经任人依名次拨填供职。

出处:《宋会要辑稿》职官三四之一一。

令湖广总领所支会子付江陵副都统制司贴助收买土产马诏
(嘉泰三年六月十八日)

令湖广总领所桩管会子内支二万贯付江陵副都统制司,贴助收买土产马使用一次。每匹以一百贯为率,并要及格尺、齿嫩、堪披带,委襄阳守臣如法看验,印烙字号。每及五十匹,彩画毛色,声说尺寸、齿数,系几年分买到马,具申枢密院。

出处:《宋会要辑稿》兵二三之二五。

推司推赏事诏
(嘉泰三年七月五日后)

今后推司到寺,曾作六年,理为界满,不拘承过公事件数,照应旧法推赏。内有在寺满五年,如本名下断过公事五件,即照绍熙五年十一月已降指挥推赏施行。

出处:《宋会要辑稿》职官二四之四四。

令两省礼官讨论来年殿试合不合与临轩事诏
(嘉泰三年八月七日)

大行太皇太后上仙,已降指挥,宫中自服三年之丧,来年系殿试年分,合与不合临轩,令两省礼官讨论。

出处:《宋会要辑稿》选举八之二〇。

杨万里为宝谟阁直学士告词
(嘉泰三年八月十六日)

敕:直谅之臣,国家所赖。进陪论议,其言常有益于朝廷;归老江湖,当代亦想闻其风采。宜加异数,以耸群工。通议大夫、充宝文阁待制致仕、吉水县开国伯、食邑七百户杨万里,学欲济时,心常忧国。封章剀切,有贾谊陆贽之风;篇什流传,得白傅杜甫之意。凛乎难进而易退,浩然独乐而无求。身历四朝,年将八袠。有名一世,如尔几人?束帛蒲轮,未讲优贤之礼;幅巾藜杖,有嘉知止之高。爰升学士之华,以示老臣之贵。虽已挂冠于神武,此固倪来;然而列阁于西清,所期增重。往祗成命,益介寿祺。可特授宝谟阁直学士致仕。

出处:《诚斋集》卷一三三。
撰者:王容

立庄文太子嗣诏
(嘉泰三年九月七日)

庄文太子继嗣未立,朕每以为念,宗子希瓃可改名㭿,令为嗣,补右千牛卫将军。

出处:《宋会要辑稿》帝系七之二七。

医生省试事诏
(嘉泰三年九月二十四日)

医生试中日,即理为给帖月日,实及三年,方许就省试。

出处:《宋会要辑稿》职官二二之四三。

杨万里辞免除宝谟阁直学士不允诏书
(嘉泰三年九月三十日)

敕万里:省所奏辞免除宝谟阁直学士恩命事,具悉。贤者为名节地,则辞受宁严;人主为风俗计,则褒劝宜厚。卿文鸣一世,忠事累朝。雅操孤骞,蔚为天下之老;雄词逸韵,籍甚大江之西。方四驰作者之声,乃蚤赋归欤之兴。比阅贞元之朝士,独余鲁殿之灵光。可无微恩,以华晚节?爰峻禹谟之邃直,用旌光庙之储寮。胡独徇于谦挹,祈力回于涣汗?念政谙耆老,尚思议论之峣然;使人识典刑,是乃劝惩之大者。所辞宜不允。故兹诏示,想宜知悉。秋冷,卿比平安好?遣书指不多及。

出处:《诚斋集》卷一三三。

杨万里辞免召命不允诏书
(嘉泰三年十月二十一日)

敕万里:省所奏辞免召赴行在恩命事,具悉。朕谓老成之益,过于典刑;王公之尊,屈于道义。矧朝廷半老儒之日,可无天下三达尊之人?以卿岿然独存,如鲁灵光;盍归乎来,如周大老。曾无为王留者,俾致为臣而归。至今渴见其仪形,有来必问其安否。数朝士于贞元之后,今已无多;招先生于齐国之间,理须可致。其知此意,毋以疾辞。所辞宜不允。故兹诏示,想宜知悉。冬寒,卿比平安好?遣书指不多及。

出处:《诚斋集》卷一三三。

上光宗徽号册文

（嘉泰三年十一月八日）

　　孝子嗣皇帝臣扩闻，古者帝王，德参天地。天地不可以绘画，帝王孰得而形容？然太极既分，天地设位，而大哉乾至哉坤为可称。语其德则刚健中正，直方光大，非一言之可名。鸿荒以降，帝王有述，而大哉尧、君哉舜为可纪。语其德则聪明文思，濬哲文明，非一辞之能尽。繄我祖宗之具美，远追尧舜而同符。家法继承，皇纲接统。艺祖顾命而不私于与子，高宗内禅而独断于传贤，孝宗从与子而荐于天，诸邸特惟贤而不以长。丰功大业，与古匹休，显号鸿名，于斯为盛。恭惟光宗宪仁圣哲慈孝皇帝，受舜之荐，若禹之传，拟而议之，不可尚已。迹夫岐嶷之姿，天日之表，神灵而徇齐；师保之训，礼乐之教，温文而恭敬。学缉熙而日就，德罔觉而日新。尹正京邑，则轸民情之利病，闵农事之艰难，如贞观决庶务于承华之时。参决议堂，则定国论之是非，判人材之邪正，如天禧见辅臣于资善之日。以君臣父子之懿，为讴歌狱讼之归。奉五日之朝则诚孝不替于日三，际一时之盛则历数式绵于时万。中天之运启而新会元之历，舆地之图览而慨建隆之勋。谨内修，严外治，则固形势以为本根；开众正，却群伪，则革偏党以护元气。守臣上殿，丁宁训谕，以爱民为本；使臣临遣，委曲戒饬，以察吏为先。哀矜庶狱，省刑薄敛，而好生之德下洽于民心；不贵异物，务农重谷，而丰年之报上符于天意。故得五纬不忒，三光以平，泽南洽而无波涛之惊，威北畅而绝烟火之警。犹且专翊善之职，以崇国本，增胄监之养，以固宗藩。隆始初，具品式，惩苟且于一时；明宪度，哀宽恤，示章程于万世。终日乾乾而尚虑治道之未进，小心翼翼而惟恐亲意之或违。积兹忧勤，深自抑畏。属孝祖弃天下之养，方慈父服宫中之丧，遽非黄屋之心，乃以鸿图而授。虽宏远之謩未究，而甚盛之德蔑加。欲尽形容，祗同绘画。臣猥以眇质，获承庆基，惟祖父之是循，每羹墙之必见。一意通祗于诒燕，十年粗底于和平。对越在天之灵，再展郊丘之敬。谨遣特进、右丞相、提举国史院、提举实录院、提举编修《国朝会要》、提举编修玉牒、提举编修敕令、清源郡开国公、食邑六千三百户、食实封二千四百户陈自强，奉玉宝玉册加上徽号曰"光宗循道宪仁明功茂德温文顺武圣哲慈孝皇帝"。仰惟于赫皇考，启佑后人，光于祖宗，永有区夏。谨言。

出处：《宋会要辑稿》礼四九之八五。

撰者：许及之

有事南郊御札
（嘉泰三年十一月十一日前）

朕以眇躬,仰承大统,自总万务,于今十年。重屋圆丘,已迭举瘗燔之礼;閟宫大室,凡三修裸献之仪。荷天地之畀休,赖祖宗之垂佑。阴阳顺序,四时调玉烛之和;田畴屡丰,百谷应金穰之瑞。重闱奉册以称庆,边障寝戈而肃清。将因三岁之常,式谨一纯之报。益殚精意,匪事虚文。大号是颁,先期攸戒。朕以今年十一月十一日谒欵于南郊。咨尔攸司,各扬乃职,相予肆祀,毋或不恭。

出处:《宋会要辑稿》礼二八之三九。

南郊赦文
（嘉泰三年十一月十一日）

应见任及致仕文武官并诸军将校合加恩者,并与加恩;应内外马步诸军将士,各等第支赐赏给。

出处:《宋会要辑稿》礼二五之四八。

刑狱翻异,自有条法,不得于词外推鞫。其干连人虽有罪,而于出入翻异称冤情节元不相干者,录讫先断。近来州郡恐勘官到来,临期勾追迟缓,却将干证人尽行拘系,破家失业,或至死亡。可并令释放,著家知在。如违,许被拘留人经监司陈诉。应命官本犯系公罪,在任不曾经取勘,及已去官,监司州军不检照去官条法,辄差人追捕拘系,赦到日,并与释放。

出处:《宋会要辑稿》刑法六之四四。

在法,禁囚应给饮食,合于转运司钱内支;其病囚药物,合于赃罚钱内支。访闻州县违戾,却将合给禁囚饮食止令狱子就街市打掠,或取给于吏卒;病囚药物,抑勒医人陪备。是致禁囚饮食不充,饥饿致病,医人无钱合药,病囚无药可服,多致死亡,诚可怜悯。可自今赦到日,应合给囚粮,并仰守令于转运司钱内分明取拨,置造饮食;病囚药物,并于赃罚钱内支破修合。各具赤历收支,不得仍前再令狱子辄于街市打掠,及勒医人陪备药物。如违,仰监司按劾以闻,重置典宪。

出处:《宋会要辑稿》刑法六之七三。

归正随来子孙,依指挥合得添差两任任满之人,内有委系头目子孙,念其当来随父祖忠义远来,特示优恤,可令枢密院特与放行添差一次。归朝、归正、归明、忠顺官虽添差任数已多,缘其任满,深虑失所,可照应第十三任指挥,更特与放行前任一等不厘务添差一次,以示优恤。所有请给,依绍熙四年九月九日指挥施行。仍仰守倅保明,委无诈冒违碍,申枢密院。西北归正、归朝民庶不忘祖宗德远来,内有老弱孤贫无依倚不能自存之人,仰州县核实保明,申常平司,取见诣实,特与赈济半年。

出处:《宋会要辑稿》兵一六之一二。

应文武升朝官致仕者,等第赐粟、帛、羊、酒。内曾任太中大夫、观察使,仍别作等差,务从优厚。

出处:《宋会要辑稿》礼五九之一○。

内应士庶男子、妇人年九十,与依格给赐粟、帛等。令户部疾速行下所在州县就赐,于系省钱内支,具给赐过姓名闻奏,不得追扰。仍仰监司检察。

出处:《宋会要辑稿》礼五九之一一。

赵希悦妻叶氏赵希闵妻章氏并特封安人制
(嘉泰三年十一月十一日后)

朕祗见昊穹,均颁祭泽,矧以宗盟之属,在其闺闱之贤。国有彝章,宜加再命。尔流芳涧藻,作配□华。每殚内助之劳,克相友于之美。各从夫爵,进秩一阶。尚体国恩,益隆妇顺。

出处:《永乐大典》卷二九七二。

撰者:李壁

考校说明:编年据南宋郊祀时间补,见《宋史》卷三八《宁宗纪》。

皇叔祖奉国军承宣使知大宗正事赵不遹
妻令人吴氏封硕人制
（嘉泰三年十一月十一日后）

敕：圣唯飨帝，必隆敷锡之恩；教本宜家，当懋褒荣之典。矧予尊属，可后徽章？某氏躬女士之贤，服公宫之教。来嫔协兆，凤凰早咏于和鸣；内助宣劳，《麟趾》迄推于信厚。乃眷司宗之老，夙登届后之联。其在小君，宜升命秩。礼既成于肆祀，泽何爱于疏封？《硕人》衣锦之诗，无忘效法；君子副笄之贵，益迓宠光。可。

出处：《永乐大典》卷二九七二。
撰者：李壁
考校说明：编年据南宋郊祀时间补，见《宋史》卷三八《宁宗纪》。

诸葛氏杨氏封孺人制
（嘉泰三年十一月十一日后）

朕拜况于郊，命有司访百年者宠秩之，所以示贵老之义，而教民孝也。尔积善隐微，龄衍十帙，金葩玳首，用畀恩纶。尚训后人，无忘忠敬。

出处：《永乐大典》卷二九七二。
撰者：李壁
考校说明：编年据南宋郊祀时间补，见《宋史》卷三八《宁宗纪》。

计议官等差武举人诏
（嘉泰三年十一月二十六日）

计议官、主管机宜文字、干办公事依指挥差武举人。其余窠阙，并照旧例施行。

出处：《宋会要辑稿》职官八之五七。

册皇太子赦文
(嘉泰三年十一月二十八日)

嘉定、庆元、安庆、英德府进士,如内有实请到三举文解到省试下之人,许将绍熙五年覃恩一举凑成四举,与免将来文解。

出处:《宋会要辑稿》选举一六之三○。

两淮、荆襄、湖北州县内有曾经虏人侵扰去处,居民流移渡江,除已见行赈恤外,仰所在州县恪意奉行,毋令失所。

出处:《宋会要辑稿》食货六九之六九。

周必大加食邑制
(嘉泰三年十一月)

门下:朕三酌弥文,恭承明祀。王入太室,首严祼鬯之仪;帝临中坛,载举燎熏之礼。荷灵斿之来雇,宜国胙之均颁。乃眷旧人,亶谓耇德。爰孚涣号,临告明廷。少傅、观文殿大学士致仕、益国公、食邑一万四千六百户、食实封五千四百户周必大器量宏深,才猷通敏。有觉德行,夙并驾于渊骞;发为文章,盖上规于姚姒。早被圣神之眷,浸膺廊庙之求。翊赞两朝,密勿敷陈之际;始终一节,雍容进退之间。蹇蹇王臣,皤皤国老,遂闲馆珍台之适,乘安车驷马之荣。千里封公,启梁州之沃壤;三孤命秩,兼文殿之隆名。窃观日至之圭,虔奉云阳之玉。神光交烛,是宜降福之多;祭泽旁流,可后加田之宠。兹为异数,允属宗工。於戏!奉郊庙之精禋,虽莫陪于显相;绪箍常之成绩,亦何爱于褒嘉!其服茂恩,益坚晚节。可依前少傅、观文殿大学士致仕、益国公、加食邑一千户,食实封四百户。主者施行。

出处:周纶《周益国文忠公年谱》。

撰者:莫子纯

宰相兼国用使参知政事同知国用事诏
(嘉泰三年十二月五日)

朕仰惟祖宗委任三司,颛总邦计,故能周知源委,出入有常。今之财赋,名归户部,而事权散紊,不复相通,有司出纳,莫可稽考,更或苛取,重困吾民,朕尝有意变通。比览臣僚奏疏,因思区画,可遵孝宗皇帝典故,宰相兼国用使,参知政事同知国用事,仍于侍从、卿监中择才识通练、奉公爱民者二人充属官,俾颛其职,参考内外财赋所入、经费所出,一切计会而总核之。庶几名实不欺,用度有纪,式宽民力,永底阜康。右丞相陈自强兼国用使,参知政事兼知枢密院事费士寅、参知政事张岩兼知国用事。

出处:《宋会要辑稿》职官六之二四。又见《两朝纲目备要》卷八,《宋史全文续资治通鉴》卷二九。

诫饬监司郡守诏
(嘉泰三年十二月二十七日)

监司察吏治之臧否,郡守任斯民之休戚,朕所选任,覃惠爱于幽远者也。贤不肖浑淆,古所不免,贪侈相尚,莫甚兹世。且互送无艺,申饬屡矣,曾不知畏,更甚于前。巧为名色,动以千百计,无远弗及,此往彼来。前者习于所闻,后来视以为例。公库不给,资以经常,又其甚者,必至朘民膏血而后已。帑藏空乏,职此之由,是岂朕所望于士大夫之所为哉! 自今以往,痛加勉饬,外则监司互察,内则台谏风闻,一或丽此,必罚无赦。

出处:《宋会要辑稿》职官七九之一七。

幸学诏
(嘉泰三年)

朕惟开设学校,以垂万世之统;恢崇儒术,以追三代之风。粤稽我朝,具存家法。艺祖建隆之肇造,乃逾月躬再幸之勤;太宗端拱之承平,以仲秋行欤谒之礼。宏谟维永,列圣攸遵。高庙中兴,严大成止辇之敬;孝皇继志,祗上丁释奠之仪。

肆朕眇躬,纂兹洪业,虽郁大道,敢忘旧章？贯古穿今,每乐陪于讲幄;承师问道,曾未即于儒宫。爰涓休辰,聿亲临幸。踵堂挟策,纷鼓箧之生徒;赐坐横经,耸旋门之观听。载阐《周书》董官之训,慨慕成王持盈之规。治具毕张,人文丕焕。予一人方崇化以厉俗,尔多士其倾心而向风。峨峨而缨其冠,岂徒趋仕进之路;翘翘而刘其楚,庶几收杰异之材。惟勉于忠孝,以基尔立身之阶;惟笃于行义,以副予作人之术。期不负于所学,将无愧于前闻。

出处:《咸淳临安志》卷一一。

光宗宁宗朝卷十六　嘉泰四年(1204)

杨万里进封庐陵郡侯告词
(嘉泰四年正月二十六日)

　　敕:朕荐鬯太室,奉瑄崇丘。怀翼翼之心,克备灵承之典;降穰穰之福,靡闻专乡之私。肆畴紫橐之臣,均畀蓼萧之泽。宝谟阁直学士、通议大夫致仕、吉水县开国伯、食邑七百户杨万里,地负海涵之学,日光玉洁之文。皋陶陈谟,底三朝之伟绩;祁奚告老,垂百世之清规。升遂宇之穹班,遂平泉之雅志。属我禋祠之举,迄兹熙事之成,尔惟既膺解组之荣,是以莫陪奉璋之列。缅怀旧德,用涣新恩。进之列爵之崇,锡以爰田之入。既明且哲,已追山甫之风;俾寿而臧,更享鲁侯之祉。可进封庐陵郡开国侯,加食邑三百户。

出处:《诚斋集》卷一三三。又见《宋代蜀文辑存》卷九七。
撰者:李大异

贡举诏
(嘉泰四年二月二日)

　　盖闻自昔帝王,勤于求贤,而逸于得人。故自即位以来,三下宾兴之诏,英材辈出,为国之光。永惟祖宗之洪业,任大而守重。非贤不乂,圣有格言;得士者昌,古有明训。旁搜博取,使岩穴幽隐毕为时用,乃当今之上务。三年大比,彝制具存。其敕有司精择,拔其尤者,令偕计吏,升于春官,朕将延对大廷,俾陈治安之策而施行之。布告天下,使明知朕意。

出处:《宋会要辑稿》选举一之二六。

临安建康务场发卖淮浙盐每袋各减二贯文诏
(嘉泰四年三月一日)

临安、建康务场发卖淮浙盐钞,自嘉泰四年四月一日为始,除盐仓合纳钱依旧外,每袋于务场合纳钱数内各减二贯文。内临安五分金,并以会子入纳。

出处:《宋会要辑稿》食货二八之四九。

令学士院降罪己诏御笔
(嘉泰四年三月七日)

回禄为灾,专戒不德,可避正殿,令学士院降诏罪己。

出处:《两朝纲目备要》卷八。

以临安府火罪己诏
(嘉泰四年三月十日)

朕焦劳庶务,宵旰十年,临民怀朽索之危,履位凛坚冰之惧。皇图增壮,甫还昔日之观;回禄降灾,复值季春之月。属乖扑灭,骤致延烧。宣荷眷于三灵,迄巩安于九庙。奈民庐之焚毁,暨宫寺之蔓延。厥咎何繇,繄予不德。退省菲凉之质,敢忘战栗之思! 书焚室以宽征,用广及民之泽;务侧身而修行,聿严避殿之规。尚期中外之同寅,勉辅眇冲之不逮,庶销谴异,式迓休祥。

出处:《两朝纲目备要》卷八。

客人兴贩竹木等物赴临安府出卖沿途减税诏
(嘉泰四年三月十日)

客人愿往出产州军兴贩竹木等物赴临安府出卖,仰于两浙运司陈状,给据前去,沿路州军税钱与免三分之一,至临安府城下者全免。

出处:《宋会要辑稿》食货一八之二三。

特进右丞相祁国公陈自强引罪避位答诏
(嘉泰四年三月十一日)

回禄为灾,延及宫寺,卿当辅朕讲求阙政,以答天意。卿欲丐去,朕何赖焉。老成重德,中外具瞻,仰体至怀,毋复有请。

出处:《两朝纲目备要》卷八。

赈粜赈济江西诏
(嘉泰四年三月二十五日)

令江西转运司于逐处桩管米内,取拨抚州一万石、临江军一万石、隆兴府二千石、袁州一千石,同提举司委官多方措置,以七分赈粜,三分赈济,务要实惠及民,毋令流移失所。仍具已赈粜、赈济并粜价钱数目,申尚书省。

出处:《宋会要辑稿》食货六八之一〇二。

吏部将应干知县窠阙从便注授一次诏
(嘉泰四年三月二十八日)

令吏部将应干知县窠阙,不拘年限,并令晓示,从便注授一次。

出处:《宋会要辑稿》职官四八之四七。

两淮诸州编置人事诏
(嘉泰四年四月十二日)

令诸路安抚司行下逐路州军,先次密切开具见拘管编置人姓名元犯,于旬呈日审验,画一开具老弱强壮姓名人数申枢密院。

出处:《宋会要辑稿》刑法四之六四。

革选举之弊诏

（嘉泰四年四月二十三日）

朕惟选举之法，所以公天下，而权要之臣，顾先徇私，以挠吾禁。请嘱之书，旁午于道。彼幸利求容者，亦无为国得人之意，专待形势亲党之需，奔竞日滋，寒畯见遗。乃者训敕屡申，曾不知畏，今当必行，以儆中外。其有辄遗私书及受私书不以闻者，并重置于理无贷。

出处：《宋会要辑稿》职官七九之一八。又见《两朝纲目备要》卷八，《宋史全文续资治通鉴》卷二九。

忠翊郎刘元鼎降保义郎从义郎辛诉降忠训郎
忠翊郎马晟降成忠郎制

（嘉泰四年四月二十七日后）

朕惟御军以严，固也。亦必恩信素结其心，而后法行而人不犯。尔等幸以拳勇，备数行间。苟能仁恤士卒，正身率下，则虽虓虎之伦，可使畏威，安若儿女。何致猖然狠斗，如彼无忌哉！镌官贬职，姑示薄惩。尚迪予训，勉殚来效。

出处：《永乐大典》卷七三二六。
撰者：李壁
考校说明：编年据《宋会要辑稿》职官七三补。

追封岳飞王爵诏

（嘉泰四年五月九日）

岳飞忠义徇国，风烈如存，虽已追复元官，未尽褒嘉之典。可特与追封王爵。

出处：《鄂国金佗稡编》卷二七。
考校说明：此诏原书署年误作"嘉定"，据《宋史》卷三八《宁宗纪》改。

令广西经略司照应淳熙二年三月指挥起发纲马诏
（嘉泰四年五月十一日）

令广西经略司照应淳熙二年三月指挥内齿数、格尺，每纲权以十分为率，内四尺二寸并四尺三寸马共不得过四分。权许排发嘉泰四年分岁额及额外添买纲马一次，并要壮嫩实堪披带，不得仍前将低小瘦瘠马揍数起发。

出处：《宋会要辑稿》兵二三之二六。

举将材诏
（嘉泰四年五月十三日）

诸军主帅各举部内三人，不如所举者，坐之。

出处：《两朝纲目备要》卷八。

禁三衙江上诸军私借人马舟船诏
（嘉泰四年六月十七日）

累降指挥，三衙江上诸军不得私借人马舟船，非不严切。访闻日来略不遵守，至于巧作名色，辄差权摄，支送月馈，蠹耗财赋。自今截日住罢，除赴趁朝参官许量差借马外，余并限一日拘收回军马，亦不踏逐将队战马。尚或不悛，必罚无赦。

出处：《宋会要辑稿》刑法二之一三四。

岳飞追封鄂王告词
（嘉泰四年六月二十日）

敕：人主无私，予夺一归万世之公；天下有真，是非不待百年而定。眷言名将，凤号荩臣。虽勋业不究于生前，而誉望益彰于身后。缅怀英概，申畀懋章。故追复少保、武胜定国军节度使、武昌郡开国公、食邑六千一百户、食实封二千六百户、赠太师、谥武穆岳飞,蕴盖世之材,负冠军之勇。方略如霍嫖姚,志灭匈奴;意气如祖豫州,誓清冀朔。屡执讯而获丑,亦舍爵而策勋。外儋威灵,内殚谟画。属时方讲好,将归马华山之阳;而尔独奋身,欲抚剑伊吾之北。遂致樊蝇之集,浸成市虎之疑。虽怀子仪贯日之忠,曾无其福;卒堕林甫偃月之计,孰拯其冤?逮国论之既明,果邦诬之自辨。中兴之主,恩念不忘;重华之君,追褒特厚。肆眇冲之在御,想风烈以如存。是用颁我恩纶,祓之王爵。裂熊渠之故壤,超敬德之旧封。岂特慰九原之心,盖以作六军之气。於戏! 修车备械,适当闲暇之时;显忠遂良,罔间幽冥之际。谅惟泉夃,歆此宠光。可特追封鄂王,余如故。嘉泰四年六月二十日。

出处:《鄂国金佗稡编》卷二七。又见《忠文王纪事实录》卷一,《四朝闻见录》戊集,《两浙金石志》卷九。

撰者:李大异

四川州军除授知州事诏
(嘉泰四年六月二十一日)

除成都、潼川、遂宁、兴元府、泸、兴、夔州外,其余州军今后上州差曾任知州一任以上人,中等州差两任通判人,下等州差一任通判人。

出处:《宋会要辑稿》职官四七之五三。

开元宫创建阏伯商丘宣明王殿诏
(嘉泰四年六月三十日)

令临安府于开元宫大德真君殿之右,创建阏伯商丘宣明王殿,其神像依典礼用王者之服。

出处:《宋会要辑稿》礼五之九。

临安府狱空奖谕守臣王补之诏
（嘉泰四年七月七日）

京师众大之区,狱事繁多,刑书填委,惟剸裁无滞,始足以表倡四方。卿本以公平,加之润饰,从容剖决,务得其情。迄无械系之民,卒致圄空之效。厥功茂矣,良用嘉叹！继自今以往,期于无刑,以广朕好生之德,顾不美哉！

出处:《咸淳临安志》卷四一。又见《宋会要辑稿》刑法四之九〇。

监临官事诏
（嘉泰四年八月五日）

见任人且令终满,已差下依省罢法,内选人仰陈乞改替,其武官仍差大使臣。

出处:《宋会要辑稿》食货五一之一五。

措置已除阁职待阙人诏
（嘉泰四年八月十三日）

已除阁职待阙之人,除未经任人合候经任、见在外任人许候任满外,今后遇阙,批问已经任人,如不愿供职,可落阁职,与转一官,令阁门具申施行。如在外州寄居,令阁门移文各州守臣取会供申。

出处:《宋会要辑稿》职官三四之一一。

封妙济真人敕
（嘉泰四年八月二十二日）

敕潼川府中江县栖□山集虚观田大神:胜地灵湫,神物所宅,活枯起槁,阴有相之。畴其及物之功,锡以仙真之号,潜思惠利,对我宠光。可特封妙济真人。

出处:民国《中江县志》卷一六,民国十九年铅印本。

考校说明:原书诏文后云:"奉敕如右,牒到奉行。嘉泰四年八月二十二日。"

除放绍兴府人户所纳身丁钱绢绵盐诏
(嘉泰四年八月二十三日)

绍兴府系攒宫所在,理宜优恤。本府人户所纳身丁钱、绢、绵、盐,可自嘉泰五年永与除放。

出处:《宋会要辑稿》食货六六之一九。

张宪赠承宣使告
(嘉泰四年八月)

敕:权邪扇虐,久肆邦诬;忠义不磨,大明国是。既沈冤之昭白,岂功令之愆忘?故追封龙神卫四厢都指挥使、阆州观察使张宪,有志战多,素推拳勇,首将元戎之虎旅,志犁老上之龙庭。马革裹尸,忠肝可见;蝇营集棘,奇祸遄兴。早悲战骨之零飞霜,岂料戴盆而见白日。洗忠魂于丹笔,新制钺于笛台。庶一节之愈明,亦九原之可起。噫!引剑呼痛,世已知杜邮之冤;结草酬恩,尔尚思辅氏之报。勿以重泉之永隔,而忘许国之初心。可特赠宁远军承宣使,余如故。

出处:《忠文王纪事实录》卷一。又见《鄂国金佗稡编》卷二八。
撰者:俞烈

岳云赠节度使告
(嘉泰四年八月)

敕:绛侯左袒而为刘氏,岂知书牍背之威;李广结发而战匈奴,不忍对刀笔之吏。既邦诬之昭白,岂功令之愆忘?故追复左武大夫、忠州防御使、赠安远军承宣使岳云,忠本家传,材为世杰,禀名父之算胜,折丑虏之天骄。马革裹尸,忠肝可见;蝇营集棘,奇祸遄兴。早悲战骨之零飞霜,岂料戴盆而见白日。慰忠魂于拱木,新戒钺于帅坛。庶一节之不磨,亦九原之可起。噫!引剑呼痛,世已知杜邮之冤;结草酬恩,尔尚思辅氏之报。勿以重泉之永隔,而忘许国之初心。可特赠武康军节度使,余如故。

出处:《忠文王纪事实录》卷一。又见《鄂国金佗稡编》卷二八。

撰者:俞烈

周必大赠太师制
(嘉泰四年十月一日后)

朕遵先王之法言,念今日祖风之未远;感故国之乔木,叹当时朝士之无多。眷言调鼎之英,久遂挂冠之适,忽遗言之来诲,讵愍册之可稽!故少傅、观文殿大学士致仕、益国公、食邑一万五千六百户、食实封五千八百户周必大,知周万殊,学镜千古。以文华国,岂惟庄、骚、太史之工;以道事君,屡展稷、契、皋陶之画。初振词臣之誉,旋畴真宰之庸。既练习于国章,尤精通于世务。亮众采于台极,烈祖恃为股肱;捧大明于天衢,圣父资其羽翼。顷以棘班之峻,往分帅阃之权。虽饯于郿者有以册申伯之勋,然浴乎沂者无以奋曾点之志。遂致大夫之事,聿观晚节之香。爵列三孤,寄傲每存于林壑;年几八帙,研精弗倦于简编。云胡一鉴之亡,莫起两楹之梦!锡之密印,襚以衮衣。於戏!我咸成文王之功,靡忘绳武;尔尚式周公之训,宜俾为师。贲于窀封,服我光命。可特赠太师,余如故。

出处:周纶《周益国文忠公年谱》。

撰者:李大异

绍兴府每岁合减身丁钱等户部于减下俸钱内抱认发还诏
(嘉泰四年十月二十一日)

绍兴府每岁合减身丁钱、绢、绵、盐之数,并令户部于减下俸钱内抱认发还。

出处:《宋会要辑稿》食货六六之一九。

便宜发廪诏
(嘉泰四年十一月一日)

两淮、荆襄诸州遇凶荒,奏请不及者,听先发廪,即日以闻。

出处:《两朝纲目备要》卷八。

淮浙盐新旧钞品搭诏
(嘉泰四年十一月二十六日)

淮浙提盐司行下所部盐仓场,自今新钞三袋搭支旧钞七袋,如新钞多于旧钞,或愿全用新钞支盐者听,并以新钞理为资次。

出处:《宋会要辑稿》食货二八之五〇。

改开禧元年诏
(嘉泰四年十二月十一日)

大《易》论变则通,通则久,莫如故以取新;《春秋》谓正次王,王次春,尤重表年而首事。朕猥惭凉德,嗣守丕基。无怠无荒,每躬亲于庶政;何修何饰,可坐致于隆平。赖宗社之翊扶,荷穹祇之况施。年谷屡书于中熟,边垂粗弭于外虞。汔可小康,未知攸济。宵旰焦劳而治效愈邈,夙夜寅畏而和气未臻。至于众大之区,间有郁攸之变。士鲜公忠经远之操,人怀偷堕自营之私,闻见熟为谓当然,风俗流失,恬而不怪。思欲洗凡而破陋,宜先涤秽以荡瑕。矧庚申受命以至今逾二百载,自甲子循环而复始又六十年。兹迓续于方来,期增光于既往。爰因嗣岁,载易美名。法开宝肇造之初,泊天禧全盛之日,庶几二祖之烈,永底烝民之生。既大号之涣孚,宜洪恩之解作。

出处:《宋会要辑稿》礼五四之一九。

盐钞新旧品搭仍旧理旧钞资次诏
(嘉泰四年十二月二十一日)

以七袋旧钞、三袋新钞品搭,仍旧理旧钞资次,近降理新钞资次指挥更不施行。

出处:《宋会要辑稿》食货二八之五〇。

光宗宁宗朝卷十七　开禧元年(1205)

临安府狱空奖谕守臣赵师䔍诏
（开禧元年正月二十三日）

　　犴狱之留，大《易》所戒。粤我国家，哀民之愚，罹罪者众，每诏郡国，亡得淹系，至仁之念，盖与天通。卿属籍之英，法从之老，日䌷才选，再领京邑。惟其强济开敏，平决如流，又能本之忠爱，以无冤者。圜扉之内，论谳用单，朕甚嘉之。夫使上之德意志虑无壅，而民被恻隐之实惠，兹朕所望于承流宣化之臣也，顾可靳一札之褒，不使四方知劝而慕乎！

出处:《宋会要辑稿》刑法四之九一。

大理寺奏狱空奖谕诏
（开禧元年二月二十五日）

　　盖闻刑者所以辅治，而非所以致治也，今律令繁多，吏或深文，使吾元元罹于非辜，朕甚痛之！故凡天下具狱，悉上廷尉，庶几哀矜审克，期于无刑。间者数月之间，圄空不式，至于一再，非卿等持法平恕、蔽断详明之功欤？《书》不云乎:"俾予从欲以治，惟乃之休。"此舜之所以美皋陶也。览奏来上，叹嘉不忘。与免上表称贺。

出处:《宋会要辑稿》刑法四之九一。又见《咸淳临安志》卷六。

推恩殿步司挽强弓弩手诏
(开禧元年三月九日)

殿步司挽强弓弩手已宣押赴内殿射射,内第一等四人,各与补转三资;第二等三十三人,各与补转两资;第三等一百四十八人,各与补转一资。令两司开具姓名申枢密院。

出处:《宋会要辑稿》礼九之三二。

刘德秀端明殿学士签书枢密院事制
(开禧元年四月一日)

具官刘德秀弘深而肃括,和裕而直方。志负经纶,有尊主庇民之略;学臻壶奥,达守文应变之机。凤简予衷,俾司言责。见诸纠逖,悉符天下之公;凡所建明,深识时务之要。旋奏中台之最,聿隆岩石之瞻。乃倦直于承明,一麾出守;复远绥于全蜀,万里于行。虚伫遄归之音,弥高难进之节。屡更岁籥,还践天官。朕念人望不可以久稽,兵本尤严于图任。参决庙胜,孰逾老成。爰进位于宥庭,仍通班于秘殿。

出处:《宋宰辅编年录》卷二〇。

淮浙盐钞复还旧价诏
(开禧元年五月一日)

自今降指挥到日为始,依旧价贯,金银钱会复还分数则例,优润入纳,嘉泰四年三月一日减价指挥更不施行。日后永为定例,断不增减。

出处:《宋会要辑稿》食货二八之四九。

立曮为皇子诏
（开禧元年五月十九日）

朕惟亲亲人道之始，而尊祖睦族，礼所以严宗庙、重社稷也。二帝三王之隆，靡不由之。威武军节度使、卫国公曮，艺祖皇帝十世孙也，自幼鞠于宫中，端重聪哲，凛如成人。日者从游资善，博亲义理之训，益茂温文之德、望实之美，中外耸闻。朕承先帝洪业，夙夜祗畏，惧弗克任，历日弥长，而国本未立，谓天下何？若稽嘉祐之宏模，爰暨绍兴之令典，有司考礼正名，朕将遵而行之。其以曮为皇子，进封荣王。

出处：《两朝纲目备要》卷八。又见《宋史全文续资治通鉴》卷二九。

开禧元年及第进士第等授官诏
（开禧元年五月二十二日）

新及第进士第一人毛自知特补承事郎、签书镇东军节度判官厅公事，第二名赵甲、第三名求淳并文林郎、节察推判官，第四名张寅之、第五名谢兴甫并从事郎、防团推判官，第六名以下、第二甲、第三甲、第四甲、第五甲并迪功郎、诸州司户簿尉。

出处：《宋会要辑稿》选举二之三一。

赵多艺特与转行一官诏
（开禧元年五月二十三日）

英宗皇帝二世孙安邵最为近属，昨在军前，深可怜悯，累该奏荐子孙恩泽。可将已升等见主祀长孙多艺依居端等例，特与转行一官，以示优恤。

出处：《宋会要辑稿》帝系七之二一。

禁戢诸军掊克诏
(开禧元年五月二十五日)

访闻内外诸军将合干等人有诈作百姓名色,私放军债,已是违庆法禁,又辄将物货高价摇卖;每遇支散衣粮料钱等,辄于打请之际,倚恃部辖,径行兜取,显属掊克。自今降指挥到日,仰主帅严行禁戢,如敢仍前违犯,主帅觉察,开具姓名申枢密院取旨,重置典宪。主帅不行觉察,亦当重议镌罚。可令三省、枢密院给降黄榜下诸军晓示。

出处:《宋会要辑稿》刑法二之一三五。

诸路监司等迎送从物支拨诏
(开禧元年六月十一日)

诸路监司并本司属官凡是迎送从物,各从逐司支公使库钱应办,不得行下州县。诸州知州、通判、幕职等官迎送从物,并从本州支公使库钱置造。县令、簿尉从物令本县支系省钱制造,知县不得过一百贯,佐官以下不得过五十贯,并不得科之乡司。更敢妄作名色,科扰百姓,许民户越诉。

出处:《宋会要辑稿》仪制四之三二。

赐资政殿学士中大夫知隆兴府充江西路安抚使程松辞免除资政殿大学士四川制置使兼知成都府恩命不允诏
(开禧元年六月十四日后)

敕程松:省所奏札子辞免除资政殿大学士、四川制置使、兼知成都府恩命事,具悉。维昔择建蜀牧,必属侍从名臣。其自二府临镇者,由乾德至今,裁六七人,其选不益遴乎?卿以英髦,早跻严近。竭节匪躬,有排奸之勇;持平处正,真凝重之才。讦谟斗枢之庭,已畴硕望;奉使井络之域,亶藉忠亲。用加学士之大称,全付西南之钜屏。宠灵特异,节制加尊。维文翁化俗之方,本于劝学;若武侯经远之略,先在养民。宽予顾忧,咨尔多算。况王事靡盬,义不得辞。人才至难,无出卿右。当思养志之孝,无斳叱驭之勤。所辞宜不允。

出处:《后乐集》卷三。

考校说明:编年据《宋史》卷三八《宁宗纪》补。卫泾此时似未任两制,此文或为《后乐集》误收。

诸路盐仓场监官离任事诏
(开禧元年七月三日)

诸路盐仓场监买纳催煎监官任满,如无亏额,提举司结罪保明申务场所契勘,行下批书;亏额数多,候补足方许离任。

出处:《宋会要辑稿》食货二八之五〇。

韩侂胄平章军国事制
(开禧元年七月六日)

公师之尊,文武宁分于二道;将相之重,安危实佩于一身。眷予社稷之元臣,久典腹心于中禁。勋德俱茂,神人具孚。兹特轶于故常,俾晋专于平决。诞扬丕号,敷告路朝。具官韩侂胄识超群伦,学洞圣域。代禀堪舆之间气,世兼鼎鼐之全才。挺身而障狂澜,独运济时之典;扶日而行黄道,亶高定策之功。精诚金石之贯通,果锐风雷之迅发。仁既安于区夏,义不去于皇家。以谟训启迪上心,以勤劳昭示臣节。大公至中,正道而立;高爵厚禄,所乐不存。忧民惟饥渴之思,用事绝党偏之狥。内外单尽,始终扶持。上承三宫,率伸父子之至爱;下饬百度,几若祖宗之盛时。屡丰咸格于康年,四闶均陶于渥泽。比建贤明之嗣,尤咨宏远之谋。凡有益于朕躬,居必关于卿虑。越予先正,历辅累朝,勒铭宗彝,侑食清庙。伊一时之施置,诚万世之楷模。积庆之长,至孙弥大。顾舆望之交属,岂并任之可稽。矧今宪章虽具,而持守之不严;议论有余,而事功之不足。王政当修,莫尽拊循之实;民力当厚,未闻节约之方。流风唯狃于自营,在列常嗟于乏使。凡此世务,孰为国忧。朕惟任重道远者不可以辞其劳,业广功崇者不可以私其用。必赖爽邦之哲,力恢垂世之规。是用释使领之清闲,揭臣工之表倡。仍冠槐庭之峻,聿昭台路之崇。申衍租腴,肇新纽采。在汉安世,以司马而录尚书;若唐西平,由尉府而践中令。皆以旃常之绩,首跻翊亮之司。况稽元祐之已行,厥有维师之故事。畴乃实望,对予前闻。绝席千官之联,折冲万里之外。式隆体貌,益巩基图。於戏！必也正名,将稷契皋夔之是绍;见诸行事,奚萧曹丙魏之足云。盖难得者无间之君臣,所易失者有为之岁月。聿登跻于上宰,伫发施于壮图。往其祗承,永底休义。

出处:《宋宰辅编年录》卷二○。又见《永乐大典》卷一二九七。

举将帅边守诏
(开禧元年七月十二日)

侍从、两省、台谏、在外待制、学士以上,及内外诸军主帅,各举将帅边守一二人。

出处:《两朝纲目备要》卷八。

赵汝愚赠少保告词
(开禧元年七月十三日)

人主以天地为心,刑赏率归于忠厚;大臣与国家同体,死生当极于哀荣。念饰终之未周,每怀旧而有感。具官赵汝愚系联属籍,名冠儒科。陪淳熙侍从之班,受先帝枢机之寄。肆朕初政,擢登宰司。中因议论之交腾,遂使宠章之久阕。仰念祖宗之法,每隆辅相之恩。苟有过焉,常迁就而为之讳;逮其亡也,必恻怛以致其情。繄我后人,敢忘此意？矧厉精而更化,方建极以用中。凡海内之群才,举无终弃;岂地下之一老,顾使独遗？爰追锡于篆车,以流光于壤户。噫！朝而目送,尚思加礼于绛侯;见若毛生,宁忍少恩于德裕？幽魂不泯,明渥其歆。

出处:《宋宰辅编年录》卷二○。又见《清源文献》卷四。
撰者:杨炳
考校说明:编年据《宋史》卷三八《宁宗纪》补。

支降度牒会子盖造师揆第宅诏
(开禧元年七月二十一日)

　　崇王元赐第以居民遗火,沿烧不存,师揆未有居止,支降度牒一百道、会子二万贯,依显仁皇后等宅体例自行盖造。

出处:《宋会要辑稿》帝系二之五八。

追封刘光世为鄜王制
(开禧元年八月三日)

　　敕:旂常纪社稷之勋,可不追崇于既往;带砺等山河之誓,亦将示劝于将来。朕当馈而叹萧、曹,附髀而思颇、牧,与其求人才于异代,曷若伸将略于先朝?厥有故臣,宜颁新渥。故和众辅国功臣、太傅、护国镇安保静军节度使、杨国公、食邑一万二千六百户、食实封五千七百户致仕、赠太师、追封安城郡王刘光世,高明而重厚,果毅而沉雄。凛凛材资,独禀山西之劲;言言韬略,凤传济北之奇。自结发以从戎,即捐躯而许国。当高庙中兴之始,居绍兴诸将之先。首推翊戴之诚,曾靡勤劳之惮。内屡平于剧盗,外力抗于狂酋。临机制敌之明,何攻不克;陷阵摧锋之勇,所向无何!大振皇威,巩安国势。暨晋登于宥府,乃巽避于荣涂。甫六符峻极之阶,邃一老凋遗之叹。念拱木已经于积岁,而苴茅未列于真封。况今日励精修政之时,乃人臣竭节输忠之旦。听鼓鼙而思将帅,念尝奋发于曩时;垂竹帛而效功名,庶可激昂于当代。载考畴庸之籍,讵忘进律之规!是用膆秦土以建邦,即鄜川而画壤,锡兹帝祉,授以王章,既昭奋迹之荣,且慰首丘之愿。噫!上公作伯,生则崇周室之恩;思姓立功,没则举汉家之典。兹为厉世之具,固匪假人之私。尚惟英灵,服此休宠。可特追封鄜王,余如故。开禧元年八月三日。

出处:弘治《句容县志》卷七,天一阁藏明代地方志选刊本。

封昭州龙平县灵济庙五侯敕
(开禧元年九月二十三日)

　　敕昭州龙平县灵济庙神:君以民为本,民以食为天,国有水旱,则时以无年,民斯苦病。桂岭之南,维昭州之属县丛祠,其神有五,顾自绍兴季年,尝锡庙称,凡旱乾祷祈,暨民有疠疫,率蒙休答,一方攸赖。部使者以闻,爰嘉侯封。珠连厥次,号殊而应均,以示休宠,尚嘉惠乎有氓,斯为克称。可依前件。奉敕如右,牒到奉行。第一位神可特封金殿嘉应侯,第二位神可特封银殿显应侯,第三位神可特封梅殿昭应侯,第四位神可特封刘殿惠应侯,第五位神可特封柴殿通应侯。钦哉!

出处:雍正《广西通志》卷九八。

<h2 align="center">推恩临安绍兴府四渡官捕私盐官吏诏</h2>
(开禧元年九月二十八日)

临安、绍兴府四渡官捕私盐,并与依格推赏,内举主未足人,每合转一官,与减举主一员,该累赏人取旨施行。

出处:《宋会要辑稿》食货二八之五○。

<h2 align="center">赐侍卫马军行司主管侍卫马军行司职事戚拱御前诸军都统制田琳董世雄赵淳御前诸军副都统制冯拱陈孝庆魏友谅彭辂毋思毕再遇腊药敕书</h2>
(开禧元年十一月至十二月间)

敕:汝等分总戎昭,力摧寇虐,属严凝之在候,念蒙犯之惟艰。爰赐衾珍,式昭恩意。

出处:《后乐集》卷五。
撰者:卫泾
考校说明:编年据卫泾任两制时间、陈孝庆等人宦历补,见《宋史》卷三八《宁宗纪》等。"毋思",《建炎以来朝野杂记》乙集卷一八作"毋丘思"。

特支郭氏赡家钱米衣绢诏
(开禧元年十二月十四日)

特支故左武大夫、濠州团练使耶律宪妻恭人郭氏每月赡家三十贯、米五石，春冬衣绢各五匹，冬加绵二十两，令粮料院按月帮支。

出处:《宋会要辑稿》兵一六之一三。

永免二浙身丁诏
(开禧元年十二月二十一日)

朕惟方今大计，在宽民力，眷兹二浙，实拱行都，尤当优恤，以厚根本。况承平岁久，生齿日繁，程其赋租之余，重以身丁之敛，吏弗加省，民输益艰，中夜以思，靡遑安处。非不知国用所系，储积宜丰，顾宁损于县官，以少纾于民力。爰敷旷泽，庸示至怀。其两浙路身丁钱绢，可自开禧二年并与除放。付三省。

出处:《宋会要辑稿》食货六六之一九。又见《两朝纲目备要》卷八,《咸淳临安志》卷四,《宝庆四明志》卷六,《宋史全文续资治通鉴》卷二九。

光宗宁宗朝卷十八 开禧二年(1206)

蠲免两浙州军身丁钱绢绸绵诏
(开禧二年正月一日)

两浙州军嘉泰元年至开禧元年终未起身丁钱绢绸绵,内实系人户拖欠之数,并与蠲免。如州军仍前催理,许人户越诉,官吏重作施行。

出处:《宋会要辑稿》食货六六之一九。

淮浙盐钞事诏
(开禧二年正月二日)

淮浙提盐司各行下所部盐仓场,自今新钞一袋搭支旧钞一袋,如新钞多于旧钞,或愿全用新钞支盐,及无旧钞而愿全买新钞者听,并以新钞理为资次。其行在、建康两务所卖淮钞,自截日终,令行在专卖;真州钞建康专买;通、泰州、高邮军钞不许仍前交互。其嘉泰四年十二月已降理旧钞指挥更不施行。

出处:《宋会要辑稿》食货二八之五○。

馆伴正使邓友龙降一官制
(开禧二年正月十一日)

朕于侍从之臣,待遇加厚,然念赏罚之柄,劝惩所关,倘或近而或遗,宁免人之窃议?具官某凤推时望,服在禁涂。乌府抨弹,独高风采;黄扉论驳,助正纪纲。期奋励于远图,每讲明于大义。有来使介,爰命馆延。虽能执礼以折狂狡之情,胡乃移文而致异同之失？俾镌一秩,庸示至公。勿因纤芥之嫌,而怠激昂之志。可。

出处:《后乐集》卷一。

撰者:卫泾

考校说明:编年据《宋会要辑稿》职官七三补。

馆伴副使谯得遇降一官制
(开禧二年正月十一日)

乃者邻使来庭,朕命从臣馆之,汝实为之副使。使指所在,责不汝专,独不与闻之乎？矧朱华列属,凡朝会诏相之事,緊汝所素讲也。顾使远人周章于进见之初,谬误于文移之际,亦无以辞其罚矣。姑从削秩,尚勉后图。可。

出处:《后乐集》卷一。

撰者:卫泾

考校说明:编年据《宋会要辑稿》职官七三补。

赈济临安府城内外老疾贫乏之人诏
(开禧二年正月十一日)

雪寒,细民不易,可于丰储仓支米五万石,令临安府守臣措置,将城内外委系贫乏老疾之人计口赈济,务要实惠及民,具已赈济人数闻奏。仍令尚书省给降黄榜晓谕。

出处:《宋会要辑稿》食货六八之一〇三。

雪寒诸军再支柴炭钱诏
(开禧二年正月十一日)

雪寒,军人不易。行在殿步司及诸军,可依自来雪寒钱数,再支柴炭钱一次。令主帅并所隶官司,各日下将见管人数从实保明,报提领封桩库所,并实时以见钱降付逐处,当官支给。

出处:《宋会要辑稿》兵二〇之三八。

叶籀落直宝文阁罢淮南转运制
(开禧二年正月十八日)

朕操赏罚以驭群臣,严黜陟以伸公论,既纠弹之文来上,岂典宪之告可逃?尔见谓有才,骤膺烦使,盍循尽公之节,以肩报国之忠。矧馈饷所系匪轻,而出纳奈何不吝?始从薄责,犹勉后图。逮计簿之参稽,致人言之弗置。自贻伊戚,朕岂得私!尽镌寓直之清华,姑俾免归于田里。尔其阖门念咎,改行涤心。傥有路以自新,亦讵容于终弃。可。

出处:《后乐集》卷二。
撰者:卫泾
考校说明:编年据《宋会要辑稿》职官七四补。"淮南转运",《宋会要辑稿》职官七四作"淮南路计度转运副使"。

陈自强枢密使制
(开禧二年正月二十二日)

中阶之燮元化,夙登宰路之荣;鸿枢之翰万兵,峻陟使端之重。合文武之二柄,寄安危于一身。具官陈自强简重而裕和,高明而博达。器不期于小用,学自得于大成。识虑造微,炳若蓍龟之先见;纯诚守正,屹然金石之勿移。项接武于禁严,旋奋庸于丞弼。仪图物望,晋秉国钧。纪纲法度,咸适于中;阴阳风雨,各得其叙。每谦谦而不伐,曾断断以无他。念未靖于边氛,乃方深于忧顾,眷时元老,盍展壮猷。远稽列圣之宏规,近考中兴之钜典,爰即钧衡之地,仍兼宥密之司。唯属任之采专,宜徽音之具举。蔽自朕志,协于佥谐。申陪多赋之优,并衍真畬之入。云云。

出处:《宋宰辅编年录》卷二〇。

薛叔似差充湖北京西路宣谕使诏
(开禧二年正月二十三日)

吏部侍郎薛叔似差充湖北京西路宣谕使,合行事件,疾速条具申三省、枢密院,限十日起发。

出处:《宋会要辑稿》职官四一之一二。

薛叔似画一申请合差官属事诏
(开禧二年正月二十三日后)

差干办官一员,准备差遣、差使使唤各两员,主管文字、书写文字各二员。内赞引、知班改差引接二名,当直兵士差三十人。余并依。

出处:《宋会要辑稿》职官四一之一五。

禁毁钱为铜诏
(开禧二年正月二十九日)

坑户毁钱为铜,不以赦原,仍籍其家。著为令。

出处:《两朝纲目备要》卷九。

殿中侍御史徐楠兼侍讲制
(开禧二年正月)

昔夫子修鲁史之《春秋》,寓一王之赏罚,昭若是非之判,凛乎褒贬之严。傥非儒术之老成,曷探圣经之旨趣? 畴咨在列,今得其人。尔学以博而造乎精微,气以养而全其刚大。进联柱外,逖彼官邪。擢置殿中,长我宪席。风采耸闻于天下,忠诚深简于予衷。爰即纪纲之司,俾参帷幄之侍。益摅素蕴,以广多闻。朕方屈己虚怀,繄箴规之是赖;尔其惩恶劝善,犹笔削之至公。祗服训词,嗣膺褒陟。可。

出处:《后乐集》卷二。

撰者:卫泾

考校说明:编年据《宋会要辑稿》职官六补。

大理少卿陈景俊奉使回转一官制
(开禧二年正月后)

朕慨念神州,勉徇交邻之旧;载驰使传,允资觇国之明。既专对之来归,岂劳还之可后?具官某凤扬声绩,自许事功,久振誉于郎星,比升华于卿月。属修岁聘,遴简时材。见汉官之威仪,深慰遗黎之望;得月氏之要领,具言亡敌之形。庸奖贤劳,肆增命秩。其益殚于壮蕴,以共赞于远谟。可。

出处:《后乐集》卷一。

撰者:卫泾

考校说明:编年据文中所述史事补,见《宋史》卷三八《宁宗纪》、《金史》卷六二《交聘表》。

自初四日撤乐避正殿诏
(开禧二年二月二日)

寿慈宫遗火,由朕凉德,以至回禄为灾,上惊慈闱。可自初四日撤乐,避正殿。

出处:《两朝纲目备要》卷九。又见《宋会要辑稿》瑞异二之四二。

迎请太皇太后过内中诏
(开禧二年二月三日)

已迎请太皇太后过内中。朕连日奏请,乞不须还宫,庶便晨昏之奉,已蒙俞允。

出处:《两朝纲目备要》卷九。又见《建炎以来朝野杂记》乙集卷二。

内侍吴回等各降两官制
（开禧二年二月五日）

　　灾祥之示戒,恐惧引咎者,人君之道也;火禁之不修,弛慢失职者,有司之责也。具官某顷緣选择,祗事北内,融风为沴,上惊重闱。朕躬自贬损,冀答谴告。尔职在徼宫,怀不能安,抗章自列,贬官二等,尚庶几知过者。然诿曰有数而重置人于理,此又寿慈之宽恩也。其可不务省循,益加共恪,以称朕奉亲之意哉! 可。

出处:《后乐集》卷一。
撰者:卫泾
考校说明:编年据《宋会要辑稿》职官七三补。

内侍王师珪等各降两官制
（开禧二年二月五日前后）

　　朕惟事亲之道,务极其至,故凡祗奉于重闱者,不爱高爵厚赏以宠荣之,庶几恪共乃事,以称朕意。顷者融风为沴,北内夜惊,朕躬自贬损,上答谴告。尔等职司徼宫,储备无素,昧于引咎,偃然自安。此言者所以不汝置而罚不容已也。贬官二列,尚服宽恩,益务省循,以图报效。可。

出处:《后乐集》卷一。
撰者:卫泾
考校说明:同集卷一一《缴寿慈宫内侍王师珪等镌降状》:"乃者癸丑之夕,寿慈宫火……而所降圣旨王师珪、王溶各降一官,杨旦降一官,罢干办事务。人数多寡,臣未敢问。惟是吴回等自劾尚夺二秩,王师珪等皆有论奏,杨旦者罪状尤著,止削一阶,轻重毋乃有所偏乎?"由是可知此制与同集同卷《内侍吴回等各降两官制》作于同时。

临安府狱空奖谕守臣赵善防诏
（开禧二年二月十二日）

　　夫刑所以辅治也,惟教之未孚,民不幸而入于刑,非吾有司蔽断不留,审克亡滥,则刑者乃将以厉民,岂辅治之意哉!卿履洁抱公,化流京邑,悯兹有众,或底罪辜,能单厥心,济以明恕,俾狴犴无瘐死之苦,而国家广好生之仁。任吾牧守之事者,不当如是乎!览奏嘉叹,曷维其已!

出处:《咸淳临安志》卷四一。又见《宋会要辑稿》刑法四之九一。

杨万里授宝谟阁学士制
(开禧二年二月二十二日)

敕:贤者之于国家,犹拱璧大圭之重;公器之在天下,亦厉世磨钝之资。若予之非以假人,则赏也足以示劝。宝谟阁直学士、通奉大夫致仕、庐陵郡开国侯、食邑一千户杨万里,沉潜而有守,劲直而不回。奇伟之文,若日星之丽万物;杰特之操,殆松柏之贯四时。敛袖手于林泉,几忘情于轩冕。每眷三朝之望,颇迟一老之归。温诏屡颁,雅志莫夺。少愧贪荣之俗,姑全知耻之风。其界通真学士之班,使皆有贤大夫之叹。三公不以易介,岂宠利之足云;一饭未尝忘君,尚远献之入告。可特授宝谟阁学士。

出处:《诚斋集》卷一三三。又见《宋代蜀文辑存》卷九六。
撰者:宇文绍节

降授敷文阁直学士通议大夫知潼川军府事兼管内劝农使兼提举潼川府果渠州怀安广安军兵马巡检盗贼公事小溪县开国子食邑五百户杨辅依前官特授知成都军府事兼管内劝农使充成都府路兵马都钤辖兼本路安抚使封如故制
(开禧元年十一月至开禧二年三月间)

朕总揽群才,注怀旧德,当馈而为之太息,侧席以迟其来归。惟北顾之未宁,念西邮之尤急。任方面者专于控御,既属我枢机之臣;护根本者要在抚绥,宜咨于笔橐之望。并加隆委,靡限彝章。具官某端厚足以镇浮,刚方足以立懦,恬澹无欲,素高难进易退之风;从容有常,可谓特立独行之士。入从则忠言谠上,出藩则专利及人。岿然故国之灵光,独殿当今之诸老。虽朕渴闻于辰告,顾时方重于

坤维,勿烦制阃之劳,特领牧民之寄。东西惟命,足宽旰食之忧;富贵何心,岂羡
昼游之乐。利害熟则罢行甚易,威信著则设施不劳。少须最绩之闻,嗣对延登之
宠。可。

出处:《后乐集》卷二。

撰者:卫泾

考校说明:编年据卫泾任两制时间、杨辅官历补,见《宋史》卷三八《宁宗纪》、卷三
九七《杨辅传》。

四川宣抚使制
(暂系于开禧二年三月十二日)

汾、晋古为重镇,关、陕夙号奥区。虽地隔皇风,奄逾于岁月;而人思王化,方
切于云霓。将建上将之鼓旗,以救遗黎于水火。惟天亡此寇,固以殄灭为期;然
敌亦吾民,无若招携以礼。爰示绥怀之意,式增委寄之权。具官某威惠著闻,机
谋果锐。沉鸷而能待士,有如李诉之推诚;缓急真可将兵,无愧亚夫之持重。惟
乃祖父,有大勋劳。营垒犹存,百战遂安于岷蜀;指麾若定,长驱宁有于关河。嗟
有志于肯堂,使宣威于分阃。果著西垂之绩,大扬北伐之声。

出处:《山房集》卷二。

撰者:周南

考校说明:编年据《宋史》卷三八《宁宗纪》补。本制“四川宣抚使”疑为“四川宣抚
副使”之误。据文中所述“惟乃祖父,有大勋劳”,本制受制者当是吴曦。又周南
未曾任两制,《山房集》所收诏令当是周南代其姻亲卫泾所作。《荆溪林下偶谈》
卷三:“韩侂胄当国,欲以水心(叶适)直学士院,草用兵诏。水心谢不能为四六。
……既而卫清叔(卫泾)被命草诏,云:‘百年为墟,谁任诸人之责;一日纵敌,遂贻
数世之忧。’清叔见水心举似,误以‘为墟’为‘成墟’,水心问之,卫惘然。他日,周
南仲(周南)至,水心谓清叔文字近颇长进,然‘成墟’字可疑。南仲愕曰:‘本“为
墟”字,何改也?’水心方知南仲实代作,盖南仲其姻家也。水心因荐南仲宜为文
字官,遂召试馆职。”以下不再一一说明。

朝议大夫焕章阁待制潼川府路兵马都钤辖兼本
路安抚使知泸州军州兼管内劝农使赐紫金鱼袋
刘甲依前官知兴元军府兼管内劝农营田使充利
州东路安抚使马步军都总管赐封如故制
（开禧二年三月十二日后）

当一面以缵戎，式倚金汤之固；遴群工而选牧，孰逾簪橐之英。肆隆易镇之恩，庸懋干方之绩。具官某望高时隽，志在本朝。智略凑前，每推诚于献纳；文武为宪，俄自诡于翰藩。粤从叱御之行，采见壮猷之展。荆州植蘽，端有去思；泸水出符，已歌来暮。朕辑宁王度，巩固边邮，厥今阃寄之雄，无若汉中之地。惟天设险，瞻剑阁以犹存；众志成城，得宝臣而可恃。特俾帅权之重，仍联禁路之华。顾眷倚之方深，实修攘之允赖。因利乘便，势难易于建瓴；和众安民，备莫先于彻土。期宽忧顾，嗣对宠褒。可。

出处：《后乐集》卷二。

撰者：卫泾

考校说明：编年据刘甲宦历补，见《宋史》卷三八《宁宗纪》、卷三九七《刘甲传》。

杨万里辞免除宝谟阁学士不允诏书
（开禧二年三月十四日）

敕万里：省所奏辞免除宝谟阁学士恩命事，具悉。缁衣之好，未尝忘求旧之心；赤松之游，自难回知足之志。因进尔职，庸昭至怀。彼休休焉方自乐于闲暇，是区区者要不系其重轻。当付无心，何事多逊？况海滨之大老惟二，今幸独存；而天下之达尊有三，谁能兼备？亟其祗服，不必重陈。所辞宜不允。故兹诏示，想宜知悉。春暖，卿比平安好？遣书指不多及。

出处：《诚斋集》卷一三三。

差邓友龙充两淮宣谕使诏
（开禧二年三月十五日）

湖北、京西州县饥民阙食,流为盗贼,已差薛叔似充宣谕使前去赈恤。近边报两淮沿边亦有贼徒啸聚,窃虑亦系饥民,理宜一体差官抚谕。差给事中邓友龙充两淮宣谕使。

出处:《宋会要辑稿》职官四一之一六。

知处州被召徐邦宪降两官罢与郡指挥制
（开禧二年三月二十五日）

朕惟为臣之谊,在乎守道不渝,傥高论以钓奇,于效忠而奚取？尔顷繇东观,出绾左符,会最课之著称,俾昕朝之入对。意其耳目所睹记,或能利害之讲明。乃过为臆度之私,曾靡究事情之实,进说几成于簧鼓,防虞弗念于阴桑。良骇予闻,姑令外补。暨抨弹之来上,知狂斐之焉逃。其削两阶,以靖群听。祗承宽渥,退省初心。可。

出处:《后乐集》卷一。
撰者:卫泾
考校说明:编年据《宋会要辑稿》职官七四补。

皇弟揖趁赴朝参除防御使制
（开禧二年三月）

朕笃本支继继之谊,隆兄弟亲亲之恩。眷乃宗英,兹俶修于朝范;辍繇环尹,爰易畀于使名。以尔岐嶷赋姿,神明席庆,系亲属近,袭吾世父之休;行治身端,蔼矣成人之德,夙承师于商学,甫序位于周班,将观表著之仪,用陟捍防之寄。协宗盟而在列,聿昭《麟趾》之风;指侯屏以折冲,益壮犬牙之势。祗予新渥,懋尔令猷。可。

出处:《后乐集》卷二。

撰者:卫泾

考校说明:编年据《宋会要辑稿》帝系七补。

广安军岳池县灵济庙昭应孚惠利泽侯加忠靖二字诰
(开禧二年三月)

梓潼之漕臣来谂于朝,谓彼邦频岁旱干,藉神之威,化沴为和,人以有年,美报是宜。朕徐考其素,则尔神遁世之士也。生不可荣以禄,死何所事乎名?然凿岩聚书,学道爱人,百不一施,赍志以往,神宜未忘乎民,朕其敢忘于神乎?因元侯之故封,加新称于八字,以著祈享,以慰依归。尚其顾歆,汔垂庇祐。可。

出处:《后乐集》卷二。

撰者:卫泾

考校说明:编年据《宋会要辑稿》礼二一补。

神父严德威远显庆侯加昭灵二字诰
(开禧二年三月)

荣亲人子之常情,报本国家之盛典,幽明虽异,宠数则均。某神积庆一门,发祥二嗣。生任专征之寄,棣萼传辉;死当庙食之严,英灵茂著。凡我梓潼之生齿,繄而父子之垂休。郡国以闻,功状甚伟。既疏恩于并命,宜归美于所尊。爰加八字之称,庸极元侯之宠。庶几降鉴,永庇我民。可。

出处:《后乐集》卷二。

撰者:卫泾

考校说明:编年据同集同卷《广安军岳池县灵济庙昭应孚惠利泽侯加忠靖二字诰》补。

淮东总领林祖洽依前司农卿同参计官制
(开禧元年十一月至开禧二年四月间)

总饷一道,委寄匪轻,比年以来,将指亡状,利源浸壅,弊穴滋深。方六师之在行,期中原之克复,益艰厥选,宜得其人。以尔智术疏通,才猷强济,蔚以老成之望,居然扬历之多,比进列于大农,实参稽于经费。就畀使权之重,允资心计之优。尔其屏去奸欺,谨考出纳,酌重轻之序,适阜通之宜,操赢贳以佐军,不加敛而足用,协济吾事,嗣有宠褒。可。

出处:《后乐集》卷二。

撰者:卫泾

考校说明:编年据卫泾任两制时间、林祖洽宦历补,见《嘉定镇江志》卷一七。

户部侍郎丁常任降两官放罢制
(开禧二年四月三日)

朕惟士大夫出处进退之间,当存礼义廉耻之节,职列禁从,众所观瞻,此或不知,他复奚望? 尔蚤缘推择,屡试事功,乃亏行己之方,屡致烦言之及。顷承人乏,擢领神皋。恩宠若斯,职分宜思称塞;建明何有,日夜惟望晋迁。果为清议之弗容,致谓宿愆之伕罚。俾从镌斥,少警惰偷。惟服宽恩,勉图后效。可。

出处:《后乐集》卷一。

撰者:卫泾

考校说明:编年据《宋会要辑稿》职官七三补。

明堂大礼并从省约诏
(开禧二年四月七日)

今岁明堂大礼,令有司除事神仪物、诸军赏给依旧制外,其乘舆服御及中外支费并从省约,仍疾速从实条具闻奏。

出处:《宋会要辑稿》礼二四之一〇六。

令隆兴府修盖厢禁军寨屋诏
(开禧二年四月十五日)

令本府于交割钱内取拨会子一万贯,专充盖造寨屋支用,务要如法,毋致灭裂。

出处:《宋会要辑稿》兵六之二九。

拘收禁军土兵弓手教阅禁官员占留诏
(开禧二年四月十八日)

令诸路帅司各行下所部州军,并仰日下尽数拘收入教,专令兵官任责教阅。内土兵、弓手仍须巡警盗贼。虽监司守臣亦不许占破一名,只许差破厢军;寄居等官,虽厢军亦不许差借。如尚敢占留,重镌责。候今降指挥到日,限五日并要拘收齐足。仰安抚、提刑司并御史台常切觉察,月具有无违戾闻奏;如安抚、提刑蒙庇及视为文具,一例责罚。仰帅宪司先次开具已拘收人数申枢密院。

出处:《宋会要辑稿》兵三之三五。

选军兵出戍淮东边面使唤诏
(开禧二年四月十八日)

令郭杲、王处久疾速拣选精锐官兵,内殿前司五千人,步军司二千人,并有智勇统制、统领部押前去,并听郭倪节制。合用军器、衣甲等,并要足备。所有起发犒设,正带甲每名四贯,不入队每名三贯,令户部以会子支付逐司给散起发。

出处:《宋会要辑稿》兵六之七。

秦桧降爵易谥敕
(开禧二年四月十九日)

诛奸雄于既往,罚虽逭于生前;申劝戒于将来,罪难逃于身后。盖人心之积愤,岂天网之终疏?九变而赏罚可言,虽阅时之已久;百世之子孙莫改,庶清议之犹存。具官秦某在靖康间,为中执法。方军前之抗议,其言几类于程婴;及塞上之还归,此节何如于苏武?惟我高庙,过夏少康,排众论而授宰衡,如中流之遇维楫。谓其间关万里,或能为国报仇。岂期首尾两端,反欲与寇为地。既潜交于境外,卒堕敌之术中。兵于五材,谁能去之,首弛边疆之备;臣无二心,天之制也,忍忘君父之仇?洎奸计之弗行,幸国威之再振。群后以师毕会,三将之捷日闻。黄

688

河以南,已闻尽为晋土;鸿沟未割,何患不归太公?乃复贪天之功,亟为削地之策。密布私党,阴遣誓书。造飞谤以翦爪牙,忠臣为之解体;还降王而就菹醢,行路至今兴哀。神州自此陆沉,外侮因之坐大。一日纵敌,遂贻数世之忧;百年为墟,谁任诸人之责?朕遹追累圣之遗训,褒表上流之故侯。悯其洒泣以从戎,至于脱帻而就死。为之封菁茅而崇血食,庶几激义概而鼓芳风。嗟道济之见收,罪成汝手;使武安而尚在,戮及其身。况士气久郁而未张,公论追尤而弗置。虽保首领以入地下,奈何怨毒之于人深。昔晋幸免于贾充,礼官请为改谥;唐遹诛于林甫,天下快其削官。其追极品之殊荣,更夺易名之美谥。以昭宿恶,以激懦夫。噫!鼠以近器而犹忌投,岂不念渡江之旧?谁兴厉阶而今为梗,其少伸误国之刑。盖获戾于在天祖宗之灵,故假手于今日论议之及。尚复漏泉之泽,勿忘结草之图。

出处:《山房集》卷二。又见《宋四六选》卷四。

撰者:周南

考校说明:编年据《宋史》卷三八《宁宗纪》补。

赵淳兼京西北路招抚使制
(开禧二年四月二十四日)

具官某:朕分命虎臣,规恢鸿业。顾师众以顺为武,何若有功;俾人心惟惠之怀,不战而胜。爰示抚绥之意,式隆委寄之权。尔资禀骁雄,信根忠义。韬略不专于纸上,机权自得于胸中。夙扬境外之声,益耸戎昭之望。方中原襁负而至,属大将鼓行而西,载念吊伐之师,当以辑柔为本。矧遗黎求脱于苛政,如赤子思见于慈亲,亟进复于故疆,以就将于隆指。昔邓禹勤于劳徕,而三辅归之号百万众;刘琨长于怀纳,而一日降者至数千人。虽坚凝之尚难,皆招携之为急。尔其奉诏出塞,毋专略地屠城。谕以二百载涵养之恩,闵其七十年沦陷之久。凡天戈之所指,曾秋毫而无伤。庶乘荆楚之云从,行见关河之响动。傥中兴之有日,岂上赏之逾时?可。

出处:《后乐集》卷二。

撰者:卫泾

考校说明:编年据《宋史》卷三八《宁宗纪》补。

郭倪兼山东京东路招抚使制
(开禧二年四月二十四日)

朕分命虎臣,规恢鸿业,属中原襁负而至,俾大将鼓行而东。箪食壶浆以迎王师,谅喜官仪之复见;停车驻节以劳父老,当如时雨之来苏。爰因授任之名,丕示招携之意。具官某沈鸷而识兵势,仁勇而得众心。带砺相传,不愧西平之勋阀;日月可冀,方推郭氏之功名。辍委寄于岩疆,总兵民于阃制。小试囊中之略,大扬境外之声。慨念弔伐之师,当以辑柔为本,矧遗黎求脱于苛政,如赤子思见于慈亲,宜进抚于故疆,以就将于隆指。尔其奉诏出塞,毋专略地屠城。延见吏民,闵其七十年沦陷之久;开布德信,谕以二百载涵养之恩。凡天戈之所临,虽秋毫而勿犯。庶几云合响应之势,不待尺攻寸取之劳。傥茂勋之有成,岂上赏之敢吝? 可。

出处:《后乐集》卷二。
撰者:卫泾
考校说明:编年据《宋史》卷三八《宁宗纪》补。

三衙江上四川诸军升差事诏
(开禧二年四月二十四日)

三衙、江上、四川诸军,今后遇有欲不次升差之人,须于奏状内称说委是才能卓赴、智勇过人,应得已降指挥,主帅结罪保明申奏,即与越格升差。殿步司赴都堂审察,江上、四川、诸军并赴宣抚司。

出处:《宋会要辑稿》职官三二之四九。

盱眙军陑山庙龙王宣抚司申王师渡淮祈祷
平善收复泗州赐威济庙封忠佑侯制
(开禧二年四月二十六日后)

敕具神某:天心助顺,神物效灵。朕申整六师,奋张北伐,方长淮之利涉,指泗水以于征。城以迎降,市不易肆。嘉乃阴相之力,可稽褒崇之荣! 启真爵于侯封,焕徽称于庙貌。敢徽后福,用迄骏功。可。

出处:《后乐集》卷二。

撰者:卫泾

考校说明:编年据文中所述史事补,见《宋史》卷三八《宁宗纪》。

姜特立父绥赠太子少师制
(嘉泰三年十月至开禧二年五月间)

为人臣者,以忠义殁身,虽千载之远,闻其风而敬之。矧先帝藩邸之臣,义方所自,耳目相接,凛然如生。因其子贵,加之恤典,尚何靳哉! 具官某故父某,位不尽才,忠能效节。造物之报,在其后人,依乘风云,事我圣考。方挂冠于神武,爰正位于泰官,视其恩数之当行,孰若追荣之最急? 锡之新命,畀以宫师,岂特慈人子显亲之思,亦以彰人臣死事之报。英灵不泯,光宠其承。

出处:《永乐大典》卷九一九。

撰者:李壁

考校说明:编年据李壁任两制时间补。

赵不擅所生母赠令人制
(嘉泰三年十月至开禧二年五月间)

子则己出,而女君在焉。子虽贵,生既不敢匹重于嫡矣,悦没又不致号称以表之,则无乃觖孝子之望乎? 朕所以郊而泽及于人之先者,以此。尔服卑执烦,鞠有令器,并帅卫府,阴教所就。嗟尔去世,年不逮养。肆因均祚,申锡闵章,推存知亡,宁不夷怿? 至及命数,眠而子官。尔如庆长,追宠未艾。

出处:《永乐大典》卷二九七二。

撰者:李壁

考校说明:编年据李壁任两制时间补。

赵不擅故妻赠令人制
（嘉泰三年十月至开禧二年五月间）

朕有大事于郊庙,而馂惠下逮辉翟,矧吾公族内朝之臣,膰礼所厚。苟可隐恤尔私者,岂顾使之有遗? 尔履度辑柔,上下雍睦,虽降命不淑,莫偕君子以终老,而值国多庆,犹依夫爵而加赠。纶章诏袭,致副于幽。存没并荣,尚怀恩体。

出处:《永乐大典》卷二九七二。
撰者:李壁
考校说明:编年据李壁任两制时间补。

忠翊郎徐宓父显宗封保义郎致仕母潘氏特封孺人制
（嘉泰三年十月至开禧二年五月间）

昔四代之政,同于尚齿;西汉之爵,时赐高年。矧惟我家,尤务贵老。尔夫妇生王畿千里之内,乃祐陵六世之民,自非积善于身,安得偕老之福? 有子服采,适际湛恩。何惜一命,不以慰其兰陔之乐哉!

出处:《永乐大典》卷二九七二。
撰者:李壁
考校说明:编年据李壁任两制时间补。题后原注:"并年九十以上。"

盐官县尉赵师羽特授文林郎制
（嘉泰三年十月至开禧二年五月间）

国家榷煮海之利,以佐军国之费,犯者有刑,盖非得已。而小人无知,每冒吾法,甚哉。操戈拒捕,渐不可长。尔职在游徼,乃能躬率部曲,掩而获之。进秩二等,益思报称。

出处:《永乐大典》卷七三二二。
撰者:李壁
考校说明:编年据李壁任两制时间补。

方瑜降承奉郎制
（嘉泰三年十月至开禧二年五月间）

　　污吏以货商，廉吏以行商，柳宗元之论切矣。况于盗贩官物，取赢自丰，其视货商不亦甚乎！尔弗修廉隅，为长所劾，阅视其状，镌两秩而免之。往图洗湔，无卒自弃。

出处:《永乐大典》卷七三二二。
撰者:李壁
考校说明:编年据李壁任两制时间补。

秦镐转承议郎制
（嘉泰三年十月至开禧二年五月间）

　　乃者使旃出聘，汝实从行，典视礼物，迄事而返，罔愆于成。庸晋一阶，往其懋勉。

出处:《永乐大典》卷七三二三。
撰者:李壁
考校说明:编年据李壁任两制时间补。

前知吉水县秦鉴特授宣义郎制
（嘉泰三年十月至开禧二年五月间）

　　朕惟先正大臣之家，其子孙克自修饬，世载荣问，代不乏人。曾不知此，自陷非彝，厚吏而薄于民，重敛以济贪黩，两台阅实，罪状昭然。属罹陟屺之哀，未正败官之罚，祥禫既毕，其削两阶。往图自新，不汝终弃。

出处:《永乐大典》卷七三二四。
撰者:李壁
考校说明:编年据李壁任两制时间补。

欧阳伋转朝奉郎制
(嘉泰三年十月至开禧二年五月间)

朕遣使虏庭,必有亲属留视其家,所以悯勤劳,广恩厚,俾将命者无内顾之忧,一意专对之事。尔大儒之后,以才业闻,兹畴厥庸,晋阶一列。尚其懋勉,以称所蒙。

出处:《永乐大典》卷七三二四。

撰者:李壁

考校说明:编年据李壁任两制时间补。

杨冠卿转承直郎制
(嘉泰三年十月至开禧二年五月间)

朕稽案邦彝,遣聘殊域,使事增饬,皇灵诞昭。汝以艺文,实掌笺奏。辂车旋迈,预有劳绩。进官示劝,尚其祗钦。

出处:《永乐大典》卷七三二五。

撰者:李壁

考校说明:编年据李壁任两制时间补。

王范转武翼郎任康年转从事郎制
(嘉泰三年十月至开禧二年五月间)

朕临遣信使,修聘朔庭,凡与在行,悉盼庆赏。尔克祗乃事,礼成来归。进服官荣,尚思勉竭。

出处:《永乐大典》卷七三二五。

撰者:李壁

考校说明:编年据李壁任两制时间补。

韩大年循从事郎制
(嘉泰三年十月至开禧二年五月间)

乃者慈懿,升祔清庙。朕惟平生顾复之恩,凡亲属益厚焉。尔由始仕,获预进官。往其钦承,思究贤问。

出处:《永乐大典》卷七三二五。

撰者:李壁

考校说明:编年据李壁任两制时间补。

樊汝舟特授承事郎制
(嘉泰三年十月至开禧二年五月间)

朕比幸国庠,丕阐文化。凡在列儒绅,及逢掖之士,皆被恩典。顾虽吏属,亦俾进官。惟古之府史,谨洁自将,以才显闻者多矣。其克勉之,无忝上施。

出处:《永乐大典》卷七三二五。

撰者:李壁

考校说明:编年据李壁任两制时间补。

詹继降修职郎制
(嘉泰三年十月至开禧二年五月间)

尔以儒生,宜通今古,幸预护客之属,岂不知汉世宗时长安贾人,持兵器与胡市,尝论如律乎?今犯者既伏其辜,若等弗察,亦以连坐,镌官一列,用谨国章。

出处:《永乐大典》卷七三二五。

撰者:李壁

考校说明:编年据李壁任两制时间补。

郭杲子郭傧转武德郎制
(嘉泰三年十月至开禧二年五月间)

尔父杲入扈殿岩,出镇方面,沈鸷忠勇,予之爪牙。乃者沦亡,我心用悼,加恤其嗣,所以广恩。祥禫既终,载申前命。在唐之世,而平有子,维国有臣。前事可希,尔其知勉。

出处:《永乐大典》卷七三二六。
撰者:李壁
考校说明:编年据李壁任两制时间补。

周橐特转授承节郎制
(嘉泰三年十月至开禧二年五月间)

朕选建嫔嫱,出于名族。凡其亲属,庆赏具延。尔用此得官,斯为优幸。尚思祗畏,以称所蒙。

出处:《永乐大典》卷七三二六。
撰者:李壁
考校说明:编年据李壁任两制时间补。

萧清己转承信郎制
(嘉泰三年十月至开禧二年五月间)

乃者册府奏篇来上,褒进诸儒,示不忘劳也。尔隶台院,亦预祗役,列迁官秩,亶谓幸哉! 往思忠勤,以称恩厚。

出处:《永乐大典》卷七三二七。
撰者:李壁
考校说明:编年据李壁任两制时间补。

沈高黄杞关辰之陈孟坚制
（嘉泰三年十月至开禧二年五月间）

礼成泰畤，思洽绵区。尔等善积于身，龄衍十帙。贵老之谊，特命以官，华发青衫，往教间里。

出处：《永乐大典》卷一三五〇六。

撰者：李壁

考校说明：编年据李壁任两制时间补。

朱邦光制
（嘉泰三年十月至开禧二年五月间）

紫坛竣事，泽逮高年。尔身见六朝，龄衍十帙。因其子请，特命以官。推我至恩，俾民知孝。

出处：《永乐大典》卷一三五〇六。

撰者：李壁

考校说明：编年据李壁任两制时间补。

商飞卿辞免户部侍郎依旧淮西总领不允诏
（开禧元年十一月至开禧二年五月间）

敕：具悉。辕门总饷，委任匪轻。若军旅繁兴，则难易百倍。卿清规亮节，中外耸闻。将指西淮，朕所亲擢。方多虞之际，调度四出，用无乏兴，士得宿饱。擢贰民部，增重使权。今既数月矣，夙夜勤瘁，综理密微，威信交孚，卒乘辑睦。肆嘉乃绩，就俾为真。厥今敌骑虽已引却，而边琐尚须调护。夫规摹一定，非可数更；而事功垂成，讵容中止？此朕固以烦卿，而非徒以宠卿也。上章谂疾，匪朕攸闻。所辞宜不允。

出处：《后乐集》卷四。

撰者：卫泾

考校说明:编年据商飞卿宦历补,见《宋史》卷三八《宁宗纪》、卷四〇四《商飞卿传》。

令颁北伐诏御批
(开禧二年五月三日)

金人世仇,久稽报复,爰遵先志,决策讨除。宜颁诏音,明示海内。

出处:《两朝纲目备要》卷九。

北伐诏
(开禧二年五月七日)

天道好还,中国有必伸之理;人心效顺,匹夫无不报之仇。蠢兹丑虏,犹托要盟,朘生灵之资,奉溪壑之欲。此非出于得已,彼乃谓之当然。军入塞而公肆创残,使来庭而敢为桀骜。洎行李之继遣,复嫚词之见加。含垢纳污,在人情而已极;声罪致讨,属胡运之将倾。兵出有名,师直为壮。言乎远言乎近,孰无忠义之心;为人子为人臣,当念祖宗之愤。

出处:《经济类编》卷五〇。又见《续宋编年资治通鉴》卷一三,《宋元通鉴》卷九五,《八代四六全书》卷一,《宋代蜀文辑存》卷七五
撰者:李壁

李爽随行军马先次添发于寿州策应诏
(开禧二年五月九日)

李爽应随行军马先次添发于寿州策应,戮力攻取。如建康知州人马已到安丰军,更行调发,务要必获胜捷。仍抚劳将士,一面喝转官资,多设方略,早遂收复。中伤官兵,先与存恤支犒。

出处:《宋会要辑稿》兵九之二二

戒谕诸将诏
（暂系于开禧二年五月后）

朕惟敌据中原，今逾六纪。戴天履地，其忍忘靖康未雪之仇；尝胆卧薪，常恐负烈祖有为之托。惟是寝兵之已久，深知动众之匪轻。属闻敌运之将衰，加以干戈之内扰。河南亢旱，赤地无余；汉北连兵，暴骨相属。遗黎转徙，襁负来归。爰念沦溺之民，至于相率而请命；故下绥怀之诏，实非得已而兴戎。朕既不能遏边衅于未开之时，未免列将屯而为不虞之备。惟今疆场之多事，正须将士之同心。若平时情意之未孚，则缓急犄角之何望？咨尔三军之统帅，暨于列校之偏裨，如廉、蔺之共济艰难，若李、郭之相勉忠义。各殚勇略，以赴功名。或迎敌以前行，或邀击于后厄，或附联其疏罅，或应援于往来。务令声势之相依，有如心手之相应。并谋合力，功必有成；高爵厚禄，朕所不吝。

出处：《山房集》卷二。
撰者：周南
考校说明：编年据文中所述史事补，见《宋史》卷三八《宁宗纪》。

宝文阁学士通议大夫知建康军府事兼管内劝农使充江南东路安抚使马步军都总管兼营田使兼行宫留守司公事河内郡开国侯食邑一千二百户丘崈依前通议大夫特授试刑部尚书充江淮宣抚使封如故诰
（开禧二年六月四日）

朕遹追贻谋，思广继伐。会诸侯、复境土，顾此义之甚明；非上智、必英豪，待其人而后济。畴咨惟允，委寄宜隆。盖威名资实，在素望而已孚；则号令指麾，不崇朝而改观。丕昭使指，申锡命书。具官某凤擅俊杰之称，少推公辅之器。览神州而太息，嘉有志于中原；遗后嗣以敷求，实受知于烈祖。凛芒寒而色正，嗟才大而用难。沐雨栉风，贯四时而柯叶不改；批郤导窾，解千牛而刀刃若新。辙环几遍于域中，风采耸闻于天下。久矣山东之高卧，崒乎江表之伟人。乃以在王室之心，幡然当留都之寄。而御下简易，折冲精神。虽并边纷羽檄之驰，而列郡无犬吠之警。朕惟四海想中兴之美，三军惟谋帅之难，岂应元老之壮猷，坐视群工之血指？其进升于常伯，以尽抚于成师。噫，制胜如奕棋，虽工拙之各异；持兵犹槃水，在审量之为先。惟卿涵蓄之累年，加之踌躇而四顾，必有多算，成此万全。虽爵禄未足以待贤，而竹帛永垂于不朽。其体至意，伫奏肤功。可。

出处：《后乐集》卷二。

撰者：卫泾

考校说明：编年据《宋史》卷三八《宁宗纪》补。

丘崈除兵书江淮宣抚使制
（开禧二年六月四日）

朕遹追贻谋，思广继伐。会诸侯复境土，虽云大义之明；非上智必英豪，正倷真儒之用。畴咨惟允，委寄宜隆。盖威名资实，在素望而已孚；则号令指挥，不崇朝而改观。丕昭使指，申锡命书。具官丘某早负名能之称，少有公辅之望。实受知于烈祖，嘉有志于中原。栉雨沐风，贯四时而不改；批郤导窾，解千牛而若新。比以在王室之心，幡然当留都之寄。御下简易，折冲精神。虽并边纷羽檄之驰，而十郡无犬吠之警。朕惟四海想中兴之美，三军惟元帅之谋。岂应方叔之壮猷，坐视群公之血指。其进升于常伯，以尽抚于成师。噫！制胜如弈棋，巧拙惟其所用；持兵犹槃水，审重乃能成功。惟卿涵蓄之累年，加之踌蹰而四顾，必有多算，成此万全。服我训辞，以应事会。

出处：《山房集》卷二。

撰者：周南

考校说明：编年据《宋会要辑稿》职官四一、《两朝纲目备要》卷九补。"兵书"疑为"刑书"之误，见《宋会要辑稿》职官四一、《两朝纲目备要》卷九、《宋史》卷三九八《丘崈传》。现存史籍中未见周南任两制之记载，此文或为《山房集》误收。

丘崈除刑部尚书诏
（开禧二年六月四日）

知建康府丘崈除刑部尚书，充江淮宣抚使，不允辞免。邓友龙令赴行在供职。

出处:《宋会要辑稿》职官四一之四〇。

通议大夫试刑部尚书充江淮宣抚使河南郡
开国侯食邑一千二百户丘崈特授通奉大夫
守刑部尚书差遣封如故制
(开禧二年六月四日后)

宣威戎阃,倚制敌之良图;会课吏铨,有陟明之彝典。虽非尊贤之道,实昭励世之公。具官某识远而虑微,器闳而用大。望高诸夏,揭晓汉之长庚;身镇众浮,屹春涛之砥柱。扬历三朝之旧,仪型八座之联。方凝耆定之勋,允赖折衷之略。养威持重,信金城无逾老臣;委任责成,致匈奴不敢近塞。抚江淮而按堵,虽草木以知名。兹诹律于攸司,俾晋阶于三品。第汉臣之最,姑酬积阀之劳;褒申伯之功,迄济中兴之美。往祗予命,益究乃心。

出处:《后乐集》卷二。

撰者:卫泾

考校说明:编年据《宋会要辑稿》职官四一补。

赐通议大夫丘崈辞免除刑部尚书充江淮
宣抚使不许辞免恩命不允诏
(开禧二年六月四日后)

敕丘崈:省所奏札子辞免除刑部尚书、充江淮宣抚使不许辞免恩命事,具悉。朕惟义不可以不明,功固当于驯致。矧乃世仇之未复,适兹边衅之屡闻,不得已而兴师,顾莫先于图旧。以卿躬土衡之明鉴,有公瑾之盛心。阅历之多,素存谨重;忠义所激,靡辞剧艰。属虚中权,无逾宿望,俾尽提于戒律,仍进陟于文昌。惟威名之独高,谅施设之易信。叩囊底之智,姑借重于疆陲;摅堂上之奇,伫折冲于廊庙。裨赞自诡,何言之谦! 所辞宜不允。

出处:《后乐集》卷三。

撰者:卫泾

考校说明:编年据《宋史》卷三八《宁宗纪》补。“江淮宣抚使”,《宋史》卷三八《宁

《宗纪》作"两淮宣抚使"。

令赵淳皇甫斌守御襄阳边面事诏
（开禧二年六月六日）

赵淳、皇甫斌各将带所部军马,并力守御襄阳边面,不管稍有疏虞。仍令彭辂除合存留看守金州寨栅守把关隘官兵外,斟量将带所部军马,星夜躬亲前来襄阳军前同共捍御。或房人不测前来冲突,各仰乘机进取,毋致落贼奸便。

出处:《宋会要辑稿》兵九之二二。

诸军阵亡及因伤归栅身亡并出戍暴露
病患身故人支破请给诏
（开禧二年六月九日）

诸军因出战间有阵亡及因伤归栅身亡、并出戍暴露病患身故之人,除推恩外,阵亡人可并依旧放行全分诸般请给一年;因伤身死于栅中人,支破半年;曾经出戍暴露病患身故人,支破一季。并令所属,按月帮勘,给付各家。

出处:《宋会要辑稿》兵二〇之三八。

诸军阵亡等人请给特与展支诏
（开禧二年六月九日）

诸军阵亡等人请给,除今来已立年限帮支外,候今限满日,内阵亡人更特与展支半年;因伤死于栅中人,展支一季,出戍暴露病患身故人,展支两月。

出处:《宋会要辑稿》兵二〇之三八。

皇甫斌降三官并令与赵淳守边诏
（开禧二年六月十一日）

皇甫斌特降三官,仍先次措置招集整辍军马,葺治衣甲器械,同赵淳守御边面,不得辄分彼此,常切过为堤备,毋令虏人稍有侵犯。

出处:《宋会要辑稿》兵九之二三。

中奉大夫行司农少卿兼知临安军府兼管内劝农事主管浙西路安抚司公事马步军都总管兼点检赡军激赏酒库所会稽县开国男食邑三百户廖侯依前官特授守司农卿兼枢密副都承旨封如故制

(开禧二年六月十八日)

奉承基命,实联密勿之司;协赞讦谟,允藉老成之彦。尔知略辐凑,文武自将。护漕日畿,已高凤望;尹民天府,绰著能声。伟兵略之深知,属军书之旁午,爰跻荣于农扈,俾禀务于机廷。夫帝王之道,出于万全。毫厘之差,谬以千里。其往殚于谋画,务审当于事情。矧尔世官,必能济美。可。

出处:《后乐集》卷二。
撰者:卫泾
考校说明:编年据《咸淳临安志》卷四八补。"廖侯"当为"廖俣"之误。

太中大夫宝谟阁学差知庐州祥符县开国子食邑五百户赵师𥷽依前官特试工部尚书知临安军府事兼管内劝农使充两浙西路安抚使马步军都总管封如故制

(开禧二年六月十八日)

六卿率属,聿严平土之司;万国承流,莫重神皋之寄。肆求已试,允副畴咨。老成重于典刑,盖践班联之旧;吏民服其威信,载观弹压之新。具官某智略沈深,风神峻整。轻车熟路,翼乎如遇顺风;错节盘根,恢然其有余地。久剸繁而治剧,旋入从而出藩。履声已近于星辰,最课尝司于辇毂。朕惟京邑之难治,盖自汉世而已然。前有赵张,后有三王,固已不全而不粹;久者年岁,近者数月,未闻至再而至三。惟卿之才,屡试而见,其除冬官之长,往殚天府之劳。献纳论思,岂止及百工之事;耳目方略,尚能折千里之冲。可。

出处:《后乐集》卷二。

撰者:卫泾

考校说明:编年据《咸淳临安志》卷四八补。标题"宝谟阁学"后疑脱"士"字。

赵师罴乞祠禄不允诏
(开禧二年六月十八日后)

敕:具悉。京师浩穰,古有难治之称;帅守屡更,今以得人为重。惟卿才周世用,识洞物情。比历三辅之雄,辄为九牧之最。效见已试,去思不忘。故朕特辍边阃之行,复畀神皋之寄。庶藉威望,不烦教条。而阅时未几,百废具举。盖多多而益办,岂数数之为嫌。矧如精强,安有疾疢,遽有燕闲之请,良非眷倚之怀。昔翁归以洁己抱公,表于近世;广汉以发奸摘伏,名闻匈奴。迹其有成,悉繇久任。宜益图于伟绩,顾奚徇于执谦。所请宜不允。

出处:《后乐集》卷四。

撰者:卫泾

考校说明:编年据文中所述"京师浩穰,古有难治之称;帅守屡更,今以得人为重……故朕特辍边阃之行,复畀神皋之寄"补,见《咸淳临安志》卷四八。

朝奉大夫敷文阁待制知镇江军府事兼管内劝农营田使赐紫金鱼袋李大异依前官特授徽猷阁待制知婺州军州事兼管内劝农使赐如故制
(开禧二年六月十九日)

京口据长江之天堑,宝婺为东粤之奥区。虽在上之委寄靡殊,而为郡之逸劳有间。惟吾近侍,体此眷怀。具官某蹈道至和,秉心不竞。践更中外,饱著声猷。顷迪简于朕知,俾仪刑于禁路。演纶词掖,独称润色之工;补衮谏垣,备罄切劘之益。少资雅望,往护北门。抚疲氓于疮痍之余,饬戎备于襟喉之要,屹若金汤之势,蔼然襦袴之谣。逮此弥年,嘉而异最。爰宠升于华职,仍改畀于便蕃。名依日月之光,身近斗牛之次。与共理而安田里,尔宜懋于循良;用所表而补公卿,朕敢忘于褒选？可。

出处:《后乐集》卷二。

撰者:卫泾

考校说明:编年据《嘉定镇江志》卷一五补。

令宣抚措置条具泗州可与不可坚守闻奏诏
(开禧二年六月二十一日)

泗州虽收复,缘诸路尚未奏功,所有泗州可与不可坚守,令宣抚疾速措置条具闻奏。

出处:《宋会要辑稿》兵九之二四。

朝奉大夫行大理寺丞刘炳特授行尚书兵部员外郎制
(开禧元年十一月至开禧二年七月间)

朕惟烈祖之朝,尤重郎曹之选,非贤望素著,或治行卓绝,不以轻授。尔旧自儒学,安于平进。比以从臣之属,召自远郡,锡对便朝,而议论激昂,慨然有志于当世,朕甚嘉之。为丞棘寺,旋跻省户,朕之待尔厚矣。方疆埸多虞,武部之职,非平时比也。勉行其言,往佐而长,思以报朕,且无负于所知。可。

出处:《后乐集》卷一。

撰者:卫泾

考校说明:编年据卫泾任两制时间、刘炳官历补,见《宋会要辑稿》职官七四。

举才诏
(开禧二年七月二日)

侍从、台谏、两省、卿监、郎官、监司、郡守、前宰执、侍从,各举人才二三人。

出处:《两朝纲目备要》卷九。又见《宋史》卷三八《宁宗纪》。

京西宣抚申忠翊郎吕渭孙斩违犯纪律人朱胜及捕杀作过人蔡飞等特转三官仍令宣抚司更与升擢授从义郎制
(开禧二年七月七日)

朕比揽宣司之奏,谓尔能诛偏校之失律及适成之尤无良者,军政当自是少肃矣。肆嘉忠勇,躐进武阶。然为将之道,恩信为本。至于诛杀,不得已而用之。祗若予训,毋专尚威。可。

出处:《后乐集》卷一。

撰者:卫泾

考校说明:编年据《宋会要辑稿》兵二○补。

叶适宝谟阁待制知建康府兼沿江制置使制
(开禧二年七月九日)

朕缅怀函夏,式重陪京。维昔秣陵,有孙仲谋、刘玄德之论在;于今江左,与汉河内、唐东都之地均。惟时保厘,必在俊杰。具官叶某天才英迈,神虑安闲。学广问多,务辑先民之绪;任重道远,不蕲近俗之名。嘉把注之不盈,趣延登而入侍,而志计恳到,裨益宏多。嗟议论之折衷,实献纳之攸赖。朕惟藜藿之不采,莫强樽俎之折冲,方图制胜之自中,重惜尔身之在外。然念石头之形势,实为江左之重轻,爰升次对之班,允副居留之望。噫,览神州之风景,勿谓无人;抚地险之山川,亦足用武。其往敷于声教,以思启于封疆。

出处:《毗陵集》卷二。

撰者:张守

考校说明:编年据《宋会要辑稿》职官四○补。张守卒于绍兴十五年,此文作者当非张守。

太中大夫试工部尚书兼知临安军府兼管内劝农使充两浙西路安抚使马步军都总管兼点检户部赡军激赏酒库祥符县开国子食邑五百户赵师䆎特授通议大夫依前职封如故制
（开禧二年七月十一日）

五材谁能去兵,方饬临边之备;八柄爵以驭贵,爰疏进律之褒。申锡赞书,式昭眷遇。具官某才推时杰,望耸宗英。三入承明,宣谓仪刑之旧;重来辇毂,更高弹压之威。顷制阃于东藩,属选徒于吾圉,顾简稽之有法,曾期会之靡淹。肆畴茂勋,俾进崇秩。虽位超八座,于论赏以何心;而身率列侯,庶闻风而知劝。勉祗宠渥,益告辰猷。可。

出处:《后乐集》卷二。又见《永乐大典》卷一三五〇六。
撰者:卫泾
考校说明:编年据《咸淳临安志》卷四八补。

王立换武义大夫诏
（开禧二年七月十六日）

伪明威将军知县王立与换武义大夫,伪地付身令承旨司毁抹,特添差东南第五将,徽州驻札,不厘务,请给依正官例支破。候二年满日,申取朝廷指挥。

出处:《宋会要辑稿》兵一六之一三。

明堂大礼支赐诏
（开禧二年七月十九日）

明堂大礼支赐,除师臣、宰执、侍从辞免依所乞外,余并依已降指挥减半支给,更不许辞免。

出处:《宋会要辑稿》礼二四之一〇六。

李壁除参知政事制
（开禧二年七月二十四日）

朕思巩丕图，眷求近弼。继自今其立政事，将嘉靖于庶邦；进有德以尊朝廷，俾参陪于端揆。肆畴在列，佥曰汝贤。中奉大夫、权礼部尚书、兼同修国史、兼实录院同修撰、兼直学士院、兼侍读、赐紫金鱼袋李壁，邃学逢原，上才周变。禀金玉之坚粹，谐箫勺之和平。文华纬国以成帝坟，父子追踪于彪、固；江汉炳灵而绚幽思，弟兄俪美于卿、云。粤若高骞，仪吾禁从。汝典朕礼，夙夜直哉惟清；其代予言，训诰坦然可举。比持虎节，远绝龙荒。使万里而见几微，分以身而许国；《诗》三百而能专对，类不战而屈人。嘉想著于贤劳，爰叙升于常伯。谋猷入告于内，靡惮其勤；议论持重有余，益恬于进。是用参稽人望，擢预国钧。夫执政其犹股肱，自昔固同于一体；然中流而遇维楫，于今尤急于相须。矧万几实繁，寸阴当竞。桑土之彻，宜迫于未雨；琴瑟不调，斯解而更张。若时登庸，赖尔励翼。惟能肩一心于同寅协恭之始，庶几缉百度于匪朝伊夕之间。噫！四海方想中兴，深轸渊冰之惧；三事以佑乃辟，允资柱石之良。式究远谟，祗若明训。可特授中大夫、参知政事。

出处：《山房集》卷二。
撰者：周南
考校说明：编年据《宋史》卷三八《宁宗纪》补。

张岩除知枢密院事制
（开禧二年七月二十四日）

朕眷求贤辅，宁救武功。立政立事而相我家，久参陪于国秉；惟时惟几而救天命，肆专擢于枢谟。委注益深，仪图惟旧。光禄大夫、参知政事、兼知枢密院事、权监修国史日历、同提举编修敕令、兼同知国用事、广陵郡开国公、食邑四千户、食实封一千三百户张岩，怀才伟异，令德端凝。仁义弼于朕躬，俊杰识乎时务。太平之略非一士，望耸于栋隆；北辰居所环众星，具瞻于魁极。自王庭之迪简，肆贤誉之昭宣。抨弹争烈日之严，论驳擅回天之力。四辅史佚在右，陶成宁壹之风；三年周公居东，蔼著遄归之绩。浍膺图任，旋付本兵。取人不以己长，特效君之众美；有猷入告尔后，每虑敌于万全。朕若稽旧章，分界二柄。虽制胜御人本繇一道,方赖兼资;然修戎立武以整六师,莫如因任。夫庙堂欲销未形之患,帷幄当运决胜之筹。若虞机之张,于度则释;庶桑荫之徒,其功不成。惟卿远算深谋,加之专心致志。矧夙殚于忠力,必尽展于经纶。噫!宵旰进股肱之臣,既登庸之无竞;夙夜基宥密之命,庶耆定之有期。往哉汝谐,祗若予训。可依前官,特授知枢密院事,加食邑四百户,食实封一百户,余如故。

出处:《山房集》卷二。
撰者:周南
考校说明:编年据《宋史》卷三八《宁宗纪》补。

李壁除参知政事封赠三代并妻制
(开禧二年七月二十四日后)

曾祖母恭人郭氏赠陇西郡夫人

鹊巢积累,茂延三世之芳;象服昭华,并萃一门之盛。肆畴材于台路,知流福于宗祧。并举徽章,远扬淑范。具封某氏肃雍迪行,圣善著仪。族望华腴,蔼出汾阳之胄;闺闱恪敬,俪如冀缺之家。信阴德之有基,侈义方之重训,笃尔曾孙之庆,为吾共政之良。宜正号于小君,用疏封于望郡。鱼轩锡命,虽不及于生前;彤管增荣,尚嗣褒于身后。告于幽爽,服此湛恩。可。

祖中任朝奉大夫知陕州赠宣奉大夫拟赠太子少傅

宋考父之益恭,验世家之必达;鲁臧孙之有后,信名德之可传。方隆体貌于政涂,爰考源流于先哲,肆颁命綍,式显祖风。具官某学术贯乎古今,行谊昭乎日月。扶圣经而黜异论,仲舒独号于纯儒;为民牧而孚惠心,子产尚存于遗爱。伟百年之物望,诚故国之世臣。厥有名孙,为予良弼。兹登庸于两社,宜追贲于九京。愍章已峻于文阶,徽册遂跻于宫保。报本反始,岂特慰烝尝之思;自叶流根,于以显公侯之服。尚歆异渥,益大其门。可。

祖母硕人史氏赠德阳郡夫人

周诸侯累功而致位,盖端本于召南;齐大夫积世以为卿,实发祥于懿氏。卷时淑德,燕及后人,俶登亚相之班,追峻层闱之宠。具封某氏俭慈为训,法度是循。妇仪不失于蘋蘩,母范悉遵于图史。宜家宜室,肆诒奕叶之休;生子生孙,皆耸熙朝之望。兹得爽邦之彦,载嘉流庆之源,爰赉君封,用荒郡社。闺门垂则,益观积善之长;庙室增辉,永侈含饴之报。昭于厚岁,服我蜜章。可。

父焘任敷文阁学士通奉大夫提举佑神观致仕丹棱县开国伯食邑七百户赠少师端明殿学士谥文简拟赠太师余如故

仪图近弼,慨想故家。眷岷峨萃人物之英,而今古号儒猷之盛。谋谟道术,则二范相望于奕世;文章事业,则三苏擅美于一门。阒尔百年,于今指李。具官某心潜六艺,望冠先朝。著书立言,自有家传之述作;执德秉谊,不为时好之转移。錍秩宗禁近之班,赋真馆优闲之禄。载笔得麟经之体,遗编俨金匮之藏。兹眉山之信书,续元佑之正学。惟厚施不食其报,故流庆在于后人。宜尔象贤,弼予共政。肆追荣于徽册,用峻陟于维垣。以增祢庙之光,以昭世德之美。作《角招》君臣之乐,朕方倚赞于基图;续《缁衣》父子之诗,尔足联芳于谱牒。益启乃祚,永孚于休。可。

母秦国夫人杨氏拟赠秦国夫人

朕观商周得贤之盛,悉有家传;稽《春秋》尊母之常,亶繇子贵。畴尔趋庭之彦,属予秉国之均,宜涣茂恩,载扬遗懿。具封某氏率礼不越,积行有源。庆泽占鸣凤之祥,淑范媲雎鸠之德。相梁鸿以法度,俨然举案之恭;教邹国以诗书,美矣择邻之训。体蹈姬姜之善,胚胎房宋之良。肆登任之方初,盍推崇于所本。胙封维旧,宠渥用新。益哀脂泽之胰,不改车邻之壤。瞻言慈闱,无复观翟弗之朝;配尔祢宫,尚嗣有鸾章之贲。其钦褒显,允极哀荣。可。

妻硕人张氏封宜春郡夫人

朕资贤政路,方嘉朝夕纳诲之良;考象家人,亦赖晨夜相成之助。惟时淑德,媲我柄臣,肆登赞于机衡,用峻开于汤沐。具封某氏行遵内则,范著妇仪。宋之子,齐之姜,动聿符于璜瑀;钟之礼,郝之法,居自傲于箴图。积和顺以无违,宜忧勤之有佐。兹侈弼谐之宠,宜均伉俪之荣。荒奥郡以疏封,畀脂田而示渥。冠时命妇,为郡夫人。其跻翟弗之华,以答鸡鸣之善。夫子之家治,不惟观法度之循;

人伦之化行,抑有资风教之始。祗承休渥,益懋徽声。可。

出处:《后乐集》卷一。

撰者:卫泾

考校说明:编年据《宋史》卷三八《宁宗纪》补。

张岩辞免除知枢密院事不允诏
(开禧二年七月二十四日后)

敕:具悉。周用吉甫,文武为宪于万邦;汉得留侯,帷幄决胜于千里。矧图回于远略,端倚赖于讦谟。匪畴经世之材,曷冠神枢之任?以卿纯诚许国,茂识爽邦。两践政涂,有同寅协恭之助;久裨几省,多折冲厌难之谋。馨竭一心,周旋历岁。属政事之修,欲攘于外侮;而甲兵之问,方至于庙堂。傥任责之既专,庶成功之可必。惟卿夙陪宥密,当有先定之规摹;身寄安危,爰俾进参于心腹。顾允谐于师锡,且益耸于民瞻。其即钦承,无庸冲逊。所辞宜不允。

出处:《后乐集》卷三。

撰者:卫泾

考校说明:编年据《宋宰辅编年录》卷二〇补。

张岩再辞免除知枢密院事不允诏
(开禧二年七月二十四日后)

省表具悉。朕惟文武之柄虽异,股肱之寄实均。盖闲暇必先政刑之明,而兢业尤以时几为急。矧机会之投,间不容发;而樽俎之间,期于折冲。虽以兼资之上才,抑当不分于用智,庶几算无遗策,动有成功。卿沈审善谋,忠诚体国,粤自风宪纪纲之地,置诸疑丞辅弼之联。出入八年,险夷一节。属孔棘于我圉,期肇敏于戎公。肆图共政之良,俾正元枢之任。盍祗休命,奚徇冲襟!若以尽瘁为劳,则今靡烦以它务;傥谓不能者止,则昔已著于茂庸。金言允谐,朕志先定。拊髀而思颇、牧,舍尔其谁;稽首而逊夔、龙,岂予所望。宜蠲来牍,迄展壮图。所辞宜不允,仍断来章。

出处:《后乐集》卷三。

撰者:卫泾

考校说明:编年据《宋宰辅编年录》卷二〇补。

李壁辞免除参知政事不允诏
(开禧二年七月二十四日后)

　　敕:具悉。昔乐正子为政,贤者喜而不寐;段干木在朝,敌人莫敢与争。盖惟吉士斯劢相我国家,用真儒乃无敌于天下。匪负栋隆之望,曷裨柄任之图? 以卿夙著家声,蔚有时誉,文章规姚姒之上,忠信行蛮貊之邦。非道不陈于前,言皆可复;廷臣无出其右,政将焉归。矧时庶事之方殷,必待宏才而共济,既选众而后用,顾于卿而何辞。万几之繁,冀宽当馈焦劳之念;一命而俯,此岂循墙逊避之时? 宜体至怀,亟祗成命。所辞宜不允。

出处:《后乐集》卷三。

撰者:卫泾

考校说明:编年据《宋宰辅编年录》卷二〇补。

李壁再辞免除参知政事不允诏
(开禧二年七月二十四日后)

　　省表具悉。朕惟图任共政,期于补弊举偏。属多事之未宁,得一贤而为重。然望治虽切,量才实难。务因循者或怠于事功,锐进取者又疏于谋略。患在文具无恻隐之实,思得忧国如饥渴之人。其心纯于爱君而不徇名,其智足以周物而无滞虑。畴若予采,信莫如卿,爰自秩宗,擢参宰席。谨纪纲赏罚之柄,惩苟且欺诞之风,赖尔同寅,惟今急务。有用我者期月而可,尚窃迟之;若命官以相逊为能,非其时矣。矧千载休期之难得,而先正教忠之谓何? 其绝执函,益摅素蕴。所辞宜不允,仍断来章。

出处:《后乐集》卷三。

撰者:卫泾

考校说明:编年据《宋宰辅编年录》卷二〇补。

赐李壁断章批答口宣
(开禧二年七月二十九日后)

　　有敕:朕妙柬儒猷,晋参国秉,已趣敛于成命,实允穆于师虞。其略谦函,亟祗宠渥。

出处:《后乐集》卷五。

撰者:卫泾

考校说明:编年据李壁宦历补,见《宋史》卷二一三《宰辅表》。

赐张岩断章批答口宣
(开禧二年七月二十九日后)

　　有敕:朕仪图旧德,擢冠鸿枢,方众听之具孚,宜壮猷之亟展。其蠲異牍,以对龙光。

出处:《后乐集》卷五。

撰者:卫泾

考校说明:编年据张岩宦历补,见《宋史》卷二一三《宰辅表》。

朝散郎行秘书郎兼国史院编修官实录院检讨官
戴溪依前官特授尚书兵部员外郎制
(开禧二年七月)

　　朕惟烈祖之朝,尤重郎闱之选,盖必柬求贤望,非特褒表外庸。尔魁垒耆儒,卓绝隽轨,文词赡典,足以冠冕士林;行义洁修,足以羽仪朝著。道山史观,久矣并游;中台望郎,得卿而重。矧诸曹之决事,惟武部之独清。优游其间,以须远用。可。

出处:《后乐集》卷一。

撰者:卫泾

考校说明:编年据《南宋馆阁续录》卷八。

承议郎充枢密院编修官兼资善堂说书王益祥
依前官特授监察御史制
(开禧二年七月)

朕遵累圣之成规,许六察以论事,盖纪纲之所系,必风采之素闻。矧当有为之秋,尤赖敢言之助。尔器资端亮,学识邃明。声实蜚腾,蔚矣老成之望;涵养闳迤,发于持满之余。比列属于机廷,兹峨冠于宪府。朕方虚怀而尽下,尔其正色以立朝,扶植善良,屏绝憸佞,使小人凛然知畏,而君子赖以自强,庶公道之大伸,俾国势之日振。兹惟委寄之重,岂但纠绳之司! 勉副简知,式摅忠蕴。可。

出处:《后乐集》卷二。

撰者:卫泾

考校说明:编年据《宋中兴东宫官察题名》补。《宋会要辑稿》方域三:"(开禧三年)五月,枢密院编修官王益祥兼资善堂说书。"误。

朝奉大夫行监察御史毛宪依前官特授行左司谏兼侍讲制
(开禧二年七月)

朕惟补衮阙之臣,实司格君心之责。故山甫一以邦国若否自任,而阳城深知议论苛细为非。思得学古之人,追还建官之意。尔秉心无竞,养气以刚。大册高文,独擅雄深之体;直辞正色,素推端亮之声。付以纠绳,蔚有风采。去恶靡摇于强御,爱君尤切于忠诚。夫以分察于群司,孰若弼成于朕德。爰从宪府,擢置谏曹。仍参经幄之华,亶极儒英之选。虽献替之职,时闻于謇谔;然清闲之燕,密赖于箴规。惟尔思责难之恭,俾予立无过之地。昔季梁在而楚人不敢伐,汲直用而淮南为寝谋。是知国势之日强,允赖仁言之利溥。兹惟简拔之旨,伫徯忠嘉之谟。可。

出处:《后乐集》卷二。

撰者:卫泾

考校说明:编年据《宋会要辑稿》职官六补。

通奉大夫知庆元军府事兼管内劝农使兼沿海制置使武昌县开国子食邑五百户赵善坚特授宝谟阁待制依前官职封如故制
（开禧二年七月）

五材谁能去兵，方饬临边之备；八柄爵以驭贵，爰疏进律之恩。矧候对之清班，联内朝之近侍，式敷书赞，庸示眷怀。具官某属籍之英，为吏而健。番膺烦使，浸历禁涂。天府牧民，曾稀鸣于桴鼓；甬东制阃，资坐控于鲸波。适疆场之多虞，选戎徒于诸道，简稽有法，期会靡淹。爰峻陟于华联，示富褒于良翰。虽义存体国，初何意于论功；然赏不逾时，庶闻风而知劝。祗承新渥，益懋远猷。可。

出处：《后乐集》卷二。
撰者：卫泾
考校说明：编年据《宝庆四明志》卷一补。

有事明堂御札
（开禧二年八月四日前）

朕丕承眷命，祗奉燕谋。庆衍重闱，赖上下神祇之祐；尊临广宇，席祖宗功德之休。深惟菲质之奚堪，益念鸿私之当报。兹以阴阳顺序，人物遂宜，国势日以安强，朝纲日以清肃，不循三岁之祀，曷表一纯之衷？是用稽绍兴之成规，辑合宫之阔礼。时秋必报，矧万宝之方成；国典固存，宜九筵之间举。诞孚群听，明戒先期。朕以今年九月有事于明堂。咨尔攸司，各扬乃职，相予肆祀，罔或不恭。

出处：《宋会要辑稿》礼二四之一〇六。又见《群书考索》前集卷二八。

明堂大礼所差行事等官不得乞改差诏
（开禧二年八月四日）

明堂大礼，并前二日朝献景灵宫，前一日朝飨太庙，并裸别庙，所差行事等官内职事稍重之人，往往推故乞改差，未称严恭之意。令礼部、太常寺日下检坐条法指挥申严,应被差行事等官,如敢依前避免乞改差之人,委台谏觉察,具名弹奏,取旨施行。

出处:《宋会要辑稿》礼二四之一〇六。

<h2 style="text-align:center">赐丘崈茶药手诏</h2>
(开禧二年八月十日)

皇帝敕曰:卿远将使旨,尽获戎昭,乃心国家,忠劳备著。朕凤宵兴念,每用叹嘉。今秋气日高,西情难测,率励将士,申固疆陲,叶心良图,以全制胜,使社稷赖长城之卫,而逆贼知中国之有人。唯卿是毗,宽我忧顾。有少汤药,往寓至怀。再兹笔示,想宜深悉。开禧二年八月十日下。

出处:《常郡八邑艺文志》卷一。

<h2 style="text-align:center">抄苏师旦物业先次兑付三宣抚司诏</h2>
(开禧二年八月十五日)

临安府抄估苏师旦物业约及百万贯,多系馈遗所积,令封桩库先次各兑三十万贯付三宣抚司桩管,专充激犒立功士使用,以金、会中半支降,内四川宣抚司全金给降,并照元纳色及价直纽计。

出处:《宋会要辑稿》兵二〇之六。

<h2 style="text-align:center">降授中大夫吴兴郡开国公食邑二千五百户食实封四百户赐紫金鱼袋钱象祖可依前官特授知绍兴军府事兼管内劝农使充两浙东路安抚使马步军都总管填见阙封食实封赐如故诰</h2>
(开禧二年八月二十二日前)

朕注意东藩,妙选贤牧。一日去良弼,已渴想于仪刑;十国以为连,兹式隆于屏翰。趣颁命綍,庸示眷怀。具官某厚德镇浮,闳材经远。山河带砺,世藏盟府之勋;鼎铉谋谟,业绍祖风之懿。素守确然于金石,见几炳若于菁龟。宣惟文武之兼资,尽付枢衡之二柄。夙夜勤疆而竭节,士马储斥而备谙。和羹尔惟盐梅,方赖同心而辅政;美疢不如药石,益知逆耳之为忠。朕昭揭大公,肆畴夙望。自今我其立政,尚克询猷;乃心罔不在王,俾之自近。其起长沙之谪,往怀会稽之章。矧先正保厘,犹想棠阴之旧;而家山属迩,何殊昼绣之荣。宜循填抚之余规,亟奏中和之最课。噫,丙夜思治民之本,暂烦分陕之行;衮衣使我公之归,宁俟期年之久! 祇膺茂渥,勿替初心。可。

出处:《后乐集》卷二。

撰者:卫泾

考校说明:编年据《宝庆会稽续志》卷二补。

从事郎行国子录陈振依前官特授太学博士承直郎两浙转运司干办公事陆峻依前官特授行国子录制
(开禧二年八月)

儒林之官,博士掌教,学录主规,所任若不同,而训迪纠率,以纳人于善则一也。尔振性资端靖,勤于厥职,其进为博士,以诲诸生。尔峻辞华敏赡,蔚然有闻,其俾为学录,以齐胄子。各推所学,作新多士,副朕育才之意,嗣对褒陟。可。

出处:《后乐集》卷一。

撰者:卫泾

考校说明:编年据《漫塘集》卷二八《陆秘书墓志铭》补。

宣教郎扈仲荣迪功郎陈模并依前官特授秘书省正字制
(开禧二年八月)

朕惟人材之难得,而储养之不可无素也。故萃四方之英隽,置之三馆,如护圭璧,如植杞梓,以俟异日之用焉。以尔仲荣文艺器识西方之秀,尔模性质行谊南州之良,列属学宫,贤问弥畅,试言制苑,论议可嘉,蓬莱道山,俾职是正,未足以究尔蕴。其读未见之书,优游涵泳,咸以事业著明于世。岂惟副予期待之意,而尔亦有休显之称。可。

出处:《后乐集》卷一。

撰者:卫泾

考校说明:编年据《南宋馆阁续录》卷九补。

朝请郎充枢密院编修官兼国史院编修官兼实录院检讨官周震依前官特授知大宗正丞兼职如故制
(开禧二年八月)

朕惟伯臣司宗,古重其任。国朝以同姓典属籍,必择贤望为之贰,其制始于熙宁,然秩清务简,号储材之地。以尔早负儒学,屡奏民庸,蔚然声称,达于朕听。分教王邸,载笔机廷,皆一时妙选。兹俾叙迁,往赞纠合训齐之事。班高列丞,将有试用。益加懋勉,以副朕知。可。

出处:《后乐集》卷一。

撰者:卫泾

考校说明:编年据《南宋馆阁续录》卷九补。

朝散郎枢密院检详诸房文字兼国史院编修官兼实录院检讨官赵时逢依前官特授试将作监兼职如故制
(开禧二年八月)

二监亚于列卿,班联弥峻,而大匠省缮营之役,尤号清简。所以储养材望,选授不轻。尔宗枝挺秀,优于政术,把麾揭节,浃著外庸。为郎名曹,列属右府,未足以究尔蕴。兹缏叙进,俾长工正。夫分职虽逸劳之异,而用贤何日月之拘?益懋远图,嗣对褒陟。可。

出处:《后乐集》卷一。

撰者:卫泾

考校说明:编年据《南宋馆阁续录》卷九补。

奉议郎秘书省校书郎魏了翁依前官权知嘉定府兼管内劝农事兼沿边都巡使借紫制
（开禧二年八月）

　　三馆储养异材，以待不次之用，优游岁月，弗容以久近计更迭也。尔西州之彦，妙年收名第，召置册府，直谅著闻。朕将有试焉，乃以便亲力请。肆嘉志尚，擢领潜藩。有社有民，少行所学。奏最来上，朕不汝忘。可。

出处：《后乐集》卷二。

撰者：卫泾

考校说明：编年据《南宋馆阁续录》卷八补。

降授中奉大夫提举江州太平兴国宫归安县开国男食邑三百户赐紫金鱼袋倪思依前官特授试尚书礼部侍郎兼直学士院封赐如故制
（开禧二年八月）

　　北门之号内相，独高两禁之联；南宫之列中台，尤重六卿之选。兼践清华之职，必归鸿硕之儒。矧已试之可观，宜师虞之允穆。具官某天资鲠亮，德履粹温。学广闻多，绚卿云之巨丽；曲高和寡，抱牙旷之余徽。蚤膺烈祖之深知，尝缀先皇之近侍。逮予初政，擢正禁涂。自一远于周行，俄十逾于岁籥。宣劳钜屏，所至受恩；均逸殊庭，何必在已。嘉尔后凋之操，怡然难进之风。朕重惜人才，广开公道，将济中兴之盛业，其惟众正之在朝。有如宿望之孚，可后趣还之命？况礼文犹阙，政资国典之讨论；诏令惟行，期使人心之感动。爰复青毡之旧，俾还紫橐之真。久不见生，方虚夜半席前之问；何以告朕，谅非野外绵蕝之仪。益懋远猷，式昭异眷。可。

出处：《后乐集》卷二。

撰者：卫泾

考校说明：编年据《宋中兴学士院题名》补。

李壁辞免权监修国史日历同提举编修敕令不允诏
（开禧二年八月后）

敕:具悉。朕惟史有三长,提纲尤重;法垂一定,载笔实严。汉命邓侯约讲画之规,唐以玄龄专纂修之任。自昔必资于近弼,矧今允藉于鸿儒。卿文摹六籍之华,学继诸贤之统。俪二班之父子,相承笔削之谨严;考三后之源流,素达礼刑之表里。参陪机务,方懋远猷,典领策书,宜膺隆委。况编年有世传之法,而著令以经术为宗,讨论虽列于群工,折衷盍归于良辅。裁其义例,伫成一家之言;凡厥条章,务述累朝之旧。既孚众望,奚事多辞? 所辞宜不允。

出处:《后乐集》卷三。

撰者:卫泾

考校说明:编年据《南宋馆阁续录》卷七补。

倪思辞免礼部侍郎兼直学士院不允诏
（开禧二年八月后）

敕:具悉。朕焦劳图乂,寤寐求贤。矧予两禁之英,允矣三朝之望,久退安于真馆,诚渴想于辰猷。且岁属亲祠,时当多事。缉熙典礼,期以接三神之欢;播告训辞,将欲鼓四方之动。端赖寅清之助,孰逾润色之长。皆尔故官,实谐师锡。倚须前席之问,宜不俟驾而行。奚徇谦怀,尚稽成涣! 所辞宜不允。

出处:《后乐集》卷三。

撰者:卫泾

考校说明:编年据《宋中兴学士院题名》补。

朝散大夫赐紫金鱼袋陈景思依前官特授江南西路转运判官朝请郎江南西路转运判官赐绯鱼袋章良能依前官特授江南东路转运判官赐如故制
（开禧二年五月至九月间）

入联扈从之班，出领澄清之寄，内外虽异，眷注则均。尔景思名辅之孙，见闻广博，才术足以济时，尝冠列卿，贰摄武部。尔良能士林之秀，问学淹该，文章足以华国，进陟螭陛，寓直北门。皆接武于禁严，尚回翔于麾节。朕惟祖宗用人之道，必以事任详试其能，所以储养望实之孚，成就器业之美，是用大江东西，分命将漕。尔宜体朕此意，职思其忧。凡一道财计之盈虚，列郡生民之休戚，均节咨访，施置罢行。少须最绩之闻，即对褒延之宠。益加懋勉，不汝遐遗。可。

出处：《后乐集》卷一。

撰者：卫泾

考校说明：编年据陈景思、章良能宦历补，见《水心文集》卷一八《陈公墓志铭》、《宋中兴学士院题名》等。

钱象祖辞免兴复元依旧知绍兴府不允诏
（开禧二年九月六日后）

敕：具悉。昔黄霸守颍川，尝贬秩八百石。久之，宣帝思霸长者，为下诏褒扬，复秩中二千石，所以重师帅之任而风示天下也。矧卿凤居邻辅，起镇东藩，十连资屏翰之勋，千里徯中和之政，傥微文之是徇，非崇秩之尽还，则恩礼未昭，吏民安仰？岂称朕礼貌大臣之意乎！亟祗茂恩，毋事多逊。所辞宜不允。

出处：《后乐集》卷三。

撰者：卫泾

考校说明：编年据《宝庆会稽续志》卷二补。"兴复元"疑为"复元官"之误。据《宝庆会稽续志》卷二，钱象祖降授中大夫知绍兴府，开禧二年八月二十二日到任，九月六日复通议大夫，"昔黄霸守颍川，尝贬秩八百石。久之，宣帝思霸长者，为下诏褒扬，复秩中二千石"当即指此。

明堂大礼祭飨册文
(开禧二年九月十三日)

昊天上帝

伏以清明上圆,照临下土,三光循轨,五位时序。惕惟冲眇,嗣承历服,夙夜祗畏,罔敢怠豫。物成季秋,遹严报本。牺牲玉帛,于荐纯洁。飨道助顺,惟皇无私。迄图骏功,祈永休命。

皇地祇

伏以至哉坤元,厚载无疆。母育万汇,配天其泽。合祛修报,祗率彝典。黝牲黄琮,贵纯尚质。来顾来飨,此心对越。蠢兹荒裔,乱我中土。百年于今,民厌其德。阐灵右顺,永清四海。

太祖皇帝

伏以五季浊乱,腥闻于天。笃生圣人,时维烈祖。肇造区夏,挈提皇纲。无疆历服,贻我后嗣。施及冲昧,获膺传序。季秋宗祀,陟配上帝。思昭大谟,图复旧物。绥予孝子,克成厥勋。

太宗皇帝

伏以宋有成命,二后受之。于昭宗德,克笃祖功。混一文轨,乾坤清夷。丕哉基绪,惠我无疆。肆予冲人,获主禋祀。历吉季商,礼严并侑。显承谟烈,绍复是期。对越在天,迄用大介。

出处:《后乐集》卷五。
撰者:卫泾
考校说明:编年据卫泾任两制时间、南宋明堂大礼时间补,见《宋史》卷三八《宁宗纪》。

明堂赦文
（开禧二年九月十三日）

应命官管押纲运，偶缘元差官司失于照应，致有年及六十以上，或无举主，未曾到部，及课利场务监官并有进纳杂流，与夫特奏名并差别路官管押，或陈乞厘革之人，但所押钱物别无少欠，见碍推赏，可特与放行一次。守阙进义副尉至下班祗应、立到一十三处战功之人，已有节次指挥赦文，放行添差恩例任数，注授诸州军添置听候使唤，支破全分请给。其间有因前项战功补授守阙进勇副尉名目之人，未有该载，理宜甄别。可将似此之人照应已降赦文，放行恩例任数，与副尉下班祗应衮同注授，添置使唤员阙，支破全分请给。诸军从军拣汰守阙进义副尉、进勇副尉内有曾经捍御待敌、出戍暴露、比拍事艺补授之人，自来未许参注，理合优恤，可令兵部于存留散祗候六十阙内，将似此之人衮同差注施行。淮浙盐仓场收买盐货，多是大秤斤重，少支价钱，却将宽剩盐数妄作亭户入中支请官钱分受入己，令提举司检坐元降指挥行下禁戢。

出处：《宋会要辑稿》食货二八之五一。

皇伯嗣秀王师揆加食邑实封制
（开禧二年九月十三日后）

门下：朕肃时禋祀，哀对神祇，稽经循大报之彝，练日得中辛之吉。祖功宗德，聿严升侑之仪；帝系皇支，咸在骏奔之列。眷言伯父，克相祼容，爰首锡于徽章，用答扬于景贶。诞庸駿命，宣告治朝。具官某属近而行尊，身端而行饬。炳玉质金相之美，衍银潢璿萼之辉。父子象贤，袭王封于檇李；弟兄竞爽，绵世德于常华。宠光萃于一门，恩意隆于九族。骍旄茸蠹，峻元戎节制之权；赤舄绣裳，视上宰班联之贵。甲第迄阙庭之邃，寿宫仍使领之荣。喜见仪刑，时趋表著。当总章之展采，率公族以侍祠。翼翼其邻，嘉乃温恭之度；雍雍以相，辅予陟降之容。迄用有成，以作尔祉，拓丰租于干食，加真采于圭腴。於戏！服冠履而祀明堂，东平实陪于汉礼；分脤膰而亲同姓，滕侯宜长于周盟。益追孝于前人，式永绥于令誉。可依前皇伯、奉国军节度使、开府仪同三司、充万寿观使、嗣秀王，加食邑七百户，实封三百户，主者施行。

出处:《后乐集》卷三。

撰者:卫泾

考校说明:编年据卫泾任两制时间、南宋明堂大礼时间补,见《宋史》卷三八《宁宗纪》。

皇伯检校少保师垂加食邑实封制
(开禧二年九月十三日后)

门下:朕卜季商之吉,蒇重屋之仪,涤虑俨乎斋房,承神娭乎煴惺。祼将有庙,祖宗顾歆;陟降在庭,天地昭假。载省眇冲之质,敢专福祉之蒙! 茂举庆条,宜先族老。具官某禔身端悫,迪德粹纯。神明袭帝胄之华,传芳元、凯;博雅佩诗书之训,俪美间、平。源愈濬而流长,行既尊而属近。贰公宏化,峻参左棘之班;授钺总戎,丕拥六旄之重。真馆久颐于闲燕,寝园祗奉于烝尝。适亲圭币之祠,实相豆笾之列。伟肃雍之秉德,陪献飨以展容。念刘氏祭酒之贤,厚周室执燔之赐,中加邑采,并实井牗。於戏! 美万物之能盛多,既荷绥成之贶;亲九族而致禋祀,庸彰笃叙之恩。祗服宠光,益隆寿嘏。可依前皇伯、检校少保、定江军节度使、提举佑神观、兼充秀安僖王园令、秀王位检察尊长,天水郡开国公,加食邑五百户,食实封二百户,主者施行。

出处:《后乐集》卷三。

撰者:卫泾

考校说明:编年据卫泾任两制时间、南宋明堂大礼时间补,见《宋史》卷三八《宁宗纪》。

皇叔保康军节度使师禹加食邑实封制
(开禧二年九月十三日后)

门下:朕采冬官之遗制,饬秋飨之上仪。念王者之行明堂,既达馨香之荐;若天子而谓叔父,当隆亲睦之恩。矧陪显相之劳,与觌熙成之佑,肆颁褒绰,用焕徽章。具官某色裕而气龢,体庄而资粹。父子袭璇源之系,不陨其名;弟兄联棣萼之芳,则笃其庆。眷礼优于三圣,宠光华于一门。孜孜殚信厚之诚,亹亹迪中和之行。建旐外屏,有华秉钺之瞻;诏禄内祠,深谨祝厘之奉。属严禋之备举,凾精意以潜通,克竣祼献之容,亶自肃雍之助。加爰田而奠食,衍井赋以陪腴。於戏!

敛时五福,用锡庶民,敢专乡神礻之贶;岂无他人,莫如同姓,宜首均家国之休。勉迪前猷,永绥令誉。可依前皇叔、保康军节度使、提举佑神观、天水郡开国侯,加食邑五百户、食实封二百户,主者施行。

出处:《后乐集》卷三。

撰者:卫泾

考校说明:编年据卫泾任两制时间、南宋明堂大礼时间补,见《宋史》卷三八《宁宗纪》。

随龙保成军节度使谯令雍加食邑实封制
(开禧二年九月十三日后)

门下:朕循累圣之彝章,祓九筵之嘉荐,铜土鸣而应律,逶迤雅奏之谐;黼绣张而承神,彷彿高灵之堕。方举钦柴之礼,肆兴伐木之恩。襃我信臣,锡之惠衍。具官某才猷敏劭,德度粹温。蕃依日月之光,亲际风云之会。西平有子,蝉联增庆阀之华;代邸修功,密勿侍禁廷之邃。威仪娴于上阁,表著肃于昕朝。自履满盈,愈思谦畏。清都绛阙,燕珍馆以祝厘;簒节珥戈,拥斋旐而制阃。属时瘞祀,相我祲容。其因渥泽之颁,申衍爱田之赋,以彰眷遇,以耸观瞻。於戏!备物可以告神明,既聿怀于多福;友贤而不遗故旧,兹大赉于善人。祗服茂恩,益坚冲守。可依前随龙保成军节度使、提举万寿观、临海郡开国侯,加食邑五百户、食实封二百户,主者施行。

出处:《后乐集》卷三。

撰者:卫泾

考校说明:编年据卫泾任两制时间、南宋明堂大礼时间补,见《宋史》卷三八《宁宗纪》。

保信军节度使吴琰加食邑实封制
(开禧二年九月十三日后)

门下:朕系隆景命,祗遹先猷。布政颁常,仿黄帝合宫之制;配天尊祖,乘素商肃物之辰。百礼洽而熙事成,六乐谐而淳音畅,克相祲容之举,实繄左戚之良。舍爵书劳,扬廷敷号。具官某谦冲而自牧,和裕而不流。诵读诗书,雅有游居之乐;制节谨度,不为富贵之移。载念中兴之母仪,孰逾宪圣之家法,拥立禀帝帏之训,计安深社稷之功,肆尔一门,冠于四姓。仲叔季弟,交辉槐棘之联,累将重侯,鼎列簪绅之盛。自涉斋坛之峻,退安珍馆之熙,誉处采休,典刑靡坠。适讲严禋之礼,有来助祭之勤,载衍爰田,以华茂属。於戏!赐文武之胙,在周人先异姓之封;褒凑淑之贤,在唐室有同日之拜。益绥吉履,勉迪殊徽。可依前保信军节度使、提举佑神观、广陵郡开国公,加食邑五百户、食实封二百户,主者施行。

出处:《后乐集》卷三。

撰者:卫泾

考校说明:编年据卫泾任两制时间、南宋明堂大礼时间补,见《宋史》卷三八《宁宗纪》。

少傅吴瑰加食邑实封制
(开禧二年九月十三日后)

门下:朕推尊祖敬宗之心,以灵承上帝;宪规天矩地之制,以祇事合宫。祀以一纯二精,穆卜素商之杪;申以三斋七戒,吉蠲熙礼之成。眷言四姓之英,宜洽百神之祉,诞麇纶綍,宣告神綏。具官某靖重而端庄,忱恂而谦厚。联芳棣萼,凤推吴凑之最贤;流泽椒涂,时乃太任之近系。累奕叶重侯之贵,称外家左戚之良。居惟业于诗书,动不逾于法度。斋坛授钺,绚物采于元戎;夏篆建坛,亚班联于帝傅。燕真祠而均佚,冠茂属以升华。粤临右飨之庭,丕饬严禋之典。威仪是力,有来显相之恭;笾豆孔嘉,于赫高灵之堕。肆颁馂惠,庸焕徽章。晋荒崇社之封,增衍爰田之赋。於戏!贺庆而亲异姓,敢专乡于蕃厘;赉予以锡善人,宜首膺于宠渥。永绥誉处,益介寿祺。可依前少傅、昭化军节度使、充万寿观使、进封崇国公,加食邑七百户、食实封三百户,主者施行。

出处:《后乐集》卷三。

撰者:卫泾

考校说明:编年据卫泾任两制时间、南宋明堂大礼时间补,见《宋史》卷三八《宁宗纪》。

赐安南国王李龙翰加食邑实封仍加崇
谦功臣散官勋如故制
（开禧二年九月十三日后）

门下：朕抚运重熙，同仁一视。飨帝秩九筵之礼，对越在天；宁神得四表之欢，丕冒出日。眷南交之旧服，输北阙之丹诚，肆推拜胙之厘，用宣在庭之听。具官某性资端顺，气概沈雄。袭累世之圻疆，遐处鸢飞之域；禀中华之正朔，久通象译之朝。康宁逾卫武之年，蕃衍侈陇西之族。念声教遐沾于绝徼，而琛航屡奉于职方，属遵三岁之彝，躬被一纯之荐。顾祀天祭地，虽莫与于骏奔；然望日瞻云，实有勤于景慕。岂无庆泽，式宠藩臣？增贲隆名，益涣元勋之籍；申陪多户，载丰真采之腴。以均远迩之恩，以洽穹祇之贶。於戏！主祭而百神享，朕方钦荷于灵祇；谨德而四裔宾，尔尚恪共于侯度。祇承徽数，益介寿祺。可依前特进、检校太尉、静海军节度使、观察处置等使、兼御史大夫、上柱国、安南国王，加食邑一千户、食实封四百户，仍加崇谦功臣，散官勋如故，主者施行。

出处：《后乐集》卷三。
撰者：卫泾
考校说明：编年据文中所述史事、南宋明堂大礼时间补，见《宋会要辑稿》蕃夷四、《宋史》卷三八《宁宗纪》。

光禄大夫知枢密院事广陵郡开国公食邑四千四百户食
实封一千四百户张岩可加食邑五百户食实封二百户制
（开禧二年九月十三日后）

朕按奉高之图，饬总章之祀。我将我享，对越天地祖宗之灵；汝翼汝为，实赖股肱心膂之佐。迄崇成于熙事，宜推衍于庆条。申以赞书，锡之祉祚。具官某疏通而鲠亮，慷慨而沈深。正色立朝，风采闻于天下；谋王断国，智略凑于上前。曩擢贰于繁几，旋恳祈于均佚。作牧辅畿，则京师蒙福；建牙方面，则戎落慴威。乃趣觐圭，俾还政柄。蹇蹇尽匪躬之节，休休有容善之心。士气浸伸，人材无壅。比晋宥廷之长，益摅筹幄之良。公选将帅而军之纪律靡不张，大明诛赏而国之纲维靡不肃。折冲厌难，潜消略地之萌；固圉安边，尤谨防秋之备。兹秩九筵而佑飨，允资一德之寅恭。羽卫星陈，拥皇舆而先后；官联景附，端使矩之委蛇。显相惟勤,居歆有自。增衍干畬之食,益隆枢极之瞻。以侈嘉祥,以昭委注。噫,陟丕厘上帝,既默孚胖蠁之交;以敉宁武功,宜克懋经纶之业。钦承予训,尚远乃猷。可。

出处:《后乐集》卷三。

撰者:卫泾

考校说明:编年据卫泾任两制时间、南宋明堂大礼时间补,见《宋史》卷三八《宁宗纪》。

太尉李孝纯加食邑实封制
（开禧二年九月十三日后）

门下:朕严总章右个之礼以承神,酌西都左戚之谊以施惠。三年大报,具殚肆祀之诚;四姓小族,咸秉侍祠之德。举邦彝而由旧,涣廷绤以惟新。具官某器度端粹,性资夷雅。庆善钟于名阀,典刑似其前人。乃祖乃孙,几七叶珥簪之盛;难兄难弟,骈一门授钺之荣。佩金印以联华,燕琳宫而均佚。蔼然令闻,表于茂姻。当少皞之御辰,祓九筵而展采。星轮月节,瞻远驾以遥兴;风马云车,沛灵斿之来下。庸广配天之泽,聿隆加地之恩,实衍干畬,肇荒公社。於戏! 昭受上帝,既丕延简简之休;锡予善人,其可后亲亲之眷? 勿忘谦悊,以对褒嘉。可依前太尉、保大军节度使、提举佑神观,进封永宁郡开国公,加食邑五百户、食实封二百户,主者施行。

出处:《后乐集》卷三。

撰者:卫泾

考校说明:编年据卫泾任两制时间、南宋明堂大礼时间补,见《宋史》卷三八《宁宗纪》。

少保谢渊加食邑实封制
（开禧二年九月十三日后）

门下:朕饬躬斋戒,涓日休成,将蒇事于合宫,先入裸于太室。粢盛洁而丰备,璧玉精而华光。受命於穆清,敢专乡祝厘之福;在庙骏奔走,时则有侍祠之臣。勷以明纶,锡之纯嘏。具官某禔身肃括,制行淑均。富贵尊荣,冠西京之外戚;风流酝藉,乃江左之名家。蚤继东朝同气之亲,屡膺南宫特拜之宠。橐兜戟蠹,耸上将之威仪;衡紞纮綖,焕孤卿之命服。居靡期骄之习,日严辨色之趋,率履无违,承休匪懈。属竣仪于重屋,首归胙于层门。有嘉相祀之恭,可后疏荣之渥?载荒新邑,增衍本封。於戏!浃太后之族亲,朕方奉慈颜而致养;有福事则庆贺,尔宜先异姓以推恩。祗服龙光,永绥燕誉。可依前少保、保顺军节度使、充万寿观使、丹阳郡开国公,加食邑七百户、食实封三百户,主者施行。

出处:《后乐集》卷三。

撰者:卫泾

考校说明:编年据卫泾任两制时间、南宋明堂大礼时间补,见《宋史》卷三八《宁宗纪》。

太尉杨次山加食邑实封制
（开禧二年九月十三日后）

门下:朕宪皇祐之旧章,秩宗祈之明祀,卜秋之辛而藏事,当日之午而回车。风马顾歆,彷彿灵斿之下;星鸡飞动,滂洋惠泽之流。眷言茂属之良,克相祲容之举,爰颁制綍,宣告朝伦。具官某厚重而方严,耆庞而福艾。龙韬豹略,心传黄石之编;翟茀翚衣,家衍曾沙之庆。袭龟紫而蹈布韦之习,居膏粱而无气体之移。闺门之训尤严,子弟之率唯谨。夙宵匪懈,誉处寀隆。属神羝右飨之庭,乃山立骏奔之列,暨蕃厘之布护,宜茂祉之函蒙。益以多田,实之真采。於戏!用休申命原缺。

出处:《后乐集》卷三。

撰者:卫泾

考校说明:编年据卫泾任两制时间、南宋明堂大礼时间补,见《宋史》卷三八《宁宗纪》。

赐安南王李龙翰加恩制告书
（开禧二年九月十三日后）

敕安南国王李龙翰:九秋叶吉,五室藏仪,荷上帝之博临,岂灵厘之专飨。眷言南服,为我世臣。爰疏制綍之荣,并致恩颁之厚。祗承宠数,益懋忠图。

出处:《后乐集》卷四。

撰者:卫泾

考校说明:编年据卫泾任两制时间、南宋明堂大礼时间补,见《宋史》卷三八《宁宗纪》。

赐皇子荣王告口宣
(开禧二年九月十三日后)

有敕:朕敬共明神,称秩元祀,眷言上嗣,克规裸容,宜先祭泽之颁,益衍璇源之庆。

出处:《后乐集》卷五。

撰者:卫泾

考校说明:编年据卫泾任两制时间补、南宋明堂大礼时间补,见《宋史》卷三八《宁宗纪》。

赐嗣秀王告口宣
(开禧二年九月十三日后)

有敕:备成熙事,诞举庆条,有嘉族老之贤,克相宗祈之典。兹颁茂渥,共对闳休。

出处:《后乐集》卷五。

撰者:卫泾

考校说明:编年据卫泾任两制时间补、南宋明堂大礼时间补,见《宋史》卷三八《宁宗纪》。

赐少傅吴瑰告口宣
(开禧二年九月十三日后)

有敕:竣祠重宇,沛泽刚辰,载嘉肺腑之英,聿相豆笾之事。其祗馂惠,茂介神厘。

出处:《后乐集》卷五。

撰者:卫泾

考校说明:编年据卫泾任两制时间补、南宋明堂大礼时间补,见《宋史》卷三八《宁宗纪》。

<h2 style="text-align:center">赐少保谢渊告口宣</h2>
(开禧二年九月十三日后)

有敕:告成元祀,敷锡蕃厘,嘉时左戚之贤,克相上仪之举。钦承祭泽,亟报恩徽。

出处:《后乐集》卷五。

撰者:卫泾

考校说明:编年据卫泾任两制时间补、南宋明堂大礼时间补,见《宋史》卷三八《宁宗纪》。

<h2 style="text-align:center">赐太尉杨次山加恩告口宣</h2>
(开禧二年九月十三日后)

有敕:宗祈间举,熙事备成。眷言姻属之贤,宜被神厘之赐。亟祗宠渥,益介寿祺。

出处:《后乐集》卷五。

撰者:卫泾

考校说明:编年据卫泾任两制时间补、南宋明堂大礼时间补,见《宋史》卷三八《宁宗纪》。

<h2 style="text-align:center">赐太尉李孝纯加恩告口宣</h2>
(开禧二年九月十三日后)

有敕:卿以母党之贤,相宗祈之礼,式遵彝典,茂举庆条。晋荒公社之封,仍衍爰田之赋。亟祗命绥,庸壮戚藩。

出处:《后乐集》卷五。

撰者:卫泾

考校说明:编年据卫泾任两制时间补、南宋明堂大礼时间补,见《宋史》卷三八《宁宗纪》。

赐保成军节度使谯令雍加恩告口宣
(开禧二年九月十三日后)

有敕:合宫竣事,宣室均厘,眷潜邸之旧臣,陪近班而相礼。宜敷惠术,亟服恩纶。

出处:《后乐集》卷五。

撰者:卫泾

考校说明:编年据卫泾任两制时间补、南宋明堂大礼时间补,见《宋史》卷三八《宁宗纪》。

赐保信军节度使吴琰加恩告口宣
(开禧二年九月十三日后)

有敕:季秋序正,宗祀礼成,眷戚畹之隽臣,实外家之尊行,宜膺庆泽,祗服恩纶。

出处:《后乐集》卷五。

撰者:卫泾

考校说明:编年据卫泾任两制时间补、南宋明堂大礼时间补,见《宋史》卷三八《宁宗纪》。

伪将仕郎刘士安换给迪功郎诏
(开禧二年九月十六日)

伪将仕郎、归充归德府宁陵县主簿刘士安换给迪功郎,更循两资,伪地付身令承旨司毁抹。

出处:《宋会要辑稿》兵一六之一三。

令四川二广监司催促虑囚诏
(开禧二年九月十七日)

　　四川、二广州军,令逐路监司依每岁所降盛暑虑囚指挥,各随置司去处地里远近,分诣所部州军,限十一月下旬起发,躬亲前去点检催促结绝,事理轻者先次断放,至来年正月十五日以前巡遍。如属县非监司经由之路,即令监司委官躬亲分头前去点检催促,各具所到及点检日时已施行事件,关牒提刑司,类聚申尚书省。内所委官点检催促过刑禁,并仰本路监司复行检察。如灭裂遗滞,按劾闻奏;或奉行不虔,令御史台觉察弹劾。

出处:《宋会要辑稿》刑法五之四六。

朝请郎知平江军府事兼管内劝农使会稽县开国男
食邑三百户赐紫金鱼袋张泽依前官职特授龙图阁
待制封赐如故诰
(开禧二年九月)

　　日甸承流,缅想六卿之凤望;河图候对,首跻九阁之崇联。爰锡赞书,式昭眷遇。具官某天资端亮,器度恢闳。正色立朝,咸服持衡之论;至诚忧国,每嘉削稿之忠。逮晋长于七人,遂疏荣于八座。俄厌承明之直,久从真馆之游。未罄猷为,采深简注。属中吴之择守,起旧德以殿藩。靡烦岁月之淹,已载袴襦之咏。俾还西清近侍之职,增重右辅师帅之权。均赋息民,岂特销叹愁于田里;训戎整备,尚期壮屏蔽于京师。庶几忧顾之宽,不负保厘之寄。亟祗涣渥,伫傒最闻。可。

出处:《后乐集》卷二。
撰者:卫泾
考校说明:编年据《绍定吴郡志》卷一一补。

中奉大夫直文华阁知太平州军州兼管内劝农营田使河南县开国男食邑三百户富琯依前特授中书门下省检正诸房公事封如故朝散郎尚书都官员外郎兼国史院编修官兼实录院检讨官谯令宪依前官特授枢密院检详诸房文字兼职如故制

（开禧元年十一月至开禧二年十月间）

二省出政之原，西枢本兵之地，朕嘉与二三大臣图回治道，而分寮设属，以弥缝其间，非扬历中外，习知典章者，不在兹选。以尔琯名臣之胄，器度详华，出领价藩，课最可纪，爰升宰旅，付以纠正之权。尔令宪儒科之秀，问学深醇，入践郎闻，廉靖有守，擢赞几廷，俾专检核之任。其各殚乃心，率厥职，不以薄物细故轸廊庙之虑，使吾大臣谓尔曰能，嗣有褒陟，往惟懋哉。可。

出处：《后乐集》卷一。

撰者：卫泾

考校说明：编年据卫泾任两制时间、谯令宪官历补，见《西山文集》卷四四《谯殿撰墓志铭》、《南宋馆阁续录》卷九。

朝请大夫大理少卿陈景俊特授奉直大夫依前大理少卿制

（开禧二年正月至十月间）

朕惟国初王师底绩，随军转漕，如许仲宣、王明，皆以心计优裕、兵食无阙见称于时，著名史牒。尔以列卿之望，给饷辕门，符离之师，虽尚稽成效，而将臣谓尔发軔有纪，粮道不乏，宜加旌异，俾峻陟华秩，视古元士。朕于录人之劳，则甚厚矣。然方严戎备，未决天诛，正资材术之长，共赴功名之会。式摅素蕴，勉绍前闻，勿谓赏行，遽忘忠报。可。

出处：《后乐集》卷二。

撰者：卫泾

考校说明：编年据陈景俊官历补，见同集卷一《大理少卿陈景俊奉使回转一官制》、《宋会要辑稿》职官七四。

程松乞待罪不允诏
（暂系于开禧二年秋冬间）

敕：具悉。朕惟西蜀邈在万里之外，未尝一念或忘于中。矧时多虞，谋帅尤重。卿枢机凤望，柱石全材。比烦制阃之行，就畀宣威之任。惟文武兼资之有素，故安危注意之靡殊。属北骑之犯边，致师徒之失律。载披来奏，良恻予怀。虽长虑远谋，备述修攘之序；然折冲厌难，允资帷幄之筹。兵将惰骄，当裁之以法；财力虚匮，姑济之以权。卿固得以便宜，朕弗从于中御。亟展图回之略，迄成奢定之功。庶不负于深知，亦有辞于永世。上章引咎，非所欲闻。无罪可待，所请宜不允。

出处：《后乐集》卷四。

撰者：卫泾

考校说明：编年据文中所述"属北骑之犯边，致师徒之失律"补，见《宋史》卷三八《宁宗纪》。

赵师𥮅辞免兼国用司参计官不允诏
（开禧二年十月五日后）

敕：具悉。朕惟器之小者，虽加之圭勺而已盈；力之宏者，虽累以钧石而不重。卿智长于应变，才裕乎拨烦。再陟地官，著阜通之效；三为天府，高治办之声。矧饷节之荐更，尤利源之熟究。顾当今方急于财计，而元宰亦提其大纲，参裨硕谋，正倚宿望。人所难者，卿则易然。更观游刃之新，宜略循墙之避。所辞宜不允。

出处：《后乐集》卷四。

撰者：卫泾

考校说明：编年据《咸淳临安志》卷四八补。

瑞庆节权免集英殿宴诏
（开禧二年十月十四日）

朕惟方此隆冬，将士边陲暴露，有恻于心，宁忍宴乐？所有瑞庆节集英殿宴权免一次。

出处：《宋会要辑稿》礼五七之二二。

杨炳辞免除权吏部尚书不允诏
（开禧二年十月后）

敕：具悉。天官冢宰之职，历代以来，班序常尊，至唐以宰相兼领，岂铨综之得失，关人物之盛衰。匪望实素孚，识鉴精敏，莫副兹选。卿秉心端亮，履行粹夷。论事有争臣之风，掌诰得王言之体。比繇小宰之任，摄承常伯之班。繄尔宣劳，于今弥岁，处剧烦而有裕，嘉平允之著称，官无滞淹，吏革谩隐，肆畴已试之效，孰如因任之宜。昔山涛密启公奏，而举无失才；左雄收异登奇，而号称孤绝。勉希前躅，勿事逊辞。所辞宜不允。

出处：《后乐集》卷三。
撰者：卫泾
考校说明：编年据《南宋馆阁续录》卷九补。

陆峻辞免除权礼部尚书不允诏
（开禧二年十月后）

敕：具悉。春官宗伯之职，兼夷夔之任，所以辩上下之分、洽神人之和，非学通古今，识明制作，孰能居之？卿业擅醇儒，名高禁路，宪府肃抨弹之奏，刑曹助钦恤之仁。迨兼直于琐闱，尤耸闻于批敕。践扬滋久，献纳居多。比虚位于秩宗，将畴才于宿望，久焉弄印，无以逾卿。昔鲁国秉礼而强敌威怀，叔孙制仪而悍将詟服，得人而重，自昔以然。勉迪令猷，毋庸多逊。所辞宜不允。

出处：《后乐集》卷四。

撰者：卫泾

考校说明：编年据《南宋馆阁续录》卷九补。

中大夫充宝谟阁待制知潭州军州事沈作宾可依前官特授试尚书户部侍郎赐封如故告词
（开禧元年十一月至开禧二年十一月间）

六卿分职阜民，莫重地官之贰；大事在戎与祀，适当经费之繁。非素识于源流，孰协司于泉货？眷兹宿望，锡以赞书。具官某襟度粹夷，器能宏裕。昔襦今袴，蔼腾郡国之风谣；霜节星轺，几遍江淮之使领。顷资心计，擢赞民曹，满岁为真，行正甘泉之从；八命作牧，尚分湘水之麾。朕总万货以佐军兴，规九筵而修宗祀，虽每语国用而至日旰，然戒言利事而析秋毫。欲令庶邦惟正之供，畴若予采；肆求儒者已试之效，佥曰汝谐。矧尝寓职于松阶，其亟予环于荷橐。惟能敛不加而用足，庶几本以固而邦宁。当知敷教之官，不但理财而已。祗若明训，勉宣令猷。可。

出处：《后乐集》卷二。又见《山房后稿》，《永乐大典》卷七三〇三。

撰者：周南

考校说明：编年据卫泾任两制时间、沈作宾官历补，见《宋史》卷三九〇《沈作宾传》、《绍定吴郡志》卷一一。此制为《山房后稿》收录，当是周南代卫泾而作。周南为卫泾代作诏令事参见《荆溪林下偶谈》卷三。

朝散郎行国子监丞林孔昭除大理寺丞制
（开禧二年二月至十一月间）

廷尉，天下之平也，朕患典狱之吏宽者失之纵，急者失之苛，国朝以仁厚为政，与其急也宁宽。丞佐之任，择人惟谨。某奋身儒术，清介有守，周旋胄监，誉处弥休。擢居理官，佥论称允。《传》曰："与其杀不辜，宁失不经。"又曰："如得其情，则哀矜而勿喜。"尔其祗若古训，折狱蔽罪，必惟其中，使民自以为不冤，则无负遴柬之意。可。

出处：《后乐集》卷一。

撰者：卫泾

考校说明:编年据林孔昭官历补,见《宋会要辑稿》选举二一、职官七四。

令郭杲带兵前去真州驻札诏
(开禧二年十一月一日)

令管干殿前司职事郭杲将带精锐甲马步五千人,前去真州驻札,专一策应两淮。

出处:《宋会要辑稿》兵九之二五。

薛叔似再辞免端明殿学士侍读依旧
湖北京西宣抚使不允诏
(开禧二年十一月四日后)

敕:具悉。元戎重寄,襄汉上流,非望实在众人之先,论议考平日之素,不以轻授。卿秉持一节,际遇累朝。期尽瘁于国家,曾何心于利禄。比繇谕旨,就界宣威。俄涉历于三时,殚勤劳于庶务。属北兵之入寇,在忧顾以方深。朕惟责之专者礼宜优,任之隆者位必称,是用通班秘殿,视宠政涂。肆体貌之有加,谅观瞻之益竦。庶收来效,迄展壮犹。奏章屡腾,贬损特甚。盍体朕责成之意,顾岂卿辞官之时?勿复重陈,亟其祗拜。所辞宜不允,不得再有陈请。

出处:《后乐集》卷三。
撰者:卫泾
考校说明:编年据《宋会要辑稿》职官四一补。

推恩赵师嵒赵师弥赵师贡诏
(开禧二年十一月五日)

朝奉郎直秘阁新权发遣台州师嵒、奉议郎新添差通判衢州师弥、通直郎直秘阁新添差通判临安府师贡,并系崇王诸子,理宜优异,师嵒可特换授忠州防御使,师弥换授和州防御使,师贡换授均州防御使。

出处:《宋会要辑稿》帝系七之一八。

丘崈辞免端明殿学士侍读依旧江淮宣抚使
再除签书枢密院事督视江淮军马不允诏
（开禧二年十一月七日后）

敕：具悉。朕惟烈祖之朝，旧德风望，今焉几人，而卿魁垒耆艾，为国寿隽，岿然独存。岂天将启我家中兴之业，留以遗朕，意有在耶？矧如才略之雄，足以当重任；威名之著，足以成大功。近者有事中原，将指非人，轻信妄动，是用辍卿管钥之寄，尽护江淮之师。而志念深长，综理详密，按屯饬备，厥绩用茂。属边烽之多警，在忧顾以未宽，爰晋陟于机廷，仍肇开于督府。信任专则呼吸惟意，风采振则观听益新。高皇遗平城之忧，朕非获已；武侯追先帝之遇，兹乃其时。注倚方隆，劳谦宜略。所辞宜不允。

出处：《后乐集》卷四。

撰者：卫泾

考校说明：编年据《宋史》卷二一三《宰辅表》补、

薛叔似为枣阳神马坡兵败乞行遣不允诏
（开禧二年十一月七日后）

敕：具悉。卿以言论风旨受知烈祖，为时名儒，图回经济之业，夙所抱负，辍繇近列，往抚成师。受任以来，亦既累月。凡所规画，当已素定。比颁命数，增重事权。北骑窥觎，指授诸将摧锋挫敌，今其时矣。上章引咎，岂朕所闻！矧事几戒毫厘之差，利害存呼吸之顷。元戎一动，众心易摇。选命饷臣，就为卿副，合谋并智，力控上流。勉思报国之忠，勿徇洁身之计。无罪可待，所请宜不允。

出处：《后乐集》卷四。

撰者：卫泾

考校说明：编年据文中所述史事补，见《宋史》卷三八《宁宗纪》。

避正殿减常膳诏

(开禧二年十一月十六日)

朕惟淮民避寇,奔走失业,将士乘边,战守良苦,夙宵念此,寝食靡遑。自今月十八日当避正殿、减常膳。

出处:《宋会要辑稿》兵九之二五。

赈济两淮北来人诏

(开禧二年十一月二十五日)

令镇江、平江、建康府、江阴、广德军、嘉兴府、湖、常、衢、婺、信、饶州守臣各仰体认朝廷优恤远来之意,常切躬亲抚存,仍措置稳便去处安泊,无令失所。如见得实系贫病不能自存之人,即仰除见给钱米外,于常平窠名内更与量行赈给,务要实惠,毋为文具。

出处:《宋会要辑稿》食货六八之一○三。

推恩魏友谅等诏

(开禧二年十一月二十八日)

江陵副都统制魏友谅身先士卒,力战拔围,特转三官;统制官马谨、统领官宋琼各特转两官,雍政特补承信郎。

出处:《宋会要辑稿》兵二○之七。

祈雪诏

(开禧二年十一月二十八日)

祈雪未获感应,令临安府迎请上天竺灵感观音,就明庆寺同所轮侍从严洁精加祈祷,务在速获感应。

出处:《宋会要辑稿》礼一八之三二。

通直郎赐绯鱼袋王克勤依前官特授太常寺主簿制
（开禧元年十一月至开禧二年十二月间）

　　尔总角知名,被遇烈祖,读册府之书,逾三十年矣。顷又以力学,自奋名第,徇翔州县,既用复跌。然遂得以其余暇涵养远业,岂老其才而后用耶。朕爱惜人物,振拔滞淹,比加收召,俾置曲台。簿领虽卑,与闻礼乐之事,往游其间,以俟褒陟。可。

出处:《后乐集》卷一。又见《永乐大典》卷一四六〇七。
撰者:卫泾
考校说明:编年据卫泾任两制时间、王克勤官历补,见《宋会要辑稿》职官七三。

通奉大夫充宝文阁待制知潼川军府事兼管内劝农使提举潼川府果渠州怀安广安军兵马巡检盗贼公事延陵郡开国侯食邑一千六百户食实封一百户吴总依前官特授尚书工部侍郎实封如故制
（开禧元年十一月至开禧二年十二月间）

　　朕规恢远业,遴简从臣,肆畴勋阀之贤,茂著师垣之绩。兹峻跻于起部,爰申锡于赞书。具官某识造几微,才兼文武。早际风云之会,入陪鸳鹭之行。逮历试于节麾,亦备宣于劳效。眷而诸父,首佐中兴,力控捍于西邮,志殄亡于北敌。保百年梁益之险,皆一门兄弟之功。嘉乃后昆,克济世美。惟其有而是似,朕亦念之不忘。矧吾延阁之华联,久缀内朝之近侍,趣加驲召,俾正橐班。器械咸精其能,方饬修于戎备;谋猷入告于后,其务馨于忠规。可。

出处:《后乐集》卷二。
撰者:卫泾
考校说明:编年据卫泾任两制时间、吴总官历补,见同集卷五《赐工部侍郎兼枢密都承旨枢密行府参赞军马吴总宝谟阁待制湖北京西宣抚使陈谦腊药敕书》。此制时间当在同集卷五《赐工部侍郎兼枢密都承旨枢密行府参赞军马吴总宝谟阁待制湖北京西宣抚使陈谦腊药敕书》之前。

吴总辞免除工部侍郎不允诏
(开禧元年十一月至开禧二年十二月间)

  敕:其悉。中兴以来,元勋宿将孰如卿家父子兄弟?朕方慨慕前烈,规恢远图,顾瞻周行,有如象贤,独无在吾左右者,是岂念功之意哉。矧卿才略优裕,识虑精深,出入三朝,更践惟旧,列职延阁,通班禁路,逾二十年,可谓老成之彦。召从帅阃,俾贰冬卿,积望既高,金言咸允。属时多事,尤赖世臣。益肩报国之诚,毋负教忠之训,祗予宠渥,奚以辞为!所辞宜不允。

出处:《后乐集》卷三。
撰者:卫泾
考校说明:编年据卫泾任两制时间、吴总宦历补,见同集卷五《赐工部侍郎兼枢密都承旨枢密行府参赞军马吴总宝谟阁待制湖北京西宣抚使陈谦腊药敕书》。此诏时间当稍晚于同集卷二《通奉大夫充宝文阁待制知潼川军府事兼管内劝农使提举潼川府果渠州怀安广安军兵马巡检盗贼公事延陵郡开国侯食邑一千六百户食实封一百户吴总依前官特授尚书工部侍郎实封如故制》。

招抚使郭倪乞赐重行窜责不允诏
(开禧二年四月至十二月间)

  敕:其悉。倚重戎昭,方懋安边之略;力陈私谊,忽腾引咎之章。卿夙负雄材,蔚为名将,父子相传于忠孝,后先接武于岩除。将收地于河湟,俾护屯于淮浦。属偏师之失律,于军制以当明。谅忧国而忘家,岂以恩而掩义。虽因嫌而自别,顾奚罪之可归。矧今已迫于秋防,赖尔用张于士气。若过形于贬损,何所望于激昂?其体至怀,勉图伟绩。所请宜不允。

出处:《后乐集》卷三。
撰者:卫泾
考校说明:编年据郭倪宦历补,见《宋史》卷三八《宁宗纪》。

赐端明殿学士签书枢密院事督视江淮军马丘崈腊药敕书
（开禧二年十一月至十二月间）

　　敕:卿以右府之耆英,专督军之重任,腊寒方力,筹幄良劳。颁上剂于宝奁,示中宸之密眷。益资冲辅,勉究茂勋。

出处:《后乐集》卷五。

撰者:卫泾

考校说明:编年据丘崈官历、文中所述"腊药"补,见《宋史》卷三八《宁宗纪》。

赐工部侍郎兼枢密都承旨枢密行府参赞军马吴
总宝谟阁待制湖北京西宣抚使陈谦腊药敕书
（开禧二年十一月至十二月间）

　　敕:卿席宠禁涂,赞谋督府。方严凝之届序,念匽薄之良劳。宜有珍颁,以昭眷遇。

出处:《后乐集》卷五。

撰者:卫泾

考校说明:编年据陈谦官历、文中所述"腊药"补,见《宋史》卷三八《宁宗纪》。"湖北京西宣抚使"当为"湖北京西宣抚副使"之误,见《宋史》卷三八《宁宗纪》、《水心文集》卷二五《陈公墓志铭》。

赐主管殿前司公事真州驻札策应两淮郭杲腊药敕书
（开禧二年十一月至十二月间）

　　敕:卿总严凝之卫,提犄角之师,属此盛冬,锡之名剂。其推上泽,均洽士心。

出处:《后乐集》卷五。

撰者:卫泾

考校说明:编年据郭杲官历、文中所述"腊药"补,见《宋史》卷三八《宁宗纪》、《宋会要辑稿》职官七三。"郭杲"当为"郭杲"之误。

赵善坚辞免除工部侍郎兼知临安府不允诏
(开禧二年十二月六日后)

敕:具悉。京师浩穰尤剧,辇毂弹压为先。矧当多事之秋,端以得人为重。卿才猷强济,中外践扬。尝奏最于神皋,洊宣劳于民部。比縻祠馆,起镇制藩。安田里之民,枹鼓不警;辑楼航之众,瀚海无波。属天府之抡才,考廷绅之佥论,顾惟已试之效,莫如同姓之贤,俾正橐班,增峻事任。朕匪轻于弄印,卿奚徇于循墙。亟服茂恩,勉图伟绩。所辞宜不允。

出处:《后乐集》卷四。

撰者:卫泾

考校说明:编年据《咸淳临安志》卷四八补。

赐镇江府驻札御前诸军都统制山东
京东路招抚使郭倪腊药敕书
(开禧二年十二月二十二日前)

敕:卿内严岩卫,外总师干。当寒簴之萧辰,锡宝奁之名剂。益绥尔众,均识朕恩。

出处:《后乐集》卷五。

撰者:卫泾

考校说明:编年据郭倪宦历补,见《宋史》卷三八《宁宗纪》。

推赏李师尹等诏
(开禧二年十二月二十三日)

德安府守臣李师尹特与转行右武大夫,通判王允初、统辖李谊各特转三官,立功人并守城官兵各令宣抚司开具军分、职次、姓名,保明申三省、枢密院,以凭推赏。

出处:《宋会要辑稿》兵二〇之八。

赐端明殿学士湖北京西宣抚使薛叔似腊药敕书
（开禧二年十二月二十四日前）

敕：卿视仪政路，增峻中权。方栗烈之萧辰，实注怀于旧德。往颁珍剂，益辅冲襟。

出处：《后乐集》卷五。

撰者：卫泾

考校说明：编年据薛叔似宦历补，见《宋史》卷三八《宁宗纪》。

召淮农租种围田诏
（开禧二年十二月二十四日）

淮农流移，尚未归业，自今无田可耕，理合措置矜恤。可将两浙州军昨开掘过围田，许元主复行围裹，永给为业，却令专召淮农租种。

出处：《宋会要辑稿》食货六一之四五。

求檄告假之人勒令还任诏
（开禧二年十二月二十五日）

令诸路监司帅臣各行下所部州县，除实有才业、因监司帅守公行檄委管干供职人外，自余假借名色营求差檄者，日下勒令还任。今后如有求檄告假之人，仰州县核实保明申监司，从监司更切审实，如委无诈冒规避，申取朝廷指挥，方得离任；若经营关节，擅离任所，许监司帅守按劾，重置典宪。

出处：《宋会要辑稿》职官七九之一八。

薛叔似落端明殿学士制
（开禧二年十二月三十日）

朕恢宏远之规，讲修攘之政，博求时望，分总边防，隆其事权，期以绩效。用舍之际,夫何敢轻。具官某,受知先朝,夙有令闻。简在禁从,蔚为老成。宣威上流,朕所注意。俾眂仪于政路,且申命于经帷。以莅元戎,以督诸将。折冲樽俎,盖有赖焉。而羽檄驱驰,疮痍浸见,僚寀或闻于不饬,偏裨驯致于相图。畀祠馆以归休,属台评之来上。肆回成渥,以示至公。朕方念鸿烈之难成,叹全材之鲜值,究观诗雅,内愧周宣。以卿素心,追惟方召,亦岂不爽,然自失乎。尚体至怀,勉思后效。

出处:《育德堂外制》卷一。

撰者:蔡幼学

考校说明:编年据《宋会要辑稿》职官七四补。

陈谦落宝谟阁待制制
(开禧二年十二月三十日)

朕茂恢宏略,注念上流,乃建行台,并登时望。用舍之际,夫何敢轻。具官某,夙负材猷,屡更器使。比由将漕,擢董军储,驱驰具见于贤劳,规画每期于底绩。肆跻次对,以贰元戎。而受任累旬,边烽未弭,采诸群议,改畀真祠,复以台评,收还前渥。至于财赋入出,固有司存,爰命计臣,稽其实状。苟卿心之无愧,则公论之自明。尚体至怀,勉思后效。

出处:《育德堂外制》卷一。

撰者:蔡幼学

考校说明:编年据《宋会要辑稿》职官七四补。

赐成都潼川府夔利路安抚使程松腊药敕书
(开禧元年十一月至十二月间或开禧二年冬)

敕:卿以西枢之望,抚全蜀之师,方栗烈之萧辰,实注怀于旧德。往颁珍剂,益辅冲襟。

出处:《后乐集》卷五。

撰者:卫泾

考校说明:编年据卫泾任两制时间、程松宦历、文中所述"腊药"补,见《宋史》卷三八《宁宗纪》。程松开禧元年六月除四川制置使,开禧二年三月除四川宣抚使,均非本敕所云"成都潼川府夔利路安抚使",待考。

赐两浙东路安抚使钱象祖腊药敕书
(开禧二年冬)

敕:卿望高两社,任重十连。属冰雪之萧辰,睇蓬莱而注想。宜颁良剂,加卫冲襟。

出处:《后乐集》卷五。
撰者:卫泾
考校说明:编年据钱象祖宦历、文中所述"腊药"补,见《宝庆会稽续志》卷二。

谥刘混康静一诰
(开禧二年)

敕:朕惟曲水之穴,北距岱宗,南接罗浮,证法册于河图,得嘉名于地肺。抱道秘境,惟昔高人,真风未忘,前辙具在。赠太中大夫刘混康出尘累之表,以虚静为宗。观妙勾金之坛,葆光埋璧之地,慕真风于南岳,究奥义于西城。众方有求,忽若委蜕。其须美谥,式昭正一之功;庶几异时,益振冲虚之教。可特赐谥静一。开禧二年月日。

出处:弘治《句容县志》卷七。

光宗宁宗朝卷十九　开禧三年(1207)

张岩督视江淮军马知枢密行府都统司制
（开禧三年正月三日）

帷幄妙于决胜，夙资汉三杰之谋；江淮稔于知名，载倚张万福之重。眷惟枢要，厥有源流。肆烦督视之行，式懋绥怀之略。具官张岩学绍泗沂，才全莘渭。风采再新于要路，民瞻早峻于迩联。粤自涂归，径跻畿假。牧人御众，荐宣帅阃之劳；经体赞元，旋趣觐圭之入。八柄兼资于文武，一堂聚会于精神。适时修攘，久颛宥密。政刑明于闲暇，有严自治之规；道德成乎安强，克壮折冲之本。朕念六师之出，屡腾三捷之音。然兼爱乃中国之至仁，而遵养亦今日之大计。爰藉几庭之望，聿开行府之雄。戎幄甫离于都门，号令已孚于边阵。气增天堑，欢动云屯。营垒为之精明，将帅安其指授。噫！佛狸之死卯年，既默符于童谶；单于之朝正月，尚亟奏于肤功。

出处：《宋宰辅编年录》卷二〇。又见《永乐大典》卷一二九七〇。

张岩辞免督视江淮军马不允诏
（开禧三年正月三日后）

敕：具悉。捷书屡奏，敌众潜奔。情伪叵量，事几贵审。虽权宜之可用，念国体之当全。卿望冠廷绅，任颛枢管，料敌之智，临事之勇，威足以行号令，明足以公赏罚，朕固知之熟矣。爰因宥密之地，往提总督之权。朕非务于佳兵，卿具将于隆指。揆万全之长策，成七德之隽功，其在此行，毋庸多逊。所辞宜不允。

出处：《后乐集》卷四。

撰者:卫泾

考校说明:编年据《宋史》卷三八《宁宗纪》补。

推恩李郁等诏
(开禧三年正月四日)

知楚州、节制出戍军马李郁坚壁御虏,智勇可尚,特转遥郡观察使;仍疾速开具御战功兵将官等人职位姓名及已唱转过官资,申三省、枢密院推恩。

出处:《宋会要辑稿》兵二〇之八。

谭良显降朝散郎制
(开禧三年正月九日)

朕嘉与俊茂,共济事功,凡士之有猷有为者,未尝不覆护而保全之也。尔论议慷慨,志在驱驰,简自周行,俾佐外阃。而细行不谨,见于台评,国有宪章,朕弗敢废。勉图来效,以称隆宽。

出处:《育德堂外制》卷一。

撰者:蔡幼学

考校说明:编年据《宋会要辑稿》职官七三补。

许令客旅般运竹木于两淮州县贩卖诏
(开禧三年正月十六日)

淮民屋宇生具多焚拆不存,目今渐次归业,令浙西、江东西安抚、转运司行下所部州军,多方劝谕客旅,许令般运竹木于两淮州县贩卖,特免沿路抽税。

出处:《宋会要辑稿》食货一八之二四。

杨万里赠光禄大夫告词
(开禧三年正月二十八日)

敕:三径清游,安享乘车之乐;一封遗奏,骇闻易箦之言。有怆予怀,肆昐愍册。故宝谟阁学士、通奉大夫致仕、庐陵郡侯、食邑一千户杨万里,岿然天下之老,渊乎学者之师。外而民庸则迭更靡节之繁,内而朝望则典领图书之秘。仁者有勇,至形列祖之玉音;诚以名斋,尝侈先皇之奎画。眷方隆而身勇退,诏屡下而辞益坚。早挂神武之冠,自栽彭泽之柳。家虽若窭,道则甚丰。燕颐直学士之班,践履古君子之事。文规尧姒,盖一百三十卷之多;诗到阴何,积四千二百首之富。禄万钟而弗睨,年九秩之方开,所期黄发之必询,岂料白驹之易过。耆英已矣,太息久之。追崇四等之阶,增贲重泉之襚。进以礼,退以义,尔其无愧于前闻;生也荣,死也哀,朕以有加于恤典。营魂如在,渥命其歆。可特赠光禄大夫。

出处:《诚斋集》卷一三三。
撰者:毛宪

丘崈落端明殿学士制
(开禧三年正月二十八日)

朕选命儒臣,晋参枢管。任安危之责,既尽付于边防;审用舍之宜,盖旁咨于廷议。具官某,受材挺拔,临事疏通。功名远慕于古人,阀阅独先于诸老。比由留钥,就建行台,登诸丞弼之联,畀以江淮之寄。正资筹画,以畅威灵。顾弛张呼吸之几,系得失屈伸之势。然而意在坚守,而懦将或轻于退归;谋在约和,而强敌反滋于侵掠。虽闻克捷,宁补创残。载阅封章,每深引咎。属人言之沨至,匪朕志之敢私。惟仲淹贻元昊之书,固尝贬任;而庞籍失河西之堡,亦以夺官。是知祖宗临御之规,实本《春秋》责备之义。肆镌近职,犹领真祠。以示至公,以存眷意。大勋未集,朕方姑务于息民;来效可期,卿尚勿忘于报国。

出处:《育德堂外制》卷一。
撰者:蔡幼学
考校说明:编年据《宋会要辑稿》职官七四补。

毕再遇兼知扬州制
(开禧三年正月)

朕若稽列圣,经理二边,简求将帅之臣,兼领侯藩之寄,专其事任,责以立功。今得其人,可任兹选。具官某,朴忠许国,勇略济时。比提师干,独当一面,士卒乐为致死,敌人惮其威名。屹然长城,宽我北顾。朕既畴尔勋伐,付以阃外之事矣,广陵谋帅,就以界之。俾尔统率列城,号令诸将,激昂士气,以恢远图。盖中兴韩、张之功,方以望尔,尔其懋哉,嗣有殊渥。

出处:《育德堂外制》卷一。

撰者:蔡幼学

考校说明:编年据《嘉定镇江志》卷一六补。

程松乞祠禄不允诏
(开禧元年十一月至开禧三年二月间)

敕:具悉。朕顾瞻巴蜀,在天一隅,控制秦关,绵地千里。方时无事,谋帅孔艰;矧今多虞,择才岂易?以卿资兼文武,识达经权,昔尝参管于斗枢,兹命宣威于井络。发踪指示,允嘉辟国之谋;厌难销盟,显著折冲之略。政徯勋名之究,式观忠孝之全。乃縻念亲,遽欲谂疾。夫王尊叱驭,岂以家辞;羊祜在军,何妨卧护。中道而画,匪朕所期。所请宜不允。

出处:《后乐集》卷四。

撰者:卫泾

考校说明:编年据卫泾任两制时间、程松官历补,见《宋史》卷三八《宁宗纪》。

陈良彪除阁门舍人制
(开禧元年十一月至开禧三年二月间)

朕惟烈祖上阁置舍人,以拟三馆储材之地,实为右列之清选。尔早游庠序,尝冠名科,久服戎行,誉处弥懋。朱华列属,不试而命,足为尔宠。其益思奋励,以无负待遇之意。可。

出处:《后乐集》卷一。

撰者:卫泾

考校说明:编年据卫泾任两制时间、陈良彪官历补,见《宋会要辑稿》选举二一。

朝奉郎国子博士庄夏除国子监丞制
(开禧元年十一月至开禧三年二月间)

学馆储才之地,异时卿相由此其选。升进录用,正不容以迟速久近计也。尔文艺之美,见推士林,器识之茂,稔于朝序。绅经训胄,转而为丞,班联滋高,兼掌教法,不特关决庶务而已。优游其间,益就远业,以副朕之所期待者。可。

出处:《后乐集》卷一。

撰者:卫泾

考校说明:编年据卫泾任两制时间、庄夏官历补,见《南宋馆阁续录》卷八。

朝奉大夫行大理正乔梦符特授行大宗正丞制
(开禧元年十一月至开禧三年二月间)

宗正置丞,秩清地严,亚于中秘,皆储养贤望,以须器使。尔学术醇茂,材识敏强。司断理官,惟明克允;典治诏狱,守正不阿。蔚然声称,简于朕听。训齐属籍之事,命汝参领。兹为叙陟,未究远猷。优游其间,朕将有试焉。可。

出处:《后乐集》卷一。

撰者:卫泾

考校说明:编年据卫泾任两制时间、乔梦符官历补,见《宋会要辑稿》选举二一。

朝散郎行军器监主簿赐绯鱼袋章烨依前官特授
行司农寺丞赐如故朝散郎权发遣安庆军府兼管
内劝农营田屯田事章升之依前官特授太府寺丞
朝请郎干办行在诸军粮料院赐绯鱼袋柯甲依前
官特授行军器监主簿制
（开禧元年十一月至开禧三年二月间）

　　七寺二监之属,虽分职有繁简逸劳之殊,而储养贤望,以待选择,意则均也。
尔烨质性端靖,更践惟旧;尔升之材术通敏,自喜事功;尔甲老成练达,蔚有典刑。
金谷出纳之司,训工程作之任,或为丞贰,或居簿正。各殚乃心,往赞而长,俾邦
计优裕而戎备修饬,咸迪厥官,嗣有褒宠。可。

出处:《后乐集》卷一。
撰者:卫泾
考校说明:编年据卫泾任两制时间、章升之宦历补,见《宋会要辑稿》选举二一。

赐宣抚使程松银合汤药敕书
（开禧二年三月至开禧三年二月间）

　　敕程松:商飚届候,边地甚凉。眷吾斗极之英,尽抚坤维之众。比聆凯奏,深
奖奇勋。既虎视于三秦,谅鹰扬于万旅。惟兹多算,悉禀成谟。载畴玉帐之劳,
爰锡宝奁之剂。益加摄卫,迄济规恢。

出处:《后乐集》卷五。
撰者:卫泾
考校说明:编年据程松宦历补,见《宋史》卷三八《宁宗纪》。

吴总辞免吏部侍郎不允诏
（开禧二年十一月至开禧三年二月间）

　　敕:具悉。国朝班院,自元丰以来小宰分职,而治员多阙少,法密文繁,惟武

选为剧。吏缘为奸,人受其弊。非得疏通明练之才,何以甄别流品,擿发隐欺?卿毓德名门,世济其美。践扬中外,资望甚高。仪图尔庸,留以自近。虽禁途密勿,均倚告猷;然起部优闲,未殚闳蕴。其以缮修之暇,往参铨综之公。佥论既谐,巽函宜略。所辞宜不允。

出处:《后乐集》卷三。

撰者:卫泾

考校说明:编年据卫泾任两制时间、吴总宦历补,见同集卷五《赐工部侍郎兼枢密都承旨枢密行府参赞军马吴总宝谟阁待制湖北京西宣抚使陈谦腊药救书》、《宋史》卷三九七《刘甲传》。

<h1 style="text-align:center">赐刘甲诏</h1>
(开禧三年正月至二月间)

所乞致仕,实难允从,已降指挥,召赴行在。今朝廷已遣使与金通和,襄、汉近日大捷,北兵悉已渡江而去。恐蜀远未知,更在审度事宜,从长区处。

出处:《宋史》卷三九七《刘甲传》。又见嘉靖《河间府志》卷二〇。

考校说明:编年据刘甲宦历补,见《宋史》卷三九七《刘甲传》等。

<h1 style="text-align:center">贡举诏</h1>
(开禧三年二月一日)

朕宵旰庶政,痹瘵群英,念治今日者匪借异代之贤,而习先圣者宜明当世之务。粤从临御,屡俾搜扬。矧兹多事之时,莫若得人之急。惟道德之富,庠序之所作成;贤能之书,乡间之所推择。属当大比,其悉上闻。伫陈治平之元,式赴功名之会。强学待问,谅乐馨于忠嘉;量材授官,庶协图于康济。咨尔多士,体予至怀。

出处:《宋会要辑稿》选举一之二六。

钱象祖辞免召赴行在不允诏
(开禧三年二月四日后)

　　敕:具悉。朕思靖边氛,兴怀旧弼,卿精忠体国,沈虑识时,召自辅藩,倚摅贤蕴。矧浙河之东密迩王室,谓宜朝受命而夕引道,胡为上章,以疾来诮? 惟吾股肱之望,义均戚休。毋徇一身出处之私,勉副公朝图任之切。正兹渴想,其略执辞。所辞宜不允。依已降指挥,疾速赴行在,不得再有陈请。

出处:《后乐集》卷三。
撰者:卫泾
考校说明:编年据《宝庆会稽续志》卷二补。

赐前参知政事钱象祖到阙传宣抚问并赐银合茶药口宣
(开禧三年二月四日后)

　　有敕:朕渴思旧弼,召自东藩,三节延仁于疾驱,一苇喜聆于利涉。迎加郊劳,宠锡食珍。

出处:《后乐集》卷五。
撰者:卫泾
考校说明:编年据《宝庆会稽续志》卷二补。

文武百寮三奏请皇帝御正殿复常膳宜允批答
(开禧三年二月六日前)

　　省表具之。朕惟成汤罪己以兴邦,宣后侧身而复古,退循菲德,慨慕前猷。虽边祲之潜销,岂予心之遑逸。夙夜祇惧,当如敌国外患之犹存;上下交修,益以鸩毒宴安而自儆。泲览复常之奏,备嘉尊主之诚。临大昕之朝,敢忽苞桑之戒;御中昃之食,采深尝胆之思。兹勉徇于舆情,尚共图于丕绩。所请宜允。

出处:《后乐集》卷五。
撰者:卫泾

考校说明:编年据《宋史》卷三八《宁宗纪》补。

赵淳魏友谅转官诏
(开禧三年二月八日)

鄂州江陵府驻札御前诸军都统制、兼京西北路招抚使、兼知南阳府赵淳保守襄阳,屡获胜捷,忠节显著,备见勤劳,特转忠州团练使;武经郎、江陵副都统制魏友谅特转武翼大夫。

出处:《宋会要辑稿》兵二〇之八。

令州县守令祈雨诏
(开禧三年二月十一日)

雨泽稍愆,两浙州军令本路转运司行下所部阙雨州县,委自守令亲诣管下灵应神祠精加祈祷,务获感应。

出处:《宋会要辑稿》礼一八之二六。

宇文绍节辞免兵部尚书不允诏
(开禧三年二月十六日后)

敕:具悉。古者六官之长皆取民誉,盖欲扬历事任,经营四方,使其名实孚于外,而后选用重于朝。朕以此意待士夫,至不薄也。卿学辕闳奥,才裕经纶。体国忧时,蚤登禁列;干方尽瘁,时号良翰。久烦牧御之筹,载锡召还之节。惟武部乃司戎之职,尚书为纳言之官。在平时不轻畀人,矧多事尤当遴择。其勉副艰难之寄,毋过形谦挹之辞。所辞宜不允。

出处:《后乐集》卷四。
撰者:卫泾
考校说明:编年据《嘉定镇江志》卷一五补。

杨辅乞还田里不允诏
（开禧三年二月二十九日后）

敕：具悉。朕惟国家平时储养贤望，正为一旦缓急之备。卿高风立懦，厚德镇浮。践扬三朝，华皓一节。留以遗朕，殆不偶然。乃者孽臣敢图不轨，四邻震动，西土绎骚。惟卿截然中居，倡率诸道，词气慷慨，意度安闲。诞扬先声，与被密诏，果凶渠之克殄，迄井络之载宁。砥柱之屹中流，昔固嘉于素守；疾风之知劲草，今愈谅于纯诚。俾宣外阃之威，全护坤维之重，封圻略定，尤藉抚绥。岂徒宽西顾之忧，抑俯徇蜀人之意。抗章勇退，非朕乐闻。所请宜不允。

出处：《后乐集》卷四。
撰者：卫泾
考校说明：编年据文中所述史事补，见《宋史》卷三八《宁宗纪》、卷三九七《杨辅传》。

吴总辞免知鄂州不允诏
（开禧三年二月前后）

敕：具悉。鄂渚上流，旁连蜀汉，下控吴楚，自昔用武之地，在今择守尤难。卿被遇四朝，险夷一节，召置从橐，出赞元戎。方倚壮犹，勉从外补，与其远司于榷牧，孰如近界以蕃宣。矧尔旧游，谅多遗爱，将肃清于氛祲，抑有赖于威名。忠报是图，谦辞宜略。所辞宜不允。

出处：《后乐集》卷三。
撰者：卫泾
考校说明：编年据卫泾任两制时间、吴总宦历补，见《宋史》卷三九七《刘甲传》等。

广德广惠庙加封制
（开禧三年二月后）

朕对越百神，以绥四海，凡郡国之祀，功利彰著者必崇其封爵，厚其礼文。某庙神庙食桐川，历岁弥久，祠宇像设，几遍江南，而四方之人奔走祷请，无虚日也。

间因旱潦,遣使致祈,精诚所通,其应如响。朕惟宠嘉之,爰锡命书,载新美号。惟神益昭其德,以惠元元,则朕之报神,岂有已哉!

出处:《育德堂外制》卷一。

撰者:蔡幼学

考校说明:编年据文中所述"间因旱潦,遣使致祈"补,见《宋会要辑稿》礼一八。

朝散大夫尚书左郎官田澹特授行尚书吏部员外郎制
(开禧元年十一月至开禧三年三月间)

十年去国,有嘉难进之风;千里承流,茂著惟良之绩。兹对扬于文陛,爰进陟于名郎。尔学问邃深,材猷敏劭,培养滋久,望实益孚。六曹均隶中台,三铨独为高选,惟精识足以别流品,惟明决足以革奸欺。其殚乃心,以佐而长,朕将于此观远业焉。可。

出处:《后乐集》卷一。

撰者:卫泾

考校说明:编年据卫泾任两制时间、田澹官历补,见《宋会要辑稿》刑法六。

降授朝散大夫充宝谟阁待制提举建宁府武夷山冲佑观赐紫金鱼袋辛弃疾依前官特授知绍兴军府兼管内劝农使充两浙东路安抚使马步军都总管赐如故制
(开禧元年十一月至开禧三年三月间)

师帅承流,本以宽大奉行为首;会稽并海,思得文武牧御之才。属此畴咨,得于已试。惟素望夙烦于镇压,则赤子必善于抚摩。其即祠廷,往分阃制。具官某谋猷经远,智略无前。方燕昭碣石之筑宫,何愧海滨之至;驾华山骒耳以行远,讵忘烈祖之知。久矣践扬,蔚有风采。爰擢登于禁从,将旋界以事功。其才任重有余,盖一旦缓急之可赖;为吏太刚则折,此三期贤佞之未齐。朕惟旬四方而用俊民,岂以一眚而掩大德,其以济南之名彦,载新浙左之旌麾。夫才固有其所长,政亦贵于相济。往者盗鬻为害,赖卿销弥居多。今闻怀绥以重来,必且望风而屏去。惟宽严之不倚,庶操纵之适宜。噫,黄霸治如其前,终归长者;粤人轻而好勇,务在安之。可。

出处:《后乐集》卷一。又见《山房集》卷二。

撰者:周南

考校说明:编年据卫泾任两制时间、辛弃疾官历补,见《宋史》卷四〇一《辛弃疾传》、《宋会要辑稿》刑法六。此制为《山房集》收录,当是周南代卫泾而作。周南为卫泾代作诏令事参见《荆溪林下偶谈》卷三。

朝散大夫行尚书吏部员外郎田澹依前官特授国子司业制
(开禧元年十一月至开禧三年三月间)

虞以后夔教胄子,裁量材质之偏;周以司业掌成均,薰陶道德之性。朕惟古昔淑人之本,靡专辞华末艺之工。思得纯儒,追还此意。以尔行谊修洁,器度端凝,曩表正于辟雍,务申饬于规矩。践扬滋久,誉处弥休。辍从省户之联,以膺师氏之任。夫多士涵养之厚薄,即异时人物之盛衰。尔其勉绍前闻,茂明教法,俾之优游而自得,毋或捍格而不胜,皆为士君子之归,副予建首善之化,斯称厥职,时乃之休。可。

出处:《后乐集》卷二。

撰者:卫泾

考校说明:编年据卫泾任两制时间、田澹官历补,见《宋会要辑稿》刑法六。此制时间当在同集卷一《朝散大夫尚书左郎官田澹特授行尚书吏部员外郎制》之后。

朝议大夫中书门下省检正诸房公事兼国用司参计
官丽水县开国男食邑三百户梁季珌依前官特授权
尚书户部侍郎兼同详定敕令官制
(开禧元年十一月至开禧三年三月间)

《洪范》八政,莫先食货之原;文昌六曹,尤重钱谷之任。属调度将图于大计,则选抡宜得于通材。具官某履行端纯,器资阔博。蚤扬胪仕,绰著能声。屡更麾节于民庸,几遍江淮之辙迹。冠班外府,嘉使指之益修;纠务中台,曾庙谟之密赞。咸谓跻荣之晚,独高难进之风。深简朕知,亟仪禁序。惟边围方严于经理,而大农所赖于通融。尔尝出总军储,入参邦用,必熟究利源之本末,矧已观心计之精明。俾分典于民曹,庶共裨于国事。斡旋均节,岂惟殚萧晏之长;献纳论思,其益罄严徐之蕴。祗承休命,嗣对宠光。可。

出处:《后乐集》卷二。

撰者:卫泾

考校说明:编年据卫泾任两制时间、梁季珌官历补,见《宋会要辑稿》刑法六。

中奉大夫守国子监祭酒兼中书舍人雷孝友依前官特授权尚书兵部侍郎兼中书舍人制
(开禧元年十一月至开禧三年三月间)

司马之典邦政,盖分职于六卿;内史之赞王言,实参华于两禁。矧经理图宁于戎略,而播告思奋于人心,匪得全材,曷膺妙选?具官某夙推奥学,夙擅英声。汉儒通世务之宜,雅高扬历;唐文为名家之冠,蔚有典刑。嘉韬缊之素深,久徊翔而难进,再仪班著,采畅风猷。领教东胶,士识在三之训;演纶西省,时称共二之能。简自朕心,跻于迩列。其以夏卿之亚,仍兼词掖之真。惟甲兵之问,方倚讦谟;而号令之敷,实资大手。当使军实悉加于申儆,庶几帝制复见于坦明。周室修戎,赖祈父爪牙之助;郑人为命,繇子产润色之功。勉企前闻,嗣对休宠。可。

出处:《后乐集》卷二。

撰者:卫泾

考校说明:编年据卫泾任两制时间、雷孝友官历补,见《南宋馆阁续录》卷九。

朝请郎守尚书刑部郎中赐绯鱼袋奚士逊依前官特授尚书右司郎中赐如故制
(开禧二年二月至开禧三年三月间)

中台总机务之繁,都司冠郎吏之选,岂特付受书奏,亦以助正纪纲。非更践中外,练习典章,不以轻畀。尔器质淑茂,才术疏通,历试节麾,蔚著风绩,分曹宪部,以平允称。惟时省闼之联,藉尔老成之望。尔其弥纶阙失,纠正稽违,俾吾二三大臣图回其大者,而不以薄物细故累其心,斯为称职,嗣有褒升。可。

出处：《后乐集》卷一。

撰者：卫泾

考校说明：编年据奚士逊宦历补，见《宋会要辑稿》选举二一、刑法六。

朝奉郎殿中侍御史兼侍讲赐绯鱼袋徐楠依前官特授守侍御史兼侍讲赐如故制
（开禧二年三月至开禧三年三月间）

朕寄耳目于三院，振纲纪于百官。御史不除大夫，实先朝之制；宪府或虚独座，以横榻为尊。肆求已试之良，式副久虚之选。尔性资端亮，器度恢闳。肃政殿中，憺威稜于白简；侍言帝幕，馨启沃之鸿猷。朕惟纠绳之地，择人为难；信任之专，以久而见。矧天下想闻风采之著，而治道务在邪正之知。爰峻陟于台端，俾尽行于素学。夫有刚毅之气，复居雄剧之司，位足以达其言，仁足以辅其勇。必能厉正衙之弹奏，庶几俾公道之兴行。岂惟京师高避骢之名，将使将臣有落胆之惧。汝享无穷之闻，予获知人之明，顾不伟欤！可。

出处：《后乐集》卷二。

撰者：卫泾

考校说明：编年据徐楠宦历补，见《宋史》卷三八《宁宗纪》、《宋会要辑稿》刑法六等。《宋会要辑稿》职官七四："（开禧二年十月十四日）同日，新提点坑冶铸钱公事陈景俊与宫观，理作自陈。以殿中侍御史徐楠言其罔冒乱法，巧于经营。"然《宋史》卷三八《宁宗纪》载："（开禧二年三月）己酉，知处州徐邦宪入见，请立太子，因以肆赦弭兵，侍御史徐楠劾罢之。"《两朝纲目备要》卷九开禧二年三月己酉条注文亦称徐楠为"侍御史"，待考。

推赏彭辂等诏
（开禧三年三月五日）

彭辂特转正任刺史，依旧金州副都统制，策应荆襄军马。随行军兵各补转三资，各支犒设钱二十贯，令湖北京西宣抚司支给。内兵将官开具职位姓名申三省、枢密院，优异推恩。

出处：《宋会要辑稿》兵二〇之八。

诫约州县郡守诏

(开禧三年三月十七日)

朕猥以眇冲,嗣承基绪,上思天命之匪易,下念民生之多艰,宵旰靡皇,渊冰是惧。属边陲之俶扰,当兵戎之屡兴,徭役滋繁,黎元骚动,未能安田里之业,宁不奸阴阳之和?冬春以来,雨泽尚阙,深惟其故,实轸朕心。备殚寅畏之诚,期答昊穹之戒。尚虑州县官吏奉行弗至,民间疾苦不得上闻。繄于守令监司,咸思消变之道,体朕修省,究心抚摩。如有违戾诏敕,敢事烦苛,并缘军兴,过有科扰,日下严行禁戢。凡犴狱淹滞,逮系非辜,刑罚失平,幽枉未达,常切觉察,以称朝廷钦恤之意。

出处:《宋会要辑稿》职官七九之一九。又见《翰苑新书》后集上卷一二。

付吴猎御批

(开禧三年三月二十一日)

贼曦干纪,神人共愤。卿受任荆襄,密迩蜀门,忠义所激,慨然有讨贼之志,朕甚嘉之。今岘安陆虏骑奔北,卿威名益著,筹略方深,经理创残,申饬战守之余,宜为朕兼总西事。凡可携离逆党,指授将士,一以付卿,无失机会,又须审度,务在必成。应有合行事宜,可密切条具来上。故兹札示,想宜知悉。

出处:《宋会要辑稿》职官四一之四一。又见《鹤山先生大全文集》卷八九《吴公行状》。

希恬换右千牛卫将军制

(开禧三年三月二十三日)

朕惟成周之治,始于亲亲,三复《常棣》之诗,未尝不想见其美也。尔崇王诸孙,知自修饬,列之环卫,以奉内朝。体予立爱之恩,思尔为善之乐。

出处:《育德堂外制》卷一。
撰者:蔡幼学

考校说明:编年据《宋会要辑稿》帝系七补。

赵希怟换授将军诏
(开禧三年三月二十三日)

师皋次男希怟与依兄希闵例,换授将军,免赴朝参,应干请给等,依兄希闵例支破。

出处:《宋会要辑稿》帝系七之一八。

令许奕前去四川抚谕军民诏
(开禧三年三月二十五日)

逆曦就戮,合行抚谕四川军民,令许奕前去抚谕,仍一就喝犒兴州、兴元府、金州诸军各钱引一十道,令安丙于见管钱内取拨。

出处:《宋会要辑稿》职官四一之一六。

四川宣抚使知成都府杨辅辞免不允诏
(开禧三年三月二十五日后)

敕:具悉。朕惟妖孽就诛,西陲甫定,思得重臣以抚绥之。念非声实素著,无以镇压群动;非识度宽明,无以并合众谋。以卿德懋材全,望高诸老,故就分阃之寄,申以宣威之命。朕又念贤者在朝,何忧外郡之治;直谏居内,足寝淮南之谋。是用蔽之佥言,趣其来觐。属方侧席,以伫辰猷;兹览来章,尚形谦避。何也? 命召而不俟驾,宜勉忠诚;木强而可折冲,冀收儒效。所辞宜不允。

出处:《后乐集》卷四。
撰者:卫泾
考校说明:编年据《宋史》卷三八《宁宗纪》补。

安丙辞免转中大夫端明殿学士知兴州充利州西路安抚使兼四川宣抚副使不允诏
(开禧三年三月二十五日后)

敕：具悉。报非常之功者，当隆于宠数；抚新定之俗者，难徇于彝章。卿力奋精忠，手锄元恶。易危为安而在谭笑，固智略之无前；辍作倾耳以听风声，谅人情之欢动。乘众心之共愤，复故壤以如携。露布朝闻，褒纶夕下，升华书殿，视秩政涂。岂惟彰体貌之优崇，盖亟藉威名之静镇。胡为剡牍，尚尔控辞？夫成功不矜，已嘉任重之器；先事而虑，勿忘善后之图。副予眷倚之深，昭尔勋庸之茂。所辞宜不允。

出处：《后乐集》卷四。

撰者：卫泾

考校说明：编年据《宋会要辑稿》兵二〇补。

安丙再辞免端明殿学士中大夫知沔州充利州西路安抚使兼四川宣抚使不允诏
(开禧三年三月二十五日后)

敕：具悉。朕惟定功行封，以不逾时为贵；任重致远，以能镇物为先。卿凤负奇才，适遭多故，率熊罴不二之士，殄鲸鲵必戮之凶。挺然忠诚，皎若霜日。谈笑复秦关之险，从容奠坤壤之安。爰稽盟府之藏，亟举司勋之典。坐阅一时之久，犹勤再命之恭。夫视秩政涂，朕既亲以心膂；宣威阃外，朕方寄以股肱。宜思体貌之隆，勿存形迹之间，亟祗茂渥，益展壮猷。所辞宜不允，不得再有陈请。

出处：《后乐集》卷四。

撰者：卫泾

考校说明：编年据《宋会要辑稿》兵二〇补。

吴揔落宝谟阁直学士制
（开禧三年三月二十七日）

晋存赵衰之后，传者以为美谈；汉族霍光之家，君子盖有余憾。眷时吴氏，功在西陲。虽逆曦猖狂，自取夷灭，而弈世勋伐，未可弭忘。质之金言，宥其近属。具官某，比由法从，往莅价藩。属大憝之就诛，沥忱诚而引咎。朕以其分虽叔侄，意本异同。曦方通外境之谋，陆梁陇蜀；尔实佐元戎之任，保捍江淮。心素谅其无他，罪固难于相及。然而命义之重，尔岂遑安；法令之常，朕不敢废。夺班联于内阁，徙名数于重湖。尔其体国家之宽仁，务全晚节；教子孙以忠孝，益励后图。朕言惟公，汝听毋忽。

出处：《育德堂外制》卷一。
撰者：蔡幼学
考校说明：编年据《宋会要辑稿》刑法六补。

程松澧州安置制
（开禧三年三月二十七日）

大臣之任征伐，耻孰过于弃师；司寇之正典刑，罪莫先于误国。有严成涣，允协师言。尔夙慕驱驰，居怀慷慨。谓其可用，俾参宥密之联；期以立功，式畀宣威之寄。惟时共事，久蓄异谋，曾莫察于几微，徒激成其衅隙。比反形之已见，顾忧责之孰尸。纵未能亲督三军，力明大义，岂可不率先诸郡，勉思令图？胡仆仆以求生，尚区区而苟利，安受私遗，奄取兵储。全汝一躯，委予数路，傥知退省，宁不内惭？朕以其尝在迩联，姑从轻典。属既伸于天讨，益洞见于人情。彼孰无报国之心，汝独徇谋身之计。不忠至此，清议谓何！谪以散官，昭示无穷之戒；处诸内地，犹为至厚之恩。

出处：《育德堂外制》卷一。
撰者：蔡幼学
考校说明：编年据《宋史》卷三八《宁宗纪》补。

禁将病囚押下巡尉司以致死诏
(开禧三年三月二十九日)

应州县辄将病囚押下巡尉司以致死亡者,许被死之家直经刑部陈诉,仍令提刑司于岁终别项检察,并行具申,将州县官重作施行。

出处:《宋会要辑稿》刑法六之七四。

辛弃疾辞免除兵部侍郎不允诏
(开禧三年三月前后)

敕:具悉。朕念国事之方殷,慨人材之难得。外而镇临方面,欲藉于威望;内而论思禁列,将赖于讨谟。熟计重轻之所关,莫若挽留而自近。卿精忠自许,白首不衰。扬历累朝,寔为旧德;周旋剧任,居有茂庸。建大纛以于藩,趣介圭而入觐。虽戎阃正资于谋帅,而武部尤急于需贤。勉图厌难之勋,宜略好谦之牍。所辞宜不允。

出处:《后乐集》卷三。
撰者:卫泾
考校说明:编年据辛弃疾宦历补,见《宋史》卷四〇一《辛弃疾传》、《宋会要辑稿》刑法六。

宇文绍节辞免兼同修国史兼实录院同修撰不允诏
(开禧三年三月后)

敕:具悉。朕惟信史之传,将垂永世之法,虽乃图回于多事,不忘敷述于先猷,必得鸿儒,往资润色。卿学辕闳奥,识洞几微。世参弼近之联,居称文献之美。矧编摩之维旧,俾论撰以是宜。兹峻陟于中台,爰兼华于直笔,式符妙选,其略谦辞。所辞宜不允。

出处:《后乐集》卷四。
撰者:卫泾

考校说明:编年据《南宋馆阁续录》卷九补。

<h1 style="text-align:center">处置吴曦族属诏</h1>
(开禧三年三月后)

吴曦叛逆,族属悉合诛戮,朕念其先世,不忍夷灭。除曦妻男并决重杖处死外,其男十五以下并女及生子之妾,并分送二广远恶州军编管,内已出嫁者免;亲兄弟有官人除名勒停。应吴璘位下子孙,并移徙出蜀,分往湖、广诸州居住。吴玠位下子孙与免连坐,通主吴璘坟墓、祭祀。令四川宣抚置司取见服属官职照应施行讫闻奏。

出处:《文献通考》卷一七〇。

<h1 style="text-align:center">董安仁父赠官制</h1>
(暂系于开禧三年春夏间)

使相之崇,国家所重。乃眷爪牙之士,式殚捍御之劳。追念其先,沥诚有请,肆兹从欲,亦以示公。具官某,故父具官某天禀英豪,家传忠勇。久在戎伍,屡书战多,施及后昆,力能却敌。而不自受赏,期于贻恩。朕惟孝子显亲之思,固无或已;明主报功之典,宁有攸拘。爰疏宠于九原,俾眠仪于三事。尚其不泯,服此哀荣。

出处:《育德堂外制》卷一。
撰者:蔡幼学
考校说明:编年据同集前后文时间补。

<h1 style="text-align:center">辛弃疾叙朝请大夫制</h1>
(暂系于开禧三年春夏间)

推贤达能,士之素志;失举连坐,国之旧章。法虽必行,情或可亮。具官某,凤怀气概,自许功名。被器使于累朝,历蕃宣于数路。更事既久,阅人亦多。胡决择之未精,以荐扬而自累。爰因需宥,浸叙前官。观过知仁,朕岂追尤于既往;惟善举类,卿其益谨于将来。

出处:《育德堂外制》卷一。

撰者:蔡幼学

考校说明:编年据同集前后文时间补。

王钺知金州制
(暂系于开禧三年春夏间)

朕简求将帅之臣,兼领侯藩之寄,专其事任,责以立功。尔整我六师,控于荆蜀,令行卒伍,气慑夷蛮。就畀虎符,以临千里。惟恩威之两得,则军民之相安。勉图尔庸,嗣有殊渥。

出处:《育德堂外制》卷一。

撰者:蔡幼学

考校说明:编年据同集前后文时间补。

许及之复银青光禄大夫制
(暂系于开禧三年春夏间)

朕若稽列圣,体貌大臣。同寅协恭,凤重弼谐之任;记功忘过,式昭眷注之怀。锡以明纶,孚于公听。具官某,赋资英发,抗志高明。受知孝宗,擢寄言责;被遇文考,简在论思。肆朕缵承,两登柄用。甫书劳于鼎鼐,胡引咎于田庐。兹举彝章,悉还崇秩。人惟求旧,朕方遐想于令猷;国耳忘家,尔尚勉思于忠报。

出处:《育德堂外制》卷一。

撰者:蔡幼学

考校说明:编年据同集前后文时间、许及之宦历补,见《宋会要辑稿》职官七四。

陈邕降朝奉郎制
(暂系于开禧三年春夏间)

朕爱惜人材,待之以恕,苟丽于罚者,未尝不审其轻重也。尔有志事功,远将使指。逆臣始祸,势犹可为,而轻去司存,岂得无罪? 不远而复,盖庶几焉。贬尔两阶,弗夺其任,朕所以爱尔之意也。勉充素志,以称隆宽。

出处:《育德堂外制》卷一。

撰者:蔡幼学

考校说明:编年据同集前后文时间、《宋会要辑稿》职官七四补。同集同卷另有一篇《陈邕降朝奉郎制》。《宋会要辑稿》职官七四:"(开禧三年九月)十一日,成都提刑陈邕更降三官,放罢。初降两官,又以四川宣抚副使安丙言其遵禀逆曦之令。"此篇"朝奉郎"或为"朝散郎"之误。

黄瑰周章降官制
(暂系于开禧三年春夏间)

审谋于仓卒之际,蹈义于危难之中,朕所以望士大夫也。尔将指西州,服勤已久。逆臣始祸,势犹可为,而昧于事几,轻去官守。揆之以义,可无罪乎? 尚体隆宽,毋忘补过。章改"将指"作"分符"。

出处:《育德堂外制》卷一。

撰者:蔡幼学

考校说明:编年据同集前后文时间补。

赵师罴降太中大夫制
(暂系于开禧三年春夏间)

乃积乃仓,咏于周《雅》,古人盖以是观国焉。苟有弗虔,其可佚罚。具官某,选于公姓,服在大僚。朕方谨粟入之藏,严缮修之令,而尔适任天府,属役非人,曾未逾时,遽闻垫圮,岂朕所以望于尔者乎! 尚体隆宽,毋忘退省。

出处:《育德堂外制》卷一。

撰者:蔡幼学

考校说明:编年据同集前后文时间补。

董仲永赠节度使制
(暂系于开禧三年春夏间)

　　名器之崇,国家所重。眷言近侍,久事先朝,追锡徽章,盖循旧典。具官某,恪恭匪懈,谦下自将。亲逢高庙之中兴,夙预内廷之器使。备宣忠力,浸服显荣。虽不见其人,已岁时之浸远;而有劳于国,岂赠恤之可忘。爰疏将钺之荣,以贲泉扃之邃。尚时精爽,克对宠灵。

出处:《育德堂外制》卷一。

撰者:蔡幼学

考校说明:编年据同集前后文时间补。

显忠褒忠庙封公制
(暂系于开禧三年春夏间)

　　尔昔提孤旅,坚守山阳,力挫敌锋,不顾其死。庙食兹土,且八十年,犹能显其神灵,助我将士,以成却敌之勋。死而不亡,朕所嘉叹。乃即易名之旧,载加封爵之新。尚惠其民,以相吾国。胜改"坚守山阳"作"保捍清河","庙食兹土"作"庙食于楚","且八十年"作"逾四十年"。

出处:《育德堂外制》卷一。

撰者:蔡幼学

考校说明:编年据同集前后文时间补。题后原注:"赵立、魏胜。"

襄阳惠泽等庙加封制
(暂系于开禧三年春夏间)

　　古之出师,是类是祃,所以承神休也。尔庙食于襄,而能显其灵异,成将士却敌之勋。爰锡命书,申衍称号。尚其嘉享,终惠一方。

出处:《育德堂外制》卷一。

撰者:蔡幼学

考校说明：编年据同集前后文时间补。

百岁补官封号制
（暂系于开禧三年春夏间）

年之贵乎天下久矣。朕对越天地，推老老之恩，而尔寿过期颐，乡党所敬，妇人作"流芳闺壶"。锡之一命，式昭尔荣。

出处：《育德堂外制》卷一。
撰者：蔡幼学
考校说明：编年据同集前后文时间补。

杨文昌授团练使制
（暂系于开禧三年春夏间）

朕惟立国之规，世臣是重，故于勋阀之裔，苟有可称，则奖而进之，如恐弗及。具官某，夙更任使，恭靖自将。易刺一州，置之迩列。服勤滋久，以疾祈闲。朕念尔祖之功，藏在盟府，而诸孙向用，惟汝一人，序进戎团，岂曰例赏。凡所为宠绥尔者，盖以显尔祖之世也。尚摅忠报，勉振家声。

出处：《育德堂外制》卷一。
撰者：蔡幼学
考校说明：编年据同集前后文时间补。

刘元鼎兼知光州制
（暂系于开禧三年春夏间）

朕思得熊罴之士，宣力于边，兼抚军民，修明纪律。使卒乘竞劝，里闾妥安，以振国威，以御外患。尔久莅戎伍，材勇著闻。御侮淮壖，劳效浸见。总屯营于溢浦，分符竹于浮光。合是二权，夫岂轻畀。尚体朕意，勉图尔庸。

出处：《育德堂外制》卷一。
撰者：蔡幼学

考校说明:编年据同集前后文时间补。

李源封通应真人制
(暂系于开禧三年春夏间)

自昔隐居之士,生不用于世,而殁能垂祐于民者,盖时有之。今有司言,尔惠及一方,其应如响,爰锡嘉号,以发幽光。尚宏尔休,施于无斁。

出处:《育德堂外制》卷一。
撰者:蔡幼学
考校说明:编年据同集前后文时间补。

常崇赠武翼大夫制
(暂系于开禧三年春夏间)

武兴之变,西土震惊。亦惟忠义之臣,协心戮力,迄行天讨,以靖一方。尔遭变之初,慷慨愤激,饮恨以殁,闻者伤之。推汝之心,傥未即死,岂不能身先士卒,以殄凶渠乎?追锡崇阶,以慰忠魄。

出处:《育德堂外制》卷一。
撰者:蔡幼学
考校说明:编年据同集前后文时间补。

沔州信惠庙加封制
(暂系于开禧三年春夏间)

三纲五常之理,贯于显幽,故凡僭叛之徒,非特人所共怒,而神亦得以诛绝之。推本厥功,其可忘报。具某神庙食于沔,惠及其民,锡以王封,阅岁滋久。日者逆曦之变,西土绎骚,惟我忠臣,激昂将士,唱明大义,以行天诛。亦惟尔神,去逆与顺,阴相默佑,底于有成。爰锡命书,载衍嘉号。惟神益显威德,以绥四方,则朕之报神,宁有已哉!

出处:《育德堂外制》卷一。

撰者：蔡幼学

考校说明：编年据同集前后文时间补。

方信孺授奉议郎制
（暂系于开禧三年春夏间）

朕因敌求好，申遣行人，期于偃兵，以臻安静。汝往宣使指，不避其劳，迁秩之恩，岂嫌过厚。勉讫尔事，以对宠光。

出处：《育德堂外制》卷一。

撰者：蔡幼学

考校说明：编年据同集前后文时间、文中所述史事补，见《两朝纲目备要》卷一〇、《金史》卷六二《交聘表》等。

李郁授团练使制
（暂系于开禧三年春夏间）

朕思得壮士，以守四方，盖选择之久矣，而绩用昭著，不过数人。比其还归，可无褒渥。具官某，为国宿将，独当贼冲。坚守一城，屡腾捷奏，气慑边境，声震淮堧。朕用嘉之，召对便殿。论议慷慨，精神尚强。擢正戎团，留置环列。岂特酬功于既往，固将责效于方来。益壮尔猷，以称朕意。

出处：《育德堂外制》卷一。

撰者：蔡幼学

考校说明：编年据同集前后文时间、李郁宦历补，见《宋会要辑稿》兵二〇、《景定建康志》卷二六。

杨谷授文州刺使制
（暂系于开禧三年春夏间）

朕资戚畹之良，典宾阁之事，乃惟宫城宿卫之重，亦以属之。既懋贤劳，恳辞共二，肆兹从欲，可后疏恩。具官某，性质通明，仪度修整，出入禁闼，周密自将。叠组之华，式昭眷任。载披巽牍，勉徇雅怀。赏从其优，擢畀遥刺。盖闻先汉之盛,窦长君、少君不以富贵骄人,号称长者。惟汝伯仲,并跻显荣,勉晞古人,则朕以怿。

出处:《育德堂外制》卷一。
撰者:蔡幼学
考校说明:编年据同集前后文时间补。

范仲壬知夔州制
(暂系于开禧三年春夏间)

朕念蜀道去朝廷远,多事之后,谋帅为难,肆求忠实之臣,以重蕃宣之寄。尔名家之裔,俯从右科,儒雅自将,抱负独伟。历官中外,厥闻蔼然。比登环卫之联,往司榷牧之事,遭变仓卒,守义不渝。有臣若斯,朕所嘉与。惟古夔子之国,地控荆襄,其为朕镇抚兵民,辑宁封部,使德意孚于远服,奸宄弭于未然。少讫外庸,以须明陟。

出处:《育德堂外制》卷一。
撰者:蔡幼学
考校说明:编年据同集前后文时间补。

吴琯节度使致仕制
(暂系于开禧三年春夏间)

朕永怀宪圣,协济中兴。勋在宗祧,亲与三朝之揖逊;泽施族姓,有开奕世之显荣。肆时犹子之良,方任价藩之寄,矜其抱疾,许以乞身。具官某,赋质温柔,处心乐易。习见父兄之贵,不以骄人;浸亲州县之劳,庶几更事。自升华于留务,俾宣化于甸畿,资汝慈祥,布予德意。胡遽愆于调适,乃力丐于退休。授铖斋坛,共侈一门之盛;垂车里第,蔚为晚岁之光。勉啬精神,以绥福履。

出处:《育德堂外制》卷一。
撰者:蔡幼学
考校说明:编年据同集前后文时间补。

多庆赠开府制
（暂系于开禧三年春夏间）

昔在裕陵,笃友介弟,亲睦之典,施于累朝,蕃昌之休,燕及五世。惟时叔父,俄弃修龄,式示哀荣,丕昭眷遇。具官某,谦以自牧,宽而有容。属近行尊,靡徇骄盈之习;身端行治,夙推信厚之风。方跻廉按之华,以壮藩维之势,胡然微疾,竟殁元身。锡以徽章,仪视三公之贵;分之茅土,爵登五等之先。尚其有知,服我休命。

出处:《育德堂外制》卷一。
撰者:蔡幼学
考校说明:编年据同集前后文时间补。

多庆妻蔡氏封郡夫人制
（暂系于开禧三年春夏间）

朕笃叙宗盟,优崇近属,告终之际,恩意有加,宠绥之章,先其内助。具官妻某氏,作配君子,敬戒无违,宜其室家,允有常度。肆颁茂渥,疏以郡封。虽夫唱妇随,志弗谐于偕老;而母慈子孝,祉可衍于将来。益懋仪刑,以绥寿考。

出处:《育德堂外制》卷一。
撰者:蔡幼学
考校说明:编年据同集前后文时间补。

程涣降迪功郎制
（暂系于开禧三年春夏间）

尔职在捕盗,而纵卒虐民,其害甚于盗矣。罢官削秩,往省厥愆。

出处:《育德堂外制》卷一。
撰者:蔡幼学
考校说明:编年据同集前后文时间补。

善舆授右千牛卫将军制
（暂系于开禧三年春夏间）

熙宁以来,追崇濮邸,择其尊属,世袭王封;而又推恩子姓,列之环卫,于以壮藩维之势,隆亲睦之风。尔谨恪自修,久更官使。及兹改授,品秩浸高。其坚乐善之诚,称予笃叙之意。

出处:《育德堂外制》卷一。
撰者:蔡幼学
考校说明:编年据同集前后文时间补。

薛九龄授武德郎制
（暂系于开禧三年春夏间）

逆曦之变,震于一方,吾士大夫于去留之际,难乎其审处也。尔分符偏郡,意气挺然,抚集民夷,期于讨贼,是可以无褒乎? 序进二阶,以旌尔志。少须最课,求副简求。

出处:《育德堂外制》卷一。
撰者:蔡幼学
考校说明:编年据同集前后文时间补。

太中大夫充宝谟阁待制知泉州军州事兼管内劝农使候官县开国男食邑三百户林采依前官特授知平江军府事兼管内劝农使封如故制
（开禧三年四月前）

朕加惠侍臣,缅怀凤望。与其剖符于南服,许以便私;孰若移镇于中吴,俾之自近。允谐公论,申锡赞书。具官某学识造微,材猷经远。肃抨弹于宪府,久著直声;壮屏翰于名藩,尝腾善最。方内修御备,外固封圻。惟今行阙之右扶,实古长洲之茂苑,端藉威名之震叠,抑先惠政之抚绥,非予禁路之英,曷任顾忧之托?

爰辍从于乡郡,俾典领于奥区。尔其宣布上恩,爰养民力,节财用而均赋调,屏奸恶以安善良,使田里无愁叹之声,京师蒙润泽之及,时为称职,嗣有褒章。可。

出处:《后乐集》卷一。

撰者:卫泾

考校说明:编年据《绍定吴郡志》卷一一补。

朝奉大夫太常博士鲁开除太常丞制
(开禧二年九月至开禧三年四月间)

朕以季秋,大享于明堂,歆清宫、朝太庙,弥文缛典,职在奉常。虽典章具存,而必得博物洽闻之士,相与讲明之。尔驰声胶庠,盍擢名第,徊翔州县,晚而登畿。处以议郎,咸推直笔。肆畴久次,就俾为丞。益殚尔能,叶赞熙事。济于休成,嗣有褒陟。可。

出处:《后乐集》卷一。

撰者:卫泾

考校说明:编年据文中所述“朕以季秋,大享于明堂”、鲁开宦历补,见《宋史》卷三八《宁宗纪》、《宝庆会稽续志》卷二。

钱象祖辞免再知绍兴府不允诏
(开禧三年二月至四月间)

敕:具悉。朕惟旧弼实心腹之臣,辅甸乃股肱之郡。方起贤而自近,矧谋帅之维难。卿久践政涂,亶为民望。绸缪万务,具殚夙夜之勤;翌赞远图,隐若深长之虑。粤从去国,每切兴怀。兹稽舆论以赐环,亟俾东藩而制阃。徒得君重,庶期忧顾之宽;其沃朕心,式示来归之渐。成命胡稽于俟驾,冲襟尚执于循墙。宜体国事之重轻,勿泥身谋之出处。其蠲巽牍,以对茂恩。所辞宜不允,不得再有陈请。

出处:《后乐集》卷三。

撰者:卫泾

考校说明:编年据卫泾任两制时间、钱象祖宦历补,见《宝庆会稽续志》卷二、《宋史》卷二一三《宰辅表》等。

吴猎充四川宣谕使诏
(开禧三年四月三日)

刑部侍郎、湖北京西宣抚使吴猎充四川宣谕使,日下前去抚谕。已降指挥喝稿,许奕宣谕指挥更不施行。湖广总领项安世时暂兼京西宣抚司职事,候吴猎回日依旧。

出处:《宋会要辑稿》职官四一之一六。

宇文绍节侍读京湖宣抚制
(开禧三年四月十五日)

朕惟周宣中兴之盛,有若吉甫、召虎之贤,皆以近臣,出总师旅,厥有伟绩,播于声诗,君臣同休,照映千载。肆时法从,往莅行台,昭示眷怀,诞申涣渥。具官某,家传忠孝,志在事功,恩信孚于江淮,声望闻于蛮貊。朕方登之常伯,资以远猷。载瞻襄汉之间,莫重宣威之寄,俾陪经幄,以宠其行,全付上流,尽护诸将。朕之所以望卿者,盖吉甫、召虎之事也。卿其熟虑安危,审知缓急。顾念邦本,推劳来安集之仁;申饬边防,修车马器械之政。以壮士气,以寝敌谋。庶几边鄙肃清,王国底定,来归燕喜之祉,稽首对扬之休。朕将与卿同之,顾不韪欤!尚既乃心,以副倚属。

出处:《育德堂外制》卷一。
撰者:蔡幼学
考校说明:编年据《两朝纲目备要》卷一〇补。

宇文绍节辞免华文阁直学士知江陵府兼权宣抚使不允诏
(开禧三年四月十五日后)

敕:具悉。昔在先朝,若琦、仲淹,经理西事,或受任以出,或毅然请行,盖大臣以身许国,罔间中外。然践扬既久,望实益孚,华夏耸闻其风采,卒皆为名宰辅。朕观祖宗用人,于是有考焉。卿忠孝自其家传,材学周于世用。比年以来,入从出藩，其帅合肥则备御修饬，其镇京口则兵民奠安。嘉乃茂庸，召置迩列。荆襄择牧，复命建牙。厥今边浸虽销而内治方急，宽朕忧顾，非卿谁可任者？宠升遂职，承摄宣威。卿其勿惮独任，朕属任之意益厚矣。亟祗成涣，丕究远图。所辞宜不允。

出处：《后乐集》卷四。

撰者：卫泾

考校说明：编年据《宋会要辑稿》职官四一补。"华文阁直学士"，同集同卷《宇文绍节辞免侍读依旧华文阁学士宣抚使兼知江陵府不允诏》、《宋会要辑稿》职官四一均作"华文阁学士"，当以为是。

赐华文阁学士中大夫知江陵府湖北京西宣抚使宇文绍节夏药敕书
（开禧三年四月十五日后）

卿出藩入从，复宣阃外之威；当夏问涂，俶履离明之序。周爰靡止，嘉叹不忘。颁上剂以辅和，宜疾驱而毋惮。

出处：《后乐集》卷五。

撰者：卫泾

考校说明：编年据宇文绍节宦历补，见《宋史》卷三八《宁宗纪》。

付吴猎御批
（开禧三年四月十七日）

比以逆曦负国，付卿西讨，赖宗社之灵，贼不旋踵已诛。然远方乱定之初，犹轸忧顾，必得信实之臣单车所至，往宣德意。惟卿素知体国，就辍以行。其遂疾驱，为朕访求民瘼，镇安群情。如武兴一军兵数偏重，今欲分半屯于益昌，别命一帅统之。卿可与宣司商略，条具来上。诸有经画，并悉以闻。

出处：《宋会要辑稿》职官四一之一六。

吴猎四川制置使制
(开禧三年四月二十二日)

朕缅怀西蜀,邈在一方。假宣威之权,固特严于屏翰;隆制阃之任,尤允赖于保厘。乃辍近臣,以绥远俗。具官某,精忠许国,伟略过人。全付上流,恩信孚于襄汉;坐却强敌,声名震于关河。擢与论思,弥深眷倚。适北陲之少定,顾西土之多虞,更藉仁贤,往敷德意。已下遄归之诏,乐闻入告之猷。念行台专总于边防,正资协济;而属部久劳于兵事,宜务绥怀。伊职守之相须,欲施为之不悖。孰堪此选,无以逾卿。登之杂学士之联,畀以六十城之寄。庶殚远虑,茂阐宏图,以大慰于人心,以永纾于民力。惟张咏之直节,独推安集之勋;惟赵抃之清规,克布中和之政。勉睎前哲,以契朕心。

出处:《育德堂外制》卷二。
撰者:蔡幼学
考校说明:编年据《宋史》卷三八《宁宗纪》补。

赐宝谟阁待制四川制置使吴猎夏药敕书
(开禧三年四月二十二日后)

卿宣威北塞,方畴汉水之勋,分阃西陲,复借雪山之重。炎蒸届候,徒御实劳。锡上剂之珍良,辅冲襟于匵薄。

出处:《后乐集》卷五。
撰者:卫泾
考校说明:编年据吴猎宦历补,见《宋史》卷三八《宁宗纪》。

钱象祖辞免参知政事不允诏
(开禧三年四月二十三日后)

敕:具悉。古有格言,共政其惟图旧;时方多事,强本斯可折冲。卿德钜才全,器闳识远。身历三朝之久,望参诸老之间。自陟进于枢衡,益具瞻于岩石。比颁召节,入侍经帏,屡陈造膝之嘉猷,莫匪济时之急务。与其养恬祠馆,以奉清闲之燕;孰若密裨庙论,以究图回之勋。爰考师虞,复陪鼎席。昔宋庠之于庆历,公著之在元丰,皆以宣力四方,再登两社,迄臻大用,俱为名臣。朕之遇卿,抑何异此? 其殚素蕴,勿徇冲怀。所辞宜不允。

出处:《后乐集》卷三。

撰者:卫泾

考校说明:编年据《宋宰辅编年录》卷二〇补。

<h1 style="text-align:center">钱象祖再辞免参知政事不允诏</h1>
(开禧三年四月二十三日后)

省表具悉。人君虚己任贤,惟推诚而相与;贤者得时行道,岂辞位以为高? 卿出入三朝,险夷一节。曩因去国,每兴当馈之怀;旋起殿藩,即下趣归之诏。众方想闻其风采,朕尤喜见于仪刑。自聆启沃之规,采识忠诚之蕴。属政涂之虚位,畴物望以登庸。夫思之至故用之为不轻,信之笃故待之为无间。厥今北敌虽求和,而备御不可以暂弛;西陲虽耆定,而控御宜急于良图。所当惜日而有为,庶赖同心而共济。深谋远虑,方与卿等勉之;曲谨小廉,顾岂朕所望者? 所辞宜不允,仍断来章。

出处:《后乐集》卷三。

撰者:卫泾

考校说明:编年据《宋宰辅编年录》卷二〇补。

<h1 style="text-align:center">赐钱象祖断章批答口宣</h1>
(开禧三年四月二十三日后)

有敕:朕畴望经帷,登贤政路,士喜端人之复用,民欣旧德之来归。其勉罄于谋猷,勿过形于逊避。

出处:《后乐集》卷五。

撰者:卫泾

考校说明:编年据钱象祖宦历补,见《宋史》卷二一三《宰辅表》。"钱"字原无,据《宋史》卷二一三《宰辅表》补。

宇文绍节辞免侍读依旧华文阁学士宣抚使兼知江陵府不允诏
（开禧三年四月二十七日后）

敕：具悉。近臣体国，固不以宠利为心；公朝用人，亦贵乎名位之称。卿智略辐辏，忠节家传。属当多事之秋，屡懋干方之绩。荆襄重镇，吴蜀要冲，盖尝畀卿以帅阃，任宣威之寄矣。朕念西寇甫殄，北敌更盛，外御内修，此时为急。非擢正使领，无以镇抚边徼；非兼华帝幕，无以昭示宠光。成命既颁，师虞允穆，黾勉图报，乃卿职分，谦引抗辞，匪朕所望也。亟祗涣渥，毋惮暑行。所辞宜不允。

出处：《后乐集》卷四。

撰者：卫泾

考校说明：编年据《宋会要辑稿》职官四一补。

谕四川官吏军民僧道耆寿等敕书
（开禧三年四月三十日）

敕四川官吏军民僧道耆寿等：朕缅怀四蜀，邈处一隅，山川粹灵，自昔人材之盛，祖宗涵养，于今德泽之深，亦既有年，相安无事。岂期世将，辄负国恩。窃邑叛君，甘委身于黠虏；干名犯分，敢妄意于异图。事实骇闻，理宜亟讨。尚虑列城之惊扰，预颁密旨以翦除。方将命崇文以安驱，固已平子璋于即日。获匪其丑，旋嘉折首之来；诛止其魁，靡待斧吭之往。费不烦于遗镞，安再底于覆盂。皆尔军民，协于官吏，笃尊君亲上之义，坚砥节首公之诚，力抗凶顽，罔从污染。究观事变，足见人情。爰特遣于侍臣，俾具宣于温诏。并优赉予，以劳师屯。一视而同仁，庶益孚于朕意；四方以无侮，谅远震于戎心。各宁尔居，永臻于治。故兹抚谕，想宜知悉。春暄，汝等各比好否？遣书，指不多及。

出处：《宋会要辑稿》职官四一之一六。

吴猎乞罢黜不允诏
（开禧三年四月后）

敕：具悉。朕惟艰难多事之秋，必得魁垒济时之彦。其材力足以御卒变，其器度足以包群豪，乃能合智并谋，折冲厌难。卿夙负兼全之略，久分方面之权，义旅云从，威声远憺。朕念班爵崇则事任称，委寄隆则临制广，是用升之次对，付以宣威。迄屏捍于上流，遂肃清于穷寇。亟晋秋官之贰，俾专使领之雄。属戡定于西陲，宜将明于德意，徒得君重，勉为朕行。此诚忘私徇国之时，胡以引咎乞身为请？亟其叱驭，勿复重陈。所请宜不允。

出处：《后乐集》卷四。
撰者：卫泾
考校说明：编年据文中所述"亟晋秋官之贰，俾专使领之雄"补，见《鹤山先生大全文集》卷八九《吴公行状》、《宋史》卷三八《宁宗纪》。

朝请大夫直秘阁主管成都府玉局观彭演依前官特授荆湖南路提点刑狱公事兼本路劝农提举河渠公事借紫制
（开禧元年十一月至开禧三年五月间）

朕惟重湖之南，比岁旱歉，民不聊生。或饥寒切身，乃违误而丽于辟。每为恻然于心，故于选使尤重。以尔学识纯明，器资端靖，践扬中外，时惟老成，朕之德意志虑，知之熟矣，肆子命尔以祥刑之寄。尔其体宁失不经之谊，佩哀矜勿喜之戒，平谳庶狱，申理枉滞，宽猛轻重，咸迪厥中，俾荆湘千里之远，不异户庭咫尺之间，是为称职，嗣有宠褒。可。

出处：《后乐集》卷二。
撰者：卫泾
考校说明：编年据卫泾任两制时间、彭演官历补，见《宋会要辑稿》职官七四。

赐御前诸军都统制王大节孙忠锐夏药敕书
（开禧二年六月前或开禧三年四月至五月间）

敕：汝等任隆将阃，威慴边陲。涉九夏之炎歊，抚三军而劳勚。敁之珍剂，贲以宝奁。其推广于惠心，俾均沾于部曲。

出处：《后乐集》卷五。

撰者：卫泾

考校说明：编年据王大节、孙忠锐官历及文中所述"夏药"补，见《宋会要辑稿》职官七四、《建炎以来朝野杂记》乙集卷一八等。《宋会要辑稿》职官七四："(开禧二年)六月二日，江州都统王大节、统制官王泽，并追毁出身以来文字，除名勒停，大节袁州安置，泽编管永州。以御史中丞邓友龙论列，大节争功害国，泽率众奔溃，故有是命。既而臣僚复言迎敌不进，军无纪律，大节改送封州，泽改送新州。"据此本制当作于开禧二年六月前。然《建炎以来朝野杂记》乙集卷一八载："(开禧二年十二月)十一日丁巳，虏陷大散关，都统制毌丘思不知所在。十二日戊午，思单骑至兴元，程松黜之，以总管孙忠锐权都统制……(开禧三年)五月八日癸未，杨巨源杀孙忠锐于凤州。"据此本制当作于开禧三年四月至五月间，存疑待考。

吴摠责团练副使制
（开禧三年五月二日）

三代盛时，罪不相及，秦汉而下，始有连坐之刑。惟我祖宗，积累深厚，上用仁政，下无异心。虽或萦于民彝，自不逃于天讨，比其行法，犹务宽平。具官某，生长勋家，以能自见，更践中外，茂著勤劳。适犹子之干诛，集近臣而议罪。朕仰稽邦典，俯酌人情，念其二父之功，宜蒙十世之宥，止镌内职，俾徙他邦。而成命既行，台评未置，黜畀散秩，谪处零陵。会吾讨叛之臣，明汝输忠之素，复从优假，听即便安。操舍重轻，一以公论，朕岂容心于其间哉！往服宽恩，勉坚素履。

出处：《育德堂外制》卷一。

撰者：蔡幼学

考校说明：编年据《宋会要辑稿》刑法六补。

吴揔复官致仕制

(开禧三年五月二日后)

朕缅怀吴氏,久捍西州。兄弟协忠,大小几百余战;子孙袭庆,前后盖八十年。乃惟逆曦,自干大戮,岂以一人之故,忘其再世之劳?具官某,身事四朝,年逾七帙。当绍兴之际,已夙与于驱驰;及乾道以来,遂浸跻于华近。籍其耆旧,简在论思。俄凶慝之骇闻,引罪愆而归死。伊曦作孽,于尔何尤?顾未弭于人言,姑少伸于国法。谅衔深耻,遽属沉疴。载披谢事之章,可后念功之义。还其职秩,不离法从之班;复乃邑封,仍在通侯之籍。往祗宽典,尚衍修龄。

出处:《育德堂外制》卷一。

撰者:蔡幼学

考校说明:编年据吴揔官历补,见《宋会要辑稿》刑法六。

安丙奏处置吴氏家族事答诏

(开禧三年五月二日后)

除安丙已施行人外,余并照三月二十六日已降指挥施行,吴总依旧责授团练副使、特许于湖广州军从便居住。

出处:《宋会要辑稿》刑法六之四七。

三衙所差更替屯戍官兵支给犒设诏

(开禧三年五月十四日)

三衙所差更替、屯戍官兵,当此备边之际,即与常年更戍事体不同。起发犒设,合行优异。权依开禧三年殿司已支等则数目,支给一次。以后更戍官兵,却依旧例支给。

出处:《宋会要辑稿》兵二〇之三九。

太皇太后遗诰
(开禧三年五月十六日)

寿成惠圣慈祐太皇太后诰内外文武臣寮等：予猥以菲薄，俪极阜陵，获执妇道，以事高庙。久承宪圣慈烈之明训，亲见圣子神孙之相授，飨东朝之奉垂二十年。皇帝遹绳祖武，仁孝弥昭。属者就安内庭，昏定晨省，率礼无阙。赖天眷顾，基祚方隆。嘉与海内共底丕平，永飨至养，而春秋逾迈，疾疢乘衰。皇帝衣不解带，忧形于色，祷祈医疗，罔不疚怀。定命有终，莫施人力。予年登七帙，母仪三朝，深明夜旦之常，尚何死生之憾。皇帝宜念宗庙之重，勿过哀伤。更赖二三大臣，共为宽释。皇帝成服三日听政，丧纪以日易月，一依旧制。行在文武臣寮十三日而除。百官入临，随地之宜。诸道州府长吏以下，三日释服。军民不用缟素，沿边不得举哀。释服之后，勿禁作乐嫁娶。应营奉等费，并以寿慈宫钱物支给。陵寝制度，务从俭省，毋事烦劳。余依宪圣慈烈皇后故事施行。故兹遗诰，想宜知悉。

出处：《后乐集》卷四。
撰者：卫泾
考校说明：本诏是谢氏以太皇太后身份发布的诏令。编年据谢氏卒年补，见《宋史》卷三八《宁宗纪》。

文武百寮奏请皇帝听政不允批答
(开禧三年五月十六日后)

省表具之。朕追怀内殿问安之时，尝见三宫席庆之盛，念兹皇祖，实贻后嗣之燕谋；屏予一人，独有重闱之慈覆。欲报含饴之德，甫谐移御之欢。不吊昊天，降此大罚。共寝门之色养，为日几何；怆奕世之母仪，于今尽矣。朕属以元孙而祗逊，思昭大孝于继承。即庐次以执丧，茕然在疚；临法宫而亲事，非所忍闻。所请宜不允。

出处：《后乐集》卷五。
撰者：卫泾
考校说明：编年据文中所述史事补，见《宋史》卷三八《宁宗纪》。

文武百寮再奏请皇帝听政宜允批答
（开禧三年五月十六日后）

　　省表具之。朕自罹东朝之忧，甫毕西阶之殡。故不释经带而过毁，方执通丧；虽内修政事以攘边，未遑总览。而封章狎至，忱请弗渝，期俯徇于舆言，以仰承于遗旨。夫自庶人而至天子，孰无慈荫之思？然执小节而阻群情，亦惧繁几之旷。勉遵听理，良夺孝诚。所请宜允。

出处：《后乐集》卷五。
撰者：卫泾
考校说明：编年据文中所述史事补，见《宋史》卷三八《宁宗纪》。

成肃皇太后丧请御正殿批答不允诏
（开禧三年五月十六日后）

　　朕惟内殿问安之常，见三宫席庆之盛。兹念皇祖，实贻后嗣之燕谋；屏予一人，尚有重闱之慈覆。未报含饴之德，方谐移御之欢。不吊昊天，降此大戾。供寝门之色养，为日几何？痛奕世之母仪，于今尽矣。朕以玄孙而祗遹，思昭大孝于继承。躬垩室以执丧，茕然在疚；莅法宫而亲事，非所忍闻。所陈宜不允。

出处：《山房集》卷二。
撰者：周南
考校说明：编年据文中所述史事补，见《宋史》卷三八《宁宗纪》。

第二批答不允诏
（开禧三年五月十六日后）

　　朕遵谟烈之训于阜陵，殚怡愉之奉于长信。谓物本乎天而人本乎祖，视保佑而则同；故养致其敬而丧尽其哀，于听修而未暇。比勤忱请，尝谕至怀。方勉尽于追恫，忍亟闻于他务？非不知日有万几之事，与匹夫之孝不同；然遽忘母育三朝之恩，亦行道之人弗忍。矧仰成于衡弼，相与协谋；若亲政于浃旬，不几太速？所陈宜不允。

出处:《山房集》卷二。

撰者:周南

考校说明:编年据文中所述史事补,见《宋史》卷三八《宁宗纪》。

王大节叙武节郎制
(开禧三年六月前)

昔在汉武,驾驭将臣,盖有黜为编民,旋复收用者。朕方思得熊罴之士,以图骏功,亦岂以一眚终弃人哉!尔率我六师,临事逗挠,身在谪籍,曾未期年。朕念尔之材,载加甄叙。废置之际,孰非至公。服此宽恩,力图报效。

出处:《育德堂外制》卷一。

撰者:蔡幼学

考校说明:编年据文中所述"身在谪籍,曾未期年"补,见《宋会要辑稿》职官七四。

资政殿学士通奉大夫知兴化军府事兼管内劝农营田使充利州东路安抚使马步军都总管蜀郡开国公食邑二千六百户食实封八百户费士寅依前官特授知潼川军府兼管内劝农使兼提举潼川府果渠州怀安军广安军兵马巡检盗贼公事封食实封如故制
(开禧元年十一月至开禧三年六月间)

倚良翰以筹边,允藉弼谐之望;择奥区而易镇,式隆体貌之恩。密联乡部之荣,均号坤维之重。载嘉旧德,用畅明纶。具官某雅量镇浮,通才周变。渊乎似道,器涵金玉之纯;立不易方,材挺栋梁之任。自翱翔于禁路,遂晋躐于政涂。夙夜竭节以尽公,协赞万几之务;帷幄运筹而决胜,坐折千里之冲。久殚王室之勤,旋曳汉中之组。甫临阃制,坐息边萌。爰奖殊庸,就更钜屏。护西秦之险隘,屹若长城;抚东梓之沃饶,恢然余刃。昭予注想,为尔相攸,暂烦卧护之行,亟奏偃藩之最。噫,高屋建瓴水之势,朕方务于外攘;庶民臻田里之安,尔尚修于内治。眷惟哲辅,奚俟训词。可。

出处:《后乐集》卷二。

撰者:卫泾

考校说明:编年据卫泾任两制时间、费士寅官历补,见同集卷五《赐资政殿学士知潼川府费士寅夏药敕书》。

费士寅辞免改差知潼川府不允诏
(开禧元年十一月至开禧三年六月间)

敕:具悉。卿西州伟望,二府旧臣。久烦制阃于边陲,为尔相攸于便郡。距枌阴之密迩,视昼绣以何殊。矧宣力四方,式符雅志,而折冲万里,正藉老谋。兹忽揽于执章,祈退休于真馆。未为体国之谊,夫岂图安之时?其略小嫌,仁闻异最。所辞宜不允。

出处:《后乐集》卷四。

撰者:卫泾

考校说明:编年据卫泾任两制时间、费士寅官历补,见同集卷五《赐资政殿学士知潼川府费士寅夏药敕书》。此诏时间当稍晚于同集卷二《资政殿学士通奉大夫知兴化军府事兼管内劝农营田使充利州东路安抚使马步军都总管蜀郡开国公食邑二千六百户食实封八百户费士寅依前官特授知潼川军府兼管内劝农使兼提举潼川府果渠州怀安军广安军兵马巡检盗贼公事封食实封如故制》。

赐沔州驻札御前诸军副都统制李好义银合夏药敕书
(开禧三年五月至六月间)

敕好义:汝比建殊勋,分提劲旅,属抚循之良勚,适炎燠之御辰。其放奁剂之珍,庸示眷怀之渥。益殚忠荩,迄靖边氛。

出处:《后乐集》卷五。

撰者:卫泾

考校说明:编年据李好义官历补,见《宋史》卷三八《宁宗纪》。

赐督视行府参赞军事沈作宾夏药敕书
（开禧三年六月二十四日前）

卿通班禁路,赞画元戎。就分北固之符,适践南讹之候。贤劳备著,眷轸良深。宜敊良剂之珍,往致冲襟之辅。

出处:《后乐集》卷五。

撰者:卫泾

考校说明:编年据沈作宾官历补,见《嘉定镇江志》卷一五。

赐御前诸军副都统制魏友谅庄松王钺王大才等夏药敕书
（开禧二年夏或开禧三年夏）

敕:汝等分绾兵符,克清边俊。贰元戎之统御,履九夏之炎蒸。爰敊良剂之良,庸示辕门之宠。

出处:《后乐集》卷五。

撰者:卫泾

考校说明:编年据卫泾任两制时间、文中所述"夏药"补。

赐御前诸军副都统制冯拱夏药敕书
（开禧二年夏或开禧三年夏）

敕冯拱:汝禁旅分屯,方肃清于海溆;采薇久戍,嗟载涉于炎蒸。嘉而控御之勤,轸我眷怀之切。特敊珍剂,庸示异恩。

出处:《后乐集》卷五。

撰者:卫泾

考校说明:编年据卫泾任两制时间、文中所述"夏药"补。

赐江州驻札御前诸军副都统制兼知光州
刘光鼎银合夏药敕书
(开禧二年夏或开禧三年夏)

敕光鼎:汝分提禁旅,往护边城,方征驭之良勤,属炎歊之届序,亟敩珍剂,以卫生经。其抚劳于兵民,以肃清于氛祲。

出处:《后乐集》卷五。

撰者:卫泾

考校说明:编年据卫泾任两制时间、文中所述"夏药"补。

赐御前诸军都统制董世雄夏药敕书
(开禧二年夏或开禧三年夏)

汝禁旅分屯,夙护上流之险;采薇久戍,载更瘅暑之炎。嘉而捍御之勤,轸我眷怀之切,特颁珍剂,庸示茂恩。

出处:《后乐集》卷五。

撰者:卫泾

考校说明:编年据卫泾任两制时间、文中所述"夏药"补。

赐资政殿学士知潼川府费士寅夏药敕书
(开禧二年夏或开禧三年夏)

卿旧弼抚藩,夙倚折冲之略;朱炜届序,载嘉尽瘁之诚。爰轸眷怀,往颁灵剂。庸辅节宣之适,迄图绥静之勋。

出处:《后乐集》卷五。

撰者:卫泾

考校说明:编年据卫泾任两制时间、文中所述"夏药"补。

赐宝谟阁学士通奉大夫四川制置使知成都府
杨辅银合夏药敕书
（开禧三年夏）

敕杨辅：卿夙推旧德，就抚蜀都。虽渴见于仪刑，念莫逾于望实。倏更炎序，弥轸眷怀。往颁食剂之珍，式助生经之卫。勉宽忧顾，伫俟来归。

出处：《后乐集》卷五。

撰者：卫泾

考校说明：编年据卫泾任两制时间、杨辅官历、文中所述"夏药"补，见《宋史》卷三八《宁宗纪》、卷三九七《杨辅传》。

赐池州驻札御前诸军都统制秦世辅银合夏药敕书
（暂系于开禧三年夏）

敕世辅：汝兹膺亲擢，往护上流，念征驭之良劳，属炎歊之届序，往畀珍剂，以卫生经。其钦体于眷怀，尚克修于戎律。

出处：《后乐集》卷五。

撰者：卫泾

考校说明：编年据卫泾任两制时间、秦世辅官历、文中所述"夏药"补，见《宋史》卷三八《宁宗纪》、《宋会要辑稿》职官七四。

赐兴元府驻札御前诸军都统制彭辂银合夏药敕书
（开禧三年夏）

敕彭辂：汝甫膺亲擢，往贰戎昭，念征驭之良勤，属炎歊之届序，锡之良剂，示我眷怀。尚宽西顾之忧，亟底边陲之靖。

出处：《后乐集》卷五。

撰者：卫泾

考校说明：编年据卫泾任两制时间、彭辂官历、文中所述"夏药"补，见《宋会要辑稿》兵二〇、《通鉴续编》卷一九。

赐端明殿学士中大夫知兴州充利州西路安抚使
兼四川宣抚副使安丙夏药敕书
（开禧三年夏）

卿勋书彝鼎，职亚机衡，分重寄于坤维，憺皇灵于关塞。谅精忠之有相，岂寒暑之能侵。往敁夌剂之珍，庸示宸旒之眷。

出处：《后乐集》卷五。
撰者：卫泾
考校说明：编年据卫泾任两制时间、安丙宦历、文中所述“夏药”补，见《宋史》卷三八《宁宗纪》。

赐建武军节度使沔州驻札御前诸军都统制
王喜夏药敕书
（开禧三年夏）

卿峻陟斋坛，宠膺将钺，亲提王旅，克复秦关。当凯奏之还归，谅暑行之劳勚，爰敁良剂，式示至怀。

出处：《后乐集》卷五。
撰者：卫泾
考校说明：编年据卫泾任两制时间、王喜宦历、文中所述“夏药”补，见《宋会要辑稿》兵二〇。

赐侍御马军行司职事戚拱夏药敕书
（开禧三年夏）

卿驵骏分屯，护我陪都之重；貔貅久戍，履兹炎夏之辰。载嘉捍御之劳，深轸眷怀之厚。往颁灵剂，尚体茂恩。

出处：《后乐集》卷五。

撰者:卫泾

考校说明:编年据卫泾任两制时间、威拱宦历、文中所述"夏药"补,见《景定建康志》卷二六。

赐御前诸军都统制赵淳毕再遇田琳等夏药敕书
(开禧三年夏)

汝等任隆闽制,勋茂戎昭。属气序之炎歊,抚兵民而劳勤。敚之珍剂,赍以宝奁。其推广于惠心,俾均沾于部曲。

出处:《后乐集》卷五。

撰者:卫泾

考校说明:编年据卫泾任两制时间、毕再遇宦历、文中所述"夏药"补,见《建炎以来朝野杂记》乙集卷一八。

赐知枢密院事督视江淮军马张岩夏药敕书
(开禧三年夏)

卿制胜筹幄,凤倚紫枢之望;抚师江浒,属临朱篪之辰。谅底定之有期,嘉旋归之匪日。爰赐上奁之剂,式昭中宸之恩。

出处:《后乐集》卷五。

撰者:卫泾

考校说明:编年据张岩宦历、文中所述"夏药"补,见《宋史》卷三八《宁宗纪》。

不瑑赠开府制
(开禧三年六月后)

若昔裕陵,追崇濮邸,世推尊属,以续王封,存则隆亲睦之恩,殁则厚哀荣之典。永怀宗老,式举邦彝。具官某,履行温恭,持心宽厚。凤更器使,茂著勤劳。身历四朝,及见中兴之人物;寿开九袠,允为同姓之典刑。自膺继袭之荣,久藉藩维之重。云胡一疾,曾弗慭遗。锡以徽章,仪视三公之贵;分以茅土,爵登五等之先。尚其有知,服我休命。

出处：《育德堂外制》卷一。

撰者：蔡幼学

考校说明：编年据《宋会要辑稿》帝系二补。

閤门宣赞舍人浙西副总管龙叔汉使属转官制
（开禧元年十一月至开禧三年秋间）

朕岁驰驿传，往聘龙廷，凡曰在行，亦惟遴选。尔以朱华之彦，总戎畿内，执羁而从，不惮其勤。逮此劳还，可稽信赏。其序升于勇爵，以归耀于行营。祗服茂恩，勉图忠报。可。

出处：《后乐集》卷一。

撰者：卫泾

考校说明：编年据卫泾任两制时间、龙叔汉官历补，见《育德堂外制》卷一《黎炳龙叔汉林之望熊武閤门舍人制》。

诚谕百官御笔
（开禧三年七月十一日）

朕德弗类，致天之灾，比者郡邑间被大水，加以飞蝗为孽，永惟咎征，用震悼于予衷。顾茕然在疚，方重贬抑。咨尔二三大臣，其助朕祗畏，思正厥事，以迪百工。俾内无诞谩私诐之风以害吾治，外无贪墨暴刻之政以残吾民。其有灾伤当行赈恤去处，具以状闻，无得蒙蔽，庶几实惠宣究，天心降格。矧今兵戌久劳，疮痍未息，一念及此，痛如在躬，疆场之吏尤当极力安辑，以称朕悯仁元元之意。

出处：《宋会要辑稿》瑞异三之二五。又见同书瑞异三之四六，《两朝纲目备要》卷一〇，《宋史全文续资治通鉴》卷二九。

项安世落直龙图阁制
（开禧三年七月二十二日）

朕博延人物，略短取长，奖予保全，若恐弗及。至于用舍之异，则必有不得已者焉。尔抗志不群,更事已熟。比擢司于馈饷,且兼畀于蕃宣,力捍上流,竟却狂敌。有嘉劳效,登之列卿。均逸未几,复寄边阃,而抗章引疾,非朕所以望于尔者。台评继至,历指尔瑕。朕固爱尔之材,冀收其用,则起家而中废,予职而遽夺,亦岂朕初志哉。材之难全,自昔所叹。勉加充养,朕不汝忘。

出处:《育德堂外制》卷一。

撰者:蔡幼学

考校说明:编年据《宋会要辑稿》职官七四补。

令福建转运提举司赈恤百姓诏
(开禧三年七月二十九日)

令福建转运、提举司将实被旱伤之人,优切措置,禁绝盗贼,各先具知禀申尚书省。

出处:《宋会要辑稿》瑞异二之二七。

从事郎赵汝谈特授行太社令制
(开禧元年十一月至开禧三年八月间)

宗室之贤而文若汉间平、唐贺白,盖不多见。如尔之力学好修,辞章雅健,良足嘉尚。置之曲台,益懋器业,朕将有观焉。可。

出处:《后乐集》卷一。

撰者:卫泾

考校说明:编年据卫泾任两制时间、赵汝谈宦历补,见《宋史》卷四一三《赵汝谈传》、《南宋馆阁续录》卷九。

朝散郎行将作监主簿孟导依前官特授行军器监丞
朝奉郎添差权通判温州军州兼管内劝农事赐绯鱼
袋赵师渊依前官特授行将作监主簿赐如故制
（开禧元年十一月至开禧三年八月间）

　　戎器置监，以饬武备，而训工程作之事，总隶尚方，职号清简，盖储养贤望，以待器使，选授不轻。尔导名阀之彦，材谞足称，饰以儒术；尔师渊宗枝之秀，学行俱优，深识时务。或叙进丞贰，或擢居簿正。优游其间，益懋远业，朕将有观焉。可。

出处：《后乐集》卷一。

撰者：卫泾

考校说明：编年据卫泾任两制时间、赵师渊官历补，见《宋会要辑稿》职官七三等。

礼部给降空名度牒赈济被水州军诏

（开禧三年八月一日）

　　令礼部给降空名度牒一百道付湖北宪漕司，每道价钱八百贯，从便出卖，拨付被水州军，专充措置赈济。

出处：《宋会要辑稿》食货五八之二六。

辛弃疾叙朝议大夫制

（开禧三年九月前）

　　侍从之臣，朕所望以汲引人物，共济事功。然人之难知，或至于失举，而其心可察也。具官某，材高一世，名在累朝。方乍去于论思，固尚深于简注。乃以微累，未复前阶。甄涤之常，朕亦何吝？尔其勉思报国，益务进贤，毋惩创于一人，而自沮其推毂之志。斯朕之所以望尔者，尚念之哉！

出处：《育德堂外制》卷一。

撰者:蔡幼学

考校说明:编年据辛弃疾卒年补,见《两朝纲目备要》卷一〇。

令王处九将带官兵前去镇江府防捍江面诏
(开禧三年九月四日)

令步军都虞候王处九将带本司官兵五千人并随身衣甲器械,前去镇江府江上一带,往来措置防捍江面,以备策应。

出处:《宋会要辑稿》兵九之二六。

李郁建康都统知庐州制
(开禧三年九月七日)

朕惟列圣,垂意边防,率以将臣,兼领重镇,若延州之任马知节,秦州之任曹琮。事权不分,绩用昭著,成规具在,可举而行。具官某,素抱朴忠,每怀慷慨。比以山阳之众,首当强敌之锋。信义既孚,士知效死,威声大振,敌以遁逃。肆畴尔庸,擢畀阃寄,总留都之王旅,剖泲水之郡符,抚临列城,号令诸将。倚任滋重,报称惟艰。尔其益厉壮图,谨修先备,全汝威爱,协我军民,以弭窥伺之谋,以收还定之效。庶几休闻,无愧昔人。

出处:《育德堂外制》卷一。
撰者:蔡幼学
考校说明:编年据《景定建康志》卷二六补。

陈邕降朝奉郎制
(开禧三年九月十一日)

节操隅廉,有国之所甚重,而学士大夫所当自砥厉也。武兴之变,州县吏有弃义而从逆者,尔持使者之节,擿发无避,朕方有嘉焉。而宣威之臣,遽疏尔过。伊尔素志,夫岂其然,而言之既闻,则不容无罚也。抑古有训:"责人斯无难,惟受责俾如流,是惟艰哉!"尔其念斯,毋忘自警。

出处:《育德堂外制》卷一。

撰者:蔡幼学

考校说明:编年据《宋会要辑稿》职官七四补。

极边次边差遣人磨勘事诏
(开禧三年九月十一日)

应任极边差遣人,不愿循三次,与减常员举主两员;次边与减一员。恩科出官人一任理一考者,极边差遣与理两考,次边与理一考半,并及三考,方许引用。自今降指挥之后,如有赴部注授见阙之人,即欲与就部出给理当减员增年公据。如京朝官选人、大小使臣应赴边任,出违一季不之任人,日后参堂到部,并不得与授差遣。

出处:《宋会要辑稿》职官八之五八。

赵淳江淮制置使制
(开禧三年九月十八日)

畴边阃之庸,已峻跻于留务;参殿岩之任,爰宠畀于中权。非得其人,曷称兹选。具官某,赋资伟特,蕴智沉雄。自分领于六师,亦既逾于十稔。独当一面,上流赖以无虞;坚守孤城,狂敌为之远遁。策勋居最,注意为深。朕思振国威,务明师律,肆特加于隆委,俾茂展于宏规。内总千庐,昭示倚毗之意;外护诸将,式观抚御之方。藉而襄汉之威名,增我江淮之声势。惟忠勇可以作士气,惟精明可以酌事几。其益励于壮猷,庶迄收于全胜。

出处:《育德堂外制》卷一。

撰者:蔡幼学

考校说明:编年据《两朝纲目备要》卷一〇补。

赵淳辞免殿前司副都指挥使不允诏
(开禧三年九月十八日后)

敕:具悉。朕至公御下,劝赏视功。矧方边垒之未平,尤藉岩除而居重。卿性资忠义,智略沈雄,总禁旅于上游,陟使端于制阃。属寇戎之侵轶,励将士以捍防。讫保坚城,不假外援。肆畴伟绩,擢贰中权,实允叶于众心,奚尚烦于免牍。夫出则任以方虎,入则以为爪牙,朕所倚毗,又岂特密护凝严而已,折冲制胜,将有赖焉。报称是图,执谦宜略。所辞宜不允。

出处:《后乐集》卷四。

撰者:卫泾

考校说明:编年据《宋史》卷三八《宁宗纪》补。

张岩辞免资政殿大学士知福州不允诏
(开禧三年九月二十三日后)

敕:具悉。朕隆体貌之恩,谨股肱之任,故于大臣之去就,每务曲全其始终。卿凤韬经济之才,再秉枢机之柄,比开幕府,出领元戎。夫总督之任固不专于议和,然狂狡之敌殆亦难于逆诈。俾还位著,尚赖帷筹。泝览奏封,力祈引避。爰冠班于规殿,仍分阃于全闽。朕于进退之际,可谓有礼矣。宽我南顾,勉尔民庸,又以疾辞,非所喻也。所辞宜不允。

出处:《后乐集》卷四。

撰者:卫泾

考校说明:编年据张岩官历补,见《宋史》卷二一四《宰辅表》。张岩罢知枢密院事,《宋史》卷三八《宁宗纪》系于开禧三年九月二十二日乙未。

张岩再辞免资政殿大学士知福州不允诏
(开禧三年九月二十三日后)

敕:具悉。厌二府之劳,已从所欲;宣四方之力,盍勉汝为。卿蚤被简知,遍仪丞弼,政赖折冲之略,遽腾引去之章。秘殿隆名,恩实均于迩列;全闽便郡,职固异于临边。为尔相攸,殆无过此。尚思体国之谊,勿事徇身之谋。祗服宠荣,毋庸多逊。所辞宜不允,不得再有陈请。

出处:《后乐集》卷四。

撰者:卫泾

考校说明:编年据张岩宦历补,见《宋史》卷二一四《宰辅表》。张岩罢知枢密院事,《宋史》卷三八《宁宗纪》系于开禧三年九月二十二日乙未。

吴思忠赠节度使制
(暂系于开禧三年秋)

名器之崇,国家所重。眷言近侍,久茂贤劳,追赐徽章,盖循旧典。具官某,靖共自饬,巽顺无违。逮事高宗,凤效走趋之力;被遇文考,浸膺任使之隆。肆朕缵临,察其忠谨,俾晋司于内省,仍峻极于遥阶。及此告终,可无疏渥?锡之将钺,贲彼泉扃。尚其有知,来对休宠。

出处:《育德堂外制》卷一。
撰者:蔡幼学
考校说明:编年据同集前后文时间补。

叶濛阁门舍人制
(暂系于开禧三年秋)

自我孝宗垂意右科之士,今四十余年间,而人物由此涂出者多矣。尔射策于廷,褒为举首;往莅戎事,劳效浸闻。宾阁之联,夫岂轻畀,养之闲暇,以充尔材。尚其懋哉,嗣有简擢。

出处:《育德堂外制》卷一。
撰者:蔡幼学
考校说明:编年据同集前后文时间补。

吴琯赠太尉制
(暂系于开禧三年秋)

疏谢事之恩,方宠加于将钺;举饰终之典,复峻极于武阶。匪时戚畹之良,曷称邦彝之重。具官某,早跻荣显,浸效忠劳。服在班联,每谦恭而自牧;寄之民社,亦宽静而无苛。顾旅力之未愆,宜何恙之不已。遽披遗奏,良轸至怀。锡盾雕戈,有焕节旄之旧;金印紫绶,载颁纶綍之新。尚其不亡,歆此殊渥。

出处:《育德堂外制》卷一。
撰者:蔡幼学
考校说明:编年据同集前后文时间补。

黎炳龙叔汉林之望熊武阁门舍人制
(暂系于开禧三年秋)

朕惟孝宗,储材宾阁,期待之意,视于登瀛。故比多阙员,久而未补,所以重其选也。尔炳、尔之望、尔武,闽蜀之秀,发身右科;尔叔汉,门地之优,刻志儒业。虽浸更于官使,盖未显于猷为。明试以言,一朝并命。朕之待尔等者厚矣,各充尔素,以称所期。

出处:《育德堂外制》卷一。
撰者:蔡幼学
考校说明:编年据同集前后文时间及林之望、熊武宦历补,见《宋会要辑稿》职官七三、选举二一等。

不廘西外知宗制
(暂系于开禧三年秋)

朕观周诗,至于《麟趾》,窃有慕焉。惟我祖宗,本支蕃衍,思俾振振之美,无愧于成周,可无其人以训迪之乎?具官某,性质坦平,履行谨恪。列于朝请,率礼无违;分正外宗,仪刑可象。肆兹易地,属任惟均。夫以号令律人,抑末也;不令而从,自修其身始。尚勉之哉!

出处:《育德堂外制》卷一。
撰者:蔡幼学
考校说明:编年据同集前后文时间补。

任埆金州副都统制
（暂系于开禧三年秋）

择将之方，惟材是取，而资格不与焉。材可以为将矣，其秩之卑者，或超进之，所以隆事任、示优宠也。尔夙负勇略，志在驱驰。茌我戎行，威爱两得；擢分边阃，以捍一方。载稽旧章，进阶二等。尔其奋身报国，收折冲御侮之勋，酬尔之官，亦岂拘资级哉！

出处：《育德堂外制》卷一。
撰者：蔡幼学
考校说明：编年据同集前后文时间补。

李好义赠节度使制
（暂系于开禧三年秋）

遣戍役以卫中国，方资御侮之材；听鼓鼙而思将臣，忍阅告终之问。爰颁隆渥，以表殊勋。具官某，天赋英豪，家传恭顺。义不污于僭逆，思协济于奇谋。首唱三军，亟正鲸鲵之戮；复全四郡，悉空蛇豕之群。忠节凛然，威声籍甚。朕载加奖拔，允赖驱驰，乃参制阃之权，仍委专城之寄。岂云微疾，遽夺修龄。功在旂常，固垂芳于百世；气吞敌人，谅遗憾于九原。虽出节以追荣，顾筑坛之靡及。尚时精爽，监此哀荣。

出处：《育德堂外制》卷一。
撰者：蔡幼学
考校说明：编年据同集前后文时间、李好义卒年补，见《宋史》卷三八《宁宗纪》。

陆峻授太中大夫制
（暂系于开禧三年秋）

朕寅绍丕图，赖祖后保佑之德。方隆至养，期千万年，而遽隔慈颜，悲慕无极。顾所以谨终送往者，朕弗能尽亲也，爰选重臣，分典其任。及兹竣事，可后褒嘉。具官某，迪德有常，宅心无竞。冠我法从，为时老成。命以相攸，必诚必信，兆域之吉,协于蓍龟。乃规因山,乃度甫竁,迄于复土,神灵妥安。伊尔忠忱,相予笃孝,迁秩之宠,岂特旌劳。盖以示朕报亲之诚,无往而不称也。益殚献告,式对眷知。

出处:《育德堂外制》卷一。

撰者:蔡幼学

考校说明:编年据同集前后文时间补。

王楠授朝奉郎制
(暂系于开禧三年秋)

朕命大臣严守战之备,而亦不轻绝虏,期以息民。汝选于庶僚,往宣使指,进秩二等,以重其行。式仡成言,还对褒擢。

出处:《育德堂外制》卷一。

撰者:蔡幼学

考校说明:编年据同集前后文时间补。

科举诏
(暂系于开禧三年秋)

朕博延美才,协济兴运。若稽祖宗举贡之日,参用词章经术之科。惟岳降神,既已作兴于多士;丰水有芑,犹能燕及于后昆。今当三年大比之秋,嘉与四海共繇斯路。庶几兴贤论秀之遗意,无愧登明选公之盛时。其饬攸司,申谕厥志。

出处:《山房集》卷二。

撰者:周南

考校说明:编年据卫泾任两制时间、文中所述"今当三年大比之秋"补。

科举诏
(暂系于开禧三年秋)

朕至公旁招,急亲为务。惟祖宗选举之制,莫如进士之详;凡公卿辅佐之才,悉由此涂而出。盖列圣陶成之素,亦有司考核之精。仰成法之俱存,谅淳风之可复。适当大比,思得真才。其加申饬之严,庸示网罗之广。夫怀忠信,强学问,待举者之事;抑浮华,进器识,考文者所先。朕将论定后官,尔其身劝为驾。谨择可者,俾偕计吏而来;亲策问之,极陈当世之务。布告中外,其体至怀。

出处:《山房集》卷二。
撰者:周南
考校说明:编年据同集同卷《科举诏》补。

田琳观察使致仕制
(开禧三年十月六日)

朕申严师律,妙选将臣。资许国之忠,式隆委寄;徇乞身之请,可后褒崇。具官某,识究孙吴,志睎颇牧。比擢司于王旅,仍兼领于帅藩。恩信素孚,卒伍皆效其死;威声远振,敌人独避其锋。方自竭于驱驰,曷遽萦于疢疾。闵劳戎马,超畀廉车。安边境,立功名,想壮心之未艾;专精神,近医药,尚遐祉之可期。

出处:《育德堂外制》卷一。
撰者:蔡幼学
考校说明:编年据《景定建康志》卷二六补。

赐师垂告口宣
(开禧三年十月十七日)

有敕:眷时伯父,夙纠宗盟。属祖后之因山,参史华而藏事。式遵彝典,晋眠亚师。其祗服于鸿私,尚永绥于燕誉。

出处:《后乐集》卷五。
撰者:卫泾
考校说明:编年据赵师垂宦历补,见《宋会要辑稿》职官一。

以边事谕军民诏

（开禧三年十月十七日）

朕寅奉基图，遹遵祖武。忧勤弗怠，敢忘继志之诚；寡昧自量，尤谨交邻之道。属边臣之妄奏，致兵隙之遂开。重困生灵，久勤征役，省躬自咎，揽涕何言！第惟敌人，阴诱曦贼，计其纳叛之日，乃在交锋之前，是则造端，岂专在我？暨僭狂之已戮，审迹状之益明，讵曰无词，然犹不校。况先捐泗上已得之地，亟谕诸将敛戍而还。盖为修好之阶，所冀不远之复。适传来讯，自我元戎，洊遣行人，逮兹弥岁。比及反命，俱述彼言，庸告九庙之灵，并严三使之选。束装于境，迟报即行。凡所要求，率多听许，弥缝既至，悃愊备殚，无非曲为于斯民，讵意复乖于所约。议称谓而不度彼己，索壤地而拟越封陲，规取货财，数逾千万。虽盟好之当续，念膏血之难胲。朕方服丧，礼无贰事，爰咨众多之议，更束信实之人，祗务输诚，终期改听。倘求逞之弗恤，殆靡容于即安。兹敷露于腹心，用申警于中外。深惟暴露，重痛死伤，疆场耗于流离，郡县烦于供亿。致汝于此，皆谁之愆？当知今日之师，诚非得已而应，岂无忠义，共振艰虞？思祖宗三百年涵濡之恩，拯南北亿万众创残之苦，上下同力，遐迩一心，鉴既往之莫追，幸方来之有济。呜呼！事虽过举，盖犹系于纲常；理贵反求，况已形于悔艾。凡我和战，视敌从违，各肩卫上之忠，懋建保邦之绩。緊尔有众，体兹至怀。

出处：《宋会要辑稿》兵九之二六。又见《两朝纲目备要》卷一〇，《宋史全文续资治通鉴》卷二九。

师垂再辞免除检校少师不允诏

（开禧三年十月十七日后）

宗族内朝之爱，名器天下之公。朕固笃于亲亲，然敢私于授受？恩义两尽，金言允谐。属者祲结重闱，祸延太母，德莫歉于冈极，礼孰重于送终。朕方居卢，不得躬寿原之役；卿以近属，而往宣使领之勤。追竣事于因山，讫宁神于清庙。诞膺涣号，庸奖成劳。峻班列于孤卿，隆表仪于同姓。已敷诏谕，犹执谦辞。深嘉体国之衷，难废懋功之典。亟其祗拜，勿复重陈。所请宜不允。

出处：《后乐集》卷四。

撰者：卫泾

考校说明：编年据《宋会要辑稿》职官一补。

赐师垂批答口宣
（开禧三年十月十七日后）

有敕：卿地居尊属，任重宗盟，比旌使范之勤，庸晋孤卿之秩。已孚成命，其略执函。

出处：《后乐集》卷五。

撰者：卫泾

考校说明：编年据赵师垂宦历补，见《宋会要辑稿》职官一。

赐三省官满散瑞庆圣节道场乳香口宣
（开禧二年十月十九日前后或开禧三年十月十九日前后）

有敕：诞序发祥，臣工归美，嘉元台之率属，集胜果以储休。爰锡宝熏，用旌善祷。

出处：《后乐集》卷五。

撰者：卫泾

考校说明：编年据卫泾任两制时间、宋宁宗生日补，见《宋史》卷三七《宁宗纪》。

赐殿前司满散瑞庆圣节道场乳香口宣
（开禧二年十月十九日前后或开禧三年十月十九日前后）

有敕：环尹输忠，式际发祥之庆；华封效祝，载嘉归美之诚。锡以宝芬，助其善祷。

出处：《后乐集》卷五。

撰者：卫泾

考校说明：编年据卫泾任两制时间、宋宁宗生日补，见《宋史》卷三七《宁宗纪》。

赐步军司散满瑞庆圣节道场乳香口宣
(开禧二年十月十九日前后或开禧三年十月十九日前后)

有敕:提羽林之卫,图报上恩;祝虹渚之祥,载嘉臣节。爰颁宝炷,用表忠忱。

出处:《后乐集》卷五。

撰者:卫泾

考校说明:编年据卫泾任两制时间、宋宁宗生日补,见《宋史》卷三七《宁宗纪》。

赐马军司散满瑞庆圣节道场乳香口宣
(开禧二年十月十九日前后或开禧三年十月十九日前后)

有敕:华渚流虹,庆承天祐;建章饬骑,虔效嵩呼。载续异熏,用循彝锡。

出处:《后乐集》卷五。

撰者:卫泾

考校说明:编年据卫泾任两制时间、宋宁宗生日补,见《宋史》卷三七《宁宗纪》。

赐枢密院官等满散瑞庆圣节道场乳香口宣
(开禧二年十月十九日前后或开禧三年十月十九日前后)

有敕:十月为阳,千秋纪节,乃眷鸿枢之辅,聿严鹫岭之祈。颁以异芬,表其忠悃。

出处:《后乐集》卷五。

撰者:卫泾

考校说明:编年据卫泾任两制时间、宋宁宗生日补,见《宋史》卷三七《宁宗纪》。

赐枢密院官等满散瑞庆圣节道场乳香口宣
(开禧二年十月十九日前后或开禧三年十月十九日前后)

有敕:卿等任隆枢极,心拱辰居,祝君寿于南山,演佛乘于西竺。肆敷馨烈,庸奖忠勤。

出处:《后乐集》卷五。

撰者:卫泾

考校说明:编年据卫泾任两制时间、宋宁宗生日补,见《宋史》卷三七《宁宗纪》。

<h2 style="text-align:center">赐枢密院官瑞庆圣节御筵酒果口宣</h2>
(开禧二年十月十九日前后或开禧三年十月十九日前后)

　　有敕:星渚流祥,共伸善颂;云天洽燕,爰锡丰恩。特遣分胙,聿资乐恺。

出处:《后乐集》卷五。

撰者:卫泾

考校说明:编年据卫泾任两制时间、宋宁宗生日补,见《宋史》卷三七《宁宗纪》。

<h2 style="text-align:center">赐三省官满散瑞庆圣节道场乳香口宣</h2>
(开禧二年十月十九日前后或开禧三年十月十九日前后)

　　有敕:诞序发祥,臣工归美,嘉元台之率属,集胜果以储休。爰锡宝熏,用旌善祷。

出处:《后乐集》卷五。

撰者:卫泾

考校说明:编年据卫泾任两制时间、宋宁宗生日补,见《宋史》卷三七《宁宗纪》。

<h2 style="text-align:center">赐三省官瑞庆圣节御筵酒果口宣</h2>
(开禧二年十月十九日前后或开禧三年十月十九日前后)

　　有敕:尧年伸祝,百辟同诚;周宴示慈,多仪疏渥。载胙芳旨,庸表龙光。

出处:《后乐集》卷五。

撰者:卫泾

考校说明:编年据卫泾任两制时间、宋宁宗生日补,见《宋史》卷三七《宁宗纪》。

赐三省官等满散瑞庆圣节道场乳香口宣
(开禧二年十月十九日前后或开禧三年十月十九日前后)

有敕:卿等位冠臣工,心存君上,属流虹之纪节,辅灵鹫以祝厘。爰锡宝芗,助成圣会。

出处:《后乐集》卷五。

撰者:卫泾

考校说明:编年据卫泾任两制时间、宋宁宗生日补,见《宋史》卷三七《宁宗纪》。

赐太尉保大军节度使李孝纯生日诏
(开禧二年十月或开禧三年十月)

析木在辰,俶正孟冬之序;垂弧纪旦,诞钟戚属之贤。方开尉府之华,益介琳宫之祉。载胖台饱,式燕家庭。

出处:《后乐集》卷四。

撰者:卫泾

考校说明:编年据卫泾任两制时间、文中所述"析木在辰,俶正孟冬之序"补。

陈邦杰叙武节大夫制
(暂系于开禧三年十月前后)

朕驱驰武士,保捍边陲,赏罚之行,主于平恕,宁以功掩罪,而不以罪废功。尔职在统戎,临阵避敌,削官自效,已曰宽恩。今斩获之多,暴露之苦,未足以赎尔罪也。尽还故秩,期以图新,毋怠省循,庶几报称。

出处:《育德堂外制》卷一。

撰者:蔡幼学

考校说明:编年据同集前后文时间补。

叶甑叙朝散郎制
（暂系于开禧三年十月前后）

中兴以来,邦赋之入于总司者居太半焉,处其任者可不谨其事乎? 尔夙以材称,将指淮右,而用度不节,抵于谴何。宥过之恩,甄叙以渐,勉图来效,以称隆宽。

出处:《育德堂外制》卷一。
撰者:蔡幼学
考校说明:编年据同集前后文时间补。

赵善宣叙朝请大夫制
（暂系于开禧三年十月前后）

中兴以来,邦赋之入于总司者居太半焉,处其任者可不谨其事乎? 尔选于宗盟,将命全蜀,而弛慢诏令,稽误军储。名在丹书,甄叙有渐,尚思循省,以答宽恩。

出处:《育德堂外制》卷一。
撰者:蔡幼学
考校说明:编年据同集前后文时间补。

朱不弃降迪功郎制
（暂系于开禧三年十月前后）

朕选任侍臣,宣威襄汉,凡在幕府,宜效忠劳。尔操行有亏,岂容佚罚,尚祗宽典,毋怠省循。

出处:《育德堂外制》卷一。
撰者:蔡幼学
考校说明:编年据同集前后文时间补。

刘百朋授武德郎制
(暂系于开禧三年十月前后)

尔服勤宾阁,亦既有年,肆畴尔能,往莅戎伍。增秩之宠,厥有故常,匪徒示恩,勉思报称。

出处:《育德堂外制》卷一。
撰者:蔡幼学
考校说明:编年据同集前后文时间补。

许俊父赠官制
(暂系于开禧三年十月前后)

尔有子董戎,力能挫敌,第功宜赏,自祈贻恩。追贲九原,尚其不泯。

出处:《育德堂外制》卷一。
撰者:蔡幼学
考校说明:编年据同集前后文时间补。

许俊母王氏封太孺人制
(暂系于开禧三年十月前后)

惟尔有子,力挫敌锋,避赏不居,归荣于尔。尚绥眉寿,以对宠章。

出处:《育德堂外制》卷一。
撰者:蔡幼学
考校说明:编年据同集前后文时间补。

董安礼知光州制
(暂系于开禧三年十月前后)

朕简求将帅之臣,兼领侯藩之寄,专其事任,责以立功。尔分总王师,往捍淮服,浮光阙守,就畀虎符。勉图尔庸,嗣有殊渥。

出处:《育德堂外制》卷一。
撰者:蔡幼学
考校说明:编年据同集前后文时间补。

郭扬夏允言授遥刺制
(暂系于开禧三年十月前后)

朕选虎贲之士,以卫周庐,掌之信臣,有严职守。三岁校比,可无宠褒? 具官某,生于后家,克自谨饬。训齐什伍,咸精其能。懋赏之恩,不以常比,略其阶序,擢刺一州。循是而上之,可以世尔家矣。服我休命,益修厥官。

出处:《育德堂外制》卷一。
撰者:蔡幼学
考校说明:编年据同集前后文时间补。

韩仙胄毛居礼裴伸授官制
(暂系于开禧三年十月前后)

朕选虎贲之士,以卫周庐,掌之信臣,有严职守。三岁校比,可无宠褒? 尔生长勋家,克自谨饬。训齐什伍,咸精其能。序进一阶,以昭懋赏。服我休命,益修厥官。

出处:《育德堂外制》卷一。
撰者:蔡幼学
考校说明:编年据同集前后文时间补。

赵梦极权吏部侍郎制
(开禧三年十一月前)

朕更化云初,得人为重。旁求俊彦,丕昭启迪之规;励相国家,式谨灼知之要。肆登众望,以冠贰卿。具官某,休休有容,谦谦自牧。允矣中行之吉,澹然难进之风。载笔丹墀,回翔最久;执经朱邸,裨益居多。朕方一正纪纲,聿新政理,察卿笃厚,称我选抡,爰擢任于铨曹,且兼司于琐闼。属正元良之位,更资羽翼之忠。乐只一贤,锡之三命。卿其尽献纳论思之实,以辅朕躬;明孝仁礼义之方,以淑吾子。克殚忱报,永保令名。

出处:《育德堂外制》卷二。
撰者:蔡幼学
考校说明:编年据赵梦极宦历补,见《宋中兴东宫官寮题名》、《宋会要辑稿》职官七。

戴溪国子祭酒制
(开禧三年十一月前)

昔三代之学,自王世子及国之俊选咸造焉。盖其教始于宫庭,而达于四海,王道之盛,朕甚慕之。虽古今殊时,沿革异制,欲存此意,必待其人。尔学极渊源,行全精白。贯多闻于至约,勤小物以无遗。讲道成均,范模一正;执经资善,开导有方。肆时序迁,实阶大用。尔其内辅吾子,殚进善记过之忠;外迪诸生,究成德达材之效。虽古大司成之任,何以过之。勉述前修,以符妙简。

出处:《育德堂外制》卷二。
撰者:蔡幼学
考校说明:编年据戴溪宦历补,见《宋中兴东宫官寮题名》、《宋会要辑稿》职官七。

邵康太常少卿制
(开禧三年十一月前)

儒者之道,历万世而无弊者,其惟礼乎。昔我祖宗,隆儒重礼,基本深厚,教化流行。朕承而守之,惟恐或废,思得雅望,以任其官。尔学贯古今,识兼博约,名实之茂,诸儒所推。盖尝羽仪近班,骎骎大用。而承流于外,非所以烦尔也。肆兹召见,俾贰容台。朕方一正纲常,载严秩叙,凡先王制作之意,列圣修明之方,资尔讨论,以裨治道。茂揅所蕴,朕将有观焉。

出处:《育德堂外制》卷二。

撰者:蔡幼学

考校说明:编年据邵康宦历补,见《南宋馆阁续录》卷九。

迪功郎张令敏用宪圣慈烈皇后上仙掩攒赏循从事郎制
(开禧三年十一月前)

慨念宪圣因山之役,今十年矣。尔尝与宣劳,格应迁秩,赉伐有请,岂以久而汝遗。祗服恩华,思效职业。可。

出处:《后乐集》卷一。又见《永乐大典》卷七三二五。

撰者:卫泾

考校说明:编年据卫泾任两制时间、文中所述"慨念宪圣因山之役,今十年矣"补,见《宋史》卷三七《宁宗纪》。

朝散郎行太社令洪伋特授大理寺簿制
(开禧元年十一月至开禧三年十一月间)

汉儒以簿书狱讼为非本务,然廷尉天下之平,文牍丛委,钩稽无法,吏并缘为奸,民命顾不重耶! 尔生于名阀,才谞有闻,爰稷嗣之联,列理官之属。体朕此意,思所以称其职者,伫对襃陟。可。

出处:《后乐集》卷一。又见《永乐大典》卷一四六○七。

撰者:卫泾

考校说明:编年据卫泾任两制时间补。

承议郎干办行在诸司粮料院林拱辰依
前官特授行大理寺主簿制
(开禧元年十一月至开禧三年十一月间)

廷尉之狱,民命所系,朕以文法吏与儒者参用,厥有深旨。尔学识敏茂,尝决两科,宰剧甚优,晓畅世务,盖有用之材也。列属棘寺,益试尔能。其钩考稽违,参订疑误,庶几助朕哀矜钦恤之意,毋曰簿书期会而已也。可。

出处:《后乐集》卷一。又见《永乐大典》卷一四六○七。

撰者:卫泾

考校说明:编年据卫泾任两制时间补。

从政郎光州宜城县令邵岘以淮南运判李洪申管押
第一次粮料至蔡州军前乞旌别特改宣教郎制
(开禧元年十一月至开禧三年十一月间)

自削举员、限岁额,改秩之制益严。尔为令长,转护军须,率先诸邑,部使者以绩状闻。度越彝章,升华京寺,足以旌尔能矣。夫用民力于有事之日,固当宽民力于闲暇之时。祗服恩徽,勉思惠养。可。

出处:《后乐集》卷一。又见《永乐大典》卷七三二五。

撰者:卫泾

考校说明:编年据卫泾任两制时间补。

袁窑因讲筵论语彻章习学文字转承信郎制
(开禧元年十一月至开禧三年十一月间)

《鲁论》终篇,儒臣第赏,尔习刀笔,亦与有劳。遂陟武阶,抑云幸矣,可不勉哉！可。

出处:《后乐集》卷一。又见《永乐大典》卷七三二七。

撰者:卫泾

考校说明:编年据卫泾任两制时间补。

迪功郎徐晃兑换会子局赏循修职郎制
(开禧元年十一月至开禧三年十一月间)

楮币济货泉之阜通,而未免更易之烦。尔以监临,第劳应赏。俾陟文资,尚勉职业。可。

出处:《后乐集》卷一。又见《永乐大典》卷七三二五。

撰者:卫泾

考校说明:编年据卫泾任两制时间补。

朝奉郎行太常寺主簿刘弥正差出淮上相度驱磨措置事件有劳特授朝散郎差遣如故制
(开禧元年十一月至开禧三年十一月间)

朕操驭臣之柄,有劳必录,所以存公道、示激劝也。日者两淮货泉壅滞,出纳隐欺,重水潦之为灾,趣春和而议贷。尔以儒者该练,将指咨询,得其事情,驰以归报。爰进一秩,庸旌尔能。其益励于远猷,以对扬于休宠。可。

出处:《后乐集》卷一。

撰者:卫泾

考校说明:编年据卫泾任两制时间补。

修职郎李圭用玉牒日历圣政会要四处进书赏循从事郎制
(开禧元年十一月至开禧三年十一月间)

金匮奏篇,累劳第赏,尔与名其间,岂以久而或遗。叙陟文资,亶为华宠,其思所以称此哉! 可。

出处:《后乐集》卷一。又见《永乐大典》卷七三二五。

撰者:卫泾

考校说明:编年据卫泾任两制时间补。

伪保义副尉梁法特授秉义郎制
(开禧元年十一月至开禧三年十一月间)

朕兴六月之师,复中原之境,凡衣冠之旧族,与襁负之遗黎,孰匪故臣,皆吾赤子。尔奋自管库,率先来归,俾超进于武阶,示深嘉其志尚。永肩忠义,共建功名。可。

出处:《后乐集》卷一。又见《永乐大典》卷七三二六。

撰者:卫泾

考校说明:编年据卫泾任两制时间补。

朝奉大夫新改差知袁州军州兼管内劝农营田
事余崇龟依前官特授尚书都官郎中制
(开禧元年十一月至开禧三年十一月间)

文昌诸郎,上应列宿,而都官在唐,尤号清选,至以骚雅,振盛一时。盖官无崇庳,得人而重,古今岂有异耶。尔材学纯茂,器采详华。顷鬻书林,出领名郡,治行可纪,亟俾召归。司隶秋联,益试能事。其推素蕴,勉绍前闻,以副识拔之意。可。

出处:《后乐集》卷一。

撰者:卫泾

考校说明:编年据卫泾任两制时间补。

朝请大夫荆湖北路转运判官专一措置提督修城
宇文绍彭可特授尚书度支郎中制
(开禧元年十一月至开禧三年十一月间)

朕规恢鸿业,寤寐人才,或外总于台纲,或内参于邦计。委任攸在,重轻岂殊。尔名阃之英,儒雅饰吏,比济更于麾节,亦懋著于事功。锡对便朝,议论不诡。其辍湖阴之将漕,进联民部之名曹。矧边琐多虞,调度方急,司度之任,厥惟艰哉。往殚乃心,以佐而长,均节其有无,俾上用足而下不匮,是为称职,嗣有宠章。可。

出处:《后乐集》卷一。

撰者:卫泾

考校说明:编年据卫泾任两制时间补。

从事郎许沆可依前特授行国子正制
（开禧元年十一月至开禧三年十一月间）

蜀自昔多材,而去朝廷万里,无路自达,朕甚念之。爰命师臣,岁得荐进。尔奋自儒科,行艺纯备,举者以名闻。比繇召察,列属胄监,分任纠正之事。盍推所学,使多士有观焉。可。

出处：《后乐集》卷一。
撰者：卫泾
考校说明：编年据卫泾任两制时间补。

朝奉郎史厚祖除大理寺丞制
（开禧元年十一月至开禧三年十一月间）

朕患夫法家者流拘于文而不察夫人之情也,故选用理官,必更诚以民事,庶乎习知幽隐。凡我庶狱,酌情法之中而审于用刑焉。尔艺精科律,济以儒雅,顷司评谳,蔚有能称,尝转而丞矣。通刺名郡,扬历居多,肆予命汝,复还旧署,以究所长。其益知尽心,以称钦恤之意。可。

出处：《后乐集》卷一。
撰者：卫泾
考校说明：编年据卫泾任两制时间补。

来处和引班太疾降一官制
（开禧元年十一月至开禧三年十一月间）

朝仪贵肃,宾阁是司。乃诏相之不明,致疾徐之失度。俾镌一秩,姑小警之。可。

出处：《后乐集》卷一。
撰者：卫泾
考校说明：编年据卫泾任两制时间补。

显谟阁直学士通议大夫楼钥可特落显谟阁直学士制
(开禧元年十一月至开禧三年十一月间)

素韡甫终,缅想从臣之旧;丹书来上,骇闻史议之新。虽重惜于修名,难独宽于常典。具官某时推宿望,久服禁涂。齿德浸高,众谓老成之彦;丘园自适,肆嘉靖退之风。何倚庐在疚之时,有移牒徇情之累?岂爱人姑息,或牵邑子之言;然萦国宪章,致佚奸民之罪。具阅有司之成案,遂罹缘坐之微文。其悉褫于华名,姑小惩于私谒。善不掩恶,朕何心赏罚之施;过斯知仁,尔尚勉省循之谊。可。

出处:《后乐集》卷一。
撰者:卫泾
考校说明:编年据卫泾任两制时间补。

内侍杨荣显除御带转归吏部制
(开禧元年十一月至开禧三年十一月间)

中禁宣劳,嘉忠诚之惟旧;外铨叙秩,昭任使之至公。具官某廉以律身,恭于事上,周旋庶务,靡辞夙夜之勤;谨悫一心,坐阅岁时之久。肆畴乃绩,深简予知。俾赞阀于天官,仍属鞬于宸陛。职寓承流之峻,阶参横列之崇。惟尽瘁可以答上恩,惟能谦可以永终誉。祗服休命,毋忘训词。可。

出处:《后乐集》卷一。
撰者:卫泾
考校说明:编年据卫泾任两制时间补。

通直郎充枣阳军使兼知随州枣阳县黄叔温特授朝奉郎制
(开禧元年十一月至开禧三年十一月间)

将臣失律,士卒奔亡,群小剽攘,边氓惊扰。尔以邑令,还定劳来,按堵如故,戎幕第劳,赏疑从予。蹑晋三秩,亶惟异恩。益务抚摩,以图报称。可。

出处:《后乐集》卷一。

撰者:卫泾

考校说明:编年据卫泾任两制时间补。

李弼解閤职转官制
(开禧元年十一月至开禧三年十一月间)

朱华列属,日侍邃严,其徙他官,则增秩以宠之,亶为优渥。尔繇才选,尝司诏相,兹领内祠之佚,爰疏取幸之恩。毋曰彝章,盍思忠报。可。

出处:《后乐集》卷一。

撰者:卫泾

考校说明:编年据卫泾任两制时间补。

卢思恭删修敕令供检文字转官制
(开禧元年十一月至开禧三年十一月间)

事之变而无穷,法以随而更制,奏篇来上,第赏有差。尔尝隶名,赍伐以请,俾增茂秩,祗服优恩。可。

出处:《后乐集》卷一。

撰者:卫泾

考校说明:编年据卫泾任两制时间补。

寿慈宫额外掌笺奏成忠郎宋良辅转一官制
(开禧元年十一月至开禧三年十一月间)

朕祗奉寿慈,靡所不用其至,凡奔走执事之人,第劳懋赏,虽微必录。尔以刀笔吏服勤其间,例当迁官,吾不汝靳。益思谨恪,以称恩荣。可。

出处:《后乐集》卷一。

撰者:卫泾

考校说明:编年据卫泾任两制时间补。

讲筵所沈师颜循资转一官制
(开禧元年十一月至开禧三年十一月间)

顷史观以成书来上,第赏有差。汝服勤其间,阅岁滋久,今其任矣,赍伐以陈。俾陟文资,益知自爱。可。

出处:《后乐集》卷一。

撰者:卫泾

考校说明:编年据卫泾任两制时间补。

随龙寿慈宫祗应李穆转一官制
(开禧元年十一月至开禧三年十一月间)

尔事朕初潜,浸更任使,序劳通秩,宣谓优恩。宜加懋勉,以图报称。可。

出处:《后乐集》卷一。

撰者:卫泾

考校说明:编年据卫泾任两制时间补。

江西运判方铨以递角违滞行下根究违限降一官制
(开禧元年十一月至开禧三年十一月间)

边亭肃戒,羽檄交驰,傥非期会之严,何取邮传之速?矧关军计,实隶漕臣。检柅不时,已负旷官之责;稽违奏报,宁无慢令之嫌。其黜一阶,以警诸道。勿因微眚,尚勉壮图。可。

出处:《后乐集》卷一。

撰者:卫泾

考校说明:编年据卫泾任两制时间补。

讲筵吏人李世兴等因论语彻章各转一官制
（开禧元年十一月至开禧三年十一月间）

《鲁语》终编,儒臣第赏。尔等咸以刀笔周旋其间,俾通一阶,厥有彝典。益知匪解,期称所蒙。可。

出处:《后乐集》卷一。
撰者:卫泾
考校说明:编年据卫泾任两制时间补。

阁门宣赞舍人张师游张允济应奉人使一十次各转一官制
（开禧元年十一月至开禧三年十一月间）

曾子曰:"动容貌,斯远暴慢矣;正颜色,斯近信矣;出辞气,斯远鄙倍矣。"此言礼之足以箴人也。审乎此,则凡朝会仪容、辞令揖逊之节,朕以朱华之属司其诏相,而使远人观焉,意固有在矣。积勤至于累十,增秩之褒,厥有彝典,朕以不汝靳也。益加共恪,思所以称此哉。可。

出处:《后乐集》卷一。
撰者:卫泾
考校说明:编年据卫泾任两制时间补。

知庐江县俞建部押民夫运粮过淮措置有方特转一官制
（开禧元年十一月至开禧三年十一月间）

令长任民社之寄,分护饷道,至于越竟,姑从权宜。部使者谓尔条教素孚,发轫有纪,爰命进秩,以旌尔劳。其思尽职分之所当为,且协济吾事,是为报效。可。

出处:《后乐集》卷一。
撰者:卫泾
考校说明:编年据卫泾任两制时间补。

封彦明枢密院禀议赐钱转一官制
（开禧元年十一月至开禧三年十一月间）

朕申饬边备,搜罗将才,每命机廷,亲加咨访。尔晓畅军务,议论可采,赐金增秩,归耀私门。益思奋勉,以副功名之会。可。

出处:《后乐集》卷一。

撰者:卫泾

考校说明:编年据卫泾任两制时间补。

韩显忠捕盐赏转一官制
（开禧元年十一月至开禧三年十一月间）

朕惟山泽之利未能捐以予民,而吾民以私鬻冒禁,具狱来上,每为之恻然。然捕赏有格,不予,何以示劝? 俾升一列,用答尔劳。祗服新渥,其体此意。可。

出处:《后乐集》卷一。

撰者:卫泾

考校说明:编年据卫泾任两制时间补。

内侍杨旦转一官制
（开禧元年十一月至开禧三年十一月间）

朕爱惜名器,劝励臣工,独于奉亲,务从其厚。尔执事北内,周旋兹久,第劳应格,叙进一阶,而铨曹考课得之者不与焉,可谓幸矣。益思共恪,毋忝恩荣。可。

出处:《后乐集》卷一。

撰者:卫泾

考校说明:编年据卫泾任两制时间补。

奉使夏王德等转官制
（开禧元年十一月至开禧三年十一月间）

敕具官：朕比遣使轺，往修邻聘，尔等俱膺材选，俾从于行。眷言万里之劳，何惜一阶之进。勉祗新渥，益励远图。可。

出处：《后乐集》卷一。

撰者：卫泾

考校说明：编年据卫泾任两制时间补。

钱廷瑞使属充医官转官制
（开禧元年十一月至开禧三年十一月间）

比遣使轺，往修邻聘，尔以材选，俾从于行。既竣事以无违，岂劳还之可后？肆颁懋赏，爰陟文阶。毋曰彝章，盍思忠报。可。

出处：《后乐集》卷一。

撰者：卫泾

考校说明：编年据卫泾任两制时间补。

鲁之颐随父宜奉使以医官同行转官制
（开禧元年十一月至开禧三年十一月间）

尔父顷缀朝列，将聘殊邻，尔从于行，名与赏籍。阅时既久，赍伐以陈。蹑进文阶，足以为出仕之宠，可不思所以自勉哉！可。

出处：《后乐集》卷一。

撰者：卫泾

考校说明：编年据卫泾任两制时间补。

邢天从奉使职员转官制
（开禧元年十一月至开禧三年十一月间）

朕顷驰汉传，远聘龙荒，尔从于行，已事无爽。爰俾一阶之进，用酬万里之劳。服我恩华，勉而忠报。可。

出处：《后乐集》卷一。
撰者：卫泾
考校说明：编年据卫泾任两制时间补。

掌仪丁显明等转官制
（开禧元年十一月至开禧三年十一月间）

朕岁遣聘使，每命典客之属从于行，岂特仪容辞令资诏相之勤，盖以往来传道之习熟，抑于觇国有助焉。尔等祗率厥事，驰驱良劳，嘉万里之言还，俾一阶之序进。益思忠报，毋忝恩荣。可。

出处：《后乐集》卷一。
撰者：卫泾
考校说明：编年据卫泾任两制时间补。

潜邸人范俊王昌应奉有劳各转一官制
（开禧元年十一月至开禧三年十一月间）

朕爱惜爵赏，以励臣工。尔等祗事潜藩，亶为幸会。序劳增秩，抑匪彝章。宜思忠饬，毋使人谓朕私汝也。可。

出处：《后乐集》卷一。
撰者：卫泾
考校说明：编年据卫泾任两制时间补。

朝散大夫直秘阁两浙路转运判官程准依前官特授
尚书户部郎中总领浙西江东财赋淮东军马钱粮制
（开禧元年十一月至开禧三年十一月间）

朕惟分道总饷，事权匪轻。今两淮宿师，责任尤重。矧弊蠹犹在，利源未疏，非是通材，孰宽思顾？尔奋于名阀，夙著能称，司绩铨曹，吏谩浸革。将输畿甸，心计素优。俾还农部之联，往董兵储之寄。惟简稽尺籍则可以舒供亿，惟考核赋程则可以杜隐欺。使民不加敛而军无乏兴，是为称职。可。

出处：《后乐集》卷一。

撰者：卫泾

考校说明：编年据卫泾任两制时间补。

宣教郎特添差两浙路转运司主管文字仍
厘务韩信甫特授直秘阁制
（开禧元年十一月至开禧三年十一月间）

中秘图书之府，上应东壁之躔。英俊并游，谓之登瀛，寓直其间，亦清选也。尔名阀之彦，刻意自修，兹赞画于计台，爰宠加于美职。粤有戚藩之近比，矧繇乃父之遗沾。祗服茂恩，勉绍芳躅。可。

出处：《后乐集》卷二。

撰者：卫泾

考校说明：编年据卫泾任两制时间补。

宣教郎郭拓依前官特授直秘阁制
（开禧元年十一月至开禧三年十一月间）

中秘图书之府，以待寒畯儒学之流，戚畹勋阀，或寓直其间，然其考择惟谨。尔性资纯美，克自修持，矧吾兄舅之家，恩礼宜厚，可不有褒表之乎！其益奋励，以见于事业，毋使人谓朕私汝也。可。

出处:《后乐集》卷二。

撰者:卫泾

考校说明:编年据卫泾任两制时间补。

朝奉郎行大理寺丞赐绯鱼袋蒋蔺可特授大理正制
(开禧元年十一月至开禧三年十一月间)

廷尉之有正,上而卿贰得以济其可否,下而丞属得以纠其是非,选任盖亦重矣。尔明习宪度,中外践扬,能称蔚然,叙进厥位。益思尽心,毋或枉挠,俾迪于刑之中,是为称职。可。

出处:《后乐集》卷二。

撰者:卫泾

考校说明:编年据卫泾任两制时间补。

朝散大夫直秘阁权发遣庐州军州兼管内劝农营田事主管淮南西路安抚司公事马步军都总管兼提领措置屯田专一措置提督修城陈耆寿依前官特授提举两浙西路常平茶盐公事制
(开禧元年十一月至开禧三年十一月间)

帅守任十连之寄,使者分一道之权,远近虽殊,委任则一。尔材猷强济,识虑精深,擢正理官,见称平允,司惟省户,方藉剸裁。比求合肥牧御之良,博询在廷公卿之论,孰其试可,金曰汝宜。旋以畿甸根本所关,改畀山泽敛藏之事,仍寓蓬山之直,以为簜节之光。尔其毋专盐筴之盈虚,少振轺车之风采,仁聆最奏,毋负简知。可。

出处:《后乐集》卷二。

撰者:卫泾

考校说明:编年据卫泾任两制时间补。

奉直大夫试将作监莆田县开国男食邑三百户陈守可依前官特授直秘阁荆湖南路转运判官制
（开禧元年十一月至开禧三年十一月间）

朕鉴内重外轻之弊,故凡更麾节以治最闻者,必加收召,而久于班列,自诡民庸,亦未尝不乐从之,所以开公道、厚风俗,庶几内外之势均。矧尔父佑我烈祖,为中兴名相,尔以谦谨,克守家法,出领郡寄,入为省郎,恬于势利,蔚著贤闻。《诗》不云乎:"惟其有之,是以似之。"兹縻匠监,寓直中秘,将漕湖右,以宠其行。然外台纪纲之司,当先振厉风采,察吏臧否,问民疾苦,不但飞刍挽粟而已。尚思懋勉,以称临遣之意,朕不汝忘。可。

出处:《后乐集》卷二。
撰者:卫泾
考校说明:编年据卫泾任两制时间补。

朝请大夫试将作监孟纶依前官特授直秘阁荆湖北路转运判官专一措置提督修城谙
（开禧元年十一月至开禧三年十一月间）

荆湘之间,地远而民瘠,闾阎之疾苦不得上闻,朝廷之惠泽不能下究。朕每恻然于怀,故于选使尤重。尔操行有守,悃愊无华。中外践更,声绩弥茂。縻省郎而长匠监未久也,抗章力请,自诡民庸,俾寓直道,出将漕重湖之北。朕之德意志虑,尔素知之矣。其益励乃心,咨询民隐,考察吏治,平其赋役,明其政刑,毋使州县并缘一切,以重困吾赤子。时汝之职,往惟钦哉! 可。

出处:《后乐集》卷二。
撰者:卫泾
考校说明:编年据卫泾任两制时间补。

朝散大夫京西路转运判官兼提刑提举常平茶盐公事兼提领措置营田屯田提举大路纲马驿程公事赵善鐩可依前官特授直秘阁权知襄阳军府兼管内劝农营田事主管京西南路安抚司公事马步军都总管兼提领措置屯田专一措置提督修城制
（开禧元年十一月至开禧三年十一月间）

朕惟上流之形势,莫重襄州之要冲。高城深池,雄峙昔年之守备;聚兵积粟,遹严今日之将屯。思得干略之长,庸副藩宣之寄。尔宗枝挺秀,吏事著称。试以剧繁,耸然风望。属弄印之已久,知游刃之有余。爰畀左符,作镇南服。尔其开布德信,申固封圻。时方须才,矧擅间平之誉;政先怀远,斯得江汉之心。益懋壮图,式宽忧顾。可。

出处:《后乐集》卷二。
撰者:卫泾
考校说明:编年据卫泾任两制时间补。

主奉吴益王祭祀多庆磨勘转观察使制
（开禧元年十一月至开禧三年十一月间）

强本支之势,每隆睦族之恩;昭名器之公,率考彝章之旧。兹敷命数,庸赉亲贤。具官某迪德中和,禀资粹美。奉端献烝尝之祀,推裕陵属籍之尊,循矩度以无违,緊仪刑之是赖。阅时既久,会课当迁。其繇御侮之联,擢领观风之寄。秩崇四品,礼异庶僚。惟乐善足以成信厚之风,惟能谦斯可无亢满之累。祗若予训,益彰令名。可。

出处:《后乐集》卷二。
撰者:卫泾
考校说明:编年据卫泾任两制时间补。

武经大夫马军行司右军统制秦诜改知光州制
（开禧元年十一月至开禧三年十一月间）

朕遴简虎臣,分司淮服,缮兵训卒,虽戎备之不忘;和众安民,乃朕心之攸急。以尔疏通详练,重厚老成,辍自戎行,往宽忧顾。光山为郡,地接上游。尔其体朕至怀,思古良牧,毋隳大信,毋徇小利,使德礼著而威惠洽,边陲静而田里安,则于委寄无负矣。时乃懋哉! 可。

出处:《后乐集》卷二。

撰者:卫泾

考校说明:编年据卫泾任两制时间补。

鄞县灵护庙显佑顺泽王加康济二字制
（开禧元年十一月至开禧三年十一月间）

朕惟一时特起之才,勋业不大见于世,则虽千载之下,精爽犹弗忘乎民。虽幽显之有殊,宜位名之必称。某神生有封侯之相,属当唐室之衰。收复之功,屡书盟府;专征之钺,尽护东川。敬宣之憾未酬,守亮之兵垂衄。贲志以往,庙享是宜。以生平拨乱之心,为身后及人之绩。水旱疾疫之有祷,肸蠁潜通而弗违。既胙真王,载加褒字。念夙怀于康济,盍昭述于形容。岂惟梓潼之人,凡我西南之壤,悉繄阴骘,永孚于休。可。

出处:《后乐集》卷二。

撰者:卫泾

考校说明:编年据卫泾任两制时间补。

灵佑瑞泽王加广济二字制
（开禧元年十一月至开禧三年十一月间）

载观前史,有伟二难。一时自奋于功名,六纛相传于掌握。方其引杯看剑,视死如饴;无非捐己为人,处心以义。故英风之不泯,虽亿载以常存。某神刚果而甚儒,雍容而能断。遭李唐之讫箓,值群狯之并吞,不忍以七万人之兵,苟利夫数千里之地,镜堂忼慨,阖境生全。至今棣萼之威灵,犹庇梓潼之黎庶。曰旸曰雨,是祷是祈,既屡奏于阴功,宜申加于显号。繄岂片言之能述,姑慰远民之所依。尚克顾歆,益垂默相。可。

出处:《后乐集》卷二。

撰者:卫泾

考校说明:编年据卫泾任两制时间补。

佐神赞利忠惠协应昭绩侯加封翼惠公制
(开禧元年十一月至开禧三年十一月间)

尔神弗爽来宾之约,卒飨血食之隆。以他年谊概之相从,宜今日阴功之有助。生死一意,幽显均荣。肆兹申侈于神休,亦俾升华于爵列。益祈默赞,永答恩徽。可。

出处:《后乐集》卷二。

撰者:卫泾

考校说明:编年据卫泾任两制时间补。

黎州汉源县武威庙英勇灵济普应公加封显惠二字制
(开禧元年十一月至开禧三年十一月间)

朕惟山川英灵之气,不以幽显而或殊;故其聪明正直之心,虽阅生死而弗变。俨乎如在,感焉遂通。尔神济先主于艰难,招群携于纷纠。后先诸葛,扶植炎刘。凡当时仗义以有为,皆一意为民而除乱。精诚所寓,亿载常存。至今呼吁以有祈,殆若形声之相应。震电詟羌戎之寇,甘霖苏旱魃之灾。威惠允孚,功效茂异。宜申加于美号,庸昭报于神休。尔尚服我宠光,保兹西土。可。

出处:《后乐集》卷二。

撰者:卫泾

考校说明:编年据卫泾任两制时间补。

神妻封协惠夫人制
（开禧元年十一月至开禧三年十一月间）

朕教民美报,咸秩无文。矧妇爵固贵于从夫,岂祝嘏尚稽于锡号?尔凤怀懿德,克配明神。眷灵异之屡书,繄相成之有道。位名未称,郡国以闻。新命服于小君,订徽音于协惠,答扬并畀,式赞晏娱。俾西土之常祠,弥亿年而罔替。可。

出处:《后乐集》卷二。
撰者:卫泾
考校说明:编年据卫泾任两制时间补。

神子昭烈侯加善佑二字绍休侯加善助二字
（开禧元年十一月至开禧三年十一月间）

《蜀志》载马镇南二子,而不著其行事。以蜀人崇敬之心,一方庇赖之绩,其能阴佑嘿助,无忝厥绍信矣。凤践元侯之爵,兹申褒字之荣。宠辑一门,祀绵亿载,作其祝号,亦求有辞。可。

出处:《后乐集》卷二。
撰者:卫泾
考校说明:编年据卫泾任两制时间补。

赵淳辞免特转承宣使不允诏
（开禧元年十一月至开禧三年十一月间）

敕:具悉。朕惟将帅因事乃见其材,朝廷视功而为之报。苟无以彰却敌安边之绩,将何以励忘身徇国之臣?卿凤著威名,独当忧顾,捍坚城于十日之久,摧强敌于百战之余,皆而方略之奇,保我金汤之固。肆颁茂渥,用劝精忠。峻升留务之班,增竦辕门之望。夫赏宁从厚,朕固知臣下之勤劳;然安不忘危,尔宜念功名之终始。毋庸多巽,益展壮犹。所辞宜不允。

出处:《后乐集》卷四。

撰者:卫泾

考校说明:编年据卫泾任两制时间补。

吴琯乞祠禄不允诏
(开禧元年十一月至开禧三年十一月间)

敕:具悉。昔汉冯野王以戚属之贤擢左冯翊,行能为二千石最。然京师称其威信,亦必待岁余而后有考焉。盖用人无间于亲疏,成效皆责于久任。卿蚤更中外,颇著事庸。繇四姓之贵侯,典九畿之奥郡。官箴恪守,民政可观。曾阅时之未多,遽抗章而求佚。朕方鉴守长数易之弊,厌将迎费蠹之烦,其益懋于治声,毋重陈于巽牍。所请宜不允。

出处:《后乐集》卷四。

撰者:卫泾

考校说明:编年据卫泾任两制时间补。

楼钥辞免复原职不允诏
(开禧元年十一月至开禧三年十一月间)

敕:具悉。朕惟先朝耆俊,初政侍臣,眷怀不忘,恩礼宜厚。卿学为群儒之表,望出诸老之间。燕颐累年,华皓一节。矧尝冠文昌八座之班矣,顾以微文,未还宠职,岂予尊德尚齿之谊哉! 兹从真馆之游,尽复西清之峻。虽身居外服,而心系内朝,匪徒加贲于丘园,盖示不遗于故旧。师言允穆,巽牍奚为? 所辞宜不允。

出处:《后乐集》卷四。

撰者:卫泾

考校说明:编年据卫泾任两制时间补。此诏时间当在同集卷一《显谟阁直学士通议大夫楼钥可特落显谟阁直学士制》之后,见《絜斋集》卷一一《楼公行状》。

杨次山乞休致不允诏
（开禧元年十一月至开禧三年十一月间）

敕：具悉。昔汉窦长君不以富贵骄人，阴恃中力以盈溢辞位，皆以后家同气之至亲，而有恬养知足之高致。书之史册，今为美谈。卿属近坤仪，班尊尉府，当此精神之壮，荐陈明哲之规。视汉二臣，齐芳千载。虽引年可尚，而据礼未宜。矧时方多虞，情均休戚，自图便佚，人谓斯何？勉承眷倚之怀，其略好谦之牍。所请宜不允。

出处：《后乐集》卷四。
撰者：卫泾
考校说明：编年据卫泾任两制时间补。

赵善坚辞免招收禁军特转一官不允诏
（开禧元年十一月至开禧三年十一月间）

敕：具悉。朕奖励臣工，靡庞爵秩，所以示恩信、章至公。卿夙负材猷，再总浩穰，恢乎游刃，蔼然休声。恪奉诏条，简稽禁旅，既畴庸之来上，于论赏以宜先。峻升寓禄之阶，增重神皋之寄。虽近臣体国，罔宠利以为心；然使人有功，岂封爵之不予。亟祗成涣，毋事谦辞。所辞宜不允。

出处：《后乐集》卷四。
撰者：卫泾
考校说明：编年据卫泾任两制时间补。

师垂辞免除知大宗正事不允诏
（开禧元年十一月至开禧三年十一月间）

敕：具悉。古庶子官乃今宗正之任，国家先选德望而位高属近者，特隆其名。盖将以表仪内朝，助我睦族，不徒尊贵之而已。卿性资迈爽，履行温纯。蚤屡试于事功，晚遂安于闲燕。朕念近支之贤，宜在左右，司宗虚次，亟以命之。矧而先王尝典厥职，视汉歆、向父子，亦何愧焉。勉迪令猷，毋庸多逊。所辞宜不允。

出处:《后乐集》卷四。

撰者:卫泾

考校说明:编年据卫泾任两制时间补。

生日赐生饩诏
(开禧元年十一月至开禧三年十一月间)

石泉槐火之新,属当令序;蓬矢桑弧之设,载诞鸿儒。方赖经纶,聿隆体貌。颁饩牵于御府,助燕喜于私庭。益介寿祺,永扶昌运。今赐卿生日羊酒、米麵等,具如别录,至可领也。故兹诏示,想宜知悉。

出处:《后乐集》卷四。

撰者:卫泾

考校说明:编年据卫泾任两制时间补。

陈枢辞免宝谟阁直学士致仕不允诏
(开禧元年十一月至开禧三年十一月间)

敕:具悉。知止足者,人臣之高致;全体貌者,朝廷之茂恩。卿禁密之臣,典刑之旧,燕熙滋久,年德俱高。方有赖于询猷,遽力祈于谢事。宠升秘职,勉徇冲怀。然身在林泉之间,而名列西清之籍,岂特华其归老,盖曲示于优贤。亟服徽章,毋烦巽牍。所辞宜不允。

出处:《后乐集》卷四。

撰者:卫泾

考校说明:编年据卫泾任两制时间补。

萧逵辞免招收福建路效用水军数足特转一官不允诏
(开禧元年十二月至开禧三年十一月间)

敕:具悉。操爵赏之柄,示激劝之公,虽予侍臣,有劳必录。卿器资端靖,学职纯明。顷縻文昌,分阃闽部,有平易近民之政,赋中和乐职之诗。输积募徒,不扰而办。朕久知其为君子之才也。肆畴茂绩，进陟崇阶。兹览奏封，力形谦避。嘉尔体国之谊，匪予懋功之心。其即钦承，式图报称。所辞宜不允。

出处：《后乐集》卷四。

撰者：卫泾

考校说明：编年据卫泾任两制时间、文中所述"顷繇文昌，分闽闽部，有平易近民之政，赋中和乐职之诗"补，见乾隆《福州府志》卷三〇。

赐资政殿学士知潼川府费士寅腊药敕书
（开禧元年十一月至十二月间或开禧二年冬或
开禧三年十月至十一月间）

敕：卿望隆廊庙，任重翰垣。属寒籥之方深，轸眷怀而良厚。趣颁嘉剂，以介珍调。

出处：《后乐集》卷五。

撰者：卫泾

考校说明：编年据卫泾任两制时间补、文中所述"腊药"补。

宣劳将士口宣
（开禧元年十一月至开禧三年十一月间）

有敕：卿汝等克修戎职，秪护明禋，眷言匪薄之劳，深见忠勤之助。迄臻熙备，良用叹嘉。

出处：《后乐集》卷五。

撰者：卫泾

考校说明：编年据卫泾任两制时间补。

宇文虚中女赵恬妻宇文氏赠安人制
（开禧元年十一月至开禧三年十一月间）

尔父以忠徇国，扼于当路，汔罹异域之祸，朕固褒表之矣。尔夫缘坐，尤非其罪。慨念百年之久,甫还七品之阶。追畀命封,适从夫爵。灵兮不昧,歆我恤章。可。

出处:《永乐大典》卷二九七二。

撰者:卫泾

考校说明:编年据卫泾任两制时间补。

后省令史孙德显修文林郎制
(开禧元年十一月至开禧三年十一月间)

系日之书,自朕綦服,迄于嘉泰之初元。奏篇来上,奖录儒猷。尔祗事其间,名与赏籍。俾进一阶,于以示信。勉而共恪,称我恩华。

出处:《永乐大典》卷七三二三。

撰者:卫泾

考校说明:编年据卫泾任两制时间补。

通直郎通判隆兴军府兼管内劝农营田事史
定之特授奉议郎制
(开禧元年十一月至开禧三年十一月间)

朕饬备二边,募徒诸道。尔以名门之彦,佐治帅阃。简稽有法,期会靡愆。有司第劳,进官一列。益加懋勉,以称恩华。可。

出处:《永乐大典》卷七三二四。

撰者:卫泾

考校说明:编年据卫泾任两制时间补。

国信所寄班祗应排办国信所礼物赵大雅
改名飞英应办人使到阙十次转修武郎制
(开禧元年十一月至开禧三年十一月间)

邻使来庭,礼有常度。尔尝执事,第劳应格。俾通一阶,是为优赏,思所以称此哉。可。

出处:《永乐大典》卷七三二六。

撰者:卫泾

考校说明:编年据卫泾任两制时间补。

太中大夫集英殿修撰知隆兴军府事兼管内劝农营田使主管江南西路安抚司公事马步军都总管施康年特授宝谟阁待制依前官职制
(开禧元年十一月至开禧三年十一月间)

五材谁能去兵,方饰临边之备;八柄爵以驭贵,爰疏进律之恩。矧候对之清班,缀内朝之近侍。式放书赞,庸示眷怀。具官某德宇粹温,器资方重。宪台谏省,风采凛然。农扈宰僚,声称藉甚。比厌承明之直,往分帅阃之雄。属疆埸之多虞,选戎徒于诸道。简稽有法,期会靡淹。兹峻陟于华联,示宠褒于良翰。虽义存体国,初何意于论功;然赏不逾时,庶闻风而知劝。祗承新渥,益懋远猷。可。

出处:《永乐大典》卷一三五〇六。

撰者:卫泾

考校说明:编年据卫泾任两制时间补。

太府卿枢密副都承旨制
(暂系于开禧元年十一月至开禧三年十一月间)

朕惟右府之属,莫如密命之亲。以次对而赞讦谟,宣惟旧制;用列卿而为副介,未有前闻。属图义以傽功,固难拘于常比。尔才能鲜俪,慷慨自将。护漕日畿,已登最课;尹民天府,绰有能声。伟兵略之深知,方军书之旁午。爰跻荣于农扈,俾禀务于几廷。夫帝王之道,出于万全,毫厘之差,谬以千里。其协承于几务,必审当于事情。服我优恩,嗣有明陟。

出处:《山房集》卷二。又见《永乐大典》卷一〇一一六。

撰者:周南
考校说明:编年据卫泾任两制时间补。

江西转运判官制
(暂系于开禧元年十一月至开禧三年十一月间)

朕惟国之任人,如工之利器。若处得其当,则用无不宜。尔以相阀之英,陪枢掾之列。日者九江之选牧,方分千里之左符。大江以西,货泉所萃,将漕之职,委寄不轻。辍尔以行,不惮改命。惟尔才谞之优裕,智识之敏明。考察盈虚,必能剔除蠹弊;驰驱原隰,无忘护养本根。行有显庸,不忘明陟。

出处:《山房集》卷二。
撰者:周南
考校说明:编年据卫泾任两制时间补。

赵师䴕知赣州制
(暂系于开禧元年十一月至开禧三年十一月间)

朕妙选贤良,奉行宽大。田里无愁叹,深惟司牧之难;岳牧用词人,兹得贤能之彦。尔人文彪炳,天分高融。首多士于南宫,旋上立螭之陛;裁五花于西省,无惭倚马之才。方迟进立于要津,宁许退藏于闲地?一州敛施,矧尝流福于京师;二水合流,其往分符于章贡。示不忘于家食,尚少佇于怀章。夫择廊庙具而分忧,此意厚矣;如有治理效而表用,岂汝忘之。

出处:《山房后稿》。
撰者:周南
考校说明:编年据卫泾任两制时间补。

赵师䴕知江州制
(暂系于开禧元年十一月至开禧三年十一月间)

庶民安其田里,由共理之惟良;长江如护风寒,于中流而尤重。矧两禁论思之隽望,十年偃屈于里门。其分作牧之麾,亟使即家而拜。尔持心忠恳,遇事激昂。良贾深藏若虚,端以才而为略;岁寒后凋乃见,知斯砧之可磨。方人才驰骛之秋,岂贤者卧疴之日? 必能据鞍而起,为朕捍城其民。夫能收之桑榆,莫如措之事业。朕以九江浔阳之雄镇,有三国晋代之遗踪。以卿扣囊之余,当此投机之会。必有课最,宽我顾忧。毋或惩羹而吹齑,至于因噎而废食。不失邯郸之步,斯复雁门之踦。

出处:《山房后稿》。
撰者:周南
考校说明:编年据卫泾任两制时间补。

通直郎太学博士钱廷玉除太常博士制
(开禧二年正月至开禧三年十一月间)

奉常专礼乐之司,兼夷夔之任,昔之勤劳王家者,亦于是而纪成绩焉。至唐,则以博士掌戎府书檄,古今用人,是或一道。尔蚤跻腼仕,继收隽科,蔚然声称,达于朕听。比横经于学省,旋列属于颂台,未究尔材,当为时用。矧克济世美,自许功名,方赞画军旅之间,岂特闻俎豆之事? 策勋既至,论赏孰先。可。

出处:《后乐集》卷一。
撰者:卫泾
考校说明:编年据卫泾任两制时间、钱廷玉宦历补,见《建炎以来朝野杂记》乙集卷一八。

降授朝奉郎淮南西路转运判官提领营田兼提领措置屯田专一措置提督修城赐绯鱼袋叶籈依前官特授复直宝文阁权江南西路提点刑狱公事兼本路劝农提举河渠公事借紫诰
(开禧二年正月至开禧三年十一月间)

朕惟国朝以忠厚待士大夫,乐于录功,急于忘过。矧兴起事业之际,尤爱惜人材之时。尔奋自名阀,通于吏道,践扬中外,方懋尔庸。顷总饷西淮,甫十阅月,耗蠹亡艺,殊骇听闻。既洊致于人言,姑少伸于邦宪,起之闲废,护漕辕门。

虽戎捷未闻,而粮道无乏,念驰驱之良勋,岂劝赏之可稽? 悉还延阁之宠名,付以江圻之臬事。布宣宽大,申理滞冤,一道戚休,系而施置。其勉酬于恩意,且勿替于家声。可。

出处:《后乐集》卷二。

撰者:卫泾

考校说明:编年据卫泾任两制时间、叶籈宦历补,见同集同卷《叶籈落直宝文阁罢淮南转运制》。

告谕两淮诏
(暂系于开禧二年五月至开禧三年十一月间)

敕两淮百姓等:比者戎马俶扰,边陲绎骚。赖将士邀击其归,与边城固守之力。敌已亡逃出塞,兹欲和亲;民用荡析离居,罔有定极。痛念两路生灵之众,加以百年积累之余。居者杼柚其空,去者饥寒不保。使尔动摇而破业,为之恻怛而伤心。朕既复公田以贷民,出缗钱而续食,谕告所抵之吏,存问失业之人。属兹边警之渐稀,犹恐流庸之未复。室庐未免毁坏,鳏寡不能自存。迨兹农事之方兴,尚忧种食之不备。宜敷惠泽,用拯疮痍。

出处:《山房集》卷二。

撰者:周南

考校说明:编年据文中所述史事、卫泾任两制时间补,见《宋史》卷三八《宁宗纪》。

江淮宣抚司契勘王皋康源当王师弔伐之初能背戎向华为首率众捕杀海口巡检夹古阿打并副巡检夹古尚叔忠愤可嘉今欲各与补承节郎制
(开禧二年五月至开禧三年十一月间)

朕兴北伐之师,慰遗黎之望。尔等率众效顺,背戎向华。斩虏来归,载嘉忠愤。锡之命秩,尚勉后图。可。

出处:《永乐大典》卷七三二六。

撰者：卫泾

考校说明：编年据卫泾任两制时间、宋廷下诏伐金时间补，见《宋史》卷三八《宁宗纪》。

承议郎尚书户部员外郎黄莘朝散郎尚书户部员外郎费培并升郎中制
（开禧二年六月至开禧三年十一月间）

尚书郎皆天下高选也，而惟二千石久次乃正其秩序，所以崇资望、示至公。尔莘名臣之裔，蔚有贤誉；尔培以法决科，夙著吏能。或列属小铨，或分曹民部。第劳当陟，咸俾为真。历践既深，褒进亦异。其思所以称朕命，毋曰有司之彝典。可。

出处：《后乐集》卷一。

撰者：卫泾

考校说明：编年据卫泾任两制时间、黄莘宦历补，见《絜斋集》卷一四《黄公行状》、《绍定吴郡志》卷七。《宋会要辑稿》刑法六："（开禧）三年三月二十六日，吏部尚书兼给事中陆峻，兵部尚书宇文绍节，吏部侍郎兼直学士院卫泾，工部侍郎兼知临安府赵善坚，龙图阁〔侍〕〔待〕制在京宫观辛弃疾，吏部侍郎雷孝友，户部侍郎梁季珌、林祖洽，礼部侍郎兼刑部侍郎史弥远，大理卿李谌，太常少卿兼权直学士院兼权中书舍人兼枢密副都承旨田澹，大理少卿奚士逊，起居郎赵梦极，起居舍人许奕，侍御史徐枏，户部侍郎兼刑部郎官费培，左司谏朱质，右正言叶时，监察御史王益祥、乔梦符，宗正丞兼权刑部郎官周震，大理正史厚宗，大理寺丞沈纺，大理评事、权丞林大章，大理司直兼评事王益之，大理寺主簿兼评事施缄，大理评事鲍浣之、赵时适、翁潗、鲍华、沈实状奏……"据诸人排列顺序，费培不应是"户部侍郎"，疑是"户部郎官"之误。

赐参知政事李壁生日诏
（开禧二年七月至开禧三年十一月间）

迎长嶙篇，甫逾浃日之期；钟秀岷山，适纪诞辰之庆。方跻荣于两社，实宣力于万机。宜举赐章，式绥寿椵。

出处:《后乐集》卷四。

撰者:卫泾

考校说明:编年据李壁宦历补,见《宋史》卷二一三《宰辅表》。

杨炳乞祠禄不允诏
(开禧二年十月至开禧三年十一月间)

敕:具悉。文昌八座,接武四近,进退之际,重轻系焉。属当多事之秋,尤藉老成之望。卿学识纯茂,履行方严。亲被简知,遍仪华要。比升班于常伯,仍冠席于迩英。铨综擅平允之称,诵说广缉熙之益。亹亹忧时之论,惓惓体国之诚。虽寇盗之潜奔,正事几之宜察,盍摅至计,叶济远图。矧精神之方强,奚疾疢之为累,遽祈均佚,良咈眷怀。安服厥官,姑惠予采。所请宜不允。

出处:《后乐集》卷三。

撰者:卫泾

考校说明:编年据卫泾任两制时间、杨炳宦历补,见《南宋馆阁续录》卷九。

杨炳辞免宝谟阁直学士宫观不允诏
(开禧二年十月至开禧三年十一月间)

敕:具悉。朕惟魁垒老成之望,禁路所推;出入进退之间,礼貌宜异。矧挽留之弗获,尤眷宠之当加。卿位冠文昌,时称寿隽。扬历众职,周旋八年。方倚重于典刑,遽恳祈于闲佚。神明犹壮,众惜孔戣之得归;官政闵劳,难强汲黯之为郡。爰峻班于延阁,以增贲于真祠。既自取之甚廉,胡抗辞而不已! 亟祗成命,其略执函。所辞宜不允。

出处:《后乐集》卷三。

撰者:卫泾

考校说明:编年据卫泾任两制时间、杨炳宦历补,见《南宋馆阁续录》卷九、《宋会要辑稿》职官七四。此诏时间当在同集同卷《杨炳乞祠禄不允诏》之后。

张泽辞免宝谟阁直学士宫观不允诏
(开禧二年十月至开禧三年十一月间)

敕:具悉。朕于侍从之臣进退以礼,所以全恩遇、励节行也。卿性质端靖,议论正平,擢居禁近之联,备罄猷为之益。起之闲地,畀以辅藩,惟知平易以近民,不饰厨传以要誉。属时多事,正藉老谋,亟颁召音,庸副虚伫。乃力伸于祠请,顾莫夺于冲怀。爰升西清学士之班,以宠文昌八座之旧。虽云彝典,亶谓优贤。尚毋忘畎亩之忠,岂特示丘园之贲。祗予成命,奚事劳谦。所辞宜不允。

出处:《后乐集》卷四。

撰者:卫泾

考校说明:编年据卫泾任两制时间、张泽官历补,见《绍定吴郡志》卷一一。

丘崈乞守本官致仕不允诏
(开禧三年正月至十一月间)

敕:具悉。祖宗之时,贵德尚齿,凡股肱之旧,年至而不得谢,或承顾问,或备谘访,皆足以表仪中外。而诸老大臣虽身处佚休,乃心罔不在王室,初未尝以脱遗轩冕为高。君臣之间,谊斯两尽,朕心慕焉。卿出际三朝,望隆百辟,起从珍馆,作镇留都,擢贰几廷,肇开督府。茂著筹边之绩,尤深体国之诚。比以闵劳,少安闲燕,卿固何心于出处,朕亦靡替于眷思。胡为剡牍之闻,遽上挂冠之请?惟今耆哲,如卿几人? 其悉至怀,毋徇雅志。所请宜不允。

出处:《后乐集》卷四。

撰者:卫泾

考校说明:编年据卫泾任两制时间、文中所述"祖宗之时,贵德尚齿,凡股肱之旧,年至而不得谢,或承顾问,或备谘访……卿出际三朝,望隆百辟,起从珍馆,作镇留都,擢贰几廷,肇开督府"补,见《宋史》卷三八《宁宗纪》、卷三九八《丘崈传》。

陆峻乞祠禄不允诏
（开禧三年正月至十一月间）

　　敕：具悉。惟我祖宗尊贤贵老，无愧三代之盛王，耆哲居朝，前后相望，史册可考。卿器识闳远，德履粹夷，简在朕心，十年于此。晋列六官之长，益仪百辟之瞻。属时疆埸之多虞，正赖谋猷之入告。共图销弭，迄底安强。胡为上章，遽欲引去？虽嘉止足之谊，良咈眷倚之怀。矧气貌精神，殆少壮所不及，勿思自逸，勉为朕留。所请宜不允。

出处：《后乐集》卷四。
撰者：卫泾
考校说明：编年据陆峻宦历补，见《南宋馆阁续录》卷九、《宋会要辑稿》职官七三。

李壁乞祠禄不允诏
（开禧三年十一月二日前）

　　敕：具悉。朕惟国家待遇二三大臣之礼与百官执事异，盖所以托股肱心膂而与之同休戚也。去就之间，奚可轻议？卿以安石之文雅，济德裕之经纶。比与政机，实从人望。属时多虞，警奏日闻，赖卿推诚协心，毕力尽瘁，方内略定，朕甚嘉之。何嫌何疑，遽欲求去？且逆党尽诛，边尘渐息，信如卿之言矣，独不为朕讲求安辑之方、经理之政乎？朕思与卿等宵旰图治，日谨一日，庶几安不忘危，底于绥靖。从容引疾，自为计得矣，而非大臣体国之义也。益殚忠虑，毋徇小廉。所请宜不允。

出处：《后乐集》卷三。
撰者：卫泾
考校说明：编年据李壁宦历补，见《宋史》卷二一三《宰辅表》。

韩侂胄罢平章军国事制
（开禧三年十一月二日）

　　朕图回机政，委用柄臣。远至迩安，所赖经邦之略；力小任重，难逃误国之辜。揆以群情,奋由独断。爰诞扬于显策,庸敷告于治朝。具官韩侂胄,早以勋门,浸登显路,久周历于轩陛,适际会于风云。服劳王家,意前人之是似;与闻国政,殆故事之所无。位极王公,任兼文武。宜思靡盬之意,用答非常之恩。而乃植党擅权,邀功生事,不择人而轻信,不量己而妄为。败累世之欢盟,致两国之交恶,三军暴骨,万姓伤心。列圣有好生之经,尔则专于嗜杀;眇躬有悔过之实,尔则务为饰非。公肆诞谩,曾靡顾忌。遂致敌人之未戢,专以首谋而为言。临机果,料敌明,既无半策;得君专,行政久,徒积众愆。倘令尚处于庙堂,何以迄安于社稷! 欲存大体,姑畀真祠。庸少慰于多方,以一新于庶政。於戏! 威福惟辟,朕方亲总于大权;明哲保身,尔尚自图于终吉。往其祇若,兹谓优容。

出处:《宋宰辅编年录》卷二〇。

撰者:章良能

考校说明:编年据《宋史》卷三八《宁宗纪》补。《全宋文》(第二九〇册,第一七八页)、《宋代诏令全集》(第一三八七页)均误系于开禧二年十一月。

陈自强罢右丞相制
(开禧三年十一月二日)

朕久任一相,并司五兵。以道事君,所冀赞襄之益;朋奸罔上,乃辜委寄之隆。殊咈岩瞻,宜从策免。兹奋由于独断,庸播告于群工。具官陈自强起自诸生,猎膺大任。本谓柬之有沉厚之略,亟用是宜;岂期胡广无謇直之风,优礼何补! 粤从言路,进秉国钧,不思沃心之忠,徒附炙手之势。以容容为上策,以唯唯为善谋,货赂公行,廉耻俱丧。钟鸣漏尽而行且弗止,鼎折餗覆而任何以胜! 暨权臣轻启乎衅端,与邻境顿乖于和好,内郡疲于粮饷,边城厌于干戈。谁无忧时之心,独为保位之计。拟而言,议而动,悉付括囊;危不持,颠不扶,殆成挠栋。倘不亟从于退黜,必将愈积于罪愆。爰解钧枢,俾奉香火。犹以股肱之旧,务全体貌之存。於戏! 乞骸骨以避贤,已昧满盈之戒;归田里而思过,无忘循省之诚。仰服宽恩,益祇明训。

出处:《宋宰辅编年录》卷二〇。

撰者:章良能

考校说明:编年据《宋史》卷三八《宁宗纪》补。《全宋文》(第二九〇册,第一七九页)、《宋代诏令全集》(第一三八七页)均误系于开禧二年十一月。

罢韩侂胄陈自强御笔
(开禧三年十一月二日)

韩侂胄久任国柄,粗罄勤劳。但轻信妄为,辄启兵端,使南北生灵枉罹凶害。今敌势叵测,专以首谋为言,不令退避,无以继好息民,可罢平章军国事,与在外宫观。陈自强阿附充位,不恤国事,可罢右丞相,日下出国门。

出处:《两朝纲目备要》卷一〇。又见《建炎以来朝野杂记》乙集卷七,《宋宰辅编年录》卷二〇。

陈希点军器监制
(开禧三年十一月三日前)

朕博选贤能,详试中外。其名实相称、物望所归者,固宜不待次而举也。尔经明行修,安恬不竞。详刑闽峤,仁誉流闻。及兹召还,列之旧绂,朕慊然有不足焉。《诗》不云乎:"蔼蔼王多吉士,维君子使。"朕方图所以处尔者,其敢忘哉!

出处:《育德堂外制》卷二。
撰者:蔡幼学
考校说明:编年据《攻媿集》卷九八《陈公神道碑》、《宋史》卷三八《宁宗纪》补。

夏震观察使制
(开禧三年十一月三日)

朕念边事之未宁,叹将材之难得。眷言裨佐,夙卫周庐,嘉乃贤劳,锡之茂渥。具官某,赤心许国,伟略过人。名誉闻于朝廷,恩信孚于士卒。回翔滋久,气概凛然。属时中权,往临外阃。方暂资于摄事,已备见于宣勤。察其忠忱,良可倚仗。朕惟熊罴之士,保乂王家。思见其人,喜于得汝。爰陟廉车之峻,以增环列之华。尚体隆知,勉图来效。

出处:《育德堂外制》卷二。
撰者:蔡幼学

考校说明:编年据《宋史》卷三八《宁宗纪》补。

陈希点检正曾从龙左司制
(开禧三年十一月三日后)

朕既委任疑丞,作新治道,又选一时良士,以为之属,使相与从容裨赞,庶几万务无壅,百工以熙。尔希点详练之材,养德弥粹;尔从龙久大之器,抗志不群。士论既孚,民庸亦著。顾兵戎之事,宁足以屈尔乎?往佐大臣,少摅素蕴。益坚尔守,以副朕知。

出处:《育德堂外制》卷二。
撰者:蔡幼学
考校说明:编年据《攻媿集》卷九八《陈公神道碑》、《宋史》卷三八《宁宗纪》补。

以罢逐韩侂胄谕天下诏
(开禧三年十一月四日)

朕德不明,信任非人。韩侂胄怀奸擅朝,威福自己,劫制上下,首开兵端,以致两国生灵肝脑涂地。兴言及此,痛切于衷。矧复怙恶罔悛,负国弥甚,疏忌忠谠,废公徇私,气焰所加,道路以目。今边戍未解,怨毒孔滋。凡百搢绅,泊于将士,当念前日过举,皆侂胄欺罔专恣,非朕本心。今既罢逐,一正权纲。各思勉旃,为国宣力,饬兵谨备,以图休息,称朕意焉。

出处:《宋会要辑稿》职官七九之一九。又见《两朝纲目备要》卷一〇,《宋宰辅编年录》卷二〇,《宋史全文续资治通鉴》卷二九。

告谕中外臣僚士人诏
(开禧三年十一月四日)

韩侂胄怙权擅朝,残民误国,已行罢斥。其专政之久,中外搢绅泊于将帅,凡百才望勋绩之人,自应为朝廷之用者,彼乃指国名器,掩为私恩。朕方丕示至公,维贤能是急,繄尔有位,其各悉心尽忠,毋或不安,益修厥职,以副朕意。

出处:《宋会要辑稿》职官七九之二〇。又见《四朝闻见录》卷五。

林大中吏部尚书制
(开禧三年十一月四日后)

朕博求耆德,协济宏规。念累朝长育之余,号为多士;考十载论思之旧,能复几人。虽高止足之风,敢后招延之礼。具官某,质涵粹美,学造醇深。陈善闭邪,谠论闻于海宇;砥节厉行,清名重于搢绅。岂惟宠辱之不移,抑亦行藏之无愧。遗荣滋久,养望弥崇。朕惟二老来归,周道始盛;四皓不仕,汉烈以卑。爰采公言,亟颁温诏。旌以蒲轮之宠,冠于荷橐之班。道路有光,朝廷增重。断断无他技,朕方钦企于猷询;蔼蔼多吉人,卿尚咸思于劢相。期予于治,惟乃之休。

出处:《育德堂外制》卷二。
撰者:蔡幼学
考校说明:编年据《攻媿集》卷九八《林公神道碑》补。

求言诏
(开禧三年十一月七日)

奸臣擅朝,畏人议己,专事壅蔽,下情不通,政理多阙。今既窜殛,当首开言路,以来忠谠。中外百僚其各条具所见以闻。

出处:《两朝纲目备要》卷一〇。又见《宋史全文续资治通鉴》卷二九。

卫泾参知政事制
(开禧三年十一月十二日)

朕夙怀寅畏,永念艰难。任贤去邪,已耸一时之观听;立经陈纪,将隆千载之基图。深惟机务之繁,式藉弼谐之重。得诸已试,命以序迁。具官某,学造深醇,德涵浑厚。处进退卷舒之际,不易其方;审往来消长之几,善藏其用。比发挥于忠蕴,遂屏绝于元凶。正色宪台,朋奸破胆;运筹枢管,强敌寝谋。方推定国之规,期底息民之福。延登丞辅,增重朝廷。朕惟治忽之端,安危所系。权纲既正,有防微杜渐之思;膏泽未孚,有履薄临深之惧。匪资识虑,曷究弥纶?惟至公可以杜觊觎,惟实惠可以苏疲瘵。庶辅成于治道,以保固于人心。噫,股肱良而庶事康,允赖协恭之美;阴阳和而万民殖,聿臻善治之祥。勉悉乃诚,对扬朕命。

出处:《育德堂外制》卷三。

撰者:蔡幼学

考校说明:编年据《宋史》卷三八《宁宗纪》补。

雷孝友参知政事制
(开禧三年十一月十二日)

舜举元凯,有稷、契、皋陶之并称;周任贤能,有方、召、山甫之齐美。念欲熙于庶绩,必允赖于众贤。爰采公言,洊扬明命。具官某,赋资挺特,制行刚方。博古通今,学每期于有用;守文应变,材不见其或偏。自跻禁从之联,独轸国家之虑。奸朋既斥,正路宏开。伊灼见于忠忱,宜亟登于弼亮。擢由独坐,资以同寅。朕方审酌化原,励精治道。兴滞补弊,期百度之修明;保大定功,俾群生之休息。虽成规之不紊,顾实政之未敷。其协赞于经纶,庶广宣于惠泽。式臻嘉靖,永保丕平。噫,无怠无荒,所以代天工于不息;惟和惟一,所以成君德于日新。勉馨大猷,以收伟绩。

出处:《育德堂外制》卷三。

撰者:蔡幼学

考校说明:编年据《宋史》卷三八《宁宗纪》补。

林大中金书枢密院制
(开禧三年十一月十二日)

朕寅绍丕基,惕怀远虑。外小人,内君子,聿开交泰之祥;莅中国,抚四夷,思致安强之效。乃登耆艾,以翊枢机。具官某,一代纯儒,累朝重望。德如卫武,不忘磨琢之功;清若伯夷,可激懦贪之俗。比作新于政治,独注想于典刑。起自垂车,首于持橐。遄采、缙绅之论,俾参帷幄之筹。伊烽燧之尚严,矧疮痏之未复。载谂民瘼,有恻予衷。利在弭兵,顾敌情之难保;谋先固圉,恐众志之易偷。自非益谨于内修,何以潜消于外侮?方资精识,共济良图。以期闾里之安,以底干戈之戢。噫,任旧人而共政,已丕变于群心。倚元老之壮犹,庶终敷于文德。其摅尔学,以契朕知。

出处:《育德堂外制》卷三。

撰者:蔡幼学

考校说明:编年据《宋史》卷三八《宁宗纪》补。

卫泾签书枢密院事兼参知政事制
(开禧三年十一月十四日)

朕敷求硕望,协济宏图。陆贾入而交平勃之欢,密赞安刘之计;四凶去而举元凯之美,遹求佐舜之功。伟文武之兼资,总兵民之庶务。厉精更始,锡命维新。具官卫泾硕大光明,闳深疏达。学贯天人,而守之弥约;气塞宇宙,而养之愈深。永阜陵之临轩,早登龙首;予冲人之嗣服,晋立螭头。顾枉尺之不为,曾进寸之莫计。引帆一去,扫轨十年。障西风元规之尘,初何求于斯世;起东山安石之梦,未免为于苍生。惟久窒而斯通,故虽退而愈进。视草分章于云汉,持荷振武于文昌。迨欲除心腹之忧,尝与膺表里之托。志不持于首鼠,机爰决于投龟。天日居然开明,山岳为之摇动。威声霜凛,奸党冰销。大慰舆情,遂阶柄用。极环四辅,仍通紫殿之班;日赞万几,默斡洪枢之运。启沃九天之上,弥缝两地之间。成道德之安强,底华夷之绥靖。噫!治道在知邪正,朕既无疑贰之情;执政其犹股肱,卿其效翼为之力。一人以懌,万世有辞。

出处:《宋宰辅编年录》卷二〇。

考校说明:原书系于"丁亥"(十五日),据《宋史》卷三八《宁宗纪》、《两朝纲目备要》卷一〇改。

卫泾故曾祖赠朝请郎孝先可特赠太子少保制
(开禧三年十一月十四日后)

朕惟周之大夫,庙祀三世,盖推其福祚之所由始,以慰追远之思。矧吾大臣,岂忘报本?具官某故曾祖某,美德懿行,推重乡间,厉志诗书,独安隐约。发祥有子,奋于儒科;爰及曾孙,遂登近辅。即其收功之远,岂不足以见积庆之深乎!考诸旧章,追锡宫保。服予茂渥,发尔幽光。

出处:《育德堂外制》卷三。

撰者:蔡幼学

考校说明:编年据卫泾宦历补,见《宋史》卷二一三《宰辅表》。

卫泾故曾祖母宜人陆氏可特赠咸宁郡夫人
杜氏可特赠高平郡夫人制
(开禧三年十一月十四日后)

朕广锡类之义,褒辅臣之先,贲以宠章,周于三世。具官某故曾祖母某氏,窈窕之质,妇德是宜。孰啬其年,不逮偕老。流庆云远,施及曾孙。是生哲人,为我丞弼。爰颁茂渥,疏以郡封,庶几遗芳,可诏来者。杜氏下改"作嫔良士,著德闺门。蘋藻之恭,终老不懈"。

出处:《育德堂外制》卷三。

撰者:蔡幼学

考校说明:编年据卫泾宦历补,见《宋史》卷二一三《宰辅表》。

卫泾故祖任朝奉大夫赠正奉大夫阗可特赠太子少傅制
(开禧三年十一月十四日后)

惟周《大雅》推美文王得人之休,至于"不显亦世",盖言世家之盛,其所自来远也。具官某故祖某,发身科目,学行著闻。属时故人威势熏灼,而耻于附丽,仕止监州。家法之传,至孙而大。屏去权幸,从容庙堂。乃考彝章,命以储傅。英魂未泯,服此宠灵。

出处:《育德堂外制》卷三。

撰者:蔡幼学

考校说明:编年据卫泾宦历补,见《宋史》卷二一三《宰辅表》。

卫泾故祖母硕人沈氏可特赠齐安郡夫人制
(开禧三年十一月十四日后)

朕登用良弼,惟时名儒。诗书起家,实自其祖。亦惟良配,克相助之。可无追崇,以光闺壶?具官某故祖母某氏,柔顺之德,始终不瑕。爱笃于孙,口授章句。积庆既远,收报弥长,非必其身亲见之也。封之大郡,式慰永怀。九原有知,尚其来监。

出处:《育德堂外制》卷三。

撰者:蔡幼学

考校说明:编年据卫泾宦历补,见《宋史》卷二一三《宰辅表》。

卫泾故父任朝奉大夫赠中奉大夫季敏可特赠太子少师制
(开禧三年十一月十四日后)

《诗》不云乎:"惟其有之,是以似之。"凡士大夫之立身行道、为世显人者,未有不由于教忠之美也。故既用其子,必有以褒崇其父焉。具官某故父某,孝友著于家庭,惠爱施于州县。及见其子,扬名于朝。而廉介不阿,共厉风节,抱志未究,士论惜之。朕方作新治功,登用尔子。一经之训,久而弥光。秩以宫师,显于无數。

出处:《育德堂外制》卷三。

撰者:蔡幼学

考校说明:编年据卫泾宦历补,见《宋史》卷二一三《宰辅表》。

卫泾故母硕人章氏可特赠永嘉郡夫人制
(开禧三年十一月十四日后)

诗颂鲁侯,及于寿母。今吾名臣,致位近弼,而母不逮养,可无以慰其罔极之思哉?具官某故母硕人章氏,嫔于德门,动遵礼范。勉夫以义,教子以忠。视其夫之静退回翔,曾不以介意也。厥有贤子,经明行修,左右朕躬,显闻天下。载疏新渥,追锡郡封。其始自今,不一而足。

出处:《育德堂外制》卷三。

撰者:蔡幼学

考校说明:编年据卫泾宦历补,见《宋史》卷二一三《宰辅表》。

卫泾妻硕人盖氏可特封信安郡夫人制
（开禧三年十一月十四日后）

　　《诗》之《鹊巢》、《采蘩》述夫人之德，反覆咏叹，若不能已于言。内助之贤，固人所乐道也。具官某妻硕人某氏，生自名门，闲于礼则。作配君子，敬顺无违。惟予辅臣，早有令闻，而从容出处，不失其宜，警戒相成，伊尔之助。方以齐家之美，达于治国之经。受祉之多，自今以始。匹休偕老，尔实宜之。汤沐疏封，惟礼之称。

出处:《育德堂外制》卷三。

撰者:蔡幼学

考校说明:编年据卫泾宦历补,见《宋史》卷二一三《宰辅表》。

立皇太子诏
（开禧三年十一月十五日）

　　古先哲后，丕建元良，祖宗以来，厥有彝典。朕获承至尊休德，十有四载，而主鬯尚虚，非所以重大器、正大本也。皇子曮天姿英粹，学问日充，望足系于人心，言有裨于治道。蔽自朕志，处以储闱，用衍万世无疆之绪。立为皇太子，改名㬂。

出处:《两朝纲目备要》卷一〇。又见《古今合璧事类备要》后集卷二,《宋史全文续资治通鉴》卷二九。

皇太子荣王曮加食邑实封制
（开禧三年十一月十五日后）

　　门下:朕绍列圣之诒谋，荷皇穹之申命。护奉宗庙社稷，靡遑康宁;以承上下神祇，罔不祗肃。考三岁严禋之制，崇九筵褅祀之仪。礼备乐成，精意孚于胖饔;仁滂施厚，膏泽沛于黎蒸。眷予主器之良，宜守均厘之锡，诞扬丕号，聿告大廷。皇子具官业尚淳修，性资英敏。咸韶濩武，韵凝钟律之龢;璜琉圭璋，体具阴阳之粹。亹亹尽事亲之孝，孜孜殚就傅之勤。密陪侍膳之恭，尤笃含饴之爱。嘉温文之日积,信岐嶷之天成。鼎席参华,视上宰班联之峻;坤维赐履,焕真王典册之荣。疏宠浸优,处穷罙怿。兹当杪秋之吉,乃竣重屋之祠。孰共迓于鸿禧,念莫逾于元嗣。爰举邦彝之旧,载加井赋之新。於戏!用德而典神天,既格三灵之贶;受祉而施孙子,永绵百世之基。茂对徽章,益绥令誉。可依前皇太子、威武军节度使、开府仪同三司、荣王,加食邑一千户,食实封四百户,主者施行。

出处:《后乐集》卷三。

撰者:卫泾

考校说明:编年据赵曮(赵询)官历补,见《宋史》卷三八《宁宗纪》。《宋史》卷三八《宁宗纪》:"(开禧三年十一月)丁亥,诏立皇子荣王曮为皇太子,更名㫤。"("㫤",《宋史》卷二四六《景献太子询传》、《建炎以来朝野杂记》乙集卷二等作"㦙")本制仍称"皇太子荣王曮",待考。

史弥远同知枢密院制
(开禧三年十一月二十四日)

朕倚赖英材,收还大柄。放佞邪之党,勋已著于宗祧;成道德之威,任宜参于帷幄。诞敷明命,式慰群瞻。具官某,天禀忠纯,家传问学。迪予元子,凤弹羽翼之劳;为国世臣,克受腹心之寄。肆密毗于威断,遂一正于纪纲。天地清明,人神悦怿。永惟先正,光辅阜陵。伟成绩之不忘,喜象贤之有在。岂特父子一门之盛事,实为君臣千载之休期。方晋陟于文昌,亟延登于宥密。惟储闱列属,莫如宾客之崇;而累圣垂规,率用疑丞之重。示眷怀之特异,加宠数以兼隆。允藉图回,抑资调护。噫,伊陟之继伊尹,存警戒于《商书》;召虎之似召公,纪功名于周《雅》。益撼素业,追企古人。

出处:《育德堂外制》卷三。

撰者:蔡幼学

考校说明:编年据《宋史》卷三八《宁宗纪》补。

李珏知绍兴府制
(开禧三年十一月二十五日前)

浙河之东,越为都会。今地望之重,视汉冯翊、扶风矣,而公私未裕,朕甚患之。比者就选监司,以任连帅。盖习知其利病休戚,则其政易达、其民易孚也。尔疏通之质,干敏之材。服在周行,蔚有休闻。宣化夙劳于抚字,详刑式谨于平反。爰升禹阁之华,超畀辅藩之寄。尔其讲求实政,宣布宽恩。缓征敛以安民情,节用度以纾郡计。伫观最课,亟下褒书。

出处:《育德堂外制》卷二。

撰者:蔡幼学

考校说明:编年据《宝庆会稽续志》卷二补。

<h1 style="text-align:center">立皇太子赦文</h1>
(开禧三年十一月二十八日)

两淮、荆襄、湖北州县内有曾经虏人侵扰去处,居民流移渡江,除已见行赈恤外,仰所在州县恪意奉行,毋令失所。访闻二广人户输纳丁钱,才年十二三便行科纳,谓之挂丁钱,多致逃亡。仰本路监司、帅臣照累赦常切严行觉察约束,毋致违戾。

出处:《宋会要辑稿》食货六六之二○。

<h1 style="text-align:center">王居安兼侍讲制</h1>
(开禧三年十一月)

礼所以辨上下,定是非,别嫌明微,移风易俗,其系于天下国家至重也。朕方作新治道,一正权纲,故乐与贤士大夫切磋究之。尔刚毅之资,高明之识,勇退难进,厥声蔼然,登之谏垣,咨以经谊。卿其为朕明礼之原,思所以止邪于未形者,朕将虚己以听,举而措之。益摅乃忠,以称朕志。

出处:《育德堂外制》卷二。

撰者:蔡幼学

考校说明:编年据《宋会要辑稿》职官六补。

项安世降奉议郎制
（暂系于开禧三年十一月前后）

朕茂建大中,隐恶扬善。凡有劳于国者,不以人言而轻废也。尔往以材选,经营上流,而宣威之臣与中执法历陈尔过。朕疑于用舍之际,盖久而后决焉。尔休于家,而言者不置,且谓尔纵下为虐,岂朕所望于儒者哉！尚体隆宽,毋忘自省。

出处:《育德堂外制》卷二。
撰者:蔡幼学
考校说明:编年据同集前后文时间补。

赵善恭司农卿制
（暂系于开禧三年十一月前后）

重内轻外,自昔患之。中兴以来,始以卿若郎出司馈饷,盖虽在外,而视内为重焉。至于近岁,或就陟从班,则其任又加重矣。尔公姓之英,奋于科目。晚篸班列,不耀其华。再领帅垣,材猷始见。阜通民食,镇抚上流,朕固不轻于选任也。甫及数月,规画粲然。农扈之联,由贰而长,去从班一间耳。勉图绩用,以俟宠光。

出处:《育德堂外制》卷二。
撰者:蔡幼学
考校说明:编年据同集前后文时间、赵善恭宦历补,见《宋会要辑稿》职官七四。

梁季珌试吏部侍郎制
（暂系于开禧三年十一月前后）

朕大开公道,力杜幸门。辨流品以任官,夙分四选;念吏胥之舞法,孰甚三班。肆择通材,诞敷成命。具官某,禀资宽厚,蕴识融明。奕世风流,久隆物望;平生抱负,备见民庸。晚入践于周行,遴擢司于大计。属严边警,方急兵储,独怀百姓之困穷,不徇一时之督责。孚于朝论,简在朕心。乃正位于贰卿,俾升华于小宰。付之铨综,期以论思。典常作之师,谅咸推于平允;谋猷告尔后,尚勉效于忠忱。往体眷知,勿忘报称。

出处:《育德堂外制》卷二。

撰者:蔡幼学

考校说明:编年据同集前后文时间、梁季珌官历补,见《漫塘集》卷三三《梁侍郎行状》、《宋会要辑稿》刑法六。

赵彦逾侍读制
(暂系于开禧三年十一月前后)

朕总揽权纲,讲求政理。达聪明目,罪已正于四凶;养老乞言,礼首隆于九族。眷时耆哲,越在宗盟。喜其遄归,资以自近。具官某,望先百辟,德著累朝。夙高翼戴之勋,未究经纶之业。尹兹西土,仁爱孚于民夷;保彼东方,信义行乎州里。有嘉操守,钦企典刑。伊衮绣之重来,想荐绅之胥徯。威仪恂栗,欣复见于清标;议论正平,独深明于大体。逸之珍馆,侍我金华。以重朝廷,以崇屏翰。噫,元祐作新之始,亟起韩维;绍兴更化之余,延登张焘。历考皇家之盛选,孰如同姓之元臣。益馨嘉猷,永扶令绪。

出处:《育德堂外制》卷二。

撰者:蔡幼学

考校说明:编年据同集前后文时间、赵彦逾官历补,见《宋会要辑稿》崇儒七。

钱仲彪军器监制
(暂系于开禧三年十一月前后)

士之谨守廉隅,能世其美者,朕所嘉与也。尔风度蕴藉,似其前人。治郡有声,立朝无玷。枢庭列属,士论谓宜。顾以引嫌,于焉改命。惟戎器之缮,自有司存,从容其间,姑以养望。异时禁从之选,盖由是而阶升焉。益懋家传,以需简拔。

出处:《育德堂外制》卷二。

撰者:蔡幼学

考校说明:编年据同集前后文时间补。

俞亨宗提点坑冶制
(暂系于开禧三年十一月前后)

泉货之司,兼斡数路,察举之职虽视他使者少异,而事任为重矣。非得其人,胡可轻畀?尔儒雅操尚,闻于搢绅,剖符南州,政平讼理。而杜门再岁,泊然无营。朕方振拔滞淹,惟材是用,起家之宠,可独后于汝乎?往践厥官,兴废补弊。遹观绩效,嗣有褒升。

出处:《育德堂外制》卷二。
撰者:蔡幼学
考校说明:编年据同集前后文时间补。

楼钥翰林学士制
(开禧三年十一月)

周尊尚父,天下喜其来归;汉召申公,君子惜其不用。朕作新庶政,翕受群材。允怀簪笔之英,可遂垂车之适。起之东土,处以北门。具官某,劳在三朝,望隆一代。博闻强识,蔚然华国之文;特立独行,卓尔过人之操。恬退已成于高致,经纶尚郁于素怀。属当更化之初,弥切贪贤之念。载惟作命,孰重代言。将使老癃扶杖而往观,乐闻德意;武夫挥涕而感激,愿赴功名。资卿体要之辞,达我精微之蕴。以崇国体,以协人心。皇极建而邦其昌,伊敷言之有属;播告修而民丕变,岂图任之敢忘。尚及斯时,尽行所学。

出处:《育德堂外制》卷二。
撰者:蔡幼学
考校说明:编年据《宋中兴学士院题名》补。

赵善坚权户部尚书制
(暂系于开禧三年十一月前后)

制国用之入出,周实命于宰臣;酌财物之盈虚,唐浸分于使领。惟元丰之定制,任民部以责成。匪得其人,孰办兹事? 具官某,器空槃错,智烛隐微。三入承明,久赖论思之益;再为京兆,独推弹压之方。虽在浩穰,居然整暇。比晋跻于常伯,尚因任于事官。嘉乃通材,付之大计。朕躬行俭约,深虞邦赋之未赢;专务拊摩,每叹民生之易匮。剜方调发,尤迫转输。自非深究于源流,何以力培于根本。资卿长算,为我审思。推节用爱人之心,达诸号令;广轻徭薄赋之惠,施及黎元。诞保丕基,以垂令闻。

出处:《育德堂外制》卷二。

撰者:蔡幼学

考校说明:编年据同集前后文时间、赵善坚官历补,见《宋会要辑稿》刑法六、职官七三。

陈舜申林至正字制
(开禧三年十一月)

朕乐得群材,处之册府,曾不数月,而给札于玉堂者三焉,朕固不敢一日忘天下士也。尔舜申老成之彦,气志不衰。尔至沉厚之资,词华日进。列于璧水,多士宜之。养望清涂,自今以始。懋充器业,以称选抡。

出处:《育德堂外制》卷二。

撰者:蔡幼学

考校说明:编年据《南宋馆阁续录》卷九补。

刘弥正淮东提举制
(暂系于开禧三年十一月前后)

部使者,朕所重也。淮盐之利,国计是资,视他路为加重;边警之余,奸弊易启,视他时又加重矣,顾可以轻付乎? 尔清白传家,忠忱许国,介然之守,出于辈流。朕察尔所存,期以显用,姑畀使节,以观外庸。推尔之材,其效可日月计也。朝方急士,朕岂汝遗。

出处:《育德堂外制》卷二。

撰者:蔡幼学

考校说明:编年据同集前后文时间、《水心文集》卷二〇《刘公墓志铭》补。

李师尹知閤门事制
(暂系于开禧三年十一月前后)

卫,小国也,王孙贾治军旅,仲叔圉治宾客,圣人有取焉。朕今以一臣更任二事,由外而内,用究其材。具官某,生于将家,早膺器使。践扬浸久,陈力为多。日者坚守一城,独捍强敌。课其功伐,于今诸将不多见也。宠以来归,复置迩列。典我上閤,惟尔宜之。夫军国虽异容,文武非殊致,尔能处是二任而各适其宜,则庶几矣。往祗官守,以报隆知。

出处:《育德堂外制》卷二。
撰者:蔡幼学
考校说明:编年据同集前后文时间补。

张震考功郎中制
(暂系于开禧三年十一月前后)

朕更化之始,寤寐求材,凡有别于朝而流落不偶者,必审其望实,进而用之。尔谨厚饬躬,儒雅饰吏。周旋中外,士论所推。去国十年,不求苟进。肆加收召,置之郎闱。夫用人听言,治道之要。尔既为朕陈之矣,养其所可用,尽其所当言,朕方以望尔焉。勉哉毋怠!

出处:《育德堂外制》卷二。
撰者:蔡幼学
考校说明:编年据同集前后文时间补。

黄景说再任张斗南广西运判制
(暂系于开禧三年十一月前后)

朕念二广,远于王畿,元元戚休,惟使者是视,非中朝之彦,朕所素知者,孰与任其责乎!尔景说宽厚之资,临民不扰。尔斗南刚介之操,修己有常。简在班行,习闻德意。或畴庸而因任,或选表而褒升。虽地有东西,时有久近,光华所被,则无间然。其勉布于宽恩,以仰符于隆委。

出处:《育德堂外制》卷二。

撰者:蔡幼学

考校说明:编年据同集前后文时间补。题后原有校语:"'再任'下疑脱'广东运判'四字。"当以为是。康熙《新修广州府志》卷一八:"黄景说:开禧元年十二月任(广东转运判官)。"

杨大雅封承奉郎制
(暂系于开禧三年十一月前后)

寿考安荣,人子之所愿于其亲也。朕载修宗祀,推老老之恩,而尔年过九龄,逮于禄养,进之京秩,服我宠光。

出处:《育德堂外制》卷二。

撰者:蔡幼学

考校说明:编年据同集前后文时间补。

曾渐权工部侍郎制
(开禧三年十一月)

萃英髦于三馆,久资领袖之良;分职守于六卿,允藉羽仪之重。有嘉伟德,式契隆知。具官某,识造精微,学原正大。晁、董、公孙之对,早擅修名;庄、骚、太史之文,固其余事。比由东观,晋摄西垣,审观消长之机,力致忠邪之辨。惟今多士,如尔几人。顾以引嫌,于时改命,辍我代言之选,登诸宅事之官。伊公道之日开,适善人之类进。庶殚远虑,共赞丕图。宫室苑囿之不增,方躬行于俭约;期会簿书之至简,独深赖于论思。尚采乃言,永臻于治。

出处:《育德堂外制》卷二。

撰者:蔡幼学

考校说明:编年据《南宋馆阁续录》卷七补。

彭州威祐庙加封制
(开禧三年十一月)

朕惟神之垂祐于民,其感灵响应,必有相与左右先后者焉。惟尔七神,同德协顺,以惠千里,历年滋多。迩者叛蛮扰边,逆臣奸命,赖神之力,郡以底宁。朕用嘉之,并衍美号。尚时顾享,益宏尔休。

出处:《育德堂外制》卷二。
撰者:蔡幼学
考校说明:编年据《宋会要辑稿》礼二一补。

倪思权兵部尚书制
(开禧三年十一月)

朕广延众正,共济多虞。禁暴戢兵,任实关于武部;尊德乐道,礼尤重于经筵。登我旧人,锡之新渥。具官某,懿文华国,伟业济时。声名早出于诸儒,选拔已逾于二纪。仕已之无喜愠,执企清规;用舍之为重轻,咸推宿望。属奸憸之得志,耻缄默以容身。力罄谠言,独全壮节。比大明于黜陟,方并用于忠良。式仁来归,有嘉猷告。乃进六官之长,载陪五学之游。惟诞敷文德之方,犹资远宪;惟缉熙光明之益,更赖博闻。其体朕知,勉摅尔蕴。

出处:《育德堂外制》卷三。
撰者:蔡幼学
考校说明:编年据《鹤山先生大全文集》卷八五《倪公墓志铭》补。

新除权兵部尚书兼侍读倪思辞免不允诏
(开禧三年十一月后)

朕惟奸臣窃权,上下蒙蔽,导谀献佞,习以成风。卿至朕前,独效忠谠。谊气足以激颓俗,英词足以发壮怀。凤鸣朝阳,何足以喻?迨兹更化,可后趣归?来对便朝,言议益伟。武部之长,露门之读,姑引卿以自近耳。往其承命,毋执牢辞。

出处:《攻媿集》卷四三。

撰者:楼钥

考校说明:编年据《鹤山先生大全文集》卷八五《倪公墓志铭》补。

雷孝友御史中丞制
(开禧三年十二月前)

朕嘉赖荩臣,作新治道。防微杜渐,谨操威福之权;明法直绳,倚重纪纲之地。肆精选任,以肃观瞻。具官某,识照几微,志全刚毅。黄钟独奏,密回一气之和;砥柱中流,力障百川之势。伊忠谋之协济,俾奸慝之不容。望著搢绅,勋存宗社。爰晋司于封驳,每明辨于是非。属独坐之虚员,酌金言而申命。升之劝诵,侍我燕闲。其纠逖于官邪,以维持于国论。式迓和平之福,益培长久之基。进有德,朝廷尊,孰不想闻于风采;难任人,蛮夷服,庶几远畅于威灵。尚悉乃心,以成朕志。

出处:《育德堂外制》卷二。

撰者:蔡幼学

考校说明:编年据雷孝友宦历补,见《宋会要辑稿》职官七三。

叶时试右谏议大夫制
(开禧三年十二月前)

御史三院之联,所以执宪奉法;争臣七人之选,所以陈善责难。惟亲任之有加,匪端良而孰畀。具官某,清姿照物,美德润身。自擢赞于台纲,每力扶于国论。有怀必吐,拳拳辰告之忠;独立不随,凛凛岁寒之操。始终一致,中外具孚。朕方斥远朋邪,招徕众正。乃眷简知之素,载观风采之新。惟朝廷之轻重在用人,惟生灵之戚休在出令。卿其无隐,朕所乐闻。小往大来,适阳刚之浸长;谏行言听,庶膏泽之下流。勉及昌期,茂揽宏蕴。

出处:《育德堂外制》卷二。

撰者:蔡幼学

考校说明:编年据叶时宦历补,见《宋会要辑稿》职官七四。

王居安起居郎崇政殿说书制
（开禧三年十二月前）

朕惟祖宗成宪,谏史之官,皆日奉内朝,号为亲近,职守虽异,礼貌实同。今得其人,迭居是选。尔气全刚大,行迪中和。抱爱君忧国之诚,有好善疾邪之志。甫登言责,风采炳然。乃惟史官,适兹虚左,顾亲贤之无间,虽易地以何嫌。矧入侍螭头,出联豹尾,有所论奏,许以直前。而又密奉清闲,讲论经理。古今治忽,皆得指陈,岂必谏官而后可尽言也? 勉输忠尽,以赞缉熙。

出处:《育德堂外制》卷二。
撰者:蔡幼学
考校说明:编年据王居安宦历补,见《宋会要辑稿》职官七三。

陈希点起居舍人制
（开禧三年十二月前）

朕一新纲纪,臻庶政之和;肇建元良,系四海之望。敷求重德之士,游吾父子之间。尔识度精深,行义修洁。粹若白圭之无玷,岿然乔木之后凋。三人修门,独推宿望。弥纶省闼,班列浸高,诸大夫国人以为未称其德也。记言右陛,劝讲东宫,非尔孰宜之。安危治忽之原,邪正是非之辨,惟尔静阅,固所深知。进以沃于朕心,退以淑于吾子,尔之任也。尚其懋哉!

出处:《育德堂外制》卷二。
撰者:蔡幼学
考校说明:编年据陈希点宦历补,见《攻媿集》卷九八《陈公神道碑》、《宋中兴东宫官寮题名》。

黄畴若殿中侍御史制
（开禧三年十二月前）

朕钦念永图,若稽前矩。允惟言路之轻重,实关治道之污隆。宜得端良,以司风宪。尔博雅好古,直谅多闻。拳拳许国之忠,发为议论;挺挺济时之志,虑及几微。独障颓波，力明大义。属予更化，赖尔尽言。其遂秉于台纲，且密陪于经幄。惟邪正之当辨，盖治忽之攸分。有虞之无遗贤，尚谨防于谗说；成周之多吉士，方深戒于憸人。勉体眷知，益舒抱负。

出处：《育德堂外制》卷三。

撰者：蔡幼学

考校说明：编年据黄畴若宦历补，见《宋会要辑稿》职官六。

赐礼部尚书史弥远乞待阙州郡差遣不允诏
（开禧三年十一月至十二月间）

敕：具悉。卿世传忠孝，资禀粹纯。谦厚自将，而有仁者之勇；深沉不露，乃先天下之忧。密赞元良，与决大事。朕心契合，威柄复回。不待崇朝之间，遂正权臣之罪。叹奋身而不顾，几无官而可酬。力辞枢管之除，尤嘉静退；进陟仪曹之长，少示褒迁。矧从四皓之游，遽欲一麾而去。非介推之不及，胡欲耕绵上之田？若子思之弗安，岂无人缪公之侧？其安位著，庸副眷怀。

出处：《攻媿先生文集》卷四四。

撰者：楼钥

考校说明：编年据史弥远宦历补，见《两朝纲目备要》卷一〇、《宋史》卷二一三《宰辅表》。

丘崇江淮制置大使制
（开禧三年十二月二日）

朕历考中兴之烈，有严制阃之权。或优界大名，任靡兼于他路；或尽付方面，地不领于留都。眷言宥密之贤，复寄保厘之重。乃参前矩，诞布明纶。具官某，一代伟人，三朝宿望。延登近弼，亲帅元戎。为宪万邦，材允侔于吉甫；决胜千里，智岂下于子房。独怀体国之忠，首建弭兵之利。行藏虽异，中外具瞻。朕正权臣蒙蔽之刑，嘉元老久长之虑，俾通班于书殿，亟申命于麟符。瞻彼江淮，号为表里。列城棊布，当如臂指之相承；诸将云屯，欲令首尾之相应。非专统御，曷究事功？载加使领之新，期展规模之素。惟敌情之未测，抑民志之易摇，方赖威名，迄臻绥靖。赋《鸿雁》之安宅，歌《杕杜》以勤归。噫，伯益之与徂征，陈班师振旅之义;充国之图方略,进保胜安边之谋。卿惟无愧于古人,朕亦有辞于永世。

出处:《育德堂外制》卷二。

撰者:蔡幼学

考校说明:编年据《宋史》卷三八《宁宗纪》补。《两朝纲目备要》卷一〇系于开禧三年十二月乙巳。"丘崇"即"丘崈"。

许奕起居郎制
(开禧三年十二月二日后)

朕初嗣服,亲策多士于廷,一时英材,率在前列,得人之盛,朕甚嘉之。曾未十年,已收其用。尔见闻博洽,论书闳明。秀出岷峨,遂冠天下。绅书东观,涵负益深;载笔右螭,安详不竞。朕又嘉尔德之日进也。阅时浸久,肆命序迁。朕方审更化之宜,思弭兵之利,岂无他士,举以属卿。尚殚厥忠,以须大用。

出处:《育德堂外制》卷二。

撰者:蔡幼学

考校说明:编年据《鹤山先生大全文集》卷六九《许公奕神道碑》、《宋史》卷三八《宁宗纪》补。

叶适授朝议大夫制
(开禧三年十二月一日至七日间)

朕简拔儒英,登之法从,待遇之意,超越庶僚,而考绩之常,不敢略也。具官某,虑周物表,识照几先。修名播于一时,伟业该于千载。入仪迩列,摅献替之忠;出抚留都,著蕃宣之效。方畴庸而趣召,顾引疾以祈闲。会课当迁,秩以元士。尚资献告,毋有遐心。

出处:《育德堂外制》卷二。

撰者:蔡幼学

考校说明:编年据周梦江《叶适年谱》(浙江古籍出版社,二〇〇六年,第一二九页)补。

令封桩库将同权额外未填阙降授统制以下
兵将减半支给诏
(开禧三年十二月十三日)

令封桩库将同、权、额外、未填阙、降授统制以下兵将,依正官例,减半支给。内战袍不减。外路都统制司、马军行司等处,依此施行。不曾被受朝廷付身之人,止依本等,给赐合用战袍。

出处:《宋会要辑稿》兵二〇之三九。

钱象祖右丞相兼枢密使制
(开禧三年十二月二十日)

此上原缺七十八字易辙改弦,愈信姚崇应变之妙。乃赞建储之盛典,乃审和戎之良图。平心以公人物之权衡,饬身以肃朝廷之纲纪。更张甫尔,成画灿然。固知专任以秉均,其可尚虚于宅揆?虽功名之际,谦虚知出于至诚;然平治其谁,推择难违于众望。兹特迁于次辅,仍晋掌于中枢。稽诸陟文,加以峻秩。并衍户封之入,丕昭眷宠之隆。於戏!论一相而百吏乡方,讵敢轻于图任;安中国而四夷自服,其益懋于弥纶。于以张道德之威,于以收仁义之效。勉膺重寄,深体至怀。

出处:《宋宰辅编年录》卷二〇。又见《永乐大典》卷一二九七一。

新除右丞相兼枢密使钱象祖再辞免不允批答
(开禧三年十二月二十日后)

省表具之。汉之丞相,无所不统。孝宗正名,委任深重。朕更化善治,注意尤精。以卿忠孝之家,台辅之望,践扬中外,多历年所,迩者再预政机,能断国论,去凶举贤,人望愈归,播告廷绅,士夫至于相贺。何谦何疑,固辞不已?矧是边陲之未靖,尤资右府之壮犹。三命而偻,执谦甚矣。朕志已定,决无反汗之理。卿其自任天下之重,称朕意焉。口宣:有敕:卿兼文武之资,体家国之重,既已颁于制綍,何尚执于谦词?毋违朕言,亟正台席。

出处:《攻媿集》卷四六。

撰者:楼钥

考校说明:编年据《宋史》卷二一三《宰辅表》补。

新除参知政事卫泾再辞免不允仍断来章批答
(开禧三年十二月二十日后)

省表具之。朕更化之初,惟二三大臣是赖。以卿伦魁之彦,密在迩联,赞决庙谟,擢升独坐,寻界洪枢之任,仍参鼗锻之严。兹焉正名,以赞台揆。内则百度之欲治,外则三边之未宁。此为何时,而执故典? 其体责成之意,勿为逊避之烦。口宣:有敕:卿近以枢廷,遂参政地。兹焉锡命,止用正名。尚裨当轴之谋,无执循墙之谨。

出处:《攻媿集》卷四六。

撰者:楼钥

考校说明:编年据《宋史》卷三八《宁宗纪》补。

新除参知政事雷孝友再辞免不允仍断来章批答
(开禧三年十二月二十日后)

省表具之。朕躬览万几,与民更始。欲解琴瑟之旧,允藉股肱之良。卿久矣蜇英,居焉难进。比处代言之任,实怀愤世之心。预同密谋,卒殄元恶。擢居琐闼,遂长宪台。欲新亿兆之观瞻,尤急二三之辅弼。其祗予命,亟赞政几。国事匪轻,谦辞可略。口宣:有敕:卿由中执法,为吾大臣,正资经世之猷,以赞济时之相。朕志先定,卿辞勿烦。

出处:《攻媿集》卷四六。

撰者:楼钥

考校说明:编年据《宋史》卷三八《宁宗纪》补。

新除端明殿学士签书枢密院事林大中
再辞免不允仍断来章批答
（开禧三年十二月二十一日后）

　　省表具之。卿养气以刚，秉心无竞。出藩入从，荣利澹然。久安燕居，不容何病。朕一新治具，急欲求老成典刑，以镇服中外。起旧德于垂车之后，还人望于持橐之班，矢谟朕前，尤见克壮。亟升书殿，进贰宥庭。人无异辞，国以增重。时则可矣，尚何逊焉！口宣：有敕：卿禁班老成，人望久属。擢置几庭之贰，正资兵本之谋。尚复奚辞？往其祗服。

出处:《攻媿集》卷四六。
撰者:楼钥
考校说明:编年据《宋史》卷二一三《宰辅表》补。

赐新除同知枢密院事兼太子宾客史弥远辞免不允诏
（开禧三年十二月二十一日后）

　　敕：具悉。朕思先正，位极师臣。佑烈祖以格天，勋实存于社稷；如西平之有子，业克绍于箕裘。卿父教之忠，世济其美。立朝浸久，文词但见其家传；遇事敢为，交旧不知其胆略。馨尔谋猷之告，赞予父子之间。履虎不疑，抵龟而决。即欲置紫枢宥密之任，仍俾居青宫宾友之联。人以为迟，事难曲徇。需章虽切，朕意莫回。三世本兵，岂特为衣冠之盛；四方传命，亦足示朝廷之尊。勿复重陈，亟祗成涣。

出处:《攻媿先生文集》卷四四。
撰者:楼钥
考校说明:编年据《宋史》卷二一三《宰辅表》补。

卫泾故曾祖赠太子少保孝先可赠太子太保制
（开禧三年十二月二十一日后）

　　士以儒术立家，虽其身不遇，而传之数叶，弥久弥昌者，亦可以见其人矣。朕考大臣之世,盖于是有取焉。具官某故曾祖某,笃于诗书,潜德不曜,而决科有子,世美有孙,遂生哲人,登于近弼。报本反始,于礼有稽,宫保之崇,命以序进。尚时幽夐,服此宠荣。

出处:《育德堂外制》卷三。

撰者:蔡幼学

考校说明:编年据卫泾宦历补,见《宋史》卷二一三《宰辅表》。

卫泾故曾祖母咸宁郡夫人陆氏可赠文安郡夫人制
(开禧三年十二月二十一日后)

朕登用辅臣,褒及先世。推其积善,本于闺门,并锡宠章,以慰追远。具官某故曾祖母某氏,作配君子,躬履勤劳。而降年不遐,遗憾窀穸。天命弗僭,是生曾孙,为时闻人,弼我几务。曾未逾月,再锡郡封。尚绥尔神,益飨其报。

出处:《育德堂外制》卷三。

撰者:蔡幼学

考校说明:编年据卫泾宦历补,见《宋史》卷二一三《宰辅表》。

卫泾故曾祖母高平郡夫人杜氏可赠蕲春郡夫人制
(开禧三年十二月二十一日后)

朕登用辅臣,褒及先世。推其积善,本于闺门,并锡宠章,以慰追远。具官某故曾祖母某氏,凤以懿行,来嫔德门。克相其夫,敬戒无怠。厥有良子,以儒起家。施及曾孙,间于两社。曾未逾月,再锡郡封。尚绥尔神,益飨其报。

出处:《育德堂外制》卷三。

撰者:蔡幼学

考校说明:编年据卫泾宦历补,见《宋史》卷二一三《宰辅表》。

卫泾故祖任朝奉大夫赠太子少傅阒可赠太子太傅制
(开禧三年十二月二十一日后)

士大夫之以诗书遗其子孙者不为少矣,而行义传家,盖罕见焉。惟我大臣,发祥自祖,稽其行事,宜有宠褒。具官某故祖某,明经决科,积劳州县,而耻于苟进,守志不阿。传之闻孙,世有清节,家道之所由盛,岂偶然哉! 逾月于兹,锡之再命,庶几百世,追诵遗芳。

出处:《育德堂外制》卷三。

撰者:蔡幼学

考校说明:编年据卫泾宦历补,见《宋史》卷二一三《宰辅表》。

卫泾故祖母齐安郡夫人沈氏可赠汲郡夫人制
(开禧三年十二月二十一日后)

妇人之美,至于能勉其夫、淑其子者,盖已难矣。若夫康宁寿考,复推所以教子者而训于孙,则其积益深,其报斯远。具官某故祖母某氏,窈窕之质,闲于妇仪。柔静自将,不出闺壸,而若夫若子,行义修明,显于闻孙,遂跻政地,非积深而报远者乎? 既启郡封,申以再命。九原未泯,尚其监斯。

出处:《育德堂外制》卷三。

撰者:蔡幼学

考校说明:编年据卫泾宦历补,见《宋史》卷二一三《宰辅表》。

卫泾故父任朝奉大夫赠太子少师季敏可赠太子太师制
(开禧三年十二月二十一日后)

朕擢用大臣,崇其祢庙,所以隆礼而广恩也,况于有劳可录,有德可称者乎! 具官某故父具官某,陈力州县,惠及于民,积阶为郎。其资历已深矣,而独安平进,不挠于时,父唱子从,惟义之守。虽天啬其寿,有蕴未伸,而诵尔子之贤者,未有不推其所自也。宫师之秩,再命弥尊。其始自今,享于世世。

出处:《育德堂外制》卷三。

撰者:蔡幼学

考校说明:编年据卫泾宦历补,见《宋史》卷二一三《宰辅表》。

卫泾故母永嘉郡夫人章氏可赠通义郡夫人制
(开禧三年十二月二十一日后)

母子之爱,无所终穷。朕推恩辅臣,必原其念母之心,考诸经谊,以隆赠典。具官某故母某氏,柔德懿行,称于闺门。顺承其夫,不忘警戒。曾未华发,有子显名,而训饬丁宁,不使其苟于进也。万钟之养,百两之将,今惟其时,而顾弗及见。子之思报,其亦何有已乎。启封未几,进乎大郡。惟礼之称,以慰永怀。

出处:《育德堂外制》卷三。

撰者:蔡幼学

考校说明:编年据卫泾宦历补,见《宋史》卷二一三《宰辅表》。

卫泾妻信安郡夫人盖氏可封和政郡夫人制
(开禧三年十二月二十一日后)

《召南》之大夫劳于王事,而劝之以义者,乃其室家也。矧吾辅臣,怀忠厉节,左右朕躬,是岂非内助之所致欤?具官某妻某氏,嫔于德门,凤谨妇道。蘋藻之荐,敬以不渝;琴瑟之和,久而无斁。克相君子,为时名儒。凤夜相成之功,固非《召南》室家可同日语也。冠于命妇,再启郡封。服我茂恩,益充尔美。

出处:《育德堂外制》卷三。

撰者:蔡幼学

考校说明:编年据卫泾宦历补,见《宋史》卷二一三《宰辅表》。

新除开府仪同三司充万寿观使杨次山辞免不允诏
(开禧三年十二月二十三日后)

朕维新庶政,豫建储闱,属时戚闬之贤,久安均逸;进视鼎司之贵,岂曰示私。卿素迪忠勤,居怀静退。谨容仪而就列,允为耆艾之英;养威重以阃门,尤服满盈之戒。逮兹播告,曾靡异辞。览巺牍之亟陈,顾谦怀之难徇。其祗成命,毋咈予衷。

出处:《攻媿集》卷四三。又见光绪《上虞县志校续》卷四七。
撰者:楼钥
考校说明:编年据《宋史全文续资治通鉴》卷二九补。

杨次山再辞免开府仪同三司不允批答
(开禧三年十二月二十三日后)

省表具之。朕爱惜名器,惟贤是予。由掌武之官,而视仪揆路,品职益崇,其可轻畀？卿以肺腑之亲,服在爵位。靖共自饬,廉介有余。爰示优恩,用孚至意,而又何辞焉？毋复重陈,亟宜就列。口宣:有敕:卿联芳椒掖,均逸琳宫。爰开公府之华,实视台躔之贵。其祗茂渥,毋事牢辞。

出处:《攻媿集》卷四六。又见光绪《上虞县志》卷四七。
撰者:楼钥
考校说明:编年据《宋史全文续资治通鉴》卷二九补。

赐右丞相钱象祖褒语
(开禧三年十二月二十四日)

朕更化之初,论相为急。注意已久,无逾卿者。大臣义当体国,勿为牢辞。往哉汝谐,毋稽朕命。附札子:臣获望清光,仰蒙圣慈开纳刍荛之言,不胜千载之幸。再被宣旨,令撰右丞相钱象祖褒语进上。窃思制麻已宣,无可辞之理。臣退方供职,所有答诏,章良能必已撰述。臣谨撰褒语进呈,更合取自圣裁。开禧三年十二月二十四日翰林学士知制诰臣楼钥。

出处:《攻媿集》卷四六。
撰者:楼钥

吕祖俭赠直秘阁制
（开禧三年十二月二十五日）

自昔忠节之臣，尽言无讳。其爱君忧国，发于至诚，一身存亡，盖不暇计。微斯人也，纲常孰与立哉！尔国之世臣，克济其美，在朕初载，擢置周行。属时奸凶，浸窃威福，察微虑渐，抗疏指陈，可谓独立而不回者矣。朕虚己受人，乐闻谠论，而群邪蒙蔽，使尔流落以死，朕有愧焉。更化之初，亟加褒赠。凛然劲节，千古有光。昭示后来，尚知兴起。

出处：《育德堂外制》卷二。
撰者：蔡幼学
考校说明：编年据《宋史》卷三八《宁宗纪》补。

赵善宣知临安府制
（开禧三年十二月二十六日）

汉京兆之选，并于九卿，史册所称，名字相望。惟今天府，率用从臣，或擢自郎闱，特加属任，往往不一再岁，遂跻论思，固汉之遗意也。尔秀出公族，奋于儒科。承流近藩，声问日起。盖尝驱驰万里，出入六年，榷牧馈饷，咸称其任，亦足以见尔材矣。比由家食，召置工曹，阅日未几，寄以弹压。尔其审先后之序、酌宽严之宜，使都邑肃清，甸畿蒙惠。朕之褒尔，岂特内阁之寓直哉！往究尔材，以须大用。

出处：《育德堂外制》卷三。
撰者：蔡幼学
考校说明：编年据《咸淳临安志》卷四八补。

孙昭先浙东提刑李洪江西提刑制
（开禧三年十二月二十九日前）

浙河之东，大江之右，其士大夫矗矗然从事于文矣，而其民逐利喜讼，习俗未迁。详刑之司，其责为重。尔昭先岂弟之美，奏最近藩，召置郎闱，蔼然誉闻。尔洪疏通之器,夙著民庸,简在列卿,复劳于外。两路之寄,分以畀之。严毋过于苛,宽毋流于弛。达朕德意,使民乡方,则予汝嘉,遄有褒擢。

出处:《育德堂外制》卷二。

撰者:蔡幼学

考校说明:编年据《宝庆会稽续志》卷二补。

赵梦极给事中制
(开禧三年十二月)

出纳王命,地莫要于夕郎;辅导储闱,职孰亲于端尹。合兹隆委,命我耆儒。具官某,识邃而明,气和以劲。告尔后于内,独素效于忠嘉;从吾儿而游,每深明于仁孝。眷怀所属,誉望交归。乃登选部之崇,仍寄银台之重。朕惟喉衿之会,授任宜专;羽翼之功,责成尤切。倪尚劳于铨综,殆未称于倚毗。曾不淹时,为之申命。惟兢业所以凝庶绩,惟元良所以正万邦。岂徒允赖于论思,抑亦卒烦于调护。李藩批敕,式高清整之风;孔霸授经,尚想谦冲之美。其摅素学,以掩前闻。

出处:《育德堂外制》卷二。

撰者:蔡幼学

考校说明:编年据《宋中兴东宫官寮题名》补。

楼钥试吏部尚书兼翰林学士制
(开禧三年十二月)

天官之首六卿,式裨邦治;学士之为内相,实代王言。载稽累圣之成规,间以一贤而兼领。惟特承于异眷,思叠被于真除。匪得纯儒,曷追盛轨?具官某,存心正大,育德中和。究安危治忽之原,有志当世;审用舍行藏之义,无愧古人。凛劲操以不渝,遏狂澜而独立。朕方斥远朋比,收用老成,亟命安车,趣还法从。岂特发挥于翰墨,固思咨访于谋谟。肆畴已试之能,并畀久虚之任。复资博雅,以辅缉熙。立太平之基,方佇得贤之庆;开众正之路,尚推引类之忠。克赞丕图,遄登大用。

出处:《育德堂外制》卷三。

撰者:蔡幼学

考校说明:编年据《宋中兴学士院题名》补。

章良能试礼部侍郎制
(开禧三年十二月)

备车马,备器械,寄已重于五兵;和上下,治神人,任尤隆于三礼。执膺是选,宜属词臣。具官某,识虑闳深,见闻博洽。疏通知远之学,独探遗经;温厚尔雅之文,力追古作。践扬弥久,望实交孚。及再簉于班行,乃亟跻于侍从。适当更化,实与代言,写朕腹心,孚于号令。爰正议曹之贰,以增翰苑之华。密侍经帷,载参史笔。并界一时之清望,允为儒者之至荣。任贤使能,方勉图于治效;拾遗补过,尚深赖于忠规。祗服宠光,益摅器业。

出处:《育德堂外制》卷三。
撰者:蔡幼学
考校说明:编年据《宋中兴学士院题名》补。

娄机守吏部侍郎制
(开禧三年十二月)

朕式叙人伦,肇崇国本。师友之得英俊,夙资谕教之忠;老成之有典刑,更赖切磋之美。特颁茂渥,以起旧人。具官某,识造高明,量涵宽裕。博物洽闻之学,孰与齐驱;怀道守义之心,独安平进。民庸浸著,物望弥孚。自约史于石渠,实授经于资善。箴规匪懈,裨益居多。逮此建储,方严择属,虽退休之自适,顾简注之不忘。爰擢冠于贰卿,俾晋兼于显职。二疏勇去,昔想闻祖道之光;四皓来归,今复见衣冠之伟。其祗隆眷,勉续前功。

出处:《育德堂外制》卷三。
撰者:蔡幼学
考校说明:编年据《攻媿集》卷九七《楼公神道碑》补。

邹应龙中书舍人兼太子右谕德制
（开禧三年十二月）

　　朕惟天禧、治平之盛,有若晏殊、韩维之贤,皆以西掖之臣,兼领东宫之属。选抡至重,眷遇加隆。今得名儒,可追盛事。具官某,清姿绝俗,敏识造微。冠伦魁能,早显闻于天下,进德修业,独思企于古人。涵毓既深,声华盖茂。比在记言之地,实参资善之游。启导有方,勤劳无懈。顾已孚于物望,乃自列于民庸。属建元良,广延宾友,岂无他士,孰与旧人。爰擢寄于丝纶,且重资于羽翼。号令文章之可述,方观润色之功;孝仁礼义之素明,犹待渐摩之益。体予妙简,摅尔深衷。

出处:《育德堂外制》卷三。

撰者:蔡幼学

考校说明:编年据《宋中兴东宫官寮题名》补。"太子右谕德",《宋中兴东宫官寮题名》作"左谕德"。

史弥坚权兵部侍郎制
（暂系于开禧三年十二月前后）

　　寄弹压之权,位已崇于九列;登论思之选,任式重于六官。嘉乃忠勤,副于简拔。具官某,禀资磊落,蕴智精明。父子传家,踵风流而克肖;弟兄许国,显闻望以交辉。比将指于日畿,遂承流于天府。洊经烦使,具见贤劳。材恢恢而有余,事多多而益办。朕惟司马之职,立武所关。适兹多故之余,正藉十全之虑。载橐弓矢,方共冀于息民;克诘戎兵,当益严于固圉。往摅长策,以报殊知。

出处:《育德堂外制》卷三。

撰者:蔡幼学

考校说明:编年据同集前后文时间补。

右武大夫文州刺史知閤门事杨谷辞免除观察使不允诏
（暂系于开禧三年十二月前后）

爵惟驭贵,当昭示于至公;恩以及亲,遂优加于彝典。卿起由戚畹,列在朝绅。入仪宾阁之司,归服家庭之训。克存孝谨,不见骄盈。爰稽阅岁之劳,超进观风之秩。需章来上,几不自胜。涣汗既颁,固难曲徇。其益坚夫素履,庶长保于令猷。

出处:《攻媿集》卷四三。又见光绪《上虞县志》卷四七。
撰者:楼钥
考校说明:编年据同集前后文时间补。

右武郎知閤门事杨石辞免除观察使不允诏
（暂系于开禧三年十二月前后）

名器至严,岂容于轻授? 恩荣加厚,遂越于常规。卿毓秀后家,通班朝路。素有义方之训,密参宾赞之司。居存忠勤,深避权势。爰考践扬之旧,躐升廉问之华。成命既行,固难反汗。逊辞来谂,尤见益恭。其体至怀,以永终誉。

出处:《攻媿集》卷四三。又见光绪《上虞县志》卷四七。
撰者:楼钥
考校说明:编年据同集前后文时间补。

游仲鸿夔路提刑范子长潼川提刑制
（暂系于开禧三年十二月前后）

朕博求蜀之秀士,置诸周行,又使归试民庸,达朕德意,于庶狱之任,尤重其选。尔仲鸿、尔子长皆以操履酝藉,有誉于朝。或已驾使轺,于焉申命;或方纡郡组,宠以超除。尔其体钦恤之仁,笃哀矜之念,使万里之外,举无冤民。方图尔劳,嗣有殊渥。

出处:《育德堂外制》卷二。

撰者:蔡幼学

考校说明:编年据同集前后文时间补。

杨震仲直阁致仕制
(暂系于开禧三年十二月前后)

守节伏义之臣,国家所赖以长久也。逆曦之变,士大夫或靡而从之,至于舍生取义、视死如归者,四蜀之广,独尔一人而已。然而曦之被诛,曾不旋踵,岂非忠节之著,众所耸闻,固有以兴起人心,扶持名教乎? 崇阶华职,贲于九原,英魄凛然,庶其来监。

出处:《育德堂外制》卷二。

撰者:蔡幼学

考校说明:编年据同集前后文时间、杨震仲卒年补,见《宋史》卷三八《宁宗纪》。

毕再遇授观察使制
(暂系于开禧三年十二月前后)

朕修明师律,遴选将材,畴其隽功,畀以重任。至于阅时滋久,声望日孚,则又奖而进之,超于常序。具官某,鹰扬之志,辐凑之谋。奋自偏裨,效其忠赤。坚守六合,独张吾军,江面帖然,国威以振。一时宿将,未有能先之也。不矜其劳,益祗乃事,恩意浃于万旅,号令孚于列城。陟之廉车,公论惟允。昔李牧为赵将,匈奴不敢近边。伊尔之材,可任斯责。勉图成绩,以企古人。

出处:《育德堂外制》卷二。

撰者:蔡幼学

考校说明:编年据同集前后文时间补。

沈诜试刑部侍郎制
(暂系于开禧三年十二月前后)

舜命有德,选必首于士师;周用常人,戒独严于司寇。咨时宿望,寄以祥刑。具官某,刚毅近仁,温良能断。徇事赴功之志,早著贤劳;难进易退之风,晚推特操。比仪迩列,务在登贤。欣闻造膝之言,灼见沃心之义。历指一时之极弊,欲明天下之至公。讲贯已精,条陈有序。朕方期群生之远罪,虞庶狱之失中,资尔哀矜,助予钦恤。广好生之德,俾不犯于有司;推式敬之诚,庶以长于王国。往祗休命,益罄深衷。

出处:《育德堂外制》卷二。

撰者:蔡幼学

考校说明:编年据同集前后文时间补。

曹庄太常丞邵朴国子监丞制
(暂系于开禧三年十二月前后)

礼乐出于容台,教化原于胄序。朕既登海内之望以典领之,又择英游俾赞其事。尔庄温良之德,学业修明。尔朴刚直之资,见闻博洽。翱翱既久,厥声蔼然。分命为丞,并列清望。尔其推礼乐之用,审教化之方。各修厥官,以称朕移风易俗之意。

出处:《育德堂外制》卷二。

撰者:蔡幼学

考校说明:编年据同集前后文时间及曹庄、邵朴宦历补,见《宋会要辑稿》选举二一、《南宋馆阁续录》卷八。

赵彦橚户部郎中制
(暂系于开禧三年十二月前后)

怀德维宁,宗子惟城,周家之所以长久也。朕一新治道,既延登宗老,访以经谊;又择其行谨厚者,进而用之。尔砥砺廉隅,被服儒素。回翔于外,美闻日章;召对便朝,有言可采。列之郎省,人无异辞。古所谓惟城之贤,于尔见之矣。益舒远业,以对殊知。

出处:《育德堂外制》卷二。

撰者:蔡幼学

考校说明:编年据同集前后文时间及、《水心文集》卷二三《赵公墓铭》补。

潘涓太学博士制
(暂系于开禧三年十二月前后)

朕既正权纲,大开言路,凡士之纳忠陈善者,皆所欲闻也。尔入对昕庭,从容论奏,察微虑远,条列甚明,可谓能尽其言者矣。横经璧水,选界不轻,益懋尔猷,毋忘乐告。

出处:《育德堂外制》卷二。

撰者:蔡幼学

考校说明:编年据同集前后文时间、潘涓宦历补,见《宋会要辑稿》选举二一。

范之柔国子监簿制
(暂系于开禧三年十二月前后)

祖宗盛时,公卿之世能守其家法以显于今者,不多见焉;苟有其人,朕所乐与。尔先正之裔,奋于儒科,文雅自将,风流未泯。簿正之选,胄序为清。振尔家声,朕将有考。

出处:《育德堂外制》卷二。

撰者:蔡幼学

考校说明:编年据同集前后文时间补。

许沆太常博士制
(暂系于开禧三年十二月前后)

儒者不言兵,世以为病,然自昔建功立事,亦鲜不出于儒者焉,盖惟深知书者能知兵也。尔西州之秀,学博识周。佐我元戎,边防有序。肆由璧水,进之容台。内践清华,外参筹画,孰谓俎豆军旅而不相为用乎? 式遣其归,以究尔业。

出处:《育德堂外制》卷二。

撰者:蔡幼学

考校说明:编年据同集前后文时间补。

余崇龟检详制
(暂系于开禧三年十二月前后)

士之不汲汲于求进者,必能尽心于职业者也。朕之用人,常以是取之。尔性行和平,将以儒雅。剖符名郡,岂弟宜民;久次郎曹,安恬自守。朕方并进人望,以任枢机,乃畴尔材,俾之裨赞。尚坚素履,式俟褒迁。

出处:《育德堂外制》卷二。
撰者:蔡幼学
考校说明:编年据同集前后文时间补。

梁文恭军器监簿制
(暂系于开禧三年十二月前后)

朕患习俗之嗜进,故于老成淳静之士,窃有取焉。尔博学多文,不以自眩,隐然誉处,重于周行。簿正之联,姑云序进。益坚尔守,嗣有褒升。

出处:《育德堂外制》卷二。
撰者:蔡幼学
考校说明:编年据同集前后文时间补。

薛极大理正制
(暂系于开禧三年十二月前后)

古者狱辞之成,正先听之,而后以告于大司寇,则理官有正,其来尚矣。尔明习法令,用以决科。尝莅是官,蔽罪惟允。分符近郡,民誉日闻。肆畴尔能,还之旧著。尔其思古设官之义,体朕恤刑之心,毋怠于初,以需明陟。

出处:《育德堂外制》卷二。
撰者:蔡幼学
考校说明:编年据同集前后文时间补。

林淳厚授朝散郎制
（暂系于开禧三年十二月前后）

自有事于边,凡吏之能效其力者无不赏也。尔倅于房陵,实摄守事,而能恤民厉士,思患预防,千里之人,恃以无恐。旌尔一秩,尚益勉之。

出处:《育德堂外制》卷二。
撰者:蔡幼学
考校说明:编年据同集前后文时间补。

常楮宗正丞制
（暂系于开禧三年十二月前后）

士之进于朝者,至三丞为高选矣。非可用之材见于已试,孰使称其任乎？尔夙抱器能,通知世务。虽承流二郡,赞画元戎,而未究其用也。晋丞外府,复佐边筹,登之司宗,俾将使指。凡两淮之利害,其周访而审察之。歌《四牡》之诗,朕方有待。

出处:《育德堂外制》卷二。又见同书卷四。
撰者:蔡幼学
考校说明:编年据同集前后文时间补。

武舜忠授遥团制
（暂系于开禧三年十二月前后）

将帅之士,有功于边,比其丐归,可忘疏宠？具官某,分总王旅,兼领郡符。忠勇素闻,恩信滋洽。身先士伍,力挫敌锋。宣劳既多,以疾来谂。超其命秩,畀以戎团。祗服茂恩,尚绥遐祉。

出处:《育德堂外制》卷二。
撰者:蔡幼学
考校说明:编年据同集前后文时间补。

莫子纯叙中大夫制
(暂系于开禧三年十二月前后)

朕爱惜人材,待之以恕,凡丽于罚者,未有不次第甄叙也。尔蚤以文艺,冠于诸儒。简在清华,遂登显用。胡为不谨,以致人言。引咎杜门,亦既累岁,爰因霈泽,尽复前官。尚厉操修,不汝遐弃。

出处:《育德堂外制》卷二。
撰者:蔡幼学
考校说明:编年据同集前后文时间补。

冯拱赠武经大夫制
(暂系于开禧三年十二月前后)

自边事以来,朕于将帅之臣,未尝不录其劳而厚其终也。尔久莅戎伍,材用著闻。统我舟师,亦既逾岁,敌之不窥江面,尔与有力焉。矜其云亡,超赠崇秩。九原未泯,服此哀荣。

出处:《育德堂外制》卷二。
撰者:蔡幼学
考校说明:编年据同集前后文时间补。

蓝师古授左武大夫制
(暂系于开禧三年十二月前后)

朕笃兄弟之爱,设讲授之官。比其终篇,不忘第赏,凡与于执事者,亦次及焉。具官某,列职内庭,书劳宫邸。迁秩之宠,厥有故常。惟予介弟,方专志于学,有日益之功,尔之受赏,岂一阶而止哉!

出处:《育德堂外制》卷二。
撰者:蔡幼学
考校说明:编年据同集前后文时间补。

郑擢降奉议郎制
（暂系于开禧三年十二月前后）

汝比以能选，往莅边城，昧于事几，轻去官守。削秩二等，归省于家。尚服宽恩，勉思后效。

出处：《育德堂外制》卷二。
撰者：蔡幼学
考校说明：编年据同集前后文时间补。

扈卞追复奏议郎制
（暂系于开禧三年十二月前后）

尔在审官，自底于罪，而能奔走王事，不爱其死。还汝旧秩，追贲九原。非苟为恩，亦以示劝。

出处：《育德堂外制》卷二。
撰者：蔡幼学
考校说明：编年据同集前后文时间补。"奏议郎"当为"奉议郎"之误，见《景定建康志》卷二七。

潘师卨授承宣使制
（暂系于开禧三年十二月前后）

朕选虎贲之士，以卫周庐，掌之信臣，有严职守。三岁校比，可无宠褒？尔戚畹奋身，克自谨饬。训齐什伍，咸精其能。留务之崇，畀以遥领。服我休命，益修厥官。

出处：《育德堂外制》卷二。
撰者：蔡幼学
考校说明：编年据同集前后文时间补。

谭良显叙朝奉大夫制
(暂系于开禧三年十二月前后)

朕审功过之实,明赏罚之宜,不以过废功,而务以功掩过。尔比坐微累,曾未几时,而吾宣威之臣第襄阳城守之绩,尔实与焉。亟复前阶,俾留莫府,朕之施于尔者厚矣。惟毋贰尔过,益图厥功,则予汝嘉,嗣有襃擢。

出处:《育德堂外制》卷二。
撰者:蔡幼学
考校说明:编年据同集前后文时间补。

王处久降武翼郎制
(暂系于开禧三年十二月前后)

自遣戍北鄙以来,朕念六师暴露于外,岁时犒予,每加厚焉。至于谨饬攸司,毋使差忒,则将臣之责也。具官某,司我步旅,克著忠劳。岂其尚宽,未免失察。贬秩一等,以肃官常。尔其推实惠于卒徒,杜蔽欺于胥吏,俾恩信孚洽,号令精明。于以图功,庶几补过。典听朕训,往惟钦哉!

出处:《育德堂外制》卷二。
撰者:蔡幼学
考校说明:编年据同集前后文时间补。

自重授率府副率制
(暂系于开禧三年十二月前后)

朕惟英宗,光绍大统,蕃衍之祉,燕及无疆。乃眷宗藩,载疏茂渥。尔生长宫邸,谨厚自持。列之近班,日奉朝请。为善之乐,尚其懋哉!

出处:《育德堂外制》卷二。
撰者:蔡幼学
考校说明:编年据同集前后文时间补。

朱士挺降奏议郎制
(暂系于开禧三年十二月前后)

自遣戍于边,供亿浸广,吏缘为弊,不可以弗防也。尔简在周行,实司兵廪,顾兹失察,俾镌一阶。往体朕怀,勉修乃职。

出处:《育德堂外制》卷二。

撰者:蔡幼学

考校说明:编年据同集前后文时间补。

曾噩降修职郎制
(暂系于开禧三年十二月前后)

邦用之出,必有审核之司,所以防吏欺也。尔摄事其间,顾兹失察,镌秩一等,以警后来。

出处:《育德堂外制》卷二。

撰者:蔡幼学

考校说明:编年据同集前后文时间补。

陈唐卿授武翼郎制
(暂系于开禧三年十二月前后)

尔给事宫闱,岁月浸久,有嘉陈力,秩诸铨曹。往服宠光,益思报效。

出处:《育德堂外制》卷二。

撰者:蔡幼学

考校说明:编年据同集前后文时间补。

余崇龟监察御史制
(暂系于开禧三年十二月前后)

朕兴起治功,广开言路,嘉与多士,一新今图。肆求淳实之人,以赞纪纲之地。尔秉心无竞,制行有常。夙怀挺拔之材,不自表襮;独厉安恬之操,见谓回翔。久养望于郎潜,甫升华于枢属。载惟六察,分正一台。适当综核之时,尤重纠绳之任。环观在列,允属斯贤。惟有德之言,能闭邪而陈善;惟仁者之勇,不吐刚而茹柔。尚悉乃衷,以承朕志。

出处:《育德堂外制》卷三。

撰者:蔡幼学

考校说明:编年据同集前后文时间、余崇龟宦历补,见《两朝纲目备要》卷一一。

宇文绍节授太中大夫制
(暂系于开禧三年十二月前后)

十乘启行,夙重宣威之任;三载考绩,载疏增秩之恩。眷我近臣,对于明命。具官某,材全文武,学贯古今。补过拾遗,已三登于法从;折冲御侮,方独寄于行台。惟望实之素孚,宜威声之大振。属兹会课,爰俾序升。计累日之劳,盖姑循于常法;摅济时之业,尚有待于殊勋。式仁遄归,嗣颁褒渥。

出处:《育德堂外制》卷三。

撰者:蔡幼学

考校说明:编年据同集前后文时间补。

何异授中大夫制
(暂系于开禧三年十二月前后)

联禁路之华,缅怀旧德;会吏诠之课,载举彝章。爰锡明纶,以昭茂渥。具官某,风姿凝远,操尚清修。简在六卿,夙著论思之益;寄之两路,咸推镇抚之规。虽自适于燕闲,顾不忘于注想。眷言雅望,序进文阶。累日积劳,岂近臣之所计;三载考绩,亦有国之当先。其体素知,尚思忠告。

出处:《育德堂外制》卷三。

撰者:蔡幼学

考校说明:编年据同集前后文时间补。

杨石观察使知閤制
(暂系于开禧三年十二月前后)

　　朕资中宫之助,笃外家之恩。褒其手足之亲,俾视公台之贵。施及子姓,并畀宠章。匪予所私,惟义之称。具官某,禀资通敏,莅事恪勤。出入禁廷,夙有常度;周旋上閤,克谨多仪。肆兹疏恩,度越常比,廉车之重,举以畀之。盖施之厚者,其望之固深也。昔汉明德后躬履俭约,深戒满盈,至于内外从化。惟我贤后,异世同符。尔惟钦哉,以成斯美。

出处:《育德堂外制》卷三。

撰者:蔡幼学

考校说明:编年据同集前后文时间补。此制时间当稍早于《攻媿集》卷四三《右武郎知閤门事杨石辞免除观察使不允诏》。

杨谷观察使制
(暂系于开禧三年十二月前后)

　　朕历观前代之隆替,率以戚里为重轻。惟我祖宗,世有贤后,风化之盛,超于汉唐。肆时中宫,克踵前美。载稽彝典,褒及外家。具官某,赋质和平,持身恭愿。服在宾閤,习于礼文。阅时滋多,宣勤靡懈。避远权势,退然下人。朕心所知,朝论惟穆。兹由遥郡,峻陟廉车。而又父子联荣,弟兄并命。朕之施于尔者,不其厚乎? 富贵不骄,古之至戒,益坚素履,毋替初心。

出处:《育德堂外制》卷三。

撰者:蔡幼学

考校说明:编年据同集前后文时间补。此制时间当稍早于《攻媿集》卷四三《右武大夫文州刺史知閤门事杨谷辞免除观察使不允诏》。

张荣赠遥郡团练使制
(暂系于开禧三年十二月前后)

自边陲有事以来,熊罴之士,或身先戎行,以死报国,朕恻然愍之。尔提兵夔门,来援邻境,力战御敌,不为苟生。横阶之崇,遥团之重,朕岂于汝吝哉! 九原有知,服此殊渥。

出处:《育德堂外制》卷三。
撰者:蔡幼学
考校说明:编年据同集前后文时间补。

赵希怿江西提刑制
(暂系于开禧三年十二月前后)

朕遵累朝之典,择公族之良,历试外庸,以隆屏翰。其治行尤异者,必褒而进之。尔德度宽洪,操尚端雅,誉处之美,搢绅所推。选畀郡符,千里蒙惠;擢将使指,列城乡方。乃疏延阁之荣,就陟详刑之寄。封部惟旧,光华一新。勉布宽典,以需嗣渥。

出处:《育德堂外制》卷三。
撰者:蔡幼学
考校说明:编年据同集前后文时间补。

范仲壬知江陵府制
(暂系于开禧三年十二月前后)

数易之与久任,其利害不待较而明也。然而地有轻重,势有缓急,择材而任之,亦安可以有拘乎! 尔通练之材,刚介之节,求诸右列,盖无几人。擢帅夔门,曾未数月,朕岂不重于遽易哉? 亦惟荆州襟带江湖,控引襄蜀,于今地势,所系匪轻,急于得人,肆以命尔。顺流东下,可张吾军,抚绥一方,以纾北顾。益推素志,式慰殊知。

出处:《育德堂外制》卷三。

撰者:蔡幼学

考校说明:编年据同集前后文时间补。

刘甲授宝谟阁直学士制
(暂系于开禧三年十二月前后)

朕惟西州多故之后,公私交病,念之靡忘。亦惟二三从臣,分任蕃宣之寄,达朕德意,以安其民。绩用既彰,褒崇可后?具官某,材望推于当世,风流本于故家。服在禁涂,有言可采;付之外阃,厥声远闻。惟古汉中,为今边要,徒得卿重,以宽顾忧。再岁于兹,列城宁晏,非朕所望于从臣者乎?学士之联,盖不轻畀。勉迄尔效,式遄其归。

出处:《育德堂外制》卷三。

撰者:蔡幼学

考校说明:编年据同集前后文时间补。

新除吏部侍郎兼太子左庶子娄机辞免不允诏
(开禧三年十二月后)

天官贰卿之司,有资铨综;春宫中护之职,尤遴选抡。卿性禀深淳,才猷挺特,以天下士,从吾儿游。顷寻里社之闲,久乐祠庭之适。兹方更化,首遂建储。思得老成之人,以重元良之辅。亟颁召节,重上从班。毋庸固辞,式副虚伫。

出处:《攻媿集》卷四三。

撰者:楼钥

考校说明:编年据《宋中兴东宫官寮题名》补。

新除礼部侍郎兼侍讲章良能辞免不允诏
(开禧三年十二月后)

卿凤富青箱之学,来居紫橐之班。兼直北门,典司东观。朕惟亲军旅之务,非以待词翰之臣。仪曹既俾为真,经帏仍资劝讲。爰总夷夔之任,实亲褚马之贤。佥谓汝谐,卿毋多逊。

出处:《攻媿集》卷四三。

撰者:楼钥

考校说明:编年据《宋会要辑稿》职官六补。

光宗宁宗朝卷二十　嘉定元年(1208)

改嘉定元年诏
（嘉定元年前）

朕嗣承大统，勤抚庶邦，更星纪之一周，见历元之三易。频年相继，寰宇多虞。边衅遽开，顾生灵之何罪？虫蝗为孽，与旱潦以相仍。皆权臣误国之致斯，在菲质应天之敢慢？今则典刑已正，纲纪益张。乃因正月之和，适际三阳之泰，诞扬大号，宣告多方。取商宗嘉靖之言，暨周王耆定之义，用光嗣岁，式迓休祥。庶几叶气之薰，太平可望；行见万民之集，得所为期。衍丕祚于无疆，与斯人而更始，其以明年为嘉定元年。

出处：《攻媿集》卷四二。
撰者：楼钥

赐史弥远褒语
（开禧三年十二月至嘉定元年正月间）

卿善谋能断，克清元恶，真国家之宝臣，公师之贤嗣。枢庭储寀，佥曰汝谐。朕志不移，固辞可已。

出处：《攻媿先生文集》卷四四。
撰者：楼钥
考校说明：编年据同集前后文时间、文中所述史事补，见《宋史》卷二一三《宰辅表》等。

赵师罴知镇江府制
（嘉定元年正月五日前）

自边陲有事,朕于沿江诸镇,未尝不重其选也。矧惟京口,内蔽行都,外控淮甸,重兵所宿,流徙所归,非位望之崇,孰与领此？具官某,宗盟之秀,擢自阜陵。夙著外庸,遂登显用。三尹京邑,再列文昌。方事之殷,惟材是任,顾如卿者,而可久于家食乎？起之北门,以护江面。推折冲御侮之略,审劳来安集之宜。勉既乃诚,以符眷倚。

出处:《育德堂外制》卷三。
撰者:蔡幼学
考校说明:编年据《嘉定镇江志》卷一五补。

求言诏
（嘉定元年正月八日）

朕以眇躬,获遵洪业。所期恭己,治可致于无为;乃昧知人,失浸成于偏信。自奸臣之怙势,畏公议之靡容,屏蔽聪明,排斥忠直,利害莫从而上达,威福自得以下移。逮兹更化之初,亟出求言之令。倏再逾于月律,犹罕见于奏封。岂习俗相仍,激昂者寡,抑精诚弗至,顾忌者多？厥今百度未厘,二边未靖。人才乏而未究搜罗之术,民力困而未明惠养之方。救此弊端,宁无良策？乃若箴规主失,指摘奸邪,人所难言,朕皆乐听。傥有裨于事实,讵敢吝于褒章？其或过差,务从宽假。凡我缙绅之彦,暨于刍荛之微。久郁之怀,谅欣闻于申命;竭诚以告,庶共底于丕平。

出处:《两朝纲目备要》卷一一。又见《宋史全文续资治通鉴》卷三〇。

冯从顺授四字夫人制
（嘉定元年正月十四日）

朕率循彝宪,并建妇官。凡分任于掖廷,皆简求于懿质。服劳既久,疏渥为宜。某氏性禀和平,心存恭顺。守箴图之戒,律己有常;谨命令之司,克勤无怠。

爰即启封之旧,载加美号之新。祇服宠光,毋渝职守。

出处:《育德堂外制》卷三。

撰者:蔡幼学

考校说明:编年据《宋会要辑稿》后妃四补。

杨从慧授二字夫人制
(嘉定元年正月十四日)

　　禁省之严,莫先谨密;妇官之长,必择温良。载考贤劳,诞敷褒渥。某氏禀姿婉娈,履行柔嘉。服在宫闱,小心匪懈;典我命令,率职无违。爰宠畀于美名,俾兼司于列御。其祇朕命,毋替尔常。

出处:《育德堂外制》卷三。

撰者:蔡幼学

考校说明:编年据《宋会要辑稿》后妃四补。

卫从正授国夫人制
(嘉定元年正月十四日)

　　司命令之严,有嘉率职;莅宫闱之重,可后疏荣?某氏婉淑之资,谦和之美,服在禁省,见谓小心。历岁月以滋多,积勤劳而靡懈。兹隆事任,肇造国封。其钦对于恩徽,尚勉循于职守。

出处:《育德堂外制》卷三。

撰者:蔡幼学

考校说明:编年据《宋会要辑稿》后妃四补。

何寅寅授郡夫人名从谨制
(嘉定元年正月十四日)

　　妇官之职,内治攸资,虽曰序升,盖由能选。某氏凤禀淑质,克谨令仪。役于宫闱,实司笔札。服劳滋久,率职无渝。爰肇启于郡封,俾晋司于禁省。往祇宠渥,益懋忠勤。

出处:《育德堂外制》卷三。
撰者:蔡幼学
考校说明:编年据《宋会要辑稿》后妃四补。

史弥远知枢密院事制
(嘉定元年正月二十二日)

朕惟赞大事者,厥功甚茂;成茂功者,其报必丰。矧惟图任以登贤,匪直畴庸而计效。肆繇亲擢,数示序迁。具官史弥远沈静有谋,能断大事;谦卑自牧,罔居成功。忠孝一心,勤劳庶务。袭相门之积庆,为王室之世臣。粤从常伯之联,晋陟枢庭之贰。爵不逾德,官莫酬勋。人望愈高,舆论尚郁。瞻言斗极,虽并斡于璇玑;号犹相尊,实有严于魁柄。宜升班于宥密,用赞治于弼谐。并衍户封,仍开侯国。益昭宠数,增畀重权。以成道德安强之威,以壮精神折冲之本。辅元良而正万国,卿既竭于丹诚;运筹策以制四夷,朕式观于妙算。蹑荣奕叶,继踵前闻。

出处:《宋宰辅编年录》卷二〇。又见《永乐大典》卷一二九七一。

四川宣抚副使举官诏
(嘉定元年正月二十六日)

四川宣抚副使举官,特依宣抚制置使岁举改官一十一员,从事郎六员。

出处:《宋会要辑稿》职官四一之四二。

礼部侍郎章良能辞免改兼修玉牒官不允诏
(暂系于嘉定元年正月前后)

古者大事书之于策,玉牒之所由起也。唐始建官,而未若本朝之重。写之精缣,庋之邃殿,他书莫严焉。以卿比司记注,久居史馆,是用任以大事之重。凡例昭然,具有书法,蕴繁撮要,作宋一经,以诏来世,方以此望卿,而又何辞?

出处:《攻媿集》卷四三。

撰者:楼钥

考校说明:编年据同集前后文时间、章良能宦历补,见《南宋馆阁续录》卷九。

端明殿学士四川宣抚副使安丙乞宫观不允诏
(暂系于嘉定元年正月前后)

卿沈毅善谋,尤长将略。内锄巨奸,外御强敌。履天下之至难,为全蜀之司命。虏实畏卿,如所谓祭北门祭西门者。然彼之技亦穷矣。乃眷西顾,嘉叹不忘。方升书殿之班,以重阃外之寄。胡为引疾,愿解印章?朕方赖卿以当一面,贤于长城远矣。卿其身任保障之责,以称朕意。

出处:《攻媿集》卷四四。

撰者:楼钥

考校说明:编年据同集前后文时间、安丙宦历补,见《宋史》卷三八《宁宗纪》。

陈咸授朝请大夫制
(暂系于嘉定元年正月前后)

临大节而不夺,古之君子以为难矣。武兴之变,朕于蜀士得数人焉,可不深褒而亟进之乎?尔揽辔观风,有澄清之志。适罹迫胁,义不受污,弃官洁身,以死自誓,凛然全节,对于古人。朕既擢尔为郎,付以重寄,又增秩以宠嘉之。益摅尔忠,以需召用。

出处:《育德堂外制》卷三。

撰者:蔡幼学

考校说明:编年据同集前后文时间补。

辛弃疾待制致仕制
(暂系于嘉定元年正月前后)

下赐环之诏,正切须材;慕垂车之荣,遽闻谢事。勉从忧悃,载锡宠章。具官某,蕴识疏明,临机果毅。功名自许,早已负于奇材;险阻备尝,晚益坚于壮志。

事我烈祖,逮于冲人。畴其外庸,登之法从。顾归休之未久,曾眷注之不忘。念孰赞于边筹,俾入承于密旨。胡然抱病,亟此乞身。即次对之旧班,疏文阶之新渥,以崇体貌,以贲丘园。无竞维人,方缅怀于故老;勿药有喜,尚永介于寿祺。

出处:《育德堂外制》卷三。

撰者:蔡幼学

考校说明:编年据同集前后文时间、辛弃疾卒年补,见《两朝纲目备要》卷二〇。

赵希怿江西运判制
(暂系于嘉定元年正月前后)

部使者,皆所以察吏治、诹民瘼也。漕挽之司,其责尤重,非考诸已试,胡可以轻畀乎!尔宗姓之英,儒雅醖藉。司庾江右,仁声日闻。朕方畴尔庸,畀以平反之寄,而将漕虚任,独难其人,佥曰汝宜,岂嫌改命。惟一路之臧否休戚,尔所素知。事任既崇,风采增焕,益推尔志,以契朕怀。

出处:《育德堂外制》卷三。

撰者:蔡幼学

考校说明:编年据同集前后文时间补。

余崇龟授朝请大夫制
(暂系于嘉定元年正月前后)

朕念介弟方有志于学,遴选良士,俾与之游,朝夕切磋,底于日益。书劳疏渥,厥有旧章。尔问学渊源,见闻该洽。天人性命之理,讲之熟矣。从容指授,开益为多。及此终篇,可忘懋赏?朕方寄尔风宪,期以经术,见于有言。其体眷知,益掳所蕴。

出处:《育德堂外制》卷三。

撰者:蔡幼学

考校说明:编年据同集前后文时间补。

刘矩授朝奉大夫制
(暂系于嘉定元年正月前后)

朕笃友介弟,遴选良士,以与之游,讲切之劳,可忘懋赏?尔学行兼美,士论所推。从容授经,多所裨益。肆稽故实,序进文阶。体我眷怀,勉输忠报。

出处:《育德堂外制》卷三。
撰者:蔡幼学
考校说明:编年据同集前后文时间补。

李洪淮西总领制
(暂系于嘉定元年正月前后)

中兴以来,始以朝臣外司兵食,其权任视他司不侔矣,况方边戍未解之际乎!尔知虑疏明,材猷强敏。周旋中外,茂著勤劳。比由列卿,将漕淮右,亦既习知利害,见于已行矣。饷事之重,命以起家,畴其积庸,俾贰外府。转输之方急,当酌其宜;弊蠹之既除,当杜其渐。往宣美效,遄有褒书。

出处:《育德堂外制》卷三。
撰者:蔡幼学
考校说明:编年据同集前后文时间、《景定建康志》卷二六补。

宇文绍彭大理少卿制
(暂系于嘉定元年正月前后)

张释之为廷尉,持平守法,下无冤民。考其论议,乃贵长者而恶利口,亦可以知其为人矣。尔回翔州县,克继家声。选自使辂,来践近列。靖共尔位,不襮其华。容止退然,其言如不出诸口,非释之所谓长者乎?陟之九卿,付以臬事。片言折狱,毅然不可夺者,朕所以望尔也。尚其勉之。

出处:《育德堂外制》卷三。
撰者:蔡幼学

考校说明:编年据同集前后文时间补。

王邁赠通奉大夫制
(暂系于嘉定元年正月前后)

朕博选老成,延登侍从,资其忠力,共济治功。至于谢事之余,惊闻遗奏,则必优以赠典,贲于九原。具官某,业自家传,材为世用。久劳州县,茂著民庸。晚篁班行,遂司邦计。典刑有在,意气未衰。比报政于潜藩,甫疏荣于次对,勉从归志,尚企嘉猷。胡不慭遗,为之永叹。锡以四阶之宠,登于三品之崇。尚克有知,以绥尔后。

出处:《育德堂外制》卷三。
撰者:蔡幼学
考校说明:编年据同集前后文时间补。"王"后一字,原校云:"影抄如此,不辨何字。"此字疑为"遵"字。王遵,嘉泰年间任太常少卿、户部侍郎,见《宋会要辑稿》礼五○等。

曾槀降朝请郎制
(暂系于嘉定元年正月前后)

中兴以来,邦赋之入于四总司者居太半焉,受其任者,可不谨乎! 尔夙以能称,将命淮右,而妄费无度,达于朕闻。夺尔三阶,是为中典。尚图后效,以盖前非。

出处:《育德堂外制》卷三。
撰者:蔡幼学
考校说明:编年据同集前后文时间补。

李谦授武略大夫制
(暂系于嘉定元年正月前后)

朕选信实之臣,典宫城之事,比其岁满,必迁秩以宠之。尔昔服厥官,有劳未录,朕方擢之环列,详试尔能。乃即旧章,载疏新渥。勉殚忠力,毋负眷知。

出处:《育德堂外制》卷三。

撰者:蔡幼学

考校说明:编年据同集前后文时间补。

范仲壬授武德郎制
(暂系于嘉定元年正月前后)

忠节之臣,国家所赖以为重。武兴之变,朕于蜀士仅得数人焉,可不谓之难乎!尔凤负壮心,适罹迫胁,志在徇国,义不顾身,盖庶几临大节而不夺者。朕方畀尔连帅之寄,又增秩以宠嘉之。益摅尔忠,以称知遇。

出处:《育德堂外制》卷三。

撰者:蔡幼学

考校说明:编年据同集前后文时间补。

陈焕授武节郎制
(暂系于嘉定元年正月前后)

朕博选右列之才,置诸宾阁,详试于外,期以事功。序进一阶,厥惟常典。尔洊更器使,凤有能声。剖符边城,责任方重。往祗朕命,勉图尔庸。

出处:《育德堂外制》卷三。

撰者:蔡幼学

考校说明:编年据同集前后文时间补。

卢涛父母初封制
(暂系于嘉定元年正月前后)

寿考安荣,人子之所愿于其亲也。尔夫妇偕及九龄,逮于禄养。属予宗祀,推老老之恩,并服宠光,益绥遐祉。

出处:《育德堂外制》卷三。

撰者:蔡幼学

考校说明:编年据同集前后文时间补。

陈浃授保义郎制
(暂系于嘉定元年正月前后)

朕比命督府,申遣行人,尔服役其间,不辞涉往。进阶二等,亦何吝焉!

出处:《育德堂外制》卷三。

撰者:蔡幼学

考校说明:编年据同集前后文时间补。

顾根降宣义郎制
(暂系于嘉定元年正月前后)

朕深轸民瘼,谨核官邪,凡逞欲以遗害者,未尝少贷也。尔贰事帅藩,宜宣德意,而冒于货贿,以玷事评。削秩罢归,尚思惩艾。

出处:《育德堂外制》卷三。

撰者:蔡幼学

考校说明:编年据同集前后文时间补。

孟猷降朝散郎制
(暂系于嘉定元年正月前后)

朕博求人材,详试以事,进退赏罚,各适其宜。尔儒雅好修,蔼然誉处。比由推择,将漕淮埸,方事之殷,馈饷无乏,朕方嘉尔宣力,召置周行。乃惟行台,适有论奏,肆俾镌秩,以示至公。尚体朕怀,勉输忠报。

出处:《育德堂外制》卷三。

撰者:蔡幼学

考校说明:编年据同集前后文时间补。

李春等授官制
（暂系于嘉定元年正月前后）

汝选在虎贲,阅岁弥久,超界勇爵,往即戎官。益宣尔劳,以报恩宠。

出处:《育德堂外制》卷三。

撰者:蔡幼学

考校说明:编年据同集前后文时间补。

陈泽等转官制
（暂系于嘉定元年正月前后）

尔效职边城,不轻于去,充是志也,岂不足以立功乎？ 旌以两阶,庶几知劝。

出处:《育德堂外制》卷三。

撰者:蔡幼学

考校说明:编年据同集前后文时间补。

巩斌授修武郎制
（暂系于嘉定元年正月前后）

尔勇略过人,明于逆顺,手诛逆党,以伸国威。宠界六阶,升其事任。益殚忠力,嗣有恩荣。

出处:《育德堂外制》卷三。

撰者:蔡幼学

考校说明:编年据同集前后文时间补。

兵部尚书倪思辞免兼修国史兼实录院修撰不允诏
（嘉定元年正月后）

国之大典,尤贵于择人;史之良才,当先于求旧。卿夤尝再入,素擅三长。孝宗擢之著作之庭,先帝处以献纳之任。皆参笔削,具在简编。兹当更化之初,方以得贤为喜。式资班马之体,追配商周之书。允谓汝谐,尚何多逊!

出处:《攻媿集》卷四三。

撰者:楼钥

考校说明:编年据《南宋馆阁续录》卷九补。

<h1 style="text-align:center">吏部侍郎娄机辞免兼太子詹事不允诏</h1>
(嘉定元年正月后)

召还紫橐,固有赖于吏铨;肇建青宫,尤遴求于端尹。卿性姿凝远,问学老成。久为资善之寮,实谓甘泉之旧。雍容引去,恬然自如。属兹更化之初,荞复建储之重,载烦哲艾,以辅元良。毋庸固辞,服我休命。

出处:《攻媿集》卷四三。

撰者:楼钥

考校说明:编年据《宋中兴东宫官寮题名》补。

<h1 style="text-align:center">谯令宪宗正少卿制</h1>
(嘉定元年正月后)

由汉以来,任司宗者皆同姓也。至于我朝,别置大宗正司,而卿贰始专用儒臣,设官之义,视前代加重矣。尔迪德和平,临事详缓。上流奏最,召置郎闱。三转为卿,隐然誉处。敬刑折狱,克既厥心。朕方审阅人材,不嫌历试,爰兹改命,晋列清华。不惟推亲睦之恩,成信厚之美,而一代大典,实与讨论。往对简知,益涵器业。

出处:《育德堂外制》卷三。

撰者:蔡幼学

考校说明:编年据同集前后文时间、《西山文集》卷四四《谯殿撰墓志铭》补。

京西湖南北路宣抚使宇文绍节辞免除宝谟阁学士不允诏
(嘉定元年二月三日后)

入陪经幄,外畅王灵,既物望之愈隆,岂褒章之可后? 卿受才挺特,抗志崇深。不惟誓报于国恩,尤欲仰追于祖烈。宣威边徼,遂宽北顾之忧;寓直文谟,益峻西清之职。尚殚忠荩,嗣有宠嘉。毋事牢辞,亟祗新渥。

出处:《攻媿集》卷四四。

撰者:楼钥

考校说明:编年据《宋会要辑稿》职官四一补。

赵汝愚复观文殿大学士制
(嘉定元年二月八日)

朕慨念宗臣,力扶王业。安社稷以为悦,夙高辅翼之勋;质鬼神而无疑,可后哀荣之典。诞扬纶命,敷告绵区。具官某,节挺松筠,忠贯日月。特立独行之操,不愧古人;至公血诚之心,可任大事。自晋参于国秉,实深慰于民瞻。堂堂济世之规,凛凛捐躯之义。惟时烈祖,遽反真游。承文考与子之慈,对越天地;相冲人事亲之孝,保乂邦家。爰命奋庸,允资笃棐。嗟权臣之媢疾,挟谗说以震惊。谪处偏州,仅逾中寿。虽亟从于甄复,犹未免于蔽蒙。惟人心不可以厚诬,故公论自然而昭白。尽还职秩,追贲泉扃。孚号明功,破一时之欺罔;易名纪德,垂千载之光华。载畴子姓之良,简在班联之近。以伸朕志,以协师言。噫,成王之任姬公,隆礼于居东之后;文帝之待周勃,释疑于就国之余。义匪间于古今,人适殊于存没。尚惟英魄,式监至怀。

出处:《育德堂外制》卷四。又见《宋宰辅编年录》卷二〇。

撰者:蔡幼学

考校说明:编年据《宋史》卷三九《宁宗纪》补。

曾炎知婺州制
(嘉定元年二月)

昔汉宣帝始亲万几,选二千石之良,期以政平讼理之效,循吏之盛,信史称之。朕更化云初,于焉取则。具官某,恭俭惟德,悃愊无华。儒雅之风,家传有自;宽平之政,民誉攸归。自去禁涂,久安家食;肆稽舆论,起畀铜符。惟婺女之墟,吾股肱郡,宿弊既久,财力未纾。资我近臣,继任其事,抚摩撙节,庶几少瘳。至于治著效闻,入补公卿之阙,厥有常典,朕岂汝遗。

出处:《育德堂外制》卷四。
撰者:蔡幼学
考校说明:编年据《攻媿集》卷九七《曾公神道碑》补。

眉州褒忠庙加封制
(嘉定元年二月)

生不爱其死,死而能惠其民,盖古之所谓烈士也。尔昔摄令丹稜,以忠卫国;仗义击贼,至于杀身。而能显其威灵,垂祐一邑。庙食既久,爰畀侯封。尚宏尔休,施于无斁。

出处:《育德堂外制》卷四。
撰者:蔡幼学
考校说明:编年据《宋会要辑稿》礼二一补。

新除宝谟阁直学士李寅仲辞免召赴行在不允诏
(暂系于嘉定元年二月前后)

朕志于有为,心不忘远,矧惟簪橐之旧,具宣藩翰之劳,既颁优恩,仍趣归觐。卿素全忠孝,备著事功,岂惟劲草之知?实障狂澜之倒。峻西清之职,未称眷怀;望东海之来,方深渴想。尚腾逊牍,未就锋车。式遄其驱,勿重有请。

出处:《攻媿集》卷四四。

撰者:楼钥

考校说明:编年据同集前后文时间补。

礼部侍部章良能乞宫观不允诏
(暂系于嘉定元年二月前后)

卿以该洽通敏之才,涪直鳌禁,亦既三载,身兼数器,宣劳翰墨之间夥矣。朕更化之初,大述作多出卿手。方有赖于论思之助,遽欲以目眚求退,非所乐闻也。卿虽欲奉身而去,使朕几似于弃才者,可乎? 其安厥位,勿重有请。

出处:《攻媿集》卷四四。

撰者:楼钥

考校说明:编年据同集前后文时间、章良能宦历补,见《南宋馆阁续录》卷九。

新除观文殿学士赵彦逾再辞免不允不得再有陈请诏
(暂系于嘉定元年二月前后)

朕更化之始,登用贤才。宗老典刑,无如卿者。闵劳以官职之事,雍容进读,以冀日新之益。进班延恩,少示眷意,一辞赘矣,况于再乎? 身其康强,谋犹克壮,少亲医药,毋复重陈。勉为朕留,以系人望。

出处:《攻媿集》卷四四。

撰者:楼钥

考校说明:编年据同集前后文时间、赵彦逾宦历补,见《宋会要辑稿》职官七。

程骧赠通议大夫制
(暂系于嘉定元年二月前后)

朕量材而授任,称位以疏恩。禁近之臣,尤所注意,生则隆其体貌,殁则申以哀荣。具官某,擢秀西州,扬名上国。慈祥之德见于民庸,笃厚之风孚于士论。辍自螭头之直,往分阃外之权。方赖蕃宣,乃萦疾疢。陟之次对,许以归休。胡遽夺于修龄,忍怆观于遗奏。追崇命秩,加贲泉扃。尚其不亡,监此休渥。

出处:《育德堂外制》卷四。

撰者:蔡幼学

考校说明:编年据同集前后文时间补。

王楠太府寺丞制
(暂系于嘉定元年二月前后)

自汉以刘敬成和亲之约,则使者之能否系国体之重轻,其来久矣。尔气志慷慨,似其前人。持书出疆,能谕指意。擢丞外府,申命以行。审而专对之宜,遂我弭兵之利。亿闻归报,遄有褒嘉。

出处:《育德堂外制》卷四。

撰者:蔡幼学

考校说明:编年据同集前后文时间补。

薛极刑部员外郎制
(暂系于嘉定元年二月前后)

何择非人,何敬非刑,固王道之常经,而我祖宗所尤重也。朕率循是意,见于选授之间,矧时郎闱,岂以轻畀?尔阆敏之质,明习宪章,三为理官,见谓平允。比畴郡最,复还故班,未足以究尔能也。刑曹虚位,惟尔宜之。尚既厥心,以推朕哀矜之意。

出处:《育德堂外制》卷四。

撰者:蔡幼学

考校说明:编年据同集前后文时间、薛极官历补,见《宋会要辑稿》选举二二。

沈纺大理正鲍华大理丞制
(暂系于嘉定元年二月前后)

朕审择吉人,以寄庶狱,虽进自科目,亦必试以临民,详其器能,次第而用。尔纺生于相阀,尔华奋于儒生。而能明习刑书,服职惟谨。更践既久,于焉序迁。为正为丞,盖由是乡用矣。益修尔事,以称朕怀。

出处:《育德堂外制》卷四。

撰者:蔡幼学

考校说明:编年据同集前后文时间及沈纺、鲍华官历补,见《宋会要辑稿》职官七三、刑法六。

李孟传福建提刑制
(暂系于嘉定元年二月前后)

朕欲省刑甚,而化未能洽也。闽于今为近地,而其民轻捍喜斗,易陷于辟。朕深念之,思得其人,以达其意。尔刚介有守,蔚为老成。乘传而南,炳然风采,凡闽俗之爱恶情伪,讲之熟矣。易节而命,寄以平反。充尔之刚,而行之以恕,于朕省刑之志,其庶几乎!

出处:《育德堂外制》卷四。

撰者:蔡幼学

考校说明:编年据同集前后文时间、《宋史》卷四〇一《李孟传传》补。

程准知宁国府制
(暂系于嘉定元年二月前后)

朕更化之初,讲求实政,思得良吏,分任大藩,庶几休养元元,保固邦本。尔岂弟之美,夙著民庸。比以省郎,往司饷事,宣劳既久,以疾祈闲,朕固不汝忘也。宣城之组,命以起家。尔其孚朕宽恩,使民安田里。选表之宠,亦岂后于尔哉!勉振家声,以需焕渥。

出处:《育德堂外制》卷四。

撰者:蔡幼学

考校说明:编年据同集前后文时间补。

李好义赠检校少保制
(暂系于嘉定元年二月前后)

昔汉褒卫、霍,备极哀荣,至为起冢,象所立功,以垂不朽。今朕有良将,遽没元身,追崇之恩,岂嫌于厚。具官某,赋资果毅,秉志刚坚。堂堂许国之忠,挺挺济时之略。唱明大义,手殄逆臣。克震先声,坐却强敌。遂还四郡,以靖一方。朕嘉乃勋劳,倚为蕃翰,岂特折冲于蜀汉,固将决胜于关河。而降年弗遐,抱恨永已,授钺之宠,宁足以既朕恩哉!载锡悯章,视仪亚保。英魂未泯,庶其监之。

出处:《育德堂外制》卷四。

撰者:蔡幼学

考校说明:编年据同集前后文时间、李好义卒年补,见《宋史》卷三八《宁宗纪》。

乾震赠承务郎制
(暂系于嘉定元年二月前后)

自权臣擅开兵衅,而以峻刑钳天下之口。尔以言获谴,奄及沦亡,非朕意也。追锡京秩,用慰沉冥。庶几孤忠,昭于不朽。

出处:《育德堂外制》卷四。

撰者:蔡幼学

考校说明:编年据同集前后文时间补。

邹应龙母封太恭人制
(暂系于嘉定元年二月前后)

朕肇正元良,施泽海宇,自升朝以上,皆得荣其亲焉。具官某母某氏,德著闺门,行应图史。厥有贤子,显闻于时。方登论思,以辅储极,而尔及见盛事,首被宠褒。凡吾从臣,其得同此庆者鲜矣。尚祗显渥,益介寿祺。

出处:《育德堂外制》卷四。

撰者:蔡幼学

考校说明:编年据同集前后文时间、文中所述"朕肇正元良"补,见《宋史》卷三八《宁宗纪》。

周虎授文州刺史制
(暂系于嘉定元年二月前后)

朕惟孝庙,注意右科,激厉作成,如恐不及。是以人物辈出,烨然有闻。朕亲拔其尤,付以重寄。勋荣既著,褒陟可稽。具官某,奋自诸生,志存许国。选置宾阁,遂与驱驰。惟历阳当两淮之冲,为留都之蔽,而能率厉将士,力挫敌锋,江面帖然,威声远震,逮兹再岁,敌以寝谋。擢刺一州,公论惟允。昔唐之武举,实得子仪,功盖当时,名垂不朽。其勉充于尔志,以追企于斯人。

出处:《育德堂外制》卷四。

撰者:蔡幼学

考校说明:编年据同集前后文时间补。

史弥远母封国太夫人制
(暂系于嘉定元年二月前后)

朕肇正元良,衍无疆之历;博施海宇,推锡类之仁。矧时大臣,厥有寿母,载加荣遇,用锡宠章。具官某所生母某氏,冲懿之资,和平之美,笃生贤子,为时闻人,股肱朕躬,羽翼储极。既丕受于多祉,且亲际于亨期。曾不逾时,洊颁三命,以协邦家之庆,以隆母子之欢。永介修龄,式需嗣渥。

出处:《育德堂外制》卷四。

撰者:蔡幼学

考校说明:编年据同集前后文时间、文中所述"朕肇正元良"补,见《宋史》卷三八《宁宗纪》。

雷孝友故曾祖不仕新可特赠太子少保制
(暂系于嘉定元年二月前后)

大夫祀三庙,古之制也。朕登任辅臣,推本世系,宠褒其先,以明报本追远之义,盖于古有合焉。具官某故曾祖某,素履躬行,推重乡党,而不见于用,识者惜之。庆钟曾孙,是生人杰,显闻四海,为朕股肱。原所自来,非积德之致乎?追锡宫保,实本旧章。尚使幽光,昭于无斁。

出处:《育德堂外制》卷四。

撰者:蔡幼学

考校说明:编年据同集前后文时间、雷孝友宦历补,见《宋史》卷二一三《宰辅表》。

雷孝友故曾祖母毛氏可赠和义郡夫人故曾祖母毛氏可赠感义郡夫人制
（暂系于嘉定元年二月前后）

古之立庙,皆祔以其配,其所由来远矣。朕取此义之,追贲辅臣之先。燕及闺门,并崇三世。具官某故曾祖母某氏,和顺之德,宜其家人。孰啬其年,不逮偕老。后毛氏改"作嫔良士,躬履勤劳。懿行令仪,终始惟一"。积庆之远,显于曾孙。忠劳既多,遂参大政。载稽邦典,疏以郡封。庶几杳冥,监此休渥。

出处:《育德堂外制》卷四。

撰者:蔡幼学

考校说明:编年据同集前后文时间、雷孝友宦历补,见《宋史》卷二一三《宰辅表》。

雷孝友故祖赠中散大夫就可赠太子少傅制
（暂系于嘉定元年二月前后）

朕惟士之立家,传至数叶,久尔弥大者,其积善毓庆,非一朝一夕之故矣。具官某故祖某,行义之美,见于乡评,不求闻知,自安隐约。一经遗子,始大其闻。暨于生孙,伟然特立,更践中外,遂登政涂。报本之思,可无褒典?命之储傅,以显遗芳。

出处:《育德堂外制》卷四。

撰者:蔡幼学

考校说明:编年据同集前后文时间、雷孝友宦历补,见《宋史》卷二一三《宰辅表》。

雷孝友故祖母令人蔡氏可赠永嘉郡夫人制
(暂系于嘉定元年二月前后)

朕载考经谊,广恩锡类,以褒吾大臣之祖,而又及其内助,使之匹休。具官某故祖母某氏,闲妇仪,允有常度。笃于训子,以起其家。爰及闻孙,为时哲士。朕方登诸四辅,资以有为,锡尔郡封,厥有彝典。九原未泯,尚其享之。

出处:《育德堂外制》卷四。
撰者:蔡幼学
考校说明:编年据同集前后文时间、雷孝友宦历补,见《宋史》卷二一三《宰辅表》。

雷孝友故父任左朝散郎赠通议大夫孚可赠太子少师制
(暂系于嘉定元年二月前后)

士之以儒起家,两世决科者,亦既罕见矣;至于好德尚义,退然无营,约于其身,以裕其子者,可不谓之难乎!具官某故父具官某,奋于诗书,策名当世。而迟回州县,见谓安恬,平生所怀,曾未究其用也。厥有贤子,经行著闻,斥除朋邪,为我良弼。虽尔身之不遇,其收报不已多乎!质诸旧典,秩以官师。尚克有知,犹足自慰。

出处:《育德堂外制》卷四。
撰者:蔡幼学
考校说明:编年据同集前后文时间、雷孝友宦历补,见《宋史》卷二一三《宰辅表》。

雷孝友故母硕人廖氏可赠齐安郡夫人硕人张氏
可赠信安郡夫人令人胡氏可赠咸安郡夫人制
(暂系于嘉定元年二月前后)

朕登用辅臣,崇其祢庙,以显教忠之报,凡在内助,皆与享焉。具官某故母廖氏,嫔于德门,克谨妇道,而降年不永,抱恨九原。善庆所钟,显于贤子,功在宗社,誉在荐绅。不有宠章,曷慰追远?封之大郡,于礼为宜。尚绥尔神,益昌其祚。

915

出处:《育德堂外制》卷四。

撰者:蔡幼学

考校说明:编年据同集前后文时间、雷孝友官历补,见《宋史》卷二一三《宰辅表》。

雷孝友故妻令人叶氏可赠清化郡夫人制
(暂系于嘉定元年二月前后)

偕老之美,古人重之。有以淑女作配君子,同勤约矣,而不同显荣,揆诸人心,可无追锡? 具官某故妻某氏,柔淑之德,顺于舅姑;质素之风,宜其家室。而象服弗被,鱼轩弗乘,惟吾辅臣,盖有遗憾。爰疏茂渥,肇启郡封。尚克歆承,以慰冥漠。

出处:《育德堂外制》卷四。

撰者:蔡幼学

考校说明:编年据同集前后文时间、雷孝友官历补,见《宋史》卷二一三《宰辅表》。

雷孝友妻令人李氏可封高平郡夫人制
(暂系于嘉定元年二月前后)

朕惟诗人陈贤妃正女夙夜相成之道,盖深致意焉。故凡有立于国家者,未有不资助于闺壸也。具官某妻某氏,女德协于图史,妇功著于蘋蘩。申以敬共,不忘警戒,克相君子,显名于时,为国荩臣,是登近辅。视诗人之所美,亦何愧乎! 疏封大邦,惟礼之称。全尔懿美,嗣有宠光。

出处:《育德堂外制》卷四。

撰者:蔡幼学

考校说明:编年据同集前后文时间、雷孝友官历补,见《宋史》卷二一三《宰辅表》。

赵彦逾授观文殿学士制
(暂系于嘉定元年二月前后)

参书殿之华,夙眠仪于丞辅;侍经帷之邃,方注意于老成。有嘉族属之良,载陟班联之峻。诞扬明命,昭示至怀。具官某,器量闳深,风姿凝远。忠存许国,勋已著于鼎彝;义不徇时,望益崇于衮舄。属权臣之屏去,喜耆德之来归。奉我燕闲,摅而蕴抱。岂特曰资于讲习,固将有赖于典刑。裨益为多,褒隆可后?惟仁祖之任丁度、田况,若哲宗之用孙固、冯京,莫不职在延恩,列于劝诵。盖眷留旧弼,虽具有于成规;而延访宗臣,乃邈无于前比。允为异数,式表殊知。噫,上亲贵仁,朕敢或忘于典学;责难陈善,尔其毋怠于格心。远企昔人,以永终誉。

出处:《育德堂外制》卷四。

撰者:蔡幼学

考校说明:编年据《攻媿集》卷四四《新除观文殿学士赵彦逾再辞免不允不得再有陈请诏》补。此制时间当稍早于《攻媿集》卷四四《新除观文殿学士赵彦逾再辞免不允不得再有陈请诏》。

中书舍人蔡幼学兼侍读制
(嘉定元年正月至三月间)

敕:《春秋》天子之事,具存一国之书;笔削圣人之公,实为万世之法。朕久勤讲贯,期广见闻,兹择名儒,共论斯道。具官某深知经旨,素有师承。未冠而擅伦魁,士皆取则;既壮而登膴仕,人以为迟。近升禁路之华,庸代王言之重。予欲旁通夫六艺,岂容弗措于一辞?所以至日昃而不遑,庶几学古训而有获。惩恶劝善,其力究于微言;考古验今,将益明于大体。

出处:《攻媿集》卷四一。又见民国《瑞安县志》卷六。

撰者:楼钥

考校说明:编年据蔡幼学官历补,见《宋会要辑稿》崇儒七。《宋中兴学士院题名》:"蔡幼学:嘉定元年六月以中书舍人兼侍讲兼。八月除刑部侍郎,仍兼。十月除吏部侍郎,依旧兼。二年十月升兼侍读,十二月除龙图阁待制、知泉州,当月宫观。"本制标题"侍读"疑为"侍讲"之误。题后原注:"以下二首,嘉定元年以吏部尚书兼翰范,偶西掖无兼员,用故事行词,并附于此。"

黄度太常少卿制
(嘉定元年正月至三月间)

昔我仁祖笃任忠良,凡谏争之臣,陈义而去,阅时未久,辄复召还。朕更化以来,庶几斯志。尔气全刚大,识造精微。向登言责之司,独罄深长之虑,极论西事,遏其萌芽,力排权臣,指其情状。见微虑远,如尔者几人哉!家食累年,养德弥粹。清劲之节,对于古人。逮此来归,皓然华发,朕仰稽仁祖,重有愧焉。惟礼之教化也微,而史之劝惩也远,非我旧德,谁其任之。勉摅素怀,以副虚伫。

出处:《育德堂外制》卷四。
撰者:蔡幼学
考校说明:编年据《宝庆会稽续志》卷五、《南宋馆阁续录》卷九补。

赐楼钥等诏
(嘉定元年三月一日后)

更化之始,属当多士来试春官,去取之间,趋向所系。卿等宜审加考阅,择其文体醇正、议论精确者,置于前列。其或因问献言,实有可用,虽涉讦直,勿以为讳,庸副招延俊乂、共起治功之意。朕将亲策于廷而官使之。

出处:《咸淳临安志》卷一二。
考校说明:月、日据文中所述史事补,见《宋会要辑稿》选举一。

荐举京西湖南北路宣抚司属官事诏
(嘉定元年三月四日)

京西、湖南北路宣抚司属官历任及五考以上人,许令宣抚使司置司去处,一路监司通行荐举。

出处:《宋会要辑稿》职官四一之四二。

差注行在赡军激卖酒库所都钱库监官事诏
(嘉定元年三月九日)

行在赡军激卖酒库所都钱库监官,令吏部侍左侍右通行差注,依条使阙。如同日有文武官指射,先差选人。

出处:《宋会要辑稿》职官四八之一四二。

经筵进讲毛诗终篇宣答词
(嘉定元年三月十一日)

宰执赴听讲致词谢

有制:朕临御今十五载,讲《诗》终三百篇。卿等同观,朕心惟怿。尚其协赞,助我缉熙。

侍读侍讲官奏贺

有制:朕日勤三接,共讲四诗。既彻篇章,实资问学。深赖主文之谏,载嘉归美之勤。

宰执率经筵侍立官再奏贺

有制:朕积朝夕之勤,终《雅》、《颂》之业。究观六义,用蔽一言。尚冀输忠,毋忘进戒。

出处:《攻媿集》卷四六。
撰者:楼钥
考校说明:编年据《宋会要辑稿》崇儒七补。

蔡幼学讲诗终篇转官制
(嘉定元年三月十一日后)

敕:朕践阼十五载,尤先讲贯之勤。诵《诗》三百篇,端赖缉熙之益。谈经既毕,第赏可稽?具官某早冠时髦,浸为朝望。践扬已久,既昭著夫外庸;献纳于今,喜时陈夫谠论。谨凤掖代言之职,当金华卒业之辰,序进文阶,以酬儒效。其馨格心之学,用为报上之忠。

出处:《攻媿集》卷四一。又见民国《瑞安县志》卷六。
撰者:楼钥
考校说明:编年据《宋会要辑稿》崇儒七补。

侍读赵彦逾倪思宇文绍节侍讲章良能辞免
进讲毛诗终篇转一官不允诏
(嘉定元年三月十一日后)

朕日御迩英,讲明经理,三百五诗,至是终篇。叙进官联,厥有故典。卿为宗老,倪思、章良能云"卿居从列",宇文绍节云"卿虽处阃外"。实助缉熙。毋事固辞,益思所以辅朕之不逮。

出处:《攻媿集》卷四四。
撰者:楼钥
考校说明:编年据《宋会要辑稿》崇儒七补。

赵彦逾授太中大夫制
(嘉定元年三月十一日后)

朕延进群英,讲明六艺。惟三百篇之义,久矣潜心;积十五载之勤,于焉卒业。眷乃亲贤之重,冠于讲诵之联。爰考彝章,诞敷成涣。具官某,材推当世,学慕古人。身事四朝,已勋劳之茂著,年开八秩,犹气志之不衰。比喜遄归,弥深眷倚。朕惟累圣之盛,亲近儒生;中兴以来,登崇公姓。然未有以宗盟之耆老,奉经幄之清闲,均礼辅臣,通班秘殿。蔽自朕意,轶于前闻。矧兹职秩之继升,宣谓恩荣之特异。噫,缉熙光明之益,朕方窃企于周成;切磋磨琢之规,卿尚勉追于卫武。钦承体貌,式究忠忱。

出处:《育德堂外制》卷五。

撰者:蔡幼学

考校说明:编年据文中所述史事、赵彦逾宦历补,见《宋会要辑稿》崇儒七。

楼钥授正议大夫制
(嘉定元年三月十一日后)

朕惟王道之盛,始于修身齐家,而达于平天下。本原既正,风化流行。诗人所称,粲然有序。故乐得俊彦,与之讲磨。及此终篇,可忘懋赏?具官某,识穷千古,学贯群书。在朕初元,尝侍经幄,切磋之益,念之未始忘也。起诸谢事,冠于论思。充养日深,德望弥重。从容劝诵,密罄忠嘉。资而仁义之言,辅我缉熙之学。肆稽彝典,序进崇阶。朕方尊所闻,行所知,以庶几于高明光大之美,所赖于卿者,岂有已哉!尚悉乃心,以成朕德。

出处:《育德堂外制》卷五。

撰者:蔡幼学

考校说明:编年据文中所述史事、楼钥宦历补,见《宋会要辑稿》崇儒七。

宇文绍节授通议大夫制
(嘉定元年三月十一日后)

朕惟王道之盛,始于修身齐家,而达于平天下。本原既正,风化流行。诗人所称,粲然有序。故乐得俊彦,与之讲磨。及此终篇,可忘懋赏?具官某,受材伟特,造学精深。自简在于禁林,已再陪于讲席。比登劝诵,往莅元戎。虽陈善闭邪,阻闻谠论;而定功禁暴,允籍壮猷。任有内外之殊,恩无彼此之间。肆稽旧典,载陟新阶。朕方思戢干戈,务休戍役。于《出车》、《杕杜》之诗,尤有感焉。式仁来归,以对休渥。

出处:《育德堂外制》卷五。

撰者:蔡幼学

考校说明:编年据文中所述史事、宇文绍节宦历补,见《宋会要辑稿》崇儒七。

倪思授太中大夫制
(嘉定元年三月十一日后)

朕惟王道之盛,始于修身齐家,而达于平天下。本原既正,风化流行。诗人所称,粲然有序。故乐得俊彦,与之讲磨。及此终篇,可忘懋赏?具官某,禀资刚毅,蕴识闳深。越在绍兴,已与劝讲。凡今法从,孰有居其先者乎!进列文昌,人望攸属;摄事琐闼,国论以明。侍我燕闲,从容启导。言无不尽,于卿见之。序进崇阶,厥惟旧典。朕方尊所闻,行所知,以庶几于高明光大之美,所赖于卿者,岂有已哉!尚悉乃心,以成朕德。

出处:《育德堂外制》卷五。

撰者:蔡幼学

考校说明:编年据文中所述史事、倪思宦历补,见《宋会要辑稿》崇儒七。

章良能授朝散大夫制
(嘉定元年三月十一日后)

朕惟王道之盛,始于修身齐家,而达于平天下。本原既正,风化流行。诗人所称,粲然有序。故乐得俊彦,与之讲磨。及此终篇,可忘懋赏?具官某,学兼博约,识贯精粗。炳然华国之文,允矣济时之器。擢登宗伯,入侍迩英。援古鉴今,有劝有讽,《雅》《颂》之旨,发挥为多。爰考彝章,序进崇秩。朕方夙夜敬止,缉熙光明。推至诚与贤之心,期日靖四方之效。勉辅朕德,益输乃忠。

出处:《育德堂外制》卷五。

撰者:蔡幼学

考校说明:编年据文中所述史事、章良能宦历补,见《宋会要辑稿》崇儒七。

叶时授朝散大夫制
(嘉定元年三月十一日后)

朕惟王道之盛,始于修身齐家,而达于平天下。本原既正,风化流行。诗人所称,粲然有序。故乐得俊彦,与之讲磨。及此终篇,可忘懋赏?具官某,学穷阃奥,识造高明。遍仪言责之司,备罄忠嘉之蕴。纪纲以振,风采日新。久侍金华,从容启导。以三百五篇之义,反复劝戒,独惓惓焉。爰考彝章,序进崇秩。朕方夙夜敬止,缉熙光明。推至诚与贤之心,期日靖四方之效。勉辅朕德,益输乃忠。

出处:《育德堂外制》卷五。

撰者:蔡幼学

考校说明:编年据文中所述史事、叶时宦历补,见《宋会要辑稿》崇儒七。据《宋会要辑稿》崇儒七,叶时进讲《诗经》终篇时已是朝散大夫,本制又云"授朝散大夫",二者当有一误。

黄畴若授朝散郎制
(嘉定元年三月十一日后)

朕惟王道之盛,始于修身齐家,而达于平天下。本原既正,风化流行。诗人所称,粲然有序。故乐得俊彦,与之讲磨。及此终篇,可忘懋赏?具官某,赋资挺特,烛理融明。纪纲振于一台,风采闻于四海。凡所建白,悉中事几。侍我迩英,尽规匡懈,《雅》《颂》之旨,发挥为多。爰考彝章,序进阶秩。朕方夙夜敬止,缉熙光明。推至诚与贤之心,期日靖四方之效。勉辅朕德,益输乃忠。

出处:《育德堂外制》卷五。

撰者:蔡幼学

考校说明:编年据文中所述史事、黄畴若宦历补,见《宋会要辑稿》崇儒七。

许奕授奉议郎制
(嘉定元年三月十一日后)

朕惟王道之盛,始于修身齐家,而达于平天下。本原既正,风化流行。诗人所称,粲然有序。故乐得俊彦,与之讲磨。及此终篇,可忘懋赏。尔天资爽拔,学术通明。如川方增,进修不怠。侍我螭陛,期月于兹,献替之忠,亦闻其梗概矣。一官序进,厥惟旧章。朕方思戢干戈,资尔专对;仁歌"四牡"以劳尔来。将所以宠嘉尔者,岂有既哉!

出处:《育德堂外制》卷五。

撰者:蔡幼学

考校说明:编年据文中所述史事、许奕宦历补,见《宋会要辑稿》崇儒七。

陈希点授中奉大夫制
(嘉定元年三月十一日后)

朕惟王道之盛,始于修身齐家,而达于平天下。本原既正,风化流行。诗人所称,粲然有序。故乐得俊彦,与之讲磨。及此终篇,可忘懋赏?尔天资凝重,论议正平。回翔有年,泊然自守。右螭载笔,物望所归。诗之所谓吉人,如尔是矣。一官序进,厥惟旧章。朕方爱尔之贤,资以自近;又俾发明经学,以辅储闱。将所以宠嘉尔者,岂有既哉!

出处:《育德堂外制》卷五。

撰者:蔡幼学

考校说明:编年据文中所述史事、陈希点宦历补,见《宋会要辑稿》崇儒七。

戒饬贪吏诏
(嘉定元年三月十四日)

朕临御以来,仰遵累朝恭俭之规,菲食卑宫,靡敢怠遑,庶几躬行以移风俗。而志勤道远,观感未孚,况以奸幸弄权,故相同恶,上下交利,贿赂公行,赃吏债帅,益无忌惮。监司为吾澄按之官,郡守受吾民社之寄,至相仿效,贪婪无厌,反恃苞苴,狼籍已甚。席卷帑藏,或盈钜万,郡县经费,耗蠹几尽。军民衣食,椎剥无余。积敝有年,虽悔何及?大臣簠簋不饬,殆弗容迁就而为之讳也。朕方厉精庶政,与民更始,申加训饬,以警有位。继自今各务精白一心,以承至意。其有并缘公家以济其私,尚为故态,必罚无赦。至如互送无艺,屡形切责,迩方循习,曾不少悛,并当禁戢。或彻听闻,考验有迹,皆以赃坐。呜呼!咎莫追于既往,法欲励于将来。宜存素丝之风,毋蹈覆车之辙。使人知自爱,罔或敢干。冀民力之少苏,期士风之益美。朕意厚矣,尚其戒哉。

出处:《攻媿集》卷四二。

撰者:楼钥

汪逵秘书少监制
（嘉定元年三月）

朕永念多虞，聿新庶政。惟有德之用舍，系斯文之重轻。畴咨老成，并加收召。庶几人心兴起，国体尊崇。尔天禀端良，家传行义，博学笃志，岁晚不渝。可谓直谅多闻，古之益友者矣。易退难进，风节凛然，来对昕朝，论议剀切。有臣如此，岂不足以重斯文乎？擢贰曲台，改命册府，与史官之笔削，明一代之劝惩。朕之用卿，盖自兹始。其推所学，以对殊知。

出处：《育德堂外制》卷四。

撰者：蔡幼学

考校说明：编年据《南宋馆阁续录》卷七补。

徐邦宪吏部员外郎制
（暂系于嘉定元年三月前后）

自权臣擅朝，以言为讳，至于妄启边隙，动摇人心，一时士大夫能为朕诵言其非者盖寡矣。尔奏最近郡，召对便朝，忧兵祸之易滋，虑国本之未建。惓惓纳忠之意，岂特凤鸣朝阳而已哉！朋邪蔽欺，摈尔于外。寄以馈饷，贤劳著闻。朕既收还大权，茂揽远虑，以尔前日所论，见于施行。肆升郎省之联，俾与宫僚之选。朕志攸属，人望具孚。益罄嘉猷，以须大用。

出处：《育德堂外制》卷四。

撰者：蔡幼学

考校说明：编年据同集前后文时间、《徐邦宪圹志》（郑嘉励等《武义南宋徐邦宪墓的发掘》，《东方博物》二〇二〇年第一期）补。

刘允济太常簿管湛大理簿制
（暂系于嘉定元年三月前后）

簿正于九寺未为高选，然士之回翔州县者进列于朝，盖由是始，其可以不重哉！尔允济天禀之高，立身无玷；尔湛家声之茂，临事有方。惟礼与刑，国之所重,兹庸分命,列属其间。各修厥官,以副朕选抡之意。

出处:《育德堂外制》卷四。

撰者:蔡幼学

考校说明:编年据同集前后文时间补。

李孟传江东提刑程准福建提刑制
(暂系于嘉定元年三月前后)

朕考论卿大夫之世,取其嗣德济美、有材可称者而详试之。用惟其宜,岂嫌改命?尔孟传、尔准,皆以名臣之子,尝列于朝;任以外庸,允有民誉。详刑宣化,涣渥方新,而孟传以私自言,重违其志,肆俾易地,而以准代之。惟孟传之刚方,可以振风采;惟准之宽厚,可以谨平反。勉适厥中,则为称职。

出处:《育德堂外制》卷四。

撰者:蔡幼学

考校说明:编年据同集前后文时间补。《宋代诏令全集》以《绍定吴郡志》卷七为据系于嘉定二年七月(第二二〇八页)。《绍定吴郡志》卷七:"李孟传:朝请大夫,除仓部郎官,改除(浙西提刑),嘉定元年十月到任,二年七月除直秘阁、江东提刑。"《宋史》卷四〇一《李孟传传》:"迁广西提点刑狱,改江东提举常平,移福建……(韩)侂胄诛,就迁提点刑狱,移江东,又辞。丞相史弥远,其亲故也,人谓进用其时矣,卒归使节,角巾还第。再奉祠,以仓部郎召,又辞。迁浙东(引者据《绍定吴郡志》卷七可知'浙东'乃'浙西'之误)提点刑狱,未数月,申前请,章再上,加直秘阁,移江东,不赴,主管明道宫。"由是可知李孟传于嘉定二年七月再除江东提刑,而据"详刑宣化,涣渥方新,而孟传以私自言,重违其志,肆俾易地,而以准代之"可知本制乃李孟传初除江东提刑之制,《宋代诏令全集》误。

立太子文武臣封父母制
(暂系于嘉定元年三月前后)

朕正元良之位,垂长久之基,庆始宫庭,泽施海宇。自升朝以上皆得荣其亲焉。尔寿考康宁,逮于禄养,服我恩渥,益蕃尔家。

出处:《育德堂外制》卷四。

撰者:蔡幼学

考校说明:编年据同集前后文时间、文中所述史事补,见《宋史》卷三八《宁宗纪》。

林仲虎知安庆府制
(暂系于嘉定元年三月前后)

　　淮甸之西,舒为望郡。自有边事,虽无锋镝之害,而科调亦繁矣,宜得良吏,以纾其民。尔奋于右庠,以材自见,出入滋久,有劳可书。选环卫之联,往任抚摩之寄。茧丝保障,古人谨之。尚悉乃心,以宣德意。

出处:《育德堂外制》卷四。

撰者:蔡幼学

考校说明:编年据同集前后文时间、林仲虎宦历补,见《宋会要辑稿》职官七四等。

王容父加封制
(暂系于嘉定元年三月前后)

　　朕肇正元良,施泽海宇,凡通籍于朝者,皆得荣其亲也,而况于尝在论思之选者乎! 具官某父具官某,履行温恭,隐德不曜,发祥有子,显闻于时。而寿考康宁,克受多祉;际会盛事,与被宠章。凡吾从臣,得此同庆者亦鲜矣。其祗茂渥,益蕃尔家。

出处:《育德堂外制》卷四。

撰者:蔡幼学

考校说明:编年据同集前后文时间、文中所述"朕肇正元良"补,见《宋史》卷三八《宁宗纪》。

王益之国博留元刚太博制
(暂系于嘉定元年三月前后)

　　朕博选髦士,列诸师儒,非独资其范模训迪后进,抑亦养望育德,以为显用之阶。尔益之性行温良,尔元刚器度凝远,皆以文学,重于搢绅,造膝纳忠,有言可采。充尔之志,其可以大受乎! 博士之官,姑云序进。益昌远业,以副所期。

出处:《育德堂外制》卷四。

撰者:蔡幼学

考校说明:编年据同集前后文时间补。

郑昉国子录制
(暂系于嘉定元年三月前后)

教胄子之官始于有虞,备于成周,今沿革虽不同,尔其意未有异也。尔夙为诸生,蔼然誉闻。回翔州县,亦既有年,列职其间,士论惟协。往修乃事,以称选抡。

出处:《育德堂外制》卷四。

撰者:蔡幼学

考校说明:编年据同集前后文时间补。

史弥坚知潭州制
(暂系于嘉定元年三月前后)

连帅之寄,统率列城,其责非他有司比也。大江之右,重湖之南,任无重轻,而期有先后,易地而授,亦惟其宜。具官某,以许国之心,蕴传家之业。利器空于槃错,精明烛于细微。而能持以谦恭,饰以儒雅。顾方畴庸天府,服采夏官,而引嫌偃藩,瓜时未及,非急于用材之意也。长沙谋帅,为朕疾驱。敷恩惠以抚善良,明威信以戢奸暴。革宿弊于既往,弭后患于未然。勉著外庸,式符眷倚。

出处:《育德堂外制》卷四。

撰者:蔡幼学

考校说明:编年据同集前后文时间、史弥坚宦历补,见《延祐四明志》卷五、《宋会要辑稿》蕃夷五等。

沈诜授太中大夫制
(暂系于嘉定元年三月前后)

六卿分职之重,允藉典刑;三载考绩之常,具存法守。载颁成渥,以示至公。具官某,赋质不群,持心近厚。夙更器使,独隆静退之风;再与论思,每罄忠嘉之蕴。方委成于民部,适会课于吏铨。序进文阶,增华法从。夙夜匪懈,固素简于朕怀;日月为功,谅未酬于尔志。益思励相,以对眷知。

出处:《育德堂外制》卷四。
撰者:蔡幼学
考校说明:编年据同集前后文时间补。

曾渐赠中奉大夫制
(暂系于嘉定元年三月前后)

引疾乞身,勉徇垂车之志;输忠报国,忍闻易箦之言。矧方在于盛年,曾未舒于素蕴。永怀雅望,用锡悯章。具官某,精识过人,清标遗俗。践履淳实,在孔门十哲之间;论议开明,出汉廷诸老之右。比与代言之选,有嘉陈善之诚。擢置贰卿,仅逾挟日。朕方博延众正,率励群工,欣旧德之偕来,叹英材之遽逝。追崇四秩,以贲九原。贾谊早终,顾孰询于得失;马周不寿,徒思见于仪刑。尚想令名,克垂永世。

出处:《育德堂外制》卷四。
撰者:蔡幼学
考校说明:编年据同集前后文时间、曾渐卒年补,见《水心文集》卷二一《曾公墓志铭》。

吴猎授朝请大夫制
(暂系于嘉定元年三月前后)

十乘启行,方假事权之重;三载考绩,式循法守之常。眷我近臣,对于明命。具官某,受材挺特,迪德宽平。寄以上流,克著折冲之效;付之全蜀,允资经远之规。惟望实之既孚,宜声华之益振。属兹会课,爰俾序升。计累日之劳,岂卿素志;摅济时之业,乃朕深期。勉究茂庸,嗣颁殊渥。

出处:《育德堂外制》卷四。

撰者:蔡幼学

考校说明:编年据同集前后文时间补。

吕昭远知常德府制
(暂系于嘉定元年三月前后)

朕于中兴以来公卿之世,凡材美可录者,未尝不乐进之也。惟尔大父,光辅思陵,勋在王室。而尔谨守家法,克著民庸。惟时武陵,实为望郡,二千石之重,朕岂以轻畀哉! 勉既乃心,以俟简拔。

出处:《育德堂外制》卷四。

撰者:蔡幼学

考校说明:编年据同集前后文时间、吕昭远宦历补,见《宋会要辑稿》职官七四。

张欣广东运判廖德明提刑制
(嘉定元年四月前)

朕患州县之吏不知养民力,重民命也,矧远而岭外,微良使者,孰与革此弊乎? 尔欣通练之才,方将隆指;尔德明介直之操,数宦旁州。远民之利病戚休,讲之详矣。或就陟将漕,或擢寄祥刑。其思宽恤之方,以称朕不忘远之意。

出处:《育德堂外制》卷五。

撰者:蔡幼学

考校说明:编年据康熙《新修广州府志》卷一八补。

戒饬四川将士诏
(嘉定元年四月九日)

朕端居法宫,慨念蜀道。敢泄迩而忘远,庶一视以同仁。自叛将之既诛,与斯人而更始。已讲休兵之策,冀臻彻戍之期。惟是师徒,屡更征役。暴露久矣,夙宵惕焉。每咨督饷之臣,仍饬列屯之帅。究心调度,加意抚循。然而养兵于无事之时,在国家而靡省;效命于多虞之日,乃吏士之当为。倪馈运之或愆,及勤劳之弗恤。罔孚朕志,岂逭官常?凡尔在行,亦宜深体。其有狃于姑息,不知律纪之遵,妄肆欢哗,几失等威之辨,流传易惑,关系匪轻。爰颁一札十行之书,用严三令五申之制。各思戒儆,毋抵宪章。

出处:《攻媿集》卷四二。

撰者:楼钥

刘焞复集英殿修撰制
(嘉定元年四月十三日)

朕惟祖宗待遇臣下,未尝不以功掩过,务全始终。尔当乾道、淳熙间以材自见,出入中外,宣劳居多,制阃南邦,克平巨盗。顾以微累,抱恨九原。甄复之恩,朕亦何吝?服兹茂渥,发尔幽光。

出处:《育德堂外制》卷四。

撰者:蔡幼学

考校说明:编年据《宋会要辑稿》职官七六补。

朱钦则降朝散大夫制
(嘉定元年四月十七日后)

边陲未宁,粮饷是急,方任吾事者不可以弗虔也。尔以列卿之旧,起镇近藩,转输愆期,岂朕所望?姑从薄罚,以警庶邦。勉饬官常,尚期来效。

出处:《育德堂外制》卷四。

撰者:蔡幼学

考校说明:编年据朱钦则宦历补,见《宋会要辑稿》职官七四。

陈自强责授复州团练副使诏
（嘉定元年四月十九日）

　　陈自强朋奸误国，黩货狗私，罪大责轻，公论未歇，可责授复州团练副使，改送雷州安置，仍籍没家财。

出处:《宋宰辅编年录》卷二〇。
考校说明:"十九日"据《宋会要辑稿》职官七四补。

陈自强韶州安置制
（暂系于嘉定元年四月）

　　宋由之为太尉，汉严阿党之诛;元载之典中书，唐正奸赃之戮。朕恪遵成宪，优待迩联。虽二咎之并彰，固群臣之同疾，姑从贬逐，犹示涵容。具官某，晚玷班行，未离选调，徒以权臣之私暱，骤叨政路之宠荣。德薄位尊，第知既得而患失;日暮途远，奚止倒行而逆施。已共斁于朝纲。复助开于边隙。肆为蒙蔽，驯致驿骚。人皆怀忧国之心，愿输忠爱;尔独徇营身之计，专事贪饕。贿赂交于庙堂，请托遍于州县。子孙纷竞，道路骇闻。朕方躬览福威，载明黜陟，爰收还于印绶，俾退处于田庐。国典未伸，人言沓至。惟舜流四罪，盖深恶于不仁;而周制九刑，亦首惩于毁则。肆稽古谊，仍酌近规，谪以散官，屏之偏郡。以少舒于舆议，以敷告于多方。噫，设廉耻以遇臣，朕固素隆于礼貌;去仁义而怀利，尔惟自抵于谴何。往省前愆，毋重后悔。

出处:《育德堂外制》卷四。又见《宋宰辅编年录》卷二〇。
撰者:蔡幼学
考校说明:编年据《宋宰辅编年录》卷二〇补。《宋宰辅编年录》卷二〇:"嘉定元年四月，臣僚复上言，责授武泰军节度副使，韶州安置。"《两朝纲目备要》《宋会要辑稿》《宋史》所载与《宋宰辅编年录》不同。《两朝纲目备要》卷一〇:"(开禧三年十一月)丁丑，贬窜陈自强。"注文曰:"追三官，永州居住，行卫泾章疏也。雷孝友封还录黄。戊寅，诏自强责授武泰军节度副使，依旧永州居住。是日，又诏送韶州安置，行王居安章疏也。(嘉定元年)四月丁巳，自强责词过门下，给事倪思不书黄。戊午，自强再责复州团练副使，雷州安置，仍籍没家财。六月癸酉，陈自强卒于广州,诏许归葬。"《宋会要辑稿》职官七四:"(嘉定元年四月)十九日,陈自强责授复州团练副使,改送雷州安置。以其朋奸误国,黩货徇私,罪大责轻,公论未厌故也。"《宋史》卷三九《宁宗纪》:"(嘉定元年四月)戊午,再责授陈自强复州团练副使,雷州安置,仍籍其家。"

徐邦宪司封员外郎制
(嘉定元年四月)

古之教世子,设官多矣,而未有不专其任也。今虽兼官,顾可以期会簿书夺其从容开导之益乎?尔经术通明,论议坚正,选由郎省,劝讲储闱,辅翼之功,于尔有赖。去繁就简,虽官联不殊,而属任加重矣。其体朕意,永输尔忠。

出处:《育德堂外制》卷四。
撰者:蔡幼学
考校说明:编年据《宋中兴东宫官察题名》补。

曹庄秘书丞制
(嘉定元年四月)

三丞均之为清望也。石渠、东观,萃天下之贤俊,并游其间,则丞之选为尤重。尔质涵粹美,学有师承。儒林之官,回翔几遍,稽古礼文之事,亦既与于议论矣。肆兹申命,列于英躔。其体简知,懋充器业。

出处:《育德堂外制》卷五。
撰者:蔡幼学
考校说明:编年据《南宋馆阁续录》卷七补。

赵梦极守给事中致仕制
(嘉定元年四月)

广招徕之路,方并进于诸贤;隆止足之风,顾孰留于一老。重违雅操,爰锡宠章。具官某,实德在躬,冲襟容物。持心平易,率由君子之中;遇事激昂,允有仁人之勇。自膺简拔,浸著猷为。游吾父子之间,尽尔君臣之义。登之琐闼,处以宫端。朕惟灼见其纯诚,人亦咸期其大用。胡然一疾,遽及累旬。虽曲示于眷怀,曾莫回于归志。乃逾常比,叠进崇阶。垂车而传子孙,谅永彰于令闻;散金而娱故旧,徒缅想于清规。尚啬精神,以需福履。

出处:《育德堂外制》卷五。
撰者:蔡幼学
考校说明:编年据《宋中兴东宫官寮题名》补。

丘寿隽籍田令制
(暂系于嘉定元年四月前后)

惟尔父方以德望威名,为国重臣,折冲于外;而尔器业之美,得于家庭。擢置周行,司我籍事,亦以见朕好贤之意施及其子也。往祗眷简,益充尔能。

出处:《育德堂外制》卷四。
撰者:蔡幼学
考校说明:编年据同集前后文时间补。

李揆吏部郎中制
(暂系于嘉定元年四月前后)

朕垂意人材,博采详试,内外远近,务适其平,所以昭示至公,期于责实。尔禀资温厚,临事疏明。比佐理官,折狱惟允;驱驰蜀道,宣力有年。朕固不以远外而汝忘也,召登郎省,越在铨曹。其悉厥心,以赞而长,朕将有考焉。

出处:《育德堂外制》卷四。
撰者:蔡幼学
考校说明:编年据同集前后文时间补。

陈刚大理司直制
(暂系于嘉定元年四月前后)

《诗》不云乎:"淑问如皋陶,在泮献囚。"儒者之事,固无分于彼此也。尔凤以学行,推于搢绅;白首入朝,抗志无挠。教刑之属,虽若不侔,而据经决疑,亦君子所尽心者。勉修乃职,以俟明扬。

出处:《育德堂外制》卷四。

撰者:蔡幼学

考校说明:编年据同集前后文时间补。

张兴祖武学谕制
(暂系于嘉定元年四月前后)

朕数月之间,招延蜀士且十余人,犹患其来之不亟也。尔文学之美,称于一方,命召有年,乃今至止。以蜀士在班行之少,而得尔焉,亦足喜矣。分职右学,往其懋哉!

出处:《育德堂外制》卷四。

撰者:蔡幼学

考校说明:编年据同集前后文时间补。

求扬祖司农寺簿制
(暂系于嘉定元年四月前后)

朕采诸荐论,以登天下之材,苟以能称者,无不录也。尔久劳州县,美誉日闻;进列于朝,克勤乃事。农扈之重,列属其间,勉充尔材,以称简拔。

出处:《育德堂外制》卷四。

撰者:蔡幼学

考校说明:编年据同集前后文时间补。

曹叔远郑昉太学博士制
(暂系于嘉定元年四月前后)

博士古官也,自我朝尚经术、崇教化,而其任始加重焉。苟非英髦,孰与此选?尔叔远见闻之博,抗志不群;尔昉文采之优,操行无阙。其为朕讲明经谊,以迪诸生,使菁莪乐育之风,复见今日,则为称尔职矣。尚思勉之。

出处:《育德堂外制》卷四。

撰者:蔡幼学

考校说明:编年据同集前后文时间、曹叔远宦历补,见《宋会要辑稿》职官七三补。

林璟国子正李琪国子录制
(暂系于嘉定元年四月前后)

近岁儒林之官,率选于掌故,盖养其资望而后进之,示不轻也。尔璟、尔琪,皆以美质多文,称于士友,其学进而未止。翔翔既久,命以同升。往祗厥官,益懋尔业。

出处:《育德堂外制》卷四。

撰者:蔡幼学

考校说明:编年据同集前后文时间及林璟、李琪宦历补,见《后村先生大全集》卷一六六《林公行状》、《宋会要辑稿》选举二一。

傅伯成太府卿制
(暂系于嘉定元年四月前后)

列寺长贰不必并置也。若夫财赋之司,谨出入,察盈虚,于以裕民足国,则亦岂一人之所独任乎! 尔奋身儒科,世济其美,久更器使,蔚有材名。盖尝贰于九卿,往司饷事矣。详刑甸服,制阃海邦,威惠不偏,声闻日起。长我外府,大用之阶。尚既乃心,以修厥职。

出处:《育德堂外制》卷四。

撰者:蔡幼学

考校说明:编年据同集前后文时间、《后村先生大全集》卷一六七《傅公行状》补。

赵师霥复通奉大夫制
（暂系于嘉定元年四月前后）

朕加惠群臣,记功忘过。有不得已而置诸罚者,甄叙之恩,惟恐后也,况于久在法从,方任近藩者乎！具官某,夙以材猷洊更事任。积其劳伐,登与论思。出入险夷,壮志不改。起镇京口,治誉日闻。兹略去于小瑕,俾复还于崇秩。勉思忠报,遄有褒书。

出处:《育德堂外制》卷四。

撰者:蔡幼学

考校说明:编年据同集前后文时间、文中所述"起镇京口"补,见《嘉定镇江志》卷一五。

岳建等赠官制
（暂系于嘉定元年四月前后）

自有事于边,熊罴之士以死报国,朕恻然愍之。尔久服戎行,晋列将校,遇敌力战,不为苟生。追锡累阶,恩延于世。忠魂未泯,服此哀荣。

出处:《育德堂外制》卷四。

撰者:蔡幼学

考校说明:编年据同集前后文时间补。

赵彦珧降朝奉大夫制
（暂系于嘉定元年四月前后）

蜀士之计偕者,沿流郡所当优假也。尔分符秭归,纵吏为虐,士不堪其辱焉,岂朕所以招来俊茂之意哉！夺尔一官,以警来者。

出处:《育德堂外制》卷四。

撰者:蔡幼学

考校说明:编年据同集前后文时间补。

陈革授左武大夫制
(暂系于嘉定元年四月前后)

朕怆祖后之上宾,谨阜陵之归祔,畴咨亲信,命以相攸。厥既宣劳,可忘懋赏?具官某,持身谦顺,莅事周详。更任使以浸多,守恪共而靡懈。贰我法从,度于因山。兆域之良,龟筮胥协。迄兹复土,神灵妥安。爰载考于旧章,俾序升于华秩。尚祇隆渥,益励忠勤。

出处:《育德堂外制》卷四。
撰者:蔡幼学
考校说明:编年据同集前后文时间补。

赵彦卫汤岩起降官制
(暂系于嘉定元年四月前后)

守贰之臣,朕所望以协济郡事也。尔等各徇私意,紊我宪章,辩讼纷然,自罹于罚。朕审别轻重,异其去留。往服宽恩,毋忘循省。

出处:《育德堂外制》卷四。
撰者:蔡幼学
考校说明:编年据同集前后文时间补。

耿良祐降从事郎制
(暂系于嘉定元年四月前后)

狱,吾所甚重也。汝为邑尉,会杀人之狱,而验视失实,使得以出入其辞。夺之二阶,以惩不恪。

出处:《育德堂外制》卷四。
撰者:蔡幼学
考校说明:编年据同集前后文时间补。

翟楫授保义郎制
（暂系于嘉定元年四月前后）

汝役于逆曦,而能引义苦谏,几至杀身。旌汝二阶,益思自勉。

出处:《育德堂外制》卷四。

撰者:蔡幼学

考校说明:编年据同集前后文时间补。

杨沆授修武郎制
（暂系于嘉定元年四月前后）

尔给事宫省,宣劳有年。以疾祈闲,勉从尔志,赋以祠廪,秩于铨曹。祗服宠光,益思自力。

出处:《育德堂外制》卷四。

撰者:蔡幼学

考校说明:编年据同集前后文时间补。

田祖周授武德郎制
（暂系于嘉定元年四月前后）

尔世禄边蕃,以捍西土,义不从逆,效顺于朝。朕惟宠嘉之,进阶三等,锡以多仪。其服恩荣,益隆报称。

出处:《育德堂外制》卷四。

撰者:蔡幼学

考校说明:编年据同集前后文时间补。

王楠授朝请大夫制
（暂系于嘉定元年四月前后）

朕念兵之为吾民病,故谨选行人,持书邻境,期于继好。尔一再将命,浸得其情。劳尔之来,进阶三等。益祇乃事,以称朕心。

出处:《育德堂外制》卷五。

撰者:蔡幼学

考校说明:编年据同集前后文时间、文中所述史事补,见《宋史》卷三九《宁宗纪》等。

张大猷湖南提举制
（暂系于嘉定元年四月前后）

仓卒有事之际,任在民社,而虑及国家者,固朕所嘉与也。尔比分郡符,实控荆蜀。方逆曦以兵塞巫峡,而尔能预为之防。肆畴厥劳,擢将使指。往宣德意,以称宠褒。

出处:《育德堂外制》卷五。

撰者:蔡幼学

考校说明:编年据同集前后文时间、张大猷官历补,见《宋会要辑稿》职官七四。

陈耆寿户部员外郎制
（暂系于嘉定元年四月前后）

朕博取良大夫之世,进之周行,又使详试于外,养其资望,以为大用之阶。尔儒雅自将,克守家法。民庸既著,擢登郎曹。而出乘使轺,驱驰最久。肆稽金论,还诸旧班。朕之试尔,亦既详矣。勉修职业,以俟褒迁。

出处:《育德堂外制》卷五。

撰者:蔡幼学

考校说明:编年据同集前后文时间、《绍定吴郡志》卷七补。

刘颖龙图阁待制制
（暂系于嘉定元年四月前后）

朕作新治功,畴咨旧德,起诸既老,以重朝廷。其有引疾陈情,悯劳以事,则必隆其恩礼,示我眷怀。虽不强其来,亦不使之遽退也。具官某,材优一世,名在累朝。既茂著于民庸,亦日隆于人望。惟朕初载,登之论思。阅时未多,浩然归志。家食滋久,勇于挂冠。朕之于卿,每念其用之未尽也。属时更化,亟命趣归。胡羔未平,尚兹坚卧。逸以珍台之禄,冠于次对之班。虽徇恳忱,岂忘注想。庶几勿药,终为朕来。

出处:《育德堂外制》卷五。
撰者:蔡幼学
考校说明:编年据同集前后文时间、《水心文集》卷二〇《刘公墓志铭》补。

陈武太府寺簿制
（暂系于嘉定元年四月前后）

朕收召群材,取诸公论,凡士之易退难进,有闻于时者,不遗遗也。尔向以学行之美,列官胶庠。远去累年,安于处约。仅脱选调,往佐偏州。一时搢绅,皆叹其不偶也。簿正外府,显用之阶。尚疾其驱,以对来渥。

出处:《育德堂外制》卷五。
撰者:蔡幼学
考校说明:编年据同集前后文时间补。

徐邦宪叙承议郎制
（嘉定元年四月后）

朕惩干戈之祸,思药石之言。分别正邪,昭示惩劝,布诸天下,使明朕心。尔抱负忠纯,发以刚毅。方奸谋之始启,独首论其非;及边衅之将成,复深陈其害。请建国本,以弭兵端。见远虑微,极于剀切。使尔言遂用,所利岂浅浅哉！言路诋诬,加尔以罚。士论之郁,两岁于兹。乃今来归,悉还故秩。且以近臣之疏,特追谗者之官。予夺之间,公道彰著。尚殚忠告,朕将有行。

出处:《育德堂外制》卷四。

撰者:蔡幼学

考校说明:编年据《徐邦宪圹志》(郑嘉励等《武义南宋徐邦宪墓的发掘》,《东方博物》二〇二〇年第一期)、《宋中兴东宫官寮题名》补。

新除刑部侍郎曾晫辞免不允诏
(嘉定元年闰四月前)

朕更新治化,钦恤刑章,遴选贰卿,久令摄事。以卿性资直谅,器度宽洪,承东鲁之儒风,袭南丰之家学,比安闲外,促使来归。入对便朝,喜闻正论。刑惟弼教,方有望于老成;德本好生,当务先于明恕。亟祗隆委,勿事牢辞。

出处:《攻媿集》卷四四。

撰者:楼钥

考校说明:编年据曾晫官历补,见《南宋馆阁续录》卷九。

林拱辰浙西提举制
(嘉定元年闰四月前)

朕选拔能士,详试外庸,或寄以镇抚之权,或付以诹询之事。职守虽异,倚任实均。尔志意坚强,论议慷慨。简自班列,往守边城。警遽方闻,整暇自若。朕察其可用,擢登郎闱,遂跻禹阁之华,俾莅介藩之重。而近畿将指,复难其人,载审厥宜,于焉改命。听辞寓直,以成尔谦。朕之用材,顾岂以彼此为间哉!其体眷知,一新风采。

出处:《育德堂外制》卷四。

撰者:蔡幼学

考校说明:编年据《绍定吴郡志》卷七补。

皇子坰追封肃王制
（嘉定元年闰四月十四日）

庆衍本支，甫协熊占之吉；爰隆禭褓，俄兴驹隙之嗟。顾修短之何追，尚哀荣之有托。肆颁愍册，以寓悲思。故皇子某，秀出天潢，祥开帝武。宗祧垂祐，方欣弥月之不迟；家国同休，共冀降年之有永。胡未周于岁律，遽永閟于泉扃。慨想英灵，允怀伤恻。爰稽旧典，载酌金言。锡盾雕戈，焕节旄于两镇；绣裳赤舄，均礼秩于三公。爵以真王，胙之成国，以厚饰终之义，以明慈幼之恩。尚其有知，服此休命。

出处：《育德堂外制》卷五。
撰者：蔡幼学
考校说明：编年据《宋史》卷三九《宁宗纪》补。

皇太子侍立朝殿诏
（嘉定元年闰四月十五日）

朕更化厉精，祗若古训，为万世长策，先图其大者。皇太子温文粹美，学问夙成，欲使与闻国论，通练事几，以增茂储德，二三大臣各兼师傅、宾僚，用伸羽翼之助。其相与叶心辅导，成朕爱子之义，以绵我家无疆之庆，是惟休哉！自今每遇视事，可令皇太子侍立，宰执赴资善堂会议。

出处：《两朝纲目备要》卷一一。又见《宋史全文续资治通鉴》卷三〇。

亲诣太一宫及明庆寺祈雨御笔
（嘉定元年闰四月二十四日）

朕念常旸为沴，夕惕靡宁，虽已斋心致祷于宫中，及命群臣遍走名祠，而精诚未至，雨泽尚愆。朕以二十七日亲诣太一宫及明庆寺烧香，仍令三省行下诸路监司守臣，各体朕意，虔加祈求，务获通济。

出处：《宋会要辑稿》礼一八之二八。又见同书礼五二之一八。

闵雨求言诏
(嘉定元年闰四月二十六日)

朕惟祖宗传祚之重,祗惧靡遑。而自去岁以来,蝗螟为灾,冬既无雪,春又不雨,以至于今,陂泽扬尘,种未入土。夏且半矣,祈禬不应。间有霡霂,未能通济。天灾流行,固亦有之,在于今兹,关系实重。边鄙甫定,流徙未复,漕运不至,籴价日增。苟失岁事,何以保邦?朕于宫中斋心致祷,又将躬谒于灵神,且饬臣邻广求民瘼,六官帅漕各令条具可以慰安人心消弭天变者矣。载惟《云汉》之诗:"靡神不举,靡爱斯牲。祈年孔夙,方社不莫。"祈于天以及父母先祖,不见责躬之言。盖宣王谓周家祈禳之典既已备举,而旱既太甚,是必在我有以得罪于天。其遇灾而惧,侧身修行之意,蔼然见于言外,朕心慕焉。固知大军之后,必有凶年,不敢以此自解也。《传》不云乎:"屋漏在上,知之在下。"人苦不能自知,其播告中外,凡朕躬之不逮,朝政之缺失,与夫田里愁叹之由,军民疾苦之状,尽言无隐,朕将采而用之。庶几以实应天,冀消灾沴,以迓康年。无小无大,惟既乃心,称朕意焉。

出处:《攻媿集》卷四二。
撰者:楼钥

皇太子某辞免每遇视事令侍立宰执赴资善堂会议不允诏
(嘉定元年闰四月)

朕惟古者立国必建储闱,共为子职,实资主器之重。惟予元子,笃意问学,年未及冠,绰如成人。朕欲俾尔习知国家之务,侍立吾左,预闻政事,师宾会议,皆吾大臣。朕方一新治体,兼听公言,尔当周旋其间,日增闻见,以成温文之德。尚其勉旃,毋事多逊。

出处:《攻媿集》卷四四。
撰者:楼钥

皇太子再辞免侍立会议不允批答
（嘉定元年闰四月）

省表具之。近颁中诏，命元子以侍朝，仍谕大臣集东宫而会议，是为令典，非用前规。顾予教尔以义方，俾尔预闻于政理。躬临五学，既亲宾友以交修；密拱九重，具见君臣之相与。尔能进德，予自忘疲。何以辞为？再斯可矣。口宣：有敕：尔为元子，年近成人。俾入侍于昕朝，且预闻于几务。勉亲多益，毋事牢辞。

出处：《攻媿集》卷四六。
撰者：楼钥

杨次山故曾祖赠太师追封卫王舜元追封邓王制
（嘉定元年闰四月）

古之大夫，皆祀三世，盖推报本之义，以原其福祚所由兴。矧后家之亲，使相之贵，可无申锡，以显流芳？具官某故曾祖具官某，孝悌称于闺门，宽厚推于乡党。贻庆于后，有耀有光。是生曾孙，相我内治。施及同气，眠仪台司。自流遡源，岂一朝一夕之致哉！即其王封，进之大国。奕然三庙，协美联芳。以诏后人，其世世享。

出处：《育德堂外制》卷五。
撰者：蔡幼学
考校说明：编年据《宋会要辑稿》仅制一二补。

杨次山故曾祖母楚国夫人王氏赠陈国夫人制
（嘉定元年闰四月）

朕永赖中宫，辅成内治。襃其同气，燕及前人。并崇三世之徽章，允谓一时之盛典。具官某故曾祖母某氏，珩璜协度，图史流芳。积善于闺壼之中，收报于曾孙之远。至于鱼轩象服，追贲泉扃；重翟祎衣，归荐蘋藻。则其发祥所自，岂偶然哉！侑于真王，登之大国。惟礼之称，尚其享之。

出处:《育德堂外制》卷五。

撰者:蔡幼学

考校说明:编年据同集同卷《杨次山故曾祖赠太师追封卫王舜元追封邓王制》补。

杨次山故祖赠太师追封郑王全追封魏王制
(嘉定元年闰四月)

士有隐德不仕,私淑其躬,而集庆于孙,克享庙食,父前子后,三世同尊者,是岂独无以致然欤?具官某故祖具官某,行修于家,誉孚于众,而退然自守,不襮其华。及兹再传,其门遂大。师垣之位,王社之封,朕既以椒房之故,洊欲褒渥矣,于焉申命,亦惟旧章。九原有知,庶几来监。

出处:《育德堂外制》卷五。

撰者:蔡幼学

考校说明:编年据《宋会要辑稿》仪制一二补。

杨次山故祖母鲁国夫人解氏赠邓国夫人制
(嘉定元年闰四月)

受兹介福于其王母,古人推本之义于是见焉。然则祖妣之以孙贵,独不可以义起乎?具官某故祖母某氏,理家以勤,处身以俭。盖凤修于妇职,亦克谨于母仪。积庆流光,萃于贤后。既疏茂渥,昨以国封。肆其闻孙,晋列使相。载稽故典,申贲幽扃。于以广恩,亦义之称。

出处:《育德堂外制》卷五。

撰者:蔡幼学

考校说明:编年据同集同卷《杨次山故祖赠太师追封郑王全追封魏王制》补。

杨次山故父任保义郎赠太师追封庆王渐追封秦王制
(嘉定元年闰四月)

自我贤后,正位中宫,爰考旧章,追崇祢庙,亦既锡之王爵,陟于师垣矣。今其嗣子参华鼎司,罔极之怀,可无申命?具官某故父具官某,性资温厚,履行和平。善积于己,而不求闻知;业修于官,而自安卑约。抱志弗究,论者惜之。有衍其祥,是生淑女。赠典逮于祖考,蕃祉施于孙曾。虽任姒之家,何以尚此。其承朕渥,永绥尔神。

出处:《育德堂外制》卷五。

撰者:蔡幼学

考校说明:编年据《宋会要辑稿》仪制一二补。

杨次山故母越国夫人赵氏赠汉国夫人制
(嘉定元年闰四月)

鲁有寿母,诗人颂之,以为美谈。今吾使相之臣,母不逮养,可无休渥,以慰孝思?具官某故母某氏,来自名门,作配君子。本之柔顺,申以敬共。施于其家,克有常度。降年弗永,遗憾九原。钟爱之深,显于今日。女俪宸极,男视鼎司。洊锡愍章,累封大国。懿魂未泯,其克钦承。

出处:《育德堂外制》卷五。

撰者:蔡幼学

考校说明:编年据同集同卷《杨次山故父任保义郎赠太师追封庆王渐追封秦王制》补。

杨次山故继母越国夫人孙氏赠汉国夫人制
(嘉定元年闰四月)

朕推恩后家,崇其祢庙,以显种德积庆之报,凡在内助,皆与享焉。具官某故母某氏,来嫔德门,实为继室。躬履巽顺,备极勤劳。承尊抚卑,协于内则。而降年弗永,遗憾九原。钟爱之深,显于今日。女俪宸极,男视鼎司。洊锡愍章,累封大国。懿魂未泯,其克钦承。

出处:《育德堂外制》卷五。

撰者:蔡幼学

考校说明:编年据同集同卷《杨次山故父任保义郎赠太师追封庆王渐追封秦王制》补。

杨次山故继母越国夫人张氏赠汉国夫人制
（嘉定元年闰四月）

朕惟中宫追念母氏,思有以慰其罔极之怀,亦既锡之愍章,封以大国矣。乃今申命,厥有故常。具官某故母某氏,窈窕之资,和平之美,相其君子,终始无违。妇道母仪,姻党所敬。是生贤女,配德姜任。朕每诵《周南》,至归宁父母之章,未尝不为之怆然也。因其子贵,载畀新封。精爽如存,宠光是服。

出处:《育德堂外制》卷五。
撰者:蔡幼学
考校说明:编年据同集同卷《杨次山故父任保义郎赠太师追封庆王渐追封秦王制》补。

杨次山故妻成国夫人卫氏赠蔡国夫人顺国夫人郭氏赠卫国夫人惠国夫人刘氏赠邢国夫人制
（嘉定元年闰四月）

偕老之美,诗人盖乐道焉。有以淑女,克相其夫,同隐约于先,而不同显荣于后,可无追锡,以慰永怀? 具官某故妻某氏,德配珩璜,敬存蘋藻。躬履勤俭,以宜其家。而翟茀弗乘,副笄弗被。肆时君子,登使相之崇,而弗及见也。乃疏新渥,晋畀名邦。用贲幽扃,尚其来享。

出处:《育德堂外制》卷五。
撰者:蔡幼学
考校说明:编年据同集同卷《杨次山故曾祖赠太师追封卫王舜元追封邓王制》等补。

陈舜申校书郎制
（嘉定元年闰四月）

三馆储材之地,不容计日月也,而迁进之迟速,亦必视资历之浅深。尔学富材优,尝书县最。来官璧水,遂陟蓬山。半岁于斯,宠以序进。其充尔素,以对简知。

出处：《育德堂外制》卷五。

撰者：蔡幼学

考校说明：编年据《南宋馆阁续录》卷八补。

真德秀留元刚正字制
（嘉定元年闰四月）

朕惟祖宗重三馆之选，广延俊秀，养成其材，以为数十年之用。得士之盛，朕嘉慕之。尔德秀过人之资，论议英发；尔元刚传家之业，识虑深长。明试以言，并输忠谠。盛年壮志，其进未量。益懋厥修，以副朕期待之意。

出处：《育德堂外制》卷五。

撰者：蔡幼学

考校说明：编年据《南宋馆阁续录》卷九补。

吏部侍郎梁季珌乞宫观不允诏
（暂系于嘉定元年闰四月前后）

惟卿先正，受知高皇。既登听履之班，尤多活国之计。是宜有子，为予从臣。比更民曹浩穰之司，又历铨部公方之选，胡为引疾，乃欲求闲？尚安厥官，以副眷倚之意。

出处：《攻媿集》卷四四。

撰者：楼钥

考校说明：编年据同集前后文时间、梁季珌官历补，见《漫塘集》卷三三《梁侍郎行状》。

福州观察使镇江府驻札御前诸军都统制
兼知扬州毕再遇乞奉祠不允诏
（暂系于嘉定元年闰四月前后）

牧守之良，方图久任，将帅之重，尤戒迭更。惟卿沈鸷之资，拳勇自奋，身经数载,最多汗马之劳;赏不逾时,亟上廉车之峻。领京口戎旃之寄,镇淮堧制阃之雄。深明保障之图,日讲留屯之策。流民浸复,信使始通。甫臻按堵之期,遽上奉祠之请。其安尔位,以讫外庸。

出处:《攻媿集》卷四四。

撰者:楼钥

考校说明:编年据同集前后文时间、毕再遇官历补,见《嘉定镇江志》卷一六。"都统制",《嘉定镇江志》卷一六作"副都统制",疑误。《宋史》卷四〇二《毕再遇传》亦作"都统制"。

四川宣抚副使安丙再辞免资政殿学士
不允不得再有陈请诏
(暂系于嘉定元年闰四月前后)

朕更化以来,爱惜名器,未尝轻以假人。其有度越拘挛,超资级而授者,非如卿之隽功茂绩不予也。书殿升华,以所以待执政者待卿。其内抚兵民,外饬边备,使全蜀之境奠枕无虞,以称朕委任之意,以保尔功名之成可矣。服我休命,毋为固辞。

出处:《攻媿集》卷四四。

撰者:楼钥

考校说明:编年据同集前后文时间、安丙官历补,见《宋史》卷三八《宁宗纪》。

任希夷知湖州制
(暂系于嘉定元年闰四月前后)

朕审择良吏,分任侯藩,使之休养元元,以销叹息愁恨之声。吴兴股肱郡,固不以轻畀也。尔奋自儒生,尝书县最,材行之美,推于周行。承流此邦,无以易汝。往宣美政,以称朕怀。

出处:《育德堂外制》卷五。

撰者:蔡幼学

考校说明:编年据同集前后文时间补。

黎行之授宣教郎制
(暂系于嘉定元年闰四月前后)

武兴之变,尔能奋不顾身,诘责逆曦,为陈大义,亦可以为难矣。拔之选调,通籍审官。勉坚素怀,益充远业。

出处:《育德堂外制》卷五。
撰者:蔡幼学
考校说明:编年据同集前后文时间补。

李孝纯开府致仕制
(暂系于嘉定元年闰四月前后)

授钺斋坛,已极武阶之峻;垂车里第,爰参台路之华。恩素厚于亲亲,位宜隆于贵贵。惟国之典,非朕敢私。具官某,赋质和平,持身恪谨。将门袭庆,独怀谦抑之恩;戚畹联芳,弥谨满盈之戒。自陟元戎之重,遄加尉府之崇。率礼无违,小心匪懈。朕永怀长乐,载笃外家。方允赖于输忠,胡遽祈于谢事。勉从雅志,申锡宠章。大纛高牙,有焕节旄之旧;绣裳赤舄,聿瞻物采之新。往对光荣,益绥福祉。

出处:《育德堂外制》卷五。
撰者:蔡幼学
考校说明:编年据同集前后文时间补。

刘崇之叙朝议大夫制
(暂系于嘉定元年闰四月前后)

朕操八柄,以驭群臣。凡遣何之重轻,牵复之迟速,必稽诸公论,察其事情,不使其或过也。尔夙怀气概,志在驱驰。总饷西州,有劳可纪。武兴之变,四路震惊,尔之去官,虽于义有愧,然视夫领元戎之寄者,岂不大相绝哉!夺尔三官,姑伸国典。今行台条尔本末,彻于朕闻,揆事原情,固为可亮。亟从甄涤,复何疑焉。尚坚素心,以期后效。

出处:《育德堂外制》卷五。

撰者:蔡幼学

考校说明:编年据同集前后文时间、刘崇之宦历补,见《宋会要辑稿》职官七四。

叶翥赠少保制
(暂系于嘉定元年闰四月前后)

任参四辅,夙资励相之忠;位陟三孤,载举追崇之典。诞敷明命,以示永怀。具官某,厚德有容,通材无滞。久司邦计,周知财货之源流;屡奏民庸,洞究闾阎之疾苦。越予初载,咨尔老成,冠诸笔橐之联,委以枢机之寄。虽名遂而身退,顾齿宿而意新。列职紫宸,表宠光之特异;放怀绿野,想神采之未衰。胡不憗遗,为之慨叹。乃惟亚保,允谓贰公。爰疏告第之恩,以显传家之美。噫,出入中外,孰如四纪之贤劳;终始哀荣,亦曰一时之殊遇。尚其精爽,克对休嘉。

出处:《育德堂外制》卷五。

撰者:蔡幼学

考校说明:编年据同集前后文时间补。

丁煜大理正留晋评事制
(暂系于嘉定元年闰四月前后)

折狱议刑之任,非习知其事者,不可以尝试也。尔煜、尔晋,皆以法决科,尝列于理官之属。肆颁新渥,俾复旧联。尚其钦哉,以称甄拔。

出处:《育德堂外制》卷五。

撰者:蔡幼学

考校说明:编年据同集前后文时间及丁煜、留晋宦历补,见《宋会要辑稿》职官七三、选举二二。

柯甲大理寺丞制
（暂系于嘉定元年闰四月前后）

寺监之有丞,均也,而任之重轻少异矣。尔回翔州县,浸践班行;再转为丞,越在匠监。顾事之简,岂足以舒尔材乎? 往佐理官,庶几自见。其修乃职,以达朕仁。

出处:《育德堂外制》卷五。

撰者:蔡幼学

考校说明:编年据同集前后文时间补。

刘元鼎授武节郎制
（暂系于嘉定元年闰四月前后）

师旅之余,顽民挟党肆暴,为吾赤子害,往往州县莫敢谁何。尔统我六师,兼领边郡,能设方略,诛其渠魁,威令既伸,一方按堵。旌之三秩,以显隽功。其对宠光,益思报效。

出处:《育德堂外制》卷五。

撰者:蔡幼学

考校说明:编年据同集前后文时间补。

叶簧江东提刑制
（暂系于嘉定元年闰四月前后）

内而列卿,外而部使者,盖人材出入之途,而考绩责实之地也。尔家声之盛,吏道之优,比由郎闱,将指近甸。临事惟谨,折狱以宽。肆畴尔能,还之近著。而久安平进,复即外庸。大江之东,其俗视浙右无异也。寓直蓬阁,以宠其行。益既乃心,亦岂久外。

出处:《育德堂外制》卷五。

撰者:蔡幼学

考校说明:编年据同集前后文时间补。《宋代诏令全集》系于开禧元年,"系年据《吴郡志》卷七补。《志》云'开禧元年五月到任'"(第二二○三页)。然《绍定吴郡志》所载乃浙西提刑到任时间,非江东提刑到任时间。

吴汉英太常丞邵衮大宗正丞制
(暂系于嘉定元年闰四月前后)

周礼乐之任,属诸春官;而辨三族之亲疏,亦掌之小宗伯。事关于教化,孰非王道之所重乎? 尔汉英儒雅老成,尔衮详练谨饬。更践中外,蔚然有闻。分命为丞,各扬其职。合敬同爱之美,睦宗叙族之恩,盖于尔有资焉。钦哉毋忽!

出处:《育德堂外制》卷五。
撰者:蔡幼学
考校说明:编年据同集前后文时间、吴汉英官历补,见《漫塘集》卷二八《吴郎中墓志铭》、《宋会要辑稿》职官七三。

程覃军器监主簿制
(暂系于嘉定元年闰四月前后)

《诗》之称曰:"凡周之士,不显亦世。"士之能世其美者,国所嘉赖也。尔伯仲竞爽,不替家声。尝佐大藩,爰有朝迹。簿正之列,姑以次迁。益懋猷为,以需器使。

出处:《育德堂外制》卷五。
撰者:蔡幼学
考校说明:编年据同集前后文时间补。

伯栩赠开府制
(暂系于嘉定元年闰四月前后)

昔在裕陵,追崇艺祖,世推尊属,以缵王封。存则隆亲睦之恩,亡则厚哀荣之典。永怀宗老,式举邦彝。具官某,禀资温良,持身恭谨。本支八世,盖辈行之独高;寿考九龄,伊典刑之有在。自膺继袭,允赖藩维。方精神之尚强,宜福禄之未艾,胡荽微疾,遽殁元身。锡以徽章,仪昵三司之贵;胙之茅土,爵居五等之先。尚克歆承,以慰冥漠。

出处:《育德堂外制》卷五。

撰者:蔡幼学

考校说明:编年据同集前后文时间、赵伯栩卒年补,见《宋史》卷三九《宁宗纪》。

黄景说知静江府制
(暂系于嘉定元年闰四月前后)

朕念广右去朝廷远,吏可玩法徇私,不善抚民夷,易以贻患。思得廉正宽静之士,以镇临之。尔州县积劳,班行平进;远将使指,民誉日闻。朕用嘉之,宠以因任。属兹谋帅,辍尔而西。尔其审宽严之中,考利害之实。宣吾德意,洽于遐方。益振其声,则予以怿。

出处:《育德堂外制》卷五。

撰者:蔡幼学

考校说明:编年据同集前后文时间、雍正《广西通志》卷五一补。

杨济潼川运判郭公燮提刑制
(暂系于嘉定元年闰四月前后)

自有事于边,蜀民益困,朕为之恻然兴怀。是以谨选循良,付之使事,抚摩矜恤,庶几有瘳。尔济儒雅之风,誉在三馆;尔公燮岂弟之政,惠在两州。采诸金言,并界一节。司存虽异,封部则同。其协尔忠,以承朕志。

出处:《育德堂外制》卷五。

撰者:蔡幼学

考校说明:编年据同集前后文时间补。

朱皆工部郎中制
(暂系于嘉定元年闰四月前后)

朕甚重尚书郎之选,虽尝试外庸,亦必有列于朝,循序以进,其起家而命者盖鲜矣。尔名相之孙,老于世故,三纡郡组,民便安之。而自逸真祠,岁月滋久。以尔不汲汲于进也,可复难尔之进乎? 亟其来归,对此殊渥。

出处:《育德堂外制》卷五。
撰者:蔡幼学
考校说明:编年据同集前后文时间补。

毛崇将作监丞制
(暂系于嘉定元年闰四月前后)

朕累月以来,收召耆旧,盖略遍矣,而博询兼取,犹恐或遗。尔身事三朝,名闻多士;回翔中外,二纪于兹。奏最南州,退安家食。推求旧之意,亦岂容遗尔哉? 来即故班,嗣有新渥。

出处:《育德堂外制》卷五。
撰者:蔡幼学
考校说明:编年据同集前后文时间、毛崇宦历补,见《宋会要辑稿》职官七三。

张孝仲军器监丞制
(暂系于嘉定元年闰四月前后)

二监最号事简,自长而下,虽阙勿补可也;顾储材之地,亦奚可省员乎? 尔器业之优,夙有誉问,驱驰蜀道,浸见民庸。戎监为丞,向用之始。往即乃事,勉充尔材。

出处:《育德堂外制》卷五。
撰者:蔡幼学
考校说明:编年据同集前后文时间补。

王庭芝降奉议郎制
（暂系于嘉定元年闰四月前后）

　　二千石之任,朕所望以洁己奉公,牧养元元也。尔发身儒雅,素官于朝,往守近藩,亦且再岁,胡不自饬,以贻台评? 贬秩罢归,毋忘退省。

出处:《育德堂外制》卷五。
撰者:蔡幼学
考校说明:编年据同集前后文时间补。

袁桂授朝奉大夫制
（暂系于嘉定元年闰四月前后）

　　武兴之变,于出处去就之际,可以观人矣。尔怀组家食,义不受污;勇于挂冠,士论所重。增秩之命,于以示褒。勉充素怀,益昌远业。

出处:《育德堂外制》卷五。
撰者:蔡幼学
考校说明:编年据同集前后文时间补。

汪端中知宜州制
（暂系于嘉定元年闰四月前后）

　　朕深念远民,思得习知其土俗者以惠养之。尔从事桂林,能赞其帅,肆因荐论,就畀郡符。勉布宽恩,毋以远外为间。

出处:《育德堂外制》卷五。
撰者:蔡幼学
考校说明:编年据同集前后文时间补。"汪端中",乾隆《庆远府志》卷六作"汪瑞中"。

史次秦改奉议郎制
(暂系于嘉定元年闰四月前后)

士不幸遭时之变,而去就之际,凛然不夺志者,可以为贤矣。尔为郡文学,力拒逆曦之招,熏目洁身,以全其节。拔之选调,通籍审官。勉充素怀,益昌远业。

出处:《育德堂外制》卷五。

撰者:蔡幼学

考校说明:编年据同集前后文时间、史次秦官历补,见《宋史》卷四四九《史次秦传》。

张宗涛循文林郎制
(暂系于嘉定元年闰四月前后)

崇陵复土,既有年矣,而朕之思慕未忘也。尔以下僚,尝服其役,书劳受赏,朕何吝焉?

出处:《育德堂外制》卷五。

撰者:蔡幼学

考校说明:编年据同集前后文时间补。

冯端方等转官制
(暂系于嘉定元年闰四月前后)

朕永怀祖后,归祔阜陵,爰命漕臣,分董其事。尔与于奔走,宣力为多,晋之一阶,示不忘报。

出处:《育德堂外制》卷五。

撰者:蔡幼学

考校说明:编年据同集前后文时间补。

韩休等转官制
（暂系于嘉定元年闰四月前后）

朕永怀祖后,归祔阜陵,爰咨环列之臣,往莅因山之役。尔与于奔走,能服其劳,宠以一阶,示不忘报。

出处:《育德堂外制》卷五。
撰者:蔡幼学
考校说明:编年据同集前后文时间补。

张宗尹等转官制
（暂系于嘉定元年闰四月前后）

朕违寿慈之养,悲慕无穷,爰命侍臣,典司丧礼。尔与于执事,能服其劳,增秩之恩,夫岂汝吝?

出处:《育德堂外制》卷五。
撰者:蔡幼学
考校说明:编年据同集前后文时间补。

周奕等转官制
（暂系于嘉定元年闰四月前后）

朕永怀寿慈,既襄大事,远日之卜,汝实司之。宠以一阶,尚思忠报。

出处:《育德堂外制》卷五。
撰者:蔡幼学
考校说明:编年据同集前后文时间补。

刘绍祖授修职郎制
(暂系于嘉定元年闰四月前后)

朕永怀寿慈,敬襄大事,首命法从,往按因山。尔与于驱驰,服劳不怠,一阶之宠,亦何吝焉?

出处:《育德堂外制》卷五。

撰者:蔡幼学

考校说明:编年据同集前后文时间补。

赵善防直阁致仕制
(暂系于嘉定元年闰四月前后)

朕博选宗英,历试中外,其或用之未尽,引疾乞身,必有褒嘉以用矣。而浩然勇去,畀节南州,均逸未几,力祈谢事,于朕用尔之意,有未足焉。鼍阁之联,命以序进。勉祗茂渥,尚衍修龄。

出处:《育德堂外制》卷五。

撰者:蔡幼学

考校说明:编年据同集前后文时间补。

任公寿雍迻转官制
(暂系于嘉定元年闰四月前后)

敌骑犯边,人情畏沮。汝服在郡幕,而能守职不去,以宣其劳。迁秩示褒,益思自奋。

出处:《育德堂外制》卷五。

撰者:蔡幼学

考校说明:编年据同集前后文时间补。

卜泾叶葵授修职郎制
（暂系于嘉定元年闰四月前后）

朕违寿慈之养,悲慕无穷。日月有时,既襄大事。汝以小吏,与服其劳,增秩之恩,朕岂汝吝?

出处:《育德堂外制》卷五。

撰者:蔡幼学

考校说明:编年据同集前后文时间补。

刑部侍郎曾晙辞免兼同修国史兼实录院同修撰不允诏
（嘉定元年闰四月后）

昔在先世,尝继列于史官;尔为近臣,亦洊司于直笔。闲居自适,更化惟新。召还献纳之联,兼畀纂修之旧。岂特助成于国典,抑将大振于家声。明命既颁,逊辞可略。

出处:《攻媿集》卷四四。

撰者:楼钥

考校说明:编年据《南宋馆阁续录》卷九补。

皇伯嗣秀王师揆生日诏
（嘉定元年五月十五日）

薰风南来,当朱明之方半;望舒东出,庆伯父之始生。是曰宗英,宜膺天寿。匪颂惟旧,宠数益新。

出处:《攻媿集》卷四四。

撰者:楼钥

嘉定元年及第进士第等授官诏
（嘉定元年五月二十二日）

新及第进士第一人郑自诚特补承事郎、签书平江军节度判官厅公事,第二名孙德舆、第三名黄桂并文林郎、节察推判官,第四名周必贤、第五人赵汝谥并从事郎、防团推判官,第六名以下、第二甲、第三甲、第四甲、第五甲并迪功郎、诸州司户簿尉。

出处:《宋会要辑稿》选举二之三一。

令条具阙政及民间利害以闻诏
（嘉定元年五月二十九日）

侍从、台谏条上阙政,监司、守令条上民间利害以闻。

出处:《两朝纲目备要》卷一一。

右丞相钱象祖等以旱蝗星变待罪不允诏
（暂系于嘉定元年五月）

朕临御浸久,兢惕靡宁。更化以来,厉精深切。虽边鄙有息肩之日,而民生当望岁之时。旱魃为灾,飞蝗肆孽。方阳光之煜昼,见太白之争辉,岂天道之难知,实朕躬之自致。无所归咎,惟知反身。尚虞抑塞之未伸,正欲交修于不逮。腾章来上,忧国良深。有何愆尤,而欲引去? 退惟凉德,讵可下移于大臣? 所冀同心,庶以灵承于上帝。尚安厥位,益远乃猷。

出处:《攻媿集》卷四二。
撰者:楼钥
考校说明:编年据钱象祖官历、文中所述史事补,见《宋史》卷三九《宁宗纪》等。

新除侍卫步军副都指挥使夏震辞免不允诏
（暂系于嘉定元年五月前后）

卿赤心体国,忠勇自将,久摄殿岩,尤见劳效。步旅谋帅,卿实宜之。其为吾协和三军,训之以义,密卫行阙,以折遐冲。胡为固辞? 其服休命。

出处:《攻媿集》卷四四。

撰者:楼钥

考校说明:编年据同集前后文时间、夏震官历补,见《两朝纲目备要》卷一一。

新除吏部侍郎章良能辞免不允诏
（嘉定元年五月后）

卿以刚劲之资,济以博洽之学。为吾词臣,仍兼数器。其在仪曹,事有不可者,坚执不移,朕所叹嘉。进贰天官,其以处仪曹者处之,枏吏奸,明铨法,庶使无贤愚同滞之嗟。何为固辞,更欲求去? 非所望也。

出处:《攻媿集》卷四四。

撰者:楼钥

考校说明:编年据《南宋馆阁续录》卷九补。

卫泾乞解罢机政不允仍断来章批答
（嘉定元年六月前）

省表具之。朕厉精更化,遭时多虞。延登俊良,列在辅弼。当经纶之始,赖协力以共谋;迨平定之初,乃奉身而求退。朕所未喻,卿尤无他。知出处之素明,见忠勤之曲尽。五十而服官政,在古训以甚明;三千而惟一心,矧大臣之无间。倘遽欲去,吾谁与居? 勿为封奏之烦,尚体眷怀之渥。口宣:有敕:卿以同德,任吾大臣。一为进退之图,实有重轻之系。尚安位著,庸副朕心。褒语:卿贰政更化之初,备宣忠荩,朕所眷属,何人异辞? 告归无名,理难曲徇。

出处:《攻媿集》卷四六。

撰者:楼钥

考校说明:编年据卫泾宦历补,见《宋史》卷二一三《宰辅表》。

曾�􀀀刑部侍郎制
(嘉定元年六月前)

朕深惟累圣,远监百王。阐仁义公恕之规,法若画一;致忠爱哀矜之意,民自不冤。宜得儒臣,以司臬事。具官某,处心近厚,秉德有常。籍甚家声,想风流之未远;蔼然士誉,嘉涵负之弥深。比持囊于禁涂,肆分符于名郡。甫聆奏最,乃遽祈闲。朕方并进老成,一新治理,爰正贰卿之位,乃参太史之联。惟成宪之具存,顾群情之未格。欲推钦恤,允赖明清。三又然后制刑,盖前王之所重;片言可以折狱,亦君子之所难。尚悉乃诚,以期予治。

出处:《育德堂外制》卷五。

撰者:蔡幼学

考校说明:编年据曾晥宦历补,见《宋会要辑稿》职官七、《宋中兴东宫官寮题名》。

赐知枢密院事史弥远再乞宫观不允不得再有陈请诏
(嘉定元年正月至六月间)

敕:具悉。卿任有府之兵柄,参储局之宾寮,恪恭父子之间,关系朝廷之重,胡为自列,遽欲求闲? 迹其披肝沥胆于众人不敢言之时,捐躯犯难于众人不敢发之际,荐加超擢,实称异恩。虽边□之粗宁,曾旱蝗之未免,方期协赞,以究远图。不能者止而非谓不能,知足不辱而未应知足。卿欲去此,朕何望焉? 毋复重陈,其安旧著。

出处:《攻媿先生文集》卷四五。

撰者:楼钥

考校说明:编年据《宋史》卷二一三《宰辅表》补。

赐知枢密院史弥远乞祠不允诏
（嘉定元年正月至六月间）

敕：具悉。卿以心膂之臣，任枢机之柄，追先烈而致和戎之福，除祸本以成息民之功。方使价之始通，赖谋谟之有补，胡为三请，必欲一归？既知公议之无它，虽有浮言而自定。朕正切宵衣之虑，卿乃欲昼绣之行。顾体国之素深，岂为身而求逸？其安所职，勿复重陈。

出处：《攻媿先生文集》卷四五。

撰者：楼钥

考校说明：编年据《宋史》卷二一三《宰辅表》补。

赐史弥远再乞归田里不允不得再有陈请诏
（嘉定元年正月至六月间）

敕：具悉。近者二三大臣更相求退，大非朕所以待卿等之意。屡形诏答，词不惮烦，所冀相安，以慰舆望。而卿又尔有请，何邪？先正两处相位，历时非久，然其引去，亦皆有辞。卿世济其美，以枢管储宾游吾父子之间，方以辅治责成，何嫌何疑，而致恳最力，乃至三四不已？朕志已定，断然不移。既敕银台毋纳章奏，卿可以留矣。褒语：卿以心膂之臣，任枢机之寄，方深眷倚，何可退休？祈请最烦，曲留备尽，其体予意，毋为固辞。

出处：《攻媿先生文集》卷四五。

撰者：楼钥

考校说明：编年据《宋史》卷二一三《宰辅表》补。

卫泾乞解罢机政不允不得再有陈请诏
（嘉定元年六月七日前）

居九五之正位，方以遇灾而忧；何二三之大臣，皆欲引身而去？岂朕所望？于卿奚安？尚赖同寅而协恭，庶几转祸而为福。要须持久，或可图功。虽屡请以难从，毋再辞而为赘。

出处:《攻媿集》卷四四。

撰者:楼钥

考校说明:编年据卫泾官历补,见《宋史》卷二一三《宰辅表》。

<h2 style="text-align:center">卫泾罢参知政事制
（嘉定元年六月七日）</h2>

精神折冲,允属元戎之寄;股肱宣力,无如旧弼之图。其责重,故选任不轻;其望尊,故体貌亦异。肆颁褒绶,增贲藩符。具官卫泾重厚而闳深,温纯而直谅。儒珍久晦,经纶富有于胸中;政瑟既更,风采声闻于天下。越陪国论,茂简予衷。进务寅恭,赞盐梅于商鼎;退全明哲,祝香火于汉祠。朕方兴共理之思,卿可袖旁观之手?眷言巨镇,莫若长沙。潇池甫息于绎骚,全楚尤资于绥抚。载惟硕德,式畀隆名。仗元帅之权,借重十连之势;亚紫宸之秩,均联两地之华。以示眷怀,以光委注。噫!申伯之宪文武,用作式于南邦;贾傅之陈《治安》,伫见思于宣室。往摅所蕴,毋薄此行。

出处:《宋宰辅编年录》卷二〇。又见《永乐大典》卷一二九七一。

<h2 style="text-align:center">签书枢密院事林大中乞仍旧休致不允诏
（嘉定元年六月十三日前）</h2>

朕更化之初,未遑他务,求贤甚急,首召耆英。起自挂冠之余,擢居持橐之长。延登枢管,增重朝廷。言必出于内心,谋实稽于古训。倚毗方切,而疾遽侵。冲养有来,何恙不已?胡为腾奏,即欲告归?尚精医药之调,以系搢绅之望。

出处:《攻媿集》卷四四。

撰者:楼钥

考校说明:编年据林大中官历补,见《宋宰辅编年录》卷二〇。

开府仪同三司杨次山生日诏
（嘉定元年六月二十三日）

卿志乐燕闲，躬持廉靖。时当初度，宜介多祥。是为戚闱之华，爰厚上方之锡。

出处:《攻媿集》卷四四。又见光绪《上虞县志校续》卷四七。
撰者:楼钥

赐知枢密院事史弥远辞免兼参知政事不允诏
（嘉定元年六月二十三日后）

敕:具悉。文武一道，古制何别；东西二府，近世乃分。朕方厉精图治，每求有以通之。卿肤敏善谋，久在枢近，疑丞共二，非卿孰宜？既位大臣，当以身天下之重，顾何辞于此哉？

出处:《攻媿先生文集》卷四五。
撰者:楼钥
考校说明:编年据《宋史》卷二一三《宰辅表》补。

赐史弥远再辞免不允不得再有陈请诏
（嘉定元年六月二十三日后）

敕:具悉。众贤和于朝，济济而相逊，固治古之美事，然亦有不必深辞者。国家虽有东西二府之别，事有关系，则奏请同之，此祖宗之定制也。卿为吾枢臣，备宣忠力，与闻国论之久，摄贰政机，无以易尧。往其钦承，勿复引避。

出处:《攻媿先生文集》卷四五。
撰者:楼钥
考校说明:编年据《宋史》卷二一三《宰辅表》补。

贺生辰国书
(绍熙五年六月或嘉定元年六月)

使介载驰,伸讲诞辰之庆;邮音垂谕,少迟良月之期。虔致函书,远将筐币,用祝无疆之算,益坚有永之盟。施及黎元,同跻仁寿。

出处:《攻媿集》卷四七。

撰者:楼钥

考校说明:编年据楼钥任内制时间、文中所述史事补,见《宋史》卷三六《光宗纪》、卷三九《宁宗纪》。

黄中著作佐郎制
(嘉定元年六月)

祖宗之盛,以科第进人,然必其器业之优,行谊之美,则驯至大用,人无异辞。尔射策广廷,先于多士;养德厉操,望实浸乎。一时荐绅,皆惜尔之去,而喜其复来也。则朕之进尔,岂直以科第哉! 姑践旧官,以俟简拔。

出处:《育德堂外制》卷五。

撰者:蔡幼学

考校说明:编年据《南宋馆阁续录》卷八补。

赐银合夏药敕书
(嘉定元年夏)

知潼川府费士寅

卿旧居两社,出抚东川。缓带轻裘,远著藩维之效;宝奁珍剂,往宽炎郁之烦。益谨节宣,以绥宠渥。

四川宣抚使安丙

卿仕联执政,职佐宣威。蜀道筹边,想帅垣之多暇;暑风届候,将珍剂以分颁。岂惟清遐徼之尘,抑以解吾民之愠。

江淮制置大使丘崈

卿恩视政涂,任分制阃。炎威将炽,念戎幕之贤劳;灵剂匪颁,均上方之珍品。庸昭涣渥,以涤歊烦。

四川安抚制置使兼知成都府吴猎

卿寓直从班,镇临制阃。增雪山之重,念抚御之良劳;当南风之熏,冀节宣之无爽。爰颁珍剂,庸示优恩。

京西湖南北路宣抚使宇文绍节

名在经纬,威宣将阃。上流增重,念祥暑之贤劳;良剂匪颁,助熏风之清穆。其均此赐,以慰彼民。

殿前副都指挥使兼江淮制置使赵淳

职领殿岩,任隆制阃。属风埃之甫定,当溽暑之浸隆。爰锡珍奁,用将宝剂。坐消烦郁,仍助节宣。

侍卫步军都虞候措置防捍江面王处久

肃领卫兵,出临天堑。壁垒多暇,涛波不惊。属当炎暑之隆,宜厚珍芳之锡。尚承殊渥,以豁烦襟。

侍卫马军行司权管干本军马职事张良显

肃提精骑,分驻留都。当溽暑之浸隆,属氛埃之甫定。爰颁珍剂,用涤烦襟。益谨节宣,以图绥靖。

御前诸军都统制李郁毕再遇秦世辅王大才彭辂某等

肃提戎律,绥靖边陲。当溽暑之浸隆,属风埃之甫定。永怀劳勚,宜助节宣。爰畀珍芳,以销烦郁。

御前诸军副都统制周整庄松何汝霖刘元鼎魏友谅薛九龄王钺

某等协佐戎昭,克勤军务。抚帅徒而整暇,当炎暑之蕴隆。缄宝剂以分颁,即柳营而加劳。

出处:《攻媿集》卷四七。
撰者:楼钥
考校说明:编年据费士寅、丘崈、吴猎等人宦历、标题所述"夏药"补,见《续宋编年资治通鉴》卷一三、《景定建康志》卷一四、《鹤山先生大全文集》卷八九《吴公行状》等。

知閤门事杨谷乞祠不允诏
(暂系于嘉定元年六月前后)

卿戚畹之良,周行素谨。职司宾閤,宠畀廉车,忽求祠馆之闲,欲侍家庭之俟。且弟兄并列,于朝著以何嫌? 倘父子退休,在眷私而有歉。惟益崇于谦靖,亦奚虑于满盈? 其服厥官,毋庸有请。

出处:《攻媿集》卷四四。又见光绪《上虞县志》卷四七。
撰者:楼钥
考校说明:编年据同集前后文时间补。

宝谟阁学士前四川安抚制置使杨辅乞宫观不允诏
（暂系于嘉定元年六月前后）

朕以国家多艰，更化善治，收用耆耇，如恐不及。慨念旧学，存者几人？就傅之初，卿为首选，盖吾烈祖之所亲擢。向者持橐未久，翩然西归，朕念此弗忘也。非不知制阃之重，有赖壮犹，而图任之意，则有所在。召节既往，注想待卿。控辞愈切，殊用怃然。载览封章，宣示迩列。备见爱君忧国之志，益知尊主庇民之学。然与其献言于万里，孰若造膝而陈前？乃欲引疾求闲，效蜀庄之沈冥，何耶？矧西蜀之士，卿为标表，肯为朕行，则后生英俊将于于而来矣。三命益勤，朕志不易。勿复有请，式遄尔驱。

出处：《攻媿集》卷四四。

撰者：楼钥

考校说明：编年据同集前后文时间、杨辅宦历补，见《宋史》卷三八《宁宗纪》。

京西湖南北路宣抚使宇文绍节乞祠不允诏
（暂系于嘉定元年六月前后）

卿以通敏之才，渊博之学，起趋勋名之会，欲报家国之仇。辍从经帷，出抚边徼，修好伊始，息肩可期。有如贤劳，盍还旧著？属以缮修备御之未毕，劳来安集之方勤，将图尔功，少俟其定。忽上真祠之请，欲为便道之归。在卿则固所愿焉，于朕则岂所望者？其摅长算，毋有遐心。

出处：《攻媿集》卷四四。

撰者：楼钥

考校说明：编年据同集前后文时间、宇文绍节宦历补，见《两朝纲目备要》卷一〇。

右丞相钱象祖乞解罢机政不允诏
（暂系于嘉定元年六月前后）

方国家多事之时，任庙堂一相之职，卿盖屡形于固避，朕亦自知其甚难。然而朕以更化云初，尤冀和平之福，而卿受恩最厚，素为忠孝之家。正使虑有未周，力有弗及,犹需同心协志,求以尊主庇民。而况察卿之才,为众所服,宠以告廷之拜,岂曰历阶而升？幸边琐之粗宁,恐事机之难测。中外未能小息,臣主靡容自安。旱魃既驱,星文未格,日不暇给,他何可言？偶微爽于节宣,宜倍加于摄养。勿念去计,共图治功。宵旰实勤,曷尝以位为乐？燮调有赖,安得奉身而归？

出处:《攻媿集》卷四四。

撰者:楼钥

考校说明:编年据同集前后文时间、钱象祖官历补,见《宋史》卷二一三《宰辅表》。

新除御史中丞章良能辞免不允诏
（暂系于嘉定元年六月前后）

朕惟振朝廷之纪纲,当先重纪纲之地;新天下之耳目,必遴求耳目之官。卿鲠亮之资,渊深之学,自奋于韦布之日,有闻于搢绅之儒。虽遍历于清华,亦屡更于夷险。处身无玷,疾恶如风。欲坚塞于幸门,曾不辞于怨府。弹击之任,简求实宜。其力辨于官邪,以共扶于国论,发卿所蕴,助朕有为。勿腾避宠之章,益励敢言之气。

出处:《攻媿集》卷四四。

撰者:楼钥

考校说明:编年据同集前后文时间、章良能官历补,见《宋会要辑稿》职官七八。

钱象祖乞归田里不允不得再有陈请诏
（暂系于嘉定元年六月前后）

朕慨践阼之既久,念治效之不进,不惟不进,殆将阽危。是以惕然改图,励精更化,庶几更也人皆仰之之意。首论一相,得卿之贤。旁招俊义,如恐不及。前此寒心数月,方幸交邻少定,可以尽力内治。自卿及执政以至论思之臣造膝而言,无不倾听。君臣之间,了无疑阻。卿等以灾异请去,朕方侧身自儆,不容重陈。而数日以来,庙堂五臣而三求退,留行之诏屡下,请犹未已。不惟朕失所望,四方传闻,其谓朕何？卿以勤劳,致愆调摄,惟益谨药饵,以速痊愈。所谓故国者有世臣之谓也,非卿而谁？其体一心,勿致三渎。褒语:卿相予未久,备罄忠劳,方图内修,正藉协赞。知卿小疾,予告甚优。仁闻有瘳,勿复言去。

出处:《攻媿集》卷四四。

撰者:楼钥

考校说明:编年据同集前后文时间、钱象祖官历补,见《宋史》卷二一三《宰辅表》。

刑部侍郎曾焕乞祠不允诏
(暂系于嘉定元年六月前后)

朕延登耆隽,列在迩联,岂惟资谳议之平,真有赖论思之益。卿夙高誉处,久乐燕闲。粤从一节之趋,增重贰卿之选。惟明克允,方持宪以尽公;非道不陈,曾阅时之未久,忽披来谂,遽欲告归。有嘉易退之风,殊匪趣还之意。刑章方简,议无待于过三;史笔至严,职何妨于共二? 少安定著,难徇谦辞。

出处:《攻媿集》卷四四。

撰者:楼钥

考校说明:编年据同集前后文时间、曾焕官历补,见《南宋馆阁续录》卷九、《宋中兴东宫官寮题名》。

江淮制置大使丘崈乞致仕不允诏
(暂系于嘉定元年六月前后)

朕惟屯禁兵百万,而边鄙是虞;开幕府四三,而留都尤急。畀以枢廷之寄,增吾天堑之雄。卿久安里闬,洊分帅阃。徒得君重,肯为朕行。上宽宵旰之忧,外抚貔貅之众。尽护诸将,独当北门。草木亦知其威名,狄鞮想闻乎风采。力裨庙论,卒靖封陲。人皆望归衮之期,卿乃有挂冠之请。矧方叔之谋猷克壮,而晋公之神明不衰,益坚体国之心,毋作明农之计。

出处:《攻媿集》卷四四。

撰者:楼钥

考校说明:编年据同集前后文时间、丘崈官历补,见《景定建康志》卷一四、《宋史》卷二一三《宰辅表》等。

宝谟阁直学士李寅仲乞祠不允诏
（暂系于嘉定元年六月前后）

朕缅怀巴蜀之民,未尝忘远;梦想渊云之彦,尤务招来。卿蚤冠伦魁,久腾英誉。洊登朝迹,尝为献纳之臣;出殿侯邦,尤著蕃宣之绩。特立抢攘之际,实增嘉叹之深。升学士之班,既以旌其风节,趣锋车之召,诚有望于谋谟。何辞之烦,以疾来谂? 万里云远,当已戒途;三命滋恭,谅无俟驾。

出处:《攻媿集》卷四四。
撰者:楼钥
考校说明:编年据同集前后文时间补。

刑部侍郎曾晫辞免兼太子詹事不允诏
（嘉定元年六月后）

朕遴选从臣,方赖论思之益;精求储寀,尤资辅导之功。卿累叶儒风,半生朝迹。何止衣冠之伟,实为簪橐之英。擢处宫端,允符公论。亟承明命,毋庸固辞。

出处:《攻媿集》卷四四。
撰者:楼钥
考校说明:编年据《宋中兴东宫官寀题名》补。

礼部尚书倪思乞祠不允诏
（嘉定元年五月至七月间）

朕召收旧人,以图新政。比者凡有一事,宰辅相与谋于庙堂,侍从相与议于台省。粗无过举,朕心以怿。今兹未能略定,而求去者纷然,从班亦有一二矣。矧卿素为敢言,自陈谠论,不畏强御,不避怨仇,历历为朕陈之。擢长仪曹,以示褒表,亦为此举,何耶? 朕求其故,岂朕有以致此耶? 相应以文,止见辞费。惟当一切不听,庶几以一天下之观瞻。其体眷怀,勿复有请。

出处:《攻媿集》卷四四。

撰者:楼钥

考校说明:编年据倪思宦历补,见《鹤山先生大全文集》卷八五《倪公墓志铭》。

江淮制置大使丘崈再辞免召赴行
在不允不得再有陈请诏
(嘉定元年七月十六日前)

卿以超世之资,笃济时之志,久安故里,曾不忘畎亩之思;泝镇陪都,专以徇国家之急。言皆厎绩,事不辞难。御侮折冲,既以著偃兵之效;闻命引退,谓不应俟驾而行。一归疑丞之班,足为宗社之重。既颁温诏,日俟来音。共政而图旧人,注想以待元老。而乃抗章至再,称疾愈坚。极知难进之风,殊非虚伫之意。况闻老而益壮,气不少衰,式遄其驱,以副所望。使朝廷得以谘访,而搢绅视为表仪,务远乃猷,以弼予治,顾何恙之不已? 谅无说之可辞。

出处:《攻媿集》卷四四。

撰者:楼钥

考校说明:编年据丘崈宦历补,见《宋史》卷二一三《宰辅表》等。

丘崈同知枢密院事制
(嘉定元年七月十六日)

朕延登旧弼,协济丕图。总数路之权,效已彰于制阃;赞五兵之要,任宜与于经邦。诞布明纶,式孚公听。具官丘崈精忠许国,伟业济时。劳在三朝,昔备更于夷险;望隆一世,今允系于重轻。自复寄于留都,实统临于方面。先声甫震,外侮自消。克全道德之威,遂底和平之福。边陲清晏,朝野欢愉。朕惟君明臣良,必儆戒于无虞之际;迩安远至,当豫防于既济之余。矧军律之未明,且人心之易怠,匪资识虑,曷定规模? 畴绩用于行台,还老成于宥府。庶几众正,相与同寅。以培不拔之基,以建久安之势。噫! 敷文德而舞干羽,方永念于几康;用吉士而诘戎兵,尚深期于励相。其摅所学,益究尔庸。

出处:《宋宰辅编年录》卷二〇。

新除同知枢密院事丘崈辞免不允诏
（嘉定元年七月十六日后）

朕厉精更化,当馈思贤。枢庭既得于耆英,宣室实深于注想。谓何恙之不已,故申命以益勤。载览封章,备陈疾状。使廑须而可疗,亦所当为;倘赐几而肯来,自应增重。宜进万金之药,勿为三命之辞。

出处:《攻媿集》卷四四。又见《宋宰辅编年录》卷二〇。

撰者:楼钥

考校说明:编年据《宋史》卷二一三《宰辅表》补。

参知政事雷孝友辞免权监修国史日历不允诏
（暂系于嘉定元年七月前后）

密赞政涂,日预万机之决;参提史笔,正资数器之兼。卿早冠词场,浸登册府。迨通班于侍从,已尝赖于纂修。朕慨大典之未成,选鸿儒而坐领。趣就累朝之策,仍严系日之书。故事当然,谦辞可略。

出处:《攻媿集》卷四四。

撰者:楼钥

考校说明:编年据同集前后文时间、雷孝友官历补,见《宋宰辅编年录》卷二〇、《宋史》卷二一三《宰辅表》。《宋史》卷二一三《宰辅表》:“(嘉定元年)十月丙子,雷孝友自参知政事除知枢密院事兼参知政事。”《南宋馆阁续录》卷七《官联一·监修国史》:“雷孝友……(嘉定)元年十二月以知枢密院事兼参知政事兼权。”与此诏不合。

观文殿学士侍读赵彦逾乞归田里不允诏
（暂系于嘉定元年七月前后）

朕更化之始,起大老于东海之滨。明德懿亲,老成典刑,趣行造朝,国势增重。讦谟远虑,见于进读。图任共政,束于定制。偃息藩魏,人望所归。小疾既痊,正宜休养。大臣不可以暑行,其为朕留,庶几犹得奉露门之从容也。

出处:《攻媿集》卷四四。

撰者:楼钥

考校说明:编年据同集前后文时间、赵彦逾宦历补,见《宋会要辑稿》职官七、崇儒七。

吏部侍郎梁季珌乞待次州郡不允诏
(暂系于嘉定元年七月前后)

朕惟论思之臣,欲全进退之义。若其未可以去,则亦难以遽从。卿为国宣劳,既云累岁,任予典选,实号剧曹。胡为抗章,必欲求外?冕旒密侍,正有赖于协恭;符节屡更,顾奚烦于详试。尚安旧著,以副眷怀。

出处:《攻媿集》卷四四。

撰者:楼钥

考校说明:编年据同集前后文时间、梁季珌宦历补,见《漫塘集》卷三三《梁侍郎行状》。

右丞相钱象祖辞免提举国史院实录院
提举编修国朝会要不允诏
(嘉定元年七月后)

纂修史册,深赖于公平;会刊典章,尤先于鸿博。允资硕辅,坐总宏摹。卿识洞古今,学该流略。接词华于奕叶,用则有余;考故实于累朝,盖其素习。举以并命,了无异辞。毋逊牍之重陈,期奏篇之俱上。

出处:《攻媿集》卷四四。

撰者:楼钥

考校说明:编年据《南宋馆阁续录》卷七补。

礼部尚书倪思乞待次州郡不允诏
(嘉定元年七月后)

　　卿以一时人物之望,召还未久,拳拳献纳,朕所乐闻。何嫌何疑,屡欲求外?此固足以见难进易退之节,非朕所以待卿者。且更迭之制,岂为卿辈设哉!

出处:《攻媿集》卷四四。

撰者:楼钥

考校说明:编年据《鹤山先生大全文集》卷八五《倪公墓志铭》补。

赐安南国王李龙翰嘉定二年历日敕书
(嘉定元年八月前)

　　敕安南国王某:朕仰稽天运,豫受民时,爰分历象之书,遍及方隅之境。眷惟南国,世奉中朝。此疆虽远于山川,嗣岁先颁夫正朔。用均惠利,尚克钦承。

出处:《攻媿集》卷四七。

撰者:楼钥

考校说明:编年据楼钥任两制时间、文中所述史事补。

观文殿学士何澹再辞免知建康府
仍奉祠禄不允不得再有陈请诏
(嘉定元年八月十四日前)

　　以金陵而为陪都,保厘素重;护天堑而开制阃,委寄尤隆。卿以时名人,为予旧学。蚤膺擢任,屡尝入从以出藩;寻遂登庸,俾尔贰公而弘化。方权臣之用事,宜正论之多违。久镇三山,时称治最。言归数载,朕不汝忘。属边鄙之甫宁,择邦侯而分遣。惟大使之所莅,非良弼其谁宜?朕方躬宵旰之勤,卿当体股肱之寄。闻命引道,知已届于中途;奉亲为荣,顾何妨于色养?毋格成涣,式遄尔驱。

出处:《攻媿集》卷四四。

撰者:楼钥

考校说明：编年据《景定建康志》卷一四补。

何澹辞免兼江淮制置大使不允诏
（嘉定元年八月十四日前）

国家间遣辅臣，往营边事，粤从近代，加以大名。不惟欲忧顾之宽，正以增使华之宠。畴咨于众，喜得其人。卿以旧弼之贤，畀留都之寄。英声有素，舆望已孚。疆场甫宁，先上宣威之组；江淮并护，再隆分阃之称。其为朕行，徒得君重。独当一面，正资经理之良；坐使诸军，咸属指呼之下。往祗成命，毋致牢辞。

出处：《攻媿集》卷四四。

撰者：楼钥

考校说明：编年据《景定建康志》卷一四补。

赐皇太子生日诏
（嘉定元年八月十七日）

敕某：商颢中分，元良初度。赐生设醴，用为宴衎之资；授粲贻牟，仍厚匪颁之宠。共期难老，益体隆私。

出处：《攻媿集》卷四四。

撰者：楼钥

考订民间利害诏
（嘉定元年八月十九日）

礼部侍郎许奕、起居舍人曾从龙考订监司守令所条民间利害，择可行者以闻，其未条上者趣之。

出处：《两朝纲目备要》卷一一。

知平江府李大异辞免除宝谟阁直学士不允诏
（嘉定元年八月）

朕惟斯民宅生于牧守,苟有治理效者,仿虞朝考绩之法,取宣帝增秩之意,不惟示劝,抑以数易为重也。卿以诤臣出守吴会,政声上彻,朕所深知。进职西清,庸示褒表。成命已颁,尚何辞焉!

出处:《攻媿集》卷四四。

撰者:楼钥

考校说明:编年据楼钥任两制时间、《绍定吴郡志》卷一一补。

通奉大夫赵师𥲅辞免复宝谟阁直学士
依所乞宫观不允诏
（暂系于嘉定元年八月）

卿起临近甸,尝著外庸,既辞制阃之行,仍徇祠庭之请。念宣劳于北固,欲华尔归;俾寓直于西清,但仍其旧。卿毋多逊,朕不汝忘。

出处:《攻媿集》卷四四。

撰者:楼钥

考校说明:编年据楼钥任两制时间、同集前后文时间、赵师𥲅官历补,见《水心文集》卷二四《赵公墓志铭》等。

镇江府都统制毕再遇乞归田里不允诏
（暂系于嘉定元年八月）

卿以拳勇之资,挟忠毅之气,抚士最为得众,遇敌几于无前。外则营垒之不哗,内则里闾之甚靖。属边陲之甫定,亦信使之交通。诸将于焉少休,来奏亦求引退。乃眷维扬之重镇,实为淮甸之要冲。其为朕以少留,岂于卿而独后? 总周庐而入卫,终当谁归? 歌出车以劳还,固应有日。

出处:《攻媿集》卷四四。

撰者:楼钥

考校说明:编年据楼钥任两制时间、同集前后文时间、毕再遇官历补,见《嘉定镇江志》卷一六。"都统制",《嘉定镇江志》卷一六作"副都统制",疑误。《宋史》卷四〇二《毕再遇传》亦作"都统制"。

京西湖南北路宣抚使宇文绍节辞免召赴行在不允诏
（暂系于嘉定元年八月）

　　卿以劝诵之近臣,往宣威于遐徼,边陲以靖,邦好汔修。爰念贤劳,亟颁命召。何控辞之未已,又引疾以为言?朕渴想风仪,急闻方略。俟交符于制阃,即趣驾于归途。毋复重陈,副予虚伫。

出处:《攻媿集》卷四四。

撰者:楼钥

考校说明:编年据楼钥任两制时间、同集前后文时间、宇文绍节官历补,见《两朝纲目备要》卷一〇。

新除焕章阁学士改知江陵府充京西湖北路
制置使李大性辞免乞奉祠不允诏
（暂系于嘉定元年八月）

　　谋帅以镇上游,素为重任;分阃以护两道,尤赖长才。卿久列从臣,屡更藩服。比奏三吴之课,继拥七闽之麾。方塞北之休兵,属荆南之缺守。仁声夙著,佥论攸推。进学士之清班,益隆眷倚;总边庭之诸将,咸莅指呼。引道既前,遄驱毋缓。奚事循墙之避,伫闻洗印之期。

出处:《攻媿集》卷四四。

撰者:楼钥

考校说明:编年据楼钥任两制时间、同集前后文时间补。

金国谕成使赴阙口宣
（嘉定元年八月）

盱眙军传宣抚问并赐御筵

有敕：卿等载驰原隰，始届疆陲。当和议之既成，喜欢盟之复缔。首加劳问，仍示宴私。

镇江府赐御筵

有敕：卿等持节鼎来，扬舻既济。望信书之渐近，启宾燕以加勤。其体眷慈，式遄行迈。

镇江府赐银合茶药

有敕：卿等肃拥使华，来修邦好。爰厚宝奁之锡，用加珍品之颁。庶涤烦劳，式祗延伫。

平江府赐御筵

有敕：卿等远将信币，来次近畿。嘉肤使之再驰，宜宾筵之三锡。是为异数，用贲行人。

赤岸赐酒果

有敕：卿等徒御远来，郊圻密迩。爰再颁于甘醴，仍分锡夫嘉肴。行色少休，宾仪是饰。

赐御筵

有敕：卿等遥驱使传，切近国郊。将修昕旦之仪，重锡需云之宴。式昭眷意，益谨前规。

出处:《攻媿集》卷四七。

撰者:楼钥

钱象祖除左丞相制
(嘉定元年十月十日)

冢宰佐王邦国,总六职以居中;上相颙面正朝,冠三台而垂燿。眷予次辅,时乃世臣。既丕迪于鸿勋,宜进持于魁柄。诞扬制綍,敷告廷绅。具官钱象祖简靖而粹和,沉深而肃义。学穷阃奥,非先王之道不行;才懋经纶,以天下之重自任。早践疑丞之列,深图社稷之安。属奸孽之弄权,幸边臣而启衅。驰伊吾之北,争为马武之大言;伐辽水之东,独有遂良之力谏。身虽罹于谗口,忠实简于朕心。逮趣召以遄归,益服劳而匪懈。密裨刚断,讫除共鲧之凶;明辨正邪,尽剪仟文之党。威柄复收于王室,耆英毕萃于朝廷。若时共政之图,已见厥功之茂。肆畴重望,俾幹洪钧。平心以酌国论之是非,虚己以酌人才之黜陟。定东储之位,匕鬯有归;缔朔漠之盟,甲兵尽洗。得持美效君之体,有正容悟物之风。用能期月之间,尽革积年之弊。兹登庸于左揆,仍领使于中枢。翼我元良,升亚维师之重;跻时显秩,特超赐位之崇。几度越于常彝,示益隆于眷注。申陪多邑,并衍真畲。疏宠既优,仰成罙切。朕方厉精而图治,更化以宜民。和好虽修,敢忘备豫之政,流离甫定,冀闻安集之期。公私欲底于阜丰,风俗思还于醇厚。遡厥本原之地,端由鼎轴之司。惟竭诚尽瘁可以济多艰,惟爱日惜时可以建长策。庶汔臻于康乂,用永保于安强。於戏!尹、汤一德以享天,斯膺眷佑之命;丙、魏同心而辅政,迄底中兴之功。朕方怀兢畏之诚,尔亦有寅恭之助。勉收已成之效,益笃无疆之休。

出处:《宋宰辅编年录》卷二〇。

撰者:陈晦

考校说明:编年据《宋史》卷三九《宁宗纪》补。

史弥远除右丞相制
(嘉定元年十月十日)

上天之生贤佐,实由宗社之休;故国之有世臣,宣系朝廷之望。眷时英杰,懋著勋劳,爰参绎于师虞,俾进熙于帝载。诞扬坦制,孚告庶工。具官史弥远广博而纯明,惠和而亮直,允文允武,独高经世之全才;惟孝惟忠;备著立身之大节。学深穷于要道,智洞烛于几先。粤由甘泉簪橐之班,首任青宫羽翼之寄。馨尔谋猷之告,裨吾父子之间。海润星辉,增光储德之茂;风飞雷厉,密赞主威之强。成大功无徒荫之淹,去元恶甚摧枯之易。国本于焉安固,朝纲赖以肃清。肆畴厥庸,亟授之政。图事揆策,东西并翊于钧枢;偃兵息民,南北复修于信誓。杜群枉以开众正之路,建大政以兴太平之端。合中外以调娱,宫府俱为一体;随短长而汲引,贤能立于本朝。虽卓乎底绩之已高,美退若钦承而自下。朕缅怀先正,作辅孝皇。服劳王家,绩纪太常而永耀;冠位群后,庆流后裔以愈长。勋业相望,典刑是似。兹方艰于论相,顾无易于象贤。昆命元龟,使宅百揆。总枢机于宵旰,式循庆历之规;傅德义于承华,并酌天禧之制。兼爵秩畲租之益,示宠光体貌之优。今边遽甫息而内治当修,民力既殚而邦财未裕,鳏寡尚忧其失职,荐绅或歉于乡方。凡兹康济之图,倚乃弼谐之地。惟应变可以成天下之务,惟同心可以致海内之安。庶及有为之时,迄臻无竞之烈。於戏!为君难为臣不易,盖今古之所同;厥考室厥子肯堂,贵功名之克绍。朕尝复斯言而景行先哲,尔惟明乃训而追配前人。勉摅壮猷,奚俟多告。

出处:《宋宰辅编年录》卷二〇。

撰者:陈晦

考校说明:编年据《宋史》卷三九《宁宗纪》补。

赐史弥远第诏
(嘉定元年十一月二十七日)

史弥远有功社稷,力赞和盟,佐佑朕躬,辅导元子,委任方隆,难使去国。皇太子所奏,甚合朕意,可特赐第行在,以便咨访。

出处:《宋会要辑稿》礼六二之八五。

令接伴使徐邦宪等就扬州听候指挥诏
(嘉定元年十二月八日)

贺金国正旦使曾从龙、副使叶濡日下回程,接伴使徐邦宪、副使郑尽令就扬州听候指挥。

出处:《宋会要辑稿》职官五一之四四。

支钱米赈给流民诏
(嘉定元年十二月十八日)

令封桩库支降会子二千贯、丰储仓拨米二千石,专充赈给流民支用。

出处:《宋会要辑稿》食货六八之一〇四。

赵崇宪除籍田令制
(嘉定元年)

尔先人有功王室,中更谗毁,思其功而录其子,国之典也。

出处:《西山文集》卷四四《赵华文墓志铭》。

朝散大夫权知融州刘邦凤除广西提刑兼提举制
(嘉定元年后)

朕念海隅辽远,民之疾苦,壅于上闻,吏或不良,刑罚不中,谕我哀矜轸恤之意者,其惟贤部刺史乎!尔以道得民,乘使者车,秉双节于岭右。狱民命也,食民天也,钦哉!使囹圄虚,仓廪实,则远民如在畿甸,罔曰地远,朕无隐而不知。其懋乃庸,以须明陟。

出处:《橢溪居士集》卷五。
考校说明:编年据刘邦凤宦历补,见嘉靖《江西通志》卷二六、光绪《吉水县志》卷三一。刘邦凤活动于宁宗朝,此文当为《橢溪居士集》误收。

光宗宁宗朝卷二十一　嘉定二至三年(1209—1210)

楼钥参知政事制
(嘉定二年正月二十三日)

朕仪图治道,率顾俊工。念揆席之虚端,方赖群公之共政;顾宰涂之陪贰,可稽元老之畴庸?肆纶告之诞敷,表耆明之参会。具官楼钥行夷以粹,学博而通。道足以任天下之重,而养之以虚;学足以周当世之务,而持之以拙。在静退之日,每怡然而自适;暨进用之际,亦泊乎其无营。俨万方之具瞻,亶一时之硕辅。爰登廊庙,少展经纶。议论正平,付是非于衡石;精神密勿,察治忽于枢机。属两相臣虚位而弗居,与二大老分鼎而并立。既同志而合道,方协恭而和衷。然而语更化则未观惟新之功,论为国则尚郁小康之效。非大儒之柄任,岂平治之可期?庸释兵枢,晋参国秉。并加异数,仍衍真畬。于昭体貌之隆,式示倚毗之重。噫!惟后非贤不乂,理实通于古今;与治同道则兴,时宁分于彼此。往殚素蕴,庸副至怀。

出处:《宋宰辅编年录》卷二〇。

章良能同知枢密院事制
(嘉定二年正月二十三日)

朕登庸髦哲,务致隆平。虽甲兵之问不至庙堂,敢忘远略;而储副之友必得英俊,讵废良规。爰擢贰于西枢,仍作宾于东禁。具官章良能直方而刚大,肃括而宏深。代言之文,有倚马之立成;应务之材,无全牛之可见。获于上而有道,施于下而必随。忠鲠所形,撄逆鳞而弗忌;法守是执,愠群小而不移。周旋百为,孤立一意。持衡铨部,尽嘉水镜之清;执法宪台,共快鹰鹯之击。顾乃直而不讦,严而不苟。虽微狱市之容奸,亦靡弦弧之虚发。眷通材之有此,岂柄任之可稽? 庸采金言,晋升近辅。惟一贤足以制千里,而元良所以正万邦。允资筹幄之谋,更藉储闱之赞。既已成非常之宠,是宜膺不次之除。仍进崇阶,庸昭异渥。噫! 观元结《中兴》之颂,朕宁忘祖武之绳;诵《文王世子》之书,尔其惟吾儿之辅。

出处:《宋宰辅编年录》卷二〇。

宇文绍节端明殿学士签书枢密院事制
(嘉定二年正月二十三日)

鸿枢储贰,正有赖于壮猷;青禁作宾,尤式资于钜德。肆升华于秘殿,庸增重于机庭。具官宇文绍节履粹而行方,才宏而业钜。家传忠义,想乔木之苍然;学有渊源,挹洪流之湛若。风采绰乎而是似,才刃恢乎而有余。事靡辞难,责无不塞。入兼甘泉之橐,出宣玉帐之威。投壶雅歌,已克收于成效;运筹决胜,谅无易于名贤。粤自召还,浸隆眷倚;岂伊近辅,可后疏荣? 惟兴国之置签书,职首崇于书殿;而至道之建宾客,位爰正于弼臣。既近比之可稽,惜大用之良晚。是用副于宥府,留次崇班。仍衍多畲,于昭徽数。噫! 书同文、车同轨,朕宁忘列祖之绳;行正道、诵正言,尔其为承华之辅。

出处:《宋宰辅编年录》卷二〇。

赈救临安病人殡瘗亡者御笔
(嘉定二年三月二十九日)

访闻都城疾疫流行,细民死者日众,朕甚悯焉。官司抄札诊候,虑多文具,虽已委官措置,可更选差一二员相与协济。临安府委通判稽考医药,所有药材疾速科拨见钱付铺户收买,毋令减克。其有病死无力殡瘗,于内藏库拨钱一十万贯,别差官抄札,畀以棺椁。诸路州县或有疾疫去处,令监司守令叶心赈救,务在实惠及民,副朕恻怛之意。

出处:《宋会要辑稿》食货五八之二七。

复置化人场诏
（嘉定二年四月二日后）

令临安府将见存化人场依旧外，其已拆一十六处除金轮、梵天寺不得化人外，余一十四处并许复令置场焚化。如遇祠坛行事，太常寺照条预前三日告示主首僧知委，不得焚化，如违，重断。

出处：《宋会要辑稿》食货五八之二七。

赈给贫民诏
（嘉定二年四月八日）

令封桩库更支降会子三千贯、丰储仓取拨米二千石，接续支散，毋得漏落泛滥。

出处：《宋会要辑稿》食货六八之一〇五。

史弥远起复拜右丞相兼枢密使制
（嘉定二年五月四日）

朕登用英髦，图回政理。矢文德，洽四国，方益懋于有为；补衮职，事一人，顾孰先于已试。眷言次辅，克著茂勋。属当衔恤之时，宜举夺情之典。爰敷制命，诞告路朝。具官史弥远蕴识精明，存心宽裕。器业夙推于世美，谋猷允酌于时宜。摅进善之诚，已密扶于国本；厉匪躬之操，遂肃振于皇纲。聿开更化之规，力佐弭兵之议。周旋两地，黾勉百为。宗社再安，方陲底定。甫擢司于宰事，怅遽服于私艰。览元子之建言，即都城而赐第。既终襄奉，久仁来归。朕钦念治几，渺若巨川之难济；惕怀民瘼，凛乎朽索之易危。匪资心膂之良，曷效弥缝之力。载畴尔绩，实简予衷。与其适居处之安，备予咨访；岂若正庙堂之任，期以赞襄。惟艺祖之委信元臣，若累朝之优降近弼。虽云有故，亦俾从权。兹顺考于旧章，肆特疏于新渥。复还揆路，庸慰岩瞻。总乃枢庭，名式崇于使领；翼予储极，位独亚于师承。以昭眷遇之殊，以示倚毗之切。於戏！保邦制治，朕惟笃意于任贤；移孝为忠，卿尚勉思于体国。公道行则群情可协，吉士进则庶职可修。往全致主之功,抑有显亲之誉。

出处:《宋宰辅编年录》卷二〇。又见《永乐大典》卷一二九七一。
撰者:蔡幼学
考校说明:编年据《宋史》卷二一三《宰辅表》补。

被罗日愿诖误诱胁人更不追究诏
(嘉定二年五月十三日)

罗日愿欲狂妄作过,已送有司勘证处断讫,其奸党亲属并合照法移徙外,或有诖误诱胁人未发觉,到官,更不追究,令尚书省给降黄榜晓谕。

出处:《宋会要辑稿》刑法六之四九。

赐娄机生饩诏
(嘉定二年八月)

九秋风露之清,衷时英气;三吴山水之秀,生我耆儒。

出处:《攻媿集》卷九七《娄公神道碑》。

有事明堂御札
(嘉定二年九月前)

朕祗奉诒谋,协临大宝。荷天地施生之德,燕及多方;守祖宗积累之基,期于千载。居怀兢业,获济艰难。属边鄙之辑宁,与黎元而休息,田莱浸辟,麰麦以登。方迎滋至之祥,敢后一纯之报! 远稽元祐,近质淳熙,咸即合宫,载申宗祀。肆率遵于旧典,用丕阐于弥文。寅畏严恭,尚庶几于对越;肃雍显相,实允赖于交修。爰饬先期,宣孚众听。朕以今年九月有事于明堂。咨尔攸司,各扬乃职,相予肆祀,毋或不恭。

出处:《宋会要辑稿》礼二四之一〇九。又见《群书考索》前集卷二八。

明堂赦文
(嘉定二年九月十日)

淮民乍离兵革,饥馑荐臻,全藉客人运到米麦及竹木等为续食营造之计,访闻所过州县暴征苛取,遂致商贾不行。自今客舟如往两淮兴贩,所过场务米麦不得收税,所带竹木与免抽解,仍不得巧作名色,多取税钱。

出处:《宋会要辑稿》食货一八之二四。

访闻诸路州县人户已纳税租,其本县又行出给标子,重叠追取。人户为见钱数不多,又复送纳,其所出标子又须用钱申缴,显属骚扰。如有似此去处,仰逐州守臣常切觉察,重作施行,许被扰人户越诉。勘会人户夏税和买䌷绢,内䌷合纳本色二分、折帛钱八分,绢合纳本色七分、折帛三分。访闻州县却侵本色分数,多敷折帛价钱;又有折纳银两,及将人户有合纳会子分数,抑令并纳见钱;重困民力。委转运司常切觉察,多切文榜晓示,如有违戾,即行按劾,仍许人户越诉。

出处:《宋会要辑稿》食货六八之一九。

知宾州崔与之除广西提刑制
(嘉定二年)

尔分符未久,治有休声。兹予命汝持节于本道,岂徒为尔宠哉?以尔习知风土之宜,则广右之民有所未便及所愿欲而不得者,皆可以罢行之。

出处:《宋丞相崔清宪公全录》卷一。

考校说明:编年据何忠礼《崔与之事迹系年》(《文史》第四十一辑,一九九六年,第一二九至一三〇页)、王瑞来《崔与之事迹系年补考》(《知人论世:宋代人物考述》,山西教育出版社,二〇一五年,第三八三至三八四页)补。

赐毕再遇荡平淮寇显有劳效奖谕诏
(嘉定二年十二月后)

敕再遇:比者淮楚之郊,奸民啸聚,毒流县鄙,害及蒸黎。朕意其本心,或出迕误,姑从招谕,许以自新。乃负固以罔悛,至弄兵而未已。卿忠勇票锐,为国爪牙,布宣王灵,指授将略,卒荡平于群丑,以绥靖于一方。捷奏踵闻,威声大振。缅惟尽瘁,良极欢喜。今氛祲既清,式宽予顾,疮痍未复,尤恻我心。卿其收辑散亡,拊循凋瘵,尽解犊牛之带佩,亟安鸿雁之哀鸣,时乃之休,惟朕以怿。故兹奖谕,想宜知悉。

出处:《西山文集》卷二二。

撰者:真德秀

考校说明:编年据真德秀任两制时间、《宋史》卷四〇二《毕再遇传》补。

加赠彭龟年及录用其子御笔
(嘉定三年前)

彭龟年系朕潜藩旧学,当权臣用事之始,首能抗疏,折其奸谋,褒恤之典,理宜优异。虽已追赠,未称朕怀,可特加赠龙图阁学士。其子彭钦与寺监簿差遣。

出处:《攻媿集》卷二六。又见同书卷九六《彭公神道碑》。

原免淮东湖南江西作过胁从人诏
(嘉定三年正月八日)

淮东、湖南、江西三路节次申奏盗贼作过,皆缘权臣妄开兵衅,科扰频仍,继以旱蝗,州县失于存抚,是致奸民倡率啸聚,贻害县镇,良轸朕怀。除非作过贼首合行收捕外,其余胁从人等并从原贷,许以自新,各令复业,仍仰州县多方赈恤。

出处:《宋会要辑稿》刑法六之四九。

戒监司守令诏
(嘉定三年正月十五日)

岁比旱蝗,民食不登,捐瘠流亡,良可哀痛。朕蠲租发廪,日夕惴惴,惟恐赈恤弗及,亦冀在位有以分朕之忧。而监司守令卤莽具文,未副朕志。其能按察而无拘拏欤?抚字而无刻剥欤?不然,何吾民不安业,而忍为盗贼之归也?继自今以体国为心,以举职为能,旌褒选擢,朕不汝靳;其或缘奸作邪,营私自丰,俾上德壅于下,下怨丛于上,厥有常宪。斯言不渝,毋忽!

出处:《两朝纲目备要》卷一二。又见《宋史全文续资治通鉴》卷三〇。

淮东湖南江西三路盗贼作过除贼首合行收捕
其余胁从等人并从原贷许以自新各令复业仍
仰州县多方赈恤诏
(嘉定三年正月十五日)

敕门下:朕以眇身,君临方夏,明有未烛,德有未孚。顷缘误国之臣,妄动开边之衅。科役烦重,人不聊生,旱蝗频仍,吏弗加恤。使吾赤子,多转徙以无依;而彼奸民,因诱怵而为暴。靖言致寇,敢昧责躬! 近而淮楚两郡之间,远则江湖数邑之地,生齿或遭其蹂躏,屋庐或至于毁焚。惕若兴怀,为之旰食。今禁旅扬威而并进,乡豪戮力以争先,震叠无前,荡平有日。言念胁从之众,岂皆好乱之氓? 弄潢池之兵,谅非尔志;烈昆冈之火,亦岂予心? 与其假息以偷生,孰若转祸而为福? 在昔乾道、淳熙之际,有若李金、陈峒之徒,虽暂结于蜂屯,卒莫逃于鲸戮。自有宇宙,至于今日,未闻盗贼,得以全躯。想惟尔众之习知,岂待朕言而后谕? 今则宏开禁网,诞布宽书,推予不杀之仁,畀尔更生之路。倘复旧业,即为良民。弃兵弩,持钩锄,苟知舍逆而效顺;问田畴,卜居宅,当俾去危而即安。尚惟郡县字人之官,共宣朝廷惠下之泽,亟除民瘼,庸副朕心。其楚州、衡、郴、吉州、南安军等处盗贼作过,除贼首合行收捕外,其余胁从等人如能解散归投,并从原贷,各令复业,许以自新,仍仰州县多方赈恤。故兹诏示,想宜知悉。

出处:《西山文集》卷一九。又见《两朝纲目备要》卷一二,《宋史全文续资治通鉴》卷三〇。
撰者:真德秀

赐太中大夫权户部尚书兼详定敕令官沈诜辞免
除户部尚书兼职依旧日下供职恩命不允诏
(暂系于嘉定三年正月前后)

敕:具悉。古者以大道生财,以儒术富国,故大司徒教职也,而贡赋属焉,意深远矣。维今急务,邦用最先,然知取而不知予,舍道而一于权,则人无自存,君孰与足? 故朕于地官之事,非儒者不以付之。卿学问深博,为时闻人,久践计省,蔚有成绩。肆予酌之师言,命卿为真常伯,岂直以是为卿宠哉! 损上益下之宜,理财正辞之义,卿盖讲之熟矣。其益推行所学,使君民兼裕,以庶几盍彻之意,此朕所望于卿者,顾何以辞为? 所辞宜不允。

出处:《西山文集》卷一九。

撰者:真德秀

考校说明:编年据同集前后文时间补。

赐太中大夫权工部尚书何异乞守本官致仕不允诏
(暂系于嘉定三年正月前后)

敕:具悉。知止遗荣,为臣之高致;贪贤敬老,有国之令猷。蔚以旧人,仪于法从。年虽耋艾,居然视听之未衰;职在论思,非以筋力而为礼。盖有三达尊之望,初无二宜去之讥。况莫崇乎八座之班,而至简者百工之事,纵令自佚,何以过兹? 与其慷慨怀归,以行义教于乡里,孰若优游在列,使名声重于朝廷? 勉安厥官,毋咈予意。所请宜不允。

出处:《西山文集》卷一九。

撰者:真德秀

考校说明:编年据同集前后文时间、何异官历补,见《宋史》卷四〇一《何异传》。

赐武康军承宣使殿前副都指挥使
夏震乞宫观差遣不允诏
(暂系于嘉定三年正月前后)

敕:具悉。朕以卿有卫社之忠,整戎之略,擢从环列,寄以腹心。留务之秩,亚于节旄;岩陛之权,冠于宿卫。待遇之意,可谓超轶故常矣,卿将何以报朕哉? 惟恭勤弗懈足以捍王家,惟恩威并行足以齐师律,则卿不惭于居宠,朕无愧于知人。若夫虑忤物之招尤,思引年而就佚,此人臣自全之计,非古名将所以自期者。勉承眷倚,毋复有云。所请宜不允。

出处:《西山文集》卷一九。

撰者:真德秀

考校说明:编年据同集前后文时间、夏震宦历补,见同集同卷《夏震特授武信军节度使殿前都指挥使进封加食邑食实封制》等。

赐正议大夫守兵部尚书兼知临安府赵师𥳑
乞畀祠禄不允诏
(暂系于嘉定三年正月前后)

敕:具悉。卿以肤敏之材,通明之略,三践常伯,四尹神皋。维今同姓之英,际遇宠荣未有出卿右者也,固当视国如家,视民如身,履盘错而弗辞,当怨诽而不慑,使邦币无壅,民食告充,困穷有瘳,愁叹浸息,庶几下足以塞都人之望,上足以宽当宁之忧。朕之用卿,意实在此。若乃规画仅施而靡竟,精神尚壮而怀归,政当游刃方新之初,遽谓疆弩垂尽之末,于义未惬,难于勉从。所请宜不允。奏札云:"以大耗之精神,当益难之事任。云云。强弩之势既尽,虽穿缟有所不能;驽马之力已疲,惟闻征则以为喜。"

出处:《西山文集》卷一九。

撰者:真德秀

考校说明:编年据同集前后文时间、赵师𥳑宦历补,见《咸淳临安志》卷四八。

赐中大夫知枢密院事兼参知政事兼
太子宾客雷孝友乞畀祠禄不允诏
(暂系于嘉定三年正月前后)

敕:具悉。朕惟古之大臣,身任天下之重,一夫不被其泽,若己纳之沟中,未闻以独善为高,轻去就为洁也。卿与闻机政,三载于今,孳孳服勤,夙夜匪懈,朕躬之所眷倚,朝野之所观瞻。何嫌何疑,乃求释位!《书》曰:"若游大川,予往暨汝奭,其济。"今中外多故,民物未康,货币之源尚堙,甲兵之问日至。朕方喟然,当食弗御,兹岂大臣求去时乎? 其思同寅协恭,助朕所以忧此者,以疾来谂,所未欲闻。所请宜不允。

出处:《西山文集》卷一九。

撰者:真德秀

考校说明:编年据同集前后文时间、雷孝友宦历补,见《宋史》卷三九《宁宗纪》。

赐中大夫知枢密院事兼参知政事兼太子宾客
雷孝友再上奏乞许从罢免俾奉外祠不允不得
再有陈请诏
(暂系于嘉定三年正月前后)

敕:具悉。人主之用人,非独以荣其身;大臣之事君,亦将以行其志。朕所为置卿于鼎铉之贰,属卿以枢机之繁,岂徒以高爵厚禄示眷宠之私,盖望其硕画嘉谋裨经济之用。傥昧仰成之托,轻怀勇退之高,人其谓何,朕复奚赖?宜思君臣同体之谊,毋徇明哲保身之图。期素学之尽施,虽告归其未晚。所请宜不允,不得再有陈请。

出处:《西山文集》卷一九。

撰者:真德秀

考校说明:编年据同集前后文时间、雷孝友宦历补,见《宋史》卷三九《宁宗纪》。

赐朝议大夫试尚书礼部侍郎兼太子右庶子兼同修国
史兼实录院同修撰汪逵辞免除吏部侍郎恩命不允诏
(嘉定三年正月后)

敕:具悉。维乃先正以直道谠言侍从我烈祖,著在国史,号为名臣,顾朕不及见之矣。风流未远,有子而贤,学问渊源,克守家法,刚毅之气,摈抑不衰。肆予更化之初,命趣造朝之驾。资其直清,故使典朕礼;倚其道谊,故使辅吾儿。然犹慊焉,虑进用之未亟也。若时文部,繄尔世官。其以家庭讲贯之规,施诸人物铨衡之际,顾诚余事,焉用多辞?所辞宜不允。

出处:《西山文集》卷一九。

撰者:真德秀

考校说明:编年据《宋中兴东宫官寮题名》补。

赐朝散大夫试尚书兵部侍郎兼同修国史兼 实录院同修撰兼太子左庶子戴溪辞免除太 子詹事日下供职恩命不允诏
（嘉定三年正月后）

敕：具悉。朕深惟万世之本，莫重元良；博选一时之英，俾司辅导。若时詹省，实亚宾筵。必择其人，欲使闻仁义道德之要；必颛其职，庶几陪居处出入之亲。以卿凤号鸿儒，首参鹤禁，绵历岁时之久，养成德性之尊。与其赞贰司戎，尚其簿书之责，孰若优游端尹，日惟经训之陈？用正厥名，岂轻所付！当勉承朕志，慨慕前修，毋徒守于一谦，庶益裨于三善。所辞宜不允。

出处:《西山文集》卷一九。
撰者:真德秀
考校说明:编年据《宋中兴东宫官寮题名》补。

赐正议大夫守刑部尚书兼修国史实录院修撰 兼太子詹事兼吏部尚书曾晞辞免除吏部尚书 恩命不允诏
（嘉定三年正月后）

敕：具悉。朕惟有周冢宰之职，三公兼之，所以统百官，均四海，非他卿比也。若稽古神祖，俶定官制，为一王法，天官常伯，位叙尤高。迄于元祐，非执政旧臣不在兹选。朕更新万化，于今三年，真拜是官，四人而已，顾不重哉！卿方严简重，有先正之风；忠亮笃实，为迩臣之表。间以大司寇兼管铨衡，鉴裁之公，达于朕听，予维宠嘉之。即命为真，非卿谁可？览观来奏，殊异所闻。谓方蕲去之坚，惧有图迁之诮。夫引疾以丐闲，卿志也；登贤以自近，朕心也。卿欲必行其志，独不当体朕惓惓之心乎？亟其祗钦，毋遏朕命。所辞宜不允。

出处:《西山文集》卷一九。
撰者:真德秀

考校说明：编年据《宋中兴东宫官寮题名》补。

贡举诏
（嘉定三年二月一日）

朕惟我祖宗张设科目，以网罗天下之彦，庞臣硕辅，多此涂出，庶几虖三代选举之意。朕以凉菲，获承丕绪，所与共天位、治天职者，非一时贤士大夫虖？故自践阼以来，凡数下宾兴之诏，思得英杰，协图康功。然而士气堙郁，未获尽伸；文体萎薾，未克复古。朕方注怀人物，加意作成。惟渊源醇正之学是崇，惟直亮鲠切之言是用。四海之士，闻风兴起，既有日矣。今兹大比，尔多士其各抒所韫，试于有司，贤书来上，朕将亲策于廷，以备器使。《诗》不云虖："鸢飞戾天，鱼跃于渊。岂弟君子，遐不作人。"朕之激昂士类，盖与周之先王同出一揆。尔多士其可不勉自澡濯，以副朕招徕之意虖？

出处：《宋会要辑稿》选举一之二七。

皇后乞罢恩泽不允诏
（嘉定三年三月四日）

诞育恩泽，下逮嫔御，犹有典常。皇后位正中闺，礼宜异数。既颁成命，勿复谦辞。所请不允。

出处：《宋会要辑稿》后妃二之二九。

孟导知严州制
（嘉定三年三月九日）

朕视邦选侯，俾宣德意。惟严陵股肱郡，而地瘠民贫，号为难治，承流之任，尤重其人。尔世族之良，夙自修饬。贰事天府，遂践周行。察尔之材，其可以任人之所难矣。往敷惠政，朕不汝忘。

出处：《育德堂外制》卷四。
考校说明：编年据《淳熙严州图经》卷一补。蔡幼学此时未任两制，此文或为《育德堂外制》误收。

四川制置大使岁举改官诏
(嘉定三年三月九日)

四川制置大使依四川安抚司例,岁举改官一十一员,从事郎六员。

出处:《宋会要辑稿》职官四○之一八。

赐新除资政殿学士中大夫知兴元府充利州路安抚使四川制置大使安丙再上奏札子辞免资政殿大学士知兴元府四川制置大使不允诏
(暂系于嘉定三年正月至四月间)

敕:具悉。朕以卿有捐躯徇国之忠,有戡难靖民之略,诚节昭著,勋庸赫然,久欲遄山甫之归,重怫借寇君之愿。故易宣威而开制阃,仍秘殿而加大名,所以耸远人之瞻,重全蜀之体也。夫功崇则眷厚,劳大则报丰,此有国常典,而卿辞之至再何耶?勉循已定之规,想建无穷之利,使邦人怀葛亮之爱,而夷俗畏德裕之威,岂不韪哉!所辞宜不允。

出处:《西山文集》卷一九。
撰者:真德秀
考校说明:编年据同集前后文时间、《宋会要辑稿》职官四○补。

赐扬州观察使知婺州军州事兼管内劝农使善下乞依旧在京宫观免奉朝请任便居住不允诏
(暂系于嘉定三年正月至四月间)

敕:具悉。朕惟治亲治民之道一而已矣。卿往司属籍,既能使国之子弟知孝悌忠信之美,今守藩辅,独不能使郡之众庶兴礼义廉逊之风乎?民苟相安,卧治可也。遽求闲退,非朕所期。所请宜不允。

出处:《西山文集》卷一九。

撰者:真德秀

考校说明:编年据同集前后文时间、赵善下官历补,见万历《金华府志》卷一〇。

支官会赈乞丐诏
(嘉定三年四月十一日)

令封桩库支降官会二千贯文,付临安府充支给乞丐煖堂赁钱使用。

出处:《宋会要辑稿》食货五八之二七。

内藏库拨钱会支犒行在诸军诏
(嘉定三年四月十一日)

兵兴以后,旱蝗相仍,物价踊贵,都城尤甚。行在诸军,宜加优恤。可于内藏库拨钱会共二十万贯,支犒一次。照雪寒例,倍支钱会,中半给散。如不敷,于封桩库贴降。

出处:《宋会要辑稿》兵二〇之四〇。

赈济临安府病民诏
(嘉定三年四月十二日)

令丰储仓取拨米三千石,付临安府给散病民,仰守臣措置选差通练诚实官属分明支借,毋容吏奸,以亏实惠。仍开具支散过实数申尚书省。

出处:《宋会要辑稿》食货五八之二八。

拨官会充临安府细民病死棺椁诏
(嘉定三年四月十四日)

令封桩库支降官会三万贯,付临安府专充支给细民病死棺椁,委守臣措置,选差通练诚实官属分明给散,毋容吏奸,以亏实惠,仍开具支散过实数申尚书省。

出处:《宋会要辑稿》食货五八之二八。

赐宝谟阁学士正议大夫知绍兴府黄由辞免除刑部尚书兼直学士院日下前来供职恩命不允诏
（嘉定三年四月十六日后）

敕:具悉。故旧弗遗,所以厚风俗;老成并用,所以重朝廷。卿早冠伦魁,有洋洋仲舒之对;曩事潜邸,有间间史鱼之风。盖孝宗所擢以遗后人,而光考所知以傅台德。越在外服,既多历年。问秦府之故僚,靡忘注想;奉会稽之计最,式仁来归。还登文陛之班,兼峻玉堂之直。惟心乎仁恕,必能迪朕德之好生;惟老于词章,必能代予言而作命。亟承茂渥,来若嘉猷。所辞宜不允。故兹诏示,想宜知悉。

出处:《西山文集》卷一九。
撰者:真德秀
考校说明:编年据《宝庆会稽续志》卷二补。

以狱囚瘐死全活定赏罚诏
（嘉定三年四月二十六日）

诸路提刑司岁终择一路狱囚瘐死最多者必按劾,以惩不职;择一路医疗全活最多者荐举,以劝其勤。刑部则总核之。

出处:《宋会要辑稿》刑法六之七四。

楼钥乞归田里第三札御笔批答
（嘉定三年四月后）

卿为时耆艾,秉国枢机,进退之间,重轻所系。数颁诏谕,宜悉朕怀。勉竭壮猷,毋庸遽去。

出处:《攻媿集》卷三三。

安庆府讨捕凶贼军立功官兵推恩诏
(嘉定三年五月十三日)

安庆府讨捕凶贼军张大立功官兵第一等三百五十人,各特补转两资,内准备将周才等三人各特更转一资。第二等四百六十一人,各特补转一资。仍于江淮制置司支拨会子五千贯,付淮西安抚司等第支犒一次。第三等八十人,各特补转一资。

出处:《宋会要辑稿》兵二〇之一四。

赠蔡元定迪功郎制词
(嘉定三年五月)

士之遇不遇,天也,其或摈斥于生前,而获伸于死后,天理昭昭,未有久而不定者。尔学问有源,操履无玷,杜门著书,初无与于世者。不幸见诬,亦遭远谪。今是非已定,尔则殂矣,守臣以状来上,朕甚悯之。其赠尔官,慰尔泉下,死虽莫赎,尚知享哉!

出处:《蔡氏九儒书》卷二《西山公集》。又见《两朝纲目备要》卷一二,《宋史全文续资治通鉴》卷三〇,《续宋编年资治通鉴》卷一四。

赐正议大夫参知政事兼太子宾客楼钥乞仍旧致仕归伏田里不允诏
(暂系于嘉定三年五月前后)

敕:具悉。朕观商周之书,其图任必曰旧人,御事必曰耆寿。下至秦穆,悔过自誓,亦知谋于黄发则罔所愆。老成之士,为国重轻,其已久矣。盖阅历多则举措审,见闻博则策虑精,德望孚则人心服。朕虚怀前席,以致诸老,意实在此。卿醇深之学,高视当世,刚毅之节,自期古人,而制行适于安和,持心本于忠厚,多士之望,歙然宗之。高卧十年,肯为朕起,海内属目,欲观所为。方资帷幄之筹,遽动丘园之兴,岂朕尊礼耆哲有未至欤,不然何去之果也? 夫七十之致仕,虽著于经,二三大臣,难拘此制。卿昔代言,尝以是却臣邻之请矣,岂今日遂忘斯谊乎?

而况以志御气则何戒得之嫌,以道应物则奚不能之惧。勉行所学,永底厥成。所请宜不允。

出处:《西山文集》卷一九。
撰者:真德秀
考校说明:编年据同集前后文时间、楼钥宦历补,见《宋史》卷三九《宁宗纪》。

赐正议大夫参知政事兼太子宾客楼钥再上奏札子乞旋归田里再挂衣冠不允不得再有陈请诏
(暂系于嘉定三年五月前后)

敕:具悉。朕惟老成之重,中外所宗,声色不形,观听自服。卿学醇行劲,天下谓之正人;心平气和,时论称其长者。属予更化之日,起尔谢事之余,出入三年,践更二府。虽弥缝辅赞,初无可见之功;而缉熙调娱,自有不穷之益。况昔者三贤之偕召,而今焉一老之仅存。殆上天留以辅予,俾斯世臻于极治。倚毗方切,去就岂轻?独灵光岿然,庶几为鲁国之镇;从赤松游耳,难遽遂留侯之心。宜体至怀,勿厪屡请。所请宜不允,不得再有陈请。元奏云:"虽号参知,了无裨补。弥缝辅赞,何所建明;拜跪步趋,率皆强勉。十目所视,一心靡宁。矧同召之三人,今惟存于只影,觍颜在列,归梦无形。"

出处:《西山文集》卷一九。又见《宋四六选》卷一。
撰者:真德秀
考校说明:编年据同集前后文时间、楼钥宦历补,见《宋史》卷三九《宁宗纪》。

赐保康军承宣使左骁卫上将军镇江府驻札御前诸军都统制兼知扬州军州事充淮南东路安抚使节制淮东军马毕再遇乞畀一在外宫观差遣不允诏
(暂系于嘉定三年五月前后)

敕:具悉。朕以卿有折冲御侮之材,故畀卿以牧人御众之任。注怀既厚,属望岂轻?乃者盗发所临,声摇旁郡,迄凭指纵,屡以捷闻。朕方操予夺之柄以驭臣,明赏罚之公以示信。尔庸既茂,方且图之,何疑上章,欲赋祠廪!况今创残未复,愁叹尚殷,还定抚摩,责在师帅。久劳念佚,他人可也,岂所期于将军者哉! 所请宜不允。

出处:《西山文集》卷一九。
撰者:真德秀
考校说明:编年据同集前后文时间补、毕再遇宦历补,见《宋史全文续资治通鉴》卷三〇、嘉庆《扬州府志》卷三六。

赐通议大夫试户部尚书兼详定敕令官沈诜乞还官政退老丘园不允诏
(暂系于嘉定三年五月前后)

敕:具悉。朕惟文昌喉舌之司,盖以侍从论思为职,以卿老成直谅,擢在此官,庶几鲠论嘉言,日裨予听。而无故告去,其谓朝廷何? 夫年高任剧,固非优贤闵劳之意,然事有缓急,义有轻重。方时多虞,用度百出,虽吾二三执政之臣,未免日亲钱谷之间,而卿遽求自佚可乎? 当毋爱一身之劳,庶少宽百姓之急。大义如此,卿其思焉。所请宜不允。

出处:《西山文集》卷一九。
撰者:真德秀
考校说明:编年据同集前后文时间补。

赐太中大夫尚书户部侍郎兼详定敕令官沈作宾乞畀外祠不允诏
(暂系于嘉定三年五月前后)

敕:具悉。乃者地官以缺贰闻,顾瞻在廷,弄印莫畀,而独起卿以家食,择材而任,盖不轻也。卿既为朕来矣,顾不能舒徐岁月,以副朕责成之意,可乎? 今公私匮急,诚如来奏,苟吾有司审盈虚,知取予,虽未能使国有九年之蓄,犹可使民受一分之赐也。逡曰不可为而释位以求去,是岂近臣体国之谊哉? 与其惩前事以自全,不若励新庸而图报。归荣之请,其止勿言。所请宜不允。

出处:《西山文集》卷一九。

撰者:真德秀

考校说明:编年据同集前后文时间补。

赐起复正议大夫右丞相兼枢密使兼太子少师
史弥远乞归田庐补还服制不允诏
(暂系于嘉定三年六月前)

敕:具悉。在昔昌陵兴帝王之业,惟时赵普建社稷之勋。夺哀情于艰疚之初,蠲起复于祥除之日。未闻有请,欲许终丧。兹故实之甚明,在信书而可考。卿为硕辅,繫国世臣,以忠纯不二之心,奋刚毅必为之节。力陈至计,正储闱少海之尊;躬蹈危机,安宗庙泰山之固。粤从人望,登拜台司,有调娱中外之功,有经理久长之策。岂容顷步,轻去朝廷!矧礼极哀荣,既事亲而无憾;则义均休戚,在体国以宜先。益坚致主之心,庸副教忠之望。所请宜不允。

出处:《西山文集》卷二〇。

撰者:真德秀

考校说明:编年据史弥远宦历补,见同集卷一九《史弥远特授正奉大夫依前起复右丞相奉化郡开国公加食邑食实封制》。

赐起复正议大夫右丞相兼枢密使兼太子少师
史弥远再上奏札子乞归田里补还服制依已降
指挥不允不得再有陈请诏
(暂系于嘉定三年六月前)

敕:具悉。大臣之义,与众庶不同;多事之时,视承平亦异。夫既任安危之责,则当权轻重之宜。卿世秉钧衡,望隆柱石。以身徇国,昔尝捐家族而弗辞;移孝而忠,今可执亲丧而为解?矧岁月将临于祥禫,而哀荣备极于始终,其在卿心,夫复奚憾!顾今朝廷之上,有宵旰之忧,朕方喟然,思与济此。尚念倚毗之切,勉恢康人之图,庶允答于民瞻,亦有光于慈训。所请依已降指挥不允,不得再有陈请。

出处:《西山文集》卷二〇。

撰者:真德秀

考校说明:编年据史弥远官历补,同集卷一九《史弥远特授正奉大夫依前起复右丞相奉化郡开国公加食邑食实封制》。

赐起复正议大夫右丞相兼枢密使兼太子少师史弥远辞免特授正奉大夫加食邑食实封恩命不允诏

(暂系于嘉定三年六月前)

敕:具悉。国朝之制,凡大典礼、大庆赉,丞相率居其先焉,所以重朝廷,尊廉陛。今朕涓日陈仪,册拜元子,恩典之行,宜自卿始,而逡巡固避,至于再三。越既崇旧弼,奖族老,而后及卿,所以屈彝章、伸雅素者,不为不至矣,尚欲力辞,非予所敢知也。所辞宜不允。

出处:《西山文集》卷二一。

撰者:真德秀

考校说明:编年据史弥远官历补,见同集卷一九《史弥远特授正奉大夫依前起复右丞相奉化郡开国公加食邑食实封制》。

赐起复正议大夫右丞相兼枢密使兼太子少师史弥远再上奏札子辞免以皇太子册宝推恩特授正奉大夫加食邑食实封恩命不允更不得再有陈请诏

(暂系于嘉定三年六月前)

敕:具悉。朕以卿辅翼元储,功德茂盛,考循故实,命晋文陛,而控避之章,既却复上,前所谕答,固已谆谆,胡为确然不易所守!夫崇德报功,国之典也;辞荣避宠,卿之心也。卿欲行志,朕欲行礼,志与礼孰重,卿其思焉。所辞宜不允。

出处:《西山文集》卷二一。

撰者:真德秀

考校说明:编年据文中所述史事、史弥远官历补,见《宋史》卷三九《宁宗纪》、同集卷一九《史弥远特授正奉大夫依前起复右丞相奉化郡开国公加食邑食实封制》。

观文殿大学士提举临安府洞霄宫吴兴郡开国公钱象祖特授少保加食邑一千户实封四百户令所司择日备礼册命麻制

（嘉定三年六月十四日）

　　国家之庆,莫盛于建储;人主之恩,尤先于笃旧。维朕元子,诞膺典策之华;念我宗臣,尝参师傅之重。厥有明命,告于群工。具官钱象祖,器度宏深,材猷瑰硕,生重侯累将之裔,有先正名臣之风。其践政涂,非群议于兵衅骤开之日;其登揆席,翊万几于朕躬亲揽之初。功名赫奕以不居,进退雍容而有裕。粤予上嗣,正位前星。既主鬯之得人,肆临轩而锡命。金石在虞,协风扬从律之稣;搢绅盈庭,景曜焕重轮之瑞。缅惟黄阁弥谐之老,久宣青宫调护之劳,独兴叹于滞南,谅倾心于拱北。其加茂渥,以奖旧勋。学士象四时,仍延恩之邃职;孤卿位九棘,陟亚保之岿班。珍台更使领之严,圭食衍邑封之宠。於戏! 元良之正万国,凫嘉辅导之功;二公之弼一人,更藉谋猷之益。勿以尔身之居外,而忘臣职之效忠。往殚乃心,祗若予训。可特授。

出处:《西山文集》卷一九。
撰者:真德秀
考校说明:编年据《宋会要辑稿》职官一补

赐特进观文殿大学士提举临安府洞霄宫钱象祖上表再辞免特授少保依前观文殿大学士充醴泉观使加食邑食实封恩命不允不得再有陈请诏

（嘉定三年六月十四日后）

　　敕:具悉。朕建储之始,稽用旧典,命二三大臣并职辅导于东宫。卿以台衡之尊,兼师傅之重。须眉皓然,衣冠甚伟,有如绮里之侍宴席;訚訚恻恻,屡有谏正,又如张酺之在经帷。朕甚嘉之,虽去国之久未尝忘也。肆因显册之成,命晋孤卿之秩。《诗》不云乎,"无言不雠,无德不报",朕心盖庶几焉。毋庸固辞,咈我眷意。所辞宜不允。

出处:《西山文集》卷二〇。

撰者:真德秀

考校说明:编年据《宋会要辑稿》职官一补

皇伯奉国军节度使开府仪同三司充万寿观使嗣秀王师揆可特授少保加食邑食实封制
（嘉定三年六月十六日）

王者建储立贰,所以系万国之心;备物陈仪,所以垂百代之宪。故齿胄行而国人化,主鬯定而宗庙安。既钜典之崇成,宜湛恩之敷锡。矧惟伯父,凤号贤王,其颁制册之公,用耸廷绅之听。具官师揆器资宏裕,业履端醇。逮事阜陵,恩隆犹子之爱;受知光考,谊均同气之亲。而能恪守宫庭,动循矩度。赐履袭秀园之旧,辨仪参宰路之崇。德盛而礼弥恭,位高而志愈约。朕若稽古训,豫建元良,酌有唐太极之旧规,遵至道朝元之故事。顾瞻群彦,纷鹓鹭以充庭;有伟宗英,俨貂蝉而在列。爰加命数,以侈荣怀。仍节制于元戎,峻等威于亚保,以光外朝九棘之位,以焕宗正二星之躔。申衍丰租,具昭殊眷。於戏!三孤之重,百辟所瞻。弘化弼予,虽少异周王建官之旧;制节谨度,当毋忘宣尼守贵之言。于昭令猷,钦对嘉命。可特授。

出处:《西山文集》卷一九。

撰者:真德秀

考校说明:编年据《宋会要辑稿》职官一补

赐嗣秀王师揆辞免除少保依前皇伯奉国军节度使充万寿观使加食邑食实封恩命不允批答
（嘉定三年六月十六日后）

省表,具之。三孤之官,在周为寅亮天地之职,今虽名存实异,然命数礼秩盖与丞相等,朕未尝轻于授人也。卿以温良易直之资,耆明醇茂之识,为宗室祭酒,视仪三事,亦既有年。肆予考之彝章,登拜亚保,非独侈钜典之成而已,亦俾振振麟趾之族知有德如卿,然后足以当此位,其为劝励,不既多乎？亟其祗钦,毋遏朕命。所辞宜不允。

出处:《西山文集》卷二二。

撰者:真德秀

考校说明:编年据《宋会要辑稿》职官一补。

赐嗣秀王师揆再上表辞免除少保依前皇伯奉国军节度使充万寿观使加食邑食实封恩命不允仍断来章批答

(嘉定三年六月十六日后)

省表,具之。朕读《诗》至《大雅》曰"怀德维宁,宗子维城",未尝不置书三叹也。于虖! 有国家者,其可不宠绥同姓以为藩垣之助哉? 眇予小子,嗣守丕绪,惟修德以固宗者未尝一日忘,庶几《行苇》忠厚之风兴于今日。而况予一人伯父之尊,三朝属籍之老,褒崇之典,其庸可后乎? 升华三孤,亦既晚矣,卿而不宜,尚谁宜之? 趣祗朕恩,毋或多逊。所辞宜不允,仍断来章。

出处:《西山文集》卷二二。

撰者:真德秀

考校说明:编年据《宋会要辑稿》职官一补。

皇叔祖昭庆军节度使提举佑神观嗣濮王不俦可特授检校少保加食邑食实封制

(嘉定三年六月十七日)

建储所以尊宗庙,盖图千载之安;睦族所以厚人伦,期底万邦之协。朕鉴观往训,册命元良。既典章文物之一新,斯天地神人之咸悦。厥有大赉,宜先近亲,其敷涣恩,用穆师听。具官不俦令猷渊邃,雅量冲和。早晞沛辅之贤,矜严有度;晚慕辟强之节,清静自娱。以真王绍服于濮园,以大将拥旄于雪水。振振信厚,蹈承平公姓之风;抑抑威仪,蔚昭代老成之望。比正前星之位,聿彰浃震之符。毓明德而居少阳,丕隆国本;铺鸿藻而伸景铄,诞举邦彝。有伟奇英,与陪盛礼。爰因继体之义,思广笃亲之仁。緅冕篆车,俾政参于寅亮;珍台闲馆,仍自适于燕颐。增衍真畬,并昭茂渥。於戏! 大宗维翰,朕欲致本支之强;三孤弼予,尔尚期名实之称。惟不忘居宠思危之戒,斯无愧以德诏爵之公。光昭前闻,永有终誉,可特授。

出处:《西山文集》卷一九。

撰者:真德秀

考校说明:编年据《宋会要辑稿》职官一补

赐嗣濮王不俦上表再辞免特授检校少保依前昭庆军节度使提举佑神观嗣濮王加食邑食实封恩命不允仍断来章批答
(嘉定三年六月十七日后)

省表,具之。夫建元子以奉粢盛,褒同姓以壮藩翰,其事虽殊,其为尊祖重本一也。孟子曰:"古之人所以大过人者无他,善推其所为而已矣。"今朕因父子之亲而施恩宗族,非善推所为之谊虖?方将以是励风俗,厚人伦,以教天下之爱。卿言虽力,不得而从。所辞宜不允,仍断来章。

出处:《西山文集》卷二二。

撰者:真德秀

考校说明:编年据《宋会要辑稿》职官一补。

核实军籍诏
(嘉定三年六月二十三日)

三衙、江上、四川诸军主帅核实欺冒者,以赃论。

出处:《两朝纲目备要》卷一二。

杨次山特授少保进封永阳郡王加食邑食实封制
(嘉定三年六月二十六日)

朕肇建储闱,聿修册礼。黄麾设仗,眡元会之盛仪;鳞簨充庭,奏明安之雅乐。班行悚动,朝野欢康。既闳宗祐之休,宜锡后家之泽。维亲贤之莫二,肆命数之兼崇。扬于大廷,告尔多士。具官杨次山,耆明而肃艾,简静而裕和。早奋右庠,旁贯九流之蕴奥;晚联左戚,蔚为四姓之仪刑。自膺斋旄绣衮之华,久遂闲馆珍台之佚。位参将相,行无改于布韦;名在族姻,身弗留于辇毂。得远势避权之体,有阃门养重之风。惟朕躬亲揽于政机,顾后德实多于内助。比宣离明继照之象,尤资坤载顺承之功。典策告成,邦家叶庆。若时懿属,可限彝章?其登外朝位棘之尊,仍疏王社苴茅之贵。指洞庭之野,麾帜不移;画滁水之阳,封疆特大。亶为异渥,复掩前闻。於戏!若古训言,位禄匪期于骄侈;维天明畏,谦盈随示于益亏。尔其守樊侯谨约之规,晞窦君退逊之节,勉肩忠荩,思保宠荣。庶无后艰,永有终誉。可特授少保,进封永阳郡王,依前岳阳军节度使、充万寿观使,加食邑七百户、食实封三百户。仍令所司择日备礼册命,主者施行。

出处:《西山文集》卷一九。又见《宋四六选》卷四。

撰者:真德秀

考校说明:编年据《宋会要辑稿》职官一补

赐杨次山辞免新除少保进封永阳郡王
加食邑食实封恩命不允诏
(嘉定三年六月二十六日后)

敕:具悉。三孤之官,贰公弘化,朕未尝轻以授人也,而况茅土之封,自元丰命曹佾之后,施诸后族越不过六七人。今朕因青宫册礼之成,既擢卿于亚保之位,又以累朝待元舅者,可谓不世之荣、殊常之遇矣。非卿老成静重,蔚有令德,朕敢以天官为私宠乎?往祇朕恩,图所以称此者,循墙之避,宜略常文。所辞宜不允。

出处:《西山文集》卷二〇。

撰者:真德秀

考校说明:编年据《宋会要辑稿》职官一补

再赐杨次山辞免恩命不允诏
(嘉定三年六月二十六日后)

敕:具悉。昔在东都有贤戚曰阴识,以椒房同气之重而能谦冲自处,为世祖所嘉尚,每指之以敕戒贵戚,激厉左右焉。今朕有卿亦犹是也。储闱受册,推恩外家,顾惟亲贤,畴出卿右,三孤之拜,王社之封,所以褒表耆德,为戚里劝也。朕命不易,毋庸固辞。所辞宜不允。

出处:《西山文集》卷二〇。

撰者:真德秀

考校说明:编年据《宋会要辑稿》职官一补

史弥远特授正奉大夫依前起复右丞相奉化郡
开国公加食邑食实封制
(暂系于嘉定三年六月前后)

天下之本在元良,左右得贤则万邦正;人主之职论一相,经纶有道则百度修。朕肇建皇储,迄成缛典,乃眷股肱之良弼,凤殚羽翼之深功,其敷涣恩,以诏群辟。具官史弥远,宽阔而缜栗,刚大而粹夷。有尊主庇民之诚,足以卫王室;有忘身殉国之节,可以通神明。自持橐于甘泉,即横经于资善。琢磨令范,斧藻大猷。扫浮云而开泰清,再康天步;导前星而贰宸极,益固邦基。乃登筹帷,乃穆台宰。进则谋谟黄阁,以燮谐万化之元;退则陪辅青宫,以讲明三善之益。展也宗臣之望,凛乎先正之风。属载考于上仪,当亟褒于中铉。义深体国,固无怀宠利之心;赏或忘劳,何以示贤能之劝?用晋文阶之峻,申倍井赋之优。於戏!日重光而月重轮,既丕昭于令德;河如带而山如砺,方首序于元功。惟君臣相得之甚艰,而事业当图于不朽。勉摅闳韫,庸副殊知。可特授。

出处:《西山文集》卷一九。

撰者:真德秀

考校说明:编年据同集前后文时间、史弥远官历补,见《宋史》卷二一三《宰辅表》。

赐起复正议大夫右丞相兼枢密使太子少师史弥远
辞免以皇太子册宝推恩特转一官恩命不允诏
(暂系于嘉定三年六月前后)

敕:具悉。朕承宗庙之重,惟稽古建我元子于东宫。粤二年秋,躬即大庆,行册命礼。钟鼓在虡,衣冠在廷,洋然和气,充塞上下。俾朕得以垂万世休,无愧祖宗付托之懿者,皆吾大臣辅赞力也。卿以宏深正大之学,端亮纯一之诚,凤简朕心,从游资善。迪我储德,底于光明,密决大计,以安天下。遂縻宾傅,升亚维师。教谕德成,既颙且久,第进一官,朕意犹慊。亟祗焕恩,毋遏成命。所辞宜不允。

出处:《西山文集》卷二〇。

撰者:真德秀

考校说明:编年据同集前后文时间、文中所述史事、史弥远宦历补,见《宋史》卷三九《宁宗纪》、卷二一三《宰辅表》,同集卷一九《史弥远特授正奉大夫依前起复右丞相奉化郡开国公加食邑食实封制》。

赐中大夫知枢密院事兼参知政事兼太子宾客雷孝友通奉大夫参知政事娄机正议大夫参知政事楼钥中大夫同知枢密院事章良能端明殿学士通议大夫签书枢密院事宇文绍节辞免皇太子受册命了毕各与转一官恩命不允诏

(暂系于嘉定三年六月前后)

敕:具悉。朕观三代有道之长,法重离继照之象,更化之始,首建储闱。宗祀之前,举行册礼,宏休懿铄,照映古今,神祇祖考,莫不咸喜。卿等以股肱良弼,兼组青宫,既殚出入谕教之勤,复与周旋礼文之盛,阙而不录,谓典章何?《传》不云乎,"太子正而天下定",卿等有辅朕安天下之功矣,而欲辞一秩之赏,得乎?亟其祗承,毋或多逊。所辞宜不允。

出处:《西山文集》卷二〇。

撰者:真德秀

考校说明:编年据同集前后文时间、文中所述史事、雷孝友等人宦历补,见《宋史》卷三九《宁宗纪》、卷二一三《宰辅表》。

赐正议大夫吏部尚书兼修国史实录院修撰兼太子詹事曾晫辞免以皇太子受册了毕本宫官吏等各与转一官恩命不允诏
（暂系于嘉定三年六月前后）

敕：具悉。朕更化之始，建我元子于青宫，属卿来归，置在詹省，以方严和裕之德，翼恭敬温文之美，今三载矣。册礼告成，恩遍寮寀，岂以端尹之重而可遗乎？卿其祇服徽章，益思所以辅吾子，固万世磐石之基，是惟朕属任之意。控词虽力，义不可从。所辞宜不允。

出处：《西山文集》卷二〇。

撰者：真德秀

考校说明：编年据同集前后文时间、文中所述史事、曾晫官历补，见《宋史》卷三九《宁宗纪》、《宋中兴东宫官寮题名》、《南宋馆阁续录》卷九。

赐朝散大夫试太子詹事兼同修国史实录院同修撰兼秘书监戴溪辞免该遇皇太子受册推恩特转一官恩命不允诏
（暂系于嘉定三年六月前后）

敕：具悉。日吾元子之在资善也，卿以当世儒先横帙左右，盖于火然泉达之始，已有日渐月渍之功。越既升储，遍历宫寀，迪之以正心诚意之学，勉之以居仁由义之道，从容启沃，裨益孔多。朕方嘉尔之劳，思所以表厉而未遑也。礼成增秩，亦维其常，何必执谦，留我成命。所辞宜不允。

出处：《西山文集》卷二〇。

撰者：真德秀

考校说明：编年据同集前后文时间、文中所述史事、戴溪官历补，见《宋史》卷三九《宁宗纪》、《宋中兴东宫官寮题名》、《南宋馆阁续录》卷七、卷九。

赐朝议大夫试尚书吏部侍郎兼太子右庶子兼同修国史兼实录院同修撰汪逵辞免皇太子受册毕本宫官与转一官恩命不允诏

（暂系于嘉定三年六月前后）

敕：具悉。古之谕教太子者，必以选左右为急。朕既参稽古谊，正少阳之位，又择孝悌博闻有道术者以卫翼之。唯卿以渊源纯粹之学，服在兹选，实能以正言正行启迪储德。国本弥固，卿之力与为多焉。典册崇成，例俾增秩。虽名节自砺，岂有望赐之心；然功庸不报，亦非待贤之谊。往承朕命，毋烦固辞。所辞宜不允。来奏云："辱在近臣，当存体国之谊；敢同群吏，俱怀望赐之心！"

出处：《西山文集》卷二〇。

撰者：真德秀

考校说明：编年据同集前后文时间、文中所述史事、汪逵宦历补，见《宋史》卷三九《宁宗纪》、《宋中兴东宫官寮题名》、《南宋馆阁续录》卷九。

赐端明殿学士提举临安府洞霄宫卫泾辞免皇太子册宝推恩以昨参知政事兼太子宾客与转一官恩命不允诏

（暂系于嘉定三年六月前后）

敕：具悉。朕褒德录贤，不以新旧殊其礼；论功行赏，不以中外二其心。卿名高一时，学贯千古。捐身关策，力裨更化之宏规；造膝输忠，与决建储之大议。暨陟疑丞之任，首参宾交之联。正事正言，效见闻而无隐；重晖重润，资启沃以居多。属时典册之告成，载念勋劳之当纪，岂其居外，而可遐遗！第晋文阶，式昭眷意。毋徇谦抑之素，亟惟涣渥之承。所辞宜不允。

出处：《西山文集》卷二〇。

撰者：真德秀

考校说明：编年据同集前后文时间、文中所述史事、卫泾宦历补，见《宋史》卷三九

《宁宗纪》。

赐中大夫权礼部尚书兼侍读章颖乞许归田里不允诏
（暂系于嘉定三年六月前后）

敕：具悉。朕观昔者忠臣以言去国，有留落不偶而终其身者，有投闲未几而还踵登用者，公道之开塞，率于是焉占之。朕丕承祖宗，崇尚谠直，凡自初元以来，繇论事去者，更化之后亦有存而未召、召而弗用者乎？惟卿謇謇匪躬，名在诸儒之右，首触权幸，一去十年，越既来归，置在经幄，从容献替，朕甚嘉之。间由贰卿，进摄宗伯，鸣珮泽笏，出入阙庭，使荐绅大夫相语曰：此庆元谏争之臣，尝诎而复伸者也。激高风而励颓俗，庶其在兹。卿方怀归，殊咈吾意。所请宜不允。

出处：《西山文集》卷二〇。
撰者：真德秀
考校说明：编年据同集前后文时间、章颖官历补，见《宋会要辑稿》崇儒七、选举二二等。

赐通奉大夫参知政事兼太子宾客娄机感疾
乞许纳禄不允诏
（暂系于嘉定三年六月前后）

敕：具悉。昔太公既老，犹起海滨；留侯虽病，强辅太子。朝有华发之良，国之福也，岂以晦明风雨之不常而轻听其去哉！已诏有司予卿朝谒之告，卿其颐精神、近医药以自辅，归荣之请，朕未欲闻。所请宜不允，仍给假十日。

出处：《西山文集》卷二〇。又见《攻媿集》卷九七《娄公神道碑》。
撰者：真德秀
考校说明：编年据同集前后文时间、娄机官历补，见《宋史》卷二一三《宰辅表》。

赐潭州观察使知阁门事兼客省四方馆事兼
提点御前忠佐军头引见司杨谷辞免皇太子
受册了毕除承宣使恩命不允诏
（暂系于嘉定三年六月前后）

敕：具悉。朕尝阅东都之史，见明德马后抚育储嗣之功，著在简策，焜耀来世，未尝不深嘉而屡叹也。粤予元子，爰正春宫，保惠扶持，备殚劳悴，皆至哉坤元之力，其眂汉事，尤有光焉。典册告成，疏恩外属。惟卿伯仲，夙著贤称，富贵无自满之心，忠孝有兼全之节。若时留务，实亚斋旄，肆繇察廉，并命褒陟。《书》不云乎，"用德彰厥善"。朕之宠卿，盖庶几乎此，卿其何辞？所辞宜不允。

出处：《西山文集》卷二〇。

撰者：真德秀

考校说明：编年据同集前后文时间补。

赐朝请郎试尚书吏部侍郎兼修玉牒官兼侍读
兼权给事中许奕乞川蜀待阙州郡差遣不允诏
（暂系于嘉定三年六月前后）

敕：具悉。昔萧望之以谏官补郡史，不忘雅意之在本朝；吕元膺繇给事守同州，复以谠言而留左右。朕惟宣帝忧民之切，不如宪宗纳谏之明。若时近臣，可使轻去？卿以有用之学、不穷之材，冠多士于临轩之初，践禁涂于更化之日。其侍经幄，以正道沃朕心；其摄琐闱，以忠规裨朕听。方有赖批鳞之直，可遽为叱驭之行？其安厥官，益励尔操，使朕无愧元和之主，卿亦有光先汉之臣，何必守藩，乃为报国！所请宜不允。

出处：《西山文集》卷二〇。

撰者：真德秀

考校说明：编年据同集前后文时间、许奕官历补，见《鹤山先生大全文集》卷六九《许公奕神道碑》。

赐起复正议大夫右丞相兼枢密使兼太子少师
史弥远再上表辞免皇太子册宝推恩转行一官
恩命不允仍断来章批答
（暂系于嘉定三年六月前后）

省表,具之。朕闻予夺不同,惟功是眠;辞受何常,惟义之归。当予而刓印,非所以劝功;宜受而循墙,非所以合义。若昔圣贤之论,尤严取舍之间。苟有其名,则兼金之重,孟子弗以为非;不由其道,则五两之微,扬雄犹以为泰。今卿辅成储贰之德,于朕盖有社稷之勋,祗进一官,顾形三请。夫赞龙楼之礼,岂如卫翼之诚深;伸虎拜之恭,孰若师承之道重。况循常典,非出异恩,宜悉眷怀,毋烦词费。所辞宜不允。来奏云"以疾不及赞龙楼之礼,伸虎拜之恭",故云。

出处:《西山文集》卷二二。
撰者:真德秀
考校说明:编年据同集卷一九《史弥远特授正奉大夫依前起复右丞相奉化郡开国公加食邑食实封制》补。

光宗皇帝谥号加字集议诏
（嘉定三年七月十七日）

礼将举于南郊,报敢忘于先帝?惟丰功盛烈,既亘古以独隆;则显号尊名,宜与天而同大。恭惟光宗宪仁圣哲慈孝皇帝道高往圣,德被生民。惟一惟精,授受仰同于尧舜;克勤克俭,仪刑本自于家邦。仁风播乎八纮,利泽周乎四海。虽大美固难于摹写,然徽称宜极于形容。顾予眇躬,嗣有丕祚。向焉越绋而行事,礼文遂致于阔疏;今也燔柴之有期,典故盍先于讲究。上考绍熙之制,近用庆元之规。扬伟绩而铺宏休,务增光于既往;蕫英声而腾茂实,冀垂耀于无穷。光宗皇帝谥号见今六字,宜加十字为十六字,如祖宗故事,令宰执、侍从、台谏、两省官、礼官集议,仍令礼官详具典礼以闻。

出处:《宋会要辑稿》礼四九之八二。

1017

赈济江西江东被水之民诏
（暂系于嘉定三年八月十一日）

近日阴雨连绵,江西、江东间有损坏堰坝及被水人户,可令逐路转运常平司日下委官审实,依条赈济。

出处:《宋会要辑稿》食货六八之一一〇。

考校说明:此条原称"三年八月十一日",而系于嘉定十六年后,当有错简,姑作嘉定三年事收录备考。

盐钞官钱增收会子诏
（嘉定三年八月二十七日）

亭塌钞引之家低价买会,每贯用钱三四百文,及纳官却作一贯见钱直使,又增长旧钞之价,每盐一袋,卖官会百贯以上。自今指挥到日,盐钞官钱每一袋增收会子二十贯,仰三务场开雕大字朱印于钞面,作某年某月新钞,候通卖及一百万袋,即与住免增收。其日前已未支盐钞,并为旧钞,与立限一年并赍赴仓场支盐,每袋贴纳官会一十贯,出限更不行用。仍用新钞六分、旧钞四分,以新钞为资次。所有嘉定三年六月新钞三分、旧钞七分指挥更不施行。

出处:《宋会要辑稿》食货二八之五一。

定潭州船料场等监官额诏
（嘉定三年八月二十八日）

潭州船料场、造船场、都作院、在城酒税监官五员,见任人且令终满,已差下人依省罢法。

出处:《宋会要辑稿》职官四八之一四三。

严升差将校法诏
（嘉定三年九月一日）

三衙、江上诸军升差将校，必以才艺年劳，其徇私者，台谏及制置、总领劾之。

出处:《两朝纲目备要》卷一二。

淮东提举茶盐齐砺乞将创新兴复灶分明立赏格答诏
（嘉定三年九月五日）

依所申。所委官能兴复圆备，委无违阙，具职位、姓名保明申尚书省。内京官及武臣与转一官，选人与减改官举主三员，仍于内免职司一员。

出处:《宋会要辑稿》食货二八之五二。

除左藏东西库官条制诏
（嘉定三年十月二十三日）

今后左藏东西库官并候见阙，堂除曾作县有政绩人，仍依旧法，并以二年为任。见任武臣令候二年解罢，已差下人依省罢法。

出处:《宋会要辑稿》食货五一之一六。

娄机求归不允诏
（嘉定三年十月后）

年虽耄矣，初未闻知虑之昏；志方浩然，亦未见精神之惫。

出处:《攻媿集》卷九七《娄公神道碑》。

捕获强盗胡海等推恩诏
(嘉定三年十一月八日)

镇江都统兼权淮东安抚毕再遇特转六官、仍特赐金带、束带各一条;统制陈世雄、蒋世显、冯榍各特转四官,仍各特赐金带一条;宋显等一十四名各特转三官;正副将曹辉等七名各特转两官;统领李进四十五名各特补转一官资;主管机宜文字刘燧、书写机宜文字毕衍各特转两官,仍与升擢差遣一次;节制淮东军马司准备差遣丁潜夫特补承节郎;知兴化县徐景特转一官,与升擢差遣一次;知宝应县张叔敫特转两官,与升擢差遣一次;兴化县尉周大川特循两资;巡检卢之才、监庄赵涓、沿淮巡检陈子衙各特转一官资。

出处:《宋会要辑稿》兵一三之四五。

置天水县令诏
(嘉定三年十一月十七日)

天水军置天水县令一员,令制置司于经任有才干选人内奏辟。

出处:《宋会要辑稿》职官四八之二〇。

取拨会子措置收买浮盐诏
(嘉定三年十一月二十一日)

已降指挥,令封桩库取拨会子四十万贯付浙东提举司,五十万贯付浙西提举司,措置收买浮盐。经今日久,令应武往浙东、赵汝述往浙西同提举,日下措置,务使客贩流通,盐钞无阻,旬具已措置及已买数目申尚书省。

出处:《宋会要辑稿》食货二八之五二。

赐正议大夫参知政事兼太子宾客娄机
年齿衰耄疾病易生乞许纳禄不允诏
（嘉定三年十二月前）

　　敕：具悉。朕以卿为天下之老，有大臣之风，越从众言，擢在二府。所资从容论道之益，非有奔走宣力之劳，何为上章，欲致厥事？昔毕公弼亮四世而克勤小物，卫武九十在位而以礼自防，卿年虽高，未至于是。其思国计之重甚于身谋，民瘼之瘝急于己疾，勉徇大义，勿复有云。所请宜不允，仍给假半月。来奏云有"不堪奔走"之言。

出处：《西山文集》卷二〇。

撰者：真德秀

考校说明：编年据娄机宦历补，见《宋史》卷二一三《宰辅表》。

赐正奉大夫守吏部尚书兼修国史兼实录院修撰
兼太子詹事曾�􀁯乞令谢事归养沉疴不允诏
（暂系于嘉定三年六月至十二月间）

　　敕：具悉。朕惟昔之贤哲，轻弃轩冕，勇往不回，其说有二。或时君信道弗笃，不足与有为；或同列甚贤者多，不去则有咎。故二疏享知止之乐，香山全退傅之名。今朕虚己待贤，常若弗及，众正在列，不以小人参之。士而无志当世则已，苟诚有志，可失斯时？况卿位冠从臣，责任不为不重；职居宫尹，宠遇不为不优。一旦浩然欲去朝廷而傲山壑，固足以遂卿考槃之志，独不使朕获权舆之讥乎？所请宜不允。

出处：《西山文集》卷二〇。

撰者：真德秀

考校说明：编年据同集前后文时间、曾晔宦历补，见《宋中兴东宫官寮题名》、《南宋馆阁续录》卷九。

赐焕章阁学士通议大夫知江陵府充京西湖北制置使李大性辞免除宝文阁学士依旧知江陵府充京西湖北制置使不允诏
(暂系于嘉定三年六月至十二月间)

敕:具悉。朕惟荆襄上游,屏蔽南服,间者边事之兴,被兵为尤甚,生齿流散,田莱多荒,盖尝喟然西顾而叹曰:孰能为朕劳徕还定,俾复其旧乎!卿以法从之英,首任阃寄,抚柔远近,得江汉之心,政声流闻,朕意以怿。维昭陵图书之府,邃在西清,俾卿职其间,庸示风劝。往服朕命,益绥吾民,庶无负褒表之意,尚何以辞为? 所辞宜不允。

出处:《西山文集》卷二〇。
撰者:真德秀
考校说明:编年据同集前后文时间、李大性宦历补,见《宋史》卷三九五《李大性传》、《两朝纲目备要》卷一一、《宋会要辑稿》刑法一。

英德唐寨将夫人虞氏祠赐额封显祐夫人敕
(嘉定三年)

惟神生能抗巢贼之锋,没能制峒寇之暴,有嘉一妇之节,殆过百夫之强。况雨旸之致祈,复利泽之随著。可无美号,以答阴功? 用正小君之名,大彰显祐之实。

出处:雍正《广东通志》卷五四。

光宗宁宗朝卷二十二　嘉定四年(1211)

赐安南国王李龙翰历日敕书
（暂系于嘉定三年至嘉定四年间）

敕安南国王李龙翰：朕稽尧典之授时，裁成历纪；仿周人之颁朔，远暨藩方。眷乃忠纯，为予屏翰，念将更于华岁，其预锡于新书。钦奉国章，益修侯度。

出处：《西山文集》卷二三。

撰者：真德秀

考校说明：编年据同集前后文时间补。

安集残破诸州诏
（嘉定四年正月二十二日）

湖南、江西诸州经贼践者，监司守臣考县令安集之实，第其能否以闻。

出处：《两朝纲目备要》卷一三。又见《宋元通鉴》卷九八。

吏部晓示应干知县窠阙不拘年限诏
（嘉定四年二月十一日）

令吏部将应干知县窠阙不拘年限，并行晓示，听改官人从便注授一次。

出处：《宋会要辑稿》职官四八之四七。

恪守赈恤令诏
（嘉定四年闰二月）

诸路帅守、监司、守令恪守朝廷赈恤之令，及盗发不即捕者，重罪之。

出处：《两朝纲目备要》卷一三。

夏震特授武信军节度使殿前都指挥使
进封加食邑食实封制
（嘉定四年三月前）

门下：太微南宫，上将拱端门之位；羽林北落，众星联垒壁之光。朕仰观乾象之文，近饬师兵之卫，惟予圻父，捍我皇家，其颁赞书，以竦群听。武康军承宣使、殿前副都指挥使、舞阳县开国男、食邑三百户、食实封一百户夏震，性资朴重，风概沈雄，早振迹于颜行，晚策勋于盟府。执戈卫社，阚如貔虎之威；仗钺奋忠，迅若鹰鹯之击。心惟享上，谊不辞难。遂亚中权，遂司留务。扈徼道千庐之邃，肃穆无声；领屯营万骑之严，训齐有纪。畴其多绩，锡以褒章。建蜀道之戎麾，正岩除之使领。岂云假宠，于以劝忠。於戏！若时将帅之臣，盖无越六旄之贵；维我祖宗之世，率以旌百战之多。尔其思恩遇之难酬，惜功名之易老。惟廉可以饱士，惟公可以服人。往其钦哉，勿替朕训。可特授武信军节度使，进封舞阳县开国伯，加食邑五百户、食实封二百户。主者施行。

出处：《西山文集》卷一九。又见《古文渊鉴》卷六三。
撰者：真德秀
考校说明：编年据夏震官历补，见《宋会要辑稿》职官一。

赐太中大夫守尚书户部侍郎兼详定敕令官
兼权工部沈作宾乞效官偏垒不允诏
（暂系于嘉定四年三月前）

敕：具悉。夫乘人之车者任人之患，食人之禄者分人之忧。卿职在论思，谊同休戚，属兹多事之际，当以尽瘁为心，云胡上书，遽欲自佚？昔王事靡盬，诗人有不遑将母之叹,今卿所遇,固异于斯。进则启沃朕前,退则怡愉膝下,苟能报国,自足悦亲。尚思勉于功名,庶兼全于忠孝。所请宜不允。

出处:《西山文集》卷二〇。

撰者:真德秀

考校说明:编年据同集前后文时间补。

赐正奉大夫参知政事兼太子宾客楼钥辞免
同提举编修敕令恩命不允诏
(暂系于嘉定四年三月前)

敕:具悉。朕惟我朝之旧章,最得先王之遗意。以道揆权法守,故能吻合人情之公;以儒者议刑名,故能深原天讨之用。长我王国,不在兹乎! 卿夙践朝行,久勤属笔,晚参政路,尝与提纲。惟心平可以酌律令之重轻,惟学博可以订古今之沿革,兹焉申命,置谓得人。勉终已试之功,毋以不能为解。所辞宜不允。

出处:《西山文集》卷二〇。

撰者:真德秀

考校说明:编年据同集前后文时间、楼钥官历补,见《宋史》卷三九《宁宗纪》。

赐华文阁直学士朝请大夫知福州充福建路安抚使
叶时乞畀宫观差遣不允诏
(暂系于嘉定四年三月前)

敕:具悉。朕惟前日守将屡易之弊,至于居官数月辄迁,有新故更代之烦,而失上下相安之美,朕甚厌之。故尝深念,纵未能复唐虞九载之制,独不可因任赐书,如神爵、五凤间乎? 卿性资粹明,学问渊博。顷劳法从,出镇全闽,以忠厚及物之心,施平易近民之政,曾未期年,远近爱之。《诗》曰:“岂弟君子,民之父母。”卿既庶几乎此矣,顾不少留以绥朕赤子,可乎? 勉安厥官,毋咈朕指。所请宜不允。

出处:《西山文集》卷二〇。

撰者:真德秀

考校说明:编年据同集前后文时间、叶时宜历补,见乾隆《福州府志》卷三一。

赐保康军承宣使左骁卫上将军镇江都统兼知扬州淮东安抚使毕再遇乞畀在外宫观差遣不允诏
(暂系于嘉定四年三月前)

敕:具悉。朕闻立功名易,保功名难。究观往昔将帅之臣,克自祗畏、雍容进退、不失令名者,曾几人哉!盖矜功则志易骄,怙宠则身易危,其势然也。卿拔自戎行,久董师律,威震夷貊,勇闻江淮,而能慕古人知止之风,察天道亏盈之戒,便朝入对,亟请奉祠,可谓善处功名之间矣。然而旅力方刚,精神尚强,当勉未为之勋业,益思无负于恩荣。姑徐尔归,往听朕训。所请宜不允。

出处:《西山文集》卷二〇。
撰者:真德秀
考校说明:编年据同集前后文时间、毕再遇宦历补,见《宋史全文续资治通鉴》卷三〇、嘉庆《扬州府志》卷三六。

赐通议大夫试户部尚书兼详定敕令官沈诜乞检会前后所奏俾令纳禄不允诏
(暂系于嘉定四年三月前)

敕:具悉。朕以月正元日眡群臣朝,当三阳汇进之时,惕然有感于《易》之《泰》,曰"内君子而外小人,君子道长,小人道消也。"然则老成耆德之彦,其可使之轻去也哉?卿质直敢言,清修有守,方资雅望,以重本朝。矧蹇叔之力虽愆,而楚丘之谋始壮,尚其祗服,毋替告猷。所请宜不允。

出处:《西山文集》卷二〇。
撰者:真德秀
考校说明:编年据同集前后文时间补。

赐宝谟阁直学士中大夫知潼川府刘甲乞许纳禄退安田里不允诏

（暂系于嘉定四年三月前）

敕：具悉。朕惟元祐忠贤之世，鲜或有闻；西州人物之宗，今其余几！卿洪毅有守，笃实不欺。器能适用于闲暇之时，风节自持于变故之日。顷繇南郑，易殿东川，甫及期年，稔闻报政。乡间非远，初何殊画绣之荣；精力尚强，毋遽羡安车之乐。勉绥民瘼，庸副朕怀。所请宜不允。

出处：《西山文集》卷二〇。

撰者：真德秀

考校说明：编年据同集前后文时间、刘甲官历补，见《宋史》卷三九《宁宗纪》、卷三九七《刘甲传》。《宋史》卷三九七《刘甲传》："(韩)侂胄诛，上念甲精忠，拜宝谟阁学士，赐衣带、鞍马……安丙既同知枢密院事，董居谊为制置使，甲进宝谟阁学士、知兴元府、利路安抚使，节制本路屯驻军马。"前一"宝谟阁学士"当为"宝谟阁直学士"之误。

赐端明殿学士通奉大夫签书枢密院事兼太子宾客宇文绍节乞畀祠禄不允诏

（暂系于嘉定四年三月前）

敕：具悉。朕闻为国者必有文武兼备之贤、威名素著之彦，使之端委庙堂，图议帷幄，然后足以弭未形之患，收无竞之功。卿器度恢洪，材猷英特。乃者总戎外阃，风采隐然，暨登枢庭，备罄忠荩。今虽潢池之警荡涤有期，朕心所忧正在贼平之后。维持镇定，方将与大臣图之，而卿遽请奉祠以求自佚，非所闻也。矧卿德望并隆，中外所恃，当身任经纶之责，可轻为去就之谋？勉听朕言，勿屡再请。所请宜不允。奏札云："今幸皇灵远畅，盗贼荡平，甲兵之间，浸已罕少。"云云。

出处：《西山文集》卷二〇。

撰者：真德秀

考校说明：编年据同集前后文时间、宇文绍节官历及卒年补，见《宋史》卷三九《宁宗纪》、卷二一三《宰辅表》。

赐建武军节度使鄂州江陵府驻札御前诸军都统制鄂州驻札王喜乞祠禄不允诏
(暂系于嘉定四年三月前)

敕:具悉。卿以西州拳勇之英名彻朕听,拥旄仗节,极将帅之荣,必能忘身,乃可报国。今疆场晏然,非有执干戈援枹鼓之役也。惟公惟廉,以勤抚我士卒,使戎政日肃,武备日修,则优游折冲,可以忘老。遽求闲退,非朕所期。所请宜不允。

出处:《西山文集》卷二〇。

撰者:真德秀

考校说明:编年据同集前后文时间、王喜官历补,见《宋会要辑稿》职官七五、兵二〇。

赐端明殿学士通奉大夫签书枢密院事兼太子宾客宇文绍节乞畀祠禄不允不得再有陈请诏
(暂系于嘉定四年三月前)

敕:具悉。朕惟人主用贤之功,必悠久而后见;大臣体国之谊,岂进退之可轻!卿静重有谋,沈深能断。自登簪橐清华之选,即值干戈俶扰之虞,屏蔽江淮,蕃宣襄汉。牧人御众,有寇恂之材;治军理民,兼武侯之略。参稽舆论,擢贰枢庭。镇抚四夷,正藉威名之素;调娱万务,方观智识之长。叠览来章,遽祈去位,岂有能应变于昔者纷纭之会,而不能运筹于今兹闲暇之时? 舍朕而归,其义安在? 尚念倚毗之切,勉恢经济之图。期斯世之举安,虽退休其未晚。所请宜不允。

出处:《西山文集》卷二〇。

撰者:真德秀

考校说明:编年据同集前后文时间、宇文绍节官历及卒年补,见《宋史》卷三九《宁宗纪》、卷二一三《宰辅表》。

赐资政殿大学士中大夫知兴元军府事充利州路安抚使充成都潼川府夔州路制置大使安丙乞畀宫观差遣不允诏
（暂系于嘉定四年三月前）

敕：具悉。朕慨念坤维，邈在万里，非威名夙著不足以镇服物情，非智略有余不足以法酝事变，故专任卿以一面之责，庶几宽予西顾之忧。遽览来章，首陈故实，反复申绎，为之怃然。知卿诚悃之深，有如皦日；顾朕倚毗之切，方若长城。其体至怀，少安厥位。所请宜不允。奏札云："祖宗旧制，不以蜀人为大帅。"云云。

出处：《西山文集》卷二〇。

撰者：真德秀

考校说明：编年据同集前后文时间、安丙宦历补，见《两朝纲目备要》卷一一、卷一三。

赐武康军承宣使殿前副都指挥使夏震纳禄不允诏
（嘉定四年三月前）

敕：具悉。卿诚于卫上，为朕之信臣，老于治兵，为时之良将。既越众人而登用，岂容一旦以告归！矧今师律浸修，戎容载肃。轻裘缓带，何御侮之劳；雅歌投壶，有从军之乐。纵令自佚，何以过兹？为国折冲，盖无逾老臣者；引年谢事，岂所图将军哉！所请宜不允。

出处：《西山文集》卷二〇。

撰者：真德秀

考校说明：编年据夏震宦历补，见《宋会要辑稿》职官一。

史弥远特授光禄大夫右丞相兼枢密使兼
太子少师加食邑食实封制
（暂系于嘉定三年六月至嘉定四年三月间）

　　门下:朕夙兴眠朝,夕惕念治。揽万几而兢业,若涉春冰;倚一相以经纶,用作霖雨。顷以安危之寄,起于艰疚之中。素冠栾栾,既毕礼经之制;赤舄几几,庸新宰路之瞻。播告大廷,咸听朕命。具官史弥远,清明而庄重,宏毅而粹温。劢相我家,世伿旂常之载;端诚于国,心逾金石之坚。当群枉之横流,仗孤忠而首奋。不为祸福之虑,独陈社稷之言。扫祆弗于太微,乾端澄肃;正少阳于贰极,震器尊安。陈平之智有余,萧相之功第一。方图夹辅,遽服私忧。蔽自予衷,式从权制。而能以勤劳熙帝载,以宽靖镇物情,有推贤引类之风,有折冲销萌之略。虽闵骞至孝,欲毕三年之哀;而玄龄善谋,岂容一日之去! 矧更吉制,宜举徽章。论道岩廊,兼总枢机之要;从游储禁,允资模范之良。以井赋则加多,以文阶则加峻。维国旧典,匪予汝私。於戏! 天难谌斯,讵敢忘惟几惟康之戒;民亦劳止,盍共图既庶既富之功! 朕方爱日以有为,尔尚辅予之不逮。四事未施,则周公坐而待旦;一夫弗获,则伊尹视如内沟。勉行所知,无愧前哲。

出处:《西山文集》卷一九。又见《宋宰辅编年录》卷二〇。
撰者:真德秀
考校说明:编年据同集前后文时间、史弥远宦历补,见《宋史》卷二一三《宰辅表》。

赐正议大夫史弥远再上表辞免特授光禄大夫
右丞相兼枢密使兼太子少师奉化县开国公加
食邑食实封恩命不允仍断来章批答
（暂系于嘉定三年六月至嘉定四年三月间）

　　省表,具之。朕闻诸孟子曰:"所谓故国者,非谓有乔木之谓也,有世臣之谓也。"盖惟世臣,与国同体,故当以安社稷为悦,不当以辞爵位为高。卿忠正勤劳,素明斯谊。乃者累然在疚,尚能体眷倚之重,勉服厥位,以图经纶之功,况今祥禫既终,礼制无阙,是固悉心辅政之日也。甲寅制书,诞告有位,群工庶正,佥曰允哉。卿其祗服训言,迪朕不逮,君臣同心,克享上帝,以迓续无疆之休,卿亦与有无穷之闻，岂不贤于辟宠之烦乎？所辞宜不允，仍断来章。

出处：《西山文集》卷二二。

撰者：真德秀

考校说明：编年据同集卷一九《史弥远特授光禄大夫右丞相兼枢密使兼太子少师加食邑食实封制》补。

夏震除太尉依前武信军节度使致仕进封武阳郡开国侯加食邑食实封制
（嘉定四年三月十五日）

门下：授斋坛之钺，方涣号之诞扬；挂神武之冠，勿需章之亟上。若时虓将，厥有骏功，兹祈解于殿岩，肆进登于尉府。敷我明命，告于治朝。武信军节度使、殿前都指挥使、舞阳县开国伯、食邑八百户、食实封三百户夏震，少以勇闻，晚由忠显。顷属揽权之始，与闻去恶之谋。以号令一众心，若周勃入北军之日；以感慨图王事，若多祚领羽林之时。繇列校而秉中权，自廉车而升留务。久总凝严之护，甫颛节制之雄，而受宠若惊，以疾来请。念将冀吕蒙之愈，莫如听李靖之归。庶休精神，以便药石。佩秦官之印绶，式奖尔劳；建汉将之鼓旗，俾仍其旧。胙之侯爵，丰厥圭窫。於戏！垂车而传子孙，虽已从于闲适；阖门而养威重，犹可备于谘谋。尚勉卫生，毋忘报国。可除太尉，依前武信军节度使致仕，进封舞阳郡开国侯，加食邑五百户、食实封二百户。主者施行。

出处：《西山文集》卷一九。

撰者：真德秀

考校说明：编年据《宋会要辑稿》职官一补。

赐正奉大夫参知政事兼太子宾客楼钥乞再挂衣冠不允诏
（暂系于嘉定四年三月前后）

敕：具悉。卿自去夏以来，数致告归之请。眷言诚悃，非不欲从，顾念国计所关，为说有二。大臣之道，固匪一端，至于合和朝廷，调一天下，非存心忠厚如古之吉人，持论宽平若汉之长者，则不足与任此。卿于二者，盖庶几焉，其不可去一也。朝有大政，国有旧章，孰咨孰谋，繄我元老，其不可去二也。今虽纪纲略定，中外向宁,乃若建长策以起治功,护元气以固国脉,兢兢业业,正在斯时。卿当勉留,力辅不逮,遽求自佚,朕何望焉! 所请宜不允。

出处:《西山文集》卷二〇。
撰者:真德秀
考校说明:编年据同集前后文时间、楼钥宦历补,见《宋史》卷三九《宁宗纪》。

赐光禄大夫提举临安府洞霄宫张岩辞免
复资政殿学士依旧宫观恩命不允诏
(暂系于嘉定四年三月前后)

敕:具悉。朕惟皇建极,以恕及人,苟或取一节之长,不暇计平生之素,其为忠厚,殆过古初。卿曩自周行,躐登要路,方进长西枢之日,盖与闻北伐之谋。虽不能折王恢首事之非,而粗知守魏绛和戎之利。物论固多于归咎,公朝宁过于用恩。既予真祠,复还旧职。与人求备,朕不忍为;居宠思危,尔当知戒。第坚图报,焉用控词? 所辞宜不允。

出处:《西山文集》卷二〇。
撰者:真德秀
考校说明:编年据同集前后文时间补。

赐中大夫权礼部尚书兼侍读兼修玉牒官章颖辞免
除礼部尚书兼职依旧恩命不允诏
(暂系于嘉定四年三月前后)

敕:具悉。昔朕之就傅也,先皇帝妙简一时之望,以从我于潜藩,琢磨以道谊,渐渍以经术,盖无异商宗之学甘盘、汉皇之得四皓也。今其存者,尚复几人,登进褒崇,讵容或后? 卿正大之学足以格君,清修之行足以励俗。中缘直道,去国有年,肆其来归,擢侍经幄,闾闾恻恻,动寓忠爱,眠前为有加焉。文昌六卿,礼最高选,载畴已试,即念为真。朕于敬故尊贤,庶几两得之矣。抗章求避,岂所图于卿者哉! 所请宜不允。

出处:《西山文集》卷二〇。

撰者:真德秀

考校说明:编年据同集前后文时间补。

赐中奉大夫试尚书吏部侍郎兼太子右庶子兼同修国史兼实录院同修撰汪逵辞免除权工部尚书兼职依旧恩命不允诏

(嘉定四年三月后)

敕:具悉。朕惟士大夫有以风节自持,道谊自任,标望屹然,为人物之冠者,其在清明之世,岂容进用之未至哉!卿以洪毅任重之资,博洽多闻之学,实似先正,为时名流。中缘直道,见嫉群枉,澹然自守,士论宗之。更化来归,置在禁近,朕心资其启沃,储德赖其缉熙,参稽师言,擢掌事典。《传》曰"正臣进者治之表",荐绅方属目焉。亟行所知,毋或多逊。所辞宜不允。

出处:《西山文集》卷二〇。

撰者:真德秀

考校说明:编年据《宋中兴东宫官寮题名》补。

赐中奉大夫权工部尚书兼太子右庶子兼同修国史兼实录院同修撰汪逵辞免除权吏部尚书兼太子詹事日下供职不允诏

(嘉定四年四月后)

敕:具悉。朕惟职总三铨,文昌为重;地邻六傅,端尹为高。以卿顷佐治官,擅精明之誉,久联中护,多辅导之功,肆加二命之荣,盖极一时之选。允谐众望,焉用牢辞!夫综叙人材,不在身言书判之末;缉熙储德,岂以章句文义为先? 有崔、毛之行,然后足以销浮竞之风;有园、绮之实,然后足以广见闻之益。非卿不能任此,非朕不能用卿。亟其祗钦,益究所蕴。所辞宜不允。

出处:《西山文集》卷二〇。

撰者:真德秀

考校说明:编年据《宋中兴东宫官寮题名》补。

嘉定四年及第进士第等授官诏
(嘉定四年五月二十四日)

新及第进士第一人赵建大特补承事郎、签书昭庆军节度判官厅公事,第二名姚瑶、第三名孙望之并文林郎、节察推判官,第四名沈敏、第五名张翀并从事郎、防团推判官,第六名以下、第二甲、第三甲、第四甲、第五甲并迪功郎、诸州司户簿尉。

出处:《宋会要辑稿》选举二之三一。

楼钥再乞致仕第三札御笔批答
(嘉定四年五月后)

引年纳禄,在常情则然;养老乞言,犹古人不废。况大臣之进退,系朝家之重轻,有如贤卿,蔚为国老,频阅抗陈之奏,殊乖眷委之怀。益务交修,毋思独善。

出处:《攻媿集》卷三三。

赐湖北安抚使充京西湖北制置使李大性银合夏药敕书
(暂系于嘉定三年夏或嘉定四年夏)

敕大性:朕邃处穆清,轸怀炎赫。眷言侍从之老,方剧藩垣之劳,锡以珍良,助其节适。尚广蠲痾之泽,亟苏苦热之民。

出处:《西山文集》卷二三。
撰者:真德秀
考校说明:编年据同集前后文时间、李大性宦历、文中所述"夏药"补,见《宋史》卷三九五《李大性传》、同集卷二〇《赐焕章阁学士通议大夫知江陵府充京西湖北制置使李大性辞免除宝文阁学士依旧知江陵府充京西湖北制置使不允诏》《赐宝文阁学士通议大夫知江陵府充湖北路安抚使充京西湖北路制置使李大性乞许奉祠归里不允诏》等。

赐御前诸军都统制李贵王大才庄松银合夏药敕书
（暂系于嘉定三年夏或嘉定四年夏）

敕李贵等：朕身居广厦，心念和门。属兹烁石之时，嗟我摞金之士。其敥药饵，以涤歕烦。

出处：《西山文集》卷二三。

撰者：真德秀

考校说明：编年据同集前后文时间及王大才、庄松宦历补，见《两朝纲目备要》卷一一、《宋会要辑稿》兵一六。

段子雍除从政郎诏
（嘉定四年七月二十七日）

抚州寄居迪功郎新袁州万载县主簿段子雍，以岁旱收养遗弃童幼二百二口，后至食新，并责还父母亲属。可特循从政郎。

出处：《宋会要辑稿》食货六八之一一〇。

许爵赏冒滥者自陈诏
（嘉定四年七月二十八日）

军兴以来爵赏冒滥者，听自陈，除其罪。

出处：《两朝纲目备要》卷一三。又见《宋史》卷三九《宁宗纪》，《宋史全文续资治通鉴》卷三〇。

中外官僚国忌行香请假事诏
（嘉定四年八月二十五日）

中外官僚遇国忌行香而为患请假者，必先差医官验视，然后给放。讲官惟上讲免行香，其余不免。外官到阙，先令赴台参出给关子收执，以凭参部。

出处:《宋会要辑稿》职官七九之二一。

赐正奉大夫参知政事兼太子宾客楼钥
乞致仕不允不得再有陈请诏
（暂系于嘉定四年四月至九月间）

敕:具悉。日卿引疾自言,求释政务,朕尝以二不可谕卿矣。今曾几时,复有是请。夫正人治之表也,耆艾民之望也。卿之在朝,屹若山岳。镇静无作,而群目自瞻;去就之间,其可以易?昔楚丘生有言,使我拔距投石则固老矣,若深谋远计则吾始壮也。以卿之聪明强力,独不当以是自许乎?勉为朕留,毋复言去。所请宜不允,不得再有陈请。故兹诏示,想宜知悉。

出处:《西山文集》卷二〇。
撰者:真德秀
考校说明:编年据同集前后文时间、楼钥宦历补,见《宋史》卷三九《宁宗纪》。

赐正奉大夫守刑部尚书兼直学士院
兼侍读黄由乞畀外祠不允诏
（暂系于嘉定四年四月至九月间）

敕:具悉。朕闻遭时行道,君子之盛心;徇国忘家,人臣之大节。故爵隆则务极其报,任重则靡顾其私。卿被遇祖宗,为时耆旧。其在潜邸,以三善而翼朕躬;其居从班,以一言而平党论。虽屡更于藩屏,每钦仁于仪刑。比趣来归,欣闻入告,阐温厚之文以华国典,广哀矜之指以治民心。方懋简知,遽祈闲退。夫朝廷之事重于闺门,君臣之恩深于伉俪,岂以悼亡之故,遂亏尽瘁之忠!勉服官常,以慰人望。所请宜不允。来奏:"臣妻胡氏,今以疾亡。"云云。

出处:《西山文集》卷二〇。
撰者:真德秀
考校说明:编年据同集前后文时间、黄由宦历补,见《宋中兴学士院题名》。

赐降授朝议大夫李壁辞免复元官宫观恩命不允诏
（暂系于嘉定四年四月至九月间）

敕：具悉。朕惟公论所在，未有久而不明，人材实难，弗忍使之终弃。卿传家之学贯乎古今，忧世之心形于辞色。曩参斡假，属值多虞。处群小横流之中，而有阴扶善类之意；当大权倒植之际，而有密制元恶之谋。况其遣返于虏庭，尝欲挽回于兵衅，谓世仇固所当复，而边事岂可遽兴。至今斯言，犹在朕听。迨奋投龟之决，迄成解瑟之功。稽其忠勤，厥有本末。兹博参于清议，爰尽洗于丹书，既复文阶，仍颁祠廪，以示原情之典，以隆念旧之恩。毋庸控词，尚克知报。所辞宜不允。

出处：《西山文集》卷二〇。又见同书卷四一《李公神道碑》。

撰者：真德秀

考校说明：编年据同集前后文时间、李壁官历补，见同集卷四一《李公神道碑》、《宋会要辑稿》职官七四。

赐宝文阁学士通议大夫知江陵府充湖北路安抚使充京西湖北路制置使李大性乞许奉祠归里不允诏
（暂系于嘉定四年四月至十一月间）

敕：具悉。卿镇临两路，出入四年。虽用人之道，劳佚宜均；顾制阃之权，重轻所系。与其勉从雅志，归寻故里之安；孰若因任老成，增长长城之卫！矧卿负材独异，简眷特深。父子一门，继处严、徐之近侍；弟昆三镇，雄分鲁、卫之大邦。恩隆则报称宜先，任重则倚毗滋厚。尚体朝廷之意，益绥江汉之民。式仁遄归，奚烦忧请！所请宜不允。

出处：《西山文集》卷二〇。

撰者：真德秀

考校说明：编年据同集前后文时间、李大性官历补，见《宋史》卷三九五《李大性传》、《两朝纲目备要》卷一一、《宋会要辑稿》刑法一。

赐正议大夫兵部尚书兼详定敕令官赵师𥳑
乞归田里不允诏
(暂系于嘉定四年四月至十一月间)

敕:具悉。朕惟祖武之启中兴,今垂百祀;以宗盟而位常伯,仅止四人。卿韫识通明,负材超卓,屡陟文昌之迩列,有光属籍之前闻。朕方招吁群英,作兴庶事。耆德之彦,犹多就列以赴功;同姓之卿,其可便私而去国! 尚勉靖共之操,以酬眷遇之恩,何必告归,乃为知义? 所请宜不允。

出处:《西山文集》卷二〇。

撰者:真德秀

考校说明:编年据同集前后文时间、赵师𥳑官历补,见《宋史全文续资治通鉴》卷三〇。

赐朝议大夫权工部尚书兼同修国史兼实录院
同修撰兼太子詹事戴溪乞纳禄归田里不允诏
(暂系于嘉定四年四月至十一月间)

敕:具悉。昔汉戴凭以说经不穷居侍中之职,晋戴逵以守道难进,论者以为宜备东宫之官。朕惟卿学问渊博,号诸儒之宗;履行端醇,负当世之望。是用擢登文昌,兼任詹省,进则以忠规裨朕听,退则以经术辅吾儿。朕之待卿者盖不薄矣,云胡引疾,亟欲求归! 载阅来章,殊非所望。所请宜不允。

出处:《西山文集》卷二〇。

撰者:真德秀

考校说明:编年据同集前后文时间、戴溪官历补,见《宋中兴东宫官僚题名》、《南宋馆阁续录》卷九。

赐太中大夫知枢密院事兼参知政事兼太子宾客雷孝友乞奉外祠不允诏
（暂系于嘉定四年四月至十一月间）

敕：具悉。朕以凉菲之质，日亲万几；赖辅弼之臣，共为一体。每推诚而任责，期措世于丕平。以卿刚毅质直有古人之风，博厚魁闳有大臣之度，擢在二府，于今五年。其于貌体之隆，初无毫发之间。欲行所志，可失斯时？而卿何嫌何疑，亟求于引去，岂朕不明不敏，弗足以有为？闻之怃然，甚用自愧。矧今外虞虽弭而元气未充，多事甫平而长策当建。迨天之未阴雨，宜谨豫防；若水之无津涯，政须同济。往思底义，勿复怀归。所请宜不允。

出处：《西山文集》卷二〇。又见《宋四六选》卷一。

撰者：真德秀

考校说明：编年据同集前后文时间、雷孝友宦历补，见《宋史》卷三九《宁宗纪》。

赐正奉大夫守刑部尚书兼直学士院兼侍读黄由乞归田里不允诏
（暂系于嘉定四年四月至十一月间）

卿昔事潜藩，居多忠益；暨登法从，厥有仁言。当重华违豫之时，朕讯以绿车入侍，伊谁抗议，卿实开先。此其有功国家者一。迨夫权臣窃柄，私意日滋，群邪翼之，和附如响。而卿独陈正论，以钩党之禁为不可兴；深遏众言，以发策之戆为不必问。此其有功士类者二。夫上则效忠于君父，下焉弭祸于缙绅，有臣如斯，朕所嘉赖。文昌帅属，经幄侍言，正须老成宿望之英，日有直亮多闻之助，舍朕而去，于义可乎？所请宜不允。

出处：《西山文集》卷二〇。

撰者：真德秀

考校说明：编年据同集前后文时间、黄由宦历补，见《宋中兴学士院题名》。

责罚王从龙诏
（嘉定四年十一月二十八日）

承信郎王从龙特贷命，决脊杖二十，刺面配泉州左翼军重役使唤，仍追毁诰命。

出处：《宋会要辑稿》刑法六之四九。

赐观文殿学士金紫光禄大夫何澹再辞免差知
江陵府恩命仍乞祠禄不允不得再有陈请诏
（暂系于嘉定四年四月至十二月间）

敕：其悉。昔周公以叔父之尊而分陕服，毕公以四朝之弼而尹东郊，古之大臣宣力王室，润泽生民，不以老壮二其心盖如此。卿时之旧德，国之宗工，出处之间，轻重所系。兹庸界卿上流之寄，庶几宽予一面之忧。谓宜遄驱，乃以疾恳。当时寒而远役，朕固有惕于中；为民瘼而一行，卿亦何辞之有？亟承诏谕，勿重有陈。所辞宜不允，不得再有陈请。

出处：《西山文集》卷二〇。
撰者：真德秀
考校说明：编年据同集前后文时间、何澹宦历补，见《何澹圹志》（郑嘉励、梁晓华编《丽水宋元墓志集录》，浙江古籍出版社，二〇一三年）、《景定建康志》卷一四。

赐朝议大夫试尚书吏部侍郎兼中书舍人兼
太子右庶子兼同修国史实录院同修撰曾从
龙乞畀祠禄或待阙便乡州郡不允诏
（暂系于嘉定四年五月至十二月间）

敕：其悉。朕观周公立政之书，左右常伯，其惟吉士；考贾谊治安之策，辅导太子，必以正人。卿性资端良，学行醇茂。持衡铨部，共称鉴裁之公；横帙储闱，居多启沃之助。虽当盛年晋用之日，蔚有硕德老成之风。方懋简知，岂容轻去？

况进则雍容于禁闼,退焉密勿于亲庭,顾非有北山之劳,初何废南陔之养? 尚其祗服,勿复言归。所请宜不允。

出处:《西山文集》卷二〇。

撰者:真德秀

考校说明:编年据同集前后文时间、曾从龙官历补,见《宋中兴东宫官寮题名》。

赐光禄大夫右丞相兼枢密使兼太子少师
史弥远乞解政机俾还田里不允诏
(暂系于嘉定四年五月至十二月间)

敕:具悉。朕惟古之大臣,有身系安危而不容以家国异视者,曰世臣,曰社稷臣。若商之伊陟、巫贤,周之吕伋、召虎,世臣也;汉之平、勃、唐之狄仁杰,社稷臣也。有一于斯,去就之间俱不可苟,而况兼之者乎? 卿继世以秉钧衡,捐身以安宗庙,勋烈茂盛,简于朕心,可缘似续之私,遽起燕闲之念? 惟今百度隳弛,赖卿而浸修;四方抢攘,赖卿而略定。倘半涂而遂画,俾一篑之终亏,既非朕图任责成之本心,亦岂卿忘家徇国之初志? 勉思此义,勿复有云。所请宜不允。

出处:《西山文集》卷二一。

撰者:真德秀

考校说明:编年据同集前后文时间、史弥远官历补,见《宋史》卷二一三《宰辅表》。

赐光禄大夫右丞相兼枢密使兼太子少师史弥远
辞免男宽之致仕转官除职等指挥不允诏
(暂系于嘉定四年五月至十二月间)

敕:具悉。夫元首股肱,古人谓之一体,戚休所在,上下同之。卿既惟吾社稷之忧,朕岂忘尔家庭之恤? 日闻冢嗣,遽夭天年,当食喟然,几失匕箸。念非假哀荣之典,不足慰慈爱之心。眠秩星郎,进班奎阁。宠徒加于身后,恩靡逮于生前,朕犹慊然,卿奚复逊? 所请宜不允。

出处:《西山文集》卷二一。

撰者:真德秀

考校说明:编年据同集前后文时间、史弥远宦历补,见《宋史》卷二一三《宰辅表》。

赐太中大夫权户部尚书详定敕令官沈作宾
乞宫观不允诏
(暂系于嘉定四年五月至十二月间)

敕:具悉。朕闻士君子以适用为材,而不以空言为贵;以济时为急,而不以轻去为高。如卿贲析守符,著循良岂弟之绩;荐司邦计,知敛散取予之权。恢牛刃而有余,试蚁封而无窘,亦足以观适用之材矣。文昌八座,地望兼崇,职在近臣,当思许国。顾方厌承明之直,羡真馆之安,是岂急于济时之谊乎?先正名臣,緜赏延而植勋业者多矣,而卿以此自慊,非所闻也。勉图而功,答我殊遇。所请宜不允。

出处:《西山文集》卷二一。
撰者:真德秀
考校说明:编年据同集前后文时间补。

赐光禄大夫右丞相兼枢密使兼太子少师史弥远
再上奏札子乞归田里不允不得再有陈请诏
(暂系于嘉定四年五月至十二月间)

敕:具悉。朕闻公与私不两立,恩与义不并行。体国如家,则顾家之念可忘;视民如子,则爱子之情可夺。惟卿大节,朕所深知,方其力陈社稷之谋,固已尽捐宗族之计。岂容今日,或异初心!况闻干蛊之有人,自可殚诚而共政。遽求闲退,朕何望焉?所请宜不允,不得再有陈请。

出处:《西山文集》卷二一。
撰者:真德秀
考校说明:编年据同集前后文时间、史弥远宦历补,见《宋史》卷二一三《宰辅表》。

赐显谟阁直学士通奉大夫提举隆兴府玉隆万寿宫谢源明乞守本官职致仕不允诏
（暂系于嘉定四年五月至十二月间）

敕：具悉。朕惟国家眷奖旧臣，有年至而不得谢者，岂独以爵齿为贵哉？盖其周旋当世之故，练习朝廷之仪，一旦欲有问焉，则安车束帛犹足以徕之，此朕于近臣之告老未尝辄可其奏者，盖以是也。卿肤敏之材，通明之略，出藩入从，蔚有壮猷，年龄虽高，精力尚富，雍容祠馆，足以自娱，岂必挂冠，然后为乐！勉承眷倚，毋重有言。所请宜不允。

出处：《西山文集》卷二一。
撰者：真德秀
考校说明：编年据同集前后文时间补。

赐江淮制置使黄度冬药敕书
（暂系于嘉定三年冬或嘉定四年冬）

敕黄度：卿以鲐背之年，任麟符之寄，劳于王事，念在朕心。属当严沍之辰，虑爽寝兴之节，宜须名剂，以辅冲和。

出处：《西山文集》卷二三。
撰者：真德秀
考校说明：编年据同集前后文时间、黄度官历、文中所述"冬药"补，见《絜斋集》卷一三《黄公行状》、《景定建康志》卷一四。

赐正奉大夫黄由辞免除宝谟阁学士提举隆兴府玉隆万寿宫恩命不允诏
（暂系于嘉定四年十二月前后）

敕：具悉。朕笃旧以恩，每务存伐木之义；退人以礼，不忍蹈坠渊之讥。庶全忠厚之风，益广和平之福。卿夤缘迪简，服在禁严。资善从游，尝与横经之列；甘泉入侍，屡跻听履之班。属此退休，可无优数？畀真祠于南浦，还邃职于西清。

朕于待秦府之僚,厥惟加厚;卿其存魏阙之念,毋替效忠。往体至怀,亟祗茂渥。所辞宜不允。

出处:《西山文集》卷二一。

撰者:真德秀

考校说明:编年据同集前后文时间、黄由官历补,见《宋中兴学士院题名》、《吴都文粹续集》卷六《重建大成殿记》。

赐宝谟阁直学士朝议大夫知建康府兼江淮制置使黄度乞检会前奏许令致仕不允诏
(暂系于嘉定四年十二月前后)

敕:具悉。朕观宣王之《雅》曰:"鸿雁于飞,肃肃其羽。"当时之民,流散失职若是其甚也。又曰:"之子于征,劬劳于野。"当时之侯伯卿士,勤求民隐若是其至也。用能使百堵作而民安宅焉,其功岂一日之积哉!间者边事骤兴,江淮之间绎骚者数载,殆亡异《鸿雁》之诗也。而卿以儒学之宗,任师帅之责,推劬劳之心,以行安辑之政。我民告饥,卿实哺之;我民告疾,卿实苏之。严追胥之令而盗贼销,汰冗食之兵而财用足。元元用安,旧观浸复,卿之力也。民之说卿,盖若郑人之歌子产,而朕轻听其去可乎?矧闻政事之间,不废讲论之乐,从容卧治,足以自安,何必退休,以孤众望?所请宜不允。

出处:《西山文集》卷二一。

撰者:真德秀

考校说明:编年据同集前后文时间、黄度官历补,见《絜斋集》卷一三《黄公行状》。

赐端明殿学士通奉大夫签书枢密院事兼太子宾客宇文绍节乞退休不允诏
(暂系于嘉定四年十二月前后)

敕:具悉。朕闻有国之势,盖以得人为强。却夹谷之俘,则裔夷不敢谋夏;抗渑池之辨,则强秦亡复加兵。况朝廷辅弼之崇,实中外观瞻所系,非平时素有折冲之略,则临事宁无失匕之惊?卿学问高明,知谋闳达。蔚以儒者,兼备武文之材;自为从臣,已称将相之器。延登三祀,励翼一心。烽沈疆场之间,褋卷江湖之上,政须硕望,以重筹维,庶几销事变于未形,抑亦显世臣之有后。遽兹求退,匪朕欲闻。所请宜不允。

出处:《西山文集》卷二一。

撰者:真德秀

考校说明:编年据同集前后文时间、宇文绍节宦历及卒年补,见《宋史》卷三九《宁宗纪》、卷二一三《宰辅表》。

赐太中大夫显谟阁待制新知泉州陈岘辞免除兵部侍郎兼直学士院恩命不允诏
(嘉定四年十二月后)

敕:具悉。朕登进老成以重朝廷之体,尊奖廉靖以厚荐绅之风。卿强识博闻,淹贯千载,英词丽藻,焜燿一时。退然靡衒于智能,卓尔独安于义命。当权门之翕赫,甘文馆之委蛇。众翼怒飞,仪凤之翔何远;万流奔注,砥柱之立不移。虽暂陪献纳之班,旋复困排根而去。粤余更化,命尔殿藩,遏寇虐于江湖之冲,邑仁声于岭峤之表,厥有嘉绩,简于朕知。与其荐佩虎符以责拊摩之效,孰若延登鳌禁以究润色之长? 擢贰五兵,加荣二命。庶日赖谋猷之助,且渐还典诰之隆。亟其来思,副此虚伫。所辞宜不允。

出处:《西山文集》卷二一。

撰者:真德秀

考校说明:编年据《宋中兴学士院题名》补。

光宗宁宗朝卷二十三　嘉定五年(1212)

赐焕章阁直学士朝散郎知平江府赵希怿辞免
除显谟阁直学士差知太平州恩命不允诏
（嘉定五年正月后）

敕：具悉。日者听朝于垂拱，二三大臣以姑孰缺守闻，朕眷焉西顾，曰：此东晋以来名镇也，俗淳事简，有承平之遗风焉，非平易近民如鲁伯禽、清静不扰如齐相国，莫宜居之。惟卿持身之德简而廉，爱人之心惠而笃，遴拣良牧，孰如卿宜！此丙寅之诏所以有易地进律之宠也。况卿前在钟陵，当警备之日，比守吴门，适旱涝之余，劳来抚摩，功绩懋矣。闵劳而处以佚，非朕待遇近臣之至意乎？式遄其驱，慰彼黎庶。所辞宜不允。

出处：《西山文集》卷二一。
撰者：真德秀
考校说明：编年据《绍定吴郡志》卷一一补。

入纳盐钞事条诏
（嘉定五年二月十四日）

行在、建康、镇江三务场、真州卖钞司，自三月一日为始，并照自来定例入纳官钱。内行在务场用金、银、钱、会，建康务场用交、会、见钱，镇江务场用钱、会，真州卖钞司用交、会。所有亭户盐本钱亦各照逐路久例入纳，更不取增收钱。内合纳会子，并用第十四、十五界新会。应嘉定三年八月二十七日指挥以前，旧钞未经盐仓交收贴纳旧会投理资次，仰浙东西、淮东提举司行下所属支盐仓场晓示客旅，据所有旧钞就仓场缴纳，每袋贴纳新会三贯，却从仓场以新钞换纳。如有愿以旧钞径于三务场及卖钞司缴纳,依数纳钱换给新钞者听。其收到换钞新会,并拨赴封桩库交纳。应今降指挥以前,已用新旧钞四六分品桩钞数投理资次者,并照元来资次支盐。应今年三月初一日以后买到钞,许以换给钞作二八分品搭投理资次支盐,内用新钞八分,换给钞二分,如无换给钞,可以品搭;愿全用三月一日以后买到钞理为三月一日以后资次者,亦从其便。其支盐仓场合用换给新钞,令太府寺日下印造钞引三十万袋,仍雕大字红印该税某年某月换给钞,以千字文排定字号,于钞面印讫。内以十五万袋均给付浙东、西、淮东三路提举司,仰本司径自契勘,分拨下支盐仓场,以五万袋付行在务场,七万袋付建康务场,二万袋付镇江务场,一万袋付真州卖钞司。遇有换到旧钞,仰各处先照已给新钞字号,于旧钞批凿,仍抹讫,类聚发赴太府寺点对,焚毁施行。仍仰三务场、卖钞司、各路提举司常切拘摧,旬具已换给过钞盐袋数并所收钱数申尚书省,及提领务场所照应,如有给新钞,或收换旧钞未敷,仰各续次申乞。其用新钞换给旧钞,限在半年内了毕。所有用二分换给钞品搭八分钞支盐,并不拘定年限外,有京西提举司盐钞并免输纳增收贴纳钱,径自照久来体例理资次支盐,更不与三务场及真州卖钞司盐钞衮同资次。

出处:《宋会要辑稿》食货二八之五三。

赐端明殿学士通奉大夫签书枢密院事兼太子宾客宇文绍节再乞禄之闲散示以保全不允不得再有陈请诏
(暂系于嘉定五年二月前后)

敕:具悉。朕缅怀先正,尝位机庭,当王室多艰之时,为人臣狥义之倡。羁旃海上,莫回苏武之心;掘坎庭中,卒奋真卿之节。至今烈士,犹仰英风。盖将为世立臣子之防,夫岂计一门享忠谊之报!卿家传正学,躬负伟材,护戎幕则底绥靖之勋,践政途则多弼亮之益,克有令闻,肖于前人。所当体予眷倚之诚,懋乃经纶之业,使中外宁一,民俗阜康。岂惟朕心有望于卿,抑亦尔祖所期于后。若乃道方行而遽画,功未竟而言归,俾予获弃贤之讥,而卿亦负克家之责。于义两失,将奚取焉?勉听朕言,往究尔韫。所请宜不允,不得再有陈请。

出处:《西山文集》卷二一。又见《宋宰辅编年录》卷二〇。
撰者:真德秀
考校说明:编年据同集前后文时间、宇文绍节宦历及卒年补,见《宋史》卷三九《宁宗纪》、卷二一三《宰辅表》。

赐端明殿学士太中大夫卫泾再辞免
除资政殿学士知潭州恩命不允诏
（暂系于嘉定五年二月前后）

敕：具悉。朕以孟春元日御紫宸朝，三事大夫，济济在列。缅惟更化之日，厥有辅政之臣，勤劳百为，功绩用懋，久安闲馆，未惬予心。是用加秘殿隆名，俾镇方岳。夫当三阳汇进之初，而褒德录贤以顺天，今古之道也。卿当深体此意，式遄其驱。布宣诏条，推广德泽，惠绥田里，劝课农桑，使湖湘一道熙然于春风和气中，此朕所图于旧弼者。再命而偻，非所欲闻。所辞宜不允。

出处：《西山文集》卷二一。

撰者：真德秀

考校说明：编年据同集前后文时间、《宋史翼》卷一五《卫泾传》补。

赐朝议大夫权工部尚书兼修国史兼实录院同修撰
兼太子詹事戴溪乞许纳禄或畀祠禄不允诏
（暂系于嘉定五年二月前后）

敕：具悉。昔唐白居易以直道不容于时，故年甫六十九，辞宫傅之秩而归休焉，清名高行，后世所慕望而不可及也。虽然，居易则诚贤矣，苟时君能挽而留之，用其言以显其身，使居易无勇退之名而唐室获任贤之福，岂不尤可尚耶？今卿以白傅之年而数上涧槃之请，岂非闻其风而兴起者乎！去年未至而告归，在卿固为高致；知贤而不尽用，天下其谓朕何？勉从吾游，毋使识者窥朝廷也。所请宜不允。

出处：《西山文集》卷二一。

撰者：真德秀

考校说明：编年据同集前后文时间、戴溪宦历补，见《宋中兴东宫官寮题名》。据《南宋馆阁续录》卷九，戴溪于淳熙元年五月兼同修国史，淳熙五年十一月兼修国史，与本诏不合。本诏标题"修国史"前或脱一"同"字。

赐朝议大夫试尚书吏部侍郎兼中书舍人兼太子右庶子兼同修国史实录院同修撰曾从龙辞免兼给事中兼直学士院日下供职恩命不允诏
（嘉定五年二月后）

敕：具悉。东西分台，均于裨国论；内外有制，皆以代王言。然而六曹之押，岂如琐闼之严；五字之除，未若禁林之重。卿学穷百氏，名冠诸儒，议论正而弗阿，文章简而有法。以还诏之直，必能为予谨命令之源；以演诰之工，必能为予颙典册之寄。在昔乾道，有臣克家，实繇平奏之司，兼备摛文之对。其抒素蕴，以继前修。盖将为邦国之华，何止盛乡闾之观！亟祗茂渥，宁事多辞？所辞宜不允。

出处：《西山文集》卷二一。

撰者：真德秀

考校说明：编年据《宋中兴学士院题名》补。

措置丹阳练湖事诏
（嘉定五年三月七日）

令两浙转运司同镇江府守臣公共同相度合开浚去处丈尺，措置条具申尚书省。

出处：《宋会要辑稿》食货六一之一四七。

湖北京西每岁荐举人数减半诏
（嘉定五年三月二十四日）

湖北京西制置司照湖北京西宣抚司，两路每岁荐举员数减半。

出处：《宋会要辑稿》职官四〇之一八。

湖广总领所于鄂州江陵大军库取拨钱会银令项桩管诏
(嘉定五年三月二十八日)

湖广总领所于鄂州大军库取拨铜钱一万贯、银一万两,及于江陵府大军库取拨会子二万贯,各就本库令项桩管。

出处:《宋会要辑稿》食货五二之八。

捕盗推恩诏
(嘉定五年四月二十五日)

前湖南转运司主管帐司赵抦夫转一官;准备差遣赵汝缉、邵州推官王堅、郴州司法李文子、检法官邵继元、赣县丞陈梓、赣县主簿杨洽、前昭信军节度使推官梁镇各循一资,仍与减常员举主一员;干办公事檀涣、郴州郴县令邢必学各循一资;参议官林叔度、机宜文字陈元勋、赣州通判尚振英各减二年磨勘。内碍止法人许依条回授。

出处:《宋会要辑稿》兵一三之四六。

赐都统制王喜马军都虞候许俊都统制刘元鼎李贵王大才庄松何汝霖副都统制吕春李好古卢彦张威石宗水军统制冯榯银合夏药敕书
(嘉定五年夏)

敕王喜等:朕推夏王扇暍之心,陋唐室生凉之赋。其于兆姓,尚欲被之清风;矧我将臣,可不念其瘅暑!赐尔西山之剂,彰予南面之仁。

出处:《西山文集》卷二三。
撰者:真德秀
考校说明:编年据许俊、刘元鼎宦历及文中所述"夏药"补,见《景定建康志》卷二六、《嘉定镇江志》卷一六。

赐正奉大夫参知政事兼太子宾客楼钥乞归田里不允诏
(暂系于嘉定五年二月至七月间)

敕:具悉。卿以耆艾之龄,贰钧衡之寄。陟降九陛,不若山林之安;忧勤百为,宁如燕闲之乐。此蕲去之章所以屡陈而未已也。然而天生髦俊,本以为人,材者常躬天下之劳,智者常任天下之患,虽愿为庸人而莫得,其可徇私志以图安哉?矧惟贤哲之逢辰,率多既老而后达。若必引年而谢事,守礼以乞身,则渭滨黄发之叟,不得以究鹰扬之功,而高蹈商山者,不当起为羽翼之助矣。朕意未可,卿其思焉。所请宜不允。

出处:《西山文集》卷二一。
撰者:真德秀
考校说明:编年据同集前后文时间、楼钥官历补,见《宋史》卷三九《宁宗纪》。

赐奉国军承宣使知阁门事兼宾省四方馆事兼提点
御前忠佐军头引见司杨谷乞畀祠禄不允诏
(暂系于嘉定五年二月至七月间)

敕:具悉。卿柔惠且直,蹈申伯之风;退逊不骄,秉窦君之节。蔼然誉处,简在朕心。方资肺腑之良,重吾宾阁之寄,而上书求退,为之怃然。昔诗人以王事靡盬,兴不遑将父之叹。今卿雍容朝谒,无从事独贤之劳,而安车数过,有击鲜娱侍之乐。维忠与孝,何废两全?勉服厥官,毋重请也。所请宜不允。

出处:《西山文集》卷二一。
撰者:真德秀
考校说明:编年据同集前后文时间补。

赐中大夫试礼部尚书兼侍读兼修玉牒官
章颖乞引年致仕归休田里不允诏
(暂系于嘉定五年二月至七月间)

敕:具悉。朝廷所尊,实兼爵德,典刑虽重,未若老成。卿造道深醇,养气刚大。在绍熙末以谠言位谏列,迨庆元初以直道忤柄臣。栖迟十年,连蹇三绌。多士宗其高行,当世谓之正人。自归践于禁涂,仍首陪于经席。汉庭皆惮汲黯,凛骨鲠之未衰;商宗旧学甘盘,喜仪刑之复见。亲贤方笃,避位何名?尚殚入告之猷,毋徇退休之志。所请宜不允。

出处:《西山文集》卷二一。

撰者:真德秀

考校说明:编年据同集前后文时间补。

赐中大夫章颖辞免除宝谟阁学士恩命不允诏
(暂系于嘉定五年二月至七月间)

敕:具悉。昔我烈考博求当世之彦,以从朕于潜藩。二十余年之间,老成凋零,存者无几,眷念畴昔,怃焉兴怀。环瞻在廷,独卿最旧,顾可轻听其去哉?而引年之章,屡却复上。夫尊耆艾,重朝廷,朕之本志也;砺廉隅,知止足,卿之至情也。朕既不获留卿于近班,亦岂不能贲卿以异数?延阁之命,人谁间言?往服新荣,以燕里社。所辞宜不允。

出处:《西山文集》卷二一。

撰者:真德秀

考校说明:编年据同集前后文时间补。

赐光禄大夫右丞相兼枢密使兼太子少师史弥远辞免以皇太子讲授春秋终篇特与转一官恩命不允诏
(暂系于嘉定五年二月至七月间)

敕:具悉。朕惟太子天下之本,非务学无以充德性之尊;《春秋》王道之衡,非亲师无以究圣言之秘。卿识超物表,行冠儒先,久陪鹤禁之游,备阐麟经之蕴。使二百年褒贬之要指,悉融会于胸中;而十数家传注之遗文,不拘牵于纸上。卿之力也,朕甚嘉之。夫弼元良以基万世之安,厥功为大;循典常以疏一秩之宠,于赏犹轻。毋庸固辞,往即祗命。所辞宜不允。

出处:《西山文集》卷二一。

撰者：真德秀

考校说明：编年据同集前后文时间及卷二二《赐光禄大夫右丞相兼枢密使兼太子少师史弥远再上表辞免皇太子讲授春秋终篇特与转行一官恩命不允仍断来章批答》补。

赐太中大夫知枢密院事雷孝友正奉大夫参知政事楼钥太中大夫同知枢密院事章良能端明殿学士通奉大夫签书枢密院事宇文绍节兼太子宾客辞免皇太子讲授春秋终篇各特与转行一官不允诏
（暂系于嘉定五年二月至七月间）

敕：具悉。昔晋侯以羊舌肸习于《春秋》，使傅太子彪；楚庄王问教太子之道于申叔时，亦必《春秋》为首。是时麟经未作，二臣所学盖《梼杌》之类耳，孰若取圣人之微言，择天下之端士，以训导元子，如今日之懿哉！卿等蔚以鸿儒，参陪国论，事机之暇，从吾儿游，究终始于遗经，迪高明于德性，其为益大矣。进官一等，兹谓故常，陈义固辞，殊非所望。所辞宜不允。

出处：《西山文集》卷二一。

撰者：真德秀

考校说明：编年据同集前后文时间及卷二二《赐太中大夫知枢密院事雷孝友正奉大夫参知政事楼钥太中大夫同知枢密院事章良能端明殿学士通奉大夫签书枢密院事宇文绍节兼太子宾客再上表辞免皇太子讲授春秋终篇各特与转行一官恩命不允仍断来章批答》补。

赐朝议大夫试尚书吏部侍郎兼太子右庶子兼同修国史实录院同修撰兼给事中兼直学士院曾从龙辞免皇太子讲授春秋终篇特与转行一官恩命不允诏
（暂系于嘉定五年二月至七月间）

敕：具悉。朕惟三代飨国之长，原于太子；六经致治之法，备在《春秋》。博求孝悌道术之英，推明是非褒贬之旨。而卿越絜时望，久与宾僚，每敷绎于圣言，以养成于储德。俾玉裕渊冲之愈粹，犹膏润冰释而不知。载嘉尔劳，命晋之秩。顾循墙而有请，欲反汗其谓何？往服褒崇之恩，益殚辅导之力。所辞宜不允。

出处:《西山文集》卷二一。

撰者:真德秀

考校说明:编年据同集前后文时间、曾从龙宦历补，见《宋中兴学士院题名》。

赐光禄大夫右丞相兼枢密使兼太子少师史弥远再上表辞免皇太子讲授春秋终篇特与转行一官恩命不允仍断来章批答
（暂系于嘉定五年二月至七月间）

省表，具之。昔汉明帝之为太子也，能辨南阳之牍，光武嘉之。或谓其天资之美实然，抑不知帝以十岁而通《春秋》。揆事应物之权，未有不繇学出者。然以察为明而昧君人之体，殆当时辅导者之责乎？眷吾元子，蚤毓春宫，而能建至策以安朝廷，举宏纲以尊君父，非深穷《春秋》之大义者，畴克知之？夫非学无以通经，非师无以明理，磨砻浸灌，日就厥德，卿之力为多，岂以训迪之劳而忘褒陟之宠？忱辞虽切，匪朕欲闻。所辞宜不允。

出处:《西山文集》卷二二。

撰者:真德秀

考校说明:编年据同集前后文时间及卷二一《赐光禄大夫右丞相兼枢密使兼太子少师史弥远辞免以皇太子讲授春秋终篇特与转一官恩命不允诏》补。

赐太中大夫知枢密院事雷孝友正奉大夫参知政事楼钥太中大夫同知枢密院事章良能端明殿学士通奉大夫签书枢密院事宇文绍节兼太子宾客再上表辞免皇太子讲授春秋终篇各特与转行一官恩命不允仍断来章批答

（暂系于嘉定五年二月至七月间）

省表,具之。朕惟三代之教太子,必使明孝仁义礼之经;六艺之有《春秋》,所以著父子君臣之道。博求鸿硕,敷阐精微。卿以股肱之良,参羽翼之重,虽靡劳于诵说,实深赖于仪刑。越既终篇,所宜论赏。夫学为王者事,匪专多讯之勤;而习与正人居,自有不言之益。云胡抗奏,自托罔功!明两作离,当勉裨于令德;日三成魄,毋徒贡于谦言。所辞宜不允,仍断来章。

出处:《西山文集》卷二二。又见《宋四六选》卷一。
撰者:真德秀
考校说明:编年据同集前后文时间及卷二一《赐太中大夫知枢密院事雷孝友正奉大夫参知政事楼钥太中大夫同知枢密院事章良能端明殿学士通奉大夫签书枢密院事宇文绍节兼太子宾客辞免皇太子讲授春秋终篇各特与转行一官不允诏》补。

赐文武百寮宰臣史弥远等上表奏请皇帝御殿复膳不允批答

（嘉定五年七月二十四日后）

省表,具之。朕以眇身,获承宗庙,常惧弗称,以累付托之明。属者风霆之警,厥证甚异,惟德菲薄,晻于政理,故天动威以显朕缺。在《易》有之,"洊雷震,君子以恐惧修省。"是用惕然,贬食避殿,盖不若是无以见朕畏威罪己之诚。惟卿等协同一心,饬正庶事,以辅予不逮,乃所望也。若夫抗章所陈,蕲复常度,顾朕寡昧,方念弗足以御九筵之峻,享四海之珍,省愆未皇,其敢议此? 尚体斯意,毋重有云。所请宜不允。

出处:《西山文集》卷二二。又见《古今图书集成》庶征典卷一三。

撰者:真德秀

考校说明:编年据《宋史》卷三九《宁宗纪》补

赐文武百寮宰臣史弥远等上表再奏请
皇帝御殿复膳不允批答
(嘉定五年七月二十四日后)

省表,具之。朕惟天人之应有若合符,言行之微皆足致异,比以烈风雷雨之警,惕若上帝祖宗之临。遇灾何止于侧身,方食殆几于失匕。亟虚正宁,仍却珍羞。虽尽行挹损之文,尚恐非感通之实,而未逾信宿,遽复故常,虽众志之愿然,在眇躬其安敢?况属郊禋之迫,正蘄神听之歆,当益懋于寅畏,庶遄臻于昭假。朕固有待,卿毋重陈。所请宜不允。

出处:《西山文集》卷二二。又见《古今图书集成》庶征典卷一三。

撰者:真德秀

考校说明:编年据《宋史》卷三九《宁宗纪》补

前主管殿前司公事果州团练使主管武夷山
冲佑观彭辂授均州观察使致仕制
(嘉定五年七月)

卧壶头之疾,方自解于中权;挂神武之冠,忍遽闻于遗表!可无宠数,悯我盖臣。顾瞻壁垒,方觉精明;小逸宫祠,如何不淑?士志死绥,未得捐躯涂肝脑之地;朕方推毂,乃成移疾置股肱之悲。英爽不亡,识予怆悼。

出处:《愧郯录》卷八。

收捕李孟一推恩诏
(嘉定五年八月二十九日)

统领官郭荣、许国各特转三官,统制官孙铎、统领马旺、权统领李义各特转两官资,统制曹显、权抚干张志宁各特转一官,正将康世英转一次,余各迁转、犒赏有差。

出处:《宋会要辑稿》兵一三之四七。

赐显谟阁直学士朝散郎知太平军州事兼管
内劝农营田使赵希怿乞畀祠禄不允诏
(暂系于嘉定五年二月至九月间)

敕:具悉。朕惟用苛娆以胜奸,不若清静而民自化;求武健以济事,不若循良而物自安。故择蕃宣之臣,必先慈惠之长。虽泯然风采,岁月未见其功;而培我本根,国家实蒙其利。卿秉心和裕,为时德人;布政宽平,如古贤牧。比上全吴之印,亟畀当涂之麾。申伯相攸,莫如南土之乐;汲黯卧治,足底淮阳之清。遽兹求闲,非朕所望。所请宜不允。

出处:《西山文集》卷二一。
撰者:真德秀
考校说明:编年据同集前后文时间、赵希怿宦历及卒年补,见《绍定吴郡志》卷一一、同集卷四五《赵正惠公墓志铭》。

摧锋军等立功兵将推恩诏
(嘉定五年九月一日)

左翼摧锋军统制王津特转两官,副将王廷、准备将王达、朱彦辅、主将毕安世、同巡检苏显祖,各特补转一官资,每人更支钱二十贯;准备将尹建、主将巡检昌尧佐各特转一官资,每人更支钱一十五贯;准备将周世显、魏孝义、姜仁各特转一资,每人更支钱一十贯;隅官谭鄂飞、姚兴祖各特补一资,仍各支钱二十贯;同巡寨兵蒙先等一十六名,各特补一资;鄂州等军立功官兵奇功一十四人,各特补转一官资,各支钱一十贯。第一等九百六十二人,每名特支钱三十贯;第二等一千九十九人,每名特支钱二十贯;第三等六百二十三人,每名特支钱一十五贯。暴露官兵副将邵斌特支钱三十贯,官兵八百三十九人,每名特支钱一十贯;摧锋军正将林政、准备将彭添、麦逵、林真各特转一官资,每人更支钱一十五贯;正将周兴、副将朱烈各特转一官资,左翼军副将萧忠显、准备将王大同、额外准备将张宗显各特转一官资,摧锋军准备将曾彦、陈焕各特补转一资,迪功郎乐昌县尉陶崇、迪功郎新广州录参苏应龙各特循两资,进武校尉随军机宜官肇庆府指挥使苏可仁特转一官,待补太学生余枢特补一资,亲效拨发刘明等一十名各特补一资,随军弓箭手刘飞等一十九名各特支钱一十贯。官兵义兵第一等一百五十九人,各特支钱三十贯。第二等二百三十六人,各特支钱二十贯。第三等五百六十八人,各特支钱一十五贯。不分等第一千九百四十五人,各特支钱一十贯。

出处:《宋会要辑稿》兵二〇之一六。

赐中大夫试尚书吏部侍郎兼中书舍人兼同修国史兼实录院同修撰兼侍读俞烈辞免经筵进讲周易终篇侍读官特与转行一官恩命不允诏
(嘉定五年九月十四日后)

敕:具悉。朕若稽先朝,最重《易》学。对昭素于便殿,缅怀艺祖之风;命李觉于成均,载仰太宗之懿。顾如冲眇,敢废讲论?韦编几至于绝三,卦画冀明于重六。卿为时鸿硕,密侍燕闲,每当从容访问之余,尽发洁静精微之蕴。俾予上窥天地之奥,远究圣贤之心,体纯乾之运而知刚健之德当修,研交泰之旨而使上下之情无壅。既懋格君之益,可忘增秩之褒?亟拜涣恩,毋庸巽避。所辞宜不允。

出处:《西山文集》卷二一。
撰者:真德秀
考校说明:编年据《宋会要辑稿》崇儒七补。

展限支盐资次诏
(嘉定五年九月二十四日)

行在、建康、镇江三务场、真州卖钞司、浙东、西、淮东提举司,自十月一日为始,再展限一季,许客旅将嘉定三年八月二十七日指挥已前未经盐仓场投理资次旧钞照今年二月十四日指挥,赍赴仓场给纳,每袋纳新会三贯,就仓场以新钞换给。如愿径就务场换给者,亦从其便。其用新钞八分换给钞二分品搭支盐,或无换给钞,愿全买新钞,理为十月一日以后资次者,并照今年二月十四日指挥施行。今来所展日限已是宽恤,限满定不再展。所有今年二月十四日并今降指挥支盐资次,及见今务场入纳铁钱则例,并是永远施行,断无冲改。仍仰三务场、真州卖钞司、浙东、西、淮东提举司广出文榜晓示外,务使远近通知。其合用换给新钞,仰三务场、卖钞司并各路提举司约具合用钞数,疾速具申尚书省,行下太府寺接续印给施行。

出处:《宋会要辑稿》食货二八之五五。

举将帅诏
(嘉定五年十月九日)

诸路总领官岁举可为将帅者二三人,安抚、提刑举可备将材者二人。

出处:《两朝纲目备要》卷一三。

太府寺交引库依限印造茶引诏
(嘉定五年十月十四日)

太府寺交引库限半月印造江西末茶长引并湖南北草茶长引,共品搭给降五十万贯,仰本所措置给卖,将卖到价钱同见在钱一并桩管,其入月册供申,非奉指挥,不得擅行支用。仍令本所开具节次科去茶引已未变卖及增收等钱、承降指挥月日、支使名色夹细帐状,限三日保明申尚书省。

出处:《宋会要辑稿》食货三一之三三。

赐太中大夫权吏部尚书兼太子詹事汪逵中大夫权工部尚书兼太子詹事戴溪中大夫试尚书吏部侍郎兼太子右庶子曾从龙辞免以皇太子读三朝宝训终篇推赏各与转一官恩命不允诏
(嘉定五年十月)

敕:具悉。朕观隆古盛时之治,动惟先王成宪之师。五子之歌,具陈皇祖之训;君牙之命,亦述文王之谟。此三代所繇以久长,予一人敢忘于效法? 矧烈祖神宗之相授,有格言大典之具垂。既常率是以御邦,兹复用之而教子。卿等越由时望,久翊储闱,当横帙之从容,每殚诚于启沃。俾元良养德之日茂,知列圣诒谋之易遵。有嘉辅导之功,可缓褒崇之渥?往其祗命,毋或固辞。所辞宜不允。

出处:《西山文集》卷二一。

撰者:真德秀

考校说明:编年据汪逵、戴溪、曾从龙宦历补,见《宋中兴东宫官僚题名》《宋中兴学士院题名》。

赐通议大夫知枢密院事兼参知政事雷孝友宣奉大夫参知政事楼钥通议大夫同知枢密院事宇文绍节兼太子宾客辞免皇太子读三朝宝训终篇并特与转行一官不允诏
(暂系于嘉定五年十月前后)

敕孝友等:具悉。朕观三代盛时,惟先王彝训是式,如奉拱璧,如宝大龟,兢兢焉罔敢失坠。是以皇祖之训著于夏书,文王之谟述于周命,故能保世滋大,以敷遗后人休。惟我三朝,格言大法,具在一书,犹古二典。朕固尝读之于经帷,复命群儒以授储禁,俾吾元子知创业守文之艰,明修身治国之要,懋敬厥德,以对于前人,其为益大矣。终篇论赏,遍于宫僚,岂吾大臣,乃独弗及?朕命不易,往惟钦哉。所辞宜不允。

出处:《西山文集》卷二一。又见《古文渊鉴》卷六三。

撰者:真德秀

考校说明:编年据同集前后文时间、雷孝友等人宦历补,见《宋史》卷三九《宁宗纪》。

赐通议大夫试刑部尚书兼详定敕令李大性辞免除兵部尚书兼职依旧恩命不允诏
(暂系于嘉定五年十月前后)

敕:具悉。朕以兼覆为度,不忍毒民于兵,载寻邦盟,以息边警。然修文德以徕不服,虽本至仁;而除戎器以戒不虞,抑存远虑。肆求耆哲,俾长夏官。示整戎经武之未忘,亦折冲销萌之有赖。卿凤推峻望,独负壮猷。名闻朔陲,蛮貊亦可行矣;惠洽南夏,江汉至今赖之。比趣来归,忻聆入告,虽曰明刑而弼教,未如掌伐以正邦。庶资老谋,以肃军政。成命弗易,多辞奚为? 所辞宜不允。

出处:《西山文集》卷二一。

撰者:真德秀

考校说明:编年据同集前后文时间、李大性宦历补,见《玉海》卷六四。

赐史丞相弥远再辞免皇太子读三朝宝训终篇
转行一官恩命不允批答
(暂系于嘉定五年十月前后)

省表,具之。朕惟治效之隆替,原于家法之废兴。使夏之嗣王常遵大禹之戒,而周之奕世弗坠文王之谟,永平故事与汉以俱存,贞观元龟终唐而克鉴,则其享国之有永,讵止如今之所观? 肆惟眇躬,祇蹈先训,宝若珪璧,铭之槃杆。既以是而饬身,复用之而教子。庶一道之相继,视百王而有光。卿以元、恺之才,居绮、园之任,陪辅最久,讲明独深。俾重晖之德愈新,而磐石之基益壮,此而弗赏,何以懋功? 陈义固辞,岂朕所望! 所辞宜不允。

出处:《西山文集》卷二二。

撰者:真德秀

考校说明:编年据同集卷二一《赐太中大夫权吏部尚书兼太子詹事汪逵中大夫权工部尚书兼太子詹事戴溪中大夫试尚书吏部侍郎兼太子右庶子曾从龙辞免以皇太子读三朝宝训终篇推赏各与转一官恩命不允诏》补。

赐宝谟阁直学士朝议大夫知建康军府事黄度
辞免除权礼部尚书兼侍读恩命不允诏
(嘉定五年十月后)

敕:具悉。朕闻之,《传》曰"礼之为国与天地并",《书》曰"事不师古,以克永世,匪说攸闻"。大哉礼乎,不可以一朝废也! 大哉学乎,不可以斯须已也! 粤惟眇躬,烛理尚浅,方将治神人而和上下,考成败以鉴古今。以卿深穷周公致平之书,独抱孟子敬王之志,久去迩列,渴闻嘉猷,故命居夷夔之官,俾日陈尧舜之道。

属任之意,岂轻也哉! 夫老成进则国体自尊,正人用则治表可见。朕方虚伫,以俟造朝,陈义固辞,良非所望。所辞宜不允。

出处:《西山文集》卷二一。
撰者:真德秀
考校说明:编年据《絜斋集》卷一三《黄公行状》补。

赐中大夫试吏部侍郎兼太子右庶子兼同修国史实录院同修撰兼给事中兼直学士院曾从龙辞免权刑部尚书兼职依旧日下供职恩命不允诏
(嘉定五年十月后)

敕:其悉。朕观古人之论刑也,不曰"惟克天德,自作元命",则曰"凡制五刑,必即天论",盖用刑之权本出于天,人主与有司特奉行之耳。今吾士大夫以刑为职者非一,而大司寇实总狱之成以告于朝,是盖佐朕行天讨者也。任非其人,命曰亵天,朕敢乎哉? 卿气严行方,守以忠恕,必能为国谨惜民命,兹庸俾尔进长于秋官。卿其祗服乃司,推不忍之心,行无私之法,庶几对越上帝,以迓无疆之休,顾不伟哉! 退托弗能,殊非所望。所辞宜不允。

出处:《西山文集》卷二一。
撰者:真德秀
考校说明:编年据《宋中兴学士院题名》补。

赐太中大夫权吏部尚书兼太子詹事兼同修国史兼实录院同修撰汪逵辞免除吏部尚书兼职依旧恩命不允诏
(嘉定五年十月后)

敕:其悉。朕因读《易》,有感乎《复》之《象》,曰"利有攸往,刚长也"。夫阳升则阴伏,君子盛则小人消,兴替之源,靡不繇此。兹用并登群贤,穆布迩列,盖一日而进擢者数人焉,所以广众正之涂,重本朝之体也。卿以儒宗陪禁从,谠言直道,实似其先,肆命正天官之除,首常伯之位。论思启沃,置朕无过之地,自今益有望于卿,选举清平直余事耳。尚体斯意,何以辞为! 所辞宜不允。

出处:《西山文集》卷二一。

撰者:真德秀

考校说明:编年据《宋中兴东宫官寮题名》补。

赐参知政事楼钥生日诏
(嘉定二年十一月至嘉定五年十一月间)

敕楼钥:月临冬仲,天祐皇家。当剥烂复反之时,适阳盛阴微之始。生吾元老,为国正人。方参秉于事枢,宜宠加于赐式。益绥寿嘏,庸副民瞻。

出处:《西山文集》卷二二。

撰者:真德秀

考校说明:编年据楼钥宦历、文中所述"月临冬仲"补,见《宋史》卷三九《宁宗纪》。

郊祀大礼前二日朝献景灵宫圣祖天尊大帝册文
(嘉定五年十一月十八日)

伏以皇矣有宋,受命溥将。仙源肇开,自我道祖。发祥储庆,敷遗后人。粤惟眇冲,讯典邦祀。迎日之至,将见于郊。德馨未闻,奚自昭假! 圣灵如在,尚克相之。俾臻厥成,以介景福。

出处:《西山文集》卷二三。

撰者:真德秀

考校说明:编年据南宋郊祀时间,见《宋史》卷三九《宁宗纪》。

郊祀大礼前一日朝献太庙祖宗帝后册文
(嘉定五年十一月十九日)

伏以惟我祖宗,克堪用德。延鸿宝命,以畀后人。顾惭菲凉,惧弗胜任。将以亚岁,有事于郊。率循旧章,先飨宗庙。于赫列圣,威灵在天。尚其相之,俾迄熙事。膺受多福,垂休无疆。

出处:《西山文集》卷二三。

撰者:真德秀

考校说明:编年据南宋郊祀时间,见《宋史》卷三九《宁宗纪》。

郊祀大礼御札
(嘉定五年十一月二十日前)

敕内外文武臣寮等:朕奄宅庶邦,于今七闰。念宗社缵承之重,若涉深渊;虽宫庭蠖濩之微,如对上帝。矧当禋祀,尤极严恭。向更中外之多虞,益显高明之垂佑。销旱蝗之孽,浸格丰年;洗戈甲之腥,溢为和气。既讫小康之效,盍崇大报之仪!况尝涓缩于堂筵,兹用恪修于郊类。方将推筴而迎日至,又且奉珪而见云阳。为百姓以祈,敢云专乡;来诸侯之助,其罔弗钦。爰戒先期,宣孚群听。朕以今年十一月二十日谒款于南郊,咨尔攸司,各扬乃职,相予肆祀,毋或不恭。故兹诏示,想宜知悉。

出处:《西山文集》卷一九。又见《宋会要辑稿》礼二八之三九。

撰者:真德秀

圆坛祭飨昊天上帝册文
(嘉定五年十一月二十日)

伏以皇皇后帝,照临万方。厥棐惟忱,厥辅惟德。臣以寡昧,讯承宗祧。赖天降康,中外底定。报本之义,其敢弗虔?翼翼小心,躬修元祀。匪曰祈福,私于眇躬。惟民之安,斯国之庆。

出处:《西山文集》卷二三。

撰者:真德秀

考校说明:编年据南宋郊祀时间,见《宋史》卷三九《宁宗纪》。

圆坛祭飨皇地祇册文
(嘉定五年十一月二十日)

伏以至哉坤元,与天同大。是生百物,以育兆民。比年以来,农扈告稔。媪神锡羡,寝济登兹。顾惟菲凉,其曷以报！敬迪彝典,合祛于郊。兢兢一心,庶克昭事。尚祈纯佑,以固邦基。

出处:《西山文集》卷二三。

撰者:真德秀

考校说明:编年据南宋郊祀时间,见《宋史》卷三九《宁宗纪》。

圆坛祭飨太祖配飨册文
(嘉定五年十一月二十日)

伏以昔在周室,禋祀是严。谁其配之？皇祖后稷。维我艺祖,肇造邦家。功大德崇,有光于古。肆惟冲眇,嗣守庆基。创业之艰,敢忘厥自？兹率旧典,升侑于郊。威灵赫然,尚克顾飨。

出处:《西山文集》卷二三。

撰者:真德秀

考校说明:编年据南宋郊祀时间,见《宋史》卷三九《宁宗纪》。

圆坛祭飨太宗配飨册文
(嘉定五年十一月二十日)

伏以煌煌宝命,太祖受之。赫赫庆图,太宗成之。二后在天,如周文武。眇末小子,讯承丕基。推迹本元,其敢不恪？属兹亲祀,并侑是崇。尚其顾歆,克昌厥后。

出处:《西山文集》卷二三。

撰者:真德秀

考校说明:编年据南宋郊祀时间,见《宋史》卷三九《宁宗纪》。

嘉定五年南郊赦
(嘉定五年十一月二十日)

诸县所差保长催科,率是四等、五等下户,往往乡村多有豪右官户倚势不输,每遇科校,鞭笞责挞,至有缘此鬻产陪纳破家,深可怜悯。今仰州县自今官户税物,官司自行就坊郭管揽门户干人名下催理,不许一例具入保长甲帖内抑令催纳,使之陪备。如违,许保长经监司越诉。

出处:《宋会要辑稿》食货六六之三一。

郊祀大礼赦文
(嘉定五年十一月二十日后)

朕以眇躬,嗣承先烈,今宁王遗我大宝,兹持守之甚艰;而上帝监于四方,实照临之有赫。居怀兢业,罔敢荒宁。自更化之惟新,益厉精而加勉。一日必谨,五年于兹。幸昭受于天休,获巩安于国步。昔羽檄交驰之地,今惟玉帛之往来;昔粒食垂罄之民,今有京坻之充积。岂繄凉德,忧底小康,亟诏有司,称秩元祀。故嘉荐屡修于重屋,而缛仪久旷于崇丘。兹惟其时,祗率旧典。奉币而歆真宇,灌圭而朝太宫。合享两仪,升侑二祖。乐备圜钟之奏,诗歌成命之章。象质素于陶匏,罢周张于黼绣。盖极天下之物不足报功,惟尽内心之诚庶几克飨。有祝史正辞之告,无祠官祈福之私。高灵顾歆,协气充塞。飞霙六出,既先事以应期;丽日重光,复弥旬而开霁。虽迄熙成之礼,愈勤祗栗之思。缅怀庆历之郊禋,恭味仁皇之谕旨。除降祥之地而惧采切,席已安之势而念益深。大哉圣谟,实为可法。矧如菲质,敢替此心?属当外内无患之余,尤轸夙夜畏威之戒。钦念求端而从事,莫如尚德以缓刑。其诞布于恩纶,庶均沾于帝祉。於戏!天生民不能独治,故付予统理之权;后非众罔与守邦,宜加乃困穷之惠。惟内之群工庶尹,若外之方国元侯,共体好生之仁,俱怀拯溺之念。推德意以达于下,谂疾苦以告于朝,俾万物各遂其宜,微一夫弗被其泽。庶膺眷佑,同享丕平。

出处:《西山文集》卷一九。
撰者:真德秀
考校说明:编年据南宋郊祀时间补,见《宋史》卷三九《宁宗纪》。

赐资政殿学士太中大夫知潭州充荆湖南路安抚使卫泾上表再辞免更化之后亲祀南郊熙事备成庆均中外安丙卫泾俱以近臣宣劳藩阃各特转一官恩命不允不得再有陈请诏

（嘉定五年十一月后）

敕：具悉。昔周天子有事于先王，于齐则赐之胙，于鲁则归之脤，岂非股肱王室之重，则当同其福禄之休！曰朕禋典告成，均庆中外。维西有蜀，维南有楚，皆以近弼，作予元侯。勋名烂然，并著竹帛，予维宠嘉之。壬子制书，命进崇秩，亦周褒齐鲁之意也。今卿抗章不拜，顾以天道亏盈为言。夫五服五章，以待有德，虽云朕命，实本天心。朕固匪出于私，卿尚何辞之有？所辞宜不允，不得再有陈请。

出处：《西山文集》卷二〇。

撰者：真德秀

考校说明：编年据南宋郊祀时间、卫泾宦历补，见《宋史》卷三九《宁宗纪》、《宋史翼》卷一五《卫泾传》。

赐资政殿学士通奉大夫知兴元军府事安丙再上表辞免南郊庆成特转一官恩命不允不得再有陈请诏

（嘉定五年十一月后）

敕：具悉。朕惟古者先成民而后致力于神，故自更化以来，分命迩臣，付以藩阃，俾之拊循兵民，镇奠疆场，戎干载戢，稑宝用成，庶几无外顾之忧矣。于是挖嘉坛，秩元祀，典礼具饬，神人允谐。顾惟屏翰之劳，奚止骏奔之比，此优隆之典所以独施于吾重臣也。今边候底宁，民物孔庶，卿其益务绥靖，以称朕心。命数之蕃，方自兹始，曾是一秩，而可辞乎？所辞宜不允，不得再有陈请。

出处：《西山文集》卷二〇。

撰者：真德秀

考校说明:编年据南宋郊祀时间、安丙宦历补,见《宋史》卷三九《宁宗纪》、《两朝纲目备要》卷一三等。

赐中大夫新除工部尚书兼同修国史兼实录院同修撰兼太子詹事戴溪辞免升兼修国史兼实录院修撰恩命不允诏

(嘉定五年十一月后)

敕:具悉。朕闻之《记》曰:"属辞比事而不乱,则深于《春秋》者也。"居述史之官而不明圣人笔削之指,其能胜任者几希。卿为时儒先,笃志经学,盖于尊王黜伯之谊、赏善罚恶之权,混融贯通,如指诸掌,发凡起例,固所优为。今三朝之典,未免阙遗,甲寅之记,尚多牴牾,正赖鸿笔,勒成信书。矧卿与逸俱庆元史官之旧,并命修纂,人皆谓宜。往殚副墨之劳,以究汗青之绪。所辞宜不允。

出处:《西山文集》卷二一。

撰者:真德秀

考校说明:编年据《南宋馆阁续录》卷九补。

赐吏部尚书兼太子詹事汪逵工部尚书兼太子詹事戴溪权刑部尚书兼太子右庶子曾从龙辞免皇太子讲授周易终篇推恩特与转行一官不允诏

(嘉定五年十一月后)

敕:具悉。昔汉明帝之为太子,授经于名儒刘昆,然昆之《易》学本于京氏,以区区占验之术,欲以成温文之懿,岂不由却行而求前乎? 今朕博选俊髦,辅导吾子。惟卿师友渊源,粹然出正,用能发三圣精微之蕴,裨元良聚辨之功,俾畜德日新,震器增重,以此受赏,岂为无名? 抗章力辞,非朕志也。所辞宜不允。

出处:《西山文集》卷二一。

撰者:真德秀

考校说明:编年据汪逵、戴溪、曾从龙宦历补,见《宋中兴东宫官僚题名》《宋中兴学士院题名》。

赐太中大夫新除吏部尚书兼太子詹事汪逵兼同修国史兼实录院同修撰辞免升兼修国史兼实录修撰不允诏
（嘉定五年十一月后）

敕：具悉。朕惟古之太史，必世其官，下至两汉，司马氏、班氏父子犹以雄文丽藻擅制作之盛，后之论史者首稽焉。惟乃先正以名世钜儒受知我烈祖，实繇铨衡之长颛笔削之权。距今余四十年，朕复命卿嗣掌厥事，岂欲以一职为卿荣哉？顾今三朝之典未免阙遗，甲寅之记尚多牴牾。往率厥属，勒成信书，使班马氏不得专美于前，此卿所当自期者。抗章避宠，岂朕欲闻。所辞宜不允。

出处：《西山文集》卷二一。

撰者：真德秀

考校说明：编年据《南宋馆阁续录》卷九补。

将周筠没官地拨充义阡使用诏
（嘉定五年十二月二日）

令安边所将刘友真所乞周筠没官地尽行拨赐充义阡使用，免纳价钱，仍令封桩库支拨二千贯贴充义阡支遣。

出处：《宋会要辑稿》食货五八之二八。

蠲横增税额诏
（嘉定五年十二月十日）

诸路转运使参考州县新旧税籍，蠲其横积之数。

出处：《两朝纲目备要》卷一三。又见《宋史全文续资治通鉴》卷三〇,《续宋编年资治通鉴》卷一四。

皇伯师垂特授少保依前定江军节度使致仕天水郡开国公加食邑食实封令所司择日备礼册命制
（暂系于嘉定五年前后）

门下：朕倚重天支，参扶国栋。言念阜陵之近属，存者几人；有嘉秀邸之象贤，蔚其未老。方赖维城之助，遽腾谢事之章。告于大廷，敷我明命。具官师垂，器资闳裕，德宇靓深。凭宗庙之休光，袭父师之余训。建旄开府，富贵无矜夸之心；鸣玉会朝，进止有安详之度。比典司于属籍，旋燕佚于祠庭。载渴仪刑，每廑朝夕。龙旂弧韣，尚庶几伯父之来；乘马路车，其敢忘君子之锡！胡云抗牍，亟请挂冠。所期尔寿而尔昌，讵意斯人而斯疾！重违其志，姑遂厥私。宜升亚保之班，并衍多田之赋。於戏！若时同姓，实卫我家。虽公族枝叶之浸蕃，有光前古；而老成典刑之日远，良恻朕心。尚体眷怀，勉绥福履。

出处：《西山文集》卷一九。又见《古文渊鉴》卷六三，《宋四六选》卷四。
撰者：真德秀
考校说明：编年据同集前后文时间补。

吴瑰特授少师致仕加食邑食实封制
（暂系于嘉定五年前后）

门下：朕闻仁莫大于笃亲，义莫先于贵齿。惟有周任、姒之德，终古难忘；顾中兴阴、马之家，旧人无几。独余一老，久列三孤，遽谢事以言归，为披章而太息。敷时显册，告尔庶工。具官吴瑰，逮事高皇，冯休宪圣。以位则绝九卿之席，以属则先四姓之侯，而能敬恭自持，终始弗懈。退逊如广国，未尝以贵而骄人；畏谨若樊宏，但欲守谦而全己。维太皇之盛烈，有大造于我家。慈惠宅心，端母仪于四世；从容定策，赞内擅于三朝。追怀保佑之功，莫伸覆载之报。幸尔身之未耄，犹朕志之少宽。乃以疾闻，难于诏夺。其疏茂渥，俾亚维师。元戎秉钺之雄，上公赐履之重。悉仍旧服，申锡新畲。於戏！老成国之著龟，懿戚予之肺腑，今其往矣，宁不蠹然！尚保垂车之荣，未忘授几之宠。可特授少师，依前招化军节度使、华国公致仕，加食邑七百户、食实封三百户。令所司择日备礼册命，主者施行。

出处：《西山文集》卷一九。

撰者：真德秀

考校说明：编年据同集前后文时间补。

史丞相回授加恩进封永国公加食邑食实封制
（暂系于嘉定五年前后）

门下：三代之教太子，必惟端士之求；五等以命诸侯，无越上公之重。眷予鼎辅，久翊震宫。若时祖宗训谟之书，尤赖朝夕讲论之力。既聿新于令德，宜优答于元功。胙土分封，扬庭宣众。具官史弥远，直方以大，明哲而忠。昔保衡作我先王，丕昭永世之烈；而伊陟格于上帝，克笃前人之休。自入侍于甘泉，即从游于资善。收威柄而尊王室，密赞至谋；建储贰以重宗祧，独陈大议。暨秉钧枢之任，益殚羽翼之诚。谓将开迪于英猷，莫若参稽于成宪。繇艺祖而至真庙，源流一道之相承；自治体以及边防，浑噩百篇之具在。肆因诵说，时寓箴规。俾元良有得于中，犹列圣实临其上。属周厥帙，爰奖尔劳。乃屡形考父之恭，期必遂范宣之逊。勉弛阶品，仅衍赋舆。踵先正赐履之邦，示奕叶传龟之宠。若太公于齐，姬公于鲁，有周以表殊勋；而吕氏之申，韩氏之仪，我宋以为盛事。载颁新渥，增焕旧闻。於戏！父子登庸，既萃一门之美；君臣相敕，当图千岁之安。朕方惟保国之孔艰，卿亦念承家之匪易。尚懋播灾之业，永坚带砺之盟。

出处：《西山文集》卷一九。

撰者：真德秀

考校说明：编年据同集前后文时间、史弥远（"史丞相"）宦历补，见《宋史》卷二一三《宰辅表》。

光宗宁宗朝卷二十四 嘉定六年(1213)

希怿特授昭信军节度使开府仪同三司进封制
(嘉定六年正月十一日前)

朕遵列圣之谟,厚同姓之礼。虽雍容朝谒,未尝责以事功;而焜耀宠名,或兼荣于将相。矧予法从,时乃宗英。其分陕有召公之风,其治鲁有伯禽之政。遽兹告老,宁不疚怀! 明扬赞书,丕筶群听。具官赵希怿,出艺祖神明之胄,擢阜陵俊造之科。行若不胜其衣,而有任重之器;言若弗出诸口,而优经世之材。以璿源属籍之亲,守圭窦臞儒之行。自绾楚东之印,迨持江右之麾。恬愉无华,慕汉京之循吏;清静自定,师盖公之至言。比奏最于全吴,俾偃藩于姑孰。庶几坐啸之乐,可忘卧理之劳! 乃贡诚忱,愿从闲燕。进班奎殿,赋禄珍台。曾诏墨之未乾,已囊封之狎至。览观太息,训谕莫回。所期尔寿而尔臧,讵意斯人而斯疾! 其膺元戎十乘之拜,并祗上公九命之仪。以贲菟裘之归,以昭麟趾之宠。於戏! 维今人才难得之日,有若公族间出之贤。非独镇抚侯邦,赖翰垣之重;抑亦夹辅王室,倚枝干之强。顾中道以退休,拊予衷而增慨。尚其冲恉,对此褒庸。可特授昭信军节度使、开府仪同三司致仕,进封天水郡开国侯。

出处:《西山文集》卷一九。

撰者:真德秀

考校说明:编年据《宋会要辑稿》帝系七补

临安府奏狱空奖谕赵时侃诏
(嘉定六年正月二十四日)

允惟众大之区,五方之民聚焉,故其俗错杂,而丽于辟者众,欲犴狱之清难矣。卿儒雅而齐以通；强敏而行以恕，于兹累月，克底圄空。昔广汉神于擿奸，不闻其能止奸；延笃明于听讼，不能使之无讼。载披卿奏，良用叹嘉。《诗》不云乎："商邑翼翼，四方之极。"使朕好生之德达于天下，端自兹始，何惜玺褒，不以示劝！

出处：《宋会要辑稿》刑法四之九一。

祈晴诏
（嘉定六年正月二十六日）

阴雨未晴，应临安府载在祀典神祠，令本府日下差官前去精加祈祷，务要速获感应。

出处：《宋会要辑稿》礼一八之三四。

应干知县窠阙许改官人从便注授诏
（嘉定六年正月二十九日）

令吏部将应干知县窠阙，不拘年限，并行晓示，听改官人从便注授。

出处：《宋会要辑稿》职官四八之四七。

科举诏
（嘉定六年二月一日）

敕门下：朕惟我祖宗张设科目，以网罗天下之彦，庞臣硕辅，多此涂出，庶几乎三代选举之意。朕以凉菲，获承丕绪，所与共天位、治天职者，非一时贤士大夫乎？故自践阼以来，凡数下宾兴之诏，思得英杰，协图康功。而前者权臣崇饰私意，渊源醇正之学斥之为伪，忠亮鲠切之言嫉之若仇，繇是士气郁而弗伸，文体浸而不古。肆朕更化之后，息邪说以距诐行，辟正路而徕忠规。四海之士，闻风兴起，既有日矣，今兹大比，尔多士其各抒所蕴试于有司。贤书来上，朕将亲策于廷，以备器使。《诗》不云乎，"鸢飞戾天，鱼跃于渊。岂弟君子，遐不作人。"朕之激昂士类，盖与周之先王同出一揆，尔多士其可不勉自澡濯，以副招徕之意乎？故兹诏示，想宜知悉。

出处:《西山文集》卷一九。又见《宋会要辑稿》选举一之二七。
撰者:真德秀

赐光禄大夫右丞相兼枢密使兼太子少师永国公史弥远上表再辞免敕令所修进吏部条法总类及百司吏职补授法了毕特转两官依例加恩仍进封鲁国公令学士院降制恩命不允批答

(嘉定六年二月十五日后)

省表,具之。卿以经世之学,佐王之谟,自登翼于万几,首整齐于百度。群材汇进,蔚有庆历、元祐之风;公道砥平,浸还乾道、淳熙之旧。复以余力,裁成信书。近酌唐铨,别荐绅之流品;远参汉律,旌刀笔之劳能。坦然甚明,来者可考。如权衡之设,轻重不得而私;若泾渭之分,清浊靡容其混。迄底章程之定,允资笔削之严。涣汗甫颁,谦辞已上。知卿盛德,居存避宠之心;顾国旧章,难废懋功之典。往钦诏谕,亟服恩徽。所辞宜不允。

出处:《西山文集》卷二二。
撰者:真德秀
考校说明:编年据《宋史》卷三九《宁宗纪》补。

建武军节度使充鄂州驻札御前诸军都统制王喜加食邑食实封制

(暂系于嘉定六年二月前后)

门下:朕躬展南郊之盛礼,眷怀西土之功臣。虽军国异容,莫与执笏之列;而戎祀大事,盍均授脤之恩! 涣是明纶,孚于众听。具官王喜,性资栗锐,风概沈雄。窥玉帐之奇,夙研究于机略;扼铜梁之阻,晚震慴于威名。诚存金石之坚,功耀旂常之载。久总戎于顺政,旋易戍于武昌。纪律精明,足以厉三军之气;笑谈整暇,居然折千里之冲。属予拜况于中坛,念汝宣劳于外阃。用荒采邑,俾洽神厘。於戏! 朕敬于事天,尔当视以为尊君之法;朕仁于惠下,尔当推以为抚士之方。益懋勋庸,永绥福禄。

出处:《西山文集》卷一九。

撰者:真德秀

考校说明:编年据同集前后文时间、王喜官历补,见《宋会要辑稿》职官七五、兵二〇。

随龙保成军节度使提举万寿观谯令雍加食邑食实封制
(暂系于嘉定六年二月前后)

门下:朕诹曲台之文,展圜丘之祀。敢言菲德,足膺皇皇后帝之歆?获迄旷仪,实赖肃肃辟公之相。乃眷龙潜之旧,厥有骏奔之劳。其敷诏恩,以洽邦庆。具官谯令雍,温恭而有恪,博誉而好修。自我先皇,俾从游于朱邸;迨予初载,久司谒于彤闱。当眷知未慭之时,抗廉靖无求之节。斋坛焕宠,恍阅周星;祠官清心,澹如一日。视势权若将浼己,处富贵不以骄人。属祗荐于明禋,俾肃陪于严卫。念西邻之禴祭,受福既多;岂南阳之故人,疏封可后?其因旧履,更启新畬。以广钦柴之厘,以旌伐木之助。於戏!赐爵于庙,王者之至公;事君如天,人臣之明谊。往坚素履,式对鸿休。

出处:《西山文集》卷一九。

撰者:真德秀

考校说明:编年据同集前后文时间、谯令雍官历补,见《宋会要辑稿》职官一等。

赐少保师揆辞免除少傅依前皇伯奉国军节度使
充万寿观使嗣秀王加食邑食实封恩命不允诏
(嘉定六年三月六日后)

敕:具悉。朕更新治化,于兹累年,农畴屡登,边鄙不耸,岂予一人所能致哉,盖天地祖宗之灵实嘉相之也。是用迎日之至,躬展美报,以对越于神休。而礼行之夕,瑞应响答,云物卷祲,月星舒华,亦岂予一人所能致哉,群工庶正与我一二族老实显相之也。已事而竣,既施泽于中外矣,明德茂亲有如伯父,其可无以表异之乎?孤傅之崇,以待耆喆,朕命弗易,毋烦控词。所辞宜不允。

出处:《西山文集》卷二一。

撰者:真德秀

考校说明:编年据《宋会要辑稿》职官一补。

吴琰除检校少保制
（嘉定六年三月二十四日）

　　门下:朕诹曲台之仪,肆圜丘之祀。鸣銮凤驾,喜景气之曈昙;奠璧宵升,仰月星之明概。灵娲来格,熙事备成。惟泰元尊,既授汉皇之策;赐伯舅胙,宜均周室之恩。其颁赞书,以穆师听。具官吴琰,冯休四姓,际遇三朝。远势避权,蚤践樊阴之躅;颐神养素,晚师黄老之言。饬躬期媲美于前修,教子蔚为于时用。比展宗祊之谒,永怀祖后之慈。瞻长信之宫,尚存遗范;访渭阳之里,今鲜近亲。克有典刑,维时耆艾。属蕆祠于八陛,赖留卫于九重。载嘉忠勤,宜厚宠秩。参华孤棘之贵,衍食辕畴之丰。匪徇予私,盖均帝祉。於戏! 歌成命之颂,朕方勤夙夜以缉熙;诵外戚之箴,尔尚鉴古今之成败。惟上下共繇斯谊,则邦家永孚于休。谅惟老成,毋俟训告。可特授检校少保,依前保信军节度使、提举佑神观、广陵郡开国公,加食邑五百户、食实封二百户。主者施行。

出处:《西山文集》卷一九。

撰者:真德秀

考校说明:编年据《宋会要辑稿》职官一补

赐吴琰上表再辞免除检校少保加食邑
食实封恩命不允仍断来章批答
（嘉定六年三月二十四日后）

　　省表,具之。朕博观图史之传,历考后妃之德。苟内助之贤,尝有功于社稷,则外家之福,必流及于子孙。故周之任、姒,世为诸侯;而汉之马、邓,门多贤者。天道非远,较然可知。维我国家,壶仪最盛,是生圣后,光辅中兴,保佑三朝,与定大策,功德之懿,有光前闻。肆卿一门,宠荣舄奕,将旄公衮,先后相望。而自比年以来,老成凋落,环顾近属,惟卿独存。慨然兴怀,思所以褒异者久矣。郊禋大庆,中外所同,扬于大廷,俾媵孤保,所以报层闱之恩而为戚里之劝也。朕志有在,卿其勿辞。所辞宜不允,仍断来章。

出处:《西山文集》卷二二。

撰者:真德秀

考校说明:编年据《宋会要辑稿》职官一补。

皇叔师禹除检校少傅制
（嘉定六年三月二十八日）

门下:朕蒐饬礼乐,燮和神人。惟国家更化以来,未皇大报;赖天地降祥之应,屡获丰年。三垂晏清,七政明润。乃御斋辂,乃升嘉坛。侍祠数百人,咸肃雍于汉畤;同姓五十国,畴表倡于周盟!有伟者英,实参荐献,其盼赞册,以告昕廷。具官师禹,志行洁修,性资凝粹。黄流玉瓒,挹之而有芬馨;清庙朱弦,澹然而谐律吕。屏骄倨贵游之习,迪忠纯厚德之风。自拥骅骈,久安珍馆。虽疏北阙之朝谒,每问东平之起居。比躬太祐之祠,历祼孝宗之室。缅怀遗烈,等覆载之难穷;环顾近亲,既老成之无几。矧予毖祀,嘉乃同寅。其进眂于孤卿,并增陪于采邑。上以体皇祖笃宗支之念,下以伸冲人尊叔父之心。於戏!受福而不敢康,王者所以承丕命;居宠而弗自溢,人臣所以永令名。朕方坚畏威时保之诚,卿其懋作德日休之戒。尚惟哲艾,毋俟训言。可特授检校少傅,依前皇叔保康军节度使、提举佑神观、充秀安僖王园令、兼秀王位检察尊长、天水郡开国公,加食邑五百户、食实封二百户。主者施行。

出处:《西山文集》卷一九。

撰者:真德秀

考校说明:编年据《宋会要辑稿》职官一补

赐通议大夫同知枢密院事兼太子宾客章良能
乞在外宫观不允诏
（嘉定六年四月前）

敕:具悉。朕不见卿数月矣,以朕怀卿欲见之心,知卿未忘于朕也。属闻有瘳,则为之喜。入对便朝,体力如故,则又加喜焉。顾方日亲嘉谋,以辅不逮,而需章遽上,若不容一日留,何哉?夫恩义相须,诚如来奏。《传》曰"为人臣者无以有己",此义之大者也。若乃图一身之便安而忘眷倚之至重,又焉得为义乎?以卿之明,当知所择,悉心思报,毋或他云。所请宜不允。

出处:《《西山文集》卷二一。

撰者:真德秀

考校说明:编年据章良能宦历补,见《宋史》卷三九《宁宗纪》。

赐光禄大夫楼钥辞免除资政殿学士知太平州恩命不允诏
(嘉定六年四月前)

敕:具悉。朕当开禧改弦之日,首思庆元曳履之臣。聘角里于商山,在廷咸竦;舍申公于鲁邸,视古有光。擢在通联,进参大政。谋猷足以经万务,德望足以师百僚。予维倚毗,士有矜式。属婴微痰,遽骛归心。披告老之章,殆几八九;谕贪贤之指,亦既再三。确尔莫回,为之太息。念累岁与庙堂之画,厥有成劳;顾一朝上印绶而归,可无异数?通班秘殿,偃息便藩,朕犹有慊于中,卿尚何辞之力?亟祗茂渥,庸副至怀。所辞宜不允。

出处:《西山文集》卷二一。

撰者:真德秀

考校说明:编年据《絜斋集》卷一一《楼公行状》补。

赐光禄大夫新除资政殿学士楼钥辞免除资政殿
大学士在京宫观任便居住恩命不允诏
(嘉定六年四月前)

敕:具悉。朕惟昔者耆旧之臣,盖或起于燕闲之后。远稽汉室,若园公、绮里季之肯来,近忆阜陵,若张焘、辛次膺之复用。考其在列,曾不几时,未有更东西两地之崇,历先后六年之久。凡更化以来之规画,赖同心相与以扶持,迄成庶邦嘉靖之休,居多元老弼谐之助。怅挽留之莫遂,顾疏宠以宜优。冠秘职于殿庐,领真祠于毂下。身安晚节,未容居易之退休;国有大疑,尚冀仲舒之就问。往钦时命,毋有遻心。所辞宜不允。

出处:《西山文集》卷二一。

撰者:真德秀

考校说明:编年据《絜斋集》卷一一《楼公行状》补。

赐朝奉大夫试中书舍人兼权礼部侍郎兼修玉牒官兼侍读范之柔辞免除礼部侍郎兼中书舍人恩命不允诏
(暂系于嘉定五年十一月至嘉定六年四月间)

敕:具悉。朕惟庆历、元祐之盛,若文正、忠宣之贤,虽圣人吾不见之,叹九原之莫作;然故家犹有存者,盖百世而复兴。卿裒传韦氏之经,克宝郑公之笏。其践谏省,以谠论沃朕心;其登纶闱,以英辞华国体。矧邦典摄丞之既久,于礼文参订以尤多。载嘉尔勤,就正厥秩。朕方慨慕先朝之烈,卿其勉追乃祖之风。用副隆知,奚烦多逊?所辞宜不允。

出处:《西山文集》卷二一。

撰者:真德秀

考校说明:编年据同集前后文时间、范之柔官历补,见《宋会要辑稿》崇儒七、选举二二。

赐通奉大夫守吏部尚书兼太子詹事兼修国史兼实录院修撰汪逵乞休致不允诏
(暂系于嘉定五年十一月至嘉定六年四月间)

敕:具悉。朕延登正人,穆布迩列,赖朝夕论思之益,建国家久长之基。卿学为一代之宗,位处六官之长,观瞻共属,倚注尤深。所当以迈往之气而出忧时之言,以康济之材而抒及物之韫,使朕获老成之用,而世知儒者之功。岂惟多士有望于卿,抑亦先正所期于后。若乃道方行而遽画,年甫至而求归,既非眇冲擢任之本心,亦岂平昔自期之壮志?尚安厥位,勿复有陈。所请宜不允。

出处:《西山文集》卷二一。

撰者:真德秀

考校说明:编年据同集前后文时间、汪逵官历补,见《南宋馆阁续录》卷九、《宋中兴东宫官寮题名》。

章良能参知政事制
(嘉定六年四月五日)

朕图任哲辅,济治登功。西枢之赞本兵,茂著五年之绩;中书之参大政,遂隆四近之联。宣穆师言,肆扬涣号。具官章良能学博而守约,才大而用周。内苑摛词,典诰可追于三代;中司纠愿,纪纲肃正于一台。简知久迪于予衷,宥密聿先于汝命。声色不动,安强成道德之威;议论至公,建用会中和之极。泛底偃武修文之效,久赖协恭同寅之贤。维时黼黻之崇,实以弼谐之望。求诸试可,庶裨万务之几微;于以进升,丕动四方之观听。顾位之尊者责亦重,而名之盛者实已孚。犹吾股肱,共馨九臣赞襄之美;为之羽翼,益恢元良辅导之规。时乃之休,惟朕以怿。

出处:《宋宰辅编年录》卷二〇。

吊安南国王敕书
(嘉定六年五月后)

敕安南国王嗣子李昊旵:维乃先王,世守藩服。恭勤匪懈,贡献以时。三纪于今,始终一德。奄兹讣告,良恻予怀。卿嗣事云初,衔哀罔极。尚其节抑,式迓宠光。

出处:《西山文集》卷二三。
撰者:真德秀
考校说明:编年据文中所述史事补,见《宋史》卷三九《宁宗纪》。

诫约福建州县不得衷私买银诏
(嘉定六年七月一日)

福建监司遵近降全解会子指挥,不得衷私买银,其所经由州县辨认封识,批会行程,而后放行。如或仍前作弊,致御史台觉察,其当州官吏并行坐罪。

出处:《宋会要辑稿》食货四四之一六。

从军受赏条制诏

（嘉定六年七月十三日）

今后应从军受赏，应得已降指挥立定项目，合参部之人，所召保官并知通止照旧法，甘伏朝典保明，申部参注，免致亲身立功之人使有阻滞。其有顶冒之人，自许诸色人指实陈告，并从见行条法指挥断罪推赏施行；如或州军官吏故为邀阻，不行受理保明申部，许人越诉，当议重行责罚。

出处：《宋会要辑稿》职官一四之一九。

归朝官等陈乞添差事诏

（嘉定六年九月十八日）

今后归朝、归正、归明、忠顺官、大小使臣、校尉年及七十陈乞添差人，并与添差监当场务，校尉添差指使，并不厘务，愿作岳庙者听。内曾任路分副都监以上，并止与降前任一等不厘务差遣。所有请给若至第十一任人，自依绍兴四年十月九日已降指挥施行。仍令吏部今后遇有勘会似此陈乞添差之人，分明予决合入差遣，申枢密院。

出处：《宋会要辑稿》兵一六之一四。

官告院楷书补授事诏

（嘉定六年九月二十六日）

官告院楷书今后补授，依吏、刑部、敕令所看详到事理，试中正额楷书之人，以一十二名为额。候满十年日，每岁止许从上补授一名，如上名未愿补授者，方许以次人陈乞，仍不得过每岁省部寺监诸司人吏正贴司比换副尉四十人之数。

出处：《宋会要辑稿》职官一一之七五。

赐金紫光禄大夫右丞相史弥远辞免进呈安奉三
祖下第七世仙源类谱高宗皇帝宝训今上皇帝玉
牒今上皇帝会要礼毕三局提举官并进呈安奉玉
牒礼仪使各特与转两官依例加恩令学士院降诏
恩命不允诏
（嘉定六年闰九月二十七日后）

敕：具悉。日卿总领诸儒，以四书来上，褒容缛典，视昔有加。或谓一时文物
之盛而已，孰知其深助朕德而有裨治功哉！盖揽宗支之籍则思睦族不可忘，读典
谟之训则思成宪不可失。若朕凉菲，虽微足书，然行一政令而史牒纪之，讲一典
礼而会要传之，使予惕然益知为君之难者，亦书之力也。卿以鸿儒提钜笔，又以
元宰赞盛仪，懋赏之行，其曷可后？往恭朕命，毋复巽词。所辞宜不允。

出处：《西山文集》卷二二。
撰者：真德秀
考校说明：编年据《宋史》卷三九《宁宗纪》补。

赐通奉大夫参知政事兼太子宾客章良能上表再辞
免今上皇帝会要礼毕转官恩命不允仍断来章批答
（嘉定六年闰九月二十七日后）

省表，具之。昔鲁邦之寝敌谋，在能秉于周礼；世祖之恢皇业，由复用于汉
仪。则知典法之废兴，实系国家之隆替。于惟我宋，近酌有唐，勒成会粹之书，具
纪施行之实。使后世由之而稽决，有司即是而讨论，岂曰空文，厥惟钜典。而卿
蔚以使领，相予礼容，既登奉之告成，岂褒崇之敢后？往祗涣命，勉抑谦词。所辞
宜不允，仍断来章。

出处：《西山文集》卷二二。
撰者：真德秀
考校说明：编年据《宋史》卷三九《宁宗纪》补。

赐通奉大夫知枢密院事兼参知政事兼太子宾客
雷孝友上表再辞免进呈安奉高宗皇帝宝训礼毕
转官恩命不允仍断来章批答
（嘉定六年闰九月二十七日后）

省表，具之。惟治道之隆替，原于家法之废兴，使夏之嗣王常遵大禹之戒，而周之奕世弗坠文王之谟，则其飨国之甚长，何止如今之所睹！缅惟高庙，载造我家，凡其一话一言，莫匪大经大法。念既服行于平日，更将诒示于后人，肆命纂修，式严登进。而卿蔚以近弼，相时盛仪，可无便藩恩命之加，以示钦承祖训之重？尚体兹意，勿复有陈。所辞宜不允，仍断来章。

出处：《西山文集》卷二二。

撰者：真德秀

考校说明：编年据《宋史》卷三九《宁宗纪》补。

赐光禄大夫右丞相兼枢密使兼太子少师
鲁国公史弥远再上表辞免三局进书转官
恩命不允仍断来章批答
（嘉定六年闰九月二十七日后）

省表，具之。卿以研测圣几之学，铺张王度之文，独秉政钧，兼持史笔。叙列圣亿万斯年之世系，粲焉金枝玉叶之辉；哀中兴三十六载之叡谟，重于拱璧赤刀之宝。举嘉泰、开禧之行事，仿李衢、苏冕以成书。并诒悠久之传，帅是总提之力。夫制作国之大典，朕不敢轻；爵赏君之大权，朕不敢废。勉祗涣渥，毋守谦辞。所辞宜不允，仍断来章。

出处：《西山文集》卷二二。

撰者：真德秀

考校说明：编年据《宋史》卷三九《宁宗纪》补。

冬雷罪己诏
(嘉定六年闰九月二十九日)

朕钦若天命,矜爱元元,夙夜靡宁,惟恐有阙。乃后九月,气已属冬,雷未收声,将以警朕。惕若祗惧,祗省厥愆。二三大臣其悉心叶力,交修不逮,庸副朕躬,仰承天戒焉。

出处:《两朝纲目备要》卷一三。又见《宋史全文续资治通鉴》卷三〇。

赐通议大夫试工部尚书兼修国史兼实录院修撰兼太子詹事戴溪乞许纳禄休致不允诏
(嘉定六年十一月前)

敕:具悉。昔汉疏广为东宫傅,自以宦成名立,浩然勇退,论者高之。夫知止之风,在广诚可嘉矣,然知其贤而许之去,岂非宣帝与太子之责哉!今卿经学深明,德行醇茂,朕既倍之自近,而吾元子尊师重道,尤不可一日无卿。祖张都门,挥金田里,悃诚虽切,谊未可从。所请宜不允。

出处:《西山文集》卷二一。
撰者:真德秀
考校说明:编年据戴溪官历补,见《宋中兴东宫官寮题名》。

李珏户部侍郎制
(嘉定六年十二月后)

守一岁以为真,特西汉试吏之法;更二年而除正,实元祐从臣之规。若绩效之显闻,何日月之必较!惟时伟望,爰锡茂恩。具官识妙通今,才雄济务。龚遂之平渤海,潢池还佩犊之风;裴垍之领地官,邦赋善棼丝之理。兼著石铨之绩,宜升左户之班。惟若民足裕之方,固为大计;若朝夕论思之益,尤赖嘉猷。尚罄修能,以酬殊遇。

出处:《永乐大典》卷七三〇三。

撰者:任希夷

考校说明:编年据任希夷任两制时间、李珏宦历补,见《宋会要辑稿》刑法三。

光宗宁宗朝卷二十五　嘉定七年(1214)

赐安南国王嗣子李昊旵嘉定七年历日敕书
(嘉定七年前)

敕:朕在舜玑衡,谨乃授时之政;布周正朔,暨于出日之邦。式眷藩方,夙陶皇化,将旧封之载袭,宜新历之首颁。往服宠光,益虔屏榦。

出处:《西山文集》卷二三。

撰者:真德秀

考校说明:编年据文中所述史事补。

提刑司躬亲检察州县申到禁历诏
(嘉定七年正月七日)

应州县除事干人命及重害公事许照条收禁,提刑司以州县申到禁历,须管躬亲检察,将不应禁及久囚去处,严行责罚,毋为文具。

出处:《宋会要辑稿》刑法六之七五。

赐正议大夫知枢密院事兼参知政事兼太子宾客雷孝友再上奏札子乞归休田里不允不得再有陈请诏
(暂系于嘉定六年闰九月至嘉定七年二月间)

敕:具悉。朕内修经国之摹,外讲安边之画。念端委庙堂而共政,惟二三臣;苟折冲尊俎之有人,贤十万众。卿以魁垒之器,雄刚之材,正色立朝,真后凋之松柏;同心辅政,有相济之盐梅。当夙宵图义之秋,正上下交修之日。眷时迩列,稀若晨星,独我老成,屹如砥柱。俾朕躬之有赖,谅天意之使然。与其志在丘园,冀私情之适;孰若心存社稷,合大义之公。往佩予言,勉绥尔位。所请宜不允,不得再有陈请。

出处:《西山文集》卷二二。又见《宋四六选》卷一。

撰者:真德秀

考校说明:编年据同集前后文时间、雷孝友宦历补,见《宋史》卷三九《宁宗纪》。

桂阳县令与减二年磨勘诏
(嘉定七年二月四日)

郴州桂阳县令任满,无盗贼疏虞,与减二年磨勘,选人循一资,付吏部施行。

出处:《宋会要辑稿》职官四八之二二。

赐正奉大夫守吏部尚书兼太子詹事兼修国史兼实录院同修撰汪逵辞免除显谟阁学士提举佑神观依旧兼太子詹事兼修国史实录院同修撰仍令赴四参恩命不允诏
(嘉定七年二月后)

敕:具悉。朕以尊用老成为重,挽之惟恐弗留;卿以保全名节为高,去之惟恐不力。故于二者,思择其中。释铨管而侍真祠,所以示闵劳之意;列清厢而辅储禁,所以示贪贤之心。卿犹固辞,其谊安在?所辞宜不允。

出处:《西山文集》卷二二。

撰者:真德秀

考校说明:编年据《宋中兴东宫官寮题名》补。

赐资政殿大学士正议大夫知兴元军府事兼管内劝农营田使充利州路安抚使马步军都总管四川制置大使安丙辞免除同知枢密院事兼太子宾客日下起发赴院治事恩命不允诏

(嘉定七年三月二日后)

敕:其悉。昔在阜陵之盛,缅怀蜀道之难。选任惟精,率取一时之杰;功庸既懋,必跻两地之严。仰窥宏摹,厥有深旨。卿以魁垒之器,雄刚之材,忠义贯乎神明,威名震乎戎落。百年彝鼎,丕昭旷世之勋;万里岷峨,坐复承平之观。念宣劳之浸久,岂图任之可忘? 渴闻话言,想见风采。肆擢陪于右府,并参护于春宫。顾南渡中兴以来,余八十载;若西州与政之彦,凡六七人。皆尝服采于朝,始拜登庸之宠。维卿殊遇,眠昔趁侪,宜追闻命引道之风,庸副侧席待贤之意。所辞宜不允。

出处:《西山文集》卷二二。
撰者:真德秀
考校说明:编年据《宋史》卷三九《宁宗纪》。

赐显谟阁直学士太中大夫知潼川军府事兼管内劝农使兼提举潼川府界渠州怀安等军兵巡检盗贼公事刘甲辞免除宝谟阁学士知兴元府兼本路安抚使填见阙兼节制本路屯戌军马就送还人限一日起发之任候任满前来奏事时暂兼权四川制置司职事恩命不允诏

(嘉定七年三月二日后)

敕:其悉。朕顾瞻南郑,屏蔽西陲。邻境多虞,政保边之当急;元戎新易,念谋帅之孔艰。非威名素著不足以愁敌心,非恩信久孚不足以慰民望。博参于众,未有如卿。故擢专帅阃之雄,仍暂领制垣之重。庶几麾帜弗改而气自精明,铁钺未施而人自畏服,此朕仰成之本意,亦卿夙负之壮犹。胡为抗章,未即引道! 夫劳法从以剧烦之寄,屈高年于捍御之冲,顾朕至怀,良非获已。谅以急病逊夷之素,必无辞难就佚之私。亟拜恩徽,宽吾忧顾。所辞宜不允。

出处:《西山文集》卷二二。
撰者:真德秀
考校说明:编年据刘甲宦历补,见《宋史》卷三九《宁宗纪》、卷三九七《刘甲传》。

赐宝谟阁直学士中大夫新知漳州府刘光祖
乞提举宫观一次不允诏
(暂系于嘉定七年三月前后)

敕:具悉。昔在先朝,有臣赵抃,立朝则忠于君,治郡则仁于民。朕缅怀遗风,谓不复见,求之当世,乃得其人。卿以刚毅正直之资,兼慈祥乐易之德。曩司言责,诚节贯于天渊;比典藩维,惠泽流于江汉。揆诸前哲,异世同心。维时梓潼,繄乃旧服,徒得君重,慰吾父老子弟之思。政虽家居,何以过此? 奉祠之请,非所欲闻。所请宜不允。

出处:《西山文集》卷二二。
撰者:真德秀
考校说明:编年据同集前后文时间、刘光祖宦历补,见同集卷四三《刘阁学墓志铭》。宋代无"漳州府","漳州府"当为"潼川府"之误,文中所述"维时梓潼,繄乃旧服"亦是一证。

赐正议大夫守兵部尚书兼详定敕令官兼权吏部尚书李
大性辞免除吏部尚书兼职依旧日下供职恩命不允诏
(暂系于嘉定七年三月前后)

敕:具悉。朕惟铨综之寄,古今所难。虽一定若权衡,盖自有不欺之法;非至明如水镜,岂能胜无穷之奸? 故法非人而莫行,官以人而后重。而况职亚近辅,位尊文昌,必得耆旧之臣,乃当选用之意。卿蚤列法从,为时名流。博贯群书,于典章尤所该洽;周行万里,于情伪靡不照知。必能以鉴裁之公,收平允之誉。往共乃职,称朕志焉。所辞宜不允。

出处:《西山文集》卷二二。

撰者:真德秀

考校说明:编年据同集前后文时间、李大性宦历补,见《宋会要辑稿》职官八等。

赐通奉大夫权刑部尚书兼太子右庶子兼同修国史实录院同修撰兼给事中兼直学士院曾从龙辞免除礼部尚书兼职并依旧日下供职恩命不允诏

（嘉定七年三月后）

敕:具悉。昔《虞书》之论天秩,实在天讨之先;《周官》之设邦刑,列于邦礼之后。盖法令特辅治之具,而教化有范民之功。朕方修明旧章,蒐举坠典,自非当世豪英之士,孰识古人制作之源？卿学足以致知,才足以大受。广廷待问,首陈强勉力行之言;壮岁跻荣,已著老成重德之望。惟时宗伯,政待鸿儒,与其婴簿书狱讼之劳,孰若付俎豆礼文之事！庶因稽古之暇,采尽告猷之忠。往悉乃心,庸称朕志。所辞宜不允。

出处:《西山文集》卷二二。

撰者:真德秀

考校说明:编年据《宋中兴学士院题名》补。

赐通奉大夫新除礼部尚书兼太子右庶子兼同修国史实录院同修撰兼给事中兼直学士院曾从龙辞免兼实录院修撰恩命不允诏

（嘉定七年三月后）

敕:具悉。朕观咸平之世,去太祖、太宗未远也,而我章圣皇帝喟然深念,亟命纂修正史。于是名臣杨亿辈实膺是选,越五载而书用成。笔削得人,其效如此！于惟中兴,三圣授受,功德盛矣,而汗青之典,犹未就绪,朕甚恧焉。卿文绍卿、云,学富班、马,必能以大手笔成一家言。往哉勿辞,副朕所望。所辞宜不允。

出处:《西山文集》卷二二。

撰者:真德秀

考校说明:编年据《南宋馆阁续录》卷九补。

阁门祇候放行牒试诏
(嘉定七年四月七日)

阁门祇候职任与职事官事体相类,与放行牒试。

出处:《宋会要辑稿》选举六之二二。

昌国县令令吏部专注改官人诏
(嘉定七年四月八日)

令吏部今后专注改官人,其见任人且令终满,已差下人令赴部别行注授。

出处:《宋会要辑稿》职官四八之二二。

赐嗣秀王师揆生日诏
(嘉定二年五月十五日至嘉定七年五月十五日间)

敕师揆:乃眷贤王,惟时耆哲。清心寡欲,味黄老之格言;迪德秉彝,蹈间、平之雅躅。属当初度,爰锡多仪。祝卿鲐背之年,壮我犬牙之势。

出处:《西山文集》卷二二。

撰者:真德秀

考校说明:编年据真德秀任两制时间、赵师揆生日及卒年补,见《攻媿集》卷四四《皇伯嗣秀王师揆生日诏》、《宋史》卷二四四《秀王子偁传》。

嘉定七年及第进士第等授官诏
(嘉定七年五月二十一日)

新及第进士第一人袁甫特补承事郎、签书建康军节度判官厅公事,第二名汪介、第三名李方子并文林郎、节察推判官,第四名赵涯、第五名王伯大并从事郎、防团推判官,第六名以下、第二甲、第三甲、第四甲、第五甲并迪功郎、诸州司户簿尉。

出处:《宋会要辑稿》选举二之三二。

令福建路监司州县入纳官物钱会中半诏
(嘉定七年五月二十七日)

令福建路监司、州县,应干入纳官物,并遵依钱、会中半指挥,仍自今年五月为始,建限一年,将元买银两一半见钱,充换民、旅、官会,揍成全会起发。即不得占吝见钱在官,以充他用,或顿改应副豪势之家。务要钱、会流通,会价不致减落。如有违戾,定照节次已降指挥施行,并札下户部照会施行。

出处:《宋会要辑稿》食货六八之二二。

诸路州军税场不得留滞起发钱粮纲运诏
(嘉定七年六月二十五日)

诸路州军税场每遇纲运船到,若果有货物,即从公收税;如止是起发钱粮,仰即放行,不得留滞。如违,许押纲官经州郡监司陈诉,差官核实,严与断治。

出处:《宋会要辑稿》食货四四之一七。

郑昭先签书枢密院事兼权参知政事制
(嘉定七年七月一日)

北斗环极之躔,有严象纬;西府本兵之地,实赞鸿枢。遴图一时之英,擢自四谏之长。并申二命,兼佐万几。诞扬宸綍之华,具耸廷绅之听。具官郑昭先德盛而量博,才宏而用全。安平进于常涂,简殊知于当宁。升班清贯,翕然众论之归;策足要津,藉甚九迁之宠。居风宪而有真御史之誉,司言责则得古诤臣之规。周旋坐阅于五期,终始不逾于一节。时方恢于内治,策尤谨于边防。以畴昔造膝之陈,洞明急务;则今日折冲之运,必有成谟。蔽自予衷,俾联近辅。文武对持,二柄式资股肱之为;元良以正,万邦并殚羽翼之助。

出处:《宋宰辅编年录》卷二〇。

赐朝奉大夫试左谏议大夫兼侍读郑昭先辞免
除端明殿学士签书枢密院事兼权参知政事兼
太子宾客恩命不允仍断来章批答
(嘉定七年七月一日后)

　　省表,具之。朕求当世之彦,相与建当世之功。有大臣之材,莫如有大臣之度,盖心平乃可揆物,非量博不能受人。故尝即其议论之间,因以观其平昔之蕴。卿性资觚裕,德宇靓深。探厥渊源,一本圣门之正学;望其容貌,知为天下之伟人。自陟朝行,遍居言责。无偏无陂,务持公道之衡;不激不随,雅得争臣之体。佥谐既允,图任何疑? 繇七谏而擢机廷,虽先朝之或有;不六年而参国论,盖近比之所无。其思恩遇之隆,益展谋猷之助。兹为美报,焉用谦辞! 所辞宜不允,仍断来章。

出处:《西山文集》卷二二。
撰者:真德秀
考校说明:编年据《宋史》卷二一三《宰辅表》补。

袁甫承事郎制
(嘉定七年七月二十一日)

　　乃者朕亲策士于廷,对者千有余人,惟尔之言,通达国体,于是擢为第一。九陛胪传,乃吾少司成之子也,踵儒科五世矣,朕甚嘉之。兹庸命以京秩,置于幕府,试之以事,俾实其言。夫名固贵于能居,士当期于致远,益坚学古之志,以崇蓄德之基。尚克勉哉,式光于选。

出处:《永乐大典》卷七三二五。
撰者:任希夷
考校说明:编年据《宋会要辑稿》选举二补。

增置中渡花匽两渡监官诏
（嘉定七年八月五日）

增置中渡、花匽两渡监官各一员，仍令淮西运司选辟经任有选举主选人一次，今后作堂除使阙。

出处：《宋会要辑稿》职官四八之一四六。

选差封桩库监门事诏
（嘉定七年八月十一日）

封桩库监门今后并差有经任举主选人，其已差下武臣，并令赴尚书省别行陈乞合入差遣。

出处：《宋会要辑稿》食货五二之二二。

赐资政殿大学士正议大夫安丙辞免除观文殿大学士知潭州兼荆湖南路安抚使填见阙恩命不允诏
（嘉定七年八月十六日后）

敕：具悉。朕以卿威名夙著，宜入赞机廷，卿乃以疲疾自言，愿退休祠馆。将必行朕命，则非所以示闵劳之心；若遽听卿归，又非所以尽贪贤之谊。深求其当，宜适厥中。维紫宸于近职为独高，维星沙于外藩为最佚。宠名赫奕，实均廊庙之瞻；啸傲优游，仍遂湖山之乐。其体相攸之意，毋形知止之言。所辞宜不允。

出处：《西山文集》卷二二。
撰者：真德秀
考校说明：编年据《宋史》卷三九《宁宗纪》补。

赐资政殿大学士正议大夫安丙上表再辞免除观文殿学士知潭州兼荆湖南路安抚使填见阙恩命不允不得再有陈请诏
(嘉定七年八月十六日后)

敕:具悉。乃者念卿久劳于外,擢赞本兵之任,冀闻告后之猷。叠扼来章,具陈至意,谓方脱瞿塘之崄,愿少休荆渚之间。义虽急于亲贤,恩尤先于从欲。故待以宰臣之礼,而付之连帅之权。盖徇忱辞,匪缘他故。而卿乃惟多言之是畏,思勇退以自谋。闻之怃然,虑亦过矣。朕方推诚耆哲,务全终始之恩;卿其戮力国家,勿以中外为间。所辞宜不允。

出处:《西山文集》卷二二。

撰者:真德秀

考校说明:编年据《宋史》卷三九《宁宗纪》补。

皇伯师揆少傅奉国军节度使充万寿观使嗣秀王食邑五千九百户食实封二千一百户特授少师依前奉国军节度使充万寿观使嗣秀王加食邑食实封仍令择日备礼册命制
(嘉定七年八月二十二日)

门下:朕倚重天枝,参扶国栋。念昔仁祖,独优荆邸之贤;若时泰陵,尤厚益王之礼。盖明德莫如睦族,而贵老为其近亲。乃眷耆英,宜加异数。其敷典册,以谂臣工。具官师揆,挺信厚之姿,蕴醇明之度。风流绍其世美,标望冠于宗盟。爵为真王,位列孤傅。年高七帙,德齿皆谓达尊;身历三朝,恩礼莫之与比。缅怀宪靖,夙著忠纯。惟功在于我家,故庆流于后嗣。顾高阳之八子,今仅几人;在建初之四王,最为称首。念典刑之足尚,岂命秩之可稽? 进贰师垣,陪输采邑。於戏! 锡尔多福,匪颛示于私恩;屏余一人,政有资于遗老。尚绥眉寿,式对龙光。

出处:《西山文集》卷一九。

撰者:真德秀

考校说明:编年据《宋会要辑稿》职官一补

取拨会子应副濠州收买耕牛使用诏
（嘉定七年八月二十六日）

令江淮制置司于桩管会子内取拨五千五百贯文,应副濠州收买耕牛使用。仍令濠州日下差人前去请领,并具已买到牛只及支用数目帐状保明申,及将已借支过营运钱内销豁。仍仰本州须管趁此秋成,疾速措置招收客户耕垦,务要种遍顷亩,毋得荒废。

出处:《宋会要辑稿》食货六三之一五七。

赐资政殿学士通议大夫知潭州军州事兼管内劝农营田使充荆湖南路安抚使马步军都总管卫泾辞免除资政殿大学士知隆兴府江西安抚使填见阙恩命不允诏
（暂系于嘉定七年八月前后）

敕:具悉。朕惟尊方镇之权所以卫王室,优大臣之礼所以重朝廷。卿凤负轶材,蔚为伟器,参国枋于万化更新之日,有弥缝辅赞之功;建帅旄于一方甫定之余,有镇静绥怀之略。顾方深于嘉赖,乃娄丐于归休。为尔相攸,莫如自近。大江西南绵数千里,昔称会府之雄;中兴牧伯余四十人,半用政涂之旧。申加隆委,就陟宠名。使周邦喜良翰之临,知朕志轸斯民之厚。尚体兹意,毋为固辞。所辞宜不允。

出处:《西山文集》卷二二。

撰者:真德秀

考校说明:编年据同集前后文时间、万历《新修南昌府志》卷一二补。

赐朝议大夫试尚书礼部侍郎兼中书舍人兼修玉牒官兼侍读范之柔辞免权刑部尚书日下供职恩命不允诏
（暂系于嘉定七年八月前后）

敕：具悉。维我皇祖，肇开邦国，首除五季之淫刑，浸复成周之中典。俾天下元元之蕃庶，各保其生；而国家世世之康宁，皆基于此。顾朕凉菲，敢忘缵承？肆择儒英，进司邦禁。庶阐洽德好生之化，以为祈天永命之原。卿刚毅而裕和，清明而简重，博参于众，宜在此官。昔文正议重约之刑，不欲开人主以杀戮之渐；忠宣争新州之狱，独思为朝廷存长厚之风。谅惟世臣，深识此意。亟其祗服，副朕选抡。所辞宜不允。

出处：《西山文集》卷二二。

撰者：真德秀

考校说明：编年据同集前后文时间、范之柔宦历补，见《宋会要辑稿》选举一、选举六、选举一二，《十驾斋养新录》卷二〇等。

赐资政殿学士通议大夫知潭州卫泾上表再辞免除资政殿大学士知隆兴府江西安抚使恩命不允不得再有陈请诏
（暂系于嘉定七年八月前后）

敕：具悉。日者豫章郡以扬牧闻，朕眷焉西顾，曰：此孝宗皇帝龙潜之旧服也，襟江而带湖，物众而地大，非吾股肱旧人，功在王室而泽在生民，莫宜居之。顾咨近臣，咸以卿对，朕于是有五月乙亥之诏焉。《诗》不云虖，"在彼无恶，在此无斁。"夫能使政孚于湖南而不能使化行于江右者，非所闻也。亟脂而车，庸答民望。所辞宜不允，不得再有陈请。

出处：《西山文集》卷二二。

撰者：真德秀

考校说明：编年据同集前后文时间、万历《新修南昌府志》卷一二补。

赐金紫光禄大夫右丞相兼枢密使兼太子少师鲁国公史弥远辞免以皇太子讲毛诗终篇特与转行一官恩命不允诏
(暂系于嘉定七年八月前后)

敕:具悉。朕遹观前代之隆,莫重元良之教。出则有师,入则有保,既皆选用于正人;迩之事父,远之事君,欲使深明于大义。惟六诗之当究,在三善以尤先。卿蔚以鸿儒,久陪鹤禁。周旋羽翼,独高园、绮之功;导迪性情,匪颛毛、郑之学。属扼终篇之奏,遍推横帙之褒。矧吾元臣,可后宠秩?其祗予命,益既乃心。所辞宜不允。

出处:《西山文集》卷二二。
撰者:真德秀
考校说明:编年据同集前后文时间、史弥远官历补,见《宋史》卷二一三《宰辅表》。

赐正议大夫知枢密院事兼参知政事兼太子宾客雷孝友上表再辞免以皇太子讲毛诗终篇转一官恩命不允仍断来章批答
(暂系于嘉定七年八月前后)

省表,具之。朕闻六经皆圣人作,而洙泗之间,启告学者,独于《诗》尤详焉。盖可兴可群之未究,无以知事君父之方;周南召南之不为,必有正墙面之虑。夫学者犹尔,况于承祧贰极之重者乎?今吾元子,刻意是经,优而柔之,德器日茂,朝夕辅导,师宾之力为多。进秩眂功,厥惟常典,卿其毋辞。所辞宜不允,仍断来章。

出处:《西山文集》卷二二。
撰者:真德秀
考校说明:编年据同集前后文时间及同卷《赐金紫光禄大夫右丞相兼枢密使兼太子少师鲁国公史弥远辞免以皇太子讲毛诗终篇特与转行一官恩命不允诏》《赐礼

部尚书兼太子詹事兼给事中兼直学士院曾从龙华文阁学士兼太子詹事戴溪刑部
侍郎兼太子左谕德刘爚辞免以皇太子讲毛诗终篇各特与转行一官恩命不允
诏》补。

赐礼部尚书兼太子詹事兼给事中兼直学士院
曾从龙华文阁学士兼太子詹事戴溪刑部侍郎
兼太子左谕德刘爚辞免以皇太子讲毛诗终篇
各特与转行一官恩命不允诏

（嘉定七年八月后）

敕：具悉。朕惟求多闻乃有获，实哲王永世之规；不学诗无以言，盖圣门教子
之法。肆畴端士，俾翼元良。必先六义之陈，以裨三善之懿。卿心传洙泗，学陋
毛、韩，其于从容讽诵之间，居多涵泳性情之益。既终厥帙，宜奖尔劳。其亟佩于
宠光，尚益厉于辅导。所辞宜不允。

出处：《西山文集》卷二二。
撰者：真德秀
考校说明：编年据刘爚宦历补，见《宋中兴东宫官僚题名》。

赐金紫光禄大夫右丞相兼枢密使兼太子少师
鲁国公史弥远辞免为进呈安奉高宗皇帝中兴
经武要略了毕提举官就差礼仪使各特与转两
官依例加恩令学士院降制恩命不允诏

（嘉定七年九月四日后）

敕：具悉。朕惟我烈祖以天授之资，再造鸿业，虽神机妙算不可迹窥，至于整
戎经武之方，安边制胜之画，布在方策，焕如日星。其在凉菲，敢忘取法？肆命纂
辑，裁为一书。历年于兹，乃克登奉，提纲领使，卿实颛之。稽诸旧章，其可不赏？
昔《下武》之诗为继文而作也，卿其辅朕，懋建长策，以明昭于前人光，时乃朕志，
区区品秩，何足以辞？所辞宜不允。

出处:《西山文集》卷二二。

撰者:真德秀

考校说明:编年据《宋史》卷三九《宁宗纪》补。

赐金紫光禄大夫右丞相兼枢密使兼太子少师史弥远上表再辞免进呈安奉高宗皇帝中兴经武要略了毕转官恩命不允批答

(嘉定七年九月四日后)

省表,具之。朕惟周、汉再造之君,孰若宣、光其盛之烈。然诗人歌咏,仅存赫赫业业之累章;史氏形容,不过赳赳明明之数语。未有萃三纪张皇之略,为一编会粹之书。言其震叠则不测如雷霆,窥其变化则无穷如天地,俾予小子获监观之益,繫吾元臣专典领之功。越进崇阶,岂云滥受,往祇茂渥,毋或固辞。所辞宜不允。

出处:《西山文集》卷二二。

撰者:真德秀

考校说明:编年据《宋史》卷三九《宁宗纪》补。

赐金紫光禄大夫右丞相兼枢密使兼太子少师史弥远再上表辞免进呈安奉高宗皇帝中兴经武要略了毕转官恩命不允仍断来章批答

(嘉定七年九月四日后)

省表,具之。人主之孝以扬祖烈为先,国家之事以饬戎昭为急。比勒成于钜典,悉登载于明谟。俾中兴攘夷复古之功垂于永久,而今日经武整军之略有所据依,于朕岂小补哉,非卿谁能办此! 宜膺懋赏,勿复终辞。所辞宜不允,仍断来章。

出处:《西山文集》卷二二。

撰者:真德秀

考校说明:编年据《宋史》卷三九《宁宗纪》补。

赐正议大夫知枢密院事兼参知政事兼太子宾客
雷孝友上表再辞免进呈安奉高宗皇帝中兴经武
要略了毕同提举官特与转两官依例加恩恩命不
允仍断来章批答
(嘉定七年九月四日后)

省表,具之。朕惟皇家复古之勋,伟高庙平戎之略。虽勉遵时晦,不欲黩武以病生灵;而申儆边虞,未始恃和而忘守备。迨至獯狁整居之暴,迄收狒狸送死之功。眷是宏规,布于方册。俾鉴观而有补,繇典领之得人。岂以勤劳,而忘信赏? 与其伛偻再命,坚卿辞宠之心;孰若张皇六师,助予经武之烈。所辞宜不允,仍断来章。

出处:《西山文集》卷二二。
撰者:真德秀
考校说明:编年据《宋史》卷三九《宁宗纪》补。

起发军兵出戍六合县城诏
(嘉定七年九月十七日)

令步军司行下部辖兵将官,密切起发前去,仍戒约在路无或骚扰。候到,并令霍仪总辖,仍专听真州守臣节制,知县弹压。所有合用钱粮、草料,令淮东总领所疾速照例支给,应副食用,毋致阙误。先具知禀并起发日时申枢密院。

出处:《宋会要辑稿》兵六之九。

令步军司将淮效人数改充真州六合县守御兵效称呼诏
(嘉定七年九月十七日)

令步军司将见在淮效人数改充真州六合县守御兵效称呼,仍旧理作本司阙额,令真州守臣节制,知县弹压,权令霍仪专一统辖训练,缓急差拨守御。所有见管淮效,仰知县刘昌诗同统制霍仪日下措置,逐一从公点拣强壮老疾的实人数,申取朝廷指挥,别议增招。

出处:《宋会要辑稿》兵六之八。

开元宫承佃没官荒田免纳租钱诏
(嘉定七年九月二十三日)

开元宫承佃平江府吴江县震泽乡第十都荒补泾角字号没官荒田一千三百亩,特与免纳租钱;如有其他寺观援例陈乞,许令三省执奏。

出处:《宋会要辑稿》礼五之一〇。

曾焕秘书郎兼权礼部郎官制
(嘉定七年九月)

蓬山实萃于英游,郎选尤宜于文士。尽阅芸香之帙,益昌丽藻之华。尔学世其家,名副于实。早潜心于坟籍,素刻意于词章。馆下之诲诸生,已嘉教育;中秘之书四部,宜俾典司。益图尔业之充,以副畴咨之选。

出处:《永乐大典》卷一三五〇七。
撰者:任希夷
考校说明:编年据《南宋馆阁续录》卷八补。

赐宝谟阁直学士朝议大夫前知成都府路安抚使黄畴若辞免除兵部尚书兼太子右庶子恩命不允诏
(嘉定七年九月后)

敕:具悉。维蜀万里,在天一方,自昔祖宗之时,已隆牧守之寄。当其临遣,必有以宠其行;越既劳还,必有以旌其最。卿曩缘迩列,出抚远民。其威名立断有张咏之风,其简易弗苛如赵抃之政。使蚕丛、鱼凫之旧俗,咸底乐生;虽白狼、槃木之诸夷,亦皆效顺。既宽西顾,爰命东归。间阔六年,喜风神之尚壮;谆勤三疏,伟论议之可观。宜登夏官常伯之联,并领春宫中护之职。其思美报,毋事谦辞。所辞宜不允。

出处:《西山文集》卷二二。
撰者:真德秀
考校说明:编年据《宋中兴东宫官察题名》补。

<h2 style="text-align:center">赈给临安府贫民诏</h2>
(嘉定七年十月一日)

　　雨水连绵,细民不易,可令封桩库支拨官会子七万贯,令临安府守臣措置,将城内外委系贫乏老疾之人计口赈给,务要实惠及民,具已赈给过人数闻奏。

出处:《宋会要辑稿》食货六八之一○六。

<h2 style="text-align:center">令封桩支拨官会给付三衙军人内口累重大之家诏</h2>
(嘉定七年十月一日)

　　雨水连绵,三衙军人内有口累重大之家,理宜优恤。令封桩支拨官会一万二千贯付殿前司,一百二十贯付马军司龙卫等指挥,一千五百贯付步军司。各仰照应嘉定七年下半年添支口累重大钱则例,日下给散一次。

出处:《宋会要辑稿》兵二○之四○。

<h2 style="text-align:center">赐朝议大夫新除权兵部尚书兼太子右庶子
黄畴若乞畀祠禄不允诏</h2>
(嘉定七年九月至十一月间)

　　敕:具悉。朕以卿去国六年,守藩万里。念不见贾生之久,故式遄山甫之归。置之大司马之联,宠以中庶子之职。方将屡趣燕闲之对,俾罄所怀;庶几力陈鲠谔之规,有裨予听。偶兹移疾,遽欲节安,既非尽瘁事国之素心,亦岂侧席待贤之本志。其思加啬,亟底有瘳。苟未遂于造朝,政何嫌于予告! 所请宜不允。

出处:《西山文集》卷二二。

撰者:真德秀

考校说明:编年据真德秀任两制时间、《宋中兴东宫官察题名》补。

推赏建康镇江府转般仓监门官诏
(嘉定七年十一月四日)

今后建康府、镇江府转般仓监门官任满,如能搜检无透漏官物,比仓官与减半推赏施行。

出处:《宋会要辑稿》职官四八之一四六。又见同书食货六二之七五。

选差奉使人诏
(嘉定七年十一月二十五日)

每岁奉使金国,合差上、中节,内除都辖、引接并国信所指使已有定例外,更留二员,听候御前降下。自今使副许辟差亲属二人、书状官一员、掌管私觌职员一名,其余并令吏部于见在部籍定名次经任无过犯大小使臣,委长贰公共选差人貌魁伟、年六十以下无残疾人充。如在部人不足,申枢密院,令三衙轮差入队准备训练。其已经入国人不差,具姓名申枢密院讫,发赴使副,依旧国信所审量。

出处:《宋会要辑稿》职官五一之二八。

作县以罪罢黜之人理任诏
(嘉定七年十二月二十日)

今后作县以罪罢黜之人,纵经改正,内已及一考以上者,须再满三考;其已及二考以上者,须再满二考,方听理为知县一任。

出处:《宋会要辑稿》职官四八之四八。

光宗宁宗朝卷二十六　嘉定八年(1215)

诚谕中外臣僚诏
（嘉定八年正月十六日）

朕以眇躬,获承丕绪,兢业祗惧,罔敢荒宁。历载于兹,治不加进。深惟寡昧,不足以章列圣之洪业休德,志勤道远,安敢诿责于下？顾天下之大,非一人所能自为也。在昔周文王、武王治内治外,功成可歌,兹固二后忧勤之所致,则亦有熊罴之士、不二心之臣,用能保乂王家,端命于上帝。今文武献臣布列中外,皆朕所以共天位、治天职者,而乃狃于荒俗,鲜克自奋。士大夫不修职业,而玩愒以苟安;将帅不务拊循,而掊克以自殖。体国之意少,谋己之意多,将何以副朕厉精庶政、兴起事功之志乎！盖闻齐人烹阿封即墨,而群臣莫敢饰诈;汉宣示信赏必罚,而文学法理之士咸精其能。继自今其改志易虑,毋蹈故常,精白一心,恪共乃职,则予汝嘉;其或不悛,罚及尔身,后不可悔！播告在位,明听朕言。故兹诏示,想宜知悉。

出处:《宋会要辑稿》职官七九之二三。

孔元忠太常簿制
（嘉定七年九月至嘉定八年二月间）

朕惟奉常礼乐之司,必得博习修洁之彦,克相而长,斯称其官。尔才懋通今,志勤汲古,乃者试闱之选士,赞我春官之持衡。惟时从臣,丞腾显荐,擢自天府之贰,置于簿正之联。其服异恩,益著显效。

出处:《永乐大典》卷一四六〇七。

撰者:任希夷

考校说明:编年据孔元忠宦历补,见《宋会要辑稿》选举六、选举二一。

任一鹗大理簿制
(嘉定七年正月至嘉定八年二月间)

朕敬于刑,故凡廷尉之属,必选通达之士,以佐其长。尔奋申儒学,克世名门,尝宰邑司,雅有治行。昨俾司于谏鼓,亦既阅于岁华。美誉益休,褒升可后?尔其毋忽簿书之细,克谨勾稽之常,迪以靖共,副予柬拔。

出处:《永乐大典》卷一四六〇七。

撰者:任希夷

考校说明:编年据任一鹗宦历补,见《宋会要辑稿》选举二一、职官七三。

杨恕太府簿刘俶军器簿制
(嘉定七年八月至嘉定八年二月间)

朕惟寺监有属,皆周行之选也,紧时拔用,式优贤劳。尔恕莅职精详,比闻邑最;尔俶遇事通敏,尝界州麾。各严关键之司,能勤几察;往分簿领之事,宜谨勾稽。惟既厥心,克承予渥。

出处:《永乐大典》卷一四六〇八。

撰者:任希夷

考校说明:编年据杨恕宦历补,见《宋会要辑稿》食货五二、职官七三。

选人离任诏
(嘉定八年二月二十四日)

今后选人如考第、举主及格之后,在任须满一年,听令离任参部,不得更以回避亲谦陈乞解罢。

出处:《宋会要辑稿》职官八之六五。

祈雨诏
（嘉定八年三月二十八日）

雨泽稍愆，差官祈祷雨师、雷神、风师。

出处：《宋会要辑稿》礼一八之三二。

令两浙路守令祈雨诏
（嘉定八年三月二十九日）

雨泽愆期，两浙路州县社稷，各令守令精加祈祷。

出处：《宋会要辑稿》礼一八之二八。

吴囦太常主簿制
（嘉定六年十二月至嘉定八年四月间）

敕具官某：朕惟奉常簿领之司，实预稽古礼文之事，苟匪素推于达学，未尝轻畀以是官。尔服在朝行，温然儒者，擢繇纶邸，列属颂台。尚益懋于尔修，庶不辜于予选。

出处：《永乐大典》卷一四六〇七。
撰者：任希夷
考校说明：编年据任希夷任两制时间、吴囦宦历补，见《宋会要辑稿》职官七五。

令学士院降诏求直言御笔
（嘉定八年四月十一日）

朕为农闵雨，沛泽未周，方省厥愆，冀闻阙失。可令学士院降诏，布告中外，使尽无隐，以辅朕不逮。

出处：《宋会要辑稿》仪制六之三一。

求直言时政阙失诏
(嘉定八年四月十一日)

门下:朕少眇眇之躬,托于兆民之上,黾奉大业,祗畏天戒,遵道约己,罔敢怠遑。乃者暮春,历时不雨,来辫告病,新种未秧,朕心惧焉,并走群望,洁斋精祷,尤致其严。肸蠁之间,已荷孚答,虽有沾濡之润,而尚靳滂沱之泽。迩日以来,旱气弥甚,斯民狼顾,后忧方深。永惟厥愆,必有其故。意者政令不当,刑罚不中,物议失平,人心胥怨。士习垢玩,滋邪诐之风;吏治烦苛,乏宽大之意。边隅阙备预之实,州县多失业之民。膏泽屯于下流,忠言壅于上达。一或有此,皆足致灾。是用诞告臣民,博求忠谠,若朕躬之过失,凡时政之阙遗,悉意条陈,毋有所隐,务求实是,靡事虚文。故兹诏示,想宜知悉。

出处:《宋会要辑稿》瑞异二之二八。

封桩库支拨会子付殿步司给散赈济孤幼病患人诏
(嘉定八年四月十二日)

令封桩库日下支拨会子一千五百贯付殿前司,六百贯付步军司,仰各司取见的实孤幼病患人数,斟酌照等例给散一次,仰各司具已给散过人、钱数目申枢密院。

出处:《宋会要辑稿》食货五八之二九。

令封桩库支降会子支犒累重钱贫官兵诏
(嘉定八年五月八日)

令封桩库日更支降会子一万贯付殿前司,一百二十贯付马军司龙卫等指挥,并通凑见桩管散不尽钱数,并支降会子二千贯付步军司。仰各将见管不该请添支累重钱贫乏官兵,特与斟量支犒一次。

出处:《宋会要辑稿》兵二〇之四一。

避殿减膳撤乐御笔
（嘉定八年五月十一日）

农事既兴,时雨未浃,皆朕凉德所致。已于宫中蔬食,密祷上天,省过责躬。可自今月十二日为始,避殿,减膳,撤乐,仍令辅臣分祈天地宗庙社稷,庶获嘉应,以慰民心。

出处:《宋会要辑稿》礼一八之二八。

令阙雨州县差官诣灵迹神祠寺观祈雨御笔
（嘉定八年五月十五日）

自春入夏,雨泽愆期,夙夜疚怀,靡遑宁处。已令遍祷群祀,虽获感应,尚未沾足。应诸路阙雨州县灵迹、神祠、寺观,虽祀典所不载,而水旱应祷者,各委郡长吏差官洁斋祈祷。

出处:《宋会要辑稿》礼一八之二八。

两浙江淮谕民种粟麦麻豆诏
（嘉定八年六月二十八日）

两浙、江淮路谕民杂种粟麦、麻豆,有司毋收其赋,田主毋责其租。

出处:《两朝纲目备要》卷一五。

吴格宗正丞兼刑部郎官制
（嘉定八年七月前）

敕具官某:朕于轮对之班,寓以选材之意,苟条陈之剀切,知抱负之渊深,亟加不次之除,庸厉敢言之气。尔顷陈时弊,雅契予衷。贰九扈于周行,于时未久;厕三丞于属籍,兹选尤高。晋摄郎闱,使裨宪部。惟宠荣之狎至,宜称塞之是图。

出处:《永乐大典》卷一三五〇七。

撰者:任希夷

考校说明:编年据吴格宦历补,见《宋会要辑稿》帝系七。

蠲陈廷琳等嘉定八年全年夏税秋苗诏
(嘉定八年七月十六日)

令江西安抚司将南安县上保石溪六团人户陈廷琳等嘉定八年全年夏税秋苗,并特与全行蠲放,仍开具蠲放过钱米数目申尚书省。并仰本司将在野遗骸日下差官措置掩藏,毋致暴露。仍行下江西转运、提刑、提举司照会。

出处:《宋会要辑稿》食货五八之三〇。

蠲江淮浙西江西旱伤州县第五等人户夏税钱绢诏
(嘉定八年七月十八日)

令江淮制置司疾速契勘江东旱伤州郡,及浙西提举契勘浙西旱伤州郡,江西提举照江州兴国军系旱伤去处,各从今来臣僚申请事理,疾速核实,将所部州县第五等人户夏税钱绢,分明指定合催纳及合蠲放各若干数目,除程限十日申尚书省。其第五等人户如有已纳钱绢在官,仍仰各司就先次约束州县分明收附,不得辄行欺隐,别听朝廷指挥。

出处:《宋会要辑稿》食货五八之三〇。

郑昭先参知政事制
(嘉定八年七月二十九日)

朕寅奉丕图,诞登近弼。间者虚次,不必备以惟人;若时畴咨,且任旧以共政。陟崇班而增峻,疏异宠以载新。爰锡赞书,式孚群听。具官郑昭先温恭而肃括,方正而静渊。器量恢宏,雅有大臣之体;智略通敏,深达当世之宜。自游州县之间,已隆公辅之望。豸冠执法,绳违克振于纪纲;骑省输忠,论谏必本于仁义。周旋惟久,名实允孚。顷谐柄用之求,聿想期年之绩。就升政路,乃思陵用人之规;协赞台司,赖丙吉同心之辅。方农亩轸愿丰之念,而边陲图备豫之安。益殚翊亮之思,式导休嘉之应。噫！股肱王室,聿臻庶事之康;羽翼储闱,属底万邦之正。其钦予命,永孚于休。

出处:《宋宰辅编年录》卷二〇。

曾从龙端明殿学士签书枢密院事制
（嘉定八年七月二十九日）

朕宵旰忧勤,寤寐俊杰。畴若予采,繄宥密之是司;人皆曰贤,岂登崇之可后？载敷涣渥,昭示群瞻。具官曾从龙刚大而裕和,高明而笃厚。风规端亮,允为任重之资;志业宏深,夙负济时之望。华裔辉分于相阀,大廷名冠于儒绅。贰卿常伯之显跻,琐闼词林之更践。凡礼乐文章之事,若纪纲号令之原,用靡不宜,政将焉往。兹参陪于枢管,仍晋列于储宾。升华崇秘殿之名,班爵衍爰田之赋。属方图自治之固,采有资长策之深。其思上副于倚毗,庸以兼全于望实。噫！君臣明一体之势,共翊丕图;樽俎折千里之冲,式裨庙算。钦承时命,益茂远猷。

出处:《宋宰辅编年录》卷二〇。

以蝗灾祈祷诏
（暂系于嘉定八年八月十八日）

飞蝗未息,差官诣霍山广惠庙行祠祈祷,务获感应。

出处:《宋会要辑稿》瑞异三之四六。
考校说明:"嘉定"原作"嘉泰",然嘉泰年号无八年,疑为"嘉定"之误。

有事明堂御札
（嘉定八年九月前）

朕缵承祖烈,褒对神休。惕思积累之难,无疆惟恤;祗畏监观之赫,不显亦临。保邦常谨于万微,更化已逾于八载。猥蒙丕佑,获底小康。虽瞻仰昊天,方切侧身之念;然敬事上帝,敢稽报本之仪！率循旧章,间秩宗祀。爰卜季商之吉,乃涓路寝之居。惟予一人,将举亲祠之典;凡尔百辟,各殚显相之诚。庶昭答于灵心，且茂迎于和气。诞敷大号，明戒先期。朕以今年九月有事于明堂。咨尔攸司，各扬乃职，相予肆祀，毋或不恭。

出处：《宋会要辑稿》礼二四之一〇九。又见《群书考索》前集卷二八。

明堂赦文
（嘉定八年九月十五日）

诸军拣汰离军曾经立功重残废之人，朝廷优恤，不以付身圆与不圆，乾道八年、淳熙元年、庆元三年、开禧二年、嘉定八年五次各与添差，自后别无再行恩数。窃虑狼狈，可将似此添差五任已满之人更与添差一次。昨因臣僚奏请，不许离军拣汰使臣作保参选，专为冒名承代之人，其离军拣汰使臣、校尉到部，尚虑一例阻节，各许召本色保参选注授。知县、县令放罢后到部，从已降指挥，不许注繁难大县及选阙知县、县令，止许注小县并中县、下县知县、县令。似此之人，如该今赦，令吏部开具元犯申尚书省，酌量事理轻重，除不许注授繁难大县及选阙外，特许注授见榜上县并未应出阙中县、下县知县、县令一次。应冲替命官系事理重者，与减作稍重，稍重者减作轻，轻者与差遣、差替放罢者依无过人例。使臣比类施行。其缘公犯罪冲替，重降作轻，稍重者与本等差遣。
出处：《宋会要辑稿》职官八之六六。

诸军从军拣汰守阙进义副尉、进勇副尉，内有曾经捍御待敌、出戍暴露、比拍事艺补授之人，自来未许参注，理合优恤。可令兵部于存留散祗候八十阙内，将似此之人衮同差注，及有摄进勇副尉、同进勇副尉系在守阙进勇副尉之人，其间或有似此前项补授之人，可并许于上项存留阙内一体差注施行。诸军拣汰离军下班祗应，内有曾经立到一十三处战功之人，已降指挥，许添差诸州军添置听候使唤、不厘务差遣。可将副尉照应下班祗应节次已降指挥，放行添置差遣，仍衮同注授窠阙，即不过立定元额之数。守阙进义副尉准此。
出处：《宋会要辑稿》职官一四之一九。

应从军曾经立功大小使臣校副尉、下班祗应，已经拣汰离军添差一任回，合注正缺，间有实缘残疾不能亲身赴部注授之人，理宜优恤，许召本色官一员结罪委保正身，令家属赍状赴部，陈乞差注诸州准备差使或岳庙一次。
出处：《宋会要辑稿》选举二五之三一。

州府合依条保明到小使臣校尉陈乞祖父母、父母老疾,合得家便恩例参选,及在外指射差遣之人,其间有不曾连到保明正身并勘验公据,致碍参选注授具钞,并小使臣校尉召到保官,内有不是本等见拟注阙,可令吏部特与放行一次。

出处:《宋会要辑稿》选举二五之三一。

小使臣校尉参选年七十,从条合注五十贯以下场务窠阙。缘无五十贯以下场务,是致年及七十之人,并无阙可入,窃虑失禄,可与注军功岳庙一次。其四川州军元无军功岳庙窠阙去处,许注军功指使,听候使唤不厘务差遣一次。

出处:《宋会要辑稿》选举二五之三一。

宗室于在外州军及经部陈乞岳庙,各合召保官二员,除初官参部、已召保官及已参部判成、合注授差遣之人,若注岳庙,自合就用其经任小使臣;已再参部,见理在部名次之人,如欲指射岳庙窠阙,亦与免再召保官。

出处:《宋会要辑稿》选举二五之三一。

赈恤广东被水居民诏
(嘉定八年十一月三日)

令广东提举司更切优加存恤,毋致失所。候赈恤了毕,具已赈恤过钱米数目申。

出处:《宋会要辑稿》食货六八之一〇八。

赴金国使人轮番教习诏
(嘉定八年十一月十九日)

自来年为始,令六曹将合差奉使金国正旦、生辰使副并馆伴、送伴下引接、仪范人,每曹籍定一十人,于差使、副前两月,遇旬休日分轮一曹所籍人数,赴都亭驿,令国信所掌仪通事使臣指教阅习。尚或违戾,令本所具申枢密院取旨。

出处:《宋会要辑稿》职官五一之二八。

于扬州置兼监户部大军仓一员诏
(嘉定八年十一月二十三日)

令淮东总领于扬州见任县官内选辟一员,仍以兼监户部大军仓系衔,候任满日,于本州及总领所批书讫,方得离任。任满,合得酬赏与照条放行。

出处:《宋会要辑稿》职官四八之一四六。

陈宓军器簿制
(嘉定八年前后)

自昔表著之班,多用公卿之世,以其习台阁之典宪,故足为朝廷之羽仪。以尔志业有闻,政事可纪,贤相之子,拔用为宜。奏邸升华,于兹满岁,武监列属,叶赞除戎。益迈尔犹,克济其美。

出处:《永乐大典》卷一四六○八。
撰者:任希夷
考校说明:编年据《宋史》卷四○八《陈宓传》,文中所述"奏邸升华,于兹满岁"补。

光宗宁宗朝卷二十七　嘉定九年(1216)

立定许浦水军淮东强勇军将佐离军添差差遣格法诏
（嘉定九年正月二十五日）

　　许浦水军都统司照镇江都统司,淮东安抚司强勇军照江州都统司,各立定见行离军添差立功次数,均拨逐路合入差遣施行。

出处:《宋会要辑稿》职官三二之四九。

贡举诏
（嘉定九年二月一日）

　　周当大比,必登乡老之书;唐设众科,尤贵进士之选。非贤不乂,振古如兹。仰惟列圣之诒谋,聿严三岁之成法。肆菲凉之嗣服,赖髦隽以图功。将再纪于周星,七敷于诏旨。思皇多士,为王国以克生;钦乃攸司,俾文闱之精核。经术宜通于缊奥,词章毋尚于浮华。偕秋计以朋来,升春官而论定。大廷亲策,乐听谠言。好爵尔縻,庶收实用。式仁观光之盛,更资劝驾之勤。告尔多方,体予至意。

出处:《宋会要辑稿》选举一之二八。

废罢邓城镇税务诏
（嘉定九年二月十二日）

　　令襄阳府将邓城镇税废罢,仍旧为酒务,从本府选差官吏管干,吏部免行差注,更不作阙。

出处:《宋会要辑稿》食货一八之二八。

封灵泽侯敕
（嘉定九年三月十八日）

　　敕嘉兴府嘉兴县顺济庙神:比岁祷旱,四方万里以神应来谂者,夹相属也。休称美号,极其褒崇。既以侈神之休,抑以慰民望也。况神之灵著于辅郡,有祷辄应,民恃以无恐,则封国之荣,庸可后乎? 神之于民也既厚,则民之望神也益切;神其有以慰秀民之望,则国之报神者其有既乎! 可特封灵泽侯。嘉定九年三月十八日。

出处:《听帆楼书画记》卷一,美术丛书本。又见《辛丑消夏记》卷一,光绪《嘉兴府志》卷一〇。

大理寺狱空奖谕诏
（嘉定九年五月）

　　朕观至治之世,时和岁丰,而礼逊之俗兴;家给人足,而争夺之风息。是以刑错不试,囹圄屡空,朕甚慕之! 比岁旱蝗,近延郊甸,每虑饥寒之民冒法抵罪,丽于廷尉者众也,而期月以来,狱无颂系,实惟汝等明刑弼教,风动四方,以称朕期于无刑之意。省览来奏,嘉叹不忘。所请上表宜免。

出处:《宋会要辑稿》刑法四之九一。又见《咸淳临安志》卷六。
考校说明:《咸淳临安志》卷六系于嘉定八年四月。

根括没官田产诏
（嘉定九年七月十七日）

　　令诸路提举司行下所部州县,根括嘉泰年间未卖没官田户眼、田段亩步,及嘉泰以后续次没官田产,类聚攒造帐册保明诣实,除限一月申尚书省。仍专委都司官一员并户部郎官一员同共措置拘催,务要无扰于民,不致隐漏,仍仰所委官条具合行事件申尚书省。

出处:《宋会要辑稿》食货六一之四五。

袁昭著作郎兼左司郎官制
（嘉定九年七月）

著庭设官,必备三长之美;中台有属,实赞万事之机。兹得其人,金言惟允。以尔风猷敏邵,识虑通明,由畿邑以登朝,贰蓬山而既久,宜伸厥次,庸表尔能。史观优游,固不劳于著撰;鼎司要重,其式谨于弥纶。克对宠光,嗣膺甄拔。

出处:《永乐大典》卷一三五〇七。
撰者:任希夷
考校说明:编年据《南宋馆阁续录》卷八补。"袁昭"当为"袁韶"之误,见《南宋馆阁续录》卷五、卷八及《延祐四明志》卷六。

曾焕秘书丞李鸣凤著作佐郎制
（嘉定九年八月）

三馆储材,均为清职;六卿设属,式重列曹。已试有闻,次迁惟允。尔焕优于文学,久服周行;尔鸣凤蔚有词华,尝冠蜀选。或贰图书之府,或跻著作之庭,兼假郎闱,罙昌贤业。其服宠光之渥,勉为称塞之图。

出处:《永乐大典》卷一三四九八。
撰者:任希夷
考校说明:编年据《南宋馆阁续录》卷七补。

蠲两浙江东被水州县租诏
（嘉定九年九月四日）

两浙、江东监司核州县被水最甚者,蠲其租。

出处:《两朝纲目备要》卷一五。

李懋特转承务郎制
（嘉定六年十二月至嘉定九年十二月间）

褒勋之典,当录其孤,宁蜀之功,多称尔父。有嘉懋绩,宜锡异恩。尔志在承家,时当筮仕,鬷选阶而界以京秩,越冗调而置之幕寮,亶谓殊荣,殆无前比。其厉激昂之操,以为报塞之图。

出处:《永乐大典》卷七三二三。
撰者:任希夷
考校说明:编年据任希夷任两制时间补。

许觊百卅二岁补迪功郎制
（嘉定六年十二月至嘉定九年十二月间）

古之王者,就见百年,肇自西刘,赐之爵级。今有耆颐之老,尚居韦布之中,可无一官,以华黄发? 其祗宠秩,益燕寿宁。

出处:《永乐大典》卷七三二五。
撰者:任希夷
考校说明:编年据任希夷任两制时间补。

甘时举钱松祖授迪功郎制
（嘉定六年十二月至嘉定九年十二月间）

礼重百年,王制惟旧;郊严三载,祭泽式均。尔身享耆颐,子能儒业,爰疏初命之秩,以为黄发之荣。其服予恩,益安尔养。

出处:《永乐大典》卷七三二五。
撰者:任希夷
考校说明:编年据任希夷任两制时间补。

孙熙载授迪功郎制
（嘉定六年十二月至嘉定九年十二月间）

百年曰耆颐，载嘉庶老；十室有忠信，矧长邑庠。适祭泽之攸均，宜官荣之诞锡。其钦恩渥，益享康宁。

出处:《永乐大典》卷七三二五。
撰者:任希夷
考校说明:编年据任希夷任两制时间补。

魏世南父九十一岁补保义郎制
（嘉定六年十二月至嘉定九年十二月间）

赐高年爵，所以导民孝也。苟有子服在仕版，则视民庶特优，又以厉士志也。尔以耆龄，适应吾令，爰颁命秩，昭示宠荣。益务效忠，以称朕渥。

出处:《永乐大典》卷七三二六。
撰者:任希夷
考校说明:编年据任希夷任两制时间补。

王斌田芝招说知顺昌府樊辛归正有劳各补保义郎制
（嘉定六年十二月至嘉定九年十二月间）

朕兼爱南北以义。我祖宗受命，民凡在殊邻，久隔王化，向方而归，皆予迪简。尔善为说词，有招携来远之功，我有勇爵，与尔縻之。

出处:《永乐大典》卷七三二六。
撰者:任希夷
考校说明:编年据任希夷任两制时间补。

吴敏特授承信郎制
(嘉定六年十二月至嘉定九年十二月间)

间者淮卒有欲啸呼,旋即成擒,尔与有力。考核来上,褒赏可稽,其进一阶,益思报效。

出处:《永乐大典》卷七三二七。

撰者:任希夷

考校说明:编年据任希夷任两制时间补。

取应宗子制
(嘉定六年十二月至嘉定九年十二月间)

朕念属籍之蕃衍,开数路以兼收,设为取应之科,俾奉大廷之对。其言可采,爰命以官。益厉尔修,钦承予渥。

出处:《永乐大典》卷一三四九七。

撰者:任希夷

考校说明:编年据任希夷任两制时间补。

吴琰特授太尉依前提举万寿观制
(嘉定六年十二月至嘉定九年十二月间)

朕祗荷皇图之重,仰怀祖后之慈。崇四姓之小侯,聿稽汉制;主五兵之大柄,式踵秦官。念厥秩之久虚,惟其人而后畀。肆扬诏册,诞告臣工。具官某和易而端良,诚忱而通敏。人咸称其长者,己尤笃于小心。进列朝廷,抑抑威仪之度;退安里第,温温孝友之风。富贵无骄侈之思,言行绝悔尤之累。显被累朝之遇,夙分大纛之光。比者宗祀之熙成,既以户封而申命。载惟宪圣之盛烈,保佑实深;有加申伯之良翰,褒赏宜厚。赐非常之渥,升于掌武之阶。篿节珋戈,仍领维藩之寄;珍台琳馆,更从均佚之游。并衍真腴,增陪多邑。於戏!右贤左戚,固应异数之并隆;恶满好谦,殆乃平时之素履。其服宠光之茂,冞宣誉处之休。繄尔老成,奚烦训诰?

出处:《永乐大典》卷一三五〇六。

撰者:任希夷

考校说明:编年据任希夷任两制时间补。

赵焞夫宗正丞兼刑部郎官制
（嘉定六年十二月至嘉定九年十二月间）

司宗设属,实班高列寺之间;谳刑有郎,必尝中三尺之选。以尔才业甚茂,扬历已深,再履周行,采畅华问,宜晋丞于瑶籍,兼摄事于兰闱。秩序本支,叶赞维城之固;钦恤典宪,迄臻空圉之风。汝往钦哉,思以领此。

出处:《永乐大典》卷一三五〇七。

撰者:任希夷

考校说明:编年据任希夷任两制时间补。

陈孔石太常丞兼权工部郎官制
（嘉定六年十二月至嘉定九年十二月间）

朕寤寐才杰,求之惟恐不及。矧周行之旧,久劳于外,可不式遄其归,以为表著之重乎?尔夙以器能之茂异,加之师友之渊源,欲自见于事功,每克加于底砺。间者皇华之两界,卓然风采之有闻,兹庸晋列清途,特示褒显。奉常典礼,允资儒学之英;起部程工,素处老成之彦。其钦予渥,益迈尔犹。

出处:《永乐大典》卷一三五〇七。

撰者:任希夷

考校说明:编年据任希夷任两制时间补。

邓仁勇太常丞兼工部郎官制
（嘉定六年十二月至嘉定九年十二月间）

奉常之典三礼,必属儒英;起部之总百工,亦资才彦。尔于二者,宣谓兼长。自为州县之官,已力公上之事,暨登朝著,尤效贤劳。宜赞贰于容台,仍摄承于郎省。其体束知之异,益思奋厉之图。

出处:《永乐大典》卷一三五〇七。

撰者:任希夷

考校说明:编年据任希夷任两制时间补。

丁熠大宗正丞兼权尚书左郎官制
（嘉定六年十二月至嘉定九年十二月间）

尚书郎皆高选,而天官之属实为诸曹之冠,使之晋丞宗正,兼典吏铨,斯亦不次之举。尔学行醇茂,器度弘深,誉早著于立朝,政有闻于贰郡。来归未久,官次屡迁。式昭简眷之深,宣谓便蕃之渥。其钦予命,益罄尔能。

出处:《永乐大典》卷一三五〇七。

撰者:任希夷

考校说明:编年据任希夷任两制时间补。

郑杭大理簿制
（嘉定六年十二月至嘉定九年十二月间）

惟理寺簿领之职,参廷中谳议之平,非详明通达之才,不使居是官也。尔明敏有闻,临莅不苟,兹庸列之棘属。尔其克从而长,使民不冤,则予汝嘉,嗣有明陟。

出处:《永乐大典》卷一四六〇七。

撰者:任希夷

考校说明:编年据任希夷任两制时间补。

龚维蕃大理簿制
（嘉定六年十二月至嘉定九年十二月间）

朕方辑绥疆场,蒐拔人材,念于周行之间,可无淮上之彦？惟尔颖出,历志事功,比宰邑以著声,亦登畿而有誉。俾簿正于廷理,式叙进于朝班。益迈尔猷,以须予用。

出处:《永乐大典》卷一四六〇七。

撰者:任希夷

考校说明:编年据任希夷任两制时间补。

叶大显司农簿楼潭将作簿制
(嘉定六年十二月至嘉定九年十二月间)

寺监之属,簿领为优,庇职其间,储材有待。尔大显早袭德门之绪,誉处甚休;尔潭近传名父之风,典刑斯在。或就升于列位,或亟使之起家。各迪乃猷,以佐而长。有闻嘉绩,嗣涣宠褒。

出处:《永乐大典》卷一四六〇八。

撰者:任希夷

考校说明:编年据任希夷任两制时间补。

王衡仲将作簿制
(嘉定六年十二月至嘉定九年十二月间)

凡有位于朝者,皆茂选也,以叙而进,详试其才。尔迪行端方,临事强济,既书邑最,且贰郡条,晋跻列邸之联,已逾期月之久。升予匠属,显置周行,益懋尔犹,以为予用。

出处:《永乐大典》卷一四六〇八。

撰者:任希夷

考校说明:编年据任希夷任两制时间补。

赵彦恸军器簿制
(嘉定六年十二月至嘉定九年十二月间)

国朝之制,士大夫居官者,执丧而免,既除而复,兹彝典也。若夫尝加拔用,有位于朝,再践班行,必惟名彦。尔学欲自得,仕不苟求,以廉靖而提躬,以惠爱而为政。尝举邑同之最,入居匠监之联。养未竟于采兰,悲忽罹于吹棘。甫终素韠,亟列华簪,更司戎器之除,式共簿领之事。其思称职,益显移忠。

出处:《永乐大典》卷一四六〇八。

撰者:任希夷

考校说明:编年据任希夷任两制时间补。

诸王宫学改作宗学诏
(嘉定九年十二月五日)

诸王宫学改作宗学,参之国朝典故,仍隶宗正寺,以宫教授改为博士、宗谕。

出处:《文献通考》卷四二。又见《宋会要辑稿》崇儒一之一五。

统制官等兵将支钱诏
(嘉定九年十二月九日)

统制官特支钱三十贯,统领官二十贯,正将一十贯,副将七贯,准备将五贯,拨发训练官三贯,部队将合干人两贯,官兵每名一贯。仰各州于有管官钱内以一色会子照数日下一并点名给散。续具的实支散过人钱数目,申取指挥科降,拨还元借窠名,不得稍有泛滥减克。仰更切契勘。如有见差开壕烧窑等的实工役、别项官兵及民兵、忠义等人,并照今来所降指挥等则,更切斟酌,特与支犒一次,不得泛滥。续并具实支用过人钱数目各项,保明开具,申枢密院。

出处:《宋会要辑稿》兵二〇之四一。

置天水知县诏
(嘉定九年十二月十七日)

天水军移就天水县旧治,置天水知县,兼本军判官,兼司法,如系有出身人,即兼教授。令四川制置司选辟一次。

出处:《宋会要辑稿》职官四八之四九。

光宗宁宗朝卷二十八　嘉定十至十二年(1217—1219)

巢县戍兵听无为军节制诏
（嘉定十年二月四日）

无为军巢县戍兵,听本军节制,仍与御内带行。

出处:《宋会要辑稿》兵六之九。

推恩张玉等诏
（嘉定十年二月二十八日）

伪宣武将军、华州华阴县尉张玉特补忠义郎,伪武节将军、颍州颍上县香林寨副巡检刘进特补成忠郎,伪忠翊校尉蒲端仁、张直、张胜各特补进义校尉,分注江西州军添差,不厘务。内张玉、刘进充准备差使,蒲端仁、张直、张胜充指使。理任、请给等并依前后添差归正人则例,按月帮支,伪地敕札令吏部毁抹。

出处:《宋会要辑稿》兵一六之一五。

再差官兵出戍六合县诏
（嘉定十年四月十八日）

令步军司于后军精选官兵二千五百人,内马军二百人骑,令统制徐端并统领将佐等人密切统押起发前去六合县,同见戍人马专备战御。

出处:《宋会要辑稿》兵六之一○。

精选选锋军官兵出戍天长县诏
（嘉定十年四月十八日）

令殿前司于选锋军精选官兵二千五百人,内马军二百人骑,令统制霍仪并统领将佐等人密切统押起发前去天长县,同见戍人马专备战御。仍并听盱眙军守臣节制,天长知县弹压,仍令霍仪通行总辖差使。限两日起发。其添支盐菜钱米、起发盘缠钱,仍关报所属疾速照例帮支,毋令迟误。更切戒约兵将官用心部辖,务要整肃。合行事件,限一日条具保明三省、枢密院。

出处:《宋会要辑稿》兵六之一〇。

嘉定十年及第进士第等授官诏
（嘉定十年五月八日）

新及第进士第一人吴潜特补承事郎、签书镇东军节度判官厅公事,第二名孙挟、第三名费西之并文林郎、节察推判官,第四名王迈、第五名阎镛并从事郎、防团推判官,第六名以下、第二甲、第三甲、第四甲、第五甲并迪功郎、诸州司户簿尉。

出处:《宋会要辑稿》选举二之三二。

祈雨诏
（嘉定十年六月八日）

令两浙漕臣诣上天竺灵感观音前及诣霍山广会庙行祠祈雨。

出处:《宋会要辑稿》礼一八之三一。

诫厉将士诏
（嘉定十年六月十二日）

朕厉精更化,一意息民。犬羊污我中原,天厌久矣;狐兔失其故穴,人竞逐之。岂不知机会可乘,仇耻未复? 念甫申于信誓,实重启于兵端。故宁咈廷绅进取之谋,不忍绝使介往来之好,每示固存之谊,初无幸衅之心。岂谓亡故,遽忘大德。皇华之辔朝返,赤白之囊夕闻。叛卒鸥张,率作如林之旅;饥氓乌合,驱为取麦之师。贪婪无厌,侥幸尝试,宜神人之共愤,亦覆载所不容。守将效忠,开门而决战;兵民贾勇,陷阵以争先。群酋既歼,残党自溃。允赖荡攘之力,迄成绥静之功。然除戎当戒于不虞,纵敌必贻于后患。咨尔有众,永肩厥心,毋忽其既退而怀苟安,毋狃于屡胜而忘远略。属炎蒸之在后,念戍役之方劳,虽摧枯拉朽之非难,而执锐被坚之不易。视尔暴露,如己焚恢。一朝皆好,谁实为之;六月饬戎,予非得已。谅深明逆顺曲直之理,其孰无激昂奋发之思! 师出无名,彼既自贻于颠沛;兵应者胜,尔宜共赴于事功。苟能立非常之勋,则亦有不次之赏。尔其听命,朕不食言。

出处:《宋会要辑稿》兵九之二七。又见《两朝纲目备要》卷一五,《宋史全文续资治通鉴》卷三○。

令给宗子宗妇钱米诏
(嘉定十年六月二十六日)

令大宗正司及西南两外宗司行下州县契勘,如有住阁钱米之人,日下并与施行。

出处:《宋会要辑稿》帝系七之二○。

推恩伪将夹谷秀等诏
(嘉定十年七月七日)

伪怀远大将军、海州赣榆县令夹谷秀特补忠训郎,伪宣武将军、海州赣榆县主簿、权税务都监马禧特补承节郎,伪信武将军、海州赣榆县尉、权忠孝义军都统徒单立特补保义郎,昭信校尉、海州赣榆县徐浦酒税都监蒲察雄特补进义校尉,分注福建州军合入添差不厘务差遣,理任、请给等并依前后添差归正人则例按月帮支。伪地告札令吏部毁抹。

出处:《宋会要辑稿》兵一六之一四。

赵元登特补成忠郎诏
（嘉定十年八月二十二日）

归顺官赵元登特补成忠郎,令吏部差注福建州军,添差不厘务准备差使,理任、请给依归正人则例按月帮支。

出处:《宋会要辑稿》兵一六之一五。

沔州等都统司增置准备差遣一员诏
（嘉定十年十二月九日）

沔州、兴元府、金州都统司、利州副都统司各增置准备差遣一员,仍令枢密院差注右选有出身经任人充。

出处:《宋会要辑稿》职官三二之四九。

临安狱空奖谕守臣程覃诏
（嘉定十一年正月十六日）

尔以才被选,典领神皋,驭吏爱民,恩威相济,诘奸禁暴,犴狱用虚。使朕庶几成康措刑之风,尔尚继赵张尹京之政。载披来奏,嘉叹不忘。

出处:《咸淳临安志》卷四一。又见《宋会要辑稿》刑法四之九二。

明堂舆服支费并从省略诏
（嘉定十一年三月十九日）

今岁明堂,惟事神仪物如旧制,其乘舆服御、中外支费,并从省略,有司条具以闻。

出处:《玉牒初草》卷一。
考校说明:《全宋文》(第三〇二册,第三四〇页)、《宋代诏令全集》(第五一三六页)均误系于嘉定十一年二月。

摽拨条法诏
（嘉定十一年三月二十六日）

法有摽拨,为祖、父俱亡,而祖母与母有前晚、嫡庶之分设。今后应一母所出子孙及祖与父年老抱疾者,并不得抑令摽拨,虽出祖父母与父母之命,亦不许用,州县毋得给据。

出处:《玉牒初草》卷一。

赵善周特补保义郎诏
（嘉定十一年五月十九日）

前伪地白身宗子赵善周特补保义郎、监潭州南岳庙,常州居住,放行合得请给。其家口押往常州,照北来人体例支给钱米养赡。

出处:《宋会要辑稿》兵一六之一五。

赈恤湖州被水人户诏
（嘉定十一年六月二十一日）

令湖州将被水之家更切多方措置赈恤,务要实惠及民,毋致失所,具已赈恤过人数申尚书省。

出处:《宋会要辑稿》食货五八之三二。

以赃罢者毋得轻予改正诏
（嘉定十一年七月二十八日）

诸以赃罢,毋得轻受文状遽改正,必检会元劾罪犯轻重为之处分。

出处:《玉牒初草》卷一。

定嘉定县五乡名诏
（嘉定十一年八月五日）

平江府新创嘉定县,分置五乡,可易以依仁、循义、服礼、乐智、守信为名。

出处:《玉牒初草》卷一。

归正人张时安等特补进义副尉诏
（嘉定十一年八月二十一日）

归正人张时安、赵翼、张瑜各特补进义副尉,分注江西州军添差不厘务听候使唤,理任、请给依归正人则例按月帮支。伪受告札尽付兵部毁抹。

出处:《宋会要辑稿》兵一六之一六。

有事明堂御札
（嘉定十一年九月前）

朕缵绪守成,既逾二纪,励精更化,亦越十年。若涉渊冰,靡遑夙夜。天地神示之森列,丕显丕承;祖宗功德之兼隆,是彝是训。言念菲凉之质,每蒙保佑之恩。比者水旱不时,间臻中熟,边隅多故,旋底小康。属当举于亲祠,敢敬伸于昭报。载考累朝之典,涓修路寝之仪。乃卜季商,聿严熙事,以灵承于胼齍,以迓续于休祥。祗告先期,诞孚群听。朕以今年九月有事于明堂。咨尔攸司,各扬乃职,相予肆祀,毋或不恭。

出处:《宋会要辑稿》礼二四之一一〇。又见《群书考索》前集卷二八。

明堂赦文
（嘉定十一年九月十二日）

勘会命官所得酬赏,在任公罪降官不因本职,或得替后被罢,行下约得刑名,系是公罪杖以下,该遇令赦,合依无过人例,特与照数放行一次。在法,命官陈乞磨勘服色年限,内曾因罪编羁管、勒停、责授敕官、追官或居住,若除名后虽已改正过名,而无理元断月日之文,其以前被罪年月并不许收使外,节次官司引用不明。自今后命官被罪以后至改正之前年月,并不许收使,其未被罪以前历过年月系是未有罪犯,合与放行。

出处:《宋会要辑稿》职官八之六七。

宗室小使臣依条须实历厘务一任,通不厘务四考,方许关升。缘从来宗室并作四年出阙,是致艰得厘务窠阙可入,多有在部守待,动经年岁。窃虑淹留旅邸,可将宗室厘务监当窠缺权作四年半,刷具使阙,出榜许令指射一次。

出处:《宋会要辑稿》选举二五之三一。

小使臣校尉陈乞戚里添差,初任合召升朝官二员委保,所供宗枝图本即无节略隐漏,关送礼部,行下太常寺,定夺服纪,画降指挥下部,与注授添差差遣。内有任满再陈乞添差人,又令召保,委是重叠。可将似此添差经任已曾召保之人,照前任已承指挥,与免再召保,放行添差。

出处:《宋会要辑稿》选举二五之三二。

小使臣校尉任满到部,合缴印纸陈乞覆校。其间或有已成考任,批书替罢,本官任内别无不了事件,及无诸般过犯,止缘州府吏人一时不依条式批书,在法合召保官及降名次。可将上项人与免召保、名次,放行参部注授一次。

出处:《宋会要辑稿》选举二五之三二。

因乡试受赂案责罚何周才等诏
(嘉定十一年十一月十一日)

荣州发解监试官承直郎、签判何周才特贷命,追毁出身以来文字,除名勒停,免真决,不刺面配忠州牢城,免籍没家财;考试官石伯西、扈自中、冯寅仲各特降一资,并放罢;刘颐并徒二年私罪,赎铜二十斤,仍照举人犯私罪不得应举;杨元老徒二年私罪,荫减外,杖一百,赎铜十斤;刘济特送五百里外州军,刘颐、杨元老特分送三百里外州军,并编管。

出处:《宋会要辑稿》选举一六之三二。

贡举诏
(嘉定十二年正月十五日)

国家迪三岁之彝章,吁四方之众俊。大比重宾兴之举,踵周家选士之规;名臣由科目而升,迈唐室得人之盛。肆朕纂图之久,深勤侧席之思。已八启于文闱,悉朋来于时彦。属当秋赋,俾与计偕。爰申饬于攸司,其益加于精择。必得贤能之实,一惟程度之公。尔遂观光,克赴功名之会;朕将亲策,乐闻忠说之言。岂惟好爵之与縻,庶获群材而并用。叶图康济,迄底隆平。咨尔庶邦,体予至意。

出处:《宋会要辑稿》选举一之二八。

京西路钤辖兼枣阳军使孟宗政等推恩诏
(嘉定十二年二月二日)

京西路钤辖兼枣阳军使孟宗政特转五官,与带行阁门宣赞舍人,仍赐金束带一条;奇功何文虎、彭兴特补四资,内彭兴与改刺效用补授。第一等各特补三官资,第二等各特补两官资,第三等各特补一官资;在城捍御各特支犒官会一十五贯;本军差职事官郑天彝、韩献臣、刘澡各特转两官资。

出处:《宋会要辑稿》兵二〇之二二。

赦两淮京襄湖北利州沿边州县诏
(嘉定十二年五月三日)

朕绍累圣之统,抚九有之师,信不足以睦邻,威不足以制敌。丑虏匪茹,轻启于兵端;生民何辜,重罹于荼毒。空国以逞,仍年于兹,往来迭扰于三垂,大小不知其几战。赖天意厌乱之久,而人心助顺之多,我武用张,彼气自夺,果速鲸鲵之戮,遂空狐兔之群。渐底晏清,少宽忧顾。然念创残之后,尚多愁叹之声。室庐既墟,妇子不保,民力困而转输未已,农时失而赋役未蠲。捍边死事之家,盍颁恤典;临阵血战之士,当议优恩。或失律而遁逃,或乘时而啸聚,悉疏禁网,用迓穆衡。呜呼! 除戎器,戒不虞,敢废修攘之政? 发德音,宣明诏,共为安集之图。咨尔群伦,体余至意。应两淮、京襄、湖北、利州路沿边诸州军府州县镇曾经蹂践惊扰及转饷劳役去处,恤死节、赦罪囚、蠲租赋各有差。

出处:《玉牒初草》卷二。

赐安丙诏
(嘉定十二年五月十五日后)

昔唐太宗以西寇未平,诏起李靖,靖慷慨请行,不以老疾为解;代宗有朔方之难,图任郭子仪,闻命引道,亦不以谗慝自疑。皆能乘时立功,焜燿竹帛,朕甚慕之。今蜀道俶扰,未宽顾忧,朕起卿燕间,付以方面,而卿忠于报国,谊不辞难。朕之用人庶几于唐宗,卿之事朕无愧于李、郭矣。勉图隽功,以济国事。

出处:《宋史》卷四〇二《安丙传》。又见《宋元通鉴》卷一〇〇,《宋史新编》卷一五〇。

令侍从等举文武之才诏
(嘉定十二年五月二十九日)

令侍从、两省、台谏各择文武可用之才二三人姓名来上,籍于中书,随才任使。

出处:《玉牒初草》卷二。

朝士补外事诏
(嘉定十二年六月十九日)

朝士补外,惟殿试前三名、省元、释褐状元,朝迹稍深,许之为郡;余未经作邑人,非三丞、二著、权郎,且与通判差遣。

出处:《玉牒初草》卷二。

二广阙官去处不许白帖差摄诏
（嘉定十二年六月二十四日）

二广监司应阙官去处，不许白帖差摄，已差人限两月赴本司陈毁，违者追冒请俸给，计赃坐罪。

出处：《玉牒初草》卷二。

推恩赵善长等诏
（嘉定十二年七月七日）

前伪地白身宗子赵善长特补承信郎，赵汝舟、赵汝良并特补保义郎，差监潭州南岳庙。内善长兴化军、汝舟汀州、汝良漳州各居住，并放行合得请给，仍将各人家口随州军分拨，照北来人体例钱米养赡。北直等人令江淮制置司契勘的实人数，分往别州军，亦照北来体例支给钱米。缴到告二十二段并宗图公据，令分桩库寄收，札下泉州照会。

出处：《宋会要辑稿》兵一六之一六。

黄之颖特与放行牒试诏
（嘉定十二年七月二十六日）

步军司中军统制、时暂权照管侍卫马步军司时务黄之颖，令礼部特与放行牒试。

出处：《宋会要辑稿》选举六之三二。

四川宣抚使依旧利州置司诏
（嘉定十二年八月十一日）

四川宣抚使依旧利州置司，令安丙往来兴元府等处措置事。

出处:《宋会要辑稿》职官四一之四三。

殿前司桩管王端理所献钱会诏
(嘉定十二年十月七日)

权殿前司事务王端理献钱、会三十万贯,令本司桩管。

出处:《玉牒初草》卷二。

禁临安北山剑门岭凿山伐石诏
(嘉定十二年十一月十一日)

临安北山剑门岭,今后毋得于其所凿山伐石。

出处:《玉牒初草》卷二。

盱眙军等工役大军支钱诏
(嘉定十二年十二月八日)

盱眙军、楚州、光州、濠州、安丰军、淮阴县、光山县、固始县、安丰县、霍丘县出戍、战御、筑城、开濠等工役大军,并武定诸军人兵,又差出沿边往来巡逴雄胜军人兵内,统制官特支钱五十贯,统领官三十贯,正将二十贯,副将一十五贯,准备将一十贯,拨发训练官七贯,部队将合干人四贯。官军武定军人兵每名二贯。其逐州县屯驻兵效并淮阴县屯驻水军内,统制官特支钱三十贯,统领官二十贯,正将一十贯,副将七贯,准备将五贯,拨发训练官三贯,部队将合干人二贯,官兵每名一贯。合用钱仰各州县于有管官钱内以一色会子照数日下一并点名给散。续行开具的实支散过人钱数目,申取指挥科拨,还元借窠名,不得稍有泛滥减克。

出处:《宋会要辑稿》兵二〇之四三。

赈济临安府贫民诏
(嘉定十二年十二月九日)

令丰储仓所于桩管米内支拨二万石赴临安府,日下分头差官疾速抄札的实贫乏人户,即遍置场赈济五日,务要实惠及民,毋得迟延,容令吏胥作弊。候赈济毕日,开具帐状供申。

出处:《宋会要辑稿》食货六八之一〇八。

赈赡临安贫民诏
(嘉定十二年十二月九日)

岁晚严寒,出丰储仓米三万硕,赈赡临安贫民。

出处:《玉牒初草》卷二。

省闱增置点检试卷官诏
(嘉定十二年十二月九日)

省闱增置点检试卷官二员,专考宗子试卷。

出处:《玉牒初草》卷二。

光宗宁宗朝卷二十九　嘉定十三至十四年 (1220—1221)

镇江府黄州支拨钱米充修盖寨屋诏
（嘉定十三年三月七日）

镇江府于令项寄桩交会内支拨会子五千贯,黄州充桩管米内支取五百石,付知黄州、淮西提刑何大节,专充起盖寨屋一千间工物食口之费。

出处:《宋会要辑稿》兵六之二九。

支会子米赈济两淮民诏
（嘉定十三年四月二日）

令封桩库于见桩管会子内支拨一千五百二十贯,及下丰储仓所支拨米七百三十石,付临安府,兑支过见安养并收养、津发两淮民等使用。

出处:《宋会要辑稿》食货六八之一〇八。

选官兵出戍扬州天长县诏
（嘉定十三年五月十三日）

令殿前司日下于策选锋军拣选步军二千人、马军二百人骑,令本军统领官常思训部押前去天长县屯戍,就令统制王明在县统辖捍御,听天长知县弹压。仍于游奕军拣选步军五百人,令本军统领官唐喜部押前去扬州戍守,及看管防城器具、军器、什物,听扬州守臣节制。并要精择强壮勇悍官兵,不得以老弱怯懦之人充数。其添支盐菜钱米、起发盘缠钱,令所属疾速照例帮支,毋令迟误。仍戒约兵将官用心部辖,在路及到彼,务要整肃,不得稍有骚扰。候到各处,仰淮东提刑兼知扬州郑损、知天长县张翼点核,如内有老弱怯懦等人,各随即摘发回司拣换,不许徇情容留。所有扬州、天长县、高邮军见戍殿前司官兵,令统制官王宁、统领官邓略,候今来差拨人马到日更替归司。

出处:《宋会要辑稿》兵六之一一。

嘉定十三年及第进士第等授官诏
(嘉定十三年六月十五日)

新及第进士第一人刘渭特补承事郎、签书建康军节度判官厅公事,第二名董洪、第三名任友龙并文林郎、节察推判官,第四名林彦挟、第五名任鸣雁并从事郎、防团推判官,第六名以下、第二甲、第三甲、第四甲、第五甲并迪功郎、诸州司户簿尉。

出处:《宋会要辑稿》选举二之三二。

景献太子谥册文
(嘉定十三年九月十日)

皇帝若曰:主器莫若长子,盖闻前圣之格言;壹惠所以尊名,兹率先王之谥典。嗟予上嗣,为国元储,何弗曰于昊穹,乃不延于永命。肆考尔行,庸笃予恩。故皇太子询聪睿生知,温文凤就。甫胜衣而进止有度,迨既冠而威仪孔时。端如玉粹以金昭,允若海渟而岳峙。大矣震雷之澛,烨然离景之重。礼乐不离于斯须,爱敬克勤于终始。翼翼庙朝之上,烝烝宫壸之中。鸡寝问安,退每形于喜色;龙楼祇召,进罙竭于小心。务远佞以去邪,尤崇儒而重道。三善皆得,法靡抗于伯禽;五经精通,礼犹尊于桓傅。款接有加于僚寀,讲论必验于古今。辞章卑选序之华,笔法妙隶书之善。虽处燕闲之际,曾无玩好之娱。有奕其堂,尝锡居仁之榜;祇若予训,曲加克己之功。德既懋于在躬,孝宜施于有政。间者兵端妄起,国步多虞。属方志学之年,首陈更化之策。锄奸去恶,实启予衷。易危为安,大慰人意。即青宫而议事,陪丹宸之视朝。辅列大臣,盖踵天禧之故典;参决庶务,聿遵孝庙之宏规。偕予一德之良,致兹百度之理。兴滞补弊,率由旧章;登能庸贤,悉从民誉。阅一终而再岁,中外乂宁;凡四荐于贰觞,神示昭格。曷致阴阳之冠,端繇夙夜之劳。比尝少瘳,呕从宾赞之礼;迨夫寖剧,犹惟父母之忧。正四方瞻少阳之辉,乃一夕掩前星之耀。假以九龄之梦,必显乎周;形于四章之歌,莫班于汉。朝野悉为之愦愕,疆徼亦动于哀思。怅曷慰于慈怀,爰特颁于显号。载稽于众,蔽自朕心。耆意大图而成功,宜景之谓;质知有圣之尽美,宜献以名。拣日惟良,饬礼斯备。今遣摄中书令、通奉大夫、知枢密院事、兼参知政事郑昭先,奉册宝赐谥号曰景献太子。惟尔英灵不昧,神理如存。歆兹徽章,服我休命。垂问不朽,与国无穷。呜呼哀哉!

出处:《宋会要辑稿》礼四三之一二。

撰者:任希夷

考校说明:任希夷时任签书枢密院事兼权参知政事。《全宋文》将册文发布时间误系于嘉定十三年八月,撰者误系于郑昭先(第二九三册,第一八七页)。

景献太子哀册文
(嘉定十三年九月十一日)

维嘉定十三年,岁次庚辰,八月戊午朔,初六日癸亥,景献太子薨于东宫。粤以九月十一日丁酉,出厝于南山庄文太子攒所之东,礼也。畚盖宵陈,池轜夙祖,杂沓象设,哀鸣些鼓。皇帝昒承华而兴泗,悼望苑之宾仙,谓晖晖兮春阳,曷杳杳兮秋原。虽易名之永矣,奈割爱之茫然。德烈余美,词臣制编。其词曰:惟天锡羡,惟辟体干。储休贰极,胙国亿年。黄离积照,幼海澄渊。稽经诹史,蹴武系传。丱龄访膳,周光重宣。文傅置令,汉嗣仁贤。充哲元良,挺瑞天支。金相玉裕,岳秀川辉。胜衣既冠,翼翼祇祇。文英独越,理识冥资。学问苟举,正邪洞知。絃更政化,策赞时几。黼扆之断,风霆奋飞;绲縢之鞿,乾坤清夷。莫歆匪蔡,莫知匪蓍。邦本斯托,宸襟是依。主器备册,重觞侑词,不矜其盛,益谨其仪。鞠躬问寝,逊志尊师。侍朝拱立,会议敷施。系心海宇,动色坤维。齿胄方壮,受禄咸宜。机褆安在,膏肓若疑。交使申祷,骈命挟医。辇舆庋止,椒殿赉思。载顾载拊,以瘳以熙。来几可复,往遽奚之。呜呼哀哉!抚此颢商,记其星诞。常常中府之赐,湑湑内庭之宴。孚尹鱼佩,惊迅召之无因;手颖犀盈,叹闼藏而弗见。呜呼哀哉!胥江舒练,汉月流波。兰菊纷砌,蜩蝉抱柯。云黔黔兮陈幕,飙肃肃兮鸣皋。对银牓以空揭,摧瑶山其奈何!是邪非邪丹素旐,惨兮戚兮琳琅歌。呜呼哀哉!卜吉鬣封,栖神甸宇,痛奠彻乎罍樽,葳容启乎翻羽。宫僚缟送以泣护,行路赍咨而涕雨。逶迤广陌,号呼鹤驭之徐驱;寥沉紫霄,飘忽凤笙之凝伫。呜呼哀哉!背峣阙以渐遥,凭层轩而遡往。酸笳希兮霜日白,虚卫归兮皋蒿怆。忆孝敬于平生,恍忠诚于遗响。曷皇情之塞悲,晶英蕤之精爽。呜呼哀哉!

出处:《宋会要辑稿》礼四三之一四。

撰者:林岊

选黄姚顾迳税场官诏
(嘉定十三年九月十七日)

平江府昆山县黄姚、顾迳税场,令吏部选差文臣有举主无过犯人充。

出处:《宋会要辑稿》食货一八之二九。

置四川宣抚司营田司干办公事一员诏
(嘉定十三年十一月二十六日)

秦司准备差遣、利州府安抚司准备差遣并干办公事三员,并行省罢,令四川宣抚司差置营田司干办公事一员,从本司选择有才力通练人奏差。俸给照宣抚司干官体例,自总领所帮勘。

出处:《宋会要辑稿》食货六三之一五九。

官民户兴贩及收买竹木等免抽解收税两月诏
(嘉定十三年十一月二十七日)

官、民户兴贩及收买竹木、砖瓦、芦箔等,令两浙转运司行下临安府并出产及经由州军,与免抽解收税两月,仍札下临安府严立罪赏,晓示行铺户并不得高抬价值出卖。如违,仰本府密切觉察,将犯人重作断治。

出处:《宋会要辑稿》食货一八之二九。

支拨会子米斛给散临安府被火之家诏
(嘉定十三年十二月七日)

令封桩库支拨会子二万八千一百一十六贯,仍令提领丰储仓所取拨米三千四百三十九石八斗,并付临安府照应供到数目,逐一等第给散被火全烧全拆并半烧半拆及践踏人户。仰本府日下差人请领,选差清强官巡门俵散,不得纵容吏卒等人稍有减克骚扰,候支散了毕,申尚书省。

出处:《宋会要辑稿》食货五八之三二。

赈给临安府已除拆浮铺屋卖买等人诏
(嘉定十三年十二月十五日)

令封桩库支降官会六千三百四十五贯文,充赈恤拆除蓬篓屋,见在浮铺经纪卖买人。内桥道上下每铺支钱十贯,沿河墙下每铺支钱五贯。其钱仰临安府日下请领,差清强官逐一躬亲沿铺唤集俵散,毋令吏卒减克乞觅,务要实惠及民。仍具所差官职位姓名及已散给文状申尚书省。

出处:《宋会要辑稿》食货六八之一〇八。

加封谙源神李荣敕
(嘉定十三年)

伍相精忠,死后不忘社稷;云长大节,冥中亦护王家。虽由正气之至大至刚,实乃真魂之不磨不灭。咨尔真官李生非将种,死作明神,云霄克表真诚,草野偏能戮力。鹅战鸭战,毛族为汝冲驰;风师雨师,天下听其驱策。立奸逆丑,用奏肤功。确知大义之凛然,以补诸臣之不及。靖共文武,翌奠山河。朕嘉乃丕绩,不忘大勋,用锡金幞头一,玉带锦袍一,珠伞一,白铜剑戟一,仍旧敕金轮大法真官忠义侯王,加封湖南观察使司至道大法李公真君。於戏! 英灵不泯,勿以旌一捷而遂弛勤劳;节义永彰,直须亘千秋而常扶景运。钦恤无疆,毋替朕命。

出处:同治《崇仁县志》卷首,同治十二年刻本。

封谱源神李荣妻吴氏夫人敕
（嘉定十三年）

抱朴有妻,下界显灸疣之法;文箫得配,云霄示跨虎之神。相夫既备灵通,助国还彰才力。心贞不泯,道大常伸。咨汝真官后宫吴氏,璇宫秀品,琳馆高真。得道井山,福泽遍敷下土;宣威彭蠡,勋劳洪著中州。无边显汝技能,众畏天人之至;是用歼厥逆丑,群推娘子之军。功不可忘,旌唯恐后。兹特遣官照原封清顺善圣夫人,加封忠义清顺善圣大法夫人,给衣冠绣袄,用锡汝勋。於戏! 同心报国,英雄度越须眉;协力勤王,懋德仪型彤管。褒嘉无既,配享弥新。

出处:同治《崇仁县志》卷首。

祈雨诏
（嘉定十四年正月七日）

岁暮以来,雨泽未应,当此春首,农事渐兴,令两浙州军监司守臣以下精严祈祷。仍于各州军应城内外有灵坛、古迹、寺观及龙潭、灵祠等处,守臣躬亲前去,如其地里隔涉,州委职官、县委佐官各行前去,务要精虔,速获感应。

出处:《宋会要辑稿》礼一八之三一。

支拨度牒会子盖造宪圣慈烈皇后家庙诏
（嘉定十四年正月二十日）

封桩库支拨度牒一百道、会子一十万贯,丰储仓支拨米五千石,并给付宪圣慈烈皇后宅,充盖造家庙等用。

出处:《宋会要辑稿》礼一二之一四。

太庙内添置石室柜子门诏
（嘉定十四年正月二十八日）

太庙内添置石室一所，并开柜子门一座。令两浙转运司、临安府盖造，务要如法，毋致苟简。

出处：《宋会要辑稿》礼一五之二二。

朱琛等补官诏
（嘉定十四年四月二十六日）

成忠郎、忠勇军统制兼知潍州朱琛特补忠训郎，差充京东路兵马钤辖、兼管登、莱州、静海军盗贼兵甲公事，借补承节郎、忠勇诸军总辖统制、兼滕州通判夏赟特补承节郎、权通判滕州、兼管忠义军事，京东忠义诸军都统司准备差遣王世珍特补承信郎。

出处：《宋会要辑稿》兵一六之一七。

取拨度牒付温州专一充打造淮阴水军海船使用诏
（嘉定十四年五月四日）

令封桩库于见桩度牒内取拨三十道，付温州专一充打造淮阴水军海船使用，每道作八百贯文变卖。

出处：《宋会要辑稿》食货五〇之三四。

赵不憿特换授保康军承宣使诏
（嘉定十四年五月二十二日）

不憿行尊年高，中外屡更事任，自为司农卿，今已十二年，理宜优异。可特换授保康军承宣使、提举佑神观，仍奉朝请，特赐金带一条，许令服系。

出处:《宋会要辑稿》帝系七之一八。

赵不熄特换授和州防御使诏
（嘉定十四年五月二十八日）

不熄属近行尊,理宜优异,特与换授和州防御使、提举佑神观,仍奉朝请。

出处:《宋会要辑稿》帝系七之一八。

解试终场人以百人取三人充待补人数诏
（嘉定十四年五月二十八日）

令礼部行下诸路转运司并诸州军,遵依淳熙四年七月五日元降指挥,每解试终场人以百人取三人充待补人数。

出处:《宋会要辑稿》选举六之四一。

立贵和为皇子诏
（嘉定十四年六月十三日）

朕以眇躬,嗣临大统,夙夜祗惧,不敢荒宁。荷天之休,海内用乂,而国嗣未建,非所以严社稷、奉宗庙,朕深念焉!皇侄福州观察使贵和,沂靖惠王之子,犹朕之子也。重厚英敏,天禀夙成,属近且贤,闻于中外。蔽自朕志,爰举恩徽,以昭立爱之义。夫计安天下,强本为先,亲亲贤贤,厥有古始,非朕所得私也。其立以为皇子,改赐名竑。

出处:《两朝纲目备要》卷一六。又见《宋史全文续资治通鉴》卷三〇。

德音赦文
（嘉定十四年六月十六日）

勘会蕲、黄州并管下县镇,近以虏寇惊扰,其间有官之家或致因而失去付身告敕之属,自德音到日,限半年内许经淮西制置司陈乞,召文武升朝官两员结罪保明,备申所属省部,即与出给公据,放行参注。

出处:《宋会要辑稿》职官八之六七。

蕲、黄州复业人户恐阙少竹木及蚕织农具、耕牛、斛斗,如有人户置买并客旅般贩前去货卖者,仰经所属自陈,即便给据,与免沿路及所至处抽税半年,关津不得邀阻。如违,许被抑人陈诉。

出处:《宋会要辑稿》食货一八之三〇。

应蕲、黄州仓场库务但干系官钱物,如实经兵火烧劫,仰淮西制置司审实,开具数目保明以闻,当议斟酌减放。内有官吏般载钱物往别处州县收藏,或回易兴贩不曾被劫,而隐匿入己者,并自德音到日,限一月经所在官司首纳。如限满不首,及首纳不尽,因事冒罣,并依法施行,仍不理今来德音原免。

出处:《宋会要辑稿》食货六二之七五。

勘会蕲、黄州并管下县镇民户,昨缘避地,流移渡江,今欲复业之人,应随行衣物、牛具驴马之类,并不得邀阻收税,舟船免力胜。如有违戾,许民户越诉,仍多出文榜晓谕。

出处:《宋会要辑稿》刑法二之一四四。

蕲、黄州诸军捍御官兵及武定忠义人等,剿逐贼房,立到战功,其有用命率先斩获首级,贾勇出奇,剿荡残寇,委是戮力效忠,合行优加官赏。仰淮西制置司从实保明申上,当议旌别施行。

出处:《宋会要辑稿》兵二〇之二八。

应蕲、黄州并管下县镇官吏士民及乡村总首保伍,赤心为国,剿杀虏寇,立到奇功,忠勇显著者,令本州从实具申淮西制置司,保明闻奏,当议优加旌赏。

出处:《宋会要辑稿》兵二〇之二八。

取拨度牒付庆元府充修水利诏
(嘉定十四年六月二十五日)

令封桩库于见桩管度牒内支拨一十二道,付庆元府,每道作八百贯文变卖价钱,充修砌上水乌金等处碶堨及开掘夹砌道士堰、朱赖堰堨工物等使用。仍令本府专一委官提督,务在河流通彻,碶堨坚固,经久利济,仍不得纵令吏胥因而科扰作弊。

出处:《宋会要辑稿》食货六一之一四九。

宣赐崔与之夏药敕
(嘉定十三年夏或嘉定十四年夏)

敕与之:卿以汉廷侍从之臣,总蜀道藩宣之寄,远在万里,贤于长城。属时炎蒸,缅怀耆艾,爰侈珍良之锡,用清保卫之宜。今赐卿银合夏药,至可领也。故兹示谕,想宜知悉。夏热,卿比好否? 遣书,指不多及。

出处:《宋丞相崔清献公全录》卷九。又见《广东文献》初集卷二。
考校说明:编年据崔与之宦历、文中所述"夏药"、同集前后文时间补,见何忠礼《崔与之事迹系年》(《文史》第四十一辑,一九九六年)。

给皇子公使钱诏
(嘉定十四年七月二日)

皇子宁武军节度使、祁国公岁赐公使钱,特与支三千贯,仍逐月均给,令户部供纳本府。

出处:《宋会要辑稿》食货六四之一一四。

扈再兴等旌赏诏
(嘉定十四年七月二日)

江陵副都统扈再兴特与先次转行右武大夫、带行忠州团练使;赵范特与转通直秘阁、依旧京湖制置司主管书写机宜文字;赵葵特与转承事郎、特免铨试,特差充京西安抚司主管书写机宜文字。

出处:《宋会要辑稿》兵二○之二八。

京东河北路归复州军归顺立功人与推恩诏
(嘉定十四年七月十六日)

京东、河北路归复州军应归顺立功已补转至武翼大夫以上之人,特与放行该遇嘉定十四年九月十日明堂大礼荫补亲男一次。令京东河北节制司日下照应,从实契勘,仍依条式,逐一保明,奏申施行,不许泛滥,先具知禀申枢密院。

出处:《宋会要辑稿》兵一七之三八。

沿江制置副使司差辟属官诏
(嘉定十四年七月十六日)

沿江制置副使司差干办公事一员,于京官选人通差,准备差遣一员,专差选人,并以经任有举主无过犯人。准备差遣二员,通差大小使臣。令本司从公选辟,不许差子弟并亲知以充员数。

出处:《宋会要辑稿》职官四〇之一九。

宗室节度使带嗣王等许佩鱼诏
(嘉定十四年七月二十日)

今后宗室节度使带嗣王、郡王、国公及检校官,并许佩鱼。

出处:《宋会要辑稿》帝系七之二一。

盖造史弥远家庙诏
(嘉定十四年八月四日)

右丞相史弥远赐第行在已十四年,依淳熙典故合赐家庙,可令转运司、临安府随宜盖造。

出处:《宋会要辑稿》礼一二之一四。

赵伯桧赵善践特与换授观察使诏
（嘉定十四年八月十一日）

伯桧、善践行尊年高，中外屡更事任，并特与换授观察使、在京宫观，仍奉朝请。

出处:《宋会要辑稿》帝系七之一八。

推恩赵希宿等诏
（嘉定十四年八月十一日）

希宿特与换授蕲州防御使，希舘特与换授右监门卫大将军、吉州刺史，并令提举佑神观。师謇、希鈔、与莒并特与换授右监门卫大将军，师注、师赈并特与换授右千牛卫将军，仍并令奉朝请。

出处:《宋会要辑稿》帝系七之一八。

史浩配飨孝宗庙庭改谥忠定御笔
（嘉定十四年八月十五日）

故太师、追封越王、谥文惠史浩系孝宗皇帝旧学，首跻相位，君臣一德，始终三纪，备罄忠诚，辅成孝治。侑食清庙，久未举行，赐谥易名，弗称厥实，非所以仰副烈祖眷礼师臣之意，朕深念焉。可配飨孝宗庙庭，特改谥忠定。

出处:《宋会要辑稿》礼一一之一一一。又见同书礼五八之七九。
考校说明:《宋会要辑稿》礼五八误系于淳熙十四年八月二日。

拨田赐开元宫诏
（嘉定十四年八月十五日）

拨平江府吴江县震泽乡成字记田四百三十三亩，赐开元宫为业。

出处:《宋会要辑稿》礼五之一〇。

有事明堂御札
(嘉定十四年九月前)

朕纂履鸿基,恪膺骏命。合祭天地,肆严三岁之彝;并侑祖宗,尤重九筵之礼。肇精禋于皇祖,垂钜典于后昆。虽圜丘路寝,制名稍殊;而紫坛清庙,报本则一。载惟凉菲,端荷贶临,百谷屡丰,庶证叶叙。齐鲁首陶于王化,舆地来归;荆淮尽埽于胡尘,只轮弗返。人心底定,国势渐尊。顾列圣积累之所臻,岂一己图回之能致? 乃卜季商之吉,聿臻大飨之仪。以殚昭答之诚,以广敷锡之庆。用孚群听,肃戒先期。朕以今年九月有事于明堂。咨尔攸司,各扬乃职,相予肆祀,毋或不恭。

出处:《宋会要辑稿》礼二四之一一〇。又见《群书考索》前集卷二八。

明堂赦文
(嘉定十四年九月十日)

勘会知县、县令放罢后到部,从已降指挥,不许差注繁难大县及选阙知县、县令,止许注小县并中县、下县知县、县令。似此之人,如该今赦,令吏部开具元犯申尚书省,酌量事理轻重,除不许注授繁难大县及选阙外,特许注授见榜上县并未应出阙中下县知县、县令一次。
出处:《宋会要辑稿》职官四八之五一。

勘会见在部待次不得与亲民差遣人,该遇今赦,令吏部开具元犯申尚书省,酌量事理轻重,特与注授小军州签判及远小县县丞一次;如犯在赦后,依已降指挥施行。
出处:《宋会要辑稿》职官八之六七。

诸路州军折欠米料,已将管押人并纲梢等押下原发去处陪填。其间有委非侵盗者,可将见次人特与放免一百石,余数依条监理;其不及一百石者,并与蠲放。及起发行在米料纲梢等人,因有折欠数目,□押下元起纲州军填纳,监系日久,截自嘉定十三年终,有只欠二十石以下者,亦蠲放。嘉定十一年至今赦前,间有旱伤州县取拨桩管米斛赈济赈粜,因般剩欠少,见将管押人并纲梢等监系陪填,可令提举司核实,委非侵盗,将未足之数并与放免。
出处:《宋会要辑稿》食货四四之二○。

蕲、黄州并管下县镇有曾经兵火惊扰去处,致使人户逃徙,无家可归,理宜矜恤。令淮西制置司行下州县,遇有归业无屋存泊之人,即听从便踏逐系官屋宇及寺观安泊,毋致失所,仍多出文榜晓谕。
出处:《宋会要辑稿》食货五八之三三。

州县役钱逐年均敷,皆有定数,访闻诸路提举常平司却以余剩为名,抑令县道添认作余剩钱解发公库,以资妄用。县道无所从出,不免科配于民,委是违法,合行禁约。如有违戾,许监司互察,仍令人户越诉。
出处:《宋会要辑稿》食货六八之二六。

诸路州县不依条限,推排人户物力,是致家业并无升降。其间有产去税存之家,官司止据旧数催理官物,虽有逃亡,犹挂欠籍。可令知通、令佐究实除放,仍令提举司常切督责州县照应条限,从实推排,毋致违戾。
出处:《宋会要辑稿》食货六九之三三。

朝廷行下诸路州军收买军需之物,并系支降合拨窠名钱给还,切虑诸路州不即支还价钱,妄行科扰。仰州县常切遵守,毋致违戾,如违,仰监司按劾以闻。户部每年行下逐州,委官收买大军支遣绵绢,系先截拨纲运上供诸色窠名钱照市价收买,仍免除头子钱,已是详尽,尚虑州郡将已截纲运官钱占各在州,抑勒民户、牙侩先次买发,止支些小价钱,妄以未曾截拨为名,迁延岁月,更不尽数支给。自今赦下日,如有似此未支钱数,仰人户径经户部陈诉,将未支数目行下本处,日下一并支还,仍将当职官吏按治施行。诸路监司并二广州郡合发进奉圣节及大礼银绢,在法合以系省钱收买。今闻诸处科抑民间买纳,委是违戾,仰诸路监下阙。
出处:《宋会要辑稿》食货六七之二。

勘会漳、泉、福、兴化四郡濒海,细民以渔为业,所得其实无几,州县官吏不恤,却行征取。自今赦到日,仰本路转运提刑司常切觉察,如州县仍前违戾,按劾闻奏。勘会诸县起解本州及上司财赋,如籴本钱、牙契钱、忠顺官钱、经总制钱之类,各有立定窠名。访闻诸州军不恤县道,逐时添立项目钱数,遂为永额,可令日下改正。或有违戾,仰监司觉察,按劾以闻。勘会保正副依条止掌烟火、盗贼、桥道等事,访闻官司动用,一切取办,如修葺材料,差顾夫力,勒令催科,并是违法,仰今后州县遵守条令,不得泛有科扰。如违,许充役之家越诉,仍仰监司觉察,按劾闻奏。

出处:《宋会要辑稿》刑法二之一四四。

应有犯罪除从条合行编管,并情理重害及曾经奏断特旨施行外,其余或因州军一时任意非法编管人,自今赦到日,仰提刑司取索元犯看详,如见得情理稍轻,给据放令逐便。

出处:《宋会要辑稿》刑法四之六七。

嘉定五年三月十三日指挥,行下诸路州军,常切检视禁军营屋,如有倾坏,随即修治。窃虑州县视为文具,不与修葺,仰守臣常切差官检视,岁具修过数目申安抚司照会。如违,许安抚司觉察闻奏。其诸处屯戍军兵营屋,仰主帅一体施行。

出处:《宋会要辑稿》兵六之三○。

应命官合得捕盗赏,或因臣僚论奏缴驳小节不圆,一时阻滞,未曾放行。除非赃私罪犯之人,可令吏部契勘具申尚书省,特与斟酌放行一次。

出处:《宋会要辑稿》兵一三之四九。

小使臣校尉亲民、监当、指使等正阙,见用五年两季为限出阙。今来尚有在部待次之人,员数颇多,窃虑淹留旅邸,委实可怜。仰将逐项正任窠阙除见榜外,权展作五年三季,刷具使阙,出榜召官指射一处。

出处:《宋会要辑稿》选举二五之三二。

四川、二广州军申到使臣校尉陈乞酬赏定差,自合照应见行条式保明。其间有州府案例一时漏行声说修葺器甲坚利并法官点对因依与保明二字,及有定差遣,合行当官铨量,读律、试写书札百字,方许差注。近来间有定状画一项内,虽该说已亲身赴司,当官读律试写书札因依,其后项保明内,却止称已体量或审量事因,不曾分明声说已当官铨量讫三字。若使行下取会,动经岁月,窃虑迂回留滞。仰将上项人自今赦到日,如见得别无违碍,令吏部特与放行一次。

出处:《宋会要辑稿》选举二五之三二。

宗室岳庙及添差不厘务窠阙,依条并系二年成资,满罢,不候替人,截日离任,并以四年为限出缺。近来往往诸州军并不依时申到逐阙到罢,是致本部使阙不行,有妨在部人指射。可自今赦到日,将逐项窠缺照应应赴月日,见系四年以下缺次,即令刷具,尽行使阙,出榜召官指射。

出处:《宋会要辑稿》选举二五之三二。

使臣校尉每年陈乞呈试,自合经本贯或见寄居州军陈乞,保明给据,并申部照会,放行牒试。其间有已曾保明、给据、申部了当,偶因呈试不中,若次年陈乞再试,内有地里遥远,贫乏无力归乡,陈乞保明再试,以致淹留在旅,狼狈失所,情实可怜。仰将上项人与照已经保明,勒元书铺委保正身,放行再试一次。内有及三年不到部之人,自依见行条法,保明给据施行。

出处:《宋会要辑稿》选举二五之三二。

瑞庆节令南班宗室大将军赴座诏
(嘉定十四年十月十八日)

瑞庆圣节,集英殿赐御宴,令南班宗室大将军赴座,所有上寿茶酒,今后令率府副率以上并赴座。

出处:《宋会要辑稿》帝系七之二一。

推恩赵希瓐诏
(嘉定十四年十月二十六日)

燕王宫冀王角位、故修职郎、福州永福县尉希瓐,令户部支赐银绢二百匹两,妻全氏封安人,男与芮特补迪功郎。

出处:《宋会要辑稿》帝系七之二一。

童子举诏
（嘉定十四年十一月四日）

自今后童子举每岁以三人为额，仍令礼部行下诸路州军，须管精加核实年甲、挑试，结罪保明申礼部、国子监，定以三月初七日类聚挑试，将试中合格人具申朝廷，用三月十七日赴中书后省覆试。

出处：《宋会要辑稿》选举一二之四〇。又见《文献通考》卷三五。

以来年元日受宝诏
（嘉定十四年十一月二十九日）

朕以付托之重，顾瞻中土，怛然于怀，惟知修德胜威，夙夜黾勉。乃者山东、河北连城慕义，殊方效顺，肃奉玉宝，来献于京。质理温纯，篆刻精古，文曰“皇帝恭膺天命之宝”。稽之图册，登载灿然，实惟我祖宗之旧。继获玉检，其文亦同。今残敌浸微，群心不应，先朝之宝复还，非皇穹之眷方隆，列圣之灵有属，岂伊凉德，乃克臻此？《书》不云乎：“以昭受上帝，天其申命用休。”朕曷敢不承！其以来年元日受宝于大庆殿，闰月丙午奉安宝玺于天章阁，命近臣告于天地、宗庙、社稷。

出处：《两朝纲目备要》卷一六。又见《齐东野语》卷一八，《宋史全文续资治通鉴》卷三〇。

令封桩库支拨官会付给叉镋手等诏
（嘉定十四年十二月三日）

叉镋手每名特支官会一十贯，殿前司步军司部押将官每员三十贯，训练官每员一十五贯，队将每员一十贯，教头、旗头每人七贯，将司医人每人五贯，白直每人三贯。其钱令封桩库日下照应支拨，仍令承旨司检详所于试验日逐一点名给散发遣。

出处：《宋会要辑稿》兵二〇之四四。

绍兴府修水利事诏
(嘉定十四年十二月十七日)

令绍兴府就于桩管米内支拨三千石,仍令封桩库支拨度牒七道付本府,每道作八百贯文变卖,并充开河使用。务在如法开浚,经久流通,毋致积泥再有淤塞。其所用工役支过钱米帐申尚书省。

出处:《宋会要辑稿》食货六一之一四九。

黄干转承议郎制
(嘉定十四年十二月)

儒者而以才显,此有用之学,而儒之为贵也。尔闻道甚深,晚方一命,龙舒版筑之功,岿然为淮右重,可谓不负左符之寄矣!幕府谋猷,不合而去。怅贤业之未究,而遽致其事,莫夺汝志,姑进一阶。尚淑后人,以绥多祉。

出处:《勉斋先生黄文肃公文集》附录《年谱》,元刻本。

赵希楑特与换授右监门卫大将军诏
(嘉定十四年闰十二月十三日)

朝散郎希楑屡任繁难差遣,曾经作县,资历已深,又系秀安僖王近属,今乞换授南班,理宜优异。特与换授右监门卫大将军、吉州刺史,特差提举佑神观。

出处:《宋会要辑稿》帝系七之一九。

光宗宁宗朝卷三十　嘉定十五至十七年(1222—1224)

秦钜告词
（嘉定十五年正月五日）

敕故朝请郎、通判蕲州秦钜：蕲春虽介在疆场，然所恃以为险者六关也。朕命宪臣往专备御之责，而措置疏略，负我使令。尔相阀之华，属承郡事，孤城岌岌，莫抗虏锋，能佐其长，服节守义。父子同陨，朕甚哀之！乃加论撰，仍躐崇阶，爵之通侯，庙食兹土，赏延于后，并命一时。夫忠臣之心，非慕名禄；国家之泽，当峻彝章。今密印累累，固痛在阍门，而荣在九泉也。英概如存，尚克钦止。可特赠朝议大夫、秘阁修撰。

出处：《辛巳泣蕲录》，指海本。

考校说明：编年据《宋史》卷四〇《宁宗纪》补。

阮希甫等告词
（嘉定十五年正月五日）

故儒林郎、蕲州教授阮希甫可特赠通直郎。故迪功郎、蕲州防御判官赵汝标可特赠承务郎。故迪功郎、蕲州蕲水县主簿宁时凤可特赠承务郎。故承直郎、监蕲州都太监辖蕲口镇仓库兼烟火公事严刚中可特赠承事郎。敕故阮希甫等：乌乎！蕲水之祸，朕固闻之，而未尽详其人也。边臣以名来上，则汝等皆死其职，以及其家。冤乎痛哉，一至于此耶！殆于王事，礼有加等，超升京秩，官其后裔。忠魂如在，尚服宠光。可依前件。

出处:《辛巳泣蕲录》。

考校说明:编年据《宋史》卷四〇《宁宗纪》补。

李士允等告词
(嘉定十五年正月五日)

故承议郎、权发遣蕲州李诚之男士允可特赠通直郎。故承议郎、权发遣蕲州李诚之侄士宏可特赠承务郎。敕故李诚之男士允等:为子侄而从宦,莫乐乎五马之荣。汝等独罹兵锋,共死边垒。京秩之贲,岂能汝华,亦姑以塞予之悲耳。可依前件。

出处:《辛巳泣蕲录》。

考校说明:编年据《宋史》卷四〇《宁宗纪》补。

秦浚等告词
(嘉定十五年正月五日)

故朝请郎、通判蕲州秦钜男秦浚可特赠通直郎。故朝请郎、通判蕲州秦钜男秦拊可特赠通直郎。敕故秦钜男浚等:蕲春佳郡,士大夫乐于宦游,况为贰车之子弟哉!今或反是,汝等与罹其祸,此朕所以蠹伤也。畀之京秩,尚庶几泉下之荣。可依前件。

出处:《辛巳泣蕲录》。

考校说明:编年据《宋史》卷四〇《宁宗纪》补。

告谕将帅守令诏
(嘉定十五年正月八日)

朕嗣守丕基,统临中夏。慨神州之未复,久污腥膻;念赤子之何辜,尚罹涂炭。谅结南归之望,每深北顾之忧。虽揽衣而披地图,思雪百年之耻;然嗜杀以一天下,恐伤列圣之仁。蠢彼游魂,肆行乱略,稔成暴虐之政,自速灭亡之期。敌仇交攻,生聚荡析,拊朕心而甚痛,矜再众之畴依。履地戴天,知素明于逆顺;尊君亲上,果自决于从违。山东奉土以来王,河北连城而向化。不烦兵革,竟脱毡裘。嘉尔忠精,为时表倡。爰第颁于爵秩,俾仍抚于封陲。安集流离,蠲除征敛。通稼穑渔盐之利,绝鞭笞敲搒之苛。顷夏正之未承,每叹无岁;逮周疆之甫入,乃克有秋。即天意以监观,则人谋之允叶。然虑更生之后,未底便安;或当新集之余,犹须经理。凡尔有欲,皆朕乐闻。尚赖为将帅者因兵锐之可乘,尽振励激昂之道;为守令者念民劳之乍习,极抚摩宽恤之方。叶济功名,罔渝终始。率遗黎而咸附,与污俗以惟新,上以应在天之灵,下以恢复古之业。功多厚赏,朕不食言。

出处:《宋会要辑稿》兵二九之五〇。

玉宝赦文
(嘉定十五年正月十日)

应特奏名文学见年七十,依法不应出官,许召保官三员委保正身,于所在州军陈乞,保明申吏部,与差岳庙一次。其第五等有恩例曾应岳庙一次者,更与岳庙一次。应嘉定十三年特奏名进士试在第五等之人,并特与补下州文学。

出处:《宋会要辑稿》选举一三之九。

应太学、武学及宗学生见在籍文,并与免文解一次;已系免解人候登第日,与升甲,已升甲者更与升甲。如就特奏名试,亦与升等推恩。上舍已系免省人,将与先次释褐,赐进士出身,内愿赴将来殿试者,与堂除差遣一次。旧籍宫学生见赴宗学私试人,特与倍赐束帛。仍仰礼部开具人数申尚书省。应临安府府学大小职事并本府曾得解进士,并各与免解一次;已系免解人,候登第日与升甲;如就特奏名试,亦与升等。学生并赐束帛。

出处:《宋会要辑稿》选举二之三三。

勘会归朝、归正、归明忠顺官添差任数已满之人,因该嘉定十四年明堂大礼赦恩,已令更特与放行前任一等不厘务添差一次。其年七十以上之人,亦已照应嘉定六年九月十八日指挥施行。尚虑所在官司阻抑,不即放行请给。自今赦到日,仰所在州军即与按月帮支,其或任岳庙并待阙合得本身料钱、衣赐人,亦仰速与帮支,毋得仍前违戾。

出处:《宋会要辑稿》兵一六之一七。

应内外诸军将士等，及忠义官兵并沿边创置军分，及拘集见今守御民兵等，并诸路安抚司神劲、忠义军亲兵，诸州府军监禁军、土军、水军、厢军、铺兵，并特与犒设一次。仍令户部检照淳熙十三年正月一日赦文则例，行下合属去处。

出处：《宋会要辑稿》兵二〇之四四。

考校说明：此条原书系于嘉定十五年正月十六日。

忠义官兵等支犒设诏
（嘉定十五年正月十六日）

忠义官兵并沿边并创置军分及拘集见守御民兵等，令并照三衙内外大军一体支犒。其诸军统制、将佐等，已该赦转官外，并与照赦支给犒设。三衙江上安抚司忠义、亲兵各二贯五百，班直押行门三十贯，余人十二贯。班直下军兵各四贯，皇城司亲从亲事官各七贯，院子五贯，辇官各七贯。后苑厨子、御厨、仪鸾司、翰林司将校兵级各五贯，军头司将校兵级各五贯，御药院工匠、御酒库、御丝鞋所、内东门司、内藏库、内军器库、修内司、御马院、骑御马直、左右骐骥院将校兵级、寿慈宫摆铺将校兵级各四贯，枢密院亲兵各三贯，省马院、军器所、牛羊司、金吾衙仗司各二贯。令户部今来立定则例，遍牒合属去处，支犒施行。

出处：《宋会要辑稿》兵二〇之四五。

贡举诏
（嘉定十五年二月一日）

汉崇经术，群士并兴；唐重词章，名臣辈出。于皇昭代，参用前猷。设科目以待天下之贤，法虽殊于里选；用文艺而考人才之入，制犹近于言扬。肆朕丕承，屡当大比。矧事功方新之日，政英髦思奋之秋。命方国以傍搜，饬有司而精核。先器识而黜浮华之习，尚理义而振萎薾之风。毋以议论正大为迂，毋以指陈剀切为激。俟登名于天府，将亲策于昕庭。庶得光明俊伟之材，式副寤寐招徕之意。

出处：《宋会要辑稿》选举一之二九。

故知蕲州李诚之赠正节侯立庙敕
（嘉定十五年二月）

　　蕲春介在疆埸,所恃以为险者,六关也。朕命荩臣往专备御之责,而措置疏略,负我使命。尔诚之儒生之望,分符守蕲,以孤城而撄敌锋,盖亦难矣。慷慨激烈,尽其命义,阖门死难,朕甚痛之! 乃加论撰,仍躐崇阶,爵之通侯,谥曰正节,庙食兹土。

出处:雍正《浙江通志》卷二二三。
考校说明:编年据《宋会要辑稿》礼二一补。《宋史》卷四〇《宁宗纪》:"(嘉定十五年正月)癸丑,立李诚之庙于蕲州。"《宋会要辑稿》礼二一:"知州李诚之,嘉定十五年二月封正节侯,通判秦钜封义烈侯,仍立庙,赐今额。"

崔与之转朝散大夫进封开国子加食邑制
（嘉定十五年四月）

　　敕:朕荷上帝之闳休,承列圣之洪业。无时或怠,每思中土之未平;有宝非常,何意旧章之复睹。肆敷庆泽,式贲禁途。敷文阁直学士、通奉大夫、知潭州军州、充荆湖南路安抚使邹应龙等,德望甚尊,才猷克壮。入殚宸告,皆爱君忧国之言;出殿藩方,有厌难折冲之略。爰念璇穹之感格,坐臻玉镇之遄归。皆由祖宗在天之灵,尚赖臣子今日之助。用升显秩,式衍新畬。朕方秉严恭之诚,不以珍符而自足;尔其辅规恢之治,庶几文轨之攸同。可依前件。

出处:《宋丞相崔清献公全录》卷九。

赵汝驭徐谓礼等授官告词
（嘉定十五年五月二十三日）

　　敕承奉郎赵汝驭等:朕寅御路朝,祗受神宝,眷惟祖宗所以承上帝镇万国者,在是百年之久,焕焉复还,岂特一时珍符而已。《诗》曰:"周虽旧邦,其命维新。"恢治功而答景贶,思与海内共之。并进一阶,对扬无斁。

出处:《武义南宋徐谓礼文书》第一八五页。

撰者:胡卫

再选拣马军赴楚州捍御诏
(嘉定十五年六月二日)

令殿前司日下更选拣精锐马军五百人骑并合用衣甲、军器、什物,仍选差兵将官部押起发前去淮东制置司楚州,揍作一千人骑,同共捍御。仍令统领彭鞳通行统辖。

出处:《宋会要辑稿》兵二九之五一。

宣赐崔与之夏药敕
(嘉定十五年夏)

敕与之:南陆宾曦,炎歊孔炽;西陲制阃,牧围良劳。分彼尚药之珍,往赐卫生之辅。今赐卿银合夏药,至可领也。故兹示谕,想宜知悉。

出处:《宋丞相崔清献公全录》卷九。又见《广东文献》初集卷二。

玉牒所等提举官同提举官下供检文字差有官人诏
(嘉定十五年九月八日)

玉牒所、国史日历所、会要所、实录院、敕令所提举官、同提举官下供检文字,今后正差有官人,以三年为任。除自旧合得月给外,仍与帮行本身请俸。

出处:《宋会要辑稿》职官一八之一○八。

立功头目人内总管等各等第补转官资诏
(嘉定十五年十月二日)

应立功头目人内总管、路钤、计议、统制、统领以至将佐、训练官等,各特与等第补转官资。令京东、河北节制司疾速从实契勘有无官资人数,并职位、姓名、等第保明具申,推恩施行。仍仰本司日下先次于朝廷见桩管钱内取拨交子五十万贯,将今来立功忠义人兵特与支犒一次。

出处:《宋会要辑稿》兵二○之二九。

史弥远奏谢家庙祭器御批
(嘉定十五年十月十九日)

先太师功在社稷,况卿辅朕有年,兹遣内臣赐以祭器,少答殊勋,不必多谢。

出处:《宋会要辑稿》礼一二之一四。

袁甫除著作佐郎诰
(嘉定十五年十一月)

兰台东观,专司论撰,非兼才学识之三长,曷膺是选? 以尔气刚以直,识敏而明,得父兄经术之渊源,为学校诸儒之领袖。早居册府,休誉弥隆,擢置著庭,师言允穆。益宏远业,茂对殊休。

出处:《东涧集》卷三。
考校说明:编年据《南宋馆阁续录》卷八补。许应龙此时未任两制,此文当为《东涧集》误收。

取拨会子付鄂州都统制司专充打造济渡船只使用诏
(嘉定十五年十二月十六日)

令封桩下库于见桩湖广会子内取拨二万九千九百七十贯,付鄂州都统制司专充打造济渡船只使用,务要如法并工造办,不得苟简灭裂。

出处:《宋会要辑稿》食货五○之三四。

宣赐崔与之腊药敕
(嘉定十五年冬)

敕与之:朕身处深宫,心怀外阃。铁衣金柝,夙嘉牧御之劳;翠管银罂,往问起居之节。勉循所部,推广吾仁。今赐卿银合腊药,至可领也。故兹示谕,想宜知悉。

出处:《宋丞相崔清献公全录》卷九。又见《广东文献》初集卷二。

降钱贯付临安府礼部贡院监试所推垛充赏使用诏
(嘉定十六年正月十一日)

令礼部疾速严切施行,仍令封桩库拨二千贯付临安府,五百贯付礼部贡院监试所推垛充赏使用。

出处:《宋会要辑稿》选举六之四九。

存恤江西湖南民户诏
(嘉定十六年正月二十八日)

江西、湖南近缘茶贼为扰,可令逐路转运司将人户积欠官私债负并权住催,内私债候来春受理,官欠具核实数申取指挥。及委官遍诣逐处审核曾被侵扰人户,优加存恤,无令失业。仍核实今春不曾布种、今秋有失收刘田亩,将今年合纳秋税与量轻重,一面减放。

出处:《宋会要辑稿》食货六八之一〇九。

诚谕赐金国使人御筵须整肃诏
(嘉定十六年三月九日)

访闻平江、镇江府等处赐金国使人御筵多不整肃,冗闹观看,今使、副所到州军,预报守臣差人约拦,犯人禁勘取旨。每差接送伴,令承受宣谕。

出处:《宋会要辑稿》职官五一之三五。

禁馈送使人诏
（嘉定十六年三月十四日）

今来使人往来频并,沿路州县不得馈送,如有违戾,并以赃论。

出处:《宋会要辑稿》职官五一之三五。

崔与之转朝请大夫制
（嘉定十六年四月）

敕:德懋者官,宜不限贤能之次;法行自近,其可忘孜会之成。爰锡明纶,用昭异数。焕章阁学士、朝散大夫、成都潼川府夔州利州路安抚制置使崔与之擅南海清淑之气,续先儒正大之传。辄自侍臣,护我全蜀。巴渝万里,三农咸乐于春稚;襃谷千重,一骑不鸣于秋草。俄积天时之运,载循铨法之常。顾日月中兴,朕肯自安于江左? 而太平西起,卿宁无意于关中? 可特授朝请大夫,赐如故。

出处:《宋丞相崔清献公全录》卷九。

临安府狱空奖谕守臣袁韶诏
（嘉定十六年六月六日）

朕惟京师首善之地,宣德流化,当自近始,德化不洽,刑狱滋繁,何以示四方万里哉! 尔以通儒尹畿甸,明恕勤敏,百废具兴,严威不施,隐然弹压之望。刑清狱简,用奏圄空,斯可为承流者劝矣。披览来章,不忘嘉叹。

出处:《咸淳临安志》卷四一。又见《宋会要辑稿》刑法四之九二。

嘉定十六年及第进士第等授官诏
(嘉定十六年六月十四日)

新及第进士第一人蒋重珍特补承事郎、签书建康军节度判官厅公事,第二名蔡仲龙、第三名赵发并文林郎、节察推判官,第四名程必东、第五名高宣并从事郎、防团推判官,第六名以下、第二甲、第三甲、第四甲、第五甲并迪功郎、诸州司户簿尉。

出处:《宋会要辑稿》选举二之三三。

四川制置使崔与之乞祠不允诏
(嘉定十六年六月)

敕与之:省所奏乞赋祠廪事具悉。卿道德足以镇浮,智识足以制变。赋宽四蜀,民气顿苏;尘靖三边,军声益振。使朕无西顾之虑,而风动中原之遗。繄卿之功,维天所相。胡然引疾,乃尔请祠? 夫化以久成,方精忠而许国;吏难数易,矧耆艾之临边。其务养于神明,以茂凝于勋绩。所请宜不允。

出处:《宋丞相崔清献公全录》卷九。

禁受纳苗米过数增收诏
(嘉定十六年八月五日)

令户部日下遍牒诸路州军,严行约束当职官吏,将受纳苗米不得过数增收,多量斗面,如有违戾,许人户越诉。并行下逐路转运司更切觉察,将违戾去处按劾施行。仍多出文榜晓谕。

出处:《宋会要辑稿》刑法二之一四五。

江南东路大水第五等人户夏税权与倚阁诏
（嘉定十六年八月二十八日）

令户部将建康府、太平州及建平、宣城、铜陵、建德、青阳县嘉定十六年见催第五等以下人户残零夏税权与倚阁,候来年秋成日,却与催理。仍令本路安抚、转运、提刑、提举司疾速依条差官检视,体量合放分数,除程限半月闻奏。

出处:《宋会要辑稿》瑞异三之二九。

刘武俊特差充兴国军驻札御前防江水军统制诏
（嘉定十六年九月十日）

刘武俊特差充兴国军驻札御前防江水军统制,兼统辖防江步军,专一任责措置训练。

出处:《宋会要辑稿》职官三二之五〇。

康日碑改名补官诏
（嘉定十六年九月十三日）

伪宣差镇国上将军、邳州从宜经略使、兼邳州刺史、知军事、徐邳规措使纳合陆哥改姓康,名日碑,特补武节大夫、忠州团练使,充淮东路马步军副总管,知淮阳军事、兼管内经略使。

出处:《宋会要辑稿》兵一六之一八。

开元宫免纳租赋诏
（嘉定十六年九月二十一日）

开元宫系潜邸改为宫观,事体至重,特免纳租赋。其余寺观不得援例。

出处:《宋会要辑稿》礼五之一〇。

赈济台州民户诏
(嘉定十六年十月九日)

台州近因溪流泛涨,漂浸居民,可支义仓米赈济。其积欠籴米本钱并折帛钱绢,自来年为始,分限三年带发。

出处:《宋会要辑稿》食货六八之一一〇。

崔与之辞免召赴行在不允诏
(嘉定十六年十二月)

敕与之:省三省进呈卿状,辞免召赴行在恩命事,具悉。全蜀之寄,择帅惟艰。顷因俶扰之余,烦我侍从之老。繇锦城而建制阃,度剑阁而控边陲。宣国威灵,诸将禀命;蠲民疾苦,四路奠安。外无列燧之虞,内有长城之托。念贤劳之既久,闻宿恙之未清,方冀趣还,乃祈均佚。究孔明治国之略,盍归乎来;推德裕筹边之谋,入告于后。矧懋坤维之绩,率成晋接之恩。旧比所同,卿辞难徇。所辞宜不允。候郑损到日交割讫,疾速起发赴行在。

出处:《宋丞相崔清献公全录》卷九。

宣赐崔与之腊药敕
(嘉定十六年冬)

敕与之:卿以禁橐之耆儒,领制阃之重寄。虽井络增雄之久,当雪山凝凛之时,劳勚良多,保调宜谨。爰敩珍剂,庸寓眷怀。今赐卿银合腊药,至可领也。故兹谕示,想宜知悉。

出处:《宋丞相崔清献公全录》卷九。又见《广东文献》初集卷二。

录用伊川子孙诏
(嘉定十七年正月一日)

伊川先生程颐绍明道学,为宋儒宗,虽屡经褒崇,而世禄弗及,未称崇奖儒先之意。令尚书省访求其后,特与录用。嘉定十七年正月一日。

出处:弘治《休宁志》卷三一。又见《道命录》卷一〇,《四朝闻见录》卷三。
考校说明:原书首句前有:"敕:三省同奉圣旨。"

淮东西湖北召募耕垦营屯田事诏
(嘉定十七年正月二十六日)

淮东西、湖北转运专一提督措置营、屯田事系衔,遵照节次已行下事理,严督所部州军多方措置,召募耕垦见管营、屯,并将无力耕种之田一面兑支有管官钱,照价收买,务要田土浸辟,不致抛荒。仍每岁拘催州军所收稻麦从实桩管,具入月帐,毋令侵移失陷。

出处:《宋会要辑稿》食货六三之一六〇。

取拨度牒付福州充修水利诏
(嘉定十七年二月二日)

令封桩库支拨度牒一千道付福州,每道作八百贯文会子变卖价钱,贴充开浚西、南二湖使用。务要实濬流通,经久便民。候毕工日,具申尚书省。

出处:《宋会要辑稿》食货六一之一五〇。

胥吏经斥逐不得引赦限及特行收叙入役诏
(嘉定十七年二月二日)

令刑部关牒六部、御史台、谏院、寺监帑庾,应胥吏凡经斥逐,不以元犯轻重、曾无勘决,日后并不许引赦限及特行收叙入役,以幸吏奸。

出处:《宋会要辑稿》刑法二之一四五。

淮东西提督措置营屯田司各置准备差遣一员诏
(嘉定十七年三月二十八日)

淮东、西提督措置营屯田司各置准备差遣一员,仍令逐司选辟经任有举主、无过犯选人充。

出处:《宋会要辑稿》食货六三之一六〇。

崔与之除礼部尚书制
(嘉定十七年三月)

敕:眷坤维之万里,有伟得人;峻常伯之六官,可稽出命?朕心简在,士论翕然。焕章阁直学士、朝请大夫、增城县开国子、食邑六百户、赐紫金鱼袋崔与之,德宇深融,才猷缜栗。比由推择,亟晋贰于冬官;乃克对扬,未骤宽于西顾。念四载贤劳之久,宜一时宠数之隆。遂居礼乐之司,以式兵戎之务。趣觐未离于蜀道,承休已列于天朝。宣室邃严,将虚心于听纳;仪曹清简,尚笃志于论思。美报不渝,光恩叠至。可依前朝请大夫、特授权礼部尚书,赐如故。

出处:《宋丞相崔清献公全录》卷九。又见《广东文献》初集卷二。
考校说明:月份据《通鉴续编》卷三〇补。

镇江府取拨米理还借兑数目并充赈给饥民使用诏
(嘉定十七年四月二日)

令镇江府于转般仓见桩管米内取拨一千石,付本府理还借兑数目,并充给济饥民使用,并下提领转般仓所、浙西提举司,各证会施行。

出处:《宋会要辑稿》食货五八之三四。

以群殴举人破坏科举责罚秦万全等诏
（嘉定十七年四月二十五日）

令刑部行下淮西转运司,将秦万全、夏董英、柯介然、林洙、林泾各特从徒二年,听赎,仍分送千里外州军编管。

出处:《宋会要辑稿》选举一六之三七。

崔与之辞免礼部尚书不允诏
（嘉定十七年五月）

敕与之:省所奏辞免除礼部尚书,候正官到日交点前来供职恩命,其具悉。谋帅之艰,于蜀为甚。方弄印而求畀,盖尝深当世之思;迫建阃而有成,岂不重朕心之怿? 卿五年作牧,一节不渝。平居则清介以自将,遇事则劳险而弗避。比盼锡觐之命,随长秩宗之司。日俟告猷,乃仍抗牍。夫四路兵民之计,何止渴闻;一身疾疢之微,喜已良愈。晋登礼乐之任,非有筋力之忧。老成之来,虚伫以待。所辞宜不允,仍疾速前来供职。

出处:《宋丞相崔清献公全录》卷九。

伊川四世孙源授迪功郎制
（嘉定十七年六月三日）

敕故左通直郎、崇政殿说书、赠朝请大夫、直龙图阁谥正程颐四世孙程源:朕惟道德性命之旨,具载《鲁论》、孟氏之书,关洛诸儒,讲明益备。奈何顷岁,各欲专门,遂致迩来横生邪说。朕所以悉赐先儒之谥,并及张、吕之俦。曲阜来归,既尊崇于孔氏;元日发制,复访后于伊川。观之年高,廪而奉祀,源方强仕,遂命以官。庶几感发人心,推明道统,俾务躬行之实,无为邪说之归。尔其懋哉,朕意深矣! 可特授迪功郎。嘉定十七年六月三日。

出处:《道命录》卷一〇。又见弘治《休宁志》卷三一,《程氏贻范甲集》卷三。

立皇侄贵诚为皇子诏
（嘉定十七年闰八月二日）

朕以凉菲,获承休绪,念国嗣之未建,尝以皇弟沂靖惠王之子为子矣。审观熟虑,犹以本支未强为忧。皇侄、邵州防御使贵诚亦沂靖惠王之子,亦朕之犹子也。聪明天赋,学问日新,既亲且贤,朕意所属,俾并立焉。深长之思,盖欲为异日无穷之计也。其以贵诚为皇子,改赐名昀。

出处:《两朝纲目备要》卷一六。又见《宋史全文》卷三〇、三一,《新安文献志》卷二。

撰者:程珌

封嘉应灵润普广泽王敕
（宁宗朝）

昔我高宗千乘万骑,尝登南山之风篁岭,驻跸龙湫,酌泉于上,一草一木,咸被昭回之光,时维明神,实见敬礼。涓滴分派,通海浃湖;寸云出岑,润吴泽越。揆以祭式,宜有宠襃,而封爵未加,是为阙典。朕今以彻侯美称加宠于尔神。珠宫贝阙,莫穷其源;华衮轮台,其永有耀。奠我都邑,振尔光灵。可特封嘉应灵润普广泽王。

出处:雍正《浙江通志》卷二一七。又见《西湖志》卷一四,民国《杭州府志》卷九。

遗诏
（嘉定十七年闰八月三日）

朕承十二圣之丕基,历三十有一年之久。允赖天地之佑,祖宗之灵,海内乂安,年谷丰衍。北方故壤,浸复版图;中原遗黎,咸怀内附。而朕夙夜祗惧,不敢荒宁,宵衣御朝,感寒致疾,迄今大渐,不得负扆以见群臣。皇子与莒神受英奇,天钟睿哲,春容朝谒,休问日彰,授以宗祧,天人允叶。可于枢前即皇帝位。然嗣君夙居外邸,未熟万机,皇后左右朕躬,历年滋久,秉心公正,务在进贤,任似之称,闻于天下。可尊为皇太后,权同听政,应军国事务,并听皇太后处分。必能祗荷宠休,奉若承宪,佐中兴之运,副率土之心。更赖左右宗工、文武列辟辅其不逮,惟怀永图。皇帝成服三日听政,丧纪以日易月;群臣共为宽释,勿过摧伤;百官入临,并随地之宜,诸道州府长吏以下三日释服;在京禁音乐百日,在外一月,无禁祠祀、嫁娶;沿边不用举哀,内外诸军并令支赐,并听皇太后、皇帝处分。於戏! 念有生之必死,如昼夜相代之常;惟付托之得人,乃宗社无穷之计。咨尔有众,体予至怀,故兹遗诏,想宜知悉。

出处:《宋会要辑稿》礼四九之九六。又见同书礼三○之七九。

附金诏令

大定二十九年(1189)

宫监户放为良诏
(大定二十九年二月八日)

宫籍监户旧系睿宗及大行皇帝、皇考之奴婢者,悉放为良。

出处:《金史》卷九《章宗纪》。

奴生男女并听为良制
(大定二十九年闰五月二日)

诸饥民卖身已赎放为良,复与奴生男女,并听为良。

出处:《金史》卷九《章宗纪》。

承应人使为学诏
(大定二十九年闰五月二十六日)

诸有出身承应人,系将来受亲民之职,可命所属谕使为学。其护卫、符宝、奉御、奉职、侍直近密,当选有德行学问之人为之教授。

出处:《金史》卷九《章宗纪》。

初置九路提刑司赐完颜蒲带诏
（大定二十九年六月后）

朕初即位，忧劳万民，每念刑狱未平，农桑未勉，吏或不循法度，以隳吾治。朝廷遣使廉问，事难周悉。惟提刑劝农采访之官，自古有之。今分九路专设是职，尔其尽心，往懋乃事。

出处：《金史》卷七三《完颜宗雄传》。

进士任学校长贰职敕
（大定二十九年八月四日）

京、府、州、镇设学校处，其长贰幕职内各以进士官提控其事，仍具入衔。

出处：《金史》卷九《章宗纪》。

答张汝霖诏
（大定二十九年十月五日）

卿能每事如此，朕复何忧。然时异事殊，难同古昔，如能斟酌得中，斯为当矣。

出处：《金史》卷九《章宗纪》。又见同书卷八三《张汝霖传》。

不得用网捕野物诏
（大定二十九年十二月七日）

女直人及百姓不得用网捕野物，及不得放群雕枉害物命，亦恐女直人废射也。

出处：《金史》卷九《章宗纪》。

大赦制书
（大定二十九年十二月十九日）

朕自临御以来,夙寐晨兴,未尝不以忧劳万民为心。故税赋尝虑其不均,刑罚常虑其不省,民财常虑其不阜,钱币常虑其不通。而比年以来,民间租税多逋,岂犹有被冤滞者乎？一遇水旱,或有贫不自给而仰食于赈贷者。管库宿负,或有贫无以入而佣身于官役者。朕甚悯焉。宜推旷泽,以示深仁。可大赦天下,自大定二十八年十二月十九日昧爽以前,自杂犯死罪以下,已结正、未结正,已发觉、未发觉,咸赦除之。於戏！理冤结而赒困穷,惟帝王之茂宪;沛利泽而崇宽大,实天地之深恩。用恢仁寿之风,以导和平之气。咨尔有众,体予至怀。赦书日行五百里,敢以赦前事相告言者,以其罪罪之,主者施行。

出处:周必大《杂著述》卷一一《思陵录》。

议追复田珏等诏
（大定二十九年）

故吏部侍郎田珏等皆中正之士,小人以朋党陷之,由是得罪。世宗用孟浩为右丞,当时在者俱已用之,亡者未加追复,其议以闻。

出处:《金史》卷八九《田珏传》。

谕辅臣诏
（世宗朝）

梁襄谏朕毋幸金莲川,朕以其言可取,故罢其行。然襄至谓隋炀帝以巡游败国,不亦过乎。如炀帝者盖由失道虐民,自取灭亡。民心既叛,虽不巡幸,国将安保？为人上者但能尽君道,则虽时或巡幸,庸何伤乎？治乱无常,顾所行何如耳。岂必深处九重便谓无虞,巡游以时即兆祸乱者哉。

出处:《金史》卷九六《梁襄传》。

明昌元年(1190)

禁宰执受馈遗诏
(明昌元年正月六日)

宰执所以总持国家,不得受人馈遗。或遇生辰,受所献毋过万钱。若缌大功以上亲,及二品以上官,不禁。

出处:《金史》卷九《章宗纪》。

官田易濒水民地诏
(明昌元年二月)

濒水民地,已种莳而为水浸者,可令以所近官田对给。

出处:《金史》卷四七《食货志》。

军人自耕田敕
(明昌元年三月)

当军人所受田,止令自种,力不足者方许人承佃,亦止随地所产纳租,其自欲折钱输者从民所欲,不愿承佃者毋强。

出处:《金史》卷四七《食货志》。

赐四王奴婢诏
(明昌元年)

丰、郓、瀛、沂四王府各赐奴婢七百人。

出处:《金史》卷九三《完颜从彝传》。

戒敕完颜永功诏
(明昌元年前后)

所坐虽细事,法令不得不如此。今已释矣,后毋复然。济南先帝旧治,风土甚好,可悉此意也。

出处:《金史》卷五八《完颜永功传》。

谕孟宗献诏
(明昌元年前后)

朕新御大宝,诏有司以取天下士。卿自乡选,至于殿升,四为举首。非才之高、学之博,识之优,何以臻此。今畀以北门应诏之职。朕之待卿不薄,然君子志于远者大者,无不以此为自足,尔其勉膺。

出处:《秋涧集》卷九三。
撰者:蔡珪

明昌二年(1191)

孔元措袭封衍圣公诰
(明昌二年四月)

圣谟之大,仪范百王。德祚所传,垂光千祀。盖立道以经世,宜承家之有人。文宣王五十一代孙孔元措,秀阜衍祥,清浣流润,芝兰异禀,蔚为宗党之英。诗礼旧闻,早服父兄之训。语年虽妙,论德已成。肆肆世爵之封,仍焕章身之数。非独增华于尔族,固将振耀于斯文。勉嗣前修,用光新命。

出处:《祖庭广记》卷一。又见《阙里志》卷七。

戒敕完颜永成手诏
（明昌二年）

卿亲实肺腑,夙著忠纯,侍显考于春宫,曲尽友于之爱,洎冲人之继统,愈明忠赤之心,艰难之中,多所裨益。朕心简在,毫楮莫穷,用是起之苫块之中,授以维城之任。自典藩服,岁月荐更,丛尔赵邦,知骥足以难展,眇哉镇府,固牛刀之莫施。方思驿召以赴朝,何意遽罹于国宪。偶因出猎,颇扰部民,法所不宽,宪台闻上。朕尚含容累月,未忍即行,虽欲遂于私恩,竟莫违于公议,解卿前职,即乃世封。噫,祖宗立法,非一人之敢私;骨肉至亲,岂千里而能间。以此退闲之小诚,欲成终始己洪恩。经云:"在上不骄,高而不危"。是以知节慎者修身之本,骄矜者败德之源。朕每自励,今以戒卿。昔东平乐善,能成不朽之名,梁孝奢淫,卒致忧疑之悔。前人所行,可为龟鉴。卿兼资文武,多艺多才,履道而行,何施不可。如能德业日新,无虑牵复之晚。朕素不工词翰,临文草草,直写所怀,冀不以辞害意也。

出处:《金史》卷八五《完颜永成传》。

明昌三年(1192)

追复田珏等官爵诏
（明昌三年二月二十八日）

盖自田珏党事之后,有官者以为戒,惟务苟且,习以成风。先帝知珏等无罪,录用生存之人,有擢自宰执者,其次有为节度、防御、刺史者。其死者犹未追复,子孙犹在编户,朕甚悯焉。惟旌贤显善,无间存没,宜推先帝所以褒录忠直之意,并加恩恤,以励风俗。据田珏一起人,除已叙用外,但未经任用身死,并与复旧官爵。其子孙当时已有官职,以父祖坐党因而削除者,亦与追复。应合追复爵位人等子孙不及荫叙者,亦皆量与恩例。

出处:《金史》卷八九《田珏传》。

超授孔元措中议大夫仍赐四品诰
（明昌三年四月）

夫子既没千八百年，后人相承五十一世。自近古已公其爵，顾散阶如彼其卑，必也正名，难于仍旧。是以兴百王之旷典，峻五品之华资。兹以尔有成人之风，继将圣之后，当余定格，会尔疏封。噫！庙貌存焉，克谨岁时之祀；家声久矣，无忘诗礼之传。学有余师，善将终誉。

出处:《祖庭广记》卷一。又见《阙里志》卷七。

完颜守贞辞职不允诏
（明昌三年五月十七日前）

天啬时雨，荐岁为灾，所以警惧不逮。方与二三辅弼图回遗阙，宜思有以助朕修政。上答天戒，消沴召和，以康百姓。卿达机务，朕所亲倚，而引咎求去，其如思助何。

出处:《金史》卷七三《完颜守贞传》。

谕知东平府事完颜守贞诏
（明昌三年五月十七日后）

卿勋臣之裔，早登膴仕，才用声绩，朕所素知。故嗣位之初，擢任政府，于今数载，毗赞实多。既久任繁剧，宜均适逸安，矧内外之职，亦当更洽，今特授卿是希。东平素号雄藩，兼比年饥歉，正赖经画，卿其为朕往绥抚之。

出处:《金史》卷七三《完颜守贞传》。

拯饥民敕
（明昌三年七月八日）

饥民如至辽东，恐难遽得食，必有饥死者。其令散粮官问其所欲居止，给以文书,命随处官长计口分散,令富者出粟养之,限以两月,其粟充秋税之数。

出处:《金史》卷九《章宗纪》。

谕诸王府傅尉诏
(明昌三年十月二十四日)

朕分命诸王出镇,盖欲政事之暇,安便优逸,有以自适耳。然虑其举措之间或违于理,所以分置傅尉,使劝导弥缝,不入于过失而已。若公余游宴,不至过度,亦复何害。今闻尔等或用意太过,凡王门细碎之事无妨公道者,一一干与,赞助之道,岂当如是。宜各思职分,事举其中,无失礼体。仍就谕诸王,使知朕意。

出处:《金史》卷九《章宗纪》一。

谕王脩诏
(明昌三年)

卿赋性太刚,率意行事,乃自陷于刑。若殿年降叙,念卿入仕久,颇有执持,故特起于罪谪之中,授以见职。且彼岁歉民饥,盗贼多,须用旧人镇抚,庶得安治。勉尽乃心,以图后效。

出处:《金史》卷一○五《王脩传》。

明昌四年(1193)

禁进鹰诏
(明昌四年正月二十八日)

汝职非轻,民间利害,官吏亦正,略不具闻,而乃以鹰进,此岂汝所职也! 后毋复尔。

出处:《金史》卷○《章宗纪》。

罢幸景明宫诏
(明昌四年三月五日)

朕不禁暑热,欲往山后。今台谏言民间多阙食,朕初不尽知,既已知之,其忍自奉以重困民哉。

出处:《金史》卷一〇〇《路铎传》。

胡土白山神册文
(明昌四年八月)

皇帝若曰:国家之兴,命历攸属。天地元化,惟时合符。山川百神,无不受职。粹精荐瑞,明圣继生。著丕应于殊祯,启昌期于幽赞。哀对信犹之典,咸修望秩之文。嘉乃名山,奠兹胜地,下绵乾分,上直枢辉。盘析木之津,达中原之气。廓除氛祲,函毓泰和。仰惟光烈昭垂,徽音如在,即高明而清暑,克静寿以安仁。周庐安宁,厚泽浃洽。朕祗循祖武,顺讲时巡,感美号以兴怀,佩圣谟而介福。言念诞弥之初度,抑由翊卫之效灵。然犹祀秩无章,神居不屋,非所以尽报功崇德之义,副追始乐原之心。爰饰名称,载新祠宇。勒忱辞于贞琰,涓良日于元龟,彰服采以辨威,洁庋县而致祭。阐扬茂实,敷绎多仪。今遣使某、副某,持节备物,册命神为瑞圣公,仍敕有司岁时奉祀。於戏! 尚其聪明,歆此诚意,孚休惟永,亦莫不宁。

出处:《金史》卷三五《礼志》。

诛完颜允蹈诏
(明昌四年十月)

朕早以嫡孙,钦承先绪。皇叔定武军节度使郑王允蹈,属处叔父,任当重藩,潜引凶徒,共为反计。自以元妃之长子,异于他母之诸王,冀幸国灾,窥伺神器。其妹泽国长公主长乐,牵同产之爱,驸马都尉唐括蒲剌睹,狃连姻之私,预闻其谋,相济以恶。欲宽燕邸之戮,姑致郭邻之困。询诸群言,用示大戒。允蹈及其妻卞玉与男按春、阿新并公主皆赐自尽,令有司以礼收葬,仍辍朝二日。

出处:《容斋三笔》卷五。

完颜允蹈伏诛布告中外诏
(明昌四年十月)

天下一家,讵可窥于神器?公族三宥,卒莫逭于常刑。非忘本根骨肉之情,盖为宗社安危之计,亦由凉德,有失睦亲,乃于间岁之中,连致逆谋之起,恩以义掩,至于重典之亟行。天高听卑,殆非此心之得已。兴言及此,恍叹奚穷。

出处:《大金国志》卷一九。又见《中州集》丙集卷三。
撰者:党怀英

惩贪劝廉诏
(明昌四年十一月二十三日)

诸职官以赃污不职被罪,以廉能获升者,令随路、京、府、州、县列其姓名,揭之公署,以示劝惩。

出处:《金史》卷一○《章宗纪》。

赐阿里不名衡诏
(明昌四年)

朕选大臣,俾参机务,必资谋画,协赞治平。其或得失晦而未形,利害胶而未决,正须识见纯直,方能去取合公。比来议事之臣,鲜有一定之论,盖以内无所守,故临事而惑,致有中失,朕将何赖!卿忠实公方,审其是则执而不回,见其非则去而能果,度其事势,有若权衡。汝之所长,衡实似之,可赐名"衡"。古者命名,将以责实,汝先有实,可谓称名,行之克终,乃副朕意。

出处:《金史》卷九四《夹古衡传》。

明昌五年(1194)

购求书籍诏
(明昌五年二月五日)

购求《崇文总目》内所阙书籍。

出处:《金史》卷一〇《章宗纪》。

谕完颜守贞诏
(明昌五年二月)

王汝嘉、田栎专管河防,此国家之重事也。朕比问其曾于南岸行视否?乃称"未也"。又问水决能行南岸乎?又云"不可"。且水趋北久矣,自去岁便当经画,今不称职如是耶?可谕旨令往尽心固护,无致失备,及讲究所以经久之计。稍涉违慢,当并治罪。

出处:《金史》卷二七《河渠志》。

谕谏北幸者诏
(明昌五年三月十八日后)

卿等谏北幸甚善,但其间颇失君臣之体耳。

出处:《金史》卷一〇〇《路铎传》。

责胥持国诏
(明昌五年四月)

此事不惟责卿,要卿等同心规画,不劳朕心耳。如栎所言,筑堤用二十万工,岁役五十日,五年可毕,此役之大,古所未有。况其成否未可知,就使可成,恐难行也。迁徙军户四千则不为难，然其水特决，尚不知所归，傥有溃走，若何枝梧。如令南岸两处疏决，使其水趋南，或可分杀其势。然水之形势，朕不亲见，难为条画，虽卿亦然。丞相、左丞皆不熟此，可集百官详议以行。

出处：《金史》卷二七《河渠志》。

责完颜守贞诏
（明昌五年十二月后）

挟奸罔上，古有常刑，结援养交，臣之大戒。孰谓予相，乃蹈厥辜。尔本出勋门，浸登膴仕。朕初嗣位，亟欲用卿。未阅岁时，升为宰辅，每期纳诲，共致太平。盖求所长，不考其素，拔擢不为不峻，任用不为不专。曾报效之弗思，辄私权之自树，交通近侍，密问起居，窥测上心，予图趋向。由患失之心重，故欺君之罪彰，指所无之事而妄以肆诬，实未始有言而谓之尝谏。义岂知于归美，意专在于要君。其饰诈之若然，岂为臣之当耳。复观弹奏，益见私情，求亲识之援而列布宫市，纵罪废之余而出入门下。而又凡有官使，敛为己恩，谓皆涉于回邪，不宜任之中外。质之清议，因所不容，揆之乃心，乌得无愧。姑从轻典，庸示薄惩。

出处：《金史》卷七三《完颜守贞传》。

明昌六年(1195)

谕谏官求直言诏
（明昌六年三月九日）

国家设置谏官，非取虚名，盖责实效，庶几有所裨益。卿等皆朝廷选擢，置之谏职，如国家利害、官吏邪正，极言无隐。近路铎左迁，本以他罪，卿等勿以被责，遂畏缩不言，其悉心戮力，毋得缄默。

出处：《金史》卷二《章宗纪》。

静宁山神册文
（明昌六年八月）

　　皇帝若曰:古之名山,咸在祀典。轩皇之世,神灵所奉者七千。虞氏之时,望秩每及于五载。盖惟有益于国,是以必报其功。逮乎后王,申以徽册,至于岳镇之外,亦或封爵之加。故太白有神应之称、而终南有广惠之号。礼由义起,事与时偕,载籍所传,于今犹监。朕修和有夏,咸秩无文,眷兹静宁,秀峙朔野,缊泽布气,幽赞乎坤元,导风出云,协符乎乾造。一方之表,万物所瞻,南直都畿,北维障徼,连延广厚,宝藏攸兴,盘固高明,諏宫斯奠。昔有辽尝恃以富国,迄大定更为之锡名。洪惟世宗,功昭列圣,亦越显考,德利生民。爰即岁时,驾言临幸,兵革不试,远人辑宁。雨旸常调,品彙蕃庑,此上帝无疆之贶,亦英灵有相之符。此即舆情,载修故事。顾先皇帝驻跸之地,揖累世承平之风。迓续遗休,式甄神佑。肆象德以界号,仍班台而阐仪。宇象一新,采章具举。今遣使某、副某,持节备物,册命神为镇安公,仍敕岁时奉祀。於戏! 容典焜耀,精神感通,惟永亿年,翊我昌运。神其授职,岂不伟欤!

出处:《金史》卷三五《礼志》。

承安二年(1197)

整顿吏治诏
（承安二年五月一日）

　　比以军须,随路赋调。司县不度缓急,促期征敛,使民费及数倍,胥吏又乘之以侵暴。其令提刑司究察之。

出处:《金史》卷一〇《章宗纪》。

谕官吏诏
（承安二年五月三日）

今纪纲不立,官吏弛慢,迁延苟简,习以成弊。职官多以吉善求名,计得自安,国家何赖焉。至于徇情卖法,省部令史尤甚。尚书省其戒谕之。

出处:《金史》卷一〇《章宗纪》。

奖谕完颜永成进马诏
（承安二年冬）

卿夙有隽望,时惟茂亲,通达古今,砥砺忠义。方分忧于外服,来输骏于上闲,欲助边防,以增武备。惟尽心于体国,乃因物以见诚。载念悬勤,良深嘉奖。

出处:《金史》卷八五《完颜永成传》。

承安三年(1198)

整顿吏治诏
（承安三年二月十三日）

自今内外官有阙,有才能可任者,虽资历未及,亦具以闻。虽亲故,毋有所避。

出处:《金史》卷一一《章宗纪》。

答高丽光孝王请以弟晫权守军国诏
（承安三年四月前）

卿嗣爵遐陬,抚封岁久,遽退让以去位,疑事变之非常。迨阅奏缄,备形恳切。自以衰疾之逼,难任机务之繁,且述父言,欲令弟及,久旷藩宣之寄,已从权摄之宜。虽若出于卿诚,顾未孚于朕听,续遣信使,往咨其详。

出处:《高丽史》卷二一。

察廉惩贪诏
(承安三年四月二十九日)

随朝大小官虽有才能,率多苟简,朕甚恶之,其察举以闻。提刑司所察廉能污滥官,皆当殿奏,余事可转以闻。

出处:《金史》卷一一《章宗纪》。

询问高丽光孝王诏
(承安三年六月前)

久抚海邦,遽形诚恳,自以婴疾,难于奉藩。乃追述于父言,且并陈其子让,欲令母弟,传受爵封,谓其能事于上朝,已俾摄行于国政。骤达予听,未察所从,特命使以即谉,庶得卿之诚素,具详奏牍,无或隐情。

出处:《高丽史》卷二一。

奖西北路招讨使独吉思忠增缮堤墙诏
(承安三年后)

直乾之维,搤边之要,正资守备,以靖翰藩,垣垒弗完,营屯未固。卿督兹事役,唯用戍兵,民不知劳,时非淹久,已臻休毕,仍底工坚。赖尔忠勤,办兹心画,有嘉乃力,式副予怀。

出处:《金史》卷九三《独吉思忠传》。

承安四年(1199)

允高丽靖孝王权守军国事诏
(承安四年二月前)

卿比饰使騑,肃驰缄奏,备叙兄让,兼征父言,虑有旷于抚封,乃从权而摄事。诘其端绪,亦既合符。兹复贡于款诚,翼获承于世爵,载稽公义,爰卑俞音,续当遣使册命。

出处:《高丽史》卷二一。

整顿吏治诏
(承安四年二月十日)

自三月一日为始,每旬三品至五品官各一人转对,六品亦以次对。台谏勿与,有应奏事,与转对官相见,无面对者上章亦听。

出处:《金史》卷一一《章宗纪》。

学校仍旧诏
(承安四年三月二十三日)

学校仍旧,武卫军额再议,余报可。

出处:《金史》卷一一《章宗纪》。

高丽靖孝王开府仪同三司册文
(承安四年五月前)

胙土尚规,所以就传于国政,象贤立德,亦惟安享于世封。粤箕子之故区,实三韩之旧壤。根本固而所庇者久,枝叶茂而其承者蕃。享兹世及之休,卒自庆流之永,载敷新渥,庸焕异恩。咨尔晫,秉性安和,持心协睦。贤明素出于天性,名誉寝称于国人。属其兄病且日加,舍其子位将汝畀,露章来上,诚意可嘉。肆朕听之具孚,管邦仪而往代。今遣使大将军、大理卿完颜愈,持节册命尔为开府仪同三司,永为藩辅。於戏!俎豆遗俗,尚循旧者有年,昆弟传家,复联芳而累叶。宜克念于绵远,以无忘于宠绥。往敬乃心,其服朕命。

出处:《高丽史》卷二一。

<h2 style="text-align:center">赐高丽靖孝王车服金印诏
（承安四年五月前）</h2>

分命侯邦,是维屏翰,嗣膺世绪,厥有故常。兹临遣于使騑,往就加于典册,其承恩数,益懋忠勤。今差使某官往彼册命,仍赐卿车服、金印、匹缎、弓箭、鞍马等物,具如别录,至可领也。

出处:《高丽史》卷二一。

<h2 style="text-align:center">谕宰臣诏
（承安四年）</h2>

一场放二状元,非是。后场廷试,令词赋,经义通试时务策,止选一状元。余虽有明经、法律等科,止同诸科而已。

出处:《金史》卷五一《选举志》。

泰和元年(1201)

<h2 style="text-align:center">购书敕
（泰和元年十月二十五日）</h2>

敕有司,购遗书宜尚其价,以广搜访。藏书之家有珍惜不愿送官者,官为誊写,毕复还之,仍量给其值之半。

出处:《金史》卷一一《章宗纪》。

进橙诏
（泰和元年十一月十日）

比闻怀州有橙结实,官吏检视,已尝扰民,今复进柑,得无重扰民乎。其诫所司,遇有则进,无则已。

出处:《金史》卷一一《章宗纪》。

泰和二年(1202)

道陵真妃制
（明昌六年至泰和二年间）

古有六寝,式奉宸闱,天垂四星,盖邻北极。朕祗承先帝,敬建掖妃,载颂优异之恩,以对柔嘉之则,休符佐相,早列蓬庭。左右图史之规,进退珩璜之节,彤管有炜,象服是宜,用光四德之书,仍侈六珈之饰。呜呼!攀轩龙而莫及,望绝鼎湖,怅苍梧不还,魂销澧水,惟德徽之益远。宜命数之倍敦,尚深送往之诚,愈保安贞之吉。

出处:《滏水集》卷一〇。
撰者:赵秉文
考校说明:编年据赵秉文任两制时间及“道陵”(金章宗)在位时间补,见《金史》卷一一〇《赵秉文传》。

泰和四年(1204)

赎奴敕
（泰和四年十二月十三日）

敕陕西、河南饥民所鬻男女,官为赎之。

出处:《金史》卷一二《章宗纪》四。

泰和五年(1205)

谕按察司诏
(泰和五年二月一日)

近制以镇静而知大体为称职,苛细而暗于大体为不称。由是各路按察以因循为事,莫思举刺,郡县以贪黩相尚,莫能畏戢。自今若纳察得实,民无冤滞,能使一路镇静者为称职。其或烦紊使民不得伸诉者,是为旷废。

出处:《金史》卷一二《章宗纪》。

谕仆散揆诏
(泰和五年五月八日后)

朕即位以来,任宰相未有如卿之久者,若非君臣道合,一体同心,何以及此。先丞相亦尝总师南边,效力先朝,今复委卿,谅无过举。朕非好大喜功,务要宁静内外。宋人屈服,无复可议,若恬不改,可整兵渡淮,扫荡江左,以继尔先公之功。

出处:《金史》卷九三《仆散揆传》。

泰和六年(1206)

责宋渝盟诏
(泰和六年正月五日)

大定初,世宗皇帝许宋世为侄国,朕遵守遗法,和好至今。岂意尔国屡有盗贼犯我边境,以此遣大臣宣抚河南军民。及得尔国有司公移,称己罢黜边臣,抽去兵卒,朕方以天下为度,不介小嫌,遂罢宣抚司。未几,盗贼甚于前日。比来群臣屡以尔国渝盟为言,朕惟和好岁久、委曲涵容。恐侄宋皇帝或未详知。若依前不息,臣下或复有云,朕虽兼爱生灵,事亦岂能终已。卿等归国,当以朕意其言之汝主。

出处:《金史》卷一二《章宗纪》。

封册高丽王韺册文
(泰和六年四月前)

皇帝若曰:分封树屏,实赖干臣,继世象贤,以崇有德。率由彝宪,懋明至公。惟我祖宗,经略臣夏,亦大启于土宇,用绥怀于远人。朕若昔大猷,绍休先绪,乃眷东土。惟我世臣,宜加锡命之荣,庸展干方之宠。启尔起复知高丽王国事王韺,受材明敏,赋性中庸,有肃恪以提身,资忠信以行道。惟乃先世,荒于东陲,象辂介珪,启封圻于大国。彤弓锡盾,作藩屏于王朝。践修厥猷,不显亦世。亦暨汝父,克成厥终,肇敏戎公,嘉召公之是似,女有良翰,命申伯以于宣。是用畀尔苴茅,缵我祖考,以永为我藩辅,用追配于先人。呜呼!惟有德可以和人民,惟谨度可以保富贵。罔曰弗克,惟既厥心,罔曰孔艰,惟敬厥事。慎乃服命,律乃有民,往尽乃心,典听朕命。

出处:《滏水集》卷一〇。
撰者:赵秉文
考校说明:编年据《高丽史》卷二一补。

嘉高汝砺议敕
(泰和六年六月后)

内外百官所司不同,比应诏言事者不啻千数,俱不达各司利害,污漫陈说,莫能详尽。近惟户部尚书高汝砺,论本部数事,并切事情,皆已行之。其谕内外百司各究利害举明,若可举而不即申闻,以致上司举行者,量制其罚。

出处:《金史》卷一〇七《高汝砺传》。

谕青宜可诏
（泰和六年七月后）

卿统有部人,世为雄长,向风慕义,背伪归朝,愿效纯诚,恒输忠力,缅怀嘉瞩,式厚褒旌。览卿进上所受伪牌,朝廷之驭诸蕃固无此例,欲使卿有以镇抚部族、增重观望,是以特加改命,赐金牌一、银牌二,到可祇承,服我新恩,永为藩卫。

出处:《金史》卷九八《完颜纲传》。

安慰陕西诏
（泰和六年九月）

京兆、凤翔、临洮三路,应被宋兵逼胁,背国从伪,或没落外境,若能自归者,官吏依旧勾当,百姓各令复业,元抛地土依数给付。及受宋人旗榜结构等,或值惊扰因而避役逃亡,未发觉者,许令所在官司陈首,并行释免,更不追究,军前可用之人随宜任使。限外不首,复罪如初。

出处:《金史》卷九八《完颜纲传》。

谕完颜承裕诏
（泰和六年九月二十六日后）

昔乃祖乃父,戮力戎旅,汝年尚少,善于其职,故命汝与完颜璘同行出界。昔汝自言得兵三万足以办事,今以石抹仲温、术虎高琪及青宜可与汝军相合,计可六万,斯亦足以办矣。仲温,高琪兵道险阻,汝兵道甚易也。自秦州至仙人关才四百里耳,从长计画,以副朕意。

出处:《金史》卷九三《完颜承裕传》。

谕完颜璘诏
（泰和六年九月二十六日后）

汝向在北边,以干勇见称,顷以过失,逮问有司。近知与宋人奋战,故特赦免,仍充副统,如能佐承裕立功业,朕于官赏,岂复吝惜。闻汝临事颇黯,若复自速罪,且不赦汝矣。

出处:《金史》卷九三《完颜成裕传》。

谕完颜匡攻襄阳诏
（泰和六年十一月前）

陕西一面,虽下四州,吴曦之降,朕所经略。自大军出境,惟卿所部,力战为多,方之前人,无所愧谢。今南伐之事,责成卿等,区区俘获,不足羡慕,果能为国建功,岂止一身荣宠,后世子孙亦保富贵。

出处:《金史》卷九八《完颜纲传》。

谕仆散揆以际江为界
（泰和六年十一月二十六日前）

前得卿奏,先锋已夺颍口,偏师又下安丰,斩馘之数,各以万计。近又西帅奏捷,枣阳、光化既为我有,樊城、邓城亦自溃散。又闻随州阇城归顺,山东之众久围楚州,陇右之师克期出界。卿提大兵攻合肥,赵扩闻之,料已破胆,失其神守。度彼之计,乞和为上。昔尝画三事付卿,以今事势计之,径渡长江,亦其时矣。淮南既为我有,际江为界,理所宜然。如使赵扩奉表称臣,岁增贡币,缚送贼魁,还所俘掠,一如所谕,亦可罢兵。卿宜广为渡江之势,使彼有必死之忧,从其所请而纵之,仅得余息偷生,岂敢复萌他虑。卿于此时,经营江北,劳徕安集,除其虐政横赋,以良吏抚字疲民,以精兵分守要害,虽未系赵扩之颈,而朕前所画三事,上功已成矣。前入见时,已尝议定,今复谆谆者,欲决卿成功尔。机会难遇,卿其勉之。

出处:《金史》卷九三《仆散揆传》。

赐吴曦诏
(泰和六年十一月前后)

宋自佶、桓失守,构窜江表,僭称位号,偷生吴会,时则乃祖武安公玠捍御两川。泊武顺王璘嗣有大勋,因宜世胙大帅,遂荒西土,长为藩辅,誓以河山,后裔纵有栾黡之汰,犹当十世宥之。然威略震主者身危,功盖天下者不赏,自古如此,非止于今。卿家专制蜀汉,积有岁年,猜嫌既萌,进退维谷,代之而不受,召之而不赴,君臣之义已同路人,譬之破桐之叶不可以复合,骑虎之势不可以中下矣。此事流传,稔于朕听,每一思之未尝不当馈叹息,而卿犹偃然自安。且卿自视翼赞之功孰与岳飞? 飞之威名战功暴于南北,一旦见忌,遂被参夷之诛,可不畏哉。故智者顺时而动,明者因机而发,与其负高世之勋见疑于人,惴惴然常惧不得保其首领,曷若顺时因机,转祸为福,建万世不朽之业哉。今赵扩昏孱,受制强臣,比年以来顿违誓约,增屯军马,招纳叛亡。朕以生灵之故,未欲遽行讨伐,姑遣有司移文,复因来使宣谕,而乃不顾道理,愈肆凭陵,虔刘我边陲,攻剽我城邑。是以忠臣扼腕,义士痛心,家与为仇,人百其勇,失道至此,虽欲不亡得乎? 朕已分命虎臣,临江问罪,长驱并骛,飞渡有期,此正豪杰分功之秋也。卿以英伟之姿,处危疑之地,必能深识天命,洞见事机,若按兵闭境不为异同,使我师并力巢穴而无西顾之虞,则全蜀之地卿所素有,当加册封,一依皇统册构故事。更能顺流东下,助为犄角,则旌麾所指尽以相付。天日在上,朕不食言。今送上金宝一钮,至可领也。

出处:《金史》卷九八《完颜纲传》。

褒完颜匡诏
(泰和六年十二月)

卿总师出疆屡捷,殄寇抚降,日辟土宇。彼恃汉、江以为险阻,棰马而渡,如涉坦途,荆、楚削平,不为难事,虽天佑顺,亦卿筹画之效也。益宏远图,以副朕意。

出处:《金史》卷九八《完颜匡传》。

谕徒单镒诏
（泰和六年）

将帅虽武悍，久历行阵，而宋人狡狯，亦资算胜。卿之智略，朕所深悉，且股肱旧臣，故有此寄。宜以长策御敌，厉兵抚民，称朕意焉。

出处：《金史》卷九八《徒单镒传》。

讨宋韩侂胄诏
（泰和六年前后）

蠢尔残昏巨迷，辄鼓兵端，首开边隙。败三朝七十年之盟好，驱两国百万众之生灵，彼既逆谋，此宜顺动，尚期决战，同享升平。

出处：《四朝见闻录》戊集。

泰和七年（1207）

赐张行简御札
（泰和七年二月十一日前）

朕念镐、郑二王误干天常，自贻伊戚。稿葬郊野，多历年所，朕甚悼然。欲追复前爵，备礼改葬，卿可详阅唐贞观追赠隐、巢，并前代故事，密封以闻……欲使石古乃于威州择地营葬，岁时祭奠，兼命卫王诸子中立一人为郑王后，谨其祭祀。此事既行，理须降诏，卿草诏文大意，一就封进。

出处：《金史》卷一〇六《张行简传》。

命完颜按辰为郑王后诏
（泰和七年二月十一日后）

朕追惟郑邸，误蹈非彝，稿窆原野，多历岁年，怛然轸怀，有不能己，乃诏追复王爵，备礼改葬。今稽式古典，命汝为郑王后，守其祭祀。

出处:《金史》卷九三《完颜按辰传》。

以卫王子按陈为郑王永蹈后赐卫王诏
（泰和七年二月十一日后）

朕念郑王自弃天常，以干国宪，稿瘗旷野，忽诸不祀。历岁既久，深用怆然。亲亲之情，有怀难置。已诏追复旧爵，改葬如仪。稽考古礼，以卿之子按陈为郑王后，谨其祭祀，卿其悉之。

出处:《金史》卷一三《卫绍王纪》。
考校说明:"按陈"，《金史》卷九三《完颜按辰传》作"按辰"。

谕陕西军士诏
（泰和七年二月后）

汝等爰自去冬，出疆用命，擐披甲胄，冒涉艰险，直取山外数州，比之他军，实有勤效。界外屯驻日久，负劳苦，恩赏未行，有司申奏不明，以致如此。朕已令增给赏物，以酬尔劳。惟是余贼未殄，犹须经略。眷我师徒，久役未解，深怀悯念，寤寐弗忘。汝等益思体国之忠，奋敌忾之勇，协心毕力，建立功勋，高爵厚禄，朕所不吝。

出处:《金史》卷九八《完颜纲传》。

责完颜纲诏
（泰和七年二月后）

曦之降，自当进据仙人关，以制蜀命，且为曦重。既不据关，复撤兵，使丙无所惮，是宜有今日也。

出处:《金史》卷九八《完颜纲传》。

责仆散端诏
（泰和七年九月前）

昔者所奏，今其若何？后人谓朕信其妖妄，实由卿启其端，倪郁于予怀，念之难置。其循省于往咎，思善补于将来。恪整乃心，式副朕意。

出处:《金史》卷一○一《仆散端传》。

不得改汉姓着南人装敕
（泰和七年九月二十九日）

女直人不得改为汉姓及学南人装束。

出处:《金史》卷一二《章宗纪》。

策论进士免试弓箭诏
（泰和七年十二月十七日）

诏策论进士免试弓箭、击毬。

出处:《金史》卷一二《章宗纪》。

泰和八年(1208)

禁地可耕诏
(泰和八年二月二十日)

方农作时,虽在禁地亦令耕种。

出处:《金史》卷一二《章宗纪》四。

谕完颜匡诏
(泰和八年四月十五日后)

朕以生灵之故已从所请,称臣割地尚且阔略,区区小节何足深较。其佗胄、师旦首函及诸叛亡至濠州,即听通谢人使入界,军马当即撤还,川、陕关隘俟岁币犒军银纲至下蔡,画日割赐。

出处:《金史》卷九八《完颜匡传》。

谕贾益谦诏
(泰和八年九月)

朕选卿等随路推排,除推收外,其新强、销乏户,虽集众推唱,然销乏者勿销不尽,如一户元物力三百贯,今蠲减二百五十贯,犹有不能当。新强者勿添尽,量存气力,如一户添三百贯,而止添二百贯之类。卿等宜各用心,百姓应当赋役,十年之间,利害非细,苟不称所委,治罪当不轻也。

出处:《金史》卷一〇六《贾益谦传》。又见同书卷四六《食货志》。

戒谕尚书省诏
（泰和八年十一月七日）

国家之治，在于纪纲。纪纲所先，赏罚必信。今乃上自省部之重，下逮司县之间，律度弗循，私怀自便。迁延旷岁，苟且成风，习以为恒，从何致理。朝廷者百官之本，京师者诸夏之仪。其勖至今，各惩已往，遵绳奉法，竭力赴功。无枉挠以循情，无依违而避势，壹归于正，用范乃民。

出处：《金史》卷一二《章宗纪》。

立卫王遗诏
（泰和八年十一月二十日）

皇叔卫王，承世宗之遗体，钟厚庆于元妃，人望所归，历数斯在。今朕上体太祖皇帝传授至公之意，付畀宝祚，即皇帝位于枢前。载惟礼经有嫡立嫡，无嫡立庶，今朕之内人见有娠者两位，已诏皇帝，如其中有男当立为储贰，如皆是男，择可立者立之。

出处：《金史》卷九八《完颜匡传》。

大安元年（1209）

范氏胎形已失自愿为尼诏
（大安元年二月二十八日）

章宗皇帝以天下重器畀于眇躬，遗旨谓掖庭内人有娠者两位，如得男则立为储贰。申谕多方，皎如天日。朕虽凉菲，实受付托，思克副于遗意，每曲为之尽心，择静舍以俾居，遣懿亲而守视。钦怀皇后母郑国公主及乳母萧国夫人昼夜不离。昨闻有爽于安养，已用轸忧而不宁，爰命大臣，专为调护。今者平章政事仆散端、左丞孙即康奏言，承御贾氏当以十一月免乳，今则已出三月，来事未可度知。范氏产期，合在正月，而太医副使仪师颜言，自年前十一月诊得范氏胎气有损,调治迄今,脉息虽和,胎形已失。及范氏自愿于神御前削发为尼。重念先皇帝重属大事,岂期闻此,深用怛然。今范氏既已有损,而贾氏犹或可冀,告于先帝,愿降灵禧,默视保全,早生圣嗣。尚恐众庶未究端由,要不匿于播敷,使咸明于吾意。

出处:《金史》卷六四《章宗元妃李氏传》。

大安二年(1210)

赐元妃李氏自尽诏
(大安二年四月)

近者有诉元妃李氏,潜计负恩,自泰和七年正月,章宗暂尝违豫,李氏与新喜窃议,为储嗣未立,欲令宫人诈作有身,计取他儿诈充皇嗣。遂于年前闰月十日,因贾承御病呕吐,腹中若有积块,李氏与其母王盼儿及李新喜谋,令贾氏诈称有身,俟将临月,于李家取儿以入,月日不偶则规别取,以为皇嗣。章宗崩,谋不及行。当先帝弥留之际,命平章政事完颜匡都提点中外事务,明有敕旨,“我有两宫人有娠”,更令召平章,左右并闻斯语。李氏并新喜乃敢不依敕旨,欲唤喜儿、铁哥,事既不克,窃呼提点近侍局乌古论庆寿与计,因品藻诸王,议复不定。知近侍局副使徒单张僧遣人召平章,已到宣华门外,始发勘同。平章入内,一遵遗旨,以定大事。方先帝疾危,数召李氏,李氏不到。及索衣服,李氏承召亦不即来,犹与其母私议。先皇平昔或有幸御,李氏嫉妒,令女巫李定奴作纸木人,鸳鸯符以事魔魅,致绝圣嗣。所为不轨,莫可殚陈。事既发露,遣大臣按问,俱已款服。命宰臣往审,亦如之。有司议,法当极刑。以其久侍先帝,欲免其死。王公百僚,执奏坚确。今赐李氏自尽。王盼儿、李新喜各正典刑。李氏兄安国军节度使喜儿、弟少府监铁哥如律,仍追除复系监籍,于远地安置。诸连坐并依律令施行。承御贾氏亦赐自尽。

出处:《金史》卷六四《章宗元妃李氏传》。又见《归潜志》卷一〇。

崇庆元年（1212）

允高丽元孝王权守军国诏
（崇庆元年四月前）

朕惟尔国，世笃忠勤，意前王遽以病让，谓尔乃仲父之子，而素有象贤之称。征遗训于先臣，俾摄行于机务，已颁答诏，特示矜从。兹重阅于来章，宜明谕于朕指，其承恩许。益谨藩仪，续当遣使册命。

出处：《高丽史》卷二一。

册封高丽元孝王诏
（崇庆元年七月前）

迩者，前王乃以国让，谓卿贤淑，祈授世封。肆临遣于使轺，俾就加于锡命。益思忠恪，茂对宠光。今差使明虎大将军、大理寺卿完颜惟基、副使翰林直学士、大中大夫张翰往彼册命。仍赐卿车服、金印、匹段、弓箭、鞍马等物，具如别录。

出处：《高丽史》卷二一。

元孝王为开府仪同三司上柱国高丽国王册文
（崇庆元年七月前）

朕操驭贵之资，职代天之命，凡预疏荣之例，必崇过厚之恩。矧惟东藩，谨乃侯度，顷属受承之际，克敦揖让之风。载阅控章，特从开许。权高丽国事王祦，性资恺悌，学问渊源，内推乐善之诚，外蔚好贤之望，稽之理命则有协，假以政权则克胜。使付嘱者得称知人，传授者果为有托，顾兹一举，岂非两全，是用正尔真封，丰斯新渥。於戏！总山海五部，畀之茅社，加车服九命，焕其旗章，尚肩忠荩之心，益体宠绥之意。勉修尔职，祇服朕言。可特授开府仪同三司、上柱国、高丽国王，食邑一万户，食实封一千户。仍令有司择日备礼册命。

出处:《高丽史》卷二一。

至宁元年(1213)

求直言诏
(至宁元年九月十日)

朕即大位,群臣凡有所见,各直言勿隐。

出处:《金史》卷一四《宣宗纪》。

贞祐元年(1213)

元妃某氏为皇后诏
(贞祐元年九月)

元妃某氏久奉侍于潜藩,已赐封于国号,可立为皇后。

出处:《金史》卷六四《宣宗皇后王氏传》。

谕爱王诏
(贞祐元年九月后)

泰和猜忌,兄弟失欢,骨肉至亲,化为仇怨,诱引外敌,倾危本家,计王之心,亦复何忍?往事已矣,今宜改图。朕遭家多难,静晦以处,忽诸父诸臣横见推迫,不容固辞。王是朕之侄,朕是王之叔,勿行间言,凭陵以逞,叔侄二人,同形共气,设复交锋,务行兼并,太祖、太宗在天之灵,亦不锡佑。昔梁察与湘东为叔侄之仇,察引周兵,以陷江陵,随亦失国,而为人虏,此事宜鉴,三复予言。

出处:《大金国志》卷二三。又见《南迁录》。

立守忠为皇太子诏
（贞祐元年闰九月十七日）

朕以眇躬,嗣服景命,念祖宗之遗统,方夙夜以靡遑,将上以承九庙之灵,而下以系多方之望。皇太子守忠,性秉温良,地居长嫡,以次第言之,则宜升储贰,以典礼质之,则足惬群情,其立为皇太子。

出处:《金史》卷九三《庄献太子传》。

诛纥石烈胡沙虎诏
（贞祐元年十月二十日）

胡沙虎畜无君之心,形迹露见,不可尽言。武卫副使提点近侍局庆山奴、近侍局使斜烈、直长撒合辇累曾陈奏,方慎图之。斜烈漏此意于按察判官胡鲁,胡鲁以告翰林待制讹出,讹出达于高琪,今月十五日将胡沙虎戮讫。惟兹臣庶将恐有疑,肆降札书,不匿厥旨。

出处:《金史》卷一〇六《术虎高琪传》。

贞祐二年(1214)

议迁都诏
（贞祐二年五月十八日）

国有大事,谋贵合同。我太祖效文王之兴岐,居龙朔以有天下。忠献继周公之卜洛,宅中京以朝诸侯。顷岁多虞,兵端未已,臣邻思久远之计,国人怀本土之思,盍各进言,以图长策。

出处:《大金国志》卷二四。

谕奥屯襄等诏
（贞祐二年十一月）

上京、辽东，国家重地，以卿等累效忠勤，故委腹心，意其协力尽公，以徇国家之急。及详来奏，乃大不然，朕将何赖。自今每事同心，并力备御，机会一失，悔之何及！且师克在和，善钧从众，尚惩前过，以图后功。

出处:《金史》卷一〇三《奥屯襄传》。

罪己诏
（贞祐二年十一月）

一人无良，万方何罪？兴言及此，流涕奚从？朕方图大以宅中，期与更新而休化。刘伯林、李斌、杨安儿、王燕、张耀等或尝经任使，或曾经征行，偶此失图，遂迷故道。朕念先重之兴起，尚合南北于一家，胡为今日之纷张，遂化仇雠于同轨？倘使翻然顺命，必将加以厚恩。朕不食言，尔当敬听。

出处:《大金国志》卷二四。

贞祐三年(1215)

赦山东东西路贼党诏
（贞祐三年二月）

山东东、西路贼党犹啸聚作过者，诏书到日，并与免罪，各令复业。在处官司尽心招抚，优加存恤，无令失所。

出处:《金史》卷一〇二《仆散安贞传》。

谕完颜承晖诏
（贞祐三年二月）

中都重地,庙社在焉,朕岂一日忘也。已趣诸路兵与粮俱往,卿会知之。

出处:《金史》卷一○一《完颜承晖传》。

谕中都官吏军民诏
（贞祐三年二月）

朕欲纾民力,遂幸陪都,天未悔祸,时尚多虞,道路久梗,音问难通。汝等朝暮矢石,暴露风霜,思惟报国,靡有贰心,俟兵事之稍息,当不愆于旌赏。今已会合诸路兵马救援,故兹奖谕,想宜知悉。

出处:《金史》卷一○一《完颜承晖传》。

奖谕河东南路宣抚使胥鼎诏
（贞祐三年七月）

卿以文武之才,膺兵民之寄,往镇方面,式固边防,坐释朕忧,孰如卿力。益懋忠勤之节,以收绥静之功,仰副予心,嗣有后宠。

出处:《金史》卷一○八《胥鼎传》。

贞祐四年(1216)

谕御史台诏
（贞祐四年正月十三日）

今旦视朝,百官既拜之后,始闻开封府报衙声。四方多故之秋,弛慢如此,可乎?中丞福兴号素谨于官事者,当一诘之。

出处:《金史》卷一四《宣宗纪》。

立守礼为皇太子诏
(贞祐四年正月二十五日)

子以母贵,遂王守礼地邻冢嫡,庆集元妃,立为皇太子。其典礼,有司条具以闻。

出处:《金史》卷一七《宣宗纪》。

胥鼎求退不允诏
(贞祐四年二月)

卿父子皆朕所知,向卿执政时,因有人言,遂以河东事相委,果能勉力以保无虞。方国家多难,非卿孰可倚者。卿退易耳,能勿虑社稷之计乎。今特授卿是任,咫尺防秋,更宜悉意。

出处:《金史》卷一〇八《胥鼎传》。

答完颜仲元请诣阙诏
(贞祐四年)

卿兄弟鸠集义旅,所在立功,忠义之诚,皎然可见。朕以参政侯挚与卿素厚,命于彼中行省,应悉朕心。卿求入见,其意固嘉,东平方危,正赖卿等相为声援,俟兵势稍缓,即徙军附河屯驻。此时卿来,盖未晚也。尚思戮力,朕不汝忘。

出处:《金史》卷一〇三《完颜仲元传》。

兴定元年(1217)

府试地点制
(兴定元年)

中都、西京等路,策论进士及武举人权于南京、东平、婆速、上京四处府试。

出处:《金史》卷五一《选举志》。

兴定二年(1218)

谕尚书省诏
(兴定二年二月二十四日)

　　闻中都纳粟官多为吏部缴驳,殊不思方阙乏时,利害为如何。又立功战阵人,必责保官,若辈皆义军白丁,岂识职官,苟文牒可信,即当与之。至若在都时,规运薪炭入城者,朕尝植恩授以官。此岂容伪,而间亦为所沮格。其悉谕之,勿复若是。

出处:《金史》卷一五《宣宗纪》。

详问书
(兴定二年前后)

　　两国和好,几及百年,南北生灵,不见兵革,波之所及,我之余也。不图曩者泰和间,彼国君臣,狃于衅勇尚祸之言,妄有无名之举,我朝不得已以兵应之。彼既异始图,不克逞志于我,于是有增币、易叔以伯之请。我章宗皇帝重念彼国伤残之故,曲从和好,仍归淮、汉已得之地,恩至渥也。既许乞盟之后,庶几为度德量力之事,谨畏天保民之戒。岂意利我敌衅,颇违盟誓,累年谲诈,不贡岁币,帅我叛亡,以荡摇我边陲。我边官愤怒,自率所部,以报东门之役,庶可少惩矣。且复保我涟水,扇惑我山东之民,造衅百端。不念伯侄无穷之好,侥幸于不可知之勇,似不审辅车相依之势,将复蹈覆车之辙也。我廷臣固请曰:彼忘累圣之恩,幸吾一旦之警,自以鞭长不及马腹,不知牛虽瘠,偾于豚上,其可幸乎! 便可兴师,声罪往伐。尚念彼界生灵何罪? 故遣使臣先以文告,仍以大兵压境。若能改图,一遵旧约,则又何求? 如其不然,自启祸端,罪有归矣。既违三灵之心,恐贻九庙之悔,事势如此,虽欲乞和,不可及也。故令详问,其审图之。

出处:《滏水集》卷一〇。
撰者:赵秉文

兴定四年(1220)

赐沧海公王福等诏
(兴定四年二月)

乃者边防不守,河朔失宁,卿等自总戎昭,备弹忠力,若能自效,朕复何优。宜膺茅土之封,复赐忠臣之号。除已画定所管州县外,如能收复邻近州县者,亦听管属。

出处:《金史》卷一一八《苗道润传》。

兴定五年(1221)

遗宋人书
(兴定五年正月)

宋与我国通好,百年于此,顷岁以来,纳我叛亡,绝我贡币,又遣红袄贼乘间窃出,跳梁边疆,使吾民不得休息。彼国若以此曹为足恃,请悉众而来,一决胜负,果能当我之锋,沿边城邑当以相奉。度不能,即宜安分保境,何必狐号鼠窃,乘阴伺夜以为此态耶?且彼之将帅亦自受钺总戎,而临敌则望风远遁,被攻则闭垒深藏,逮吾师还,然后现形耀影以示武。夫小民尚气,女子有志者犹不尔也,切为彼国羞之。

出处:《金史》卷一一一《纥石烈牙吾塔传》。

采访外事诏
(兴定五年三月十一日)

今奉御、奉职多不留心采访外事。闻章宗时近侍人秩满,以所采事定升降。今亦宜预为考核之法,以激劝之。

出处:《金史》卷一六《宣宗纪》。

诛仆散安贞诏
(兴定五年六月二十五日)

　　银青荣禄大夫、左副元帅兼枢密副使、驸马都尉仆散阿海,早藉世姻,浸驰仕轨,属当军旅之事,益厚朝廷之恩,爰自帅藩,擢居枢府。顷者南伐,时乃奏言,是俾行鳞介之诛,而尽露枭獍之状。二城虽得,多罪稔彰,念胜负之靡常,肯刑章之轻用。始自画因粮之计,乃更严横敛之期,督促计司,凋弊民力,信其私意,或失防秋。顾利害之实深,尚优容而弗问。顷因近侍,悉露奸谋,盖虞前后罪之上闻,乃以金玉带而夜献。审事情之诡秘,命信臣而鞫推,迨致款词,乃详实状。自以积愆之著,必非公宪所容,欲结近臣之欢心,俾伺内庭之指意,如衅端之少露,得先事而易图。因其方握兵权,得以谋危庙祏,事或不济,计即外奔。前日之俘,随时诛戮,独于宋族,曲活全门,示其悖德于敌仇,豫冀全身而纳用。

出处:《金史》卷一〇二《仆散安贞传》。

谕宰臣诏
(兴定五年十月)

　　比欲民多种麦,故令所在官贷易麦种。今闻实不贷与,而虚立案簿,反收其数以补不足之租。其遣使究治。

出处:《金史》卷四七《食货志》。

元光二年(1222)

戒谕完颜守纯诏
(元光二年三月九日)

　　始吾以汝为相者,庶几相辅,不至为人讥病耳。汝乃惟饮酒耽乐,公事漫不加省,何耶? 吾常闻人言己过,虽自省无之,亦未敢容易去怀也……吾所以责汝者,但以崇饮不事事之故,汝勿过虑,遂至夺权。今诸相皆老臣,每事与之商略,使无贻物议足矣。

出处:《金史》卷九三《完颜守纯诏》。

谕陕西东西两路行省诏
(暂系于宣宗朝)

比以北境称兵,西鄙为重,肆遣将帅,以卫封陲。仍申命于大臣,以分领于行省,其责不为不重,其任不为不优。如闻彼军深入夏境,倘边方之少警,将内地之可忧,虽九庙扶持,素为神明祚也,而一时利害,不为社稷虑乎。若非协力以早图,恐或噬脐之不及,其体此意,以究尔图。呜呼!进退军之密谋,朕不从中制也。安危国之大计,卿其以身任之。可守可攻,各度其势,或犄或角,一从所长。其毋失事机,以勉图成效。

出处:《滏水集》卷一○。
撰者:赵秉文

大赦诏
(元光二年十二月二十四日)

朕述先帝之遗意,有便于时欲行而未及者,悉奉而行之。国家已有定制。有司往往以情破法,使人罔遭刑宪。今后有本条而不遵者,以故入人罪罪之。草泽士庶,许令直言军国利害,虽涉讥讽无可采取者,并不坐罪。

出处:《金史》卷一七《哀宗纪》。

正大元年(1224)

禁贡白兔诏
(正大元年正月三日)

得贤臣辅佐,年谷丰登,此上瑞也,焉事此为。令有司给道里费,纵之本土。

礼部其遍谕四方,使知朕意。

出处:《金史》卷一七《哀宗纪》。

宣宗哀册
(正大元年二月二十三日)

维元光二年岁次癸未十二月已巳朔二十二日庚寅,宣宗继天兴统述道勤仁英武圣孝皇帝崩于宁德殿。二十八日丙申,移殡于大庆殿之两楹。越正大元年三月戊戌朔二十三日庚申,迁座于德陵,礼也。律琯管余,铜壶未曙。悰玉殿之凝霜,尚金盘之承露。一夕晏出,万里缟素。百官血出以如失,万姓风号而靡诉。嗟何幸兮考丧,差不胜其孺慕。哀子嗣皇帝臣,痛圣驾之长违,哀仙遊之不归。奉缀衣而如在,瞻黼扆而成非。上宰庀司,群公就列。览象物之既陈,怅徽音之永隔。乃命词臣,流芳宝册。其词曰:大金受命,传休累圣,薄海内外,罔不禀令。大安失御,不蠲厥政,胡马南牧,华风不兢。皇天祐正,命我真人,裕陵元子,世宗神孙。睿谋经远,深略纬文,聪明齐圣,慈和俭勤。钦若帝则,骏惠先功。科条霜雪,号令雷风。尊礼百神,升秩无祀,体貌大臣,宾礼名士。鳏寡惠鲜,冤滞申理。从善如流,爱民如子。给廪养士,辟馆集贤。罚从末减,赏惟庆延。屯利建侯,萃享有庙。金壮京城,泥封关徼。至于赦赤子之弄兵,诛师干之失律,恩不间于疏远,罚不阿于亲戚。降虏效顺以革心,岛夷畏服而献馘。堂上之兵不杀,目中之虏如击。方将归马大漠,洗兵中原,重新日月,再造乾坤,吁嗟昊天,不吊何言,至矣哉!勤劳天下兮既如彼,恩结人心兮又如此。胡不万年,仅周一纪。祷方致于金縢,命忽宣于玉几。呜呼哀哉!杞国天崩,不周地缺,寒日无光,苍天改色。绡幕褰兮凝霜,麻衣集兮如雪。泪成雨兮万木冰,哭成雷兮九泉咽。呜呼哀哉!龙辒徐动,霓旌前引。柳翣渐遥,薤歌犹挽。背天阙之崇峻,即神皋之平衍。乌号断兮鼎湖成,白云悠兮帝乡远,溯驰道而皆回,独宫车兮不返。呜呼哀哉!天柱兮崇山,虎踞兮龙盘。千秋兮万代,永閟兮宸颜。藏衣冠于天下,遗声烈于人间。去复去兮九疑黯,来不来兮八骏闲。呜呼哀哉!如天之生,如日之明,神武电断,蛮夷震惊。绳神武兮孝之大,兴圣统兮功有成。至德难名,神谋莫测。超咸五而登三,惭漏万而挂一。宜乎享号曰宣,扬鸿休于罔极。呜呼哀哉!

出处:《滏水集》卷一八。
撰者:赵秉文

戒谕百官诏
（正大元年七月四日）

　　朕新即大位,肇亲万机,国是实为未明,政统犹慎多阙。尚赖尔文武多士,内外庶僚,上下同心,始终戮力,以副遗大投艰之托,共成兴滞补废之功。然而养资考者,每务于因循,嗜闲逸者,或托于疾病,因之积弊,习以成风,事致于斯,朕将何赖。盖尝深维百姓勤劳之意,尚不能忘累圣涵养之仁。服田力穑,而以给租庸,挽粟飞刍,而不惮征缮。况尔等世膺高爵,身受厚恩。夫有国乃可以有家,而为臣亦犹之为子,未有国不安而家可保,必须臣竭力而君以宁。加之事属方殷,时丁多故,旧疆待乎恢复,强敌期于削平,正当经营之秋,难行姑息之政。朕既夙宵轸念,庶几宏业以昭功。尔其朝夕在公,岂宜玩岁而愒日。夫汤刑以儆具位,周典以正百官,兹出话言,以为明训。掌刑者,有法可奉,毋使有冤抑之情。典选者,有格可循,毋妄求疏驳之节。钱谷当审知取予,毋吝于出纳之门。台谏当指陈是非,毋涉于细碎之事。司农以敦本察吏,不可苟且而旷职司。牧民以扶弱抑强,不可聚敛而营私计。至于大而分阃,小而掌兵。因当老殄寇仇,日辟土宇。受朝廷之托,必思报国。念功臣之后,常恐辱先,又岂可平居或冒于糇粮,临事或生于畏惧。视郡县之官,妄分于彼此,役部伍之卒,不计于公私。凡有我官,所当共戒。其敬遵于邦宪,务恪慎于官箴,享富贵于当年,垂功名于身后。且赏罚期于信必,而功罪贵乎正明。兹诚前代之良规,亦我祖宗之已事。今当仰法,要在决行。於戏! 任贤使能,周室果闻于兴复;综名核实,汉家遂至于肃清。公勤者,赏不敢私;弛慢者,刑兹无赦。各勤尔职,明听朕言。故兹诏示,想宜知悉。

出处:《秋涧集》卷九六。
撰者:李献能

附蒙元诏令

金泰和三年(**1201**)

遣阿里海致责汪罕
(金泰和三年)

君为叔父菊儿罕所逐,困迫来归,我父即攻菊儿罕,败之于河西,其土地人民尽收与君。此大有功于君一也。君为乃蛮所攻,西奔日没处。君弟札阿绀孛在金境,我亟遣人召还。比至,又为蔑里乞部人所逼,我请我兄薛彻别及及我弟大丑往杀之。此大有功于君二也。君困迫来归时,我过哈丁里,历掠诸部羊、马、资财,尽以奉君,不半月间,令君饥者饱,瘠者肥。此大有功于君三也。君不告我往掠蔑里乞部,大获而还,未尝以毫发分我,我不以为意。及君为乃蛮所倾覆,我遣四将夺还尔民人,重立尔国家。此大有功于君四也。我征朵鲁班、塔塔儿、哈答斤、散只兀、弘吉剌五部,如海东鸷禽之于鹅雁,见无不获,获则必致于君。此大有功于君五也。是五者皆有明验,君不报我则已,今乃易恩为仇,而遽加兵于我哉。

出处:《元史》卷一《太祖纪》。

遣阿里海谕按弹及火察儿
(金泰和三年)

昔者吾国无主,以薛彻、太丑二人实我伯祖八剌哈之裔,欲立之。二人即已固辞,乃以汝火察儿为伯父聂坤之子,又欲立之,汝又固辞。然事不可中辍,复以汝按弹为我祖忽都刺之子，又欲立之，汝又固辞。于是汝等推戴吾为之主，初岂我之本心哉，不自意相迫至于如此也。三河，祖宗肇基之地，毋为他人所有。汝善事汪罕，汪罕性无常，遇我尚如此，况汝辈乎。我今去矣，我今去矣。

出处：《元史》卷一《太祖纪》。

太祖元年(1206)

谕木华黎博尔术
（太祖元年）

国内平定，汝等之力居多。我与汝犹车之有辕，身之有臂也。汝等切宜体此，勿替初心。

出处：《元史》卷一一九《木华黎传》。

太祖十年(1215)

诏移剌揑儿
（太祖十年）

自汝效顺，战功日多，今锡汝金虎符，居则理民，有事则将，其勿替朕意。

出处：《元史》卷一四九《移剌揑儿传》。

太祖十一年(1216)

谕王荣祖
（太祖十一年）

汝父子宣力我家，不意为张致所袭。归语汝父，善抚其军，自今以往，当忍耻蓄锐,俟逆党平,彼之族属、城邑、人民,一以付汝,吾不吝也。仍免徭赋五年,使汝父子世为大官。

出处:《元史》卷一四九《王珣传》。

太祖十二年(1217)

诏封木华黎
(太祖十二年八月)

子孙传国,世世不绝。太行之北,朕自经略,太行以南,卿其勉之。

出处:《元史》卷一一九《木华黎传》。

太祖十四年(1219)

召丘神仙手诏
(太祖十四年五月一日)

制曰:天厌中原,骄华太极之性;朕居北野,嗜欲莫生之情。反朴还淳,去奢从俭,每一衣一食,与牛竖马圉,共弊同飨。视民如赤子,养士若弟兄。谋素和,恩素畜。练万众以身人之先,临百阵无念我之后。七载之中成大业,六合之内为一统。非朕之行有德。盖金之政无恒,是以受天之祐,获承至尊。南连炎宋,北接回纥,东夏西夷,悉称臣佐。念我单于国千载百世以来,未之有也。然而任大守重治平,犹惧有阙。且夫刳舟剡楫,将欲济江河也;聘贤选佐,将以安天下也。朕践祚以来,勤心庶政,而三九之位,未见其人。访问丘师先生,体真履规,博物洽闻,探赜穷理,道冲德著。怀古君子之肃风,抱真上人之雅操。久栖岩谷,藏身隐形,阐祖师之遗化,坐致有道之士,云集仙经,莫可称数。自干戈而后,伏知先生犹隐山东旧境,朕心仰怀无已。岂不闻渭水同车,茅庐三顾之事,奈何山川悬阔,有失躬迎之礼。朕但避位侧身,斋戒沐浴,选差近侍官刘仲禄,备轻骑素车,不远千里,谨邀先生暂屈仙步,不以沙漠悠远为念,或以忧民当世之务,或以恤朕保身之术。朕亲侍仙座,钦惟先生将咳唾之余,但授一言斯可矣。今者聊发朕之微意万一,明于诏章,诚望先生既著大道之端,要善无不应,亦岂违众生小愿哉!故兹诏示,惟宜知悉。五月初一日。

出处:《金莲正宗仙源像传》。又见《南村辍耕录》卷一〇。

太祖十五年(1220)

谕姚里氏
(太祖十五年)

薛阇今为蒙古人矣,其从朕之征西域也,回回围太子于合迷城,薛阇引千军救出之,身中槊;又于蒲华、寻思干城与回回格战,伤于流矢。以是积功为拔都鲁,不可遣,当令善哥袭其父爵。

出处:《元史》卷一四九《耶律留哥传》。

太祖十八年(1223)

免丘处机等出家人差发税赋圣旨
(太祖十八年三月)

成吉思皇帝圣旨:道与诸处官员每,丘神仙应有底修行底院舍等,系逐日念诵经文,告天底人每,与皇帝祝寿万万岁者。所据大小差发、税赋都休教著者。据丘神仙底应系出家门人等,随处院舍,都教免了差发、税赋者。其外诈推出家,影占差发底人每,告到官司,治罪断按,主者奉到如此,不得违错,须至给付照用者。右付神仙门下收执,照使。所据神仙应系出家门人、精严住持院子底人等,并免差发、税赋。准此。癸未羊儿年三月(御宝)日。

出处:《长春真人西游记》卷下。

优待丘处机诏
（太祖十八年九月二十四日）

　　成吉思皇帝圣旨：丘神仙奏知来底公事，是也，瞧好。我前时已有圣旨文字与你来，教你天下应有底出家善人都管著者，好底歹底。丘神仙你就便理会，只你识者。奉到如此。癸未年九月二十四日。

出处：《长春真人西游记》卷下。

慰问丘处机诏
（太祖十八年十一月十五日）

　　成吉思皇帝圣旨：丘神仙你春月行程别来，至夏日路上炎热，艰难来，沿路好底铺马得骑来么？路里饮食广多不少来么？你到宣德州等处，官员好觑你来么？下头百姓得来么？你身起心里好么？我这里常思量着神仙你，我不曾忘了你，你休忘了我者。癸未年十一月十五日。

出处：《长春真人西游记》卷下。

篇名索引